150 Jahre
Kohlhammer

Kohlhammer Standards Psychologie

Begründet von
Theo W. Herrmann (†)
Werner H. Tack
Franz E. Weinert (†)

Weitergeführt von
Marcus Hasselhorn
Herbert Heuer
Frank Rösler

Herausgegeben von
Marcus Hasselhorn
Wilfried Kunde
Silvia Schneider

Gerhard Stemmler
Dirk Hagemann
Manfred Amelang
Frank M. Spinath

Differentielle Psychologie und Persönlichkeitsforschung

8., überarbeitete Auflage

Verlag W. Kohlhammer

Dieses Werk einschließlich aller seiner Teile ist urheberrechtlich geschützt. Jede Verwendung außerhalb der engen Grenzen des Urheberrechts ist ohne Zustimmung des Verlags unzulässig und strafbar. Das gilt insbesondere für Vervielfältigungen, Übersetzungen, Mikroverfilmungen und für die Einspeicherung und Verarbeitung in elektronischen Systemen.

Die Wiedergabe von Warenbezeichnungen, Handelsnamen und sonstigen Kennzeichen in diesem Buch berechtigt nicht zu der Annahme, dass diese von jedermann frei benutzt werden dürfen. Vielmehr kann es sich auch dann um eingetragene Warenzeichen oder sonstige geschützte Kennzeichen handeln, wenn sie nicht eigens als solche gekennzeichnet sind.

Es konnten nicht alle Rechtsinhaber von Abbildungen ermittelt werden. Sollte dem Verlag gegenüber der Nachweis der Rechtsinhaberschaft geführt werden, wird das branchenübliche Honorar nachträglich gezahlt.

8., überarbeitete Auflage 2016

Alle Rechte vorbehalten
© W. Kohlhammer GmbH, Stuttgart
Gesamtherstellung: W. Kohlhammer GmbH, Stuttgart

Print:
ISBN 978-3-17-025721-4

E-Book-Formate:
pdf: ISBN 978-3-17-025722-1
epub: ISBN 978-3-17-025723-8
mobi: ISBN 978-3-17-025724-5

Für den Inhalt abgedruckter oder verlinkter Websites ist ausschließlich der jeweilige Betreiber verantwortlich. Die W. Kohlhammer GmbH hat keinen Einfluss auf die verknüpften Seiten und übernimmt hierfür keinerlei Haftung.

Inhalt

Vorwort zur 8. Auflage 13
Hinweise zur Benutzung 14

Teil I Grundlagen und Forschungsmethoden

1 Grundlagen 19
   1.1 Einführung 19
   1.2 Zur Universalität interindividueller Differenzen 21
      1.2.1 Interindividuelle Differenzen beim Menschen 21
      1.2.2 Interindividuelle Differenzen bei Tieren 24
   1.3 Anfänge der Messung interindividueller Differenzen 27
      1.3.1 Antike und Judentum 27
      1.3.2 Mittelalter und Neuzeit 28
      1.3.3 »Mental Tests« und ihre Folgen 31
      1.3.4 Die Beiträge von Binet und Stern 31
      1.3.5 Erfassung der Persönlichkeit 34
   1.4 Abgrenzung der Differentiellen Psychologie 38
      1.4.1 Entwicklung und Aufgaben der Differentiellen Psychologie 38
      1.4.2 Zum Antagonismus zwischen Differentieller und Allgemeiner Psychologie 43
   1.5 Zentrale Begriffe 45
      1.5.1 Variablen und Skalen 45
      1.5.2 Konstrukte 46
      1.5.3 Persönlichkeit 47
      1.5.4 Nomothetische, idiographische und idiothetische Methode 49
   1.6 Inhaltliche Konzepte der Differentiellen Psychologie 52
      1.6.1 Verhaltensweisen 52
      1.6.2 Verhaltensgewohnheiten 53
      1.6.3 Dispositionseigenschaften und Verhaltensmerkmale 55
      1.6.4 Verhaltensvorhersage 63
      1.6.5 Zustände 64
      1.6.6 Typen 66

2 Methoden der Persönlichkeitsforschung 70
   2.1 Die Analyse von Variation und Kovariation 70

	2.1.1	Beschreibung univariater Merkmalsverteilungen: Variationsforschung	70
	2.1.2	Zwei Maße für die Variabilität eines Merkmals	71
	2.1.3	Beschreibung bivariater Merkmalsverteilungen: Korrelationsforschung	77
	2.1.4	Beschreibung multivariater Merkmalszusammenhänge: Faktorenanalyse	79
	2.1.5	Das Problem der Erklärung in der Differentiellen Psychologie	98
2.2		Anforderungen an empirische Forschungsdaten	102
	2.2.1	Die Objektivität empirischer Forschungsdaten	102
	2.2.2	Die Reliabilität empirischer Forschungsdaten	103
	2.2.3	Die Validität empirischer Forschungsdaten	105
	2.2.4	Die Situationsabhängigkeit empirischer Forschungsdaten	107

3 Gewinnung empirischer Daten ... 110

3.1		Der eigenschaftstheoretische Ansatz	110
	3.1.1	Voraussetzungen	110
	3.1.2	Allgemeines zur Entwicklung von Verfahren	112
	3.1.3	Beispiele für Tests im Leistungsbereich	113
	3.1.4	Beispiele für Tests im Persönlichkeitsbereich	116
	3.1.5	Selbst- und Fremdeinschätzungen	118
	3.1.6	Fehlerfaktoren	125
	3.1.7	Ein alternatives Messkonzept: indirekte Verfahren	129
3.2		Der psychodynamische Ansatz	132
	3.2.1	Projektive Tests	133
	3.2.2	Einige Beispiele	133
	3.2.3	Gütekriterien	134
3.3		Der verhaltenstheoretische Ansatz	135
	3.3.1	Grundzüge und Unterscheidungsmerkmale	135
	3.3.2	Beobachtetes Verhalten	137
	3.3.3	Physiologische Messungen	142

Teil II Interindividuelle Differenzen im Leistungsbereich

4 Modellierung von Intelligenzstruktur ... 149

4.1		Verbale Umschreibung und operationale Definitionen	149
4.2		Skalen und Verteilungen	153
	4.2.1	Quantitative Maße für Allgemeine Intelligenz	153
	4.2.2	Abhängigkeit vom Messbereich	154
4.3		Strukturmodelle	156
	4.3.1	Die Zwei-Faktoren-Theorie von Spearman	156
	4.3.2	Gruppenfaktoren-Modelle	159
	4.3.3	Das Modell mehrerer gemeinsamer Faktoren	160
	4.3.4	Das Modell der fluiden und kristallisierten Allgemeinen Intelligenz von Cattell	165

		4.3.5	Das »Structure of Intellect«-Modell von Guilford	168
		4.3.6	Das Berliner Intelligenzstrukturmodell von Jäger	171
		4.3.7	Die »Three Stratum«-Theorie von Carroll	173
		4.3.8	Abschließende Bemerkungen	176
	4.4	Stabilität und Veränderung	178
		4.4.1	Intelligenzentwicklung über die Lebensspanne	178
		4.4.2	Differentielle Stabilität der Intelligenz	182
		4.4.3	Veränderung von Intelligenz	185
	4.5	Geschlechtsunterschiede	191
5	**Grundlagen und Korrelate der Intelligenz**	**195**
	5.1	Prozessmodelle	195
		5.1.1	Mentale Geschwindigkeit und »Elementary Cognitive Tasks«	198
		5.1.2	Arbeitsgedächtnis	202
	5.2	Neurale Korrelate der Intelligenz	205
	5.3	Intelligenz in Ausbildung, Beruf und Lebenslauf	208
		5.3.1	Extremvarianten der Intelligenz: Hoch- und Minderbegabte	209
		5.3.2	Intelligenz und Problemlösen	210
		5.3.3	Intelligenz und Lernen	212
		5.3.4	Intelligenz und Schulerfolg	213
		5.3.5	Intelligenz und Berufstätigkeit	214
		5.3.6	Intelligenz, Verhalten und Lebenslauf	218
	5.4	Praktische Intelligenz	222
		5.4.1	Methoden zur Erfassung von alltagsnahen Kompetenzen	222
	5.5	Weitere Konzepte von Intelligenz	225
		5.5.1	Multiple Intelligenzen	225
		5.5.2	Soziale Intelligenz	227
		5.5.3	Erfolgsintelligenz	228
		5.5.4	Emotionale Intelligenz	228
6	**Kreativität**	**233**
	6.1	Einführung und Begriffsbestimmung	233
	6.2	Erfassung von Kreativität	234
		6.2.1	Kreativität als Eigenschaft	234
		6.2.2	Allgemeines zur Kennzeichnung der Verfahren	236
		6.2.3	Die Guilford-Tests	238
		6.2.4	Weitere Verfahren	240
	6.3	Korrelate der Kreativität	243
		6.3.1	Validierungs- und Kriterienproblematik	243
		6.3.2	Kreativität und Intelligenz	244
		6.3.3	Kreativität und Schulleistung	245
		6.3.4	Kreativität und Persönlichkeit	246
	6.4	Aufklärung testunabhängiger Kreativitätsvarianz	248
	6.5	Zur Theorie der Kreativität	250
		6.5.1	Prozessmodelle	250
		6.5.2	Komponentenmodelle	252
	6.6	Implikationen und Trainierbarkeit	257

Teil III Interindividuelle Differenzen im Persönlichkeitsbereich

7 Modellierung von Persönlichkeitsstruktur 261
- 7.1 Typologien 261
  - 7.1.1 Temperamentstypologien 261
  - 7.1.2 Konstitutionstypologien 263
- 7.2 Persönlichkeitstheoretische Konzepte von Cattell 268
  - 7.2.1 Allgemeine Kennzeichen 268
  - 7.2.2 Verhaltensdaten 269
  - 7.2.3 Fragebogendaten 271
  - 7.2.4 Objektive Tests 275
  - 7.2.5 Abschließende Würdigung 277
- 7.3 Die Persönlichkeitstheorie von Eysenck 278
  - 7.3.1 Allgemeine Kennzeichnung 278
  - 7.3.2 Das PEN-System 280
  - 7.3.3 Anwendungsbereiche 287
  - 7.3.4 Abschließende Würdigung 290
- 7.4 Das Fünf-Faktoren-Modell der Persönlichkeit 293
  - 7.4.1 Entwicklung des Fünf-Faktoren-Modells: Fremdbeurteilung 293
  - 7.4.2 Fünf-Faktoren-Modelle in Persönlichkeitsfragebogen: Selbstbeurteilung 295
  - 7.4.3 Stellenwert des Fünf-Faktoren-Modells 301
  - 7.4.4 »Persönlichkeit« von Kulturen 304
- 7.5 Stabilität und Veränderung 306
  - 7.5.1 Differentielle Stabilität 306
  - 7.5.2 Absolute Stabilität 307
- 7.6 Geschlechtsunterschiede 309

8 Biologische Grundlagen und Korrelate der Persönlichkeit 311
- 8.1 Die biologischen Erklärungstheorien der Persönlichkeit von Eysenck ... 312
  - 8.1.1 Biologische Basis der Extraversion 312
  - 8.1.2 Biologische Basis von Neurotizismus und Psychotizismus 320
  - 8.1.3 Abschließende Erörterung 322
- 8.2 Die BIS/BAS-Theorie der Persönlichkeit von Gray 324
  - 8.2.1 Impulsivität und Ängstlichkeit 324
  - 8.2.2 Drei fundamentale Hirnsysteme für Belohnung und Bestrafung 326
  - 8.2.3 Individuelle Unterschiede in den Funktionen des BIS, BAS und FFS 327
  - 8.2.4 Empirische Überprüfung 329
  - 8.2.5 Revision der Theorie 334
- 8.3 Die biosoziale Persönlichkeitstheorie von Cloninger 336
  - 8.3.1 Drei fundamentale Persönlichkeitsmerkmale/Hirnsysteme für Neuheit, Gefahr und Belohnung 337
  - 8.3.2 Empirische Überprüfung 340
  - 8.3.3 Weiterentwicklung der Theorie 345
- 8.4 Affektiver Stil, Positive und Negative Affektivität 346

		8.4.1	Frontale Asymmetrie und Affektiver Stil, Positiver Affekt und Negativer Affekt	347
		8.4.2	Frontale Asymmetrie und motivationale Tendenz	350
	8.5	Sensation Seeking		352
		8.5.1	Die Messung von »Sensation Seeking«	353
		8.5.2	»Sensation Seeking« im alternativen Fünf-Faktoren-Modell	354
		8.5.3	Biopsychologische Grundlagen des »Sensation Seeking«	355
	8.6	Vergleich zwischen den biopsychologischen Persönlichkeitstheorien		359
	8.7	Organismische Korrelate der Persönlichkeit		363
		8.7.1	Psychophysiologie	363
		8.7.2	Gesundheit	366
9	**Emotion und Persönlichkeit**			**374**
	9.1	Die Psychoanalyse Freuds als Persönlichkeitstheorie		374
		9.1.1	Das allgemeine Menschenbild der Psychoanalyse	375
		9.1.2	Strukturelle Konzepte: Es, Ich und Über-Ich	376
		9.1.3	Dynamische Persönlichkeitskonzepte der Psychoanalyse	378
		9.1.4	Die Neoanalyse	381
		9.1.5	Die Überprüfung psychoanalytischer Annahmen	384
	9.2	Das Persönlichkeitsmerkmal »Repression versus Sensitization«		388
		9.2.1	Umschreibung des R-S-Konstruktes	388
		9.2.2	Die Entwicklung des R-S-Konstruktes	389
		9.2.3	Die Messung des R-S-Konstruktes	391
		9.2.4	Unterschiede zwischen Repressern und Sensitizern	392
		9.2.5	Kritik am R-S-Konstrukt	394
		9.2.6	Zweidimensionale Erfassung des R-S-Konstruktes	395
		9.2.7	Weiterentwicklung des R-S-Konstruktes	396
	9.3	Ängstlichkeit		400
		9.3.1	Die Vielfalt psychologischer Angstforschung	400
		9.3.2	Die differentialpsychologische Perspektive	402
		9.3.3	Differenzierungen des Ängstlichkeitskonstruktes	408
		9.3.4	Biologische Grundlagen der Ängstlichkeit	413
		9.3.5	Geschlechtsunterschiede	417
	9.4	Aggression und Aggressivität		419
		9.4.1	Zur Bedeutung von Aggression	419
		9.4.2	Definitionsprobleme	420
		9.4.3	Aggressivität als Folge von Trieben und Instinkten	421
		9.4.4	Aggression als Folge von Lernprozessen	425
		9.4.5	Aggressivität als Eigenschaft	428
		9.4.6	Geschlechtsunterschiede	432
10	**Kognitiv-affektive Einheiten und Persönlichkeit**			**434**
	10.1	Verhaltenstheoretische Persönlichkeitsforschung		434
	10.2	Die soziale Lerntheorie der Persönlichkeit von Rotter		436
		10.2.1	Grundsätzliche Annahmen	436
		10.2.2	Kontrollüberzeugungen als generalisierte Erwartungen	438
		10.2.3	Korrelate von internaler und externaler Kontrollüberzeugung	444

		10.2.4 Zwischenmenschliches Vertrauen	451
	10.3	Belohnungsaufschub	456
		10.3.1 Inhalt, Herleitung und Bedeutung	458
		10.3.2 Zur Unterscheidung von Belohnungsaufschub und Verzögerungsabwertung	459
		10.3.3 Erfassung und Korrelate von Belohnungsaufschub	460
		10.3.4 Situative und kognitive Faktoren	461
		10.3.5 Erklärungsmodelle	462
		10.3.6 Abschließende Erörterung	463
11	Konzepte des Selbst in der Persönlichkeitspsychologie		465
	11.1	Selbstkonzept	465
		11.1.1 Das Selbstkonzept als selbstbezogenes Wissenssystem	465
		11.1.2 Quellen selbstbezogenen Wissens	466
		11.1.3 Struktur und Messung des Selbstkonzepts	467
		11.1.4 Realitätstreue bereichsspezifischer Selbstkonzepte	470
		11.1.5 Das globale Selbstkonzept	474
	11.2	Selbstwirksamkeit	477
12	Verhaltensvorhersage durch Eigenschaften		479
	12.1	Modelle für Eigenschaftstheorien	479
		12.1.1 Personismus	479
		12.1.2 Situationismus	484
		12.1.3 Interaktionismus	488
		12.1.4 Dispositionismus	490
	12.2	Verbesserung der Verhaltensvorhersage	495
		12.2.1 Erhöhung der Reliabilität (Aggregation über Zeitpunkte)	495
		12.2.2 »Multiple-Act«-Kriterien (Aggregation über Verhaltensweisen)	496
		12.2.3 Aggregation über und Berücksichtigung von Situationen	497
		12.2.4 Persönlichkeitspsychologisch relevante Situationen	498
		12.2.5 Wahl des Kriteriums	500
		12.2.6 Zentralität und Angemessenheit von Eigenschaften	500
		12.2.7 Selbstzentrierte Aufmerksamkeit	501
		12.2.8 Identifikation von Personen mit hoher Vorhersagbarkeit	502

Teil IV Determinanten interindividueller Unterschiede

13	Genetische Faktoren		511
	13.1	Einführende Bemerkungen	511
	13.2	Art und Ausmaß der Erbbedingtheit	512
	13.3	Allgemeine Vorstellungen über Erbe und Umwelt	514
	13.4	Erblichkeitsschätzungen aufgrund von Varianzzerlegung	515
		13.4.1 Modellparameter	515
		13.4.2 Bestimmung der Parameter	518
		13.4.3 Designs	522
	13.5	Ergebnisse verhaltensgenetischer Forschung	525

		13.5.1 Allgemeine Intelligenz	525
		13.5.2 Persönlichkeit	529
	13.6	Abschließende Erörterung	534
14	**Umweltfaktoren**		**535**
	14.1	Dimensionierung der Umwelt	535
	14.2	Allgemeine Milieu- und Anregungsfaktoren	539
		14.2.1 Zwillingsuntersuchungen	539
		14.2.2 Adoptionsstudien	545
		14.2.3 Der Sonderfall: Persönlichkeitsmerkmale in Familienuntersuchungen	555
		14.2.4 Sozialstatus und sozioökonomische Variablen	556
	14.3	Spezifische Faktoren	558
		14.3.1 Ernährung	558
		14.3.2 Krankheiten	562
		14.3.3 Stellung in der Geschwisterreihe	564
		14.3.4 Erziehungsverhalten der Eltern	572
		14.3.5 Übung, Training, Unterweisung	574
		14.3.6 Physische Attraktivität	585
15	**Gruppenunterschiede**		**590**
	15.1	Geschlecht	590
		15.1.1 Biologische Grundlagen: Ausbildung des Geschlechts	593
		15.1.2 Geschlechtsrollen	598
		15.1.3 Zugeschriebenes und erlebtes Geschlecht, Erziehungsfaktoren	599
		15.1.4 Abschließende Bemerkungen	600
	15.2	Ethnische Gruppen	602
	15.3	Sozioökonomischer Status	609
		15.3.1 Bedeutung und Messung	609
		15.3.2 SÖS und Intelligenz	610
		15.3.3 SÖS, Persönlichkeit und Werthaltungen	611
		15.3.4 Interpretationen	611

Literatur **613**

Bildquellennachweis **674**

Stichwortverzeichnis **675**

Personenverzeichnis **685**

Zusatzmaterial

Zu dem vorliegenden Lehrbuch gibt es umfangreiches Tabellen- und Abbildungsmaterial sowie ein spezielles Lernprogramm mit prüfungsrelevanten Fragen und Antworten zum Selbststudium. Sie können dieses Material unter folgendem Link kostenfrei herunterladen: http://downloads.kohlhammer.de/?isbn=978-3-17-025721-4 (**Passwort:** no5ua3y).

Wichtiger urheberrechtlicher Hinweis: Alle zusätzlichen Materialien, die im Download-Bereich zur Verfügung gestellt werden, sind urheberrechtlich geschützt. Ihre Verwendung ist nur zum persönlichen und nichtgewerblichen Gebrauch erlaubt. Jede Verwendung außerhalb der engen Grenzen des Urheberrechts ist ohne Zustimmung des Verlags unzulässig und strafbar. Das gilt insbesondere auch für Vervielfältigungen, Übersetzungen, Mikroverfilmungen und für die Einspeicherung und Verarbeitung in elektronischen Systemen.

Vorwort zur 8. Auflage

Mit der 8. Auflage verabschieden wir den Gründungsautor Dieter Bartussek aus dem Autorenkreis der *Differentiellen Psychologie und Persönlichkeitsforschung* und danken ihm herzlich für die zweieinhalb Jahrzehnte währende Arbeit an diesem Standardwerk unseres Faches. Gleichzeitig begrüßen wir Frank M. Spinath als neuen Autor. Wir sind uns sicher, dass er dem Werk zukünftig neue Impulse geben wird.

Das Fach *Persönlichkeitspsychologie*, wie es in vielen aktuellen Studien- und Prüfungsordnungen heißt, ist ein für die Psychologie zentrales Fach. Es integriert die Grundlagenfächer der Psychologie, die jeweils nur einzelne Aspekte der Person untersuchen, und es bildet eine essentielle Grundlage für die Anwendungsfächer der Psychologie, eingeschlossen die Psychologische Diagnostik. Daher sind gründliche Kenntnisse in der Persönlichkeitspsychologie und ihrer Methodologie für ein wissenschaftliches Studium der Psychologie unverzichtbar. Das vorliegende Lehrbuch vermittelt die Methodik und die Inhalte des Fachs. Das Buch möchte auch wissenschaftliches, kritisches Denken fördern.

Wir gehen davon aus, dass persönlichkeitspsychologische Erkenntnisse durch Theorienbildung und Überprüfung von Theorien aufgrund empirischer Untersuchungen wachsen. Diesem Grundverständnis folgt die Darstellung in diesem Buch: Differentielle Psychologie und Persönlichkeitsforschung werden anhand der einflussreichsten aktuellen und früheren empirischen Untersuchungen dargestellt. Ohne eine theoretische Integration wäre die Vielzahl an empirischen Befunden allerdings »blind«: Theorie und Empirie sind stets aufeinander bezogen.

Die Neuauflage ist noch studienfreundlicher geworden. Jedes Kapitel wird mit einer Übersicht über die wichtigsten Inhalte eingeleitet. Alle Unterkapitel erster Ordnung werden durch eine Zusammenfassung beschlossen. Außerdem wurde das Sachverzeichnis überarbeitet. Mit diesen Änderungen kommen wir den Wünschen aus der Leserschaft gerne nach.

Wir danken dem Verlag Kohlhammer und insbesondere Ulrike Albrecht und Dr. Ruprecht Poensgen für die ausgezeichnete Zusammenarbeit auch bei der Vorbereitung dieser 8. Auflage.

Marburg, Heidelberg und Saarbrücken
im Februar 2016

Gerhard Stemmler   *Manfred Amelang*
Dirk Hagemann   *Frank M. Spinath*

Hinweise zur Benutzung

Seit der Einführung der gestuften Studiengänge Bachelor und Master ist eine erstaunliche Bandbreite im Umfang der Lehre an verschiedenen Universitätsstandorten festzustellen. Dessen ungeachtet halten wir an dem Anspruch einer gehaltvollen und umfassenden Wissensvermittlung im Fach *Persönlichkeitspsychologie* fest. Daher ist es unser Ansatz, ein einziges Lehrbuch für die verschieden großen Umfänge des Curriculums in unserem Fach bereitzustellen. Denn der Grad der Auseinandersetzung mit dem Stoff sollte bei einem wissenschaftlichen Studium der Psychologie nicht durch Verzicht auf den wissenschaftlichen Anspruch, sondern durch Anpassung des Stoffumfangs an das Curriculum bestimmt werden.

Hierfür geben wir Empfehlungen für Ausschnitte aus dem Stoffgebiet, zugeschnitten auf ein *kleines* (Vorlesung mit 2 SWS), *mittelgroßes* (Vorlesung mit 3 SWS) und *großes* (Vorlesung mit 4 SWS) Curriculum. Damit bleibt den Studierenden das Lehrbuch ein wertvolles Nachschlage- und Orientierungswerk auch für andere Module im Bachelor- und Masterstudium, in denen weitergehende persönlichkeitspsychologische Grundlagen erforderlich sind.

Stoffempfehlung für ein kleines Curriculum

Der Stoffumfang bei einem *kleinen* persönlichkeitspsychologischen Curriculum folgt den Möglichkeiten einer zweistündigen Vorlesung. Dies wird durch den Stoffumfang des halben Buchs, etwa nach dem folgenden Vorschlag, erreicht:

- Kap. 1 Grundlagen
- Kap. 2 Methoden der Persönlichkeitsforschung (Selbststudium, wenn die Inhalte noch nicht bekannt sind)
- Kap. 3.1 Gewinnung empirischer Daten: Der eigenschaftstheoretische Ansatz
- Kap. 4 Modellierung von Intelligenzstruktur
- Kap. 7 Modellierung von Persönlichkeitsstruktur
- Kap. 8 Biologische Grundlagen und Korrelate der Persönlichkeit
    - Kap. 8.1 Die biologischen Erklärungstheorien der Persönlichkeit von Eysenck
    - Kap. 8.2 Die BIS/BAS-Theorie der Persönlichkeit von Gray
- Kap. 11 Konzepte des Selbst in der Persönlichkeitspsychologie
- Kap. 13 Genetische Faktoren
- Kap. 14 Umweltfaktoren
    - Kap. 14.1 Dimensionierung der Umwelt
    - Kap. 14.2 Allgemeine Milieu- und Anregungsfaktoren
- Kap. 15 Gruppenunterschiede

Stoffempfehlung für ein mittelgroßes Curriculum

Der Stoffumfang bei einem *mittelgroßen* persönlichkeitspsychologischen Curriculum folgt den Möglichkeiten einer dreistündigen Vorlesung. Dies wird durch den Stoffumfang von drei Viertel des Buchs, etwa nach dem folgenden Vorschlag und zusätzlich zu dem Stoff des *kleinen* Curriculums, erreicht:

- Kap. 3 Gewinnung empirischer Daten (komplett)
- Kap. 5 Grundlagen und Korrelate der Intelligenz
- Kap. 8 Biologische Grundlagen und Korrelate der Persönlichkeit (komplett)
- Kap. 10 Kognitiv-affektive Einheiten und Persönlichkeit
  - Kap. 10.1 Verhaltenstheoretische Persönlichkeitsforschung
  - Kap. 10.2 Die soziale Lerntheorie der Persönlichkeit von Rotter
- Kap. 12 Verhaltensvorhersage durch Eigenschaften

Stoffempfehlung für ein großes Curriculum

Der Stoffumfang bei einem *großen* persönlichkeitspsychologischen Curriculum folgt den Möglichkeiten einer vierstündigen Vorlesung. Ihr liegt der gesamte Stoffumfang des Buchs zugrunde. Die gegenüber dem *mittelgroßen* Curriculum hinzukommenden Teile umfassen:

- Kap. 6 Kreativität
- Kap. 9 Emotion und Persönlichkeit
- Kap. 10 Kognitiv-affektive Einheiten und Persönlichkeit (komplett)
- Kap. 14 Umweltfaktoren (komplett)

Zusatzmaterial

Zu dem vorliegenden Lehrbuch gibt es umfangreiches Tabellen- und Abbildungsmaterial sowie ein spezielles Lernprogramm mit prüfungsrelevanten Fragen und Antworten zum Selbststudium. Sie können dieses Material kostenfrei herunterladen. Hinweise hierzu finden Sie auf S. 12.

: Teil I Grundlagen und Forschungsmethoden

1 Grundlagen

> Womit befasst sich die Differentielle Psychologie? Was versteht man unter Persönlichkeit? Um diese grundlegenden Fragen geht es in diesem einleitenden Kapitel. Zunächst besprechen wir, welche Bedeutung interindividuelle Unterschiede in physischen und psychischen Merkmalen haben und warum deren Erforschung psychologisch relevant ist (1.1). Sodann fragen wir, wie groß interindividuelle Unterschiede bei Menschen und bei Tieren sind und wie die betrachteten Merkmale in einer Population verteilt sind (1.2). Der Frage der Bedeutung von interindividuellen Unterschieden wird in einem geschichtlichen Exkurs vertiefend nachgegangen. Hier wird schnell deutlich, dass es immer auch um die Messung von psychischen Merkmalen geht, was im Bereich der Persönlichkeit von unterschiedlichen Konzepten oder Perspektiven aus geschehen ist (1.3). Die Erläuterung der Aufgaben der Differentiellen Psychologie führt direkt zu der Frage ihrer Abgrenzung von der Allgemeinen Psychologie (1.4). Schließlich werden zentrale Begriffe – von »Variablen« über »Konstrukte« bis zu »Persönlichkeit« (1.5) – und inhaltliche Konzepte wie Verhaltensgewohnheiten, Dispositionseigenschaften und Verhaltensvorhersage sowie Zustände und Typen besprochen (1.6).

1.1 Einführung

Wie jede Alltagserfahrung lehrt, ist die Unterscheidbarkeit von Individuen eine der Grundtatsachen des Lebens überhaupt. Die individuellen Besonderheiten sind bereits unmittelbar nach der Geburt offenkundig und verstärken sich mit zunehmender Reifung. Keiner ist dem anderen gleich in Aussehen, Gestik, Mimik und Auftreten, in Denkweise, Meinungen und Einstellungen, in Sprache und Verhalten. Jeder reagiert in einer ihm eigenen Weise auf seine Umwelt und die Mitmenschen.

Selbst wenn zwischen mehreren Personen gewisse Übereinstimmungen bestehen, gelten diese allenfalls für eng umschriebene Charakteristika. Die Besonderheit der Person wird hingegen in der spezifischen Kombination der Merkmale erkennbar. Selbst wenn man nur ein Merkmal betrachtet, so gilt einem alten Sprichwort zufolge, dass Gleiches, von Verschiedenen getan, doch nicht dasselbe sein muss. Damit wird auf die spezifischen Beweggründe für Verhalten oder auf die nicht exakt wiederholbare situative Einbindung des Verhaltens abgehoben und die Einheit und Unverwechselbarkeit der Person unterstrichen.

Seit alters her sind die individuellen Besonderheiten beobachtet und registriert worden. Sie liefern das Material für Literatur, Schauspiel oder bildende Kunst, wo immer wieder das Charakteristische einzelner Menschen akribisch herausgearbeitet worden ist.

Erhebliche Bedeutung haben die individuellen Eigenarten für das soziale Gefüge. Die differenzierte Leistungsgesellschaft etwa ist eine Folge der Auffassung, dass nicht alle Mitglieder einer Gesellschaft alle anfallenden Aufgaben gleich gut bewältigen können, weshalb sich eine gezielte Platzierung von Personen anbietet. Qualifikationsmerkmale von Personen sollten möglichst gut mit den Anforderungen von Aufgaben zur Deckung kommen. Konstitutiver Bestandteil der Leistungsgesellschaft ist ein Bildungssystem, das eine unterschiedliche Lernfähigkeit und Schulbarkeit seiner Bürger unterstellt und für diese von Sonderschulen bis zu Universitäten zahlreiche Bildungseinrichtungen bereithält, die darüber hinaus noch beträchtliche Binnengliederungen vorsehen. Auf weite Strecken lebt zudem die Wirtschaft von den unterschiedlichen Ansprüchen der Menschen, indem sie für eine große Produktvielfalt sorgt.

Nur auf den ersten Blick mag es demgegenüber paradox anmuten, wenn in der Geschichte immer wieder Gleichheit der Menschen eingefordert wurde, wie in der Unabhängigkeitserklärung der USA (»All men are created equal«), dem Ideal der Französischen Revolution (»Liberté, Egalité, Fraternité«) oder in gewerkschaftlichen Forderungen (»Gleicher Lohn für gleiche Arbeit«). Damit sollte zumindest den ärgsten Auswüchsen einer auf der Ungleichheit der Menschen basierenden Politik von Knechtschaft und Ausbeutung entgegengetreten und zum Teil auch die behauptete (»Natur-«)Notwendigkeit der Ungleichheiten selbst bestritten werden.

Tatsächlich bestehen Ungleichheiten. Männer werden immer noch trotz vergleichbarer Leistungen besser als Frauen entlohnt. Ältere erhalten mehr Lohn als Jüngere. Gut aussehende Personen sind gegenüber weniger attraktiven im Ausbildungsprozess, bei psychotherapeutischer Behandlung oder bei der Wahl des Partners im Vorteil.

Die Reihe derartiger Beispiele ist beliebig fortsetzbar. Festzuhalten ist, dass in vielen Merkmalen interindividuelle Unterschiede bestehen, manche allerdings für den Einzelnen nahezu ohne Belang und andere nur in einzelnen Situationen relevant sind (z. B. die Form der inneren Gehörgänge, die Neigung zu Seekrankheit). Interindividuelle Unterschiede in Merkmalen wie dem Geschlecht, der Hautfarbe, der Intelligenz oder der Persönlichkeit sind hingegen situationsübergreifend von größter Bedeutung, weil davon die Wirksamkeit von Menschen auf die Welt und umgekehrt die Rückwirkung der Umwelt auf sie mitbestimmt wird.

Die Beschreibung und Analyse derartiger interindividueller Differenzen zwischen Individuen oder Gruppen bilden den Gegenstand der Differentiellen Psychologie. Im Unterschied dazu behandelt die Allgemeine Psychologie die Gesetzmäßigkeiten des Verhaltens und Erlebens des durchschnittlichen Individuums. Dabei ist nicht unbedingt sicher, dass es ein solches »durchschnittliches« Individuum überhaupt gibt und dass die Gesetzmäßigkeit auf alle Mitglieder der Population gleichermaßen gut zutrifft. Anders ausgedrückt befasst sich die Differentielle Psychologie mit dem systematischen Teil der von der Allgemeinen Psychologie ausgeklammerten Variabilität im Verhalten und Erleben.

Die differentialpsychologische Betrachtung von Unterschieden bezieht sich nicht nur auf Unterschiede *zwischen* Personen zu einem gegebenen Zeitpunkt (Querschnittsbetrachtung), obgleich dies ihr Hauptgegenstand ist. Auch die Merkmalsfluktuation *innerhalb* einer Person über Situationen oder Zeitpunkte hinweg (Längsschnittbetrachtung, intraindividuelle Unterschiede) kann Gegenstand der Differentiellen Psychologie sein. Dann werden interindividuelle Unterschiede in den intraindividuellen Prozessen untersucht. Wenn solche Unterschiede nicht bestehen oder nicht interessieren, sind die Prozesse Gegenstand der Allgemeinen Psychologie oder auch der Entwicklungspsychologie, je nachdem, ob es sich um kürzere Zeitstrecken im Sekundenbereich bis zu mehreren Wochen handelt oder ob es um längere Zeitabschnitte bis hin zu vielen Jahren geht.

Differentialpsychologische Fragestellungen gelten

- der Beschaffenheit von Merkmalen oder Prozessen, in denen es interindividuelle Differenzen gibt,
- der wechselseitigen Abhängigkeit solcher Merkmale,
- dem Ausmaß interindividueller Differenzen,
- ihrer Beeinflussbarkeit durch Training, veränderte Anregungsbedingungen, Medikamente und andere Bedingungen,
- den organismischen, kognitiven, emotionalen und motivationalen Grundlagen für diese Differenzen,
- ihren Ursachen, darunter Erb- und Umweltfaktoren sowie
- der Vorhersage von zukünftigem Verhalten aufgrund dieser Differenzen.

Viele dieser Fragestellungen sind Gegenstand dieses Lehrbuchs.

> **Zusammenfassung von Kapitel 1.1**
>
> Interindividuelle Unterschiede bestehen in sehr vielen physischen und psychischen Merkmalen; gleichwohl eint die Mitglieder einer Spezies ein gemeinsamer Bauplan. In diesem Spannungsfeld zwischen Ungleichheit und Gleichheit kann man sowohl etwas in unserem Kulturkreis Wertgeschätztes – wie die Besonderheit und Einzigartigkeit einer einzelnen Person – als auch eine gesellschaftliche Verfasstheit zwischen Ungerechtigkeit und Gerechtigkeit sehen. Die Differentielle Psychologie beschäftigt sich außer mit interindividuellen Unterschieden auch mit intraindividuellen Veränderungen, sofern sie bei verschiedenen Personen unterschiedlich ausgeprägt sind.

1.2 Zur Universalität interindividueller Differenzen

1.2.1 Interindividuelle Differenzen beim Menschen

Das Wissen um Unterschiede zwischen Individuen im Humanbereich stellt seit jeher eine Selbstverständlichkeit dar. Zu allen Zeiten hat es Personen gegeben, die sich in Bezug auf einzelne Merkmale oder deren Kombination von ihren Mitmenschen deutlich abhoben. Die Variabilität von Merkmalen stellt allerdings ein allgemeines Phänomen dar: So weisen etwa Größe, Gewicht und Konstitution des Körpers deutliche Verschiedenheiten auf. Untersuchungen etwa der Körpergröße haben das folgende Bild ergeben (▶ Abb. 1.1).

Analoge Unterschiede treten auch in den Einzelorganen des Körpers auf. So zeigen die Größe und Form von Magen und Herz deutliche Variabilität. Unterschiede gibt es auch in der chemischen Zusammensetzung der verschiedenen Körperflüssigkeiten, wie

Teil I Grundlagen und Forschungsmethoden

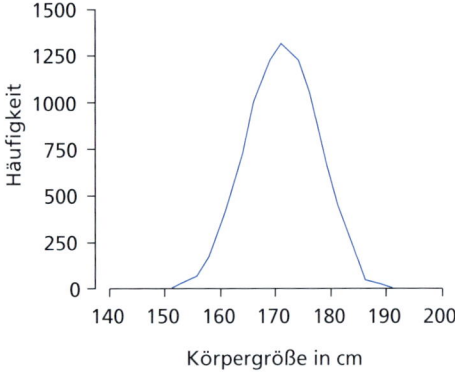

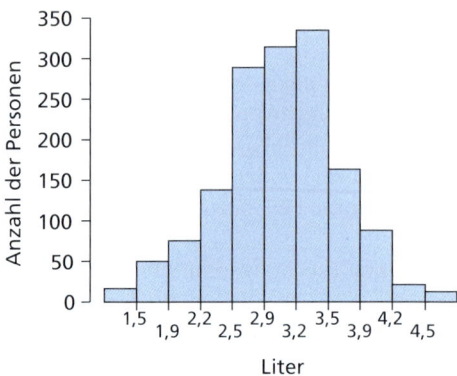

Abb. 1.1: Verteilung der Körpergröße von 8585 Personen englischer Herkunft (nach Yule & Kendall, 1950, S. 95).
Die Mehrzahl der in der Stichprobe erfassten Personen zeigte mithin eine Körpergröße zwischen etwa 165 und 175 cm. Der mittlere Wert von ca. 170 cm wurde am häufigsten beobachtet. Extreme Werte in beiden Richtungen kamen immer seltener vor, bis schließlich in den Ausprägungskategorien unterhalb 144 und oberhalb 195 cm überhaupt keine Personen mehr vorzufinden waren.

Abb. 1.2: Histogramm für die Häufigkeitsverteilung der Vitalkapazität (in Litern) bei einer Stichprobe von 1491 Soldaten mit einer Körpergröße um 170 cm.

beispielsweise der Menge von Harnstoff im Blut, der Konzentration von Natriumionen oder derjenigen von Eisen. Jede Person scheint eine für sie einzigartige Kombination der einzelnen Bestandteile des Sekretsystems aufzuweisen. Die annähernd glockenförmige Häufigkeitsverteilung bzw. Normalverteilung von Messwerten ist nicht nur für Merkmale wie die Körpergröße, sondern auch für einige physiologische Maße zu beobachten. Dies ist zum Beispiel bei Messungen der Vitalkapazität (nach Wechsler, 1952), d. h. der Differenz des Luftvolumens zwischen maximalem Ein- und Ausatmen, erkennbar (▶ **Abb. 1.2**).

Die Normalverteilung stellt eine wahrscheinlichkeitstheoretische Zufallsverteilung dar. Sie wird wegen ihrer Bedeutung für die Differentielle Psychologie hier näher besprochen. Die erkennbare Asymmetrie in **Abbildung 1.2** geht vor allem auf eine Überbeset-

zung der Maßzahlklasse 3,2 bis 3,5 zurück. Solche und ähnliche Abweichungen von der symmetrischen Normalverteilungsform scheinen bei komplexeren Merkmalen geringer zu werden.

Wie bei anatomischen und physiologischen Merkmalen kann man auch für viele psychologische Maße wenigstens annähernd glockenförmige Verteilungen der individuell unterschiedlichen Ausprägungsgrade feststellen. Beispiele aus dem Leistungs-, Persönlichkeits- und Einstellungsbereich mögen das belegen.

Im Jahr 2004 verteilte sich die Leistung der 219 826 Abiturienten, ausgedrückt durch die über alle Fächer gemittelten Abiturnoten, wie in **Abbildung 1.3** dargestellt. Die Gedächtnisleistung von Studierenden verschiedener Fachrichtungen wurde von Amelang erfasst. Die Probanden mussten zunächst eine Minute lang einen sinnvollen Text lesen. Nach einem Intervall von 10 Minuten wurde sodann nach spezifischen Passagen des Inhalts gefragt und die Anzahl richtig erinnerter Details als Gedächtnismaß verwendet (▶ **Abb. 1.4**).

Nicht viel anders sieht es aus, wenn Personen hinsichtlich eines oder mehrerer Persönlichkeitsmerkmale von Freunden oder Bekannten eingeschätzt werden oder die Betreffenden sich in Persönlichkeitsfragebogen selbst

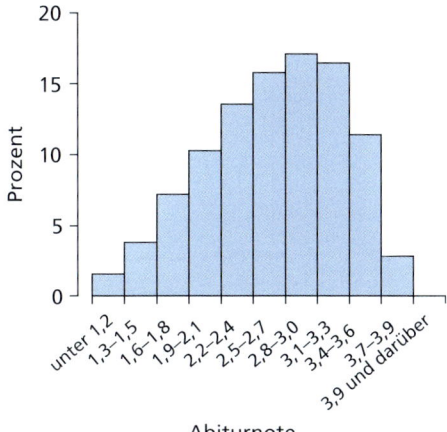

Abb. 1.3: Histogramm für die Häufigkeitsverteilung der Abiturdurchschnittsnoten (N = 219 826) in 15 Bundesländern in Deutschland im Jahr 2004.

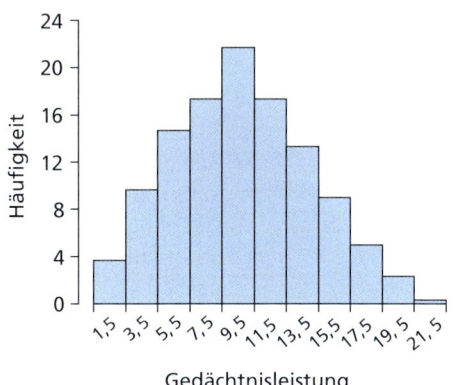

Abb. 1.4: Histogramm für die Häufigkeitsverteilung eines Gedächtnismaßes (Anzahl richtig erinnerter Details eines Textes) in einer Stichprobe von 1161 Studierenden.

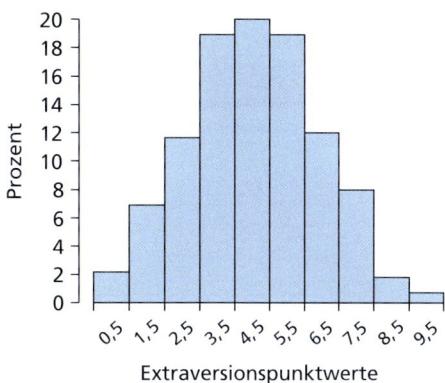

Abb. 1.5: Histogramm für die Häufigkeitsverteilung der Extraversions-/Introversionspunktwerte (hohe Punktwerte bedeuten Extraversion) in einer Stichprobe von 1000 Soldaten (nach Eysenck, 1947).

beurteilen. Im Zuge der Entwicklung eines solchen Verfahrens zur Erfassung von »Extraversion«, d. h. der Tendenz, mehr auf die Außenwelt als auf die eigene Person gerichtet, lieber in Gesellschaft als alleine zu sein, abwechslungsreiche Lebensbedingungen gleichförmigen vorzuziehen und anderes mehr, stellte Eysenck (1947) die in **Abbildung 1.5** dargestellte Verteilung fest.

Andere Merkmale wie Ängstlichkeit, Dogmatismus oder Gefühlsbetontheit zeigen ebenfalls solche eingipfeligen, wenigstens annähernd symmetrischen Verteilungen. Gewiss sind diese glockenförmigen Verteilungen zum Teil ein angezieltes Ergebnis der Verfahrensentwicklung. Aber auch ohne jeglichen Konstruktionsaufwand stellen sich häufig annähernd normalverteilte Merkmale ein.

Beispielsweise ließen Klingemann und Pappi (1972) 962 Personen eines repräsentativen Bevölkerungsquerschnitts auf einer 10-stufigen Skala eine Selbsteinschätzung danach vornehmen, ob sie politisch mehr rechts oder mehr links stünden, wobei völlig offengelassen wurde, was genau darunter zu verstehen sei. Die Verteilung der Einstellungen zeigte wiederum das typische Häufigkeitsmaximum im Mittelbereich mit einer Abnahme der Häufigkeiten zu den Endpunkten des Kontinuums hin (▶ **Abb. 1.6**) – woraus die Autoren im Übrigen den Schluss zogen, dass das Wählerpotenzial für radikale Parteien relativ klein sei.

Die angeführten Beispiele mögen genügen, um die Feststellung zu rechtfertigen, dass in körperlichen, physiologischen und psychologischen Merkmalen Unterschiede bestehen.

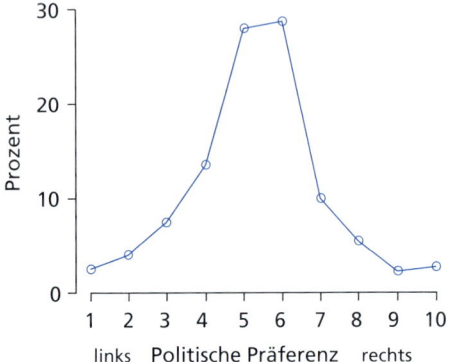

Abb. 1.6: Die Links-Rechts-Selbsteinstufung der Wahlberechtigten in Hessen (nach Klingemann & Pappi, 1972, S. 42).

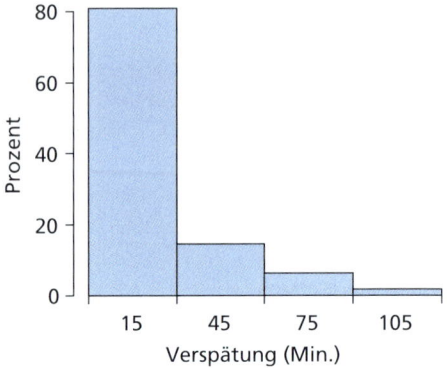

Abb. 1.7: Verteilung von Verspätungen am Arbeitsplatz (nach Hofstätter, 1973, S. 67).

Die Merkmalsverteilung folgt oft annähernd einer Gauß'schen Normalverteilung. Die grundlegende Annahme dabei ist, dass solche Verteilungen immer dann entstehen, wenn eine Vielzahl von Faktoren in zufälliger Kombination zusammenwirkt. Sofern die Zufälligkeit der Kombination nicht gewährleistet ist, kommt es zu mehr oder weniger gravierenden Abweichungen von der Normalverteilung.

So finden sich bei Hofstätter (1973, S. 67) die in **Abbildung 1.7** wiedergegebenen Resultate aus einer Untersuchung zur Pünktlichkeit am Arbeitsplatz. Wie aus dieser sog. J- oder L-Verteilung der Werte ersichtlich ist, erschienen den 2545 Messungen zufolge die allermeisten Arbeitnehmer rechtzeitig, und immer weniger Personen wiesen eine zunehmend längere Verspätung auf. Ganz ähnliche Verhältnisse wurden beim Zuspätkommen in der Kirche beobachtet und beim Verhalten von Autofahrern bei Rotlicht an Kreuzungen.

Das gemeinsame Element hinter solchen Beobachtungen sind Konformitätsdruck und Normierungsvorschriften, die eine freie (zufällige) Kombination der Einflussfaktoren nicht gewährleisten.

1.2.2 Interindividuelle Differenzen bei Tieren

Was für die interindividuellen Unterschiede zwischen Menschen gilt, trifft auch für andere Tiere und für Pflanzen zu. Auch bei ihnen gibt es keine zwei Artvertreter, die einander völlig gleichen. So entwickeln sich etwa bei Pflanzen aus Samenkörnern vermeintlicher Gleichförmigkeit Gewächse mit deutlich verschiedenem Wuchs und Blattbestand, mit unterschiedlicher Form und Farbe der Blüten. Während sich die Psychologie als Wissenschaft vom Verhalten für individuelle Unterschiede im Pflanzenreich nicht interessiert, haben experimentelle Untersuchungen an Tieren für verschiedene Teilgebiete der Psychologie eine große Bedeutung erlangt. Eine besonders wichtige Rolle spielen dabei Affen, weil sie dem Menschen und dessen Verhalten besonders ähnlich sind, aber auch Mäuse und Ratten, weil sie leicht zu beschaffen und zu halten sind sowie eine rasche Generationenfolge und ein akzeptables Niveau von Basisfertigkeiten aufweisen.

Berühmt geworden ist vor allem jener Affe mit dem Namen »Sultan«, der es im

Rahmen der Versuche von Köhler (1921) als Erster aus einer größeren Schar seiner Artgenossen verstand, durch die teleskopartige Verbindung zweier Stäbe eine ansonsten unerreichbare Banane an den Käfig heranzuholen.

Systematische Untersuchungen haben darüber hinaus ergeben, dass zwischen Schimpansen, die unter vergleichbaren Zuchtbedingungen aufwachsen, beträchtliche Unterschiede hinsichtlich der verschiedensten Merkmale bestehen, die sich als soziale Interaktion, Gebrauch von Werkzeugen, emotionaler Ausdruck, Nahrungspräferenz und Essgewohnheiten beschreiben bzw. als Freundlichkeit und Aggressivität interpretieren lassen (Uher & Asendorpf, 2008).

Auch Ratten unterscheiden sich unter experimentellen Bedingungen in Verhaltensweisen, die als Ausdruck von Neugier, Furchtsamkeit, Aggressivität oder anderen Merkmalen gedeutet werden können. Grundlage solcher Interpretationen sind Anordnungen, in denen die Tiere ein für sie neues Labyrinth von Laufgängen explorieren können und darauf verschieden viel Zeit oder Laufarbeit verwenden und in denen sie sich an den Begrenzungswänden einer von oben mit grellem Licht bestrahlten Fläche aufhalten bzw. sich auch zur Mitte des ihnen verfügbaren offenen Feldes »wagen« oder Artgenossen in unterschiedlicher Häufung und Intensität angreifen.

Besondere Beachtung verdient dabei die Beobachtung, dass das jeweilige Verhalten konsistent über verschiedene Situationen auftritt. Diejenigen Tiere, die Angriffsverhalten gegenüber dem einen Artgenossen zeigen, attackieren zu einem späteren Zeitpunkt auch einen anderen; diejenigen, die keine Aggression oder nur milde Formen bei der ersten Gelegenheit erkennen lassen, reagieren später ebenfalls eher friedlich. Analoges ist für Sexualität, Furchtsamkeit usw. zu beobachten.

Wie Ratten so wurden auch Hunde in erster Linie herangezogen, um allgemeine Lernprozesse zu erforschen. Vor allem Pawlow bediente sich dieser Tiere bei seinen bekannten Experimenten zur Erforschung bedingter Reaktionen (Pawlow, 1953a, b), wie vor allem der Speichelreaktionen und verschiedener Vermeidungsreaktionen. Bereits in den ersten Versuchsreihen traten deutliche Unterschiede zwischen den Tieren in Bezug auf die Geschwindigkeit auf, mit der bedingte Reaktionen erworben wurden bzw. diese wieder gelöscht werden konnten. Als Grundlage dieser Differenzen nahm man Unterschiede in der Tätigkeit der Großhirnrinde an, in der Erregungs- und Hemmungsprozesse das Geschehen beeinflussen. Je nach dem Überwiegen eines dieser beiden Prozesse unterschied man den Typ mit einem »schwachen Nervensystem« vom Typ mit einem »starken Nervensystem«. Beim Ersteren sollen die Hemmungsprozesse überwiegen, er ist schlechter konditionierbar, beim Typ mit dem »starken Nervensystem« sollen die überwiegenden Erregungsprozesse für die bessere Konditionierbarkeit verantwortlich sein.

Eine frühe Untersuchung, in der nicht nur die Unterschiede innerhalb, sondern auch diejenigen zwischen den Arten beschrieben wurden, ist die Studie von Fjeld (1934). Dort konnten Tiere in einem Lauftrakt durch Betätigung von Drucktasten das Öffnen einer Tür und damit Zugang zum Futter erreichen. Das Erlangen dieses Futters hatte für die hungrigen Versuchstiere die Folge, dass ihr Tastendrücken, das zunächst nur zufällig und ungerichtet als Bestandteil unspezifischen Explorationsverhaltens auftrat, bekräftigt wurde und seine Auftretenshäufigkeit zunahm. Die Schwierigkeit der Lernaufgabe konnte dadurch gesteigert werden, dass nicht nur eine, sondern zwei oder drei Drucktasten, diese zudem in spezifischer Abfolge, berührt werden mussten. Als Versuchstiere standen Meerschweinchen, Ratten, Katzen und zwei Spezies von Affen zur Verfügung. Wie aus **Tabelle 1.1** ersichtlich, bestehen zwischen den Arten erhebliche Differenzen in der Fähigkeit, den gestellten Anforderungen zu entsprechen. Von den Meerschweinchen kam keines über die einfachste Aufgabe hinaus, während einige der Rhesus-Affen bis zur 22. Schwierigkeitsstufe vordrangen.

Tab. 1.1: Unterschiede im Problemlösen innerhalb und zwischen verschiedenen Spezies (nach Fjeld, 1934).

Variable		Meerschweinchen	Albinoratten	Katzen	Rhesusaffen	Cebusaffen
N		30	35	62	17	6
N leichte Aufgabe gelöst		16	24	62	17	6
Zahl der Durchgänge bis zum Erlernen der leichtesten Aufgabe	M	185	221	46	162	137
	S	053–407	30–453	9–136	19–310	42–327
S in den erreichten Schwierigkeitsstufen		0–1	0–2	3–7	2–22	5–15

N = Anzahl Tiere. M = Mittelwert, S = Spannbreite.

In anderem Kontext konnte Hirsch (1959) Verhaltensunterschiede an der Drosophila melanogaster (Taufliege) feststellen. Er beobachtete die Tiere in einem Labyrinth, in dem sie sich an den Entscheidungspunkten für ein Ausweichen nach oben (gegen die Gravitation) oder nach unten (im Sinne der Gravitation) entscheiden mussten. Ausgewertet wurde für jedes Tier die Anzahl seiner Entscheidungen, nach oben, gegen die Gravitation, auszuweichen. Die so erhaltenen »geotaktischen Reaktionswerte« von vielen Tieren zeigten die Häufigkeitsverteilung in **Abbildung 1.8**. Die Ähnlichkeit der Verteilung mit den Verteilungen von Merkmalsausprägungen im Humanbereich ist augenfällig.

Selbst auf dem Organisationsniveau von Einzellern lassen sich charakteristische Unterschiede finden. Diese beziehen sich zum Beispiel bei Paramaecien (Pantoffeltierchen) nicht nur auf deren Längenwachstum (▶ **Abb. 1.9**), sondern auch auf ihr Sozialverhalten (French, 1940), sich nämlich allein oder in Körperkontakt mit ihresgleichen durch Nährflüssigkeiten zu bewegen.

Die Liste derartiger Beispiele könnte nahezu beliebig fortgesetzt werden. Das referierte

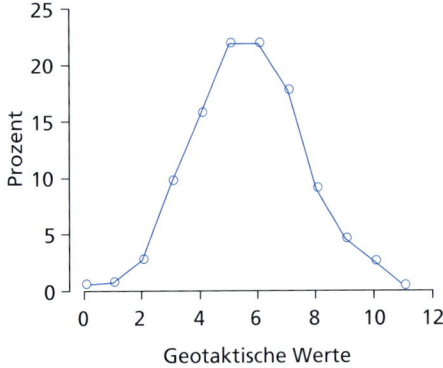

Abb. 1.8: Verteilung der geotaktischen Reaktionswerte für Taufliegen (nach Hirsch, 1959).

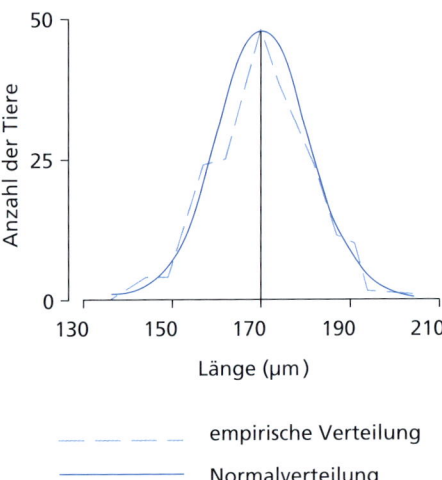

Abb. 1.9: Verteilung der Längen von 300 Paramaecien aus einer Zucht (Nachkommen eines einzigen Tieres; nach Kühn, 1961, S. 24).

Material reicht jedoch völlig aus, um die generelle Gestalt- und Verhaltensdifferenzierung auch im Bereich tierischen Lebens zu illustrieren und damit die eingangs formulierte These zu belegen, dass Verschiedenheit und Individualität grundlegende Fakten allen Lebens sind.

> **Zusammenfassung von Kapitel 1.2**
>
> Interindividuelle Unterschiede sind bei physischen und physiologischen Merkmalen durchgängig festzustellen. Dies trifft allerdings auch auf psychische Merkmale zu und zwar unabhängig davon, ob diese Merkmale durch Selbstberichte, Leistungstests oder die Einschätzung von anderen Personen erhoben werden. Oft folgt die Merkmalsverteilung näherungsweise einer Normalverteilung. Dies spricht für das Zusammenwirken von vielen kleinen und unabhängigen Einflussgrößen auf die Ausprägung der betrachteten Merkmale. Auch im Tierreich lassen sich deutliche interindividuelle Unterschiede im Verhalten feststellen.

1.3 Anfänge der Messung interindividueller Differenzen

1.3.1 Antike und Judentum

In alten Texten finden sich nur sporadische Hinweise auf die Bedeutung, die zwischenmenschlichen Unterschieden beigemessen wird. Dubois (1966) hat die Anfänge psychologischen Testens bis in die Zeiten des alten China (um 1100 v. Chr.) zurückverfolgt. Damals wurden Leistungsprüfungen vorgenommen, um aus den Bewerbern für gehobene Posten im Staatsdienst die Geeignetsten ausfindig zu machen. Die Aufgaben bestanden aus Verhaltensstichproben, die zu den fünf Künsten Musizieren, Bogenschießen, Reiten, Schreiben und Rechnen gehörten.

Ein anderes Beispiel für selektive Platzierung ist im Buch der Richter des Alten Testaments überliefert. Dort sollte auf Gottes Geheiß der Feldherr Gideon seine Rekruten zunächst grob vorselegieren durch den öffentlichen Aufruf: »Wer blöde und verzagt ist, der kehre um!« und in einem zweiten Durchgang die Verbliebenen (nur 10 000 von ursprünglich 32 000!) zum Wasser führen, um sie dort beim Trinken zu beobachten: »Jeden, der mit der Zunge von dem Wasser leckt, wie der Hund leckt, den stelle beiseite; desgleichen jeden, der zum Trinken niederkniet« (Richter 7,5). Hier wurde also eine Kombination von subjektiven und objektiven Reaktionen der Getesteten diagnostisch verwertet: Die Selbsteinschätzung der Tapferkeit sollte die Bewährung im Kampf, das Trinkverhalten hingegen andere Merkmale wie Selbstbeherrschung, Disziplin und Bildung vorhersagen. Jedenfalls blieben nach Anwendung dieser sequentiellen Strategie ganze 300 Mann übrig; eine erfolgreiche Selektion, denn die Schlacht wurde gewonnen.

Festzuhalten ist, dass komplexe interindividuelle Differenzen mit Hilfe von Tests erfasst werden können, um Verhalten in bedeutungsvollen Bewährungssituationen vorherzusagen, für die die im Alltag anfallenden Beobachtungsgelegenheiten nicht ausreichen. Ganz in diesem Sinne hat die Untersuchung riesiger Personenzahlen mit psychologischen Tests in den beiden Weltkriegen einen völlig neuen Stellenwert erhalten.

1.3.2 Mittelalter und Neuzeit

Die genannten Ansätze aus der Antike scheinen später nicht weiterentwickelt worden zu sein; vielmehr ist während der Scholastik im Mittelalter ein ausgesprochenes Desinteresse an empirisch festgestellten individuellen Differenzen zu vermerken. Allenfalls fanden Besonderheiten der religiösen und moralischen Haltung eine gewisse Aufmerksamkeit.

Gegen Ende des 18. Jahrhunderts erfolgten einige Denkanstöße durch Anhänger der Vermögenspsychologie, die sich auf den heiligen Augustinus und auf Thomas von Aquin zurückführen lassen. Damals wurden, etwa von dem schottischen Philosophen Thomas Reid, Elemente der »intellektuellen« und »aktiven Menschenkraft« wie »Gedächtnis«, »Wahrnehmung« und »Vorstellung« bzw. »Selbstbehauptung«, »Hunger« und »Machtstreben« beschrieben. Diese Begriffe haben allerdings nur sehr oberflächlich Ähnlichkeit mit den entsprechenden Begriffen der modernen Psychologie.

Erwähnung verdient die von Franz Josef Gall (1758–1828) begründete Phrenologie. Aus der Form des Schädels sollte auf die Ausprägung von in bestimmten Arealen des Gehirns vermuteten Sinnen (für Farben, Zerstörung, Frohsinn usw.) geschlossen werden können – eine aus heutiger Sicht irrige Auffassung. Dessen ungeachtet stellen diese Untersuchungen frühe Vorläufer für die in der aktuellen Forschung stark beachtete Suche nach Zusammenhängen zwischen Morphologie und Aktivierung des Gehirns sowie Intelligenz- und Persönlichkeitsmerkmalen dar. Maßgeblich für diese neuen Entwicklungen war die Verfügbarkeit von elektrophysiologischen Methoden sowie bildgebenden Verfahren.

Aus der Retrospektive kann festgestellt werden, dass die entscheidenden Impulse und grundlegenden Ideen für die wissenschaftliche Beschäftigung mit individuellen Differenzen aus der Biologie kamen. Charles Darwin (1809–1882), Sir Francis Galton (1822–1911) sowie Gregor Mendel (1822–1881) sind die bedeutendsten Namen in diesem Zusammenhang.

Mit der Veröffentlichung seines Buches »The origin of species by means of natural selection« und der darin formulierten Evolutionstheorie widersprach Charles Darwin (1859) dem bis dahin verbreiteten Artbegriff, dem zufolge die wesentlichen Merkmale des Individuums durch Artmerkmale bestimmt und Abweichungen des Einzelnen davon nur zufällig seien. Darwin bestritt die Unveränderlichkeit der Art und postulierte die Entwicklung der Arten durch natürliche Auswahl der im Kampf um das Überleben bestangepassten Individuen. Durch diese Überlegungen wurden individuelle Differenzen zu grundlegenden Bestandteilen eines theoretischen Systems. Die Abweichungen vom Durchschnitt erklärten sich nunmehr aus dem Zusammenwirken zahlreicher Bedingungen, die ihren Ursprung im Genotyp und in der Umwelt haben.

Auch der Augustinermönch Gregor Mendel, der Kreuzungsversuche mit Pflanzen durchführte (Mendel, 1866), überwand mit seinem experimentellen Vorgehen die Vorstellung von einer gottgewollten Entwicklung zu bestimmten Arten. Stattdessen erklärte Mendel die angeborene Eigenart des Individuums kausal durch die zufällige Kombination von Erbanlagen. Damit war zumindest ein Teil der von Darwin noch offengelassenen Wirkungsfaktoren auf empirische Weise spezifiziert worden.

Bekanntlich blieben die Gesetze Mendels lange Zeit unbeachtet. Mit deren Wiederentdeckung durch Correll, Tschermak und deVries um die Jahrhundertwende setzte jedoch eine intensive Erforschung der Erblichkeit von körperlichen und später auch psychologischen Merkmalen ein. Es wurden Konzepte und Modelle entwickelt, die auch heute noch Gegenstand aktueller Untersuchungen sind.

Wesentliche Impulse in dieser Richtung waren zuvor bereits von Francis Galton, einem Vetter Darwins, ausgegangen. Als Biologe, Geograph, Statistiker, Meteorologe und Weltreisender war Galton einer der vielseitigsten und brillantesten Wissenschaftler des 19. Jahrhunderts und einer der Begründer der wissenschaftlichen Untersuchung individueller Differenzen.

Hauptsächlich an der Vererbung interessiert, übertrug er den Gedanken der Erblichkeit physischer auf psychische Merkmale, vor allem auf den Bereich der Intelligenz. In seinem Buch »Hereditary Genius« zeigte er unter Anwendung der Stammbaummethode die Ballung spezifischer Begabungen in einzelnen Familien auf (Galton, 1869).

Um differenzierte Daten über Begabungsunterschiede zu erhalten, waren an zahlreichen Personen objektive Messungen zu erheben. Dafür mussten spezielle Tests konstruiert und eingesetzt werden. Aber welche Merkmalsbereiche sollten geprüft werden? Galton war stark vom Empirizismus John Lockes beeinflusst, dem zufolge jedes neugeborene Kind zunächst einer »tabula rasa«, einem »unbeschriebenen Blatt«, gleicht. Erst die Sinneseindrücke im Laufe der Entwicklung liefern die Grundlage für komplexere psychische Prozesse wie Denken und Urteilen:

»Die einzige Information über äußere Ereignisse, die uns erreicht, scheint den Weg über unsere Sinne zu nehmen; je empfänglicher die Sinne für Unterschiede sind, desto größer ist die Grundlage, auf der unser Urteilsvermögen und unsere Intelligenz agieren können« (Galton, 1883, S. 27, Übersetzung von den Verfassern).

Entsprechend versuchte er, das Auflösungsvermögen und die Abbildungsschärfe der Sinne zu prüfen. So entwickelte er Testverfahren für das Farbensehen sowie für das Unterscheidungsvermögen im visuellen, akustischen und kinästhetischen Bereich. Die berühmte Galton-Pfeife zur Prüfung der Hörschwelle für hohe Töne ist ein bekanntes Beispiel. Er führte aber auch Gedächtnisprüfungen, Assoziationsversuche und erste Fragebogenerhebungen durch.

Um Messwerte von möglichst vielen Individuen zu erhalten, richtete Galton 1885 auf der »International Health Exhibition« in London ein anthropometrisches Laboratorium ein, in dem jeder Besucher gegen Entrichtung von threepence »get himself and his children weighed, measured and rightly photographed, and have their bodily faculties tested by the methods known to modern science« (Galton, 1883). Über die Resultate bekam man ein Messblatt ausgehändigt (▶ Kasten 1.1).

Galton beschäftigte sich in diesem Zusammenhang auch mit der Analyse der Verteilungsform von psychischen Variablen. Grundlage dafür war die von Gauß (1809) mathematisch hergeleitete Normalverteilung, deren wahrscheinlichkeitstheoretische Grundlage Galton mit Hilfe des nach ihm benannten Galton-Brettes veranschaulichen konnte. Ebenso wie physische Maße sollten sich auch psychische Merkmale wie die Intelligenz normal verteilen. Einen wesentlichen Beitrag zur quantitativen Analyse von Merkmalszusammenhängen leistete Galton mit seiner Formulierung eines »Index of Correlation«. Dieser wurde später von seinem Schüler Karl Pearson (1857–1936) zum heute gebräuchlichen Korrelationskoeffizienten weiterentwickelt. Daneben entwarf Galton das Konzept der statistischen Regression.

Die Variabilität psychischer Leistungen zeigte sich eindrucksvoll in einem Vorfall in der Sternwarte von Greenwich im Jahre 1796. Der dortige Chef hatte seinen Assistenten entlassen, weil dieser im Vergleich zu seinem Vorgesetzten die Durchgänge der Sterne durch das Fadenkreuz im Teleskop jeweils nur mit einer Verzögerung von 0,8 Sek. zu registrieren vermochte. Zwanzig Jahre später stieß der Königsberger Astronom Bessel auf eine Notiz über den besagten Vorfall, was ihn zu Vergleichsuntersuchungen der Reaktionszeit an seinen Kollegen und sich selbst veranlasste – wohl den ersten systematischen Messungen individueller Differenzen überhaupt. Die Variabilität der Reaktionszeiten zwischen verschiedenen Personen war beträchtlich. Bessel fand über die

Kasten 1.1: Galtons Anwerbung von Probanden

ANTHROPOMETRIC
LABORATORY

For the measurement in various ways of Human Form and Faculty.

Entered from the Science Collection of the S. Kensington Museum.

This laboratory is established by Mr. Francis Galton for the following purposes:—

1. For the use of those who desire to be accurately measured in many ways, either to obtain timely warning of remediable faults in development, or to learn their powers.

2. For keeping a methodical register of the principal measurements of each person, of which he may at any future time obtain a copy under reasonable restrictions. His initials and date of birth will be entered in the register, but not his name. The names are indexed in a separate book.

3. For supplying information on the methods, practice, and uses of human measurement.

4. For anthropometric experiment and research, and for obtaining data for statistical discussion.

Charges for making the principal measurements:
THREEPENCE each, to those who are already on the Register.
FOURPENCE each, to those who are not:— one page of the Register will thenceforward be assigned to them, and a few extra measurements will be made, chiefly for future identification.

The Superintendent is charged with the control of the laboratory and with determining in each case, which, if any, of the extra measurements may be made, and under what conditions.

H & W. Brown, Printers, 20 Fulham Road, S.W.

interindividuellen Differenzen hinaus noch Schwankungen innerhalb einer Person über verschiedene Messzeitpunkte und beschrieb damit erstmals systematisch *intraindividuelle* Differenzen.

Mit der späteren Einführung von Chronographen war es nicht nur möglich, eine höhere Präzision, sondern – weit wichtiger – die Unabhängigkeit ermittelter Werte von Beurteilern herzustellen. Intensive Studien dieser Art wurden vor allem im ersten psychologischen Laboratorium durchgeführt, das Wilhelm Wundt 1879 in Leipzig eingerichtet hatte.

1.3.3 »Mental Tests« und ihre Folgen

James McKeen Cattell (1860–1944), der über individuelle Reaktionszeitdifferenzen bei Wundt promoviert hatte und vor seiner Rückkehr in die USA Kontakte mit Galton pflegte, ging es auch um die Erfassung von Intelligenz. Wie Galton war auch er der Auffassung, dass intellektuelle Funktionen über die Leistungsfähigkeit der Sinnesorgane bestimmten, und wie Galton glaubte er, dass sich mit ausreichender Präzision nur sehr spezifische, nicht aber komplexere oder »höhere« Prozesse erfassen ließen.

Dementsprechend bestanden seine Verfahren, die routinemäßig zur Erfassung der akademischen Befähigung von Studenten eingesetzt wurden, aus Reaktionszeitmessungen, der Unterscheidbarkeit von visuellen, auditiven, taktilen und kinästhetischen Eindrücken oder etwa der Schmerzempfindlichkeit. In seinem viel zitierten Aufsatz (Cattell, 1890) prägte er den Ausdruck »mental tests« für diese Verfahren.

Cattell beeinflusste nachhaltig ähnliche Entwicklungen in Deutschland. Als neue Elemente führte Münsterberg (1891) die Untersuchung verbaler Assoziationen, des Rechnens, Lesens und des Gedächtnisses ein. Ebbinghaus (1897) ergänzte die Prüfungen durch das Verfahren der Satzergänzung bei sinnvollen Texten.

Der größte Teil dieser früheren Arbeiten erwies sich für das angestrebte Ziel, Intelligenz zu messen, als unzulänglich. Denn mehrere Reihenuntersuchungen um die Jahrhundertwende zeigten, dass bei ein- und denselben Personen die Resultate verschiedener Tests stark unterschiedlich waren und kaum miteinander korrelierten, obgleich die Tests Ähnliches erfassen sollten. So teilte Wissler (1901) Korrelationen mit, die bei einem mittleren Wert von $r = 0,09$ zwischen $r = -0,28$ und $r = +0,39$ variierten. Darüber hinaus bestanden keine substantiellen Beziehungen der Testwerte zu Intelligenzschätzungen durch Lehrer oder zum Erfolg im Studium.

1.3.4 Die Beiträge von Binet und Stern

Einen Neubeginn markierte der französische Pädagoge Alfred Binet (▶ **Kasten 1.2**), der zunächst mit Victor Henri (1872–1940) und später mit dem Arzt Theophile Simon (1873–1961) zusammenarbeitete. Binet kritisierte die Spezifität und sensorische Ausrichtung der neuen Tests (Binet & Henri, 1895). Er schlug an deren Stelle Verfahren zur Erfassung von Gedächtnis, Vorstellungskraft, Aufmerksamkeit, Verständnis, Suggestibilität, Willensstärke, motorischen Fertigkeiten und moralischen Haltungen vor. Zwar würde aufgrund des höheren Komplexitätsniveaus dieser Merkmale die Präzision der Messung abnehmen. Diese Einbuße würde aber durch die größeren interindividuellen Unterschiede in diesen Merkmalen wettgemacht.

Als nach Einführung der allgemeinen Schulpflicht das Pariser Unterrichtsministerium verfügte, dass die Zuweisung von Kindern in Sonderschulen nur gestützt auf medizinisch-pädagogische Gutachten vorgenommen werden dürfe, bot sich Binet die

> **Kasten 1.2: Alfred Binet (1857–1911)**
>
>
>
> Alfred Binet wurde 1857 in Nizza geboren. Im Anschluss an ein Studium der Rechtswissenschaften, welches er 1878 abschloss, studierte er an der Sorbonne Medizin und Biologie. Binet setzte sich während seiner Studienzeit auch mit psychologischer Literatur auseinander, erwarb jedoch keinen einschlägigen Universitätsabschluss.
>
> Von 1883 bis 1889 forschte Binet unter der Leitung von J.-M. Charcot in dessen neurologischem Labor im Salpêtrière Hospital in Paris. Im Alter von 27 Jahren heiratete Binet Laure Balbiani. Das Ehepaar bekam zwei Töchter. Der Umgang mit seinen Kindern regte Binet zum Studium kognitiver Prozesse bei Kindern an.
>
> 1891 begann Binet in einem Laboratorium für experimentelle Psychologie an der Sorbonne zu arbeiten. Nach seiner Promotion über die Korrelation zwischen Physiologie und Verhalten bei Insekten wurde Binet 1894 zum Direktor des Laboratoriums ernannt. Zusammen mit H. Beaunis gab Binet ab 1895 die erste psychologische Zeitschrift Frankreichs heraus, die L'année psychologique. Das französische Ministerium für staatlichen Unterricht berief Binet 1904 in eine Kommission mit dem Auftrag, Methoden zur Identifikation von Schülern mit besonderem Förderungsbedarf zu entwickeln. Im Rahmen dieser Arbeit entwickelte Binet Aufgaben, die er zusammen mit T. Simon 1905 in Form des ersten Intelligenztests veröffentlichte. Alfred Binet starb 1911 im Alter von 54 Jahren in Paris.

Gelegenheit zur breiten Anwendung seiner Verfahren. Nun konnte er prüfen, wie gut mit ihrer Hilfe diejenigen Kinder herauszufinden waren, die dem Unterricht infolge ihrer intellektuellen Grenzen nicht zu folgen vermochten.

Bereits ein Jahr nach der Berufung in eine Arbeitskommission waren Binet und Simon (1905) in der Lage, eine Serie von 30 Aufgaben vorzustellen, mit deren Hilfe in einem Probelauf 30 minderbegabte von 50 normal begabten Kindern differenziert werden konnten.

Eine noch stärkere Berücksichtigung des altersbedingten Leistungsfortschritts fand in den Revisionen von 1908 und 1911 statt.

Gesondert für jede Altersstufe von 3 bis 10 Jahren waren inhaltlich heterogene und unterschiedlich schwere Aufgaben so zusammengestellt, dass sie von 50 bis 75 % der Kinder der betreffenden Altersstufe gelöst werden konnten (▶ **Abb. 1.10**).

Im Prinzip war eine Aufgabe für eine Altersgruppe besonders gut dann geeignet, wenn sie von möglichst vielen Kindern dieses Alters, noch nicht aber von jüngeren Kindern gelöst werden konnte. Als Maß für die Intelligenz wurde das *Intelligenzalter* (IA) definiert, das im Mittel über alle Kinder, nicht aber im Einzelfall dem *Lebensalter* (LA) entsprechen musste.

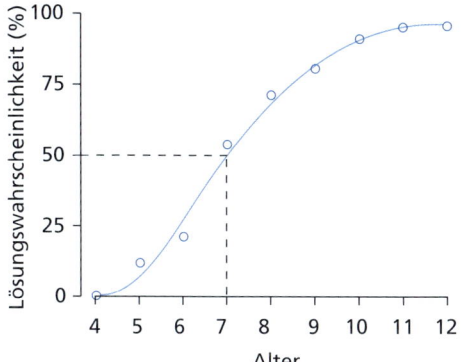

Abb. 1.10: Die Lösungswahrscheinlichkeit einer Binet-Aufgabe in Abhängigkeit vom Lebensalter. Fünfzig Prozent der Kinder im Alter von sieben Jahren lösen die Aufgabe richtig.

Die Leistungen der Kinder streuen meist über die Aufgaben verschiedener Altersgruppen, ein Proband konnte etwa eine Aufgabe seiner Altersgruppe nicht richtig, eine Aufgabe aus einer höheren Altersgruppe jedoch richtig beantworten. Für die Bestimmung des IA ging man zunächst von dem Jahr aus, bis zu dem ein Proband alle Aufgaben löste. Dieses bezeichnete man als *Grundalter*. Zum Grundalter wurde nun für jede weitere gelöste Aufgabe ein Fünftel eines Jahres in Monatsäquivalenten hinzugezählt. Ein Fünftel deshalb, weil jede Altersserie fünf Aufgaben enthielt (einige Altersstufen umfassten auch mehr, einige weniger Aufgaben). Löste beispielsweise ein siebenjähriges Kind alle Aufgaben seiner Altersgruppe, dazu je drei der für die acht- und neunjährigen sowie eine der für die zehnjährigen Kinder vorgesehenen, resultiert daraus ein IA von $7 \times 12 = 84$ Monaten (Grundalter) $+ 7 \times 12/5 = 17$ Monate, zusammen 101 Monate. Dazu wurden üblicherweise noch einmal 5/2 Aufgaben in Monatseinheiten hinzugezählt, um von der Mitte des Grundalters auszugehen.

Nach der letzten Revision von 1911 lagen Aufgabenserien – sogenannte Staffeltests – für alle Altersstufen von 3 bis 15 Jahren vor (Beispiele ▶ **Kasten 1.3**). Die Entwicklung von Aufgabenserien für höhere Altersstufen scheiterte an der Schwierigkeit, altersspezifische Aufgaben zu finden, also solche, die über dem entsprechenden Lebensaltersabschnitt einen besonders steilen Anstieg der Lösungswahrscheinlichkeiten entsprechend **Abbildung 1.10** zeigen. Binet hielt deshalb die Entwicklung der Intelligenz mit 15 Jahren für abgeschlossen und nahm an, dass danach nur eine weitere Ausdifferenzierung in qualitative Komponenten stattfände.

Kasten 1.3:   Einige Aufgaben aus dem Binet-Test

Altersgruppe 6:

(1) Kennt rechts und links, was durch Anfassen der Ohren erkennbar ist.
(2) Wiederholt einen Satz von 16 Silben.
(3) Wählt das hübschere Gesicht aus jedem von drei Paaren.
(4) Kennt Morgen und Nachmittag.

Altersgruppe 8:

(1) Liest eine Textpassage und erinnert sich an zwei Details.
(2) Benennt vier Farben – rot, gelb, blau, grün.
(3) Zählt rückwärts von 20 auf null.
(4) Schreibt einen kurzen Satz nach dem Diktat unter Verwendung von Federhalter und Tinte.
(5) Kennt die Unterschiede zwischen zwei Gegenständen aus dem Gedächtnis.

> **Altersgruppe 11:**
>
> (1) Findet Absurditäten in kontradiktorischen Feststellungen.
> (2) Nennt 60 Wörter in drei Minuten.
> (3) Definiert abstrakte Begriffe (Nächstenliebe, Gerechtigkeit, Freundlichkeit).
> (4) Bringt zufällig angeordnete Wörter in einen sinnvollen Satz.

Die Kritik an der Methode der Staffeltests entzündete sich u.a. an der Gleichbehandlung der Aufgaben, nach der es gleichgültig war, ob ein neunjähriges Kind eine Aufgabe für Siebenjährige nicht, dafür aber eine für Elfjährige lösen konnte. Auch die hohe Sättigung der Aufgaben mit verbalen Inhalten und die damit einhergehende Abhängigkeit vom sozioökonomischen Status des Elternhauses wurden moniert.

Von besonderem Nachteil war jedoch der Umstand, dass eine bestimmte Differenz zwischen IA und LA auf verschiedenen Altersstufen etwas völlig anderes bedeutete: Ein Rückstand von zwei IA-Einheiten mochte bei einem Zehnjährigen unauffällig sein; im Alter von vier Jahren würde er dagegen auf hochgradigen Schwachsinn hinweisen.

Um diese Verzerrungen zu vermeiden, schlug der Hamburger Psychologe William Stern (1911a) vor, in dem *Intelligenzquotienten* (IQ) das IA zum LA in Beziehung zu setzen:

$$IQ = \frac{IA}{LA} \times 100 \qquad (1.1)$$

Damit gewährleistet der IQ die Vergleichbarkeit von über- bzw. unterdurchschnittlichen Leistungen auf verschiedenen Altersstufen. Allerdings setzt der Stern'sche IQ eine mit dem Alter linear zunehmende Leistungssteigerung, also eine proportionale Zunahme des IQ mit dem Alter voraus. Tatsächlich ist jedoch ein negativ beschleunigter Entwicklungsverlauf festzustellen. Dessen ungeachtet wurde der Begriff des IQ außerordentlich rasch populär.

Die Binet-Tests fanden eine ungeahnte Verbreitung; in vielen Ländern war Intelligenzmessung bei Jugendlichen während eines halben Jahrhunderts faktisch gleichbedeutend mit der Vorgabe von Binet-Tests. Standardisierungen in den USA wurden zwischen 1916 und 1972 an der Stanford University von Terman und Merrill vorgenommen (»Stanford-Binet«); die neueste, fünfte Auflage wurde 2003 publiziert.

Der Eintritt der USA in den Ersten Weltkrieg im Jahre 1917 führte zu der Notwendigkeit, viele hunderttausend Rekruten binnen kurzem hinsichtlich ihrer intellektuellen Leistungsfähigkeit zumindest grob vorzuselegieren, um den jeweiligen Anforderungen der verschiedenen Waffengattungen und Dienstgrade zu entsprechen. Dies verlangte neue Testverfahren: Gruppen-Tests waren das Resultat, zunächst der sog. Army-Alpha-Test, kurz danach auch der sprachfreie Army-Beta-Test zur Untersuchung von Analphabeten oder von Wehrpflichtigen, die des Englischen nicht ausreichend mächtig waren. Diese Verfahren konnten simultan einer großen Zahl von Probanden vorgegeben werden; sie waren darüber hinaus ökonomisch in der Herstellung und Auswertung.

Später wurden diese Prinzipien auf andere Tests übertragen, die spezielle Funktionen und Fertigkeiten erfassen sollten, wie etwa räumliches Vorstellungsvermögen und mechanisch-technisches Verständnis.

1.3.5 Erfassung der Persönlichkeit

In der ersten Hälfte des 20. Jahrhunderts bildeten sich verschiedene Strömungen in der Psychologie heraus, die je eigene Auffassungen von der Natur des Menschen vertraten

1 Grundlagen

(psychologische Anthropologie, s. Fahrenberg, 2004). Sie unterschieden sich folgerichtig auch deutlich in ihren Konzeptionen der Persönlichkeit:

Tiefenpsychologische Perspektive

Begründet von dem Wiener Arzt Sigmund Freud (1856–1939) betont die tiefenpsychologische Perspektive die Rolle intrapsychischer Vorgänge. Motive, Interessen, Konflikte etc. ebenso wie sichtbares Verhalten wurden aus der Struktur des psychischen Apparats sowie aus der psychodynamischen Theorie der Verteilung von psychischer Energie (Libido) verstanden. Die Bausteine bzw. »Instanzen« des psychischen Apparats sind das Ich, das Über-Ich und das Es. Konflikte zwischen Instanzen müssen durch Abwehrmechanismen in Balance gehalten werden (Details s. Abschn. 9.1). Beim wichtigsten Abwehrmechanismus, der Verdrängung, werden z. B. angsterregende Impulse aus dem Es vom Ich in das Unbewusste zurückgedrängt. Wie in Kapitel 3.2 näher ausgeführt, sind tiefenpsychologische Methoden zur Erforschung und Erfassung der Persönlichkeit die psychoanalytische Selbstanalyse, Fallstudien, die Traumanalyse, freie Assoziationen, projektive Tests, alltägliche Fehlleistungen wie Versprecher sowie in der historischen Persönlichkeitserklärung die Psychobiographie.

Phänomenologische Perspektive

Die Wurzeln der phänomenologischen Perspektive reichen weit in den abendländischen Humanismus der Renaissance im 14. Jahrhundert zurück. Zentrale Bestandteile dieser Auffassung vom Menschen sind dessen Auszeichnung durch Würde, Wert und Rationalität sowie eine positive Einstellung gegenüber der Entwicklung und Sicherung des menschlichen Lebens. Priorität vor materiellen Dingen genießen menschliche Werte und Bedürfnisse. Als bekanntester Vertreter der »humanistischen Psychologie« im 20. Jahrhundert gilt Carl R. Rogers (1902–1987), der in diametralem Gegensatz zur Tiefenpsychologie Sigmund Freuds die Einzigartigkeit des Individuums, die Bedeutung der bewussten Erfahrung und des Selbst, absichtsvolles Verhalten (Intentionalität) und die Freiheit von der Vergangenheit in der Ausübung von Wahlmöglichkeiten herausstellte. Neuere Entwicklungen, die ihre Wurzeln in der phänomenologischen Perspektive haben, sind in Kapitel 11 dargestellt. Da die Sichtweise der Menschen von sich selbst, von anderen und von der Welt jeweils unterschiedlich ist, ohne »richtig« oder »falsch« zu sein, können Personen nur aus ihrer inneren Erfahrungswelt heraus verstanden werden. Entsprechend sind in der phänomenologischen Perspektive Selbstberichte sowie die Analyse von biographischem Material die wichtigste Datenquelle zur Erfassung der Persönlichkeit.

Verhaltenstheoretische Perspektive

Mit der Entdeckung der grundlegenden Lernmechanismen des klassischen Konditionierens durch Iwan P. Pawlow (1849–1936) und des instrumentellen Lernens durch Edward L. Thorndike (1874–1949) wurde um die Wende zum 20. Jahrhundert der Weg für eine Erklärung von wiederholtem, gleichartigem Verhalten durch Lerngesetze geebnet. John B. Watson (1878–1958) forderte auf diesen Grundlagen in seinem behavioristischen Manifest (1913) eine radikale Abkehr von den damals vorherrschenden introspektionistischen und damit subjektivistischen bewusstseinspsychologischen Untersuchungsansätzen. Hauptpostulate der behavioristischen Position waren (a) *evolutionäre Kontinuität*, wonach sich Menschen und Tiere nur im Grad der Komplexität unterscheiden, (b) *Reduktionismus*, wonach Verhalten auf physiologische und biochemische Vorgänge reduzierbar ist und nichtmaterialistische Verhaltenserklärungen unwissenschaftlich sind, (c) *Determinismus*, wonach Verhalten durch vorherige Reizkonfigurationen hervorgerufen wird, und (d) *Empirizismus*, wonach nur beobachtbare und messbare Vorgänge den Organismus beeinflussen. Insbesondere angeregt durch Burrhus F. Skinner (1904–1990) wurde die »operante Verstärkung« zum Basisprinzip lerntheoretischer Persönlichkeitstheorien (Lundin, 1977). Wie in Abschnitt 3.3 näher ausgeführt, sind umschriebene Verhaltensbeobachtungen und physiologische Messungen in laborexperimentellen Untersuchungen und in Feldstudien sowie konkrete und gegenwartsbezogene Selbstberichte die wichtigsten Datenquellen zur Erfassung der Persönlichkeit in der verhaltenstheoretischen Perspektive.

Dispositionelle Perspektive

Die Alltagsbeobachtung zeigt, dass es innerhalb derselben objektiven Situation große interindividuelle Unterschiede im Erleben und Verhalten gibt. Weiterhin fällt auf, dass einzelne Personen ein ähnliches Erleben und Verhalten in vergleichbaren (»zeitliche Stabilität«), aber auch in verschiedenartigen Situationen (»transsituationale Konsistenz«) zeigen. Als Erklärung für diese Beobachtungen werden in der dispositionellen Perspektive Eigenschaften angenommen, die bei verschiedenen Personen unterschiedlich stark ausgeprägt sind. Dabei können Eigenschaften sehr unterschiedlich verstanden werden: (a) als reale, kausale Entitäten (Essentialismus), (b) als deskriptive, summarische Aussagen über früheres Verhalten (Deskription) oder (c) als Dispositionen, wonach bestimmte Verhaltens- und Erlebensweisen nicht stets, sondern in Abhängigkeit von der Stärke einer Eigenschaft und dem Vorhandensein bestimmter Situationen auftreten. William Stern (1871–1938), Gordon W. Allport (1897–1967) und Henry A. Murray (1893–1988) legten je eigenständige, systematische und sehr einflussreiche Formulierungen der dispositionellen Perspektive vor (s. Abschn. 1.6). Eigenschaftspsychologische Konzeptionen bildeten die Grundlage für den Aufschwung und anhaltenden Erfolg des psychologischen Assessments in seinen methodischen Grundlagen (Psychometrie) und seiner diagnostischen Anwendung. Wie in Abschnitt 3.1 erläutert, sind die wichtigsten Datenquellen zur Erfassung der Persönlichkeit in der dispositionellen Perspektive standardisierte Selbstbeschreibungen über vergangenes Erleben und Verhalten mit Hilfe von Fragebogen sowie Fremdeinschätzungen von Eigenschaften. Untersuchungsansätze umfassen das Laborexperiment ebenso wie Feldstudien.

Entwicklungstrends persönlichkeitspsychologischer Methoden

Spätestens seit ca. 1970 setzte sich die Einsicht durch, dass umfassende Persönlichkeitstheorien (ein klassisches Lehrbuch ist z. B. Hall et al., 1998) nicht die Gesamtheit des persönlichkeitspsychologischen Wissens integrieren, sondern allenfalls Schwerpunkte in der Erklärung von Persönlichkeit setzen können. **Tabelle 1.2** gibt solche Schwerpunkte für einige der in den *Perspektiven* angesprochenen Autoren an. In der Forschung trat demgegenüber die Orientierung an Methoden und Untersuchungsansätzen zur Messung von interindividuellen Differenzen im Persönlichkeitsbereich in den Vordergrund.

Allerdings weist die Verwendung bestimmter persönlichkeitspsychologischer Methoden und Untersuchungsansätze über die vergangenen 80 Jahre sowohl kontinuierliche als auch unterbrochene Entwicklungslinien auf. Die von Craik (1986) bis

1 Grundlagen

Mitte der 1980er Jahre angegebenen Verläufe (▶ Tab. 1.3) zeigen, dass die heutige Situation durch einen ausgeprägten Methodenpluralismus, bei Dominanz der Fragebogenmethodik und der Laborforschung, gekennzeichnet ist.

Tab. 1.2: Konzeptuelle Schwerpunkte verschiedener Persönlichkeitstheorien.

Schwerpunkt	Autor				
	Freud	Rogers	Skinner	Allport	Murray
Unbewusste Determinanten	●	○	○	○	●
Lernprozesse	▶	▶	●	▶	▶
Persönlichkeitsstruktur	●	○	○	●	●
Einzigartigkeit jeder Person	▶	▶	○	●	●
Selbstkonzept	●	●	○	●	▶
Biologische Konzepte	●	○	▶	●	●
Sozialwissenschaftliche Konzepte	●	▶	○	○	●

● = hervorgehoben ▶ = etwas vorhanden ○ = nicht berücksichtigt
Auszug aus Table 15.1 in Hall, Lindzey und Campbell (1998)

Tab. 1.3: Persönlichkeitspsychologische Untersuchungsansätze und Methoden: historische Trends.

Methoden	Jahrzehnt						
	vor 1930	1930	1940	1950	1960	1970	1980
Laborforschung							
Feldforschung							
Biographik und Archivmaterial							
Fremdeinschätzung und Verhaltensbeobachtung							
Selbstbeschreibung und Fragebögen							
Projektive Techniken							

Modifiziert nach Figure 1 in Craik (1986).

> **Zusammenfassung von Kapitel 1.3**
>
> In der Menschheitsgeschichte finden sich sehr viele Beispiele dafür, wie interindividuelle Unterschiede absichtsvoll zur Bestenselektion systematisch eingesetzt wurden. Wenn es um Selektionsaufgaben ging, die eine bestimmte Leistungsgüte oder ein bestimmtes Ausmaß eines psychischen Merkmals wie zum Beispiel »Mut« betrafen, mussten interindividuelle Unterschiede in möglichst standardisierten Prüfungs- bzw. Testbedingungen zuverlässig erhoben werden können.
>
> Mit Francis Galton und James McKeen Cattell begannen in der zweiten Hälfte des 19. Jahrhunderts die Bemühungen zur Messung der Intelligenz mithilfe von »mentalen Tests«. Erst Binet und Simon gelang 1905 die Entwicklung des ersten modernen Intelligenztests, mit dem minderbegabte von normalbegabten Schülern differenziert werden konnten. Das »Intelligenzalter« eines Kindes gab an, wie alt Kinder zur Erbringung der von diesem Kind erbrachten Testleistung im Durchschnitt waren. William Stern führte dann den Begriff des Intelligenzquotienten ein, bei dem das Intelligenzalter durch das Lebensalter dividiert und mit 100 multipliziert wurde. Damit konnte einer proportionalen Entwicklung des Intelligenzalters mit dem Lebensalter Rechnung getragen werden, allerdings nur im Kindes- und Jugendlichenalter.
>
> Die Erfassung der Persönlichkeit erfolgte, anders als die Erfassung der Intelligenz, durch sehr verschiedenartige Ansätze. Aus verschiedenen Konzepten der Persönlichkeit entwickelten sich auch eigenständige Erfassungsmethoden. Aus tiefenpsychologischer Perspektive sind dies Traumanalyse, freie Assoziationen, projektive Tests, alltägliche Fehlleistungen und die Verteilung von Libido in den psychosexuellen Entwicklungsstadien. In der phänomenologischen Perspektive wird besonderer Wert auf Selbstberichte sowie die Analyse von biografischem Material gelegt. In der verhaltenstheoretischen Perspektive werden umschriebene Verhaltensbeobachtungen, konkrete und gegenwartsbezogene Selbstberichte sowie auch physiologische Messungen bevorzugt. Die dispositionelle Perspektive vertraut auf standardisierte Selbstbeschreibungen über vergangenes Erleben und Verhalten mithilfe von Fragebogen sowie auch Fremdeinschätzungen von Eigenschaften. Die genannten Methoden zur Erfassung von Persönlichkeit weisen über die Jahrzehnte Entwicklungstrends auf. Bei Dominanz der Fragebogenmethodik existiert heute ein ausgeprägter Methodenpluralismus.

1.4 Abgrenzung der Differentiellen Psychologie

1.4.1 Entwicklung und Aufgaben der Differentiellen Psychologie

Das im 19. Jahrhundert erwachende wissenschaftliche Interesse an interindividuellen Differenzen ist aus heutiger Sicht auch kulturgeschichtlich begründet. Die Stichworte liefern *Protestantismus* und *Kapitalismus* (Buss, 1976). Zum einen lehrt der protestantische Glaube, dass der Einzelne Gott allein gegenübertreten müsse und damit ohne die Unterstützung bleibe, die die mittelalterliche Kirche noch gewährt hatte. Zum anderen spielt in der kapitalistischen Wirtschaftsform die quantifizierende Betrachtung von Kosten und Profiten eine wichtige Rolle. In dem Maße, in dem Produkte nach Nutzen und Wert gemessen werden, wird auch der Produzent entsprechend beurteilt. Die Orientierung an Messung und Quantifizierung, an Wissenschaft und Technologie, die mit dem Aufschwung des Kapitalismus im 19. Jahrhundert untrennbar verknüpft ist, sowie die mit der Differenzierung der Sozialstrukturen verbundene zunehmende Spezialisierung der Menschen im beruflichen Bereich machte England nach Buss zum prädestinierten Geburtsort der wissenschaftlichen Untersuchung individueller Differenzen. Einige der wichtigen Beiträge von Francis Galton sind bereits erwähnt worden.

Die erste systematische Analyse von Zielen und Methoden der neuen Disziplin und damit ihre Grundsteinlegung erfolgte dann allerdings in Frankreich durch Binet und Henri (1895). In ihrem Aufsatz »La psychologie individuelle« fixierten sie als die beiden Hauptanliegen der Differentiellen Psychologie die Untersuchung

- von Art und Ausmaß der Unterschiede in psychischen Prozessen sowie
- der Wechselbeziehungen zwischen psychischen Vorgängen innerhalb des Individuums.

Kurz darauf publizierte Stern (1900) sein Buch »Über Psychologie der individuellen Differenzen – Ideen zu einer Differentiellen Psychologie«, wo er die zusätzlichen Fragestellungen aufwarf,

- welche Faktoren die individuellen Differenzen bedingen oder beeinflussen (z. B. erbliche, soziale, kulturelle, klimatische Größen),
- auf welche Weise sich die individuellen Differenzen manifestieren und über welche Indikatoren (z. B. Gesichtsausdruck, Handschrift) Zugang zu bzw. Aufschluss

über diese Besonderheiten erhalten werden könnte.

Das Buch, das 1911 in einer wesentlich erweiterten zweiten und 1921 in dritter Auflage erschien, stellte in jeder Hinsicht einen Meilenstein dar, da alle Probleme, die während der darauf folgenden Zeit die Forschung beschäftigen sollten, bereits im Grundsatz thematisiert waren. **Kasten 1.4** stellt William Stern vor.

Auch die methodischen Zugänge zur Differentiellen Psychologie werden von Stern (1921, S. 15/16) genau dargestellt. Er unterscheidet Variations- und Korrelationsforschung, Psychographie und Komparationsforschung. Was darunter im Einzelnen zu verstehen ist, geht aus folgender Übersicht hervor (▶ **Abb. 1.11**).

Die über den Spalten angeordneten Großbuchstaben stehen, wie ersichtlich, für Individuen; hingegen bezeichnen die kleinen Buchstaben vor den Zeilen einzelne Merkmale wie Intelligenz, Gedächtnis oder Aufmerksamkeit. An den jeweiligen Schnittpunkten zweier Linien muss man sich die Beobachtungsdaten vorstellen, etwa den Punktwert, den eine Person in einem Intelligenztest erzielt, oder den Schätzwert, den sie durch Beurteiler aufgrund einer Verhaltensstichprobe zugeschrieben erhält.

Die Psychographie, die eine Person in mehreren Merkmalen betrachtet, stellt gewiss den ältesten Zugang zu Fragen der Differentiellen Psychologie dar. Alle vorwissenschaftlichen und literarischen Beschreibungen der Individualität einzelner Personen gehören hierher. Dennoch hat Stern (1921) bei der Sichtung des damaligen Materials nur ca. ein Drittel der Seitenzahl, die er der Variations- und Korrelationsforschung widmete, auf die Psychographie verwandt. Die Gründe dafür sind verschiedener Art. Hauptgrund war der Mangel entsprechender mathematisch-statistischer Verfahren zur Behandlung psychographischer und komparativer Informationen. An dem Umstand

Teil I Grundlagen und Forschungsmethoden

> **Kasten 1.4: Louis William Stern (1871–1938)**
>
> Louis William Stern wurde 1871 in Berlin als einziges Kind der Eheleute Sigismund und Rosa Stern geboren. An der Universität Berlin promovierte Stern 1893 bei Hermann Ebbinghaus. Er habilitierte sich in Breslau und hatte dort für mehrere Jahre den Lehrstuhl für Pädagogik inne. Aus der Ehe mit seiner Frau Clara gingen drei Kinder hervor. Beobachtungen zur Entwicklung der Kinder in den ersten Lebensjahren notierte das Ehepaar in Tagebüchern, welche später die Grundlage für wissenschaftliche Publikationen darstellten.
>
> Gleichzeitig mit Freud und Jung erhielt Stern 1909 die Ehrendoktorwürde der Clark University, die anlässlich des 20. Jahrestages ihrer Gründung bedeutende europäische Wissenschaftler eingeladen hatte.
>
> Aufgrund der Veröffentlichung seines Buches »Die Differentielle Psychologie und ihre methodischen Grundlagen« (1911a) gilt Stern als Begründer der Differentiellen Psychologie. Aufgrund der 1912 von ihm vorgestellten Methode zur Berechnung des Intelligenzquotienten wird Stern darüber hinaus häufig als »Erfinder des IQ« bezeichnet.
>
> Aus Breslau kam Stern 1916 nach Hamburg, um dort den Lehrstuhl für Philosophie am »Allgemeinen Vorlesungswesen« zu übernehmen. Im Anschluss an die Gründung der Universität Hamburg im Jahr 1919, an der er maßgebend mitwirkte, wurde ihm dort die Leitung des Philosophischen und des Psychologischen Instituts übertragen.
>
> 1904 war Stern an der Gründung der Deutschen Gesellschaft für Psychologie (DGPs) beteiligt, 1931 wurde er deren Vorsitzender. Zusammen mit Otto Lipmann gab Stern ab 1907 die »Zeitschrift für angewandte Psychologie« heraus.
>
> Mit der Machtergreifung der Nationalsozialisten 1933 endete Sterns akademische Karriere in Deutschland. Aufgrund seiner jüdischen Abstammung musste er den Lehrstuhl in Hamburg und sämtliche akademischen Ämter aufgeben. Er floh 1933 zunächst in die Niederlande, dann in die USA. Dort war er als Professor an der Duke University in Durham (North Carolina) aktiv, bis er im Alter von 67 Jahre in Durham starb.

allerdings, dass der Korrelationsforschung, also der Frage »Was geht womit einher?«, die mit Abstand meisten Beiträge galten, hat sich bis heute nichts geändert.

Allerdings ist eine Ergänzung des Schemas um den Modus der Zeit bzw. der Situationen angeraten. Schon aus alltäglicher Erfahrung ist geläufig, dass es Schwankungen des Empfindens und Erlebens gibt, man gestern »schlecht drauf« war, heute aber »gut aufgelegt« ist, dass Verhalten in verschiedenen Kontexten unterschiedlich ausfällt etc.

Um diesem Gesichtspunkt Rechnung zu tragen, muss neben Individuen und Merkmalen eine dritte Dimension der zeitlichen und/oder situativen Bedingungen eingeführt werden; der dadurch entstehende Datenquader ist nachfolgend wiedergegeben

1 Grundlagen

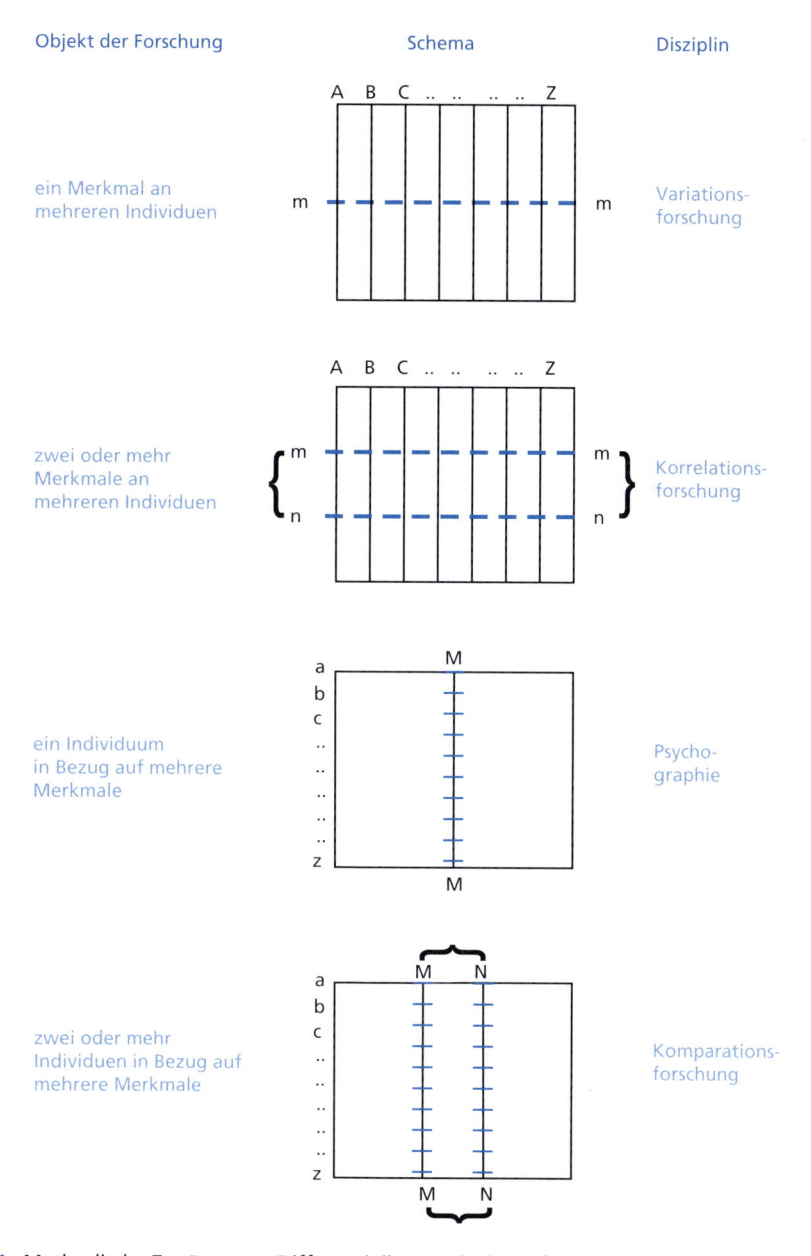

Objekt der Forschung	Schema	Disziplin
ein Merkmal an mehreren Individuen	A B C .. .. Z / m ———— m	Variations-forschung
zwei oder mehr Merkmale an mehreren Individuen	A B C .. .. .. Z / m ———— m / n ———— n	Korrelations-forschung
ein Individuum in Bezug auf mehrere Merkmale	a b c .. .. .. z / M ——— M	Psycho-graphie
zwei oder mehr Individuen in Bezug auf mehrere Merkmale	a b c .. .. .. z / M N ——— M N	Komparations-forschung

Abb. 1.11: Methodische Zugänge zur Differentiellen Psychologie (nach Stern, 1921, S. 15/16).

(▶ **Abb. 1.12**) zusammen mit den Buchstaben, die – dem Vorschlag von Cattell (1957) entsprechend – für die Kennzeichnung der einzelnen Betrachtungsweisen innerhalb der Differentiellen Psychologie üblicherweise benutzt werden.

Nachfolgend werden stichwortartig die methodischen Ansatzpunkte im Einzelnen mit kurzen Beispielen erläutert; wenn dabei von »Vergleichen« gesprochen wird, ist stets die Ermittlung korrelativer Ähnlichkeiten zwischen den betrachteten Dimensionen

Teil I Grundlagen und Forschungsmethoden

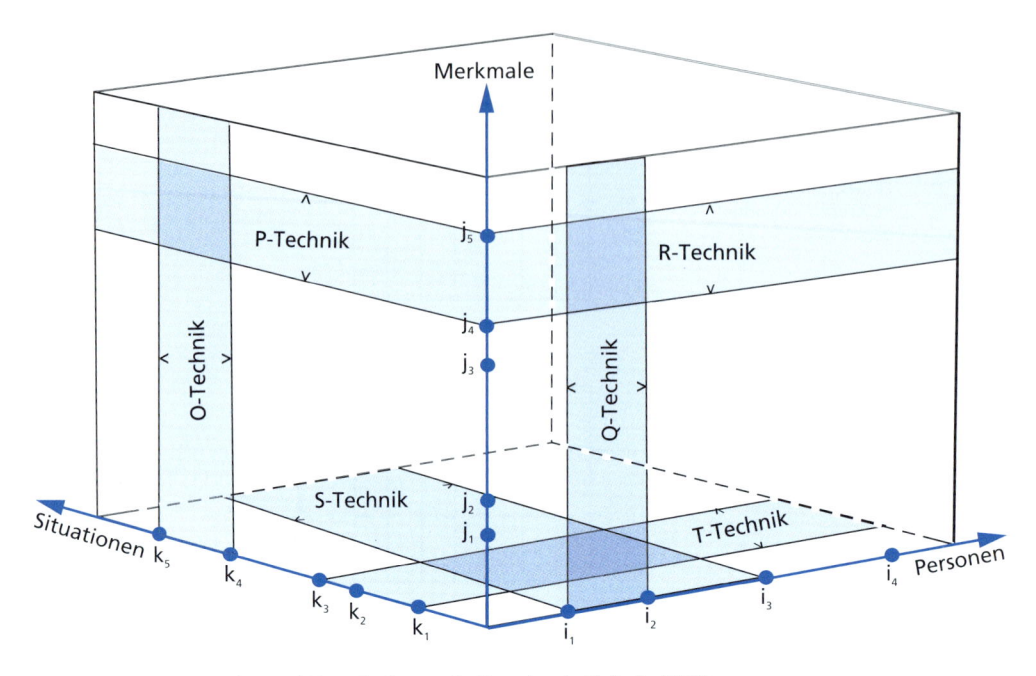

Abb. 1.12: Datenquader und Korrelationstechniken (nach Cattell, 1957).

Tab. 1.4: Korrelationstechniken.

Korrela-tions-technik	korreliert werden	korreliert wird über	konstant gehalten wird	die Korrelation beschreibt die Ähnlichkeit von	hinsichtlich
R	Variablen	Versuchs-personen	ein Mess-zeitpunkt/ eine Situation	Variablen	ihrer Variation zwischen den Versuchspersonen zum Messzeitpunkt
Q	Versuchs-personen	Variablen	ein Mess-zeitpunkt/ eine Situation	Versuchspersonen	ihrer Variablenprofile zum Messzeitpunkt
O	Messzeit-punkte/ Situationen	Variablen	eine Versuchs-person	Messzeit-punkten/ Situationen	ihrer Variablenprofile bei der Versuchsperson
P	Variablen	Messzeit-punkte/ Situationen	eine Ver-suchsperson	Variablen	ihrer Variation über die Messzeitpunkte bei der Versuchsperson
S	Versuchs-personen	Messzeit-punkte/ Situationen	eine Variable	Versuchspersonen	ihrer Variation über die Messzeitpunkte in der Variable
T	Messzeit-punkte/ Situationen	Versuchs-personen	eine Variable	Messzeit-punkten/ Situationen	zwischen den Versuchspersonen in der Variable

gemeint, mithin das Ausmaß, in dem eine höhere Ausprägung auf der einen Variable mit einer solchen auf der anderen einhergeht und umgekehrt (▶ Tab. 1.4).

Im Folgenden werden typische Untersuchungsbeispiele für die verschiedenen Korrelationstechniken gegeben:

- *R-Technik*: Vergleich verschiedener Merkmale über mehrere Personen, z. B. Untersuchung des Zusammenhanges zwischen Lügen und Stehlen, Schulleistungen in Latein und Mathematik, Beliebtheit und Tüchtigkeit, physischer Attraktivität und persönlicher Integrität, Intelligenz und Berufserfolg, Erziehungsstil der Eltern und Delinquenzneigung der Kinder usw.
- *Q-Technik*: Vergleich von Personen über mehrere Merkmale, z. B. Untersuchung der Ähnlichkeit zwischen je zwei Schülern aus einer Klasse hinsichtlich des Abschneidens in einer größeren Zahl von Tests, z. B. um Typen von Personen mit ähnlichen Begabungs- oder Interessenschwerpunkten zu finden.
- *O-Technik*: Vergleich von Situationen über Merkmale, z. B. Untersuchung an einem Studenten oder einer Studentin, inwieweit typische Situationen im Studium wie Vorbereitung auf eine Prüfung, die Prüfung selbst, Warten im Hörsaal, Kommunikation mit Kommilitonen und dergleichen hinsichtlich bestimmter Merkmale wie Angstauslösung, Anregungsbedingung, Sozialbezug usw. ähnlich sind.
- *P-Technik*: Vergleich von Merkmalen einer Person über eine Reihe von Situationen, z. B. Registrierung von Puls und Atemfrequenz bei der Vorgabe verschieden stark sexuell stimulierender Bilder.
- *S-Technik*: Vergleich von Personen in einem Merkmal über verschiedene Situationen, z. B. Untersuchung der Ähnlichkeit von Personen hinsichtlich physischer Attraktivität während früher Kindheit, Jugend, Pubertät, Erwachsenenalter usw., Ähnlichkeit von Schülern hinsichtlich ihrer Schulleistungen zu verschiedenen Zeitpunkten oder ihrer Höflichkeit gegenüber Verwandten, Freunden, Bekannten, Fremden usw.
- *T-Technik*: Vergleich von Situationen hinsichtlich eines Merkmals über verschiedene Personen, z. B. Untersuchung bestimmter Situationen wie Besuch beim Zahnarzt und Absolvierung einer Prüfung hinsichtlich ihrer Angsterzeugung bei den verschiedenen Personen.

Nachzutragen bleibt, dass die differentialpsychologische Perspektive nicht nur Unterschiede zwischen einzelnen Personen, sondern auch solche zwischen Gruppen von Individuen beinhaltet. Der Terminus »Gruppe« bedeutet eine Klassifikation von Personen entlang eines oder mehrerer Merkmale. Gebräuchlich sind Klassifikationen nach dem Geschlecht, dem Alter, der ethnischen Herkunft, dem sozioökonomischen Status, der Konfession und dergleichen. Auch Klassifikationen nach dem Ausprägungsgrad in bestimmten Variablen wie Intelligenz, Leistungsmotiviertheit oder emotionale Stabilität (etwa »hoch«, »mittel« und »niedrig«) können für eine entsprechende gruppenweise Zusammenfassung von Personen herangezogen werden.

1.4.2 Zum Antagonismus zwischen Differentieller und Allgemeiner Psychologie

Korrelationsforschung und Komparationsforschung stellen nach Stern Fragestellungen der Differentiellen Psychologie dar, die eine Analyse von Ähnlichkeiten von Variablen bzw. Personen erfordern. Für die Quantifizierung solcher Zusammenhänge sind verschiedene Korrelationskoeffizienten entwickelt worden.

Der damit gegebene korrelative Ansatz steht in einem gewissen Gegensatz zu einer anderen Methode des Erkenntnisgewinns, dem Experiment. Dieses wird üblicherweise als Via regia wissenschaftlichen Arbeitens angesehen, weil nur damit Aussagen über kausale Abhängigkeiten zwischen zwei oder mehreren Variablen möglich sind.

Unter Anwendung der üblichen Prinzipien experimentalpsychologischer Forschung (z. B. Standardisierung der Bedingungen, Variation, Wiederholung usw.) hat beispielsweise Müller-Lyer (1896) zeigen können, dass bei der Vorlage der später nach ihm benannten Linienkonfiguration von den Versuchspersonen die Strecke mit den nach auswärts gekehrten Pfeilen (▶ b in **Abb. 1.13**) regelmäßig größer als die mit den einwärts gekehrten Pfeilen wahrgenommen wird, obwohl die beiden Streckenabschnitte a und b objektiv gleich lang sind.

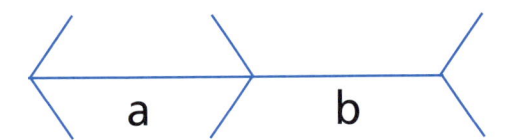

Abb. 1.13: Täuschungsfigur nach Müller-Lyer.

Fast alle Versuchspersonen werden in ihrer Längenwahrnehmung der Strecken a und b durch die Stellung der Pfeile getäuscht. Daraus lässt sich eine allgemeine Regel formulieren, etwa »Alle Personen sehen die Strecken verschieden lang«. Solche Aussagen strebt die Allgemeine Psychologie an.

In einem weiteren Experiment mögen die rechten Pfeile verschiebbar sein. Die Versuchspersonen werden nun gebeten, die Pfeile so zu platzieren, dass die Abschnitte a und b gleich lang erscheinen. Die Auswertung wird zeigen, dass die Versuchspersonen in unterschiedlich starkem Maße der Täuschung unterliegen. Dabei wird die Verteilung der Verschiebungsbeträge vermutlich ein etwa glockenförmiges Aussehen haben. Die nähere Beschreibung und Analyse dieser Wahrnehmungsunterschiede, etwa ihr Zusammenhang mit Intelligenz oder das Ausmaß an Gruppenunterschieden, ist nun ein *differentialpsychologisches* Problem.

Die Variation, die ggf. zwischen den Gruppen auftritt, geht hier nicht auf eine Manipulation des Versuchsleiters zurück. Die unabhängigen Variablen innerhalb eines solchen Planes wären nicht systematisch variierte Reize oder Bedingungen, sondern Merkmale, die bereits präexperimentell bestanden (z. B. Geschlechtszugehörigkeit, Alter usw.). Solche unabhängige Variablen heißen quasi-experimentell.

In dem Maße, wie durch Korrelationsforschung und differentialpsychologische Gruppenvergleiche Differenzierungen allgemeinpsychologischer Gesetze notwendig sind, verlieren diese Gesetze ihre Allgemeingültigkeit. Deshalb war seit jeher die Allgemeine Psychologie an individuellen Unterschieden nicht sonderlich interessiert und verstand sie als experimentelle Fehler, die das Auffinden allgemeinpsychologischer Gesetze erschweren.

Allgemeine und Differentielle Psychologie haben also insofern verschiedene Zielvorgaben, als Erstere sich für die *Uniformität* menschlichen Verhaltens interessiert, die Differentielle Psychologie dagegen für interindividuelle *Unterschiede*. Daraus resultierte häufig eine gewisse gegenseitige Behinderung in der Entwicklung der beiden Fächer.

Erst Cronbach (1957) wies auf die Vorteile einer Kombination von experimentellem und korrelativem Ansatz hin. So werden im experimentellen Teil eines Versuchsplans persönlichkeitspsychologisch interessierende Bedingungsvariationen vorgenommen, um dann nachfolgend die interindividuellen Unterschiede in einer abhängigen Variablen getrennt für jede der Bedingungen korrelativ zu untersuchen.

> **Zusammenfassung von Kapitel 1.4**
>
> Mit dem Beginn des 20. Jahrhunderts wurden auch die Grundfragestellungen und Methoden der Differentiellen Psychologie beschrieben. Stern unterschied die Methoden der Variationsforschung, Korrelationsforschung, Psychographie und Komparationsforschung (▶ **Abb. 1.11**). R. B. Cattell führte neben Merkmalen und Personen auch den Modus der Zeit bzw. der Situationen ein und konnte damit sechs verschiedene Korrelationstechniken sowie drei Variationstechniken unterscheiden.
>
> Mit diesem methodisch differenzierten Forschungsprogramm steht die Differentielle Psychologie in einem Spannungsfeld zu den nicht-differentiell vorgehenden Disziplinen der Psychologie (Allgemeine Psychologie, Sozialpsychologie, Biologische Psychologie), weil allgemein-gesetzliche Aussagen durch die differentielle Forschung in ihrem Gültigkeitsbereich eingeschränkt werden.

1.5 Zentrale Begriffe

1.5.1 Variablen und Skalen

Unter Variablen werden *veränderliche Größen* wie Körpergröße, Zeugnisnoten, Intelligenz oder Extraversion verstanden. Personen weisen auf einer Variable verschiedene Ausprägungsgrade in Einheiten einer Maßzahl auf. Häufig variiert der Ausprägungsgrad kontinuierlich, es sind also alle Abstufungen des beobachteten Merkmals messbar oder doch wenigstens vorstellbar. Mehrfach treten jedoch auch diskontinuierliche, diskrete Abstufungen auf (wie männlich/weiblich bei der Variable »Geschlecht«). In diesen Fällen sind die Ausprägungen nicht quantitativ, sondern qualitativ abgestuft.

Die Bestimmung des spezifischen Ausprägungsgrades einer beobachtbaren Größe erfolgt im Vorgang des Messens, unter dem die Zuordnung von Zahlen (»numerisches Relativ«) zu empirischen Sachverhalten (»empirisches Relativ«) verstanden wird. Ein solcher Vorgang ist nur dann sinnvoll, wenn dabei eindeutige Regeln angewendet werden, so dass der Beziehung zwischen den Beobachtungsdaten eine solche zwischen den Zahlen in eindeutiger Weise entspricht.

Je nach der Spezifität dieser Regel unterscheidet man mehrere Zuordnungsvorschriften, die zu verschiedenen *Skalen* oder Skalenniveaus führen (Bortz & Döring, 2002). Dabei bilden die »metrischen« Skalen die kontinuierlichen, die »nichtmetrischen« die diskreten Ausprägungen von Variablen ab.

Die einfachste Art einer Zuordnung besteht in der Zusammenfassung einer Gruppe von Beobachtungsdaten in einer Klasse, wobei es gleichgültig ist, welche Zahl der Klasse zugeordnet wird. Beispielsweise tragen in Fußballmannschaften die Torhüter stets die Rückennummer 1, Mittelstürmer die 9 usw. Hierbei wird eine Funktion, Platzierung oder Aufgabe, die *qualitative* Differenzierungen erkennen lässt, *quantitativen* Einheiten oder Zahlen zugeordnet. Jede andere Zuordnung von Zahlen zu Positionen innerhalb des Teams wäre denkbar, ohne dass darüber die Eigenschaften der Skala verändert würden. Solche einfachen Skalen heißen *Nominalskalen*. Kennzeichnend für sie ist, dass der quantitativen Abstufung der Zahlen qualitative Unterschiede im registrierten Sachverhalt zugrunde liegen.

Bei den *Ordinal-* oder *Rangskalen* entspricht dagegen der Abstufung der Skalenwerte eine bestimmte Abfolge in den Ausprägungsgraden der Beobachtungsdaten (z. B. Reihung der Schüler einer Klasse nach ihrer Beliebtheit oder Leistungsfähigkeit, Platzierung des Einlaufens bei sportlichen Wettbewerben und dgl.). Über den Abstand von Kategorie zu Kategorie auf verschiedenen Abschnitten der Skala ist dabei nichts ausgesagt. Den Besten mögen vom Zweitbesten »ganze Welten« trennen, wohingegen der Zweite vom Dritten kaum zu unterscheiden sein mag. Dennoch werden beide Differenzen durch denselben Sprung in den Maßzahlen wiedergegeben. Auf dem Rangskalenniveau entsprechen somit Größer-Kleiner-Relationen im numerischen Relativ solchen im empirischen Relativ. Durch diese Besonderheit nehmen die Ordinalskalen eine Zwischenposition zwischen den nichtmetrischen und metrischen Skalen ein.

Intervallskalen liegen dann vor, wenn die Abstände (Intervalle) zwischen den Einheiten der Zahlen denjenigen zwischen den Beobachtungsgrößen entsprechen (Temperatur, Tonhöhe, Lautstärke und dgl.). Gleiche Differenzen zwischen Skalenwerten entsprechen gleichen Differenzen von Ausprägungsgraden. Die Festsetzung des Nullpunktes geschieht dabei ebenso willkürlich wie die Wahl der Einheiten. So wurde im Falle der Celsius-Temperaturskala die Merkmalsausprägung für null Grad am Gefrierpunkt des Wassers festgelegt und die Differenz zum Siedepunkt in 100 Einheiten unterteilt. Auf verschiedenen Abschnitten der Skala weisen gleiche Veränderungen im empirischen Relativ identische Veränderungen im numerischen Relativ auf. Die Bildung von Verhältnissen (z. B. +30°C zu +15°C als »doppelt so warm«) verbietet sich allerdings durch die Willkürlichkeit der Nullpunktfixierung. Dem Typ der Intervallskala werden im psychologischen Bereich gern die Messwerte gebräuchlicher Tests zur Erfassung von Intelligenz, Emotionalität, Hilfsbereitschaft usw. zugeordnet.

Den anspruchsvollsten Skalentyp, der in der Psychologie nur selten erreicht wird, bilden die *Absolut-*oder *Verhältniskalen*, die über die Eigenschaften der Intervallskalen hinaus auch einen natürlichen Nullpunkt wie etwa bei der Längen- oder Gewichtsmessung aufweisen (der Messwert null bedeutet unendlich geringe Merkmalsausprägung). Deshalb ist die Bildung von Verhältnissen zwischen Messwerten entlang des Kontinuums und damit auch zwischen verschiedenen Skalen erlaubt (z. B. »halb so groß«).

1.5.2 Konstrukte

Grundlage jeder empirisch ausgerichteten Disziplin bilden Sachverhalte, die empirischer Natur sind, also beobachtet, aufgezeichnet und berichtet werden können. Empirische Sachverhalte sind z. B. das Ankreuzen von zehn Antwortmöglichkeiten in einem Rechentest, die Messung einer Pulsfrequenz von 160 Schlägen pro Minute, die Beschreibung der Farbe des Gesichts oder die Wortfolge eines Berichts über Gefühle. Sachverhalte dieser Art werden in der *Beobachtungssprache* in sog. *Protokollsätzen* festgehalten (z. B. »Versuchsperson Malte Mager kreuzt in der Untersuchung vom 11.03.2010 auf dem Formblatt C 10 richtige Lösungen an«).

Empirische Sachverhalte erklären sich jedoch nicht aus sich selbst heraus. Sie bedeuten etwas Verschiedenes, je nachdem, welche Randbedingungen bei der Beobachtung gegeben waren; ob etwa nur 10 oder 30 Aufgaben vorgegeben wurden, ob der Proband ermüdet oder frisch war etc. Erst der Bezugsrahmen in Form theoretischer Annahmen verleiht den empirischen Sachverhalten ihren Bedeutungsgehalt. Aus der Beobachtung eines raschen Pulses und blassen Gesichts, aus der Wahrnehmung des Satzes »Ich gehe weg« und dem Wissen, dass in 30 km Entfernung ein Atomkraftwerk einen kritischen Zustand erreicht hat, schließen wir, dass der Betreffende Angst hat. Die Angst als aktueller Zustand ist selbst nicht direkt wahrnehmbar. Empirische Sachverhalte wie Atem- und Pulsfrequenz, motorische Vollzüge und Äußerungen des Probanden sind lediglich Indikatoren, die *für* etwas stehen. Insofern stellt *Angst* etwas Theoretisches, Erdachtes, Konstruiertes dar: Sie bildet ein theoretisches Konstrukt. Auch bei Intelligenz, Freundlichkeit, Hilfsbereitschaft, emotionaler Stabilität, musischem Interesse usw. handelt es sich nicht um direkt zugängliche empirische Sachverhalte, sondern um Konstrukte, die eine Reihe von Beobachtungsinhalten organisieren und ihnen ihren je spezifischen Bedeutungsgehalt verleihen.

Auf der anderen Seite »nehmen gewonnene empirische Gegebenheiten den theoretischen Annahmen ihre Beliebigkeit und Willkürlichkeit; das Theoretische wird sozusagen durch das empirisch Gegebene kontrolliert. So kann sich Theoretisches im Lichte empirischer Erfahrungen als falsch und untauglich erweisen« (Herrmann, 1976, S. 33). Deshalb sind empirische und theoretische Sachverhalte im naturwissenschaftlichen Forschungsprozess stets aufeinander bezogen.

Bezeichnungen für theoretische Konstrukte entstammen der Theoriesprache. Einige Aussagen der Theoriesprache lassen sich vollständig auf Inhalte von Protokollsätzen der Beobachtungssprache zurückführen. Derartige Aussagen stellen nur eine Abstraktion der empirisch gegebenen Sachverhalte dar, gehen nicht über diese hinaus und sind durch sie vollständig bestimmt (»Konstrukte erster Art«, Herrmann, 1973). Konstrukte erster Art sind also »operational« definiert. Damit ist gemeint, dass sich das Konstrukt auf einen eindeutig beobachtbaren Sachverhalt bezieht, wobei dieser Sachverhalt durch Operationen für seine Herstellung und Registrierung vollständig definiert ist.

Das ist etwa der Fall, wenn jemand in einem Weltmeisterschaftsturnier so viele gute Platzierungen erreichen konnte, dass er als »Weltmeister« bezeichnet werden kann. Der Titel des Champions bedeutet hier lediglich, dass er in einer Reihe genau festgelegter Veranstaltungen mehr Punkte sammeln konnte als irgendein Konkurrent.

Wenn ein Konstrukt nicht vollständig auf Protokollsätze rückführbar ist, weist es gegenüber der Beobachtungssprache einen »Bedeutungsüberschuss« auf. Fast alle Konstrukte der Differentiellen Psychologie gehören zu diesen »Konstrukten zweiter Art«. Sie sind nicht vollständig operational definiert, bieten aber aufgrund ihres Bedeutungsüberschusses die Möglichkeit, Hypothesen abzuleiten, die sich wiederum auf empirische Sachverhalte beziehen (»hypothetico-deduktives Vorgehen«). In dem Maße, in dem sich die Beobachtungsdaten als unvereinbar mit den abgeleiteten Vorhersagen erweisen, müssen das Konstrukt oder seine Operationalisierungen verändert werden.

Bedeutungsüberschuss liegt etwa vor, wenn man jemanden, der einmal nicht die Wahrheit sagt, als »Lügner« bezeichnet und einen anderen, der einmal etwas an sich nahm, als »Dieb«. Unterstellt wird damit, dass die Person eine Eigenschaft aufweise, die Lügen und Stehlen jetzt und in Zukunft hervorbrächte. Schließlich ist auch der Schluss auf »Unehrlichkeit« nicht durch protokollierte Beobachtungen abgedeckt, selbst wenn man von jemandem weiß, dass er schon einmal gelogen, gestohlen und betrogen hat.

1.5.3 Persönlichkeit

Bei dem Konstrukt Persönlichkeit, das verschiedene Autoren in Abhängigkeit vom Zeitalter und Sprachkreis außerordentlich verschieden definieren, handelt es sich um ein »extrem allgemeines Konstrukt« (Herrmann, 1976, S. 34). Es stellt gleichsam die Summe der auf menschliches Erleben und

Verhalten bezogenen Konstrukte, deren Wechselbeziehungen untereinander und Interaktionen mit organismischen, situativen und Außenvariablen dar.

Eine solche Auffassung folgt dem in der Literatur feststellbaren Konsens, Persönlichkeit *nicht* mit dem konkreten Verhalten in einer spezifischen Situation gleichzusetzen, sondern darunter »ein bei jedem Menschen einzigartiges, relativ überdauerndes und stabiles Verhaltenskorrelat« (Herrmann, 1976, S. 25) zu verstehen. Ähnlich definiert Guilford (1974, S. 6):

»Die Persönlichkeit eines Individuums ist seine einzigartige Struktur von Persönlichkeitszügen (Traits) ... Ein Trait ist jeder abstrahierbare und relativ konstante Persönlichkeitszug, hinsichtlich dessen eine Person von anderen Personen unterscheidbar ist.«

Auch die Begriffsbestimmung von Pawlik (1973, S. 3) zur Persönlichkeit als der

»Gesamtheit reliabler inter- und intraindividueller Unterschiede im Verhalten, sowie deren Ursachen und Wirkungen«

geht mit dem Abheben auf die Antezedenz- und Konsequenz-Bedingungen über das unmittelbar Beobachtbare deutlich hinaus.

Die vorgenannten Definitionen von »Persönlichkeit« fußen alle auf der Besonderheit eines Menschen und gleichzeitig seiner Unterschiedlichkeit von anderen Personen. Damit würden allerdings zwei einander in vielen Merkmalen ähnliche Menschen, im Extremfall etwa eineiige Zwillinge, keine eigene Persönlichkeit aufweisen. Eine solche Schlussfolgerung wäre sicher absurd. Auch wenn die Besonderheit oder das Charakteristische einer Person ihre Einzigartigkeit ausmacht, kann das Besondere einer Person nicht allein ihre Persönlichkeit sein. Persönlichkeit muss auch solche Aspekte umfassen, die viele Personen teilen und die nicht zu den Besonderheiten einer Person zählen.

Stattdessen führt es weiter, jede einzelne Person zunächst als unabhängig von anderen Personen konstituiert zu verstehen. Persönlichkeit müsste dann rein intraindividuell bestimmt werden. Als Repräsentant einer solchen Konzeption kann etwa Eysenck (1953, S. 2) angesehen werden:

»Persönlichkeit ist die mehr oder weniger feste und überdauernde Organisation des Charakters, des Temperamentes, des Intellekts und der Physis eines Menschen...«

Gleichzeitig müsste die Definition von Persönlichkeit aber auch Raum geben für die Entstehung von interindividuellen Unterschieden. Die Definition in **Kasten 1.5** stimmt mit diesen Anforderungen überein.

Kasten 1.5: Definition von »Persönlichkeit«

»Persönlichkeit ist die dynamische Organisation von psychophysischen Systemen innerhalb der Person, die in gegebenen Kontextbedingungen konsistente Präferenzen in der Produktion von Verhaltens-, Denk- und Gefühlsweisen hervorbringen.«

Die Verwendung des Begriffs »Präferenzen« bezieht sich auf die Vorstellung, dass das Gehirn in einer gegebenen Situation stets verschiedene Verhaltens-, Denk- oder Gefühlsweisen produzieren könnte, daraus aber, meist automatisch, nur eine auswählt. Weil Personen in vielen Kontextbedingungen sowohl gleichartige als auch unterschiedliche Verhaltens-, Denk- und Gefühlsweisen produzieren, ermöglichen die resultierenden interindividuellen Unterschiede die Untersuchung von differentialpsychologischen Fragestellungen.

Die Abgrenzung zwischen Persönlichkeitspsychologie und Differentieller Psychologie wird zwar nur selten explizit vorgenommen, ergibt sich aber aus der Definition in **Kasten 1.5** unmittelbar. Bei der Persönlichkeitspsychologie steht die intrapersonale *Einheit* oder Kohäsion, mithin die Person selbst in ihrem systemischen Aufbau verschiedener psychophysischer Systeme im Vordergrund. Bei der Differentiellen Psychologie geht es demgegenüber um die Erfassung und Erklärung von *Unterschieden* in einzelnen Variablen, die in den psychophysischen Systemen jeder Person vorkommen und erfassbar sind.

William Stern gilt mit seinem Bemühen, die Individualität zu verstehen, als Begründer der Persönlichkeitspsychologie. Für diesen Ansatz waren das Programm und die Methoden der Differentiellen Psychologie, die er selbst explizit hatte (s. Abschn. 1.4.1), nicht hilfreich, weil sie nur differenzieren und separieren, damit aber nicht dem Verständnis von Individualität dienlich seien. Individualität ist die kohärente Ganzheit von Personen, eine »Viel*einheit*«, die zu ihrem Verständnis eine Kenntnis der Ziele erfordere, die ein Individuum verfolge. Denn die individuelle Zielstrebigkeit sei es, die die Mannigfaltigkeit der Bewusstseinsphänomene, Handlungen und Dispositionen zur Einheit organisiere. Dieses geschehe in Abhängigkeit von den jeweiligen Kontextbedingungen in mehrfach gestaffelten Über- und Unterordnungsprozessen, wobei sich die Viel*ein*heit des Einzelnen als ein Schichtensystem darstelle (s. dazu Renner & Laux, 1998).

Dieser Aspekt ist in aktueller Ausformulierung etwa bei McAdams vorzufinden, der zur vollständigen Erfassung von Individualität drei Ebenen für erforderlich hält (McAdams, 2009, S. 11):

- Eigenschaften, die breite Dimensionen der Persönlichkeit darstellen und die internale, globale und stabile individuelle Differenzen in Verhalten, Gedanken und Gefühlen beschreiben,
- charakteristische Anpassungen an motivationale, kognitive und entwicklungsbezogene Herausforderungen und Aufgaben,
- Selbst und Identität als internalisierte und sich verändernde Erzählungen über das Selbst, die Menschen entwickeln, um Vergangenheit, Gegenwart und Zukunft zu verknüpfen und um dem eigenen Leben Einheit, Zweck und Bedeutung zu verleihen.

1.5.4 Nomothetische, idiographische und idiothetische Methode

Angesichts der von allen Persönlichkeitstheoretikern behaupteten Besonderheit jeder Person erhob sich sehr bald die Frage, ob es sinnvoll sei, den Einzelnen mit Eigenschaftsbegriffen zu kennzeichnen, die auf alle Personen zutreffen.

Allport (1937) führte dazu die auf Windelband, einen Philosophen des 19. Jahrhunderts, zurückgehende Unterscheidung von idiographischer und nomothetischer Methode in die Diskussion ein. Die *idiographische Methode* postuliert qualitative Unterschiede zwischen den Personen. Individuen können daher nicht in einem Satz von Variablen miteinander verglichen werden, eben weil es keine auf alle gleichermaßen zutreffenden Beschreibungseinheiten gibt. Methode der Wahl sind detaillierte Biographien des Einzelnen und seiner Verhaltensweisen – in letzter Konsequenz sogar in einer für jedes Individuum gesonderten Sprache.

Ein solcher Anspruch hat Implikationen für ein wesentliches Ziel jeder Wissenschaft, nämlich Regeln und Gesetze abzuleiten, die von allgemeiner Bedeutung sind (*nomothetische Methode*). Selbst entschiedene Verfechter der Einmaligkeit jeder Persönlichkeit haben jedoch die »utopischen Züge...(eines) idiographischen Leitbildes« (Thomae, 1968, S. 19) eingeräumt. In der Tat wäre ein wirklich einzigartiges Individuum nicht erfassbar und unverständlich, letztlich nicht einmal als Individuum erkennbar. Die nomothetische Methode kennt solche Probleme nicht. Sie sieht von der Einmaligkeit des Individuums ab und versucht, allgemeine Gesetze zu entwickeln, die für die Einzelnen gelten.

Eine erste Aufgabe der nomothetischen Persönlichkeitspsychologie besteht darin, Beschreibungssysteme zu entwickeln, mit denen alle Personen erfasst und kategorisiert werden können. Beispielsweise gilt es festzustellen, ob alle Individuen mit Hilfe einer allgemeinen Dimension »Intelligenz« oder »Gefühlsbetontheit« beschrieben werden können oder ob stattdessen spezifische Klassifikationssysteme zweckmäßig sind, die nur für bestimmte Personengruppen Geltung haben. Beispielsweise ist eine Unterscheidung nach der »visuellen Wahrnehmungsschärfe« für Blinde irrelevant, d. h., innerhalb dieser Gruppe führt die Anwendung der besagten Beschreibungsdimension zu sinnfreien Resultaten.

Die Besonderheit der Person findet in nomothetischen Beschreibungssystemen Berücksichtigung dadurch, dass der Vorrat an unterschiedlichen Plätzen für einzelne Personen extrem groß ist. Einem Beispiel von Hofstätter (1977) zufolge hält ein System von zehn unabhängigen Beschreibungsdimensionen (wie Autorität, Geiz, Aggressivität usw.), von denen jede 10-fach abgestuft ist, zehn Milliarden Plätze bereit, von denen alle eine unterschiedliche Konfiguration der zehn Beschreibungsdimensionen repräsentieren. Dies würde ausreichen, um der Gesamtheit der Menschheit individuelle Platzzuweisungen zu ermöglichen.

Die zweite Aufgabe nomothetischer Persönlichkeitsforschung besteht darin, die mit Hilfe der Beschreibungsdimensionen erfassten Unterschiede in Form allgemeiner Gesetze zu erklären. Beispielsweise kann gefragt werden, wodurch die Unterschiede verursacht werden, ob etwa Einflüsse der Vererbung oder von spezifischen Umweltfaktoren vorliegen. In der Regel werden solche Fragen darauf hinauslaufen, nach Zusammenhängen der Unterschiede in der einen Beschreibungsdimension mit solchen in anderen zu suchen. So könnte geprüft werden, ob die unterschiedliche Unfallhäufigkeit von Verkehrsteilnehmern mit der Kenntnis der Verkehrsregeln zusammenhängt.

Insofern ist die nomothetische Persönlichkeitsforschung differentialpsychologisch ausgerichtet, sie untersucht also interindividuelle Unterschiede. Damit unverträglich ist jedoch der Umstand, dass individuelle Erfahrungen fast immer idiographischer Art sind, sich also *innerhalb* einer Person abspielen. Um solchen Ereignissen gerecht zu werden, bedarf es deshalb zwingend eines intraindividuellen Ansatzes. Einige Erläuterungen mögen dieses verdeutlichen: Üblicherweise erfolgen die Entscheidungen und Bewertungen des Alltagslebens vor dem Hintergrund der jeweils eigenen, sehr persönlichen Bezugssysteme und weniger im Rahmen der Maßstäbe eines Forschers, der solche Entscheidungen und Bewertungen Einzelner mit denjenigen anderer Personen vergleicht (indem er die Perspektive der zwischen Probanden bestehenden Unterschiede anlegt).

Angenommen, Michael beschließt, seine Freundin Lara zu heiraten. In einem solchen Fall wird er wohl kaum darüber nachdenken, wie stark seine Zuneigung gegenüber Lara ist im Vergleich zu den Gefühlen, die andere Männer ihr entgegenbringen. Stattdessen wird er allenfalls seine Liebe für Lara mit derjenigen gegenüber anderen Frauen vergleichen. Oder Lara wählt eine bestimmte Form von Urlaub aus. Dann wird sie kaum fragen, ob sie daran stärker interessiert ist als eine durchschnittliche andere Person, sondern maßgeblich für sie ist, dass sie lieber das eine als das andere tut.

Wenngleich nun kaum jemand explizit behauptet, dass Menschen solche nomothetischen Erwägungen anstellen, folgt der diesbezügliche Ansatz jedoch implizit genau diesen Regeln, bei der jede einzelne Person auf alle anderen bezogen wird. Daraus können beträchtliche Fehlschlüsse erwachsen.

Angenommen, Studierende sollen sich auf 9-fach abgestuften Skalen, deren theoretische Mitte bei 5 liegt, sowohl hinsichtlich ihrer selbst wahrgenommen Intelligenz als auch der Leistungsmotivation einstufen. Eine Studentin kreuzte »6« bei Intelligenz und »4« bei Leistungsmotivation an. Das bedeutet aus ihrem Verständnis eine überdurchschnittliche Intelligenz, aber unterdurchschnittliche Motivation. Beträgt aber die mittlere Selbsteinschätzung der anderen Studierenden in der einen Skala »7« und in der anderen »3«, so kehren sich unter der nomothetischen Perspektive die Gegebenheiten genau um. Aus der Warte der Befragungsperson und in den obigen Beispielen von Michael und Lara handelte es sich aber erlebnismäßig und vom Bezugsrahmen her eindeutig um die Ebene »innerhalb« und nicht um eine »zwischen« den Personen.

Die intraindividuelle Ebene erfordert Vergleiche von Gedanken, Gefühlen und Verhaltensweisen zu einem Zeitpunkt oder zwischen mehreren Zeitpunkten innerhalb einer Person. Dies wird gut in dem launigen Spruch gebündelt: »Life is a within-subjects design« (Pelham, 1993, S. 665).

Es kommt also darauf an, bei der Überprüfung allgemeiner Gesetzmäßigkeiten auch idiographischen Prinzipien Rechnung zu tragen.

Lamiell (1981) hat aus der Zusammenziehung der Begriffe nomothetisch und idiographisch die Wortneuschöpfung »*idiothetisch*« geprägt. Die fragliche Bezeichnung steht für eine Beschreibung einzelner Personen nach idiographischen Maßen, die aber eine interindividuelle Vergleichbarkeit gewährleisten sollen. Konkret besteht der Messvorgang darin, das Individuum mit sich selbst zu vergleichen. Dabei wird eine Liste von Verhaltensweisen vorgelegt, die eine bestimmte Eigenschaft in variierender Intensität kennzeichnen können. Drei Informationen werden benötigt. (1) Die Person gibt an, welche Verhaltensweisen sie zutreffend beschreiben. (2) Durch welche Verhaltensweisen wird eine minimale, (3) durch welche Verhaltensweisen eine maximale Eigenschaftsausprägung angezeigt? Durch den Quotienten [(1)–(2)]/[(3)–(2)] ergibt sich eine idiographische, von den Ergebnissen anderer Personen unabhängige Messung der Eigenschaft. Dies wird insbesondere dann deutlich, wenn jede Person selbst angibt, für wie bedeutsam sie jede Verhaltensweise zur Messung der in Frage stehenden Eigenschaft hält. Erst dann werden die individuellen Quotienten interindividuell verglichen.

Zusammenfassung von Kapitel 1.5

Variablen sind veränderliche Größen, die psychische oder physische Merkmale in einem bestimmten Ausprägungsgrad erfassen. Ein bestimmter Ausprägungsgrad wird im Vorgang des Messens ermittelt. Messen ist die Zuordnung von Zahlen zu empirischen Sachverhalten unter Verwendung von eindeutigen Regeln. Man unterscheidet Nominalskalen, Ordinalskalen, Intervallskalen sowie Verhältnisskalen. Die Skalen sind durch die auf ihnen erlaubten Rechenoperationen definiert. Nur dann entsprechen die Relationen zwischen den Zahlen auch den Relationen zwischen den Sachverhalten.

Empirische Sachverhalte können durch Beobachtung ermittelt und in »Protokollsätzen« aufgezeichnet werden. Viele psychologische Konzepte können allerdings nicht beobachtet werden, sie werden aus empirischen Sachverhalten erschlossen und als »Konstrukte« bezeichnet. Konstrukte 1. Art lassen sich vollständig durch empirische Sachverhalte definieren. Konstrukte 2. Art sind hingegen nur unvollständig operational definiert und weisen deshalb eine »Überschussbedeutung« auf.

Ein zentrales Konstrukt ist das der »Persönlichkeit«. Viele Definitionen von Persönlichkeit betonen die Einzigartigkeit von Persönlichkeitszügen, Verhalten und Erleben. Solche

> Definitionen speisen sich aus der Unterschiedlichkeit von einer Person zu anderen Personen. Andere Definitionen verstehen unter Persönlichkeit die Organisation von Systemen innerhalb einer Person; dafür ist das Postulat der Unterschiedlichkeit von einer Person zu anderen Personen also nicht erforderlich. Nach McAdams sind für die vollständige Erfassung von Individualität drei Ebenen zu berücksichtigen: Eigenschaften, charakteristische Anpassungen sowie Selbst und Identität.
>
> Welchen Status aber haben Eigenschaften, sind sie universell gültig und auf alle Personen anwendbar (nomothetisch) oder sind sie spezifisch für jede einzelne Person (idiographisch)? In der nomothetischen Persönlichkeitspsychologie werden interindividuell gültige Beschreibungssysteme verwendet und allgemeine Gesetze abgeleitet. Allerdings entspringen das Erleben und die Verhaltensplanung stets in einer Person. Die Persönlichkeitsforschung sollte also die Vorteile einer nomothetischen und einer idiographischen Herangehensweise kombinieren. Nach Lamiell könnte eine Kombination (idiothetisch) durch die Verwendung eines nomothetischen Beschreibungssystems und eines idiographischen Vergleichsmaßstabs erfolgen.

1.6 Inhaltliche Konzepte der Differentiellen Psychologie

1.6.1 Verhaltensweisen

Alltäglicher Beobachtung wie wissenschaftlicher Analyse zufolge unterscheiden sich Personen in ihrem Verhalten und Erleben selbst dann, wenn sie sich in identischer oder vergleichbarer Umgebung befinden. Anders ausgedrückt, dieselben »Reize« führen bei verschiedenen Personen oft zu unterschiedlichen »Reaktionen«. Als Reize gelten Vorgänge oder Erscheinungen, die die Sinnesorgane eines Organismus erregen. Sie entstammen der Außenwelt (Außenreize) oder dem eigenen Organismus (Innenreize). Beispiele sind taktile oder akustische Signale, die Beschaffenheit einer geometrisch-optischen Figur, die Sequenz von Worten oder die Stimulation, die von einem sozialen Ereignis ausgeht. Der Umstand der interindividuell verschiedenen Reaktionen auf einen gegebenen Reiz ist in **Abbildung 1.14** schematisch veranschaulicht.

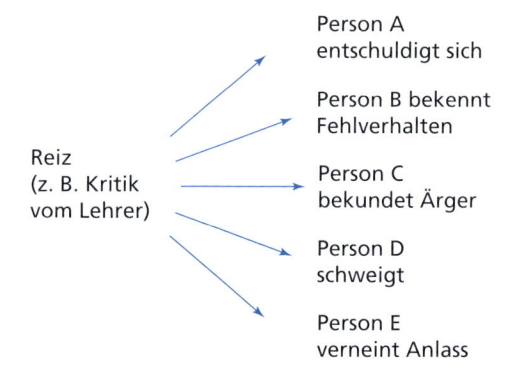

Abb. 1.14: Interindividuelle Differenzen in der Reaktion auf einen sozialen Reiz (nach Mischel, 1971, S. 15).

Reiz (z. B. Kritik vom Lehrer) →
- Person A entschuldigt sich
- Person B bekennt Fehlverhalten
- Person C bekundet Ärger
- Person D schweigt
- Person E verneint Anlass

Verbale Entschuldigung oder Ärgerreaktion, Schweigen oder Verneinung des Anlasses etc. sind als Beobachtung allen in der Klasse versammelten Schülern und dem Lehrer zugänglich. Es handelt sich um ein aktuelles, »objektiv« gegebenes Verhalten, das in einem Protokollsatz etwa in der folgenden Art hätte festgehalten werden können: »Am 18. 04. 2010 antwortet der Schüler A auf die Aussage des Lehrers, er habe soeben den Unterricht durch einen Zwischenruf gestört, mit den Worten: ›Das war nicht ich‹«. Ein solcher Satz beschreibt den faktischen Vorgang; Abstraktionen oder Schlussfolgerungen sind nicht erkennbar. Bei den in solchen Sätzen festgehaltenen Reaktionen handelt es sich um *Verhaltensweisen* oder »Beobachtungsprädikate« (Herrmann, 1973, S. 9).

1.6.2 Verhaltensgewohnheiten

Nur in den seltensten Fällen wird man es mit einer Analyse auf der Ebene von Beobachtungsprädikaten bewenden lassen. Wissenschaft verlangt nach Verallgemeinerung, und schon im Alltag neigen wir dazu, von einem Beobachtungsinhalt auf gleichartige Reaktionen zu anderen Zeitpunkten und unter anderen Kontextbedingungen zu schließen, etwa »Wer einmal lügt, dem glaubt man nicht«.

Verallgemeinerungen auf zukünftige Zeitpunkte erfolgen sowohl in Bezug auf das Verhalten in identischen als auch in nur »ähnlichen« Situationen. In beiden Fällen erwarten wir, dass eine bestimmte Person das für sie typische Verhalten zeigt. Der erste Gesichtspunkt, Verallgemeinerungen auf identische Situationen, betrifft die *Stabilität* des Verhaltens. Der zweite Gesichtspunkt, Verallgemeinerungen auf ähnliche Situationen, betrifft die *Konsistenz* des Verhaltens. Beide Gesichtspunkte stellen die Prüfsteine einer jeden Eigenschaftstheorie dar.

Einen entscheidenden Beitrag zum Verständnis von Stabilität und Konsistenz leistete jene Forschungsrichtung, die die Introspektion als Methode des Erkenntnisgewinns wegen ihrer immanenten Subjektivität ablehnte und mit dem Erscheinen des Aufsatzes von Watson (1913) ihren Namen erhielt: der *Behaviorismus*.

Der Behaviorismus forderte die Objektivität der Beobachtungsdaten, wonach nur solche Prozesse und Effekte als wissenschaftlich verwendbar akzeptiert werden sollten, die mit Hilfe von Apparaten und damit in gewisser Weise unabhängig von der Person des Untersuchungsleiters zu beobachten waren. Zu diesen objektiv registrierbaren Gegebenheiten zählten vor allem externe Reize auf der einen, Reaktionen der Sinnesorgane, Muskeln und Drüsen des Organismus auf der anderen Seite. Grundlegende Verhaltenseinheit bildete die angeborene und artspezifische Verbindung zwischen einem afferenten und einem efferenten Impuls: der Reflex.

Jeder Organismus verfügt über eine Reihe derartiger Reflexverbindungen, die je nach der Häufigkeit von Übertragungs- oder Verknüpfungsstellen als mono- bzw. polysynaptische Reflexe bezeichnet werden (Birbaumer & Schmidt, 2005). Beim Menschen zählen etwa der Patellar- und Achillessehnenreflex zur ersteren, der Lidschlag-, Pupillar-, Schluck-, Nies- und Atemreflex zur letzteren Gruppe. Kennzeichnend für die polysynaptischen Reflexe ist u. a. der Umstand, dass die Stelle der Reizung (z. B. beim Lidschlag-Reflex die Hornhaut des Auges) nicht identisch ist mit dem Ort der Reaktion (im gewählten Beispiel: Lidschlag des Auges), mithin afferente und efferente Bahnen verschiedene Ausgangs- bzw. Ansatzpunkte aufweisen. Noch größere Bedeutung kommt dem Umstand zu, dass polysynaptische Reflexe nach dem Prinzip der klassischen Konditionierung auch von anderen als den biologisch »adäquaten« Reizen ausgelöst werden können.

Auf den russischen Physiologen Pawlow geht bekanntlich die auf systematische Versuche gegründete Beobachtung zurück, dass die Speichelsekretion von Hunden, die als unwillkürliche, »unbedingte« Reaktion auf den Anblick von Futter (»unbedingter Reiz«) bei allen Vertretern der Art in gleicher Weise erfolgt, auf qualitativ andersartige Reize (»bedingte Reize«) übertragen werden kann, wenn diese Reize, z. B. Töne oder Lichtsignale, in zeitlicher Kontingenz und nach Möglichkeit wiederholt zusammen mit dem unbedingten Reiz auftreten (Pawlow, 1953a, b). Auf diese Weise können unbedingte Reaktionen unter die Kontrolle von Reizen gebracht werden, die bis dahin neutral waren, d.h. auf die zur Diskussion stehende Reaktion keinen Einfluss ausgeübt hatten.

Sehr bald entdeckte man zusätzlich, dass nicht nur der bedingte Reiz, sondern auch diesem ähnliche Reize die betreffende Reaktion auslösen konnten. Wurde beispielsweise im Experiment zusammen mit einem Luftstoß auf das Auge der Versuchsperson ein Ton von 1000 Hz dargeboten, war später der Lidschlag auch bei Darbietung eines Tones von 500 oder 1500 Hz zu registrieren – wenngleich gewöhnlich in verminderter Intensität –, obwohl keine dieser Frequenzen der Versuchsperson zuvor in Verbindung mit dem Luftstoß dargeboten worden war (Domjan, 2003).

Wenn eine Reaktion von mehreren bedingten Reizen ausgelöst werden kann, spricht man von *Reizgeneralisation*. Ist das Spektrum der als Auslöser fungierenden Reize groß, liegt ein breiter *Reizgeneralisationsgradient* vor, bei einer geringen »Bandbreite« der bedingten Reize ein entsprechend schmaler Gradient. Man spricht von *Reaktionsgeneralisation*, wenn anstelle der ursprünglich hervorgerufenen auch andere Reaktionen von dem bedingten Reiz ausgelöst werden. Letzteres spielt vor allem beim operanten Konditionieren ein Rolle: Die Auftrittswahrscheinlichkeit bestimmter Verhaltensweisen erhöht sich, wenn sie von positiven Konsequenzen gefolgt wird. Durch eine solche gezielte Bekräftigung können auch neuartige Verhaltenssequenzen ausgeformt werden, die bis dahin im Verhaltensrepertoire fehlten (»shaping of behavior«). Beispielsweise hat man Tauben dazu gebracht, miteinander Ping-Pong zu spielen oder Rollschuh zu laufen. Reaktionsgeneralisation liegt etwa im Falle einer Tastendruck-Aufgabe vor, bei der eine hungrige Maus nicht nur die zuvor bekräftigte linke, sondern auch die rechte Vorderpfote zum Drücken eines Tasters für den Erhalt einer Futterpille einsetzt.

Der Behaviorismus bedient sich der geschilderten Prinzipien und beschreibt das gesamte menschliche Verhalten, auch dasjenige von höherem Komplexitätsgrad, als Sequenz einfacher Reiz-Reaktionsverbindungen, deren Verkettungen und Verknüpfungen. Nach behavioristischer Auffassung erfolgt im Laufe der individuellen Entwicklung die Ausbildung des Verhaltensrepertoires dadurch, dass die unbedingten Reize durch bedingte ersetzt, bedingte Reaktionen miteinander kombiniert und neue Verhaltensweisen durch selektive Bekräftigung ausgeformt werden – das Ganze im Übrigen ohne eine nennenswerte Steuerung durch das Individuum selbst, sondern im Wesentlichen als zwangsläufige Folge der Lern- und Bekräftigungsmuster, denen dieses ausgesetzt wird.

Alle gelernten Verbindungen zwischen Reizen und Reaktionen werden als *Verhaltensgewohnheiten* (engl. »habits«) bezeichnet. Diese bilden gleichsam die Bausteine des Verhaltens.

Verhaltensgewohnheiten sind verschieden stark je nach Wahrscheinlichkeit bzw. Intensität, mit der eine Reaktion von einem Reiz ausgelöst wird (Hull, 1940, Postulat IV). Sie können auch als Tendenz oder spezifischer motivationaler Zustand verstanden werden, eine bestimmte Reaktion oder ein Muster von Verhaltensweisen zu aktivieren, und zwar unter denjenigen Bedingungen, die während des Erlernens vorherrschend waren. Nur die eine Komponente, nämlich das aktuelle Verhalten, ist direkter Beobachtung zugänglich. Der andere Aspekt hingegen, die Bereitschaft, Disposition oder Tendenz, in ganz bestimmter Weise zu reagieren, entzieht sich der unmittelbaren Beobachtbarkeit und wird hypothetisch angenommen: Hierbei handelt es sich um ein Konstrukt. Sprechen wir also von Verhaltensgewohnheiten, verlassen wir die Beobachtungsebene.

Wichtig im Sinne der o.a. Prüfsteine jeder Eigenschaftstheorie ist jedoch der Umstand, dass den Reiz-Reaktionstheorien zufolge *Konstanz* des Verhaltens immer dann zu erwarten ist, wenn die Reaktionsmuster durch vorangegangene Lernprozesse genügend stabilisiert sind, etwa durch eine ausreichende Zahl von Wiederholungen, durch besondere Intensitäten der Reize und Motivationslagen des Organismus oder durch optimale zeitliche Kontingenzen und Bekräftigungspläne. Darüber hinaus tritt *Konsistenz* nach Maßgabe der Breite der Reiz- und Reaktionsgeneralisationsgradienten in solchen Situationen auf, die denjenigen des Verhaltenserwerbs mehr oder minder ähnlich sind (Guilford, 1974, S. 14–19).

Ohne an dieser Stelle näher auf lernpsychologische Persönlichkeitstheorien einzugehen (s. Hall et al., 1998; Lundin, 1977), muss als Defizit derartiger Konzepte die geringe Berücksichtigung von kognitiven Elementen wie produktivem Denken oder Reflexion sowie aller Selbstregulationsprozesse (Bandura, 1989) ins Auge fallen.

1.6.3 Dispositionseigenschaften und Verhaltensmerkmale

Immer dann, wenn im alltäglichen Leben Mitmenschen einander hinsichtlich ihrer psychischen Eigenarten beschreiben und dabei Attribute verwenden wie etwa »intelligent«, »faul«, »gefräßig« oder »hilfsbereit«, benutzen sie implizit ein Konzept von Eigenschaften, sie unterstellen also

- interindividuelle Unterschiede in dem Verhaltensmerkmal,
- Stabilität des Verhaltens in weitgehend identischen Situationen sowie
- Konsistenz des Verhaltens in verschiedenartigen Situationen.

Bezeichnet jemand einen anderen als »hilfsbereit«, so finden darin spezifische Beobachtungen ihren Niederschlag, etwa diejenigen, dass der Betreffende kürzlich einer alten Dame über den Weg half oder einem Nachbarn in dessen Abwesenheit den Rasen mähte. Gleichzeitig wird damit die Erwartung ausgedrückt, die als »hilfsbereit« gekennzeichnete Person werde auch zukünftig unter geeigneten Umständen Verhaltensweisen zeigen, die eine Etikettierung mit dem Begriff der Hilfsbereitschaft erlauben. Im Grunde fassen wir also bestimmte konkret beobachtbare Verhaltensweisen in Kategorien zusammen. Diese bezeichnen wir mit bestimmten Namen wie »Hilfsbereitschaft« oder »Intelligenz« und nehmen innerhalb der betreffenden Kategorien eine Skalierung nach Häufigkeits- und Intensitätsgesichtspunkten vor. Zugleich verbinden wir damit die Erwartung, dass sich eine Person in Zukunft gemäß der ihr zugeschriebenen Eigenschaften verhalten werde.

Hilfsbereitschaft ist in einem solchen Falle ebenso wenig direkt beobachtbar wie etwa Faulheit oder Trunksucht. Die Erwartung von bestimmten Verhaltensweisen bezieht sich vielmehr auf Handlungs*bereitschaften* oder *Dispositionen*, die sich selbst der Beobachtung entziehen. Derartige »*Dispositionsprädikate*« (Herrmann, 1973, S. 9) werden mithin aus dem Verhalten erschlossen. Sie sind von den Verhaltensgewohnheiten hauptsächlich anhand der Spezifität der vorangegangenen Bedingungen und aktuellen Verhaltensweisen unterscheidbar: Die Dispositionen sind von allgemeinerer Art als die Verhaltensgewohnheiten. Dennoch ist die Abgrenzung im Einzelfall oft schwierig, da es Eigenschaftskonzepte von sehr unterschiedlicher Breite gibt.

Hingegen bereitet die Abhebung der Eigenschaften im Sinne von Dispositionsprädikaten von den Verhaltensweisen begrifflich keine Probleme, da die Letzteren direkt beobachtbare, die Ersteren hingegen gedanklich miteinander verbundene Sachverhalte und konstruierte Zusammenhänge beinhalten, also Konstrukte darstellen.

Eigenschaften werden im Sprachgebrauch aus direkt beobachtbaren Verhaltensweisen erschlossen (»diese Person hat das schwierige Problem schnell und richtig gelöst«) und durch fortgesetzte Verdinglichung an die Person gebunden: adverbial (»diese Person verhält sich intelligent, aufgeschlossen«), adjektivisch (»diese Person ist intelligent, aufgeschlossen«) oder substantivisch (»die Intelligenz dieser Person ist überdurchschnittlich«).

Eine Umschreibung von Eigenschaften als relativ breite und zeitlich stabile Dispositionen zu bestimmten Verhaltensweisen, die konsistent in verschiedenen Situationen auftreten, trifft sicher die Ansicht der Mehrheit empirisch arbeitender Persönlichkeitsforscher.

Dispositionsprädikate folgen stets zwei wichtigen Prinzipien:

- Die Zusammenfassung vieler und verschiedener Verhaltensweisen in gemeinsamen Kategorien (den Eigenschaften) gewährleistet Ökonomie. Würden sich die Mitmenschen und die Differentielle Psychologie nur mit den einzelnen Verhaltensweisen beschäftigen, ergäben sich beträchtliche Probleme daraus, der ungeheuren Fülle von Einzelbeobachtungen gerecht zu werden.
- Bedeutender noch ist die Aussicht, gestützt auf eigenschaftstheoretische Feststellungen und den in ihnen enthaltenen Bedeutungsüberschuss Vorhersagen für solche Situationen machen zu können, für die bislang keine Beobachtungsgelegenheiten bestanden haben.

Um zu dem eingangs gewählten Beispiel der »Hilfsbereitschaft« zurückzukehren, würde man für jemanden, dem diese Eigenschaft zugeschrieben wird, etwa prognostizieren, dass er ein Pannenauto abschleppt oder einem Fremden den Weg zeigt.

Wie ausgeprägt ist eine Disposition bei einer Person? Um dieses abschätzen zu können, interessiert das Auftreten einer oder mehrerer Verhaltensweisen, die als manifeste Merkmale der latenten Disposition anzusehen sind. Wenn solche Verhaltensweisen zeitlich stabil und als Indikatoren der angezielten Disposition validiert worden sind, werden sie »Verhaltensmerkmale« genannt. Verhaltensweisen sind also alle durch Beobachtung feststellbaren Akte; Verhaltensmerkmale sind diejenige Untergruppe davon, die für die Erfassung bzw. »Operationalisierung« einer Disposition geeignet sind. **Abbildung 1.15** verdeutlicht den Unterschied grafisch.

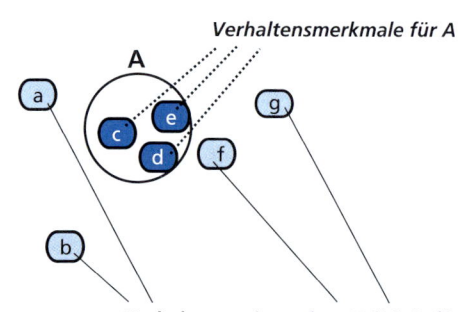

Abb. 1.15: Eine Disposition A wird durch die Verhaltensweisen c, d und e markiert, sie sind daher Verhaltensmerkmale. Ein Teil der »Bedeutung« von A wird nicht durch diese Merkmale repräsentiert; A besitzt einen »Bedeutungsüberschuss«. Die Verhaltensweisen a, b, f und g sind keine Merkmale für A.

Essenz von Eigenschaften

Zumindest im *vorwissenschaftlichen* Sprachgebrauch dienen Eigenschaftsattribute nicht nur zur Beschreibung, sondern auch zur Erklärung des Verhaltens (Heider, 1958). Von der adverbialen über die adjektivische und schließlich substantivische Form der Eigenschaftsbeschreibung kommt es nicht selten zu der Annahme von essentiellen Eigenschaften, die eine kausale Interpretation des Verhaltens erlauben würden. Diesem Muster zufolge stiehlt jemand, »weil er ein Dieb oder Verbrecher ist«. Die Zuschreibung der Eigenschaft des Diebes erfolgt zunächst aufgrund der Beobachtung von Diebstahl; anschließend wird diese Zuschreibung als kausal für das beobachtbare Verhalten erachtet. Dabei handelt es sich natürlich um einen Zirkelschluss ohne Erklärungswert.

Im *Forschungsbereich* hat Allport (1959; zu Allport ▶ Kasten 1.6) allerdings explizit die Ansicht geäußert, dass »…psychische Strukturen, welche die Beständigkeit des Verhaltens begründen, in jeder Persönlichkeit vorliegen« (S. 290). Eine Eigenschaft sei ein »verallgemeinertes und fokalisiertes neuropsychisches System (das dem Individuum eigentümlich ist) mit der Fähigkeit, viele Reize funktionell äquivalent zu machen und konsistente äquivalente Formen von Handlung und Ausdruck einzuleiten und ihren Verlauf zu lenken« (S. 296). Eigenschaften wird damit eine biophysische *Essenz* unterstellt.

> **Kasten 1.6: Gordon Willard Allport (1897–1967)**
>
> Als jüngster von vier Brüdern wurde Gordon W. Allport in Montezuma, Indiana geboren. Er wuchs auf in Glenville, Cleveland, Ohio. Von 1915 bis 1919 studierte er in Harvard und erwarb einen Bachelor-Abschluss mit Wirtschaft im Hauptfach. Sein großer Bruder Floyd studierte zur gleichen Zeit ebenfalls in Harvard Psychologie. 1919 ging Allport für ein Jahr nach Konstantinopel (heute Istanbul), um dort am Robert College Englisch und Soziologie zu unterrichten.
>
> In Wien traf er 1920 Sigmund Freud. Die Begegnung führte bei Allport zu tiefer Skepsis gegenüber der Psychoanalyse, ihren Methoden und den Erkenntnissen, die sie verspricht.
>
> Von 1920 bis 1922 studierte Allport, nun als Doktorand, wieder in Harvard. Mit seiner Dissertation »An Experimental Study of the Traits of Personality: With Special Reference to the Problem of Social Diagnosis« erwarb er seinen PhD in Psychologie. Im Anschluss an seine Promotion erhielt er ein Stipendium, mit dessen Unterstützung er sich für zwei Jahre in Europa aufhielt. Er studierte in Berlin, Hamburg (dort u.a. bei William Stern) und Cambridge, England.
>
> Nach seiner Rückkehr aus Europa 1924 war Allport Dozent für Sozialethik an der Harvard University. In dieser Zeit leitete er den Kurs »Personality: Its Psychological and Social Aspects«, wahrscheinlich die erste Lehrveranstaltung, die zum Thema Persönlichkeitspsychologie in den USA stattfand. Von 1926 bis 1930 arbeitete er als Assistant Professor für Psychologie am Dartmouth College. 1930 kehrt er nach Harvard zurück, zunächst als Assistant und Associate Professor, ab 1942 als Professor für Psychologie. Von 1937 bis 1949 gab er das »Journal of Abnormal and Social Psychology« heraus. 1939 wurde er zum Präsidenten der American Psychological Association (APA) gewählt.

Im Ruhestand ab 1965 lehrte er nur noch im Wintersemester, so hatte er im Frühling Gelegenheit zu reisen und zu schreiben. Allport starb 1967 im Alter von 70 Jahren in Cambridge, Massachusetts.

Allport vertrat die Auffassung, dass man Persönlichkeit nur als Gesamtheit definieren kann, die mehr ist als die Summe von jeweils einzeln gemessenen Bestandteilen.

Zwei Aspekte der Allport'schen Definition sind hervorzuheben:

- Nach Allport stellen Eigenschaften nicht nur gedankliche und abstrakte Konstruktionen dar, sondern empirisch-materielle Realitäten in Form anatomischer, neuraler und psychischer Strukturen sowie internaler Vermittlungsprozesse. Sie haben eine biophysische Existenz oder Essenz, unabhängig vom Beobachter, sind also »wirklich vorhanden«.

- Als reale Struktur haben die Eigenschaften die Funktion, die wahrgenommenen Reize aus der Umwelt auf die durch sie vermittelte »funktionelle« Bedeutung für das Individuum zu analysieren und zu klassifizieren sowie darauf äquivalente Reaktionen zu produzieren (▶ **Abb. 1.16**). Dem Verhalten wird damit Richtung und Konsistenz verliehen; den Eigenschaften kommt auf diese Weise eine motivationale Komponente zu.

Reize

Begegnung mit einem Fremden

arbeiten mit Gleichaltrigen

die Familie besuchen

sich mit der Freundin treffen

Eigenschaft Freundlichkeit

Reaktionen

mitteilsam, liebenswürdig

hilfreich, ermutigend

warm, interessiert

aufmerksam, teilnahmsvoll

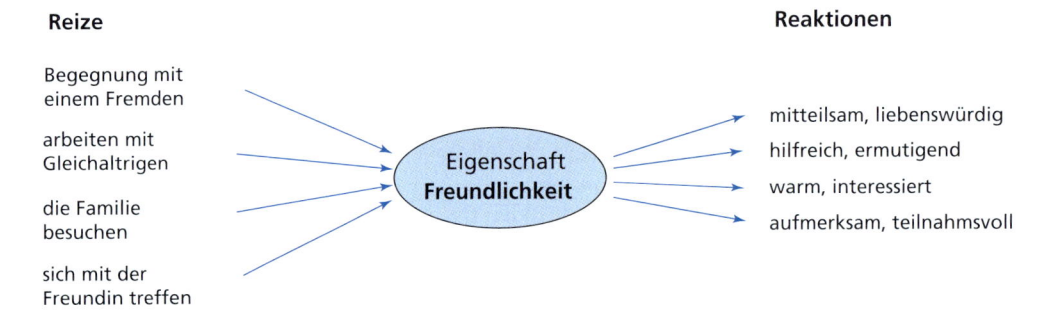

Abb. 1.16: Eine Eigenschaft verbindet Reize und Reaktionen miteinander (nach Mischel, 1971, S. 16).

Hauptsächlich wegen der Unbestimmtheit der postulierten »neuropsychischen« Strukturen haben sich nur wenige Autoren eine essentialistische Auffassung von Eigenschaften zu eigen gemacht. Die Mehrzahl der empirischen Persönlichkeitsforscher verzichtet hingegen entweder völlig auf eine formelle Definition des Eigenschaftsbegriffs oder hält zumindest Aussagen über die Ursachen der Verhaltenskonsistenzen für entbehrlich. Eigenschaften verstanden als Dispositionen, also als Verhaltensbereitschaften, die unter bestimmten kontextuellen Bedingungen ausgelöst werden *können*, erfordern noch keine Aussagen über ihre Herkunft oder ihre Essenz (vgl. Abschn. 12.1.4). Viele Persönlichkeitsforscher neigen daher zu einem solchen Verständnis von *Eigenschaften als Dispositionen*.

Wie können Eigenschaften nun aber konkret bestimmt werden?

Bestimmung von Eigenschaften durch rationale Variablenreduktion

Eigenschaftsbegriffe sind abstrakte Kategorien für (konkret beobachtbare) Verhaltensweisen. In ihnen findet eine Zuordnung oder Zusammenfassung der Verhaltensweisen nach bestimmten Regeln konzeptueller Ähnlichkeit statt. Dabei lassen sich drei Aspekte intuitiven Vorgehens voneinander unterscheiden (nach Buss, 1989).

- Verschiedenartige Verhaltensweisen mögen *dieselben Konsequenzen* haben. Etwa führen Schlagen und Treten, obwohl vom Ablauf der Bewegung und den beteiligten Körperteilen und Muskelgruppen her recht verschieden, gleichermaßen zu physischem Schmerz, hingegen Beleidigungen, Flüche und Verwünschungen zu psychischem Unbehagen. Das Beispiel zeigt, wie aus der breiten Kategorie »Aggressivität« durch Ausdifferenzierung die engeren Eigenschaften von körperlicher und verbaler Aggressivität entstehen.
- Verschiedenartige Verhaltensweisen mögen *topographische Ähnlichkeiten* aufweisen. Den verbalen Aggressionen kommt als identische Qualität zu, dass sie mit der Stimme vermittelt werden. Die Eigenschaft »Geschwindigkeit« beinhaltet schnelles Reden, Schreiben, Lesen, Essen und Gestikulieren. Insofern stiften Oberflächenmerkmale von Verhaltensweisen die Grundlage für das zu bildende Eigenschaftssystem.
- An verschiedenartigen Verhaltensweisen mögen *gemeinsame Prozesse* beteiligt sein. Beispielsweise liegt den folgenden mentalen Prozessen dieselbe Ausrichtung der Aufmerksamkeit auf private Aspekte des Selbst zugrunde: Erforschung der eigenen Beweggründe für ein bestimmtes Verhalten, Reflektieren über die Vergangenheit, Prüfung der momentanen Befindlichkeit oder Tagträumen. Interindividuelle Unterschiede in diesen mentalen Prozessen definieren die Eigenschaft der »privaten Selbstaufmerksamkeit« (s. Abschn. 12.2). In anderen Fällen mögen es Prozesse sein, die für Intelligenz, Kreativität oder Eigennutz stehen.

Je nachdem, ob nur wenige und/oder einander recht ähnliche Verhaltensweisen gebündelt oder aber die Ähnlichkeitskriterien in einem weiten Sinne gehandhabt werden, erhält man schmale bzw. breite Eigenschaften. Die relative Breite von Eigenschaften kann als Kontinuum aufgefasst werden, das bei einer einzelnen Verhaltensweise beginnt, z. B. andere zu schlagen. Fügt man treten, kratzen, beißen, spucken und würgen hinzu, so resultiert daraus eine Eigenschaft, die vielleicht als körperliche Aggressivität bezeichnet werden könnte. Durch die zusätzliche Aufnahme auch von verbalen Gemeinheiten und der Präferenz, sich verschiedener Waffen zu bedienen, würde sich dieses Konzept beträchtlich erweitern zu der sehr breiten Disposition von allgemeiner Aggressivität.

Ob relativ schmale oder breite Eigenschaften von Vorteil sind, hängt von den jeweiligen Zielen ab, die damit verfolgt werden. Schmale Eigenschaften sind intern homogen und erlauben gewöhnlich genauere Vorhersagen spezifischer Verhaltensweisen. Die Leistung im Tennis ist besser vorhersagbar aus einem Probematch als aus der allgemeinen körperlichen Fitness. Aber schmale Eigenschaften mögen Verhaltensweisen beinhalten, deren Auftretenshäufigkeit nur sehr niedrig ist. Damit sind die Anhaltspunkte für eine Bestimmung der Eigenschaftsausprägung sehr gering. Breite Eigenschaften versprechen demgegenüber eher die Vorhersagbarkeit von sehr vielen Verhaltensweisen in verschiedenen Kontexten, wenngleich zulasten der Genauigkeit der einzelnen Prognose.

Die Ergebnisse einer Suche nach Beschreibungsdimensionen mittels der rationalen Methode hängen weitgehend vom Sprachverständnis der Beurteiler ab. Werden in einem frühen Stadium der Attribute-Sichtung irrtümlich bestimmte Begriffe ausgeschieden, etwa deshalb, weil sie nicht »relevant«, »zu speziell« oder »synonym« sind, gehen die damit verbundenen Bedeutungen verloren. Die betreffenden Dispositionsunterschiede können dann später nicht erfasst oder abgebildet werden (▶ **Kasten 1.7**).

> **Kasten 1.7: Wie viele Eigenschaftsbegriffe gibt es?**
>
> Schon vor geraumer Zeit schätzten Allport und Odbert (1936) die Zahl von Wörtern im Englischen, die geeignet seien, Personen und ihr Verhalten zu charakterisieren, auf mehr als 17 000. Ausgehend von dieser Grundgesamtheit versuchten sie, durch die Eliminierung von Synonymen und dem Anschein nach weniger relevanten Begriffen einen Kern von Attributen als ökonomisches System von Beschreibungselementen festzulegen. Allport (1961) fühlte sich der idiographischen Methode verpflichtet. Dieser Ansatz erlaubt nur die Ableitung von Gesetzen, die ausschließlich für den Einzelfall Geltung haben. Entsprechend sind persönliche Dispositionen nach Überzeugung Allports im Unterschied zu Eigenschaften nicht generell, sondern nur für die jeweilige Person gültig. Folgerichtig muss jedes Individuum zum Teil mit eigenen Begriffen beschrieben werden. Für diesen Zweck wurde u.a. die Sammlung von Attributen angelegt.
>
> Ausgehend von dem Allport-Odbert-Katalog von Eigenschaftsbegriffen konzipierte Cattell (1943) vor dem Hintergrund des nomothetischen Ansatzes einen Pool von Beschreibungsdimensionen, von denen jede durch mehrere Attribute näher definiert war. Meist waren lediglich die Pole der jeweiligen Dimensionen bezeichnet, z. B.
>
> - zynisch – idealistisch
> - verächtlich, nihilistisch, herablassend – vornehm, erhaben
> - sorgenvoll – ausgeglichen
> - ängstlich, gestresst, gereizt, irritiert, Unheil beschwörend – sorgenfrei, schicksalsergeben
>
> Aus der Kombination der Attribute ist ersichtlich, dass die Beschreibungsdimensionen auf Eigenschaften abzielen, die nicht identisch sind mit einem der jeweiligen Begriffe.

Bestimmung von Eigenschaften durch analytische Variablenreduktion

Eine andere Technik, um zu Beschreibungsdimensionen für Eigenschaften zu gelangen, stellt die Faktorenanalyse dar. Deren allgemeines Prinzip besteht darin, die in einem Satz von Variablen enthaltene Information (z. B. individuelle Punktwerte in mehreren Intelligenztests) auf eine möglichst geringe Zahl von hypothetischen Dimensionen oder Faktoren zu reduzieren. Dieses geschieht durch die Gruppierung der Variablen in möglichst unabhängige, einander nicht überlappende Klassen.

Grundlage der Gruppierung ist die Ähnlichkeit zwischen den Variablen; als Maß dafür dient der Korrelationskoeffizient, der die Enge des Zusammenhangs zwischen den Variablen ausdrückt (s. Abschnitte 2.1.3 und 2.1.4). Bestehen zwischen den Variablen keinerlei Zusammenhänge, bedarf es zur Erfassung der interindividuellen Unterschiede ebenso vieler Faktoren, wie Variablen vorhanden sind. Die Faktoren sind in diesem Fall mit den Variablen identisch. Bei hohen Zusammenhängen zwischen den Variablen reicht bereits ein Faktor aus, um alle interindividuellen Unterschiede abzudecken. In aller Regel liegen die empirischen Ergebnisse zwischen diesen herausgegriffenen Extremen: Meist ist die Zahl der Faktoren kleiner als die der Variablen, aber größer als eins, oder mit anderen Worten: Mehrere Variablen markieren einen Faktor.

Die Bedeutung einer solchen Dimension, der Eigenschaft im faktorenanalytischen Sinne, muss aus den Variablen erschlossen werden, die ihn definieren. In späteren Stadien der Forschung ist eine Validierung jedes Faktors an externen, nicht in die Analyse miteinbezogenen Variablen anzustreben.

Da auf Einzelheiten der Methode in Abschnitt 2.1.4 gesondert eingegangen wird, genügen nachfolgend zunächst einige allgemeine Bemerkungen zu Ansätzen, Ergebnissen und Problemen.

Da die mit Hilfe der faktorenanalytischen Technik ermittelten Eigenschaften direkt von den zu ihrer Ermittlung benutzten Informationen abhängen, ist Repräsentativität der herangezogenen Personen- und auch Variablenstichproben unerlässlich. Gegen beide Anforderungen wird allerdings oft verstoßen, etwa wenn ausschließlich studentische Gelegenheitsstichproben verwendet werden.

Ebenso wenig repräsentativ ist oft die Auswahl der Variablen. Einen besonders hohen Anspruch auf Repräsentativität formulierte Cattell. Die aus den verschiedenen Datenquellen – Fragebogendaten, Beobachtungsdaten, Fremdbeurteilungen, Testdaten – erhaltenen faktorenanalytischen Dimensionen sollten weitgehend übereinstimmen (Cattell, 1957), anderenfalls würde die Datenquelle an sich eine entscheidende Einflussgröße darstellen.

Im Weiteren beeinflusst auch die verwendete Technik der Faktorenanalyse die Art der Resultate. Neben speziellen Modellannahmen spielt hierbei vor allem eine Rolle, ob in einer Faktorenlösung Korrelationen zwischen den Faktoren zugelassen werden sollen oder nicht. Cattell (1957) vertrat stets die Ansicht, dass die Forderung nach Unabhängigkeit der Faktoren nur dem Bestreben einiger Autoren entspränge, die Faktoren leichter interpretieren zu können. Damit könne man aber der eigentlichen Struktur der Daten nicht gerecht werden.

Wenn Korrelationen zwischen den faktoriell bestimmten Eigenschaften zugelassen werden, können diese Korrelationen erneut einer Faktorenanalyse unterzogen werden. Auf diese Weise erhält man Faktoren zweiter Ordnung (»Sekundärfaktoren«) und damit Eigenschaften, die zahlenmäßig geringer, von größerer Breite und höherem Abstraktionsniveau sind als die Eigenschaften der Faktoren erster Ordnung (»Primärfaktoren«). Eigenschaften auf dem Niveau von Sekundärfaktoren erklären die Ähnlichkeit zwischen den Eigenschaften auf dem Niveau von Primärfaktoren und werden von verschiedenen Autoren (z. B. Eysenck, 1967) als Typen bezeichnet (▶ Abb. 1.17).

Bestimmung von Eigenschaften durch Analyse von Handlungshäufigkeiten

In den beiden vorangegangenen Abschnitten wurden Ansätze geschildert, mit deren Hilfe man von einzelnen Verhaltensweisen zu Dispositionseigenschaften gelangt. Den umgekehrten Weg beschritten Buss und Craik mit der Analyse von Handlungshäufigkeiten (»Act Frequency Approach«) (Buss & Craik, 1980, 1981, 1983). Dieser Ansatz besteht darin, Eigenschaften als kognitiv repräsentierte Handlungsklassen vorauszusetzen und eine Strukturanalyse nach der Häufigkeit der sie konstituierenden behavioralen Akte vorzunehmen. Die Grundthese lautet dabei, dass die einzelnen Handlungen in unterschiedlicher Weise für eine Eigenschaft kennzeichnend sind, manche dem Konzept also sehr »nah«, andere eher »peripher« sind. Im Einzelnen erfolgt die Analyse nach den folgenden Schritten:

- Zunächst werden Probanden gebeten, sich drei Personen aus ihrem Bekanntenkreis vorzustellen, bei denen bestimmte Eigenschaften (z. B. Geselligkeit oder Dominanz) besonders ausgeprägt sind.
- Sodann sollen die Probanden solche Verhaltensweisen aufschreiben, die von ihren Bekannten schon einmal gezeigt worden sind und die die jeweilige Eigenschaft besonders gut charakterisieren.

Abstraktionsniveau

Sekundärfaktoren: Typen

Primärfaktoren: Eigenschaften

Verhaltensgewohnheiten

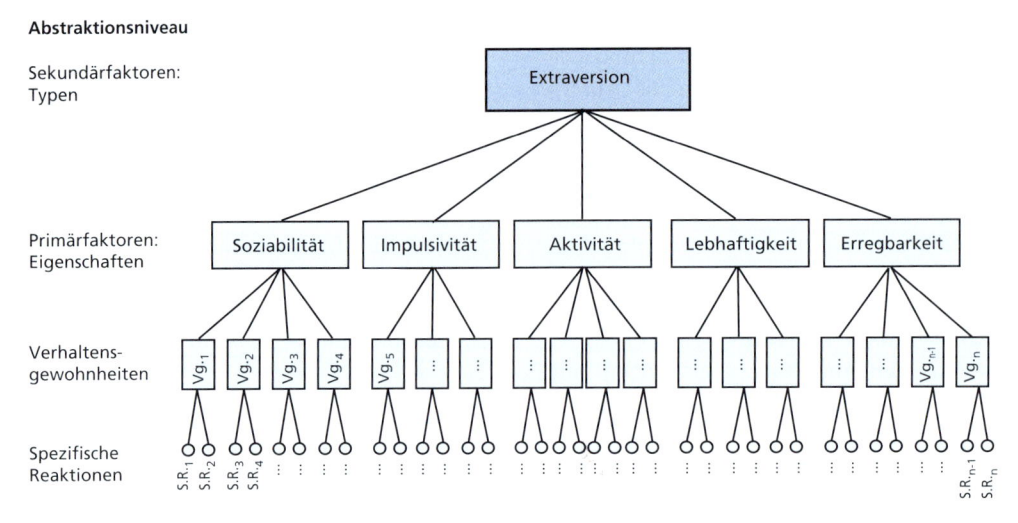

Spezifische Reaktionen

Abb. 1.17: Hierarchisches Modell der Persönlichkeitstypen als übergeordnete Konzepte (auf dem Niveau der Sekundärfaktoren), die aus den Ähnlichkeiten zwischen den Eigenschaften (auf dem Niveau der Primärfaktoren) abgeleitet werden (nach Eysenck, 1967, S. 36).

- Die Liste der so gesammelten Verhaltensweisen wird schließlich einer anderen Stichprobe von Personen zur Beurteilung danach vorgelegt, wie prototypisch jede Handlung für eine Eigenschaft ist (▶ Kasten 1.8).

Kasten 1.8: Welche Verhaltensweisen sind für Eigenschaften typisch?

Dominanz (nach Buss & Craik, 1980, S. 383)
Sie erteilte Anweisungen, die die Gruppe arbeiten ließen.
Er beeinflusste das Ergebnis des Treffens, ohne dass die anderen es merkten.
Sie entschied, welches Fernsehprogramm gesehen wurde.
Geselligkeit (nach Buss & Craik, 1981, S. 182)
Er ergriff die Initiative beim Kennenlernen der neuen Nachbarn.
Sie unterhielt sich lieber mit allen möglichen Leuten auf der Party, als dass sie sich nur einer einzelnen Person widmete.
Unterwürfigkeit (nach Buss & Craik, 1981, S. 182)
Er beklagte sich nicht, als im Laden überhöhte Preise gefordert wurden.
Sie ließ es zu, dass ihr Zimmernachbar die Stereoanlage laufen ließ, obwohl sie am Lernen war.

Die sehr hohe Übereinstimmung zwischen den Versuchspersonen in der Abgabe der Prototypen-Urteile kann als Beleg für die allgemeine Verbreitung von Vorstellungen über Eigenschaften und die sie konstituierenden Verhaltensweisen gewertet werden.

Die bislang referierten Untersuchungsschritte erlauben eine *Bestimmung der internen Struktur* der Eigenschaften. Dazu zählt die Entscheidung, ob eine Verhaltensweise zweckmäßigerweise einer Eigenschaft A oder B zugeordnet wird. Darüber hinaus liefern die Prototypen-Urteile eine Richtschnur für die Ableitung von »Multiple-Act-Criteria«, also von Kriterien, wie sich aufgrund mehrerer beobachteter Verhaltensweisen zukünftiges Verhalten vorhersagen lässt (vgl. Abschn. 12.2).

Die Liste der für eine Eigenschaft charakteristischen Verhaltensweisen kann auch als Skala verwendet werden, bei der Befragungspersonen angeben sollen, ob sie diese Handlungen schon einmal gezeigt haben. Aus der über mehrere Verhaltensweisen gebildeten Summe von »Ja«-Antworten ergibt sich ein individueller Handlungshäufigkeiten-Index. Dieser Punktwert steht mit herkömmlichen Tests, die dieselben Konstrukte meist mit trendmäßig formulierten Fragen (»meistens«, »selten« usw.) erfassen, in besonders enger korrelativer Beziehung, wenn es sich um sehr prototypische Verhaltensweisen handelt. Hingegen sind auf der Basis von untypischen Verhaltensweisen kaum Korrelationen zu beobachten (Buss & Craik, 1984; Angleitner & Demtröder, 1988).

Block (1989) monierte in einer eingehenden Kritik des Ansatzes von Handlungshäufigkeiten u.a., dass nicht so sehr Handlungen als Erinnerungen an Handlungsausführungen untersucht würden, die unter technischem Aspekt entweder inakzeptabel oder vom Inhalt herkömmlicher Items nicht zu unterscheiden seien.

Broughton (1984) sah in der Bestimmung der »Prototypizität« die entscheidende Neuerung gegenüber der traditionellen rationalen Methode. Der Prüfstein für den Ansatz der Handlungshäufigkeiten liegt letztlich darin, ob die hierbei gewährleistete enge Verknüpfung der Definition von Eigenschaftskonstrukt und Testkonzept eine erweiterte Vorhersagbarkeit des Verhaltens ermöglicht (s. dazu Abschn. 12.2).

1.6.4 Verhaltensvorhersage

Die in Abschnitt 1.6.3 diskutierte Frage nach der Essenz von Eigenschaften hat bereits deutlich gemacht, dass es über das Wesen, die Grundlagen und Auswirkungen von Eigenschaften durchaus verschiedene Auffassungen gibt. Ungeachtet dessen erweist sich das Eigenschaftskonzept dann als nützlich, wenn es (a) zu Erklärungen der interindividuellen Unterschiede in der Ausprägung von Eigenschaften führt und (b) das Eigenschaftskonzept Vorhersagen des konkreten Verhaltens in solchen Situationen erlaubt, für die noch keine Beobachtungsgelegenheiten bestanden haben.

Beispielsweise liegt es nahe, für Überwachungsfunktionen in Kernkraftwerken nur solche Personen einzusetzen, die Eigenschaften wie Konzentration, Umsicht und Belastbarkeit in hohem Maße aufweisen. Dann könnte die Vorhersage angemessen sein, dass diese Personen auch im Fall einer vorab nicht simulierbaren Störung umsichtig reagieren.

Die Vorhersage von Verhalten durch Eigenschaften erfordert zweierlei:

- Kenntnis von der quantitativen Ausprägung einer Person auf einer Eigenschaft sowie die
- Korrelation zwischen der Eigenschaft und dem vorherzusagenden Verhalten.

Wenn diese Korrelation maximal ist, d. h. bei vollständig reliablen Messungen von Eigenschaft und Verhalten plus oder minus 1 beträgt, können die interindividuellen Unterschiede in der Intensität oder Häufigkeit des Verhaltens zur Gänze auf Unterschiede in der Eigenschaftsausprägung zurückgeführt werden. Wenn die Korrelation zwischen der Eigenschaft und dem vorherzusagenden Verhalten größer als null, aber nicht maximal ist, können interindividuelle Unterschiede in dem betrachteten Verhalten nur zu einem Teil auf Unterschiede in der Eigenschaftsausprägung zurückgeführt werden. Beträgt die Korrelation schließlich null, besitzt die Eigenschaft keine Vorhersagekraft für das in Frage stehende Verhalten.

Worauf sind interindividuelle Unterschiede im Verhalten zurückführbar, die nicht durch Eigenschaften erklärt werden können?

Hier sind vor allem situative Faktoren zu nennen, wobei zwischen

- *interindividuell gleichartigen Situation-Verhaltensverknüpfungen* und
- *interindividuell verschiedenartigen Situation-Verhaltensverknüpfungen*

unterschieden werden muss. Gleichartige Situation-Verhaltensverknüpfungen treten anschaulich bei der Auslösung von Reflexen, aber auch in kulturell stark normativen Situationen auf; die Verhaltensbreite ist sehr gering. Verschiedenartige Situation-Verhaltensverknüpfungen sind eher die Regel als die Ausnahme: Dieselbe Situation wird etwa verschieden aufgefasst, interpretiert und mental repräsentiert, zudem haben sich möglicherweise im Verlauf der individuellen Lerngeschichte sehr individuelle Situation-Verhaltensverknüpfungen gefestigt.

Ein einfaches Beispiel mag den Unterschied zwischen interindividuell gleichartigen und verschiedenartigen Situation-Verhaltensverknüpfungen verdeutlichen. Es werden Autofahrer beim Passieren einer Ampel beobachtet. Springt die Ampel auf Rot, halten die Fahrer; wechselt die Ampel auf Grün, fahren sie an. Beim Eintritt dieser Situationen verhalten sich die Autofahrer in der Regel völlig gleichartig. Anders ist die Verhaltensbreite, wenn die Ampel von Grün auf Gelb wechselt. Manche Fahrer bremsen stark ab, während andere beschleunigen, um die Ampel noch »zu schaffen«. Hier ist also eine für alle Fahrer einheitliche Situation eingetreten, auf die sie jedoch mit unterschiedlichen Verhaltensweisen reagieren.

Diejenigen Verhaltensunterschiede, die durch Persönlichkeitsmerkmale nicht erklärt werden können, werden also situativen Faktoren und deren Auswirkungen zugeschrieben. Komplementär dazu stellt Persönlichkeit die Gesamtheit nichtsituativer Verhaltensbedingungen dar (Cattell, 1950). Diese Auffassung lässt allerdings außer Acht, dass intraindividuell geprägte Situation-Verhaltensverknüpfungen ebenfalls zur Persönlichkeit gehören.

Die vorliegende Befundliteratur, aus der u.a. in den Teilen II und III Belege referiert werden, lehrt nun, dass es Bereiche menschlichen Verhaltens gibt, in denen die Annahme von Dispositionseigenschaften für die erfolgreiche Vorhersage in sehr heterogenen Lebenssituationen sinnvoll und zweckmäßig ist. Beispielsweise zeigen die Punktwerte in Verfahren zur Erfassung von Intelligenz substantielle Korrelationen mit Maßen aus Situationen wie Arbeit und Spiel, Schule und Freizeit, Ausbildung und Beruf.

Demgegenüber bestehen in anderen Verhaltensbereichen weniger eindeutige Entsprechungen. So zeigten etwa Personen mit hoher Leistungsmotiviertheit eine hohe Ausdauer in Aufgaben, die ihnen leicht erschienen. Bei Aufgaben, die als schwer bezeichnet worden waren, war die Ausdauer dagegen sehr gering. Bei niedrig motivierten Personen waren die Ergebnisse gerade umgekehrt (Feather, 1961). Für hoch und niedrig motivierte Personen waren also verschiedenartige Situation-Verhaltensverknüpfungen zu beobachten.

1.6.5 Zustände

Erstmals hat Cattell (1950; s. auch Cattell & Scheier, 1961) eine Unterscheidung zwischen relativ stabilen »Eigenschaften« und zeitlich fluktuierenden »Zuständen« (engl. »states«) vorgenommen.

Die Zustände entsprechen in grober Annäherung dem umgangssprachlichen Stimmungsbegriff; es handelt sich hierbei um temporäre Zustände von Aktivation, Entspannung, Stimmung und dgl. Für die Untersuchung von Zuständen, intraindividuell definiert als die situations- oder zeitbedingten Unterschiede im Verhalten oder Erleben einer Person, sind verschiedene Instrumente entwickelt worden. Gewöhnlich handelt es sich dabei um Listen von Eigenschaftswörtern, die in alternativer Form (auf den momentanen Zustand zutreffend oder nicht) oder anhand abgestufter Skalen zu bearbeiten sind.

Zentral darin sind meist Dimensionen für gehobene und gedrückte Stimmung, Aktivierung vs. Desaktivierung, Extravertiertheit vs. Introvertiertheit, Müdigkeit, Traurigkeit oder Ängstlichkeit. Anhand solcher Instrumente werden Veränderungen über die Zeit aufgezeigt, etwa Rhythmen in Abhängigkeit von der Tageszeit (Watson et al., 1999), dem Wochentag (Larsen & Kasimatis, 1990) oder der Jahreszeit (Spoont et al., 1991).

Die faktorenanalytische Konstruktion von Tests zur Erfassung von Zuständen geht von der Korrelation von Variablen über Messzeitpunkte oder Situationen hinweg aus. Die erhaltenen Zustandsfaktoren gelten dann nur für die betreffende Person oder, sofern die Daten vorher über Probanden gemittelt worden waren, für eine fiktive Durchschnittsperson. Zustandsreliabilität ist ein Maß dafür, inwieweit intraindividuelle Unterschiede bei erneuter Realisation der Situationen reproduzierbar sind. Solche Vorgaben erfordern Längsschnittstudien oder Untersuchungen in verschiedenen Situationen, mit daran ansetzenden P-Analysen (► Tab. 1.4).

Obwohl diese Prinzipien allgemein bekannt sind, wurden sie nur selten umgesetzt. Im deutschen Sprachraum hat Becker (1988) 10 Probanden die Eigenschaftswörterliste von Janke und Debus (1978) vorgegeben mit der Instruktion, an etwa 100 aufeinanderfolgenden Tagen die aktuelle Befindlichkeit einzuschätzen. Mit Hilfe von P-Analysen wurden 28 Items identifiziert, die sich zu den drei Faktoren »Aktiviertheit«, »Gedrückte vs. Gehobene Stimmung« und »Gereiztheit« gruppierten. In anderen Untersuchungen ergaben sich inhaltlich zum Teil etwas andere Faktoren. Die Inkonsistenzen zwischen diesen Arbeiten mögen verursacht sein durch die unterschiedlichen, häufig gar nicht kontrollierten situativen Gegebenheiten, unter denen die Befindlichkeit jeweils eingeschätzt wurde.

Neben der Frage nach einer Katalogisierung von Zuständen können aber auch differentielle Fragestellungen von Zuständen bearbeitet werden. So berichteten Hepburn und Eysenck (1989), dass neurotische Extravertierte die größte und stabilste Tageszeitvariabilität (aggregiert über drei Wochen) aufweisen, Introvertierte dagegen die geringste. Andere Autoren brachten die intraindividuelle Variation mit alltäglichen Beschwerden (Larsen & Kasimatis, 1991), Stress und Aktivitäten (Watson, 1988; DeLongis et al., 1988) sowie verschiedenen Leistungsmaßen (Hill & Smith, 1991) in Verbindung.

Wie groß ist die interindividuelle Unterschiedlichkeit in den intraindividuellen Zuständen? Natürlich wird diese Frage je nach Probanden- und Zeitstichproben sehr unterschiedlich ausfallen müssen. Unter Bezugnahme darauf äußerte bereits Stern (1911b) die Vermutung, dass »unzweifelhaft diejenigen Merkmale, die im Individuum stark zum Variieren neigen, auch im Vergleich der Individuen untereinander größere Unterschiede liefern (werden) und umgekehrt«. Amelang (1996) schätzte, dass das Ausmaß der *intra*individuellen Variation in groben Zügen demjenigen der *inter*individuellen Unterschiedlichkeit entspräche. In der Untersuchung von Cooper und McConville (1990), die auf der täglichen Einschätzung von positiver und negativer Stimmung durch 49 Probanden während eines Monats beruhte, nahmen die interindividuellen Unterschiede 25 % der Varianz aller Stimmungsschwankungen über der Zeit ein. Aus diesem relativ hohen Anteil schlussfolgerten die Autoren, dass sich die Abschätzung der Intensität einer Stimmung für eine gegebene Person anhand von Normtabellen verbietet, wie sie bei Eigenschaftstests verwendet werden. Außerdem ergaben sich bedeutsame Korrelationen zwischen Stimmung und Eigenschaftsmaßen.

Zustände und Eigenschaften

In einer »vereinheitlichenden« Sichtweise könnte man von Eigenschaften als den *relativ* stabilen und überdauernden, von Zuständen hingegen als den *relativ* veränderlichen und zeitgebundenen Charakteristika sprechen, die beide allerdings auf *einem* Kontinuum angeordnet sind. Zwischen Eigenschaften und Zuständen gäbe es fließende Übergänge mit einer willkürlichen Grenzziehung zwischen ihnen. Von da aus ist es nur noch ein kleiner Schritt zu der Auffassung, dass jedes psychologische Attribut sowohl Eigenschafts- als auch Zustandskomponenten aufweist und interindividuelle Unterschiede in beiden Komponenten bestehen (s. z. B. Steyer et al., 1992).

In eindrucksvoller Weise hat Fleeson (2001) diese Sichtweise mit Hilfe von Erhebungen demonstriert, in denen sich Probanden viele Tage lang jeweils in Abständen von mehreren Stunden wiederholt auf Adjektiven wie gesprächig oder vertrauensvoll beschreiben sollten. Für jedes Adjektiv ließ sich die Stabilität über die Zeit und die intraindividuellen Schwankungen errechnen, darüber hinaus der Mittelwert aus den eine Eigenschaft konstituierenden Adjektiven (Eigenschaftswert). Dabei zeigte sich, dass nicht nur der Eigenschaftswert, sondern auch die individuellen Schwankungen der Adjektive über die Zeit stabil waren. Vor diesem Hintergrund fasste der Autor Eigenschaften als *Dichte-Funktionen* von Zuständen auf, deren intraindividuelle Variation sich zwischen einzelnen Personen unterscheidet.

Aus evolutionspsychologischer Sicht (Buss, 2002) gehen Eigenschaften auf evolvierte psychologische Mechanismen zurück, die spezifische Adaptationsprobleme im Dienste des Überlebens und der Reproduktion lösen helfen. Diese Mechanismen sind von affektiven Zuständen begleitet. Etwas spezifischer sind nach einer »differenzierenden« Sichtweise Eigenschaften Abstraktionen, die Möglichkeiten der Kontingenz zwischen individuell repräsentierter Situation und Verhaltensantwort angeben. Eigenschaften werden aktiviert, wenn die individuell repräsentierte Situation eine Auswahl zwischen möglichen Verhaltensweisen verlangt. Zustände sind hingegen konkrete, situationsgebundene intraindividuelle psychophysische Prozesse (Fridhandler, 1986), die im Rahmen der aktivierten Eigenschaft die Auswahl und die Vorbereitung spezifischen Verhaltens vermitteln (Stemmler, 1997). Zustände könnten in ihrer Intensität und Qualität also durch die aktivierten Eigenschaften eingegrenzt werden.

1.6.6 Typen

Typen als Abschnitte auf Beschreibungsdimensionen

Am Beispiel der hierarchischen Struktur von Beschreibungsdimensionen (▶ **Abb. 1.17**) ist bereits erläutert worden, dass eine Reihe von Autoren für Faktoren zweiter Ordnung die Bezeichnung »Typen« (engl. »types«) verwendet. Mit dem Namen für einen solchen Typ wird dann lediglich ein Pol der jeweiligen Dimension bezeichnet: Typen in diesem Sinne stellen also lediglich Bezeichnungen für extreme Merkmalsausprägungen dar und unterscheiden sich insofern nicht grundsätzlich von anderen Beschreibungsdimensionen innerhalb der Persönlichkeitspsychologie.

Je nachdem, ob sich für die Kennzeichnung der Endpunkte des Kontinuums polare Gegensatzpaare anbieten oder nicht, unterscheidet man dabei zwischen bipolaren und unipolaren Typendimensionen. Im Falle des Attributes »extravertiert« ist schon aus dem alltäglichen Sprachgebrauch der Gegenpol »introvertiert« geläufig. Die Typen der Extravertierten und Introvertierten markieren damit die Endpunkte eines Kontinuums, die gegenüber seinem – wenn auch empirisch am häufigsten vertretenen – Mittelbereich wenig aussagekräftig sind.

Demgegenüber legt man Leistungsunterschieden, wie auch solchen in bestimmten Persönlichkeitsbereichen, eher unipolare Achsen zugrunde und kennzeichnet nur den Pol der höchsten Merkmalsausprägung. Dennoch wäre auch hier eine Bipolarisierung etwa im Sinne von »intelligent/dumm«,

»groß/klein« ohne weiteres vorstellbar, da davon die Anordnung der Messwertträger auf dem Kontinuum nicht betroffen wäre.

Liegt eine Normalverteilung der Messwerte (▶ Abb. 1.18a) nicht vor, sondern gibt es mehrere Verteilungsgipfel (▶ Abb. 1.18b), sprechen Cattell et al. (1966) von »modalen Typen«.

Häufig handelt es sich bei multimodalen Verteilungsformen um zusammengesetzte Skalen, von denen jede eine qualitativ verschiedene Klasse von Merkmalsträgern in Normalverteilungsform abbildet (z. B. Schwimmer und Nichtschwimmer bei der Länge eines Tauchversuchs). In solchen Fällen ist es zweckmäßig, eine weitere Skala zu benutzen, die es erlaubt, die Zugehörigkeit der jeweiligen Gruppierungen zu den einzelnen Typen zu bestimmen. Deren Punktwert liefert Aufschluss darüber, nach welcher weiteren Dimension aus einer Reihe von Möglichkeiten der oder die Probanden zu klassifizieren sind.

Typen als Gruppen von Individuen auf mehreren Beschreibungsdimensionen

Neben der bisher erläuterten univariaten Definition von Typen ist auch deren multidimensionale Bestimmung möglich. Hierbei erfolgt eine Klassifizierung der Messwertträger nach der Ähnlichkeit ihrer Merkmalsausprägungen in einem Satz von Eigenschaften (▶ Abb. 1.18c).

Die Profile mehrerer Personen können sich voneinander unterscheiden in ihrer durchschnittlichen Höhe, ihrer Variabilität über die Merkmale und ihrer Verlaufsgestalt. Zum Vergleich der Profile verschiedener Personen (Q-Technik, s. Abschn. 1.4.1) sind Ähnlichkeitsmaße entwickelt worden (Osgood & Suci, 1952), deren Faktorisierung Personenfaktoren ergibt (»Species Types«, 1966).

Typen als qualitative Beschreibungsklassen

Weitaus am geläufigsten ist die Klassifikation von Personen in qualitativ verschiedene Beurteilungskategorien nach dem Vorliegen bestimmter Eigenschaftskombinationen.

Das älteste derartige System stammt von Hippokrates, der nach dem Körperbau den Habitus apoplecticus und Habitus phthy-

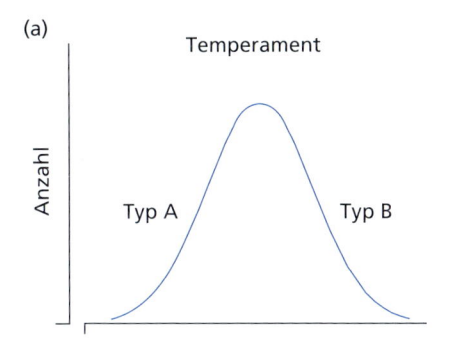

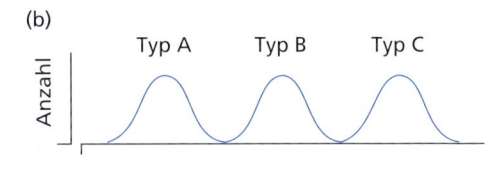

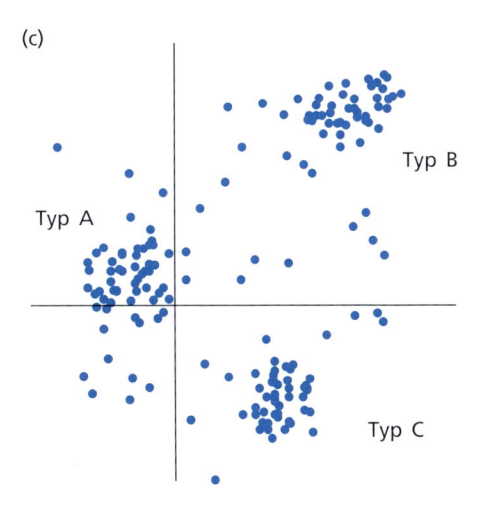

Abb. 1.18: Polar (a), modal (b) und multidimensional (c) definierte Typen.

sicus unterschied. Bekannter ist Galens, von der Dominanz der Körpersäfte ausgehende Charakterisierung der melancholischen, cholerischen, phlegmatischen und sanguinischen Temperamente, die später Kant (1912/1798) recht eindrucksvoll skizziert hat.

Soweit es sich hierbei lediglich um begriffliche oder sprachliche Differenzierungen handelt und darüber hinaus keine Handlungsanweisungen für eine Messung und Kategorisierung vorliegen oder gar möglich sind, ist der wissenschaftliche Wert solcher Typologien gering. So hat denn bereits Wundt (1903) versucht, das klassische Vierfelderschema in ein dimensionales System zu verwandeln, indem er die beiden Achsen »Stärke der Gemütsbewegungen« und »Schnelligkeit des Wechsels der Gemütsbewegungen« eingeführt hat. Das System kann als früher Vorläufer der Eysenck'schen Typologie gelten, in der die Dimensionen dann »Neurotizismus« und »Extraversion« heißen.

Zusammenfassung von Kapitel 1.6

»Verhaltensweisen« sind die in Protokollsätzen beschreibbaren Beobachtungen. Die Feststellung von Verhaltensweisen als Reaktion auf einen Reiz bildet die Basis der Erfassung von inter- und intraindividuellen Verhaltensunterschieden. Die Vorhersage von zukünftigem Verhalten ist dann möglich, wenn es nachgewiesenermaßen stabil (im Fall identischer Reize) oder transsituational konsistent (im Fall nur ähnlicher Reize) ist. Konsistenz des Verhaltens war bereits aus lernpsychologischen Untersuchungen bekannt (Reiz- und Reaktionsgeneralisation). Der Behaviorismus beschrieb auch komplexes Verhalten als Abfolge von gelernten einfachen Reiz-Reaktionsverbindungen, den »Verhaltensgewohnheiten«. Im Unterschied zu Verhaltensweisen enthalten Verhaltensgewohnheiten auch eine Bereitschaft, in ganz bestimmter Weise zu reagieren. Diese Bereitschaft ist durch reine Beobachtung nicht zu erkennen; mit dem Begriff der Verhaltensgewohnheit wird also die Beobachtungsebene verlassen. Dasselbe gilt für »Dispositionseigenschaften«, die im Vergleich zu Verhaltensgewohnheiten weniger reizbezogen und damit allgemeiner konstituiert sind. Wenn die Dispositionseigenschaft eine Überschussbedeutung aufweist, lassen sich auch Verhaltensvorhersagen für völlig neuartige Situationen abgeben. Verhaltensweisen, die eine Disposition zumindest in Teilen markieren und die stabil sind, werden »Verhaltensmerkmale« genannt.

Allport definierte eine Eigenschaft als ein »verallgemeinertes und fokalisiertes neuropsychisches System (das dem Individuum eigentümlich ist) mit der Fähigkeit, viele Reize funktionell äquivalent zu machen und konsistente äquivalente Formen von Handlung und Ausdruck einzuleiten und ihren Verlauf zu lenken«. Wenn Eigenschaften als Dispositionen, also als Verhaltensbereitschaften unter bestimmten kontextuellen Bedingungen verstanden werden, wird das Eigenschaftskonzept flexibilisiert.

Bei der Bestimmung von Eigenschaften unterscheidet man die rationale und die analytische Vorgehensweise, zusätzlich wird die Analyse von Handlungshäufigkeiten verwendet. Bei der rationalen Vorgehensweise werden Verhaltens- und Erlebensweisen auf der Grundlage einer theoretischen Vorstellung und/oder des Sprachverständnisses zu abstrakten Kategorien (Eigenschaften) zusammengefasst. Bei der analytischen Vorgehensweise werden die Zusammenhänge von Verhaltens- und Erlebensweisen bestimmt und mithilfe der Methode der Faktorenanalyse zu Grunde liegende Dimensionen (= Eigenschaften) abgeleitet. Bei der Analyse von Handlungshäufigkeiten geht man von Eigenschaften als kognitiv repräsentierten Handlungsklassen aus und stellt empirisch fest, welche Verhaltens- und Erlebensweisen bestimmten Eigenschaften sehr nah und welche anderen eher distant sind.

Verhaltensvorhersagen erfordern einerseits die Kenntnis von quantitativen Ausprägungen einer Person auf einer Eigenschaft als auch die Korrelation zwischen Eigenschaft und dem vorherzusagenden Verhalten. Oftmals sind Verhaltensvorhersagen deutlich suboptimal, was vor allem dann entsteht, wenn es interindividuell verschiedenartige Situation-Verhaltensverknüpfungen gibt.

Von relativ stabilen Eigenschaften sind zeitlich fluktuierende Zustände zu unterscheiden. Neben der Frage, welche und wie viele Zustände es vermutlich gibt, kann auch die interindividuelle Unterschiedlichkeit von Zuständen untersucht werden. Eigenschaften und Zustände könnten demnach sehr wohl aufeinander bezogen sein.

Typen können auf einzelnen Beschreibungsdimensionen polar oder modal (mehrgipflig), auf mehreren Beschreibungsdimensionen als Dichtezentren von Personenpunkten beschrieben werden.

Besonders häufig, vor allem auch im vorwissenschaftlichen Bereich, wenn Typen als qualitative Beschreibungsklassen verstanden. Deren wissenschaftlicher Wert ist allerdings trotz großer Eingängigkeit meistens gering.

2 Methoden der Persönlichkeitsforschung

> In diesem Kapitel geht es um die für die Differentielle Psychologie grundlegenden statistischen Techniken, in die hier – allerdings nur kurz – eingeführt wird. Wenn entsprechende Kenntnisse noch nicht vorliegen oder aufgefrischt werden sollen, ist die Lektüre dieses Kapitels besonders zu empfehlen. Die entsprechenden Inhalte werden in späteren Kapiteln vorausgesetzt. Da es in der Differentiellen Psychologie im Kern um die Analyse von Variation und Kovariation bzw. Korrelation von Messwerten geht, stehen diese Begriffe am Anfang dieses Kapitels (2.1). Die Ausschöpfung der Information, die in der Interkorrelation verschiedener Messwerte enthalten ist, erfolgt mithilfe der exploratorischen Faktorenanalyse. Diese Technik wird in der leicht verständlichen Form der geometrischen Repräsentation erläutert. Eine Einführung in die konfirmatorische Faktorenanalyse schließt sich an. Wichtige Kriterien, die für die Qualität von Forschungsdaten bedeutsam sind, umfassen Objektivität, Reliabilität und Validität (2.2). Schließlich wird die Situationsabhängigkeit empirischer Forschungsdaten anhand des Latent State-Trait-Modells erläutert.

2.1 Die Analyse von Variation und Kovariation

2.1.1 Beschreibung univariater Merkmalsverteilungen: Variationsforschung

Eine grundlegende Frage der Differentiellen Psychologie ist die Frage nach dem Ausmaß der Unterschiede zwischen Individuen im jeweils interessierenden Merkmal. Im Abschnitt 1.2 »Zur Universalität interindividueller Differenzen« wurde auf solche Unterschiede in den verschiedensten Merkmalsbereichen bereits exemplarisch hingewiesen. Darstellbar wird das Ausmaß interindividueller Unterschiede mit Hilfe der Verteilung (Häufigkeitsverteilung) des betrachteten Merkmals. Eine Häufigkeitsverteilung lässt sich entweder als Häufigkeitstabelle oder grafisch als Verteilungskurve oder als Treppenpolygon (Histogramm) veranschaulichen (Beispiele dieser Darstellungsarten finden sich im Abschnitt 1.2).

Es ist die Breite einer solchen Verteilung, die dem Ausmaß an Unterschieden zwischen den Individuen, also der interindividuellen Variabilität des Merkmals entspricht.

Für viele Forschungsanliegen wie auch für praktische Belange ist es wichtig, die Variabilität eines Merkmals in einem Kennwert auszudrücken, so wie die Lage einer Verteilung über dem Merkmalskontinuum durch den Mittelwert, genauer das arithmetische Mittel M_x der Variable X

$$M_x = \frac{\sum_{i=1}^{n} x_i}{n} \qquad (2.1)$$

gekennzeichnet wird. Formel (2.1) besagt, dass der durchschnittliche Wert (arithmetisches Mittel M_x) der im Merkmal X untersuchten n Personen durch Bildung der Summe aus allen n Messwerten und durch Division dieser Summe durch die Anzahl n der Messwerte bzw. Personen errechnet wird.

2.1.2 Zwei Maße für die Variabilität eines Merkmals

Zur Kennzeichnung der Verteilungsbreite haben sich in der modernen Forschungsstatistik wegen ihrer mathematischen Beziehung zu theoretischen Wahrscheinlichkeitsverteilungen zwei miteinander verwandte Kennwerte durchgesetzt, die Standardabweichung $SD(X)$ und die Varianz $Var(X)$ eines Merkmals X.

Die Varianz $Var(X)$ ist definiert als Mittelwert aller quadrierten Abweichungen der Messwerte von ihrem Mittelwert.

$$Var(X) = \frac{\sum_{i=1}^{n} (x_i - M_x)^2}{n} \qquad (2.2)$$

Die Standardabweichung $SD(X)$ ist definiert als positive Wurzel aus der Varianz $Var(X)$.

$$SD(X) = \sqrt{\frac{\sum_{i=1}^{n} (x_i - M_x)^2}{n}} \qquad (2.3)$$

Aus diesen Definitionen ist ersichtlich, dass $Var(X)$ und $SD(X)$ umso größer werden, je mehr große Abweichungen $|x_i - M_x|$ der Messwerte x_i von ihrem Mittelwert M_x nach oben oder unten vorliegen, je mehr Extremwerte also auftreten.

Die Varianz bzw. Standardabweichung eines Merkmals wird demnach umso größer, je größer solche Abweichungen im Schnitt sind und je häufiger gerade die großen Abweichungen vorkommen.

Dass die Standardabweichung $SD(X)$ und die Varianz $Var(X)$ nebeneinander als Variabilitätsmaße gebraucht werden, hat formale Gründe, auf die im Folgenden kurz eingegangen werden muss.

Standardabweichung und Normalverteilung

In Kapitel 1 wurde darauf hingewiesen, dass die meisten Merkmale in der Biologie und vermutlich auch in der Psychologie eine sehr charakteristische Verteilungsform aufweisen: Die meisten Fälle besitzen eine mittlere Merkmalsausprägung, so dass die Häufigkeitsverteilung im Mittelbereich am höchsten ist. Je extremer die Werte werden, umso seltener treten die entsprechenden Fälle auf. Die ungefähr symmetrischen Verteilungsformen ähneln einer Glocke und damit jener theoretischen Wahrscheinlichkeitsverteilung, die als Normalverteilung oder Gauß'sche Verteilung bekannt ist.

Die Normalverteilung stellt ein mathematisches Modell für das Zustandekommen kontinuierlicher Variablen und ihrer Häufigkeitsverteilungen dar, ein Modell, das für die meisten differentialpsychologischen Merkmale wie Intelligenz oder bestimmte Persönlichkeitsmerkmale angemessen zu sein scheint.

Im Folgenden sollen die Modellannahmen für das Normalverteilungsmodell grob erläutert werden: Stellen wir uns zunächst dazu vor, die Ausprägung irgendeines Merkmals würde lediglich durch zwei Faktoren A und B beeinflusst. Die mittlere Ausprägung betrage 10 Einheiten in einem hypothetischen Maß (z. B. cm, kg, s, Punktwerte in einem Test) und jeder der beiden Faktoren könnte nur zwei Zustände (»+« und »−«) annehmen. Der Zustand »+« führte zu einer Erhöhung der Ausprägung um genau eine Einheit, der Zustand »−« zu einer Verringerung um eine Einheit, und zwar sowohl bei Faktor A wie bei Faktor B. Bei jedem Faktor, A wie B, hinge es nur vom Zufall ab, ob er den Zustand »+« oder »−« annimmt. Die Wahrscheinlichkeit, »+« oder »−« anzunehmen, ist jeweils $p(+) = p(-) = 0{,}5$. Welche Merkmalsausprägungen aufgrund dieses Zufallsmodells resultieren können, zeigt **Tabelle 2.1**.

Tab. 2.1: Wahrscheinlichkeitsverteilung für ein Merkmal x_i, das durch zwei Faktoren A und B im Sinne höherer (+) oder geringerer (−) Merkmalsausprägung beeinflusst wird (Erläuterungen im Text).

Faktor-Konstellation		Resultierende Merkmalsausprägung x_i in willkürlichen Einheiten	Wahrscheinlichkeit $p(x_i)$	
A	B			
−	−	8	¼ = 0,25	
−	+	10	¼ = 0,25	2/4 = 0,50
+	−	10	¼ = 0,25	
+	+	12	¼ = 0,25	

Es gibt insgesamt vier mögliche Konstellationen der beiden Faktoren A und B, wobei zwei, nämlich »− +« und »+ −«, zum Mittelwert 10 führen, die anderen beiden Konstellationen zum Ergebnis 8 bzw. 12. Da jede der vier Konstellationen mit gleicher Wahrscheinlichkeit zufällig auftreten kann, hängt die Wahrscheinlichkeit einer bestimmten Merkmalsausprägung von der Anzahl der zu dieser Ausprägung führenden Faktorenkonstellationen ab. Daraus resultiert die in der Spalte $p(x_i)$ der **Tabelle 2.1** wiedergegebene Zufallsverteilung oder Wahrscheinlichkeitsverteilung des Merkmals X als Zufallsvariable.

Nehmen wir nun an, das Merkmal X würde durch vier Faktoren bedingt. Wiederum sei die Wahrscheinlichkeit $p(+) = p(-) = 0{,}5$ für jeden der vier Faktoren. Jeder Faktor bewirke nun aber eine Veränderung der Merkmalsausprägung von plus oder minus 0,5 Einheiten. Die aus diesen Modellannahmen resultierende Wahrscheinlichkeitsverteilung des Merkmals X als Zufallsvariable ist analog zu **Tabelle 2.1** in **Tabelle 2.2** konstruiert.

Man sieht, die Merkmalsausprägung variiert wieder zwischen 8 und 12 Einheiten, diesmal aber in feineren Abstufungen von je einer Einheit. Die Wahrscheinlichkeit $p(x_i)$ für die Werte 8, 10 und 12 ist gegenüber den entsprechenden Werten in **Tabelle 2.1** kleiner geworden.

Wären es nun 8 Faktoren, die Veränderungen der Merkmalsausprägung von jeweils plus oder minus 0,25 Einheiten bewirkten, so erhielte man analog zu obigen beiden Beispielen die Wahrscheinlichkeitsverteilung der **Tabelle 2.3**.

Die Verteilungen in den **Tabellen 2.1, 2.2** und **2.3** sind spezielle Binomialverteilungen mit unterschiedlichen Faktorenzahlen, die für das Zustandekommen der verschiedenen Werte der Zufallsvariablen X angenommen wurden. Lässt man die Anzahl dieser Faktoren unendlich groß, die Wirkung jedes Faktors unendlich klein werden, bei Beibehaltung der Annahme, dass jeder Faktor mit einer Wahrscheinlichkeit von $p(+) = p(-) = 0{,}5$ wirkt, so geht die Binomialverteilung in die damit in ihrer Herleitung skizzierte Normalverteilung über.

Tab. 2.2: Wahrscheinlichkeitsverteilung für ein Merkmal x_i, das durch vier Faktoren A, B, C und D im Sinne höherer (+) oder geringerer (−) Merkmalsausprägung beeinflusst wird (Erläuterungen im Text).

Faktor-Konstellation				Resultierende Merkmalsausprägung x_i in willkürlichen Einheiten	Wahrscheinlichkeit $p(x_i)$
A	B	C	D		
−	−	−	−	8	1/16 = 0,062
−	−	−	+		
−	−	+	−	9	4/16 = 0,250
−	+	−	−		
+	−	−	−		
−	−	+	+		
−	+	−	+		
−	+	+	−	10	6/16 = 0,375
+	−	−	+		
+	−	+	−		
+	+	−	−		
−	+	+	+		
+	−	+	+	11	4/16 = 0,250
+	+	−	+		
+	+	+	−		
+	+	+	+	12	1/16 = 0,062

Tab. 2.3: Binomialverteilung der Zufallsvariablen x_i für 8 Faktoren, $p(+) = p(−) = 0,5$, jeder Zustand »+« bzw. »−« bewirkt eine Veränderung der Merkmalsausprägung um 0,25 Einheiten (Erläuterungen im Text).

Ausprägung des Merkmals x_i	Wahrscheinlichkeit $p(x_i)$
8	1/256 = 0,004
8,5	8/256 = 0,031
9	28/256 = 0,109
9,5	56/256 = 0,218
10	70/256 = 0,273
10,5	56/256 = 0,218
11	28/256 = 0,109
11,5	8/256 = 0,031
12	1/256 = 0,004

In **Abbildung 2.1** ist die Binomialverteilung der **Tabelle 2.3** grafisch als Histogramm dargestellt und jene Normalverteilung darüber gezeichnet, die bei gleicher Fläche, gleichem Mittelwert und gleicher Standardabweichung resultiert.

Für die Differentielle Psychologie stellt das Modell der Normalverteilung insofern ein plausibles mathematisches Modell dar, als die Annahme einer kontinuierlichen anstelle einer sprunghaften Variation für viele Merkmale sinnvoll erscheint. Ebenso ist die Annahme realistisch, dass es sehr viele (im Modell der Normalverteilung unendlich viele) Faktoren sind, die in zufälliger Kombination zusammentreffen und Einfluss auf die Ausprägung eines Merkmals nehmen.

Für die Interpretation einer Standardabweichung hat die Annahme, dass eine psy-

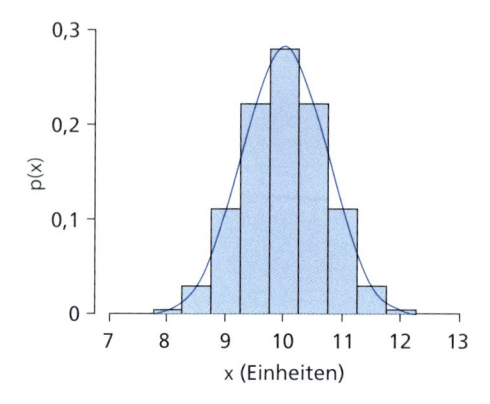

Abb. 2.1: Binomialverteilung für eine Zufallsvariable, die durch acht Faktoren bestimmt wird ($p(+) = p(-) = 0,5$, Wirkung eines Faktors $\pm 0,25$ Einheiten), und Normalverteilung mit gleichem Mittelwert $M_x = 10$ Einheiten und gleicher Standardabweichung $SD(X) = 0,707$ Einheiten. Die Flächen unter den beiden Verteilungen sind gleich groß.

chologische Variable X (z.B. Intelligenz gemessen mit einem Intelligenztest) sich wenigstens ungefähr nach dem Modell der Normalverteilung verteilt, praktische Bedeutung, die aus der Kenntnis resultiert, mit welcher Wahrscheinlichkeit bestimmte Werte der Variablen X in beliebig fein abgrenzbare Bereiche unter der Verteilungskurve fallen, wenn Mittelwert M_x und Standardabweichung $SD(X)$ der Variablen bekannt sind. Dazu ein Beispiel (▶**Abb. 2.2**):

Wenn bekannt ist, dass der Intelligenzquotient IQ mit einem Mittelwert $M_x = 100$ und einer Standardabweichung $SD(X) = 15$ ungefähr normalverteilt ist, so weiß man aus den in **Abbildung 2.2** dargestellten Flächenproportionen unter der Normalverteilungskurve z.B., dass 19 Prozent aller Fälle (entsprechend $p = 0,19$) einen IQ zwischen $100 (= M_x)$ und $107,5 (= M_x + SD[X])$ oder 34 Prozent aller Fälle (entsprechend $p = 0,34$) einen IQ zwischen $85 (= M_x - 1SD[X])$ und $100 (= M_x)$ aufweisen. Man kann **Abbildung 2.2** auch entnehmen, dass 84 Prozent aller Personen (entsprechend cum p $[x_i] = 0,84$) der Personengruppe, für die die oben genannten Verteilungsmerkmale gelten, einen IQ von $115 (= M_x + 1SD[X])$ oder niedriger haben müssen, also nur 16 Prozent höhere IQ-Werte erreichen. Schließlich weiß man durch die Angabe von Mittelwert und Standardabweichung bei Annahme einer Normalverteilung, dass ca. 96 Prozent aller Fälle im IQ-Bereich zwischen $70 (= M_x - 2SD[X])$ und $130 (= M_x + 2SD[X])$ liegen.

Somit wird das Variabilitätsmaß »Standardabweichung« immer dann unmittelbar anschaulich, wenn das Normalverteilungsmodell von den Daten wenigstens ungefähr angenähert wird.

Standardabweichung und die Interpretation individueller Messwerte

Eine wichtige Verwendung der Standardabweichung $SD(X)$ besteht in der Definition von Standardwerten. Die meisten psychologischen, speziell differentialpsychologischen Maße sind hinsichtlich der verwendeten Zahlenwerte willkürlich definiert. So ist der Intelligenzquotient IQ so definiert, dass er zwischen etwa 70 und 130 mit einem Mittelwert von $M_x = 100$ IQ-Punkten und einer Standardabweichung von $SD(X) = 15$ IQ-Punkten variiert (s.o.). Jede andere Skalierung wäre denkbar. Ein Extraversionstest zum Beispiel (Ruch, 1999) liefert Werte, die zwischen 0 und 23 variieren können. Um solche Maße, deren Einheiten und Nullpunkte willkürlich gewählt sind und die nicht per se psychologische Bedeutung haben, besser interpretieren zu können, kann man sie in Standardwerte umrechnen. Diese ermöglichen unter der Normalverteilungsannahme eine eindeutige Beurteilung hinsichtlich des relativen Ausprägungsgrades des gemessenen Merkmals sowie Vergleiche zwischen verschiedenen Merkmalen.

Ein Beispiel möge dies verdeutlichen:

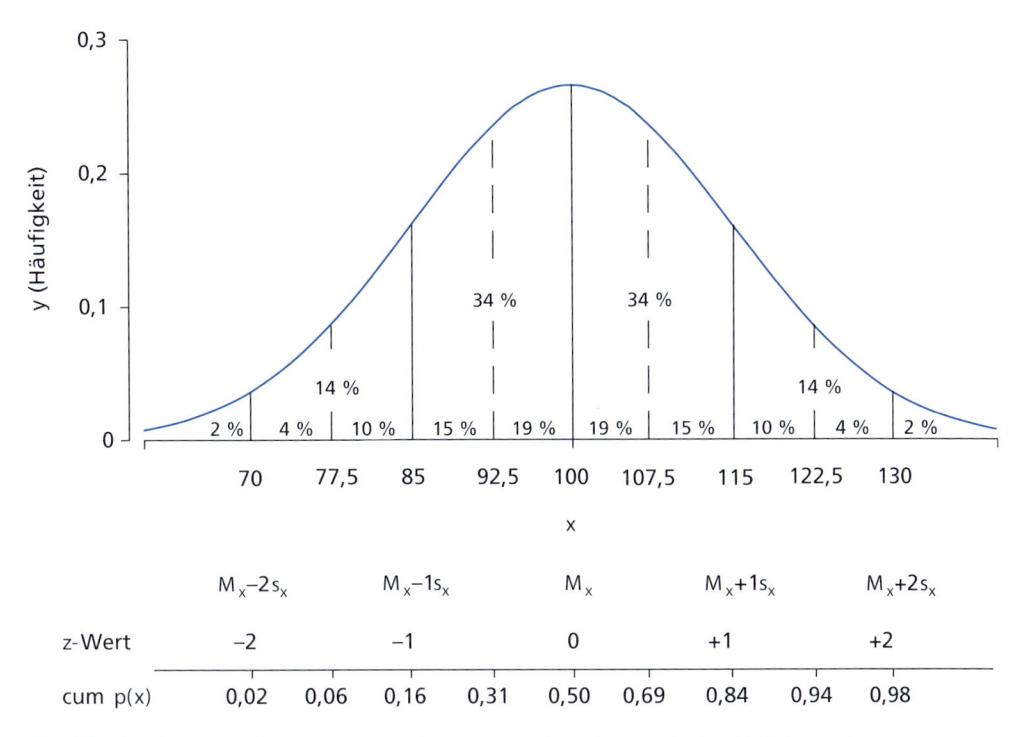

Abb. 2.2: Flächenproportionen unter der Normalverteilungskurve für eine Variable mit dem arithmetischen Mittel $M_x = 100$ Einheiten und einer Standardabweichung von $SD(X) = 15$ Einheiten (in der Abbildung wird die Standardabweichung mit s_x bezeichnet). In der unteren Hälfte der Grafik sind die zugehörigen kumulierten Wahrscheinlichkeiten cum $p(x_i)$ eingetragen, die angeben, wie groß die Wahrscheinlichkeit für den entsprechenden x-Wert oder einen kleineren Wert ist.

In der Forschungsstatistik spielt jene Standardisierung von Rohwerten x_i mit dem Mittelwert M_x und der Standardabweichung $SD(X)$ eine besondere Rolle, die erreicht, dass die standardisierten Werte z_i einen Mittelwert $M_z = 0$ und eine Standardabweichung $SD(z) = 1$ bekommen. Das wird durch folgende Umrechnung eines Rohwertes x_i in den entsprechenden Standardwert z_i erreicht:

$$z_i = \frac{x_i - M_x}{SD(x_i)} \qquad (2.4)$$

Darin bedeuten z_i den standardisierten Messwert der Person i und x_i den Rohwert dieser Person i.

Die so berechneten Standard- oder z-Werte zeigen sofort, ob es sich um überdurchschnittliche (positive Werte) oder unterdurchschnittliche (negative Werte) Merkmalsausprägungen handelt. Ferner kann man bei Zugrundelegung der Normalverteilungsannahme entsprechend **Abbildung 2.2** die relative Position eines bestimmten z-Wertes zu allen anderen leicht bestimmen. Die relativen Positionen der Messwerte zueinander werden durch diese z-Transformation der X-Werte nicht verändert (lineare Transformation).

Erst die Umrechnung in z-Werte oder anders definierte Standardwerte ermöglicht somit die Interpretation individueller Messwerte (z. B. Testwerte) im Sinne niedriger, mittlerer oder hoher Merkmalsausprägung. In **Abbildung 2.2** wurden die entsprechenden z-Werte eingetragen.

Die Varianz und ihre Additivität

Obwohl die Standardabweichung als Variabilitätsmaß, wie gerade gezeigt wurde, anschaulich interpretiert werden kann, nicht jedoch die Varianz, wird für bestimmte Forschungsfragen auch die Varianz $Var(X)$ als Variabilitätsmaß verwendet. Dies hat seinen Grund darin, dass nur die Varianz $Var(X)$ und nicht die Standardabweichung $SD(X)$ additiv ist. Damit ist Folgendes gemeint:

Nehmen wir – stark vereinfachend – an, die Leistungen in einem Geschicklichkeitstest würden von zwei Fähigkeiten der Testpersonen abhängen, einmal von ihrer motorischen Genauigkeit X, zum anderen von der Genauigkeit ihrer Wahrnehmungsleistungen Y. Nehmen wir außerdem an, wir könnten diese beiden Fähigkeiten unabhängig voneinander fehlerfrei messen, so könnten wir die Varianz der Testwerte T des Geschicklichkeitstests nach Formel (2.5) berechnen, ohne sie aus den Testwerten T selbst zu bestimmen, wenn weiter gilt, dass $T = X + Y$, die Geschicklichkeitstestleistungen T sich also additiv aus den Leistungswerten X der motorischen und den Leistungswerten Y der Wahrnehmungsgenauigkeit zusammensetzen:

$$Var(T) = Var(X) + Var(Y) \\ + 2Cov(X, Y) \qquad (2.5)$$

Formel (2.5) besagt, dass sich die Testvarianz $Var(T)$ ebenfalls additiv zusammensetzt aus den Varianzen $Var(X)$ und $Var(Y)$ der beiden Leistungen X und Y. Der Ausdruck $Cov(X,Y)$ in Formel (2.5) bedeutet die sogenannte Kovarianz zwischen X und Y, die ein Maß für die statistische Abhängigkeit der beiden Variablen darstellt.

Sind die beiden Variablen voneinander unabhängig, gehen hohe Werte in X also nicht systematisch z. B. mit hohen Werten in Y einher, so ist $Cov(X,Y) = 0$. Für diesen Fall vereinfacht sich die Formel (2.5) zu

$$Var(T) = Var(X) + Var(Y) \qquad (2.6)$$

Setzt sich also eine Variable additiv aus zwei anderen, voneinander unabhängigen Variablen zusammen, ergibt sich die Varianz der neuen Variable durch Addition der Varianzen der sie konstituierenden Variablen. Dieser Sachverhalt wird als »Additivität von Varianzen« bezeichnet.

Die psychologische Forschung, speziell die differentialpsychologische, macht sich diesen formalen Sachverhalt der Additivität von Varianzen zunutze und versucht, den umgekehrten Weg zu gehen: Ihr Ziel ist, die Varianz eines Merkmals in Varianzanteile unterschiedlicher Herkunft additiv zu zerlegen. Ein viel diskutiertes Beispiel dafür ist der Versuch, den Erbanteil der Intelligenz zu bestimmen (s. dazu Kap. 13). Die Aussage »$P\%$ der Intelligenz sind vererbt« ist nur vor dem Hintergrund der eben dargestellten Varianzadditivität verständlich. Sie bedeutet, dass man sich die Gesamtvarianz der Intelligenz $Var(IQ)$ additiv zusammengesetzt vorstellt aus einem Varianzanteil $Var(E)$, der auf Unterschiede in den Erbanlagen zurückgeführt werden kann, und einem anderen Varianzanteil $Var(U)$, der auf unterschiedliche Umwelteinflüsse zurückzuführen ist, so dass $Var(IQ) = Var(E) + Var(U)$ ist, wobei $Var(E)$ einen bestimmten Prozentanteil $P\%$ der Gesamtvarianz $Var(IQ)$ ausmacht:

$$P = \frac{Var(E)}{Var(IQ)} \cdot 100\%$$

Ungeachtet der Problematik dieses Beispiels, auf die in Kapitel 13 näher eingegangen werden wird, sei hier noch eine Interpretation des Satzes »$P\%$ der Intelligenz sind vererbt« aufgezeigt: Er bedeutet nämlich, dass sich die Varianz der Intelligenz auf $P\%$ von $Var(IQ)$ reduzieren würde, könnte man alle Umwelteinflüsse auf den IQ konstant halten. Eine Aussage über ein bestimmtes Individuum lässt sich daraus zunächst aber nicht herleiten.

Das Ausmaß der Bedeutung einer Varianzquelle (hier Vererbung) eines Merkmals (hier Intelligenz) wird also mit Maßen der

Unterschiedlichkeit zwischen Merkmalsträgern (hier Personen) gemessen. Das dafür brauchbare Maß der Unterschiedlichkeit ist aufgrund ihrer Additivitätseigenschaft die Varianz.

2.1.3 Beschreibung bivariater Merkmalsverteilungen: Korrelationsforschung

Neben der Beschreibung von Unterschieden zwischen Individuen in jeweils einem Merkmal besteht ein wichtiges Anliegen der Differentiellen Psychologie darin zu untersuchen, wie stark verschiedene Merkmale zusammenhängen. Ist es tatsächlich so, dass rundliche Menschen (Pykniker) gesellig sind und lange, schlanke Menschen (Leptosome) sich lieber zurückziehen, wie die Typologie von Kretschmer (s. Abschn. 7.1.2) behauptet? Und wenn dem so ist, wie stark ist der Zusammenhang zwischen Körperbau und Geselligkeit?

Empirisch lässt sich eine solche Frage untersuchen, indem man in einer großen, repräsentativen Stichprobe von Personen an jeder Person sowohl ein Maß für das Dickenwachstum X – es wurden mehrere Körperbaumaße für Kretschmers Typologie vorgeschlagen (Anastasi, 1976, S. 175) – als auch ein Maß für die Geselligkeit Y erhebt. Um die beiden Maße vergleichbar zu machen, rechnet man beide Variablen X und Y in Standardwerte z_x und z_y nach Formel (2.4) um.

Bestünde nun ein maximaler Zusammenhang zwischen X und Y, müsste jede Versuchsperson denselben z_x- wie z_y-Wert haben: Extrem Ungesellige (z. B.: $z_y = -2{,}5$) müssten entsprechend extrem schlank sein ($z_x = -2{,}5$), mäßig Gesellige (z. B.: $z_y = +0{,}5$) entsprechend rundlich ($z_x = +0{,}5$).

Für diesen Fall der Gleichheit von z_x und z_y wäre das mittlere Produkt aus z_x und z_y gleich eins:

$$\frac{\sum z_x z_y}{n} = 1$$

Dass dies so sein muss, kann man sich so verdeutlichen: Für den Fall der Gleichheit von z_x und z_y ($z_x = z_y$) ist das mittlere Produkt

$$\frac{\sum z_x z_y}{n} = \frac{\sum z^2}{n}$$

Da z-Werte Abweichungswerte vom Mittelwert $M_z = 0$ darstellen, entspricht der Ausdruck

$$\frac{\sum z^2}{n}$$

gemäß Formel (2.2) der Varianz der z-Werte. Wegen Formel (2.4) muss diese eins sein: $Var(z) = 1$.

Umgekehrt ergäbe das mittlere Produkt

$$\frac{\sum z_x z_y}{n}$$

den Wert -1, wenn extrem Ungesellige ($z_y = -2{,}5$) entsprechend extrem rundlich ($z_x = +2{,}5$) statt schlank wären und mäßig Gesellige ($z_y = +0{,}5$) entsprechend mäßig schlank ($z_x = -0{,}5$). Man sieht, dass das mittlere Produkt der Standardwerte zweier Variablen zwischen den beiden Extremen $+1$ und -1 variieren kann. Im ersten Fall hätten wir einen maximal positiven, im zweiten Fall einen maximal negativen linearen Zusammenhang zwischen den Variablen X und Y vorliegen. Diese mittlere Produktsumme wird als Produktmomentkorrelationskoeffizient r_{xy} bezeichnet:

$$r_{xy} = \frac{\sum_{i=1}^{n} z_{x_i} z_{y_i}}{n}$$

r_{xy} ist ein Maß für den *linearen* Zusammenhang zwischen zwei Variablen X und Y deshalb, weil r_{xy} nur dann maximal ($+1$ oder -1) werden kann, wenn alle Versuchspersonen in einem bivariaten Streuungsdiagramm entsprechend **Abbildung 2.3** auf einer Geraden (linear!) liegen.

In der Forschungspraxis wird man maximale Korrelationen ($r_{xy} = +1{,}0$ oder $-1{,}0$) praktisch nie finden: Die Versuchspersonenpunkte werden sich im bivariaten Streuungsdiagramm angenähert ellipsenförmig (▶Abb. 2.3c) verteilen. Je breiter eine solche Ellipse wird, umso kleiner wird der Betrag der Korrelation: $r_{xy} < |1|$ ($|1|$ bedeutet $+1$ oder -1), umso weniger eng ist dann der Zusammenhang zwischen den beiden Variablen X und Y. Bei kreisförmiger Verteilung der Punkte besteht keine Korrelation, der Produktmomentkorrelationskoeffizient r_{xy} wird 0. Dies bedeutet, dass hohe Merkmalsausprägung in X etwa gleich oft mit hoher wie mit niedriger Merkmalsausprägung in Y einhergeht.

Man kann also festhalten, dass der Zusammenhang zwischen zwei Variablen X und Y umso enger ist, je mehr der Korrelationskoeffizient von null nach $+1$ oder -1 abweicht.

Um ein besseres Verständnis für die Bedeutung bestimmter Korrelationen zu bekommen, müssen die Interpretationsmöglichkeiten der Produktmomentkorrelation im Folgenden kurz erläutert werden.

Die inhaltliche Interpretation von Korrelationskoeffizienten

Was eine Korrelation ungleich null, $r_{xy} \neq 0$, bedeutet, kann nur inhaltlich-theoretisch überlegt werden. Auf keinen Fall darf ein Korrelationskoeffizient als empirischer Beleg für eine Kausalbeziehung zwischen den korrelierten Variablen X und Y angesehen werden: Eine Korrelation zwischen Schulleistung

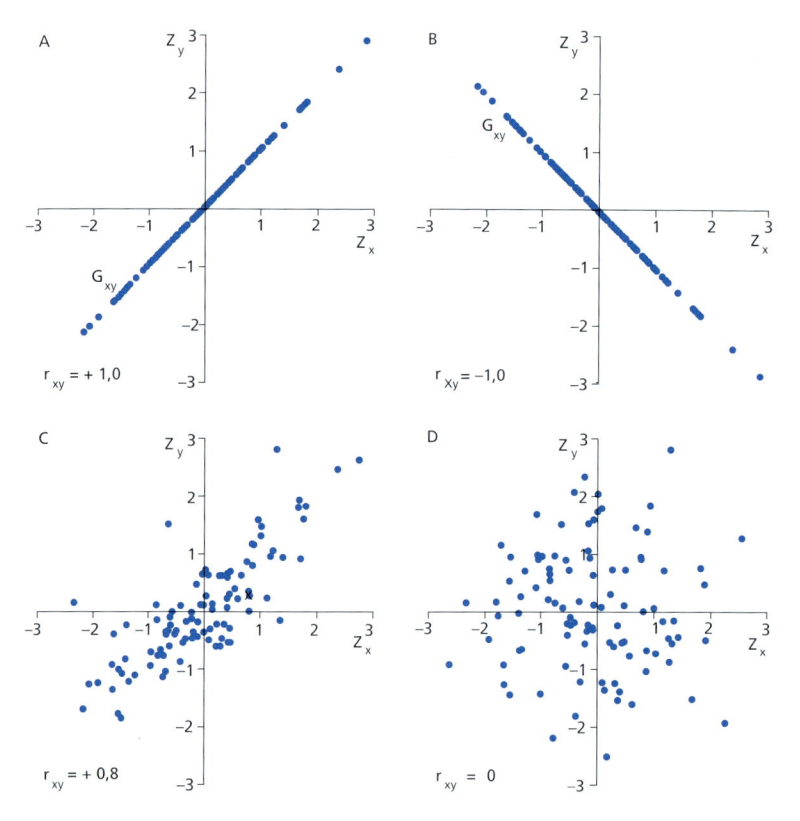

Abb. 2.3: Bivariate Streuungsdiagramme: Jeder Punkt gibt die beiden Standardwerte z_x und z_y je einer Versuchsperson durch seine Lage im Koordinatensystem wieder.

X und Intelligenz Y beweist nicht, dass Intelligenz die Schulleistung determiniert, $Y \rightarrow X$, sie ist auch kein Beleg dafür, dass Schulleistung die Intelligenz kausal beeinflusst, $X \rightarrow Y$. Neben diesen beiden Interpretationen besteht immer auch eine dritte Interpretationsmöglichkeit, nämlich, dass Schulleistung und Intelligenz gemeinsam durch eine oder mehrere dritte Variablen Z determiniert werden, $X \leftarrow Z \rightarrow Y$, wie zum Beispiel Milieueinflüsse, elterliches Erziehungsverhalten oder auch bestimmte Begabungen.

Mit Hilfe korrelationsstatistischer Techniken sind keine Aussagen über Bedingungsrichtungen möglich, es können keine Dependenzen (Abhängigkeiten) belegt, sondern nur Interdependenzen (Zusammenhänge) festgestellt werden. Die Untersuchung von Dependenzen, von Bedingungen für die Variation eines Phänomens, ist nur im Experiment möglich.

2.1.4 Beschreibung multivariater Merkmalszusammenhänge: Faktorenanalyse

Die Faktorenanalyse stellt ein Verfahren dar, das die Differentielle Psychologie und Persönlichkeitspsychologie innerhalb der letzten Jahrzehnte entscheidend geprägt hat. Andere Methoden und Modelle zur Analyse multivariater Merkmalszusammenhänge wurden nicht so häufig eingesetzt. Es wird daher das Hauptgewicht auf die Darstellung der (exploratorischen) Faktorenanalyse gelegt. Ergänzend wird das Verfahren der sogenannten konfirmatorischen Faktorenanalyse weiter unten übersichtsmäßig erläutert, um es von der traditionellen exploratorischen Faktorenanalyse abzugrenzen und den Bezug zur übergeordneten Methodologie linearer Strukturgleichungsmodelle herzustellen. Allen diesen Modellen ist gemeinsam, dass von den beobachteten Variablen auf latente (nichtbeobachtbare) Variablen – die Faktoren – geschlossen werden soll.

Die verschiedenen Modelle und Methoden lassen sich auch dadurch klassifizieren, welche Skalenqualität die manifesten und latenten Variablen besitzen. Wir beschränken uns hier auf die Faktorenanalyse, die metrische Daten voraussetzt. Für solche Daten ermöglicht der Korrelationskoeffizient die Beschreibung des Zusammenhangs zwischen zwei Merkmalen. Will man die Zusammenhänge mehrerer Merkmale korrelationsstatistisch erfassen, muss man jede Variable mit jeder anderen korrelieren. Die Vielzahl aller bestimmbaren Korrelationen lässt sich in einer Korrelationsmatrix übersichtlich zusammenstellen. Ein konstruiertes Beispiel soll dies verdeutlichen.

Tab. 2.4: Matrix aller Korrelationen zwischen fünf Variablen.

		Variablen				
		A	B	C	D	E
Variablen	A	–	0,990	0,800	0,320	0,000
	B		–	0,876	0,447	0,140
	C			–	0,814	0,600
	D				–	0,950
	E					–

Tabelle 2.4 beinhaltet alle möglichen Korrelationen zwischen fünf Merkmalen. Die Selbstkorrelationen der Variablen müssten in der Diagonale dieser Matrix stehen. Da die Korrelation einer Messwertreihe (Variablen) mit sich selbst immer 1,0 betragen muss, dies aber keine Aussagekraft hat, sind in den Diagonalzellen keine Eintragungen gemacht. In die Zellen unterhalb der Diagonale könnte man die entsprechenden Werte der Zellen über der Diagonale eintragen, da ja z. B. die Korrelation zwischen Variable A und Variable B, $r_{AB} = 0,990$, gleich ist der Korrelation zwischen der Variablen B und der

Variablen A, $r_{BA} = 0{,}990$. Der Übersichtlichkeit wegen wurden die Zellen unter der Diagonale leer gelassen. Das Beispiel in **Tabelle 2.4** wurde so konstruiert, dass daraus Folgendes leicht ersichtlich ist: Relativ hohe Korrelationen untereinander weisen die Variablen A, B und C auf ($r_{AB} = 0{,}990$, $r_{AC} = 0{,}800$, $r_{BC} = 0{,}876$), während die Variablen A und B mit den Variablen D und E im Vergleich dazu relativ niedrige Korrelationen zeigen ($r_{AD} = 0{,}320$, $r_{AE} = 0$, $r_{BD} = 0{,}447$, $r_{BE} = 0{,}140$). Ebenfalls relativ hohe Korrelationen untereinander zeigen die Variablen C, D und E ($r_{CD} = 0{,}814$, $r_{CE} = 0{,}600$, $r_{DE} = 0{,}950$).

Diese grobe Beschreibung der korrelativen Beziehungen zwischen den fünf Variablen lässt sich weiter vergröbernd auch so zusammenfassen: Die Variablen A, B und C haben relativ viel gemeinsam (erfassen Ähnliches, haben viel gemeinsame Varianz). Ebenso haben die Variablen C, D und E Gemeinsames. Die Variablen A und B zeigen hingegen wenig Gemeinsamkeit mit den Variablen D und E. Die Variable C hat offenbar mehr Gemeinsamkeit mit der Variablengruppe A und B als mit der Variablengruppe D und E, zu der sie aber auch Ähnlichkeiten zeigt.

Eine derartige formale, wenn auch sehr grobe Beschreibung der Beziehungen zwischen den fünf Variablen könnte nun Grundlage für die psychologische Interpretation der Beziehungen und der Gemeinsamkeiten dieser Merkmale sein.

Man kann sich leicht vorstellen, dass für weniger eindeutig strukturierte Korrelationsmatrizen, vor allem aber für Korrelationsmatrizen größerer Variablenmengen, das Erkennen von Beziehungen zwischen den Merkmalen oder eine Gruppierung der Merkmale nicht mehr so möglich ist wie im hier gegebenen konstruierten Beispiel.

Um dennoch möglichst ökonomisch und auch präziser als im obigen Beispiel die Zusammenhänge zwischen einer Vielzahl von Variablen darstellen zu können, hat man die verschiedenen Modelle und Methoden der Faktorenanalyse entwickelt. Die faktorenanalytischen Methoden haben zum Ziel, meist ausgehend von Korrelationsmatrizen, die betrachteten Variablen nach dem Ausmaß ihrer Gemeinsamkeiten in möglichst wenige Gruppen zusammengehöriger Variablen zusammenzufassen. Diese Zusammenfassung soll so erfolgen, dass ein möglichst großer Teil der gemeinsamen Varianz der untersuchten Variablen dabei berücksichtigt wird.

Der folgende Abschnitt soll in die Grundgedanken und grundlegenden Modellvorstellungen der Faktorenanalyse einführen. Auf die Unterschiede zwischen speziellen faktorenanalytischen Modellen sowie auf die mathematischen Berechnungsmethoden wird nicht eingegangen. Dazu sei auf die einschlägige Lehrbuchliteratur verwiesen (z. B. Bortz, 2005; Gorsuch, 1983; Tabachnick & Fidell, 2006). Ziel der Darstellung ist es, den Leser in die Lage zu versetzen, faktorenanalytische Ergebnisse selbständig formal und inhaltlich interpretieren zu können sowie die Probleme und Unzulänglichkeiten der faktorenanalytischen Methode zu verstehen.

Die geometrische Darstellung von Korrelationen im Versuchspersonenraum

Im Abschnitt 2.1.3 dieses Kapitels wurde in **Abbildung 2.3** die geometrische Darstellung einer Korrelation im Variablenraum besprochen: Die Variablen stellten die Koordinaten eines zweidimensionalen Koordinatensystems (Variablenraum) dar, die Punkte repräsentierten die Versuchspersonen, die Lage der Punkte zeigte die Messwerte jeder Versuchsperson in den beiden Variablen an. Der Korrelation zwischen den beiden Variablen entsprach in dieser Darstellung die Breite der aus den Versuchspersonenpunkten gebildeten Korrelationsellipse. Der geometrischen Darstellung des Faktorenanalysemodells unterliegt eine andere Veranschaulichung des Korrelationskoeffizienten, und zwar die Darstellung von Korrelationen im Versuchspersonenraum. Bei diesem stellen die n Versuchspersonen einer Untersuchung die Koordinaten eines n-dimensionalen Raumes dar. Jede Variable ist durch einen Punkt in diesem Koordinatensystem repräsentiert. Die Lage eines Variablenpunktes im n-dimensionalen Versuchspersonenraum ist durch die Messwerte der n Versuchspersonen in dieser Variablen bestimmt. Verbindet man jeden Variablenpunkt mit dem Ursprung des Koordinatensystems, erhält man für jede Variable eine Gerade mit definierter Lage und Länge. Diese Geraden nennt man Variablenvektoren, die Variablenpunkte deshalb auch Variablenvektorendpunkte. Für den Fall, dass die Variablen nicht in Rohwerten, sondern in Standardwerten (in z-Werten nach Formel (2.4), die für die n Versuchspersonen der Untersuchung bestimmt wurden) gemessen sind, kann man zeigen, dass der Kosinus des Winkels zwischen zwei Variablenvektoren dem Korrelationskoeffizienten dieser Variablen gleich ist.

Zur Veranschaulichung dieses Sachverhaltes wollen wir die Variablen B, C und D aus der Korrelationsmatrix in **Tabelle 2.4** betrachten. Damit die Korrelationen zwischen diesen Variablen als Winkel der Variablenvektorendpunkte im Versuchspersonenraum dargestellt werden können, müssen die diesen Korrelationen zugrundeliegenden Messwerte von n Versuchspersonen als z-Werte bekannt sein. Um weiterhin den zu demonstrierenden Sachverhalt geometrisch darstellen zu können, müssen wir uns auf den unrealistischen, für die Forschungspraxis völlig unbrauchbaren Fall von $n = 3$ Versuchspersonen beschränken, weil ja ein mehrdimensionaler Raum nicht mehr veranschaulicht werden kann.

Unter diesen Einschränkungen könnten die in z-Werten ausgedrückten Messwerte für die drei Variablen B, C und D und die drei Versuchspersonen 1, 2 und 3 so aussehen (▶ **Tab. 2.5**), um die in **Tabelle 2.4** wiedergegebenen Korrelationskoeffizienten zu ergeben:

Die Darstellung der Daten aus **Tabelle 2.5** im dreidimensionalen Versuchspersonenraum gibt **Abbildung 2.4** wieder:

Tab. 2.5: Messwerte von drei Versuchspersonen in drei Variablen (z-Werte). Die Korrelationen zwischen den Variablen B, C und D entsprechen denen in Tabelle 2.4.

Versuchsperson	Variablen		
	B	C	D
1	−1,113	−0,556	0,283
2	−0,199	−0,848	−1,283
3	1,312	1,404	1,058
M	0	0	0
SD	1	1	1

Abbildung 2.4 zeigt, dass dem konstruierten Beispiel zufolge die drei Variablenvektoren in einer Ebene liegen. Das muss natürlich nicht so sein! Das Beispiel wurde wegen seiner leichteren Darstellbarkeit so gewählt. Die von den drei Variablenvektoren aufgespannte Ebene ist in **Abbildung 2.5** ohne perspektivische Verzerrung wiedergegeben.

Aus **Abbildung 2.5** ist zu ersehen, dass der Winkel zwischen zwei Variablenvektoren umso größer ist, je kleiner die Korrelation zwischen den Variablen ist:

$r_{BC} = 0{,}876 = \cos 29°$
$r_{CD} = 0{,}814 = \cos 35°$
$r_{BD} = 0{,}447 = \cos 64°$

Weisen zwei Variablenvektoren im Versuchspersonenraum in ähnliche Richtungen und schließen so einen spitzen kleinen Winkel ein, bedeutet dies, dass die Versuchspersonen in diesen beiden Variablen ähnliche Messwerte haben, was ja einer hohen Korrelation entspricht.

Die Nullkorrelation entspricht in dieser geometrischen Darstellung einem Winkel von 90° ($\cos 90° = 0$), die Korrelation von eins einem Winkel von 0° ($\cos 0° = 1$), die Versuchspersonen haben dann identische z-Werte in den beiden Variablen. Negative Korrelationen werden durch stumpfe Winkel dargestellt.

Teil I Grundlagen und Forschungsmethoden

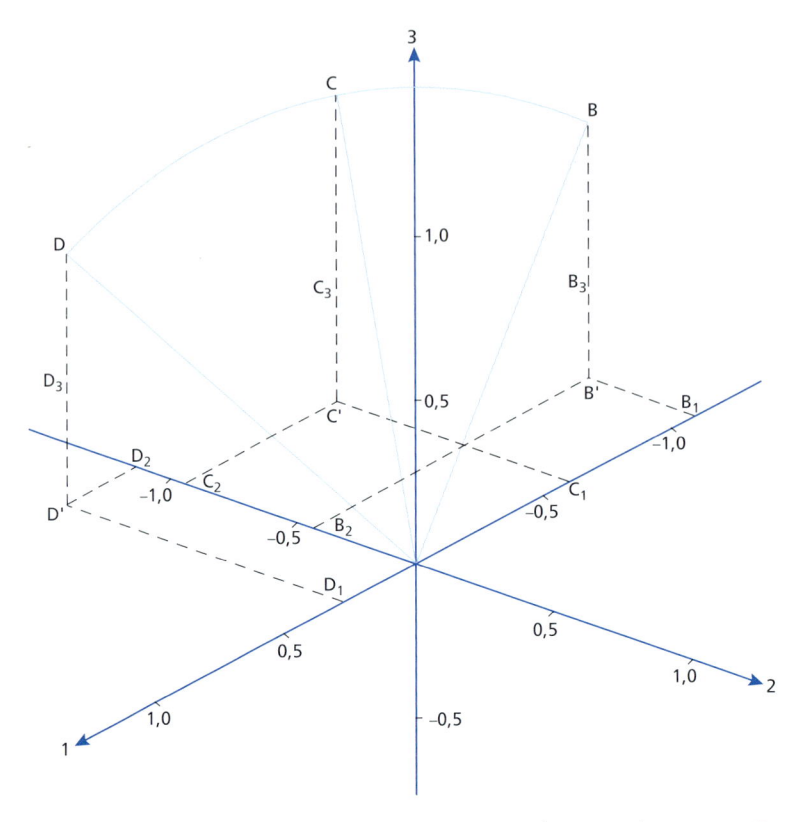

Abb. 2.4: Darstellung der Daten aus Tabelle 2.5 im dreidimensionalen Versuchspersonen-Raum: Die drei Variablenvektoren **B, C** und **D** liegen in einer Ebene, ihre Endpunkte sind durch einen Kreisbogen verbunden. Die Projektionen der Vektorendpunkte auf die Ebene, die durch die Koordinaten 1 und 2 aufgemacht wird, sind mit B', C' und D' gekennzeichnet.

Die Länge der Variablenvektoren im standardisierten Versuchspersonenraum ist immer gleich der positiven Wurzel von n, da die Summe der quadrierten Koordinatenwerte der Variablen j über die n Versuchspersonen i dem Quadrat der Variablenvektorlänge $l^2_{z_j}$ entspricht.

$$\sum_{i=1}^{n} z_{ij}^2 = n = l^2_{z_j} \qquad (2.8)$$

Faktorenlösung: Faktorenraum und Faktorladungen

Die Faktorenanalyse eines Satzes von Variablen geht von der Korrelationsmatrix dieser Variablen aus. Die Variablen und ihre Interkorrelationen werden entsprechend der eben dargestellten geometrischen Interpretation als Bündel von Variablenvektoren im n-dimensionalen Versuchspersonenraum aufgefasst. Die Konfiguration der Variablenvektoren zueinander ist vom Koordinatensystem des Versuchspersonenraumes aber unabhängig, wie **Abbildung 2.5** im Vergleich mit **Abbildung 2.4** verdeutlicht.

Mit der Faktorenanalyse erreicht man das Ziel, Variablen nach ihrer Ähnlichkeit zu gruppieren, dadurch, dass man in das Bündel von m Variablenvektoren ein neues Koordinatensystem legt, das möglichst wenige Dimensionen hat. Auf jeden Fall soll es weniger Dimensionen aufweisen als der Versuchsper-

$\alpha = 29°, \beta = 35°, \gamma = \alpha+\beta = 64°$

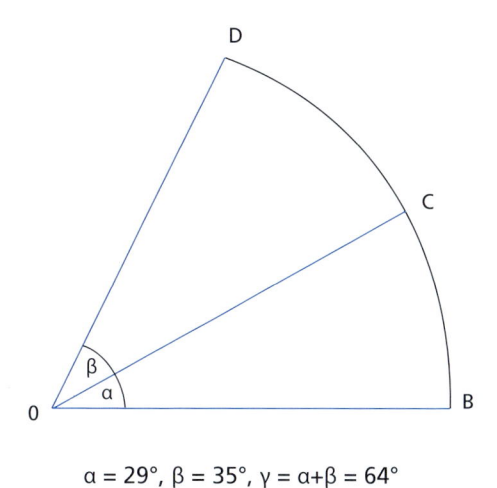

Abb. 2.5: Die von den drei Variablenvektoren in Abbildung 2.4 aufgespannte Ebene. Die Winkel α, β und γ stellen Funktionen der Korrelationen zwischen den Variablen B, C und D dar.

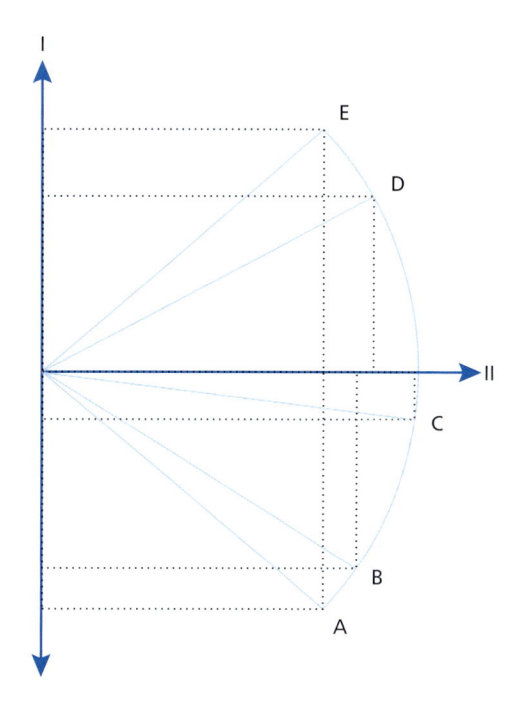

Abb. 2.6: Unrotierte Faktorenlösung des Beispiels aus Abbildung 2.4 und Abbildung 2.5.

sonenraum, meist werden auch wesentlich weniger Dimensionen als Variablen angenommen. Die Dimensionalität dieses neuen Koordinatensystems soll jedenfalls die Beziehungen zwischen den Variablen möglichst vollständig repräsentieren können.

Abbildung 2.6 zeigt die geometrische Darstellung einer Faktorenlösung aus der Korrelationsmatrix in **Tabelle 2.4**. Da die fünf Variablenvektoren A bis E in diesem einfachen Beispiel alle in einer Ebene liegen, genügt ein zweidimensionales Koordinatensystem, um die Lage aller fünf Variablen zueinander vollständig zu beschreiben. Die Koordinaten des neuen Koordinatensystems nennt man »Faktoren«, den Raum, den sie aufspannen, Faktorenraum. Der Rechenvorgang, der zu einer Faktorenlösung führt, wird als Extraktion der Faktoren bezeichnet. Die Projektionen der Variablenvektorendpunkte auf die Faktoren nennt man Faktorladungen der Variablen auf den Faktoren. Sie bilden das Ergebnis einer Faktorenanalyse und lassen sich in Form einer Matrix darstellen, die man Faktorladungsmatrix nennt. Um die Faktorladungen numerisch unabhängig zu machen von der Länge der Variablenvektoren, die ja von der Dimensionalität des Versuchspersonenraumes abhängt (Formel 7.13), bringt man alle Vektoren im Versuchspersonenraum auf die Länge 1 (Division durch $\sqrt{n}$). **Tabelle 2.6** gibt die Faktorladungsmatrix entsprechend der Darstellung in **Abbildung 2.6** wieder.

Aus **Tabelle 2.6** und **Abbildung 2.6** ist noch Folgendes zu ersehen: Da im gegebenen Beispiel die Beziehungen zwischen den fünf Variablen A bis E vollständig im zweidimensionalen Faktorenraum dargestellt werden können, besitzen die Variablenvektoren in diesem zweidimensionalen Raum ihre volle Länge von 1, wie aus **Abbildung 2.6** und den Faktorladungen in **Tabelle 2.6** (Koordinatenwerte) der Variablen leicht zu errechnen ist: Nach dem Satz des Pythagoras ist die Länge h der Hypothenuse eines rechtwinkligen Dreiecks gleich der Wurzel aus der Summe der quadrierten Längen beider Katheten:

Tab. 2.6: Faktorladungsmatrix einer Faktorenlösung aus der Korrelationsmatrix in Tabelle 2.4. Die Ladungszahlen entsprechen den Projektionen der Variablenvektorendpunkte der Abbildung 2.6 auf die Faktoren I und II. Erläuterung der Spalte h^2 siehe Text.

Variable	Faktoren		
	I	II	h^2
A	−0,71	0,71	1,00
B	−0,60	0,80	1,00
C	−0,15	0,99	1,00
D	0,45	0,89	1,00
E	0,71	0,71	1,00

$$h_j = \sqrt{a_{jI}^2 + a_{jII}^2},$$

Wobei a_{jI} die Faktorladung der Variablen j im Faktor I und a_{jII} die im Faktor II ist. Der quadrierte Wert h_j^2 entspricht der durch die Faktoren erklärten Varianz der Variablen j.

Dies ist aber immer nur dann der Fall, wenn die Anzahl der extrahierten Faktoren völlig genügt, um alle Variableninterkorrelationen fehlerfrei darzustellen. Das wird in der Realität praktisch kaum jemals der Fall sein. **Abbildung 2.7** zeigt einen Fall, in dem erst ein zusätzlicher dritter Faktor III die Korrelationen der Variablen A bis E mit einer sechsten Variablen F vollständig darstellen kann.

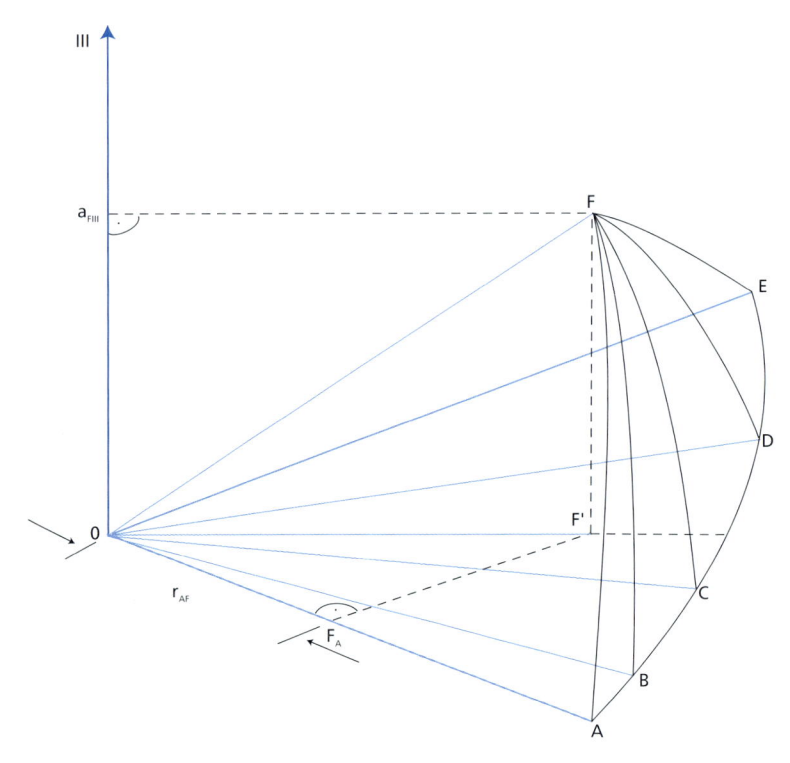

Abb. 2.7: Um die Korrelationen der Variablen A bis E mit einer sechsten Variablen F vollständig darzustellen, muss eine dritte Dimension (Faktor III) dem zweidimensionalen Faktorenraum hinzugefügt werden. Im zweidimensionalen Faktorenraum bildet sich der Variablenvektor **F** verkürzt bis zum Punkt F' ab. Die Korrelation zwischen A und F, r_{AF}, stellt sich jetzt nicht nur als Kosinus des Winkels zwischen den Variablenvektoren F und A, sondern auch als Verhältnis der Strecke $0F_A$: $0A$ dar, $r_{AF} = 0F_A$. Wenn $0A = 1$, ist $r_{AF} = 0F_A$.

In der Realität werden wegen des in **Abbildung 2.7** veranschaulichten Sachverhalts in einer Faktorenlösung mit weniger Faktoren als Variablen die Variablenvektorlängen praktisch immer kleiner als 1 sein, weil die extrahierten Faktoren eine vollständige Lösung nur annähern.

Die Variablenvektorlängen oder ihre Quadrate h_j^2 stellen Maße für die Genauigkeit dieser Näherungslösung dar. Wie der h_j^2-Wert und die Faktorladungen mit der Varianz einer Variablen zusammenhängen, wird weiter unten noch näher erläutert.

Faktorenrotation: orthogonale Lösung

Das Ziel einer Faktorenanalyse, viele Variablen einigen wenigen Gruppen inhaltsähnlicher Variablen zuzuordnen, wird durch die Faktorladungsmatrix erreicht: Variablen mit ähnlichen Faktorladungsmustern über alle extrahierten Faktoren bilden eine solche inhaltsähnliche Gruppe. Die Variablen liegen im Faktorenraum beisammen. Eine inhaltliche Interpretation eines Faktors als hypothetische, aus den beobachteten Variablen erschließbare neue Variable ist aber nur dann möglich, wenn ein Faktor eine inhaltsähnliche Variablengruppe möglichst gut repräsentiert, selbst also im Bündel oder nahe am Bündel der entsprechenden Variablenvektoren liegt. Diese Forderung wird in der Faktorenlösung der **Abbildung 2.6** und **Tabelle 2.6** nicht erfüllt: Faktor I liegt von allen Variablenvektoren ziemlich weit entfernt, Faktor II liegt nur in der Nähe von Variable C.

Diese Lage der Faktoren I und II ist meist völlig willkürlich und durch den Algorithmus der Extraktionsmethode bestimmt. Die Forderung nach einer Lage der Faktoren, die eine bessere Repräsentation der Variablengruppen durch je einen Faktor ermöglicht, kann meist mit mehr oder weniger guter Annäherung durch Rotationen je zweier Faktoren in der von ihnen aufgespannten Ebene erfüllt werden. Ein dritter Faktor und weitere Faktoren bleiben durch ebenenweise Rotationen in ihrer Lage unverändert. Für unser Beispiel aus **Abbildung 2.6** würde eine Rotation der beiden Faktoren um 45° im Sinne des Uhrzeigers zu dem Ergebnis führen, das in **Abbildung 2.8** wiedergegeben ist.

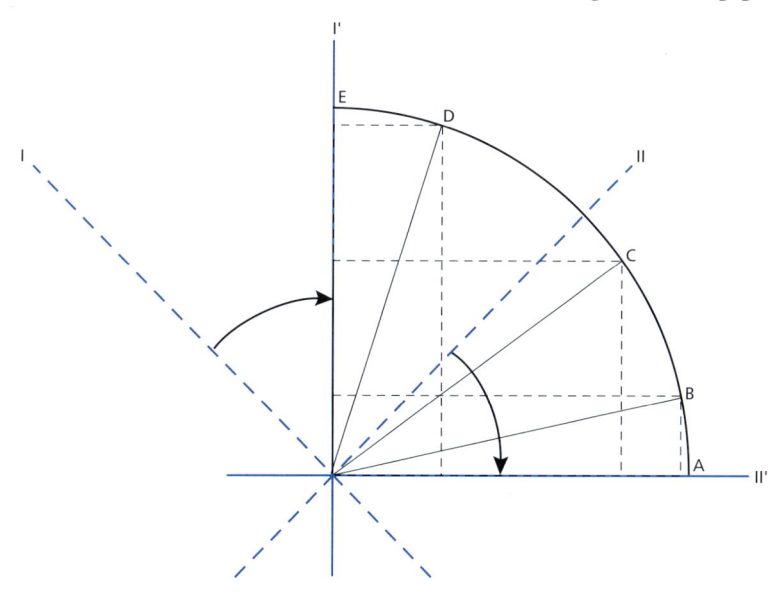

Abb. 2.8: Rotierte Faktorenlösung aus Abbildung 2.6: Die Faktoren wurden um 45° im Sinne des Uhrzeigers rotiert. Die unrotierten Faktoren sind strichliert wiedergegeben.

Der rotierte Faktor I' geht jetzt genau durch die Variable E, der rotierte Faktor II' durch die Variable A. Für alle Variablen, bis auf Variable C, ist damit erreicht, dass sie auf einem Faktor möglichst hohe, auf dem anderen möglichst niedrige Ladungen zeigen, wie **Tabelle 2.7** verdeutlicht.

Tab. 2.7: Faktorladungsmatrix für die orthogonal rotierte Faktorenlösung der Abbildung 2.8.

Variable	I'	II'	h^2
A	0,00	1,00	1,00
B	0,14	0,99	1,00
C	0,60	0,80	1,00
D	0,95	0,32	1,00
E	1,00	0,00	1,00

Eine solche Faktorenlösung, in der jeder Faktor einige hohe Ladungen und sonst vorwiegend um null liegende Ladungen aufweist und bei der jede Variable in nur einem Faktor hoch lädt und sonst um null liegende Ladungen hat, nennt man nach Thurstone Einfachstruktur (»simple structure«; Thurstone, 1947, 1954). Einfachstrukturlösungen erleichtern die inhaltliche Interpretation der Faktoren ganz wesentlich. In der Empirie kann man sich der idealen Einfachstruktur meist nur mehr oder weniger gut annähern.

Das demonstrierte Beispiel der **Abbildung 2.8** und **Tabelle 2.7** zeigt den Fall einer orthogonalen Faktorenrotation, die Faktoren bleiben nach der Rotation senkrecht aufeinander stehen, sie sind unkorreliert. Auch dies erleichtert die inhaltliche Interpretation der Faktoren auf mehrfache Weise, vor allem dadurch, dass sie unabhängige Gruppierungsgesichtspunkte für die analysierte Variablenmenge darstellen beziehungsweise unabhängige psychologische Konstrukte, die das Zustandekommen der Variablenausprägungen beschreiben oder erklären.

Inhaltliche Interpretation rotierter Faktoren

Bei der inhaltlichen Interpretation eines Faktors versucht man theoretisch-spekulativ das Gemeinsame zu erschließen, das den auf diesem Faktor hoch ladenden Variablen zukommt. Dieses Gemeinsame als theoretischer, abstrakter Begriff, als Konstrukt, wäre mit dem Faktor zu identifizieren.

Die Beziehung dieses faktoriellen Konstruktes zu den empirischen Variablen ist durch die Faktorenanalyse und ihre Modellannahmen exakt definiert. Ein einfaches Beispiel soll die inhaltliche Interpretation eines faktorenanalytischen Ergebnisses illustrieren.

Tab. 2.8: Ergebnis einer Faktorenanalyse von 10 Fremdeinschätzungen der Persönlichkeit.

Persönlichkeitsvariable	I	II
gesprächig	0,95	−0,14
offen	0,93	−0,20
unternehmungslustig	0,93	−0,24
gesellig	0,85	−0,20
fantasievoll	0,75	0,08
aufgeregt	0,55	0,64
verletzbar	−0,10	0,77
ängstlich	−0,57	0,77
niedergeschlagen	−0,60	0,67
nachgiebig	−0,57	−0,29

Tabelle 2.8 zeigt das Ergebnis einer orthogonal rotierten Faktorenlösung. $N = 161$ Hamburger Gymnasiasten wurden die in **Tabelle 2.8** enthaltenen Beurteilungsgesichtspunkte vorgegeben. Jeder Schüler beurteilte jeden Mitschüler seiner Klasse nach jedem Gesichtspunkt auf einer siebenstufigen Skala. Die erhaltenen Fremdeinschätzungen

wurden für jeden Gesichtspunkt und jeden Schüler gemittelt, die resultierenden Mittelwerte (10 pro Schüler) wurden als Messwerte für die 10 Merkmale betrachtet und einer Faktorenanalyse unterzogen. Die zwei Faktoren können nun so interpretiert werden: Auf Faktor I laden die Merkmale Gesprächigkeit, Offenheit, Unternehmungslust, Geselligkeit, Fantasiereichtum und Unnachgiebigkeit (nachgiebig mit negativem Vorzeichen!) mit ihren höchsten Ladungen. Eine Person, die alle diese Merkmale in hohem Maße zeigt, entspricht recht gut dem Typus des »Extravertierten« (s. Kap. 7). Faktor I kann also als »Extraversionsfaktor« bezeichnet werden. Was unter »Extraversion« hier verstanden wird, ist zunächst durch die Art der erhobenen Daten und durch die faktorenanalytische Methode definiert. Verknüpfungen mit theoretischen Überlegungen und anderen empirischen Ergebnissen würden die Bedeutung »Extraversion« erweitern, was zusätzlicher Forschungsbemühungen bedarf, die es zum Thema »Extraversion« aber bereits in großem Umfange gibt. Das Gemeinsame der Merkmale, die auf Faktor II laden (aufgeregt, verletzbar, ängstlich, niedergeschlagen), scheint mit der Emotionalität der Beschriebenen zu tun zu haben. Am reinsten lädt das Merkmal »verletzbar«. Dies legt nahe, dass Faktor II als »emotionale Labilität« interpretiert werden könnte.

Formale Eigenschaften des Faktorenmodells: orthogonale Faktorenlösung

Wie wir bislang gesehen haben, sind die Faktorladungen der rotierten Lösung eines der wichtigsten Ergebnisse der Faktorenanalyse. Die **Tabelle 2.8** zeigt beispielhaft eine Matrix solcher Faktorladungen für eine zweifaktorielle Lösung. Jede Variable hat eine Ladung auf jedem Faktor, und diese Ladungen können allgemein mit a_{jk} bezeichnet werden, wobei j die jeweilige Variable und k den jeweiligen Faktor spezifiziert. Diese Faktorladungen a_{jk} haben wir in der geometrischen Darstellung als Koordinaten der Variablenvektorendpunkte im Faktorraum eingeführt (► **Abb. 2.6** und **2.8**). Eine solche Koordinate erhält man, indem man vom Variablenvektorendpunkt das Lot auf den Faktor fällt. Hierbei schließen Variablenvektor und Faktor einen Winkel ein, dessen Kosinus gleich der Korrelation zwischen Variable und Faktor ist. Aus diesem Grund kann die Koordinate und damit die Faktorladung als Korrelationskoeffizient zwischen der Variable und dem Faktor interpretiert werden. Mit anderen Worten, nach einer orthogonalen Rotation sind die Ladungen a_{jk} der Variablen j auf den Faktoren k gleich den Korrelationen zwischen den Variablen und den Faktoren. Mit Blick auf das inhaltliche Beispiel des vorangegangenen Abschnittes heißt dies also, dass die Variable »gesprächig« mit dem Faktor I (»Extraversion«) zu 0,95 korreliert (► **Tab. 2.8**). Dieser Sachverhalt erleichtert natürlich die Interpretation von Faktorladungsmatrizen insofern, als die meisten Psychologen mit Korrelationskoeffizienten sehr gut vertraut sind.

Aus dieser wichtigen formalen Eigenschaft des orthogonalen Faktormodells ergibt sich sofort ein weiterer wichtiger Zusammenhang. Eine positive Korrelation zwischen zwei Größen indiziert, dass diese beiden Größen gleichsinnig kovariieren (ist die eine besonders groß, dann ist die andere auch eher groß; ist die eine besonders klein, dann ist die andere auch eher klein). Eine positive Korrelation verweist also auf eine gemeinsame Varianz der beiden Größen. Wie viel Prozent der Varianz einer Größe diese mit einer anderen gemeinsam hat, kann einfach durch Quadrieren des Korrelationskoeffizienten ermittelt werden (quadrierte Korrelationen werden auch als Determinationskoeffizienten bezeichnet). In unserem Datenbeispiel (► **Tab. 2.8**) weist die Variable »gesprächig« also eine gemeinsame Varianz von $0,95^2 = 90\%$ mit dem Faktor I auf sowie –

$0{,}14^2 = 2$ Prozent gemeinsame Varianz mit dem Faktor II. Umgekehrt könnte man auch sagen, der Faktor I »erklärt« 90 % der Varianz der Variable »gesprächig« und Faktor II entsprechend nur 2 % der Varianz dieser Variable. Zusammen erklären die beiden Faktoren also 92 % der Varianz von »gesprächig«. Dies ist die Kommunalität h^2 der Variable, die wir zuvor schon geometrisch als Maßzahl der Genauigkeit der Faktorlösung eingeführt hatten. In diesem Fall kann also die Variable »gesprächig« recht gut durch die beiden Faktoren dargestellt werden, was in diesem Beispiel natürlich vor allem der hohen Ladung auf Faktor I zu verdanken ist. Allgemein gilt

$$h_j^2 = \sum_k a_{jk}^2 \qquad (2.9)$$

Diese Rechnung stimmt allerdings nur, wenn die beiden Faktoren miteinander unkorreliert sind (s. Additivität von Varianzen, Formel [2.6]), was bei einer orthogonalen Rotation ja der Fall ist (die Faktoren stehen senkrecht aufeinander und schließen somit einen Winkel von 90° ein; die Korrelation zwischen den Faktoren ist also $r = \cos[90°] = 0$).

Faktorenrotation: oblique Faktorenlösung

Oft lässt sich das oben genannte Einfachstrukturkriterium durch orthogonale Rotation nicht optimal erfüllen, wie das Zehnvariablenbeispiel im zweidimensionalen Faktorenraum der **Abbildung 2.9** zeigt.

Aus diesem Grunde werden von einigen Autoren (so z. B. Cattell, s. Abschn. 7.3) schiefwinklige (oblique) Faktorenrotationen zugelassen. Der Vorteil einer besseren Einfachstruktur, zu der schiefwinklige Lösungen führen können, wird dabei aber durch eine Verkomplizierung der formalen Modelleigenschaften erkauft. Die Faktorladungen in schiefwinkligen Lösungen, die (wie **Abbildung 2.10** für das Beispiel aus **Abbildung 2.8**

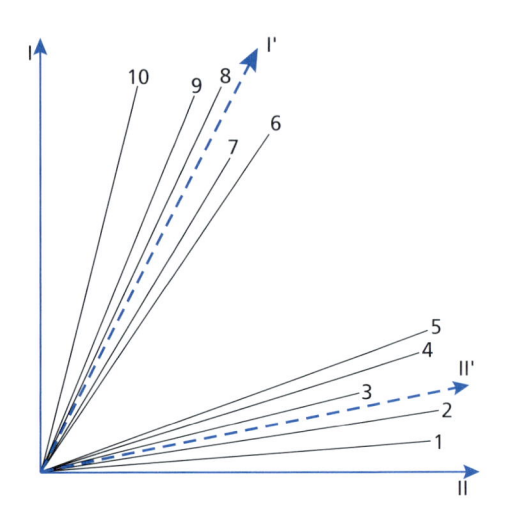

Abb. 2.9: Die oblique Faktorenlösung der Faktoren I' und II' erfüllt das Einfachstrukturkriterium besser als die orthogonale Lösung der Faktoren I und II.

veranschaulicht) den Koordinaten der Variablenvektorendpunkte im schiefwinkligen Koordinatensystem entsprechen, stellen nämlich keine Faktorenkorrelationen mehr dar.

Sie können im schiefwinkligen Fall auch größer als 1,0 werden (▶ **Abb. 2.10**, in der der Radius des Kreisbogens gleich 1 ist). Die Matrix der Faktorladungen wird im obliquen Fall Faktorgefügematrix genannt. Sie ist es, deren Einfachstruktur optimiert wird und der inhaltlichen Interpretation der Faktoren zugrunde gelegt wird. Sie muss ergänzt werden durch die Matrix der Faktorinterkorrelationen, die die Information über die Zusammenhänge der ja nun nicht mehr unkorrelierten Faktoren enthält.

Die Faktorgefügematrix ist zu unterscheiden von der Faktorstrukturmatrix, die die Korrelationen der Variablen mit den schiefwinklig rotierten Faktoren enthält. Diese Variablen-Faktorenkorrelationen entsprechen den Projektionen der Variablenvektorendpunkte auf die Faktoren, wie **Abbildung 2.11** für dasselbe Beispiel veranschaulicht.

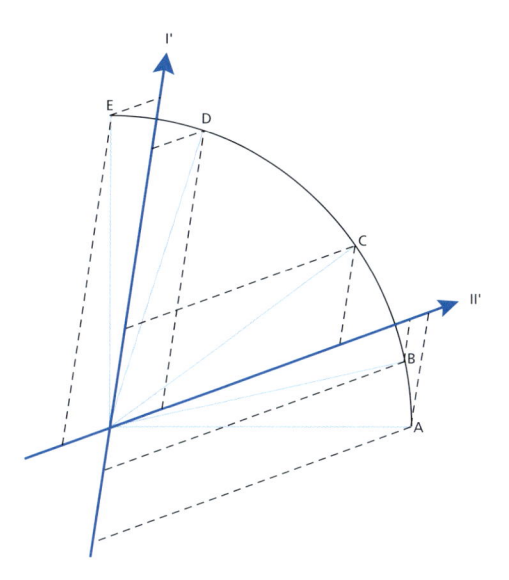

Abb. 2.10: Schiefwinklige Faktorenrotation: Die Faktorladungen entsprechen den Koordinaten der Variablenvektorendpunkte im schiefwinkligen Koordinatensystem (Faktoren).

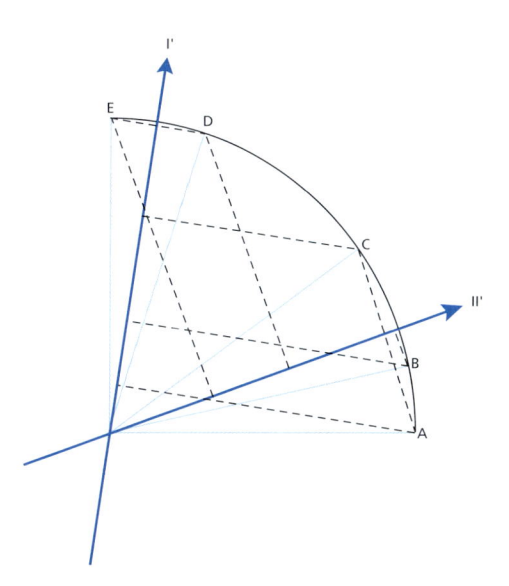

Abb. 2.11: Schiefwinklige Faktorenrotation: Die Projektionen der Variablenvektorendpunkte auf die Faktoren entsprechen den Korrelationen der Variablen mit den Faktoren.

Die quadrierten Variablen-Faktorenkorrelationen stellen zwar, wie im orthogonalen Fall, Varianzanteile dar, die die Faktoren in den Variablen erklären, sie lassen sich aber nicht mehr zu Kommunalitäten der Variablen über die Faktoren aufaddieren. Dies wäre nur unter Berücksichtigung der Faktoreninterkorrelationen bzw. deren Kovarianzen möglich. Eine interessante Möglichkeit eröffnen oblique Faktorenlösungen jedoch: Da die extrahierten Faktoren untereinander korrelieren, entsprechend den schiefen Winkeln, die sie einschließen, kann man aus der Faktorinterkorrelationsmatrix selbst wieder eine Faktorenanalyse rechnen. Man erhält so Faktoren zweiter Ordnung, die als inhaltlich breitere, abstraktere Beschreibungsdimensionen aufgefasst werden können (s. dazu z. B. das Persönlichkeitsmodell von Cattell in Abschnitt 7.3).

Probleme der faktorenanalytischen Methodik

Probleme des allgemeinen Faktorenmodells

Zunächst dienen die faktorenanalytischen Verfahren dazu, eine Vielzahl von Variablen deskriptiv nach ihren inhaltlichen Ähnlichkeiten übersichtlich zu Gruppen zusammenzufassen. Darüber hinaus ermöglichen sie es, das den jeweiligen Variablengruppen Gemeinsame als Faktoren darzustellen. Die Reduktion einer Vielzahl von Variablen auf einige wenige Faktoren bringt einen Gewinn an Ökonomie und Übersichtlichkeit. Die Faktoren stellen abstraktere Begriffe als die Variablen dar. Das Vorgehen bei der Begriffsbildung ist durch die verwendete Methodik genau definiert.

Dies sind die Vorteile der Faktorenanalyse. Bei der Beurteilung faktorenanalytischer Ergebnisse darf jedoch nicht vergessen werden, dass bestimmte Modellannahmen in die Ergebnisse eingehen. Wie sinnvoll diese

Modellannahmen und damit die Ergebnisse sind, wird nicht überprüft.

Die wichtigste Modellannahme, die bereits in die Berechnung der Korrelationsmatrix eingeht, besteht darin, dass die Beziehungen zwischen den Variablen in Form *linearer Berechnungen* sinnvoll darstellbar sind. Ein kurvenlinearer Zusammenhang etwa derart, dass hohe *und* niedrige Ausprägung in der Variablen X mit niedriger Ausprägung in der Variablen Y einhergeht und mittlere Ausprägung in X mit hoher in Y, ist mit Produktmomentkorrelationen und damit auch im skizzierten Faktorenmodell nicht darstellbar. Auch die mögliche Abhängigkeit linearer Korrelationen von weiteren Variablen, sogenannten Moderatorvariablen, wird im Faktorenmodell nicht berücksichtigt.

Probleme der Berechnung von Faktorenanalysen

Von einer empirisch-wissenschaftlichen Methode wird Objektivität (s. u. Abschn. 2.2.1) verlangt. Darunter versteht man die Unabhängigkeit des Ergebnisses, das eine Methode liefert, von demjenigen, der die Methode verwendet.

Völlig objektiv jedoch ist die Verwendung faktorenanalytischer Methoden nicht. Ein Hauptproblem stellt nämlich die Bestimmung der Anzahl zu extrahierender Faktoren (»Abbruchkriterium«) dar. Die gängigste Methode zur Bestimmung der Anzahl der zu extrahierenden Faktoren ist eine Analyse des sogenannten Eigenwertverlaufs. Der »Eigenwert« eines Faktors ist die Varianz, die der Faktor für eine Erklärung der Gesamtvarianz aller Variablen beisteuert. Der Eigenwert kann (nach orthogonaler Rotation) einfach berechnet werden, indem die quadrierten Ladungen eines Faktors über alle Variablen aufsummiert werden. Der Faktor, der über alle Variablen hinweg also die höchsten Ladungen aufweist, hat auch den höchsten Eigenwert. Je mehr Faktoren extrahiert werden, desto mehr der Gesamtvarianz aller Variablen wird extrahiert, aber die Faktorlösung wird zunehmend unökonomisch: Es werden immer mehr Faktoren mit immer kleineren Eigenwerten extrahiert. Eine hundertprozentige Varianzaufklärung kann nur erreicht werden, indem genauso viele Faktoren extrahiert werden, wie Variablen vorhanden sind – eine extrem unökonomische Lösung. Es muss also ein Kompromiss gefunden werden, der darin besteht, so viel Faktoren wie nötig und so wenig Faktoren wie möglich zu extrahieren. Zur Bestimmung der optimalen Anzahl an Faktoren muss also der Verlauf der Eigenwerte über alle maximal extrahierbaren Faktoren betrachtet werden.

Zwar gibt es formalisierte und in diesem Sinne objektive Abbruchkriterien, doch ist die Wahl eines Abbruchkriteriums selbst nicht völlig objektiv möglich. Auch lassen manche häufig verwendeten Abbruchkriterien subjektiven Interpretationen Spielraum (z. B. der Scree-Test von Cattell, 1966). Problematisch erscheint dieses Dilemma vor allem deshalb, weil rotierte Faktorenlösungen unterschiedlicher Faktorenzahl aus denselben Ausgangsdaten recht unterschiedliche inhaltliche Interpretationen erbringen können.

Ebenso ist das Problem der Faktorenrotation nicht völlig objektiv zu lösen. Zwar gibt es heute objektive, rein rechnerisch durchzuführende Rotationsmethoden mit exakt definierten Rotationskriterien, doch hat zumindest die Entscheidung, ob orthogonal oder oblique rotiert werden soll, möglicherweise Einfluss auf die inhaltliche Faktoreninterpretation (Gorsuch, 1983; Tabachnick & Fidell, 2006).

Die Aussagekraft faktorenanalytischer Ergebnisse

Ein Haupteinwand, der gegen die Faktorenanalyse vorgebracht wurde, bezieht sich auf die Populationsabhängigkeit faktorenanalytischer Ergebnisse. Vor allem die Anzahl resultierender Faktoren kann von der Homogenität der Versuchspersonenstichprobe stark beeinflusst werden. Zeigen die Versuchspersonen eingeschränkte Streuungen in den Variablen, wie zum Beispiel Studenten in verschiedenen Intelligenzmaßen, führt dies zu niedrigeren Korrelationen, wie **Abbildung 2.12** illustriert.

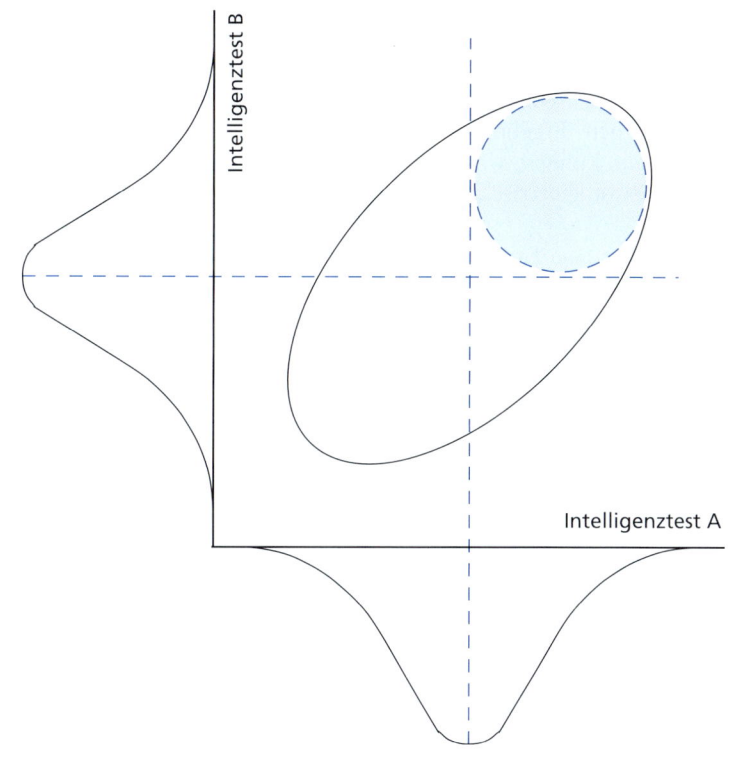

Abb. 2.12: Korrelationshöhe in Abhängigkeit von der Homogenität der Vpn-Stichprobe: Selegiert man nur überdurchschnittlich intelligente Personen, wird die Korrelationsellipse der homogenen Stichprobe runder als sie in der unausgelesenen Stichprobe ist. Das bedeutet eine Reduzierung der Höhe des entsprechenden Korrelationskoeffizienten.

Niedrigere Korrelationen aber würden zu einer höheren Faktorenzahl führen. Auch das Gegenteil kann passieren: Untersucht man z. B. Kinder im Alter von 6 bis 10 Jahren mit Intelligenztests, so wird in dieser Gesamtgruppe die Intelligenz stärker streuen als in altersgleichen Untergruppen. Dieser »simultane Überlagerungseffekt« (Kalveram, 1965) – hier überlagert Altersvarianz die interessierende Intelligenzvarianz – führt zu höheren Korrelationen und weniger Faktoren in einer Faktorenanalyse.

Aber nicht nur die unterschiedliche Homogenität von Versuchspersonenstichproben, sondern auch das oben angedeutete Moderatorproblem (unterschiedliche Merkmalszusammenhänge in verschiedenen Populationen) führt zum Problem der Populationsabhängigkeit von Faktorenanalyseergebnissen.

So richtig und wichtig diese Kritik ist, so sehr können unterschiedliche faktorenanalytische Ergebnisse aus verschiedenen Populationen aber gerade Erkenntnisse bringen, allerdings nur dann, wenn die Unterschiede zwischen den Populationen selbst interpretierbar sind und wenn darüber hinaus innerhalb vergleichbarer Stichproben faktorenanalytische Ergebnisse replizierbar sind. So wird man faktorenanalytische ebenso wie alle anderen empirischen Ergebnisse erst dann richtig einschätzen können, wenn ihre Generalisierbarkeit selbst empirisch untersucht wurde.

Welchen Aussagewert eine Faktorenanalyse hat, hängt letztlich auch davon ab, welchen Stellenwert die Faktorenanalyse in einem bestimmten Forschungsprogramm einnimmt. Wo faktorenanalytische Techniken empirische Grundlagen zur Stützung von Theorien liefern sollen und nicht nur als Datenreduktionsmethoden eingesetzt werden, kommt vor allem der theoretisch begründeten, sorgfältigen Auswahl von Variablen eine große Bedeutung zu. Dass die Zusammenstellung der Variablenstichprobe auf das inhaltliche Ergebnis einen Einfluss hat, ist leicht einzusehen.

Jöreskog (1969) nannte die Anwendung der Faktorenanalyse auf Daten, über deren faktorielle Struktur keine oder nur sehr allgemein formulierte Hypothesen vorliegen, *exploratorische* Faktorenanalyse. Solche allgemeinen Hypothesen können sich auf die Anzahl der extrahierbaren Faktoren oder auf allgemeine Aussagen über die Einfachstruktur der resultierenden Faktoren beziehen. Zur Überprüfung spezifischer Hypothesen über die faktorielle Struktur eines Datensatzes schlug Jöreskog (1969) neuere faktorenanalytische Techniken vor, die er *konfirmatorische* Faktorenanalyse nannte. Mit diesen Techniken lassen sich vor allem Hypothesen über Ladungsmuster der Variablen in den verschiedenen Faktoren überprüfen sowie Hypothesen über Korrelationen zwischen den Faktoren.

Konfirmatorische Faktorenanalyse und Strukturgleichungsmodelle

Nach der Klassifikation von Backhaus et al. (2003) lassen sich multivariate Analysemethoden in strukturentdeckende und strukturprüfende Verfahren einteilen. Ziel der *strukturentdeckenden Verfahren* ist die Entdeckung von Zusammenhängen zwischen Variablen. Dabei werden diese Zusammenhänge nicht a priori angenommen, sondern man überlässt es vielmehr den empirischen Daten, wie diese Zusammenhangsstruktur letztlich aussieht. Diese Vorgehensweise kann deshalb auch als *datengetrieben* bezeichnet werden. Die in den vorangegangenen Abschnitten dargestellte Methode der explorativen Faktorenanalyse ist ein Beispiel für diese Verfahrensgruppe. Ziel der *strukturprüfenden Verfahren* ist hingegen die Überprüfung von Zusammenhängen zwischen Variablen. Eine derartige Überprüfung setzt voraus, dass für solch eine Zusammenhangsstruktur bereits a priori Annahmen formuliert wurden. Diese Methode kann deshalb auch als ein *hypothesengetriebener* Ansatz aufgefasst werden. Als Gegenstück zu der bislang vorgestellten explorativen Faktorenanalyse hat eine strukturüberprüfende Methode unter der Bezeichnung *konfirmatorische Faktorenanalyse* Eingang in die Forschung gefunden (Jöreskog, 1969; für eine umfassende Einführung in diese Methode s. Long, 1983).

Die konfirmatorische Faktorenanalyse gestattet es, spezifische Hypothesen über das Ladungsmuster der Variablen auf die verschiedenen Faktoren sowie Annahmen über die Korrelation zwischen den Faktoren zu überprüfen. Dazu werden a priori die Anzahl der Faktoren sowie die Art und Anzahl der Ladungen der Variablen auf den einzelnen Faktoren in Form eines Modells spezifiziert. Anschließend werden anhand der Kovarianzmatrix der Variablen die unbekannten Größen in dem Modell (wie z. B. die Ladungen der Variablen auf die Faktoren) geschätzt. Schließlich wird mit Hilfe eines Modelltests untersucht, ob alle in das Modell eingeführten Annahmen mit den empirischen Daten vereinbar sind. Ist die Passung von Daten und Modell hinreichend genau, braucht das Modell nicht verworfen zu werden.

Im Gegensatz zur explorativen Faktorenanalyse, die selten exakt theoriegeleitet eingesetzt wird, erfordert der konfirmatorische Ansatz bereits sehr elaborierte Vorstellungen über die Struktur innerhalb der Daten. Je elaborierter das Modell ist, umso aussagekräftiger ist ein Ergebnis, das mit den Daten vereinbar ist, also eine gute Anpassung (engl. »fit«) an die Daten aufweist. Dabei stellen konfirmatorisch-faktorenanalytische Modelle nur einen vergleichsweise einfachen Spezialfall einer allgemeineren Methodologie dar, die als *Strukturgleichungsmodelle* (Structural Equation Modeling, SEM) bezeichnet werden. Dieser Ansatz erlaubt es, nicht nur Beziehungen zwischen manifesten Variablen (also direkt beobachtbaren bzw. messbaren Größen) zu untersuchen, sondern auch Beziehungen mit latenten Variablen (also hypothetischen Konstrukten wie z. B. Faktoren) zu formulieren und zu testen.

Im Folgenden sei kurz das Grundprinzip von Strukturgleichungsmodellen anhand eines einfachen Beispiels beschrieben (für umfassendere Einführungen s. Eid, 1999; Hoyle, 1995; Ullman, 2001). In einer Studie wurde 61 Probanden der »Positive and Negative Affect Schedule« (PANAS; Watson et al., 1988) vorgelegt, der einen Faktor für Positiven Affekt sowie einen Faktor für Negativen Affekt erfasst (für eine Beschreibung dieses Messinstruments s. Abschn. 8.4.1; für eine ausführliche Beschreibung der hier verwendeten Daten, s. Hagemann, 1999). Es soll nun mit einem einfachen Strukturgleichungsmodell überprüft werden, ob die drei Items »aktiv«, »interessiert« und »freudig erregt« demselben Faktor »Positiver Affekt« (PA) zugeordnet werden können.

Hierfür wird das in **Abbildung 2.13** dargestellte Strukturgleichungsmodell aufgestellt. Teil A der Abbildung zeigt das entsprechende *Pfaddiagramm*, in dem die tatsächlich gemessenen Größen – also die drei Items – als *manifeste Variablen* Y_1, Y_2 und Y_3 dargestellt werden und das theoretische Konstrukt PA als *latente Variable* eingeführt wird (die Messfehler, die mit jedem Item verbunden sind, wurden in diesem Pfaddiagramm als latente Variablen e_1, e_2 und e_3 eingeführt). Schließlich sind die manifesten und latenten Variablen in diesem Diagramm durch Pfade (dargestellt als Pfeile) miteinander verknüpft. Diese Verknüpfungen haben jeweils einen numerischen Wert, nämlich den *Pfadkoeffizienten*. Bei diesen Pfaden handelt es sich um direkte Effekte der einen Variablen (hier latente Variable) auf die andere (hier manifeste Variable), wobei die Richtung des Pfeils die Richtung des Zusammenhangs anzeigt. Aus Gründen der Einfachheit sind

A. Pfaddiagramm

$e_1 \rightarrow Y_1$
$e_2 \rightarrow Y_2 \;\; b_1$
$e_3 \rightarrow Y_3 \;\;$ PA

B. Definitionsgleichungen

$Y_1 = b_1 \cdot PA + e_1$
$Y_2 = PA + e_2$
$Y_3 = PA + e_3$

Unkorreliertheit aller
e_1, e_2, e_3, PA

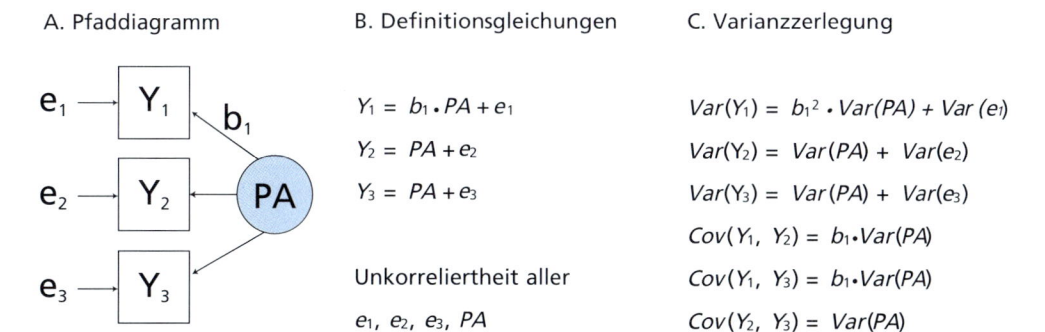

C. Varianzzerlegung

$Var(Y_1) = b_1^2 \cdot Var(PA) + Var(e_1)$
$Var(Y_2) = Var(PA) + Var(e_2)$
$Var(Y_3) = Var(PA) + Var(e_3)$
$Cov(Y_1, Y_2) = b_1 \cdot Var(PA)$
$Cov(Y_1, Y_3) = b_1 \cdot Var(PA)$
$Cov(Y_2, Y_3) = Var(PA)$

Abb. 2.13: Strukturgleichungsmodell für ein 1-Faktor-Modell für drei manifeste Variablen. Zur Vereinfachung sind in diesem Modell mit einer Ausnahme alle Pfadkoeffizienten auf 1 fixiert.

in diesem Diagramm alle Pfadkoeffizienten auf den Wert 1 fixiert, mit Ausnahme des Pfades, der von der latenten Variable *PA* auf den Indikator Y_1 führt.

Dieses Pfaddiagramm behauptet nun, dass sich die manifeste Variable Y_1 additiv aus den beiden latenten Variablen *PA* und e_1 zusammensetzt, wobei *PA* mit dem Koeffizienten b_1 gewichtet wird; analoge Zerlegungen gelten auch für die anderen Variablen des Pfaddiagramms. Darüber hinaus behauptet das Pfaddiagramm auch, dass die drei Fehlervariablen e_1, e_2 und e_3 miteinander unkorreliert sind und dass sie auch nicht mit der latenten Variable *PA* korrelieren (andernfalls wären diese Variablen jeweils durch einen Doppelpfeil miteinander verbunden, s. z. B. ▶ **Abb. 2.14**). Die Gesamtheit all dieser Behauptungen über das Zusammenhangsgefüge der manifesten und latenten Variablen kann algebraisch in Form von *Definitionsgleichungen* dargestellt werden, wie Teil B der **Abbildung 2.13** veranschaulicht (diese Gleichungen definieren das Strukturgleichungsmodell).

Als mathematische Konsequenz aus diesen Definitionsgleichungen lässt sich nun ableiten, dass sich auch die Varianz der manifesten Variable Y_1 additiv aus den Varianzen der latenten Variablen *PA* und e_1 zusammensetzen muss (wobei nun die Varianz von *PA* mit b_1^2 gewichtet wird). Ganz analog lassen sich auch die Varianzen der anderen beiden manifesten Variablen in die Varianzen ihrer manifesten latenten Bestandteile zergliedern. Schließlich kann als Konsequenz der Definitionsgleichungen auch gezeigt werden, dass die Kovarianzen aller manifesten Variablen gleich der Varianz der latenten Variable *PA* sein müssen (teilweise gewichtet mit b_1). Diese Zerlegung aller Varianzen und Kovarianzen der manifesten Variablen in Varianzen der latenten Variablen ist in Teil C der **Abbildung 2.13** abgebildet.

Um die erhobenen Daten mit diesem Modell zu analysieren, müssen in einem ersten Schritt die unbekannten Größen (die sog. *Modellparameter*) in den Gleichungen für die Varianzzerlegung geschätzt werden (in diesem Beispiel handelt es sich hierbei um die Varianzen der latenten Variablen sowie um den Pfadkoeffizienten b_1). Ausgangspunkt dieser Schätzung ist die *beobachtete Kovarianzmatrix* der manifesten Variablen, die sich sofort aus den Daten berechnen lässt. Somit sind die Varianzen und Kovarianzen der manifesten Variablen – die linke Seite der Gleichungen in Teil C der **Abbildung 2.13** – gegeben. Mit einem iterativen Algorithmus werden nun für die Modellparameter – die unbekannten Größen auf der rechten Seite dieser Gleichungen – Werte gesucht, so dass die Gleichungen bestmöglich erfüllt werden. Natürlich wird das nicht vollständig gelingen und eine gewisse Diskrepanz zwischen der linken und rechten Seite der »Gleichungen« wird sich nicht vermeiden lassen. Der iterative Algorithmus sucht solange nach den Modellparametern, bis diese Diskrepanz zwischen Daten und Modell minimiert ist; die resultierenden Werte für die Modellparameter dienen als deren Schätzer.

Die verbleibende Diskrepanz könnte auf einen systematischen Unterschied zwischen Modell und Daten hinweisen, mit anderen Worten: Möglicherweise ist das Modell nicht gültig. Um dies zu untersuchen, kann nun ein *Modelltest* durchgeführt werden. Im vorliegenden Datenbeispiel wurde der Modelltest mit $\chi^2(df = 1) = 0{,}23$ und $p = 0{,}63$ nicht signifikant, und deshalb könnte das Modell akzeptiert werden (es gibt keine signifikante Abweichung zwischen Modell und Daten). Neben dem Modelltest kann die Passungsgüte eines Modells auch anhand von sogenannten *Passungsgüteindikatoren* bestimmt werden, wobei es sich um standardisierte Maße für die Diskrepanz zwischen Daten und Modell handelt. Häufig verwendete Passungsgüteindikatoren sind der »Goodness-of-Fit Index« (GFI), der »Adjusted Goodness-of-Fit Index« (AGFI) und der »Comparative Fit Index« (CFI). Für das hier eingeführte Datenbeispiel ergaben sich für die Passungsgüteindikatoren folgende Werte: GFI = 0,99, AGFI = 0,98, CFI = 1,00 und RMSEA = 0,00. Insgesamt sprechen diese Statistiken also für eine gute Modellpassung, was ja im Einklang mit dem Ergebnis des Modelltests steht.

Um die Vorteile der konfirmatorischen Faktorenanalyse zu verdeutlichen, seien noch einmal einige der (üblicherweise ungetesteten) Annahmen der exploratorischen Faktorenanalyse am Beispiel des PANAS aufgeführt. Dieser Fragebogen besteht aus insgesamt 20 Items, wobei jeder der beiden Faktoren *PA* und *NA* durch jeweils 10 Items erfasst werden soll. **Abbildung 2.14** zeigt das Pfaddiagramm einer exploratorischen Faktorenanalyse für diesen Fragebogen, wobei zwei Faktoren extrahiert wurden. Nach einer Extraktion von 2 Faktoren und einer orthogonalen Rotation konnten insgesamt 53 % der Varianz aufgeklärt werden.

A Pfaddiagramm

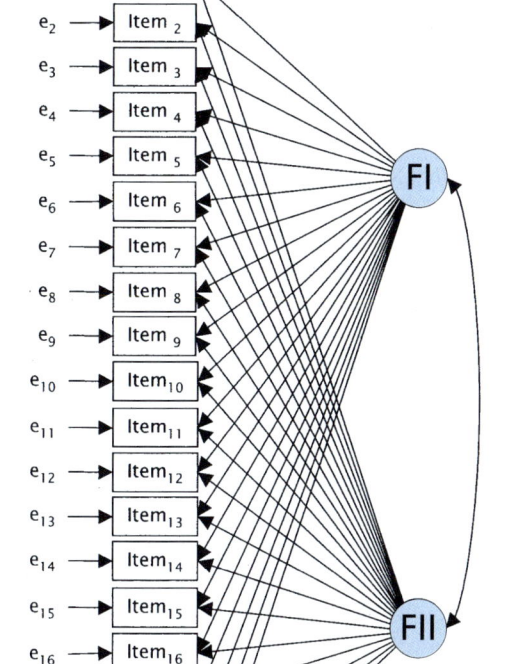

B Ergebnis einer Faktorenanalyse

Item	Faktor I	Faktor II
1 aktiv	0,79	−0,10
2 interessiert	0,81	0,03
3 freudig erregt	0,90	0,23
4 stark	0,63	−0,06
5 angeregt	0,83	0,04
6 stolz	0,72	0,08
7 begeistert	0,84	0,17
8 wach	0,73	−0,16
9 entschlossen	0,69	0,07
10 aufmerksam	0,67	0,00
11 bekümmert	−0,21	0,67
12 verärgert	0,05	0,69
13 schuldig	−0,07	0,74
14 erschrocken	−0,06	0,64
15 feindselig	0,13	0,50
16 gereizt	0,02	0,72
17 beschämt	0,10	0,82
18 nervös	0,06	0,69
19 durcheinander	0,18	0,55
20 ängstlich	−0,02	0,76

Abb. 2.14: Pfaddiagramm und Ergebnis einer explorativen Faktorenanalyse für den PANAS an 61 Versuchspersonen.

Dargestellt sind die 20 manifesten Variablen ($Item_1$ bis $Item_{20}$), die beiden extrahierten Faktoren *FI* und *FII*, sowie die spezifischen Faktoren (Fehler; e_1 bis e_{20}), die mit jedem Faktor verbunden sind. Die Ladungen der manifesten Variablen auf den Faktoren sind wieder durch die Pfeile dargestellt; jedem dieser Pfeile in Teil A der **Abbildung 2.14** entspricht eine Ladung in Teil B dieser Abbildung. Darüber hinaus enthält dieses Pfaddiagramm alle in der explorativen Faktorenanalyse nötigen Annahmen:

- Alle manifesten Variablen werden durch alle Faktoren beeinflusst (von jedem gemeinsamen Faktor zieht ein Pfeil zu jeder manifesten Variable).
- Alle manifeste Variablen werden zusätzlich durch einen spezifischen Faktor (Fehler) beeinflusst.
- Die Zusammenhänge zwischen den Variablen bzw. Faktoren sind linearer Art.
- Die spezifischen Faktoren (Fehler) der manifesten Variablen sind unkorreliert (es gibt keinen Doppelpfeil zwischen den spezifischen Faktoren).
- Alle gemeinsamen Faktoren sind unkorreliert mit sämtlichen spezifischen Faktoren (es gibt keinen Doppelpfeil zwischen spezifischen Faktoren und gemeinsamen Faktoren).

Bemerkenswerterweise ist die erste dieser Annahmen theoretisch überflüssig, da beim PANAS davon ausgegangen wird, dass alle 10 Items für den Faktor *PA* auch nur auf diesem Faktor substantiell laden, während alle 10 Items für den Faktor *NA* spezifisch für den Faktor *NA* sein sollten. Alle *Nebenladungen* in diesem Modell (also Ladungen, die ein Item auf einem Faktor hat, zu dem es theoretisch gar nicht zugeordnet ist) sind folglich keine Konsequenz von inhaltlichen Annahmen, sondern eine rein mathematische Notwendigkeit des explorativ-faktorenanalytischen Modells (bei dem ja stets *alle* Items auf *allen* Faktoren Ladungen aufweisen).

Dies ist bei einer konfirmatorischen Faktorenanalyse anders. **Abbildung 2.15** zeigt ein entsprechendes Strukturgleichungsmodell für den PANAS. Dieses konfirmatorisch-faktorenanalytische Modell resultiert aus dem in **Abbildung 2.14** dargestellten explorativen Modell durch Weglassen aller Nebenladungen. Dies wird erreicht, indem im zunächst umfassenderen exploratorischen Modell bestimmte *Restriktionen* eingeführt werden: Die Pfadkoeffizienten aller Nebenladungen werden auf den Wert 0 fixiert. Es resultiert ein Modell, in dem sämtliche verbleibenden Annahmen der explorativen Faktorenanalyse (wie beispielsweise die angenommene Unkorreliertheit der spezifischen Faktoren) als Teil des Modells empirisch überprüft werden können. Die oben aufgelisteten Annahmen müssen also nicht mehr bloß hingenommen werden, sondern sie werden auf ihre Verträglichkeit mit den Daten untersucht. Dies ist der entscheidende Vorteil der konfirmatorisch-faktorenanalytischen Vorgehensweise.

Abbildung 2.15 listet schließlich auch die Ergebnisse einer solchen konfirmatorischen Faktorenanalyse für das obige Datenbeispiel mit dem PANAS auf. Wie aus den Ergebnissen des Modelltests sowie den Passungsgüteindikatoren abgelesen werden kann, ist das konfirmatorische Faktorenmodell nicht mit den Daten vereinbar. Dies kann naturgemäß verschiedene Ursachen haben. Beispielsweise könnten einige der Nebenladungen, die in diesem Modell auf null gesetzt wurden, statistisch bedeutsam sein, auch wenn die konzeptuellen Annahmen zum PANAS dies nicht nahelegen. Eine andere Erklärung könnte darin bestehen, dass die Unkorreliertheit der spezifischen Faktoren eine unzutreffende Annahme darstellt. Diese und weitere Erklärungshypothesen über das unbefriedigende Ergebnis der konfirmatorischen Faktorenanalyse könnten nun mit weiteren Modellen untersucht werden, bei denen einige der gemachten Restriktionen aufgehoben und erneut Modelltests durchgeführt werden. So

A Pfaddiagramm

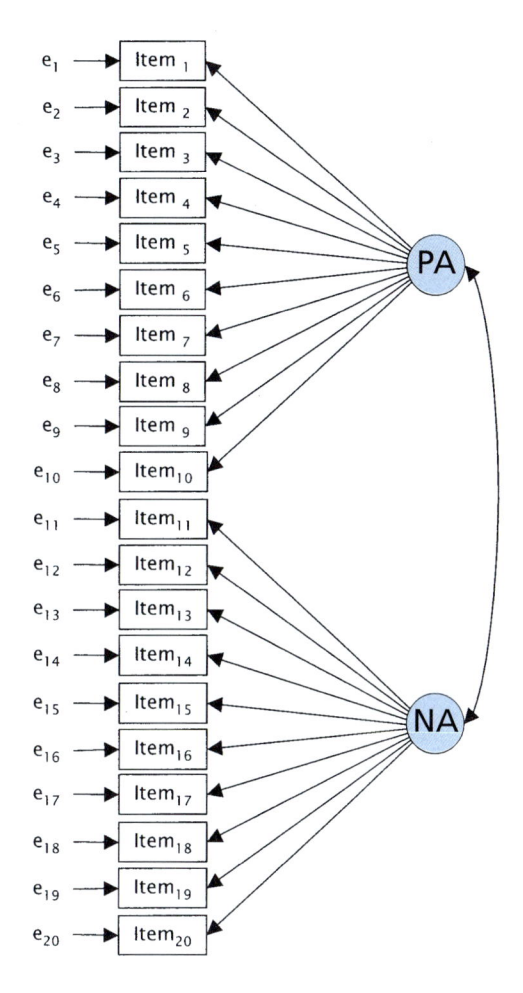

B Ergebnis für ein Strukturgleichungsmodell

$\chi^2(df = 171) = 322{,}50, \quad p = 0$

GFI = 0,66, AGFI = 0,59,
CFI = 0,76, RMSEA = 0,12

Item	PA	NA
1 aktiv	0,81	–
2 interessiert	0,85	–
3 freudig erregt	0,87	–
4 stark	0,64	–
5 angeregt	0,88	–
6 stolz	0,77	–
7 begeistert	0,90	–
8 wach	0,75	–
9 entschlossen	0,73	–
10 aufmerksam	0,81	–
11 bekümmert	–	0,69
12 verärgert	–	0,73
13 schuldig	–	0,83
14 erschrocken	–	0,74
15 feindselig	–	0,50
16 gereizt	–	0,74
17 beschämt	–	0,87
18 nervös	–	0,72
19 durcheinander	–	0,57
20 ängstlich	–	0,89

Abb. 2.15: Pfaddiagramm und Ergebnis einer konfirmatorischen Faktorenanalyse für den PANAS an 61 Versuchspersonen.

kann man über mehrere Zwischenschritte schließlich zu einem endgültigen Modell gelangen, das sowohl dem Kriterium der Modellpassung als auch der Interpretierbarkeit im Sinne der zugrundeliegenden Theorie genügt – wobei gelegentlich auch die Theorie modifiziert werden muss. Deshalb stellen Strukturgleichungsmodelle ebenfalls eine wichtige Methode zur Theorieentwicklung dar.

2.1.5 Das Problem der Erklärung in der Differentiellen Psychologie

Korrelationsstatistische Untersuchung und Experiment

Die in den Abschnitten 2.1.1 bis 2.1.4 besprochenen Verfahren der Varianzbestimmung, der Korrelationsstatistik und der Faktorenanalyse erlauben die Beschreibung von Unterschieden zwischen Menschen und die Untersuchung von Zusammenhängen solcher Unterschiede in verschiedenen Merkmalen. Es ist die über Situationen und Zeitpunkte hinweg relativ stabile *interindividuelle Merkmalsvarianz*, die dabei untersucht und deren Korrelationen mit anderen Merkmalen analysiert werden soll. Die korrelationsstatistische Untersuchung von Zusammenhängen zwischen verschiedenen Merkmalen nennt man *Interdependenzanalyse*. Dies deshalb, weil der Korrelationskoeffizient keinen Aufschluss darüber gibt, ob ein Merkmal – zum Beispiel Schulleistung – vom anderen Merkmal – zum Beispiel Intelligenz – abhängt, ob eine Abhängigkeit in umgekehrter Richtung anzunehmen ist – nämlich, dass Intelligenz vom Erfolg in der Schule abhängt – oder ob die beiden Merkmale wechselseitig voneinander oder von einem oder mehreren dritten Merkmalen – wie der elterlichen Erziehung, ererbten Begabungen u.a. – abhängen. Weil korrelationsstatistische Zusammenhänge von interindividuell variierenden Merkmalen meist wechselseitige Abhängigkeiten, also Interdependenzen, beschreiben, spricht man von *Interdependenzanalyse*. Lange Zeit wurde die Differentielle Psychologie mit diesem Ansatz und damit mit »Korrelations-Psychologie« gleichgesetzt (Cronbach, 1957, 1975).

Im Gegensatz dazu sah man die Aufgabe der Allgemeinen Psychologie darin, systematische *intraindividuelle Merkmalsvarianz* in ihrer Abhängigkeit von bestimmten Bedingungen zu untersuchen. Unter systematischer intraindividueller Merkmalsvarianz sind jene Veränderungen eines Merkmals oder eines Verhaltens gemeint, die sich regelmäßig unter definierten Bedingungen beobachten lassen, wobei diese Veränderungen für alle Personen als identisch angenommen werden.

Die Methode zur Untersuchung solcher systematischen Merkmalsveränderungen ist das Experiment. Dieses ist vor allem dadurch definiert, dass die Bedingungen, unter denen man entsprechende Merkmalsveränderungen erwartet, vom Versuchsleiter systematisch variiert werden, wobei alle weiteren Einflüsse neben den variierten Bedingungen ausgeschaltet oder kontrolliert werden (s. z. B. Bortz et al., 1995; Hussy & Jain, 2002).

Durch die systematische, vom Versuchsleiter manipulierte Bedingungsvariation im Experiment ist die Richtung einer Abhängigkeit des Merkmals, in dem die systematische intraindividuelle Variation beobachtet werden soll, eindeutig: Nur die experimentellen Bedingungen können das Merkmal beeinflussen und nicht umgekehrt. Deshalb nennt man dieses auch *abhängige Variable*, die vom Versuchsleiter variierten Bedingungen entsprechend *unabhängige Variable*. Experimente in diesem Sinne stellen im Unterschied zu korrelationsstatistischen Forschungsplänen *Dependenzanalysen* dar, weil in ihnen die Abhängigkeit (Dependenz) der abhängigen von der unabhängigen Variablen eindeutiger interpretierbar ist als in Interdependenzanalysen.

Die unabhängigen Variablen oder Faktoren in Experimenten müssen nicht immer »Reizvariablen« sein. Sehr oft betrachtet man Merkmale, in denen sich Menschen präexperimentell bereits unterscheiden, in Experimenten als unabhängige Variablen, wie zum Beispiel das Geschlecht, Persönlichkeitseigenschaften, Fähigkeiten oder in definierten Situationen spontan auftretende Verhaltensunterschiede. Weil diese nicht wie bei Reizvariablen vom Versuchsleiter systematisch variiert werden, sondern in den Individuen und deren Organismen bereits variiert vorliegen, nennt man solche Variablen als Faktoren in Experimenten auch *Organismusvariablen.*

Immer dann, wenn in einem mehrfaktoriellen Experiment neben »Reizvariablen« auch »Organismusvariablen« als unabhängige Variablen vorkommen, handelt es sich um ein differentialpsychologisches Experiment.

Von *Ex-post-facto-Untersuchungen* spricht man in Anlehnung an Campbell und Stanley (1963) dann, wenn ein als unabhängige Variable aufgefasstes Merkmal *nicht vom Versuchsleiter variiert* und manipuliert werden kann, wie das bei allen Organismusvariablen der Fall ist. Danach stellen alle *korrelationsstatistischen Untersuchungen* Ex-post-facto-Untersuchungen dar. Ihr Problem besteht darin, dass streng genommen statt Dependenz- nur noch Interdependenzinterpretationen zulässig sind. Aber auch alle Versuchspläne, die statt auf korrelationsstatistische Auswertungen auf Mittelwertvergleiche hinauslaufen, als unabhängige Variablen aber Organismusvariablen untersuchen, stellen Ex-post-facto-Untersuchungen dar und können oft nur als Interdependenzanalysen aufgefasst werden.

Das Erklärungsproblem

Da das typische Experiment in der Differentiellen Psychologie das Ex-post-facto-Experiment ist oder häufig gar keine Experimente im Sinne von Dependenzanalysen, sondern nur korrelative Studien, also Interdependenzanalysen, durchgeführt werden können, sind Erklärungen im Sinne des Zurückführens auf Bedingungen in der Differentiellen Psychologie viel schwieriger als in der Allgemeinen Psychologie. Die Unterscheidung von unabhängiger und abhängiger Variable wird zwar oft trotzdem getroffen, doch ist sie nicht mehr operational durch die Datengewinnung definiert, sondern stellt bereits eine theoretische Deutung dar: Als abhängige Variable wird dann das deskriptive Konstrukt aufgefasst, das erklärt werden soll, als unabhängige Variable jenes, das Erklärungswert haben soll.

Dieser Umstand bringt innerhalb bestimmter Grenzen eine gewisse Willkürlichkeit mit sich: Eine Vielzahl von Untersuchungen hat beispielsweise belegt, dass zwischen Intelligenz und schulischer Lernfähigkeit korrelative Zusammenhänge bestehen in der Höhe zwischen $r = 0{,}30$ und $0{,}45$ (so z. B. Janssen, 1979; Kühn, 1983). Unter Bezugnahme auf diese Resultate wäre es deshalb möglich, Unterschiede in der schulischen Lernfähigkeit auf solche in der Intelligenz zurückzuführen, sie durch diese zu erklären, da zwischen beiden Variablen Kovariations- oder Abhängigkeitsbeziehungen bestehen. Wie ersichtlich, liegt hier ein Erklärungsversuch vor, der sich auf *Gruppen* von Individuen bezieht.

Nicht weniger berechtigt wäre in dem eben erwähnten Beispiel ein spiegelbildliches Vorgehen, also die Intelligenz mit Hilfe der Lernfähigkeit zu erklären, sie darauf zurückzuführen. Jedes der beiden deskriptiven Konstrukte Intelligenz und Lernfähigkeit, für das das beobachtbare Ankreuzen bestimmter Antwortalternativen in einem Test bzw. das Verhalten in der Schule nur Indikatoren sind, kann also je nach der eingenommenen Perspektive oder theoretischen Position die Rolle des Erklärten bzw. Erklärenden übernehmen. Dient ein deskriptives Konstrukt zur Erklärung eines anderen, bezeichnet man es als explikatives (erklärendes) Konstrukt; Gleiches bedeuten die Begriffe Explanandum bzw. Explanans (s. Herrmann, 1976, S. 64).

Allerdings findet die Beliebigkeit in der Setzung, was als deskriptives und was als explikatives Konstrukt fungieren soll, dort eine Grenze, wo eindeutige Sukzessionen identifizierbar sind, und zwar solche, die das Konstrukt selbst und nicht nur dessen Erfassung mit Hilfe bestimmter Operationen betreffen.

Ausgehend von dem Grundsatz, dass nur zeitlich Früheres zeitlich Späteres beeinflussen kann, wäre es beispielsweise möglich, Intelligenz durch Vererbung zu erklären, und damit das zeitlich Spätere auf zeitlich Früheres zurückführen, ohne dass das Umgekehrte gleichermaßen sinnvoll wäre.

In diesem Sinn hat etwa McClelland (1953) das Leistungsstreben von Kindern auf den Erziehungsstil der Eltern zurückgeführt, Sears (1961) die Selbstaggressivität bei Jungen auf die Aggressionsintoleranz ihrer Mütter, Eysenck (1976) die Delinquenzneigung von Personen auf deren – weitgehend genetisch bedingte – Langsamkeit bei der Ausbildung konditionierter Reaktionen, Braucht et al. (1973) den Rauschmittelabusus Jugendlicher auf zerrüttete Familienverhältnisse usw. Die Beispiele verdeutlichen im Übrigen, wie schwer oft eine eindeutige zeitliche Abfolge zu bestimmen ist, da sich etwa ein Erziehungsstil, zumindest im Fall von Erstgeborenen, zeitlich kaum vor dem Verhalten der zu Erziehenden manifestieren kann und vermutlich auf der Wechselwirkung zwischen Merkmalen des Erziehers und des Erzogenen resultiert.

Korrelative Beziehungen zwischen Explanans und Explanandum sowie Eindeutigkeit der zeitlichen Sukzession von explikativem und deskriptivem Konstrukt einmal vorausgesetzt, muss darüber hinausgehend eine weitere Voraussetzung für hinreichend haltbare Erklärungen erfüllt sein: Damit ein Konstrukt ein anderes erklärt, darf der ursprünglich existierende Zusammenhang zwischen den beiden Variablen nicht verschwinden, wenn der Einfluss anderer Variablen auf jede der beiden Variablen ausgeschlossen wird (»Spurenkorrelation«, engl. »lack of spuriousness«).

Beispielsweise wurde versucht, antisoziale Verhaltenstendenzen auf die geringe Intelligenz der Betreffenden zurückzuführen. Da in der Literatur mehrfach über einen negativen Zusammenhang zwischen Delinquenzneigung und intellektuellen Leistungen berichtet worden ist (zusammenfassend etwa Amelang, 1986) und die Intelligenz in ihrer jeweiligen Ausprägung zum Zeitpunkt des sozial abweichenden Verhaltens bereits als entwickelt angesehen werden darf, mag eine derartige Interpretation naheliegen. Allerdings korrelieren sowohl Intelligenz als auch Normenkonformität mit dem sozioökonomischen Status als »dahinter stehender« Drittvariable (Anastasi, 1966; Opp, 1968), so dass der sozioökonomische Status als explikatives Konstrukt gleichermaßen für Intelligenz und Delinquenzneigung in Betracht kommt und die anfänglich intendierte Erklärung von Delinquenz durch Intelligenz zumindest uneindeutig macht.

Eine Erklärung ist demnach immer dann nicht eindeutig, wenn es gelingt, eine Spurenkorrelation des deskriptiven und explikativen Konstruktes zu mindestens einer weiteren Variablen nachzuweisen (Popper, 1994). Da solche Spurenkorrelationen im Sinne fehlender interner Validität im differentialpsychologischen Experiment oder bei Korrelationsstudien aber wohl immer zumindest denkbar sind, setzen Erklärungen in der Differentiellen Psychologie immer komplexere Annahmegefüge voraus. Für eine ausführliche und formale Darstellung der Kausalitätsproblematik, auch im Kontext nichtexperimenteller Untersuchungen, sei hier auf die »Theorie kausaler Regressionsmodelle« (Steyer, 1992) verwiesen.

Die soweit erörterten Prinzipien gelten für das Zurückführen eines Konstruktes auf ein anderes, was im konkreten Fall stets Daten aus *Gruppen* von Personen (z. B. Schulleistungen einer ganzen Reihe von Kindern, Intelligenz-Punktwerte ihrer Eltern usw.) voraussetzt. Häufig aber stellt sich die Frage, wie ein spezifischer *Einzelfall* (etwa die mangelnde Schulleistung eines bestimmten Kindes) zu erklären ist. In einem solchen Fall muss zunächst – darin den gruppenstatistischen Erklärungen gleich – eine hinreichend bestätigte empirische Regel vorliegen (etwa derart: »Die Schulleistungen von Kindern korrelieren hoch mit der Intelligenz ihrer Eltern«). Darüber hinaus müssen ebenfalls gut gesicherte und logisch »passende« Feststellungen über die spezifischen Randbedingungen des zu erklärenden Ereignisses gemacht werden können, etwa derart: »Die Eltern des Kindes haben einen sehr niedrigen IQ«. Sind die Aussagen zur empirischen Regel in einer Gruppe und den Randbedingungen des Einzelfalles schlüssig, so gilt das einzelne Phänomen als »erklärt«. Sprechen die verfügbaren Evidenzen hingegen in dem geschilderten Fall für eine *hohe* Intelligenz der Eltern, können damit die niedrigen Schulleistungen ihres Kindes natürlich *nicht* erklärt werden. In einem solchen Fall müsste nach anderen Erklärungsmöglichkeiten gesucht werden. Beispielsweise könnte die empirisch bestätigte Regel, wonach Schulleistungen mit Aufmerksamkeit und Konzentration korrelieren, herangezogen und die Konzentrationsleistung des Kindes geprüft werden. Würden Konzentrationsmängel diagnostiziert, wären damit die mäßigen Schulleistungen individuell »erklärt«.

> ### Zusammenfassung von Kapitel 2.1
>
> Die Verteilung von Messwerten wird mindestens durch den Mittelwert und die Varianz beschrieben. Im Falle einer Normalverteilung der Messwerte bestimmen Mittelwert und Varianz die Messwerteverteilung vollständig. Das Modell der Normalverteilung nimmt an, dass sich ein Messwert aus vielen kleinen Effekten zu Grunde liegender Faktoren ergibt. Je mehr Faktoren Einfluss nehmen, desto feiner sind die möglichen Abstufungen der Messwerte. Ein weiterer Vorteil der Normalverteilungsannahme – gegeben Mittelwert und Varianz – besteht in der leichten Ableitbarkeit von Anteilen der Population mit bestimmten Messwertausprägungen. Unter Zuhilfenahme von Mittelwert und Standardabweichung (der Wurzel aus der Varianz) können beliebig skalierte Messwerte auf einer Standardskala einheitlich abgebildet werden. Aus dem Satz der Additivität von Varianzen ergeben sich im Falle unkorrelierter Variablen interessante Möglichkeiten zur Bildung von Koeffizienten, zum Beispiel des Erblichkeitskoeffizienten.
>
> Die Korrelation ist ein Maß für den linearen Zusammenhang zwischen zwei Variablen. Je schmaler und langgezogener die Ellipse der Personenpunkte im Streuungsdiagramm der beiden Variablen ist, desto höher ist der Absolutbetrag der Korrelation. Die Korrelation sagt nichts über Kausalität – zum Beispiel X verursacht Y – aus. Die Korrelationen zwischen mehreren Variablen werden in einer Korrelationsmatrix zusammengestellt. Geometrisch gesehen enthält die Korrelationsmatrix die Information über die Winkel zwischen den Variablenvektoren. Mithilfe der Faktorenanalyse werden die Achsen (Faktoren) des Raumes (bzw. eines Unterraumes davon) bestimmt, in dem die Variablenvektoren liegen. Faktoren sollen aber möglichst so im Raum gelegt werden, dass sie inhaltlich gut interpretiert werden können. Dies ist oftmals dann der Fall, wenn ein Faktor durch ein Bündel verschiedener Variablenvektoren hindurchgeht (Einfachstruktur). Hierfür werden rechtwinklige (orthogonale) oder schiefwinklige (oblique) Rotationen vorgenommen. Die Länge der Variablenvektoren im Raum, der durch die Faktoren aufgespannt wird, heißt »Kommunalität«. Die Faktorstrukturmatrix und die Faktorgefügematrix enthalten die Korrelationen zwischen Variablen und Faktoren bzw. die Regressionsgewichte von Variablen auf Faktoren. Bei der Berechnung von exploratorischen Faktorenanalysen sind verschiedene Entscheidungen zu treffen, darunter zum Problem der Faktorenzahl und der Faktorenrotation. Die Selektion von Probanden und von Variablen hat auf die Ergebnisse

> einer Faktorenanalyse einen bedeutsamen Einfluss, was ihre Generalisierbarkeit einschränken kann.
>
> In der konfirmatorischen Faktorenanalyse werden Annahmen über Faktorladungen und über die Korrelation von Faktoren explizit gemacht und die Passung zwischen Daten und Modell bestimmt. Daher eignet sich diese Methode besonders gut zur Überprüfung bereits sehr ausformulierter theoretischer Modelle.
>
> Weil Korrelationen die Interdependenzen zwischen Variablen beschreiben, aber keine Dependenzen, also Abhängigkeiten einer abhängigen von einer unabhängigen Variablen, können in der Differentiellen Psychologie gemeinhin keine Erklärungen vorgenommen werden. Eine Ausnahme besteht immer dann, wenn eine zeitliche Abfolge der Variablen erkennbar ist (zum Beispiel frühkindlicher IQ und Dauer der Beschulung). Auch darf der Zusammenhang zwischen zwei Variablen nicht überwiegend auf eine Drittvariable zurückgehen (Ausschluss einer Spurenkorrelation).

2.2 Anforderungen an empirische Forschungsdaten

Grundlage jeder empirischen Wissenschaft sind Beobachtungsdaten. Aber nicht jede Beobachtung genügt den Anforderungen, die die wissenschaftliche Forschung an ihre Daten stellen muss. Es sind vor allem drei Kriterien, die erfüllt oder wenigstens annähernd erfüllt sein müssen, um wissenschaftliche Forschung auf der Grundlage von Beobachtungsdaten betreiben zu können: Die Daten müssen *objektiv* beobachtbar sein, sie müssen *reliabel* und *valide* sein. Diese drei Kriterien wurden vor allem in der Testpsychologie (Lienert & Raatz, 1998; Rost, 1996; s. z. B. Krauth, 1995; Kubinger, 2003) formuliert. Sie sind aber nicht nur auf Tests, sondern auch auf andere Forschungsdaten anwendbar. Im Folgenden werden diese Kriterien besprochen. Ergänzend zu diesen »klassischen« Gütekriterien wird im Abschnitt 2.2.4 das Problem der Situationsabhängigkeit psychologischer Messungen sowie ein Ansatz zu dessen Lösung vorgestellt.

2.2.1 Die Objektivität empirischer Forschungsdaten

Unter Objektivität versteht man den Grad, in dem die Ergebnisse einer Beobachtung unabhängig vom Beobachter sind (sinngemäß nach Lienert & Raatz, 1998).

So mag beispielsweise ein Beobachter aufgrund des Ausdrucksverhaltens einer Versuchsperson zu dem Beobachtungsergebnis kommen, die Versuchsperson sei »gehemmt«, ein zweiter unabhängiger Beobachter desselben Verhaltens aber zum Ergebnis, sie sei »beherrscht«. Offenbar sind die im Beispiel angestellten Beobachtungen schwer objektivierbar. Die Übereinstimmung zwischen den Beobachtern ist schwerer zu erzielen als etwa beim Feststellen der Anzahl richtig gewählter Lösungen in einem Wissenstest mit Mehrfachwahlaufgaben, bei dem zwei unabhängige Auswerter – bis auf

Flüchtigkeitsfehler – zu völlig übereinstimmenden Ergebnissen kommen würden.

Das Ergebnis einer Beobachtung oder Datenerhebung ist demnach dann vollkommen objektiv, wenn zwei oder mehrere unabhängige Beobachter zu identischen Ergebnissen kommen.

Das Ausmaß an Objektivität von Beobachtungsdaten lässt sich entsprechend als Ausmaß der »interpersonellen Übereinstimmung« (Lienert & Raatz, 1998) zwischen Beobachtern definieren. Es lässt sich mit Hilfe von Korrelationskoeffizienten dann quantifizieren, wenn numerische Daten als Ergebnisse vorliegen, die von mehreren Beobachtern an vielen Datenträgern (z. B. Versuchspersonen) unabhängig voneinander gewonnen wurden: Die Ergebnisse jedes Beobachters werden mit den Ergebnissen jedes anderen Beobachters korreliert. Die mittlere Korrelation stellt als Objektivitätskoeffizient ein Maß für die interpersonelle Übereinstimmung dar. Analoge Verfahren gibt es auch für qualitative oder Nominaldaten (Kontingenzkoeffizient, s. z. B. Bortz, 2005, S. 234f.).

2.2.2 Die Reliabilität empirischer Forschungsdaten

Das nach der Objektivität zweite Gütekriterium für psychologische Tests und Forschungsdaten in der Differentiellen Psychologie ist die Reliabilität oder Zuverlässigkeit. Unter Reliabilität versteht man das Ausmaß, in dem ein Messverfahren das, was es misst, genau misst. Genauigkeit der Messung bedeutet dabei Messfehlerfreiheit oder geringe Messfehlerbehaftetheit. Der Messfehler wird dabei formal als Zufallsvariable angesehen, die sich beim Messvorgang über den wahren zu messenden Wert legt und den beobachteten Wert vom wahren Wert mehr oder weniger stark abweichen lässt. Eine formelle Darstellung der Klassischen Testtheorie geben Steyer und Eid (2002).

Inhaltlich umfasst das Konzept des Messfehlers eine Fülle von zufälligen Einflussgrößen, die auf das Messergebnis einwirken können, wie zufällige, nicht systematisch erfassbare oder vorhersagbare Zustände der Versuchsperson (Stimmungen, Konzentrationsschwankungen, Müdigkeit und dgl.) oder äußere Einflüsse (Klima, Tageszeit, Raumatmosphäre usw.). Auch mangelnde Durchführungsobjektivität (die Art, wie der Versuchsleiter die Versuchspersonen behandelt, die Instruktion gibt und die Datenerhebung leitet) kann bei objektiv auswertbaren Tests die Reliabilität verringern, so wie schlechte Auswertungsobjektivität zu messfehlerbehafteten Ergebnissen führen muss.

Formal wird der *wahre* Wert t einer Person bezogen auf ein Messverfahren anhand eines Gedankenexperimentes definiert (t steht für »true score«). Dazu wird das Messverfahren bei dieser Person wieder und immer wieder durchgeführt, bis eine unendliche Anzahl von *Messwerten* Y für diese Person vorliegen. Dabei wird von einer »experimentelle Unabhängigkeit« dieser wiederholten Messungen ausgegangen, d. h., es wird angenommen, dass die Messwiederholungen selbst keine Effekte auf die Messung haben (dass es z. B. keine Lerneffekte gibt). Jeder einzelne Messwert ist nun mit einem unsystematischen Messfehler behaftet, so dass die unendlich vielen Messwerte variieren und so eine intraindividuelle Verteilung aufweisen. Der wahre Wert t dieser Person wird nun definiert als theoretischer Mittelwert dieser Messwerteverteilung. Die Abweichungen jedes einzelnen Messwertes Y vom wahren Wert t ist der *Messfehler* e jedes Messwertes (e steht für »error«). In unserem Gedankenexperiment gibt es also unendlich viele Messwerte Y für diese Person. Jeder Messwert hat seinen eigenen Fehler e, und der Mittelwert über alle Messwerte ist der wahre Wert t dieser Person – es gibt also für jede Person bezogen auf ein Messinstrument nur *einen* wahren Wert.

Wird nun eine Stichprobe von Personen gezogen und jede Person mit demselben

Messinstrument jeweils einmal gemessen, so resultiert erneut die Variable Y. Jede Person hat ihren eigenen wahren Wert (definiert über das soeben geschilderte Gedankenexperiment), und verschiedene Personen werden unterschiedliche wahre Werte aufweisen, die nun mit der wahren Wertevariable t zusammengefasst werden. Die Werte von Y und t werden für einzelne Personen mehr oder weniger stark voneinander abweichen, diese Abweichungen bilden nun die Fehlervariable e. Aus den Definitionen der wahren Wertevariable und der Fehlervariable folgt unmittelbar, dass die Varianz der Messwerte in zwei Varianzquellen zerlegt werden kann, nämlich in die Varianz der wahren Wertevariable sowie die Varianz der Fehlervariable,

$$Var(Y) = Var(t) + Var(e).$$

Eine Messung ist dann genau, wenn die Variation der Messwerte $Var(Y)$ überwiegend durch eine Variation der wahren Werte $Var(t)$ bedingt wird und die Variation der Messfehler $Var(e)$ nur einen geringen Beitrag leistet. Umgekehrt ist eine Messung dann ungenau, wenn die Variation der Messwerte $Var(Y)$ eher durch die Variation der Messfehler $Var(e)$ als durch die der wahren Werte $Var(t)$ zustande kommt. Die Messgenauigkeit kann also durch einen Determinationskoeffizienten quantifiziert werden, der angibt, wie viel Prozent der Varianz in den Messwerten auf die Variation der wahren Werte zurückgeführt werden kann. Dieser Koeffizient wird auch als Reliabilitätskoeffizient bezeichnet und ist definiert als

$$Rel(Y) = \frac{Var(t)}{Var(Y)}$$

Dieser Koeffizient kann bei empirischen Untersuchungen zur Messgüte nicht bestimmt werden, ohne dass ein formelles Messmodell spezifiziert wird, das stets bestimmte Annahmen beinhaltet (Steyer & Eid, 2002). Diese Modelle fußen im einfachsten Fall auf einer »doppelten Messung« X und Y, d. h., dasselbe Konstrukt wurde in derselben Stichprobe von Versuchspersonen zweimal gemessen, und es resultieren für jede Person entsprechend zwei Messwerte. Wird nun angenommen, dass (1) bei dieser doppelten Messung bei jeder einzelnen Person derselbe wahre Wert erfasst wurde (unterschiedliche Personen dürfen natürlich unterschiedliche wahre Werte aufweisen), dass (2) die Fehler der beiden Messungen unkorreliert sind und dass (3) die Fehlervarianzen der beiden Messungen gleich sind, dann lässt sich der Reliabilitätskoeffizient anhand der Korrelation der beiden Messwertvariablen X und Y bestimmen,

$$Rel(X) = Rel(Y) = r_{XY}$$

In der Forschungspraxis werden nun drei verschiedene Methoden unterschieden, mit denen sich die »doppelte Messung« realisieren lässt (s. dazu z. B. Lienert & Raatz, 1998). Das Ausmaß, mit dem die bei den einzelnen Schätzmethoden gemachten Annahmen erfüllt sind, bestimmt natürlich die Güte der Reliabilitätsschätzung.

Bei der *Testwiederholungsmethode* wird ein Test nach einer bestimmten Zeit an denselben Probanden wiederholt. Die Korrelation des ersten mit dem zweiten Testergebnis liefert den sogenannten *Retest-Korrelationskoeffizienten*. Dieser kann je nach dem Retest-Intervall durch Gedächtnis-, Gewöhnungs-, Sättigungs- oder andere Wiederholungseffekte verzerrt sein. Ist das durch den Test gemessene Merkmal nicht stabil, führt er zu einer Unterschätzung der Reliabilität.

Bei der *Paralleltestmethode* werden zwei inhaltsgleiche (parallele) Tests, die an denselben Probanden unmittelbar nacheinander oder mit größerem Zeitintervall erhoben werden, korreliert. Der *Paralleltest-Korrelationskoeffizient* ist dann eine gute Schätzung der Reliabilität, wenn die Parallelität der Tests nicht in Frage steht. Da diese bei Persönlichkeitstests und auch bei so manchem Leistungstest nicht selbstverständlich ist, führt der Paralleltest-Korrelationskoeffizient oft eher zu einer Unterschätzung der Reliabilität.

Bei der *Testhalbierungsmethode* werden künstlich nach der Testdurchführung durch Testhalbierung zwei Paralleltests aus einem Test hergestellt, deren Ergebnisse korreliert werden und den *Split-Half-Korrelationskoeffizienten* ergeben. Da sich dieser nur auf einen Test halber Länge bezieht, was zu einer Unterschätzung der Reliabilität führen muss, muss eine Testlängenkorrektur nach der Spearman-Brown-Formel durchgeführt und so die Split-Half-Reliabilität aufgewertet werden.

Von *Interner Konsistenz* als einer weiteren Methode zur Schätzung der Reliabilität spricht man, wenn dem Prinzip nach (nicht praktisch rechnerisch!) diese Schätzung auf der Grundlage aller Iteminterkorrelationen eines Tests durchgeführt wird. Dabei werden die Testitems als Paralleltests und die mittlere Iteminterkorrelation als Paralleltest-Korrelationen aufgefasst, die dann, ähnlich wie bei der Testhalbierungsmethode, auf die volle Testlänge aufgewertet wird. Dieses Verfahren setzt allerdings voraus, dass alle Items des Tests dasselbe Merkmal messen, der Test ein *homogener* Test ist. In dem Ausmaß, in dem einzelne Items Verschiedenes messen *(heterogener Test)*, wird die Interne Konsistenz die Reliabilität unterschätzen.

Die in der Psychologie heute gebräuchlichen Tests zeigen alle Reliabilitäten, die kleiner als 1,0 sind und für gute Tests im Bereich zwischen 0,80 und 0,95 liegen.

2.2.3 Die Validität empirischer Forschungsdaten

Neben den Kriterien der Objektivität und der Reliabilität muss jedes Maß für ein psychologisches Merkmal oder Konstrukt sowie jeder Test auch das Kriterium der Validität erfüllen. Darunter versteht man »den Grad der Genauigkeit..., mit dem dieser Test dasjenige Persönlichkeitsmerkmal oder diejenige Verhaltensweise, das (die) er messen soll oder zu messen vorgibt, tatsächlich mißt« (Lienert & Raatz, 1998).

Am meisten beachtet wurde das Validitätsproblem in der Testpsychologie. Dort unterscheidet man seit entsprechenden Empfehlungen der American Psychological Association (American Psychological Association, 1954, 1966) vier Validitätsarten von Tests, denen unterschiedliche Argumentationsweisen oder empirische Untersuchungsmethoden für den Nachweis vorhandener Validität zugrunde liegen. Es sind dies die »prädiktive Validität« (engl. »predictive validity«), die »konkurrente Validität« (engl. »concurrent validity«), die »Inhaltsvalidität« (engl. »content validity«) und die »Konstruktvalidität« (engl. »construct validity«).

Bei der *prädiktiven und konkurrenten Validität* wird der Nachweis gefordert, dass der Test mit jenen Kriterien, die der Test vorhersagen oder diagnostizieren soll, genügend hoch korreliert. Die Unterscheidung in prädiktive und konkurrente Validität bezieht sich dabei nur darauf, ob das Kriterium erst in der Zukunft vorliegen wird, wie zum Beispiel Erfolgskriterien in Schule, Beruf, Therapie usw. (prädiktive Validität), oder zum Zeitpunkt der Testdurchführung bereits als gegeben betrachtet wird (konkurrente Validität). Beide Validitätsarten werden oft als *Kriteriumsvalidität* zusammengefasst. Die Test-Kriteriums-Korrelation r_{tc} stellt als Validitätskoeffizient ein Maß für diesen Validitätsaspekt dar.

Das Hauptproblem der Kriteriumsvalidität besteht darin, die Validität eines Kriteriums selbst abzuschätzen. Stellen zum Beispiel Schulnoten brauchbare Schulerfolgskriterien dar? Alleine dieses Beispiel zeigt, dass auch im Rahmen der Validierung nach dem Konzept der Kriteriumsvalidität theoretische und empirische Analysen des interessierenden Kriteriums als notwendig erachtet werden können, zumindest wenn es sich um komplexere Kriterien handelt.

Eine andere Schlussart liegt der *Inhaltsvalidität* zugrunde. Ein Test, für den Inhaltsvalidität in Anspruch genommen wird, wird als repräsentative Stichprobe aus jener Population von Verhaltensweisen aufgefasst, auf die man vom Test aus schließen will. Der Test ist dann so valide, wie die mit ihm erfasste Verhaltensstichprobe repräsentativ für den interessierenden Verhaltensbereich ist. Diese Repräsentativität kann nicht gemessen werden. Sie muss – am sinnvollsten durch Experten – geschätzt werden. Für Wissenstests, Geschicklichkeitstests oder Tests zur Erfassung bestimmter Fertigkeiten wie Schreibmaschinenschreiben wird man Inhaltsvalidität in Anspruch nehmen können, da diese Tests meist selbst am besten den intendierten Verhaltensbereich definieren. In der empirischen Forschung wird sehr oft den verwendeten Variablenoperationalisierungen implizit Inhaltsvalidität unterstellt. Ob den erhobenen Maßen Inhaltsvalidität auch wirklich zukommt, ist sehr oft ein Problem der genauen *Definition* der Population von Verhaltensweisen (Aggressionsakte, Gedächtnisleistungen, Hilfeleistungen), auf die man schließen will. Nur bei genauer Definition des intendierten Verhaltensbereiches kann die oben genannte Repräsentativität geschätzt werden.

Handelt es sich bei der Inhaltsvalidität um das Problem des Schlusses auf eine mehr oder weniger genau umschriebene Population prinzipiell beobachtbarer Verhaltensweisen, so bezieht sich das Konzept der *Konstruktvalidität* auf den Schluss von einem Test oder einem anderen empirischen Indikator auf ein theoretisches Konstrukt, das nicht direkt beobachtbar ist. Die Rechtfertigung dieses Schlusses muss sowohl theoretisch aus der Theorie über das Konstrukt wie empirisch begründet sein. Für die empirische Begründung gibt es keine verbindlichen Richtlinien. Im Allgemeinen wird man die Konstruktvalidität empirisch so untersuchen, dass man aus der Theorie, in die das Konstrukt eingebettet ist, Vorhersagen über das Verhalten im Test macht und diese Vorhersagen dann empirisch in Experimenten und Korrelationsstudien überprüft. Dabei wird man auch konkurrierende Theorien heranziehen, um zu überlegen, ob das Testverhalten durch andere Konstrukte nicht ebenso gut oder besser erklärt werden kann.

Experimente zur Stützung der Konstruktvalidität eines Tests würden etwa Verhaltensunterschiede zwischen Personen mit hohen und niedrigen Testwerten untersuchen, wenn solche Verhaltensunterschiede aus der Theorie des Konstruktes vorhergesagt werden können. In Korrelationsstudien mit dem zu validierenden Test würde man die Übereinstimmung des Tests mit anderen empirischen Indikatoren desselben Konstruktes prüfen. Dabei wird auch oft die Faktorenanalyse (s. o. Abschn. 2.1.4) eingesetzt: Der zu validierende Test muss dann auf demselben Faktor laden wie andere konstruktnahe Variablen (»faktorielle Validität«). Aber auch die Unabhängigkeit von Variablen, die mit dem Konstrukt nach der Theorie nicht zusammenhängen dürften, muss korrelationsstatistisch untersucht werden (»diskriminante Validität«). Versucht man das in Frage stehende Konstrukt mit mehreren Methoden (einschließlich des zu validierenden Tests) zu erfassen und korreliert diese verschiedenen Tests, so deutet eine hohe Korrelation schließlich auf eine »konvergente Validität« der Tests. Erst vor dem Hintergrund vieler solcher Untersuchungen und nach dem Versuch, ihre Ergebnisse auch anders als durch das interessierende Konstrukt zu erklären, kann eine Einschätzung der Konstruktvalidität eines Tests vorgenommen werden (s. Hogan & Nicholson, 1988).

Für die Beurteilung empirischer Forschung ist die kritische Einschätzung gerade der Validität der verwendeten Maße und Variablenoperationalisierungen essentiell wichtig. Da in der Grundlagenforschung vor allem das Konzept der Konstruktvalidität als Argumentationsbasis empirischer Untersuchungen verwendet wird, sollte den Belegen dafür besondere Aufmerksamkeit gewidmet und die dafür vor allem in der Psychologischen Diagnostik entwickelten Verfahren zur Anwendung gebracht werden (s. dazu Amelang et al., 2002).

2.2.4 Die Situationsabhängigkeit empirischer Forschungsdaten

In dem Abschnitt 1.6.4 wurden *Zustände* als situations- oder zeitbedingte Unterschiede im Verhalten innerhalb einer Person definiert, während *Eigenschaften* als stabile Verhaltensdispositionen aufgefasst werden, die konsistent in verschiedenen Situationen auftreten. Dabei suggeriert diese Begriffsbestimmung eine klare Trennung zwischen Zuständen und Eigenschaften, wie sie in empirischen Messungen nicht wirklich gegeben ist. Insbesondere die Messung von Eigenschaften wird durch die Situationsabhängigkeit von psychologischen Messungen erschwert. Psychologische Messungen finden nie in einem situativen Vakuum statt, sondern immer unter bestimmten situativen Bedingungen, die die Erfassung psychologischer Merkmale beeinflussen können.

Bearbeitet beispielsweise eine Person einen Intelligenztest, so wird der resultierende Testwert nicht nur durch ihre Intelligenz im Sinne einer Eigenschaft bestimmt, sondern auch durch unerwünschte situative Faktoren beeinflusst. Wird die Person einer lärmreichen Umgebung ausgesetzt, während sie den Test bearbeitet, so wird sie vermutlich einen geringeren Wert erzielen, als wenn sie denselben Test in ruhiger Umgebung durchführt. Hat die Person in der Nacht vor dem Test wenig geschlafen und viel Alkohol konsumiert, so wird sie sicherlich ebenfalls eine schlechtere Leistung zeigen, als wenn sie den Test ausgeruht und nüchtern absolviert. Ist die Person wenig motiviert, so wird sie ebenfalls einen geringeren Testwert erzielen. Diese verschiedenen Faktoren (Lärm, wenig Schlaf, geringe Motivation) sind situative Variablen, die den wahren Testwert der Person *systematisch* verzerren (in diesem Beispiel immer in Richtung einer verminderten Leistung) – insofern müssen diese Faktoren nicht allein durch unsystematische Messfehler im Sinne der Klassischen Testtheorie erklärt werden. Natürlich lassen sich entsprechende Beispiele für die Situationsabhängigkeit psychologischer Messungen nicht nur für Leistungstests aufzeigen, sondern auch für Persönlichkeitstests.

Wenn die mit diesen Verfahren gewonnenen Testwerte nun meist ein »Gemisch« aus einer Eigenschaft *und* situationsspezifischen Faktoren darstellen, so stellt sich die Frage, wie diese beiden Einflussgrößen in empirischen Untersuchungen getrennt werden können. Schließlich sollten empirische Forschungsdaten idealerweise nur zu einem geringen Teil durch situative Faktoren beeinflusst werden, um im Sinne von Eigenschaften interpretiert werden zu können.

Zur Erfassung der Situationsabhängigkeit menschlichen Verhaltens und Erlebens sind die Klassische Testtheorie und das Rasch-Modell ungeeignet, da sie von einem stabilen, latenten Personenmerkmal (»wahrem Wert«) ausgehen. Als Erweiterung der Klassischen Testtheorie haben Steyer und Mitarbeiter (Steyer, 1987; Steyer et al., 1992) mit der »Latent State-Trait-Theorie« verschiedene Modelle entwickelt, mit denen die Situationsabhängigkeit von Messergebnissen bestimmt werden kann. Dabei handelt es sich um spezielle *Strukturgleichungsmodelle*, die eine Zerlegung von gemessenen (manifesten) Variablen in verschiedene unbeobachtete (latente) Variablen gestatten (zur Einführung in die Methode der Strukturgleichungsmodelle s. Abschn. 2.1.4).

Das allgemeinste dieser Modelle ist das »Latent State-Trait-Modell«. Um es spezifizieren zu können, muss ein psychologisches Konstrukt mit wenigstens zwei *parallelen Tests i* (die beide im Wesentlichen dasselbe Konstrukt messen) in wenigstens zwei *Messgelegenheiten k* erhoben worden sein. Es resultiert eine Testwertvariable Y_{ik}, deren entsprechendes Latent State-Trait-Modell in **Abbildung 2.16** dargestellt ist. Wie diesem Modell zu entnehmen ist, erfolgt die Zerlegung der manifesten Testwertvariablen in zwei Schritten.

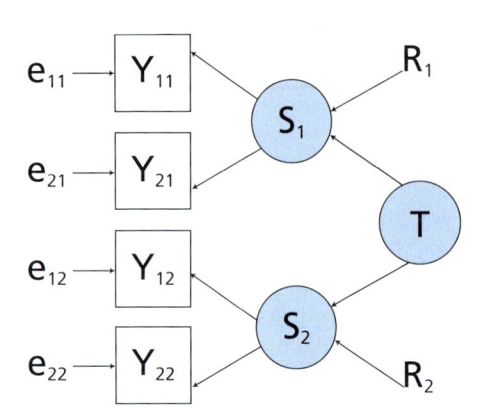

Abb. 2.16: Latent State-Trait-Modell für Testwertvariablen Y_{ik} in zwei Parallelformen i aus zwei Messgelegenheiten k. S_k sind die latenten Zustandswerte, T ist der latente Traitwert, R_k sind die latenten Zustandsresiduen, und e_{ik} sind die latenten Messfehler.

In einem ersten Schritt wird separat für jeden Messzeitpunkt die Testwertvariable Y_{ik} in einen latenten Zustandswert S_k sowie in einen Messfehler e_{ik} zerlegt:

$$Y_{ik} = S_k + e_{ik}.$$

Dabei repräsentiert die latente Variable S_k jenen Anteil an den Testwertvariablen Y_{ik}, den die beiden Testwertvariablen innerhalb einer Messgelegenheit k *gemeinsam* haben – nämlich den *latenten* Zustand der Person in dieser Messgelegenheit k (wobei es hier keine Rolle spielt, in welchem Ausmaß dieser Zustand durch situative Faktoren oder durch eine Verhaltensdisposition oder deren Interaktion verursacht wird). Im Gegensatz dazu repräsentieren die latenten Variablen e_{ik} jene Anteile an den Testwertvariablen Y_{ik}, die jeweils *spezifisch* für die einzelnen Testwertvariablen sind und die sich als *Messfehler* der Testwertvariablen interpretieren lassen.

In einem zweiten Schritt werden die beiden wahren Zustandswerte S_k in eine latente Eigenschaft T sowie latente Zustandsresiduen R_k zerlegt,

$$S_k = T + R_k.$$

Die latente Variable T repräsentiert dabei jenen Anteil an den beiden Zustandswerten S_k, den diese über die beiden Messgelegenheiten hinweg *gemeinsam* haben – die latente Variable T wird also nicht mehr durch die situativen Effekte der einzelnen Messgelegenheiten beeinflusst, sondern ist der *transsituativ konsistente* und *zeitlich stabile* Anteil an den wahren Zustandswerten S_k. In diesem Sinne kann also die Variable T als Eigenschaft der Person interpretiert werden. Im Gegensatz dazu entsprechen die latenten Variablen R_k all jenen Effekten, die jeweils *spezifisch* für die einzelnen Messgelegenheiten k sind. Dies sind also die Effekte der jeweiligen Situation (sowie die Effekte der Interaktion zwischen Person und Situation) auf die Ausprägung der wahren Zustandswerte S_k, wobei die Variable R_k auch als »latentes Zustandsresiduum« bezeichnet wird (also als jener Anteil des latenten Zustands S_k, der nicht durch die Eigenschaft T »erklärt« werden kann).

Liegen die empirischen Daten von zwei Paralleltests aus zwei Messgelegenheiten für eine Stichprobe von Versuchspersonen vor, so lassen sich die Varianzen der latenten Variablen des Latent State-Trait-Modells mit der Methodik der Strukturgleichungsmodelle schätzen (s. Abschn. 2.1.4). Anhand der geschätzten Varianzen können dann die »Latent State-Trait-Parameter« berechnet werden. Diese wurden von Steyer (1987) definiert, um den Anteil an der Varianz einer Testvariable zu erfassen, der auf konsistente und stabile interindividuelle Unterschiede bzw. messgelegenheitsspezifische Einflüsse zurückgeht.

Eine weiterführende Einführung in die Latent State-Trait-Theorie sowie eine Übersicht über zahlreiche Anwendungen im Kontext der Persönlichkeitsforschung finden sich in einer Übersichtsarbeit von Steyer et al. (1999). Zwei neuere Anwendungen dieser Theorie in der biologischen Persönlichkeitsforschung berichteten Hagemann et al. (2002) sowie Hagemann et al. (2005).

> **Zusammenfassung von Kapitel 2.2**
>
> Die Objektivität empirischer Forschungsdaten entspricht dem Grad, in dem die Ergebnisse einer Beobachtung unabhängig vom Beobachter sind. Der Grad der Abhängigkeit wird durch die Bestimmung von Zusammenhangsmaßen zwischen den Beobachtern ermittelt. Unter Reliabilität versteht man das Ausmaß, in dem ein Messverfahren das, was es misst, genau misst. In der Klassischen Testtheorie bezeichnet die Reliabilität einer Variablen Y den Anteil der wahren Varianz von Y an der Gesamtvarianz von Y. Zur Bestimmung der Reliabilität werden die Testwiederholungsmethode, die Paralleltestmethode oder die Testhalbierungsmethode verwendet, oder es wird die interne Konsistenz bestimmt.
>
> Die Validität empirischer Forschungsdaten gibt an, wie gut eine Messung das misst, was sie messen soll. Man unterscheidet Kriteriumsvalidität (prädiktive und konkurrente Validität), Inhaltsvalidität und Konstruktvalidität (faktorielle, diskriminante und konvergente Validität).
>
> Viele Messungen des Verhaltens und des Erlebens erfassen zwei Einflussfaktoren, die sich gleichzeitig auf die Messung auswirken: die Dispositionseigenschaft einer Person und ihr Zustand. Die wünschenswerte Trennung beider Einflussfaktoren kann mit einem Strukturgleichungsmodell (»Latent State-Trait-Modell«) erfolgen, sofern mindestens zwei Messgelegenheiten (Zeitpunkte) und zu jedem Zeitpunkt zwei Parallelmessungen vorgenommen werden können.

3 Gewinnung empirischer Daten

> Welche Daten werden in der Persönlichkeitsforschung verwendet? Eine wichtige Vorentscheidung hierfür ist die theoretische Perspektive, von der aus eine Untersuchung und Datenerhebung geplant sind: die eigenschaftstheoretische (3.1), die psychodynamische (3.2) oder die verhaltenstheoretische Perspektive (3.3). Was zeichnet diese verschiedenen Datenquellen aus? Welchen Fehlerquellen unterliegen sie?

3.1 Der eigenschaftstheoretische Ansatz

3.1.1 Voraussetzungen

Alle Persönlichkeitstheorien gehen davon aus, dass individuelle Differenzen bestehen und gemessen werden können. Seit alters her hat es deshalb nicht an Versuchen gefehlt, Indikatoren der körperlichen Erscheinung und des individuellen Verhaltens zu ermitteln, die für die Persönlichkeit oder einzelne Eigenschaften aussagekräftig sind. So mussten bereits im alten China die Anwärter für gehobene Staatsposten unter Beweis stellen, wie gut sie mit einem Pferd oder Pfeil und Bogen umgehen konnten. Auch wurde geprüft, ob sie sich in der Grammatik oder mit der Handhabung eines Musikinstrumentes auskannten. Galton untersuchte im 19. Jahrhundert kinästhetische, visuelle und akustische Unterscheidung, Assoziationsschnelligkeit und Gedächtnis. Binet und Simon ließen ihre Probanden komplexe Denk- und Wissensfragen beantworten.

Solche und alle modernen Ansätze weisen eine Reihe von Gemeinsamkeiten auf: Ein wesentlicher Gesichtspunkt besteht darin, dass genau definierte situative Bedingungen hergestellt werden, die in Verbindung mit der gegebenen Instruktion und Merkmalen der Person als Auslöser oder Determinanten des beobachteten Verhaltens gelten. Wenn etwa aus einer Entfernung von 10 m im Durchschnitt wesentlich weniger Pfeile ins Ziel treffen als aus 5 m, so liefert die unterschiedliche Distanz eine Erklärung für die unter beiden Bedingungen verschiedenen Trefferhäufigkeiten.

Sollen die interindividuellen Unterschiede als charakteristisch für die betreffenden Personen gelten, müssen sie *reliabel* sein (s. Abschn. 2.2.2), d. h., bei einer Wiederholung der Untersuchung sollten sich gleiche Rangreihen der erfassten Individuen in den Verhaltensäußerungen ergeben. Gewöhnlich wird dies über die Korrelation der Beobachtungszeitpunkte über die Personen erfasst.

Noch grundlegender ist die Forderung nach *Standardisierung* der Bedingungen. Miteinander vergleichbar sind Messwerte für beobachtetes Verhalten verschiedener Personen nur dann, wenn die Bedingungen, unter denen eben dieses Verhalten provoziert wird, bei allen Individuen (weitgehend) identisch sind. Herkömmliche Tests gewährleisten eine Standardisierung durch Gleichheit des Materials, Identität der Instruktionen, genaue Anleitungen zur Durchführung und Auswertung.

Dennoch ist evident, dass nicht alle denkbaren Einflussgrößen oder Störfaktoren strikt kontrolliert werden können. In dem Maße, in dem sich Bedingungen der Kontrolle des Untersuchungsleiters entziehen, wird die Objektivität des Verfahrens (s. Abschn. 2.2.1) beeinträchtigt, was letztlich auch Minderungen der Reliabilität und Validität zur Folge hat. Im Idealfall erweist sich die jeweilige Methode der Datengewinnung als hoch sensitiv gegenüber den Phänomenen oder Variablen, an denen man aus theoretischen Gründen interessiert ist, aber als robust und unempfindlich gegenüber allen anderen Faktoren.

Die mit Hilfe von Tests realisierten Bedingungen werden gewöhnlich so gewählt, dass die interindividuelle Variabilität des Verhaltens maximal ist. Diese *Differenzierung*, ebenfalls eine Grundvoraussetzung jeder Gewinnung von sinnvollen Informationen, ist dann am größten, wenn Tests oder ihre Bestandteile (Aufgaben, Untertests) eine *mittlere* Lösungswahrscheinlichkeit aufweisen.

Um dieses zu veranschaulichen: Wenn eine bestimmte Aufgabe von 50 Probanden aus einer Stichprobe von $N = 100$ gelöst wird, so differenziert diese Aufgabe zwischen jedem der 50 Probanden, die das Item richtig beantworten, und jedem der 50 Probanden, bei denen das nicht der Fall ist. Eine solche Aufgabe hat also insgesamt $50 \times 50 = 2500$ Unterscheidungen getroffen. Wenn andererseits ein Item nur von 20 der 100 Probanden in einer bestimmten Richtung beantwortet wird, so unterscheidet es zwischen $20 \times 80 = 1600$ Probandenpaaren. Noch schwierigere Aufgaben in Leistungstests bzw. solche mit sehr seltenen Beantwortungen sind trotz ihrer damit gegebenen verminderten Differenzierungskraft in fast allen Verfahren deshalb enthalten, weil mit ihrer Hilfe auch in den Extrembereichen der jeweiligen Dimension zwischen den Merkmalsträgern unterschieden werden kann.

Ohne jeden Nutzen für die Differentielle Psychologie sind solche Items, die wegen zu niedriger oder zu hoher Lösungswahrscheinlichkeit überhaupt nicht differenzieren (z. B. »$3 + 2 = ?$« bzw. »Wie viele Einwohner hatte Heidelberg am 01.01.1935?«). Diese bedeuten lediglich das Hinzufügen eines für alle Merkmalsträger konstanten Betrages auf der jeweiligen Dimension. Sofern ihnen nicht eine besondere Funktion zukommt, etwa als »Eisbrecher« oder zur Verschleierung der Messintention der anderen Items, werden sie deshalb aus Ökonomiegründen gewöhnlich eliminiert.

Einen Sinn erhalten die gewonnenen Messwerte nur durch den *Bezug auf eine Theorie*. Schon der Inhalt theoretischer Konzeptionen bestimmt in gewissem Ausmaß die Technik der Informationsgewinnung und die Art der zu erhebenden Messwerte. Ein Beispiel: Weil Galton davon überzeugt war, dass die Denk- und Vorstellungstätigkeit dann umso effizienter erfolgen könnte, wenn bereits die Bausteine und Elemente dafür besonders differenziert wären, musste er sich folgerichtig für die Präzision visueller, auditiver und taktiler Unterscheidung interessieren. In anderem als dem geschilderten Zusammenhang würden alle erwähnten Maße wenig Sinn ergeben; erst durch die theoretische Einbettung erhalten sie ihre Bedeutung. Deshalb ist eine Persönlichkeitstheorie, die nicht Implikationen für die Ermittlung von Daten über Individuen aufweist, ebenso unbrauchbar wie Informationen sinnfrei sind, die nicht auf eine Theorie bezogen werden können – Theorie und Empirie stehen in einem Verhältnis wechselseitiger Abhängigkeit und gegenseitiger Befruchtung.

Dem allgemeinen Aufbau des Buches entsprechend werden nachfolgend für die innerhalb der Persönlichkeitspsychologie unterscheidbaren theoretischen Grundströmungen und Forschungsansätze einige Verfahren zur Datengewinnung beispielhaft skizziert.

3.1.2 Allgemeines zur Entwicklung von Verfahren

Auf die allgemeinen Kennzeichen von Eigenschaftstheorien braucht an dieser Stelle nicht noch einmal gesondert eingegangen zu werden (s. dazu Abschn. 1.6.3). Es genügt der Hinweis, dass bestimmte Verhaltensmerkmale als Indikatoren für Verhaltensbereitschaften bzw. Dispositionen gewertet und zu Eigenschaften (übergreifenden Kategorien wie z. B. Intelligenz, Ängstlichkeit) zusammengefasst werden. Je nach Häufigkeit und/oder Intensität der Verhaltensmerkmale kann dann eine quantitative Abstufung der Eigenschaft vorgenommen werden.

Sowohl im Leistungs- wie im Persönlichkeitsbereich sind drei Grundmuster bei der Entwicklung von Tests für die fraglichen Eigenschaften zu erkennen: Die Skalenkonstruktion kann rational, kriterienorientiert oder faktorenanalytisch erfolgen.

Rationale Skalenkonstruktion

Die rationale Skalenkonstruktion beginnt mit der Definition eines Konstrukts. Dabei ist es unerlässlich, auch über die Verhaltensweisen nachzudenken, die dafür als Indikatoren fungieren.

Nehmen wir an, es sei das Konstrukt der »Leistungsmotiviertheit« definiert worden. Gemäß den Vorstellungen der Forscher gehöre dazu Strebsamkeit, Fleiß, Unfähigkeit zu langem Schlaf oder Untätigkeit im Urlaub, Freude auf die Arbeit und dgl., also Teilfacetten oder Eigenschaften von geringerer Breite, für die konkrete Verhaltensmerkmale oder bestimmte Verhaltenstendenzen Indikatorfunktion aufweisen. Im einfachsten Fall können Fragen nach diesen Merkmalen formuliert und in einen entsprechenden Test aufgenommen werden (z. B. »Schwierige Aufgaben reizen mich mehr als einfache« oder »Ich kann mich lange konzentrieren, ohne müde zu werden«). Aufwendiger ist es, sich nicht auf die verbalen Antworten auf derartige Fragen zu verlassen, sondern eigens Beobachtungen zu den einzelnen Aspekten anzustellen und etwa zu prüfen, mit welcher Ausdauer selbstgesteckte berufliche Ziele verfolgt werden, wie lange der Betreffende schläft, Urlaub macht und dgl.

Um sichergehen zu können, dass beispielsweise mit den Fragen das jeweils interessierende Konstrukt auch getroffen wird und die Probanden angemessen antworten, bedarf es der Validierung rational entwickelter Skalen nach den in Abschnitt 2.2.2 dargestellten Methoden.

Kriterienorientierte Skalenkonstruktion

Kennzeichnend für die kriterienorientierte Skalenkonstruktion ist das weitgehende Fehlen von theoretischen Vorstellungen. Eine grundlegende Voraussetzung stellt die Existenz eines Kriteriums dar, in dem sich mindestens zwei Gruppen von Personen ersichtlich voneinander unterscheiden (z. B. Geschlecht, Beruf, Ausbildung, psychiatrische Diagnose, Schulleistungen). Den Angehörigen derartiger Gruppen werden sodann »irgendwelche« Items zur Bearbeitung vorgelegt in der Hoffnung, dass sich darunter einige befinden werden, die zwischen den Gruppen differenzieren. Jene Items werden dann ausgewählt und zu Skalen zusammengestellt, die zwischen den Gruppen überzufällig unterscheiden. Nur für solche Differenzierungsaufgaben sind die Skalen später streng genommen brauchbar. Die Validität dafür ist gegeben, weil sie im Sinne der Differenzierung zwischen Gruppen den Ausgangspunkt der Skalenkonstruktion bildet. Vom Format und den angesprochenen Sachverhalten her mögen die in den Skalen vereinigten Items extrem heterogen sein. Eine Interpretation der Items im Sinne des darin thematisierten Erlebens oder Verhaltens (dass also beispielsweise jemand häufiger Kopfweh hat, weil er eine Frage danach bejaht hat) verbietet sich strikt; die Items »funktionieren« zwar, aber letztlich bleibt auch dem Testanwender unklar, warum das der Fall ist.

Induktive/faktorenanalytische Skalenkonstruktion

Bei der faktorenanalytischen Skalenkonstruktion bedarf es weder einer theorieorientierten Auswahl von Items noch einer Auswahl von spezifischen Personengruppen. Aufgrund der korrelativen Beziehungen, die zwischen den Items eines Tests bestehen, lassen sich rein analytisch Itemfaktoren bestimmen. Zu einem Faktor gehören solche Items, die hoch miteinander, aber niedrig mit anderen Items korrelieren. Das Gemeinsame der Iteminhalte liefert die Grundlage für die Interpretation des Faktors und seine Benennung. Die auf einem Faktor hoch ladenden Items werden dann in einer Skala zusammengefasst. Die Skala erhält üblicherweise den Namen des Faktors. Bei einer solchen Methode empfiehlt es sich, mit möglichst umfangreichen, repräsentativ zusammengesetzten Stichproben von Personen und Items zu beginnen. Die »externe« Validität der auf diese Weise entwickelten Skalen, also die Korrelation mit bestimmten Außenkriterien, muss gesondert geprüft werden.

Die eben skizzierten Vorgehensweisen bei der Entwicklung von Skalen führten in den Untersuchungen von Burisch bei der Konstruktion von Persönlichkeitstests zu etwa vergleichbaren Resultaten (Burisch, 1984). Die Konstruktionstechniken schließen sich im Übrigen nicht gegenseitig aus; vielmehr wird die eine Methode gewöhnlich durch die andere(n) im Zuge der Erstellung von Messinstrumenten ergänzt. Häufig legt ein Autor einen Itemvorrat nach rationalen Gesichtspunkten an, bereinigt ihn sodann faktorenanalytisch und überprüft ihn am Ende gegenüber externen Kriterien.

Bildung von Untertests

Mit Ausnahme der kriterienorientierten Konstruktion werden gewöhnlich solche Aufgaben zunächst zu Untertests zusammengestellt, die schon aufgrund formaler Merkmale einander relativ ähnlich sind (z. B. Rechenaufgaben; Fragen nach dem Wortschatz; Items, bei denen bestimmte Elemente wie Würfel oder Figurensegmente umgeordnet werden müssen). Darüber hinaus werden jene Items eliminiert, die sich nicht als *trennscharf* erweisen, die also nicht mit der Leistung in dem Untertest korrelieren. Die verbleibenden Items sind dann nicht nur vom Format her, sondern auch infolge ihrer Übereinstimmung mit dem Punktwert der Skala, zu dem sie ja substantiell beitragen, »*homogen*«, d. h., sie messen etwas Ähnliches.

Die faktorenanalytischen Techniken ermöglichen in der Regel eine simultane Berücksichtigung dieser Gesichtspunkte. Nur solche Items fügen sich zu einer Dimension, die miteinander hoch und mit anderen Aufgaben niedrig korrelieren. Entsprechend sind die erhaltenen Skalen homogen und trennscharf. Für Detailfragen sei auf die Lehrbücher zur Testkonstruktion (z. B. Bühner, 2006; Lienert & Raatz, 1998) oder zur psychologischen Diagnostik (z. B. Amelang & Schmidt-Atzert, 2006) verwiesen.

3.1.3 Beispiele für Tests im Leistungsbereich

Im Allgemeinen sind Leistungstests in Durchführung, Auswertung und Interpretation absolut objektiv. Die Reliabilitäten erreichen auch bei längeren Retestingintervallen eine befriedigende Höhe (um $r_{tt} = 0{,}8$ bis $0{,}9$). Da die Validierungstechniken zahlreich und vom Ansatz her verschieden sind, ist hinsichtlich der Gültigkeit nur schwer eine generelle Aussage zu machen. Im Großen und Ganzen gilt aber, dass verbale Intelligenztests die

Kasten 3.1: Aufgaben zur Allgemeinen Intelligenz: Wechsler-Tests

Allgemeines Wissen	»Wer ist der Präsident der Bundesrepublik Deutschland?«
Allgemeines Verständnis	»Was tun Sie, wenn Sie Zeuge eines Unfalls werden?«
Rechnerisches Denken	»Karl hat 6,30 Euro; er kauft sich ein Buch für 4,90 Euro. Wie viel Geld hat er noch übrig?«
Zahlennachsprechen	»Sprechen Sie bitte die folgenden Zahlen in der richtigen Reihenfolge nach: 4 – 2 – 5 – 3 – 1 – 6«
Gemeinsamkeitenfinden	»Was ist das Gemeinsame von einer Tanne und einer Buche?«
Wortschatz	»Was bedeutet das Wort: Energie?«

Zahlen-Symbol

A	B	C	D	E
□	○	×	△	T

»Bitte tragen Sie unter die Buchstaben möglichst schnell die zugehörigen Symbole ein«

C	A	D	E	A	E	B	D	C	A	D	B	E	C	A	D	E	E	A

Bilderordnen — »Bitte bringen Sie die Bilder so in eine Reihenfolge, dass sich eine sinnvolle Geschichte ergibt«

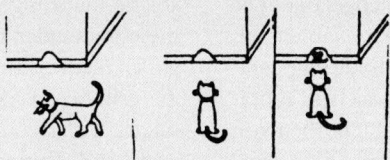

Bilderergänzen — »Was fehlt in diesem Bild?«

Mosaiktest — »Bitte legen Sie aus Klötzen die folgende Figur:«

Figurenlegen — »Bitte setzen Sie die einzelnen Teile zu einer Figur zusammen:«

höchsten Übereinstimmungen mit externen Kriterien wie Schulnoten, Höhe der erreichten Ausbildung, Beurteilungen und dgl. zeigen (r_{tc} zwischen 0,4 und 0,6).

Je spezifischer der Aufgabentyp oder je schmaler der betreffende Leistungsaspekt ist (etwa »Unterscheidung von Schiffssilhouetten« als Beispiel eines sehr spezifischen Faktors), desto schwerer fällt in aller Regel der Nachweis von Korrelationen mit anderen Verhaltensmaßen.

Der Konstruktion der weltweit verbreiteten und heute weiterhin sehr häufig eingesetzten Tests von David Wechsler (für eine Kurzbiographie s. http://www.indiana.edu/¬intell/wechsler.shtml) zur Erfassung der Allgemeinen Intelligenz (Aufgabenbeispiele ▶ **Kasten 3.1**) lagen insofern rationale Aspekte zugrunde, als Ende der dreißiger Jahre ganz pragmatisch in den seinerzeit vorhandenen Tests nach brauchbaren Items gesucht und diese »übernommen« wurden.

Auch einige Tests von Guilford (s. Abschn. 6.2.3) basieren auf anfänglichen Überlegungen des Autors, mit welchen Aufgabentypen das jeweils interessierende Konstrukt am besten zu treffen sei. Beispielsweise werden den Probanden beim Versuch einer Erfassung ihrer »Sozialen Intelligenz« unter anderem Aufgaben vorgegeben, die im **Kasten 3.2**

Kasten 3.2: Aufgaben zur Sozialen Intelligenz (nach Guilford und Chapin)

»Jede Aufgabe dieses Tests zeigt eine Strichfigur, die ein Gefühl, einen Gedanken oder eine Absicht zum Ausdruck bringt. Sie sollen diejenige der drei nebenstehenden Strichfiguren auswählen, welche das gegenteilige Gefühl oder die gegenteilige Absicht ausdrückt.

Die vorgegebene Strichfigur drückt Aufmerksamkeit aus. Die Alternativen 1 und 3 drücken auf andere Art und Weise ebenfalls Aufmerksamkeit aus. Alternative 2 ist die richtigere, weil sie eine lässige Haltung und Langeweile zum Ausdruck bringt. Das ist das Gegenteil des Ausdrucks der vorgegebenen Strichfigur. Bitte kreuzen Sie die Zahl unter der ausgewählten Strichfigur an.«

»In Restaurants und Gaststätten ist Herr Müller im Allgemeinen recht unfreundlich zu den Kellnern. Bestellungen gibt er im Befehlston auf, am Service hat er immer etwas auszusetzen. Wegen seines herrischen und überkritischen Wesens hat er nur wenige Freunde. Herr Müller arbeitet als kaufmännischer Angestellter in einem Büro. Dort verhält er sich folgendermaßen:
a) Er setzt sich für bessere Arbeitsbedingungen ein.
b) Er macht sich gerne bei seinem Arbeitgeber beliebt und verhält sich eher unterordnend.
c) Er stellt die Zweckmäßigkeit vieler Anordnungen und die Unabänderlichkeit bestimmter Sachzwänge in Frage.
d) Er versucht, seinen Kollegen Anweisungen zu erteilen, die ihnen nur ihr Vorgesetzter zu geben berechtigt ist.« (Aufgabe: Ankreuzen der nach Meinung des Pb wahrscheinlichsten Alternative)

exemplarisch veranschaulicht sind. Da vom Typus der Aufgaben her ein »Logisch-Richtig« nicht möglich ist, entbehrt ein derartiges Vorgehen nicht einer gewissen Problematik und ist möglicherweise einer der Gründe für die geringe Validität solcher Skalen. Aus diesem Grunde mag es naheliegen, die jeweils angemessene Antwortalternative nach Maßgabe der Übereinstimmung mit einem externen Kriterium zu bestimmen. Sofern damit positivere Resultate erzielt werden, wäre dieses ein weiteres Beispiel für die gegenseitige Ergänzung unterschiedlicher Konstruktionsprinzipien.

Der in Abschnitt 1.3.4 bereits vorgestellte Binet-Test zur Erfassung Allgemeiner Intelligenz ist nach einer Strategie entwickelt worden, bei der die kriterienbezogenen Gesichtspunkte im Vordergrund standen. Es galten jene Aufgaben als geeignet, die erfolgreich zwischen Gruppen von Schülern verschiedenen Schultyps (Grund- bzw. Sonderschulen) oder zwischen benachbarten Altersgruppen unterschieden.

Bei den differentiellen Leistungstests von Thurstone (s. Abschn. 4.3.3) bildete hingegen das faktorenanalytische Vorgehen den wichtigsten Bestandteil der Entwicklungsarbeiten.

3.1.4 Beispiele für Tests im Persönlichkeitsbereich

Der direkte Weg, um etwas über die Empfindungen und Emotionen, Erlebnisse und Motive von Personen in Erfahrung zu bringen, besteht darin, die Menschen zu befragen. Eine der Voraussetzungen dieses Ansatzes besteht darin, dass die Betreffenden sich selbst überhaupt kennen und zu beobachten imstande sind. Hinzu kommt, dass die Betreffenden auch bereit sein müssen, die erbetenen Informationen zur Verfügung zu stellen. Wenn sich eine Person mit der Bitte um Beratung oder Therapie an den Psychologen wendet, dürfte auch diese Voraussetzung erfüllt sein, desgleichen in Fällen, wo es um wissenschaftliche Routineuntersuchungen geht, die Nennung des Namens nicht erforderlich ist und keine die Intimsphäre berührenden Fragen gestellt werden. Dennoch bleibt jeweils über Validitätsstudien zu prüfen, ob im konkreten Fall einer vorliegenden Skala die dort gezeigten verbalen Reaktionen mit dem tatsächlichen Verhalten übereinstimmen.

Im Prinzip gelten die genannten Voraussetzungen freilich für *alle* Feststellungen von Personen über sich selbst, d. h. auch solche, die beispielsweise im Gespräch oder im Verlauf eines Interviews getroffen werden. Fragebogen und andere standardisierte Selbstberichte (engl. »self-reports«) zeichnen sich allerdings durch den Umstand aus, dass hierbei jegliche Interaktion mit dem Untersuchungsleiter entfällt und damit eine stringentere Standardisierung der Situation erzielbar ist. Schließlich bieten Fragebogen die Möglichkeit, das individuelle Ausmaß einiger verfälschender Antworttendenzen abzuschätzen (s. Abschn. 3.1.6).

Die Vorteile des direkten Zugangs zu Merkmalen der Persönlichkeit, die gute Objektivität in Durchführung, Auswertung und Interpretation sowie die Aussicht auf hohe Ökonomie beim Erhalt sehr vieler Informationen in kurzer Zeit veranlasste bereits frühzeitig gezielte Entwicklungsarbeiten. Eine größere Verbreitung fand das von Woodworth im Laufe des Ersten Weltkrieges entwickelte »Personal Data Sheet«. Damit sollten die langwierigen Psychiater-Interviews ersetzt werden, die jene Wehrpflichtigen identifizieren sollten, die den Belastungen des Militärdienstes wegen psychischer Instabilität voraussichtlich nicht gewachsen sein würden. Im Hinblick darauf wurden unter dem Gesichtspunkt ihrer Inhaltsvalidität 116 Fragen formuliert (z. B. »Schrecken Sie nachts aus dem Schlaf?«, »Haben Sie hin und wieder starke Kopfschmerzen?«). Der individuelle Wert ergab sich aus der Summe der Ja-Antworten. Eine entscheidende

Schwäche dieser Liste war ihre leichte Verfälschbarkeit durch die Probanden.

Nach der rationalen Methode entwickelte später auch Taylor (1953) die bekannte »Manifest Anxiety Scale« als Vorläufer und Vorbild vieler heute gebräuchlicher Ängstlichkeitstests. Nach einer Definition des Konstrukts sammelte die Autorin dafür zunächst einen Satz von 200 geeignet erscheinenden Items. Nur jene Fragen bildeten aber die endgültige Skala, die von einer Gruppe von klinischen Psychologen als geeignet angesehen wurde.

Ausgesprochen kriterienorientiert erfolgte hingegen die Konstruktion des »Minnesota Multiphasic Inventory (MMPI)« von Hathaway und McKinley (1951; deutsch: Hathaway et al., 2000). Diese Autoren legten zunächst eine Liste von 1000 Items an, die sich auf allgemeine Gesundheit, familiäre und eheliche Beziehungen, sexuelle und religiöse Einstellungen sowie emotionale Zustände bezogen und letztlich psychopathologische Symptome erfassen sollten. Gruppen von klinisch auffälligen Personen, die von Psychiatern als Schizophrene, Hysteriker, Hypochonder usw. diagnostiziert worden waren, bearbeiteten die Items ebenso wie klinisch unauffällige Personen. Jene 550 Items wurden schließlich zu zehn klinischen Skalen vereinigt, die die Patienten von den Kontrollpersonen am besten differenzierten. **Abbildung 3.1** gibt das Mittelwertsprofil einer Gruppe von neurotischen Probanden wieder.

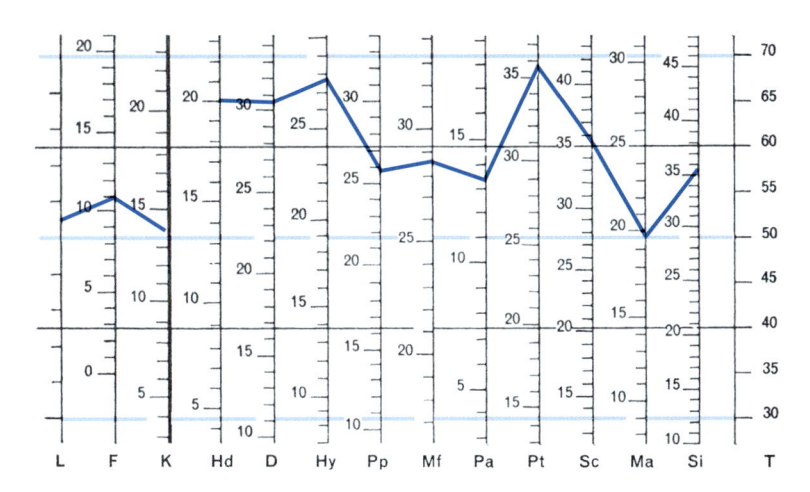

Abb. 3.1: Mittelwertsprofil einer Stichprobe von $N = 71$ männlichen Neurotikern verschiedener Diagnosen in den Skalen des MMPI (nach Spreen, 1963, S. 54). Der MMPI besteht aus drei »Validitätsskalen« (L Lügenskala, F Seltenheitsskala, K Korrekturskala) und zehn »klinischen Skalen« (Hd Hypochondrie, D Depression, Hy Hysterie, Pp Psychopathie, Mf männliche vs. weibliche Interessen, Pa Paranoia, Pt Psychasthenie, Sc Schizophrenie, Ma Hypomanie, Si soziale Introversion). Abgetragen sind T-Werte (Mittelwert 50, Standardabweichung 10).

Ein typischer Vertreter für faktorenanalytische Skalenkonstruktion ist das NEO-Persönlichkeitsinventar von Ostendorf und Angleitner (2004). Es orientiert sich an dem Fünf-Faktoren-Modell der Persönlichkeit von Costa und McCrae, das unter Abschnitt 7.5 ausführlicher dargestellt wird.

Jeder der fünf globalen Persönlichkeitsfaktoren (Neurotizismus, Extraversion, Offenheit für Erfahrungen, Verträglichkeit und Gewissenhaftigkeit) wird durch sechs Teilskalen beschrieben, die sich auf Facetten des jeweiligen Faktors beziehen (beispielsweise im Fall von Neurotizismus: Ängstlichkeit, Reizbarkeit, Depression, Soziale Befangenheit, Impulsivität und Verletzlichkeit). Die insgesamt 240 Items sind auf fünffach abgestuften Skalen zu beantworten (jeweils von »starker Ablehnung« über »Ablehnung«, »neutral« und »Zustimmung« bis zu »starke Zustimmung«). Eine Besonderheit des Verfahrens besteht darin, dass es in zwei Formen vorliegt, nämlich einer zur Selbst- und einer zur Fremdbeurteilung (z. B. »Ich bin leicht zu erschrecken« bzw. »Er/Sie ist leicht zu erschrecken«). Mit der Fremdbeurteilungsversion lassen sich sehr gut Kriteriumswerte für die Validierung von Tests gewinnen.

Die Entwicklung des im deutschen Sprachraum besonders verbreiteten »Freiburger Persönlichkeits-Inventars« (FPI-R; Fahrenberg et al., 2001) orientierte sich nicht an einer spezifischen Persönlichkeitstheorie, sondern an den Interessen der Autoren an bestimmten Dimensionen des Verhaltens, und zwar teils im Hinblick auf die theoretischen Grundlagen (insbesondere Extraversion und Neurotizismus), teils im Hinblick auf deren Implikationen für das soziale Zusammenleben (z. B. Aggressivität) und das subjektive Wohlbefinden oder Zurechtkommen mit Anforderungen (z. B. Lebenszufriedenheit, Beanspruchung). Die Skalenkonstruktion bzw. die Auswahl der Items erfolgte teils nach faktorenanalytischen, teils nach Trennschärfeprinzipien; daneben spielten inhaltliche und praktische Erwägungen eine Rolle.

Damit ist ein Eindruck darüber vermittelt worden, wie verschiedenartig im konkreten Fall der Entwicklung eines Tests die Konstruktionsgesichtspunkte sein mögen.

3.1.5 Selbst- und Fremdeinschätzungen

Selbsteinschätzungen: Methodische und interpretative Probleme

Die soweit kurz angesprochenen Verfahren verlangen von den Testpersonen bei jedem Item die Beobachtung von sich selbst und ein Urteil darüber, wie oft bzw. intensiv die erfragten Sachverhalte bei ihnen vorkommen. Dabei sind die von den Testpersonen erbetenen Urteile hinsichtlich ihrer Komplexität außerordentlich verschieden.

Der einfachste Fall beinhaltet lediglich ein kurzes Nachdenken darüber, ob ein bestimmtes Phänomen bereits beobachtet wurde oder nicht (z. B. bei der Frage »Haben Sie schon einmal Stimmen gehört, ohne dass jemand im Haus war?«). Hingegen setzt bereits eine Antwort auf die Frage: »Leiden Sie unter vielen Ängsten?« einen vielschichtigen Entscheidungsprozess voraus, bei dem u. a. berücksichtigt werden muss, welche Vorgänge zu Angst zählen und was unter »oft« zu verstehen ist. Zudem sind Skalenabstufungen (▶ Kasten 3.3) wie »häufig«, »oft«, »selten«, »nie« und dgl. nicht eindeutig definiert und hängen darüber hinaus auch von dem Vorgang ab, in dessen Zusammenhang sie stehen (»häufiger« Kopfschmerz ist etwas anderes als »häufiger« Streit mit dem Partner).

Die Bereitstellung von mehr als zwei Antwortmöglichkeiten im Sinne abgestufter Urteile ist kaum ein geeignetes Mittel, dem Probanden aus seinen Entscheidungsnöten zu helfen; vielmehr handelt es sich dabei in erster Linie um einen Kunstgriff des Untersuchungsleiters, der ihn davor schützen soll, am Ende einer Studie im Falle nur alternativer Antwortkategorien keine ausreichende Differenzierung erzielt zu haben. Mehrere anstelle weniger Antwortkategorien führen zwar in aller Regel zu höheren Varianzen in den Antworten auf eine Frage, doch stellt sich in Bezug darauf die Frage, inwieweit die höheren Varianzen auch reliabel sind, für die interessierende Eigenschaftsdimension stehen und nicht durch eine interindividuell unterschiedliche Bevorzugung extremer Urteilskategorien bedingt sind.

Noch schwieriger dürfte es sein, etwa auf das Item »Gehen Sie gern auf Partys?« eine angemessene Antwort zu finden, muss dabei doch zunächst an alle möglichen Ereignisse gedacht werden, die in die fragliche Veranstaltungskategorie fallen und ganz verschiedene Implikationen für die Beantwortung

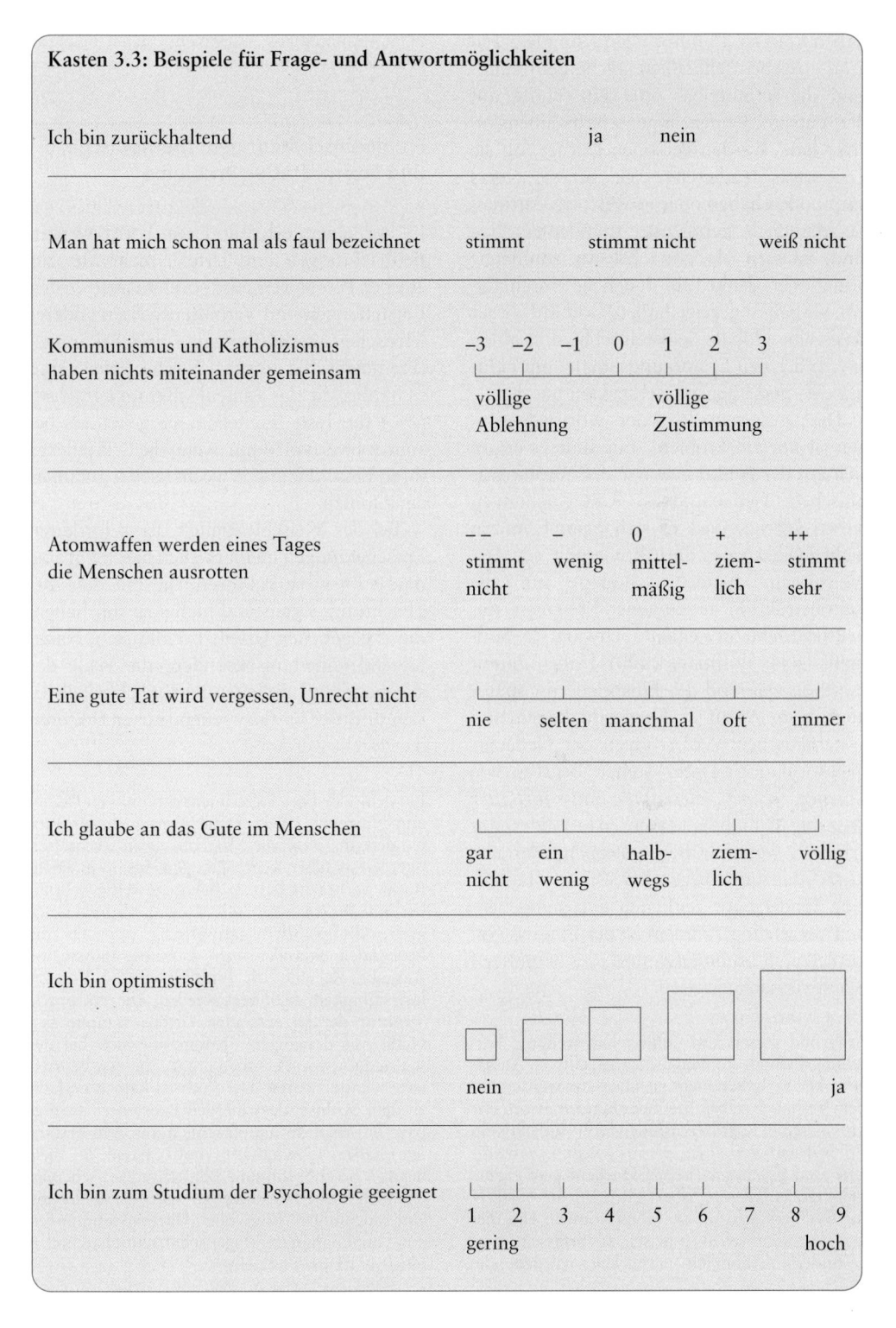

Kasten 3.3: Beispiele für Frage- und Antwortmöglichkeiten

Ich bin zurückhaltend   ja   nein

Man hat mich schon mal als faul bezeichnet   stimmt   stimmt nicht   weiß nicht

---

Kommunismus und Katholizismus haben nichts miteinander gemeinsam

$-3 \quad -2 \quad -1 \quad 0 \quad 1 \quad 2 \quad 3$

völlige Ablehnung   völlige Zustimmung

Atomwaffen werden eines Tages die Menschen ausrotten

– –   –   0   +   ++

stimmt nicht   wenig   mittelmäßig   ziemlich   stimmt sehr

Eine gute Tat wird vergessen, Unrecht nicht

nie   selten   manchmal   oft   immer

Ich glaube an das Gute im Menschen

gar nicht   ein wenig   halbwegs   ziemlich   völlig

Ich bin optimistisch

☐ ☐ ☐ ☐ ☐

nein   ja

Ich bin zum Studium der Psychologie geeignet

$1 \quad 2 \quad 3 \quad 4 \quad 5 \quad 6 \quad 7 \quad 8 \quad 9$

gering   hoch

haben können. Den höchsten Komplexitätsgrad erreichen schließlich solche Beurteilungen, die unmittelbar eine Einstufung auf der entsprechenden Eigenschaftsdimension erfordern. Werden Personen gefragt, ob sie »zu etwas tendieren«, wie oft sie etwas empfunden haben oder in welchem Ausmaß sie freundlich, geizig oder fremdenfeindlich sind, müssen sie zunächst an zahlreiche Situationen denken, in denen sie einschlägiges Verhalten gezeigt haben, und auf dieser Basis eine globale Selbsteinschätzung ableiten, in der sich Erinnerungsinhalte mit Häufigkeits- und Intensitäts-Aspekten mischen.

Die Uneindeutigkeit der Wortbedeutungen ist nur ein Problem. Ein anderes ergibt sich aus der Funktionsweise des autobiographischen Gedächtnisses. Untersuchungen haben gezeigt, dass es sich beim Erinnern nicht lediglich um die Aktivierung von Gespeichertem handelt, sondern um die Rekonstruktion vergangener Ereignisse mit heuristischen Strategien (Schwarz & Sudman, 1994; Shiffman, 2000). Dabei kommt es schon während des Einspeicherns, später auch beim Abruf zu Ungenauigkeiten und systematischen Verzerrungen der Gedächtnisinformation. Dafür stehen Begriffe wie *salience, recency, telescoping* und *effort after meaning* (d. h., Inhalte werden besonders gut erinnert, wenn sie hervorstechen oder nur kurze Zeit zurückliegen, im Weiteren besteht eine Tendenz zur zeitlichen und sinngebenden Verzerrung). Zudem ist der Einfluss von aktuellen Stimmungen und des situativen Kontexts nachgewiesen.

Aufgrund dieser und zahlreicher weiterer Forschungsbefunde können die retrospektiven Aussagen über Verhalten nicht gleichgesetzt werden mit dem Verhalten selbst. Vielmehr handelt es sich nur um mentale Repräsentationen von subjektivem Erleben und Verhalten, die als solche in inhaltlicher und psychometrischer Hinsicht eine eigene Qualität aufweisen, aber eben nicht objektiv für das Verhalten selbst stehen können. Um dieses Verhalten selbst präziser zu erfassen, sind gesonderte Techniken entwickelt worden, die unter »Ambulantes Assessment« näher beschrieben werden (s. Abschn. 3.3.2).

Fremdeinschätzungen: Methodische und interpretative Probleme

In der einen oder anderen Form werden Beobachtungen und Urteile nicht nur zur eigenen Person verlangt, sondern auch zu den Einstellungen und Verhaltensweisen anderer Menschen, meist Freunden und Bekannten (Fremdeinschätzungen). Solche Urteile sind es häufig, die das Außenkriterium *par excellence* für Tests darstellen; sie gelten als besonders wertvoll dann, wenn die Beurteiler in ihren Einschätzungen wechselseitig gut übereinstimmen.

Bei der Vielschichtigkeit der geforderten Entscheidungen bleibt es auch hier nicht aus, dass subjektive Faktoren, die mit dem Beobachtungsgegenstand nichts zu tun haben, die abgegebenen Urteile beeinflussen. Nachfolgend sollen insbesondere die Rolle der sogenannten Impliziten Persönlichkeitstheorien und der Einfluss semantischer Faktoren dargestellt werden.

Ein denkwürdiges Experiment stammt von Passini und Norman (1966). Diese Autoren ließen Probanden, die ohne die Möglichkeit zu wechselseitigen Gesprächen kurze Zeit gemeinsam in einem Raum verbracht hatten, sich gegenseitig beurteilen auf Dimensionen wie »soziabel/zurückgezogen«, »kooperativ/negativistisch« usw. Da die Probanden einander nicht kannten, musste die Aufgabe als eine zur Einfühlung und Vorstellungsfähigkeit deklariert werden. Die faktorielle Struktur der so erzeugten Urteile stimmt fast völlig mit derjenigen überein, die sich bei der Beurteilung von Personen ergab, die den Beurteilern bekannt waren. Die Autoren kamen deshalb zu dem Schluss, dass die den Beurteilern verfügbare Information hauptsächlich aus dem bestanden habe, »...whatever they carried in their heads«. Solch' schlimme Befürchtungen scheinen dennoch nicht berechtigt zu sein, da zahlreiche Untersuchungen sinnvolle Übereinstimmungen mit unabhängigen Eigenschaftseinschätzungen (engl. »ratings«) aufzeigen.

Passini und Norman (1966) fanden auch, dass die von den Versuchspersonen formulierten Hypothesen über den Zusammenhang zwischen einzelnen Eigenschaften und Verhaltensmerkmalen recht gut mit den Gegebenheiten übereinstimmten, die sich bei der Einschätzung tatsächlich existierender Personen finden ließen. Dieses individuelle Netzwerk von Vorstellungen und Annahmen wird als *Implizite Persönlichkeitstheorie (IPT)* bezeichnet. Gegenstand dieser subjektiven Theorien sind Annahmen über den Zusammenhang zwischen Eigenschaften, etwa dass eine stille Person furchtsam sei oder eine glückliche Person freundlich. Die Vorteile einer IPT sind offenkundig: Sie erlauben es den Menschen, aufgrund nur weniger Informationen ein ganzes Eigenschaftsprofil von anderen »abzuleiten«, sich ein rasches Persönlichkeitsbild zu machen.

Strittig ist die Frage nach den Ursachen dieses Phänomens. Einige Autoren vermuten, dass sich die Versuchspersonen bei ihren Vermutungen in angemessener Weise an den Beziehungen zwischen den Eigenschaften orientieren, wie sie sich bei anderen Personen beobachten lassen (z. B. Lay & Jackson, 1969, S. 19; Stricker et al., 1974, S. 204). Im Unterschied dazu spricht Mirels von der »illusory nature of IPT« und von »Täuschungsschlüssen«. Die Urteile der Probanden über den Zusammenhang von Verhaltensmerkmalen (Mirels, 1982a, b) könnten zumindest partiell von anderen Faktoren als den empirisch festgestellten Zusammenhängen beeinflusst – und verfälscht – werden.

Als ein potenzieller Faktor dafür kommen die semantischen Ähnlichkeiten zwischen den Bezeichnungen für Eigenschaften in Betracht. Diese lassen sich ermitteln über Versuche mit der paarweisen Vorgabe von Wörtern für Eigenschaften (z. B. »gesellig« – »sorgenfrei«) und der Instruktion an Probanden, die Bedeutungsähnlichkeit zwischen den Paarlingen zu beurteilen. Die so bestimmte semantische Ähnlichkeit korrespondiert meist hoch mit den Korrelationen zwischen den Schätzurteilen über reale Personen unter Verwendung derselben Begriffe, sofern die besagten Urteile auf der Basis von Gedächtnisinformation angegeben werden. Hingegen ist die Übereinstimmung gering, wenn anstelle von Informationen aus dem Gedächtnis aktuell beobachtetes Verhalten als Vergleichsgröße dient. Diesen Sachverhalt hat Shweder (1982) in einem Experiment demonstriert, das sich auf eine 30 Minuten währende videographierte Interaktion zwischen vier Angehörigen einer Familie stützte. Das Verhalten der agierenden Personen wurde anhand von sechs Kategorien qualifiziert (Rat geben, informieren, nahelegen, fragen, kritisieren und nicht übereinstimmen), und zwar entweder während der Exposition des Bandes fortlaufend und auf jede behaviorale Äußerung bezogen (»aktuell«) oder im Nachhinein in Gestalt eines summarischen Urteils (»gedächtnisbasiert«). Außerdem wurde ein Ähnlichkeitsrating für alle Paarkombinationen der kategorialen Bezeichnungen vorgenommen.

In jenen Fällen nun, wo die semantische Ähnlichkeit den Interkorrelationen zwischen den aktuellen Verhaltensweisen widersprach, folgten die Interkorrelationen zwischen den gedächtnisbasierten Urteilen mehr den semantischen Ähnlichkeiten als den Interkorrelationen zwischen den aktuellen Verhaltensweisen. Shweder und D'Andrade (1980; Shweder, 1982) formulierten zur Erklärung dieser Befunde die »Systematische Verzerrungshypothese«, wonach alle gedächtnisgestützten Eigenschaftsurteile nur die semantische Ähnlichkeit zwischen den verwendeten Begriffen wiedergeben. Im Sinne dieses Konzeptes sind *alle* Korrelationen zwischen Eigenschaften auf IPT zurückzuführen. »Korrelationen zwischen Eigenschaften auf Basis von Selbst- oder Fremdeinschätzungen spiegeln die konzeptuelle oder semantische Ähnlichkeit zwischen Eigenschaftskategorien, nicht aber individuelle Unterschiede in der Persönlichkeit oder dem Verhalten wider« (Shweder & D'Andrade, 1980).

Insbesondere die These von der Irrelevanz individueller Unterschiede erscheint überzogen, da eine Vielzahl korrelativer Beziehungen zwischen Selbsteinschätzungen auf der einen Seite, Fremdbeurteilungen und behavioralen Indikatoren auf der anderen belegt ist, was nicht durch semantische Ähnlichkeit oder systematische Verzerrung zu erklären ist. Unvereinbar damit sind auch die trotz wechselnder Beurteiler selbst über längere Zeitabschnitte beobachteten Stabilitäten für zahlreiche Persönlichkeitstests (s. Backteman & Magnusson, 1981), da eine *extreme* Formulierung der IPT besagt, dass die Zuschreibung einer Eigenschaft nur auf Merkmalen des Beurteilers, nicht aber des Beurteilten beruht.

Borkenau (1989) ging in mehreren aufwendigen Untersuchungen der Haltbarkeit der SDH nach und stellte ihr die »Systematische Überlappungshypothese« gegenüber. In der Zusammenschau aller Befunde geben die Korrelationen zwischen Eigenschaften vermutlich Strukturmerkmale sowohl der Sprache als auch des Verhaltens wieder (s.a. Borkenau, 1986). Im Zuge der besagten Studien konnten Borkenau und Ostendorf (1987) zudem zeigen, dass die IPT zutreffend nicht nur die Korrelationen zwischen den gedächtnisbasierten, sondern auch diejenigen zwischen den aktuell registrierten Verhaltenshäufigkeiten widerspiegelt, und dass den Beurteilern lediglich gewisse Fehler bei der Schätzung bedingter Wahrscheinlichkeiten aus den beobachteten Basisraten unterlaufen.

Zusammenhang von Selbst- und Fremdeinschätzungen

Ungeachtet ihrer systembedingten Vorzüge sind also sowohl Selbst- als auch Fremdeinschätzungen mit verschiedenen methodischen Problemen behaftet. Vor diesem Hintergrund wird man eine perfekte Korrelation (r nahe 1,0) zwischen Selbst- oder Fremdeinschätzungen und objektiv erhobenen Verhaltensdaten nicht erwarten können. Was den Zusammenhang zwischen Selbst- und Fremdeinschätzungen angeht, muss zusätzlich Folgendes bedacht werden: Bei Selbsteinschätzungen stehen einer Person Informationen aus früheren Erfahrungen sowie über Gedanken, Gefühle und Motive zur Verfügung, zu denen Fremdbeurteiler keinen Zugang haben. Ferner sind wir bei der Bearbeitung und Bewertung des Selbst stärker Ich-beteiligt als bei der Einschätzung anderer; von daher mögen Selbstbeobachtungen gravierender durch motivationale Faktoren wie Selbstwertgefühle beeinflusst werden, die bei Fremdeinschätzungen nicht dieselbe Rolle spielen. All diese Gesichtspunkte lassen es erwarten, dass die Übereinstimmung zwischen Fremdbeurteilern höher ist als diejenige zwischen Selbst- und Fremdurteilen.

Die Übereinstimmung zwischen Selbst- und Fremdurteilen ist nach vielen Untersuchungen (s. Spinath, 2000) hoch, und zwar sowohl in Tests als auch in direkten Beurteilungsskalen für Eigenschaften. Um nur wenige Beispiele zu geben: Für das Freiburger Persönlichkeits-Inventar berichteten Schmidt und König (1986) eine über die Skalen gemittelte Korrelation zwischen Testwerten und Bekannteneinschätzungen von $r_{tc} = 0{,}38$. Für andere Tests gelten ähnliche, mitunter auch höhere Werte (s. Amelang & Schmidt-Atzert, 2006, S. 259–278). Woodruffe (1985) errechnete für die Übereinstimmung zwischen der Selbstbeschreibung anhand von Adjektiven und gemittelten Fremdeinschätzungen über mehrere Eigenschaften hinweg einen durchschnittlichen Koeffizienten von $r = 0{,}56$. Der Zusammenstellung von McCrae et al. (2004) zufolge liegen die Koeffizienten für das NEO-Persönlichkeitsinventar meist etwas über 0,40.

Das Ausmaß der Übereinstimmung zwischen Selbst- und Fremdurteilen wächst mit der *Menge an Information*, die den Fremdbeurteilern zur Verfügung steht. Letzring et al. (2006) konnten dieses Ergebnis experimentell aufzeigen. Auch war die *Qualität der Information*, also ihre persönlichkeitspsychologische Relevanz, von Bedeutung. Außerhalb des Labors wird gern der Bekanntheitsgrad zwischen Fremdbeurteiler und Zielperson als Indikator für die Informationsmenge der Fremdbeurteiler herangezogen, schließlich wissen nahestehende Personen mehr von einander als flüchtige Bekannte. Entsprechend nimmt die Korrelation zwischen Testwerten und Fremdeinschätzungen mit dem Bekanntheitsgrad zwischen Zielperson und Fremdbeurteilern zu (Schmidt & König, 1986; Biesanz et al., 2007). Die Übereinstimmung zwischen Selbst- und Fremdeinschätzungen steigt von Freundschafts-Dyaden über lose Partnerschaften zu Ehepaaren an (Watson et al., 2000). Freunde sind sich in ihrem Urteil nicht nur einiger als Bekannte, sie stimmen auch mit den Selbsteinschätzungen von Zielpersonen besser überein (Colvin & Funder, 1991). Darüber hinaus nimmt die Übereinstimmung auch längsschnittlich mit der Dauer der Bekanntschaft zu (Paulhus & Bruce, 1992), und zwar nicht nur in »natürlichen Beziehungen«, sondern auch bei zufällig zusammengebrachten Personen, wobei die Qualität der Beziehung anscheinend unerheblich ist (Kurtz & Sherker, 2003).

Das Ausmaß der Übereinstimmung zwischen Selbst- und Fremdurteilen ist dann größer, wenn die einzuschätzenden Eigenschaften gut *beobachtbar* (Kenrick & Stringfield, 1980; Watson et al., 2000) sind. Dabei variiert die Beobachtbarkeit nicht nur zwischen den Zielpersonen, sondern auch mit den Verhaltensbereichen: Bei Extraversion scheint sie höher zu sein als bei Neurotizismus und Verträglichkeit. Anstelle der Beobachtbarkeit oder Sichtbarkeit prägten Ready et al. (2000) den umfassenderen Begriff der *Einschätzbarkeit* (engl. »ratability«). Darunter verstehen sie, dass es unterschiedlich schwierig ist, andere Personen hinsichtlich bestimmter Eigenschaften zu beurteilen. So wurde Misstrauen als schwer, Aggressivität als leicht einzuschätzen bezeichnet. Weitere Konstrukte mit einem maßgeblichen Einfluss auf die Übereinstimmung zwischen Selbst- und Fremdeinschätzungen sind die individuelle *Zentralität* und *Angemessenheit* (Zuckerman et al., 1988; bzw. Amelang & Borkenau, 1985; Details dazu s. Abschn. 12.2).

Sind Eigenschaften hingegen in stärkerer Weise sozial erwünscht, so mindert das nicht nur die Übereinstimmung zwischen verschiedenen Fremdeinschätzern, sondern mehr noch diejenige zwischen Selbst- und Fremdbeurteilern. Wenn die Beurteilung in deutlichem Maße wertende Aspekte enthält, weichen offenkundig die Prozesse zur Wahrnehmung des Selbst von denen der Fremdwahrnehmung ab, und zwar möglicherweise deshalb, weil in solchen Fällen durch die Ich-Beteiligung affektive und defensive Vorgänge zum Schutze der Aufwertung der eigenen Person aktiviert werden (▶ **Abb. 3.2**).

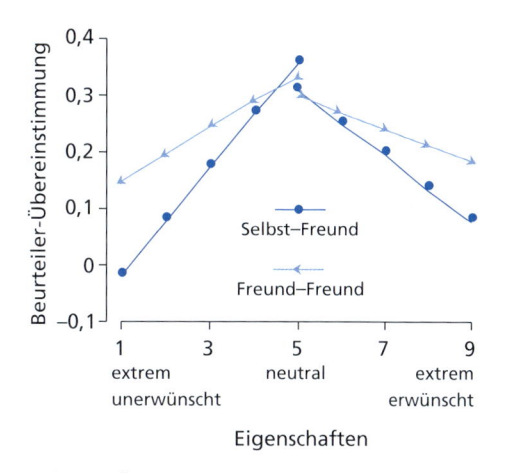

Abb. 3.2: Übereinstimmung zwischen Beurteilern als Funktion der Sozialen Erwünschtheit von Eigenschaftsdimensionen (nach John & Robins, 1993).

Eine Übereinstimmung zwischen Selbst- und Fremdurteilen findet sich sogar in jenen Fällen, in denen die Zielpersonen und die Fremdbeurteiler einander definitiv gar nicht kannten und die Urteile deshalb auf der Basis äußerst spärlicher Informationen erfolgen musste. Dieses erstaunliche Phänomen, das auch Implikationen für die Interpretation der o.a. Befunde von Passini und Norman (1966) aufweist, wird als »Validität bei fehlender Bekanntschaft« (engl. »consensus/validity at zero acquaintance«) bezeichnet. Eine solche Übereinstimmung nicht nur zwischen den Fremdbeurteilern, sondern auch zwischen ihnen und den Selbsteinschätzungen der Zielpersonen ist nur denkbar, wenn es Merkmale des Ausdrucksverhaltens gibt, die als vermittelnde Glieder zwischen der Selbst- und Fremdsicht in Betracht kommen (▶ Abb. 3.3). Eine experimentelle Variation der Informationshaltigkeit dieser vermittelnden Glieder müsste dementsprechend vorhersagbare Auswirkungen auf die Höhe der Validität haben.

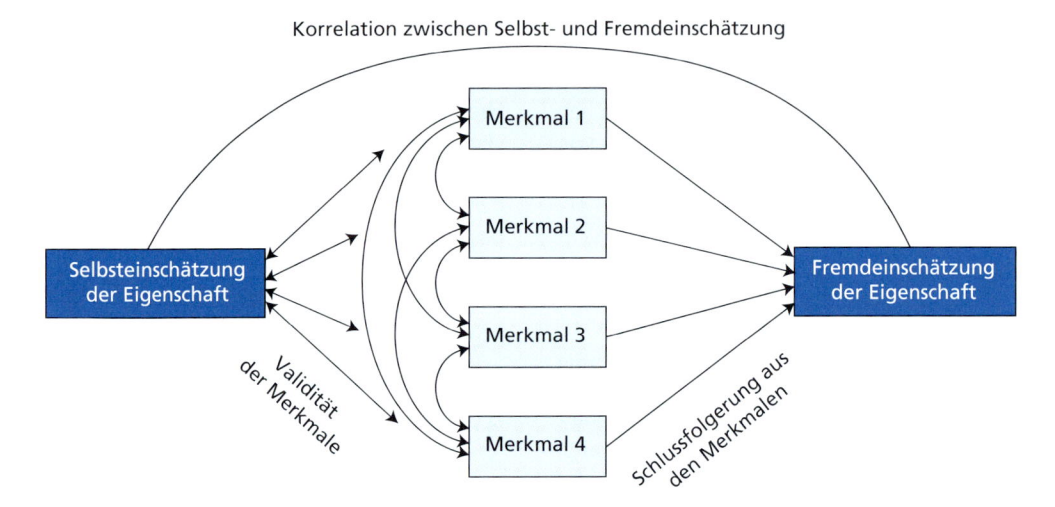

Abb. 3.3: Adaptierte Version des Linsenmodells von Brunswik (nach Borkenau & Liebler, 1992b, S. 647).

In ersten Untersuchungen am Heidelberger Institut (Amelang et al., 1983) wurde dieser Überlegung dadurch nachgegangen, dass Fremdbeurteiler gefilmte Standardszenen (Eintreten der Probanden in den Raum, Platznehmen u.Ä.) von insgesamt sieben Minuten Laufzeit sahen; dabei waren die gesprochenen Worte der Akteure entweder hörbar oder nicht. Die von den Fremdbeurteilern gelieferten Eigenschaftseinschätzungen der Zielpersonen korrelierten z. T. in einer Größenordnung von $r = 0,40$ mit den Testwerten der Zielpersonen. Unter der »Stummfilm«-Bedingung fiel das Muster der Korrelationen ähnlich aus, doch war die Höhe der Koeffizienten etwas vermindert.

Den Versuchen von Ambady und Rosenthal (1993) zufolge bestand sogar eine bemerkenswerte Übereinstimmung zwischen den Fremdbeurteilern, wenn diese die Eigenschaften und das Verhalten von Lehrern in »Stummfilmen« von nur 10 oder 15 Sekunden Dauer einschätzen mussten. Diese Einschätzungen (z. B. »aufmerksam«, »optimistisch«, »unterstützend«, »warm«) korrelierten mit den am Ende des Semesters von den Studenten gelieferten Urteilen zur globalen Lehreffektivität derselben Lehrer in einer Größenordnung von nicht weniger als $r = 0,70$! Die physische Attraktivität der Lehrer war für dieses erstaunliche Ergebnis ebenso wenig verantwortlich wie eine Reihe von gesondert registrierten Verhaltensweisen (Lachen, Kopfschütteln, Sitzen, Berühren des Kopfes usw.).

Borkenau und Liebler (1992b) verfeinerten die allgemeine Anordnung solcher Experimente und ließen neben Eigenschaftsdimensionen auch physische Merkmale einschätzen. Grundlage der Beurteilungen bildeten Videobänder, auf denen die Zielpersonen u.a. einen Standardtext vorlasen. Neben den Bedingungen Video mit und ohne Ton gab es zwei weitere, in denen die Beurteiler Standbilder aus den Videobändern sahen oder nur den gesprochenen Text hörten. Erneut ergab sich auch hier ein hoher Konsens zwischen den Beurteilern. Extraversion war unter »Video mit Ton« mit der Selbsteinschätzung der Zielpersonen zu 0,51 korreliert; das Ausblenden des Tons reduzierte den Koeffizienten nur auf 0,47. Für »Standbild« und »nur Ton« lauteten die Koeffizienten immerhin noch jeweils 0,33. Fremdbeurteiler erschließen die Eigenschaftsausprägung also auch aus physischen Merkmalen der Zielpersonen wie Körperbau, Mimik, Stimmelodie oder auch Kleidung und Frisur (Borkenau, 1993). In der Mehrzahl der Fälle stellten Borkenau und Liebler (1992a) zudem eine »cross-modale« Konsistenz insofern fest, als auch die Einschätzung von Eigenschaften über verschiedene Informationsquellen hinweg (cross-modal) konvergierten. Etwa korrelierten die Einschätzungen der Eigenschaftsdimension »gesprächig – still« zwischen den Bedingungen Tonkassette und Stummfilm zu $r = 0{,}31$; zwischen den Bedingungen Tonkassette und Standbild lautete der betreffende Koeffizient 0,30. Insgesamt war diese cross-modale Konsistenz unterschiedlich für die verschiedenen Bedingungen und höher für Extraversion als andere Eigenschaften, aber sie belegt, dass es Elemente in Aussehen und Verhalten der Zielpersonen geben muss, die den Konsens auf Seiten der Beurteiler stiften.

3.1.6 Fehlerfaktoren

Absichtliche Verstellung

Offenkundig sind Fragebogen leicht verfälschbar. Während es in Leistungstests unmöglich ist, systematisch »nach oben« zu betrügen, also eine höhere Zahl richtiger Lösungen zu erzielen, als es dem eigenen Fähigkeitsniveau entspricht, sind die Fragebogen sensitiv gegenüber einer absichtlichen Verfälschung in *jeder* Richtung. Instruktionen in dem Sinne, die Testperson solle sich mit ihren Angaben möglichst positiv bzw. negativ darstellen (»fake good« bzw. »fake bad«), haben Resultate zur Folge, die sich nicht nur voneinander, sondern auch jeweils von den unter Normalinstruktion erhaltenen Mittelwerten unterscheiden. Darüber hinaus bereitet anscheinend auch die instruktionsgemäße Übernahme verschiedener Rollen den Probanden keinerlei Probleme.

Hoeth et al. (1967) gaben mehreren Gruppen von Probanden Skalen zu Extraversion, Neurotizismus und Rigidität vor mit der Aufforderung, die Fragen so zu beantworten, wie dieses typische Angehörige einzelner Berufsgruppen (z.B. Verkäufer, Büroangestellte usw.) vermutlich täten, und wie es zweckmäßig wäre, um eine in diesen Bereichen ausgeschriebene Stelle zu erhalten. Die Mittelwerte der Tests zeigten in Abhängigkeit von den vorgegebenen Rollen klare Differenzierungen.

Solche Befunde weisen darauf hin, dass auch unter Normalinstruktion absichtliche Verfälschungstendenzen eine Rolle spielen könnten. Ob daher vom Einsatz von Persönlichkeitstests bei Selektionsentscheidungen, etwa bei der Auslese von Stellenanwärtern, abzuraten ist, ist allerdings eine andere Frage. Denn es gibt Hinweise darauf, dass Messwerte, die unter Fake-good-Instruktion zustande gekommen sind, nur geringfügig weniger valide sind als die unter Normalinstruktion erhaltenen. Amelang et al. (2002) fanden gegenüber Fremdeinschätzungen nur geringfügig gesunkene Validitäten, die aber mit Werten um 0,43 noch immer signifikant und numerisch in ausreichender Höhe lagen. In ihrer Meta-Analyse von Fragebogenstudien zur Vorhersage von Berufserfolg gelangten Ones und Viswesvaran (1998) zu demselben Ergebnis. Pauls und Crost (2005) konnten zeigen, dass instruktionsgemäßes

Verfälschen eine adaptive Fähigkeit ist, die mit Intelligenz und flexibler Situationserfassung zusammenhängt. Allerdings wiesen Rosse et al. (1998) nach, dass sich durch bewusste Verstellung die Rangreihe von Bewerbern durchaus ändern kann.

Soziale Erwünschtheit

Soziale Erwünschtheit bezeichnet die individuell unterschiedliche Tendenz, Antworten im Sinne dessen zu geben, was in der Gesellschaft als erwünschtes Verhalten gilt. Edwards (1953) ließ 152 männliche und weibliche Beurteiler einschätzen, wie sehr die in jedem von 140 Items des MMPI-Typs beschriebene Verhaltensweise sozial erwünscht sei. Die so bestimmte Wertigkeit an Sozialer Erwünschtheit (SE) korrelierte mit der Häufigkeit der »Ja«-Antworten bei einer anderen Gruppe von Versuchspersonen unter der üblichen Selbstinstruktion über die Items in einer Höhe von $r = 0,87$. Die Wahrscheinlichkeit einer Selbstzuschreibung der jeweiligen Verhaltensweise ist also in hohem Maße abhängig von deren SE-Gehalt.

Seitdem sind verschiedene Skalen zur gesonderten Erfassung der Tendenz, Antworten im Sinne von SE zu liefern, konstruiert worden (s. insbesondere Stöber, 2001). Das Gemeinsame besteht darin, solche Verhaltensweisen in Itemform zu kleiden, die

- eine nur geringe Auftretenswahrscheinlichkeit haben, aber sozial erwünscht sind (z. B. sich über die Eignung von Kandidaten gründlich informieren, bevor ein Urteil über sie abgegeben wird; nie vorgeben, mehr zu wissen, als es den tatsächlichen Gegebenheiten entspricht; gefundene Gegenstände abliefern),
- häufig vorkommen, gleichwohl sozial unerwünscht sind (z. B. zu spät zu Verabredungen kommen; nicht immer die Wahrheit sagen; ein Versprechen nicht halten, weil dessen Einlösung zu schwer fällt).

Inanspruchnahme der ersteren Verhaltensweisen für die eigene Person und Leugnung der letzteren gilt als Tendenz zu SE-Reaktionen.

Eine allgemeine Empfehlung geht dahin, die Testprotokolle von Personen mit hohen SE-Werten auszuschließen, weil diese möglicherweise uninterpretierbar sind. Dafür müsste zunächst gezeigt werden, dass SE-Skalen (auch Lügenskalen genannt) die Validität inhaltlicher Skalen moderieren. Damit ist gemeint, dass die Validität der inhaltlichen Skalen in einer Abhängigkeit vom SE-Skalenwert steht: Für Personen mit höheren SE-Werten besäßen die inhaltlichen Skalen eine geringere Validität, für Personen mit niedrigen SE-Werten eine höhere Validität. Entsprechende Untersuchungen haben indessen nur vereinzelt die erwarteten Befunde erbracht.

In einer umfangreichen Erhebung an 344 Probanden mit hohen bzw. niedrigen SE-Werten unterschieden sich die Korrelationen von Fragebogenwerten mit Fremdeinschätzungen für Extraversion und Neurotizismus mit $r_{tc} = 0,35$ bzw. 0,46 geringfügig in der erwarteten Richtung (Amelang & Borkenau, 1981). Über gleichsinnige Ergebnisse an mehr als 400 Studenten berichtete Holden (2007). Allerdings fiel der Unterschied zwischen Gruppen mit hohen bzw. niedrigen SE-Werten nur in der Neurotizismus-Dimension des NEO-Persönlichkeitsinventars signifikant aus. In einer sorgfältigen Studie, die mehrere SE-Skalen sowie die fünf Faktoren des NEO-Persönlichkeitsinventars beinhaltete, konnten Borkenau und Ostendorf (1992) ebenfalls nur den moderierenden Effekt von SE auf Neurotizismus replizieren. Zu weithin negativen Resultaten gelangten Piedmont et al. (2000). Auch in der Studie von Kurtz et al. (2008) gingen höhere SE-Werte nicht mit einer geringeren Übereinstimmung zwischen Selbst- und Fremdeinschätzungen einher.

Die kontroverse Befundlage erschwert eine verbindliche Bewertung; anscheinend spielen die verwendeten Skalen ebenso eine Rolle wie die herangezogenen Personengruppen. Vielleicht aktivieren die Situationen der individuellen Testung für Forschungszwecke nicht in hinreichender Weise Motive für eine beschönigende Selbstdarstellung.

Die Bemühungen, Testpunktwerte in inhaltlichen Skalen durch die Höhe der Punktwerten in SE-Skalen regressionsanalytisch zu »bereinigen«, sind nur für Gruppen hinreichend erfolgreich gewesen, nicht hingegen für eine Korrektur der individuellen Scores (Herzberg, 2004).

Schließlich führten auch frühe Versuche, nur solche Items für Persönlichkeitstests vorzusehen, die gegenüber SE indifferent sind, nicht zu ermutigenden Resultaten (s. Wiener, 1948; Fordyce & Rozynko, 1957). Anscheinend existieren keine validen Items, die frei von SE-Einfluss sind, wenn es um einigermaßen bedeutsame Eigenschaften geht. Es könnte daher die Validität von Tests leiden, wenn man versuchen wollte, sie von ihren SE-Anteilen zu bereinigen.

Für Crowne und Marlowe (1960) war die SE-Dimension zu breit, weshalb sie unterschieden zwischen SE-Reaktionen als »Response Set«, also einem individuellen Bias, der lediglich bei der Bearbeitung von Persönlichkeitstests eine Rolle spielen mag, und SE als »Response Style«, d. h. als Element einer breiteren Disposition zu sozial erwünschten Verhaltensweisen. Tatsächlich konnten sie zeigen, dass mit SE-Skalen das Verhalten in zahlreichen experimentelle Aufgaben korreliert.

So gaben Versuchspersonen mit hohen SE-Werten häufiger als solche mit niedrigen an, eine in Wirklichkeit langweilige Aufgabe interessant gefunden zu haben; auch zeigten sie eine stärkere Konformitätsneigung bei der Einschätzung akustischer Reize im Sinne der zuvor von Mitarbeitern des Untersuchungsleiters gelieferten falschen Urteile. Schließlich war bei Probanden mit hohen SE-Werten eine stärkere Wahrnehmungsabwehr für tabuierte gegenüber neutralen Wörtern festzustellen, wenn die Versuchspersonen glaubten, das Experiment diene der Ermittlung der individuellen Reaktionen auf obszöne Reizvorlagen. Der Effekt trat jedoch nicht auf, wenn ihnen suggeriert worden war, dass es um die Feststellung der Wahrnehmungsgeschwindigkeit ginge.

Diese und weitere Befunde sind vor dem gemeinsamen Nenner zu interpretieren, dass mit hohen SE-Testwerten ein allgemeines Bestreben nach sozialer Anerkennung, Lob und Billigung einhergeht. Die Tendenz, in Fragebogen in sozial erwünschter Richtung zu antworten, weist also Verhaltenskorrelate auf. Damit stimmen die Beobachtungen überein, dass die Selbst- und Fremdeinschätzungen zu SE in einer Höhe von ca. 0,35 miteinander korrelieren (s. Amelang et al., 2002).

Innerhalb des Konzeptes von SE als eines Response Styles unterschieden Linden et al. (1986) zwischen »Selbsttäuschung« (engl. »self-deception«, SD) und »Eindrucksvermittlung« (engl. »impression management«, IM). Bei SD soll es sich um eine eher unbewusste Tendenz zu positiven Antworten handeln, um ein positives Selbstbild aufrechterhalten zu können. Bei IM handelt es sich hingegen um die bewusste Dissimulation von negativen Antworten mit dem Ziel, einen positiven Eindruck bei anderen zu erwecken. Es scheint vorwiegend die SD-Komponente zu sein, die mehr mit allgemeinen Verhaltenskorrelaten in Verbindung steht, während IM eher das (Test-) Beantwortungsverhalten beeinflusst (s. Paulhus, 1986). Aber in ihrer Meta-Analyse fanden Li und Bagger (2006) auch für die IM-Komponente keine Hinweise auf eine validitätsmoderierende Funktion. Unter Heranziehung der Testwerte von Offiziersanwärtern in einer Bewerbersituation einerseits, den Nacherhebungen drei Jahre später und Urteilen der Partnerinnen andererseits gelangten Lönnqvist et al. (2007) zu der Schlussfolgerung, dass die Paulhus-Skalen – in unterschiedlichem Ausmaß – neben Response Set und Response Style auch Verhaltensunterschiede abbilden.

Abschließend bleibt festzuhalten, dass es sich bei der individuellen SE-Tendenz offenkundig um ein mehrdimensionales Konzept von großer Bedeutung handelt, für das zahlreiche Verhaltenskorrelate ermittelt wurden. Eine die Validität von Fragebogen moderierende Funktion konnte aber nicht durchgängig nachgewiesen werden.

Akquieszenz

Weniger intensiv als SE ist ein anderer Antwortstil erforscht worden: die Tendenz, unter mehr oder weniger starker Ausblendung des Iteminhalts auf eine Frage mit »ja« bzw. auf eine Feststellung mit »stimmt« zu antworten. Von mehreren Ansätzen, die individuelle Ausprägung von Ja-Sage-Bereitschaft oder *Akquieszenz* zu erfassen, sollen hier nur jene genannt werden, deren Rationale unmittelbar einsichtig und kurz darstellbar ist: Spiegelung von Itemformulierungen und die Verwendung schwieriger Sachfragen (zu den weiteren Techniken s. Jackson, 1967; sowie Watson & Tellegen, 2002).

Die erstere Methode ist die ungleich häufiger benutzte. Wer auf eine originale Feststellung der Art »Ich nehme lieber ein Duschbad als ein Vollbad« mit Zustimmung antwortet, müsste im Falle von individueller Konsistenz auf die gespiegelte Formulierung »Ich nehme lieber ein Vollbad als ein Duschbad« mit Verneinung reagieren. Fälle doppelter Bejahung oder Verneinung sind nur möglich, wenn nicht genügend auf die jeweilige Formulierung geachtet, die eine oder andere Antwortmöglichkeit also lediglich aufgrund formaler oder stilistischer Gesichtspunkte gewählt wird.

In seinem bekannten Artikel hat Rorer (1965) die Akquieszenzanzeichen in zahlreichen Untersuchungen auf Unachtsamkeiten beim Versuch der Spiegelung von Iteminhalten zurückgeführt. In einer eigenen Arbeit stützten sich Rorer und Goldberg (1965) auf sorgfältig ausgewählte MMPI-Items. Eine größere Stichprobe von Studenten bearbeitete im Intervall von 14 Tagen zweimal die reguläre Form, eine vergleichbare Gruppe im selben zeitlichen Abstand einmal die originale, das zweite Mal die gespiegelte Version. Die Konsistenz der ersten Gruppe lag bei 87 %, diejenige der letzteren bei 83 % der aufgetretenen Fälle. Aufgrund der sehr geringen Differenz zwischen beiden Stichproben schlussfolgerten die Autoren, Akquieszenz sei ein »Mythos« und sein Einfluss auf die MMPI-Items außerordentlich gering.

Die Ergebnisse der seitdem durchgeführten Studien mit anderen Items und differenzierteren Techniken der Bestimmung von Akquieszenz gelangten zu anderen Schlussfolgerungen. Ein gutes Beispiel dafür stellt die sehr aufwendige Arbeit von Soto et al. (2008) dar, in der die Akquieszenz durch Summenbildung inkonsistenter Antworten auf logisch gegensätzliche Items erfolgte (z. B. »ist redselig« vs. »ist eher still«). Nach statistischer Kontrolle dieser Variablen veränderten sich verschiedene psychometrische Kriterien des NEO-Persönlichkeitsinventars bedeutsam, darunter die interne Konsistenz von und die Differenzierung zwischen Skalen.

Eine Technik zur Bestimmung des Einflusses von Akquieszenz besteht darin (Winkler et al., 1982), die Summe der inkonsistenten Beantwortungen auf gegensätzliche Items als Variable heranzuziehen, deren Einfluss dann aus den Interkorrelationen zwischen den (anderen) Items herauspartialisiert wird. Die Faktorisierung der Residual-Interkorrelationen basiert somit auf einer von Akquieszenz bereinigten Matrix und führt zu anderen Faktorenmustern als diejenige der originalen Korrelationen.

Eine weiterer Ansatz, die individuelle Akquieszenz zu bestimmen, besteht in der Verwendung schwieriger oder unlösbarer Sachfragen. Dieser Methode haben sich nur wenige Autoren bedient. Hierzu gehören Aussagen über fiktive Sachverhalte (z. B. »Die Wotumanen waren ein germanischer Volksstamm«) oder über Inhalte, die prinzipiell in Erfahrung gebracht werden können, faktisch jedoch in einer Testsituation nicht zugänglich sind (z. B. »Gibt es in der Bundesrepublik mehr Rollladen- als Jalousienhersteller?«). Das zugrundeliegende Rationale geht dahin, dass bei der Unbeantwortbarkeit des Inhaltes die relative Bevorzugung einer Antwortkategorie als Akquieszenzmaß aufgefasst werden kann.

Die validitätsmoderierende Funktion schwieriger Sachfragen untersuchten Amelang und Borkenau (1981). Über alle eingesetzten Skalen resultierten für drei Gruppen von Personen mit niedrigen, mittleren und hohen Akquieszenzwerten durchschnittliche Selbst-Fremdkorrelationen von $r = 0{,}44$, $r = 0{,}49$ bzw. $r = 0{,}42$. Ausgehend von diesem Befund scheinen die beiden Pole der so operationalisierten Akquieszenzdimension inhaltlich und funktional etwas Gleiches zu bedeuten, insofern als sowohl für die extremen Ja- als auch extrem Nein-Sager ein Abweichen vom ausgewogenen Reaktionsverhalten kennzeichnend wäre. Diesbezüglich bedarf es freilich noch zukünftiger Replikationen.

Die im Individuum ablaufenden Prozesse könnten nach einem Zweistufen-Modell erfolgen. Die erste Stufe besteht in der stillen und weitgehend »automatischen« Akzeptanz einer Information, die zweite in einer sorgfältigeren Erwägung und Bewertung, die mehr motivationalen und kognitiven Aufwand erfordert. Unterstützung erfahren diese Modellvorstellungen durch Experimente von Knowles und Condon (1999), in denen bei der Bearbeitung von Persönlichkeitsfragen »Ja-Sager« schneller als »Nein-Sager« mit »Ja« antworteten und unter kognitiver Belastung durch Nebentätigkeiten die »Ja«-Antworten zunahmen, vermutlich weil die »Ja-Sager« eine sorgfältigere Bewertung nicht vornehmen konnten oder wollten. Dem entspricht, dass aufgrund von Interviews und Testergebnissen die »Ja-Sager« als extravertiert, impulsiv, emotional und unkontrolliert beschrieben werden, die »Nein-Sager« entsprechend als introvertiert, vorsichtig, rational und überkontrolliert (Knowles & Nathan, 1997).

Wie immer die Akquieszenz auch bestimmt wurde, so scheint diese doch recht methodenspezifisch zu sein. Jedenfalls erwies sich die Konvergenz zwischen verschiedenen methodischen Zugängen in der Studie von Ferrando et al. (2004) als sehr gering. Ähnlich auch Hinz et al. (2007), die nur eine mäßige Konsistenz über verschiedene Skalen hinweg beobachteten.

Fehlerfaktoren und Testvalidität

Ungeachtet der Fehlerquellen, die bei der Abgabe von Selbst- und Fremdbeschreibungen eine Rolle spielen mögen, kann aber doch festgehalten werden, dass Schätz- oder Testverfahren zur Persönlichkeitserfassung in den meisten Erlebnis- und Verhaltensbereichen eine hinreichende Validität aufweisen.

3.1.7 Ein alternatives Messkonzept: indirekte Verfahren

Die in den vorangegangenen Abschnitten thematisierten Fehlerfaktoren bei der Bearbeitung von Verfahren der *direkten* Selbsteinschätzung haben eine unübersehbare Schwäche dieser Klasse von Instrumenten aufgezeigt: Sie sind nicht immun gegen absichtliche Verfälschungen sowie Beeinflussungen durch Antwortmuster im Sinne von Sets und Stilen. Auch wenn die Effekte solcher Faktoren bestenfalls gering, meist jedenfalls gar nicht bestimmbar sind, beeinträchtigt das den konzeptuellen Wert derartiger Verfahren doch im Grundsatz.

Die Introspektion und die darauf basierenden Urteile sind noch mit einem zweiten Nachteil behaftet, der sich aus dem dualen Prozessmodell von Strack und Deutsch (2004) ableitet. Diesem Modell zufolge beruhen die Handlungen von Personen teils auf reflexiven und teils auf impulsiven Determinanten. Bei Selbstberichten handelt es sich um *explizite* Repräsentationen, denen *reflexive* Vorgänge in der Verarbeitung von Informationen über sich und die Umwelt zugrunde liegen. Dieses sogenannte propositionale System entspricht logischem Denken und arbeitet bewusst, aber langsam – und unterliegt den o.a. Störfaktoren. Es wird flankiert von einem assoziativen System der Informationsverarbeitung, das eher durch *impulsive* Determinanten gekennzeichnet ist, schnell arbeitet, aber dem Bewusstsein nur begrenzt zugänglich ist. Die *impliziten* Repräsentationen des assoziativen Systems sind kognitiv weniger elaboriert. Durch den begrenzten kognitiven Zugang – und daraus ergibt sich die zweite grundsätzliche Limitierung – können sie mit Hilfe der herkömmlichen direkten Verfahren nicht abgebildet werden. Hierzu bedarf es einer gesonderten Kategorie, die als *indirekte* Verfahren bezeichnet werden. Dem dargelegten Modell entsprechend sind diese Verfahren auf die Erfassung von impliziten Assoziationen gerichtet und heißen deshalb »Implizite Assoziationstests« (engl. »implicit association tests«, IAT).

Konkret besteht die Anordnung in einer Kategorisierungsaufgabe unter Aufzeichnung der Reaktionszeit. Üblicherweise werden den Testteilnehmern am Bildschirm Wörter vorgegeben, die sie durch Drücken einer linken oder rechten Reaktionstaste einer Objektkategorie (z. B. Zielperson *Ich* vs. *Andere*) und danach in einer Folgephase einer Attributkategorie (z. B. *schüchtern* vs. *nicht schüchtern*) zuordnen müssen. In einer dritten Phase sind die Reaktionstasten doppelt belegt (z. B. linke Taste *Ich – schüchtern*, rechte Taste *Andere – nicht schüchtern*). Erneut werden Worte vorgegeben, die kategorisiert werden müssen. In der vierten Phase wird die Objektzuordnung auf die Tasten umgekehrt (z. B. Zielperson *Andere* vs. *Ich*) und in der letzten Phase dann die umgekehrte doppelte Belegung der Reaktionstasten vorgenommen (z. B. linke Taste *Andere – schüchtern*, rechte Taste *Ich – nicht schüchtern*). Für die Auswertung werden die Reaktionszeiten der dritten und der letzten Phase verglichen. Die allgemeine Hypothese lautet, dass besonders kurze Reaktionszeiten dann auftreten, wenn zwei Konzepte, zwischen denen besonders enge Assoziationen bestehen, ein- und derselben Reaktionstaste (und nicht verschiedenen) zugeordnet sind.

Die mit derartigen Anordnungen (inzwischen gibt es auch solche mit unipolaren Konzepten) ermittelten Resultate sind intern konsistent, wenngleich die Retest-Stabilität noch unbefriedigend ist. Die IATs binden erhebliche Varianz zugunsten der Methodenspezifität und können durchaus verfälscht werden. Ihre konvergente Validität mit expliziten Selbstberichten ist allenfalls mäßig (zu den Details der hier angeschnittenen Probleme s. Schnabel et al., 2008; Borkenau et al., 2005). Von daher ist nicht daran zu denken, mit IATs etwa Selbstberichte zu ersetzen, aber eine ergänzende Funktion kommt für sie sehr wohl in Betracht.

Eine aussagestarke Untersuchung von Asendorpf et al. (2002) mag dieses belegen: An 139 Testteilnehmern, die in einer experimentellen Situation ihre Schüchternheit überwinden und Souveränität unter Beweis stellen sollten, korrelierten die IAT-Werte in mittlerer Höhe mit den gleichfalls erhobenen expliziten Selbsteinschätzungen für Schüchternheit. Allerdings sagten sie spontanes Schüchternheitsverhalten vorher, nicht aber kontrolliertes. Umgekehrt sagten die expliziten Selbsteinschätzungen für Schüchternheit nur das kontrollierte, nicht hingegen das spontane Schüchternheitsverhalten vorher – eine idealtypische Bestätigung der theoretischen Vorannahmen.

Die Entwicklung von IATs begann erst in den 1990er Jahren, sie befindet sich also noch im Frühstadium. Doch sind der Ansatz und der bisherige Ertrag bereits vielversprechend in dem Sinne, dass einige der Schwächen direkter Methoden zur Erfassung individueller Unterschiede überwunden werden können. Einen besonderen Einsatzbereich stellen die Einstellungs- und Stereotypie-Forschung dar, wo es häufig gilt, sensible Fragen zu beantworten (z. B. Einstellungen gegenüber Angehörigen von ethnischen Minoritäten oder Migranten usw.).

> **Zusammenfassung von Kapitel 3.1**
>
> Im eigenschaftstheoretischen Ansatz wird vorausgesetzt, dass interindividuelle Unterschiede in Merkmalen reliabel und unter standardisierten Bedingungen gemessen werden können. Die Bedingungen sollten so gestaltet sein, dass eine möglichst große Differenzierung zwischen den Personen in dem relevanten Merkmalsbereich entsteht. Für die Erfassung von Dispositionseigenschaften werden häufig Skalen entwickelt und als Fragebogen oder Test vorgegeben. Die Konstruktion von Skalen folgt häufig einem rationalen, kriterienorientierten oder induktiv-faktorenanalytischem Vorgehen. Diese Vorgehensweisen können auch kombiniert werden.
>
> Leistungstests, zum Beispiel zur Erfassung der Intelligenz, weisen wegen ihrer hohen Vorgabe- und Auswertungsobjektivität in der Regel eine hohe bis sehr hohe Reliabilität auf. Verfälschungstendenzen für die Erreichung von höheren Punktwerten sind ausgeschlossen. Persönlichkeitstests in der Form von Fragebögen sind sehr informationsreich, aber von etwas geringerer Reliabilität; vor allem aber sind sie leicht verfälschbar.
>
> Selbsteinschätzungen erfordern ein interindividuell vergleichbares Verständnis der Iteminhalte, die autobiografische Erinnerung an frühere Ereignisse und die Entscheidung für eine bestimmte Antwortalternative. Selbsteinschätzungen über eigenes früheres Verhalten können also nicht mit tatsächlichem Verhalten gleichgesetzt werden. Fremdeinschätzungen des Verhaltens einer Zielperson stellen deshalb ein sehr gutes Außenkriterium für selbsteingeschätztes Verhalten im Fragebogen dar. Allerdings unterliegen auch Fremdeinschätzungen bestimmten Bedingungen; sie bilden oftmals nicht das Verhalten einer anderen Person objektiv ab. Ein wichtiger subjektiver Aspekt ist die »Implizite Persönlichkeitstheorie«, womit individuelle Netzwerke von Vorstellungen und Annahmen über Eigenschaften und Verhaltensmerkmale gemeint sind. Ein anderer Aspekt ist die semantische Ähnlichkeit von Begriffen, die Personen beschreiben sollen. Bei Fremdeinschätzungen aus dem Gedächtnis kommen solche semantischen Ähnlichkeiten bei der Zuschreibung von Begriffen zu einer Zielperson verzerrend zum Tragen. Allerdings geht die semantische Ähnlichkeit von Begriffen zu einem Teil auch auf das Verhalten zurück (»systematische Überlappungshypothese«).
>
> Die Übereinstimmung von Selbst- und Fremdeinschätzungen liegt im Bereich von $r = 0{,}40$; sie nimmt mit zunehmendem Bekanntheitsgrad zwischen Zielpersonen und Fremdbeurteilern zu. Die Übereinstimmung steigt auch, wenn die einzuschätzende Eigenschaft gut beobachtbar und »einschätzbar« ist. Manche Persönlichkeitseigenschaften (etwa Extraversion, Gewissenhaftigkeit) können aus einzelnen Verhaltensproben gut erkannt werden, selbst wenn Zielperson und Fremdbeurteiler einander unbekannt sind.
>
> Zu den Verfälschungstendenzen von Selbsteinschätzungen in Fragebögen gehören die absichtliche Verstellung, die Soziale Erwünschtheit und die Ja-Sage-Bereitschaft (Akquieszenz).
>
> Bei der absichtlichen Verstellung gibt es, je nach Motiv, sowohl die Verstellung in Richtung einer »guten« als auch »schlechten« Selbstdarstellung. Die Auswirkungen solcher Verstellungen können empirisch durch entsprechend gestaltete Instruktionen untersucht werden. Hier zeigte sich eine nur geringfügig abgesenkte Validität in Bezug auf Berufserfolg.
>
> Mit »Sozialer Erwünschtheit« (SE) wird die Tendenz bezeichnet, Antworten im Sinne eines gesellschaftlich erwünschten Verhaltens zu geben. Um diese Tendenz zu erfassen, wurden spezifische SE-Skalen entwickelt, die Verhaltensweisen mit entweder geringer

> Auftretenswahrscheinlichkeit, aber hoher sozialer Erwünschtheit, oder hoher Auftretenswahrscheinlichkeit, aber niedriger sozialer Erwünschtheit, enthielten. Häufig ließen sich allerdings Minderungen der Validität der inhaltlichen Persönlichkeitsskalen bei Testpersonen mit hohen Werten in der SE- bzw. Lügenskala nicht nachweisen. Dies deutet darauf hin, dass es sich beim sozial erwünschten Antworten nicht nur um eine Verfälschungstendenz bei der Fragebogenbearbeitung (»Response Set«), sondern um eine breitere Disposition zu sozial erwünschten Verhaltensweisen handelt (»Response Style«). Diese Disposition kann weiter differenziert werden in eine Tendenz zur Selbsttäuschung und eine Tendenz zur Eindrucksvermittlung.
>
> Bei der Ja-Sage-Bereitschaft handelt es sich um die schematische Bejahung der Fragen oder Feststellungen des Fragebogens. Sie kann untersucht werden durch die Spiegelung von Itemformulierungen oder die Verwendung schwieriger Sachfragen. Das Zweistufen-Modell der Ja-Sage-Bereitschaft postuliert eine weitgehend automatische, schnelle Akzeptanz einer Information, gefolgt von einer sorgfältigeren Erwägung und Bewertung mit höherem motivationalen und kognitivem Aufwand. Sowohl die Ablenkung durch andere Aufgaben als auch Extraversion und Impulsivität erhöhen im Einklang mit dem Zweistufen-Modell die Ja-Sage-Bereitschaft. Neben den Selbst- und Fremdbeurteilungen (explizite Repräsentationen von Wissen über sich selbst) können auch indirekte Verfahren (implizite Repräsentationen von Selbst-relevanten Informationen) zur Persönlichkeitserfassung eingesetzt werden. Aus dieser Verfahrensgruppe ist insbesondere der Implizite Assoziationstest häufig untersucht worden. Er weist inkrementelle Validität gegenüber expliziten Verfahren auf, seine Retest-Stabilität ist allerdings für die Individualdiagnostik zu gering.

3.2 Der psychodynamische Ansatz

Psychoanalytische oder tiefenpsychologische Theorien unterscheiden sich von Eigenschaftskonzepten der empirischen Persönlichkeitsforschung in vielerlei Gesichtspunkten. Ohne auf diese hier schon im Detail einzugehen, kann als ein wesentliches Unterscheidungsmerkmal bereits die statische vs. dynamische Betrachtungsweise festgehalten werden. Die Kategorisierung von Verhaltensweisen in Klassen mehr oder minder großer Homogenität als ein wesentliches Kennzeichen der eigenschaftsorientierten Persönlichkeitsforschung ist vorwiegend statischer Natur. Hingegen versteht die Psychoanalyse (s. Abschn. 9.1) alles Verhalten als verursacht durch Konflikte zwischen den Instanzen Es, Ich und Über-Ich, die sich in permanentem und heftigem Widerstreit miteinander befinden. Die dabei maßgeblichen Triebe und Motive erlangen über den nervösen und muskulären Apparat des Organismus gewöhnlich nur einen indirekten Ausdruck. Das Verhalten erfolgt nicht rational, sondern irrational, getrieben und determiniert durch Impulse. Verbale Mitteilungen über die eigenen Empfindungen und Beweggründe sind nicht repräsentativ für die wahren Gegebenheiten, sondern stellen Deformationen, Abänderungen und Symbolisierungen des tatsächlichen Geschehens dar. Das Bewusstsein ist nicht Zentrum der Persönlichkeit, sondern allenfalls mit der Spitze eines Eisbergs vergleichbar, dessen Hauptmasse verborgen bleibt und als Unbewusstes die entscheidenden Impulse für unser Verhalten liefert. Die bestimmenden Faktoren für unser Erleben und Handeln erklären sich aus Vorgängen in der Vergangenheit (wie Triebversagung, Verlust der Mutterbindung, Erlebnisse während der Stillzeit oder Reinlichkeitserziehung usw.), doch können die Personen selbst in aller Regel darüber keine Auskunft geben.

3.2.1 Projektive Tests

Psychodynamisch orientierte Verfahren dienen dem Ziel, die unbewussten Prozesse und Konflikte der Persönlichkeit aufzudecken, Abwehrmechanismen und Widerstände zu überwinden und die dem Verhalten zugrundeliegenden nichtbewussten Motive zu identifizieren. Zunächst fungierten in diesem Sinne die klassischen Techniken Psychoanalyse, Traumdeutung und freie Assoziation. Die mit diesen Methoden verbundene enge Therapeut-Klient-Beziehung gewährleistet gewöhnlich eine interpersonale Atmosphäre, die einer Aufhebung von Hemmungen und Widerständen förderlich ist. Allerdings wird dazu außerordentlich viel Zeit benötigt, die gewöhnlich für Behandlungsversuche zur Verfügung steht, nicht aber für Forschungszwecke.

Befruchtet von der Tiefenpsychologie, in der Folge dann aber meist nur in geringer theoretischer Verbindung damit, wurden die »projektiven Verfahren« propagiert. Mit ihrer Hilfe sollte auf ökonomische und standardisierte Weise gleichsam die Gesamtheit der unbewussten Hindernisse und mehr oder weniger absichtlichen Verfälschungen, Maskierungen und Verzerrungen der zugrundeliegenden Konflikte überlistet und direkt zum Unbewussten vorgestoßen werden.

Günstig dafür schienen Materialien als Testvorlagen zu sein, die dem Einzelnen nicht vertraut und – wichtiger noch – inhaltlich nicht festgelegt, also mehrdeutig sind. Konfrontiert mit solchen Materialien würden die Probanden, so lautet auch heute noch die Grundthese, entsprechend der Bedeutung reagieren, die die Materialien für sie besitzen. Demgemäß liegt das »Wesen eines Projektiven Verfahrens darin, dass es etwas hervorruft, was – auf verschiedene Art – Ausdruck der Eigenwelt des Persönlichkeitsprozesses der Versuchsperson ist« (Frank, 1948, S. 46–47).

Aus dem Einschub »auf verschiedene Weise« wird jedoch deutlich, dass die Beziehung zwischen dem Indikator und dem Indikanden zumindest in der zitierten Umschreibung nicht näher bestimmt und damit das einzelne diagnostische Zeichen nicht eindeutig interpretierbar ist.

Freud hatte sich in Bezug auf den Vorgang der Projektion eindeutig festgelegt und darunter einen Abwehrmechanismus verstanden, der insofern angstreduzierend wirke, als er eigene angstauslösende Triebimpulse, Emotionen und Einstellungen anderen Menschen zuschreibt. Seit geraumer Zeit ist aber die Verwendung dieses Begriffs im Zusammenhang mit Tests nicht mehr länger eingeengt auf *verdrängte* Phänomene. Vielmehr zählt auch die »attributive« Projektion dazu, unter die allgemein die Zuschreibung eigener Motive, Gefühle und Verhaltensweisen auf andere Personen fällt.

3.2.2 Einige Beispiele

Einer der bekanntesten projektiven Tests ist der Formdeuteversuch von Rorschach (1921). Die Testperson erhält dabei Klecksbilder der in **Abbildung 3.4a** wiedergegebenen Art vorgelegt mit der Frage: »Was könnte das sein?«. Für jede einzelne der zehn Karten sind beliebig viele Antworten möglich. Diese können sich zudem auf die gesamte Vorlage, nur Teile oder gar Kleindetails beziehen, die »Figur« oder den »Grund« zum Inhalt haben usw. Die gelieferten Deutungen werden später nach spezifischen Regeln signiert. Dazu ist es zum Teil erforderlich, der Testperson noch einmal ihre Antworten vorzulesen und diese zu fragen, auf welches Element der Vorlage sich die jeweilige Deutung bezog. Anhand der Signierungen erfolgt schließlich die Interpretation im Hinblick auf Merkmale wie Zwangsvorstellungen, sexuelle Fantasien, Todeswünsche und dgl.

(a)

(b)

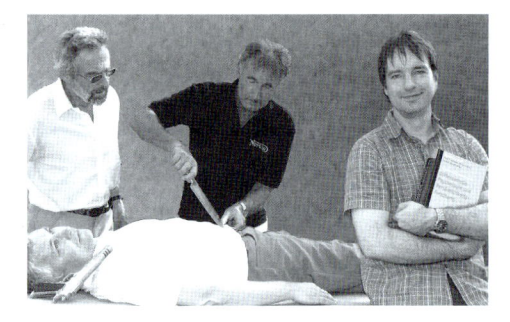

Abb. 3.4: Beispiele für die Art von Vorlagen, die im Rorschach-Test (a) und im Thematischen Apperzeptionstest (b) verwendet werden. Die Szene zu (b) ist der Tafel 8b des TAT nachempfunden.

Kaum weniger verbreitet ist der Thematische Apperzeptionstest (TAT), der von Murray in den 1930er Jahren entwickelt wurde. Er besteht aus 20 Karten, auf denen – unscharfen Schwarz-Weiß-Fotos nicht unähnlich – bestimmte Figuren in häufig schwer bestimmbarem Kontext wiedergegeben sind (▶ **Abb. 3.4b**).

Die Instruktion verlangt gewöhnlich von den Testpersonen das Erfinden einer Geschichte zu der abgebildeten Szene, wobei auch berichtet werden soll, was zu der augenblicklichen Situation geführt hat und wie alles weitergehen wird. Die Interpretation erfolgt in der Regel ausgehend von der Person des jeweiligen »Helden«, dessen Motive (z. B. Macht- oder Leistungsstreben, Angst vor der Zukunft o. Ä.) erkundet werden. Obwohl Rorschach-Test und TAT noch heute zu den gebräuchlichsten Persönlichkeitstests gehören (s. Schorr, 1995), existieren weder zu dem einen noch dem anderen Verfahren befriedigende Normdaten.

Das gilt auch für weitere projektive Tests: Im Satzergänzungsverfahren muss der Proband vorgegebene Sätze (z. B. »Meine Mutter…« oder »Meine größte Angst ist…«) zu Ende führen. In anderem Zusammenhang sollen Wünsche geäußert werden (z. B. »Ich möchte gern ein Tier sein, weil…«). Manche Verfahren verlangen den Umgang mit puppenartigen Figuren, die für die Mitglieder der Familie stehen sollen, oder das Hantieren mit Spielzeug verschiedener Art, um eine individuelle Welt zu entwerfen.

3.2.3 Gütekriterien

Ohne Zweifel werfen projektive Tests besondere Probleme bei der Überprüfung der Gütekriterien auf. Vollständige Durchführungsobjektivität ist bei der häufig engen Testleiter-Testpersonen-Beziehung und der Notwendigkeit, hin und wieder Rückfragen zu beantworten, nicht erreichbar. Desgleichen lässt sich die Objektivität der Signierung niemals in absoluter Weise sicherstellen, weil dazu u. a. ein erschöpfender Katalog aller denkbaren Antwortmöglichkeiten erforderlich wäre. Noch größer sind die Probleme bei der Reliabilität: Maße für die interne Konsistenz müssen bei der formalen und inhaltlichen Heterogenität der Tafeln oder Items zwangsläufig niedrige Koeffizienten liefern.

Testwiederholungen können gleichfalls nicht befriedigen, da sich die Testpersonen an die einmal gelieferten Antworten erinnern und deshalb andere Reaktionen liefern wollen; dieses sind dann aber nicht mehr die vermutlich besonders ergiebigen und aussagekräftigen Spontanantworten. Hinsichtlich der Validität wird verschiedentlich behauptet, es gebe keine verbindlichen Außenkriterien, weil nur die projektiven Verfahren allein die unbewussten Konflikte, Motive und dgl. freilegen könnten. Aus diesem Grunde sei es kaum sinnvoll, die Verfahren an Maßen zu überprüfen, die weniger zulänglich sind als die projektiven Tests selbst.

Die empirischen Untersuchungen weisen teils unverzeihliche Fehler, teils ingeniöse Anordnungen auf. Die Resultate reichen von »erwartungswidrig« über »unschlüssig« bis zu »in höchstem Maße positiv«. Entsprechend liegen auch die zusammenfassenden Bewertungen über projektive Tests zwischen den Feststellungen »völlig unbrauchbar« (z. B. Eysenck, 1970; Sarason, 1966), »wertvoll unter spezifischen Bedingungen« (z. B. Holzberg, 1977; Exner et al., 1978), »nicht zu messen an den herkömmlichen psychometrischen Anforderungen« (z. B. Rickers-Ovsiankina, 1976) und »vielleicht ergiebig bei zukünftigen Verbesserungen« (z. B. Sherman, 1979). Insgesamt wird die Zukunft projektiver Tests weiterhin als pessimistisch beurteilt, obwohl paradoxerweise vielfach die Auffassung zu vernehmen ist, dass diese Art von Tests zumindest gelehrt werden oder den klinischen Praktikern vertraut sein sollte.

> **Zusammenfassung von Kapitel 3.2**
>
> Aus der psychodynamischen Perspektive ist die Charakterisierung der dynamischen Prozesse zwischen den Instanzen der Persönlichkeit – statt einer vorwiegend statischen Persönlichkeitserfassung im Eigenschaftsmodell – bedeutsam. Projektive Tests sollen solche unbewussten dynamischen Prozesse und Konflikte der Persönlichkeit unter Umgehung von Abwehrmechanismen und Widerständen erkennbar machen. Dabei werden mehrdeutige Vorlagen präsentiert und die Reaktion der Probanden tiefenpsychologisch interpretiert. Beispiele sind der Rorschach-Test oder der Thematische Apperzeptionstest. Die Anwendung der Testgütekriterien erscheint problematisch, entsprechende Untersuchungen zeigten nur unbefriedigende Ergebnisse.

3.3 Der verhaltenstheoretische Ansatz

3.3.1 Grundzüge und Unterscheidungsmerkmale

Bereits im Abschnitt 1.6 wurde der Behaviorismus als ein Forschungsansatz innerhalb der Psychologie erwähnt, der weitgehend auf lerntheoretischen Konzepten basiert. Weiteres dazu wird unter Kapitel 10 auszuführen sein.

Ganz allgemein begreift diese Richtung Verhalten als abhängig von situativen Gegebenheiten oder spezifischen Reizen der Umwelt, die auf Seiten des Organismus bestimmte Reaktionen auslösen. Von den Konsequenzen, die auf die provozierten Verhaltensweisen folgen, hängt es ab, in welcher Richtung die Auftrittswahrscheinlichkeit der Verhaltensweisen verändert wird. Für die *Stabilität* des Reagierens spielen dabei die raumzeitlichen Kontingenzen von auslösenden und bekräftigenden Ereignissen eine wichtige Rolle. Maßgeblich für die transsituationale *Konsistenz* ist vor allem die Breite von Reiz- und Reaktions-Generalisationsgradienten.

Kennzeichnend für eine solche Position ist der Umstand, dass die einzelnen Elemente des Systems, also die Reize, Reaktionen und Handlungskonsequenzen prinzipiell von beobachtbarer Natur sind. Weiter gehende Rückschlüsse auf »dahinterliegende« Ursachen, Organisationsformen oder internale Vermittlungsprozesse (wie sie z. B. als Handlungsbereitschaften und Bedürfnisse in eigenschaftstheoretischen Ansätzen angenommen werden oder als Triebversagung und Konflikte in psychodynamischen Konzepten eine Rolle spielen mögen) werden nicht angestellt.

Darin unterscheiden sich verhaltenstheoretische Ansätze grundsätzlich von dispositionellen und psychodynamischen Theorien. Bei diesen kommt den Reaktionen in herkömmlichen Tests und auch vielen Verhaltensweisen nur eine Indikatorfunktion für Strukturen der Persönlichkeit zu, die begrifflich eine andere Ebene darstellen und sich der Beobachtung entziehen. Aus dem Verständnis für diese »grundlegenden« Struktureigenschaften und der Kategorisierung nach Gesichtspunkten wie etwa Fleiß, Intelligenz, Ordnungsliebe oder sexueller Triebhaftigkeit leitet der dispositionelle bzw. der psychodynamisch orientierte Forscher die Erwartung ab, späteres Verhalten vorhersagen zu können. Behavioristen wählen hier einen eher pragmatischen und direkteren Zugang insofern, als sie aus konkret beobachtbarem Verhalten auch nur dieses vorhersagen wollen: »The best predictor of future performance is past performance« (Wernimont & Campbell, 1968, S. 372). Nicht was eine Person an Eigenschaften im Sinne der eigenschaftstheoretischen Ansätze *hat* oder wovon sie im Sinne der psychodynamischen Betrachtungsweise *getrieben* wird, steht im Vordergrund des Interesses behavioristischer Analysen, sondern was diese Person in verschiedenen Situationen *tut* (nach Mischel, 1968, S. 10). Das bedeutet: Persönlichkeit ist verhaltenstheoretischen Konzeptionen zufolge eine »intervenierende Variable, die definiert ist durch die Wahrscheinlichkeit, mit der eine Person bestimmte Verhaltenstendenzen in einer Reihe von Situationen ihres täglichen Lebens manifestiert« (Goldfried & Kent, 1976, S. 9).

Einer solchen Begriffsumschreibung gemäß ist beim Versuch, die Persönlichkeit zu beschreiben und ihr Verhalten vorherzusagen, weniger nach »Zeichen« für den Charakter als vielmehr nach einer repräsentativen »Stichprobe« von Verhaltensweisen zu suchen. Im Gegensatz zur herkömmlichen Messung von Eigenschaften bestehen die Tests der verhaltenstheoretischen Schule deshalb nach Möglichkeit aus Stichproben des Kriteriumsverhaltens selbst. Da es mitunter unökonomisch und langwierig ist, Beobachtungen in natürlichen Situationen anzustellen, werden diese gewöhnlich in der experimentellen Anordnung des Rollenspiels »nachgestellt«. Gebräuchlich ist auch die Auswertung von verbalen Äußerungen des Individuums über seine Reaktionsweisen in spezifischer Umgebung.

Beispiele sollen das eben Ausgeführte veranschaulichen: Bestimmte Deutungen im Rorschach-Test gelten als Indikatoren für Angst. Wenn ein Proband im TAT Geschichten liefert, in denen böse Mitmenschen dem »Held« Schaden zufügen, dieser vom Pech verfolgt ist, zaudert oder starke Aggressionen zeigt, wird man auch dieses als Zeichen seiner habituellen Ängstlichkeit werten. Der Rückschluss auf die Ausprägung in der Dimension »Ängstlichkeit« soll sodann über das Verständnis der Personen hinaus eine Vorhersage von deren zukünftigem Verhalten gewährleisten.

Anders gelagert sind die Verhältnisse bei der verhaltenstheoretisch beeinflussten Gewinnung von Informationen über den Einzelnen. Hier wird nach Möglichkeit eine

»angemessene Repräsentation von Reizsituationen« (Goldfried & Kent, 1976) hergestellt. Für die Messung von Angst bedeutet das z. B., dass solche Stimulationsbedingungen mit Hilfe von Filmen, Dias oder schriftlichen Beschreibungen realisiert werden, die repräsentativ für Angstinduktion sind. Entsprechend spielt das Konzept der Inhaltsvalidität für behaviorale Tests eine wichtige Rolle (zu den Details s. Schulte, 1976; Pawlik, 1976).

Als besonders fruchtbar hat sich der verhaltenstheoretische Ansatz bei der Modifikation von Verhalten erwiesen. Während die eigenschaftsorientierte Diagnostik als Hauptziel eine Klassifikation der Personen gemäß ihrer Messwerte in taxonomische Einheiten verfolgt (wie z. B. »Schizophrenie«, »Paranoia« und dgl.), daraus aber noch keinerlei Handlungsanweisungen für eine Beeinflussung des Verhaltens bereitstellt, liefert der lerntheoretische Ansatz Informationen, die aufgrund ihrer höheren Spezifität und Situationsbezogenheit wesentlich mehr Bedeutung für jegliche Intervention besitzen. Das zentrale Instrument zur Erfassung der situativen Faktoren, die das Verhalten kontrollieren und es hervorbringen, stellt dabei die *funktionale Analyse* (Kanfer & Saslow, 1976, S. 34ff.) dar.

Inzwischen gehört diese Methode zum Standardrepertoire jeder lerntheoretisch betriebenen Therapie. Sie beinhaltet eine Untersuchung des Kontextes, in dem ein kritisches Verhalten (z. B. Bettnässen) auftritt, seine Qualität und Intensität, die Folgen des Verhaltens für den Betreffenden wie seine Umwelt, die Möglichkeiten der Person und ihrer Umwelt für eine Modifikation, schließlich die möglichen Rückwirkungen einer Verhaltensänderung auf den Betreffenden und seine Umwelt. Die Informationen für die funktionale Verhaltensanalyse rühren aus Interviews mit dem Patienten und dessen Bekannten, Testergebnissen und Verhaltensbeobachtungen, einer Erkundung der Vorgeschichte des Klienten und anderen Quellen.

Sofern das Verhalten selbst die Grundlage von Verhaltensvorhersagen ist, verfügen behavioristische Methoden über einige offenkundige Vorzüge: Absichtliche oder unabsichtliche Verfälschung sind weniger wahrscheinlich, da es schwerer fallen dürfte, das Verhalten selbst zu verstellen und nicht nur einen Bericht darüber zu verfälschen. Ferner ergibt sich weniger als bei der eigenschaftsorientierten Messung die Frage nach der Fairness von Tests (Tent & Stelzl, 1993; s. Amelang & Schmidt-Atzert, 2006, S. 167–174). Schließlich ist auch der Gesichtspunkt einer Wahrung der persönlichen Intimität und individuellen »Privatheit« weniger akut, da nicht in die »Tiefen« einer Person eingedrungen wird.

3.3.2 Beobachtetes Verhalten

Fremdbeobachtetes Verhalten

Einigen Behavioristen gilt eine motorische Reaktion als das unter Messaspekten erstrebenswerte Ideal einer Verhaltensäußerung, da hier vorgeblich keine weitere Validierung vonnöten ist. Aus den bereits in Abschnitt 3.1.5 erwähnten Gründen besteht aber die Gefahr, dass in solchen Fällen keine psychologisch sinnvollen Maße entstehen.

Die Entscheidung zwischen einem weniger wertvollen Gegenstand, der sofort erhältlich ist, und einem wertvolleren, der aber erst nach Ablauf einer bestimmten Zeit erreichbar ist, stellt eine Verhaltensweise dar, die dem vorgenannten Ziel recht nahekommt und die unter relativ standardisierten Bedingungen von verschiedenen Forschergruppen untersucht wurde. Diese sehen darin eine Manifestation des Persönlichkeitsmerkmals Belohnungsaufschub. Eine Einführung in die Ergebnisse und Theoriebildung dieses Bereiches findet sich in Abschnitt 10.3.

Auch innerhalb der Aggressionsforschung wurden vielfach Situationen realisiert, um den Einfluss verschiedener Reizbedingungen auf die Auslösung spezifischer Verhaltensweisen zu untersuchen. Namentlich die Gruppe um Bandura (1973) hat geprüft, ob die Wahrnehmung aggressiv agierender Modellpersonen bei Kindern zu einem Anstieg an Aggressionen führt, was im Umgang mit Puppen, Spielzeug oder anderen Personen direkt beobachtbar ist. In Abschnitt 9.4.4 wird darüber mehr zu sagen sein.

Sehr verbreitet ist die Technik der Verhaltensbeobachtung, und zwar vor allem in der Arbeits- und Organisationspsychologie sowie in der Klinischen Psychologie, wo häufig das Personal einer therapeutischen Institution im Hinblick auf die Behandlung eingehende Verhaltensbeobachtungen anstellt (ein Beispiel dazu s. Abschn. 12.1.2).

Verschiedene Hilfsmittel erleichtern die Registrierung von Häufigkeit und Dauer der interessierenden Verhaltenskategorien (z. B. Sitzen, Gehen, Lachen, Reden usw.). In aller Regel werden dabei die gebildeten Klassen möglichst verhaltensnah definiert, um die externen Beobachter hinsichtlich der von ihnen geforderten Kategorisierungsleistungen nicht zu überfordern oder mehr als unvermeidlich subjektive Momente einfließen zu lassen (zu Verhaltensbeobachtung und Verhaltensbeurteilung, s. Kap. 2 in Westhoff et al., 2005).

Eine weitere Variante zur Gewinnung behavioraler Informationen stellt die Situation des Rollenspiels dar. Gewöhnlich wird darauf zurückgegriffen, um in kurzer Zeit Anhaltspunkte über Verhalten in Situationen zu gewinnen, in denen kaum Gelegenheit zur Beobachtung besteht (z. B. Interaktionen zwischen Ehepartnern unter bestimmten Stressbedingungen).

Selbstbeobachtetes Verhalten

Neben Protokollbogen, die Probanden in Bezug auf bestimmte Verhaltensklassen nach definierten Regeln bearbeiten müssen (z. B. immer beim Rauchen einer Zigarette), sind auch auf dem Boden der Verhaltenstheorien zahlreiche Fragebogen entstanden. Einige beschäftigen sich mit dem Angstgehalt verschiedener Situationen. Eine besonders große Verbreitung im klinischen Bereich hat das von Wolpe und Lang (1964) publizierte »Fear Survey Schedule« (FSS) erfahren (▶ Kasten 3.4). Desgleichen sind Skalen zur Selbstbehauptung in frustrierenden Situationen gebräuchlich. Auszüge aus dem »Assertiveness Schedule« von Rathus und Nenid (1977) finden sich ebenfalls in Kasten 3.4. Schließlich werden auch Ereignisse erfragt, die ein bestimmtes Verhalten ggfs. ausformen und stabilisieren können. Die bei Schulte (1976, S. 264ff.) wiedergegebene Liste (Auszug daraus ▶ Kasten 3.4) gliedert sich nach solchen Verstärkern, die (a) unmittelbar in der Therapiesituation eingesetzt werden können und (b) für den Patienten außerhalb der Therapiesituation erreichbar sind; außerdem finden sich noch (c) allgemeine soziale und verbale Verstärker sowie (d) besonders häufig ausgeführte Gedanken und Tätigkeiten.

Kasten 3.4: Erfassungsmethoden für selbstbeobachtetes Verhalten

Das Fear Survey Schedule
»Die Stichworte in diesem Fragebogen beziehen sich auf Dinge und Erfahrungen, die Angst oder unangenehme Gefühle hervorrufen können. Machen Sie bitte für alle Stichworte jeweils an der Stelle der Punkteskala ein Kreuz, die am besten den Grad Ihrer zurzeit bestehenden Angst beschreibt.«

	gar nicht	ein wenig	deutlich	stark	sehr stark
Würmer	☐	☐	☐	☐	☐
Tiere	☐	☐	☐	☐	☐
Versagen	☐	☐	☐	☐	☐
Leute mit Missbildungen	☐	☐	☐	☐	☐
Eine Straße überqueren	☐	☐	☐	☐	☐
Weite offene Räume	☐	☐	☐	☐	☐
Laute Stimmen	☐	☐	☐	☐	☐
Einem Kampf zusehen	☐	☐	☐	☐	☐
Menschliches Blut	☐	☐	☐	☐	☐
Bei einer Operation zusehen	☐	☐	☐	☐	☐

(aus Schulte, 1976, S. 256)

Rathus Assertiveness Schedule
»Geben Sie an, wie charakteristisch jede der nachfolgenden Fragestellungen für Sie ist.«
+3 sehr charakteristisch, sehr zutreffend
−3 sehr uncharakteristisch, sehr unzutreffend

- Die meisten Leute sind aggressiver und zeigen mehr Durchsetzungsvermögen als ich.
- Wenn ich um etwas gebeten werde, bestehe ich darauf zu erfahren, warum.
- Über schlechten Service im Restaurant oder woanders beschwere ich mich.

(nach Rathus & Nenid, 1977, S. 137–139)

Verstärker-Liste
»Nachfolgend finden Sie eine Aufzählung von bestimmten Dingen, Erfahrungen, Hobbys, Situationen und Tätigkeiten, die von Ihnen und Ihren Mitmenschen in einem unterschiedlichen Ausmaß als angenehm oder evtl. auch als unangenehm empfunden werden. Lesen Sie bitte jede angegebene Tätigkeit gut durch und entscheiden Sie nach Ihrer gegenwärtigen Einstellung, wie gern Sie diese Tätigkeit ausführen. Sollte sich das Angegebene derzeit nicht verwirklichen lassen, so versuchen Sie dennoch anzugeben, wie gern Sie es – unter anderen Umständen – ausführen würden.«

	ungern	weder gern noch ungern	ein wenig gern	gern	sehr gern
a) Kreuzworträtsel lösen	☐	☐	☐	☐	☐
Musik hören	☐	☐	☐	☐	☐
Zeitungen lesen	☐	☐	☐	☐	☐
b) Fernsehen	☐	☐	☐	☐	☐
Sexfilme	☐	☐	☐	☐	☐
In die Oper gehen	☐	☐	☐	☐	☐
c) Gelobt werden	☐	☐	☐	☐	☐
Mit jemandem flirten	☐	☐	☐	☐	☐
Jemandem helfen	☐	☐	☐	☐	☐
d) (Gedankeninhalte müssen in freier Beantwortung aufgezählt werden)					

(aus Schulte, 1976, S. 264 ff.)

Zu erwähnen sind an dieser Stelle auch die Situation-Reaktion(S-R)-Fragebogen, die, ausgehend von der Gruppe um Endler, zu verschiedenen Merkmalen (z. B. Ängstlichkeit und Aggression) entwickelt wurden. Vor dem Hintergrund der behavioristischen Theorie wird in den S-R-Inventaren folgerichtig geprüft, welche Reaktionen vorgegebene Situationen in verschiedenen Verhaltensbereichen hervorrufen.

Beispielsweise muss der Proband zu der Situation »Sie sind nachts allein im Wald« oder »Sie stehen auf, um vor einer größeren Gruppe eine Rede zu halten« usw. auf einer 5-stufigen Skala angeben, wie stark seine Reaktion in jedem der Bereiche »Mund wird trocken«, »Herz schlägt schneller«, »Gefühl der Übelkeit« usw. ist. In Aggressivitätsfragebogen lauten die Situationen z. B. »Man versucht zu lernen, aber es besteht anhaltender Lärm«, »Jemand anderes hat die persönliche Post geöffnet« usw. Das von Zuckerman (1977) entwickelte »Inventory of Personal Reactions« sieht eine Beantwortung sowohl unter Eigenschafts- als auch unter Zustandsinstruktion vor. Im ersteren Fall beziehen sich die Antworten der Testpersonen auf die Vergangenheit, im letzteren auf die aktuelle Gegenwart.

Mit der Vorstellung des »S-R Inventory of General Trait Anxiousness« (Endler & Okada, 1975) wurde eine gewisse Abkehr von allzu spezifisch formulierten Situationen erkennbar; sie bestehen nur noch aus vier Items der Art »Sie befinden sich in einer neuen oder fremdartigen Situation« oder »Sie befinden sich in einer Situation, die Interaktionen mit anderen Leuten enthält«. Damit erfolgte wieder eine Annäherung an den Aufbau herkömmlicher Fragebogenitems. Nach dieser Umorientierung besteht der entscheidende Unterschied der behavioralen gegenüber den eigenschaftsorientierten Fragebogen mehr im Ziel der Messung als in der Art und Weise, in der diese erfolgt.

Ambulantes Assessment

Der ganz überwiegende Teil der differentialpsychologischen Literatur sowie derjenige zur diagnostischen Erfassung von Persönlichkeitsunterschieden basiert auf Selbstberichten. Diese Methode erfreut sich einer großen Beliebtheit wegen des geringen Aufwandes, der vonnöten ist, um eine Vielzahl von Informationen gewinnen zu können. Wenn es darum geht, Einstellungen zu und kognitive Repräsentationen über sich, andere Personen oder bestimmte Sachverhalte zu ermitteln, mag die Technik des Selbstberichts durchaus angemessen sein; mitunter bietet sie den einzigen Zugang überhaupt (z. B. »Haben Sie schon einmal Stimmen gehört, obwohl niemand anderes im Raum war?«). Anders verhält es sich, wenn retrospektive Aussagen über die Häufigkeit oder Intensität von Erlebnis- und Verhaltensweisen sowie deren zeitliche Platzierung oder Erstreckung verlangt werden (z. B. »Wie häufig hatten Sie durchschnittlich pro Woche Magenschmerzen im letzten Monat?« »Wie schwer waren die Schmerzen durchschnittlich?«). Hier tauchen sofort ernsthafte Probleme auf, weil es sich dabei um gedächtnisgestützte Urteile von mehr oder weniger hoher Komplexität handelt, bei deren Zustandekommen teils unbeabsichtigte Fehlerquellen, teils systematische Verzerrungen auftreten.

So haben die Untersuchungen zum autobiographischen Gedächtnis gezeigt, dass es sich beim Erinnern nicht lediglich um die Aktivierung von Gespeichertem handelt, sondern um die Rekonstruktion vergangener Ereignisse mit heuristischen Strategien (Ross, 1989; Schwarz & Sudman, 1994; auch Shiffman, 2000). Dabei kommt es schon während des Einspeicherns, später auch beim Abruf zu Ungenauigkeiten und verschiedenen Verzerrungen der Gedächtnisinformation. Zudem ist der Einfluss von aktuellen Stimmungen und des situativen Kontexts nachgewiesen (Teasdale & Fogarty, 1979). Außerdem spielen soziale Erwünschtheit und Antworttendenzen eine Rolle.

Aufgrund all dieser und zahlreicher weiterer Forschungsbefunde können die retrospektiven Aussagen über Verhalten nicht gleichgesetzt werden mit dem Verhalten selbst. Vielmehr handelt es sich nur um mentale Repräsentationen von subjektivem Erleben und Verhalten, die als solche in inhaltlicher und psychometrischer Hinsicht eine eigene Qualität aufweisen, aber eben nicht objektiv für das Verhalten selbst stehen können.

Vor dem Hintergrund dieser Problematik bedarf es eines Ansatzes, der auf gedächtnisgestützte Information nach Möglichkeit verzichtet. Dieses ist bei *Fragen nach dem aktuellen Verhalten und Erleben*, dem »Hier und Jetzt« – »capturing life as it is lived« (Bolger et al., 2003, S. 579)–, weitestgehend der Fall. Authentische Berichte darüber verlangen zwar Zugang zu den relevanten Informationen (z. B. die Fähigkeit, ein bestimmtes Gefühl wahrzunehmen) und die Bereitschaft zu einem unverfälschten Bericht, aber keinen Abruf von Gedächtnisinhalten.

Lange Zeit galten dafür Tagebucheintragungen als Methode der Wahl. Die Entwicklung tragbarer Mikrocomputer in den letzten Jahrzehnten revolutionierte allerdings die zeitnahe Beschreibung konkreten Erlebens und Verhaltens, und zwar zunächst in der Medizin, wo dieser Ansatz als »ambulantes Monitoring« bezeichnet wird. In der deutschsprachigen Psychologie überwiegt dafür die Bezeichnung »ambulantes Assessment« (s. Fahrenberg et al., 2002; Fahrenberg & Myrtek, 2001; Pawlik & Buse, 1996). Dieser Begriff steht für: »Die Verwendung spezieller feldtauglicher, heute meist elektronischer Geräte und computer-unterstützter Erhebungsmethoden, um Selbstberichtdaten, Verhaltensbeobachtungsdaten, psychometrische Verhaltensmaße, physiologische Messwerte sowie situative und Setting-Bedingungen im Alltag der Untersuchten zu erfassen« (Fahrenberg et al., 2007, S. 13).

Die hohe Leistungsfähigkeit der Computer im Taschenformat und heute schon von Smartphones erlaubt ganz verschiedene Techniken des Monitorings, z. B. kontinuierlich, zeit- oder ereignisabhängig, interaktiv (dabei muss der Proband beim Auftreten bestimmter physiologischer oder psychologischer Messwerte durch aktives Eingreifen reagieren), im Weiteren gezielt in bestimmten, vorab ausgewählten Situationen, das Ganze sowohl im Labor als auch im Feld. Für die Erhebung bedarf es gesonderter Versuchspläne und für die Auswertung der meist zahlreichen Daten gesonderter Strategien (Schwartz & Stone, 1998) und – selbstverständlich als Grundvoraussetzung – der erforderlichen elektronischen Ausstattung.

Gewiss erfordert ambulantes Assessment einen wesentlich höheren Aufwand als Fragebogenerhebungen, doch scheint dieser durch die Aussicht auf höhere Validitäten vertretbar zu sein. In der Medizin ist durch fortlaufendes Monitoring an großen Probandenzahlen entdeckt worden, dass ca. 10 % der Personen nur beim Arzt, nicht aber in ihrem Alltag, eine Hypertonie zeigen (sog. Weißkittel-Hypertonie) und dass umgekehrt etwa der gleiche Prozentsatz von Hypertonikern beim Arzt normale, im alltäglichen Kontext hingegen erhöhte Blutdruck-Werte aufweist. Die daraus resultierenden Gefahren im Sinne von gravierenden Fehlmedikationen für weite Teile der Bevölkerung sind augenfällig.

Für die Psychologie sind derart krasse Beispiele bislang nicht aufgezeigt worden. Von großem Belang sind allerdings schon die frühen Befunde von Buse und Pawlik (1984) sowie Pawlik und Buse (1992): Sie stellten zum einen fest, dass sich Personen mit unterschiedlichen Persönlichkeitsmerkmalen bevorzugt in bestimmten Situationstypen aufhielten. Zum anderen entdeckten sie, dass nur sehr wenige Person x Situation-Interaktionen auftraten. Beide Resultate stehen in Gegensatz zu Annahmen bzw. Forschungsresultaten aus der sogenannten Interaktionismus-Debatte (vgl. Abschn. 12.1.3).

Gütekriterien

Angesichts der Heterogenität der erwähnten Ansätze können zusammenfassende Aussagen nur sehr allgemein ausfallen. Festhalten kann man vielleicht, dass Verhaltensstichproben eine mäßige Reliabilität zeigen, wenn sie sich nur auf einzelne Ereignisse stützen. Erst durch Verlängerung des Beobachtungsintervalls ist eine akzeptable Zuverlässigkeit gewährleistet (Epstein, 1979). Aus der Kumulierung reliabler Varianzanteile von Zuständen gehen allmählich Eigenschaften hervor.

Von unmittelbarer Bedeutung für Verhaltensstichproben ist die Übereinstimmung der unabhängigen Beurteiler. Je nach Problemstellung und Vorgehensweise spielen hier verschiedene Fehlerquellen eine mehr oder minder gewichtige Rolle (Bühner, 2005; Goldfried & Linehan, 1977; Schmidt-Atzert, 2005).

Die internen Konsistenzen von Fragebogen wie dem FSS sind erstaunlich hoch (um 0,90) für Tests, die vorgeben, spezifische Angstauslöser zu erfassen. Dieses verweist darauf, dass die Eigenschaftsidee auch in solchen Inventaren noch durchschlägt. Gesondert angestellte Faktorenanalysen, die Unterfaktoren für Furcht vor Tieren, sozialen Situationen usw. oder Kategorien von assertivem Verhalten (s. Lorr & More, 1980) erbrachten, bestätigen das außerdem. Auch die hohen Retest-Korrelationen (s. z. B. Lermer, 1979) belegen die Stabilität der Messungen. Daraus kann geschlossen werden, dass es sich eher um Eigenschaften handelt, wenngleich um solche von wesentlich geringerer Breite.

Eine Untersuchung von Zuckerman (1979b) verglich die Validität von jeweils mehreren Eigenschafts-, Zustands- und S-R-Fragebogen bei der Vorhersage von Angstreaktionen in drei tatsächlich realisierten Situationen (räumliche Annäherung an eine Schlange sowie an den offenen Treppenabsatz eines 16-geschossigen Hauses, Verweildauer in einem dunklen Raum). Aus dem Verhalten in den Situationen wurde zusätzlich ein kombinierter Punktwert gebildet (»Fremdeinschätzung«). Die Validitäten sind in **Tabelle 3.1** auszugsweise zusammengestellt.

Eindeutig erweisen sich die Verfahren bei der Vorhersage bestimmter Verhaltensweisen mit zunehmender Spezifität der Fragen als immer besser geeignet; insofern scheint der Anspruch behavioraler Instrumente erfüllbar zu sein, für eng umrissene Situationen gültigere Prognosen liefern zu können.

Tab. 3.1: Mittelwert und Variabilitätsbereich von Validitätskoeffizienten verschiedener Verfahrenstypen gegenüber aktuellem Verhalten und einem daraus abgeleiteten Beurteilungsmaß (aus Zuckerman, 1979a, S. 51).

Verfahrenstyp	Verhaltensmaß	Observer-Rating
Trait-Tests		
Breit	0,09 (−0,18 bis 0,16)	0,14 (0,02 bis 0,16)
Eng	0,40 (−0,01 bis 0,57)	0,31 (0,17 bis 0,58)
State-Tests		
Selbsturteil	0,47 (−0,10 bis 0,70)	0,63 (0,48 bis 0,67)

3.3.3 Physiologische Messungen

Die Erfassung physiologischer Prozesse zur Untersuchung und Erklärung von Konstrukten, Prozessen und Vorgängen, die in behavioralen und psychologischen Begriffen beschrieben werden, ist der Gegenstandsbereich der *Psychophysiologie*. Damit kann die Psychophysiologie Informationen bereitstellen, die unabhängig von Selbst- und Fremdeinschätzungen, aber auch von Selbst- und Fremdbeobachtungen sind. In erster Linie ist an Korrelate von individuellen Unterschieden in persönlichkeitspsychologischen Konstrukten mit solchen im Bereich der Psychophysiologie zu denken, etwa die Korrelation einer Eigenschaft mit Herzrate, Cortisol oder der Dicke des dorsolateralen Frontalkortex. Eine solche psychophysiologische Korrelateforschung wird dann zunehmend zu einer psychophysiologischen Mechanismenforschung werden, in der z. B. die Prozesse der Vorbereitung und Durchführung von Verhalten, von Emotionen, von Entscheidungen oder des Denkens in Abhängigkeit von der Persönlichkeit untersucht werden.

Psychophysiologie ist gekennzeichnet durch die verwendeten Variablen sowie die Methoden und Prozeduren zu ihrer Erfassung, Analyse und Interpretation (Übersichten in Andreassi, 2006; Cacioppo et al., 2007; Fahrenberg, 2001; Fahrenberg & Myrtek, 2005; Rösler, 2001; Schandry, 2006; Stemmler, 2001). Variablenbereiche umfassen genetische Polymorphismen, bildgebende Verfahren der Gehirnaktivität, Verfahren zur Erfassung der elektrischen und magnetischen Aktivität des Gehirns, Verfahren zur Erfassung der Aktivität des autonomen und somatischen Nervensystems sowie Verfahren zur Erfassung von endokrinen und immunologischen Reaktionen.

Wenn verschiedene solcher psychophysiologischer Variablen registriert werden, ist eine der ersten Fragen, welche physiologischen Reaktionsmuster bestimmte Reize auslösen und ob diese Reaktionen reliabel und konsistent sind. Tatsächlich weisen viele physiologische Reaktionen eine mittlere bis hohe Reliabilität auf; damit sind sie für die differentielle Forschung geeignet. Was die Konsistenz angeht, so rufen Reize und allgemein Situationen spezifische und konsistente physiologische Reaktionsmuster hervor (»Situationsspezifität physiologischer Reaktionen«, Foerster et al., 1983). Damit können durch psychophysiologische Registrierungen Beiträge zur individuellen Situationswahrnehmung erfolgen, etwa zu der Frage, welche Situationen auf der physiologischen Ebene für eine Person funktionell äquivalent sind. So konnten Ofek und Pratt (2005) zeigen, dass auditorische Reize mit vorhandener im Vergleich zu fehlender subjektiver Bedeutung eine spezifische elektrokortikale Reaktion in bestimmten Hirnarealen auslösten.

Psychophysiologie erforscht die durch physiologische Regulation erst ermöglichte spezifische behaviorale Anpassung des Organismus an die jeweils aktuelle Situation und Umwelt. Ein solcher funktionaler Blickwinkel fragt nach den Effekten physiologischer Reaktionen auf nachfolgendes Verhalten. Diese Reaktionen sind das Resultat einzelner oder mehrerer Gehirnfunktionen, z. B. perzeptiver, kognitiver, motivationaler oder emotionaler Prozesse. Daher können mit einer physiologischen Messung die mit einem Verhalten assoziierten Prozesse zumindest ausschnittweise beschrieben werden.

Luu et al. (2000) konnten bspw. zeigen, dass negative Stimmung und zugehörige Verhaltensmuster (abnehmende Geschwindigkeit und Genauigkeit von Richtig-falsch-Reaktionen auf insgesamt 800 Entscheidungsaufgaben) mit exekutiven Prozessen des Frontalhirns zusammenhängen. Die exekutiven Prozesse wurden durch ein ereigniskorreliertes Hirnrindenpotential (»error-related negativity«, ERN) gemessen. Die ERN differenzierte darüber hinaus zwischen frühen und späten Phasen des Experiments, und sie korrelierte signifikant mit der Persönlichkeitseigenschaft »Negative Affektivität«.

Interindividuelle Unterschiede in Konstitution, Aktiviertheit und Aktivierung

Zwischen Personen bestehen beträchtliche Unterschiede in den physiologischen Niveauwerten (»Aktiviertheit«, z. B. die Herzrate in einer Ruhephase) und Reaktionen auf einen

Reiz hin (»Aktivierung«, z. B. die Veränderung der Herzrate während einer Kopfrechenaufgabe).

Biologische Konstitution

Interindividuelle Unterschiede in Aktiviertheit und Aktivierung lassen sich zu einem Teil zurückführen auf Unterschiede in der Konstitution. Menschen weisen zwar denselben biologischen Bauplan auf. Betrachtet man allerdings einzelne biologische Merkmale, imponiert ein großer Formenreichtum zwischen Individuen, der in den Lehrbüchern der Anatomie und Physiologie nur selten dokumentiert wird. Fahrenberg (1995) unterscheidet zwischen morphologischen und physiologisch-biochemischen Merkmalen mit erheblichen biologischen interindividuellen Unterschieden. Sofern solche Merkmale eine relative Invarianz über längere Entwicklungsphasen aufweisen, spricht man auch von der *Konstitution*. Als wesentliche Aspekte gelten die psychophysische Individualität oder Grundbeschaffenheit des Menschen, die individuellen Unterschiede in der Sensitivität, Reagibilität und Adaptivität des gesamten Organismus und der einzelnen Systeme bei Stimulation, Belastung und selbst gewählter Aktivität.

Warum könnten diese interindividuellen Unterschiede in der Konstitution *psychologisch* interessant sein? Zum einen bestimmen sie die Individualität und Einmaligkeit eines Menschen. Zum anderen haben individuelle Unterschiede von Körperbau, körperlicher Leistungsfähigkeit, Bewegungskoordination, Sensorik und kognitiver Kapazität direkte Folgen für die Entwicklung von Interessen, Berufswahl, Berufseignung und für den Berufserfolg. Dazu kommen indirekte Folgen auf die interpersonale Attraktivität, die Entwicklung von Selbstbild und Identität sowie auf interpersonales Verhalten.

Aktiviertheit und Aktivierung

Interindividuelle physiologische Unterschiede sind in der Aktiviertheit sehr viel markanter als in der Aktivierung, zumindest bei Variablen aus dem Bereich des autonomen und somatischen Nervensystems (z. B. Herzrate, elektrodermale Aktivität, Hauttemperatur, Blutdruck, elektromyographische Aktivität verschiedener Muskeln).

Dieser Befund soll anhand der Daten eines psychophysiologischen Experiments illustriert werden (Stemmler, 1992), in dem 48 Probanden im wöchentlichen Abstand viermal in denselben 22 Situationen untersucht wurden. Aus den physiologischen Ableitungen wurden 37 somatoviszerale Variablen bestimmt. Eine Varianzanalyse mit den Faktoren Personen (48), Situationen (22) und Variablen (37, standardisiert) ergab Varianzprozente für die Niveauwerte der Aktiviertheit. Eine zweite Varianzanalyse, nun aber mit Veränderungswerten Stimulus – Prästimulus und daher mit nur sieben Situationen, ergab Varianzprozente für Aktivierung (▶ Tab. 3.2). In den Niveauwerten der Aktiviertheit entfielen 65 % der Gesamtvarianz auf die Personen × Variablen-Wechselwirkung im Vergleich zu nur 17 % bei den Veränderungswerten der Aktivierung.

Tab. 3.2: Varianzprozente für Personen (P), Situationen (S), Variablen (V) und deren Wechselwirkungen für 37 somatoviszerale Variablen.

Quelle der Variation	Aktiviertheit	Aktivierung
P	4	2
S	1	5
V	0	9
P × S	0	4
P × V	65	17
S × V	4	17
P × S × V	0	15
Fehler	25	31

Aus Stemmler (1992, S. 189).

Die in **Tabelle 3.2** aufgeführte Wechselwirkung Personen × Variablen charakterisiert die »Individualspezifität physiologischer Reaktionen« und steht dafür, dass sich Personen im Muster der Aktiviertheit bzw. im Muster der Aktivierung in Abhängigkeit von der betrachteten Variable unterscheiden. Eine Person hat eine hohe Herzrate, dafür einen niedrigen diastolischen Blutdruck, umgekehrt mag es sich bei einer anderen Person verhalten. Zusammenhänge zwischen physiologischer Individualspezifität und persönlichkeitspsychologischen Konstrukten sind verschiedentlich berichtet worden (s. Foerster et al., 1983). Nach Marwitz und Stemmler (1998) lassen sich interindividuelle Unterschiede in der Aktivierung zu einem Teil auch auf die individuelle Situationswahrnehmung zurückführen.

Interkorrelation physiologischer Variablen

Bei der Suche nach biobehavioralen Systemen, die der Verhaltensregulation zugrunde liegen und die Konsistenz und Kohärenz im Verhalten hervorbringen, wurde häufig die Korrelation zwischen physiologischen Variablen bestimmt. Ziel war es dabei, Cluster von physiologischen Variablen als potentielle Indikatoren für solche biobehavioralen Systeme zu identifizieren. Wenn Zwischen-Personen-Korrelationen (R-Korrelationstechnik, s. Abschn. 1.4.1) berechnet werden, ergeben sich häufig nur niedrige Korrelationen, selbst im selben physiologischen System (z. B. Herz-Kreislaufsystem). Dieses Ergebnis entmutigte biologische Persönlichkeitsforscher bei der Suche nach biobehavioralen

Tab. 3.3: Korrelation physiologischer Variablen nach der R- und der P-Korrelationstechnik.

	HR	SBD	DBD	SV	HI	RSA	SCR	EMG	PVA
HR		0,15	0,04	−0,50*	0,17	−0,52*	0,01	0,07	0,08
SBD	0,70*		0,38*	0,01	0,17	0,02	0,19	−0,03	0,07
DBD	0,89*	0,86*		−0,22	−0,33*	−0,11	−0,03	−0,02	−0,23
SV	−0,28	0,05	−0,26		0,30*	0,42*	0,10	−0,14	−0,02
HI	0,03	0,37	0,09	0,84*		0,02	−0,04	0,14	0,19
RSA	−0,90*	−0,55	−0,77*	0,19	−0,02		0,04	−0,17	0,08
SCR	0,80*	0,79*	0,88*	−0,16	0,18	−0,70*		0,10	0,00
EMG	0,94*	0,72*	0,86*	−0,18	0,10	−0,91*	0,79*		−0,10
PVA	−0,40	−0,21	−0,31	0,55	0,36	0,16	−0,47	−0,22	

Obere Diagonalmatrix: Zwischen-Personen-Korrelationen (R-Technik; $N = 48$ Probanden). Untere Diagonalmatrix: Zwischen-Situationen-Korrelationen (P-Technik; $J = 22$ Situationen). HR = Herzrate. SBD = Systolischer Blutdruck. DBD = Diastolischer Blutdruck. SV = Schlagvolumen. HI = Linksventrikuläre Kontraktilität (Heather Index). RSA = Respiratorische Sinusarrhythmie, adjustiert für Atemperiode. SCR = Anzahl Hautleitfähigkeitsfluktuationen. EMG = Elektromyogramm m. extensor. PVA = Pulsvolumenamplitude Finger. Daten aus Stemmler (1992).
* $p < 0{,}05$.

persönlichkeitsbezogenen Systemen erheblich. Wenn hingegen der Prozessaspekt der Ähnlichkeit von physiologischen Reaktionen über die Zeit hinweg durch die Berechnung von Zwischen-Situationen-Korrelationen (P-Korrelationstechnik) herangezogen wird, zeigen sich deutlich höhere Zusammenhänge (Stemmler, 1992, ▶ Tab. 3.3). Die Größe dieser Zusammenhänge weist darauf hin, dass die registrierten *Aktivierungsprozesse* durch übergeordnete biobehaviorale Systeme koordiniert werden. Diese Systeme sind es, die für persönlichkeitsbezogene Fragestellungen besonders interessant sind.

> **Zusammenfassung von Kapitel 3.3**
>
> Unter dem verhaltenstheoretischen Ansatz werden Verfahren eingeordnet, die Verhalten in spezifischen und möglichst für die Person repräsentativen situativen Gegebenheiten erfassen können. Das Verhalten wird nicht als Indikator für etwas »Verborgenes« aufgefasst. Damit ist dieser Ansatz besonders für Interventionen im klinischen Bereich geeignet.
>
> In der Verhaltensbeobachtung werden einzelne Verhaltensweisen nach Intensität, Häufigkeit oder Dauer protokolliert. Durch geschickte Wahl der Beobachtungssituationen können geeignete Stichproben des Verhaltens der Zielperson (zum Beispiel in einem Rollenspiel) erhoben werden. Auch wurden unter diesem Ansatz Selbstberichte erhoben, die dann allerdings sehr konkret, zeitlich begrenzt und inhaltlich spezifisch ausgerichtet sind. Ganz ohne Inanspruchnahme von Selbstberichten über früheres Verhalten geht die Erfassung des aktuellen Verhaltens und Erlebens im »Ambulanten Assessment« vor. Hierzu werden tragbare Ereignisrecorder eingesetzt, die sowohl verbales Material als auch Bewegungsinformationen oder physiologische Daten aufzeichnen können. Mit dieser Technik können über lange Verläufe Tagesstudien durchgeführt (24-Stunden Monitoring) und natürliches Verhalten »im Feld« fortlaufend oder durch bestimmte Vorgänge angestoßen erfasst werden.
>
> Physiologische Messungen können zur Untersuchung und Erklärung von Konstrukten, Prozessen und Vorgängen, die in behavioralen und psychologischen Begriffen beschrieben werden, herangezogen werden. Da viele physiologische Reaktionen eine mittlere bis hohe Reliabilität aufweisen, sind sie für die differentiellpsychologische Forschung geeignet. Die biologische Konstitution bestimmt zum einen die Individualität eines Menschen, sie beschreibt aber auch individuelle Unterschiede von Körperbau, Leistungsfähigkeit, Bewegungskoordination, Sensorik und kognitiver Kapazität mit direkten Folgen für die Entwicklung von Interessen, Berufswahl, Berufseignung und für den Berufserfolg sowie mit indirekten Folgen für die Entwicklung von Selbstbild und Identität sowie auf interpersonales Verhalten. Die Unterscheidung von physiologischen Niveauwerten (»Aktiviertheit«) und Reaktionswerten (»Aktivierung«) ist wesentlich für die Größe der Individualspezifität physiologischer Reaktionen, die Interkorrelation der physiologischen Variablen und ihre persönlichkeitsbezogenen Korrelate.

Teil II Interindividuelle Differenzen im Leistungsbereich

4 Modellierung von Intelligenzstruktur

> Was ist Intelligenz? Gibt es verschiedene Formen der Intelligenz? Falls ja, wie hängen diese zusammen? Diese Fragen bilden die zentrale Motivation eines Forschungsbereiches, der sich einer Analyse der Struktur von Intelligenz widmet. Was aber bedeutet hier Struktur? Die Antwort darauf ist bereits im Abschnitt 2.1.4 gegeben worden: Es geht hier um die Korrelationsmuster, die beobachtet werden können, wenn verschiedene kognitive Leistungstestvariablen in derselben Stichprobe erhoben und korreliert werden. Diese Korrelationsmuster lassen sich mit Hilfe der Faktorenanalyse aufdecken, die deshalb auch als ein strukturentdeckendes Verfahren bezeichnet wird. Dementsprechend nimmt die faktorenanalytische Intelligenzforschung (die gelegentlich auch als psychometrische Intelligenzforschung bezeichnet wird) in diesem Kapitel eine zentrale Rolle ein. Zunächst muss natürlich angesprochen werden, was denn in der Psychologie unter Intelligenz verstanden wird (4.1) und wie die Intelligenz von Erwachsenen gemessen werden kann (4.2). Daran schließt sich ein (historischer) Abriss der faktorenanalytischen Intelligenzforschung an, in dem – ausgehend von Spearmans Pionierarbeiten Anfang des letzten Jahrhunderts – aufgezeigt wird, wie mit immer besseren Intelligenztestbatterien und statistischen Analysemethoden Schritt für Schritt die Struktur der Intelligenz aufgeklärt werden konnte (4.3). Tatsächlich steht heute als Resultat dieser Forschung fest, dass sich Intelligenz am besten als eine hierarchische Struktur darstellen lässt. Dabei weisen die verschiedenen Intelligenzfaktoren, die in diesem Forschungsprozess aufgefunden werden konnten, durchaus unterschiedliche Entwicklungsverläufe auf, wenn sie über die Lebensspanne betrachtet werden (4.4). Ebenfalls deutet sich in der empirischen Befundlage an, dass in verschiedenen Intelligenzfaktoren spezifische Geschlechtsunterschiede bestehen könnten – selbst wenn hier das letzte Wort in der Forschung noch nicht gesprochen ist (4.5).

4.1 Verbale Umschreibung und operationale Definitionen

Ohne Zweifel handelt es sich bei Intelligenz um ein besonders wichtiges Merkmal. Zahlreiche Beobachtungen belegen, dass ein Zusammenhang zwischen der individuellen Ausprägung in dieser Variablen und verschiedenen Kriterien für das Fortkommen in Gesellschaften westlicher Lebensart besteht. Den Anforderungen von Ausbildung und beruflicher Tätigkeit entsprechen hier in der Regel jene Personen eher, die aufgrund welcher Faktoren auch immer als »intelligent« bezeichnet werden können. Umgekehrt mindert eine geringe Intelligenz die Aussicht auf schulische Unterrichtung, einen Arbeitsplatz, Geschlechtspartner usw. und kann im Extremfall geistiger Behinderung eine lebenslange Abhängigkeit von Hilfe gewährenden Personen oder Institutionen bedeuten. Im Hinblick darauf hat Hofstätter (1957, S. 173) von Intelligenz als den Fähigkeiten gesprochen, die innerhalb einer bestimmten Kultur den Erfolgreichen gemeinsam sind, womit zugleich auf den gesellschaftlichen Bezug und die jeweiligen spezifischen Normen für Erfolg verwiesen wurde. Nicht nur das: Mit höherer Intelligenz geht allem Anschein nach auch ein längeres Leben einher (Deary & Der, 2005). Auf globaler Ebene wird für den wirtschaftlichen Erfolg in dem Wettbewerb zwischen Unternehmen und Nationen allem Ermessen nach Intelligenz eine entscheidende Rolle spielen (Detterman, 1994).

Seit alters her kreist deshalb das Interesse von Laien wie Fachleuten um Begriff und Art, Entwicklungsbedingungen, Konsequenzen und Förderungsmöglichkeiten der Intelligenz. Wie in den Abschnitten 1.3.3 und 1.3.4 dargestellt wurde, galten folglich die ersten ernst zu nehmenden Bemühungen um die quantitative Erfassung individueller Eigenarten gerade diesem Merkmal.

Binet und Simon (1905) verstanden unter Intelligenz »die Art der Bewältigung einer aktuellen Situation«, konkreter: »gut urteilen, gut verstehen und gut denken«. Ähnliches beinhaltet die Definition von Wechsler (1944, S. 13): »Intelligenz ist die zusammengesetzte oder globale Fähigkeit des Individuums, zweckvoll zu handeln, vernünftig zu denken und sich mit seiner Umgebung wirkungsvoll auseinander zu setzen«.

Andere Autoren akzentuieren mehr die Neuartigkeit der zu lösenden Probleme. Für Stern etwa ist »Intelligenz das Vermögen, die (se) Bedingungen des Lebens selber umzugestalten und produktive Leistungen zu erbringen« oder wie es an anderer Stelle (1950, S. 424) heißt: »...die personale Fähigkeit, sich unter zweckmäßiger Verfügung über Denkmittel auf neue Forderungen einzustellen«.

Alle diese Definitionen (s. auch Sternberg & Detterman, 1986), die z. T. aus der Allgemeinen Psychologie stammen und an der engen Beziehung der Intelligenz zum Denken anknüpfen, sind jedoch aus mehreren Gründen wenig hilfreich. Ersetzt man nämlich die Begriffe »zweckvoll«, »vernünftig«, »produktiv«, »erfolgreich« usw. durch das Attribut »intelligent«, das sie umschreiben sollen, erweisen sie sich sogleich als sinnfreie Tautologien. Entsprechend haben verbale Definitionen letztlich keinen substantiellen Beitrag zum Verständnis und der Erforschung des Konstruktes Intelligenz leisten können.

Die wesentlichen Impulse für die Intelligenzforschung sind nicht von verbalen Definitionen, sondern vielmehr von den Verfahren selbst ausgegangen, die zur Erfassung des Merkmals konzipiert wurden. Die Definition des theoretischen Konstrukts erfolgt somit über die Spezifizierung der zum Zwecke seiner Messung ausgeführten empirisch-experimentellen Handlungen.

Die Notwendigkeit und Berechtigung von derartigen operationalen Definitionen hat erstmals der amerikanische Physiker Bridgman (1938) ausführlich begründet. Auf die Psychologie und den hier interessierenden Gegenstandsbereich übertragen wäre Intelligenz dasjenige, was der betreffende Intelligenztest misst. Entsprechend existieren, überspitzt formuliert, so viele Intelligenzen wie Verfahren zu ihrer Erfassung.

Auch eine solche Definition, die Boring (1923) anlässlich ihrer Formulierung nicht ohne Ironie gebrauchte, lässt durchaus Fragen offen. Denn das Problem, wodurch sich ein Verfahren zur Messung von Intelligenz qualifiziert, müsste durch gesonderte Untersuchungen geklärt werden (s. dazu Abschn. 5.3). Andererseits erlaubt die operationale Definition einen Einstieg in das Problemfeld und eine unzweideutige Kommunikationsbasis der Wissenschaftler.

Bislang liegen freilich keine Befunde vor, die eine Abkehr vom Konstrukt »Intelligenz« als zweckmäßig oder gar zwingend geboten erscheinen ließen. Im Gegenteil, solange die zugrundeliegende (biologische) Essenz nicht geklärt ist, erscheint eine pragmatisch-behaviorale Sicht zweckmäßig, etwa wenn Intelligenz definiert wird als das »erworbene Repertoire von intellektuellen (kognitiven) Fertigkeiten und Wissensbeständen, die einer Person zu einem gegebenen Zeitpunkt verfügbar sind« (Humphreys, 1994, S. 180). Für die Erfassung dieses Repertoires bedarf es einer möglichst breiten und repräsentativen Stichprobe von Elementen oder Items. In dem Maße, in dem diese Elemente zugleich auch Stichproben von schulischen und beruflichen Anforderungen darstellen, sind positive Korrelationen von Intelligenztests mit derartigen externen Kriterien zu erwarten, darüber hinaus etwa auch Mittelwertsunterschiede zwischen Gruppen von Personen, die nicht dieselben Umgebungs- und Anregungsbedingungen erfahren haben und für die deshalb die Wahrscheinlichkeit gering ist, über identische Repertoires zu verfügen.

Um angesichts der Kontroversen um den Intelligenzbegriff eine verlässliche Basis von wissenschaftlich begründbaren Aussagen zusammenzustellen, hat die American Psychological Association in den 1990er Jahren eine Arbeitsgruppe eingerichtet. Eines der Ergebnisse dieser Arbeitsgruppe war eine verbale Umschreibung von Intelligenz, der vermutlich die meisten Intelligenzforscher zustimmen würden:

Individuals differ from one another in their ability to understand complex ideas, to adapt effectively to the environment, to learn from experience, to engage in various forms of reasoning, to overcome obstacles by taking thought (Neisser et al., 1996, S. 77).

Im Kern geht es bei diesen Definitionen der Intelligenz also um die Fähigkeit, Probleme durch Nachdenken mehr oder weniger gut lösen zu können. Welcher Art diese Probleme sind, wird dabei zunächst offen gelassen (▶ Kasten 4.1).

Kasten 4.1: Worin zeigt sich Intelligenz?

Neben der Auffassung von fachpsychologisch Kundigen darüber, was unter Intelligenz zu verstehen ist, dürfen die Vorstellungen von Laien nicht unbeachtet bleiben. Vermutlich erfolgen im Zuge alltäglicher Interaktionssituationen wie der Diskussion mit Arbeitskollegen, der Unterhaltung mit Bekannten auf einer Party und dergleichen viele implizite Beurteilungen der Intelligenz des Gegenübers, die nicht notgedrungen der explizit in entsprechenden Tests erfassten Messung der Intelligenz entsprechen. Die impliziten Kategorisierungen sind nichtsdestotrotz ein Teil der sozialen Realität.

Sternberg et al. (1981) sind dieser Frage nachgegangen und haben Experten wie Laien Verhaltensweisen auflisten lassen, die nach Meinung der Befragungspersonen für Intelligenz sprechen. Beide Gruppen zeigten durchgängig eine recht hohe Übereinstimmung. Auch bestanden hohe Ähnlichkeiten zwischen den konstitutiven Merkmalen für Intelligenz, akademische Intelligenz und Alltagsintelligenz. Die Einschätzung der für eine idealtypisch intelligente Person als besonders charakteristisch erachteten Verhaltensweisen ergab ungeachtet der jeweiligen Beurteilerstichprobe und des einzustufenden Konzeptes drei Faktoren. Nachfolgend (▶ Tab. 4.1) sind die behavioralen Indikatoren dafür ausschnittweise wiedergegeben.

Tab. 4.1: Einstufungen der für idealtypisch intelligente Personen als charakteristisch angesehenen Verhaltensweisen.

Faktor	Faktorladung
1. Praktische Problemlösefähigkeit	
Urteilt/schlussfolgert logisch und gut	0,77
Identifiziert Beziehungen zwischen Ideen	0,77
Sieht alle Aspekte eines Problems	0,76
Reagiert nachdenklich auf die Vorstellungen anderer	0,70
Schätzt Situationen angemessen ein	0,69
Erfasst den Kern von Problemen	0,69
2. Verbale Fähigkeit	
Spricht klar und artikuliert	0,83
Ist verbal flüssig	0,82
Kennt sich innerhalb bestimmter Wissensgebiete gut aus	0,74
Arbeitet hart	0,70
Liest viel	0,69
Geht effektiv mit Leuten um	0,68
3. Soziale Kompetenz	
Akzeptiert andere so wie sie sind	0,88
Gibt Fehler zu	0,74
Zeigt Interesse am Geschehen in der Welt	0,72
Ist pünktlich bei Verabredungen	0,71
Hat ein soziales Bewusstsein	0,70
Denkt nach, bevor er spricht und handelt	0,70

Beurteiler hier: Laien. Auszug aus Sternberg et al. (1981, S. 45).

Das Auftreten einer sozialen Komponente ist aufschlussreich und bemerkenswert. Diesem Aspekt widmen die wissenschaftlichen Theorien nämlich ausgesprochen wenig Beachtung. Vielleicht liegt es daran, dass bislang in faktorenanalytischen Studien ein Faktor der »sozialen Intelligenz« nicht hinreichend belegt werden konnte (Probst, 1982). Da auch Jäger und Sitarek (1986) bei der Analyse der impliziten Fähigkeitskonzepte von Laien eine soziale (sowie zusätzlich eine manuell-praktische) Komponente fanden, ist der Geltungsbereich der impliziten Intelligenztheorien somit umfassender als derjenige der wissenschaftlich begründeten Modelle (Einzelheiten dazu s. Abschn. 4.3). Um deren ökologische Repräsentativität zu erhöhen, müssten die Leistungsbereiche von sozialer und praktischer Intelligenz also verstärkt berücksichtigt werden.

> **Zusammenfassung von Kapitel 4.1**
>
> Verschiedene Autoren haben jeweils unterschiedliche Definitionen oder Umschreibungen des Konstruktes »Intelligenz« vorgeschlagen, die sich natürlich in ihrem Wortlaut unterscheiden. Dennoch zielen die meisten dieser Definitionen auf die Güte, mit der die unterschiedlichsten Probleme durch kognitive Operationen gelöst werden. Ob es sich hierbei um eine spezifische Denkaufgabe aus einem Intelligenztest handelt (▶ **Kasten 4.3**) oder um ein lebensnahes Alltagsproblem (wie z. B. bei einer Klausur eine möglichst gute Note zu erzielen), ist dabei einerlei. Ebenfalls ist dabei keine Einschränkung gemacht, ob die verwendeten Denkmittel eher im Bereich von induktiver oder deduktiver Schlussfolgerung zu suchen sind oder ob es sich um das Wissen handelt, das einer Person für die Problemlösung zur Verfügung steht. Diese Unbestimmtheit in den Bereichen der Problemstruktur und der Lösungsmittel führt ganz natürlich zu der Frage, ob nicht zwischen unterschiedlichen Formen der Intelligenz unterschieden werden muss – dies ist die zentrale Frage der Intelligenzstrukturforschung.

4.2 Skalen und Verteilungen

4.2.1 Quantitative Maße für Allgemeine Intelligenz

Ein entscheidender Beitrag von Stern (1911) zur Kennzeichnung der individuellen Leistung mit den sogenannten Staffel-Tests des Binet-Typs bestand darin, das »Intelligenzalter« (IA) auf das »Lebensalter« (LA) zu beziehen und dadurch den Intelligenzquotienten (IQ) zu bilden (s. Abschn. 1.3.4). Um ganze Zahlen zu erhalten, wird der resultierende Wert üblicherweise mit dem Faktor 100 multipliziert. Werte um 100 sind gleichbedeutend mit altersgemäßer, durchschnittlicher Leistung, Werte darüber mit einem gewissen Vorsprung, Werte darunter entsprechend mit einem Defizit gegenüber der mittleren Leistung der Altersgleichen. Der durchschnittliche IQ muss deshalb definitionsgemäß 100 betragen. Darüber hinaus zeigte der IQ in empirischen Untersuchungen eine Streuung von ungefähr 15 IQ-Punkten.

Der Umstand, dass es sich beim Intelligenzalter ebenso wie beim Lebensalter nur um Punktwerte handelt, bei denen die Wahl und Bezeichnung der Einheit letztlich beliebig ist, hat der Anschaulichkeit und Verbreitung dieses Maßes keinen Abbruch getan. Im Unterschied zum Intelligenzalter lieferte der Intelligenzquotient einen vom Alter unabhängigen Bezugsmaßstab.

Angenommen, die Minderleistung eines Probanden gegenüber seiner Altersgruppe bleibt über die Jahre unverändert. Dann bleibt auch der IQ des Probanden numerisch gleich. Wer etwa als Vierjähriger ein Intelligenzalter von drei Jahren aufwies, würde bei Invarianz seiner Position gegenüber den Altersgleichen zwar als Sechsjähriger ein Intelligenzalter von viereinhalb und als Zwölfjähriger ein solches von neun zeigen, doch fiele der IQ mit 75 auf allen Altersstufen gleich aus (Konstanz des IQ bei verändertem absoluten IA und dessen Differenz zum LA). Verbunden damit war die Voraussetzung, dass sich die Standardabweichung der IA-Werte mit zunehmendem Lebensalter vergrößerte, von vier zu zwölf Jahren beispielsweise um den Faktor 3. In großen Zügen war dieses durchaus der Fall (s. McNemar, 1942).

Probleme ergaben sich bei den Binet-Tests ganz allgemein im Falle der Testung Erwachsener, da für sie aufgrund des negativ beschleunigten Entwicklungsverlaufes intellektueller Leistungen und einem Scheitelpunkt bei 20 bis 25 Jahren (s. dazu aber Abschn. 4.4) nicht mehr Aufgaben auffindbar waren, die zwischen den Altersgruppen differenziert hätten. Mit einer »Stauchung« bzw. später dem völligen Stillstand der IA-Werte gingen auf diese Weise bei wachsendem Lebensalter aber höhere LA-Werte einher. Die Folge waren grotesk niedrige Intelligenzquotienten älterer Personen. Damit aber büßte der IQ seine unmittelbare Anschaulichkeit für Laien ein.

Um die system- und verrechnungsbedingten Probleme zu vermeiden, ermittelt man, damit einem Vorschlag von Wechsler (1944) folgend, sogenannte Abweichungsquotienten. Ausgangspunkt dafür ist der empirische Befund der Leistungsstreuung jeder Altersgruppe um einen Durchschnittswert. Letzterer wird mit 100 gleichgesetzt. Um diesen Wert zu erreichen, muss ein Proband die gleiche Leistung wie der Durchschnitt seiner Altersstufe erbringen. Mit zunehmendem Lebensalter während der Kindheit und Jugend müssen also entsprechend mehr Aufgaben gelöst werden.

Im Weiteren wird sodann die individuelle Leistung als Differenz zum Mittelwert ausgedrückt und auf die jeweilige (empirisch durchaus verschiedene) Altersstreuung im Sinne der Bildung von Standardwerten (also z-Werten) relativiert. Um eine gewisse Vergleichbarkeit mit der Größenordnung der Binet-Intelligenzquotienten zu erzielen, wird schließlich der erhaltene Wert an die von dort bekannte Streuung von 15 angepasst:

$$\text{Abweichungs-IQ} = 100 + 15 \frac{X - M_X}{SD_X}$$

mit X = individuellem Test-Rohwert, M_X = empirischem Mittelwert der altersspezifischen Rohwerteverteilung und SD_X = empirischer Standardabweichung der altersspezifischen Rohwerteverteilung.

Zwar wird hier immer noch von einem »Intelligenz *quotienten*« gesprochen, doch handelt es sich faktisch um einen Standardwert, dessen Multiplikation mit 15 lediglich aus Gründen der Konvention erfolgt. Andere Autoren verwenden stattdessen den Multiplikationsfaktor 10 (Z-Werte, s. etwa Amthauer, 1953).

Solche Normierungsverfahren sind derzeit allgemeiner Brauch. Des Weiteren werden üblicherweise einzelne Abschnitte der kontinuierlichen IQ-Werte Verteilung mit bestimmten Ausdrücken gekennzeichnet. Da es sich bei der Zuordnung der verbalen Anker zu den Skalenpunkten nicht um ein empirisches Problem handelt, treten zwischen verschiedenen Autoren gewisse Differenzen auf (▶ Abb. 4.1). Das allgemeine Charakteristikum der Standardnormen besteht darin, dass unter der Annahme der Normalverteilung bei Kenntnis von Mittelwert und Streuung die Verteilung der individuellen Messwerte vollständig beschreibbar ist, da die z-Werte die relative Häufigkeit von Merkmalsträgern unter den einzelnen Abschnitten wiedergeben. So liegen innerhalb der Grenzen von einer Standardabweichung um den Mittelwert immer 68 % der Messwerte.

4.2.2 Abhängigkeit vom Messbereich

Die Transformation individueller Rohwerte in Abweichungsäquivalente nach dem geschilderten Vorgehen ermöglicht nicht nur rasche Vergleiche zwischen den Positionen eines Probanden zu verschiedenen Zeitpunkten in ein und demselben Verfahren, sondern

4 Modellierung von Intelligenzstruktur

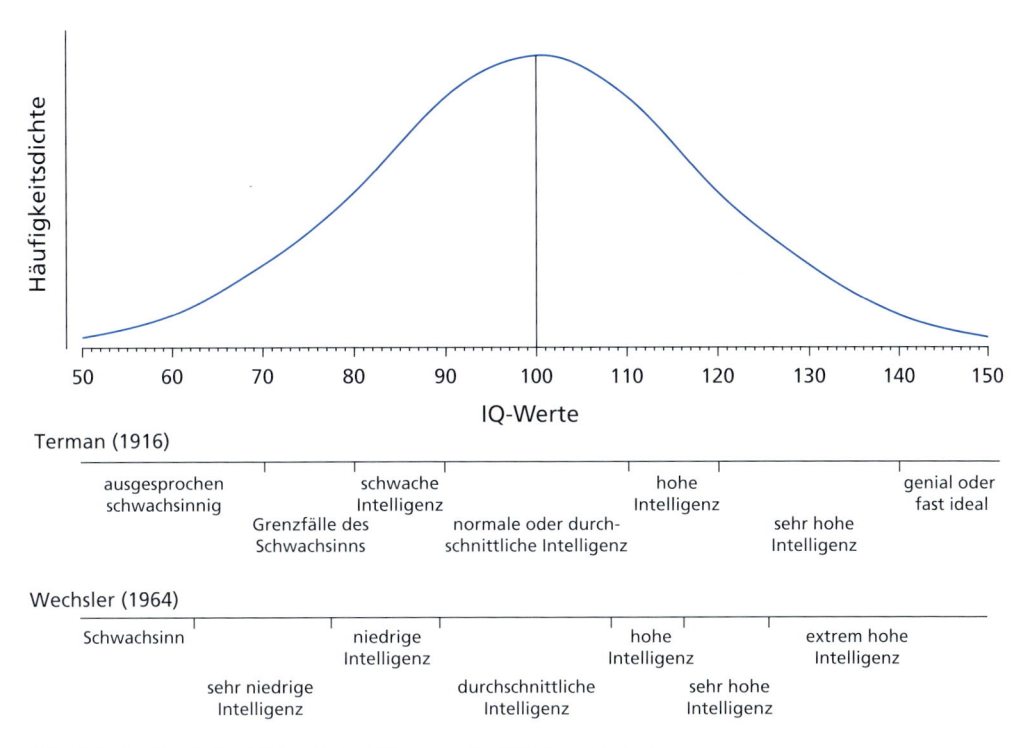

Abb. 4.1: Zwei gebräuchliche Unterteilungen der IQ-Werte-Verteilung.

auch solche zwischen den Messwerten eines Probanden in verschiedenen Tests. Ein IQ von beispielsweise 126 im Verfahren A bedeutet, dass nur noch ca. 2 %, ein solcher von 117 in Test B, dass immerhin ca. 9 % der Altersgleichen höhere Werte aufweisen. Demgegenüber mag die Zahl gelöster Items in A bei 12, in B dagegen bei 24 liegen – beide Rohwertverteilungen weisen eben andere Mittelwerte und Standardabweichungen auf.

Die Rohwerteverteilung von herkömmlichen Intelligenztests folgt allerdings nicht exakt einer Normalverteilung. Burt (1963) gab die britische Version des Stanford-Binet-Tests einer repräsentativen Stichprobe vor und registrierte dabei erhebliche Abweichungen von der Normalverteilung: An den beiden Verteilungsenden finden sich mehr Messwertträger als bei Zugrundelegung der Normalverteilung zu erwarten ist (▶ **Abb. 4.2**).

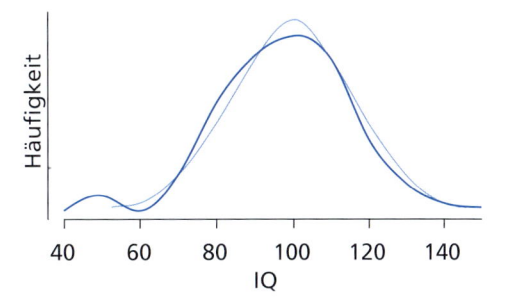

Abb. 4.2: Theoretische »Normalverteilung« von Intelligenzquotienten und die in empirischen Untersuchungen gefundene tatsächliche Verteilung (dick ausgezogene Linie). Die »Beule« am unteren Ende ist für Demonstrationszwecke übertrieben dargestellt (nach Jensen, 1972).

Als Erklärung der überzufälligen Häufung sehr niedriger Intelligenzquotienten sind prä- und perinatale Schädigungen des Gehirns, monogenetisch bedingte Stoffwechselstörungen wie Phenylketonurie oder Intelligenzdefekte wie Down-Syndrom, der Effekt von Genen unterschiedlicher Expressivität und Gewichtung als auch die Auswirkungen der gezielten Partnerwahl herangezogen worden. Bei Intelligenz liegt eine gezielte Partnerwahl vor: Die Elternteile sind sich hinsichtlich ihrer Intelligenz ähnlicher, als es dem Zufall entspräche. Dies führt in der nachfolgenden Generation zu einer größeren Varianz von Intelligenzpunktwerten. Zudem kommt auch die wahrscheinliche Kovariation zwischen Erb- und Umweltfaktoren als determinierender Faktor in Betracht (zu den Begriffen s. Kap. 13).

> **Zusammenfassung von Kapitel 4.2**
>
> Trotz kleiner Abweichungen entspricht die empirische Verteilung von Intelligenztestwerten annäherungsweise einer Normalverteilung. Dies berechtigt die Verwendung von sogenannten Standardwerten zur Beschreibung der Testleistung. Diese Standardwerte können für eine Normierungsstichprobe berechnet werden, indem zunächst eine z-Transformation der Testrohwerte erfolgt (damit wird zunächst ein Mittelwert von 0 und eine Standardabweichung von 1 für die neu berechnete Variable erzwungen). Wird nun diese neue Variable mit 15 multipliziert, und werden anschließend 100 dazuaddiert, resultiert eine neue normalverteilte Variable mit einem Mittelwert von 100 und einer Standardabweichung von 15. Diese Variable wird als »Intelligenzquotient« bezeichnet und ermöglicht eine einfache Interpretation der Intelligenztestwerte anhand der bekannten Eigenschaften von Normalverteilungen (erzielt eine Person beispielsweise einen IQ von 130, so liegt ihr Wert um 2 Standardabweichungen über dem Mittelwert; dies bedeutet, dass sie einen Prozentrang von 97,7 aufweist).

4.3 Strukturmodelle

4.3.1 Die Zwei-Faktoren-Theorie von Spearman

Innerhalb der Intelligenz unterschied Binet Gedächtnis, Vorstellung oder Schlussfolgerung als unabhängige Komponenten, die in verschiedenen Teilen des Gehirns lokalisiert seien. Von dieser Überzeugung geleitet glaubte er, die allgemeine intellektuelle Leistungsfähigkeit mit Hilfe von »mental orthopedics« verbessern zu können. Darunter verstand er eine Schulung spezieller Funktionen. Diesem Vorhaben war allerdings nur ein begrenzter Erfolg beschieden (s. etwa Eysenck, 1975).

Ungeachtet der Vorstellung, dass Intelligenz ein Bündel zahlreicher Einzelfähigkeiten sei, sah der von Binet entwickelte Test einen einzigen Kennwert für die Beschreibung der intellektuellen Leistung vor, nämlich das Intelligenzalter. Damit wurde Intelligenz implizit als einheitliches Ganzes behandelt. Präzise Modellvorstellungen im Hinblick auf die Struktur der Intelligenz entwickelte kurz darauf erstmals Spearman (1904). Ausgangspunkt seiner Überlegungen waren die Untersuchungen von Wissler (1901; s. Abschn. 3.3). Spearman kritisierte an ihnen, dass die Tests nicht individuell, sondern in Gruppen von jeweils drei Versuchspersonen vorgegeben wurden. Darüber hinaus mussten die Versuchspersonen nicht weniger als 22 verschiedene Verfahren innerhalb von 45 Minuten bearbeiten. Die daraus resultierenden Fehlerquellen und Messungenauigkeiten hätten zu einer mangelhaften Reliabilität der Maße geführt. Infolgedessen konnten die Maße auch keine bedeutsamen Korrelationen mit anderen Variablen aufweisen, was den Befund von Wissler als wenig aussagekräftig erscheinen ließ.

Im selben Jahr legte Spearman (▶ Kasten 4.2) dann eine Arbeit vor (Spearman, 1904), die als eine der bedeutendsten Einzelarbeiten unseres Faches gilt. Darin führte Spearman als inzwischen 41-jähriger Doktorand von Wundt zwei Werkzeuge zusammen, die bereits Galton gekannt und mit entwickelt, aber nicht explizit aufeinander bezogen hatte, nämlich »mental tests« und das Konzept der Korrelation. Als Ergebnis mehrerer Versuchsreihen an Kindern kam er zu der Schlussfolgerung, »that there really exists a *something* that we may provisionally term… a ›General Intelligence‹« (Spearman, 1904, S. 272; Hervorheb. v. V.).

Kasten 4.2: Charles Edward Spearman (1863–1945)

Charles E. Spearman (auf dem Foto sitzend abgebildet) wurde 1863 in London geboren. Als junger Mann diente er 15 Jahre lang in der britischen Armee und nahm als Offizier an Kolonialkriegen teil, bevor er 1897 aus der Armee ausschied, um zu studieren.

Mit 34 Jahren begann Spearman das Studium der Psychologie bei Wilhelm Wundt in Leipzig. Er musste sein Studium unterbrechen, weil er während des Burenkrieges von der Armee wieder eingezogen wurde. 1904 veröffentlichte Spearman seinen bahnbrechenden Artikel »General intelligence objectively determined and measured«, in dem er erstmals den Grundgedanken der Faktorenanalyse beschrieb. Im Alter von 43 Jahren promovierte Spearman bei Wundt mit einer Arbeit über optische Täuschungen in der Raumwahrnehmung.

Danach kehrte Spearman nach England zurück. Vom University College in London erhielt er 1907 zunächst einen Lehrauftrag, 1911 dann den Lehrstuhl für »Philosophy of Mind and Logic«. Nach einer Institutsneugründung war er ab 1928 und bis zu seiner Versetzung in den Ruhestand im Jahr 1931 Professor für Psychologie am selben College. Charles E. Spearman starb 1945 im Alter von 82 Jahren in London.

Mit seiner Zwei-Faktoren-Theorie der Intelligenz setzte Spearman die Intelligenzdiagnostik auf eine theoretische Basis. Außerdem entwickelte er mit dem Rangkorrelationskoeffizienten, der Minderungskorrektur und im Besonderen mit der Faktorenanalyse neue und in der Folge viel genutzte Methoden der psychologischen Forschung.

Das mit »g« bezeichnete *Etwas* komme in allen Funktionen zum Tragen, die sich an den Intellekt richteten, wenngleich in etwas unterschiedlichem Ausmaß. Die Höhe der Ladungen von g in einzelnen Tests ließ sich mit Hilfe einer von ihm konzipierten Vorläuferversion der Faktorenanalyse bestimmen. Außer durch g sei jeder Test noch durch eine zweite, eine spezifische Komponente s bestimmt (darüber hinaus durch einen Fehleranteil e). Damit war die »Zwei-Faktoren-Theorie« der Intelligenz propagiert, wonach die Korrelation zwischen Leistungsmaßen nur auf derjenigen Komponente beruht, die ihnen gemeinsam ist – nämlich g. Die Korrelation zweier Maße muss eine direkte Funktion des Ausmaßes sein, in dem sie gemeinsam g erfassen.

Die Zwei-Faktoren-Theorie beinhaltet ein bedeutendes Korrolarium: Weil jeder mentale Test etwas an g und jeder Test ein verschiedenes s enthält, weil darüber hinaus g und s (sowie e) miteinander unkorreliert sind, muss jeder Summenwert aus verschiedenen Tests relativ mehr g und weniger s aufweisen als jeder der einzelnen Tests.

Dieser Sachverhalt, dass bei einer Aggregation von verschiedenen Maßen desselben Konstrukts der gemeinsame Faktor immer stärker zutage tritt und die unkorrelierten Messfehler im Vergleich dazu immer mehr zurücktreten, kann bei der Testkonstruktion genützt werden. Ist ein Test nämlich nicht ausreichend reliabel, so kann seine Reliabilität durch eine »Testverlängerung« gesteigert werden, d.h., es werden dem Test einfach weitere Items zur Messung des Konstruktes zugefügt. Die Beziehung zwischen Testlänge und letztendlich erzielter Reliabilität wird in der später nach ihren Autoren Spearman und Brown benannten »prophecy formula« ausgedrückt (Amelang & Schmidt-Atzert, 2006).

Eindrucksvoll ist seitdem auch immer wieder eine der Voraussetzungen für g bestätigt worden, dass nämlich alle geistigen Leistungen, wie verschieden sie auch sein mögen, miteinander positiv korrelieren.

Der Kern der Zwei-Faktoren-Theorie ist aufgrund seiner Plausibilität und Einfachheit allgemein bekannt geworden wie kaum ein anderes Konzept der Intelligenzstruktur. Bei fast allen gängigen Intelligenztests, auch jenen zur Erfassung spezieller Funktionen, wird gewöhnlich neben den Punktwerten für die Einzelleistung noch ein Wert für den Gesamttest ausgewiesen. Dieser steht für die durchschnittliche Höhe des Intelligenzniveaus. Dieser »Allgemeine Faktor der Intelligenz« ist relativ »generell« oder breit, da er ca. 50 % der Varianz in den verschiedensten kognitiven Aufgaben erklärt (s. Sternberg & Grigorenko, 2002) und zudem von erheblicher Bedeutung für die allermeisten Anforderungen des alltäglichen Lebens (s. Gottfredson, 1997) sowie für zahlreiche Phänomene wie Gesundheitsverhalten, Kriminalität und individuelle Finanzplanung von sozialer Bedeutung (Lubinski & Humphreys, 1997) ist. Darüber wird mehr in Abschnitt 5.3 zu sagen sein.

Aufgrund seiner Konzeption als gemeinsamer Faktor («Generalfaktor«) aller mentalen Leistungstests kann g nicht mit einem einzelnen Intelligenztest gemessen werden. Im Forschungskontext kann behelfsweise eine Testbatterie mit möglichst breit ausgewählten Einzelverfahren zur Messung von kognitiven Fähigkeiten durchgeführt werden. Ist die Auswahl der Tests repräsentativ, so ist der gemeinsame Faktor dieser Tests eine gute Annäherung an g. Diese Vorgehensweise ist natürlich sehr aufwendig; ersatzweise kann einer der von John C. Raven entwickelten Matrizentests verwendet werden, die in einer leichteren Version (Standard Progressive Matrices, SPM) sowie in einer schwereren Version (Advanced Progressive Matrices, APM) vorliegen (für deutsche Handbücher, s. Heller et al., 1998a, b). Bei diesen Tests müssen geometrische Reizvorlagen, die jeweils eine Lücke aufweisen, sinngemäß ergänzt werden, was vor allem induktives Schlussfolgern erfordert. Diese Tests messen natürlich neben g auch einen spezifischen Faktor und Messfehler, doch konnten umfangreiche Faktorenanalysen aufzeigen, dass diese Tests eine besonders hohe Ladung auf g aufweisen (Carroll, 1993).

4.3.2 Gruppenfaktoren-Modelle

Unter Verwendung von Tests, die seinerzeit noch nicht zur Verfügung standen, zeigte sich alsbald, dass g allein nicht alle zwischen Tests auftretenden Korrelationen erklären kann. Dies machte die Annahme von weiteren Faktoren notwendig, die verschiedenen Arten von Tests jeweils gemeinsam sind. Für Spearman war die Existenz von Restkorrelationen nach der Extraktion des Generalfaktors Anlass, zusätzlich »spezielle Generalfaktoren« anzunehmen. Gegenüber dem weitgehend gleichen Sachverhalt und mit einer nur geringen Akzentverschiebung postulierte hingegen der englische Forscher Burt »Gruppenfaktoren« (Burt, 1909, 1949). Diese laden jeweils nur eine Untergruppe von Variablen. Nach dem Herausziehen der für jede Gruppe von Variablen gemeinsamen Varianz müssten nur noch unsystematische Korrelationen innerhalb der Gesamtmatrix verbleiben.

Empirische Grundlage einer solchen Auffassung bildeten Erhebungen, in denen im Unterschied zu Spearmans Vorgehensweise wesentlich heterogenere Verfahren eingesetzt worden waren, also Verfahren zur Messung von recht verschiedenen Merkmalsbereichen. Da dennoch die nichtüberlappende Separierung der besagten Variablengruppen kaum jemals gelingt, gingen Autoren wie Burt und Vernon von einer hierarchischen Ordnung der Intelligenzfaktoren aus (Burt, 1949; Vernon, 1950, 1965).

Innerhalb eines solchen Systems sind auf der untersten Ebene die spezifischen, nur den betreffenden Test kennzeichnenden Faktoren lokalisiert, darüber die »minor group factors« und als Niveau von noch größerer Breite die »major group factors«. Die Ebene des höchsten Allgemeinheitsgrades stellt der g-Faktor dar. Mit dem Aufsteigen in der Hierarchie organisiert ein Faktor zunehmend mehr Untervariablen, wobei allerdings die Korrelationen mit der Verhaltensebene niedriger werden. Als ein Beispiel für derartige Strukturmodelle ist in **Abbildung 4.3** dasjenige von Vernon wiedergegeben.

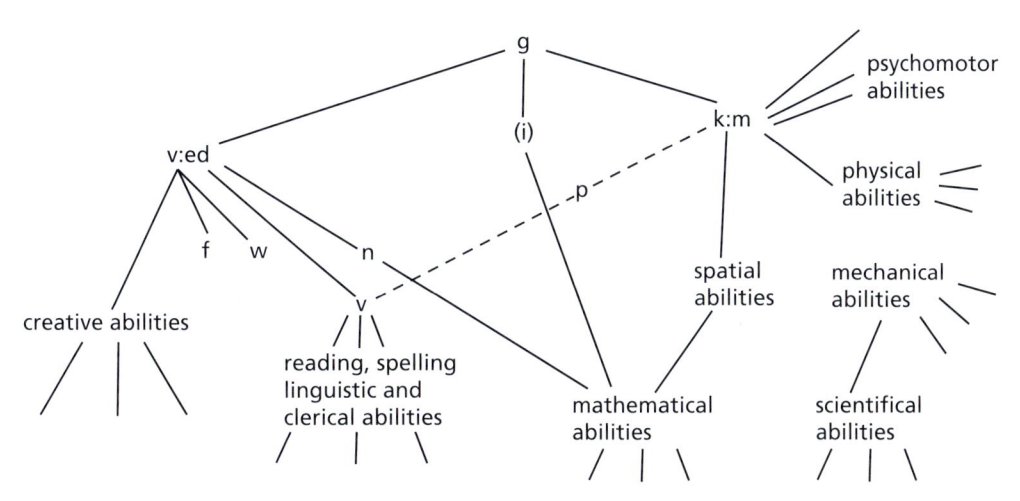

Abb. 4.3: Vernons hierarchisches Intelligenzmodell. Die einzelnen Buchstaben stehen für Faktoren. Die Allgemeine Intelligenz g gliedert sich in die beiden größeren Gruppenfaktoren v:ed (»verbal-educational«) und k:m (»spatial and motor abilities«) auf.
Die Faktoren v und w beziehen sich auf linguistische bzw. literarische Fähigkeiten, f bedeutet fluency, n numerical, p perceptual und i inductive.

Wichtig ist der Umstand, dass sich die Konzeptualisierung eines hierarchischen Strukturmodells dann anbietet, wenn zuvor die Entscheidung zugunsten einer besonders präzisen Erfassung der »minor« oder auch »major group factors« gefallen ist. Dann sind die resultierenden Faktoren mit relativ hoher Interpretationssicherheit identifizierbar, zudem sind sie miteinander noch korreliert. Erst diese Faktorinterkorrelationen erlauben die erneute Extraktion von weiteren, allgemeineren Faktoren. Zwischen den Alternativen, entweder einen varianzstarken g-Faktor und einige mehr oder minder spezifische Gruppenfaktoren zu extrahieren oder aber zulasten des Generalfaktors die Gruppenfaktoren zu akzentuieren, gibt es keine allgemein verbindliche, allein richtige Entscheidung. Beide Lösungen sind mathematisch äquivalent und ineinander überführbar. Aus diesem Blickwinkel stellen hierarchische Modelle eine Art Kompromiss oder Synthese dar zwischen der Zwei-Faktoren-Theorie Spearmans und dem nachfolgend skizzierten Modell mehrerer gemeinsamer Faktoren von Thurstone.

Eine Gruppierung von vielen spezifischen Intelligenzfaktoren in wenigen und breiteren Faktoren höherer Ordnung stellen die gängigen Intelligenztests des amerikanischen Psychologen David Wechsler dar. Dieser hat über Jahrzehnte hinweg eine Reihe von Intelligenztests für Kinder im Vorschulalter, für Schulkinder und für Erwachsene entwickelt und ständig weiterentwickelt. Auch im deutschen Sprachraum sind diese Tests in entsprechender Übersetzung weit verbreitet. So liegt beispielsweise der neueste dieser Tests für Erwachsene (Wechsler Adult Intelligence Scale III, WAIS III; Wechsler, 1997) unter der Bezeichnung »Wechsler Intelligenztest für Erwachsene« (WIE) in einer Übertragung durch Aster et al. (2006) vor. Bei diesem Verfahren werden mit 14 Untertests auf der untersten Hierarchieebene eher spezifische kognitive Fähigkeiten bestimmt (die Tests heißen z. B. Bilderergänzen, Wortschatz-Test, Gemeinsamkeiten finden, rechnerisches Denken, Zahlennachsprechen etc.). Aufgrund der korrelativen Zusammenhänge zwischen den Ergebnissen dieser Tests können diese auf einer höheren Hierarchieebene zu einem »Verbal-IQ« sowie einem »Handlungs-IQ« zusammengefasst werden. Die positive Korrelation zwischen diesen beiden Intelligenzfaktoren gestattet schließlich auf der höchsten Hierarchieebene die Berechnung eines »Gesamt-IQ«. Nach einer Befragung von praktisch tätigen Psychologen durch Steck (1997) sind die Wechsler Intelligenztests in der deutschsprachigen diagnostischen Praxis weiter verbreitet als jeder andere Intelligenztest, was die praktische Bedeutung der Gruppenfaktormodelle nachdrücklich unterstreicht.

4.3.3 Das Modell mehrerer gemeinsamer Faktoren

Gibt man die Forderung nach der nichtüberlappenden Trennbarkeit einzelner Variablengruppen auf, geht das Gruppenfaktoren-Modell in jenes mehrerer gemeinsamer Faktoren über. Diesem Modell zufolge sind beim Lösen von Denkaufgaben immer mehrere Gruppenfaktoren in wechselnden Gewichtungsverhältnissen beteiligt. Um deren Zahl und Spezifität zu ermitteln, entwickelte Thurstone (1931; s. a. 1947) das Verfahren der Multiplen Faktorenanalyse.

Grundlegend dafür war die Annahme, dass die Zahl von Primärfähigkeiten (engl. »primary abilities«; eine von Thurstone als äquivalent zu den Gruppenfaktoren gewählte Bezeichnung) stets niedriger als die Zahl der in einer Untersuchung eingesetzten Tests ist, mehrere Tests sich also zu einer Primärfähigkeit zusammenschließen können. Weiterhin geht als Voraussetzung ein, dass die Leistung in einer bestimmten Aufgabe nicht zugleich von *allen vorhandenen* Primärfähigkeiten determiniert werde.

Mit diesen Annahmen markierte Thurstone, seinerzeit Assistent des berühmten Erfinders Edison, gleichsam eine Gegenposition zu Spearmans Zwei-Faktoren-Modell. Wie bei diesem waren die nachgeschalteten statistischen Analysen und Prüfverfahren direkt abhängig von den theoretischen Vorannahmen. Für Thurstone lieferten sie zugleich ein Ziel der mathematischen Prozeduren, um aus einer Matrix von Interkorrelationen die minimale Zahl der Faktoren zu identifizieren, die für die Erklärung der Interkorrelationen notwendig ist: das Kriterium der *Einfachstruktur*. Es sieht vor, in einer Faktorladungsmatrix die Anzahl von Null-Ladungen in jeweils einem Faktor zu maximieren bei simultaner Maximierung der Ladungszahlen der davon nicht betroffenen Variablen (s. Abschn. 2.1.4). Als Konsequenz werden die Faktoren so gewählt, dass die Variablen entweder eine recht hohe oder aber sehr niedrige Ladung aufweisen, was die Interpretation der Faktorlösung natürlich vereinfacht. Gesucht wird also nach solchen Faktoren, mit denen insgesamt möglichst wenige Tests, diese dafür aber möglichst hoch korrelieren.

Aufgrund der ersten großen Untersuchung, die sich auf eine Batterie von 56 Tests und eine Stichprobe von 218 College-Studenten stützte, identifizierte Thurstone (1938) neun Faktoren. Die in späteren Arbeiten am besten gesicherten Faktoren bilden die berühmten sieben *Primary Mental Abilities* (Merkvers: »*M*ein *s*chlauer *V*etter *r*ingt *n*ach *p*assenden *W*orten«; ▶ Tab. 4.2).

Tab. 4.2: Faktormatrix für sieben »Primary Mental Abilities«

Test	I p	II n	III w	IV v	V s	VI m	VII r	Residuen
1) Identische Zahlen	**0,42**	**0,40**	0,05	–0,02	–0,07	–0,06	–0,06	0,08
2) Gesichter	**0,45**	0,17	–0,06	0,04	0,20	0,05	0,02	–0,12
3) Spiegellesen	**0,36**	0,09	0,19	–0,02	0,05	–0,01	0,09	0,12
4) Vornamen	0,02	0,09	0,02	0,00	–0,05	**0,53**	0,10	0,02
5) Figurenerkennen	0,20	–0,10	0,02	–0,02	0,10	**0,31**	0,07	–0,17
6) Wort-Zahl-Assoziation	0,02	0,13	–0,03	0,00	0,01	**0,58**	–0,04	0,04
7) Satzbildung	0,00	0,01	–0,03	**0,66**	–0,08	–0,05	0,13	0,07
8) Wortverständnis	0,01	0,02	0,05	**0,66**	–0,04	0,02	0,02	0,05
9) Satzergänzung	0,01	0,00	–0,01	**0,67**	0,15	0,00	–0,01	–0,11
10) Wörter mit gleichen Anfangsbuchstaben	0,12	–0,03	**0,63**	0,03	–0,02	0,00	0,00	–0,08
11) Wörter mit vier Buchstaben	0,02	–0,05	**0,61**	–0,01	0,08	–0,01	0,04	–0,05
12) Wörter mit gleichen Nachsilben	0,04	0,03	**0,45**	0,18	–0,03	0,03	–0,08	0,10
13) Fahnen	0,04	0,05	0,03	–0,01	**0,68**	0,00	0,01	–0,07
14) Figuren	0,02	–0,06	0,01	–0,02	**0,76**	–0,02	–0,02	0,07
15) Karten	0,07	–0,03	–0,03	0,03	**0,72**	0,02	–0,03	0,13

Tab. 4.2: Faktormatrix für sieben »Primary Mental Abilities« – Fortsetzung

Test	I p	II n	III w	IV v	V s	VI m	VII r	Residuen
16) Addition	0,01	**0,64**	–0,02	0,01	0,05	0,01	–0,02	–0,03
17) Multiplikation	0,01	**0,67**	0,01	–0,03	–0,05	0,02	0,02	0,01
18) Drei–Mehr	0,05	**0,38**	–0,01	0,06	0,20	–0,05	0,16	–0,12
19) Buchstabenfolgen	0,03	0,03	0,03	0,02	0,00	0,02	**0,53**	0,02
20) Oberbegriffe	0,02	–0,05	–0,03	0,22	–0,03	0,05	**0,44**	–0,02
21) Buchstabengruppierung	0,06	0,06	0,13	–0,04	0,01	–0,06	**0,42**	0,06

v: verbal comprehension. Kenntnis von Wörtern und ihrer Bedeutung sowie deren angemessene Verwendung im Gespräch.
w: word fluency. Rasches Produzieren von Wörtern, die bestimmten strukturellen oder symbolischen Erfordernissen entsprechen.
n: number. Geschwindigkeit und Präzision bei einfachen arithmetischen Aufgaben.
s: space. Bewältigung von Aufgaben, die räumliches Vorstellen und Orientieren sowie das Erkennen von Objekten unter anderem Bezugswinkel erfordern (der Faktor untergliedert sich entsprechend dieser Beschreibung häufig in zwei oder drei speziellere s-Faktoren).
m: memory (associative). Behalten paarweise gelernter Assoziationen.
p: perceptual speed. Geschwindigkeit beim Vergleich oder der Identifikation visueller Konfigurationen.
i: induction oder r: reasoning, general. Schlussfolgerndes Denken im Sinne des Auffindens einer allgemeinen Regel in einer vorgegebenen Abfolge von Zahlen oder Symbolen und Anwendung derselben bei der Vorhersage des nächstfolgenden Elementes. Verschiedenen Untersuchungen zufolge liegt bei r der Akzent auf arithmetischen Problemen.
Fettgedruckt sind Faktorladungen > :0,30:.
Aus Thurstone und Thurstone (1941, S. 91).

Wie den Erläuterungen in **Tabelle 4.2** zu entnehmen ist, weisen die einzelnen Primärfähigkeiten eine höchst unterschiedliche Breite auf. Während einige relativ spezifisch für bestimmte Material- oder Problembereiche sind (z. B. *p* bzw. *m*), laden andere in Aufgaben verschiedener Formate und vermeintlich unterschiedlicher Anforderungen (z. B. *v* und *i*). Davon abgesehen stellen alle Faktoren innerhalb des Modells gleichberechtigte Bausteine dar, die *nebeneinander* stehen insofern, als nicht der eine Faktor auf der Existenz des anderen aufbaut. Darüber hinaus sind die Primärfaktoren nach Thurstone relativ unabhängig voneinander. Die Korrelationen zwischen den verschiedenen Leistungstests würden vor allen Dingen dadurch verursacht, dass in jedem Leistungstest stets mehrere Primärfaktoren gemeinsam die Leistung eines Probanden bestimmen (und nicht etwa durch *einen* übergeordneten, allen Tests gemeinsamen Superfaktor g).

Als Thurstone seinerzeit seine Resultate publizierte, sah er sich selbst im Gegensatz zu Spearman. Die Existenz der sehr unterschiedlichen Primärfaktoren verbot seiner Auffassung nach die Berechnung eines einzelnen Kennwertes für Intelligenz. Intelligenz müsste vielmehr als Profil der Ausprägungsgrade in jeder der Primärfähigkeiten dargestellt werden. Damit war auf die alte Frage nach dem, was unter Intelligenz zu verstehen sei, eine neue Antwort gegeben worden.

Allerdings müssen mindestens zwei weitere Gesichtspunkte beachtet werden.

Kasten 4.3: Beispielaufgaben aus dem Grundmodul des IST-2000 (Amthauer, Brocke, Liepmann & Beauducel, 1999)

Satzergänzung
Aus fünf vorgeschlagenen Lösungsmöglichkeiten soll das Wort ausgewählt werden, das den Satz vervollständigt.
Beispiel: Ein Kaninchen hat am meisten Ähnlichkeit mit einem (einer)?
a) Katze   b) Eichhörnchen   c) Hasen   d) Fuchs   e) Igel

Analogien
Es werden drei Wörter vorgegeben, von denen die ersten beiden in einer bestimmten Beziehung zueinander stehen. Aus fünf Wahlwörtern soll das Wort herausgefunden werden, das zu dem dritten vorgegebenen Wort in ähnlicher Beziehung steht.
Beispiel: Wald : Bäume = Wiese : ?
a) Gräser   b) Heu   c) Futter   d) Grün   e) Weide

Rechenaufgaben I
Es werden Rechenaufgaben der folgenden Art vorgegeben. Das Ergebnis der Rechnung wird auf dem Antwortbogen eingetragen.
Beispiel: 60 - 10 = ?

Rechenaufgaben II
Zahlen auf der linken Seite einer Gleichung sollen mit dem Ziel verbunden werden, das hinter dem Gleichheitszeichen stehende Ergebnis zu erhalten.
Beispiel: 6 ? 2 ? 3 = 5

Zahlenreihen
Es werden nach einer bestimmten Regel aufgestellte Zahlenreihen vorgegeben, die nach dieser Regel fortgesetzt werden müssen.
Beispiel: 2 4 6 8 10 12 14 ?

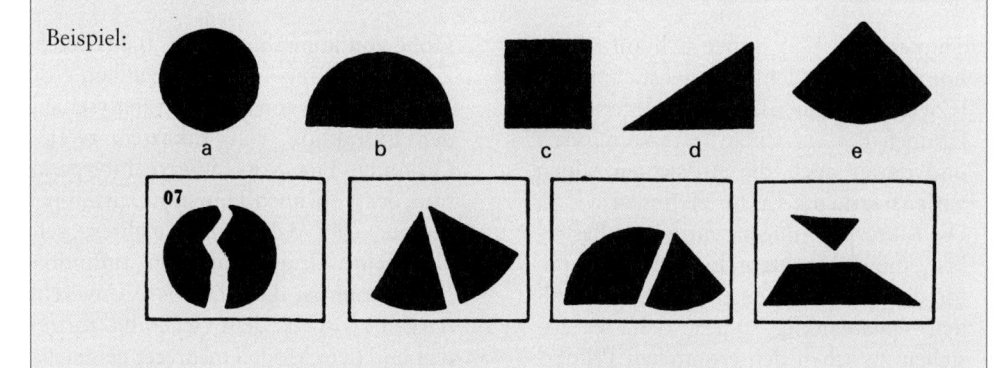

Figurenauswahl I
Es sind fünf geometrische Figuren gegeben. Darunter sind die Figuren in Teile zerlegt dargestellt. Der Proband soll angeben, welche der Figuren man durch das Zusammenfügen der einzelnen Teile erhält.

Figurenauswahl II (Matrizen)
Auf der linken Seite findet sich eine Reihe von Figuren, die in einer bestimmten Regel aufgebaut sind. Es muss aus fünf Auswahlfiguren jene Figur herausgefunden werden, die anstelle des Fragezeichens eingesetzt werden muss.
Beispiel:

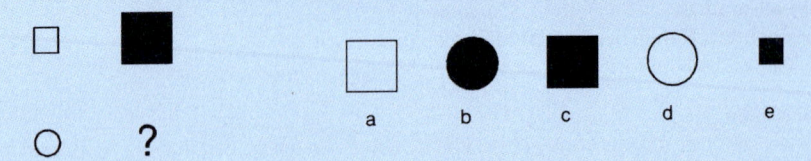

Würfelaufgaben
Fünf Würfel – a bis e – deren Seiten verschiedene Muster tragen, sind so vorgegeben, dass jeweils drei Seiten eines Würfels sichtbar sind. Darunter befinden sich die gleichen Würfel in veränderter Lage. Jeder dieser Würfel muss einem der Würfel a bis e zugeordnet werden, von dem er sich nur durch die Lage unterscheidet. Der Würfel kann gedreht, gekippt oder gedreht und gekippt worden sein.
Beispiel:

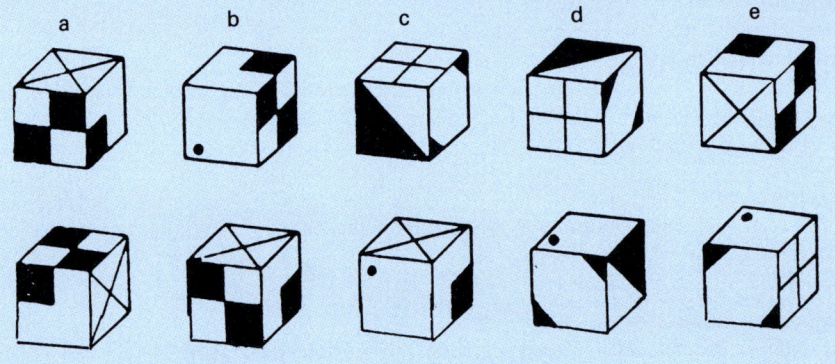

Merkaufgaben
Der Proband hat 1 Minute Zeit, um je fünf Namen von Sportarten, Nahrungsmitteln, Städten, Berufen und Bauwerken auswendig zu lernen.

- Thurstone (1938) stützte sich auf relativ homogene Versuchspersonenstichproben (College-Studenten), was die Interkorrelationen der einzelnen Tests vermindert und damit auch die Aussichten, einen varianzstarken g-Faktor zu finden.
- Die Faktorenlösungen wurden im Bestreben, möglichst klare Einfachstrukturen für die einzelnen Dimensionen zu erhalten, schiefwinklig rotiert, d. h., es bestehen zwischen den ermittelten Primärfaktoren noch Korrelationen in einer

Höhe von immerhin ca. $r = 0{,}35$. Solche Zusammenhänge aber erlauben die Durchführung von Sekundäranalysen mit der Extraktion von Faktoren zweiter Ordnung. Eine vorsichtige Interpretation, der wohl auch Thurstone zustimmen könnte, geht dahin, dass mehrere sehr allgemeine Gruppenfaktoren auffindbar sind. Damit ist die scheinbare Unvereinbarkeit zwischen dem Generalfaktormodell und dem Modell mehrerer gemeinsamer Faktoren überwunden und ein Großteil der Divergenzen als Folge der angewendeten Analysemethode erklärt.

Amthauer bezog sich beim Entwurf von Aufgaben für den »Intelligenz-Struktur-Test (IST)« (Amthauer, 1953) auf die originalen Arbeiten von Thurstone. Da der IST (aktuell in der Fassung I-S-T 2000 R; Amthauer et al., 2001) zu den gebräuchlichsten differentiellen Leistungstests zählt, sind Beispielaufgaben, die einen Teil der o. a. Primärfaktoren abdecken sollen, in **Kasten 4.3** wiedergegeben.

4.3.4 Das Modell der fluiden und kristallisierten Allgemeinen Intelligenz von Cattell

Die von Cattell, einem früheren Assistenten Spearmans, im Laufe der Jahre seit 1941 konzipierten Modellvorstellungen zur Struktur der Intelligenz können als eine Synthese der Zwei-Faktoren-Theorie und des Modells mehrerer gemeinsamer Faktoren aufgefasst werden: Wie bei Spearman wird ein g-Faktor angenommen, dessen Existenz aus den interkorrelierenden Primärfaktoren Thurstone'scher Prägung erschlossen wird.

Sekundäranalysen an Stichproben hinlänglich replizierter Primärfaktoren zeigten etwa die folgenden, der Arbeit von Horn und Cattell (1966) entnommenen Resultate (▶ **Tab. 4.3**).

Nur die beiden ersten Faktoren sollen hier näher interessieren; diese wurden nämlich interpretiert als fluide (engl. »fluid«, g_f) bzw. kristallisierte (engl. »crystallized«, g_c) Allgemeine Intelligenz. Erstere spiegle mehr die Fähigkeit wider, sich neuen Problemen oder Situationen anzupassen, ohne dass es dazu in wesentlichem Ausmaß früherer Lernerfahrungen bedürfe. Hingegen vereinige g_c kognitive Fertigkeiten, in denen sich die kumulierten Effekte vorangegangenen Lernens kristallisiert und verfestigt hätten. Die fluide Intelligenz entfalte sich im individuellen Lebenslauf rascher und sei die Voraussetzung für die Entwicklung der kristallisierten Intelligenz.

Tab. 4.3: Ladungen der Sekundärfaktoren der Intelligenz und die sie konstituierenden Primärfaktoren.

Primärfaktoren		Sekundärfaktoren					
		g_f	g_c	g_v	g_s	C	F
I	Induktives Denken	0,50		0,28			
CFR	Figurale Beziehungen	0,46		0,43			
Ma	Assoziatives Gedächtnis	0,32					
ISP	Intellektuelle Geschwindigkeit	0,40			−0,21		
IL	Intellektuelles Niveau	0,51					
R	Allgemeines Schlussfolgern	0,23	0,30				
CMR	Semantische Beziehungen	0,33	0,50				−0,20
Rs	Formales Schlussfolgern	0,34	0,40				
N	Umgang mit Zahlen	0,24	0,29			0,34	
V	Verbales Verständnis		0,69				−0,26
MK	Mechanische Kenntnisse		0,48	0,25			

Tab. 4.3: Ladungen der Sekundärfaktoren der Intelligenz und die sie konstituierenden Primärfaktoren.
– Fortsetzung

Primärfaktoren		Sekundärfaktoren					
		g_f	g_c	g_v	g_s	C	F
EMS	Erfahrungsgeleitete Bewertung		0,43		–0,23		
Fi	Vorstellungsflüssigkeit		0,25		–0,25		–0,42
Fa	Assoziationsflüssigkeit		0,35				–0,60
S	Räumliche Orientierung			0,50			–0,20
VZ	Veranschaulichung			0,58			
Cs	Schnelligkeit der Gestaltbindung			0,36			
Cf	Flexibilität der Gestaltbindung			0,48			
DFT	Figurale Anpassungsflexibilität			0,40			
P	Wahrnehmungsgeschwindigkeit				0,48		
Sc	Bearbeitungsgeschwindigkeit				0,63		
Pf	Produktive Flexibilität		0,23		0,46		
C	Sorgfalt					0,60	

Nach Horn und Cattell (1966).

Nach der von Horn (1968) zusammengestellten Übersicht mehrerer Sekundärfaktoranalysen ist die fluide Intelligenz vor allem durch die Primärfaktoren »Figural Relations«, »Memory Span« und »Induction« gekennzeichnet. Diese Faktoren lassen sich vermeintlich relativ kulturfrei (engl. »culture fair«) deshalb erfassen, weil dabei Materialien verwendet werden können, die den Mitgliedern verschiedener Gesellschaften gleich gut vertraut sind, die spezielle Aufgabe gleichwohl neuartigen Charakter aufweist. Der Culture Fair Test (▶ Kasten 4.4) von Cattell soll g_f erfassen (Weiß, 1971). Demgegenüber wird g_c hauptsächlich durch Wortverständnis, Satzbildung und Satzergänzung markiert, die in hohem Maße kulturspezifische Elemente beinhalten. Folgerichtig wählten Amthauer et al. (2001) für die Aktualisierung des IST einen Matrizentest als Markiervariable für fluide und einen Wissenstest als Marker für kristallisierte Intelligenz.

Darüber hinaus laden mehrere Primärfaktoren sowohl auf g_c wie auf g_f und bedingen dadurch die Korrelation der beiden Dimensionen miteinander in Höhe von ca. $r = 0,50$. Im Falle von zusätzlichen Analysen ist deshalb ein weiterer Faktor mit noch größerem Allgemeinheitsgrad zu erwarten – $g_{f(h)}$ (»g_f historical«) oder letztlich Spearmans g. Für $g_{f(h)}$ forderte Cattell (1971) höhere Ladungen von g_f als von g_c, da die fluide Intelligenz während früher Lebensjahre von größerer Bedeutung sei; bestätigende Resultate in diesem Sinne liegen vor.

Die Lokalisation von g_f und g_c innerhalb des Gesamtmodells, das zusätzlich Interessen- und Gedächtnisfaktoren vorsieht sowie entwicklungspsychologischen Gesichtspunkten Rechnung trägt (s. vor allem Cattell & Kline, 1977), ist aus **Abbildung 4.4** ersichtlich.

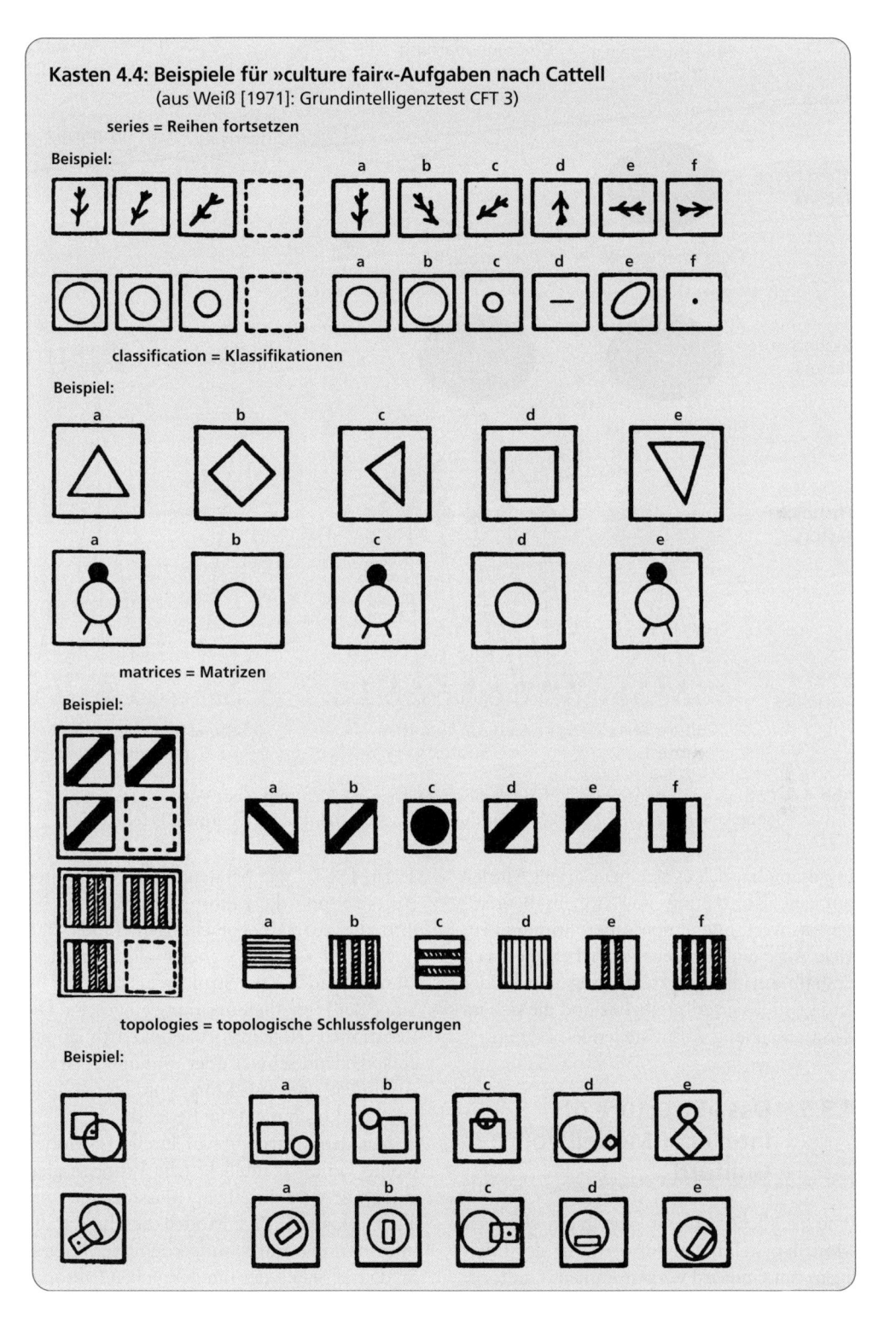

Kasten 4.4: Beispiele für »culture fair«-Aufgaben nach Cattell
(aus Weiß [1971]: Grundintelligenztest CFT 3)

series = Reihen fortsetzen

classification = Klassifikationen

matrices = Matrizen

topologies = topologische Schlussfolgerungen

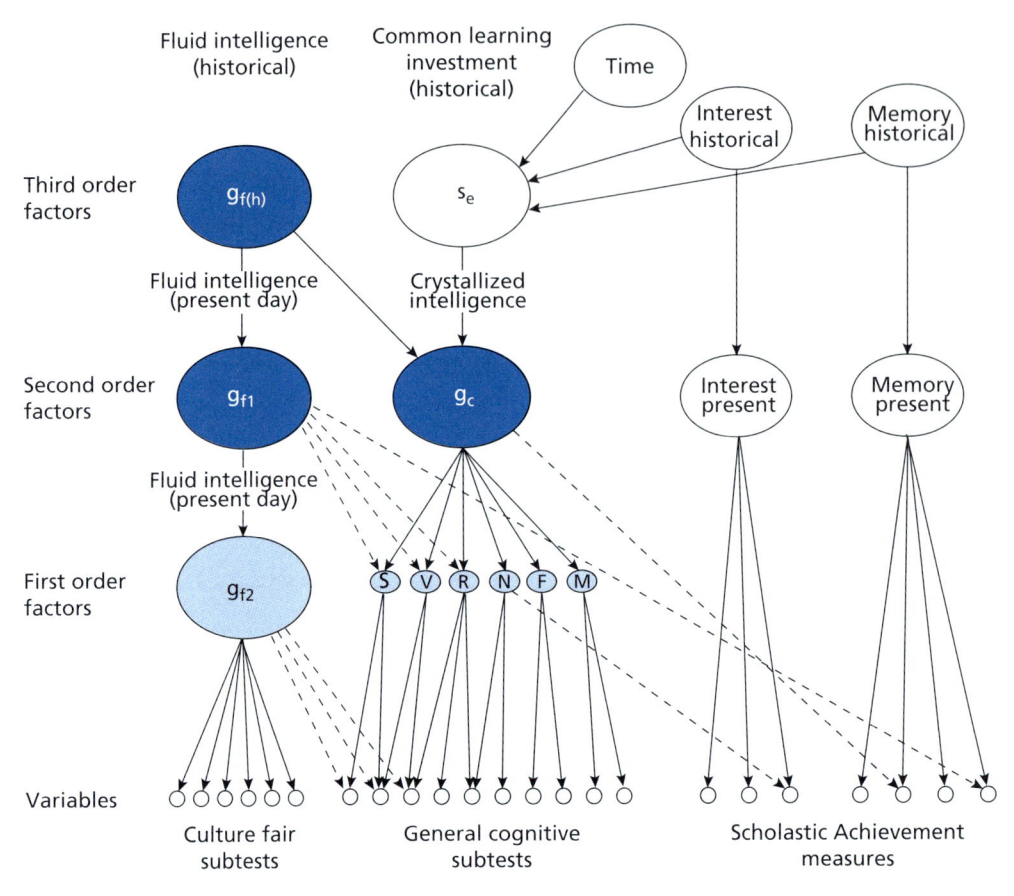

Abb. 4.4: Cattells Intelligenzmodell; Pfeile veranschaulichen die Richtung einer Wirkung (durchgezogene Linien stehen für stärkeren Einfluss; s_e = schulische und erzieherische Erfahrungen).

Insgesamt handelt es sich bei Cattells Modell um eine Konzeption von hohem heuristischem Wert und empirischer Stimmigkeit; viele Arbeiten der Gegenwart beziehen sich deshalb auf die Unterscheidung von fluider und kristallisierter Intelligenz und die sich im Zusammenhang damit stellenden Fragen.

4.3.5 Das »Structure of Intellect«-Modell von Guilford

Eine deutliche Abkehr von hierarchischen Modellvorstellungen zur Struktur der Intelligenz hat Guilford vorgenommen (Guilford, 1956, 1967). Wie bei den bereits erwähnten Autoren stellt die Faktorenanalyse auch bei ihm die zentrale Forschungsmethode dar, doch wird sie hier weniger als Instrument zum Auffinden einer Struktur als vielmehr im Sinne der Hypothesenprüfung eingesetzt. Die Rotationen erfolgen vorwiegend orthogonal; entsprechend schwer oder unmöglich ist das Auffinden eines g-Faktors, von dem deshalb auch praktisch nicht die Rede ist.

Mit dem »Structure of Intellect«-Modell wollte Guilford intellektuelle Prozesse gleichermaßen beschreiben, klassifizieren wie auch erklären. Das Modell beschreibt die Informationsverarbeitung kognitiver Prozesse, da auf Seiten der intellektuellen Faktoren unterschieden wird zwischen Input-, Operations- und Output-Variablen.

Die Art der Darbietung eines Materials oder sein »Inhalt« ist der Eingangsseite des Systems zuzurechnen; diesbezüglich unterscheidet Guilford (s. auch Guilford & Hoepfner, 1971) zwischen vier Inhaltsbereichen, deren Komplexitätsgrad verschieden ist: figural (F), symbolisch (S), semantisch (M), behavioral oder verhaltensmäßig (B). Die Buchstaben stehen für die von Guilford benutzten Abkürzungen (▶ Kasten 4.5).

Kasten 4.5: Kategorien des Guilford'schen Intelligenzstrukturmodells

Operationen
Hauptarten intellektueller Aktivitäten oder Prozesse; etwas, was der Organismus beim Verarbeiten von Information tut. Dabei wird Information definiert als das, »was der Organismus unterscheidet«.
   Kognition (C). Schnelles Entdecken, Bewusstheit, Wiederentdeckung oder Wiedererkennen von Information in den verschiedenen Formen, Verständnis oder Begreifen.
   Gedächtnis (M). Fixierung der neugewonnenen Information im Speicher. Die Operationen des Gedächtnisses sind vom Gedächtnisspeicher zu unterscheiden.
   Divergente Produktion (D). Entwicklung logischer Alternativen aus gegebener Information, wobei die Betonung auf der Verschiedenheit, der Menge und der Bedeutung der Ergebnisse aus der gleichen Quelle liegt. Beinhaltet wahrscheinlich auch die Erinnerung an Transfer (ausgelöst durch neue Hinweise).
   Konvergente Produktion (N). Entwicklung logischer Schlussfolgerungen aus gegebener Information, wobei die Betonung auf dem Erreichen der einzigen oder im üblichen Sinne besten Lösung liegt. Es ist wahrscheinlich, dass die gegebene Information (der Hinweis) das Ergebnis wie in der Mathematik oder der Logik vollständig determiniert.
   Evaluation (E). Vergleich von Informationen, in Begriffen von Variablen und Urteilen, ob ein Kriterium erreicht ist (Korrektheit, Identität, Konsistenz usw.).

Inhalte
Breite, substantielle, grundlegende Arten oder Bereiche der Information.
   Figural (F). Vorliegen von Information in konkreter Form, wie sie in der Form von Vorstellungen wahrgenommen oder erinnert werden. Der Begriff »figural« impliziert mindestens die Figur-Grund-Organisation der Wahrnehmung. Verschiedene Sinnesqualitäten können beteiligt sein, visuelle, auditive, kinästhetische oder möglicherweise andere.
   Symbolisch (S). Vorliegen der Information in der Form von Zeichen, die keinen Sinn in sich oder für sich allein haben, wie Buchstaben, Zahlen, Musiknoten, Kodes und Wörter (als geordnete Buchstabenkombinationen).
   Semantisch (M). Vorliegen von Informationen in der Form von Begriffen oder geistigen Konstrukten, auf die Wörter oft angewendet werden. Sehr wichtig beim verbalen Denken und der verbalen Kommunikation, aber nicht notwendigerweise abhängig von Worten. Bedeutungsvolle Bilder enthalten ebenfalls semantische Informationen.
   Verhalten (B). Vorliegen von Informationen, im Wesentlichen nicht figural und nicht verbal, die bei menschlichen Interaktionen eine Rolle spielen, wo Einstellungen und Bedürfnisse, Wünsche, Stimmungen, Absichten, Wahrnehmungen, Gedanken usw. von anderen und uns selbst eingeschlossen sind.

> **Produkte**
> Grundlegende Formen, die Informationen durch die Aktivität des Organismus beim Verarbeiten annehmen.
> **Einheiten (U).** Relativ getrennte und abgegrenzte Teile oder »Brocken« von Information, die »Dingcharakter« haben. Kann dem Konzept der Gestaltpsychologie »Figur auf Grund« nahe kommen.
> **Klassen (C).** Begriffe, die Sätzen von Informationen, die nach ihren gemeinsamen Merkmalen gruppiert werden, zugrunde liegen.
> **Beziehungen (R).** Verbindungen zwischen Informationen, die sich auf Variablen oder Berührungspunkte anwenden lassen. Explizite Verbindungen lassen sich eher definieren als implizite.
> **Systeme (S).** Organisierte oder strukturierte Ansammlungen von Informationen, Komplexe von zusammenhängenden oder sich beeinflussenden Teilen.
> **Transformationen (T).** Veränderungen verschiedener Art (Redefinitionen, Übergänge und Wechsel) bei vorhandenen Informationen.
> **Implikationen (I).** Zufällige Verbindungen zwischen Informationen, wie Kontiguität, oder eine andere Bedingung, die »Zugehörigkeit« zur Folge hat.
> (nach Guilford & Hoepfner, 1971, S. 4 f.).

Als Vermittlungsprozesse »Vorgang«, die den Input »Inhalte« auf der einen mit dem Output »Produkte« auf der anderen Seite verbinden, können die Operationen Kognition (C), Gedächtnis (M), Divergente Produktion (D), Konvergente Produktion (N) und Evaluation (E) aufgefasst werden. Mit ihrer Hilfe werden die eingespeicherten Inhalte bearbeitet und in die Produkte überführt.

Als Äquivalent zu den Resultaten, dem Output, sind schließlich die »Produkte« zu sehen: Einheiten (U), Klassen (C), Beziehungen (R), Systeme (S), Transformationen (T) und Implikationen (I). Das Gesamtmodell ist in **Abbildung 4.5** veranschaulicht.

Durch die Kombination von vier Inhalten mit fünf Operationen und sechs Produkten ergeben sich 120 Faktoren, denen unterschiedliche psychische Leistungsgesichtspunkte zuzurechnen wären. Jeder einzelne Informationsverarbeitungsprozess weist dem Modell zufolge die Qualitäten Inhalt, Operation und Produkt auf und kann dementsprechend einem der Zellen des Würfels zugeordnet werden. Dabei stellen die besagten Ordnungsdimensionen (Inhalte, Operationen, Produkte) nunmehr *doch* Faktoren höherer, und zwar dritter Ordnung dar.

Das »Structure of Intellect«-Modell ist mehrfach mit der Elementetafel Mendeljews verglichen worden. Durch die dort ausgewiesene Ordnung wurde bekanntlich die Entdeckung zahlreicher neuer Elemente gefördert. Ähnliches gilt für die Intelligenzfaktoren: War anfänglich nur ca. ein Viertel der im Modell vorgesehenen Bausteine durch Faktoren besetzt, galten bereits Anfang der 1970er Jahre ca. 100 Faktoren als gesichert. Insofern hatte der vorgegebene Rahmen zur systematischen Ableitung von Hypothesen geführt, auf die gestützt Aufgaben konzipiert und ihre Unabhängigkeit von anderen Dimensionen geprüft werden konnte – der heuristische Wert auch dieses Modells ist unbestreitbar.

Es fehlt nicht an kritischen Einwänden gegenüber dem »Structure of Intellect«-Modell. So sind 76 % aller von Guilford und Hoepfner (1971) mitgeteilten 48 140 Korrelationskoeffizienten signifikant positiv. Damit ist die im »Structure of Intellect«-Modell postulierte Unabhängigkeit der Faktoren klar verfehlt; anscheinend kann das Modell auf eine geringere Zahl von Dimensionen

4 Modellierung von Intelligenzstruktur

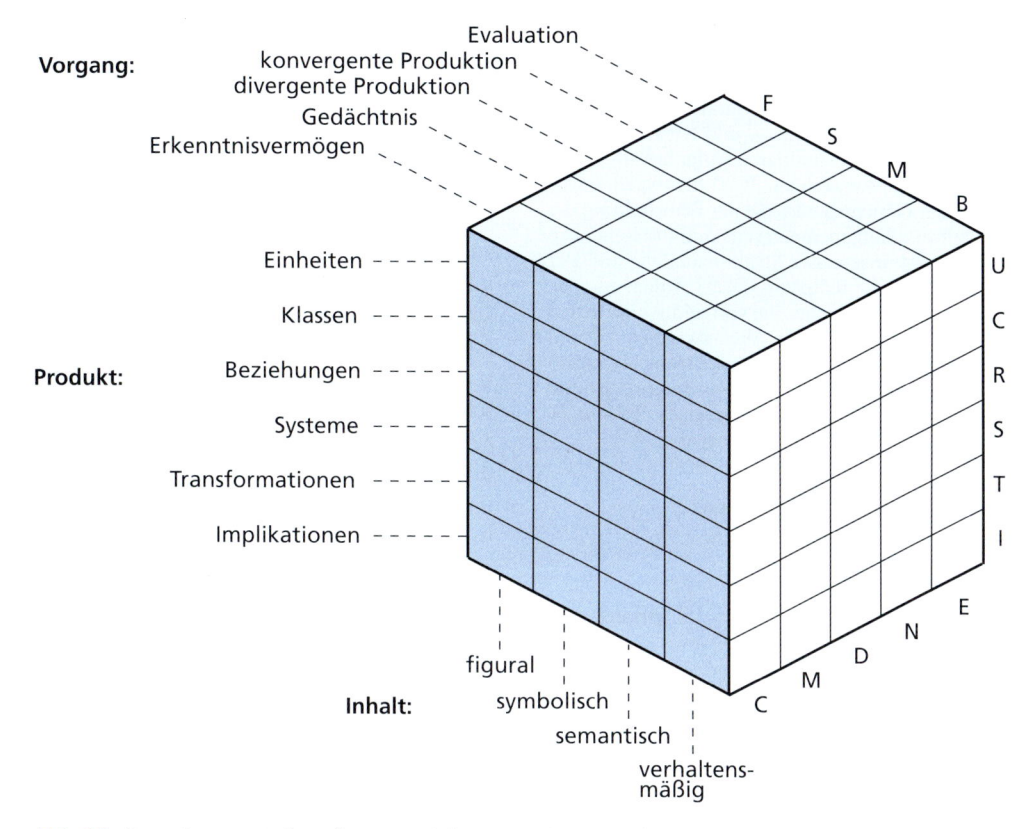

Abb. 4.5: Das »Structure of Intellect«-Modell von Guilford (1967).

reduziert werden. In einer ausgezeichneten Analyse haben Brody und Brody (1976, S. 43–55) weitere Kritikpunkte zusammengestellt. Ihrer Überzeugung nach wären vermutlich noch mehr Zusammenhänge bedeutsam ausgefallen, wenn nicht die Versuchspersonen (häufig Luftwaffenoffiziere) so homogen, die Tests so wenig zuverlässig (mit Reliabilitätskoeffizienten mitunter niedriger als 0,50) und die Merkmalsstichproben derart heterogen gewesen wären.

In der Zusammenschau erweist sich das »Structure of Intellect«-Modell zwar als ein hochwertiges Stimulans für die empirische Forschung. Es muss aber gerade durch seinen fraglichen Ertrag als erheblich belastet angesehen werden.

4.3.6 Das Berliner Intelligenzstrukturmodell von Jäger

Durch stringente und methodenkritische Forschungen hat Jäger (1984; die nachfolgenden Zitate stammen aus diesem Beitrag) das »Berliner Modell« entwickelt, dessen Aufbau in **Abbildung 4.6** wiedergegeben ist. Es vereinigt Elemente aus den Kategorisierungssystemen von Spearman, Thurstone und Guilford unter Berücksichtigung allgemeiner Erkenntnisse der Intelligenzforschung und sehr gezielt durchgeführter gesonderter Erhebungen bzw. Analysen. Im Unterschied zu den Bausteinen des Guilford-Modells enthalten die Zellen der bimodalen Matrix keine Primärfaktoren, sondern die durch Kombination von jeweils zwei Faktoren bedingten Leistungen.

Ausgangspunkt bildete eine Katalogisierung der in der Literatur zur Intelligenz- und Kreativitätsmessung überhaupt vorfindbaren Aufgabenarten. Der Pool von ursprünglich ca. 2000 Itemtypen wurde unter den Gesichtspunkten einer Beibehaltung der Vielfalt des Aufgabenmaterials und der Repräsentation konkurrierender Strukturmodelle auf 191 Aufgabenblöcke reduziert, die 98 Aufgabentypen angehören. Eine Stichprobe von 545 Abiturienten beiderlei Geschlechts im Alter zwischen 16 und 21 Jahren bearbeitete die 191 Leistungsvariablen zusammen mit einer Batterie von Interessen- und Persönlichkeitstests während einer ca. 15-stündigen, auf drei Tage verteilten Vorgabe.

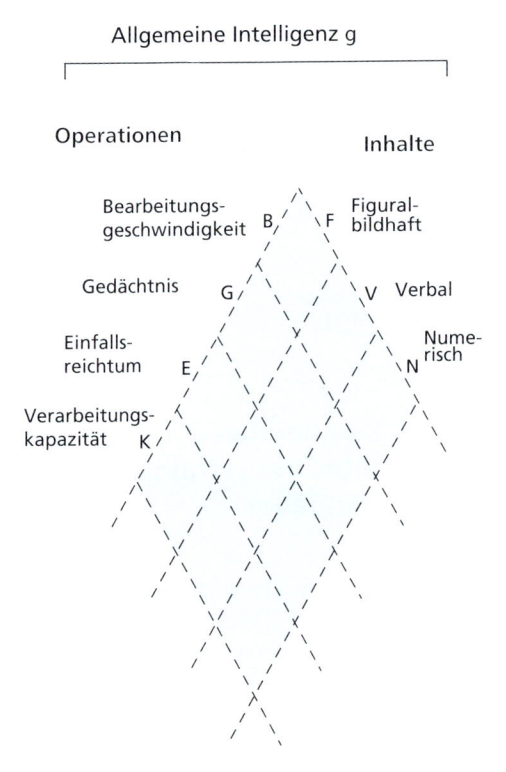

Abb. 4.6: Modell der Intelligenz nach Jäger (1984)

Exploratorische Faktorenanalysen des Gesamtsatzes der Intelligenzskalen ergaben im ersten Schritt vier generelle Leistungsklassen, die jeweils durch ihre *operative* Eigenart gekennzeichnet waren: »Einfallsreichtum«, »Verarbeitungskapazität«, »Gedächtnis« und »Bearbeitungsgeschwindigkeit«. Es fehlten jedoch die in zahlreichen Untersuchungen ausgewiesenen Kategorien für sprach-, zahlen- und anschauungsgebundenes Denken, also die auch erwarteten Inhaltsfaktoren.

Erst wenn die Intelligenzskalen einerseits zu operationshomogenen Bündeln (z. B. Mittelwerte von Skalen zur Erfassung von Einfallsreichtum über die drei Inhalte) und andererseits zu inhaltshomogenen Bündeln (z. B. Mittelwerte von Skalen mit numerischem Inhalt über die vier Operationen) zusammengefasst wurden, traten in getrennt durchgeführten Faktorenanalysen idealtypisch rein die Faktoren für Operations- und Inhaltsklassen zutage (zu den Details s. Jäger, 1982, S. 200). Wurde dann eine gemeinsame Faktorenanalyse mit operationshomogenen und inhaltshomogenen Bündeln durchgeführt, ergaben sich simultan die vier Faktoren für Operationen und die drei Faktoren für Inhalte. Schließlich zeigte sich bei der Faktorisierung von vier Variablenbündeln, in denen sowohl die operativen als auch die inhaltsgebundenen Varianzen ausbalanciert waren, ein g-Faktor ohne Binnenstruktur, der als nicht weiter differenzierbare Einheit dem Modell gleichsam voransteht.

Mit der Entwicklung des Modells ging auch die Konstruktion einer Testbatterie einher, die eine Operationalisierung der Konstrukte erlaubt. Die neueste Version dieses Verfahrens ist der Berliner Intelligenzstruktur-Test BIS-4 (Jäger et al., 1997). Mit diesem Test lassen sich die vier Faktoren für operative Fähigkeiten, die drei Faktoren für inhaltsgebundene Fähigkeiten sowie ein g-Faktor für Allgemeine Intelligenz bestimmen (▶ **Kasten 4.6**).

Mit seinen Forschungsarbeiten konnte Jäger überzeugend demonstrieren, dass die Faktorenanalyse in Abhängigkeit von den eingehenden Variablen verschiedene Intelligenzstrukturmodelle unterstützen kann. Ganz ohne Zweifel ist die Kombination von gleichermaßen hypothesengeleitetem wie

> **Kasten 4.6: Die operativen und inhaltsgebundenen Fähigkeiten im Berliner Intelligenzstrukturmodell**
>
> **Operative Fähigkeiten**
>   **Verarbeitungskapazität (K).** Verarbeitung komplexer Informationen bei Aufgaben, die ein Stiften vielfältiger Beziehungen, ein formallogisch korrektes Denken sowie eine sachgerechte Beurteilung von Informationen benötigen.
>   **Einfallsreichtum (E).** Flexibles Produzieren neuer und nützlicher Ideen, das die Verfügbarkeit vieler Informationen sowie ein Reichtum an Vorstellungen und die Fähigkeit voraussetzt, ein Problem von vielen Seiten zu sehen; dieser Faktor zielt auf divergentes Denken und Kreativität.
>   **Merkfähigkeit (M).** Aktives Einprägen und kurzfristiges Wiedererkennen oder Reproduzieren von Gedächtnisinhalten mit einer Fokussierung auf kurzfristige Behaltensleistungen.
>   **Bearbeitungsgeschwindigkeit (B).** Arbeitstempo, rasche Auffassungsgabe sowie gute Konzentrationsfähigkeit beim Lösen einfacher Denkaufgaben.
>
> **Inhaltsgebundene Fähigkeiten**
>   **Sprachgebundenes Denken (V).** Umfang und Verfügbarkeit von Sprache beim Lösen von sprachlichen Denkaufgaben.
>   **Zahlengebundenes Denken (N).** Umfang und Verfügbarkeit des Zahlensystems und von arithmetischen Operationen beim Lösen von numerischen Denkaufgaben.
>   **Anschauungsgebundenes Denken (F).** Fähigkeit zum Lösen von Aufgaben, die figural-bildhafte oder räumliche Vorstellungen benötigen.

ausgesprochen methodenkritischem Vorgehen absolut beispielhaft, und zwar auch im internationalen Vergleich.

4.3.7 Die »Three Stratum«-Theorie von Carroll

Mit einer bis heute einzigartigen Analyse des verfügbaren Datenmaterials hat Carroll (Carroll, 1993) eine weitere Integration der bislang besprochenen Intelligenzstrukturmodelle angestrebt. Ausgangspunkt dieser Bemühungen war die nicht enden wollende Kontroverse über Anzahl und Zusammenhangsmuster der verschiedenen Intelligenzfaktoren, die in den zahlreichen Einzeluntersuchungen zutage getreten waren. Die Unterschiedlichkeit der Befunde kann auf zahlreiche methodische Besonderheiten der Studien zurückgeführt werden. So wurden in den einzelnen Studien unterschiedliche Anzahlen und Typen von Intelligenztests eingesetzt, die untersuchten Stichproben unterschieden sich in Alter und sozialem Hintergrund, und es kamen in den einzelnen Studien unterschiedliche statistische Methoden für die Datenanalyse zur Anwendung. Über diese Unterschiedlichkeiten hinweg suchte Carroll (Carroll, 1993) eine Integration der Befunde, indem er die veröffentlichten Daten aus zahlreichen Einzelstudien kombinierte und mit einer einheitlichen Methodik analysierte. Für diese Meta-Analyse suchte er aus der gesamten Menge von schätzungsweise 2000 veröffentlichten Einzelstudien aus dem Zeitraum zwischen 1930 und 1985 jene 460 Untersuchungen aus, die bestimmte Qualitätsstandards erfüllten (so musste in jeder Studie eine ausreichende Anzahl an kognitiven Leistungsvariablen an einer ausreichend großen Stichprobe erhoben worden sein).

Unter diesen Studien befanden sich auch die Originalarbeiten von Thurstone, Guilford und Vernon. Die in diesen Einzelstudien berichteten Korrelationen zwischen den Leistungstests wurden dann von Carroll (1993) einer gemeinsamen hierarchischen Faktorenanalyse unterzogen.

Als Ergebnis dieser Analysen präsentierte er ein hierarchisches Intelligenzmodell, das drei Schichten aufweist (drei entsprechende Schichten gab es interessanterweise schon im Gruppenfaktormodell von Burt und Vernon). Die **Abbildung 4.7** zeigt dieses Modell.

Auf der *untersten* Ebene, die als »Stratum I« bezeichnet wird, stehen ca. 65 Einzelfaktoren der Intelligenz, die jeweils recht spezifisch sind. Zu diesen Faktoren gehören beispielsweise das generelle sequentielle Schlussfolgern, lexikalisches Wissen, Gedächtnisspanne, Genauigkeit von Längenschätzungen, Hörschwelle, Assoziationsflüssigkeit, Wahrnehmungsgeschwindigkeit und die Reaktionsgeschwindigkeit. Intelligenzfaktoren ähnlicher Spezifität finden sich auch im »Structure of Intellect«-Modell von Guilford.

Anders als bei Guilford werden diese engen Faktoren aus Stratum I jedoch aufgrund ihrer Korreliertheit weiter unterteilt und gebündelt zu insgesamt acht Faktoren der *mittleren* Hierarchieebene, die also dem »Stratum II« zugeordnet werden. Die folgende Übersicht informiert über diese Faktoren.

- *Fluide Intelligenz* bezeichnet hier die Fähigkeit zum schlussfolgernden Denken und entspricht in etwa dem Faktor g_f von Cattell.
- *Kristallisierte Intelligenz* bezieht sich auf eine Reihe verbaler Fertigkeiten der geschriebenen und gesprochenen Sprache, wie Leseverständnis, Lesegeschwindigkeit und Buchstabieren, aber auch lexikalisches Wissen, Hörverständnis und Sprachflüssigkeit.
- *Gedächtnis und Lernen* beinhaltet die Stratum-I-Faktoren *Gedächtnisspanne* (z. B. Nachsprechen einer Zahlenreihe), *Assoziatives Gedächtnis* (z. B. Lernen von semantisch unzusammenhängenden Wortpaaren, anschließend wird ein Paarling vorgegeben, und der zugehörige andere Paarling muss reproduziert werden: Nagel – Ameise, Nagel – ?), *Gedächtnis für bedeutungsvolle Zusammenhänge* (anstatt von semantisch unzusammenhängenden Wortpaaren werden nun semantisch zusammenhängende Wortpaare verwendet: Nagel – Hammer; Nagel – ?), *Gedächtnis für freie Reproduktion* (z. B. eine Wortliste lernen und anschließend so viele Worte wiedergeben wie möglich), *Visuelles Gedächtnis* (z. B. wird ein Film gezeigt und anschließend müssen einzelne Details erinnert werden) und *Lernfähigkeit* (Verbesserung der Gedächtnisleistung nach wiederholten Lerndurchgängen).
- *Visuelle Wahrnehmung* bezieht sich auf die Wahrnehmung und Verarbeitung von Bildern und beinhaltet z. B. die Fähigkeit zur Längenschätzung und zum Erkennen von räumlichen Beziehungen, aber auch bildliches Vorstellungsvermögen und eine effiziente räumliche Suche.
- *Auditive Wahrnehmung* beinhaltet sowohl die Fähigkeit zu psychophysischen Diskriminationsleistungen (z. B. Entdeckung von Unterschieden in der Lautstärke, Höhe und Dauer von Tönen) als auch zu komplexeren auditiven Verarbeitungen (z. B. Unterscheidung von unterschiedlicher Musik oder Gedächtnis für Klangmuster).
- *Retrieval* (Wiederauffinden von Inhalten aus dem Langzeitgedächtnis) bezieht sich auf die Verfügbarkeit von längst gelernten Konzepten, Ideen und Namen. Dieser Faktor beinhaltet unter Anderem die Stratum-I-Faktoren Wortflüssigkeit (z. B. Wörter produzieren, die mit »H« anfangen und mit »S« aufhören), Konzeptflüssigkeit (z. B. Bezeichnungen für runde Objekte produzieren) oder Namensflüssigkeit (z. B. Farbnamen produzieren), aber auch Originalität/Kreativität.

4 Modellierung von Intelligenzstruktur

Stratum I (spezifisch)	Stratum II (breit)	Stratum III (allgemein)
Sequentielles Schlussfolgern – Induktives Schlussfolgern – ... –	Fluide Intelligenz	Allgemeine Intelligenz
Leseverständnis – Lexikalisches Wissen – ... –	Kristallisierte Intelligenz	
Gedächtnisspanne – Assoziatives Gedächtnis – ... –	Gedächtnis & Lernen	
Erkennen von räumlichen Beziehungen – Effizienz räumlicher Suche – ... –	Visuelle Wahrnehmung	
Diskrimination von Lautstärke – Diskrimination von Musik – ... –	Auditive Wahrnehmung	
Wortflüssigkeit – Konzeptflüssigkeit – ... –	Retrieval	
Numerische Fähigkeit – Wahrnehmungsgeschwindigkeit – ... –	Kognitive Schnelligkeit	
Einfache Reaktionsgeschwindigkeit – Semantische Verarbeitungsgeschwindigkeit – ... –	Verarbeitungsgeschwindigkeit	

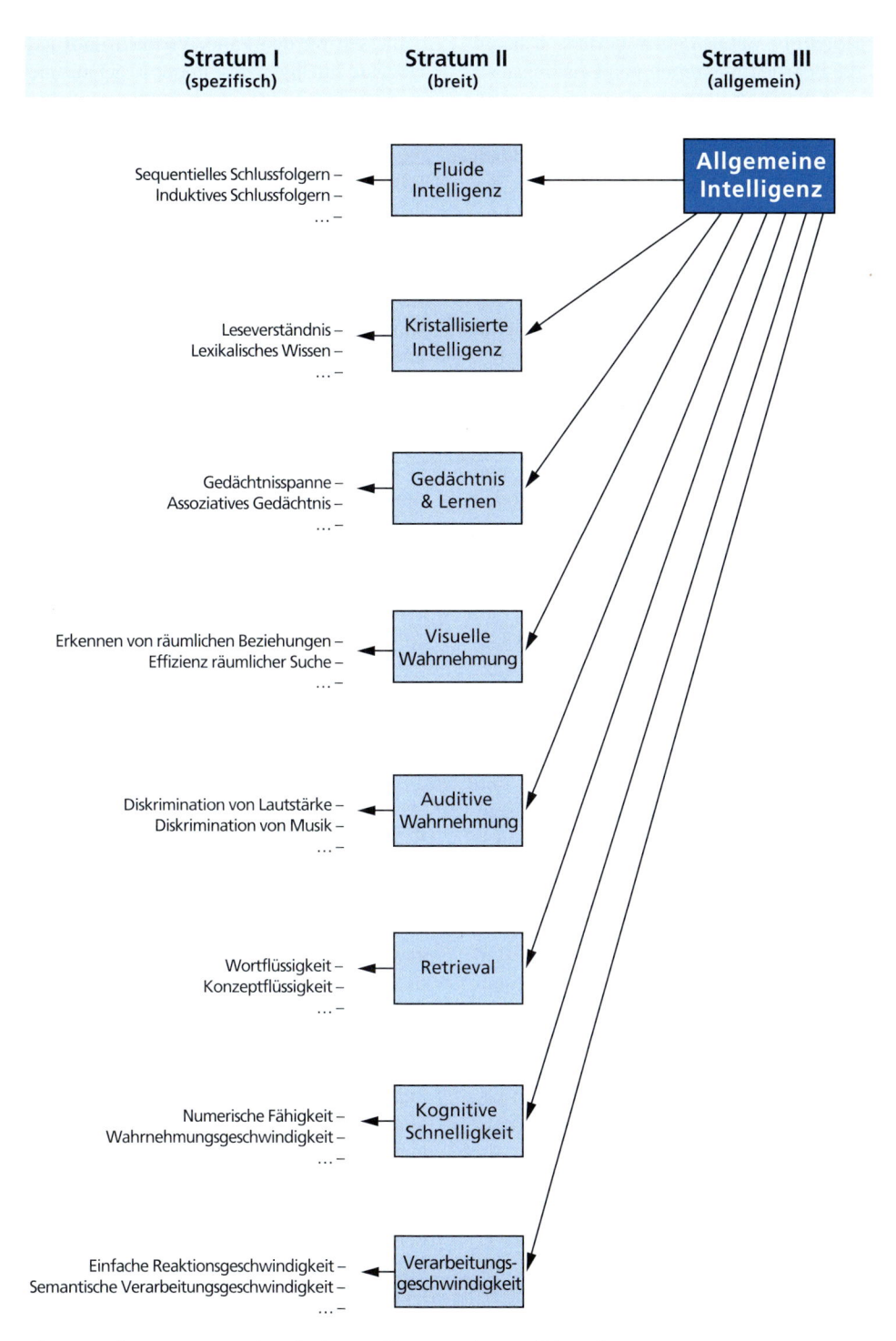

Abb. 4.7: »Three Stratum«-Theorie der Intelligenz nach Carroll (1993).

- *Kognitive Schnelligkeit* bezieht sich auf die Bearbeitungszeiten von Leistungstests und beinhaltet auch einen Faktor für Wahrnehmungsgeschwindigkeit.
- *Verarbeitungsgeschwindigkeit* schließlich umfasst die Geschwindigkeit, mit der einfache Reaktionen oder Entscheidungen erfolgen (z. B. Reaktionszeit beim Tastendruck nach Aufleuchten einer Lampe oder Entscheidungszeit bei der Beurteilung, ob ein vom Versuchsleiter benanntes Objekt lebendig ist oder nicht).

Hinsichtlich der Anzahl dieser Faktoren, ihrer Breite und ihres Inhalts gibt es lose Entsprechungen mit den Primärfähigkeiten von Thurstone. Anders als in Thurstones Modell mehrerer gemeinsamer Faktoren ursprünglich vorgesehen lassen sich die Stratum-II-Faktoren in Carrolls Theorie aufgrund ihrer Korreliertheit ein weiteres Mal bündeln, nun zu einem übergeordneten Faktor der Allgemeinen Intelligenz. Dieser alleinstehende Faktor ist auf der *höchsten* Hierarchieebene in Carrolls Theorie angesiedelt, nämlich in *Stratum III*. Dieser Faktor beinhaltet all das, was den Stratum-II-Faktoren gemeinsam ist, und kann deshalb als g-Faktor im Sinne Spearmans interpretiert werden. Allerdings tragen nicht alle Stratum-II-Faktoren in gleichem Ausmaß zur Allgemeinen Intelligenz bei: Die Ladungen der Stratum-II-Faktoren unterscheiden sich, wobei die Faktoren Fluide und Kristallisierte Intelligenz die höchsten Ladungen auf der Allgemeinen Intelligenz aufweisen (und diese somit am besten markieren) und die Kognitive Schnelligkeit und Verarbeitungsgeschwindigkeit die niedrigsten Ladungen haben (und somit die Allgemeine Intelligenz am schlechtesten definieren).

Bislang liegt für Carrolls Intelligenztheorie noch keine Operationalisierung im Sinnes eines etablierten Intelligenztests oder einer Testbatterie vor. Die Entwicklung einer solchen Operationalisierung wird dadurch erschwert, dass kaum einer der vielen Intelligenzfaktoren aus Carrolls Theorie »rein« gemessen werden kann. Vielmehr lädt jeder einzelne Intelligenztest in der Regel auf mehreren Faktoren aus unterschiedlichen Schichten (Carroll, 2005). Dies erinnert an theoretische Vorstellungen Thurstones, der ja ebenfalls davon ausging, dass in jeder Intelligenztestaufgabe mehrere gemeinsame Faktoren beteiligt sind (daher ja der Name seines Modells). Carroll (2005) sieht den Wert seines Modells dann auch vor allem für eine Kartierung von kognitiven Leistungstests: Die Ladungen eines gegebenen Leistungstests auf den Faktoren der drei Schichten ermöglichen eine präzise Bestimmung dessen, was der Leistungstest misst.

Zusammenfassend bildet die »Three Stratum«-Theorie der Intelligenz eine empirische (und durchwegs »datengetriebene«) Synopse der meisten vorangehenden Intelligenztheorien, besonders der Konzeptionen von Spearman, Thurstone, Burt und Vernon, sowie Horn und Cattell. Die größte Differenz sieht Carroll (2005) selbst zum »Structure of Intellect«-Modell von Guilford, da Letzterer einer hierarchischen Organisation der Intelligenz ablehnend gegenüberstand.

4.3.8 Abschließende Bemerkungen

Trotz der Kürze der Darstellung wird deutlich geworden sein, dass – wie in jedem anderen naturwissenschaftlichen Forschungsbereich auch – die angewendete Methode in nicht unerheblichem Ausmaß die erhaltenen Resultate determiniert. Werden einzelne Merkmalsbereiche in die Stichprobe vorgegebener Skalen nicht mit einbezogen, kann verständlicherweise kein Faktor entsprechenden Inhalts bei der späteren Analyse auftreten. Umgekehrt wirken breite Merkmalsgruppen in Richtung differenzierter Strukturen, relativ homogene hingegen zugunsten eines globalen Generalfaktors. Die Zusammensetzung der Probandengruppen nach der Leistungsbreite ist für die Ergebnisse ebenso von Belang wie die Entscheidung zugunsten orthogonaler bzw. schiefwinkliger Rotationsverfahren. Noch vorgeordnet und von großer Bedeutung für das gesamte Vorgehen sind die Annahmen über die Art der Varianzaufspaltung: Teilt sich diese auf einen »allgemeinen« und einen »spezifischen« Leistungsfaktor (Spearman) oder exklusiv hierarchisch auf Faktoren unterschiedlicher Niveaus (Vernon)? Orientiert sich die Varianzaufspaltung am Einfachstrukturpostulat mit der Begünstigung von Primärfaktoren (Thurstone) oder an gemeinsamen Faktoren durch schiefwinklige Rotationen und Analysen höherer Ordnung (Cattell)? Insofern stehen die skizzierten Modelle nicht in einem unverbundenen Nebeneinander, sondern sind in gewissem Ausmaß direkte Folge der von den Autoren vorab getroffenen Setzungen.

Andererseits scheinen sich einige Befunde als invariant erwiesen zu haben, was zu der Feststellung berechtigt, weder Thurstone noch Guilford sei der Beweis gelungen, dass es einen *g*-Faktor intelligenten Verhaltens *nicht* gäbe. Dem vorliegenden Material zufolge ist die Beibehaltung der Vorstellung von einem Generalfaktor der Intelligenz sehr wohl gerechtfertigt. Die Unterscheidung zwischen g_f und g_c von Cattell hat gerade mit Blick auf die Entwicklungsdynamik der Intelligenz auch heute noch Bestand. Die umfassendste Analyse zur Struktur der Intelligenz leistete sicherlich Carroll, der mit seinem hochdifferenzierten Modell gewissermaßen einen Bezugsrahmen liefert. In dieses Bezugssystem kann fast jede konkrete Leistungstestvariable eingeordnet werden; neueste Entwicklungen in der Forschung zur Intelligenzstruktur konnten zusätzlich zu den von Carroll gefundenen Faktoren auch breite taktile, kinästhetische und olfaktorische Faktoren belegen (für eine Übersicht, s. McGrew, 2005). Das Modell von Jäger besticht schließlich durch einen Intelligenztest, der es dem Diagnostiker erlaubt, das theoretische Konstrukt auch umfassend zu operationalisieren.

> **Zusammenfassung von Kapitel 4.3**
>
> Beginnend mit den Pionierarbeiten von Charles Spearman konnten im Laufe von etwa 100 Jahren verschiedene Modelle entwickelt werden, die alle versuchen, die Korrelationsmuster von Intelligenztestleistungen zu erklären. Dabei wurden mit zunehmender Breite der eingesetzten Leistungstests sowie mit zunehmender Verfeinerung der statistischen Analysemethoden auch die aus den Daten abgeleiteten Modelle immer komplexer. So beobachtete Spearman zunächst selbst, dass unterschiedliche Leistungstestvariablen regelhaft positiv miteinander korrelieren, wenn auch die Korrelationskoeffizienten einige Schwankungen aufwiesen. Diese *positive manifold* wurde von ihm mit einer frühen Form der Faktorenanalyse untersucht und führte zur Aufdeckung eines generellen Intelligenzfaktors *g*. Etwas später verwendeten Cyril Burt und Philip E. Vernon einen moderneren Ansatz der Faktorenanalyse und konnten weitere Faktoren aus den Korrelationen unterschiedlicher Leistungstestvariablen extrahieren. Da diese Korrelationen je nach betrachteten Tests mal größer oder kleiner ausfallen, lassen sich die Tests so gruppieren, dass die Korrelationen von Tests innerhalb einer Gruppe relativ groß sind und die Korrelationen zwischen Tests aus unterschiedlichen Gruppen relativ klein ausfallen. Die Tests innerhalb einer Gruppe können dann jeweils auf einen Faktor pro Gruppe reduziert werden (beispielsweise lassen sich verschiedene sprachliche Tests auf einen Faktor für verbale Intelligenz reduzieren und verschiedene Rechentests auf einen Faktor für numerische Intelligenz; s. beispielhaft **Abb. 4.3**). Diese Faktoren niedriger Ordnung korrelieren selbst untereinander und können in einem nächsten Schritt zu Faktoren höherer Ordnung

zusammengefasst werden. Am Ende resultiert eine hierarchische Struktur, die an ihrer Spitze einen generellen Intelligenzfaktor g enthält und sich absteigend in immer spezifischere Leistungsbereiche verzweigt.

Von wenigen Ausnahmen abgesehen hat die nachfolgende Intelligenzstrukturforschung nun an einer solchen hierarchischen Grundstruktur festgehalten und sich vornehmlich der Frage gewidmet, welche Intelligenzfaktoren unterhalb von g besonders bedeutsam sind. Aus Sicht der Grundlagenforschung waren besonders die Arbeiten von Raymond Cattell und John Carroll hier richtungsweisend. Ersterer konnte aufgrund eigener Faktorenanalysen eine Reihe von Faktoren unterhalb von g finden, wobei er die beiden varianzstärksten Faktoren als fluide Intelligenz g_f und kristallisierte Intelligenz g_c bezeichnete. Die fluide Intelligenz lässt sich charakterisieren als die Fähigkeit, neue Probleme zu lösen, ohne dass hierzu vorangehende Lernerfahrungen nötig sind (wie z. B. bei Tests zu induktiven Schlussfolgerungen). Die kristallisierte Intelligenz zielt hingegen auf die kognitiven Fertigkeiten, die zu einer Problemlösung herangezogen werden und die Lernerfahrungen voraussetzen (wie z. B. bei Wissenstests). Dabei setzt der Aufbau von kristallisierter Intelligenz die fluide Intelligenz voraus, d. h. dass Personen mit hoher Ausprägung in fluider Intelligenz auch eine höhere Ausprägung in kristallisierter Intelligenz erreichen können (falls die dazu erforderlichen Lernumwelten vorhanden sind). Die **Abbildung 4.4** veranschaulicht diesen entwicklungspsychologischen Aspekt der Cattell'schen Theorie.

Später hat Carroll in einer umfangreichen Metaanalyse sechs weitere Faktoren identifiziert, die neben der fluiden und kristallisierten Intelligenz bei Analysen von heterogenen Leistungstestbatterien gefunden werden können und die demselben Abstraktionsniveau angehören. Bei diesen zusätzlichen Faktoren handelt es sich – in ihrer Reihenfolge nach abfallenden Ladungen auf g geordnet – um Gedächtnis und Lernen, Visuelle Wahrnehmung, Auditive Wahrnehmung, Retrieval, Kognitive Schnelligkeit und Verarbeitungsgeschwindigkeit. Die hierarchische Struktur der »Three Stratum«-Theorie von Carroll ist in **Abbildung 4.7** dargestellt. Wie bei allen hierarchischen Modellen steht hier g an der Spitze und bildet eine oberste Schicht III. In der darunter liegenden Schicht II finden sich die gerade beschriebenen 2 + 6 Intelligenzfaktoren. Diese lassen sich schließlich in mehr als 60 weitere spezifische Intelligenzfaktoren aufspalten, die in der untersten Schicht I des Modells angeordnet sind. Aus Sicht der Psychologischen Diagnostik ist hier besonders das Berliner Intelligenzstrukturmodell von Adolf Otto Jäger interessant, da es für dieses Modell einen eigens entwickelten Intelligenztest gibt. Mit diesem Test lässt sich neben dem allgemeinen Intelligenzquotienten auch die Leistungsfähigkeit auf drei inhaltsgebundenen sowie auf vier operativen Fähigkeiten messen (▶ **Abb. 4.6**).

4.4 Stabilität und Veränderung

4.4.1 Intelligenzentwicklung über die Lebensspanne

Der Leistungszuwachs mit zunehmendem Lebensalter während der Kindheit und Jugend ist ein ebenso vertrautes Phänomen wie etwa das körperliche Wachstum. Darauf sind gleichermaßen die Erziehungsmaßnahmen der Eltern wie die Lehrpläne der Schulen abgestimmt. Kontrovers waren jedoch die

Auffassungen zur Entwicklung der Intelligenz jenseits des Kulminationspunktes intellektueller Leistungsfähigkeit im frühen Erwachsenenalter.

Innerhalb der Standardisierungsstichprobe des Wechsler-Tests erzielten Mitte der 1950er Jahre die einzelnen Altersgruppen die in **Abbildung 4.8** wiedergegebenen Leistungen; die Höhe der Wertpunkte stellt eine direkte Funktion der Zahl gelöster Aufgaben dar. Der Mittelwertsverlauf ist typisch für Wachstumskurven, wie sie für zahlreiche Funktionen zu beobachten sind (Oerter & Montada, 2008). Der anfänglich relativ steile Anstieg verlangsamt sich im Kindes- und Jugendalter und geht nach einem Hochplateau in einen allmählichen Abfall über.

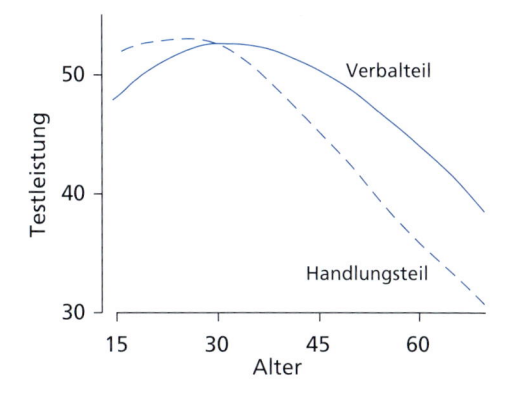

Abb. 4.9: Veränderung der Leistungen im Verbal- und Handlungsteil des Wechsler-Intelligenztests über den Altersbereich von 15 bis über 60 Jahren.

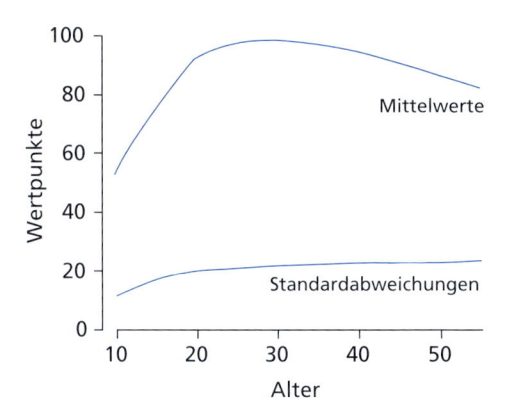

Abb. 4.8: Veränderung der Leistung (Gesamt-IQ) im Hamburg-Wechsler-Intelligenztest über den Altersbereich von 10 bis über 50 Jahren (Wechsler, 1964).

Der Gesamt-IQ des Wechsler-Tests wird bekanntlich aus sprachgebundenen Untertests (Verbalteil) und aus sprachfreien Untertests (Handlungsteil) gebildet. Der in Analogie zu **Abbildung 4.8** abgetragene Altersverlauf von Verbal- und Handlungsteil lässt Unterschiede erkennen, wie aus **Abbildung 4.9** zu ersehen ist: Der Handlungsteil zeigt mit zunehmendem Alter einen stärkeren Leistungsabfall. Auch Cattell (Cattell, 1963) beobachtete schon früh verschiedene Entwicklungsverläufe für g_f und g_c. In guter Übereinstimmung mit seiner Theorie zeigte sich, dass die Entwicklung von g_f um das 14. bis 15. Lebensjahr zum Stillstand kommt. Im Gegensatz dazu erreicht g_c abhängig von Lern- und Erziehungseinflüssen seinen Kulminationspunkt durchschnittlich 4 bis 5 Jahre später. Dabei erzielen die besonders Leistungsfähigen ihren Endpunkt zeitlich noch später.

Allerdings entstammen diese Befunde aus *Querschnittsuntersuchungen*. Dabei wird zu einem Zeitpunkt eine Stichprobe von Personen unterschiedlichen Alters gezogen und diese miteinander verglichen. In solchen Untersuchungen vermischen sich Alterseffekte mit Kohorteneffekten: Ein Leistungsunterschied zwischen alten und jungen Personen kann durch alterskorrelierte Leistungseinbußen entstanden sein (Alterseffekt), genauso gut aber kann die ältere Generation schlechtere Lebens- und Entwicklungsbedingungen gehabt haben als die jüngere Generation. In diesem Fall spiegelt der Leistungsunterschied zwischen alten und jungen Personen die unterschiedlichen Lebensbedingungen der verschiedenen Alterskohorten wider (Kohorteneffekt). In Querschnittsuntersuchungen können diese beiden

Effekte nicht getrennt werden. Es bleibt also unklar, ob die beobachteten Leistungeinbußen bei Älteren das Ergebnis einer nachlassenden kognitiven Leistungsfähigkeit sind oder ob die Älteren aufgrund von schlechteren Ernährungs- und Bildungsmöglichkeiten im Laufe ihres Lebens noch nie eine höhere Leistung erzielt hatten.

Um diese Konfundierung von Lebensalter und Kohorte aufzuheben, müssen Studien in Form einer *Längsschnittsuntersuchung* durchgeführt werden. Dabei werden dieselben Probanden über viele Jahre hinweg immer wieder untersucht und die Veränderung der Leistungsfähigkeit mit zunehmendem Lebensalter analysiert. Da jedoch auch in Längsschnitten mehrere Einflussfaktoren vermengt sind (nämlich Alter und Testzeitpunkt) und zusätzlich Übungseffekte durch die wiederholte Durchführung der Leistungstests auftreten können, kombiniert man zweckmäßigerweise Längs- und Querschnitte und analysiert zusätzlich den Zeitwandel.

Nach diesem Prinzip verfuhren Schaie und Strother (1968), die mit Hilfe mehrerer Intelligenztests im Jahr 1956 zunächst 500 Probanden zwischen 20 und 70 Jahren untersuchten. Diese erste Datenerhebung entspricht also einer Querschnittsuntersuchung. Sieben Jahre danach konnten 303 Probanden erneut die Verfahren bearbeiten, so dass für diese Personen auch eine längsschnittliche Auswertung der Daten erfolgen konnte. Die Resultate einer Skala für verbale Intelligenz sind in **Abbildung 4.10** wiedergegeben. Auch wenn nicht davon ausgegangen werden darf, dass die wiederholt teilnehmenden Probanden einer Längsschnittuntersuchung denjenigen absolut vergleichbar sind, die nicht mehr angetroffen werden (s. dazu Lindenberger et al., 2002), sind die Unterschiede aus quer- und längsschnittlichem Ansatz doch augenfällig. Während die Probanden im Querschnitt ab einem Alter von Mitte 30 einen Leistungsabfall zeigen, tritt eine solche Leistungseinbuße im Längsschnitt erst ab ca. 60 Jahren auf.

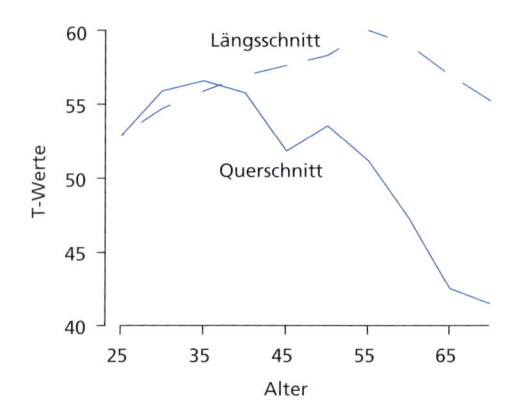

Abb. 4.10: Altersentwicklung der verbalen Intelligenz aufgrund von Quer- und Längsschnittplänen (nach Schaie & Strother, 1968).

Diese kombinierte Längs- und Querschnittsuntersuchung wurde von Schaie und seinen Mitarbeitern unter dem Namen »Seattle Longitudinal Study« bis zum heutigen Tage fortgeführt, wobei nicht nur die 1956 erstmalig erhobene Stichprobe alle sieben Jahre erneut untersucht, sondern auch alle sieben Jahre eine zusätzliche altersgemischte Stichprobe rekrutiert und längsschnittlich verfolgt wurde. Über den aktuellen Zwischenstand dieses außergewöhnlichen Forschungsprogramms informiert Schaie (2005; s.a. Deary, 2001). Folgende wesentliche Befunde konnten mittlerweile gewonnen werden:

- Erstens zeigten sich Kohorteneffekte der Form, dass spätere Generationen eine höhere Leistung erzielten als gleichaltrige Angehörige einer früheren Generation. So waren 1960 geborene 30-Jährige leistungsstärker als 1930 geborene 30-Jährige (s.a. Abschn. 4.4.3, Generationeneffekte bei Intelligenzmessung).
- Zweitens zeigte sich ein stetiger Leistungsabfall von 25 bis 80 Jahren in Tests für induktives Schlussfolgern, räumliche Orientierung, Wahrnehmungsgeschwindigkeit und verbales Gedächtnis. Diese Tests entsprechen ungefähr dem g_f-Faktor.

- Drittens zeigte sich ein Anstieg von 25 bis ins mittlere Lebensalter und eine Stabilität bis ins hohe Lebensalter in Tests für verbale und numerische Fähigkeiten. Diese Leistungen können dem g_c-Faktor zugerechnet werden. **Abbildung 4.11** zeigt die beiden unterschiedlichen Entwicklungsverläufe für fluide und kristallisierte Intelligenz im Längsschnitt.

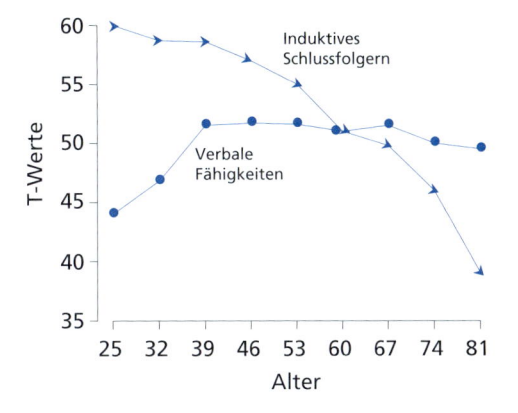

Abb. 4.11: Altersentwicklung von verbalen Fähigkeiten und induktivem Schlussfolgern aufgrund von kombinierten Quer- und Längsschnittplänen der Seattle Longitudinal Study (nach Deary, 2001; Schaie, 2005).

Aufgrund solcher Befunde ist die Auffassung von einem nennenswerten generellen Abfall der Intelligenz vor dem siebten Lebensjahrzehnt nicht länger aufrechtzuerhalten. Die beobachtbaren Minderungen betreffen vorrangig geschwindigkeitsbetonte Aufgaben und (deshalb) mehr solche der fluiden als der kristallisierten Intelligenz (s. z. B. Lindenberger & Baltes, 1995; Rudinger & Rietz, 1995; zu der Unterscheidung zwischen den beiden Intelligenzkomponenten s. Abschn. 4.3.4). Sofern es zu einem Abfall der kristallisierten Intelligenz kommt, scheint dieser auf Minderungen der fluiden Intelligenz zu beruhen (Ghisletta & Lindenberger, 2003).

Als eine der zentralen Ursachen für Intelligenzminderungen im höheren Alter wird der Rückgang in der Geschwindigkeit der Informationsverarbeitung diskutiert. Diese Auffassung fände Unterstützung, wenn die intraindividuellen Veränderungen in mentaler Geschwindigkeit mit den Einbußen in fluider Intelligenz korrelieren würden. Für diese Hypothese konnten in den letzten 15 Jahren beeindruckende Belege gesammelt werden.

In einer Serie von empirischen Einzelarbeiten sowie nach Integration dieser Befunde mit Daten anderer Forscher konnte Salthouse (1996a, b) nachweisen, dass die alterskorrelierten Einbußen in unterschiedlichen kognitiven Leistungsvariablen nahezu vollständig verschwinden, wenn die mentale Geschwindigkeit statistisch kontrolliert wird. Im Einzelnen konnte er aus den Befunden folgende Schlüsse ziehen:

- Erstens beeinflusst das Alter spezifische Faktoren der Intelligenz (Stratum II) nur in dem Maße, in dem auch die Allgemeine Intelligenz (Stratum III) durch das Alter beeinflusst wird. Wurde nämlich bei der Analyse der Altersveränderung in spezifischen Intelligenzfaktoren die Altersveränderung der Allgemeinen Intelligenz statistisch kontrolliert, so reduzierte dies die Altersveränderung in den spezifischen Intelligenzfaktoren in erheblichem Umfang.
- Zweitens wird der Altersabbau in der Allgemeinen Intelligenz in großen Teilen durch eine Verlangsamung der mentalen Prozesse bedingt. Wird nämlich bei den entsprechenden Analysen die mentale Geschwindigkeit statistisch kontrolliert, so resultierte eine deutliche Reduktion der alterskorrelierten Leistungseinbußen in der Allgemeinen Intelligenz. So zeigte sich beispielsweise in einer Stichprobe von Personen im Alter von 20 bis 80 Jahren eine negative Korrelation zwischen Lebensalter und der Leistung in Ravens Matrizentest in Höhe von zunächst $r = -0{,}57$. Diese Korrelation schrumpfte auf $r = -0{,}24$, nachdem die mentale Geschwindigkeit statistisch kontrolliert wurde.

- Zusammenfassend führt der Altersprozess also zunächst zu einer Verlangsamung der mentalen Prozesse. Diese Verlangsamung mindert dann die Allgemeine Intelligenz (Stratum III). Die so beeinträchtigte Allgemeine Intelligenz verringt dann entsprechend das Niveau in spezifischen Intelligenzfaktoren (Stratum II).

Konsistent mit diesen Überlegungen korrelierten auch im Material einer Heidelberger Längsschnittstudie die Altersveränderungen in der mentalen Geschwindigkeit mit den Einbußen in fluider Intelligenz mit einem Korrelationskoeffizienten von 0,53 (Zimprich & Martin, 2002; s. a. Zimprich, 2002). In diesen Zusammenhang fügt sich auch die Beobachtung, wonach niedrigere Intelligenz mit früherem Tod einhergeht und diese Beziehung offenkundig über die individuelle Reaktionsgeschwindigkeit vermittelt wird (Deary & Der, 2005). Generell scheinen für alterskorrelierte Beeinträchtigungen spezifische Hirnareale maßgeblich zu sein, nämlich insbesondere die Funktionstüchtigkeit des dorsolateralen Frontalkortex (Phillips & Della Sala, 1998). Diese Hirnregion spielt eine wichtige Rolle für exekutive Funktionen wie das Arbeitsgedächtnis, und so kann es nicht überraschen, dass in neueren Arbeiten von Salthouse (2005) ein altersbedingter Abbau des Arbeitsgedächtnisses als zusätzlicher Faktor für die Intelligenzminderung im höheren Lebensalter identifiziert wurde. Dieser Abbau im Arbeitsgedächtnis wirkt sich unabhängig vom Abbau der mentalen Geschwindigkeit intelligenzmindernd aus.

Interessant ist hierbei die in verschiedenen Studien gemachte Beobachtung, dass die Gesundheit eine wichtige Rolle beim Intelligenzabbau spielt.

In der Bonner Längsschnittstudie des Alterns verzögerte gutes gesundheitliches Allgemeinbefinden das Absinken der Leistungen im Handlungsteil des Wechsler-Tests (Rudinger, 1987). Ähnlich erwies sich in einer Berliner Untersuchung, die sich auf 516 Personen im Alter von 70 Jahren und darüber stützt, das Vorliegen einer Krankheit (darunter Diabetes, koronare Herzerkrankungen, Schlaganfall) als das stärkste Korrelat von Intelligenzminderungen (Verhaeghen et al., 2003). Schon früher hatten Reimanis und Green (1971) an einer Stichprobe von hospitalisierten Veteranen im Alter von 68 Jahren beobachtet, dass eine starke Minderung gegenüber einem 5 bis 10 Jahre zuvor ermittelten IQ ein Indikator für den baldigen Tod der Probanden war. Bei Wilkie und Eisdorfer (1973) korrelierten hoher diastolischer Blutdruck und Intelligenzabbau während eines 10-Jahre-Intervalls im siebten Lebensjahrzehnt. Darüber hinaus fallen nachlassende Intelligenzleistungen zeitlich mit dem Einsetzen von Seheinträchtigungen zusammen (Rott, 1995). Im Weiteren sind auch der Familienstand (verheiratet/verwitwet), nicht aber die Höhe des Intelligenzniveaus von Belang (Christensen et al., 1997; Rabbitt et al., 2003).

Schließlich konnten auch in der Seattle Longitudinal Study einige Faktoren identifiziert werden, die dem alterskorrelierten Intelligenzabbau entgegenstehen, nämlich (1) keine kardiovaskuläre oder chronische Krankheit zu haben, (2) in einem sozial gehobenen Umfeld zu leben, (3) mit einem komplexen und intellektuell stimulierenden Umfeld zu interagieren, (4) in der Lebensmitte über einen flexiblen Persönlichkeitsstil zu verfügen, (5) mit einem überdurchschnittlich intelligenten Partner zusammenzuleben, (6) sich eine hohe mentale Geschwindigkeit zu erhalten und (7) im mittleren Lebensalter über eine hohe Lebenszufriedenheit zu verfügen (Schaie, 1994, 1996).

4.4.2 Differentielle Stabilität der Intelligenz

Von jedem Testverfahren, das ein Charakteristikum der Person erfassen soll, wird man eine hohe *differentielle* Stabilität der Testergebnisse erwarten können. Darunter versteht man das Ausmaß, in dem die Personen ihre Positionen in der Verteilung der Merkmalsträger beibehalten – selbst wenn die Verteilung »wandert«, sich also der Mittelwert der Testwerte über die Zeit ändert. Hat z. B. eine Person bereits als Kind eine überdurchschnittliche Intelligenz, dann sollte diese Person auch als Erwachsener und selbst im höheren Lebensalter immer noch überdurchschnittliche Intelligenztestwerte aufweisen – selbst wenn die absolute Leistungsfähigkeit von der Kindheit zum Erwachsenenalter zunimmt und gegen Ende der Lebensspanne wieder abnimmt. Eine solche Konstanz der individuellen Unterschiede zwischen den Altersgenossen kann mit einer Test-Retest-Korrelation r_{tt} quantifiziert werden (die Korrelation ist nämlich invariant gegenüber Verschiebungen der Mittelwerte).

Wird der gleiche Intelligenztest derselben Stichprobe mit einem zeitlichen Intervall von einem Jahr wiederholt vorgelegt, so zeigen die Testwerte in aller Regel bei den gebräuchlichen Intelligenztests eine Stabilität von $r_{tt} = 0{,}90$ oder darüber. Dieser hohe Wert imponiert auch deshalb, weil unsystematische Messfehler infolge einer nicht perfekten Reliabilität der Messungen eine solche Test-Retest-Korrelation mindern muss. Selbst bei längeren Intervallen ist noch eine gute Übereinstimmung der Werte gewährleistet: Conley (1984) hat entsprechende Arbeiten gesichtet, darunter eine solche mit einem Intervall von 42 Jahren (r_{tt} dort 0,77), und aus den Resultaten eine jährliche Stabilität der wahren Werte des Intelligenzkonstrukts von 0,99 abgeleitet. Das bislang längste Wiederholungsintervall mit 67 Jahren wurde an einer Stichprobe von Personen realisiert, die erstmals im Alter von 11 und erneut als 77-Jährige untersucht wurden (Deary et al., 2000). Die Korrelation zwischen beiden Messungen belief sich auf $r_{tt} = 0{,}63$. Dieser Wert stieg auf 0,73, nachdem eine Korrektur für die bei den noch angetroffenen Probanden etwas verminderte Streuung vorgenommen worden war.

Zur differentiellen Stabilität im mittleren Lebensalter liegen mehrere neuere Befunde vor, die das bisher skizzierte Bild weiter ausgestalten können. So berichteten Weinert und Hany (2003) zusammenfassend über eine bemerkenswerte Studie, in der eineiige und zweieiige Zwillinge längsschnittlich untersucht wurden. Dieser Untersuchungsaufbau gestattete die Kombination von entwicklungspsychologischen und verhaltensgenetischen Analysemethoden (s. Kap. 13). Die Probanden dieser Studie bearbeiteten jeweils im Alter von 41 und 66 Jahren einen Wechsler-Intelligenztest. Aus dem »Mosaiktest« und dem »Zahlen-Symboltest« formten die Autoren ein Maß für g_f und aus den Untertests »Wortschatz« und »Allgemeinwissen« eine Maß für g_c. Mit Strukturgleichungsmodellen (s. Abschn. 2.1.4) trennten die Autoren die latenten Konstruktvariablen g_f und g_c zu jedem Messzeitpunkt von ihren Messfehlern und analysierten die Zusammenhänge dieser latenten Variablen über die Zeit.

Die **Abbildung 4.12** zeigt einen Teil der Befunde, der folgendermaßen zusammengefasst werden kann:

- Erstens lässt sich für die fluide Intelligenz der direkte Zusammenhang ($g_{f1} \rightarrow g_{f2} \rightarrow$ und der indirekte Zusammenhang ($g_{f1} \rightarrow g_{c1} \rightarrow g_{f2}$) zu einem Stabilitätskoeffizienten aufaddieren, der einer Korrelation von $r_{tt} = 0{,}95$ entspricht. Analog dazu lassen sich auch für die kristallisierte Intelligenz der direkte Zusammenhang ($g_{c1} \rightarrow g_{c2}$) und der indirekte Zusammenhang ($g_{c1} \rightarrow g_{f2} \rightarrow g_{c2}$) zu einem Stabilitätskoeffizienten von $r_{tt} = 0{,}96$ aufaddieren. Diese Befunde sprechen für eine nahezu perfekte differentielle Stabilität der Intelligenz über einen Zeitraum von 25 Jahren im Erwachsenenalter.
- Zweitens verweisen die verhaltensgenetischen Daten darauf, dass die Stabilität von g_f durch einen genetischen Faktor bedingt wird, während die Stabilität von g_c das Resultat eines Umweltfaktors ist. Dies deckt sich sehr gut mit den theoretischen Vorstellungen von Cattell.

- Drittens lässt der direkte Effekt der kristallisierten Intelligenz zum ersten Messzeitpunkt auf die fluide Intelligenz zum zweiten Messzeitpunkt vermuten, dass eine intellektuelle Stimulation (die ja für den Aufbau von g_c unabdingbar ist) auch einen positiven Effekt auf den Erhalt der fluiden Intelligenz hat. Aufgrund dieses Befundes und weiterer Analysen vermuten die Autoren, dass das Niveau von g_f im Erwachsenenalter besonders dann abnähme, wenn die Personen keiner größeren intellektuellen Anforderung ausgesetzt seien (wie sie z. B. durch eine anspruchsvolle Berufstätigkeit gegeben wäre). Im Gegensatz dazu erwiese sich das Niveau von g_c als wesentlich zeitstabiler und benötigte nur geringe intellektuelle Anreize, um erhalten zu bleiben.
- Viertens zeigte sich die bereits aus anderen Längsschnittstudien bekannte alterskorrelierte Veränderung des Intelligenzniveaus (s. Abschn. 4.4.1). Während sich die fluide Intelligenz bei den Untersuchungsteilnehmern über den Beobachtungszeitraum von 25 Jahren um durchschnittlich 8,9 IQ-Punkte verschlechterte, zeigte die kristallisierte Intelligenz einen Zuwachs von durchschnittlich 2,4 IQ-Punkten.

In der Zusammenschau verdeutlichen diese Befunde eindrücklich sowohl Stabilität als auch Veränderung der Intelligenz im Erwachsenenalter.

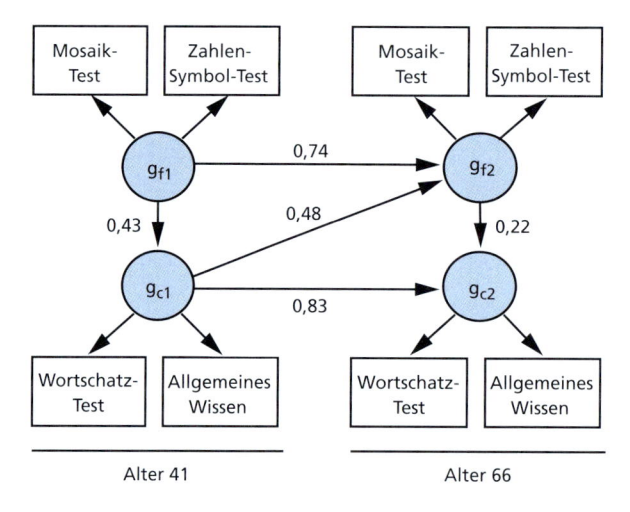

Abb. 4.12: Modell der längsschnittlichen Zusammenhänge zwischen fluider und kristallisierter Intelligenz nach Weinert und Hany (2003).

Im Kindesalter sinkt erwartungsgemäß auch die Stabilität des Merkmals, da einerseits die Durchführungsbedingungen von Leistungstests weniger stringent zu standardisieren und die Kinder angemessen zu motivieren sind, andererseits die anfangs sehr raschen Entwicklungsvorgänge zu tiefer greifenden Veränderungen führen.

Dennoch berichteten Sontag et al. (1958) für 140 Kinder vom 3. zum 4. Lebensjahr eine Stabilität des mit dem Stanford-Binet-Test ermittelten IQ von $r_{tt} = 0{,}83$. Die Korrelationen später erhobener Testwerte mit denen des 3. Lebensjahrs nahmen in dem Ausmaß ab, in dem das Intervall länger wurde, beliefen sich aber auch im Vergleich des 3. und 12. Lebensjahrs noch auf $r_{tt} = 0{,}46$.

Die Resultate dreier Untersuchungen, in denen die Kinder vom frühestmöglichen Zeitpunkt der Administrierbarkeit von Tests längsschnittlich bis zum 15. bzw. 17. Lebensjahr verfolgt wurden, sind in der nachfolgenden Abbildung zusammengestellt (▶ Abb. 4.13). Zu ganz ähnlichen Resultaten gelangte auch McCall (1977), dessen Befunden zufolge der IQ im Lebensalter von 40 Jahren mit einer Korrelation von $r_{tt} = 0{,}60$ aus dem IQ im Alter von 6 bis 7 Jahren vorhergesagt werden konnte. Allgemein zeigen die Stabilitätskoeffizienten einen Verlauf, der weitgehend demjenigen von Wachstumsfunktionen etwa für Körpergröße, aber auch für Intelligenz, entspricht.

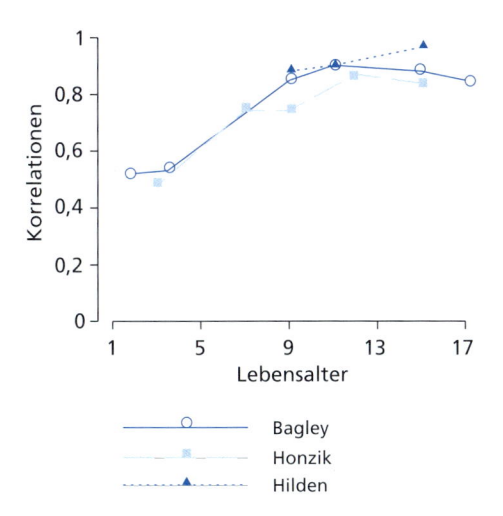

Abb. 4.13: Korrelationen zwischen der Intelligenz in jedem Lebensalter und der Intelligenz mit 18 Jahren.

Intelligenz erreicht ihre maximale differentielle Stabilität also in jenen Lebensjahren, in denen auch die kognitive Entwicklung abgeschlossen und das Intelligenzniveau von Erwachsenen erreicht ist. Unzweifelhaft gelingt es also mit zunehmendem Lebensalter immer besser, die individuellen Intelligenzpunktwerte aus denjenigen von früheren Altersstufen vorherzusagen.

4.4.3 Veränderung von Intelligenz

Umwelt- und Trainingseffekte bei Intelligenzmessung

Hohe Stabilitätskoeffizienten sind nicht notwendigerweise gleichbedeutend mit Konstanz der Mittelwerte: Üblicherweise werden bei einer Paralleltestung oder der Vorgabe ein und desselben Verfahrens in kurzem Abstand durchschnittliche Zunahmen der individuellen Leistungen von etwa einem Viertel bis zu einem Drittel der Standardabweichung des betreffenden Verfahrens beobachtet (Amthauer, 1957). Bei einem systematischen Vergleich verschiedener Retest-Intervalle fanden Catron und Thompson (1979) an männlichen College-Studenten unter Vorgabe des Wechsler-Tests unterschiedliche Zuwächse im Verbal- und Handlungs-IQ. Nach einer Woche beliefen sie sich auf 5 bzw. 11 IQ-Punkte, nach vier Monaten auf 1 bzw. 9 Punkte (vgl. auch die Zusammenstellung von Knight & Shelton, 1983).

Solche Veränderungen müssen als Folge von Trainings- und Gedächtnisfaktoren gewertet werden, die bei zeitnaher Wiederholung eines Tests unvermeidlich sind. Allerdings konnten Verbesserungen in den Testergebnissen auch bei extrem langen Retest-Intervallen aufgefunden werden. Selbst nach 30 Jahren fand beispielsweise Owens (1963) einen bedeutsamen Zuwachs der Testpunktwerte. In einer weiteren Untersuchung von Amelang und Hoppensack (1977a, b) wurden Studierende zu Beginn und gegen Ende ihres Studiums untersucht. Es zeigten sich signifikante Leistungsverbesserungen in den vorgegebenen Skalen, und zwar abhängig von dem Fach, das die Studenten zwischenzeitlich studiert hatten. Dieser Befund ist ein Hinweis darauf, dass die Zuwächse eine Folge von Schulung und Erfahrung bzw. ganz allgemein der jeweils wirkenden Umweltfaktoren darstellen.

Individuell sind wesentliche Veränderungen in positiver Hinsicht häufig auf verbesserte Anregungsbedingungen zurückzuführen. Beispielsweise zeigte sich nach einem Umzug von schwarzen Kindern aus den Südstaaten der USA in den Norden ein Anstieg im IQ dieser Kinder (Lee, 1951, ▶ **Abb. 4.14**). Wolff (1979) konnte allerdings zeigen, dass ein Teil der generell beobachteten Nord-Süd-Differenzen im IQ nicht durch Unterschiede der Anregungsbedingungen erklärbar ist, sondern wahrscheinlich auf einer selektiven Auswanderung höher begabter oder stärker leistungsmotivierter Personen aus dem Süden beruht.

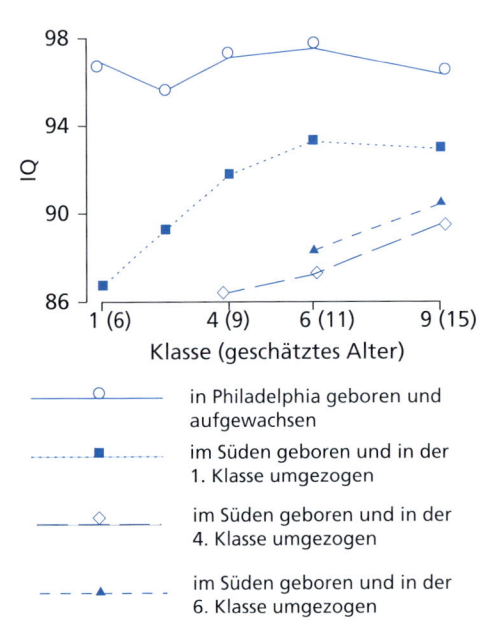

Abb. 4.14: Veränderungen in den Intelligenzwerten von schwarzen Kindern, die im Süden geboren waren und dann nach Norden (Philadelphia) umzogen, verglichen mit den Werten in Philadelphia geborener schwarzer Kinder (nach Bloom, 1971).

Umgekehrt lassen sich Leistungseinbußen mit Deprivation in kognitiver und emotionaler Hinsicht sowie allgemeinem Reizmangel in Verbindung bringen (z. B. Dennis & Najarian, 1957). Auch die Auswirkungen von Hirnschädigungen sind hier zu erwähnen, obwohl deren Effekte gelegentlich von geringerer Größe sind, als aufgrund naheliegender Überlegungen zu vermuten ist (Weinstein & Teuber, 1957).

Mitunter werden auch interindividuell verschiedene Verarbeitungsmechanismen für Leistungsveränderungen verantwortlich gemacht. So fand Haan (1963) an jenen Probanden einer Stichprobe beiderlei Geschlechts, die innerhalb eines ca. 25-jährigen Intervalls die stärksten Zunahmen in einem Intelligenztest gezeigt hatten, eine objektive und realistische Bewältigung der sich ihnen stellenden Probleme. Die Personen mit den geringsten Veränderungen zeigten hingegen häufiger Verdrängung und Rationalisierung.

Da eine einseitig kausale Interpretation hier jedoch kaum statthaft ist, können solche Untersuchungen allenfalls Hypothesen über die Entwicklungsbedingungen der Intelligenz und die Aussichten einer Intervention liefern. Zu den Versuchen, über spezielle Programme die Voraussetzung für den Erfahrungserwerb und damit die Intelligenz allgemein zu verbessern, stellt wohl das Projekt »Head Start« ein herausragendes Beispiel dar.

Mitte der 1960er Jahre startete die US-Regierung ein flächendeckendes Programm, mit dem Kinder aus bildungsfernen Schichten im Vorschulalter so gefördert werden sollten, dass sie bei Schuleintritt keine Nachteile im Vergleich zu sozial privilegierteren Kindern haben sollten. Dieses Programm dauert bis heute an und hat mittlerweile Kosten in Höhe von mehreren Milliarden US-Dollar verursacht. Die Interventionen sind in der Regel kurzfristig. Sie dauern von wenigen Monaten bis zu zwei Jahren und zielen darauf ab, die Gesundheit der Kinder zu verbessern und ihnen Lernerfahrungen sowie soziale Kompetenzen zu vermitteln. Eine Meta-Analyse der zahlreichen Einzelbefunde zu diesem Programm zeigte auf, dass unmittelbar nach der Intervention die Kinder im Vergleich zu Kontrollgruppen einen Intelligenzzuwachs von 7 bis 8 IQ-Punkten aufwiesen. Dieser

Zuwachs war aber nicht von Dauer, bereits nach zwei bis drei Jahren unterschieden sich die geförderten Kinder nicht mehr von den Kontrollgruppen (Locurto, 1991b, a). In einer anderen Analyse, in der nur relativ langandauernde und intensive Förderungen berücksichtigt wurden, konnte zunächst sogar eine Erhöhung des IQ um mehr als 15 Punkte beobachtet werden; aber auch hier war der Fördereffekt nach drei bis vier Jahren verpufft (Schweinhart & Weikart, 1980).

In zwei geradezu heroischen Interventionsstudien wurde schließlich das Förderprogramm dahingehend optimiert, dass die Kinder bereits wenige Monate nach ihrer Geburt bis zum Schuleintritt fünfmal die Woche eine Ganztagsbetreuung erhielten, wobei sie – angeleitet von ausgebildeten Erziehern und Psychologen – ein intensives Trainings- und Erziehungsprogramm absolvierten. Es konnte der erwartete Zuwachs im IQ unmittelbar nach Ende der Förderung beobachtet werden, der nun allerdings noch mehrere Jahre später nachweisbar war. So zeigten auch noch die 12- bis 14-jährigen Programmteilnehmer im Vergleich zu ihren Kontrollgruppen einen um 10 Punkte erhöhten IQ im »Milwaukee Projekt« (Garber, 1988) bzw. einen um 5 Punkte erhöhten IQ im »Carolina-Abecedarian-Projekt« (Campbell & Ramey, 1994; Ramey, 1992). Allerdings muss angemerkt werden, dass sich im Carolina-Abecedarian-Projekt die Fördergruppe und Kontrollgruppe bereits zu Beginn der Förderung im selben Ausmaß unterschieden hatten. Darüber hinaus ist bedeutsam, dass die geförderten Kinder aus dem Milwaukee-Projekt im Vergleich zur Kontrollgruppe trotz besserer Intelligenztestwerte keine besseren Schulleistungen erbringen konnten, dafür aber im sozialen Umgang schwieriger waren. Beide Beobachtungen sprechen gegen eine echte Intelligenzerhöhung trotz intensivster Frühförderung. Möglicherweise haben die Kinder des Milwaukee-Projekts lediglich im Laufe der Studien immer besser gelernt, Intelligenztestaufgaben zu beantworten (Jensen, 1989; Locurto, 1991a). Eine kritische Bestandsaufnahme von »Head Start« findet sich in Jensen (1998).

Generationeneffekte bei Intelligenzmessung

Veränderungen in der Intelligenztestleistung konnten nicht nur bei Probanden beobachtet werden, die mit oder ohne Fördermaßnahmen wiederholt getestet wurden. Ein solcher Zuwachs in der Testleistung konnte auch bei einem Vergleich von unterschiedlichen Stichproben gesichert werden, die in relativ langem zeitlichen Abstand untersucht wurden. Das war beispielsweise der Fall in der berühmten Tennessee-Studie (Wheeler, 1942), bei der in 40 entlegenen Gebirgsgemeinden im Osten Tennessees eine große Anzahl von Schülern sowohl im Jahr 1930 als auch in einer neuen Stichprobe im Jahr 1940 untersucht wurde. Der durchschnittliche IQ betrug bei der ersten Testung nur 82, während er bereits 10 Jahre später einen Wert von 93 annahm. Dieser Intelligenzzuwachs war vermutlich eine Auswirkung der in dieser Region zwischenzeitlich erfolgten Verbesserungen in ökonomischer, kultureller und bildungsmäßiger Hinsicht.

Ähnliche Faktoren, darunter eine durchschnittlich um drei Jahre längere Teilhabe am schulischen Ausbildungssystem, dürften auch eine Rolle gespielt haben bei den Intelligenzmehrleistungen der US-Rekruten des Zweiten gegenüber denjenigen des Ersten Weltkrieges. Dabei entsprach der Prozentrang 83 der früheren Generation in etwa dem Prozentrang 50 der späteren (Tuddenham, 1978). Im Weiteren haben Garfinkel und Thorndike (1976) aufgezeigt, dass mit wenigen Ausnahmen die Items des Binet-Tests von der 1930er- zu der 1970er-Standardisierung wesentlich »leichter« geworden sind bzw. die Testteilnehmer deutlich leistungsfähiger.

Besonders eindrucksvoll konnte Flynn (1984) in einer Sekundäranalyse von 73

Arbeiten an insgesamt 7431 Testpersonen einen solchen Zuwachs nachweisen, wobei er ein besonderes Augenmerk auf die Werte der Standardisierungs-Stichproben jeder Revision des Stanford-Binet- und Wechsler-Tests legte. Dabei fand er heraus, dass zwischen 1932 und 1978 – also in einem Zeitraum von 46 Jahren – der IQ der amerikanischen Bevölkerung um nicht weniger als 13,8 Punkte gestiegen ist. Inzwischen konnte dieser spektakuläre Effekt, der mittlerweile den Namen seines Entdeckers trägt, auch in vielen anderen Ländern und gestützt auf andere Tests beobachtet werden (▸ **Abb. 4.15**). Dem »Flynn-Effekt« zufolge steigt der durchschnittliche IQ seit ca. 1920 alle 10 Jahre um ca. 5 IQ-Punkte.

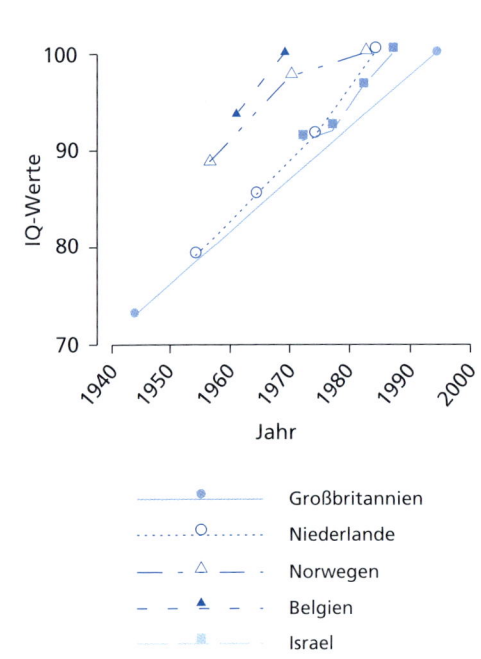

Abb. 4.15: IQ-Zuwächse in den Progressiven Matrizen von Raven, gesondert für fünf verschiedene Länder. Da die Daten jedes Landes für dessen eigene Stichproben normiert wurden, sind die unterschiedlichen Höhen der Linien nicht im Sinne unterschiedlicher Leistungen interpretierbar (nach Flynn, 1999, S. 7).

Um diese Botschaft ist seit den ersten Berichten eine kontroverse Diskussion entbrannt, die teils aus methodischen, teils aus theoretischen Gründen lehrreich ist. Schon die Existenz des Effektes selbst wurde in Frage gestellt, denn Flynn hat die Zuwächse nicht direkt beobachtet, sondern aus den niedrigeren Mittelwerten in neueren Tests gegenüber denjenigen in früheren nur erschlossen.

Flynn, ein australischer Politologe, kam zu seinen Schlussfolgerungen aufgrund der in Testmanualen publizierten Normen und Validierungsstudien. Ein Beispiel soll seinen Ansatz erläutern. Angenommen, eine Stichprobe von 15-jährigen Probanden bearbeitete 1947 den Wechsler-Intelligenz-Test für Kinder in der Normierung von 1947 und gleichzeitig auch den Wechsler-Bellevue-Test in der Normierung von 1932. Solche vergleichenden Untersuchungen einer neueren mit einer älteren Testversion sind üblich, um sicher zu stellen, dass der neue Test dieselben Konstrukte wie der ältere erfasst. Die Probanden erzielten im neuen Test einen IQ von 100 (Populationsmittelwert 1947), im älteren Test allerdings einen IQ von 105. Verglichen mit der Normierungsstichprobe von 1932 schnitten sie in dem älteren Test also um 5 IQ-Punkte besser ab. Der ältere Test war für die 1947 15-jährigen Probanden also leichter als für die 15-Jährigen im Jahr 1932 geworden. Sind also die jüngeren Generationen intelligenter als die vorangehenden?

Im Sinne dieser Interpretation verwies etwa Howard (1999) auf die gestiegene Zahl von Patenten in den USA und darauf, dass das Alter herausragender Schachspieler im Laufe der Jahre immer niedriger geworden sei. Was Schach angeht, haben Gobet et al. (2002) dazu alternative Erklärungen aufgezeigt. Gegen die Auffassung von einer »wahren« Intelligenzzunahme spricht auch eine rückwärtsgerichtete »Retropolation« der Befunde: Würden die Trends in **Abbildung 4.15** in die Vergangenheit hinein verlängert, hätten beispielsweise die Zuschauer eines Fußballspiels in England Mitte des 19. Jahrhunderts aufgrund ihrer niedrigen Intelligenz nicht die eigenen Spieler von denen der gegnerischen Mannschaft unterscheiden und auch die Regeln nicht kennen können, was natürlich ganz unplausibel ist.

Wenn dem Flynn-Effekt also nicht eine Zunahme an Intelligenz zugrunde liegt, messen dann Intelligenztests womöglich gar nicht »die Intelligenz«? Tatsache ist, dass Intelligenztests interindividuelle Unterschiede »intelligenten Verhaltens« im jeweiligen zeitlich-kulturellen Kontext erfassen, keinesfalls aber einen absoluten Wert wie auf einer Verhältnisskala.

Es sind viele Faktoren diskutiert worden, die dem Flynn-Effekt zugrunde liegen könnten:

- Eine verbesserte Ernährung kommt als alleinige Erklärung u. a. deshalb kaum in Betracht, da der Effekt in westlichen Ländern ganz ähnlich ausgefallen ist wie in afrikanischen.
- Einer Erklärung im Sinne allgemein verbesserter schulischer und elterlicher Anregungsbedingungen steht die Beobachtung im Weg, dass die Zuwächse in den sozialisationsabhängigen, kristallisierten Intelligenzkomponenten *erwartungswidrig* geringer sind als in den kulturunabhängigen, fluiden Intelligenzkomponenten (zu den Ausnahmen, s. Teasdale & Owen, 2000; Must et al., 2003). Darüber hinaus ist es im Untersuchungszeitraum parallel zu den IQ-Steigerungen zu einer monotonen Abnahme in den Leistungen im Scholastic-Aptitude-Test gekommen (ein in den USA seit 1901 gebräuchlicher Studierfähigkeitstest, mit dem Hunderttausende von Schülern untersucht werden).
- Die Geschwindigkeit der Informationsverarbeitung könnte durch zunehmende Erfahrung und Übung mit technischen Geräten und bei der Kommunikation zugenommen haben. Nach Nettelbeck und Wilson (2004) ist dies aber vermutlich nicht ausschlaggebend, da in einer Stichprobe von Kindern zwar eine Mehrleistung von ca. 5 IQ-Punkten in einer früheren gegenüber einer neu revidierten Form eines Intelligenztests auftrat (= Flynn-Effekt), die Mittelwerte in einem Test zur Bestimmung der Geschwindigkeit der Informationsverarbeitung hingegen identisch waren.
- Die zunehmende Reisetätigkeit vieler Menschen führt zu häufigeren Partnerschaften zwischen genetisch weiter entfernten Menschen, die aus unterschiedlichen Regionen und Kontinenten stammen. Deren Nachkommen wird eine höhere Leistungsfähigkeit in verschiedenen Merkmalen zugeschrieben (»hybride Dominanz«). Mingroni (2004) sieht in hybrider Dominanz die Ursache für den Flynn-Effekt und verweist auf zahlreiche Phänomene, die parallel zu den IQ-Zuwächsen eine ähnliche Entwicklung aufwiesen (darunter Körpergröße, Wachstumsrate, Kurzsichtigkeit, Asthma und Autismus).
- An fast einer Million Wehrpflichtiger, die seit den 1950er Jahren in Norwegen gemustert wurden, sind nach IQ-Zunahmen bis in die frühen 70er Jahre zuletzt keine IQ-Zuwächse mehr festgestellt worden (Sundet et al., 2004), was ähnlichen Trends in anderen Ländern Skandinaviens entspricht (s. Teasdale & Owen, 2000). Sollte sich diese Entwicklung fortsetzen, bedeutet das eine weitere Facette in dem faszinierenden Puzzle des Flynn-Effektes.
- Die einfachste Erklärung geht dahin, dass durch kulturelle Vorgänge die Items im Laufe der Zeit immer leichter werden, weil beispielsweise bestimmte Inhalte mehr und mehr zum allgemeinen Wissen gehören (engl. »test-wiseness«). Dieses ist der Grund, weshalb Intelligenztests stets nach etwa zehn Jahren neu normiert werden sollten.

Der Flynn-Effekt bleibt ein Rätsel der Differentiellen Psychologie und übt auf viele Forscher eine große Faszination aus. Die American Psychological Association hielt zu diesem Thema eigens eine Konferenz ab, auf der verschiedene Experten ihre Standpunkte und Erklärungsversuche erläuterten, freilich ohne einen Konsens zur Natur dieses Phänomens zu finden. Im Nachgang zu der Konferenz erschien ein Buch mit den Beiträgen dieser Experten (Neisser, 1998); zu diesem Buch schrieb Deary (2001, p. 113) eine Anmerkung, die sicherlich auch heute noch Gültigkeit hat:

»The American Psychological Association's book which addresses the continuing conundrum of the Flynn effect contains a good range of opinion: from those who think there has been a real rise in recent decades (usually citing better nutrition as the key factor) to those who think the Flynn effect is an artefact (more educational toys and TV programs, etc.) or something more complex. What I can tell you is that this book assembled an impressive list of relevant international researchers and none has a convincing explanation of the ›rising IQ‹.«

Zusammenfassung von Kapitel 4.4

Fasst man die Befunde zur zeitlichen Stabilität und Veränderung von Intelligenz zusammen, so muss eine Unterscheidung gemacht werden zwischen der Stabilität von Messwerten und der Stabilität von Personenunterschieden in Messwerten. Die erste lässt sich untersuchen, indem die Mittelwerte einer Variablen als Funktion des Lebensalters betrachtet werden, wobei hier wiederum zwischen Querschnitt- und Längsschnittuntersuchungen getrennt werden kann. Hier zeigen sich dann durchschnittlich Zu- und Abnahmen in der betrachteten Variablen für unterschiedliche Alterskategorien. Die zweite Form der Stabilität wird hingegen untersucht, indem die Korrelation der Messwerte nach einer Messwiederholung berechnet wird. Diese Test-Retest-Korrelation informiert über das Ausmaß der differentiellen Stabilität. Mit Blick auf die Intelligenzforschung hat sich nun bei einer Kombination von Quer- und Längsschnittstudien gezeigt, dass die durchschnittliche Intelligenz über das Kinder- und Jugendalter bis zum frühen Erwachsenenalter rasch zunimmt und danach nur noch langsame Veränderungen über die Lebensspanne auftreten. Dabei handelt sich einerseits um eine stetige Abnahme in Bereichen der fluiden Intelligenz zwischen 25 und 80 Jahren und andererseits um eine Zunahme in Bereichen der kristallisierten Intelligenz von 25 bis 40 Jahren und einer sich anschließenden Stabilität bis ins hohe Lebensalter. Hinsichtlich der differentiellen Stabilität konsolidieren sich individuelle Unterschiede in der Intelligenz ab einem Alter von etwa 10 Jahren. Danach bleibt die Intelligenz differentiell sehr stabil mit Test-Retest-Korrelationen von 0,90 oder darüber bei einem Zeitintervall von 10 Jahren oder kürzer. Diese hohe differentielle Stabilität lässt bereits vermuten, dass eine systematische Verbesserung der Intelligenz durch entsprechende Trainings ein schwieriges Unterfangen darstellt. Tatsächlich zeigen die empirischen Befunde einen kurzfristig erhöhten Intelligenzquotienten, wobei schon kurze Zeit später kein echter Intelligenzzuwachs nachweisbar ist – selbst bei äußerst intensiven Trainings. Dieser Interventionsresistenz steht eine (unbeabsichtigte) Veränderung der Durchschnittsintelligenz entgegen – gemeint ist die Beobachtung, dass sich der Intelligenzquotient in den westlichen Industrieländern seit den 1920er Jahren alle 10 Jahre um ca. 5 IQ-Punkte erhöht hat. Für einen Beobachtungszeitraum von 100 Jahren ergäbe dies einen Intelligenzzuwachs von 50 Punkten. Dieses als »Flynn-Effekt« bezeichnete Phänomen gibt der Psychologie bis heute ein großes Rätsel auf, da alle Versuche einer überzeugenden Erklärung für diesen Intelligenzzuwachs gescheitert sind.

4.5 Geschlechtsunterschiede

Der Staffeltest (s. Abschn. 1.3.4) wurde von Binet zunächst einmal konstruiert, ohne dass er sich dabei Gedanken zu etwaigen Geschlechtsunterschieden der Intelligenz gemacht hätte. Erst nach einer Übertragung dieses Tests in den US-amerikanischen Sprachraum durch Terman (1916) hat dieser eine empirische Untersuchung zu Geschlechtsunterschieden anhand der amerikanischen Normierungsdaten des Tests durchgeführt. Er konnte dabei einen nur geringfügigen Leistungsvorteil zugunsten der Mädchen aufzeigen, dem er keine praktische Bedeutung beimaß. In einer späteren Revision dieses Tests zeigten sich allerdings bei einigen neu untersuchten Aufgaben deutliche Geschlechtsunterschiede: Diese Aufgaben wurden als unfair bewertet und für die Endfassung des Tests ausgeschlossen (Terman & Merrill, 1937). Wechsler (1944) schloss sich später bei der Konstruktion seines ersten Intelligenztests dieser Praxis an, so dass nun in den gängigen Tests zur Messung der Allgemeinen Intelligenz keine nennenswerten Geschlechtsunterschiede auftraten. Deshalb konnten nachfolgende Autoren auch schreiben: »Intelligenz im Sinne dieser Tests ist nur das, was beide Geschlechter gleich gut können« (Merz, 1979, S. 132). Dabei darf aber nicht übersehen werden, dass die Gleichheit der Geschlechter hier keine A-priori-Festsetzung im Sinne einer »political correctness« ist, sondern zunächst einmal dem empirischen Befund von Terman (1916) entspricht.

Nachfolgende Untersuchungen zeichnen ein etwas anderes Bild, wobei zunächst auf Befunde mit den Matrizentests von Raven eingegangen wird, da dieser Test ein gutes Maß für die Allgemeine Intelligenz darstellt (s. Abschn. 4.3.1). In einer Meta-Analyse haben Lynn und Irwing (2004) die Daten aus insgesamt 48 Einzelstudien mit den »Advanced Progressive Matrices« (APM) zusammengefasst und berichten einen Geschlechtsunterschied im *Mittelwert der Intelligenztestwerte* zugunsten von männlichen Probanden, der mit zunehmendem Alter immer größer wurde. So betrug die Geschlechtsdifferenz bei den 6 bis 14 Jahre alten Kindern nur 0,3 IQ-Punkte, im Alter von 15 bis 19 Jahren war diese Differenz bereits 2,4 Punkte groß, und bei Erwachsenen betrug der Unterschied schließlich 4,5 IQ-Punkte. In einer weiteren Meta-Analyse von Ergebnissen mit dem Raven-Test, die in 22 Studien mit Universitätsstudenten angefallen waren, untersuchten Irwing und Lynn (2005) auch zusätzlich Geschlechtsunterschiede in der *Varianz der Intelligenztestwerte*. Dabei zeigte sich neben den schon beobachteten Mittelwertunterschieden eine größere Varianz zugunsten der Frauen in Testwerten der »Standard Progressive Matrices« (SPM). Die Generalisierbarkeit dieses letzten Befundes wird allerdings dadurch eingeschränkt, dass Universitätsstudenten sicherlich nicht die volle Variationsbreite der Intelligenz aufweisen.

Eine hinsichtlich der Repräsentativität vorbildliche Studie wurde von Nyborg (2005) durchgeführt, der mit Hilfe von Zufallsziehungen aus dem Melderegister eine Stichprobe von dänischen Kindern und Jugendlichen gezogen und mit einer breit aufgebauten Intelligenztestbatterie untersucht hat. Anhand der Testergebnisse berechnete er für jeden Probanden einen Wert für Allgemeine Intelligenz. Die Jungen wiesen einen um durchschnittlich 7,2 Punkte höheren IQ auf als die Mädchen. Auch zeigten in dieser Stichprobe die Jungen eine größere Varianz als die Mädchen. Die **Abbildung 4.16** veranschaulicht das Ergebnis.

Zwar überlappen sich die beiden Intelligenzverteilungen für Jungen und Mädchen weitgehend, aber am oberen Rand der Verteilungen führt die etwas größere Häufigkeit von Jungen zu einer massiven Verschiebung

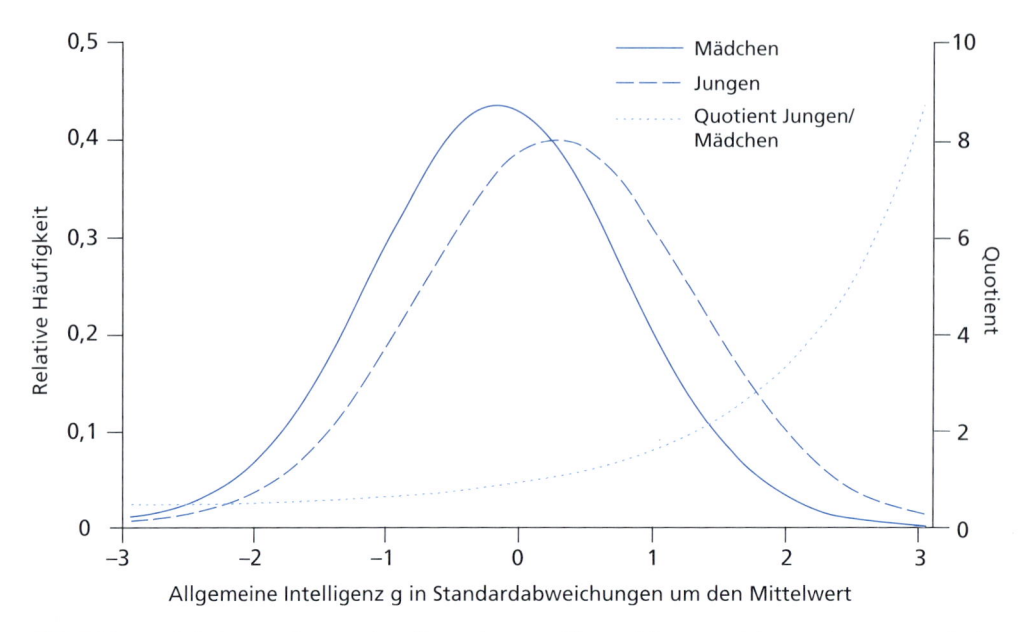

Abb. 4.16: Häufigkeitsverteilungen der Allgemeinen Intelligenz (*g*) von Mädchen und Jungen sowie das Geschlechtsverhältnis in Abhängigkeit von der Intelligenz (nach Nyborg, 2005). Jungen hatten einen Mittelwert von $g = 0{,}23$ ($s^2 = 1{,}06$; $N = 90$) und Mädchen von $g = -0{,}23$ ($s^2 = 0{,}86$; $N = 91$).

des Geschlechtsverhältnisses zu deren Gunsten. So kann beispielsweise aus den empirisch ermittelten Zusammenhängen zwischen Geschlechtsverhältnis und Intelligenz abgeleitet werden, dass auf ein Mädchen mit einem IQ von 145 (entspricht drei Standardabweichungen über dem Mittelwert) mehr als acht Jungen mit derselben Intelligenz kommen, also im Bereich der Hochbegabung mit deutlich mehr Männern als Frauen gerechnet werden muss.

Der Befund einer größeren Varianz zugunsten von Männern steht im Einklang mit den beiden von Anastasi (1966, S. 459) referierten Untersuchungen von nahezu vollständigen Grundgesamtheiten elfjähriger Schüler in Schottland. Bei diesen Kindern fiel die Varianz bei den Jungen um ca. 10 % höher aus als bei den Mädchen. Darüber hinaus verweisen unterschiedliche Beobachtungen darauf, dass es bei Männern vergleichsweise mehr Personen mit Minder- oder Hochbegabung gibt als in der Geschlechtsgruppe der Frauen. Zum einen finden sich in Kliniken häufiger männliche als weibliche Probanden mit geistigen Beeinträchtigungen oder leichten Hirnschädigungen (Eisenson, 1965), desgleichen in Sonderschulen mehr Jungen, wo Mädchen mit gleicher Begabung nicht selten den regulären Unterricht besuchen (Dönhoff & Itzfeld, 1976; Kerkhoff, 1980). Zum anderen befanden sich in der Stanford-Hochbegabten-Untersuchung unter den Kindern mit einem IQ ab 170 47 Jungen und nur 34 Mädchen; in dem Marburger Hochbegabten-Projekt waren von den 107 »stabil Hochbegabten« (IQs zwischen 127 und 156) 58 % männlich und nur 42 % weiblich (Rost, 2000). Diese Überrepräsentation von Männern im unteren und oberen Bereich der Intelligenzverteilung entspricht einer größeren Varianz der Intelligenz in dieser Geschlechtsgruppe.

Darüber hinaus liefert die Empirie auch Hinweise dafür, dass in *spezifischen* Funktionsbereichen systematische Geschlechterunterschiede bestehen. So waren weibliche Probanden meist in Wortflüssigkeit, Grammatik, Wortschatz und Leseleistung überlegen, also dem verbalen Bereich. Männliche Probanden zeigten hingegen Vorteile im räumlichen Vorstellen und damit zusammenhängend im technischen Verständnis (Giesen, 2000, s.a. Kap. 15). In einer vielzitierten Übersichtsarbeit hat Hyde (2005b) die Erträge aus neun Meta-Analysen zu Geschlechtsunterschieden zusammengetragen, die Befunde sind in **Abbildung 4.17** veranschaulicht.

Je nach Stichprobe, Fähigkeitsbereich und eingesetztem Leistungstest zeigen sich unterschiedliche Geschlechtsdifferenzen. Im Trend verweisen diese Befunde auf eine höhere Leistungsfähigkeit von Frauen bei sprachlichen und von Männern bei räumlichen und naturwissenschaftlichen Fähigkeiten. In einer ebenfalls vielbeachteten Meta-Analyse von Hedges und Nowell (1995) untersuchten die Autoren anhand der Daten von sechs großen Zufallsstichproben die Geschlechtsunterschiede in der Varianz von kognitiven

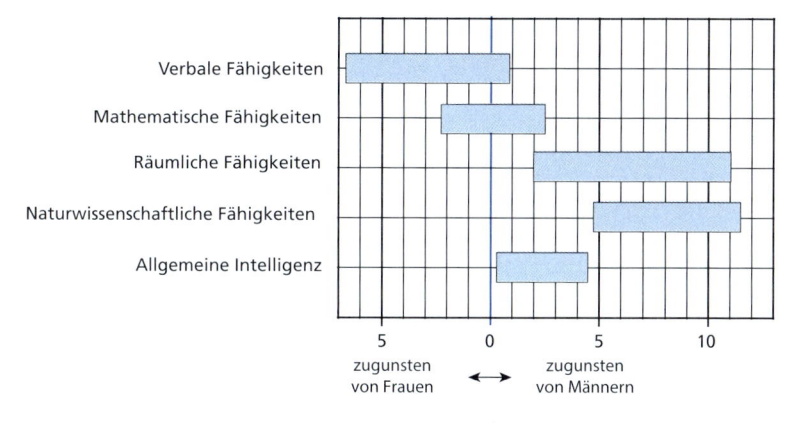

Abb. 4.17: Ergebnisse einer Übersicht über neun Meta-Analysen zu Geschlechtsunterschieden in der Intelligenz. Die Balken zeigen die Spannweite der berichteten Unterschiede in IQ-Punkten (nach Hyde, 2005a).

Leistungsmaßen. Männer wiesen in allen untersuchten Leistungsvariablen eine größere Varianz auf als Frauen, wobei die Varianzquotienten für Wortschatz nahe eins waren und für nonverbales Schlussfolgern, Leseverständnis und Mathematik zunehmend größer und für räumliche Fähigkeiten mit 1,28 schließlich maximal wurden. Die kombinierten Effekte aus Mittelwerts- und Varianzunterschieden ergeben dabei ein Bild,

das auch in einigen spezifischen Leistungsbereichen dem Trend entspricht, wie er in **Abbildung 4.16** für die Allgemeine Intelligenz bereits gezeichnet wurde.

Als Ursache dieser Geschlechtsunterschiede wurden biologische (z. B. Irwing & Lynn, 2005) wie auch soziale Faktoren (z. B. Hyde, 2005b) diskutiert, wobei die Datenlage gegenwärtig keine verlässlichen Schlussfolgerungen gestattet.

> **Zusammenfassung von Kapitel 4.5**
>
> Die Befundlage erlaubt zunächst einmal den Schluss, dass es keinen massiven Geschlechtsunterschied in der allgemeinen Intelligenz gibt – dieser wäre längst empirisch zutage getreten, trotz aller Unzulänglichkeiten der Datenlage. Einige Tendenzen zeichnen sich allerdings mit einer gewissen Konsistenz über die einzelnen Studien hinweg ab. So legen die Daten erstens nahe, dass die Intelligenz in der Gruppe der Männer eine größere Varianz aufweist als bei den Frauen, was an den beiden Enden der Verteilung zu einer überproportionalen Präsenz von Männern führt. Zweitens scheinen die Frauen im Bereich von verbalen Fähigkeiten eine größere Leistungsfähigkeit von durchschnittlich bis zu 5 IQ-Punkten aufzuweisen, während die Männer einen entsprechenden Vorteil im Bereich der räumlichen und naturwissenschaftlichen Fähigkeiten von durchschnittlich bis zu 10 IQ-Punkten haben. Eine empirische Konsolidierung dieser Tendenzen steht allerdings noch aus, genauso wie eine überzeugende Erklärung dieser Unterschiede.

5 Grundlagen und Korrelate der Intelligenz

> Die Strukturforschung der Intelligenz liefert ein Bild davon, wie sich die Ergebnisse in den unterschiedlichsten Leistungstests hierarchisch einem Faktor der Allgemeinen Intelligenz unterordnen lassen. Wieso aber unterscheiden sich die Testleistungen der Probanden überhaupt? Mit dieser Frage beschäftigten sich sowohl experimentelle Untersuchungen (5.1) als auch psychophysiologische Studien (5.2) und lieferten dabei wichtige Erkenntnisse, die das Konstrukt »Intelligenz« weit jenseits der Möglichkeiten der traditionellen faktorenanalytischen Forschung aufzuhellen vermögen. Neben diesen Ansätzen, die im Kern auf die *Ursachen* von Intelligenzunterschieden zielen, beschäftigte sich eine andere Fragestellung damit, welche *Konsequenzen* die Intelligenzunterschiede im Lebensalltag mit sich bringen (5.3). Die Befunde verweisen auf Intelligenz als substantiellen Prädiktor für den Schul- und Berufserfolg, ohne freilich diese Leistungsunterschiede im praktischen Leben vollständig erklären zu können. Auf diese Lücke zielen dann sowohl die Bemühungen, der psychometrischen Intelligenz eine »Praktische Intelligenz« an die Seite zu stellen (5.4), als auch das Unterfangen, die psychometrische Intelligenz auf vielfältige Weise durch andere Formen der Intelligenz zu ergänzen (5.5).

5.1 Prozessmodelle

Nach einem Jahrhundert der Erforschung der Struktur von Intelligenztestleistungen besteht ein gewisser Konsens dahingehend, dass sich die generell positiven Korrelationen zwischen den unterschiedlichsten Intelligenztestaufgaben durch eine hierarchische Struktur repräsentieren lassen. Die »Three Stratum«-Theorie von Carroll (s. 1993, für eine Diskussion dieser Alternativerklärungen, und die dort zitierte Literatur) kann als ein Kompendium dieser Strukturforschung aufgefasst werden, wobei verschiedene Intelligenzfaktoren auf unterschiedlichen Abstraktionsebenen angeordnet sind (s. Abschn. 4.3.7). Die große Herausforderung für die Intelligenzforschung besteht nun in der Suche nach den Kausalursachen für individuelle Unterschiede in diesen Intelligenzfaktoren (Jensen, 2005). Dabei suchen die Forscher sowohl nach kognitiven Prozessen als auch nach physiologischen Eigenschaften des Gehirns zur Erklärung dieser Unterschiede (Jensen, 1998).

Alle Punktwerte, wie sie in den gängigen Testverfahren zur Erfassung intelligenten Verhaltens ermittelt werden, liefern Aufschluss über die Höhe einer Leistung. Diese Punktwerte informieren allerdings nicht über die kognitiven und physiologischen *Prozesse*, die ihr Zustandekommen ermöglichen oder verhindern. Zur Identifikation solcher Prozesse bedarf es anderer als der bisher besprochenen korrelationsstatistischen Ansätze, nämlich einer experimentellen Herangehensweise (s. Abschn. 2.1.5). Dabei zielen die Forschungsbemühungen vor allem auf eine Erklärung der allgemeinen Intelligenz g. Den theoretischen Rahmen liefern dabei Modelle der menschlichen Informationsverarbeitung, die zunächst an der Computermetapher orientiert waren. Eine Übersicht über solche Modelle der Intelligenz liefert Floyd (2005). Aus der Fülle der Modelle soll hier ein prominenter Ansatz vorgestellt werden, der eine vielversprechende Prozessanalyse ermöglichen sollte, nämlich der Komponenten-Ansatz von Robert Sternberg (1977). Dieser Forscher versuchte, die zum Lösen von Intelligenztestaufgaben benötigten mentalen Operationen in Analogie zu einem Computerprogramm zu identifizieren. Dafür zerlegte er den Problemlöseprozess in einzelne *Komponenten* (gewissermaßen »Denkschritte«) und versuchte dann durch Experimente herauszufinden, in welchen dieser Komponenten sich hochintelligente und niedrigintelligente Problemlöser unterscheiden. Dabei konzentrierte er sich auf Aufgaben zum induktiven Denken, bei denen nach Analogien gesucht werden muss (wie z. B. »Baum verhält sich zu Wald wie Grashalm zu?«). Einige von Sternberg verwendete Beispielaufgaben sind in **Abbildung 5.1** dargestellt. Die **Abbildung 5.2** zeigt das Flussdiagramm für die Komponenten, so wie sie nach Sternberg im Problemlöseprozess für diese Aufgaben auftreten sollen.

Abb. 5.1: Beispiele für Aufgaben zum induktiven Denken nach dem A:B = C:D-Typ aus den Experimenten von Sternberg (1977, S. 180, 223, 257).

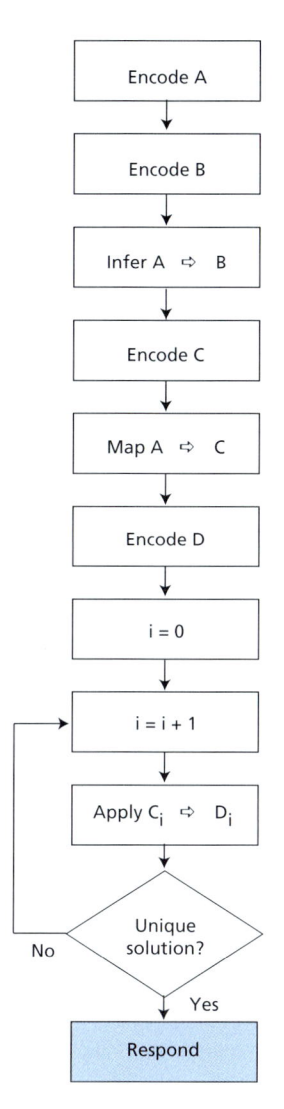

Abb. 5.2: Flussdiagramm der Informationsverarbeitung beim Lösen einer induktiven Denkaufgabe. Nach Sternberg (1977, S. 139).

Sternberg (1977) unterscheidet fünf Komponenten, die zum Lösen solcher Denkprobleme benötigt werden:

- »Enkodieren« (engl. »encoding«) bezieht sich auf das Auffinden von Attributen und weiteren Merkmalen jedes Bestandteils der Analogie (Welche charakteristischen Merkmale haben »Baum«, »Wald« und »Grashalm«?).
- »Ableiten« (engl. »inference«) ist das Erkennen der Beziehungen zwischen den ersten beiden Bestandteilen der Analogie (In welchem Verhältnis stehen »Baum« und »Wald«?).
- »Beziehen« (engl. »mapping«) ist das Erkennen der Beziehung zwischen dem ersten und dritten Bestandteil der Analogie (In welchem Verhältnis stehen »Baum« und »Grashalm«?).
- »Anwenden« (engl. »application«) ist das Auffinden von Regeln, mit denen der fehlende Bestandteil der Analogie anhand der zuvor identifizierten Beziehungen gebildet werden kann (Mit welchen Beziehungsregeln identifiziere ich das Lösungswort?).
- »Prüfen« (engl. »justification«) ist das Überprüfen im Sinne einer Hypothesentestung, ob eine potentielle Lösung den zuvor aufgefundenen Regeln entspricht (Passt das Lösungswort in die Lücke?).
- »Vorbereiten – Antworten« (engl. »preparing – responding«) ist schließlich das Verhalten, das mit dem Lösungsprozess einhergeht und mit der Antwort endet (Die Lösung lautet »Wiese«).

Nach eingehenden experimentellen Analysen kam Sternberg (1977) zu dem Ergebnis, dass die intelligenteren Versuchspersonen bei allen Komponenten weniger oder höchstens gleich viel Zeit benötigen als weniger intelligente Personen, mit einer bedeutsamen Ausnahme: Die intelligenteren Personen verwendeten mehr Zeit auf das Enkodieren als die weniger intelligenten! Sternberg vermutete, dass ein sorgfältiges Enkodieren die anderen Prozesse entlastet, da alle anderen Komponenten damit weiterarbeiten müssen.

Obwohl der Ansatz von Sternberg (1977) mit großem Enthusiasmus aufgenommen wurde, zeigten sich im Laufe der folgenden Forschung einige Schwächen (s. Floyd, 2005). So hatte die Festlegung der Anzahl und Funktionen der »Komponenten« etwas Beliebiges, so dass verschiedene Forscher hier zu recht unterschiedlichen Komponenten-Modellen kamen. Darüber hinaus zeigten sich die Komponenten als hoch korreliert – was der Idee widerspricht, dass es sich hierbei um distinkte Operationen im Problemlöseprozess handelt. Diese hohen Korrelationen lassen vermuten, dass es unabhängig von der konkreten Operation bzw. der »Software« einen übergeordneten Faktor gibt, der möglicherweise etwas mit der generellen Geschwindigkeit oder Kapazität der Informationsverarbeitung und damit letztlich etwas mit der Leistungsfähigkeit der »Hardware« zu tun haben könnte. Die folgenden Abschnitte werden den Weg über die mentale Geschwindigkeit und die Kapazität des Arbeitsgedächtnisses bis hin zum Gehirn aufzeigen, den die Forschung zur Erklärung von Intelligenzunterschieden genommen hat.

5.1.1 Mentale Geschwindigkeit und »Elementary Cognitive Tasks«

Im Unterschied zum Komponenten-Ansatz zielt ein alternatives Forschungsprogramm nicht auf spezifische Schritte der Informationsverarbeitung als Erklärung für Leistungsunterschiede in Intelligenztests, sondern auf eine globale Eigenschaft des kognitiven Informationsverarbeitungssystems: die Geschwindigkeit, mit der es Information verarbeiten kann, egal mit welchen Operationen es dabei beschäftigt ist. Diese Verarbeitungsgeschwindigkeit wird auch als »mentale Geschwindigkeit« (engl. »mental speed« [MS]) bezeichnet und mit Hilfe von Reaktionszeiten bei Aufgaben gemessen, die auf einen visuellen oder auditorischen Reiz eine einfache Reaktion, Auswahl oder Entscheidung verlangen (Jensen, 2005). Dabei müssen diese Aufgaben in ihren Anforderungen so einfach sein, dass unterschiedliche Personen diese nicht mit verschiedenen Strategien lösen können – andernfalls könnten Reaktionszeitunterschiede zwischen Personen neben der Geschwindigkeit der Informationsverarbeitung auch Unterschiede in den verwendeten Strategien abbilden. Diese einfachen Aufgaben werden als »elementare kognitive Aufgaben« (engl. »elementary cognitive tasks« [ECT]) bezeichnet. In einer hervorragenden Übersicht über solche Aufgaben und die Zusammenhänge mit der allgemeinen Intelligenz unterscheiden Neubauer und Fink (2005) vier Aufgabentypen.

Beim »Inspektionszeit-Paradigma« wird der Versuchsperson ein Reiz mit zwei vertikalen Linien unterschiedlicher Länge gezeigt. Nach nur wenigen Millisekunden erfolgt eine Maskierung dieses Reizes durch Darbietung eines neuen Reizes, der anstelle der unterschiedliche langen Linien nun zwei vertikale Linien derselben Länge beinhaltet. Die **Abbildung 5.3** zeigt einen solchen Reiz und seine Maske. Die Versuchsperson muss sodann entscheiden, welche der beiden Linien länger ist. In mehreren Versuchsdurchgängen wird das zeitliche Intervall zwischen Reiz und Maske variiert, typischerweise in einem Bereich zwischen 10 und 200 ms. Je kürzer die Darbietungszeit ist, desto schwieriger wird es, die Längen der beiden Linien des Reizes zu beurteilen. Wenn ausreichend viele Versuchsdurchgänge erfolgt sind, kann aus den Reaktionen der Versuchsperson ermittelt werden, welche Zeitspanne die Person durchschnittlich benötigt, um diese visuelle Diskriminationsaufgabe mit 95 % korrekten Antworten zu lösen. Dieses Zeitspanne ist die individuelle Inspektionszeit der Versuchsperson. Aus zahlreichen Studien ist bekannt, dass diese Inspektionszeit einen konsistenten und negativen Zusammenhang zur Intelligenz aufweist: Je schneller den Personen die Diskriminierung gelingt, desto intelligenter sind sie. So führten beispielsweise Grudnik und Kranzler (2001) eine Meta-Analyse von 62 entsprechenden Einzelstudien durch, in die Daten von über 4100 Versuchspersonen eingingen. Für die Inspektionszeit und Intelligenz zeigte sich eine Korrelation von $r = -0{,}30$, die sich auf $r = -0{,}51$ erhöhte, wenn statistische Korrekturen gegen Unreliabilitäten der Maße und Varianzeinschränkungen der Stichproben durchgeführt wurden.

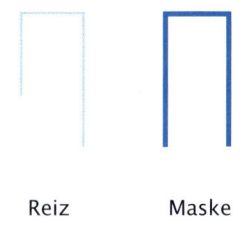

Abb. 5.3: Typischer Reiz (links) und Maske (rechts) bei einer Elementaren Kognitiven Aufgabe zur Bestimmung der Inspektionszeit.

Ein anderer und ebenfalls häufig verwendeter Versuchsaufbau ist das »Hick-Paradigma«, in dem einfache Reaktionsaufgaben mit Wahlreaktionsaufgaben kombiniert werden. Der Name dieses Paradigmas geht auf Hick zurück, der einen linearen Zusammenhang zwischen der in einer Wahlreaktionsaufgabe von der Versuchsperson zu verarbeitenden Informationsmenge und ihrer Reaktionszeit entdeckt hatte (Hick, 1952). Typischerweise wird für die Durchführung des Hick-Paradigmas ein Gerät verwendet, wie es in **Abbildung 5.4** zu sehen ist. Es besteht aus acht Lampen, die halbkreisförmig angeordnet sind. In der Mitte des Halbkreises sowie an jeder Lampe befindet sich eine Taste. Vor jedem Versuchsdurchgang legt die Versuchsperson den Zeigefinger ihrer dominanten Hand auf die mittlere Taste (den »Home-Button«). Anschließend leuchtet eine der Lampen auf. Die Versuchsperson muss nun so schnell wie möglich ihren Finger vom Home-Button wegnehmen und die Taste drücken, an der die Lampe leuchtet. Wird bei dieser Apparatur nur eine Lampe verwendet, handelt es sich um eine einfache Reaktionsaufgabe – der visuelle Reiz beinhaltet 0 Bit an Information. Werden zwei Lampen verwendet, handelt es sich um eine Wahlreaktionsaufgabe mit 1 Bit visueller Information. Bei vier Lampen erhöht sich die zu verarbeitenden visuellen Informationsmenge auf 2 Bit und erreicht bei allen acht Lampen schließlich 3 Bit. Dabei erhöhen sich die Reaktionszeiten systematisch, bei acht Lampen dauern die Reaktionen durchschnittlich doppelt so lang wie bei vier Lampen, bei denen die Reaktionen wiederum doppelt so lange dauern als bei zwei Lampen usw. In einer Übersicht von 33 Studien mit diesem Paradigma, in die die Daten von über 2300 Versuchspersonen eingingen, berichtete Jensen (1987) durchschnittliche Korrelationen von $-0{,}12$ bis $-0{,}28$ zwischen verschiedenen Reaktionszeitmaßen und der Intelligenz. Je schneller die Reaktionen erfolgten, desto intelligenter waren die Versuchspersonen.

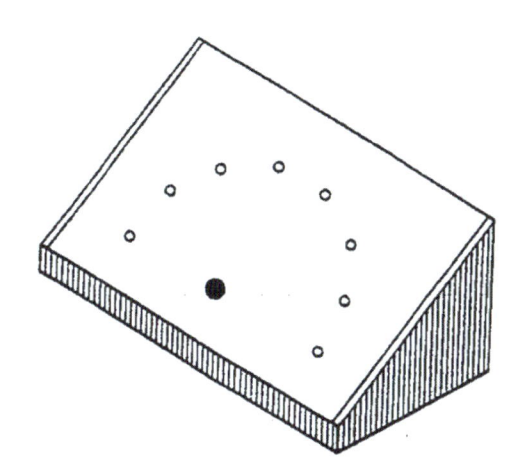

Abb. 5.4: Reaktionsapparat einer Elementaren Kognitiven Aufgabe zur Bestimmung der Reaktionszeit mit dem Hick-Paradigma. Nach Jensen (1998, S. 212).

Während diese beiden Paradigmen die Wahrnehmungsgeschwindigkeit von visuellen Informationen messbar machen, zielt ein anderer Aufgabentyp auf die Geschwindigkeit, mit der Informationen aus dem Kurzzeitgedächtnis abgerufen werden können bzw. das

Kurzzeitgedächtnis nach bestimmten Informationen durchsucht werden kann. In einem von Saul Sternberg (1966, 1969) entwickelten Paradigma (»Sternberg-Paradigma«) werden der Versuchsperson in mehreren Versuchsdurchgängen zufällige Zahlenfolgen gezeigt, die in ihrer Länge zwischen einer und sechs Ziffern variieren. Jede dieser Zahlenfolgen bildet eine »Behaltenseinheit« (engl. »memory set«). Nach Darbietung einer Behaltenseinheit bekommt die Versuchsperson jeweils eine weitere Ziffer präsentiert und muss, so schnell sie kann, entscheiden, ob diese Ziffer Bestandteil der Behaltenseinheit war oder nicht. Allgemein erhöht sich die Reaktionszeit einer Versuchsperson linear mit der Anzahl der Ziffern in der Behaltenseinheit, was auf eine serielle Durchsuchung dieser Ziffernfolgen hinweist. Aus den Reaktionszeitdaten lässt sich berechnen, in welchem Ausmaß die Reaktionszeit pro zusätzlichem Buchstaben der Behaltenseinheit zunimmt, was ein Maß für die Dauer des »Auslesens« (engl. »retrieval«) von relevanter Information aus dem Gedächtnis darstellt. Mit diesem Maß lässt sich weiter bestimmen, wie schnell die Reaktionen bei rechnerisch *null* Ziffern der Behaltenseinheit sind (indem von der Reaktionszeit bei einer Behaltenseinheit mit nur einem Buchstaben die Reaktionszeiterhöhung pro zusätzlichem Buchstaben abgezogen wird). Dieses Maß sollte die Dauer der Enkodierung (Einprägung) der Reize sowie die motorische Reaktionsgeschwindigkeit abbilden.

Nach einer Meta-Analyse von zehn Einzelstudien mit insgesamt mehr als 900 Versuchspersonen fand Neubauer (1995, 1997) eine durchschnittliche Korrelation zwischen der Reaktionszeit im Sternberg-Paradigma und der Intelligenz in Höhe von $r = -0{,}27$, wobei sich für die verschiedenen weiteren Maße Korrelationen zwischen $-0{,}11$ und $-0{,}35$ zeigten. Auch hier sind die intelligenteren Personen auch die schnelleren.

Mit einem von Posner und Mitchell (1967) vorgeschlagenen Paradigma (»Posner-Paradigma«) kann schließlich auch die Geschwindigkeit des Auslesens aus dem Langzeitgedächtnis bestimmt werden. Hierfür bekommen die Versuchspersonen Buchstabenpaare gezeigt, die entweder physikalisch identisch (»AA«), semantisch identisch, aber physikalisch unterschiedlich (»Aa«) oder aber semantisch unterschiedlich (»Ab«) sein können. In einer Versuchsbedingung beurteilen die Versuchspersonen die physikalische Gleichheit der beiden Buchstaben (»Sehen die beiden Buchstaben gleich aus? – Ja/Nein«), in einer anderen Bedingung beurteilen sie die semantische Gleichheit (»Haben die beiden Buchstaben denselben Namen? – Ja/Nein«). Während die erste Bedingung lediglich eine physikalische Reizunterscheidung erfordert, muss in der zweiten Bedingung ein Abrufen von Informationen aus dem Langzeitgedächtnis erfolgen (nämlich Informationen über die Namen der Buchstaben). Die Reaktionszeitdifferenz zwischen beiden Bedingungen sollte die Zeit widerspiegeln, die für das Auslesen aus dem Langzeitgedächtnis erforderlich ist. In einer weiteren Meta-Analyse von Studien mit dem Posner-Paradigma, in der die Ergebnisse von elf Studien mit mehr als 1000 Versuchspersonen ausgewertet wurden, berichtete Neubauer (1995, 1997) erneut negative Korrelationen zwischen den Reaktionszeiten und der Intelligenz. Die Zusammenhänge bewegen sich je nach Versuchsbedingung und berechnetem Reaktionszeitmaß zwischen $-0{,}23$ und $-0{,}33$. Auch hier sind intelligentere Versuchspersonen wieder einmal schneller.

In der Zusammenschau verweisen diese Befunde zu ECTs auf einen hoch konsistenten Zusammenhang zwischen mentaler Geschwindigkeit und psychometrischer Intelligenz, ganz unabhängig davon, ob mit den ECTs nun die Geschwindigkeit von visueller Wahrnehmung und Reizdiskrimination gemessen wird oder ob das Enkodieren und Auslesen von Informationen aus dem Kurz- oder Langzeitgedächtnis erfasst wird.

In einer Übersicht über mentale Geschwindigkeit und Allgemeine Intelligenz nennt Jensen (2005) mehrere Faktoren, die einen Einfluss auf die Höhe der gefundenen Korrelationen haben.

- Die höchsten Korrelationen zeigen sich bei Verwendung von Intelligenztests, die keine Zeitbegrenzungen aufweisen. Bei diesen Tests haben die Versuchspersonen also beliebig Zeit, um die Aufgaben zu lösen (diese Tests werden als »Powertests« bezeichnet). Die Korrelationen werden hingegen bei Tests mit Zeitbegrenzung für das Lösen der Aufgaben kleiner (»Speedtests«).
- Bei Verwendung von Intelligenztests, die eine besonders hohe Ladung auf g aufweisen, zeigen sich ebenfalls höhere Zusammenhänge mit mentaler Geschwindigkeit als bei Tests mit einer niedrigen g-Ladung. Dies verweist darauf, dass die mentale Geschwindigkeit in einem besonders engen Zusammenhang mit g steht.
- Die Korrelation zwischen den Reaktionszeiten und der Intelligenz haben einen umgekehrt U-förmigen Verlauf in Abhängigkeit von der Komplexität der verwendeten ECTs. Bei sehr einfachen oder sehr schwierigen ECTs (mit mittleren Reaktionszeiten von 300 ms bzw. über 1200 ms) sind die Zusammenhänge niedrig (mit $r = -0{,}10$ bis $-0{,}30$), bei mittelschweren ECTs (mittlere Reaktionszeiten zwischen 500–900 ms) werden die Zusammenhänge hingegen relativ groß (mit $r = -0{,}40$ bis $-0{,}50$).

Die relativ niedrigen Korrelationen zwischen den Reaktionszeitmaßen und der psychometrischen Intelligenz (die ja nur unter besonderen Umständen einen Wert von $-0{,}40$ überschreiten) wurden von einigen Autoren dahingehend kritisiert, dass individuelle Differenzen in der mentalen Geschwindigkeit nur ca. 10 % der Varianz in der Intelligenz erklären würden (z. B. Stankov & Roberts, 1997). Dieser Einwand lässt allerdings außer Acht, dass die meisten dieser Befunde mit studentischen Versuchspersonen erzielt wurden. Die damit einhergehende Einschränkung der Varianz in den betrachteten Maßen muss deren korrelative Zusammenhänge reduzieren (Neubauer & Fink, 2005). Tatsächlich konnte in einigen Studien mit repräsentativeren Stichproben und einer damit resultierenden größeren Variation in den intellektuellen Fähigkeiten auch ein deutlich größerer Zusammenhang zwischen mentaler Geschwindigkeit und Intelligenz beobachtet werden, der dann ein Ausmaß von ca. $r = -0{,}50$ erreichte (Neubauer & Bucik, 1996; Neubauer & Knorr, 1997, 1998). Wird schließlich eine Testbatterie von verschiedenen ECTs aufgestellt sowie eine Testbatterie psychometrischer Intelligenztests, so korrelieren die beiden generellen Faktoren, die sich aus jeder der beiden Testbatterien extrahieren lassen, in einem Bereich zwischen $-0{,}60$ bis $-0{,}90$ (Jensen, 2005). Diese Befunde verweisen insgesamt auf einen substantiellen, großen Varianzanteil in der Allgemeinen Intelligenz, der durch Unterschiede in der mentalen Geschwindigkeit erklärt werden kann.

Ein weiterer Kritikpunkt zielt auf die vermeintlich kausale Rolle der mentalen Geschwindigkeit als Ursache für Intelligenzunterschiede, da die Korrelationen zwischen Reaktionszeiten in ECTs und psychometrischer Intelligenz natürlich auch noch alternative Erklärungen zulassen (s. Abschn. 2.1.5). Beispielsweise könnten generelle Unterschiede in der Leistungsmotivation zwischen den Versuchspersonen bestehen mit der Folge, dass sich die leistungsmotivierteren auch mehr anstrengen und deshalb bessere Ergebnisse sowohl in den ECTs als auch in den Intelligenztests erzielen. Diese Alternativerklärungen wurden in einigen Untersuchungen überprüft, z. B. indem die Leistungsmotivation durch finanzielle Anreize experimentell manipuliert wurde. Die so erzielten Befunde schließen allerdings diese Alternativerklärungen aus, so dass die sparsamste Erklärung für den konsistenten Zusammenhang zwischen mentaler Geschwindigkeit und Intelligenz nach heutigem Erkenntnisstand keine vermittelnden motivationalen oder kognitiven Variablen benötigt (s. Neubauer & Fink, 2005, für eine Diskussion dieser Alternativerklärungen, sowie die dort zitierte Literatur). Vielmehr wird dieser Zusammenhang von einigen Autoren durch fundamentale Unterschiede in der neuralen Informationsverarbeitung erklärt (s. Abschn. 5.2).

5.1.2 Arbeitsgedächtnis

In dem im vorangegangenen Abschnitt beschriebenen Sternberg-Paradigma wurde den Versuchspersonen eine Ziffernfolge präsentiert, die aus bis zu sechs Zahlen bestand. Anschließend mussten die Versuchspersonen entscheiden, ob eine bestimmte Zahl Teil dieser Ziffernfolge war oder nicht. Um diese Aufgabe lösen zu können, mussten sich die Versuchspersonen also die Ziffernfolge kurzfristig merken, d. h., die Ziffernfolge wurde im Kurzzeitgedächtnis gespeichert. Dabei ist dieser Gedächtnisspeicher kein passives System im Sinne etwa eines Fotoapparates, bei dem ein statisches Bild der Ziffernfolge gemacht wird. Vielmehr kann mit den abgespeicherten Ziffern eine Reihe von Operationen durchgeführt werden, wie z. B. das Vergleichen oder Umstellen der Ziffern, aber auch arithmetische Operationen im Sinne von Kopfrechnen sind möglich. Um dem Umstand gerecht zu werden, dass die Inhalte dieses Gedächtnissystems mental bearbeitet werden können, wird dieses Gedächtnissystem als »Arbeitsgedächtnis« (engl. »working memory«) bezeichnet (z. B. Baddeley, 2002).

Die Anzahl der Elemente (wie z. B. von Ziffern), die in diesem System gespeichert und bearbeitet werden kann, ist limitiert. Die Kapazität des Arbeitsgedächtnisses wird klassischerweise mit 7±2 angegeben (Miller, 1956). Um die Kapazität des Arbeitsgedächt nisses von einzelnen Versuchspersonen zu bestimmen, wurde ein Vielzahl von Aufgaben vorgeschlagen. Eine umfassende Übersicht über solche Aufgaben bietet Mackintosh (1998).

- Eine klassische Aufgabe ist der Untertest »Zahlennachsprechen« aus dem Wechsler-Intelligenztest (Wechsler, 1997). Dabei werden den Versuchspersonen mehrere Ziffernfolgen vorgesprochen, die diese nachsprechen sollen. Die Untersuchung beginnt mit einer kurzen Ziffernfolge, die im Laufe der Untersuchung immer länger wird, bis die Versuchsperson in zwei hintereinander erfolgenden Durchgängen die Ziffernfolge nicht mehr korrekt wiederholen kann. Dabei muss die Versuchsperson in einer Untersuchungsbedingung die Ziffern in der vorgesprochenen Reihenfolge wiederholen, in einer anderen Untersuchungsbedingung müssen die Ziffern in umgekehrter Reihenfolge nachgesprochen werden. Als Ergebnis der ersten Untersuchungsbedingung resultiert die einfache Gedächtnisspanne, während die zweite Untersuchungsbedingung ein Maß für die Arbeitsgedächtniskapazität liefert.
- Einen anderen Aufgabentyp stellen Kopfrechenaufgaben dar, bei denen die Versuchspersonen sich fortlaufend Zwischenergebnisse merken und mit diesen dann weiterrechnen müssen (Vernon & Weese, 1993). Die Leistung in diesen Aufgaben ist ebenfalls ein Maß für die Kapazität des Arbeitsgedächtnisses, da die einzelnen Rechenoperationen sehr einfach sind und die Schwierigkeit der Aufgabe darin besteht, sich die Zwischenergebnisse zu merken.
- Ein weiteres Paradigma ist die »Lesespanne-Aufgabe« (engl. »reading-span task«) (Daneman & Carpenter, 1980). Dabei müssen die Versuchspersonen eine Folge von mehreren Sätzen laut vorlesen. Ihre Aufgabe besteht darin, sich bei jedem Satz das letzte Wort zu merken. Nachdem der

letzte Satz vorgelesen ist, müssen sie dann die behaltenen Wörter reproduzieren. Diese Aufgabe ist erstaunlich schwierig – die meisten Versuchspersonen haben eine Lesespanne von höchstens fünf Sätzen.
- Analog zu dieser Aufgabe gibt es auch eine »Zuhörspanne-Aufgabe« (engl. »listening-span task«) (Daneman & Carpenter, 1980). Den Versuchspersonen werden Sätze vorgelesen, und sie müssen sich von jedem Satz das letzte Wort merken. Anschließend müssen die Versuchspersonen Auskunft zu den Inhalten der Sätze geben (dies soll sicherstellen, dass sie wirklich zugehört haben), und schließlich sollen sie die behaltenen Wörter reproduzieren.

Es ist offensichtlich, dass beim Lösen von Intelligenztestaufgaben das Arbeitsgedächtnis benötigt wird – bei praktisch jeder Intelligenztestaufgabe müssen bestimmte Inhalte kurzfristig im Gedächtnis behalten und mit diesen mentale Operationen durchgeführt werden. Dementsprechend korreliert die Arbeitsgedächtniskapazität positiv mit g. In einer Meta-Analyse von 86 unabhängigen Stichproben mit insgesamt mehr als 9700 Versuchspersonen berichteten Ackerman et al. (2005) eine durchschnittliche Korrelation von $r = 0{,}32$ zwischen den Arbeitsgedächtnis- und Intelligenztests. Diese Korrelation erhöhte sich auf $r = 0{,}50$, nachdem die Autoren aus den Arbeitsgedächtnis- und Intelligenztests mit Hilfe von Strukturgleichungsmodellen jeweils einen generellen Faktor extrahierten und diese miteinander in Bezug setzten.

Die genaue Größe des Zusammenhangs zwischen der Kapazität des Arbeitsgedächtnisses und der psychometrischen Intelligenz ist bislang strittig, denn die in einzelnen Studien berichteten Zusammenhänge (die bis $r = 0{,}90$ erreichen können) und die verwendeten Aufgaben und Tests zur Messung der Konstrukte sind zu unterschiedlich (Schweizer, 2005). Besonders drängend scheint hierbei die Frage zu sein, welcher Aufgabentyp eine besonders valide Messung der Arbeitsgedächtniskapazität erlaubt. Diese Frage kann einer empirischen Überprüfung nur zugeführt werden, wenn aus erprobten Theorien des Arbeitsgedächtnisses (wie z. B. dem Komponenten-Modell von Baddeley, 2002) Kriterien für die Validität der Aufgaben abgeleitet werden. Bislang ist in diesem Forschungsbereich jedoch noch nicht geklärt, was denn eine gute Arbeitsgedächtnisaufgabe auszeichnet (Beier & Ackerman, 2005). Ein weiteres Problem stellt die in vielen Studien aufgetretene Überlappung der Inhalte von Arbeitsgedächtnis- und Intelligenztestaufgaben dar. In einer vielzitierten Studie von Kyllonen und Christal (1990) wurden beispielsweise eine Kopfrechenaufgabe (»8 : 4 = ?«) als Test für die Arbeitsgedächtniskapazität und eine arithmetische Textaufgabe (»Pat hat letzte Woche in 5 Tagen 16 Stunden gearbeitet. Wie lang ist sein durchschnittlicher Arbeitstag?«) als Intelligenzmaß verwendet. Die Autoren berichteten eine Korrelation zwischen Arbeitsgedächtniskapazität und Intelligenz von über 0,80, die allerdings zumindest teilweise den überlappenden Aufgabeninhalten geschuldet sein kann. Schließlich ist ebenfalls evident, dass die bislang durchgeführten Studien korrelativer Natur sind und keine Kausalaussagen zum Zusammenhang zwischen den Konstrukten gestatten.

Unabhängig von diesen Einschränkungen kann aber kein Zweifel bestehen, dass zwischen der Kapazität des Arbeitsgedächtnisses und der Allgemeinen Intelligenz ein positiver Zusammenhang besteht. Bemerkenswert dabei ist, dass Ackerman et al. (2005) in ihrer Meta-Analyse auch den Zusammenhang zwischen Arbeitsgedächtnis und ECTs untersuchten; die Korrelation zwischen den beiden Leistungsbereichen betrug $r = 0{,}57$. Jensen (2005) hat eine theoretische Synthese dieser beiden Befundlinien vorgeschlagen. Er nimmt an, dass

- das Gehirn kapazitätslimitiert ist, also nur eine begrenzte Menge an Informationen

mit einer begrenzten Anzahl von Operationen pro Zeiteinheit verarbeiten kann,
- die Information im Arbeitsgedächtnis rasch zerfällt und nun
- eine Person, die zu größerer Verarbeitungsgeschwindigkeit fähig ist, mehr Operationen mit dieser Information durchführen kann, bevor diese Information zerfallen ist.

Mit dieser Hypothese nimmt Jensen (2005) also eine multiplikative Verknüpfung von mentaler Geschwindigkeit und Arbeitgedächtniskapazität an: Je schneller die Verarbeitung und je größer die Kapazität, desto effizienter kann das Gehirn mit Informationen umgehen – und desto intelligenter ist die Person. Diese Überlegungen zielen also auf generelle Unterschiede in der Qualität, mit der Gehirne Informationen verarbeiten – es geht also nicht mehr um die Funktionalität der »Software«, sondern um die Effizienz der »Hardware«.

Zusammenfassung von Kapitel 5.1

Das wichtigste Anliegen von Prozessmodellen in der Intelligenzforschung ist die Erklärung von Intelligenzunterschieden in Begriffen der kognitiven Psychologie. Anders ausgedrückt: Auf die Frage »Warum unterscheiden sich Personen in ihren Intelligenztestleistungen?« soll eine Antwort gefunden werden, die auf Konzepten der allgemeinen Psychologie aufbaut. Eine erste Antwort auf diese Frage liefert die »mental speed« Hypothese, derzufolge intelligentere Personen die verschiedenen kognitiven Operationen, die sie zur Lösung der Testaufgaben einsetzen müssen, mit einer größeren Geschwindigkeit durchführen können als weniger intelligente Personen. Diese Hypothese wird gestützt durch Befunde, die mit »Elementary Cognitive Tasks« erzielt worden sind. Bei diesen experimentellen Aufgaben handelt es sich typischerweise um Inspektionszeitaufgaben oder Reaktionszeitaufgaben (z. B. Hick-Paradigma, Posner-Paradigma), die so einfach gehalten sind, dass unterschiedliche Versuchspersonen keine unterschiedlichen Lösungsstrategien verwenden. Befunde mit diesen Aufgaben zeigen dann auch konsistent negative Korrelationen zwischen Inspektions- bzw. Reaktionszeit und Intelligenz, d. h. die intelligenteren Personen sind auch die schnelleren. Allerdings kann mit dieser Hypothese nur ca. 10% der Varianz der Intelligenztestleistungen erklärt werden. Eine andere Erklärung zielt auf die Kapazität des Arbeitsgedächtnisses. Dieser Hypothese zufolge haben die intelligenteren Personen eine größere Kapazität. Diese Kapazität wird in empirischen Studien typischerweise gemessen, indem sich die Versuchspersonen zunächst vorgegebene Zahlen oder Worte merken müssen (die mit oder ohne Distraktion zu behalten sind) und diese anschließend reproduzieren sollen (z. B. Zahlennachsprechen, Kopfrechenaufgaben, Lesespanne-Aufgabe, Zuhörspanne-Aufgabe). Hier zeigte sich in mehreren Studien ein positiver Zusammenhang, d. h. die intelligenteren Personen haben eine größere Kapazität ihres Arbeitsgedächtnisses. Die Befunde verweisen darauf, dass wenigstens 10% der Varianz von Intelligenztestleistungen mit dieser Hypothese erklärt werden können. Dabei muss berücksichtigt werden, dass sich diese beiden Erklärungsansätze nicht ausschließen.

5.2 Neurale Korrelate der Intelligenz

Eine wesentliche Gemeinsamkeit der verschiedenen prozessanalytischen Ansätze besteht in der Erfassung von Reaktionszeiten. Solche Geschwindigkeitsmaße stehen zunächst für die rasche Bewältigung elementarer kognitiver Aufgaben. Substantielle Korrelationen der Punktwerte von Intelligenztests mit der Performanz in Aufgaben der geschilderten Art legen es nahe, Intelligenz als Eigenschaft des zentralen Nervensystems aufzufassen, Informationen schnell und fehlerfrei bearbeiten zu können. Von da ist es nur noch ein kleiner Schritt zu einer biologischen Fundierung der Intelligenz. Eine direkte Messung der Nervenleitgeschwindigkeit und Effizienz synaptischer Übertragungen ist jedoch nicht möglich; die darauf gerichteten Untersuchungen und deren Befunde sind dementsprechend bestenfalls uneinheitlich (McRorie & Cooper, 2004).

Konsistentere Belege für die Verankerung von Intelligenz in neuroanatomischen Strukturen und Abläufen erhoffte sich die Forschung von der Analyse der elektrischen Aktivität des Gehirns mittels des Elektroenzephalogramms (EEG). Eine hier besonders aufschlussreiche Methodik ist die Berechnung von »Ereigniskorrelierten Potentialen« (EKP). Dabei handelt es sich um Veränderungen der gehirnelektrischen Aktivität auf visuelle, akustische oder taktile Reize, die erst nach oftmaliger Exposition der Stimuli und »Übereinanderlegen« der EEG-Ableitungen sichtbar werden. Der Kortex entfaltet eine fortlaufende Aktivität; jene Aktivitätsanteile, die mit der Reizdarbietung nicht korrelieren, werden bei dieser Überlagerung »weggemittelt«. Die betreffenden Effekte sind nur bei entsprechender Verstärkung und innerhalb sehr kurzer Zeiträume (bis etwa 500 ms nach Reizexposition) zu registrieren. Für die Intelligenzforschung sind die Komponenten ab etwa 100 ms von besonderem Interesse.

In einzelnen Untersuchungen (s. die Zusammenstellungen von Deary et al., 1993; Neubauer et al., 1995) korrelierte die EKP-*Latenz* negativ mit psychometrischer Intelligenz. Dies bedeutet, dass die Gehirne der intelligenteren Personen die entsprechenden Reize auch schneller verarbeiten – ganz im Sinne der Ergebnisse zur mentalen Geschwindigkeit (Abschn. 5.1.1). Darüber hinaus traten auch Intelligenzkorrelationen in einem Maß für »Neuronale Anpassungsfähigkeit« auf, in dem *Amplituden* unterschiede zwischen erwarteten und unerwarteten Reizen zueinander in Beziehung gesetzt wurden. Hypothesengerecht reagierten hochintelligente Versuchspersonen mit höheren Amplituden auf unerwartete und mit niedrigen Amplituden auf erwartete Reize, d. h., sie verwandten mehr Aktivität auf die unvorhersagbaren Ereignisse. Die niedrigintelligenten Versuchspersonen zeigten hingegen nur geringe Amplitudenunterschiede zwischen den Versuchsbedingungen. Anderen Studien zufolge war es die EEG-*Kohärenz*, also die Ähnlichkeit der EEG-Aktivität in verschiedenen Kortex-Arealen, die negativ mit Intelligenz korrelierte: Personen mit höherer Intelligenz dissoziieren also stärker als solche mit niedriger ihre Gehirnaktivität, d. h., sie aktivieren solche Areale stärker, die für die jeweilige Aufgabe vorrangig wichtig sind und deaktivieren nicht benötigte Hirnrindenfelder. Allerdings muss angemerkt werden, dass viele Untersuchungen mit dem EKP insignifikante Resultate erbrachten, so dass die Zusammenhänge zwischen EKP-Parametern (Latenz, Amplitude, Kohärenz) und Intelligenz unklar bleiben. Als Erklärung für diese Inkonsistenzen wurde sowohl die geringe zeitliche Stabilität der EKP-Parameter verantwortlich gemacht als auch technische Unterschiede zwischen den Studien (Neubauer & Fink, 2005).

Eine andere EEG-Methodik ist die Untersuchung der Ereigniskorrelierten Desynchronisation des EEG. Ist der Kortex funktional nur wenig aktiv, so zeigt sich im EEG eine erhöhte Alpha-Aktivität (8–13 Hz), die EEG-Kurven weisen dabei ein wellenförmiges Muster auf (das EEG ist »synchronisiert«). Wenn der Kortex funktional aktiviert wird, so reduziert sich diese Alpha-Aktivität und die EEG-Kurven zeigen ein unregelmäßiges Muster (das EEG ist »desynchronisiert«). Das Ausmaß dieser Desynchronisierung infolge einer Reizpräsentation kann gemessen werden. Gestützt auf diese Technik haben Neubauer und seine Kollegen in mehreren Studien konsistent gezeigt, dass intelligente Personen bei der Lösung von Denkproblemen weniger Hirnareale aktivieren als weniger intelligente (für eine Übersicht über diese Befunde s. Neubauer & Fink, 2005). In **Abbildung 5.5** sind einige Ergebnisse verdeutlicht. Dazu fügt sich auch die Beobachtung von Jaušovec (2000), wonach hochintelligente Probanden im Unterschied zu durchschnittlichen bei der Lösung von Aufgaben mehr Alpha-Aktivität (EEG-Aktivitäten im Frequenzbereich zwischen 8 bis 13 Hz, die mit geringerer kortikaler Aktivität einhergehen) und eine bessere Koordination zwischen beteiligten Hirnarealen zeigten.

Solche Beobachtungen sind denen ähnlich, die zum Stoffwechsel einzelner Areale des Gehirns mittels Positronen-Emissions-Tomographie angestellt wurden. Ausgangspunkt dabei ist die Grundregel, dass bei verstärkter Beanspruchung des Gehirns mehr Energie verbraucht und dieser Energieverlust durch einen erhöhten Glukose-Stoffwechsel kompensiert wird. Um das Ausmaß des lokalen Glukose-Metabolismus erfassen zu können, wird den Versuchspersonen intravenös ein metabolischer Isotopenindikator gespritzt, der nach kurzer Zeit über den Blutkreislauf in das Gehirn gelangt und dort von den Zellen absorbiert wird. In der bekanntesten Untersuchung dazu (Haier, 1988), an der wegen des erheblichen Aufwands und der gesundheitlichen Risiken nur acht Versuchspersonen teilnahmen, korrelierte Intelligenz signifikant negativ mit der Metabolismus-Rate, d. h., relativ intelligente Personen verbrauchten weniger Energie als relativ unintelligente. Dieses Ergebnis konnte von Haier et al. (1995) unter Heranziehung von Probanden mit leichten Retardierungen und Down-Syndrom sowie Kontrollpersonen ohne Auffälligkeiten repliziert werden.

Andere Untersuchungen wurden auch mit der funktionellen Magnetresonanztomographie (fMRT) durchgeführt. Dabei wird die Veränderung der Sauerstoffsättigung des Blutes im Gehirn (die wiederum an den neuralen Metabolismus gekoppelt ist) gemessen, während die Versuchspersonen Intelligenztestaufgaben bearbeiten. Mit wenigen Ausnahmen zeigten auch hier die intelligenteren Versuchspersonen eine geringere Hirnaktivität als die weniger intelligenten (für eine Übersicht s. Newman & Just, 2005). In einer weiteren Studie, in der mittels eines etwas anderen magnetresonanztomographischen Verfahrens die Hirndurchblutung im Ruhezustand gemessen wurde, zeigten Personen mit niedrigerer Durchblutung (und somit niedriger Grundaktivität) eine bessere Leistung in aufmerksamkeitsbezogenen ECTs (Bertsch et al., 2009).

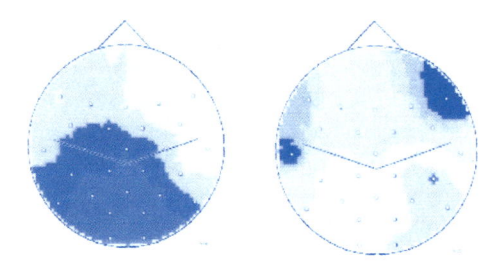

Abb. 5.5: Unterschiedliche Aktivität von Hirnarealen bei zwei Personen mit unterschiedlicher Intelligenz. Die dunklen Flächen stehen für stärkere Aktivierung. Diese sind zum Zeitpunkt der Ableitung bei dem weniger intelligenten Probanden (links) großflächiger als bei dem höher intelligenten Probanden (rechts). (Persönliche Mitteilung von Neubauer, 2004).

Zusammenfassend verweisen diese Studien mit unterschiedlicher Methodik konsistent darauf, dass die Gehirne von Personen mit einer größeren Intelligenz weniger aktiv sind, d. h., diese Gehirne erzielen die geforderten Leistungen mit einem geringeren metabolischen oder funktionellen Aufwand. Dies passt zu den Vorhersagen der »Hypothese der neuralen Effizienz« (engl. »neural efficiency hypothesis«, Vernon, 1993), die eben annimmt, dass die Gehirne von intelligenteren Personen beim Bearbeiten von kognitiven Aufgaben effizienter arbeiten, d. h. dass diese Gehirne mit wenig physiologischem Aufwand eine größere mentale Leistung erbringen. In diesen Zusammenhang passen auch die in Abschnitt 5.1 referierten Befunde zur größeren mentalen Geschwindigkeit und höheren Arbeitsgedächtniskapazität der intelligenteren Personen. Was aber verursacht die neurale Effizienz? Verschiedene Ansätze werden hierbei diskutiert, beispielhaft seien drei genannt (für eine Übersicht s. Neubauer & Fink, 2005).

- Die »Myelinierungshypothese« (Miller, 1994) nimmt an, dass die Neuronen von effizienteren Gehirnen eine dickere Myelinschicht aufweisen (diese Schicht umgibt die Axone und sorgt für eine verbesserte elektrische Isolation und schnellere elektrische Impulsfortleitung). Konsistent mit dieser Hypothese sind die Befunde zur größeren mentalen Geschwindigkeit und zur neuralen Effizienz. Darüber hinaus müssten Personen mit stärkerer Myelinisierung auch größere Gehirne aufweisen. Tatsächlich korreliert die Hirngröße positiv mit der Intelligenz. In einer Übersicht zu zwölf Einzelstudien, in denen das Hirnvolumen mit modernen bildgebenden Verfahren bestimmt wurde, berichteten Wicket et al. (2000) über eine durchschnittliche Korrelation von ungefähr $r = 0{,}40$.
- Die »neurale Schrumpfungshypothese« (engl. »neural pruning hypothesis«, Haier, 1993) postuliert, dass weniger effiziente Gehirne während der kindlichen Entwicklung einen unvollständigen Schrumpfungsprozess durchlaufen sind. Bis zum Alter von elf oder zwölf Jahren ist im menschlichen Gehirn ein Übermaß an synaptischen Verbindungen vorhanden, wobei nach diesem Alter durch ein Schrumpfen (engl. »pruning«) die redundanten (und damit überflüssigen oder gar störenden) Verbindungen beseitigt werden. Für diese Hypothese spricht beispielsweise der Befund, dass bei mental retardierten Personen *post mortem* eine größere synaptische Dichte im Hirngewebe gefunden wurde als bei normalen Personen.
- Die »neurale Plastizitätshypothese« vermutet schließlich als Ursache für größere neurale Effizienz eine größere neurale Plastizität des Gehirns (Garlick, 2002). Unter neuraler Plastizität versteht man die Fähigkeit des Gehirns, sich neuen Anforderungen durch ein Aussprießen von Axonen und Dendriten strukturell-funktional anzupassen. Diese bessere Anpassungsleistung sorgt dann für eine größere mentale Geschwindigkeit und neurale Effizienz.

Zum gegenwärtigen Zeitpunkt haftet diesen Erklärungsversuchen noch etwas Spekulatives an, zu groß sind die Schwierigkeiten, die zur Erklärung herangezogenen Konzepte messbar zu machen. Darüber hinaus berechtigen die korrelativen Befunde bislang nicht zu Kausalitätsschlüssen (Sternberg, 2005).

> **Zusammenfassung von Kapitel 5.2**
>
> Während die Prozessmodelle eine Erklärung von Intelligenzunterschieden in Begriffen der kognitiven Psychologie anbieten, zielen psychophysiologische Erklärungen auf physiologische Vorgänge im Gehirn ab. Der bislang erfolgversprechendste Erklärungsansatz ist hier die »neural efficiency hypothesis«, die davon ausgeht, dass intelligentere Personen bei geistigen Aktivitäten eine geringere Aktivierung ihres Gehirns aufweisen als die weniger intelligenten. Diese Hypothese stützt sich auf Untersuchungen, bei denen die Hirnaktivität in unterschiedlichen Versuchsbedingungen mit dem EEG, der Positronen-Emissions-Tomographie oder fMRT gemessen wurde. Warum nun allerdings eine geringere Aktivierung des Gehirns zu einer höheren Leistungsfähigkeit führt, ist bislang unklar – schließlich hätte es niemanden überrascht, wenn die Befundlage den gegenteiligen Zusammenhang belegt hätte (also eine größere Aktivierung bei den Intelligenteren beobachtet worden wäre).

5.3 Intelligenz in Ausbildung, Beruf und Lebenslauf

Wenn bislang von Skalen zur Erfassung *der* Intelligenz gesprochen wurde, musste zunächst implizit unterstellt werden, dass die jeweils herangezogenen Aufgabentypen tatsächlich geeignet sind, das besagte Konstrukt zu erfassen.

Nachfolgend sollen einige Befunde mitgeteilt werden, die im Anschluss an die Entwicklung von Intelligenztests – nach Jenkins und Paterson (1961, S. 80) die vermutlich für die westliche Welt erfolgreichste psychologische Innovation überhaupt – und deren Gebrauch erhoben wurden. Keine der Untersuchungen für sich, wohl aber ihre Zusammenschau vermittelt ein umfassendes Bild vom Konstrukt der Intelligenz, der Validität der zu ihrer Messung herangezogenen Tests (s. dazu zusammenfassend Jäger, 1986) und dem Stellenwert, den die so definierte Intelligenz in unserem Kulturkreis einnimmt.

Die Einschätzungen von Bekannten und Freunden (s. Abschn. 4.1.3) sind aus verschiedenen Gründen ein besonders naheliegender Maßstab für die Beschreibung von Mitmenschen. Dementsprechend gelten sie als ein Kriterium von hoher Relevanz für die Bestimmung der Validität von Persönlichkeitstests.

Horn (1969) berichtete für das Begabungs-Test-System eine Übereinstimmung von $r = 0{,}70$ mit dem Urteil des Lehrers über die Schnelligkeit, mit der Schüler neue Aufgaben begreifen. Die Punktsumme des Tests korrelierte bei Haupt- und Mittelschülern zu $r = 0{,}47$ mit der Einschätzung der Intelligenz durch Klassenlehrer. Einen Koeffizienten von $r = 0{,}62$ teilte Amthauer (1953) für die Übereinstimmung zwischen den IST-Gesamtpunktwerten und Lehrerurteilen zur Intelligenz mit. Die Punktwerte des IST-2000 R (Amthauer et al., 2001) korrelierten in einer Größenordnung um 0,50 mit Fremdeinschätzungen der Allgemeinen Intelligenz und auch dem Sozialprestige der ausgeübten Berufstätigkeit (Steinmayr & Amelang, 2005). Ähnliche Werte finden sich in zahlreichen weiteren Untersuchungen sowie in nahezu allen Handanweisungen gebräuchlicher Intelligenztests. Bemerkenswerterweise sind überzufällig richtige Einschätzungen der

Intelligenz auch bei nur kurzer Bekanntschaft zwischen Akteur und Beurteiler sowie auf der Basis minimaler Informationen möglich (Borkenau & Liebler, 1995; Murphy et al., 2003).

Gegenüber den oben mitgeteilten Werten fallen die Korrelationen mit Testwerten wesentlich niedriger aus, wenn anstelle der Fremdeinschätzungen die Urteile der betreffenden Personen selbst herangezogen werden. In der Studie von Rammstedt und Rammsayer (2002) resultierten Zusammenhänge um 0,30, eine Größenordnung, die sich generell bei der Selbsteinschätzung von Leistungen einstellt (s. das Übersichtsreferat von Mabe & West, 1982). Dieser insgesamt erstaunliche Effekt, der im Übrigen mit den Gegebenheiten im Persönlichkeitsbereich insofern kontrastiert, als dort die Zusammenhänge meist Werte um 0,40 bis 0,50 erreichen, müsste noch eingehender untersucht werden. Möglicherweise ist die Varianz der Selbsteinschätzungen stärker eingeschränkt, weil ein Großteil der Probanden sich »irgendwo im Mittelbereich« einstuft.

5.3.1 Extremvarianten der Intelligenz: Hoch- und Minderbegabte

Im Unterschied zu früher, wo mehr oder weniger explizit sowohl aus religiöser wie auch medizinischer Warte eine klare Dichotomie zwischen Normalität und »Schwachsinn« üblich war, hat sich als Folge der psychometrischen Betrachtung die Überzeugung von einem Fortbestehen des Kontinuums intellektueller Leistungen auch unterhalb bestimmter als »Norm« definierter Bereiche durchgesetzt. Insoweit gelten Minderbegabte nicht als »abnorm«, sondern als »unternormal«.

Unzweideutige Feststellungen von Intelligenzminderung stützen sich gewöhnlich auf Informationen aus drei verschiedenen Bereichen, nämlich

1. das Ausmaß der intellektuellen Leistungen,
2. den Grad der Anpassung an die soziale Gemeinschaft (wer z. B. mit hinreichender Umsicht und Konstanz für sich selbst sorgen und seinen Lebensunterhalt bestreiten kann, wird nicht als »schwachsinnig« bezeichnet, gleichgültig, welche Testwerte er aufweist),
3. die Umstände, die zu den Auffälligkeiten geführt haben (sind die Minderleistungen beispielsweise chronisch entwicklungsbedingt oder die Folge eines in späterem Lebensalter erlittenen Unfalls, einer psychischen oder körperlichen Erkrankung usw.).

Innerhalb der gebräuchlichsten Klassifikation von Intelligenzminderungen, bei der das Ausmaß der Leistungsbeeinträchtigung im Vordergrund steht, wird zwischen schwerer, mittlerer und leichter geistiger Behinderung unterschieden (früher bezeichnet mit »Idiotie«, »Imbezilität« und »Debilität«).

Als geistig schwer oder sehr schwer behindert gelten dabei Personen, die nicht für ihre eigenen Bedürfnisse (etwa Sauberkeit) sorgen und sich nicht selbst vor den gewöhnlich existenten Gefahren schützen können. Sie entwickeln keine Sprache und sind zur Ausübung jedweder Berufstätigkeit außerstande. Das Intelligenzalter entspricht in etwa dem von zweijährigen Kindern, der Intelligenzquotient liegt unterhalb von 35.

Menschen mit mittlerer geistiger Behinderung sind demgegenüber zur Sauberkeit erziehbar, können allein essen und auch einfache Routinetätigkeiten erledigen. Ihre Sprache geht kaum über Stammeln hinaus. Das Intelligenzalter ist etwa demjenigen von Sechsjährigen äquivalent, der IQ liegt zwischen 35 und 49.

Menschen mit leichter geistiger Behinderung sind unter günstigen Umweltbedingungen in der Lage, ihren eigenen Lebensunterhalt zu bestreiten. Wenngleich unter erheblichen Schwierigkeiten, ist das Erlernen von

Lesen und Schreiben doch möglich. Häufig bedarf es zur Aufrechterhaltung eines halbwegs geordneten Finanzhaushaltes allerdings externer Kontrolle. Der IQ liegt zwischen 50 und 70.

Wichtig an der skizzierten Klassifikation ist das Faktum, dass die allgemeinen Intelligenztests nach dem Binet- oder Wechsler-Typ die von Psychiatern und Kinderärzten ohne Durchführung von Tests vorgenommene diagnostische Kategorisierung in guter Annäherung abbilden, d. h., die schwer beeinträchtigten Personen erreichen die niedrigsten, leicht beeinträchtigte Personen die höchsten Werte im Bereich unterer Extremvarianten, was als Validitätsbeleg für die Verfahren zu werten ist.

Analoges gilt für den Bereich der Hoch- und Höchstbegabung. In Studien eines multifaktoriellen Ansatzes, dem zufolge sich Hochbegabung nicht nur nach kognitiven Variablen bemisst, sondern dafür auch Temperamentsmerkmale sowie soziokulturelle Bedingungsvariablen prädiktiv sind (s. z. B. Heller, 2000), stellen überdurchschnittliche Leistungen in Intelligenztests ein wichtiges Definitionselement dar. Demgegenüber sind hohe IQs (gewöhnlich über 130) in monofaktoriellen Untersuchungen (s. z. B. Rost, 2000) meist das einzige, auf jeden Fall das gewichtigste Kriterium für die Bestimmung von Hochbegabung.

Dabei ist die aufschlussreiche Erkenntnis gesichert worden, dass hochbegabte im Vergleich zu durchschnittlich begabten Schülern gleiche oder etwas positivere Ausprägungen in verschiedenen Persönlichkeitsmerkmalen, jedoch keine bedeutsamen sozialen Auffälligkeiten aufweisen (Rost, 2002). Für die Stabilität der Hochbegabung über der Zeit waren – ein weiterer bemerkenswerter Befund – der sozioökonomische Status des Elternhauses, Interessen im mathematisch-naturwissenschaftlichen und fremdsprachlichen Bereich sowie die schulischen Leistungen und der schulische Ehrgeiz von Bedeutung.

Die im wissenschaftlichen Schrifttum geschilderten Fälle von Wunderkindern, die zu einem erstaunlich frühen Zeitpunkt sprechen und lesen lernen sowie ihre hauptsächlichen Interessen auf Literatur und Wissenschaft richten, weisen Intelligenzquotienten von 140 bis 160, nicht selten solche jenseits von 180 auf (Hollingworth, 1942; Hildreth, 1954). In der bekannten Terman-Längsschnittuntersuchung, die wegen ihrer grundsätzlichen Bedeutung in Abschnitt 5.3.6 detaillierter besprochen wird, befanden sich so viele Hochbegabte, dass nach mehreren Selektionsschritten eine Ausgangsstichprobe von 1528 Probanden zusammengestellt werden konnte, deren IQ bei einem Mittelwert von 151 zwischen 135 (als willkürlich gesetzter Untergrenze) und 200 streute. Selbst in der Erhebung von Getzels und Jackson (1962), die ca. 500 Kinder beiderlei Geschlechts (mittleres Alter: 15 Jahre) an einer Privatschule des gehobenen Mittelstands in Chicago erfasste, betrug der durchschnittliche IQ 132.

Diese Beispiele mögen ausreichen, um zu zeigen, dass Probanden, die infolge ihrer über- oder unterdurchschnittlichen Leistungen auffällig sind, in Tests für Intelligenz erwartungsgemäß extrem hohe bzw. niedrige Punktwerte erzielen. Derartige Befunde sind deshalb nicht zirkulär oder trivial, weil die fraglichen Probandengruppen in den Analysestichproben für die Entwicklung der Verfahren wegen ihrer Schulunfähigkeit oder Seltenheit kaum vorkommen.

5.3.2 Intelligenz und Problemlösen

Hält man sich die eingangs referierten Begriffsbestimmungen von Intelligenz ebenso vor Augen wie die für Intelligenz als ganz besonders charakteristisch angesehenen Indikatoren (▶ Tab. 4.3), so müsste Intelligenz mit der angemessenen und effizienten Lösung von Problemen großflächige Überlappungen aufweisen.

Im Gegensatz zu dieser naheliegenden Vermutung berichteten einige Autoren (s. Dörner et al., 1983; Putz-Osterloh, 1981) Korrelationen, die mehrheitlich nur im Zufallsbereich lagen. Intelligenz leistet danach anscheinend nur Unbedeutendes bei der Aufklärung von Problemlösevarianz in komplexen Systemen.

Dörner und Kreuzig (1983) schilderten verschiedene Experimente. In dem ersten kamen als Problemlöseaufgaben das »Tangram-Puzzle«, eine schwierige Schalteraufgabe und der »Turm von Hanoi« zur Anwendung. In einem zweiten Experiment saßen die Versuchspersonen nicht nur über dem Puzzle und der Schalteraufgabe, sondern versuchten sich auch an der Interpretation schwieriger philosophischer Texte. In einer dritten Untersuchungsreihe mussten sich die Probanden mit einer an alltäglichen Anforderungen ausgerichteten und deshalb vermutlich ökologisch sehr validen Planungs- und Entscheidungsaufgabe (Organisation verschiedener Aktivitäten zur Vorbereitung einer Reise) versuchen.

Schließlich bestand in einem weiteren Experiment die Aufgabe darin, die fiktive, in Gestalt eines Computermodells vorgegebene Stadt »Lohhausen« als Bürgermeister während eines Zeitraumes von 10 Jahren zu regieren. Mit Ausnahme der Verhaltensorganisation bei der Reisevorbereitung, wo ein Maß für Systematik mit IST-Subtests um 0,35 korrelierte, ergaben sich nur Korrelationen, die nicht überzufällig von null verschieden waren. Die Prognose der Leistung in komplexen Problemsituationen mit Hilfe von Intelligenz schien also nur sehr unzureichend zu gelingen.

Schon ein kurzer Blick in die Tabellen mit den Koeffizienten für die zweimalige Vorgabe des Puzzles ließ für die Leistungsmaße freilich nur »Stabilitäten« von 0,26 und 0,24 erkennen. Angaben über die (vermutlich stark eingeengte) Streuung der Intelligenzpunktwerte fehlten. Die Reliabilität von Turm- und Schalteraufgabe war gar nicht bestimmt, die konvergente Validität zwischen allen Problemlöseindikatoren belief sich auf null. Damit handelte es sich bei den besagten Problemaufgaben (die Lohhausen-Anordnung bildet davon anscheinend eine Ausnahme) in der Tat um »Single-Act«-Kriterien (Fishbein & Ajzen, 1974), deren Vorhersage wegen ihrer Unzuverlässigkeit gar nicht gelingen *kann*, und zwar auch nicht mit anderen, möglicherweise den Denkproblemen angemesseneren Verfahren (s. dazu auch Abschn. 12.2).

Nicht von ungefähr hat Funke (1983) unter Verwendung einer anderen komplexen Problemaufgabe (der mittels eines Computers vorgegebenen »Schneiderwerkstatt«) nur für jene abhängige Variable eine bedeutsame Korrelation mit Allgemeiner Intelligenz gefunden, die sich in der Wiederholungsuntersuchung an einer Teilstichprobe als hoch reliabel erwies.

Freilich kann dieses nicht bedeuten, dass die Reliabilitätsdefizite der Denkaufgaben *allein* verantwortlich sind für die niedrigen Zusammenhänge mit Allgemeiner Intelligenz. Vielmehr hat die simultane Beschäftigung in Theorie und Experiment mit beiden Bereichen zu der Erkenntnis geführt, dass deren Anforderungen doch wesentlich weiter voneinander divergieren, als dieses zuvor plausibel erschien. So beinhalten Intelligenzitems »monotelische«, die Denkprobleme hingegen häufiger »polytelische« Situationen: Die Versuchsperson muss entweder nach *einem* korrekten Zustand suchen oder den Zustand *mehrerer* Variablen zugleich optimieren, die meist vernetzt und nicht selten miteinander unvereinbar sind (z. B. Wohnungssuche nach den Kriterien Preiswürdigkeit, Entfernung zum Arbeitsplatz, Nähe zu Erholungsgebieten). Im Verlauf des Denk- und Entscheidungsprozesses mag es zudem zur Neubewertung einzelner Variablen oder deren Gewichtung kommen. Anders als bei Intelligenzskalen erfordern die komplexen Denksituationen ein aktiv-exploratives Verhalten gegenüber dem Versuchsleiter oder dem Computersystem. Schließlich ist in den Problemsituationen, nicht aber den Intelligenztests, das Ziel des Denkprozesses oft unklar, d. h., es bedarf erst der Aktivierung intellektueller Prozesse, um die »offenen« Ziele umzustrukturieren und eine Vorstellung darüber zu entwickeln, was gefordert und deshalb anzustreben ist.

Insoweit der letztere Gesichtspunkt stichhaltig ist, müssten Intelligenztests bessere Prädiktoren für solche Denksituationen sein, in denen die Transparenz für die Versuchspersonen in der Bereitstellung entsprechender Informationen erhöht ist. Tatsächlich fanden Putz-Osterloh und Lüer (1981) nur unter transparenter, nicht aber unter der üblichen Standardinstruktion des »Schneiderwerkstatt«-Problems eine hochsignifikante Korrelation der Lösungsgüte zur Allgemeinen Intelligenz (Koeffizienten 0,31 bzw. 0,00). Dazu fügen sich nahtlos die Resultate von Hörmann und Thomas (1987), die zwischen dem »Kerntest« für das Berliner Intelligenzstrukturmodell (s. Abschn. 4.3.6) und der Problemlösegüte in der »Schneiderwerkstatt« signifikante Korrelationen um $r = 0,40$ fanden, dieses jedoch nur unter transparenter, nicht dagegen unter experimentell realisierter intransparenter Bedingung (wo die Korrelationen um null lagen).

Der Arbeit von Süß (1996) zufolge muss bei der Bearbeitung von Problemlöseszenarien ein Phasenmodell angenommen werden. In einem ersten Stadium aktiviert die Instruktion das vorliegende Wissen, das benutzt wird, um das System entlang von zunehmend präziser ausfallenden Hypothesen zu prüfen. Dabei kommt es mit dem Fortschreiten des Prozesses zu einer abnehmenden Bedeutung der individuellen Verarbeitungskapazität zugunsten einer Zunahme der Rolle von Geschwindigkeit der Informationsverarbeitung. Je nach Stadium müsste somit die Leistung durch ganz unterschiedliche Intelligenzkomponenten vorhergesagt werden können. Zusammenfassend gelangte Süß (1999, S. 221) zu der Feststellung: »Intelligenz ist ein valider Prädiktor für komplexe Problemlöseleistungen.«

5.3.3 Intelligenz und Lernen

Da die ersten Intelligenztests in Auftrag gegeben wurden, um die individuelle Bewährung in schulischen Situationen vorherzusagen, liegt die Vermutung nahe, zwischen Intelligenz und Lernen bestehe ein Zusammenhang. Trotz der leichten Verfügbarkeit über Instrumente zur Intelligenzmessung einerseits und der traditionell vorrangigen Rolle des Lernens in der Experimentellen Psychologie andererseits sind gezielte Untersuchungen mit einer diesbezüglichen Fragestellung relativ selten.

Kallenbach (1976) fand zwischen dem Erlernen eines Weges durch ein Labyrinth und Faktoren der Intelligenz positive Korrelationen von $r = 0,01$ bis $r = 0,39$. Koch und Meyer (1959) gaben gegenüber Vorschulkindern ein Experiment zur Ausbildung eines »Learning-Set« als Spiel aus. Die Probanden konnten im Fall der richtigen Entscheidung Chips gewinnen, die später in Spielsachen eintauschbar waren, jedoch musste dafür die Art und Wertigkeit des jeweiligen Schlüsselreizes (farbige Karten unterschiedlicher Größe) herausgefunden werden. Die Resultate der sieben Probanden mit den höchsten Werten im Stanford-Binet-Test sind in **Abbildung 5.6** jenen der fünf Probanden mit den niedrigsten IQs gegenübergestellt.

Zu Vergleichszwecken sind die Lernraten einer Gruppe von Rhesusaffen ebenfalls aufgeführt, denen die geschilderte Aufgabe in vergleichbarer Weise vorgegeben worden war – eines der wenigen Beispiele in der Literatur, wo in hinreichend übereinstimmenden Anordnungen die Leistungen von Menschen und Tieren miteinander verglichen wurden.

In Experimenten zum Erlernen sinnloser Silben (Gakhar et al., 1973) oder paarweiser Assoziationen (Gakhar & Luthra, 1973)

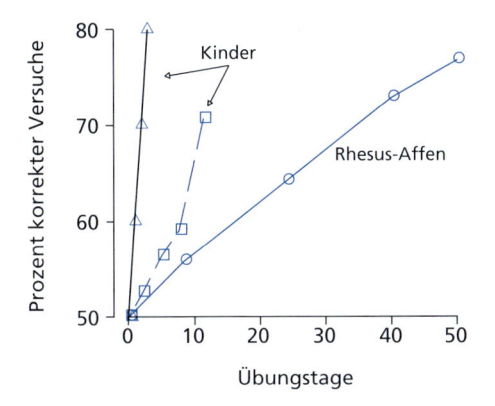

Abb. 5.6: Lernrate von Gruppen verschieden intelligenter Kinder (links hochintelligent, rechts niedrigintelligent) im Vergleich zu derjenigen von Rhesusaffen (nach Koch & Meyer, 1959).

waren intelligentere Versuchspersonen leistungsfähiger. Bei detaillierterer Analyse zeigte sich zudem eine Wechselwirkung der Intelligenz mit Angst und den Bekräftigungsbedingungen des Lernens: Im Falle mittlerer und niedriger, nicht aber hoher Intelligenz fanden Verma und Nijhawan (1976) einen Einfluss von habitueller Ängstlichkeit und Lob/Tadel auf die Lernleistungen. Den Beobachtungen von Skanes, Sullivan und Rowe (1974) zufolge sind es darüber hinaus vor allem die Probanden mit niedrigen Intelligenzquotienten, die von einer direkten Übung solcher Strategien profitieren, die für die Lösung komplexerer Probleme vonnöten sind.

Wie wenig robust der Zusammenhang zwischen Intelligenz und Lernen gegenüber der jeweiligen experimentellen Ausgestaltung ist, zeigen die Resultate von Hughes (1983). Beim paarweisen Lernen mit einem von den Versuchspersonen selbst bestimmten Vorgabetempo bestanden Korrelationen zur Allgemeinen Intelligenz nur dann, wenn die Versuchspersonen sich Eselsbrücken bauen sollten, nicht aber, wenn ihnen die Wahl einer Lernstrategie freigestellt war. Auch hier variierte die Höhe der Koeffizienten beträchtlich

mit der Art der gewählten abhängigen Variable. Die höheren Korrelationen ($r_{max} = 0{,}59$) resultierten nicht bei Fehler-, sondern bei zeitabhängigen Maßen, ein Befund, der indirekt wieder auf den Geschwindigkeitsaspekt der Ausführung kognitiver Operationen auf Seiten hochintelligenter Personen zurückführt.

Eine Übersichtsdarstellung zum Zusammenhang von Lernen und Intelligenz gibt Jensen (1998). Daraus wird ersichtlich, dass für auftretende Korrelationen hauptsächlich g verantwortlich ist, dessen Rolle bei unterschiedlichen Lernparadigmen aber verschieden ist, nämlich größer beim Begriffslernen und dem Erwerb von Lernstrategien (Lernen lernen), geringer hingegen bei schematischem (Silben-)Lernen, dem Lernen nach Versuch und Irrtum oder dem Erwerb perzeptiv-motorischer Fertigkeiten.

5.3.4 Intelligenz und Schulerfolg

Die Untersuchungen zum Vergleich von Punktwerten in Intelligenztests mit Kriterien für den schulischen Erfolg liefern die höchsten Übereinstimmungen der psychologischen Diagnostik überhaupt. Angesichts der Entstehungsgeschichte der Verfahren kann das nicht verwundern. Im Durchschnitt vieler Tests und Fächer liegt die besagte Korrelation in der Grundschule bei klassenübergreifender Berechnung zwischen 0,50 und 0,60. Bei klassenspezifischer Berechnung variieren die Koeffizienten stark, mit Höchstwerten bis zu 0,95 (Wild, 1991). Für weiterführende Schulen sind infolge der dort eingeschränkten Messwertvarianzen niedrigere Koeffizienten zu erwarten. Am niedrigsten sind die Zusammenhänge verschiedener Intelligenzskalen mit dem Erfolg im Studium (Amelang, 1978; Trost & Bickel, 1979).

Wenn allerdings die Höhe des erreichten schulischen Abschlusses (Hauptschule/Realschule/Gymnasium usw.) mit Intelligenz korreliert wird, erreichen die Koeffizienten die Größenordnung von 0,70 (z. B. Wechsler, 1958). Auch nach Herauspartialisierung des sozioökonomischen Status, der als mögliche Drittvariable sowohl die Höhe der Intelligenz wie auch den Verbleib im Bildungsweg bestimmen mag, bleibt ein eigenständiger Beitrag der Intelligenz zur Aufklärung der Länge der Ausbildung übrig.

Insgesamt besteht eine Tendenz zu höheren Übereinstimmungen verbaler Tests mit schulischem Erfolg relativ zu nichtverbalen Skalen, was bei der vorwiegend sprachlichen Natur des Unterrichts zu erwarten ist; für Mathematik und Naturwissenschaften spielen numerische Fähigkeiten eine größere Rolle (Amthauer et al., 2001).

Legt man die erwähnte Korrelation von 0,50 als grobe Schätzung eines Mittelwerts zugrunde, so folgt daraus, dass Intelligenz zu einem nicht unerheblichen Teil der Fähigkeit entspricht, in der Schule gute Noten zu bekommen. Nun interessieren neben den Fähigkeiten auch diejenigen Leistungen, die den Erfolg pädagogischer Maßnahmen erfassen können. Solche Verfahren heißen im angloamerikanischen Sprachraum »Achievement Tests«. Ihnen entsprechen bei uns am ehesten die sogenannten Schulleistungstests (s. dazu Ingenkamp, 1962; Klauer, 1978). Im Unterschied zu den Fähigkeitstests, die Leistung in komplexen neuartigen Problemstellungen vorhersagen wollen, zielen die Achievement Tests mehr auf fachspezifisches Können.

5.3.5 Intelligenz und Berufstätigkeit

Da die Höhe des erreichten schulischen Abschlusses bzw. die Dauer des Ausbildungsprozesses positiv mit Intelligenz korreliert, ist auch eine enge Beziehung zwischen Intelligenz und Niveau der beruflichen Tätigkeit zu erwarten, und zwar schon deshalb, weil für den Eintritt in die sogenannten höheren Berufe im Regelfall der erfolgreiche Besuch einer Ober- oder gar Hochschule formell zur Voraussetzung gemacht wird.

Die Existenz solcher Hürden scheint immerhin verständlich, wenn man sich die Anforderungen der Berufstätigkeit etwa des Arztes, Ingenieurs, Architekten, Piloten oder Lehrers vergegenwärtigt. Traditionell bestehen dann Korrelationen um $r = 0{,}80$ für die Beziehung zwischen der von unabhängigen Beurteilern für ausgewählte Berufe als mindesterforderlich gehaltenen Intelligenz und dem Sozialprestige der jeweiligen Tätigkeit (s. Duncan et al., 1972).

In der Tat hat eine ganze Reihe von Autoren über entsprechende Intelligenzunterschiede von Angehörigen verschiedener Berufsgruppen berichtet. Eine besonders aussagekräftige Studie stellt nach wie vor diejenige von Harrell und Harrell (1945) dar, da sie sich auf nicht weniger als 18 782 Rekruten der US Air Force stützen kann. Im Zuge der routinemäßigen Vorgabe des »Army General Classification Tests« erreichten die Vertreter typischer Mittelstandsberufe die durchschnittlich höchsten Werte, im Mittelbereich lagen Facharbeiter, und die niedrigsten Durchschnittswerte wiesen Arbeiter mit unvollständiger oder gar keiner Ausbildung auf (▶ Tab. 5.1). Auffällig ist an den Resultaten, dass die Standardabweichungen mit wachsendem mittleren IQ abnehmen. Wie eine nähere Inspektion der Daten ergibt, ist dieses darauf zurückzuführen, dass bei nur unwesentlich verschobenen Höchstwerten in den einzelnen Klassen die aufgetretenen Mindestleistungen stark zunehmen, und zwar von IQ = 42 bei den Minenarbeitern auf 76 (!) im Falle der Lehrer und 100 bei den Reportern. Die Berufe, die im Durchschnitt von intelligenteren Personen ausgeübt werden, setzen also zunehmend hohe Mindestanforderungen voraus.

Ähnliche Befunde waren etwa bezüglich der Dienstränge innerhalb der Armee zu sichern (Yoakum & Yerkes, 1970; ▶ Abb. 5.7).

Tab. 5.1: Mittlerer IQ und Streuung innerhalb von Berufsgruppen nach Tätigkeitsniveau.

	Tätigkeitsniveau				
höher		mittel		niedriger	
	M, SD		M, SD		M, SD
Wirtschaftsprüfer	128,1 11,7	Facharbeiter	112,5 16,1	Lastwagenfahrer	96,2 19,7
Rechtsbeistand	127,6 10,9	Maschinist	110,1 16,7	Friseur	95,3 20,5
Ingenieur	126,6 11,0	Vormann	109,8 14,9	Bauer	92,7 21,8
Reporter	124,5 11,7	Flugzeugmechaniker	109,3 16,3	Minenarbeiter	90,6 20,1
Lehrer	122,8 12,8	Elektriker	109,0 15,2		
Konferenz-stenograph	121,0 12,5	Autoreparateur	104,2 16,7		

Nach Harrell und Harrell (1945).

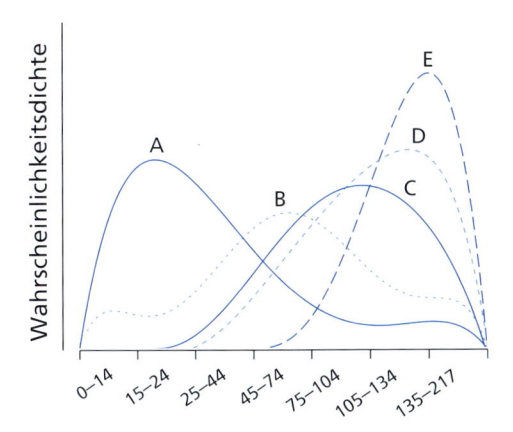

Abb. 5.7: Verteilung der Intelligenz-Punktwerte von unterschiedlichen Diensträngen innerhalb des US-Heeres während des Ersten Weltkrieges (nach Yoakum & Yerkes, 1970). A = Lese- und schreibunkundige Soldaten. B = Lese- und schreibkundige Soldaten. C = Corporals. D = Sergeants. E = Offiziere.

Auch bei solchen Resultaten ist nicht eindeutig zu entscheiden, ob die Heraufsetzung des unteren Grenzwertes auf einer mehr oder weniger administrativen Selektion der Jobanwärter beruht oder aber bedingt ist durch die Anforderungen der jeweiligen Berufstätigkeit selbst, denen Personen mit geringeren Intelligenzquotienten nicht entsprechen können, weshalb diese im Laufe der Zeit ausscheiden.

Einen gewissen Aufschluss, was das Problem der Verursachung angeht, können Querschnittsuntersuchungen liefern, in denen eine administrative Selektion der herangezogenen Stichproben keine Rolle spielt. Ein Beispiel dafür sind Erhebungen an Erst- und Zweitsemestern verschiedener Studienrichtungen aus einer Zeit, als keine Zulassungsbeschränkungen bestanden. Solche Untersuchungen lassen eine fähigkeits- und persönlichkeitsspezifische Differenzierung erkennen, die weitgehend vorwissenschaftlichen Erwartungen entspricht, etwa die leistungsmäßige Überlegenheit von Mathematikern gegenüber den Studenten anderer Fachrichtungen, das ausgeprägte Interesse von Volks- und Betriebswirten für »Politik und Wirtschaft«, die hohe »Gefühlsbereitschaft« von Psychologen oder die extreme »Konventionalität« von Pädagogen (Amelang et al., 1971; zum Vergleich der Intelligenzquotienten von Doktoranden verschiedener Fächer s. Harmon, 1961).

Die Abhängigkeit des Berufsstatus von Intelligenz und Bildungsniveau sowie von Berufsstatus und Bildungsniveau des Vaters wurde von Duncan et al. untersucht. Die Autoren wendeten dabei die Pfadanalyse an, mit der die Stärke einer – möglichst einseitig gerichteten – Beeinflussung einer Einflussvariablen auf eine Ergebnisvariable ermittelt werden kann. Die Autoren untersuchten zwei Datensätze, die mit identischen Variablen an unabhängigen Stichproben gewonnen worden waren. In **Abbildung 5.8** sind die dabei herausgearbeiteten Effekte wiedergegeben.

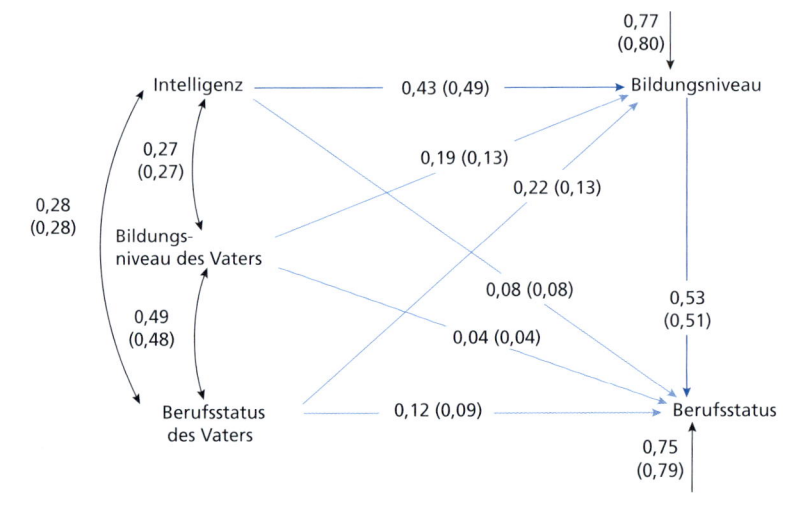

Abb. 5.8: Pfadmodell zum Einfluss von Intelligenz und Bildungsniveau sowie von Berufsstatus und Bildungsniveau des Vaters auf den Berufsstatus des Kindes. Zahlen geben Pfadkoeffizienten (bei Pfaden mit einer Pfeilspitze) bzw. Korrelationskoeffizienten (bei Pfaden mit zwei Pfeilspitzen) an. In Klammern stehen die Koeffizienten des unabhängigen zweiten Datensatzes.

Aus dem Pfadkoeffizienten von 0,08 wird die geringe Bedeutung einer direkten Auswirkung intellektueller Begabung auf den beruflichen Status ersichtlich. Offenkundig verläuft die Beeinflussung indirekt über die Höhe des Bildungsniveaus und erreicht dabei eine Effektivität, die größer ist als die direkte und mittelbare Beeinflussung durch Berufsstatus und Bildungsniveau des Vaters.

Ausgehend von der allgemein verbreiteten Vorstellung eines Zusammenhangs zwischen Berufsstatus des Vaters und erforderlicher Intelligenz liegt die Erwartung nahe, dass auch innerhalb der einzelnen Berufskategorien die Intelligenteren die Erfolgreicheren sein würden. Die Untersuchungen dazu sind jedoch in ihren Resultaten extrem heterogen und nur schwer auf einen gemeinsamen Nenner zu bringen. Grund für die Uneinheitlichkeit ist zum einen sicherlich der Umstand, dass Kriterien für »den« Berufserfolg häufig sehr schwer festzulegen sind; man denke etwa an den Vergleich zweier Ärzte, von denen der eine Allgemeinarzt auf dem Lande, der andere Facharzt an einer Universitätsklinik ist. Soll der Erfolg an der Zahl behandelter oder geheilter Patienten, am Einkommen, dem Beitrag zum Fortschritt des Faches usw. gemessen werden?

Gleichwohl sollen einige weitere Befunde präsentiert werden, weil diese Aufschluss über einige Fragen von herausgehobenem theoretischen oder praktischen Belang liefern. Jensen (1998) hat die bei insgesamt 446 verschiedenen Beschäftigungsarten gefundenen Korrelationen zwischen der »General Aptitude Test Battery« (GATB) und dem Erfolg in dem jeweiligen Beruf aufgelistet. Parallel dazu ermittelte er aus den Interkorrelationen der einzelnen Prädiktoren als erste Hauptachse ein Maß für g. Wie aus **Abbildung 5.9** ersichtlich ist, lagen die Koeffizienten für die optimal gewichtete Prädiktorkombination nur geringfügig über der Prädiktionsleistung von g allein; wurde g aus der GATB-Kombination auspartialisiert, verschwanden die Unterschiede völlig – ein eindrucksvoller Beleg für die Bedeutung von g und dessen Generalität.

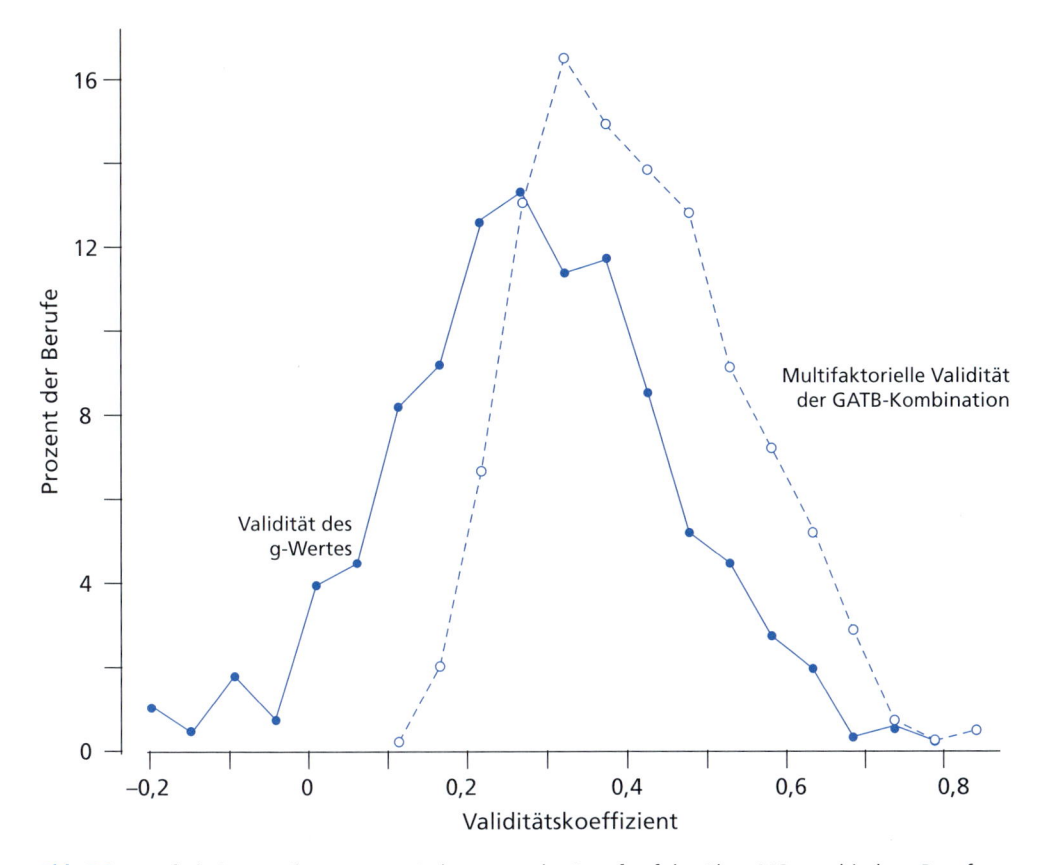

Abb. 5.9: Häufigkeitsverteilungen von Vorhersagen des Berufserfolgs über 446 verschiedene Berufe aufgrund von g und aufgrund einer gewichteten Kombination von neun Maßen aus der »General Aptitude Test Battery« (GATB; nach Jensen, 1998).
Noch höher lagen die mittleren Validitäten für Allgemeine Intelligenz, die Salgado et al. (2003) für verschiedene Berufe in der EU ermittelten, nämlich zwischen 0,47 und 0,67 für den Erfolg im Beruf und 0,43 bis 0,83 für den Erfolg in der Ausbildung. Für die USA gelten ganz ähnliche Gegebenheiten, wie aus der Meta-Analyse von Schmidt und Hunter (2004) ersichtlich ist. Zugleich zeigen die Daten dieser Autoren, dass die Bedeutung von Allgemeiner Intelligenz mit der Komplexität der Anforderungen im Beruf zunimmt (▶ **Tab. 5.2**).

Da die Ausbildungsgänge und beruflichen Faktoren in Deutschland allenfalls partiell mit den Gegebenheiten übereinstimmen dürften, auf die sich die eben erwähnten Studien stützen, kommt der Meta-Analyse von Hülsheger et al. (2004) ein besonderes

Tab. 5.2: Validität des g-Maßes in der General Aptitude Test Battery.

Komplexitätsniveau der Arbeit[a]	Prozent der Beschäftigten	Leistungsmaße	
		Arbeit	Ausbildung
1	14,7	0,58	0,59
2	2,5	0,56	0,65
3	62,7	0,51	0,57
4	17,7	0,40	0,54
5	2,4	0,23	NB

NB = nicht berichtet. [a]1 = am höchsten; 5 = am niedrigsten.
Nach Schmidt und Hunter (2004, S. 165).

Gewicht zu. Basierend auf 32 Untersuchungen an mehr als 8200 Personen errechneten diese Autoren eine mittlere Validität von Allgemeiner Intelligenz für die Vorhersage des Ausbildungserfolges und der beruflichen Leistung von 0,46 bzw. 0,37.

Wenn schon spezifische Intelligenzfaktoren kaum einen Validitätszuwachs relativ zu Allgemeiner Intelligenz ergeben (▶ **Abb. 5.9**), könnten doch andere Verhaltensbereiche oder Instrumente zu einem Validitätszuwachs führen. In einer weiteren Meta-Analyse konnten Schmidt und Hunter (1998) zeigen, dass für die globale Arbeitsleistung die Allgemeine Intelligenz ein ebenso guter Prädiktor war wie Arbeitsproben und strukturierte Interviews (mittlere Korrelationskoeffizienten 0,51, 0,54 bzw. 0,51). Danach folgten die Einschätzungen von Kollegen (0,49), auf die Arbeit bezogene Wissenstests (0,48) und – als erste nicht leistungsbezogene Variable – Integritätstests (0,41). Die höchsten Validitätsgewinne stellten sich ein, wenn Allgemeine Intelligenz (0,51) mit Integritätstests (plus 0,14), Arbeitsproben (plus 0,12), strukturierten Interviews (plus 0,12) und Gewissenhaftigkeitstests (plus 0,09) kombiniert wurden. Daraus wird deutlich, dass zusätzlich zu Allgemeiner Intelligenz nicht so sehr weitere Leistungstests, sondern eher Informationen aus formatverschiedenen Ansätzen oder solchen zur Erfassung von Persönlichkeitsmerkmalen die Effizienz steigern, wenn es um die Erfassung von Leistungsunterschieden bei der Arbeit geht.

5.3.6 Intelligenz, Verhalten und Lebenslauf

Abschließend soll auf einige Korrelate der Intelligenz außerhalb der beruflichen Tätigkeit im engeren Sinne eingegangen werden. Für die hier anstehenden Erörterungen hat vor allem die Längsschnittuntersuchung von Terman einzigartiges Material geliefert. Dieser ließ sich Anfang 1920 von Lehrern zahlreicher Grundschulen in Kalifornien pro Klasse die drei intelligentesten und den jüngsten Schüler nennen. Im Zuge der wiederholten Vorgabe von Tests wurden 643 Probanden ausgewählt, deren durchschnittlicher IQ bei 151 lag. Um den Effekt auszugleichen, dass Lehrer möglicherweise einige Schüler oder Schülerinnen nicht nannten, obwohl deren IQ jenseits von 135 lag (was tatsächlich in 10 bis 25 % der Fälle zutraf), wurden gesonderte Reihenuntersuchungen mit allen Angehörigen von Schulklassen durchgeführt und die Testbesten ebenso in die Stichprobe aufgenommen wie Geschwister der von den Lehrern benannten Kinder. Dadurch umfasste die Ausgangsstichprobe letztlich 1528 Kinder im Alter zwischen 3 und 19 Jahren (Mittel um 11 Jahre).

Der Testintelligenz nach handelte es sich dabei um das oberste ein Prozent der Verteilung. Seit der Ersterhebung (Terman, 1925) ist in weiteren fünf Büchern über die in verschiedenen Lebensabschnitten bei diesen Personen festgestellten Besonderheiten berichtet worden (Burks et al., 1930; Terman & Oden, 1947, 1959; Oden, 1968; Holahan et al., 1995). Eine kritische Würdigung der Terman-Studie gibt Sears (1984).

Nur in stark komprimierter Form sei nachfolgend das Wichtigste referiert: Schon in der Kindheit übertrafen die Begabten in Größe und Gewicht ihre Alterskameraden, hatten frühzeitig Gehen und Sprechen gelernt sowie schneller die Pubertät erreicht. Im Weiteren zeigten sie – entgegen weit verbreitetem Vorurteil – eine niedrigere Rate an physischen und psychischen Auffälligkeiten.

Während der Schulzeit waren sie nach Lehrermeinung ihren Klassenkameraden nicht nur in intellektueller, sondern auch in emotionaler, motivationaler und interessenmäßiger Hinsicht überlegen (ein Befund im Übrigen, der in derselben Weise auch im Marburger Hochbegabten-Projekt erhoben wurde, s. Freund-Braier, 2000); lediglich im sozialen Bereich bestanden keine Besonderheiten. Die relative Häufigkeit von Collegebesuch und erfolgreichem Abschluss lag später ebenso weit über dem Mittel wie die Zahl der erworbenen Doktorgrade. Die von den Männern ausgeübten Berufe waren meist Richter oder Rechtsanwalt, Universitätsprofessor, Ingenieur und Arzt einerseits, Manager in Industrie, Finanzverwaltung und Versicherungswesen andererseits. Von den etwa zur Hälfte vollberuflich tätigen Frauen waren die meisten Lehrerinnen.

Auf die gegenüber dem Durchschnitt herabgesetzte Rate von Unfällen, Alkoholismus und Delinquenz sei nur hingewiesen. Dagegen muss erwähnt werden, dass schon Ende der 1950er Jahre die Mitglieder der Gruppe 60 Bücher und 2000 technische wie wissenschaftliche Aufsätze geschrieben und 230 bezahlte Patente erworben hatten. Darüber hinaus lagen 33 Novellen, 375 Kurzgeschichten und 265 Artikel gemischten Inhalts vor. Entsprechend war die Repräsentanz der Begabten in »American Men of Science«, »Directory of American Scholars« und »Who's Who in America?« überzufällig hoch – eine zweifellos überaus imponierende Bilanz, auch wenn streng genommen eine Kontrollgruppe normal begabter Personen nicht ebenfalls kontinuierlich begleitet wurde und die Absicht, den Probanden nichts über ihre Zugehörigkeit zur Gruppe der Extrembegabten mitzuteilen, sicher nicht eingehalten werden konnte.

Ungeachtet dieser beiden methodischen Einwände sprechen die Befunde nachdrücklich dafür, dass Allgemeine Intelligenz für sich ein sehr bedeutender, wenn nicht der erklärungsmächtigste Prädiktor späteren relativen Erfolges in schulischen und beruflichen Belangen sowie Situationen des Alltagslebens ist. In welche *Richtung* die Entwicklung jedes Einzelnen beeinflusst wird, ist damit zwar nicht vorherzusagen; dafür könnten Interessen- und Persönlichkeitsvariablen von Nutzen sein (s. unten). Aber das *Ausmaß* der sich manifestierenden Leistungen scheint über viele verschiedene Tätigkeiten und Berufe hinweg in gewissen Grenzen prognostizierbar zu sein – ein Anlass für Terman (1954), die transsituative Konsistenz auf den Einfluss von Spearmans *g* zurückzuführen.

Allgemeine Intelligenz steht jenseits von Leistungs- und Erfolgsmaßen noch mit zahlreichen weiteren Variablen von hoher sozialer Bedeutung in Beziehung. So liegen mittlerweile mehrere Nachuntersuchungen an der repräsentativen und sehr umfangreichen Stichprobe von schottischen Kindern vor (s. Abschn. 4.4). Eines der Ergebnisse geht dahin, dass die Frauen, die bis zum mittleren Erwachsenenalter geheiratet hatten, als Kind einen niedrigeren IQ aufweisen als diejenigen, die bis dahin niemals verheiratet waren. Bei den Männern waren die Verhältnisse umgekehrt (Taylor et al., 2005). Breiter noch ist das Spektrum des erfassten Sozialverhaltens in der »National Longitudinal Study of Youth« in den USA. Dort wird seit 1990 eine repräsentativ zusammengesetzte Stichprobe von mehr als 11 800 jungen Erwachsenen wiederkehrend untersucht. Nach dem rechnerischen Konstanthalten von Alter und sozioökonomischem Status zeigte sich, dass der in fünf Kategorien klassifizierte IQ der Probanden mit Bildungsabschlüssen und Mittelstandswerten korrelierte. Ein niedriger IQ ging gehäuft mit Armut, Schulabbruch, Empfang von Wohlfahrt, unehelicher Elternschaft oder Kontakt mit den Justizbehörden einher (s. die darauf gerichtete Analyse bei Herrnstein & Murray, 1994).

Andere Studien haben aufgezeigt, dass niedrige Intelligenz zudem mit Unfallraten und Mortalität korreliert, insbesondere aber mit Belastung an offiziell registrierter und auch selbstberichteter Kriminalität. Dabei tritt der letztere Effekt *innerhalb* der Familien und zwischen den Geschlechtern ein. Die Delinquenten sind also weniger intelligent als ihre Geschwister, was einen Einfluss von Seiten sozioökonomischer Faktoren unwahrscheinlich macht. Die Wirkung der niedrigen Intelligenz entfaltet sich vermutlich über vermittelnde Faktoren wie erfahrener Misserfolg, soziale Abwertung, Verengung von Handlungsoptionen und Berufsmöglichkeiten oder auch Frustrationsintoleranz und mangelnde Zukunftsorientierung (zu weiteren Befunden s. Jensen, 1998). In der Studie von Deary und Der (2005) blieb die Korrelation von niedrigem IQ und frühzeitiger Mortalität auch nach der Kontrolle von elterlicher Ausbildung, eigener Berufstätigkeit und Rauchen erhalten, verschwand jedoch beim Herauspartialisieren der Reaktionsgeschwindigkeit, weshalb die Autoren die Verbindung zwischen niedriger kognitiver Fähigkeit und frühzeitigem Tod in einer verminderten Effizienz der Informationsverarbeitung sehen.

Was den Einfluss von Persönlichkeits- und Temperamentsfaktoren angeht, so lagen zu Beginn der Terman-Studie zwar keine nach modernen Kriterien entwickelten Tests vor, doch hatte Terman die hochbegabten Kinder von ihren Eltern und Lehrern auf 25 Eigenschaftsdimensionen einschätzen lassen. Diese gruppierten sich in drei miteinander interkorrelierende Faktoren »Soziale Verantwortung« (darunter Gewissenhaftigkeit, Großzügigkeit, Aufrichtigkeit, Klugheit und Voraussicht, Fehlen von Eitelkeit), »Intellektualität« (Allgemeine Intelligenz, Common Sense, Originalität, Selbstvertrauen, Wissensdrang) und »Soziabilität« (Popularität, Vorliebe für Gruppen, Optimismus und Liebenswürdigkeit). Auf der Basis von 4000 Variablen aus 21 Fragebogen, die bis 1986 von den Teilnehmern bearbeitet worden waren, bildeten Tomlinson-Keasy und Little (1990) vier Kriterien für den beruflichen Erfolg und die persönliche Anpassung. Die Vorhersagbarkeit dieser Maße durch die Persönlichkeitsvariablen ist in **Abbildung 5.10** veranschaulicht.

Über einen Zeitraum von nicht weniger als 40 Jahren erweist sich somit für die persönliche Anpassung (selbstberichtete und extern dokumentierte psychische Gesundheit) die familiäre Harmonie als bedeutsamste Größe, und zwar in beiden Geschlechtern. Verständlicherweise ist angesichts des damaligen Zeitgeistes, der den Bildungs- und Berufserfolg für die beiden Geschlechter in unterschiedlicher Weise moderierte, bei den Männern für die berufliche Position der Bildungsgrad mit 35 % erklärter Varianz wichtiger als bei den Frauen (6 %). Insgesamt sind die damit gesicherten Wirkfaktoren vor dem Hintergrund solch umwälzender Ereignisse wie Erster Weltkrieg und wirtschaftliche Depression, die die individuelle Entwicklung und Planung Einzelner beeinträchtigt haben dürften, doch beachtlich. Diese gesellschaftlichen Erschütterungen ebenso wie instabile Familienverhältnisse in der Kindheit liefern vielleicht eine gewisse Erklärung dafür, warum bei ca. 15 % der Begabten der erwartbare Erfolg ausgeblieben ist.

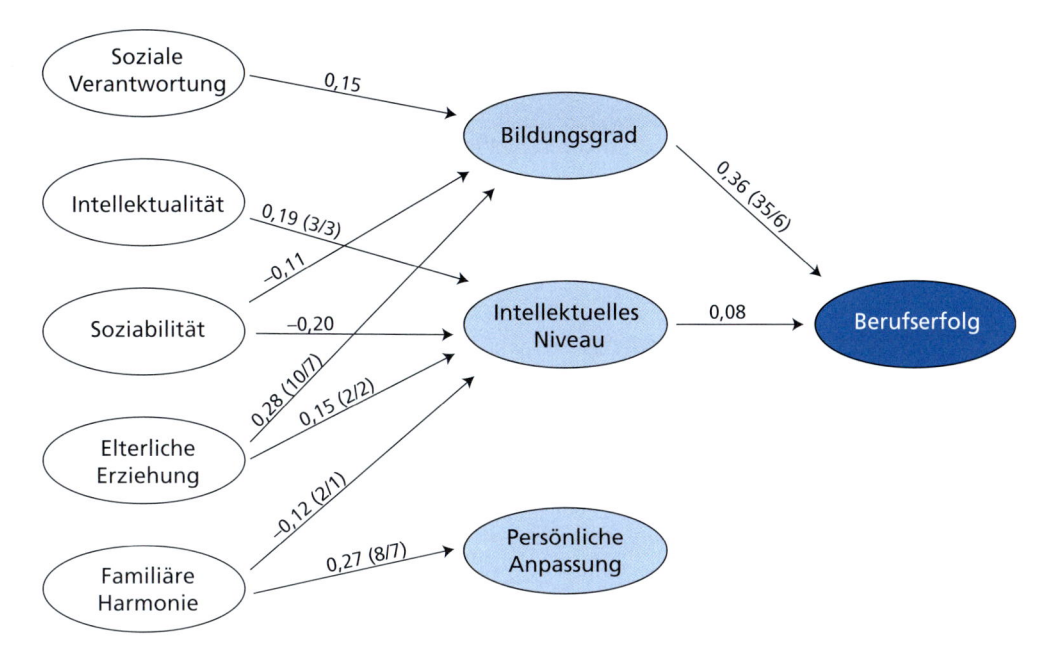

Abb. 5.10: Pfadmodell für die Vorhersage von Berufserfolg und persönlicher Anpassung im Erwachsenenalter (rechts) durch Persönlichkeitsvariablen im Kindesalter (links). Die Werte in Klammern geben für die wichtigsten Pfade den gerundeten Prozentanteil aufgeklärter Varianz getrennt für Männer und Frauen an (nach Tomlinson-Keasy & Little, 1990).

Zusammenfassung von Kapitel 5.3

Um einen Intelligenztest als valide beurteilen zu können, müssen die Testwerte eine Vorhersage auf »intelligentes Verhalten« in den unterschiedlichsten Kontexten ermöglichen. Gerade zu dieser Fragestellung gibt es eine Vielzahl an Befunden, die stets auf die Validität der Intelligenzmessung verweisen. Beispielsweise korrelieren die Intelligenztestwerte von Schülern positiv mit der durch ihre Lehrer eingeschätzten Intelligenz. Darüber hinaus werden in Intelligenztests als minderbegabt klassifizierte Personen (mit einem IQ < 70) den unterschiedlichsten Anforderungen des täglichen Lebens nicht gerecht, wobei das Alltagsversagen umso deutlicher zutage tritt, je niedriger die Intelligenz ist. Umgekehrt imponieren Hochbegabte (mit einem IQ > 130) mit besonderen Leistungen im wissenschaftlichen oder künstlerischen Bereich. Ganz generell konnte gezeigt werden, dass Intelligenz ein valider Prädiktor für komplexe Problemlöseleistungen ist, falls die methodischen Voraussetzungen zum Aufdecken solcher Zusammenhänge gegeben sind (z. B. muss die Problemlöseleistung mit ausreichender Reliabilität gemessen worden sein). Auch für das Erlernen verschiedenster Inhalte (z. B. Wege durch ein Labyrinth, sinnlose Silben, paarweise Assoziationen) zeigt sich ein positiver Zusammenhang mit Intelligenz. In diesen Bereichen kann mit Korrelationen von wenigstens 0,30 gerechnet werden. Deutlich größer fällt der Zusammenhang aus, wenn die Intelligenz mit Schulerfolg korreliert wird, hier betragen die Zusammenhänge wenigstens 0,50. Gerade der Schulerfolg gilt deshalb als ein Kriterium, das vom Intelligenztest besonders gut vorhergesagt werden kann. Schließlich lässt sich mit Intelligenztestleistungen auch der

> Berufsstatus vorhersagen, den eine Person nach der Schule erreichen wird, als auch die globale Arbeitsleistung oder der Berufserfolg. Auch hier konnten Korrelationen in einer Größenordnung von 0,50 nachgewiesen werden, stets erweisen sich die Intelligenteren hier auch als die Erfolgreicheren. In der Gesamtschau kann den gängigen Intelligenztests somit eine ausgesprochen hohe Validität zuerkannt werden.

5.4 Praktische Intelligenz

Der ganz überwiegende Teil des in den vorangegangenen Abschnitten dargelegten Materials gilt einer Intelligenz, die sich hauptsächlich in Fertigkeiten manifestiert, die in der Schule vermittelt und ausgebildet werden. Neisser (1976) spricht in Bezug darauf von »akademischer Intelligenz«. Den zu ihrer Erfassung benutzten Aufgaben sei gemeinsam, dass sie

- von anderen Personen formuliert würden,
- meist nur von geringem oder gar keinem intrinsischen Interesse seien,
- alle benötigten Informationen von Beginn an zur Verfügung stellten,
- von den allgemeinen Erfahrungen mehr oder weniger abgehoben seien.

Wagner und Sternberg (1985) haben diesen Merkmalskatalog erweitert und festgehalten, die Aufgaben

- seien gut strukturiert,
- hätten meist nur eine richtige Antwort,
- oftmals nur einen angemessenen Lösungsweg.

Der akademischen Intelligenz stellte Neisser (1976) »intelligentes Verhalten in natürlichen Umwelten« gegenüber. Dieses mag man gleichsetzen mit »praktischer Intelligenz«, die etwa Charlesworth (1976, S. 150) definiert als »Verhalten unter der Kontrolle von kognitiven Prozessen, eingesetzt zur Lösung von Problemen, die das Wohlbefinden, die Bedürfnisse, die Pläne und das Überleben des Einzelnen betreffen«. Solche Probleme sind oft unstrukturiert; sie liefern nicht zugleich alle benötigten Informationen und keine Anhaltspunkte dafür, wann die Lösung erreicht ist. Die Umgebungsbedingungen und die Aufgaben ähneln meist nicht den Gegebenheiten in der Schule, wie auch die Probleme kaum in Multiple-Choice-Form auftreten bzw. zu beantworten sind.

Offensichtlich mangelt es den herkömmlichen IQ-Tests an Aufgaben einer solchen Form. In welchem Ausmaß die fragliche Komponente am Verhalten in natürlichen Umwelten beteiligt sein mag, lässt sich vielleicht an den sehr niedrigen Korrelationen absehen, die zwischen herkömmlichen Intelligenzmaßen und Maßen für den Erfolg *innerhalb* von Berufsgruppen bestehen. Den Zusammenstellungen von Ghiselli (1966) sowie Wigdor und Garner (1982) zufolge liegen diese im Mittel nur um $r = 0{,}20$. Hier besteht also ein erheblicher Spielraum, etwa durch Erfassung der praktischen Dimension(en) Verbesserung erzielen zu können.

5.4.1 Methoden zur Erfassung von alltagsnahen Kompetenzen

Ein Ansatz geht dahin, die *Motive* zu erfassen, die intellektuelle Leistungen in natürlichen

Umwelten aktivieren und durch sie befriedigt werden. Im Mittelpunkt steht dabei die Leistungsmotivation. Allerdings litt die Methode, »need for achievement« mit Hilfe von TAT-Adaptationen zu erfassen, unter den Unzulänglichkeiten, die ganz allgemein für projektive Verfahren typisch sind (s. Abschn. 3.2.1). Auch Fragebogen konnten keine wesentlichen Prädiktionsgewinne etwa gegenüber Kriterien des Studienerfolges erbringen.

Ein anderer Ansatz besteht in der »*Critical Incidence Technique*«. Bei dieser auf Flanagan (1954) zurückgehenden Methode werden Personen gebeten, solche Ereignisse eingehend zu beschreiben, mit denen sie entweder besonders gut und/oder nur sehr schlecht zurechtgekommen sind. Diese kritischen Ereignisse (etwa ein gelungener Verkaufsabschluss oder auch ein Arbeitsunfall) werden dann Inhaltsanalysen mit dem Ziel unterworfen, die förderlichen oder notwendigen Kompetenzen herauszufiltern.

Ein dritter Ansatz sieht die möglichst prototypische *Simulation* von Situationen vor, die repräsentativ für herausragende Anforderungen sind. Die »Postkorbübung« von Frederiksen (1966; s. auch den Erfahrungsbericht von 1986) ist die wohl bekannteste Simulationsprobe. Dabei findet die Testperson in einem Ablagekasten verschiedene Berichte, Briefe, Gesprächsnotizen und Merkzettel, die allesamt Entscheidungshandlungen verlangen, etwa in der Form, nachzufragen, Auskunft zu geben oder eine Aufgabe zu delegieren. Eine andere Variante stellt das Assessment-Center dar, in dem Kleingruppen in mehreren Situationen (etwa der Postkorbübung, fiktiven Interviews o.Ä.) agieren müssen. Die Struktur dieser Simulationsproben kommt den unter Abschnitt 5.3.2 diskutierten Problemlöseaufgaben recht nahe; entsprechend sind auch die damit verbundenen Vor- und Nachteile beschaffen (komplexe realitätsnahe Anforderungen in einem dynamischen Geschehen bzw. Unbestimmtheit des Lösungsoptimums sowie fragliche Reliabilität).

Der letzte hier in Anlehnung an Wagner und Sternberg (1986) referierte Ansatz beruht auf dem Vergleich von »Experten« und »Neulingen« in einem Fach hinsichtlich der *Kenntnisse*, die sie für die Bewältigung von Anforderungen mitbringen. Untersuchungen etwa des Schachspiels oder der Computerprogrammierung haben ergeben, dass die darin Erfahrenen sich eher im Umfang und in der Organisation der auf das Problem bezogenen Kenntnisse von Unerfahrenen unterscheiden als hinsichtlich grundlegender kognitiver Fähigkeiten. Ein wesentlicher Anteil an den für die Bewältigung von alltäglichen Anforderungen förderlichen Kenntnissen ist nach Wagner und Sternberg (1985) »still« (engl. »tacit«), und »stilles Wissen« (engl. »tacit knowledge«)

- sei mehr praktisch als akademisch,
- mehr informell als formell,
- es werde gewöhnlich nicht direkt gelehrt.

Die Entscheidung eines Wissenschaftlers, bei welcher Zeitschrift er ein gerade erstelltes Manuskript zur Veröffentlichung einreichen soll, liefere ein gutes Beispiel für Aufgaben zu stillem Wissen. Mit der Wahl des Begriffs »stilles Wissen« wollten die Autoren nicht ausdrücken, dass das besagte Wissen etwa dem Bewusstsein nicht zugänglich sei. Vielmehr würde dieses Wissen gewöhnlich nur nicht direkt vermittelt. Die Resultate, die mit dieser Methode erzielt werden können, sind erfolgversprechend, wie das in **Kasten 5.1** dargestellte Beispiel aus dem universitären Bereich erkennen lässt.

> **Kasten 5.1: Stilles Wissen in intelligentem Alltagsverhalten**
>
> Wagner (1987) legte drei Gruppen von Personen, die innerhalb der akademischen Psychologie unterschiedlich erfahren waren, in schriftlicher Form berufsbezogene Problemsituationen vor, die eine Abschätzung des stillen Wissens erlauben sollten. Die Items waren etwa von folgendem Format:
>
> »Nach zwei Jahren als wissenschaftlicher Assistent und der Publikation zweier empirischer Beiträge in angesehenen wissenschaftlichen Zeitschriften ist es Ihr Ziel, in die Gruppe der Top-Leute Ihres Faches vorzudringen und eine Lebenszeitanstellung an Ihrem Institut zu bekommen. Nachfolgend sind verschiedene Aktivitäten aufgelistet, die während der nächsten zwei Monate entfaltet werden könnten – natürlich nicht alle auf einmal. Schätzen Sie die relative Wichtigkeit jeder der Optionen für das Erreichen Ihrer Ziele ein:
>
> - die Qualität der Lehre verbessern,
> - einen guten Antrag auf Forschungsförderung stellen,
> - eine Langzeituntersuchung in Angriff nehmen, die zu einem größeren theoretischen Aufsatz führen kann,
> - sich auf die Anwerbung von mehr Studenten konzentrieren,
> - in einem Gremium mitarbeiten, das sich mit den Beziehungen innerhalb der Universität befasst,
> - (…)
> - freiwillig den Vorsitz in der Kommission für das Bachelor-Curriculum übernehmen«.
>
> Den »Schlüssel« für die Ermittlung der individuellen Punktwerte, also die Festlegung der »richtigen« Antworten, hatten elf herausragende Experten angesehener Universitäten mit ihren Antworten geliefert.
>
> Die Mittelwerte von 90 Hochschullehrern, 61 Master- sowie 60 Bachelorstudenten für »stilles Wissen« lauteten 216, 244 und 312 und unterschieden sich damit in vorhergesagter Richtung voneinander (hohe Werte stehen als Abweichung von den Expertenurteilen für niedriges stilles Wissen).
>
> Die Korrelationen der Abweichungswerte in stillem Wissen von den Expertenurteilen mit verschiedenen Kriterien sind getrennt für jene beiden Gruppen in **Tabelle 5.3** wiedergegeben, für die entsprechende Daten verfügbar waren.

Tab. 5.3: Korrelationen zwischen Werten in »stillem Wissen« und Kriteriumsmaßen für Tätigkeiten in der akademischen Psychologie.

Kriteriumsmaß	N	Stilles Wissen
Hochschullehrer		
Von Fakultätskollegen eingeschätzte Qualifikation als Hochschullehrer	77	–0,48*
Anzahl der Zitationen	59	–0,44*
Anzahl der Publikationen	59	–0,28*
Zeitaufwand für Lehre	79	0,26*
Zeitaufwand für Forschung	79	–0,41*
Zeitaufwand für Verwaltung	79	0,19*

Tab. 5.3: Korrelationen zwischen Werten in »stillem Wissen« und Kriteriumsmaßen für Tätigkeiten in der akademischen Psychologie. – Fortsetzung

Kriteriumsmaß	N	Stilles Wissen
Masterstudenten		
Eingeschätzte wissenschaftliche Qualifikation	61	–0,46*
Anzahl der Publikationen	59	–0,25*
Anzahl der Vorträge	80	–0,12*
Zeitaufwand für Lehre	79	0,15*
Zeitaufwand für Forschung	79	–0,48*

Werte in »stillem Wissen« sind Abweichungswerte von einer Expertenbeurteilung. Niedrige Werte bedeuten also großes »stilles Wissen«. * $p < 0{,}05$.
Nach Wagner (1987, S. 1241).

Wie ersichtlich korreliert stilles Wissen mit der allgemeinen Reputation in einem Fach. Im Einzelnen investieren die Kundigen mehr Zeit in die Forschung als in die Lehre oder Verwaltung, weil Forschung offenkundig für die Karriere sehr viel ausschlaggebender ist.

Weitere Untersuchungen finden sich bei Sternberg et al. (2000). Am Ertrag dieser Forschungen und ihrer Dokumentation hat Gottfredson (2001) allerdings deutliche Kritik geübt und vor einer Übergeneralisation der mit diesem Ansatz erzielten Ergebnisse gewarnt.

Zusammenfassung von Kapitel 5.4

Das klassische Intelligenzkonzept zielt auf Denkaufgaben, bei denen ein Problem klar formuliert und mit allen zur Lösung benötigten Informationen vorgelegt wird. Dies ist in der Lebenspraxis aber oft nicht der Fall, und deshalb haben einige Forscherinnen und Forscher versucht, dem psychometrischen Intelligenzkonzept alltagsrelevante Faktoren an die Seite zu stellen. Solche Faktoren sind das Leistungsmotiv, die Kenntnisse über den Problemkontext (inkl. das »tacit knowledge«) und die Leistungen in Simulationen von (komplexen) Alltagsaufgaben. Zu einer Formulierung eines geschlossenen Konzeptes der »Praktischen Intelligenz« konnten diese Forschungsbemühungen allerdings nicht führen, zu heterogen sind die verfolgten Ansätze.

5.5 Weitere Konzepte von Intelligenz

5.5.1 Multiple Intelligenzen

Gardner (1993) hat eine »Theorie Multipler Intelligenzen« (TMI) vorgestellt, die sich auf die grundlegende Überzeugung stützt, dass Intelligenz ein sehr viel breiteres Konstrukt sei als das, was man innerhalb einer etwa dreistündigen Testung erfassen kann. Dazu gehören laut Gardner die folgenden Intelligenzen:

- Linguistische Intelligenz,
- Logisch-mathematische Intelligenz,
- Visuell-räumliche Intelligenz,
- Musikalische Intelligenz,
- Körperlich-kinästhetische Intelligenz,
- Sozial-interpersonale Intelligenz,
- Sozial-intrapersonale Intelligenz.

Die konzeptuelle Separierung der genannten Intelligenzkategorien erfolgt nicht etwa primär anhand faktorenanalytischer Techniken, sondern durch das Aufzeigen von

- Individuen mit Spezialbegabungen,
- verschiedenen Entwicklungsverläufen,
- evolutionären Veränderungen,
- zentralen Operationen,
- empirischen und experimentellen Besonderheiten,
- hochgradig selektiven, funktionsspezifischen Ausfällen bei lokal umschriebenen Läsionen des Gehirns.

Wenn beispielsweise – wie durch konkrete Fälle belegt – durch eine schwere Kopfverletzung die allgemeine intellektuelle Kompetenz beeinträchtigt, die Fertigkeit zum Schreiben und Rechnen verloren gegangen, gleichwohl die Fähigkeit zur Selbstwahrnehmung und der richtigen Einschätzung der sozialen Umwelt erhalten geblieben ist, dann spreche das für eine weitgehende Unabhängigkeit von verbaler und personaler Fähigkeit. In analoger Weise lassen sich viele weitere Beobachtungen vor dem Hintergrund der anderen Kriterien interpretieren.

Die Bedeutung der TMI besteht in zweierlei Hinsicht: Zum einen lenkt sie den Blick auf Bereiche mentaler Steuerung, die für größere Teile der Menschheit und die längste Zeit ihrer Geschichte von gleich großem Gewicht waren wie etwa das logisch-naturwissenschaftliche Denken. Zum anderen verlässt das theoretische Rahmengerüst die ausgetretenen Pfade der faktorenanalytischen Forschung und zieht als Belege eindrucksvolle Beobachtungen heran, die für die Entwicklung der traditionellen psychometrischen Theorien keine Rolle spielten – und zwar auch deshalb, weil einige der erwähnten Facetten des multiplen intelligenten Verhaltens mit Hilfe von Papier-und-Bleistift-Tests nicht gut erfasst werden können.

In einer fundierten Kritik dieses Ansatzes hat Rost (2008) mehrere gravierende Schwächen der TMI benannt.

- Zwar führt Gardner seine Intelligenzen als völlig neue Konstrukte ein, aber eine Konzeption von sprachlichen, logisch-mathematischen und räumlichen Intelligenzen erfolgte bereits viel früher in der faktorenanalytischen Tradition (s. Kap. 4). Für diese Intelligenzbereiche ist folglich der Neuigkeitswert der TMI praktisch null.
- Die von Gardner zur Identifikation der multiplen Intelligenzen verwendeten Kriterien sind zwar interessant und rational, aber auch willkürlich ausgewählt und weder zwingend noch vollständig. Insofern muss die Selektivität der Kriterien bemängelt werden.
- Gardner postulierte eine Unabhängigkeit der multiplen Intelligenzen. Dies steht im Widerspruch zu einer enormen Befundmasse, die praktisch für alle untersuchten Verhaltensbereiche eine hierarchische Struktur der Intelligenz impliziert (s. besonders die »Three Stratum«-Theorie von Carroll, Abschn. 4.3.7).
- Gardner lehnt die Vorstellung einer Allgemeinen Intelligenz im Sinne von g ab, da ein solcher allgemeiner Intelligenzfaktor nur wenig über den Erfolg von Personen in ihrem Leben vorhersage. Dies widerspricht ebenfalls zahlreichen Befunden, die g als Prädiktor für Schulerfolg, Berufserfolg und weitere biographische Variablen auszeichnet (s. Abschn. 5.3).
- Gardner hat keine Diagnostik entwickelt, mit der man multiple Intelligenzen messen könnte und die den klassischen Gütekriterien (Objektivität, Reliabilität, Validität) standhalten würde. Dementspre-

chend fehlt eine empirische Bewährung der TMI.

Seit seiner einschlägigen Veröffentlichung 1993 hat Gardner offensichtlich wenig zu einer empirischen Fundierung seiner ursprünglich sieben multiplen Intelligenzen beigetragen. Statt dessen hat er die Liste der multiplen Intelligenzen fortlaufend erweitert. So postuliert er in neueren Arbeiten die folgenden zusätzlichen Intelligenzen (Gardner, 1999, 2004, 2007): Naturalistische Intelligenz, Existenzielle Intelligenz, Geistige Suchscheinwerfer-Intelligenz, Laser-Intelligenz, Disziplinierte Intelligenz, Synthetische Intelligenz, Kreative Intelligenz, Respektvolle Intelligenz und Ethische Intelligenz. Eine genauere Beschreibung dieser »Intelligenzen« sei an dieser Stelle dem Leser erspart. Allein die Bezeichnungen verweisen darauf, dass Gardner einer Reihe von ethisch-sozial wünschenswerten Eigenschaften den Zusatz »Intelligenz« verpasst hat, freilich ohne den mühevollen Weg der empirischen Fundierung zu beschreiten (s. auch die scharfsinnige Kritik von Rost, 2009). Insofern besteht der Verdacht, dass Gardners Weiterentwicklung der TMI nichts anderes als pseudowissenschaftlicher Hokuspokus ist. Ganz anders stellt sich dies bei den nachfolgend skizzierten Erweiterungen des psychometrischen Intelligenzbegriffs dar, denen die wissenschaftliche Seriosität sicherlich nicht abgesprochen werden kann.

5.5.2 Soziale Intelligenz

»Soziale Intelligenz« (SI) als die Fähigkeit, andere zu verstehen und in zwischenmenschlichen Situationen klug zu agieren (nach Thorndike, 1920), ist seit jeher einer der Gegenstände sozial- und differentialpsychologischer Analysen. Wie in anderen Feldern haben definitorische Eingrenzungen wie die Entwicklung von Verfahren zur Erfassung des Konstruktes eine vorrangige Rolle gespielt. Zu den Begriffsbestimmungen von SI zählen Stichworte wie Menschenkenntnis, Anpassungsfähigkeit, Einsicht in komplizierte soziale Situationen, die Fähigkeit, mit Menschen umzugehen und deren Verhalten vorhersagen und beeinflussen zu können, sowie die Fähigkeit zur Übernahme fremder Perspektiven und Kenntnisse von Regeln des sozialen Lebens. Bei den Items zur Erfassung von SI handelte es sich besonders häufig um Cartoons oder verbale Beschreibungen von sozialen Situationen (s. dazu die Beispiele in Abschn. 3.1.3). Die damit erhaltenen Ergebnisse sind ungeachtet einiger positiver Einzelbefunde mehrheitlich recht unbefriedigend. So hat Probst (1982) in seiner besonders sorgfältigen Arbeit weder eine konvergente Validität der eingesetzten Variablen noch materialunabhängige Faktoren für SI beobachten können.

Demgegenüber fanden Ford und Tisak (1983) zwar unter anderem einen separaten Faktor, auf dem Maße für SI luden, im Weiteren auch Hinweise auf die Überlegenheit der SI-Maße bei der Varianzaufklärung eines behavioralen Kriteriums, doch sind die Befunde offenkundig durch Ähnlichkeiten der Messoperationen mitbedingt. Bestehen solche Überlappungen im Material nicht, sinken die Test-Kriterium-Korrelationen häufig auf ein insignifikantes Niveau. Beispielsweise fielen in einer eigenen Untersuchung (s. Amelang, 1987) die Korrelationen zwischen 13 SI-Skalen und verschiedenen Fremdeinschätzungen für SI durchweg niedrig aus und verfehlten häufig das Signifikanzniveau. Die psychometrischen Unzulänglichkeiten von SI-Variablen, also in Bezug auf interne Konsistenz, faktorielle Prägnanz und Eigenständigkeit sowie externe Validität, kontrastieren auffällig mit der immer wieder zitierten Intuition, wonach es so etwas wie SI »geben müsse«. In der Tat hatten in der in Abschnitt 4.1 erwähnten Befragung von Sternberg et al. (1981) Experten und Laien verschiedene Charakteristika für Intelligenz genannt, von denen sich einige zu einem Faktor für »Soziale Kompetenz« zusammenfügten.

Einiges spricht dafür, dass die Anwendung des Ansatzes der Handlungshäufigkeiten (s. Abschn. 1.6.3) auf das SI-Konstrukt, also eine strikte Orientierung an konkret beobachtbaren Verhaltensweisen, zu verbesserten psychometrischen Gütekriterien führt. Jedenfalls konnte die befriedigende Validität einer Liste von 40 Verhaltensweisen, die hoch prototypisch für SI waren, gegenüber Fremdeinschätzungen von SI gezeigt werden (Amelang et al., 1989).

5.5.3 Erfolgsintelligenz

Eine andere Form von »Intelligenz« propagierte Sternberg (1998) unter dem Begriff »Erfolgsintelligenz« (engl. »successful intelligence«). Dabei handelt es sich um 20 Eigenschaften, die zusätzlich zu einem Basisniveau an Wissen, Bildung und Kreativität vorhanden sein müssen, damit sich im Leben beruflicher Erfolg einstellt. Nach Sternberg motivieren sich Menschen mit Erfolgsintelligenz selbst, kontrollieren ihre Impulse, wissen, wann sie durchhalten müssen, wissen das Beste aus ihren Fähigkeiten zu machen, setzen ihre Gedanken in Taten um, sind ergebnisorientiert, bringen ihre Aufgaben zu Ende, sind initiativ, haben keine Angst vor Fehlschlägen, schieben nichts auf die lange Bank, akzeptieren berechtigte Kritik, lehnen Selbstmitleid ab, sind unabhängig, überwinden persönliche Schwierigkeiten, konzentrieren sich auf ihre Ziele, kennen den schmalen Grat zwischen Über- und Unterforderung, können lange warten, können den Wald *und* die Bäume sehen, glauben an ihre Fähigkeit, die eigenen Ziele zu erreichen, und denken gleichermaßen analytisch, kreativ und praktisch.

Viele der aufgelisteten Komponenten von Erfolgsintelligenz erinnern an Eigenschaften, die bei anderen Autoren (und teilweise auch im vorliegenden Text) unter Begriffen wie Ausdauer, Selbstsicherheit, Impulsivität, Frustrationstoleranz, Bekräftigungsüberzeugung, Feldunabhängigkeit oder Belohnungsaufschub abgehandelt werden, also weniger zum Leistungs- als zum Temperamentsbereich gehören. Zwischenzeitlich hat Sternberg (2003b) seine Theorie zu einer sogenannten triarchischen Theorie spezifiziert, innerhalb deren sich Erfolgsintelligenz nach einer Legierung von analytischen, kreativen und praktischen Fähigkeiten bemisst. Diese Fähigkeiten seien letztlich das Ergebnis einer Interaktion von drei Komponenten der Informationsverarbeitung, nämlich Metakomponenten, Performanzkomponenten und Komponenten des Wissenserwerbs. Nachdem ein erster Test zur Erfassung von Erfolgsintelligenz auf Kritik gestoßen ist, hat Sternberg das Forschungsprogramm detaillierter umrissen (Sternberg, 2003a, b).

5.5.4 Emotionale Intelligenz

Ein Konstrukt, das in der Öffentlichkeit auf ein besonderes Interesse gestoßen ist, ist die »Emotionale Intelligenz« (z. B. Mayer & Salovey, 1993, 1995; Salovey & Mayer, 1990). Die Überlegenheit des Konzeptes der Emotionalen gegenüber der Sozialen Intelligenz soll darin bestehen, dass sich die Emotionale Intelligenz stärker von der Allgemeinen Intelligenz unterscheide als die Soziale Intelligenz (Mayer & Salovey, 1993). Ähnlich wie bei der Sozialen Intelligenz handelt es sich bei der Emotionalen Intelligenz um ein Konglomerat von Faktoren, die sich auf das inter- und intraindividuelle Gefühlsmanagement beziehen. Definiert wird Emotionale Intelligenz als

»the ability to perceive accurately, appraise, and express emotion; the ability to access and/or generate feelings when they facilitate thought; the ability to understand emotion and emotional knowledge; and the ability to regulate emotions to promote emotional and intellectual growth« (Mayer & Salovey, 1997, S. 10).

Andere Autoren betrachten Emotionale Intelligenz eher als Kompetenz und bezeichnen sie damit eher unbestimmt als

»an array of non-cognitive capabilities, competencies, and skills that influence one's ability to succeed in coping with environmental demands and pressures« (Bar-On, 1997, S. 16).

Die unterschiedlichen Definitionen von Emotionaler Intelligenz spiegeln sich auch in den zugehörigen Operationalisierungen des Konstruktes wider. Als Fähigkeit verstanden wird Emotionale Intelligenz bevorzugt mit Hilfe von Leistungstests erfasst, während andere Verfahren auf Selbstberichte zurückgreifen. Der bekannteste Leistungstest ist der von der Autorengruppe um Salovey und Mayer entwickelte MSCEIT. Einige (aber nicht alle) Befunde sprechen dafür, dass damit eine hinreichend reliable und valide Erfassung von Emotionaler Intelligenz möglich ist (z. B. Palmer et al., 2005). Weiterhin problematisch ist bei diesem Test die Bestimmung der als »richtig« gewerteten Antworten. Im deutschsprachigen Raum entwickelten Schmidt-Atzert und Bühner (2002) den »Test zur Erfassung von Emotionaler Intelligenz« (TEMINT) als vielversprechendes Verfahren (▶ **Kasten 5.2**). Da Leistungstests und Selbstberichte hier meist kaum miteinander korrelieren, haben sich Petrides und Furnham (2003) dafür ausgesprochen, von der *Eigenschaft* Emotionale Intelligenz (EI-Eigenschaft, erfasst durch Selbstberichte) und von der *Fähigkeit* Emotionale Intelligenz (EI-Fähigkeit, erfasst durch Leistungstests) zu sprechen.

> **Kasten 5.2: Ausgewählte Maße zur Erfassung von Emotionaler Intelligenz (nach Davies et al., 1998, S. 993f.)**
>
> **EQ-Test**
> Zu zehn verschiedenen Szenarien sollen die Probanden eine von vier Alternativen wählen, z. B. » Stellen Sie sich vor, Sie gehen zur Schule und haben in einem bestimmten Fach auf eine ›1‹ gehofft; im Zwischenzeugnis müssen Sie aber feststellen, dass Sie nur eine ›3–‹ bekommen haben. Wie reagieren Sie?«
>
> a) Ich lege mir einen Plan zurecht, wie ich meine Note verbessern kann, und nehme mir vor, mich streng daran zu halten.
> b) Ich nehme mir vor, in Zukunft bessere Noten zu erzielen.
> c) Ich sage mir, dass es eigentlich gar keine Rolle spielt, wie ich in diesem Fach abschließe, und konzentriere mich stattdessen auf andere Fächer, in denen meine Noten besser sind.
> d) Ich suche meinen Lehrer auf und versuche ihn zu überreden, mir eine bessere Note zu geben.
> d) (Goleman, 1995).
>
> **Items zur Erfassung von Meta-Stimmungen**
> *Aufmerksamkeit*, z. B. »Ich kann am besten mit meinen Gefühlen umgehen, wenn ich sie voll erlebe.«
> *Repair*, z. B. »Wenn ich wütend werde, erinnere ich mich an die schönsten Dinge im Leben.«
> *Klarheit*, z. B. »Ich weiß fast immer genau, was ich gerade fühle.«
>
> **Items zur Erfassung von Emotionaler Kontrolle**
> *Nachdenken*, z. B. »Ich überlege mir noch lange danach, wie ich es Personen, die mich wütend gemacht haben, heimzahlen kann.«

Emotionale Hemmung, z. B. »Meine Gefühle auszudrücken macht mich ängstlich und verletzbar.«
Kontrolle, z. B. »Fast alles, was ich tue, ist gut durchdacht.«
Aggressionskontrolle, z. B. »Wenn mich jemand schubst, dann schubse ich zurück.«

Weitere Bereiche bzw. Itembeispiele
Schwierigkeiten bei der Identifikation von Gefühlen, z. B. »Wenn ich wütend bin, weiß ich nicht, ob ich traurig, erregt oder ärgerlich bin.«
External ausgerichtetes Denken, z. B. »Ich rede mit Leuten lieber über ihre täglichen Aktivitäten als über ihre Gefühle.«
Emotionale Empathie, z. B. »Ich neige dazu, in die Probleme von Freunden emotional involviert zu sein.«
Affektive Kommunikation, z. B. »Ich kann Gefühle leicht am Telefon ausdrücken.«

»Objektive Tests«
Items zur Erfassung der Emotionswahrnehmung: Die Probanden bekommen unterschiedliche Materialien – und zwar Bilder von Gesichtern bzw. Farben sowie Ausschnitte aus Musikstücken dargeboten, auf welche sie ihre Reaktion auf den Emotionsskalen Glück, Trauer, Wut, Furcht, Überraschung und Ekel angeben sollen. Getrennt für die Materialarten werden gesonderte Punktwerte errechnet.

Beispielitem aus dem TEMINT (Schmidt-Atzert & Bühner, 2002)
Studentin, 24 Jahre:
»Ich habe eine wichtige Prüfung nicht bestanden und musste sie noch einmal wiederholen.«
Versetzen Sie sich in die 24-jährige Studentin hinein.
Wie stark waren ihre Gefühle? Machen Sie bei jedem Gefühl ein Kreuz!

	nicht vorhanden oder sehr schwach	schwach bis mittel	stark bis sehr stark
Abneigung	☐	☐✓	☒
Ärger	☐	☐	☒✓
Angst	☒	☐	☐
Unruhe	☐	☐	☒✓
Traurigkeit	☐	☐	☒✓
Schuldgefühl	☒	☐✓	☐
Freude	☒	☐	☐
Stolz	☐✓	☒	☐
Zuneigung	☒✓	☐	☐
Überraschung	☐	☒	☐✓

Wie bei allen »neuen« psychologischen Konstrukten stellt sich auch bei Emotionaler Intelligenz die Frage nach der Konstruktvalidität und der Eigenständigkeit des Validitätsbereichs. Die Ergebnisse zur diskriminanten und konvergenten Validität der Selbsteinschätzungsmaße sind eher ernüchternd, weisen sie doch hohe Überlappungen mit etablierten Persönlichkeitsskalen auf (z. B. Newsome et al., 2000). In der Studie von Tett et al. (2005) fanden sich immerhin etwas ermutigendere Resultate: Dort wurden insgesamt sechs Skalen zur Erfassung von EI-Eigenschaft vorgegeben, die sich bezüglich ihrer konvergenten und diskriminanten Validität unterscheiden sollten. Die einzelnen Aspekte von EI-Eigenschaft wiesen eher moderate Korrelationen mit etablierten Persönlichkeitskonstrukten wie Neurotizismus, Verträglichkeit etc. auf. Daher kamen die Autoren zu dem Schluss, dass es sich bei EI-Eigenschaft durchaus um eine von etablierten Persönlichkeitskonstrukten verschiedene und damit eigenständige Eigenschaft handele.

Die Zusammenhänge mit psychometrischer Intelligenz sind sehr niedrig und meist nicht signifikant, wie eine Meta-Analyse von van Rooy und Viswesvaran (2004) ergab. Hier setzt die Kritik von den Vertretern der EI-Fähigkeit an, wonach es sich bei Emotionaler Intelligenz um eine Facette von Intelligenz handelt, die auch Zusammenhänge mit eben dieser Dimension aufweisen sollte (Mayer et al., 1999). Korrelationen in einer Höhe von etwa 0,30 wurden für den MSCEIT berichtet (Mayer et al., 2004). Die durchschnittlichen Korrelationen von EI-Fähigkeit mit den Persönlichkeitskonstrukten des Fünf-Faktoren-Modells (*Big Five*; s. Abschn. 7.5) sind mäßig, wobei theoriekonform EI-Fähigkeit mit 0,21 am höchsten mit Verträglichkeit korreliert.

Besonderes Augenmerk kommt der Kriteriumsvalidität von Emotionaler Intelligenz zu. Die Meta-Analyse von van Rooy und Viswesvaran (2004) ließ eher niedrige Validitäten von Emotionaler Intelligenz zwischen 0,10 und 0,24 mit beruflichen und akademischen Kriterien sowie solchen einer erfolgreichen Lebensführung erkennen (keine Unterscheidung zwischen EI-Fähigkeit und EI-Eigenschaft). Da es sich um ein »junges« Konstrukt handelt, kommt der Frage einer inkrementellen Validität von Emotionaler Intelligenz eine besondere Bedeutung zu, da sich nur damit ein eigenständiger Validitätsbereich des Konstrukts belegen lässt. Die meisten Studien zur inkrementellen Validität von Emotionaler Intelligenz beziehen sich auf soziale Kriterien, z. B. Qualität der Beziehung, delinquentes Verhalten oder Drogenkonsum (z. B. Lopes et al., 2004). In Bezug auf den inkrementellen Beitrag sowohl von EI-Fähigkeit als auch EI-Eigenschaft bei der Vorhersage von Leistungskriterien konnten bisher noch keine überzeugenden Belege angeführt werden. Beispielsweise trugen weder EI-Fähigkeit noch EI-Eigenschaft einen eigenständigen Beitrag bei der Vorhersage von Schulnoten bei (Brackett & Mayer, 2003). Auch Amelang und Steinmayr (2006) konnten durch Emotionale Intelligenz keine zusätzliche Varianz in der Schulleistung oder dem Berufserfolg über Allgemeine Intelligenz und Gewissenhaftigkeit hinaus vorhersagen.

Gerade wegen des relativ jungen Alters des Konstruktes Emotionale Intelligenz ist eine verbindliche Bewertung derzeit noch nicht möglich. Matthews et al. (2004) bezeichneten es als eines der Hauptprobleme, dass es keine klare und eindeutige Definition und Konzeptualisierung von Emotionaler Intelligenz gebe. Was auch immer die Forschung in Bezug auf Emotionale Intelligenz zukünftig erbringen wird, so bleibt doch festzuhalten, dass die anfänglich kühnen Erwartungen der Protagonisten (s. Goleman, 1995, 1998) kaum in Erfüllung gehen werden.

> **Zusammenfassung von Kapitel 5.5**
>
> Im Laufe eines Jahrhunderts differentialpsychologischer Forschung ist der psychologische Begriff von »Intelligenz« zu einem sehr erfolgreichen Konzept geworden – innerhalb und außerhalb der Psychologie. Die hohe Wertanmutung, die diesem Begriff zugesprochen wird, versuchten einige Autoren zu nutzen, indem sie »Intelligenz« mit irgendeinem Adjektiv versahen und damit ein neues Superkonstrukt schufen. Beispiele für eine solche Entwicklung sind die »Multiplen Intelligenzen«, die »Soziale Intelligenz«, die »Erfolgsintelligenz« (engl. »successful intelligence«) oder die »Emotionale Intelligenz«. All diesen Konzeptionen gemeinsam ist, dass es sich jeweils um ein Konglomerat recht unterschiedlicher Faktoren handelt, die durchaus eine gewisse Überlappung mit bereits etablierten Persönlichkeitsmerkmalen aufweisen – typischerweise Merkmalen aus dem Temperamentsbereich der Persönlichkeit. Dabei muss zum gegenwärtigen Zeitpunkt den »Multiplen Intelligenzen« die wissenschaftliche Seriosität abgesprochen werden, für die »Soziale Intelligenz« und die »Erfolgsintelligenz« konnte bislang kein psychometrisch brauchbares Messinstrument entwickelt werden, und die »Emotionale Intelligenz« zeigt keine inkrementelle Validität im Vergleich zu bereits eingeführten Persönlichkeitsmaßen. Keines dieser Konzepte konnte also an die wissenschaftliche Bedeutung anschließen, die dem psychometrischen Intelligenzbegriff zweifelsfrei zukommt.

6 Kreativität

> Kreativität, Einfallsreichtum, Originalität: dieser spannende Bereich der Persönlichkeit hat offensichtlich etwas schwer Fassbares an sich, da er gerade mit Ungewöhnlichkeit zu tun hat (6.1). Eben dies stellt sich auch einer einfachen Erfassung von Kreativität in den Weg, gleichwohl gibt es eine Reihe verschiedener Ansätze hierfür (6.2). Wie kann man Kreativitätstests validieren? Sind die Leistungen kreativer Personen (definiert über hohe Werte in Kreativitätstests) in Intelligenztests oder in der Schule anders als die Leistungen weniger kreativer Personen? Sind kreative Personen durch eine besondere Persönlichkeit ausgezeichnet (6.3)? Umgekehrt kann gefragt werden, ob Personen in kreativen Berufsgruppen Besonderheiten in psychologischen Merkmalen aufweisen (6.4). Mittlerweile liegen verschiedene theoretische Modelle über Kreativität vor (6.5). Ein Resümee und die Frage der Trainierbarkeit von Kreativität wird abschließend besprochen (6.6).

6.1 Einführung und Begriffsbestimmung

Selten hat eine Teildisziplin innerhalb eines kurzen Zeitraums einen so rapiden Aufschwung genommen wie gerade die Untersuchung kreativen, originalen, produktiven, divergenten oder imaginativen Denkens. Frierson stellte seit den ersten Untersuchungen von Galton über schöpferische Begabung eine exponentielle Zunahme der publizierten Forschungsarbeiten auf diesem Gebiet fest.

Eine Schlüsselrolle in diesem Prozess kam zwei Ereignissen von höchst unterschiedlichem Charakter zu. Wegweisend war die Presidential Address von Guilford (1950) an die American Psychological Association gewesen, in der das lange Zeit verschüttet gewesene Reizwort »creativity« wieder aufgegriffen, der Mangel an kreativen Personen in Wissenschaft und Wirtschaft der USA beklagt und die Erforschung, Erfassung und Förderung der Kreativität nicht nur gefordert, sondern zugleich in integrierender Weise angeregt wurde. Das andere kritische Ereignis war wenige Jahre später (1957) der durch die Sowjets und ihren ersten erfolgreich ins Weltall geschossenen Satelliten hervorgerufene »Sputnik-Schock«. Zumindest auf naturwissenschaftlich-technischem Gebiet, bei der Öffnung neuer Dimensionen der Technologie, schien damit ein Defizit gegenüber der damaligen UdSSR evident. Um diesen Rückstand wettzumachen, wurden bekanntlich immense Anstrengungen unternommen, in deren Verlauf erhebliche Mittel auch der Kreativitätsforschung zuflossen.

Obgleich in Detailfragen deutlich verschiedene Akzentuierungen erkennbar sind, standen begriffliche Festlegungen einer Intensivierung der Arbeit kaum im Wege: Für Barron (1965, S. 3) kann »Kreativität – ganz einfach – als die Fähigkeit definiert werden, etwas Neues zu schaffen«.

Mit dem Begriff des Neuen, der meist als Synonym mit *originell* gebraucht wird, ist bereits das am häufigsten angeführte Kriterium für Kreativität genannt. Gleichwohl bleibt in einer solchen Umschreibung das Problem offen, wer über die relative Originalität entscheidet und ob statistische Seltenheit an sich im Sinne der Abweichung von irgendwelchen Normen als eine Bedingung für kreative Produkte bzw. Personen erachtet werden kann. Stein (1953; deutsch 1973) trug diesen Überlegungen Rechnung und hielt fest: »Ein kreatives Produkt ist ein neues Produkt, das von einer Gruppe zu irgendeinem Zeitpunkt als brauchbar oder befriedigend angesehen werden kann«. Nicht Neuigkeit an sich, sondern der daraus resultierende Nutzen wird damit zur entscheidenden Größe.

Um auch den nichtmateriellen Produkten Raum zu geben, bezeichnete MacKinnon (1962, S. 485) Kreativität als »eine Antwort oder Idee, die neu ist oder im statistischen Sinne selten…die sich ganz oder teilweise verwirklichen lässt. Sie muss dazu dienen, ein Problem zu lösen, einen Zustand zu verbessern oder ein vorhandenes Ziel zu vollenden.« Als Dimensionen kreativer Tätigkeit listete Johnson (1972, S. 276/77) neben Originalität, Ungewöhnlichkeit und Nützlichkeit zusätzlich Sensitivität gegenüber Problemen (Fähigkeit zum Identifizieren und Formulieren von Fragen), intellektuelle Führerschaft (Einfluss auf die Forschungsinhalte nachfolgender Wissenschaftler), Scharfsinn und Erfindergeist, Angemessenheit und Breite (der Verwendbarkeit bzw. des Einflusses) auf.

Der Begriff der »Kreativität« bedarf zumindest außerhalb von Forschungszirkeln keiner weiteren Erläuterung, um hinreichend eindeutig verstanden zu werden. Ähnlich wie im Falle der definitorischen Abgrenzung der Intelligenz sind letztlich auch hier die für die wissenschaftliche Untersuchung des Phänomens wesentlichen Impulse zum geringeren Teil von verbalen Umschreibungen als vielmehr von der Konstruktion entsprechender Tests und den mit ihnen erhaltenen Resultaten ausgegangen.

Diese Verfahren sollen deshalb zunächst dargestellt werden.

> **Zusammenfassung von Kapitel 6.1**
>
> Die psychologische Kreativitätsforschung nahm ab 1950 ein starken Aufschwung, auch, weil sie als bedeutsam für die technologische Entwicklung erkannt wurde. Als Kernaspekt von Kreativität wurde die Schaffung von etwas Neuem, Originellem und Nützlichem angesehen.

6.2 Erfassung von Kreativität

6.2.1 Kreativität als Eigenschaft

Nur bei wenigen anderen Konstrukten der Persönlichkeitspsychologie werden die Grenzen des nomothetischen Ansatzes schneller offenkundig als im Falle der Kreativität: Wie die oben angeführten Umschreibungen gezeigt haben, ist der Begriff definiert an extrem seltenen und/oder herausragenden Leistungen/Produkten und/oder Personen, die diese erbringen. Dementsprechend geht die Beschäftigung mit Kreativität auf die Analyse bedeutender Persönlichkeiten und ihres Lebenswerks zurück. Das Studium von Selbst- und Fremdbiographien sowie aller weiteren verfügbaren Materialien über berühmte Wissenschaftler, Künstler und Politiker sollte ein möglichst weitreichendes Verständnis für die Ursachen und Begleitfaktoren von deren Einzigartigkeit ermöglichen. Auch wenn letztlich versucht wird, über mehrere derartige Analysen hinweg die Resultate schlussfolgernd zusammenzufassen, bleibt doch zunächst die unverwechselbare, in ihrem Werk einmalige Person Gegenstand der Betrachtung, die mit anderen Personen gerade wegen ihrer Einzigartigkeit kaum zu vergleichen ist (= idiographischer Ansatz).

Die historiometrische Analyse stellt eine Methode dar, die Leistungs- und Charaktermerkmale herausragender Persönlichkeiten unter Rückgriff auf biographisches Material, Briefe und Tagebücher zu quantifizieren und damit einem Vergleich zugänglich zu machen.

Von John Stewart Mill etwa war bekannt, dass er mit drei Jahren lesen konnte. Da üblicherweise erst die Sechs- bis Siebenjährigen lesen lernen (Intelligenzalter = 6), resultiert daraus eine Schätzung des IQ von 200. Des Weiteren ist ein Verständnis für Algebra erst mit etwa 14 Jahren vorhanden; bei Mill war dies bereits im achten Lebensjahr der Fall, weshalb aus diesem Umstand der IQ auf 175 geschätzt werden kann. Als Mittel solcher Werte ergab sich ein IQ von 190 für die Kindheit Mills und ein solcher von 170 für dessen Jugend, und zwar im Zuge einer Sichtung des über 300 »eminent men« vorliegenden, von drei unabhängigen Psychologen unter Cox (1926) aufgearbeiteten Materials. Goethe, der im Alter von acht Jahren Gedichte auf lateinisch verfasste, erhielt für die Kindheit einen IQ von 185, für die Jugend einen solchen von 200 zugeschrieben, Pascal insgesamt 180, Voltaire 175, Mozart 155 und Darwin ca. 145. Terman (1917) hatte schon zuvor nach ähnlichem Modus den IQ von Galton auf ca. 200 geschätzt. Die höchsten Werte erzielten im Durchschnitt die Philosophen, dann Dichter und Staatsmänner, Volks- und Betriebswissenschaftler, Musiker und Künstler. Das Schlusslicht bildeten berühmte Militärs mit einem durchschnittlichen IQ von 125.

Werden bei einem solchen Ansatz die sehr verschiedenartigen, aber doch in allen Fällen weit überdurchschnittlichen Leistungen kreativer Personen zum Zwecke der Vergleichbarkeit auf eine gemeinsame Dimension, nämlich Intelligenz, projiziert, ist es von hier doch noch ein erheblicher Schritt, Kreativität wie andere Konstrukte als kontinuierliche, normalverteilte Variable aufzufassen, die als Qualität allen Personen zukommt und in unterschiedlicher Ausprägung bei jedem gemessen werden kann. Implizit ergeben sich dabei Fragen nach der Reliabilität des Merkmals und dessen Expressivität: Was bedeutet es, wenn jemand zur großen Gruppe der Probanden mit durchschnittlichen Kreativitätswerten gehört? Werden dann nur hin und wieder im Laufe eines Lebens herausragende Leistungen zu erwarten sein oder aber solche von mittlerer Bedeutung, aber häufigem Auftreten? Ist es nicht sinnwidrig, wenn etwa Cooper und Richmond (1975) geistig behinderte Kinder in Bezug auf das Ausmaß ihrer Kreativität untersuchen, wo doch mehr das Ausmaß ihrer Beeinträchtigung und Schulungsfähigkeit interessieren sollte? Aufgrund solcher Probleme (s. dazu auch Dellas & Gaier, 1970; Albert, 1975) hat Nicholls (1972) für Kreativität den Verzicht auf den Eigenschaftsansatz gefordert und stattdessen vorgeschlagen, mehr als bisher die Beschäftigung auf kreative Produkte und die Bedingungen kreativer Tätigkeit zu konzentrieren.

Ein Fokus auf kreative Produkte ist auch angezeigt, wenn es um die Bestimmung der externen Validität der als Kreativitätstests bezeichneten Verfahren geht. Solche Skalen tragen ihren Namen nur insoweit mit einem gewissen Recht, als mit ihrer Hilfe die Differenzierung kreativer Menschen, die man als solche aufgrund kreativer Produkte identifizieren kann, erfolgreich möglich ist.

Auch dann wäre es aber verfehlt, worauf Krause (1972, S. 35) hinweist, Probanden mit hohen Werten in solchen Tests als »kreativ« zu bezeichnen, weil hohe Werte in einem Kreativitätstest zwar notwendige, nicht aber zugleich hinreichende Bedingung für schöpferische Betätigung im Leben sein mögen. Denn außer den kognitiven Faktoren sind Persönlichkeitsmerkmale und situative Bedingungen für die Erklärung des konkreten Verhaltens vonnöten. Diesen Erwägungen entsprechend ist ein Modell der »4 P-U-Interaktion« (Urban, 1993, S. 163) formuliert worden: die Konfiguration von Problem-Person-Prozess-Produkt im Rahmen der Umwelt, auf deren Seite Mikro- und Makrokomponenten als anregende oder hemmende Faktoren zu unterscheiden sind (▶ Abb. 6.1).

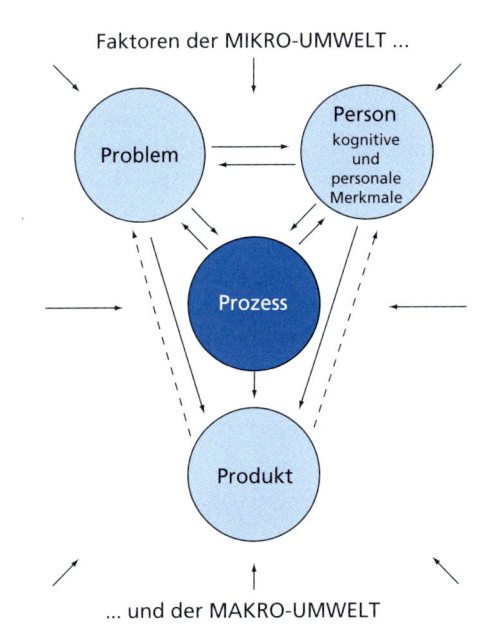

Abb. 6.1: »4 P-U-Modell« (nach Urban, 1993, S. 163).

Was die Probleme selbst angeht, so mögen diese von höchst unterschiedlicher Art sein. Den einen Pol markieren solche Probleme, die für sich klar strukturiert sind und für die es nur eine richtige Lösung gibt; der Gegenpol wird durch Aufgabenstellungen besetzt, die unbestimmbar sind. Sie erweisen sich als Probleme mitunter »erst bei genauerem Hinsehen«, müssen von Akteuren zunächst definiert oder redefiniert werden, erlauben wegen ihrer unscharfen Konturen zudem verschiedene Lösungen, die sich in Funktionalität und Nutzen unterscheiden mögen. Für die Bewältigung der ersteren Kategorie von Aufgaben bedarf es konvergenten Denkens, während für den Umgang mit dem letzteren Problemtyp divergentes Denken vonnöten ist. Konvergentes Denken stand lange Zeit im Fokus von Intelligenztests, wohingegen divergentes Denken zunächst gleichgesetzt wurde mit Kreativität, eine Dichotomie allerdings, die nicht mehr beibehalten wird, wie noch darzulegen ist.

Die Zweckmäßigkeit des nomothetischen Ansatzes, dem in der empirischen Kreativitätsforschung gefolgt wird, bemisst sich hauptsächlich nach dem Ertrag der daran ausgerichteten Verfahren, weshalb diese zunächst vorgestellt werden sollen.

6.2.2 Allgemeines zur Kennzeichnung der Verfahren

Die Hauptmethoden der Kreativitätsmessung bestehen in biographischen Methoden, Selbstbeurteilungsverfahren, Fremdbeurteilungsverfahren und psychometrischen Tests (▶ Kasten 6.1). Da nachfolgend nur eine eher kursorische Behandlung solcher Verfahren erfolgen kann, sei auf Einzeldarstellungen wie diejenige von Krampen (1993) ausdrücklich verwiesen.

In der Regel sehen die Items in Kreativitätstests eine offene Form der Beantwortung vor, weil damit eher der Modus kreativen Verhaltens außerhalb der Untersuchungssituation nachempfunden werden kann. Eine Auswertung mittels Schablone ist dadurch allerdings unmöglich und die Objektivität vermindert. Die Qualität einer Antwort wird gewöhnlich mit hinlänglicher Übereinstimmung von entsprechend geschulten Beurteilern eingeschätzt (s. Meer & Stein, 1955; Taylor, 1958; negativ: Sprecher, 1959), die

> **Kasten 6.1: Beispiele für Items aus Kreativitätstests**
>
> **Die Charlie-Aufgabe**
> Wie allabendlich kommt Bill nach der Arbeit in sein Heim zurück. Als er die Wohnzimmertür öffnet, entdeckt er Charlie tot am Boden liegend. Er sieht außerdem eine Wasserpfütze und Glasscherben auf dem Fußboden. Milly kauert verstört auf dem Sofa. Als Bill die Szene sieht, weiß er sofort, was passiert ist. Wie ist Charlie zu Tode gekommen?
>
> Lösung:
> Das gläserne Aquarium mit dem Goldfisch Charlie war von der Katze Milly auf den Fußboden geworfen worden, wo es zerbrach und Charlie erstickte.
>
> **Das 9-Punkte-Problem**
>
> Aufgabe: Die 9 Punkte müssen mit 4 Linien ohne Absetzen des Stifts berührt werden
>
> Lösung des 9-Punkte-Problems
>
> **Abb. 6.2:** Das 9-Punkte-Problem.

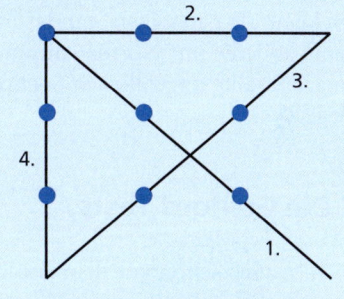

Originalität bemisst sich nach dem Ausmaß relativer Seltenheit (Guilford-Schule) bzw. absoluter Einzigartigkeit.

Die Reliabilität der Skalenwerte erreicht nicht das Niveau von allgemeinen Leistungstests, liegen die – meist nach der Splithalf-Methode bestimmten – Koeffizienten mehrfach doch nur zwischen 0,60 und 0,80. Wallen und Stevenson (1960) ließen im Verlauf mehrerer Wochen 63 Schüler durchschnittlicher Intelligenz insgesamt vier Aufsätze mit verschiedener Themenstellung schreiben (»Frühling«, »Muttertag« u.a.). Fünf Lehrer beurteilten die Aufsätze nach dem Ausmaß der darin geäußerten Kreativität. Eine Diskussion nach dem ersten Beurteilungsdurchgang stellte eine Übereinstimmung zwischen den Beurteilern um $r = 0,90$ sicher; die Stabilität über der Zeit-Aufsatz-Kombination war immerhin so hoch, dass daraus auf relative Konstanz des Merkmals Kreativität geschlossen werden konnte.

Grundsätzlich stellt sich bei allen Verfahren das Problem, »ob ein kreativer Prozess durch einen bestimmten Reiz – wie ihn der Test ja bedeutet – ausgelöst werden kann« (Ulmann, 1968, S. 72). Mit Hilfe der Testsituation ist die für Kreativität zu fordernde Spontaneität nicht realisierbar, da den Probanden bestimmte Reize vorgegeben werden, auf die sie reagieren sollen. Um diesbezüglich die für einen kreativen Prozess günstigeren Voraussetzungen zu schaffen, stellten Wallach und Kogan (1965) eine entspannte Spielsituation her, in der keinerlei oder doch sehr großzügig bemessene Zeitbegrenzungen bestanden. Sehr eingehende Versuche von Gerlach et al. (1964) zeigten indes, dass die klare Instruktion, es handele sich um einen Kreativitätstest und die Probanden sollten sich bemühen, gute Ideen zu liefern, die originellsten Einfälle bewirkten. Im Sinne einer ausreichenden Vergleichbarkeit der individuellen Rohwerte sind also zusätzliche Hinweise für eine standardisierte Aufgabenbearbeitung zu geben.

Obwohl einige der Kreativitätstests durch den Handel vertrieben werden, ist ihr routinemäßiger Einsatz vorerst außerhalb von Forschungsstudien nicht zweckmäßig, da zum einen keine altersmäßigen Standardisierungen, zum anderen nur Normen aus mehr oder weniger zufällig angefallenen Stichproben vorliegen.

6.2.3 Die Guilford-Tests

Wenngleich es auch schon vor dem Zweiten Weltkrieg Originalitätstests gegeben hat (s. Ulmann, 1968, S. 75–78), sind diejenigen des Begründers der modernen Kreativitätsforschung doch besonders bekannt geworden. Basierend auf dem »Structure of Intellect«-Modell, das bereits in Abschnitt 4.3.5 ausführlicher dargestellt worden ist, konzeptualisierte der Arbeitskreis um Guilford Tests zur Kreativität, die vor allem in der Scheibe des divergenten Denkens, also »the kind that goes off in different directions« (Guilford, 1959, S. 381) angesiedelt werden. Diese Art von Denken liefert im Unterschied zum konvergenten nicht nur jeweils eine einzige, aufgrund unzweifelhafter Tatsachen und Regeln der Logik allein richtige Lösung, sondern mehrere verschiedene, die alle den vorgegebenen Anforderungen entsprechen können. Deren Zahl und Qualität sind Maße zur Bestimmung der relativen Merkmalsausprägung.

In allgemeiner Form sollen damit die folgenden Aspekte kreativen Denkens erfasst werden:

- Problemsensitivität. Erkennen, wo überhaupt ein Problem liegt.
- Flüssigkeit. Rasche Produktion unterschiedlicher Ideen, Symbole und Bilder (z. B. Nennung möglichst vieler Verwendungsmöglichkeiten für einen Briefbeschwerer).
- Flexibilität. Verlassen gewohnter Denkschemata, Wechsel der Bezugssysteme, variable Verwendung vorhandener Information. (Das »9-Punkte-Problem« in **Kasten 6.1** gilt als Beispiel zur Erfassung dieser Fähigkeitskomponente.)
- Redefinition. Um- und Neuinterpretation bekannter Objekte oder Funktionen; Improvisation (Testitem z. B.: »Welche der folgenden Dinge oder Teile davon würden sich am besten zur Herstellung einer Nadel eignen? Bleistift, Schuh, Fisch, Blume«).
- Elaboration. Ausgestalten allgemeiner und unscharfer Plan-Konturen im Sinne von Realisierbarkeit und Praktikabilität. Dabei kann es erforderlich sein, dass die dafür maßgeblichen Beurteilungskriterien von Akteuren erst selbst gefunden und festgelegt werden (wie z. B. bei der »Charlie-Aufgabe« in **Kasten 6.1**).
- Originalität. Seltenheit und vom Konventionellen abweichende Gedankenführung bzw. Denkresultate.

Es wäre jedoch falsch, die Kreativität sensu Guilford, wie dies vielfach geschieht, einfach gleichzusetzen mit den divergenten Tests. Vielmehr hat Guilford immer wieder darauf hingewiesen, dass auch konvergente Produktion und Bewertung für den kreativen Akt vonnöten sind (z. B. Guilford, 1966, 1976). Aus diesem Grunde sei es unzureichend, zur Erfassung der individuellen Kreativität sich etwa mit einer limitierten Stichprobe ausgewählter Skalen zu begnügen.

In **Kasten 6.2** sind die Bausteine des SI-Modells mit Buchstabenkombinationen der Guilford'schen Nomenklatur ausgefüllt, für die Skalen entwickelt bzw. Faktoren gesichert werden konnten. Die Auflistung kann keinen Anspruch auf Vollständigkeit erheben, weil die Vorstellungen darüber, was im Zusammenhang mit der Extraktion von SI-Faktoren als »gesichert« zu gelten hat, auseinandergehen (s. dazu Abschn. 4.3.5).

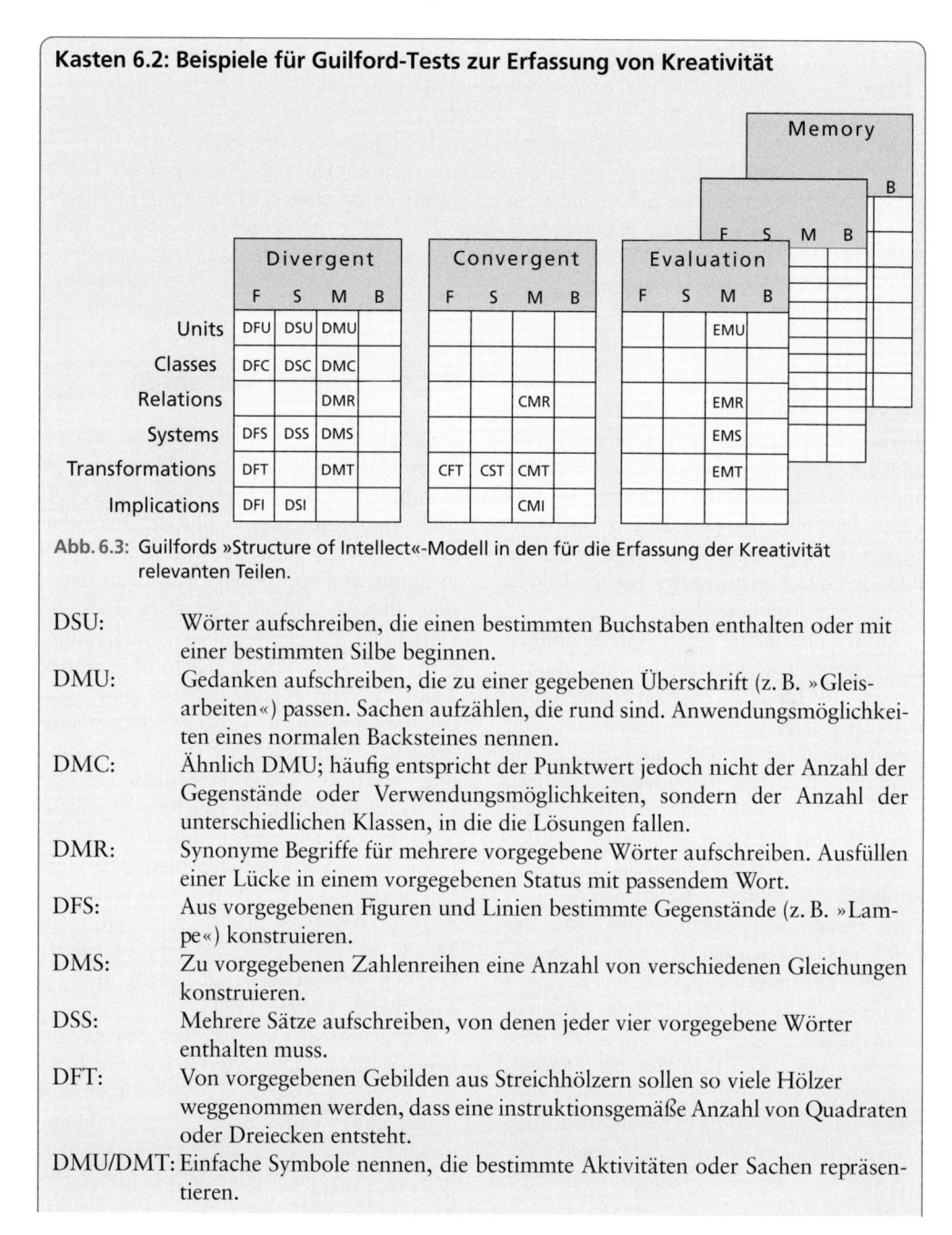

Kasten 6.2: Beispiele für Guilford-Tests zur Erfassung von Kreativität

	Divergent				Convergent				Evaluation			
	F	S	M	B	F	S	M	B	F	S	M	B
Units	DFU	DSU	DMU								EMU	
Classes	DFC	DSC	DMC									
Relations			DMR				CMR				EMR	
Systems	DFS	DSS	DMS								EMS	
Transformations	DFT		DMT		CFT	CST	CMT				EMT	
Implications	DFI	DSI					CMI					

Abb. 6.3: Guilfords »Structure of Intellect«-Modell in den für die Erfassung der Kreativität relevanten Teilen.

DSU: Wörter aufschreiben, die einen bestimmten Buchstaben enthalten oder mit einer bestimmten Silbe beginnen.

DMU: Gedanken aufschreiben, die zu einer gegebenen Überschrift (z. B. »Gleisarbeiten«) passen. Sachen aufzählen, die rund sind. Anwendungsmöglichkeiten eines normalen Backsteines nennen.

DMC: Ähnlich DMU; häufig entspricht der Punktwert jedoch nicht der Anzahl der Gegenstände oder Verwendungsmöglichkeiten, sondern der Anzahl der unterschiedlichen Klassen, in die die Lösungen fallen.

DMR: Synonyme Begriffe für mehrere vorgegebene Wörter aufschreiben. Ausfüllen einer Lücke in einem vorgegebenen Status mit passendem Wort.

DFS: Aus vorgegebenen Figuren und Linien bestimmte Gegenstände (z. B. »Lampe«) konstruieren.

DMS: Zu vorgegebenen Zahlenreihen eine Anzahl von verschiedenen Gleichungen konstruieren.

DSS: Mehrere Sätze aufschreiben, von denen jeder vier vorgegebene Wörter enthalten muss.

DFT: Von vorgegebenen Gebilden aus Streichhölzern sollen so viele Hölzer weggenommen werden, dass eine instruktionsgemäße Anzahl von Quadraten oder Dreiecken entsteht.

DMU/DMT: Einfache Symbole nennen, die bestimmte Aktivitäten oder Sachen repräsentieren.

DFI:	Hinzufügen von dekorativen Linien und Markierungen zu Möbeln, die in Umrissskizzen vorliegen.
CMR:	Bilder eines Comicstrips in eine sinnvolle Reihenfolge bringen.
CFT:	Versteckte Gesichter in komplexen Bilddarstellungen finden.
CST:	Den Namen einer Sportart finden, der sich in einem Satz versteckt, z. B. »I did not know what he was ailing«. Lösung: »sailing«.
EMS:	Entscheiden, welche von vier Alternativentscheidungen logisch aus zwei Prämissen folgt.
EMR:	Nichtpassende Dinge herausfinden, die in jeder von vorgegebenen Kurzgeschichten über alltägliche Situationen vorkommen, z. B. Widersprüche, Teile.
ESU/EMU:	Quantitative Schätzungen in Bezug auf Gebrauchsgegenstände wie Streichholzschachteln machen.
EMT:	Notwendige Verbesserungen an Gebrauchsgegenständen wie Telefon und Toaster vorschlagen.

Guilford hat Gültigkeitsprüfungen für seine Faktoren nur im Sinne der inhaltlichen Validierung vorgenommen und ansonsten Unabhängigkeit der Kreativitätsskalen von den anderen Modellfaktoren nachzuweisen versucht. Im Sinne der postulierten Unabhängigkeit der einzelnen Skalenwerte wird die Bildung eines Gesamtwertes für Kreativität als nicht sinnvoll bezeichnet.

Dessen ungeachtet haben – darin ähnlich den Gegebenheiten zu den Intelligenzfaktoren im SI-Modell – Faktorisierungen u.a. auch Sekundärfaktoren erkennen lassen, und damit zumindest partiell eine hierarchische Struktur nahegelegt (Bachelor & Michael, 1991). Vergleiche mit externen Maßen ergaben sich eher unsystematisch oder wurden von anderen Autoren angestellt. Die dabei ermittelten Validitäten waren niedrig, und zwar insbesondere dann, wenn etwa der Erfolg in konkreten Berufen anhand herausragender Leistungen und objektiver Kriterien (wie etwa Zahl und Qualität von Patenten) vorhergesagt werden sollte. Solche und weitere Beobachtungen förderten die Einsicht, dass für die Hervorbringung kreativer Produkte im Alltag und im Berufsleben auch konvergentes Denken und insbesondere der Rückgriff auf Wissensbestände unabdingbar notwendig sind.

6.2.4 Weitere Verfahren

Ungeachtet der zahlreichen alsbald erkennbaren Unzulänglichkeiten strahlten die oben erwähnten Kreativitätstests eine starke Vorbildwirkung aus. Die Skalen der Faktorengruppe DMC (»Alternate Uses«) finden sich in ähnlicher Form praktisch in allen Batterien anderer Autoren, so etwa auch im Untertest 2 »Ungewöhnliche Verwendungen« der »Minnesota Tests of Creative Thinking« von Torrance (1962). Dort werden die (kindlichen!) Versuchspersonen aufgefordert, sich möglichst viele interessante und gescheite sowie einmalige Verwendungsmöglichkeiten für eine Konservendose auszudenken. Die beiden anderen Untertests beinhalten »Verbesserungsvorschläge« (ein Spielzeughund soll gedanklich so verbessert werden, dass das Spielen mit ihm mehr Freude macht) und »Figuren ergänzen« (zu den Erfahrungen mit diesen Tests s. Kershner & Ledger, 1985).

Bei den Skalen der sehr bekannt gewordenen Untersuchung von Getzels und Jackson (1962; s. Abschn. 6.3) handelt es sich neben einer Variante der »Verwendungsmöglichkeiten« um einen Kurzaufsatz »Fabel«, bei dem eine begonnene Story in dreierlei verschiedener Weise zu Ende geführt werden muss, des Weiteren um »Probleme konstruieren«, »Versteckte Figuren« und »Wortassoziationen« (zu vorgegebenen Wörtern sollen alle Homonyme aufgeschrieben werden, die einem einfallen).

Assoziationen bilden auch den Kern zweier weiterer Systeme, die zudem eine akzeptable theoretische Verankerung aufweisen: Für Mednick (1962) stellt Kreativität die erfolgreiche Umformung assoziativer Elemente zu neuen Kombinationen dar, wobei die Zahl verfügbarer Assoziationen als Indikator für das Repertoire individueller Kognitionen gelten kann. Konkret sieht die Operationalisierung vor, zu drei vorgegebenen Wörtern, die untereinander nicht, wohl aber alle zu einem gemeinsamen weiteren Begriff in assoziativer Beziehung stehen, die vermittelnde Assoziation ausfindig zu machen (»Remote Associates Test«, RAT), z. B. »Falling – Actor – Dust«, Lösung »STAR«; »Stick – Light – Birthday«, Lösung »CANDLE«.

Wallach und Kogan (1965) griffen dieses Konzept auf und unterschieden zwischen Reservoir und Hierarchie der individuellen Assoziationen. Die weniger Kreativen seien dadurch ausgezeichnet, dass sie zwar die auf ein Reizwort zu produzierenden Assoziationen anfänglich mit besonders großer Geschwindigkeit lieferten, ihr Speicher aber bald entleert sei (rasche Verfügbarkeit nur über wenige und eher konforme Assoziationen). Demgegenüber setze die Produktion der Hochkreativen mit niedrigerer Quantität ein, halte aber länger und mit originelleren Ergebnissen an (▶ **Abb. 6.4**).

Brown (1973) unterzog das Modell einer experimentellen Prüfung. Die Hypothese ging dahin, dass Hochkreative wegen ihres flacheren Assoziationsgradienten eine geringere Differenz in der Lernrate zwischen starken und schwachen Assoziationen zeigen würden als Nichtkreative. Das Lernmaterial bestand aus Listen von paarweisen Assoziationen, bei denen die assoziative Verbindung unterschiedlich stark war. Die Ergebnisse an 30 studentischen Versuchspersonen, die mit

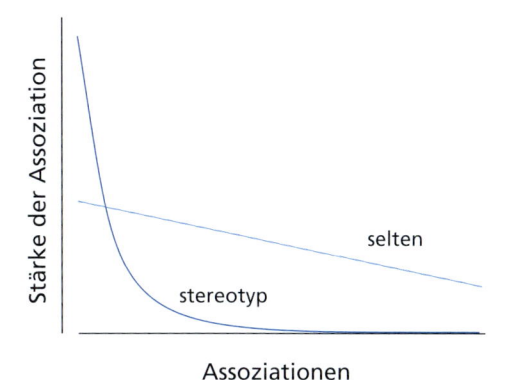

Abb. 6.4: Hypothetische Gradienten der Assoziationsstärke für Reaktionen auf ein Reizwort über dem Häufigkeits-Seltenheitskontinuum.

Hilfe eines Kreativitätstests klassifiziert wurden, entsprachen den Erwartungen.

Auch mit Fragebogenmethoden ist ein Zugang zur Erfassung von Kreativität versucht worden. Ein erstes Instrument geht auf Gough (1962) zurück. Die Fragen laden auf Faktoren, die bezeichnet wurden mit

- »Intellektuelle Kompetenz«, z. B. »Ich arbeite nicht gern an einem Problem, wenn ich nicht ein klares und eindeutiges Ergebnis erwarten kann«,
- »Gewohnheit, Fragen zu stellen«, z. B. »Ich ärgere mich über Schriftsteller, die seltsame und ungewöhnliche Wörter gebrauchen«,
- »Kognitive Flexibilität«, z. B. »Wenn man alle Tatsachen zusammenträgt, gibt es meist für eine Frage nur eine richtige Antwort«,
- »Ästhetische Sensitivität«, z. B. »Ich würde gern einen großen Sänger in der Oper hören«,
- »Wissen um den eigenen Wert«, z. B. »Ich hätte eine gute Idee, wie ich die nächsten 10 Jahre verbringen könnte«.

Für dieses Instrument wurden Übereinstimmungen mit einigen Produktkriterien mitgeteilt. Noch besser fallen die Validitäten für die aus der »Adjective-Check-List« entwickelten Kreativitätsskalen aus (Gough, 1979), bei denen also globale Eigenschaftszuschreibungen (»geistreich«, »kompliziert«, »aufgeweckt« usw.) zu einem Wert für individuelle Kreativität verrechnet wurden (für einen Validitätsvergleich zwischen solchen Listen s. Domino, 1994).

Mit derartigen Eigenschaftswörterlisten und auch mit den Guilford-Tests zum divergenten Denken korrelierten die Punktwerte der Skala »Openness to Experience« aus der 5-Faktoren-Batterie des NEO-PI-Tests in der Größenordnung um 0,35 (McCrae, 1987). Auch biographische Fragebogen oder solche zur Erfassung kreativer Aktivitäten wurden mit Erfolg eingesetzt (s. z. B. Taylor, 1964; Hocevar, 1980). Ein Beispiel dafür sind die von Richards et al. (1988) zur Erfassung von Alltagskreativität durchgeführten Interviews. Die erhobenen Informationen wurden in die vier Komponenten kategorisiert, die sich aus der Kombination von Ausmaß an Engagement in kreativen Aktivitäten und der sogenannten Spitzenkreativität in jeweils beruflichem und außerberuflichem Bereich ergaben. Erfordert ein solcher Ansatz den intensiven Einsatz von Zeit und Personal, trifft das nicht zu für einen nach dem Ansatz der Handlungshäufigkeiten (s. Abschn. 1.6.3) entwickelten Fragebogen zur Erfassung von Kreativität in alltäglichen Situationen (s. Amelang et al., 1991), der sich herkömmlichen Kreativitätstests mit Leistungscharakter bei der Vorhersage von Fremdbeurteilungen überlegen zeigte, was die Auffassung von Hocevar (1981) bestätigt, wonach Fragebogen sich zur Erfassung von Kreativität besonders gut eignen.

Dieser kurze Überblick über Verfahren, mit denen die einflussreichsten Untersuchungen angestellt wurden, soll es erleichtern, die nachfolgend referierten Studien und deren Ergebnisse angemessen einordnen und würdigen zu können.

> **Zusammenfassung von Kapitel 6.2**
>
> Wenn Kreativität als eine Eigenschaft verstanden wird, die allen Menschen zukommt (nomothetischer Ansatz), wird gerade die Untersuchung des Einzigartigen und Besonderen (idiographischer Ansatz) diesem Verständnis nicht gerecht. Die Beschreibung hochkreativer Personen in Kunst und Wissenschaft kann die Bedingungsfaktoren und Konstanten der Kreativität möglicherweise besser, unter Einschluss quantitativer Methoden, herausarbeiten (»historiometrische Analyse«). Diese Überlegung lenkte den Blick von Kreativität als Eigenschaft auf die Frage der Produkte der Kreativität. Das »4 P-U-Modell« beschreibt ein kreatives Produkt als Ergebnis eines Problem-Person-Prozess Zyklusses mit Mikro- und Makro-Umweltkomponenten als anregenden oder hemmenden Faktoren.
>
> Die Hauptmethoden der Kreativitätsmessung bestehen in biografischen Methoden, Selbstbeurteilungsverfahren, Fremdbeurteilungsverfahren und psychometrischen Tests. Häufig werden offene Formen der Beantwortung verwendet, weil eine schablonenhafte Auswertung die Einzigartigkeit besonderer kreativer Leistung nicht erfassen könnte; hierunter leidet aber offensichtlich die Auswertungsobjektivität. Im Rahmen seines »Structure of Intellect«-Modells hat Guilford die Scheibe des divergenten Denkens für eine systematische Testentwicklung herangezogen. Damit ließen sich verschiedene Aspekte kreativen Denkens erfassen. Beispiele finden sich in **Kasten 6.2**. In anderen Testentwicklungen stand oft der Guildford-Test »Verwendungsmöglichkeiten« Pate. Ein häufig verwendeter Kreativitätstest ist der »Remote Associates Test«, bei dem die assoziative Verknüpfung von drei vorgegebenen Worten zu einem neuen Wort gefunden werden muss.

> Hochkreative Personen sollten einen weiteren Assoziationshorizont aufweisen, als Ausdruck dessen sollte die Produktion von Assoziationen mit niedrigerer Quantität einsetzen, aber länger und mit originelleren Ergebnissen anhalten. Schließlich wurden auch Fragebogenskalen und Adjektivlisten entwickelt, in denen Selbsteinschätzungen vorzunehmen sind.

6.3 Korrelate der Kreativität

6.3.1 Validierungs- und Kriterienproblematik

Um die Haltbarkeit eines Eigenschaftsansatzes für das Konstrukt Kreativität im Allgemeinen und die Validität der entwickelten Originalitätstests im Besonderen zu prüfen, bedarf es gezielter Untersuchungen unter Einbezug externer Kriterienmaße. Bezeichnenderweise sind solche Untersuchungen vergleichsweise selten. Von den während des Zeitraums 1956 bis 1965 erschienenen Untersuchungen galten ganze 15 % den Gütekriterien (Smith, 1968). Mag sein, dass dafür die junge Geschichte des Forschungsgegenstandes, vielleicht aber auch die mühsame Erhebung von Produkt- und Personenkriterien verantwortlich ist.

Auffällig ist weiterhin, dass von den vorliegenden Korrelationsstudien der zahlenmäßig mit Abstand größte Teil an Universitätsstudenten, Schulkindern und Jugendlichen durchgeführt wurde (s. etwa auch die Bibliographie von Arasteh & Arasteh, 1976). Das erscheint zwar naheliegend wegen der leichten Zugänglichkeit zu größeren Probandenstichproben und Kriterien für Verhalten und Schulerfolg und ist auch sinnvoll in Bezug auf Ausgangspunkt und Zielvorgabe der Kreativitätsforschung, nämlich das Potential kreativer Personen rechtzeitig zu erkennen. Verschiedene Analysen sprechen allerdings dafür, dass die anhand »harter« Produktkriterien bestimmte Kreativität sich erst während des Erwachsenenalters deutlich manifestiert: Für die 100 wichtigsten Erfindungen seit 1800 lag das mittlere Lebensalter ihrer Schöpfer bei 37 Jahren (Alexander, 1945), ähnlich verhält es sich in der Philosophie und in der Malerei. Allerdings verschiebt sich der genannte Mittelwert um zehn Jahre, wenn nur die Produkte jener Wissenschaftler und Künstler Berücksichtigung finden, die selbst ein bestimmtes Mindestalter erreichen (Dacey, 1989; Lindauer, 1993). Freilich dürfen andererseits bei solchen Untersuchungen die Umstände, die einer früheren Kristallisation kreativer Aktivitäten entgegenstehen (Ausbildung, Berufsfindung, Familiengründung u.a.), nicht übersehen werden.

Ein wesentliches Hindernis für die Validierung ist in der offenkundigen Vieldimensionalität von Kriterien für Kreativität zu sehen (s. Taylor, 1964; Clark, 1957; Meyers, 1970). Damit ist aber vorab nicht zu entscheiden, welchem von mehreren Indikatoren für Kreativität der Vorzug zu geben ist.

Dennoch fehlt es nicht an Untersuchungen, die Leistungs- und Persönlichkeitsmerkmale kreativer Personen denen der unauffälligen Norm gegenübergestellt haben, wobei sowohl direkte Testadministrationen (Drevdahl & Cattell, 1958) wie auch eine Posthoc-Einschätzung der Punktwerte herausragender Personen auf Standardskalen aufgrund biographischen Materials vorgenommen wurden (z. B. Cattell, 1963; Simonton, 1991, 1992). Als Folge solcher Studien liegt inzwischen eine Fülle von Material über die Besonderheiten kreativer Künstler und Wissenschaftler vor. So wurden diese als autonom und selbstgesteuert beschrieben, emotional stabil und hoch leistungsmotiviert mit einer Vorliebe für Praxisdenken und kognitive Beschäftigung, von hoher allgemeiner Intelligenz und mit weit gestreuten Interessen (Cattell, 1968; Taylor & Barron, 1963). Untersuchungen aber, in denen die in Abschnitt 6.2.3 und 6.2.4 aufgeführten Verfahren mit direkten Kreativitätsbeurteilungen kontrastiert wurden, stellen die Ausnahme dar.

So verglich Barron (1955) an einer Stichprobe von 100 Captains der US Air Force mehrere Kreativitätstests mit einem Rating mehrerer Psychologen in Bezug auf Originalität. Drei Guilford-Tests korrelierten damit im Mittel lediglich um $r_{tc} = 0{,}33$; die höchsten Validitäten mit $r_{tc} = 0{,}45$ wiesen Maße für Originalität aus dem TAT und solche aus einem Wort-Umordnungstest auf.

Noch häufiger zitiert wird die Studie von MacKinnon (1964). Dort mussten zunächst 10 Architekten je 40 kreative Kollegen benennen; aus der Liste der so entstandenen Namen wählte MacKinnon diejenigen 80 mit den häufigsten Nennungen aus und ließ sie von den Herausgebern von Fachzeitschriften hinsichtlich ihrer Kreativität einschätzen. Von den auf diese Weise ermittelten 64 kreativen Architekten nahmen schließlich 40 an Untersuchungen teil. Neben einer Reihe hier weniger interessierender Charakteristika (die kreativen Architekten waren relativ unabhängig, individualistisch, enthusiastisch, sie beschrieben sich als aufrichtig, zuverlässig, verantwortungsbewusst usw.) ergab sich eine Korrelation von $r_{tc} = 0{,}50$ zwischen einem Maß für Ungewöhnlichkeit von Assoziationen und der Kreativität. Diese Ergebnisse können als Hinweis auf die Brauchbarkeit der verwendeten Kreativitätstests gewertet werden.

6.3.2 Kreativität und Intelligenz

Um nützlich zu sein, muss sich Kreativität von anderen Konstrukten, insbesondere der Intelligenz, abheben lassen.

Bestehen, wie eingangs erläutert, auf verbal-definitorischer Ebene gegenüber Intelligenz durchaus Besonderheiten, wird Kreativität auch im Beurteilungsverfahren anders behandelt: Rossman und Gollob (1975) gaben Fremdbeurteilern Informationen über die Eigenschaften von Kunststudenten entweder in Form von (a) Leistungswerten, (b) Persönlichkeitsbeschreibungen oder (c) biographischen Daten vor. Unter einer vierten Bedingung erhielten die Beurteiler den Gesamtsatz der vorhandenen Informationen ausgehändigt. Die Regressionsgleichungen zur Vorhersage von Intelligenz oder Kreativität unterschieden sich voneinander. Unter allen Versuchsbedingungen ergaben sich signifikante Varianzanteile, die spezifisch für Kreativität waren, also nicht durch Intelligenz erklärt werden konnten und umgekehrt.

Derartige Befunde können andererseits nicht darüber hinwegtäuschen, dass auch wesentliche Gemeinsamkeiten bestehen. In der Untersuchung von Getzels und Jackson (1962) an einer Stichprobe von 499 Schülern beiderlei Geschlechts korrelierten die Kreativitätstests untereinander in ungefähr derselben Höhe wie mit dem IQ (ca. 0,27 bzw. 0,30), aber deutlich höher mit dem Schulerfolg im verbalen Bereich.

Dennoch wäre es voreilig, aus diesen Befunden den *allgemeinen* Schluss abzuleiten, Intelligenz und Kreativität würden 20 bis 25 % (als ungefährer Mittelwert aus mehreren Datensätzen) gemeinsame Varianz aufweisen. Eine Aussage darüber hängt ganz offensichtlich stark von den verwendeten Verfahren und den herangezogenen Stichproben ab, deren Alter, Geschlecht, familiärem Status, Sozial- und Persönlichkeitsmerkmalen.

Eine entscheidende Bedeutung messen namentlich Wallach und Kogan (1965) den

Vorgabebedingungen bei. Da ihrer Meinung nach Zeitdruck und Testcharakter Kovariationen erzeugen, gaben sie die Verfahren in einer spielerischen Situation vor. Die Resultate bestätigten ihre Annahme. Es fanden sich relativ hohe Interkorrelationen zwischen den Kreativitätstests ($r = 0{,}41$) und zwischen den Intelligenztests ($r = 0{,}51$), aber niedrige Beziehungen zwischen Kreativitäts- und Intelligenztests ($r = 0{,}09$).

In vielen Textbüchern wird als Fazit der Untersuchungen zum Zusammenhang von Kreativität und Intelligenz die folgende, bereits auf Guilford (1967) zurückgehende Beziehung angeführt (▶ Abb. 6.5). Damit wird explizit ein *Schwellenmodell* unterstellt, dem zufolge hohe Intelligenz zwar nicht gleichbedeutend mit entsprechender Kreativität ist, hohe Kreativität aber eine überdurchschnittliche Intelligenz voraussetzt.

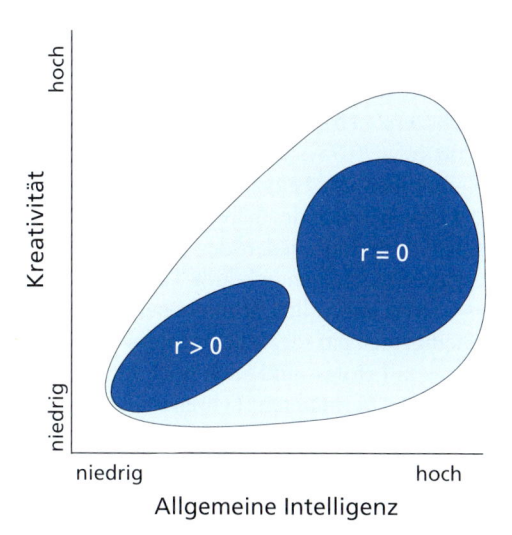

Abb. 6.5: Beziehung zwischen Kreativität und Allgemeiner Intelligenz nach dem Guilford'schen Schwellenmodell. Danach soll im IQ-Bereich < 120 eine positive Korrelation, im IQ-Bereich > 120 eine Nullkorrelation bestehen.

Dem Schwellenmodell ist zu entnehmen, dass die Korrelation zwischen Kreativität und Intelligenz für Personen mit hoher Intelligenz etwa null betragen, für Personen mit niedriger Intelligenz dagegen positiv ausfallen sollte. Preckel et al. (2006) untersuchten diese Vorhersage an 1328 Schülern. Allgemeine fluide Intelligenz (gemessen mit dem CFT 20) korrelierte mit Kreativität (gemessen mit dem Test »Einfallsreichtum« des Berliner Intelligenzstrukturtests) allerdings in den beiden Gruppen mit hoher (IQ > 120) und niedrigerer (IQ < 120) Intelligenz mit ca. $r = 0{,}40$ gleich hoch. Diese Ergebnisse sprechen gegen das Schwellenmodell, sie bestätigen aber den mittleren Zusammenhang zwischen Kreativität und Intelligenz.

Der spezifische Wert von Kreativitätstests erweist sich allerdings erst bei der Voraussage von externen Leistungen. Darüber wird im nächsten Abschnitt berichtet.

6.3.3 Kreativität und Schulleistung

Getzels und Jackson (1962) berichteten von signifikanten Korrelationen zwischen Kreativitätstests und numerischen sowie verbalen Schulleistungen. Nach statistischer Bereinigung des Einflusses der Intelligenz auf die Korrelation zwischen Kreativität und Schulleistung resultierte über alle Kreativitätstests noch eine Partialkorrelation von etwa 0,33 für die Aufklärung der verbalen Schulleistungen, d. h., in dieser Größenordnung leisteten die Kreativitätsskalen einen vom IQ unabhängigen, »originalen« Beitrag. Ähnliche Korrelationen mit tendenziell geringerer Höhe sind von anderen Autoren berichtet worden.

Getzels und Jackson (1962) hatten die geschilderten Partialkoeffizienten allerdings nicht berechnet. Sie hatten sich darauf beschränkt, aus ihrer Gesamtstichprobe u.a. zwei Gruppen von Probanden auszuwählen, von denen die eine hochkreativ, aber (relativ!) weniger intelligent (IQ im Mittel immer noch bei 127), die andere hochintelligent (IQ bei 150), aber wenig kreativ war. Die mittleren Schulnoten beider Gruppen unterschieden sich nur unwesentlich voneinander, lagen jedoch bedeutsam über dem Durchschnitt der restlichen Schüler. Hohe Kreativität befähigte also einen Teil der Probanden zu denselben Leistungen wie hohe Intelligenz einen anderen Teil. Da als Kriterium Schüler*beurteilungen* zugrunde lagen, bedeutet das implizit, dass die Lehrer auf die je spezifischen Eigenarten der Schüler angemessen eingingen und diese berücksichtigten; das betreffende Schulsystem ließ mit anderen Worten auch für Kreativität Raum. Dennoch unterrichteten die Lehrer lieber die Hochintelligenten als die Hochkreativen. Eine der Ursachen dafür mag das Verhalten kreativer Schüler sein: Sie sind lebhafter und weniger diszipliniert; sie stellen zudem mehr Fragen zum Unterricht, was für den Lehrer störend sein könnte (Torrance, 1964). Da sich schöpferisches Denken insoweit gegen das System mit seiner Betonung des Korrekten, Normgemäßen und Angepassten gewissermaßen durchsetzen muss (Kemmler, 1969), ist eine Honorierung bei der Notengebung weniger wahrscheinlich, als es eigentlich angemessen wäre.

Zusammengefasst dokumentiert also die Mehrzahl der Untersuchungen einen begrenzten Beitrag der Kreativität zur Aufklärung der Schulleistungsvarianz.

6.3.4 Kreativität und Persönlichkeit

Was oben über die Persönlichkeit kreativer Schüler angedeutet wurde, ist anhand des Materials von Getzels und Jackson (1962) weiter zu spezifizieren.

Unter anderem ließen die Autoren ihre Versuchspersonen 13 kurze Beschreibungen des Verhaltens bzw. der Eigenschaften fiktiver Studenten lesen, z. B. »Here is the student, who is best of getting along with other people«, »Here is the student with the most pep and energy of anyone in the school«, »Here is the healthiest student in the school«. Daraufhin sollten vier verschiedene Rangreihen erstellt werden:

- wie man diese Personen als Mitschüler in der Klasse mögen würde,
- wie man sich selbst gern sähe (ideales Selbstbild),
- wie der Lehrer sie am liebsten hätte (Lehrerheterostereotyp) und
- wie es für den Lebenserfolg am besten wäre (Erfolgsheterostereotyp).

Im Erfolgs- und Lehrer-Rating stimmten die hochkreativen mit den hochintelligenten Versuchspersonen fast vollständig überein ($r = 1{,}00$ bzw. $0{,}98$), hingegen korrelierten die Rangreihen der beiden Gruppen nur zu $r = 0{,}41$ hinsichtlich des Selbstbildes. Einzelkontraste innerhalb jeder der Extremgruppen ergaben das folgende Bild (▶Tab. 6.1):

Wie ersichtlich, stimmte bei den Hochintelligenten das ideale Selbstbild weitgehend mit dem Erfolgs- und auch noch hinlänglich mit dem vermuteten Lehrerurteil überein, während dieses bei den Hochkreativen keineswegs der Fall war. Hochkreative schätzten

Tab. 6.1: Rangkorrelationen zwischen idealem Selbstbild und Erfolgs- bzw. vermutetem Lehrerheterostereotyp.

	Personen	
Korrelation zwischen	Hochintelligente (N = 28)	Hochkreative (N = 26)
Idealem Selbstbild – Erfolgsheterostereotyp	0,81	0,10
Idealem Selbstbild – Lehrerheterostereotyp	0,67	–0,25

relativ stark »Humor« (Rangplatz 3, nach dem von allen Versuchspersonen auf den ersten Platz gesetzten Wunsch, mit anderen gut auszukommen, gefolgt von emotionaler Stabilität), während die Hochintelligenten Wert auf »gute Noten«, »hohe Intelligenz« und »Zielstrebigkeit« legten.

»In effect, the high IQ is saying, ›I know what makes for success and what teachers like, and I want these qualities too‹, the high creative is saying, ›I know as well as the high IQ what makes for conventional success and what teachers like, but these are not necessarily the qualities I want for myself‹« (Getzels & Jackson, 1962, S. 36).

Die Konsequenzen für das Verhalten in der Schule und wohl auch außerhalb liegen auf der Hand: Die Ungebundenheit, wie sie in Abschnitt 6.3.1 als Charakteristikum kreativer Personen bereits erwähnt wurde, findet sich hier in anderem Gewande wieder.

In ähnlicher Weise sind auch Wallach und Kogan (1965) verfahren, indem sie sowohl auf der Kreativitäts- wie auch auf der Intelligenzdimension eine Dichotomisierung vornahmen. Eindeutige Verhaltensunterschiede waren allerdings nur beim weiblichen Geschlecht registrierbar, wo wiederum die Gruppe der hochkreativ/niedrigintelligenten Kinder weniger beliebt war und zu Einzelgängertum sowie unproduktiven Störungen des Schulunterrichts neigte. Kommt hohe Intelligenz zur hohen Kreativität, schlagen die meisten der negativen Ausprägungen ins Positive um.

Bosse (1979) ließ das Verhalten einer Gruppe hochintelligenter Schüler in der Klassensituation durch zwei Beobachter klassifizieren. Die kreativen Probanden zeigten gegenüber den nichtkreativen höhere Werte in den Dimensionen »Abenteuerlust«, »Frustrationstoleranz« und »Modellverhalten«.

In diesem Kontext muss schließlich die Untersuchung von Wallach und Wing (1969) angeführt werden. Die per Post erreichten Probanden bearbeiteten in ihrer häuslichen Umgebung und ohne Gegenwart eines Versuchsleiters figurale Kreativitätstests, bei denen verbale Assoziationen zu liefern waren. Unterschiede in einer großen Zahl außerschulischer Aktivitäten waren beobachtbar, wenn Extremgruppen des oberen und unteren Drittels der Kreativitätsdimension miteinander verglichen wurden; namentlich Items aus den Bereichen von »Führung« (z. B. »Elected president or chairman of a student organization«), »Kunst« (z. B. »Created art work such as painting, drawing, sculpturing, cartooning, photography [not as part of the course]«) und »Schreiben« (z. B. »wrote original poems...«) differenzierten auf der Kreativitäts-, nicht aber der Intelligenzdimension.

Von besonderer Bedeutung ist die Untersuchung von Harrington (1975). Dieser unterschied bei der Vorgabe des »Alternate Uses«-Tests zwischen der Normalinstruktion und der Alternativinstruktion, kreative, d. h. neuartige und nützliche Verwendungen zu liefern. Unter beiden Bedingungen wurden die Antworten der Probanden nach dem Kreativitätsgehalt beurteilt. Bei unveränderter Gesamtzahl aller Lösungen stieg unter der Alternativinstruktion die Zahl kreativer Antworten zulasten unkreativer an. Die so erhaltenen Kreativitätswerte, und nur diese, zeigten mit fast allen zugleich vorgegebenen Persönlichkeitsskalen signifikante Zusammenhänge. Auch blieb die Korrelation des Testwerts mit einem Kreativitäts-Selbstrating nach Herauspartialisierung von Leistungsmotivation und Allgemeiner Intelligenz erhalten.

Gerade eine solche Partialisierung ist wichtig, um die Markanz des Kreativitätsfaktors besser abschätzen zu können. König (1981, S. 200) beobachtete in seiner bereits erwähnten Untersuchung »enge und spezifische Beziehungen des [Kreativitätsfaktors] Einfallsreichtum zu Persönlichkeitsmerkmalen (...), die nicht dem Leistungsbereich zuzurechnen sind: Geselligkeit und produktive Aktivität vs. Gehemmtheit auf der Ebene von Einzelvariablen; musisch-künstlerische, sprachlich-literarische und soziale Orientiertheit vs. mathematisch-technisches Interesse auf der Ebene von Faktor-Summenwerten«. Macioszek (1982) bildete Extremgruppen von Probanden auf der Basis von vier Kreativitätstests und prüfte mit Hilfe von Diskriminanzanalysen, ob Persönlichkeitsvariablen zwischen den Gruppen zu differenzieren erlauben. Den Ladungsmustern der Trennfunktionen zufolge waren die Hochkreativen eher extravertiert, leistungsmotiviert, unkonventionell, gefühlsbetont, ambiguitätstolerant – und vor allem intelligent.

Die Eliminierung des Intelligenzeinflusses ist deshalb so wichtig, weil in den meisten Untersuchungen, auch der von Wallach und Kogan (1965), die Korrelationen anderer Maße mit Kreativität relativ niedrig sind im Vergleich zu Intelligenz. Zudem erwiesen sich in der Untersuchung von Hocevar (1980) divergente Tests solchen zur Erfassung von Intelligenzfaktoren bei der Aufklärung von kreativer Aktivität nicht als überlegen. Insoweit trifft Shulmans spöttische Feststellung von 1966 (S. 367) auch heute noch in Grenzen zu: »Whether due to lower reliability or less relevance, the newly defined creativity variable is far less productive than the old workhorse, intelligence.«

> **Zusammenfassung von Kapitel 6.3**
>
> Bei der Frage nach der Validität von Kreativitätstests ist zu klären, welche Kriterienmaße für Kreativität herangezogen werden können. Ein Problem stellt dabei die offenkundige Vieldimensionalität von Kriterien der Kreativität dar. Ein anderes Problem betrifft das Alter der untersuchten Stichprobe, welches im Fall von studentischen Stichproben deutlich unterhalb des Zeitraums der größten Schaffensperiode von Wissenschaftlern und Künstlern liegt (Mitte der dreißiger Jahre). Wenn Expertenurteile als Kriterien für Kreativitätstests verwendet wurden, so ergaben sich durchaus zufriedenstellende Validitätskoeffizienten zwischen 0,30 und 0,50.
>
> Der Zusammenhang zwischen Kreativitäts- und Intelligenztests ist nach verschiedenen Untersuchungen niedrig bis mittelhoch positiv. Diesen allgemeinen Zusammenhang präzisierend postuliert das Schwellenmodell von Guilford, dass Allgemeine Intelligenz und Kreativität im niedrigen bis durchschnittlichen Intelligenzbereich miteinander positiv, im mittleren bis hohen Intelligenzbereich zu null korrelieren. Nach neueren Befunden wird aber über alle Intelligenzbereiche hinweg eine gleich bleibende positive Korrelation festgestellt.
>
> Die berichtete positive Korrelation zwischen Kreativität und Schulleistung (ca. 0,30), auch nach Auspartialisierung von Intelligenz, weist auf einen gewissen unabhängigen Beitrag der Kreativität an der Schulbenotung hin.
>
> In der Selbstbeschreibung der Persönlichkeit zeichnen sich konsistente Unterschiede zwischen hoch- und niedrigkreativen Personen ab. So beschreiben sich Hochkreative als unkonventionell und im vorherrschenden Norm- und Wertesystem als ungebunden, extravertiert und leistungsmotiviert.

6.4 Aufklärung testunabhängiger Kreativitätsvarianz

Im vorangegangenen Abschnitt sind hauptsächlich solche Studien aufgeführt worden, in denen die Korrelate der durch speziell entwickelte Kreativitätstests definierten Unterschiede erfasst werden sollten. Auch der umgekehrte Ansatz ist natürlich möglich und bereits intensiv verfolgt worden, nämlich das Herausgreifen der durch Produktkriterien oder Fremdeinschätzung als kreativ angesehenen Personen und ihre Untersuchung mit Hilfe von herkömmlichen Tests, unter denen sich gleichwohl Kreativitätstests befinden mögen.

Da auf den historiometrischen Ansatz bereits in Abschnitt 6.3.1 verwiesen wurde, bleibt ein kurzer Überblick über die anderen Untersuchungen. Dort standen gewöhnlich herausragende Wissenschaftler oder Künstler, gelegentlich auch Manager aus Verwaltung und Industrie im Mittelpunkt des Interesses. Barron (1969, S. 74) führte mehrere solcher Untersuchungen, z. T. auf postalischem Wege, durch und stellte die Profile des »California Psychological Inventory« von kreativen Architekten, Schriftstellern und Mathematikerinnen denjenigen von unauffälligen Berufskollegen gegenüber. Zusätzlich wurden die Korrelationen von Q-Sort-Items mit Kreativitätsratings mitgeteilt, die je nach Stichprobe und Verfahren z. T. um 0,60 lagen (z. B. »Thinks and associates to ideas in unusual ways; has unconventional thought processes«, »Is an interesting, arresting person«, negativ: »Judges self and others in conventional terms«, »Is moralistic«). Im Falle der Manager konvergierten Selbst- und Fremdeinschätzung dahingehend, dass Selbstsicherheit, Stärke und Dominanz als wesentliche Kennzeichen der Kreativen festgehalten wurden.

Noch bessere Prädiktoren kreativer Tätigkeit, nach Taylor und Holland (1964) die wertvollsten überhaupt, scheinen biographische Inventare zu sein, in denen neben Daten des Lebenslaufes und der Herkunft Interessen, Arbeitsgewohnheiten und weitere Voraussetzungen der manifesten Kreativität erfasst werden können. Schaefer und Anastasi (1968) berichteten über Korrelationen solcher Instrumente mit künstlerischer Kreativität in Höhe von $r = 0{,}64$; mit wissenschaftlicher Originalität bestand noch ein Zusammenhang von $r = 0{,}35$. Die kreativen Probanden stammten im Vergleich zu Kontrollpersonen aus Familien, in denen eine besondere Betonung intellektueller Aktivitäten sowie verschiedener Anregungsbedingungen wie Lesen und Reisen vorlag. Sport und Geselligkeit spielten eine geringere Rolle, dafür war Tagträumen relativ häufig.

Auch außerhalb des Collegebereichs haben sich biographische Inventare als erfolgreich erwiesen: Unter Verwendung von Patenten und Fremdbeurteilungen als Kriterien konnten etwa Smith et al. (1961) die Kreativität von Wissenschaftlern der Petrol-Chemie in einer Höhe um $r = 0{,}50$ erklären.

Der entscheidende Nachteil solcher Untersuchungen ist im Querschnittsansatz zu sehen. Von einer Vorhersage der Kreativität kann deshalb keinesfalls gesprochen werden, vermutlich noch nicht einmal von einer Erklärung, da das Faktum eines Patentes oder einer guten Leistung innerhalb wie außerhalb des Colleges nicht Folge, sondern indirekt auch Ursache für einige der Testwertdifferenzen sein mag. Vieles spricht dafür, dass beispielsweise eine Anerkennung durch andere zu einer Erhöhung des Selbstwertgefühls und einer Intensivierung von Autonomiebestrebungen führt und dass spätere intellektuelle Aktivitäten auch die Erinnerung an die häusliche Umwelt bzw. dort ausgeübte gleichartige Interessen sensibilisiert.

> **Zusammenfassung von Kapitel 6.4**
>
> Statt Korrelate von Kreativitätstests zu bestimmen, können auch hochkreative Personen über Expertenurteile selegiert und anschließend einer niedrigkreativen Personengruppe gegenübergestellt werden. Alternativ können Hochkreative auch in biografischen Inter-

> views über ihren Lebenslauf und ihre Herkunftsfamilie befragt werden. So stammten die kreativen Probanden im Vergleich zu Kontrollpersonen aus Familien, die in der Kindheit und Jugend der Probanden verschiedene Anregungsbedingungen gewährten.

6.5 Zur Theorie der Kreativität

Wenn in diesem Kapitel erst nach einer Präsentation verschiedener Messinstrumente und Untersuchungsbefunde zur Kreativität auf die für dieses Konstrukt einschlägigen Theorien eingegangen wird, so folgen wir damit dem Forschungsprozess, an dessen Anfang weniger präzise Vorstellungen über Struktur und Prozess der Kreativität als vielmehr die Entwicklung entsprechender Tests gestanden haben. In der Zwischenzeit sind jedoch verschiedene theoretische Konzepte formuliert worden, die teils nur einzelnen Aspekten des Phänomens, teils aber auch dessen Gesamtheit gelten. Nachfolgend kann nur ein relativ enger – und das bedeutet notgedrungen selektiver – Ausschnitt aus der einschlägigen Forschungsliteratur referiert werden. Im Sinne des oben angeführten 4 P-U-Modells zielt dieser in erster Linie auf die *Prozesse* ab, die kreatives Denken ausmachen.

6.5.1 Prozessmodelle

Schon vor geraumer Zeit hatte Graham Wallas (1926) ein Vier-Stadien-Schema propagiert, das für alle kreativen Abläufe kennzeichnend sein soll:

- Vorbereitung. Ein Problem wird erkannt, es werden Informationen dazu gesammelt.
- Inkubation. Es findet keine aktive Auseinandersetzung mit dem Problem statt, sondern eher ein unbewusster Reifeprozess.
- Illumination (Inspiration, Erleuchtung). Man bekommt einen kreativen Einfall, so etwas wie eine plötzliche Erleuchtung oder einen Geistesblitz.
- Verifikation. Die gefundenen Lösungsansätze werden systematisch ausgearbeitet und dann umgesetzt.

Dabei stellt Inkubation eine Periode dar, in der zwar auf Seiten der Person keine erkennbare Aktivität im Hinblick auf eine Lösung des Problems besteht, an deren Ende oder schon vorher aber doch definitive Anzeichen weiterer Bemühungen, manchmal verbunden mit substantiellen Fortschritten im Lösungsprozess, zu erkennen sind (s. Guilford, 1979, S. 1). Diese Periode der Inkubation mag zwischen einigen Minuten und mehreren Jahren andauern. Unterbindet man eine derartige Phase, führt dies zu Leistungsminderungen. Umgekehrt resultiert aus der Gewährung eines solchen Stadiums ein Mehr an kreativen Produkten gegenüber Kontrollbedingungen (Houtz & Frankel, 1992).

Viel wichtiger aber und von grundsätzlicher Bedeutung sind die ursprünglichen Annahmen, wonach

1. die beiden Phasen Inkubation und Illumination unbewusst und nach ganz anderen Regeln ablaufen als nach denen des logischen Denkens und

2. die darin ablaufenden Prozesse unspezifisch für die Bereiche oder Inhalte des Denkens sind.

Diese Annahmen lassen sich nicht mehr aufrechterhalten. Maßgeblich dafür sind die von Weisberg (1986) in seinem wegweisenden Buch ausgebreiteten Erwägungen.

Danach handele es sich bei den retrospektiven Berichten herausragender Persönlichkeiten über die Entstehung ihrer kreativen Produkte um keine wissenschaftlich verlässlichen Quellen, und die oft geäußerte Behauptung, die geniale Idee sei letztlich nachgerade »aus dem Nichts« gekommen, verfestige nur einen Mythos. Kreative Leistungen seien meist das Ergebnis harter Arbeit und kreatives Denken im Wesentlichen nur eine Intensivierung der üblichen Wahrnehmungs-, Gedächtnis- und Problemlöseprozesse, mithin ein Denken auf anspruchsvollem Niveau, nicht aber eine spezifische und qualitativ andere Art des Denkens. Lediglich die Originalität und Bedeutsamkeit der Konsequenzen konstituierten die Sonderstellung.

Insofern akzentuiert Weisberg die Ähnlichkeit zwischen analytisch-logischem Denken einerseits und dem kreativen Denken andererseits. Darüber hinaus zeigte er anhand einiger wissenschaftlicher und künstlerischer Glanzleistungen aus der Vergangenheit in überzeugender Weise, dass neuartige Erkenntnisse und bedeutsame Einsichten ohne aufgabenrelevantes Vorwissen schlicht undenkbar sind, kreatives Problemlösen mithin einer differenzierten Expertise bedarf, d. h. eines reichen, variabel organisierten und flexibel nutzbaren Wissensbestands (faktisches und prozedurales Wissen).

Die Funktion der Aufmerksamkeit, die in der Polarität zwischen der eher passiven Phase der Inkubation und dem aktiven, angestrengten Nachdenken bereits implizit thematisiert wurde, steht im Zentrum anderer Ansätze. Mendelsohn (1976) vertrat die Auffassung, dass eine der Voraussetzungen für Kreativität die *Defokussierung* der Aufmerksamkeit sei, d. h. deren Verteilung auf einen weiten Bereich verschiedener Bewusstseinsinhalte und/oder zu den peripheren Merkmalen bestehender Aufgaben. So unbestreitbar eine Fokussierung der Aufmerksamkeit für hohe Effizienz bei der Lösung von Problemen ist, die klare Vorgaben, Strukturen und Randbedingungen aufweisen, so förderlich scheint umgekehrt deren Verteilung bei einer Hervorbringung kreativer Produkte zu sein, wo es häufig auf die Auflösung und Veränderung bestehender Strukturen ankommt und darauf, relativ schwachen Eingebungen oder geistigen »Pfaden« zum Durchbruch zu verhelfen. Jedenfalls sprechen verschiedene Befunde für eine positive Korrelation zwischen Aufmerksamkeitsumfang und Kreativität.

Andere Autoren haben den Akzent auf den *Wechsel* zwischen fokussierter und defokussierter Aufmerksamkeit als Voraussetzung bzw. Kennzeichen kreativen Denkens gelegt (Lesgold, 1989). Herausragende Leistungen wie diejenigen von Einstein beruhen genau auf dieser Alteration, d. h. darauf, einerseits das spezifische Wissen fokussiert in angestrengtem Denken einzusetzen, sich andererseits während bestimmter Phasen von Problemen zu distanzieren und Muße walten zu lassen.

In der Breite des Aufmerksamkeitsumfanges kann auch die entscheidende Variable innerhalb des in Abschnitt 6.2.4 erwähnten Ansatzes von Mednick (1962) gesehen werden. Dort wird von einem größeren Reservoir von Assoziationen heterogener Art auf Seiten kreativer *Personen* ausgegangen. Wegen der bei ihnen flacheren Assoziationshierarchie könnten sie leichter als unkreative Personen Verbindungen zwischen weit auseinander liegenden Assoziationen herstellen.

Aus einer völlig anderen Warte hat Kris (1952) für die künstlerische Inspiration einen harmonischen Wechsel zwischen primären und sekundären Kognitionsprozessen angenommen. Erstere träten in Träumen und Tagträumen auf, des Weiteren in Hypnose und Psychosen; sie seien autonom-autochthon, frei-assoziativ und bedienten sich eher konkreter Vorstellungsbilder. Demgegenüber kennzeichneten sekundäre Prozesse das abstrakte, logische und realitätsbezogene Denken. Verschiedene Befunde stützen diese These, so der leichtere Zugang kreativer Personen zu den Primärkognitionen, ihre stärkere Fantasietätigkeit und das bessere Erinnern nächtlicher Träume (s. zu diesen und anderen Resultaten Urban, 1993, S. 168–169).

Martindale (1989) versuchte eine Integration dieser einander sehr ähnlichen Konzepte auf neurophysiologischem Niveau. Demzufolge ist Kreativität gebunden an die simultane Aktivierung möglichst vieler neuronaler Verschaltungen im Neokortex. Ein solcher Zustand aber stellt sich eher bei niedriger kortikaler Erregung ein als bei hoher (»*low arousal theory*«), da dann sehr viele Knotensysteme in etwa gleichem Ausmaß aktiviert sind, während eine starke kortikale Erregung einzelner Zellverbände zu einer Hemmung der weniger aktivierten Systeme führt. Seiner Auffassung nach gehen Primärkognitionen, defokussierte Aufmerksamkeit und flache Assoziationshierarchien mit niedrigem kortikalem Arousal einher.

Kreativität scheint aber nicht nur mit der Fokussierung von Aufmerksamkeit, sondern auch mit der *ausbleibenden* Hemmung von Assoziationen für irrelevante Reize zusammenzuhängen. Wenn etwa vor einer klassischen Konditionierung Reize dargeboten werden, die zunächst irrelevant sind, ist in einem anschließenden Konditionierungsexperiment deren Assoziierbarkeit an einen unkonditionalen Reiz geringer im Vergleich zu einem zuvor nicht dargebotenen Reiz (latente Inhibition). Bekannte Reize werden also selektiv gehemmt. Carson et al. (2003) konnten nun zeigen, dass – nur bei hochkreativen Probanden – eine latente Inhibition irrelevanter Reize kaum erfolgte. Damit steigt die Verfügbarkeit vorgeblich irrelevanter Reize bei divergenten Problemlösungen, was zu deren Originalität beiträgt.

Die Bedeutung von Umweltfaktoren wird von Rubenson und Runco (1992) dadurch unterstrichen, dass ihrer Konzeption zufolge Kreativität nicht nur ein *individuelles*, sondern in gewissem Umfang auch ein *gesellschaftliches* Phänomen darstellt. Damit wird die herkömmliche Perspektive, wonach die Kreativität einzelner Personen in verschiedene Umweltfaktoren eingebettet ist, ergänzt durch die Betrachtung eines größeren sozialen, kulturellen und politischen Milieus, mithin durch einen Rahmen, der den unmittelbaren Lebens- oder Aktionsraum des Einzelnen übersteigt. Die eingangs erwähnte Mobilisierung und Bündelung von Kräften in den USA Ende der 1950er Jahre, um den technologischen Vorsprung der Russen in der Raumfahrt zu egalisieren, liefert ein gutes Beispiel für gesellschaftliche Prozesse.

6.5.2 Komponentenmodelle

Einige der vorgeschlagenen Theorien heben stärker auf die notwendigen Voraussetzungen für Kreativität im Sinne von »Ingredienzen« ab. Dazu zählt die von Sternberg und Lubart (1991) vorgestellte »Investment-Theorie«, die auf den bisherigen Erkenntnissen aufbaut und diese gleichsam retrospektiv bündelt, aber auch durchaus Implikationen für gezielte Überprüfungen in zukünftigen Studien aufweist.

Der Name wurde deshalb gewählt, weil Kreativ-Sein im Grunde darauf hinauslaufe, sich in Analogie zu einem geschickten Investor oder Makler an der Börse zu verhalten nach der Devise *buy low and sell high*. Konkret komme es darauf an, die eigenen Anstrengungen und Fähigkeiten in Ideen einzubringen, die neu und qualitativ hochwertig sind, auch wenn sie zunächst weniger geschätzt oder gar als abwegig bezeichnet werden. Wenn diese Ideen und daraus resultierende Produkte allgemein akzeptiert seien, von anderen also gleichsam nachgefragt würden, steige ihr Wert, und der Kreative »verkaufe« sie; während die große Masse der »Interessenten« nur die Details ausfüllten, wende sich die kreative Person einem anderen Gebiet mit momentan »unter Wert gehandelten« Ideen zu.

Innerhalb der Theorie werden vier Ebenen unterschieden: Ressourcen, Fähigkeiten, »Portfolios« (Entwürfe) und Evaluationen. Die Ressourcen gliedern sich in kognitive und affektiv-motivationale Ressourcen (Intelligenz und Wissen bzw. Persönlichkeits- und Motivationsfaktoren) mit einer Mittel- oder Mischkategorie intellektueller Stile sowie Ressourcen von Seiten der Umwelt.

Was die intellektuellen Ressourcen angeht, so denken die Autoren unter Rückgriff auf die »triarchische Theorie« (s. Abschn. 5.5.2) vor allem an die Prozesskomponenten von Planung und Überwachung, von Problemlösen und Wissenserwerb. Kreativität beinhalte die Anwendung dieser Prozesse auf relativ neuartige Aufgaben und Situationen oder aber den Einsatz dieser Komponenten bei vertrauten Aufgaben und Situationen im Bestreben, den Kontext auszuwählen bzw. umzugestalten.

Die Bedeutung von Wissen resultiere schon daraus, dass jemand nur dann in einem Gebiet kreativ sein könne, wenn er darüber und über anstehende Probleme informiert sei, sich jedoch nach Möglichkeit von den Einengungen solcher Kenntnisse frei mache.

Unter den mit Kreativität korrelierenden Persönlichkeitsmerkmalen kommt Sternberg und Lubart zufolge der Ambiguitätstoleranz, Perseveration (also dem Willen und der Bereitschaft zur Überwindung von Widerständen), Risikofreude, Individualität und Offenheit gegenüber neuen Erfahrungen ein vorrangiger Stellenwert zu. Unter den mit Kreativität korrelierenden Motivationsfaktoren hätte vor allem die Fokussierung auf Aufgaben (Einbringen in Aktivitäten als Selbstzweck) eine besondere Bedeutung.

Im Hinblick auf die intellektuellen Stile sprechen die Autoren, wiederum in den Begriffen der triarchischen Theorie, von der Notwendigkeit einer »legislativen« Ausrichtung, d. h. einer Präferenz zur Artikulation allgemeiner Gesetze und Verhaltensregeln.

Im Weiteren sei für Kreativität ein mehr globaler im Unterschied zu einem lokalen Stil und ein mehr progressiver im Vergleich zu einem konservativen intellektuellen Stil von Vorteil. Auch greifen sie die Unterscheidung von Kirton (1976) zwischen »Adaptoren« und »Innovatoren« auf. Personen des ersteren Typs versuchen Problemlösungen durch Adjustierungen und schrittweise Modifikationen unter Beibehaltung der grundlegenden Strukturen, also innerhalb bestehender Paradigmen. Demgegenüber bemühen sich Innovatoren um eine Umstrukturierung fundamentaler Elemente, mithin eher um einen Wechsel der Paradigmen selbst, was sich im Falle des Gelingens günstig im Sinne von Kreativität auswirke (zur Messung dieser Stil-Dichotomie liegt ein 32 Items umfassender Fragebogen mit den Dimensionen Originalität, Effizienz und Rollen- bzw. Gruppen-Konformität vor, s. Kirton, 1987).

Die Umgebung schließlich wirke in dreierlei verschiedener Weise: Zum einen stellen die Reize aus der Umwelt häufig die Bausteine für kreative Produkte zur Verfügung. So wurde festgestellt, dass Kinder in einem Raum voller verschiedener Gegenstände einen ausgeprägteren Gedankenfluss zeigten als eine Vergleichsgruppe in einem leeren Zimmer. Zum anderen beeinflusst die Umgebung das allgemeine »Klima« für die Hervorbringung oder Unterdrückung kreativer Gedanken. Ferner und nicht zuletzt ist der Kontext maßgeblich für die Evaluation der Ideen oder Produkte.

Je nach den Anforderungen der Problemstellung und der relativen Stärke der Ressourcen bringen diese in Wechselwirkung miteinander die nächste Ebene innerhalb des Modells hervor, nämlich bereichsrelevante Fähigkeiten, wobei in Grenzen eine gewisse wechselseitige Kompensation möglich sein soll. Das Ausmaß, in dem eine Ressource zu kreativer Leistung beiträgt, hängt aber nicht nur von der Stärke der Ressource ab, sondern auch von der funktionalen Beziehung zwischen Ressource und Kreativität, die von linearer oder umgekehrt U-förmiger Beschaffenheit sein kann.

Abbildung 6.6 veranschaulicht die vier Ebenen des Modells für eine hypothetische Person, die im Bereich C1 zwei verschiedene kreative Projekte zu realisieren sucht, ein Vorhaben im Bereich C3 und drei im Bereich C4.

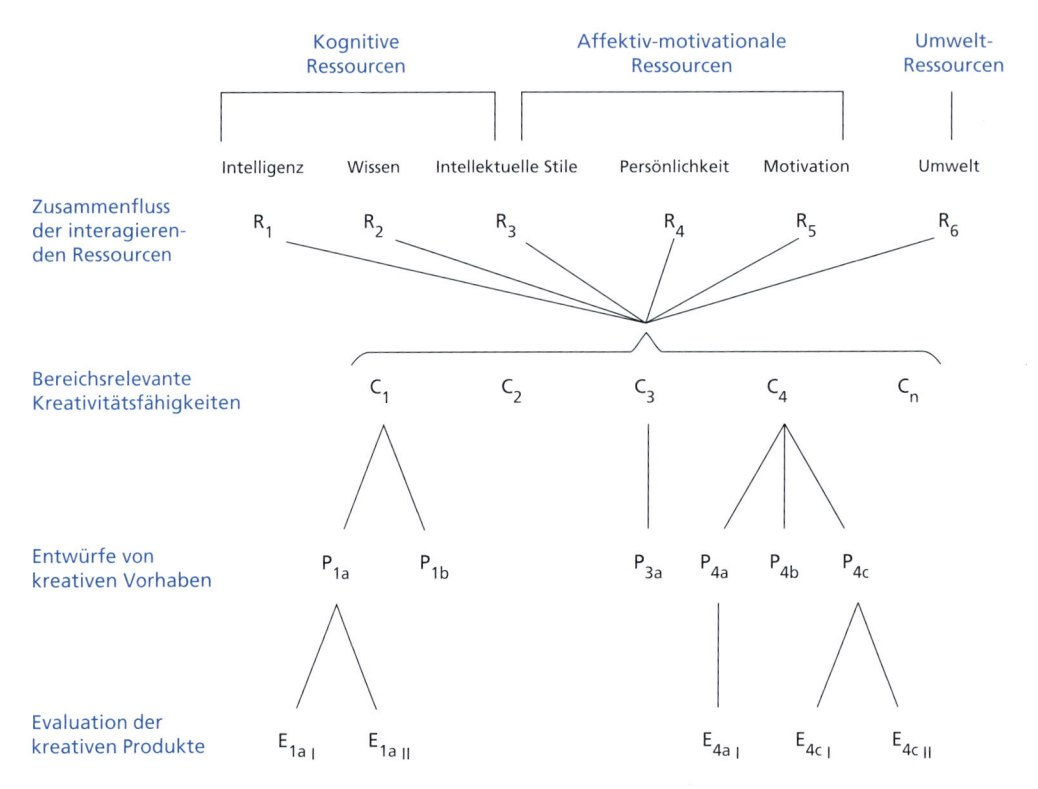

Abb. 6.6: Kreativitätsressourcen und ihr Zusammenwirken, veranschaulicht für einen hypothetischen Probanden, der in den Bereichen C1, C3 und C4 spezifische Projekte bearbeitet. Projekt 1a wird von zwei Beurteilern, Projekt 4a von einem Beurteiler und Projekt 4c von zwei Beurteilern evaluiert (nach Sternberg & Lubart, 1991, S. 5).

Die Überprüfung des Modells erfordert einen breit gefächerten multivariaten Ansatz. Sternberg und Lubart (1991) ließen von 48 männlichen und weiblichen Erwachsenen je zwei Zeichnungen, kreative Geschichten, Anzeigen und wissenschaftliche Problemlösungen erarbeiten, deren Güte von unabhängigen Beurteilern eingeschätzt wurde. Für diese Kriteriumsleistungen erwiesen sich im Mittel die intellektuellen Prozessvariablen als die besten Prädiktoren, gefolgt von Wissen, intellektuellen Stilen, Persönlichkeits- und Motivationsfaktoren. In der Kombination aller Variablen resultierte ein multiples $R = 0{,}81$.

In einer zweiten Untersuchung an 44 Probanden (s. Sternberg & Lubart, 1992) bestätigte sich der positive Einfluss von Risikobereitschaft innerhalb der Investment-Theorie.

Sicher bedürfen die Resultate einer Kreuzvalidierung an einer größeren Stichprobe von Personen und der Überprüfung mit anderen Variablen. Soweit sprechen sie aber dafür, dass die Theorie in hinlänglicher Weise dem Facettenreichtum der Kreativität gerecht zu werden scheint. Inwieweit damit auch die im

Alltag auftretenden kreativen Problemlösungen abgedeckt sind, muss bis auf weiteres offenbleiben. Umweltvariablen waren nicht erhoben worden.

Das bedeutet insofern ein gewisses Defizit, als Umweltressourcen in dem Modell ausdrücklich vorgesehen sind und jüngeren Forschungen zufolge völlig zu Recht eine immer stärkere Beachtung finden. Schon Amabile (1983) listete als kreativitätsfördernde Faktoren auf: Entscheidungsfreiheit, unerwartete Bekräftigungen, positives Innovationsklima, stimulierendes physikalisches Milieu, »scope for playfulness« und Sicherheit der Anstellung; umgekehrt würden Druck von Seiten Gleichrangiger, von Seiten Vorgesetzter und einer erwarteten Bewertung die Kreativität mindern.

Allerdings scheint die Wirksamkeit dieser Faktoren recht unterschiedlich und ihre theoretische Verankerung z. T. sehr komplex zu sein. So erwies sich in den Experimenten von Amabile et al. (1990) nur die Evaluationserwartung als Hemmnis bei der Anfertigung bestimmter Produkte, während die Gegenwart vs. Abwesenheit anderer Personen keine konsistenten Auswirkungen auf die Kreativität zeitigte. Auch Kuhlmei (1991) fand in seinem Feldexperiment nur eine tendenzielle Bestätigung des Umweltfaktors »soziale Kontrolle«. Was die Rolle von Bekräftigungen angeht, kommen dazu behavioristisch und kognitivistisch orientierte Ansätze zu diametral verschiedenen Vorhersagen. Eisenberger und Selbst (1994) konnten an 504 Schulkindern zeigen, dass Belohnungen nur dann im Sinne einer generalisierten Kreativität wirksam waren, wenn divergentes Denken *verlangt* wurde und die Bekräftigung sich nicht im Sichtfeld der Probanden befand. Als Erklärung dafür schlagen sie ein Modell vor, das die beiden Komponenten »gelernte Betriebsamkeit« und »selektive Aufmerksamkeit« enthält.

Um das Kreativitäts »klima« des Tätigkeitsumfeldes ökonomischer erfassen zu können, wurde in Schweden ein Fragebogen mit 50 Items entwickelt, der den Dimensionen Herausforderung, Freiheit, Dynamik/Lebhaftigkeit, Offenheit/Vertrauen, Zeit für Ideen, Heiterkeit/Humor, Konflikte, Unterstützung von Ideen, Debatten und Bereitschaft zu Risiken gilt (s. dazu die Untersuchung von Isaksen & Kaufmann, 1990). Obwohl primär für betriebliche Organisationen gedacht, haben viele dieser Aspekte augenscheinlich auch Relevanz für das allgemeine Lebensumfeld und sollten deshalb in zukünftigen Arbeiten intensiver erforscht werden.

Obwohl insofern der bedeutsame Einfluss von Umweltfaktoren als nachgewiesen gelten kann, spielen diese in der Rahmentheorie von Eysenck (1993) nur eine nachgeordnete Rolle. Im Vordergrund steht vielmehr ein zentrales Persönlichkeitsmerkmal, nämlich Psychotizismus (s. dazu Abschn. 7.4.2), in dessen Nähe Kreativität gerückt wird. Obwohl sicher gilt: »True madness makes true creativity impossible« (Amabile, 1993, S. 179), versucht Eysenck doch eine inhaltliche Verwandtschaft zwischen beiden Konstrukten und deren gemeinsame genetische Verankerung aufzuzeigen.

In der Konsequenz gäbe es fünf verschiedene Zugänge, um das »Psychotizismus-Kreativitäts-Modell« empirisch zu bestätigen, nämlich aufzuzeigen, dass

- Personen, die genetisch bedingt zu Psychotizismus neigen, ungewöhnlich kreativ sind,
- Psychotizismus mit Test-Kreativität (Originalität) zusammenhängt,
- Psychotizismus Beziehungen aufweist zu kreativen Leistungen,
- kreative Personen oft an psychopathologischen Symptomen leiden,
- identische kognitive Stile charakteristisch sind für Psychotiker, Personen mit hohen Psychotizismus-Werten und kreative Akteure.

Zu jeder dieser Linien, wenngleich der vorliegenden Literatur zufolge gewiss recht unterschiedlich in Zahl und Qualität, referierte Eysenck empirisches Material, das geeignet ist, die These der Nähe von Psychotizismus und Kreativität zu unterstützen. Hierzu zählt mittlerweile auch die mangelnde Leistungseinbuße in der oben erwähnten latenten Inhibition, die sowohl bei schizophrenen Patienten, schizotypischen Personen ohne klinische Diagnose einer Psychose (Lubow & Gewirtz, 1995) und bei hochkreativen Personen (Carson et al., 2003) gefunden worden ist. Allerdings fanden Miller und Tal (2007) Kreativität durch Intelligenz und die Persönlichkeitseigenschaft »Offenheit für Erfahrung« aus dem Fünf-Faktoren-Modell der Persönlichkeit vorhersagbar, nicht aber durch Schizotypie.

> **Zusammenfassung von Kapitel 6.5**
>
> Welche Prozesse machen das kreative Denken aus? Nach einer älteren Modellvorstellung von Wallas (1926) sind vier Prozesse bedeutsam: Vorbereitung (Problemerkennung), Inkubation (unbewusster Reifeprozess), Illumination (der kreative Einfall) und Verifikation (systematische Lösungsskizze). Allerdings ist die Phase des kreativen Einfalls nicht nur die eines unbewussten Vorgangs oder eines plötzlichen Geistesblitzes, sondern aufbauend auf einem reichen und flexibel nutzbaren Wissensbestand. Daneben wurde Aufmerksamkeit als wichtige Prozessvariable für kreatives Denken ausgemacht. Thematisiert wurde die Bedeutung der defokussierten Aufmerksamkeit, die im Unterschied zur fokussierten Aufmerksamkeit kreative Einfälle begünstigt. Auch ein Wechsel zwischen defokussierter und fokussierter Aufmerksamkeit in den Phasen der Illumination und Verifikation ist für das kreative Produkt förderlich. Eine weitere theoretische Vorstellung geht von der Breite des Aufmerksamkeitsumfangs in Verbindung mit einem flachen Assoziationsgradienten bei Hochkreativen aus. Dies ermöglicht es ihnen, Verbindungen zwischen weit auseinander liegenden Assoziationen herzustellen. Ein weiterer Aspekt ist die ausbleibende Hemmung von Assoziationen für irrelevante Reize (latente Inhibition), was die Verfügbarkeit vorgeblich irrelevanter Reize und damit die Originalität von Problemlösungen erhöhen kann. Schließlich wurde darauf hingewiesen, dass auch die soziale und gesellschaftliche Umwelt für den kreativen Prozess bedeutsame Rahmenbedingungen stellen können.
>
> Eine Bündelung bisheriger Vorstellungen zu Kreativität erfolgt in der Investment-Theorie von Sternberg und Lubart. Die kreative Person investiere in wenig geschätzte Ideen und produziere ein kreatives Produkt, wodurch ein Mehrwert entstehe. Innerhalb der Theorie werden vier Ebenen unterschieden: Ressourcen (kognitive und affektiv-motivationale Ressourcen, Umweltressourcen), Fähigkeiten (zum Beispiel Ambiguitätstoleranz, Perseveration, Risikofreude, Individualität, Offenheit gegenüber neuen Erfahrungen), Portfolios (Entwürfe von kreativen Vorhaben) sowie Evaluationen der kreativen Produkte. Eine Übersicht gibt **Abbildung 6.6**. Das Komponentenmodell von Eysenck (1993) ist gegenüber der Investment-Theorie biopsychologisch ausgerichtet. Gene bestimmen die Aktivität von Neurotransmittern, die wiederum die Funktionsweise bestimmter Hirnleistungen beeinflussen, was auch in experimentellen Anordnungen untersucht werden kann. Aus veränderten Hirnleistungen entstehen sowohl psychische Erkrankungen wie Depression oder Schizophrenie als auch kontinuierliche Ausprägungen der Eigenschaft Psychotizismus. Der hier zugehörige Primärfaktoren »Kreativität« (bzw. Originalität) bedingt die kreative Leistung ebenso wie motivationale und kognitive sowie sozio-kulturelle Variablen.

6.6 Implikationen und Trainierbarkeit

Die euphorische Stimmung und hochgesteckten Erwartungen im Zusammenhang mit der Exploration eines bis dahin fast brachliegenden Forschungsfeldes sind zwischenzeitlich einer nüchternen Einstellung gegenüber der Kreativität gewichen.

Neue Itemformate (s. auch Torrance, 1968) bedingten neue Interkorrelationsmuster. Da die Kreativitätstests – von den Fragebogenmethoden abgesehen – in der Mehrzahl von den Probanden eine Leistung verlangen, stehen sie, wenngleich abhängig von Stichprobenspezifität und jeweiligem Inhalt, auch mit anderen Verfahren in Beziehung, die Leistung in sehr allgemeiner Form erfassen: den Intelligenztests. Mehrere Untersuchungen sprechen dafür, dass Kreativitätstests

- in gemeinsamen Faktorenanalysen eigenständige, konstruktspezifische Faktoren bilden und
- bei der Vorhersage von schulischen und außerschulischen Leistungen unabhängige Beiträge zur Aufklärung von Kriteriumsvarianzen leisten.

Wenn diese Anteile, namentlich in Regressionsgleichungen, vom Ausmaß her noch hinter den Erwartungen zurückbleiben, ist dafür zum einen die offensichtliche Komplexität von Kreativitätskriterien verantwortlich, zum anderen die oft nicht befriedigende Reliabilität von Kreativitätstests und die Probleme ihrer Bestimmung. Reliabilität ist kaum im Sinne der Re- oder Paralleltestung anzugehen; das Konzept originaler Ideen ist inkompatibel mit deren Wiederholung. Die ermittelten Testhalbierungskoeffizienten liegen andererseits zum größeren Teil nicht in befriedigender Höhe. Also böte sich die Verlängerung der Tests an, doch gerät man damit auf ein ähnliches Gleis wie bei der Testwiederholung, da die hinzukommenden Items ja homogen sein müssen, was letztlich auf inhaltliche Ähnlichkeit hinausliefe. Dennoch ist das Dilemma unvermeidlich, da Skalenhomogenität für sich selbst nichts über die zeitliche Stabilität des Merkmals aussagt. Untersuchungen zur Entwicklung und Stabilität von Kreativität existieren fast nur im Querschnittsansatz – mit einem der Wachstumsfunktion der Intelligenz ähnlichen Resultat (MacKinnon, 1964; dort auch interkulturell vergleichende Daten von über 6000 Kindern).

Eine bemerkenswerte Ausnahme stellt die Untersuchung von Magnusson und Backteman (1979) dar. Die Autoren gaben Kreativitätstests an ca. 1000 unausgelesenen Kindern im Alter von 14 bis 16 Jahren vor. Zur Vermeidung der o.a. Probleme handelte es sich dabei um verschiedene Skalen bei Test und Testwiederholung. Trotz der Verschiedenheit der Verfahren wiesen die Kreativitätstests doch eine »Stabilität« um 0,45 auf (gegenüber ca. 0,80 der Intelligenztests).

Darüber hinaus liegen bislang kaum echte Vorhersagestudien vor, in denen die Kreativität über Tests zunächst bestimmt und nach Ablauf einer gewissen Zeitspanne Produktkriterien dafür erhoben werden. Solange hier vorerst weiter ein elementares Defizit besteht, kann kein verbindliches Urteil über den Wert des Konstrukts abgegeben werden. Ermutigend fallen immerhin die Resultate der Untersuchung von Harrington et al. (1983) aus, die an 75 Kindern im Alter von 4 und 5 Jahren u.a. zwei Kreativitätstests vorgaben und anhand eines spezifischen Indexes eine Korrelation von 0,45 mit den 6 bis 7 Jahre später erhobenen Lehrerurteilen zur Kreativität fanden.

Angesichts der optimistischen Prognosen, die im Hinblick auf eine Nutzung der Kreativität und ihrer Förderung verbunden waren, überrascht es nicht, dass auch bald

Trainingskurse zu deren Schulung konzipiert wurden. Aber –

»The advocates of creativity training are enthusiasts who tend to rely on anecdotal evidence, or whose experiments are rather poorly controlled« (Vernon, 1969, S. 399)

– eine Feststellung, die auch für die Studie von Haddon und Lytton (1970) zutrifft. Dort erzielten die Schüler »formeller, traditioneller« Schulen, in denen Wert auf konvergentes Denken und autoritatives Lernen gelegt wurde, bei gleichem mittleren IQ niedrigere Leistungen in Kreativitätstests gegenüber solchen Schülern, die aus progressiven, selbstinitiiertes Lernen und kreative Aktivitäten fördernden Schulen kamen.

Andererseits bleibt zweifelhaft, ob die Entscheidung der Schüler (bzw. wahrscheinlicher: deren Eltern!) zugunsten des einen oder anderen Schultyps tatsächlich nach Zufall geschah und ob die Effekte möglicherweise lediglich auf den Sozialstatus (der in der Untersuchung um 0,30 gleichermaßen mit Intelligenz wie Kreativität korrelierte) und damit verbundene Hintergrundfaktoren zurückgehen.

Ganz in diesem Sinne kommt Bewing (1970) nach einer Sichtung verschiedenen Materials zu der Überzeugung, dass die wichtigsten Variablen zur Förderung hoher Kreativität bei Kindern ein nichtautoritäres Elternverhalten, intellektuelle Interessen und ein durch Unabhängigkeit gekennzeichnetes Eltern-Kind-Verhältnis sind. Zwar wird immer wieder über experimentalpsychologisch gesicherte Erfolge bei der Steigerung von Kreativität berichtet (z. B. Fontenot, 1993), doch muss geklärt werden,

- inwieweit die Effekte nur auf einem unmittelbaren Üben der Testaufgaben im Gewande des Trainingskurses beruhen und
- ob die Übungseffekte wirklich so lange anhalten, wie Parnes und Meadow (1960) glauben machen wollten.

In einer Untersuchung von Lissmann und Mainberger (1977) war nur in *einem* Kreativitätstest eine positive Auswirkung des erfolgten Trainings zu sichern; in einer anderen Skala schnitt jedoch die Experimentalgruppe sogar schlechter ab als die unbehandelte Kontrollgruppe. In einer umfassenden Würdigung der Literatur zur Evaluation von Trainingsprogrammen konstatierte denn auch Hany (1993) einen allgemeinen Niedergang organisierter Kreativitätsförderung in den letzten Jahrzehnten. Bis auf weiteres mag deshalb gelten:

»Creativity cannot be forced, it can only be fostered« (Weininger, 1977, S 118).

Zusammenfassung von Kapitel 6.6

Anfänglich hohe Erwartungen an das Konstrukt der Kreativität sind einer realistischeren Einschätzung gewichen. Unbestritten ist, dass mit Kreativität ein von der Intelligenz teilweise unabhängiges Merkmal erfasst wird, im Unterschied zu Letzterer allerdings eine niedrigere Stabilität aufweist und mit der besprochenen Kriterienproblematik umzugehen hat. Nach wie vor sind Prädiktionsstudien rar. Förderlich für eine hohe Kreativität scheint bei Kindern ein nichtautoritäres Elternhaus, intellektuelle Interessen und ein durch Unabhängigkeit gekennzeichnetes Eltern-Kind-Verhältnis zu sein. Kreativität kann offensichtlich nicht trainiert, wohl aber angeregt werden.

Teil III Interindividuelle Differenzen im Persönlichkeitsbereich

7 Modellierung von Persönlichkeitsstruktur

Was sind die wichtigsten Persönlichkeitseigenschaften? Mit dieser Frage – die analog zur Analyse der Intelligenzstruktur gesehen werden kann – haben sich seit den 1930er Jahren viele Forscherinnen und Forscher beschäftigt. Ähnlich wie im Intelligenzbereich konvergierten die Befunde in Richtung einer hierarchischen Struktur. Anders als im Intelligenzbereich konnte kein allgemeiner Faktor der Persönlichkeit (g) gefunden werden, stets blieb eine mehr oder weniger große Anzahl von nicht weiter reduzierbaren Persönlichkeitsfaktoren übrig. Wie viele Faktoren dies nun sind, darüber hat es in der Forschung heftige Kontroversen gegeben. In diesem Kapitel wird zunächst ein historisches »Vorläufermodell« der Persönlichkeitsstrukturforschung umrissen, nämlich die Persönlichkeitstypologien (7.1). Diese Typologien wurden recht bald abgelöst von dimensionalen Betrachtungsweisen, wobei das 16-faktorielle Persönlichkeitsmodell von Cattell einen ersten Endpunkt in dieser Entwicklung markiert (7.2). Aus einer ganz anderen Denkrichtung hat Eysenck ein geradezu radikal einfaches Strukturmodell der Persönlichkeit etabliert, das allen Ernstes für sich in Anspruch nimmt, die Gesamtpersönlichkeit auf drei Faktoren zurückführen zu können (7.3). In einer Weiterentwicklung des Cattell'schen Ansatzes haben dann nachfolgende Forscher ein Modell vorgeschlagen, das denselben Anspruch mit nun fünf Faktoren einzulösen sucht – es ist das Fünf-Faktoren-Modell (FFM) der Persönlichkeit (7.4). Dieses Modell ist in gewisser Hinsicht zu einem Standard und Orientierungsrahmen geworden, innerhalb dem eine Betrachtung von Stabilität und Veränderung von Persönlichkeitseigenschaften über die Lebensspanne erfolgen kann (7.5) und das hier einen Rahmen für die Darstellung von Geschlechtsunterschieden im Persönlichkeitsbereich liefert (7.6).

7.1 Typologien

7.1.1 Temperamentstypologien

Häufig sind es weniger Merkmale der intellektuellen Begabung und Leistungsfähigkeit, die für den Laien das »Wesen« der Persönlichkeit ausmachen oder den subjektiven Eindruck über einen Mitmenschen bestimmen, sondern vielmehr Gesichtspunkte der Persönlichkeit »im engeren Sinne«; darunter fallen gewöhnlich Faktoren des Temperaments und der Motivation, des emotionalen und sozialen Verhaltens – nicht *wie gut* jemand etwas tut, sondern *die Art und Weise*, in der dieses geschieht.

Seit alters her sind es deshalb nicht so sehr die Aspekte individueller Leistungsunterschiede, sondern mehr jene des spezifischen »Charakters«, die unerschöpflichen Stoff für Alltagsgespräche und die Vorlage zu allen Biographien und Romanen, Opern, Dramen und Komödien liefern. Es scheint, als habe man zudem bereits im Altertum die Eigentümlichkeiten im Verhalten zur Grundlage gezielter Selektionsprozesse gemacht, wie das in Abschnitt 1.3.1 geschilderte Auswahlverfahren beweist. Auf jeden Fall reichen auch wissenschaftliche Bemühungen um eine Klassifikation der Persönlichkeitsunterschiede weit zurück: Schon Hippokrates (460–377 v. Chr.) gruppierte alle individuellen Varianten nach dem Vorherrschen einer der vier Körpersäfte (Blut, Schleim, gelbe und schwarze Galle) in Sanguiniker, Phlegmatiker, Choleriker und Melancholiker. Die Vielzahl von Unterschieden im Erleben und Verhalten sollte letztlich einer der erwähnten einander ausschließenden Kategorien im Sinne von Typen zuzuordnen sein.

Das Viererschema, das auf makrokosmischer Ebene mit den Elementen Luft, Wasser, Feuer und Erde in Verbindung gebracht wurde, hat sich bis in die Neuzeit gehalten. So finden sich bei Kant farbige Beschreibungen der Typen. Aus der Beschreibung des »kaltblütig Phlegmatischen« wird etwa deutlich, welche verschiedenen Verhaltensweisen unter die »vorwaltende Disposition psychischer oder psycho-physisch-neuraler Art, die einer Gruppe von Menschen in vergleichbarer Weise zukommt« (Stern, 1921) und sie als *Typen* auszeichnet, eingeordnet werden:

»Phlegma als Schwäche ist Hang zur Untätigkeit, die Neigung gar nur auf Sättigung und Schlaf. Phlegma als Stärke ist dagegen nur die Eigenschaft: Nicht leicht und rasch, aber wenngleich langsam, doch anhaltend bewegt zu werden. Sein glückliches Temperament vertritt bei ihm die Stelle der Weisheit, und man nennt ihn selbst im gemeinen Leben oft den Philosophen. Er ist ein verträglicher Ehemann und weiß sich die Herrschaft über Frau und Verwandte zu verschaffen, indessen dass er scheint, allen zu Willen zu sein, weil er durch seinen unbeugsamen, aber überlegten Willen den ihrigen zu dem seinen umzustimmen versteht« (Kant, 1912/1798).

Zur Kennzeichnung der überwiegenden Affektlage übernahm auch Wundt (1903) die klassischen Typen, ordnete diese jedoch als besondere Ausprägungen in einem dimensionalen (gegenüber dem früher üblichen kategorialen) Modell mit den Beschreibungsachsen »Stärke der Gemütsbewegungen« und »Schnelligkeit des Wechsels der Gemütsbewegungen« an. Obgleich auch er zusammenfassende Beobachtungen über das Naturell der einzelnen Temperamente mitteilte, fehlte es doch an Methoden und Kriterien, um eine unzweideutige Platzzuweisung des Einzelnen vornehmen zu können – häufig die Crux von Typologien.

Erst Eysenck (1965), der sich ebenfalls auf das typologische Modell bezieht, konnte seine Schlussfolgerungen auf individuelle Messungen mit Hilfe von Fragebogen und sogenannten Objektiven Tests stützen. Allerdings heißen bei ihm die – faktorenanalytisch bestimmten – Dimensionen zur Abbildung der Affektivität nunmehr »Emotionale Stabilität/Labilität« und »Introversion/Extraversion« (▶ **Abb. 7.1**).

Im Rückschluss aus den Eysenck'schen Dimensionen bestimmte Howarth (1988) für jeden seiner Probanden einen der vier Temperamentstypen. Howarth fand, dass den Temperamentstypen spezifische Befindlichkeitslagen im Selbstbericht zukamen: Choleriker erwiesen sich als ärgerlicher, Sanguiniker als optimistischer, Phlegmatiker als weniger ängstlich und depressiv und Melancholiker als ängstlicher jeweils im Vergleich zu den anderen Typen.

Einen anderen Weg zur Bestimmung von Temperamentstypen gehen Studien, die die Entwicklungsverläufe in der Persönlichkeit von der Kindheit bis hin zum Erwachsenen-

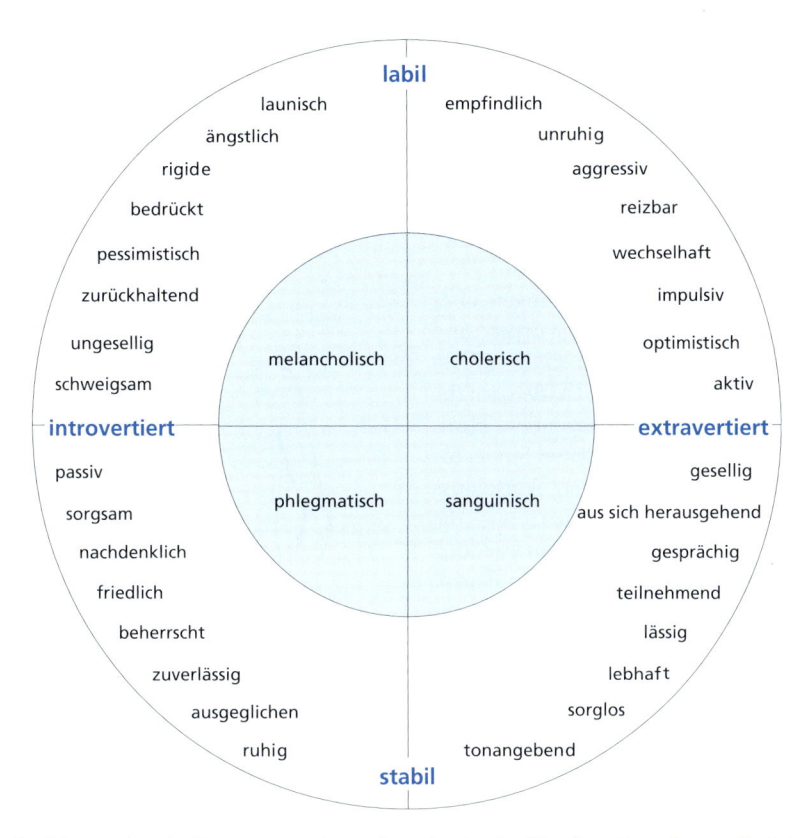

Abb. 7.1: Beziehung der vier Temperamente zueinander. In ringförmiger Anordnung die Primäreigenschaften (nach Eysenck, 1965).

alter untersuchen. Gerade im Kleinkindalter ist die Selbstbeschreibung der Persönlichkeit offensichtlich kein Zugang. Daher werden neben Elternbeurteilungen bevorzugt Verhaltensbeobachtungen in kontrollierten Beobachtungssituationen erhoben. So unterscheiden Caspi et al. (2003) bei Dreijährigen zwischen fünf Temperamentstypen: unterkontrolliert, gehemmt, zuversichtlich, reserviert und gut angepasst. Die Autoren konnten in einer umfangreichen Persönlichkeitserhebung 25 Jahre später an denselben Personen spezifische Entwicklungsverläufe feststellen, was den frühen behavioral definierten Temperamentstypen eine erstaunliche Vorhersagekraft bescheinigt.

7.1.2 Konstitutionstypologien

Fast ebenso alt wie die Beschäftigung mit Charakter- und Verhaltensunterschieden ist der Versuch, diese auf körperliche Merkmale zu beziehen, sie daraus zu erklären oder doch wenigstens über das Körperliche einen Zugang zum Psychischen zu erhalten. Aristoteles (384–322 v. Chr.) wird – wohl fälschlich – eine griechische Sammlung »Physiognomica« zugeschrieben. In dieser Sammlung wird auf die Ähnlichkeit zwischen bestimmten Gesichtsformen und Tiergesichtern hingewiesen, ein Ansatz, der viel später von Porta (1540–1615) aufgegriffen und weiterentwickelt wurde. Für Sulzer (1720–1779), einem an Schauspiel und Rhetorik interessierten Kunsttheoretiker, ist »der Körper nichts anderes als die sichtbar gemachte Seele«, eine These, die ähnlich auch von Lavater (1741–1861) und dem Arzt C. G. Carus (1789–1869: »Die äußeren Gebilde verraten in gewisser Weise die Eigentümlichkeiten des Inneren«) vertreten wurde.

Geleitet von solchen Vorstellungen über eine Entsprechung zwischen Körper und Seele versuchte Franz Joseph Gall (1758–1828), aus dem Äußeren des Schädels auf die Ausprägung der darunter liegenden Hirnareale, die als Sitz verschiedener Sinne für z. B. Farben und Frohsinn galten, Aufschluss zu erhalten. Die »Phrenologie«, wie die Schule bald genannt wurde, entbehrte jedoch schon allein deshalb gesicherter Grundlagen, weil die Beziehung zwischen der Form des Gehirns und derjenigen des äußeren Schädels keineswegs eng ist.

Konstitutionstypologie nach Ernst Kretschmer

Beschränken sich solche Ansätze noch auf Teilbereiche der Persönlichkeit wie Schläue oder Mut, Furchtsamkeit oder Frohsinn, kann die Konstitutionstypologie von Kretschmer (1961) als ein alle Bereiche der Persönlichkeit und körperlichen Erscheinung umfassendes System einer »*Totaltypologie*« bezeichnet werden. Kretschmer übernahm die auf die alten Griechen zurückgehende Unterscheidung des Körperbaus nach »*habitus apoplecticus*« (= dick und vollblütig, zum Schlaganfall neigen) und »*habitus phthisicus*« (= lang und dünn, zur Schwindsucht bzw. Tuberkulose disponiert), bezeichnete die betreffenden Körperbauten jedoch als »*pyknisch*« (kurzer und gewölbter Rumpf; Extremitäten relativ kurz; Kopf groß und rund, auf massivem Hals; breites, weiches Gesicht) bzw. »*leptosom*« (Rumpf und Extremitäten schlank und schmal; schmales, spitzes Gesicht; hagere, sehnige Körperoberfläche). Als weitere Gruppe fügte er den »*athletischen*« Körperbau hinzu (trapezförmiger Rumpf; kräftiges Knochen- und Muskelrelief; große Hände und Füße; derbes konturenreiches Gesicht (▶ **Abb. 7.2**).

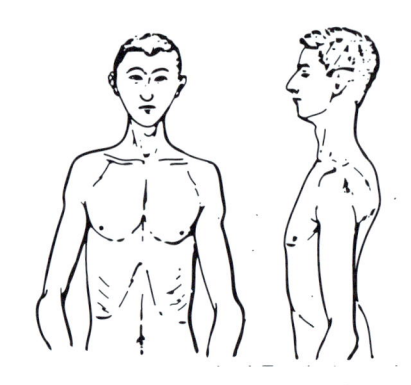

Leptosomer Typ (schematisch)

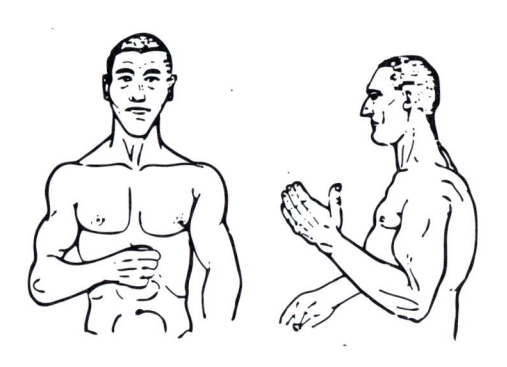

Athletischer Typ (schematisch)

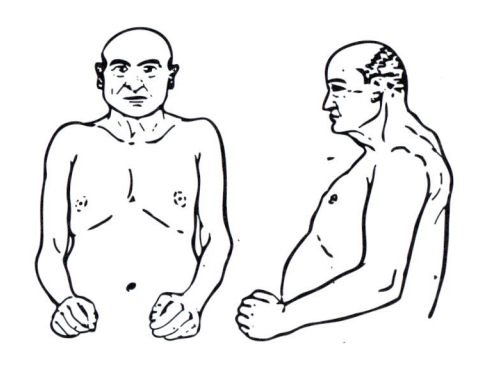

Pyknischer Typ (schematisch)

Abb. 7.2: Körperbautypen nach Kretschmer.

Kretschmers Beobachtungen an psychiatrischen Patienten zufolge bestand eine Korrelation zwischen den drei Körperbautypen und der Art der psychischen Erkrankung in dem Sinne, dass Pykniker überzufällig häufig an manisch-depressiven Psychosen, Leptosome eher an Schizophrenie erkrankten. Die Athletiker als dritte Kategorie sollten vor allem das klinische Erscheinungsbild der Epilepsie aufweisen. Ganz offensichtlich handelt es sich bei dem postulierten Zusammenhang zunächst um ein kaum bestreitbares Faktum, denn eine später von Westphal (1931) durchgeführte Sichtung mehrerer Untersuchungen an insgesamt ca. 8000 Patienten ließ die folgende Verteilung erkennen (▶ Tab. 7.1):

Tab. 7.1: Prozentanteile psychiatrischer Patienten, die auf verschiedene Körperbautypen entfallen.

Körperbau	Manisch-Depressive ($N = 1361$)	Schizophrene ($N = 5233$)	Epileptiker ($N = 1505$)
Pyknisch	64,6	13,7	5,5
Leptosom	19,2	50,3	25,1
Athletisch	6,7	16,0	28,9
Dysplastisch	1,1	10,5	29,5
Mischformen	8,4	8,6	11,0

Nach Westphal (1931).

Ausgehend von diesem empirischen Befund nahm Kretschmer an, Patienten mit den erwähnten Diagnosen würden sich im Erleben und Verhalten von psychisch Unauffälligen nur quantitativ unterscheiden. Geisteskrankheit bestünde demnach lediglich in einer extremen Überzeichnung von Eigentümlichkeiten, welche sich als Spielarten in gemäßigter Ausprägung auch im Bereich des Normalen finden ließen. Die dort für Pykniker, Leptosome und Athletiker beobachtbaren Temperamente wurden bezeichnet als

- »zyklothym« (gesellig, gutherzig, freundlich, gemütlich oder heiter, humoristisch, lebhaft und witzig, mitunter auch still und weich, ruhig und schwer nehmend),
- »schizothym« (ungesellig und still, feinfühlig und empfindlich),
- »viskös« (schwer bewegliche Affektivität, starre Beharrungstendenz, Neigung zu perseverativen und stereotypen Handlungsabläufen).

Überprüfung von Kretschmers Theorie

Zunächst bemühte sich Kretschmer darum, sein Konzept dadurch zu bestätigen, dass er auf der Basis historischer Abbildungen Typendiagnosen berühmter Personen anstellte und diese mit der Berufstätigkeit der Betreffenden verglich. Bei einer solchen Methode ist freilich die experimentelle Unabhängigkeit beider Variablen deshalb nicht gegeben, weil in der Person des Diagnostikers alle Informationen zusammenlaufen und sich beeinflussen können. Erste ernsthafte Versuche einer Überprüfung der typologischen Grundannahmen erfolgten in der »Experimentellen Typenanalyse« mit Hilfe von speziell entwickelten Aufgaben, in denen sich die Typen, also jeweils Extremgruppen, nach Maßgabe der Theorie voneinander unterscheiden sollten. Es wurden etwa Durchstreichtests eingesetzt, um den postulierten größeren Aufmerksamkeitsumfang der Pykniker gegenüber den Leptosomen zu erfassen. In Mehrfachaufgaben sollte sich die geringere

»Spaltbarkeit des Bewusstseins« (Fähigkeit zum Perspektivenwechsel) der Pykniker erweisen, in Gedächtnis- und Sortierversuchen deren Neigung zum Farbsehen gegenüber der Tendenz zum Formsehen bei den Leptosomen usw. Die Mehrzahl dieser Experimente, die vorwiegend während der 1930er Jahre durchgeführt wurden, führte zwar zu Resultaten, die sich durchaus in Einklang mit den Erwartungen befinden (Rohracher, 1965; s. Hofstätter, 1977). Wiederholt kritisiert wurde jedoch der Verzicht auf Signifikanzprüfungen und die nichtrepräsentative Zusammensetzung der Versuchspersonenstichproben (die Leptosomen weisen meist einen höheren sozioökonomischen Status auf).

Vor allem aber ist bereits gegen den Ausgangspunkt der Typologie eingewendet worden, die Korrelation zwischen der Art der psychischen Erkrankung und dem Körperbautypus sei überlagert durch die Konfundierung von Alter und Körperbau: Mit zunehmendem Lebensalter steigt die Wahrscheinlichkeit sowohl für die Ausbildung eines pyknischen Körperbaus als auch für die Entwicklung einer manisch-depressiven Erkrankung. Tatsächlich waren in einer Untersuchung von Burchard (1936) die Pykniker (bzw. Manisch-Depressiven) im Mittel ca. 50 Jahre, die Leptosomen (bzw. Schizophrenen) hingegen nur 31 Jahre alt. Bei konstant gehaltenem Alter traten zwischen den psychiatrischen Gruppen nur noch mäßige Mittelwertsunterschiede in einem quantitativen Index für den Körperbau auf – immerhin war eine Tendenz im Sinne eines schlankeren Wuchses auf Seiten der Schizophrenen noch zu erkennen, wenngleich numerisch abgeschwächt gegenüber altersmäßig nicht parallelisierten Gruppen.

Erklärungsansätze

Dennoch bleibt, namentlich im Zusammenhang mit der Konstitutionstypologie Kretschmers, ein substantieller, vom Ausmaß her allerdings geringer Effekt erklärungsbedürftig. Ohne es im Einzelnen zu explizieren, gehen diesbezüglich Konstitutionstypologien gewöhnlich von einer genetischen Determination des psychischen wie des physischen Bereiches durch biologische Faktoren aus. Hierfür kommen etwa die Hormone des Hypophysenvorderlappens in Betracht, die einerseits direkt auf das Wachstum einwirken, andererseits über eine Steuerung der Nebenniere und der Schilddrüse für die Bildung weiterer Hormone (adrenocorticotropes Hormon, ACTH, bzw. Thyrotropin, TSH) sorgen, die ihrerseits Affektivität und Erregbarkeit des Organismus modulieren.

Andererseits kann die gefundene Beziehung Folge des Umstands sein, dass körperliche Faktoren das Psychische bedingen. Beispiele dafür sind Jungen, die sich aufgrund von hoher Körperkraft sportlichen Aktivitäten zuwenden, weil sie darin Erfolg haben und Bestätigung erfahren, eventuell auch Streit anfangen und Bekanntschaft schließen mit Personen erhöhter Körperkraft. Weniger kräftige Kinder engagieren sich vermutlich eher im literarisch-sprachlichen oder mathematischen Bereich und entwickeln in der Folge darin besondere Fertigkeiten. Selbst- und Fremdselektionsprozesse spielen eine wesentliche Rolle, wie z. B. beim Basketball, bei dessen Analyse niemand auf den Gedanken käme, zwischen dem Interesse für diese Disziplin und Körpergröße bestünde eine genetisch verankerte Beziehung.

Umgekehrt sind auch Fälle unschwer vorstellbar, wo das Verhalten das Körperliche prägt: Wiederum ist an die Ausübung von Sportarten auf der Basis »primärer« Interessen zu denken, etwa an die Arme von Tennis-Cracks, die Beine von Fußballspielern oder Reitern, im Weiteren aber an das Aussehen und den gesundheitlichen Zustand von Bergleuten, die lange Jahre unter Tag gearbeitet haben, und an Mitmenschen schließlich, die viel Stress oder Leid erleben mussten.

Als weitere Denkmöglichkeit bleibt offen, dass die Umwelt auf die spezifische Ausformung der körperlichen Erscheinung mit einer relativen Gleichförmigkeit antwortet und über diese Reaktion in den Betroffenen erst die »typische« Konstellation von Persönlichkeitsmerkmalen ausbildet. So scheint es, als wäre ein athletischer Körperbau mit einer Reihe von sozialen Vorteilen verbunden. Schon Cabot (1938) registrierte an Jungen der High School, dass die eindeutig als Athleten klassifizierten Probanden relativ dominant und extravertiert waren und auch häufiger eine Führungsrolle einnahmen. Darüber hinaus wurde ihnen ein höheres Ausmaß an Kreativität, Verantwortung und Einfluss auf ihre Freunde zugeschrieben.

Auch solche Stereotype haben irgendeine Ursache. Vielleicht handelt es sich dabei um »unmittelbare« Ausdruckswirkungen, Anmutungen, die sich über der raschen Verarbeitung von Merkmalen wie rund oder eckig und deren automatische Gleichsetzung mit »analogen« Temperamentsqualitäten einstellen, wahrscheinlich unter Einbezug diffuser Sympathiereaktionen. Möglicherweise findet auch eine Generalisation von einzelnen Personen, bei denen der stereotypische Zusammenhang deutlich in Erscheinung getreten ist, auf andere Personen mit ähnlichen physischen Merkmalen statt.

Bei alledem darf nicht aus den Augen verloren werden, dass der Befund eines Zusammenhangs zwischen körperlichen und psychischen Merkmalen bislang nur an Extremgruppen, nämlich den »reinen« Typen, mit einer gewissen Verlässlichkeit gesichert werden konnte. Ob solche im konkreten Einzelfall vorliegen, ist häufig weniger eindeutig zu bestimmen, als gemeinhin angenommen wird. Zum einen weisen kaum jemals bei einem Individuum alle definierenden Merkmale in ein und dieselbe Richtung, zum anderen entzieht sich jede einzelne Variable entweder direkter Messung oder doch einer von anderen Merkmalen unabhängigen Einschätzung. Deshalb werden Typen häufig »geschaut«, d. h. intuitiv erfasst unter Einbezug einer begleitenden analytischen Kontrolle anhand einzelner Indikatoren.

Ein weiteres und entscheidendes Problem ist kennzeichnend für fast alle Typologien: Nur wenige Menschen fügen sich als reine Typen in das jeweilige System. Kretschmer selbst schätzte, dass dies für seine Konstitutionstypologie nur ca. 10 % sind. Der große Rest, die überwiegende Zahl aller Messwertträger wie im Übrigen auch die Gruppe der Frauen, über die fast nichts ausgesagt wird, ist also »atypisch« – eine gewiss paradoxe Wendung der Vorstellungen über den Zusammenhang von Häufigkeit und Repräsentanz.

Jede Persönlichkeitstheorie ist nur von geringem Wert, wenn sie lediglich für eine eng umschriebene Zahl von vorausgelesenen Personen gilt. Aus dieser Sichtweise resultiert somit ein weiteres Argument für die dimensionale Betrachtung der Persönlichkeitsunterschiede. Wie Ekman (1951) gezeigt hat, kann jedes aus n Typen bestehende System mit Hilfe von höchstens $n-1$ Dimensionen abgebildet werden. Für die geschilderten Konstitutionstypologien benötigte man von daher nicht mehr als zwei Dimensionen. Dennoch wäre auch bei Einfügen solcher »Korsettstangen« einigen der vorgetragenen Kritikpunkten nicht abgeholfen. Entscheidend ist die Herleitung des Systems und die Platzierung der Personen aus einem wie auch immer definierten Mittelbereich, die nicht unberücksichtigt bleiben dürfen.

Bei den nachfolgend zu besprechenden Persönlichkeitssystemen ist diesen Forderungen Rechnung getragen.

> **Zusammenfassung von Kapitel 7.1**
>
> Die Einteilung von Personen in Typen zur Beschreibung ihrer Persönlichkeit ist eine intuitiv einleuchtende Vorgehensweise. Eine solche antike Temperamentstypologie wurde von Hippokrates eingeführt, der Personen in Sanguiniker, Phlegmatiker, Choleriker und Melancholiker einteilte. In neuerer Zeit hat Eysenck vorgeschlagen, die Zuordnung von Personen zu diesen Typen anhand deren Ausprägungsgrad auf den beiden Dimensionen Extraversion-Introversion sowie emotionale Stabilität-Labilität vorzunehmen (▶ Abb. 7.1). Ein anderer Ansatz wurde von Kretschmer vorgeschlagen, der alle Personen anhand ihrer körperlichen Gestalt in drei Konstitutionstypen einteilt, nämlich den leptosomen, athletischen und den pyknischen Typ (▶ Abb. 7.2). Diese Typen sollen sich auch in ihrem Temperament unterscheiden. Die empirische Evidenz für die Gültigkeit solcher Typologien ist allerdings dürftig und die Zuordnung von Personen zu solchen Typen ist häufig dadurch erschwert, dass Personen Merkmale von unterschiedlichen Typen auf sich vereinen können (sog. Mischtypen). Aus diesen Gründen wurden Typologien in der Persönlichkeitsforschung durch die nachfolgend beschriebenen dimensionalen Strukturmodelle ersetzt.

7.2 Persönlichkeitstheoretische Konzepte von Cattell

7.2.1 Allgemeine Kennzeichen

Raymond Bernard Cattell war ein Eigenschaftstheoretiker, der wie kaum ein anderer von der Universalität der von ihm beschriebenen Eigenschaften ausging (R.B. Cattell darf nicht verwechselt werden mit J.M. Cattell, über dessen Arbeit zu »mental tests« in Abschn. 1.3.3 berichtet wurde; eine Biographie von R.B. Cattell findet sich in **Kasten 7.1**). Die zugrundeliegenden »Wurzelfaktoren« (engl. »source traits«) oder »Persönlichkeitswesenszüge« waren somit nomothetisch konzipiert. Die Faktorenanalyse war das methodische Mittel zu ihrer Entdeckung. Dazu gehörten auch die vielfältigen methodischen Vorentscheidungen der Faktorenanalyse, insbesondere die schiefwinkelige Rotation der Faktoren zur Einfachstruktur. Cattell verfolgte einen weiten Begriff von »Persönlichkeit«, der somit Temperament (»Persönlichkeit im engeren Sinne«), Motivation, Einstellungen und Fähigkeiten (u. a.

Intelligenz) und zusätzlich Eigenschaften und Zustände unterschied. Mit diesem Gesamtansatz der Persönlichkeit wurde deutlich, dass Cattell den Menschen in seiner Komplexität untersuchen und verstehen wollte. Methodisch bedeutete dieser Ansatz, einen Schwerpunkt auf multivariate statt bivariate Untersuchungen und Analysemethoden zu legen. Insofern war der Titel eines von Cattell (1966) herausgegebenen Buchs, »Handbook of multivariate experimental psychology«, methodisches Programm, aber darüber hinaus auch konzeptuelles Credo.

Cattell versuchte, die in einem Datenbereich gefundenen Gesetzmäßigkeiten durch Vergleiche mit Beobachtungen anderer Herkunft auf eine breitere Basis zu stellen, etwa Informationen aus Fragebogen durch Lebenslaufdaten, physiologische Messungen und Messwerte aus sogenannten Objektiven Tests zu stützen. Als Folge davon ist der Ertrag der Forschungen in quantitativer und qualitativer Hinsicht beeindruckend, wenn

> **Kasten 7.1: Raymond Bernard Cattell (1905–1998)**
>
> In England geboren, wuchs Cattell in einer kleinen Stadt an der Küste Devonshires auf. Am King's College London erwarb er zunächst einen Bachelor-Abschluss in Chemie, im Alter von 24 Jahren dann seinen PhD in Psychologie. Dazu arbeitete er mit Charles Spearman zusammen an einer neuen Methode der Faktorenanalyse. In England unterrichtete Cattell zwischen 1928 und 1931 als Dozent an den Universitäten Exeter und Leicester und arbeitete in einer psychologischen Klinik, bevor er 1937, einer Einladung von E.L. Thorndike folgend, in die USA einwanderte.
>
> Dort lehrte Cattell an der Clark University und an der Harvard University. Im Zweiten Weltkrieg entwickelte er als ziviler Berater der Personnel Research Division Tests für die Auswahl von Offizieren. In Harvard arbeitete er unter anderem mit Henry Murray und Gordon Allport zusammen. 1944 wurde er zum Direktor des von ihm gegründeten Laboratory of Personality and Group Analysis an der University of Illinois ernannt. Nach seinem Rückzug in den Ruhestand zog er im Jahr 1978 nach Hawaii, wo er als Dozent an der Universität weiter aktiv war. 1998 starb Cattell im Alter von 92 Jahren zu Hause in Honolulu.
>
> Von großer Bedeutung für die persönlichkeitspsychologische Forschung sind die von ihm entwickelten Theorien der Persönlichkeit, die Theorie der fluiden und kristallisierten Intelligenz sowie seine fortschrittlichen Ansätze im Bereich der multivariaten Methoden, vor allem der Faktorenanalyse. Cattell ist Autor von über 50 Büchern und 500 wissenschaftlichen Artikeln sowie Buchkapiteln. Als Schriftsteller beschränkte er sich nicht auf psychologische Themen. In seinem ersten Buch »Under Sail Through Red Devon« (Cattell, 1937) berichtet er von Segeltouren vor den Küsten Devons und Cornwalls.

nicht gar »erdrückend«: Cattell und seine Schüler produzierten in rascher Folge immer neue Konzepte, Daten und Analysen, so dass es faktisch unmöglich ist, auf wenigen Seiten dem Gesamtwerk auch nur annähernd gerecht zu werden.

7.2.2 Verhaltensdaten

Entwicklung des Systems

Wie erwähnt, klassifizierte Cattell (1950) die Persönlichkeit im weiteren Sinne in verschiedene Gruppen, nämlich Fähigkeiten (engl. »abilities«), Persönlichkeitswesenszüge (»temperament«, das »Wie« des Verhaltens oder dessen »Stil«) und Motivation oder Dynamik. Der letztere Bereich untergliedert sich in Antriebe (»ergs«), Einstellungen (»sentiments«) und soziale Rollen (»roles«).

Innerhalb jeder dieser Kategorien ist eine Fülle von Beschreibungsdimensionen notwendig, um der Variabilität des Verhaltens gerecht zu werden. Dazu wird die Faktorenanalyse in verschiedener Weise eingesetzt. Da der Fähigkeitsbereich in den Kapiteln 4 und 5 zur Intelligenz bereits angesprochen worden ist, zu Zustandsfaktoren im Unterschied zu Eigenschaftsfaktoren andererseits nur wenige Untersuchungen vorliegen, wird nachfolgend hauptsächlich auf die zeitstabilen Persönlichkeitswesenszüge und kurz auf die motivationalen Eigenschaften eingegangen.

Um zu den Eigenschaftsfaktoren und deren Wechselbeziehungen zu gelangen, knüpfte Cattell (1946a, b, c) an die Vorarbeiten von Allport und Odbert (1936; Allport, 1937) an, die im Zuge einer »psycholexikalischen Studie« aus »Websters New International Dictionary« (1925er-Ausgabe) 17 953 Begriffe zur Kennzeichnung von Eigenschaften herausgesucht hatten. Ausgehend im Wesentlichen von den ca. 4500 Termini der Kategorie »Personmerkmale« (z. B. aggressiv oder gesellig) und 100 Begriffen der Kategorie »vorübergehende Aktivitäten oder aktuelle Zustände« (z. B. verlegen, fröhlich oder wütend), wurde in einem mehrstufigen Reduktionsverfahren unter Aussonderung von Synonyma, unverständlichen und seltenen Begriffen sowie der Aufnahme einiger psychologisch nützlicher, in der ursprünglichen Literatur aber nicht enthaltener Begriffe auf rein semantischer Ebene letztlich ein Pool von 171 Variablen angelegt, die mehrheitlich in Form von Gegensatzpaaren angeordnet waren, z. B.

- alert vs. absent-minded
- observant, vigilant vs. dreamy, indefinite
- omnipercipient antevert vs. depersonalized retrospective
- oriented to the future, foreward looking vs. oriented to childhood and family

Cattell nannte solche Verhaltensdispositionen »Oberflächeneigenschaften« (»*surface traits*«). Sie bildeten die Grundlage für die Erschließung der dispositionellen Wurzelfaktoren, indem sie interkorreliert und die Korrelationsmatrix anschließend faktorisiert wurde. Die resultierenden Faktoren wurden sodann nach Einfachstruktur rotiert und als Wurzelfaktoren interpretiert. Der Weg hierhin verlief wie folgt: Es wurden 100 Erwachsene nach der vollständigen Liste der Oberflächeneigenschaften (Cattell, 1946a, S. 219–232) von je zwei Bekannten eingeschätzt. Nach Maßgabe der wechselseitigen Überlappung der Cluster und deren Reliabilität, aber auch dem Ausmaß, in dem Hinweise auf die Existenz einer Itemgruppierung aus den Arbeiten anderer Forschergruppen vorlagen, erfolgte eine weitere Reduktion auf 35 Variablen (s. Cattell, 1945), die als Vorlage in einen zweiten Beurteilungsversuch mit 208 männlichen Erwachsenen eingingen. Bei der Faktorisierung der Korrelationsmatrix entschied sich Cattell (1945) schließlich für eine Lösung mit zwölf Faktoren (Wurzelfaktoren), die wie folgt benannt wurden (s. Cattell, 1944):

Faktor A	Cyclothymia vs. Schizothymia	
Faktor B	Intelligence, general mental capacity vs. mental defect	
Faktor C	Emotionally mature, stable character vs. demoralized general emotionality	
Faktor D	Hypersensitive, infantile, sthenic emotionality vs. phlegmatic frustration tolerance	
Faktor E	Dominance (Hypomania) vs. submissiveness	
Faktor F	Surgency vs. melancholic, cycloid desurgency	
Faktor G	Positive character integration vs. immature dependent character	
Faktor H	Charitable, adventurous Rhathymia vs. obstructive, withdrawn Schizothymia	
Faktor I	Sensitive, imaginative, anxious emotionality vs. rigid, tough poise	
Faktor J	Neurasthenia vs. rigorous »obsessional determined« character	
Faktor K	Trained, socialized, cultured mind vs. boorishness	
Faktor L	Surgent Cyclothymia vs. paranoid Schizothymia	

Die Reihenfolge der Buchstaben richtete sich nach dem (abnehmenden) Varianzanteil der Faktoren. Durch die schiefwinklige Rotation bestanden zwischen den Dimensionen Zusammenhänge bis zu $r = 0{,}43$ bei einem arithmetischen Mittel von $r = 0{,}18$. Dadurch eröffnete sich die Möglichkeit einer erneuten Faktorisierung mit der Entdeckung von Sekundärfaktoren und schließlich auch der Ableitung von Tertiärfaktoren.

Cattell verstand die aufgelisteten Wurzelfaktoren als eine Quelle von generalisierten fundamentalen Einflüssen, die zusammen variieren und speziellere Eigenschaften organisieren (hierarchische Anordnung in Primär-, Sekundär- und Tertiärfaktoren).

Kontroverses

Die ursprüngliche Cattell'sche Struktur des Bereichs der Persönlichkeitswesenszüge wurde, wie eben geschildert, aufgrund von L-Daten gewonnen (Fremdbeurteilungen). Diese Struktur blieb im Laufe der Jahre praktisch unverändert. Dieses stimmt umso bedenklicher, als im Zuge des erwähnten Variablenreduktionsprozesses einigen wenigen Personen eine relativ entscheidende Funktion zukam, sei es bei der Bestimmung von Synonymen und Itemgruppen durch einen Psychologie- und einen Sprachstudenten in Harvard, sei es bei der Festlegung, was als Gegensatz zu einem Attribut oder als Schlüsselbegriff zu einer Itemgruppierung gelten könne. Zudem war die Definition der Cluster willkürlich. Auch die Zahl der Messwertträger bzw. der Beurteiler in den Einschätzungsstudien nimmt sich angesichts der daraus abgeleiteten Schlussfolgerungen als relativ bescheiden aus.

Bereits Cattell (1947) selbst stellte deshalb einen ersten Replikationsversuch an und gewann dabei den Eindruck, neun der ursprünglich zwölf Faktoren wiedergefunden zu haben (C und D waren nicht replizierbar). Auch Howarth (1976b) und Norman (1963, 1969) gelangten nicht zu zwölf Faktoren, sondern nur zu etwa halb so vielen wie ursprünglich Cattell. Digman (1972) konnte an Kindern, bei denen allerdings aufgrund der geringen Reife und Erfahrung möglicherweise die Persönlichkeit noch nicht genügend »ausdifferenziert« ist, nur sieben Faktoren finden, bei einer Reanalyse mehrerer, darunter auch der o. a. Cattell- und Norman-Arbeiten sogar nur fünf Faktoren, nämlich »Freundliches Entgegenkommen vs. feindliche Distanz«, »Extraversion-Introversion«, »Ich-Stärke vs. Emotionale Desorganisation«, »Leistungswillen« und »Intellekt«.

Angesichts dieser Befunde spricht einiges dafür, dass Cattell im Bereich der L-Daten zu viele Dimensionen extrahiert hat.

7.2.3 Fragebogendaten

Entwicklung und Konzeption

Ein besonderes Verdienst Cattells besteht darin, sich nicht mit Informationen aus *einer* Art von Datenquelle zufriedengegeben zu haben. Freilich beinhaltet der simultane Bezug auf Fremdbeurteilungen und Fragebogen, Objektive Tests und physiologische Daten die Notwendigkeit und das Problem, eine Äquivalenz der jeweiligen Lösungen aufzuzeigen. Im Vordergrund der Bemühungen, Übereinstimmung mit der im vorangegangenen Abschnitt geschilderten Struktur von Fremdbeurteilungen (L-Daten) zu erzielen, steht Cattells »16 Personality Factor Questionnaire« (16 PF). Die individuellen Antworten werden in 16 Skalen zusammengefasst; deren Namen und Inhalte sind in **Kasten 7.2** aufgelistet.

Die 16 Skalen sind zur Erfassung von Primärfaktoren gedacht. Insoweit liegen sie auf derselben Ebene wie die zwölf ursprünglichen Beurteilungs-(Rating-) Faktoren, über die lediglich die Dimensionen Q1 bis Q4 als fragebogenspezifisch (»questionnaire specific«, daher die Abkürzung Q) hinausgehen.

Zwischen den Primärfaktoren gibt es z. T. hohe Korrelationen, die bis zur Größenordnung von $r = 0{,}60$ und darüber hinausgehen. In der Untersuchung von Cattell et al. (1970, S. 113) korrelierten bei 423 männlichen Testteilnehmern beispielsweise C und O zu $r = 0{,}70$, C und Q4 zu $r = 0{,}71$. Solche Zusammenhänge gaben Anlass zur Durchführung

Kasten 7.2: Skalen des 16 PF (5. Auflage, Schneewind & Graf, 1998)

Bezeichnung des Faktors	Skala (engl. Bezeichnung)
A	**Wärme (Affectothymia vs. Schizothymia)** warmherzig, aufmerksam für die Gefühle und Bedürfnisse anderer vs. reserviert, unpersönlich, distanziert
B	**Logisches Schlussfolgern (High vs low intelligence)** hoch vs. niedrig
C	**Emotionale Stabilität (Higher vs. lower ego strength)** emotional stabil, ausgeglichen vs. stimmungslabil
E	**Dominanz (Dominance vs. Submissiveness)** dominant, durchsetzungsfähig, sich selbst behauptend vs. nachgiebig, kooperativ, konfliktvermeidend
F	**Lebhaftigkeit (Surgency vs. Desurgency)** lebhaft, spontan, gesellig vs. ernst, zurückhaltend, bedacht
G	**Regelbewusstsein (Stronger vs. weaker superego strength)** regelbewusst, pflichtbewusst vs. unangepasst, nonkonformistisch
H	**Soziale Kompetenz (Parmia vs. Threctia)** sozial kompetent, kontaktstark vs. scheu, schüchtern
I	**Empfindsamkeit (Premsia vs. Harria)** empfindsam, gefühlvoll, sentimental vs. sachlich, unsentimental, robust
L	**Wachsamkeit (Protension vs. Alaxia)** wachsam, misstrauisch, skeptisch vs. vertrauensvoll, arglos
M	**Abgehobenheit (Autia vs. Praxernia)** abgehoben, träumerisch, fantasievoll, ideenreich vs. lösungsorientiert, praktisch, auf dem Boden der Tatsachen stehend
N	**Privatheit (Shrewdness vs. Artlessness)** verschlossen, diskret vs. offen, geradeheraus, natürlich
O	**Besorgtheit (Guilt proneness vs. untroubled adequacy)** besorgt, selbstzweifelnd, verletzlich vs. selbstsicher, selbstzufrieden, selbstbejahend
Q1	**Offenheit für Veränderung (Radicalism vs. Conservatism of Temperament)** offen für Veränderung, experimentierfreudig, aufgeschlossen für Neues vs. am Gewohnten haftend, traditionalistisch
Q2	**Selbstgenügsamkeit (Self-Sufficiency vs. Group Adherence)** selbstgenügsam, einzelgängerisch, zurückgezogen vs. sozial orientiert, anschlussfreudig
Q3	**Perfektionismus (High Strength of Self-Sentiment vs. low Self-Sentiment Integration)** perfektionistisch, planvoll, selbstdiszipliniert, ordentlich vs. flexibel, wenig Wert auf Ordnung/Perfektion/Disziplin legend
Q4	**Anspannung (High vs. low Ergic Tension)** angespannt, reizbar, nervös, getrieben vs. entspannt, ruhig, gelassen, geduldig

von Sekundärfaktoranalysen (s. Übersicht bei Pawlik, 1968, S. 381; eine besonders sorgfältige Studie mit insgesamt N = 1652 Vpn stammt von Gorsuch & Cattell, 1967)

Zwar sind deren Resultate nicht völlig konsistent, doch wurden meist die folgenden Sekundärfaktoren extrahiert:

- »*Extraversion*« (»Exvia«) mit Ladungen von A Wärme, F Lebhaftigkeit, H Soziale Kompetenz und Q2 Selbstgenügsamkeit,
- »*Neurotizismus*« (»Anxiety«) mit Ladungen von C Emotionale Stabilität, L Wachsamkeit, O Besorgtheit und Q4 Anspannung,
- »*Unabhängigkeit der Meinungsbildung*« (»Independence«) mit E Dominanz, M Abgehobenheit, Q1 Offenheit für Veränderung.

Des Weiteren sind verschiedentlich gefunden worden

- »*Gefühlsbetontheit*« (»Pathemia«) mit M Abgehobenheit, I Empfindsamkeit und A Wärme,
- »*Gewissenhaftigkeit*« (»Character Strength«) mit G Regelbewusstsein und Q3 Perfektionismus.

Daraus kann das in **Abbildung 7.3** veranschaulichte Temperamentsmodell erschlossen werden.

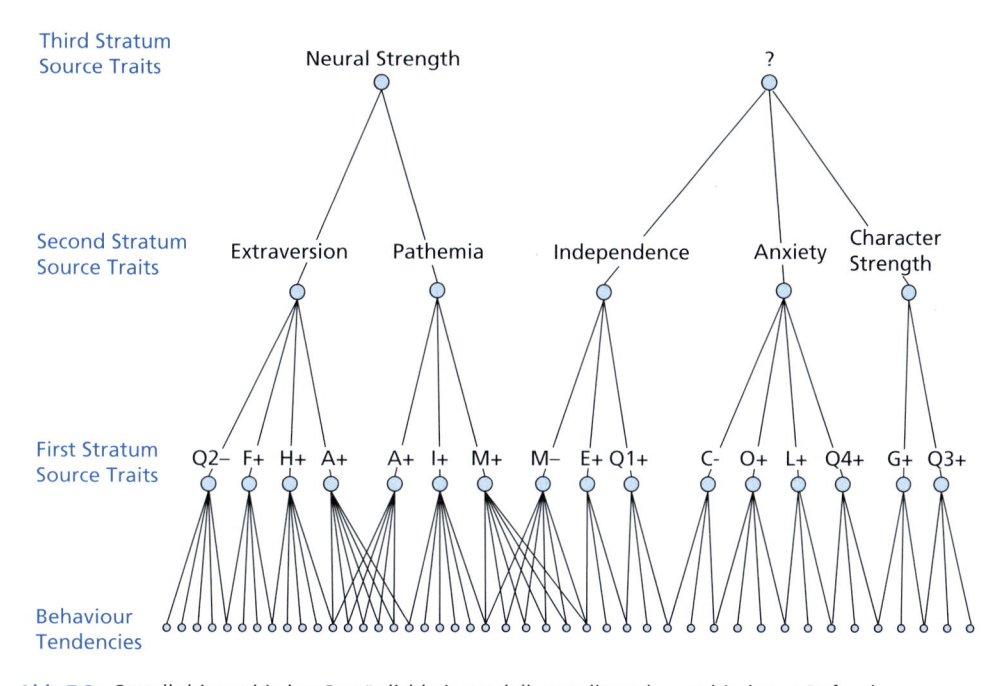

Abb. 7.3: Cattells hierarchisches Persönlichkeitsmodell, erstellt nach verschiedenen Befunden.

Der 16 PF ist bis in die Gegenwart (s. Schneewind & Graf, 1998) in zahlreichen Forschungsuntersuchungen als Prädiktor und Kriterium für andere Skalen sowie zur Bestimmung seiner eigenen faktoriellen Validität eingesetzt worden. Allerdings ist nicht immer sicher, inwieweit aufgetretene Unterschiede schon vor dem jeweiligen Treatment bestanden oder nur Folge desselben sind. Das trifft z. B. auf die Untersuchung von Cattell und Nesselroade (1967) zu, in der für 102 stabile Ehen häufiger positive Korrelationen der Partner in den Skalenwerten auftraten, für 37 instabile hingegen mehrfach auch negative zu beobachten waren (▶ Tab. 7.2). Da die Tests nicht schon vor der Eheschließung vorgegeben worden waren, ist nicht entscheidbar, ob die Unähnlichkeit der Partner in instabilen Ehen Ursache oder Folge des ehelichen Scheiterns ist.

Tab. 7.2: Übereinstimmungen zwischen den Partnern von stabilen und instabilen Ehen.

Variable		102 stabile Ehen	37 instabile Ehen
Zyklothymie	A	0,16	–0,50*
Intelligenz	B	0,31	0,21
Emotionale Stabilität	C	0,32	0,05
Selbstsicherheit	E	0,13	0,31
Optimismus	F	0,23	–0,40*
Über-Ich-Stärke	G	0,33	0,19
Abenteuerlust	H	0,23	0,12
Weichherzigkeit	I	–0,15	–0,13
Misstrauen	L	0,18	–0,33*
Einbildungsreichtum	M	0,22	–0,01
Gewandtheit	N	0,18	0,27
Schuldgefühle	O	0,11	0,36
Radikalismus	Q1	0,27	0,34
Selbstgenügsamkeit	Q2	0,15	–0,32*
Selbstkontrolle	Q3	0,27	–0,02
Konfliktspannung	Q4	0,16	–0,11

* Differenz zwischen den Koeffizienten signifikant. Nach Cattell und Nesselroade (1967).

Aus der Namensgebung für die Primär- und Sekundärfaktoren ist erschließbar, dass inhaltliche und korrelative Beziehungen zu Skalen anderer Autoren bestehen (z. B. Extraversion). Weiterhin ist die Ähnlichkeit in der Benennung einiger Fragebogenskalen mit den im vorigen Abschnitt skizzierten L-Faktoren augenfällig; andere Namen stellen allerdings Wortneuschöpfungen dar, mit denen u. a. eine Abhebung von alltagssprachlichen Begriffen und den Befunden anderer Autoren erreicht werden sollte.

Eine weitere Frage betrifft die Übereinstimmung von L- (Fremdbeurteilungen) mit Q- (Fragebogen) Daten im Cattell'schen System. Hatten sich etwa Cattell und Saunders noch optimistisch geäußert (»...vergleicht man aber nun die Beobachtungsbereiche als Gesamtheiten und nicht Faktor für Faktor, so zeigt sich doch eine recht befriedigende Übereinstimmung«, 1954, S. 353; s. auch Cattell, 1968), beurteilte Cattell (1973) aus zeitlicher Distanz dieselben Befunde als wenig aussagefähig.

Kontroverses

Angesichts der soweit nicht befriedigenden Befundsituation sind auch die psychometrischen Eigenschaften des 16 PF einer differenzierten Kritik unterworfen worden (zusammenfassend und vertiefend s. Howarth, 1976b).

Einwände beziehen sich vor allem darauf, dass es häufig nicht möglich war, die faktorielle Struktur auf Skalenebene zu replizieren (Timm, 1968; Eysenck, 1972). Mehr noch ließen Analysen auf Itemebene (Greif, 1970; Bartussek, 1974; Karson & O'Dell, 1974) die erwartete Dimensionalität nicht erkennen. Die Items korrelierten vielfach höher mit dem Skalenwert »fremder« Dimensionen als mit denjenigen ihrer eigenen Skala. Auch die Stabilität der Primärskalen scheint in einigen Untersuchungen an der unteren Grenze des eben noch Vertretbaren zu liegen (z. B. Gaensslen & Mandl, 1974); in anderen Studien werden selbst für sehr lange Intervalle noch befriedigende Stabilitäten berichtet (s. Costa & McCrae, 1978).

Cattell hat demgegenüber mehrfach die besagten Itemeigenschaften als Vorteil gegenüber der herkömmlichen Testkonstruktion gepriesen, weil damit eine Kumulation spezifischer Varianzanteile vermieden werde und am ehesten externe Validität zu erzielen sei. In erster Linie komme es auf die Korrelation einer Itemformation mit dem jeweiligen Faktor an (Prinzip der »Structural psychometrics«, Cattell & Radcliffe, 1962). Höhere Koeffizienten in diesem Sinne ließen sich auch dann erzielen, wenn die mittleren Iteminterkorrelationen nur sehr niedrig ausfallen, wie das mit Werten von $r = 0{,}011$ bis $r = 0{,}115$ bei den Skalen M, N, O und Q3 der Fall sei (Cattell, 1974, S. 125). Veranschaulichen lässt sich das von ihm als »Suppressor« bezeichnete Prinzip in folgendem nach Cattell (1973) modifizierten Diagramm (▶ Abb. 7.4). Obwohl die beiden Variablen X1 und X2 orthogonal zueinander sind, korrelieren sie gemeinsam mit dem Faktor A.

Hingegen neutralisieren sich ihre Ladungen in B.

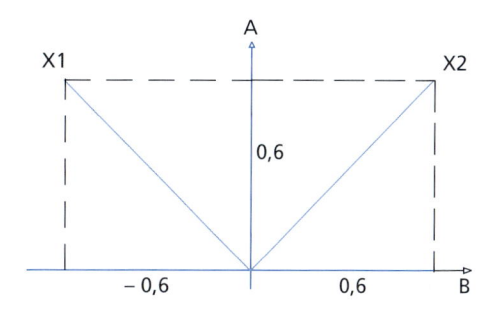

Abb. 7.4: Veranschaulichung einer hypothetischen Suppressorwirkung: hohe Validität der Items trotz Orthogonalität.

So plausibel eine solche Erklärung auch klingt, erfährt sie doch durch eine Nullkorrelation zwischen Items allein noch keine Rechtfertigung. Was zudem für zwei Items konzeptuell und für die Zwecke der Demonstration keine Schwierigkeiten bereitet, gerät für eine danach vorab konzipierte und auf alle anderen Faktoren abgestimmte Liste von Items zum unlösbaren empirischen und allgemein-methodischen Problem (Greif, 1970; Howarth et al., 1972; Meyer et al., 1977).

Schneewind (1977) hat deshalb für eine deutsche Übersetzung jener Form, auf die sich auch Cattell et al. (1969) stützen, die Skalen von Grund auf neu zusammengestellt. Als Ergebnis einer neuerlichen Überarbeitung, bei der unter anderem, wo nötig, die Items zeitgemäßer und geschlechtssensitiv formuliert wurden, sind nunmehr neben den 16 Primärfaktoren (▶ Kasten 7.2) fünf Globalskalen vorgesehen (s. Schneewind & Graf, 1998).

7.2.4 Objektive Tests

Bei dem dritten Medium persönlichkeitsrelevanter Informationen innerhalb des Systems von Cattell, auf das nachfolgend kurz eingegangen wird, handelt es sich um die von ihm so bezeichneten »Objektiven Tests«. Dieses sind teils herkömmliche Leistungsprüfverfahren, teils Skalen, die zur Vermeidung von Fehlerquellen wie soziale Erwünschtheit, Akquieszenz und absichtliche Verstellung die Messintention dem Probanden gegenüber verschleiern sollen. Beispielsweise wird eine Aufgabe mit vermeintlichem Leistungscharakter vorgegeben, aber persönlichkeitsspezifisch ausgewertet (Fahrenberg, 1964; Ortner et al., 2006). Schmidt (1975, S. 19) definierte Objektive Tests wie folgt:

»Objektive Tests (T-Daten) zur Messung der Persönlichkeit und Motivation sind Verfahren, die unmittelbar das Verhalten eines Individuums in einer standardisierten Situation erfassen, ohne dass dieses sich in der Regel selbst beurteilen muss. Die Verfahren sollen für den Probanden keine mit der Messintention übereinstimmende Augenscheinvalidität haben. Das kann durch die Aufgabenwahl oder bestimmte Auswertungsmethoden erreicht werden. Um als Test zu gelten, müssen auch die objektiven Verfahren den üblichen Gütekriterien psychologischer Tests genügen.«

In der Mehrzahl der Fälle handelt es sich um Fragebogen, die allerdings hinsichtlich unerwarteter Aspekte ausgewertet werden: Etwa wird die Entscheidungszeit pro Item oder die Präferenz für extreme Beantwortungen geprüft. Die unter der Instruktion »Was würden Sie lieber machen?« von den Probanden paarweise miteinander verglichenen Tätigkeiten werden vom Versuchsleiter nur danach durchgesehen, inwieweit die Versuchspersonen dazu neigen, Wettbewerbssituationen aufzusuchen bzw. zu vermeiden. Aus den Stellungnahmen zu Zielen aus verschiedenen Lebensbereichen werden Punktwerte für Opferbereitschaft einerseits, individuelle Zufriedenheit andererseits abgeleitet, Kurzaufsätze nicht nach dem Inhalt, sondern der Zahl produzierter Wörter bewertet usw.

Ausführliche Darstellungen der verwendeten Tests finden sich bei Hundleby et al. (1965) sowie bei Cattell und Warburton (1967). Die in Deutschland vorgenommenen Adaptationsarbeiten wurden von Schmidt (1975) bzw. Häcker et al. (1975) betreut. In der letztgenannten Arbeit finden sich auch Faktorenumschreibungen (für die Cattell die Abkürzungen Universal Index, U.I., wählte) der am besten replizierten 21 T-Dimensionen.

Die Durchführung der zahlreichen Einzeltests und mehr noch deren Auswertung erfordert einen erheblichen Zeitaufwand. Dennoch scheinen die »Skalen«, die häufig nur aus einem Wort bestehen, zu kurz zu sein, weil die Reliabilitäten der T-Daten deutlich unter denjenigen aus anderen Bereichen liegen. Möglicherweise sind dafür auch die zahlreichen Selbstinstruktionen verantwortlich, für die die Ambiguitäten der Testsituation Raum eröffnen und valide Persönlichkeitsdifferenzen überlagern.

Im Simultanvergleich der gemeinsamen Faktorisierung von Daten aus allen drei Medien sind die Übereinstimmungen bzw. gemeinsamen Ladungen von L-, Q- und T-Variablen auf einem Faktor relativ selten (s. Cattell & Saunders, 1954). Ungeachtet dieser unbefriedigenden externen Validität und auch der fragwürdigen faktoriellen Struktur (s. Schmidt & Schwenkmezger, 1994) scheinen sich die Objektiven Tests immerhin zur Trennung zwischen klinischen Gruppen (Neurotikern, Alkoholikern und Schizophrenen) und Kontrollpersonen zu eignen; jedenfalls diskriminierten sie in einer Studie von Schmidt et al. (1985) in etwa gleich gut, teils sogar etwas besser als Fragebogen (Amelang & Schmidt-Atzert, 2006).

Inwieweit Objektive Tests gegenüber Störfaktoren wie Sozialer Erwünschtheit oder Akquieszenz resistent sind, muss sich erst noch erweisen. Hier könnten sie einen Vorteil gegenüber den dafür anfälligen L- und Q-Daten haben. Den Untersuchungen von Häcker, Schwenkmezger und Utz (1979) zufolge war zumindest die behauptete Undurchschaubarkeit nur bei einem Teil der Skalen gewährleistet; Verfälschungen betrafen vor allem solche Tests, die sich von traditionellen

Fragebogen formal nur wenig unterscheiden und inhaltlich »kulturelle Konformität vs. Objektivität« und »Angst« markieren.

7.2.5 Abschließende Würdigung

In der Breite seines Vorgehens findet Cattell innerhalb der Persönlichkeitsforschung nicht seinesgleichen; kaum ein Gebiet, zu dem er nicht originelle Beiträge geleistet hätte, von der Intelligenz- bis zur Motivationsforschung, von der Anlage-/Umwelt-Kontroverse bis zu wissenschaftstheoretischen und philosophischen Betrachtungen. Vielleicht gerade deshalb hatte Cattell zahlreiche Gegner, wenngleich sich diese angesichts von Ruf und Forschungspotential Cattells schwer getan haben, im selben Ausmaß rezipiert zu werden. Dennoch entbehren die Einwände, wie an einzelnen Punkten aufgezeigt, keineswegs einer seriösen Grundlage.

Mehrfach schien Cattell zu rasch über die Daten hinausgegangen zu sein, Vorstellungen im Visier, die empirisch noch nicht genügend abgesichert waren, wenn er bereits den zweiten Schritt vor dem ersten unternahm. Viele seiner Anregungen in allen Bereichen haben andere Arbeiten stimuliert. Cattell gebührt das entscheidende Verdienst, die Komplexität menschlichen Verhaltens in einem diesem Ziel angemessenen multivariaten Forschungsansatz erklären zu wollen, auch wenn manche seiner Vorschläge mehr als programmatischer Appell denn als realisierbare Erfassung der Persönlichkeit gelten müssen.

> **Zusammenfassung von Kapitel 7.2**
>
> Bereits in den 1930er Jahren haben Allport und Mitarbeiter aus einem umfangreichen Wörterbuch der englischen Sprache all jene Wörter ausgelesen, mit denen man Personen gut charakterisieren kann. Diese Wortliste beinhaltete ca. 4 500 Elemente und wurde von Cattell in den 1940er Jahren zunächst durch eine rational-semantische Analyse auf 171 Begriffe reduziert. Anhand dieser Begriffe wurde dann eine Stichprobe von Zielpersonen durch jeweils zwei Bekannte eingeschätzt. Anhand dieser Daten erfolgte – teil statistisch, teils rational – eine weitere Reduktion der Begriffe auf 35 Variablen, mit denen dann eine zweite Stichprobe von Zielpersonen eingeschätzt wurde. Diese resultierenden Daten wurden einer Faktorenanalyse unterzogen, wobei sich Cattell schließlich für eine Lösung mit 12 korrelierten Faktoren entschied. Dieses Persönlichkeitssystem fußt auf den alltäglichen Verhaltensbeobachtungen, die den Bekannten der Zielpersonen zu deren Beschreibung verfügbar waren, es gründet sich also auf L-Daten (von engl. »life data«, Verhaltensdaten). Dieses System wurde schon bald von Cattell durch ein anderes ergänzt, dass nun auf Q-Daten basiert (von engl. »questionnaire data«, Fragebogendaten) und mit dem eine ökonomische Persönlichkeitsdiagnostik mit der Methode der Selbstbeschreibung möglich sein sollte. Hierfür ergänzte Cattell die 12 Faktoren aus dem Bereich der L-Daten um vier weitere, die nach seiner Auffassung nur mit der Methode der Selbstbeschreibung messbar sind. Es resultierte der »16 Personality Factor Questionnaire« (16 PF), ein Persönlichkeitsfragebogen, der in weiten Bereichen der Forschung und in vielen Anwendungsfeldern eingesetzt wurde und der Faktoren wie Wärme, Logisches Schlussfolgern, Emotionale Stabilität, Dominanz und Lebhaftigkeit beinhaltet (▶ **Kasten 7.2**). Aufgrund der substantiellen Korrelationen zwischen diesen 16 Faktoren konnten drei bis fünf Faktoren höherer Ordnung extrahiert werden, die unter anderem Extraversion und

> Neurotizismus beinhalten, was einem hierarchischen Modell der Persönlichkeit entspricht (mit wenigen abstrakten Faktoren an der Spitze, die sich in immer weitere, spezifischere Faktoren aufteilen). Allerdings hat Cattell als wichtigste Ebene der Persönlichkeitsbeschreibung die Ebene der 12 bzw. 16 Faktoren (L-Daten bzw. Q-Daten) angesehen. Ein offenkundiges Problem bei der Verwendung von Selbstbeschreibungen zur Persönlichkeitsdiagnostik besteht darin, dass Personen sich (absichtlich oder unabsichtlich) auf eine sozial erwünschtere Weise darstellen können, als es ihrer Persönlichkeit entspricht. Um dieses Problem der Verfälschbarkeit von Persönlichkeitsfragebögen zu lösen, hat Cattell noch ein weiteres Datenformat verwendet, bei dem die Messintention den Versuchspersonen verborgen bleiben sollte, nämlich T-Daten (von engl. »test data«, objektiven Testdaten). Diese Breite der Zugänge zur Persönlichkeitsdiagnostik ist nur einer von mehreren Vorzügen des Cattellschen Systems, das zu seiner Zeit ein wichtiges – wenn nicht das wichtigste – Beschreibungssystem der Persönlichkeit darstellte. Allerdings muss auch einschränkend angemerkt werden, dass die semantisch-rationale und statistisch-rationale Variablenreduktion im L-Datenraum etwas willkürlich erfolgte und dass sich in späteren Analysen nicht alle Faktoren im L-Datenraum replizieren ließen. Dieser letzte Einwand trifft sicherlich auch für die 16 Faktoren des Q-Datenraums zusammen, die so stark untereinander korrelieren, dass vielen Forschern eine sparsamere Faktorlösung als zweckmäßiger erschien.

7.3 Die Persönlichkeitstheorie von Eysenck

7.3.1 Allgemeine Kennzeichnung

Hans Jürgen Eysenck (1916–1997) sah sich *ideengeschichtlich* in der Tradition der Temperamentstypologen Hippokrates – Galen – Kant – Wundt, des Konstitutionstypologen E. Kretschmer und des Schöpfers der psychologischen Typenlehre von Einstellungen der Extraversion und der Introversion C.G. Jung (Biographie von Eysenck ▶ Kasten 7.3). In der *Reduktion* des Psychischen auf das Physische sah Eysenck sich in der Tradition des Pawlow-Schülers B.M. Teplow. Als herausragendem *Psychometriker*, Verfechter einer *sparsamen* Intelligenzkonzeption und Begründer der »Londoner Schule« war Eysenck Charles Spearman verpflichtet. Eysenck sah sich selbstverständlich in das vorherrschende *faktorenanalytische Paradigma* zur Erforschung der Persönlichkeitsstruktur eingebunden, und damit in einem unmittelbaren Bezug zu den etwas älteren J.P. Guilford (1897–1988) und R.B. Cattell (1905–1998). Schließlich sah er seinen *Forschungsansatz* in der Tradition der Holländischen Schule der Persönlichkeitspsychologie (Anfang des 20. Jahrhunderts) von G. Heymans, deren Vorgehen psychometrisch, experimentell und in der Anwendung der hypothetico-deduktiven Forschungslogik bestand.

»Last, least, and only after much hesitation the writer would place his own contribution. In essence, what he has tried to do has been a continuation of the threefold approach of the Dutch school...« (Eysenck, 1981, S. 9).

Persönlichkeit ist die »mehr oder weniger feste und überdauernde Organisation des Verhaltens, des Temperaments, des Intellekts und der Physis eines Menschen«, die »seine einzigartige Anpassung an die Umwelt« determiniert (Eysenck, 1953, S. 2). Die Wissenschaft von der Persönlichkeit hat nach Eysenck zwei verbundene Aufgaben:

> **Kasten 7.3: Hans-Jürgen Eysenck (1916–1997)**
>
> Hans Jürgen Eysenck wurde 1916 in Berlin geboren. Seine Eltern waren Schauspieler, die sich scheiden ließen, als Eysenck zwei Jahre alt war. Er wuchs von da an bei seiner Großmutter in London auf. Zur Schule ging er wieder in Berlin, 1930 besuchte er ein Internat auf der Isle of Wight. Mit 18 Jahren verließ Eysenck 1934 aus politischen Gründen das nationalsozialistische Deutschland. Er ging zunächst nach Frankreich, dann nach England, studierte in Dijon und Exeter Geschichte und Literatur. 1935 begann er in London das Studium der Psychologie bei Sir Cyril Burt. Für seine Dissertation über »The Psychology of Aesthetics« erhielt er 1940 seinen PhD. Nach dem Zweiten Weltkrieg wurde er Leiter der Psychologischen Abteilung im Maudsley Hospital und 1950 Leiter des neu gegründeten Psychiatrischen Instituts der University of London im selben Hospital. Als Professor für Psychologie lehrte er bis 1984 an der Londoner Universität.
>
> Eysenck begründete 1980 die Zeitschrift »Personality and Individual Differences« sowie 1983 die »International Society for the Study of Individual Differences« (ISSID). Im Laufe seiner akademischen Karriere veröffentlichte er über 70 Bücher und mehr als 700 Artikel in Zeitschriften. Die Liste der von ihm wissenschaftlich bearbeiteten Themen ist lang: So beschäftigte er sich mit Persönlichkeit und Intelligenz, aber auch mit Verhaltensgenetik, Verhaltenstherapie, Gesundheitspsychologie und Parapsychologie.
>
> Eysenck starb 1997 im Alter von 81 Jahren.
>
> Nähere Details: Eysenck (1997) und Amelang (1998).

1. *Deskription.* Beschreibung und Bestimmung der grundlegenden Einheiten, in denen sich Personen unterscheiden. Hiervon handelt der vorliegende Abschnitt 7.3.
2. *Erklärung.* Feststellung der kausalen Elemente, die diese Unterschiede hervorrufen. Eysenck spannte hier den Bogen sehr weit und forderte programmatisch, Erklärungen zu suchen nach dem Motto: von den Genen zum Verhalten. Entsprechend sind Persönlichkeitsdimensionen biologisch zu fundieren. Dieser Aspekt wird in Abschnitt 8.1 vorgestellt.

Nach dem hypothetico-deduktiven Vorgehen liefert die Deskription erste Anhaltspunkte für die Struktur der Persönlichkeit. Nach der Bildung von Hypothesen über deren biologische Fundierung werden daraus Ableitungen (Deduktionen) vorgenommen, die experimentell überprüft werden müssen. Dabei geht Eysenck (1967, S. 1–33) systematisch zunächst von allgemeinpsychologischen Gesetzmäßigkeiten aus (z. B. Vergessenskurve einmal gelernter sinnloser Silben) und untersucht dann differentiellpsychologische Hypothesen über die Unterschiedlichkeit zwischen Personen (z. B. in Bezug auf die Behaltensleistung über die Zeit). Welches sind aber die grundlegenden Einheiten der Persönlichkeitsstruktur, in denen solche Unterschiede auftreten sollen?

Hier unterscheidet Eysenck zwischen Eigenschaften und Typen. Eigenschaften sind Dispositionen für Erleben und Verhalten. Faktorenanalytisch hergeleitet entsprechen Eigenschaften den Primärfaktoren von Verhaltensgewohnheiten (▶ Abb. 1.17), z. B. Geselligkeit, Aktivität oder Lebhaftigkeit. Typen sind übergeordnete Konstrukte, die sich faktorenanalytisch als Sekundärfaktoren aus kovariierenden Eigenschaften ergeben, z. B. Extraversion (s. Abschn. 7.3.2). Im Unterschied zu dem modalen Typenbegriff versteht Eysenck unter Typen kontinuierlich verteilte Grunddimensionen der Persönlichkeit (polare Typen, s. Abschn. 1.6.6). Typen, nicht Eigenschaften, haben eine biologische Basis.

Grunddimensionen der Persönlichkeit sollen nicht nur biologisch erklärbar sein. Sie müssen auch eine wesentliche Rolle in der Anpassung des Menschen an seine Umwelt spielen. Eysenck gelang es in der Tat, ein breites Spektrum von Anwendungsbereichen seines Persönlichkeitsmodells aufzuzeigen (s. Abschn. 7.3.3).

7.3.2 Das PEN-System

Eysenck postulierte auf dem obersten Niveau seines Persönlichkeitsmodells drei Typen: Psychotizismus (P), Extraversion (E) und Neurotizismus (N), kurz das PEN-System. Anders als bei Cattell, nach dem sich die Zahl und Art von Sekundärfaktoren der Persönlichkeit empirisch aus den Interkorrelationen der Primärfaktoren ergaben, legte sich Eysenck definitiv auf die Dimensionen P, E und N fest.

Wegen ihrer geringen Anzahl und ihres breiten Einflussbereichs werden die Eysenck'schen Typen auch als »Giant Three« bezeichnet. Für die Verhaltensbeschreibung sollen aber die Eigenschaften der drei Typenfaktoren herangezogen werden.

Herleitung

Grundlage für die Ableitung der Dimensionen Neurotizismus und Extraversion stellte eine Untersuchung von Eysenck (1944) dar. Es wurden Verhaltensbeurteilungen von Psychiatern, Krankenschwestern, Sozialarbeitern und Familienangehörigen über 700 neurotische Soldaten anhand von 37 Items eingeholt. Die Soldaten waren zur Diagnose und Therapie in das Mill-Hill-Krankenhaus in London überwiesen worden, dessen Leitender Psychologe Eysenck zu dieser Zeit war. Die Verhaltensbeurteilungen wurden zusammen mit den zusätzlichen Variablen Intelligenz und Alter interkorreliert. Es wurden vier Faktoren extrahiert, die zusammen (nur) 40 % der Gesamtvarianz aufklärten. Der erste Faktor wurde von Eysenck als »lack of personality integration« oder »*Neurotizismus*« *(N)*, der zweite als »Hysteria vs. Dysthymia« oder »*Extraversion/Introversion*« *(E/I)* interpretiert. Die Lokalisation der Variablen im zweidimensionalen Faktorraum der Ursprungsarbeit ist aus **Abbildung 7.5** ersichtlich.

Nachfolgende Arbeiten dienten der Bestätigung der aufgezeigten Dimensionen, wobei vor allem auch Gruppen von Normalpersonen eingeschlossen und Testverfahren anstelle der Verhaltensbeurteilungen benutzt wurden. So berichtete Eysenck (1952) in seinem Buch, das besonders der N-Dimension gewidmet ist, von einer Untersuchung

7 Modellierung von Persönlichkeitsstruktur

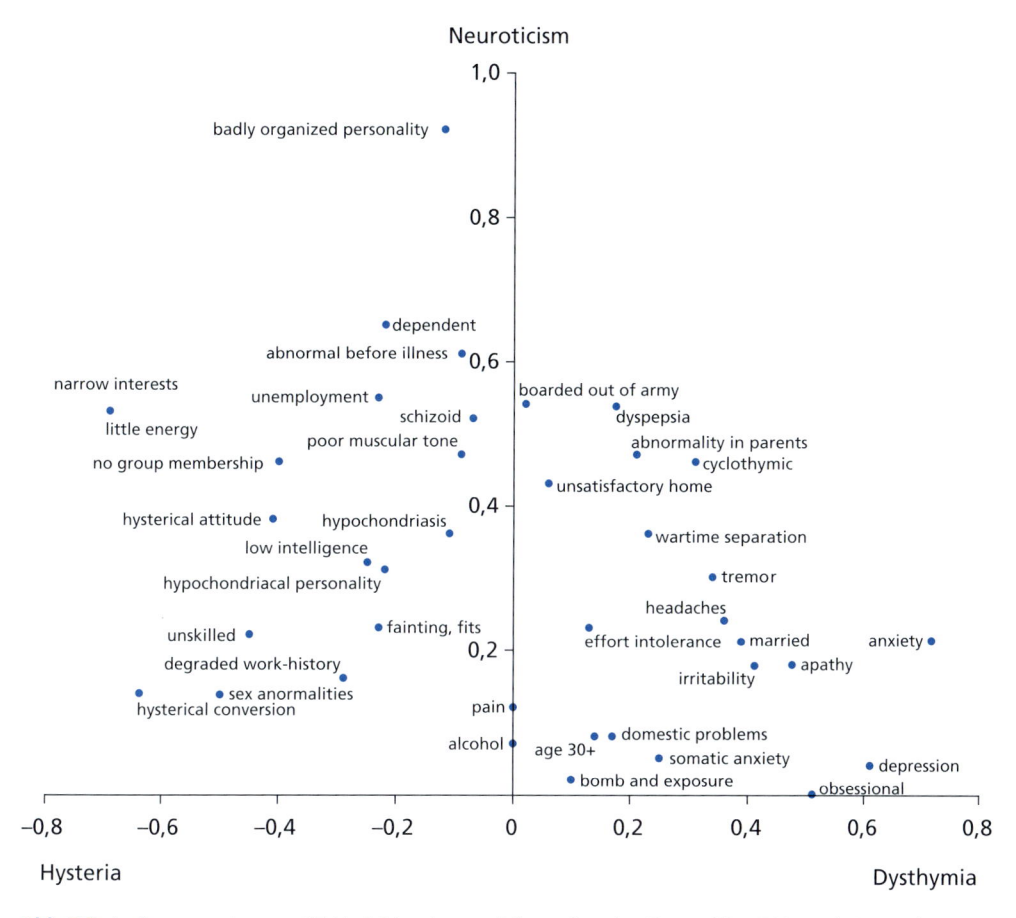

Abb. 7.5: Ladungsmuster von 37 Variablen im zweidimensionalen Raum (N = 700, nach Eysenck, 1947, S. 34).

an 93 normalen und 105 nach Psychiaterurteil neurotischen Versuchspersonen, die neben einem Fragebogen 15 Objektive Tests bearbeiteten. Die Faktorisierung aller Variablen ergab das in **Abbildung 7.6** wiedergegebene Ladungsmuster mit Faktoren, die als »Neurotizismus« und »Extraversion/Introversion« interpretiert wurden.

Die Ergebnisse werden hier deshalb gesondert angeführt, weil daraus deutlich wird, welche Interpretationsschwierigkeiten häufig bei der Verwendung Objektiver Tests bestehen.

Extraversion

Personen mit hohen Messwerten auf Fragebogenskalen zur Extraversion/Introversion sind in **Kasten 7.4** charakterisiert. Die Eigenschaften des Typenfaktors Extraversion sind in **Abbildung 7.7** wiedergegeben. Da die Eigenschaften typischerweise mittelhoch miteinander korrelieren, wird ein Extravertierter nicht notwendigerweise alle Eigenschaften in gleicher Ausprägung aufweisen.

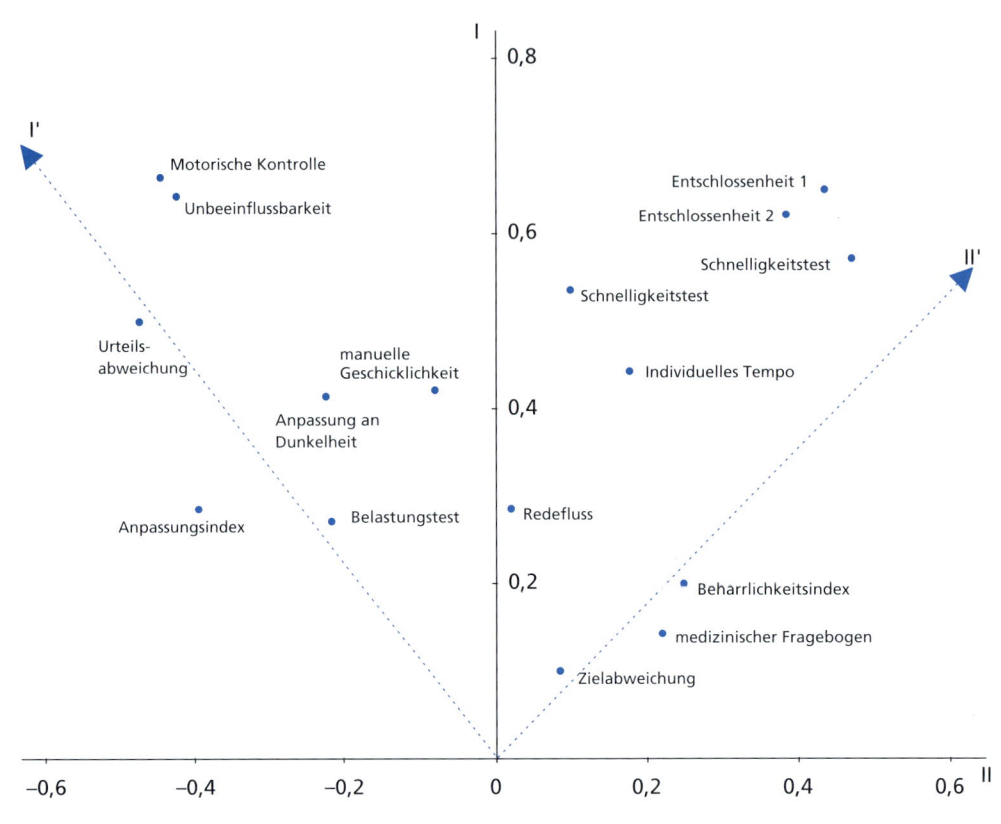

Abb. 7.6: Faktorisierung von 15 Objektiven Tests unter Einschluss eines Fragebogens. Die Achsen I und II wurden als N und E/I interpretiert. I' und II' stellten Achsenrotationen mit dem Ziel der Einfachstruktur dar, was aber zu uninterpretierbaren Ergebnissen führte (nach Eysenck, 1952, S. 75).

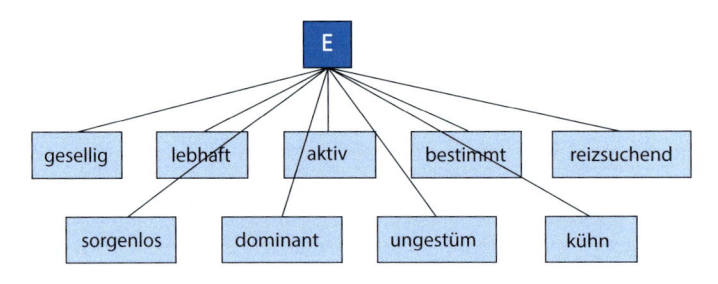

Abb. 7.7: Eigenschaften für den Typus Extraversion (nach Eysenck & Eysenck, 1985, S. 15).

Kasten 7.4: Extraversion – Introversion nach Eysenck

»Der typische Extravertierte sucht sozialen Anschluss, liebt Partys, hat viele Freunde, braucht eine Vielzahl von Menschen, mit denen er sprechen kann. Er befasst sich ungern mit der eigenen Person. Extravertierte brauchen andauernd Erregung, suchen Veränderungen oder Risiken. Sie sind im allgemeinen impulsiv. Extravertierte lieben das Leben (easy going), machen und mögen Witze, haben in jeder Situation den richtigen ›Spruch‹ bereit und lachen viel. Extravertierte bevorzugen es, in Bewegung zu sein und vielerlei Sachen zu unternehmen. Sie tendieren zu Aggressivität und sind launisch. Sie haben ihre Gefühle nicht immer unter Kontrolle und neigen zu Unzuverlässigkeit.

Typisch Introvertierte sind ruhig, fast langweilig. Sie sind introspektiv und finden Bücher interessanter als Menschen. Sie sind gegenüber anderen Menschen reserviert und zurückhaltend. Sie neigen dazu, Dinge zu planen und sind somit nicht sehr spontan. Sie mögen keine Erregung und ziehen ein ruhiges, wohlgeordnetes Leben vor. Sie halten ihre Gefühle unter Kontrolle und zeigen nur selten aggressives Verhalten. Ihr Temperament geht nur selten 'mit ihnen durch'. Introvertierte sind zuverlässig, manchmal pessimistisch und halten viel von moralischen Grundsätzen.« (Eysenck et al., 1997, S. 21).

Bei der Auffächerung des Typenfaktors Extraversion in neun Eigenschaften stellt sich natürlich die Frage, was denn der psychologische *Kern* von Extraversion sei, der die positiven korrelativen Beziehungen zwischen den Eigenschaften stiftet. Hierüber sind verschiedene Auffassungen ausgetauscht worden. Nach Lucas et al. (2000) sind es vor allem zwei Auffassungen: »Soziabilität« oder »Belohnungssensitivität«.

Soziabilität beschreibt individuelle Unterschiede in der Freude an sozialen Kontakten und in der Bevorzugung der Gesellschaft anderer gegenüber dem Wunsch, allein zu sein. Soziabilität ist abzugrenzen von *Affiliation*, der Freude an engen und liebevollen mitmenschlichen Beziehungen (Depue & Collins, 1999; Depue & Morrone-Strupinsky, 2005). *Belohnungssensitivität* beschreibt individuelle Unterschiede in der Stärke der Motivation für Annäherungsverhalten an Reize und Situationen, denen Personen einen Anreiz zuschreiben. Damit gehen starke positive Gefühle der Vorfreude, des Tatendrangs, der Begeisterung und der Selbstwirksamkeit einher. Personen mit einer hohen Belohnungssensitivität suchen nicht häufiger soziale Situationen auf als Personen mit niedriger Belohnungssensitivität, es sei denn, die sozialen Situationen üben auf die Person einen Belohnungsanreiz aus. In ähnlicher Weise sehen Watson und Clark (1997) positive Emotionalität als Kern der Extraversion. Danach sollten Extravertierte zwar mehr positive Gefühle als Introvertierte angeben. Dies sollte aber sowohl für soziale Situationen gelten als auch für Situationen des Alleinseins.

Lucas et al. (2000) argumentierten, dass der Kern der Extraversion die Belohnungssensitivität sei. Extravertierte seien deshalb soziabler als Introvertierte, weil soziale Situationen für sie oft einen Belohnungsanreiz ausüben. Die höhere Soziabilität Extravertierter sei daher nur ein Nebenprodukt ihrer höheren Belohnungssensitivität. Ashton et al. (2002) hielten dagegen, dass der Kern der Extraversion nicht die Belohnungssensitivität, sondern die soziale Aufmerksamkeit sei, die Extravertierte zu erlangen und zu genießen trachteten. Eine Entscheidung zwischen diesen Auffassungen wird empirisch schwierig herbeizuführen sein, wenn nicht Eysencks Forderung nach biologisch fundierten Erklärungen der Persönlichkeitstypen mit einbezogen wird.

Neurotizismus

Personen mit hohen Messwerten auf Fragebogenskalen zum Neurotizismus sind in **Kasten 7.5** beschrieben. Diese Beschreibung findet sich wieder in den Eigenschaften des Typenfaktors Neurotizismus (▶ **Abb. 7.8**).

> **Kasten 7.5: Neurotizismus nach Eysenck**
>
> »Personen mit einem hohen Wert auf der Neurotizismusskala sind ängstlich, besorgt, schwermütig, launisch und häufig depressiv. Sie neigen dazu, schlecht zu schlafen und leiden unter einer Vielzahl psychosomatischer Beschwerden. Sie sind extrem emotional und überreagieren stark auf alle Reize. Nach emotionalen Ausbrüchen haben es neurotische Personen schwer, wieder ihr emotionales Gleichgewicht zurückzugewinnen. Diese emotionalen Ausbrüche führen zu irrationalen Handlungen. Manchmal sind sie zu unbeweglich, um sich neuen Dingen gegenüber zu öffnen (rigide).
> Extravertierte und neurotische Personen sind unruhig und werden leicht aggressiv.
> Eine emotional instabile Person neigt dazu, nicht erfolgreich zu sein. Gelegentliche Aggressivität tritt auf, wenn sie nicht erwartet wird. Sollte Stress die Stabilität beeinflussen, so sind Ängste und Befürchtungen verhaltenssteuernd.« (Eysenck et al., 1997, S. 21).

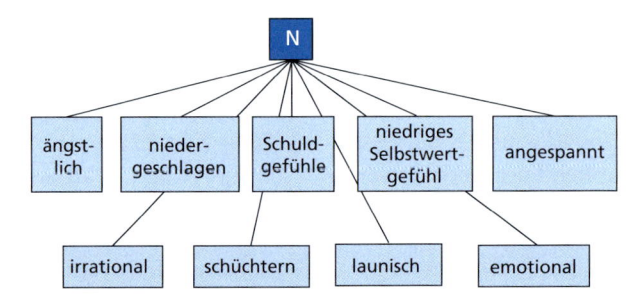

Abb. 7.8: Eigenschaften für den Typus Neurotizismus (nach Eysenck & Eysenck, 1985, S. 15).

Untersuchungen zu Effekten des Neurotizismus auf verschiedenste Lebensbereiche sind sehr zahlreich. Zusammengenommen lesen sie sich wie »Anleitungen zum Unglücklichsein«. So wie Extraversion mit positiver Emotionalität zusammenhängt, so ist Neurotizismus mit negativer Emotionalität verbunden (Rusting & Larsen, 1997). Personen mit hohen im Vergleich zu niedrigen Werten auf Neurotizismus berichten mehr alltägliche Probleme, reagieren darauf mit stärkeren Emotionen, erfahren häufiger negative emotionale Beeinträchtigungen durch schon zurückliegende Ereignisse und zeigen stärkere Stressreaktionen auf wiederkehrende Probleme (»neurotische Kaskade«, s. Suls & Martin, 2005). Entsprechend charakterisierte umgekehrt Francis (1999) schon im Titel ihrer Arbeit Glücklichsein als die Kombination von niedrigen Werten auf Neurotizismus und hohen Werten auf Extraversion: »Happiness is a thing called stable extraversion«.

Allerdings ist Neurotizismus wegen der assoziierten höheren Ängstlichkeit vor Gefahren auch ein Schutzfaktor. Für den Altersbereich bis 25 Jahre besteht entsprechend einer longitudinalen Studie von Lee et al. (2006) für Personen mit hohen Neurotizismuswerten während der Adoleszenz eine *geringere* Sterblichkeit aufgrund von Unfällen, ab 25 Jahren allerdings eine *höhere* Sterblichkeit aufgrund anderer Ursachen als Unfälle, z. B. Krankheiten oder Suizid.

Psychotizismus

Der Typenfaktor Psychotizismus (H.J. Eysenck, 1992) umfasst nach Eysenck ein Kontinuum von normalem und angepasstem über kriminelles und psychopathisches Verhalten bis hin zu psychotischen Erkrankungen (u. a. Schizophrenie) mit Realitätsverlust und starken Störungen im Denken, Fühlen und im Verhalten. Angewandt auf Personen ohne eine psychiatrische Diagnose beschreibt Psychotizismus somit unsozialisiertes, ungewöhnliches, wenig kontrolliertes und »seltsames« Verhalten.

Personen mit extremen Messwerten auf Fragebogenskalen zum Psychotizismus sind in **Kasten 7.6** charakterisiert. Die Eigenschaften des Typenfaktors Psychotizismus sind in **Abbildung 7.9** wiedergegeben.

> **Kasten 7.6: Psychotizismus nach Eysenck**
>
> »Personen mit einem hohen Wert auf einer Psychotizismusskala können als Einzelgänger bezeichnet werden. Sie kümmern sich nicht um Menschen, sind häufig (ruhelos) unruhig und können sich nicht anpassen. Sie tendieren dazu, grausam und unmenschlich zu sein. Sie können sich nicht in andere hineinversetzen, zeigen kein Einfühlungsvermögen und sind wenig sensibel. Sie sind häufig anderen gegenüber feindlich gestimmt, oft sogar gegenüber der eigenen Kernfamilie oder engsten Verwandten.
>
> Sie interessieren sich für merkwürdige und ungewöhnliche Dinge und missachten Gefahren. Sie mögen es, andere Menschen zum Narren zu halten und aus dem Gleichgewicht zu bringen.
>
> Kinder zeigen ähnliche Eigenschaften und Verhaltensweisen wie Erwachsene. Sie isolieren sich, sind unruhig und nicht in der Lage, 'menschliche' Gefühle gegenüber ihren Verwandten oder Haustieren zu zeigen. Sie sind aggressiv und feindselig. Aus dieser Konstitution heraus neigen einige dazu, Sensationen zu suchen, ohne Gefahren wahrzunehmen oder auf mögliche Gefahren zu achten.« (Eysenck et al., 1997, S. 22)

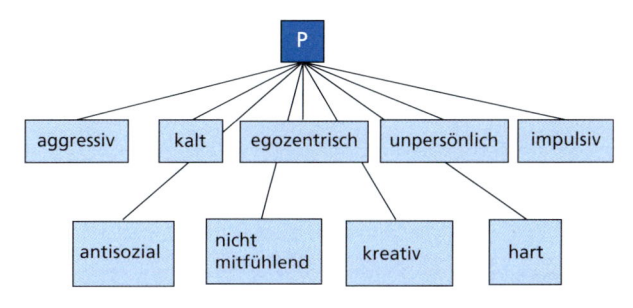

Abb. 7.9: Eigenschaften für den Typus Psychotizismus (nach Eysenck & Eysenck, 1985, S. 14).

Das Eysenck'sche Konzept des Psychotizismus ist indes auf deutliche Kritik gestoßen (Stellungnahme dazu s. H.J. Eysenck, 1992). Andresen (2001) fasste diese Kritik zusammen und erweiterte sie:

1. Zum einen sei der Inhalt der Psychotizismus-Skalen über verschiedene Versionen hinweg grundlegend verändert worden, von einer psychosenahen Konzeption mit Orientierung an einer klinischen Psychosesymptomatik hin zu einer soziopathisch akzentuierten inhaltlichen Konzeption. Dies sei der Eysenck'schen Prämisse geschuldet, wonach die Typenfaktoren untereinander unkorreliert sein sollten. Dies galt nicht für die psychosenahe Konzeption (sie wies substantielle Korrelationen

mit Neurotizismus auf, s. Baumann & Dittrich, 1975), wohl aber für die spätere soziopathienahe Konzeption.
2. Zum anderen weisen die Eysenck'schen Psychotizismus-Skalen deutliche psychometrische Schwächen auf, vor allem in Bezug auf die von Eysenck stets hervorgehobene Trennbarkeit klinischer und nichtklinischer Gruppen durch die Skalen.
3. Schließlich sei die Etikettierung von Menschen mit Begriffen wie Psychose, Soziopathie und Kriminalität auf einer allgemein anzuwendenden Persönlichkeitsdimension ethisch fragwürdig.

Messinstrumente

Sowohl Neurotizismus (N) als auch Extraversion/Introversion (E/I) sind anfänglich, wie dargestellt, mit Hilfe von Verhaltensbeurteilungen und Objektiven Tests identifiziert worden. Vieles sprach dafür, zur raschen Erfassung der individuellen Ausprägung in jeder der beiden Dimensionen auch hier Fragebogen zu entwickeln.

Für *Neurotizismus* konzipierte Eysenck (1947) zunächst das »Maudsley Medical Questionnaire« (MMQ), einen Fragebogen mit 40 Items vorwiegend medizinischer Thematik (z. B. »Manchmal kriege ich Herzklopfen«, »Gelegentlich zittere ich oder habe Schüttelanfälle« usw.), der nach Eysenck (1947, S. 66) mit ca. $r = 0,45$ mit dem Psychiaterurteil einer »schlecht organisierten Persönlichkeit« korrelierte.

Um für Personen im nichtklinischen Bereich ein Instrument mit mehr psychischen als medizinischen Merkmalslisten verfügbar zu haben, das darüber hinaus neben N die Dimension E/I enthalten sollte, wurde später das »Maudsley Personality Inventory« (MPI) konzipiert (Eysenck, 1959).

Die Skalen E und N des MPI (wie häufig auch in anderen Fragebogen) korrelierten in der Größenordnung von $-0,30$ bis $-0,40$. Um auch diese Korrelationen zu eliminieren, stellten Eysenck und Eysenck (1969) je 24 Items zu den Skalen E/I und N des »Eysenck Personality Inventory« (EPI) neu zusammen. Dafür wurden die Impulsivitätsitems aus der Skala E/I entnommen, so dass E/I nunmehr als Soziabilität definiert war.

Später folgte das »Eysenck Personality Questionnaire« (EPQ, Eysenck & Eysenck, 1975), in das auch eine Psychotizismus-Skala aufgenommen wurde. Einige Beispielitems aus dem EPQ-R sind in **Kasten 7.7** wiedergegeben.

Kasten 7.7: Beispielitems aus dem EPQ-R

Skala Extraversion
Sind Sie sehr gesprächig?
Sind Sie ziemlich lebhaft?
Lieben Sie handfeste Streiche, auch wenn diese manchmal Leute ärgern können?
Entscheiden Sie sich oft aus der augenblicklichen Stimmung heraus?
Macht es Ihnen Spaß, waghalsige oder tollkühne Dinge zu tun?

Skala Neurotizismus
Wechselt Ihre Stimmung oft?
Machen Sie sich oft Sorgen über Dinge, die Sie nicht hätten tun oder sagen sollen?
Sind Sie leicht reizbar?
Sind Ihre Gefühle leicht verletzt?
Sind Sie oft von Schuldgefühlen geplagt?

> *Skala Psychotizismus*
> Tun Sie gerne schon mal jemandem weh, den Sie mögen?
> Werfen Sie Papier auf den Boden, wenn kein Papierkorb in der Nähe ist?
> Sind Sie immer höflich, auch zu unangenehmen Leuten?*
> Ist »erst denken, dann handeln« Ihr Grundsatz?*
> Ist es Ihnen sehr unangenehm, in einer Gesellschaft unpassend gekleidet zu sein?*
>
> * umgekehrte Polung. Aus Ruch (1999).

Schon zuvor hatten Reanalysen von Howarth (1976a) für die Skalen E und N jeweils mehrere Primärfaktoren erkennen lassen. Im Hinblick darauf war es nur folgerichtig, dass schließlich in Gestalt des »Eysenck Personality Profilers« (EPP, s. Eysenck & Wilson, 1991) ein Instrumentarium entwickelt wurde, das sich explizit an den jeweiligen Eigenschaften orientierte (▶ Abb. 7.7 bis 7.9). In der 630 Items umfassenden Urfassung standen für Neurotizismus der Begriff »Emotionalität« und für Psychotizismus die Bezeichnung »Hartherzigkeit«. Letzteres änderte sich in der revidierten Form mit nur noch 440 Items zu »Risikoneigung«. Daraus mögen die Schwierigkeiten erkennbar sein, P als eine hinlänglich konsistente Eigenschaft im Normalbereich zu konzipieren bzw. zu erfassen. Für die deutschsprachige Adaptation (EPP-D) entfielen infolge der gewählten Selektionskriterien einige Primärfaktoren (s. Bulheller & Häcker, 1998). Die verbliebenen, unterschiedlich langen Subskalen sind in **Abbildung 7.10** aufgeführt.

7.3.3 Anwendungsbereiche

Kriminalität

Nach Eysenck (1976) ist *abweichendes, delinquentes oder gar kriminelles Verhalten* eine Folge von unzureichenden Konditionierungsprozessen und dadurch mangelhafter Ausbildung eines Gewissens von hinlänglicher Stärke. Da Extravertierte der Theorie zufolge schlechter lernen (s. Abschn. 8.1.1), sind sie, besonders bei zugleich hohen Neurotizismuswerten, für sozial abweichendes Verhalten stärker prädestiniert als Introvertierte. Deshalb müssten sich bei Personen mit sozial abweichendem Verhalten und bei Straftätern besonders viele Personen mit hohen E-Werten finden lassen.

Eine Arbeit von Eysenck und Eysenck (1977) an zusammen ca. 4000 Personen wies Mittelwertsdifferenzen zwischen Gefangenen und Kontrollpersonen in der E-Skala jedoch nur bei den älteren Probanden aus. Hingegen unterschieden sich N- und P-Skalen konsistent in allen Altersgruppen (▶ Abb. 7.11).

Solche Ergebnisse sind für die Befundsituation insgesamt nicht untypisch. Meist sind es Querschnittsuntersuchungen mit allen damit verbundenen Mängeln, was den Einfluss der Inhaftierungssituation auf die Bearbeitung von Fragebogen betrifft. Nicht nur muss mit reaktiven Veränderungen der Probanden durch die Isolierung und Beschämung gerechnet werden, sondern auch damit, dass viele Items namentlich der Extraversionsskala von Strafgefangenen als Verhöhnung empfunden werden müssen und jedenfalls nicht mehr adäquat zu beantworten sind (z. B. »Gehen Sie gern auf Partys?«, »Wären Sie sehr unglücklich, wenn Sie auf häufigen geselligen Verkehr verzichten müssten?« oder »Sind Sie in der Gegenwart des anderen Geschlechts leicht schüchtern?«).

Extraversion

Prozent	4	7	12	17	20	17	12	7	4	Prozent
Stanine	1	2	3	4	5	6	7	8	9	Stanine

aktiv										passiv
kontaktfreudig										kontaktscheu
selbstbewusst										schüchtern
ehrgeizig										anspruchslos

Emotionalität

1	2	3	4	5	6	7	8	9

unsicher										sicher
schwermütig										lebensfroh
besorgt										gelassen
pedantisch										ungezwungen

Risikoneigung

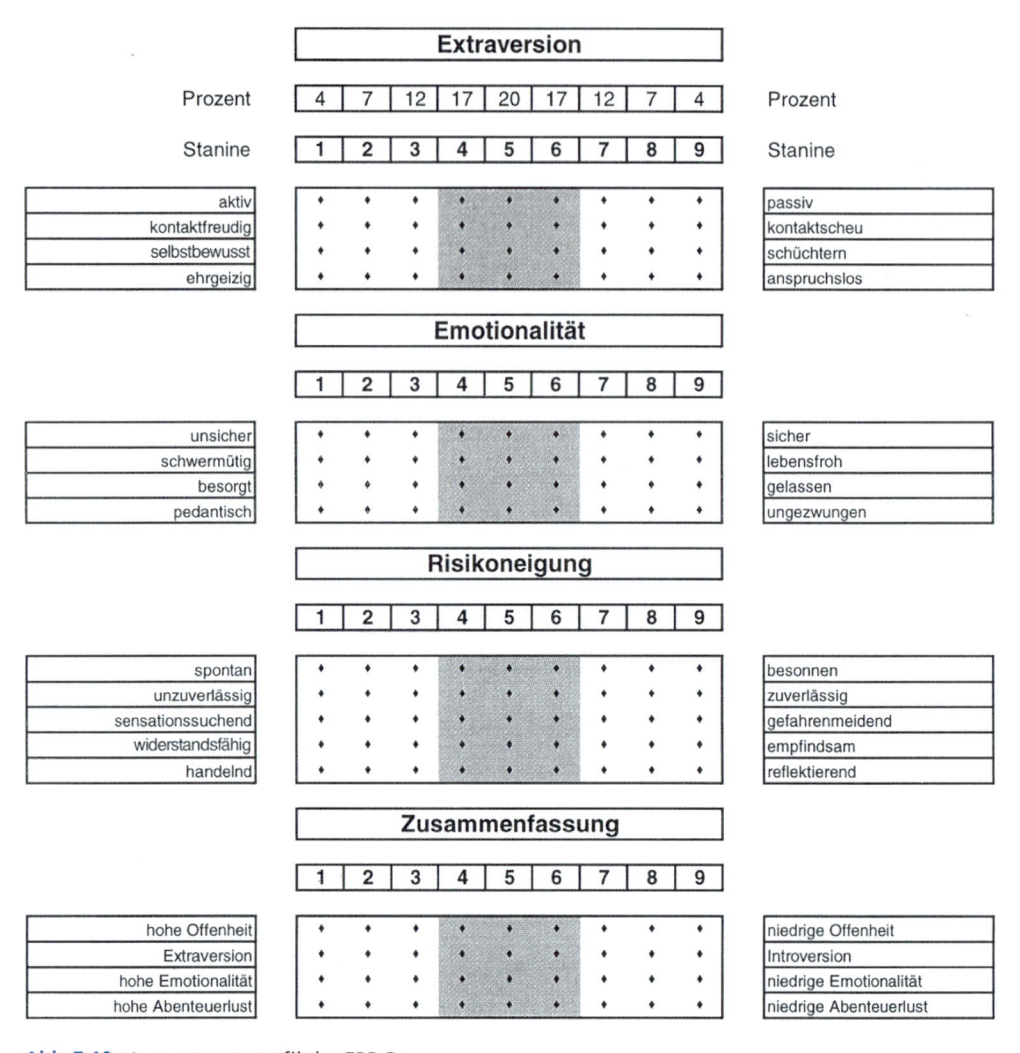

1	2	3	4	5	6	7	8	9

spontan										besonnen
unzuverlässig										zuverlässig
sensationssuchend										gefahrenmeidend
widerstandsfähig										empfindsam
handelnd										reflektierend

Zusammenfassung

1	2	3	4	5	6	7	8	9

hohe Offenheit										niedrige Offenheit
Extraversion										Introversion
hohe Emotionalität										niedrige Emotionalität
hohe Abenteuerlust										niedrige Abenteuerlust

Abb. 7.10: Auswertungsprofil des EPP-D.

Schließlich fehlt es in allen Untersuchungen an einer stringenten Erfassung der Umwelt, in der die Probanden aufgewachsen sind. Eine gute Lernfähigkeit bei Introvertierten würde im Falle einer schädlichen Umgebung gerade die Internalisierung abweichender Normen, bei Extravertierten hingegen das Nichtlernen abweichender Verhaltensmuster bedeuten. Auch jene Arbeiten, wo diesbezüglich Kontrollen vorgenommen wurden, sind unschlüssig (s. auch Raine & Venables, 1981).

Einstellungen zu Politik und Sexualität; Rauchen

Das gilt auch für jene Aspekte des Verhaltens, mit denen sich Eysenck gleichfalls intensiv beschäftigt hat, auf die hier aber nur pauschal hingewiesen werden kann: *soziale und politische Einstellungen* (Eysenck, 1954, 1971), *Rauchen* (Eysenck, 1986) und *Sexualverhalten* (Eysenck, 1977).

Ausgehend von den bei Extravertierten angenommenen stärkeren Hemmungspro-

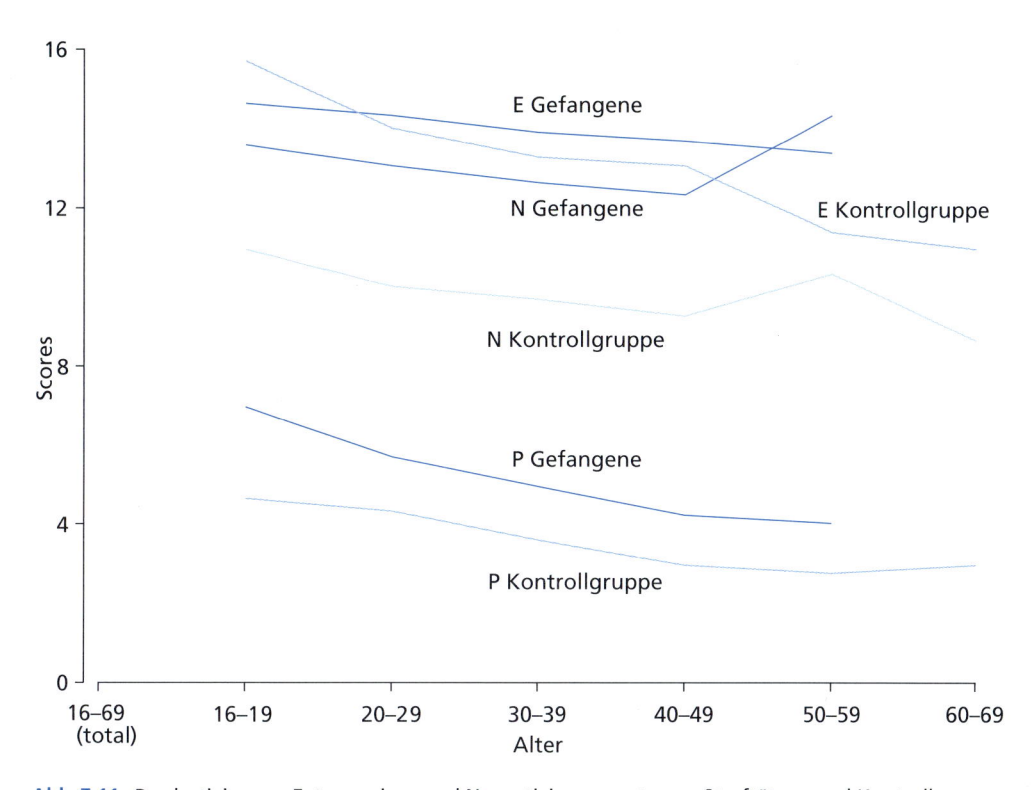

Abb. 7.11: Psychotizismus-, Extraversion- und Neurotizismuswerte von Straftätern und Kontrollpersonen, getrennt für verschiedene Altersklassen (nach Eysenck & Eysenck, 1977).

zessen wird auch für diese Verhaltensbereiche eine aktive Suche nach intensiveren Stimuli postuliert, was letztlich auf eine Neigung zu Drogen im weitesten Sinne, also auch Nikotin, hinauslaufen soll und auf variantenreichere Sexualgewohnheiten mit wechselnden Partnern. Im Einstellungsbereich seien durch die bei ihnen unzulänglich ablaufenden Konditionierungsprozesse geringer ausgebildete soziale Haltungen anzutreffen. Die Einstellungen seien vielmehr gekennzeichnet durch »Härte und Kompromisslosigkeit« (engl. »tough mindedness«; Befürwortung von Prügel- und Todesstrafe, leichteren Scheidungsgesetzen, Abtreibung, Probeehe, schweren Strafen für Gesetzesübertretungen usw.) gegenüber der »Konzilianz und Kompromissbereitschaft« (engl. »tender-mindedness«) der Introvertierten. In allen angesprochenen Gebieten konnten teils frühere Befunde von Eysenck nicht hinreichend repliziert werden, teils kam es zu entschiedenen theoretischen Auseinandersetzungen, die hier aber nicht nachgezeichnet werden können. Eine umfassende Darstellung der Korrelate von Extraversion (und der anderen Eysenck-Dimensionen) mit Indikatoren sozialen Verhaltens gab Wilson (1981).

Schließlich stellte Eysenck auch eine Verbindung zwischen Extraversion (sowie Neurotizismus und Psychotizismus) auf der einen Seite und schweren Erkrankungen auf der anderen Seite her (1987a, b). Während die Kombination E+/N+ hinter dem »Typ A-Verhalten« stehe und zu koronaren Leiden disponiere, sei das Muster N+, E–, P+ eine Art Puffer gegen Krebs, der im Übrigen nicht durch chronischen, sondern durch aktuellen Stress begünstigt werde (s. Abschn. 8.7.2).

Nationen

Weder auf Selbst- oder Fremdbeobachtung noch auf individuellen Testwerten, sondern auf der Erhebung objektiver demographischer und volkswirtschaftlicher Daten beruhen Untersuchungen, wie sie besonders von dem Arbeitskreis um Lynn zum Vergleich verschiedener Nationen durchgeführt werden. Lynn und Hampson (1975) erhoben zwölf Kriterien, die ihrer Ansicht nach aussagekräftig für die durchschnittliche Ausprägung von Neurotizismus und Extraversion in einem Land sind (z. B. Alkoholismus und Selbstmordrate als Anzeichen für hohen, Kalorien- und Koffeinverbrauch als Hinweis für niedrigen Neurotizismus, starker Zigarettenkonsum und hohe Scheidungsrate als Extraversionskriterien u. Ä.). Die über 18 westliche Industrienationen miteinander korrelierten Maße ließen die Extraktion dreier Faktoren zu, von denen zwei als »Neurotizismus« und »Extraversion« interpretiert wurden. Die Ladungen der Indikatoren im Faktorraum und die nach den Faktorwerten vorgenommene Platzierung der Nationen sind in **Abbildung 7.12** ersichtlich.

Die Befunde bieten erste Anhaltspunkte, die immerhin – was etwa die Platzierung der USA oder Japans angeht – Common-Sense-Erwartungen nicht zuwiderlaufen. Es spricht zumindest nicht gegen die angemessene Interpretation des Neurotizismusfaktors, wenn für diejenigen Nationen, die im Zweiten Weltkrieg besiegt wurden (Deutschland, Österreich, Japan) oder doch vorübergehend zu den Besiegten und/oder Besetzten zählten (Frankreich, Italien, Dänemark, Norwegen und Holland), im Zeitraum zwischen 1935 und 1950 eine starke Zunahme der Werte im Sinne einer Neurotisierung registrierbar ist, ein solcher Effekt aber auf Seiten der Siegernationen (USA, Kanada, Großbritannien usw.) nicht auftritt (Lynn & Hampson, 1977). Darüber hinaus korrelieren die demographischen Indikatoren für Neurotizismus bzw. Ängstlichkeit und Extraversion über die Nationen hoch ($r = 0{,}70$ bzw. $0{,}84$) mit den mittleren Testpunktwerten für diese Dimensionen aus Reihenuntersuchungen. Als Ursachen diskutierte Lynn (1982) für Neurotizismus einen in den verschiedenen Nationen unterschiedlich stark ausgeprägten Stress, für Extraversion teils Aspekte des Lebensstandards, teils genetische Faktoren.

7.3.4 Abschließende Würdigung

Hans Jürgen Eysenck war ein hochproduktiver Wissenschaftler, dessen besonderes Verdienst es gewesen sein mag, viele Wissenschaftler von seinen Auffassungen über die Struktur der Persönlichkeit, deren biologischer Basis und den damit verbundenen Forschungsperspektiven zu überzeugen. Ebenso gelang ihm die schwierige Aufgabe, seine eigene Theorie stets im Lichte der aktuellen Forschungsergebnisse weiterzuentwickeln bzw. anzupassen. Damit war er über mehr als drei Jahrzehnte ein Motor der Persönlichkeitsforschung.

Damit gehen allerdings auch die Kosten einer über einen längeren Zeitraum weiterentwickelten Theorie einher, die mit ihren Ursprüngen mehr oder weniger eng verbunden bleiben musste. Zu nennen ist hier die frühe Festlegung auf drei Persönlichkeitstypen und das Postulat von deren Unabhängigkeit. So unstrittig diese Festlegung für die Typen Extraversion und Neurotizismus als Basisdimensionen der Persönlichkeit auch ist, so fragwürdig ist sie im Fall des Psychotizismus geblieben. Unklar ist auch der empirische Gehalt sowie der Umfang der den Typen zugeordneten Eigenschaften. Diese Ambivalenz in der »Unterfütterung« der Typen zeigt sich besonders deutlich bei der Extraversion, aber auch dem Psychotizismus, wie die Diskussion um deren »Kern« gezeigt hat.

Eysenck war tief von dem naturwissenschaftlichen Ansatz überzeugt, dass auch und

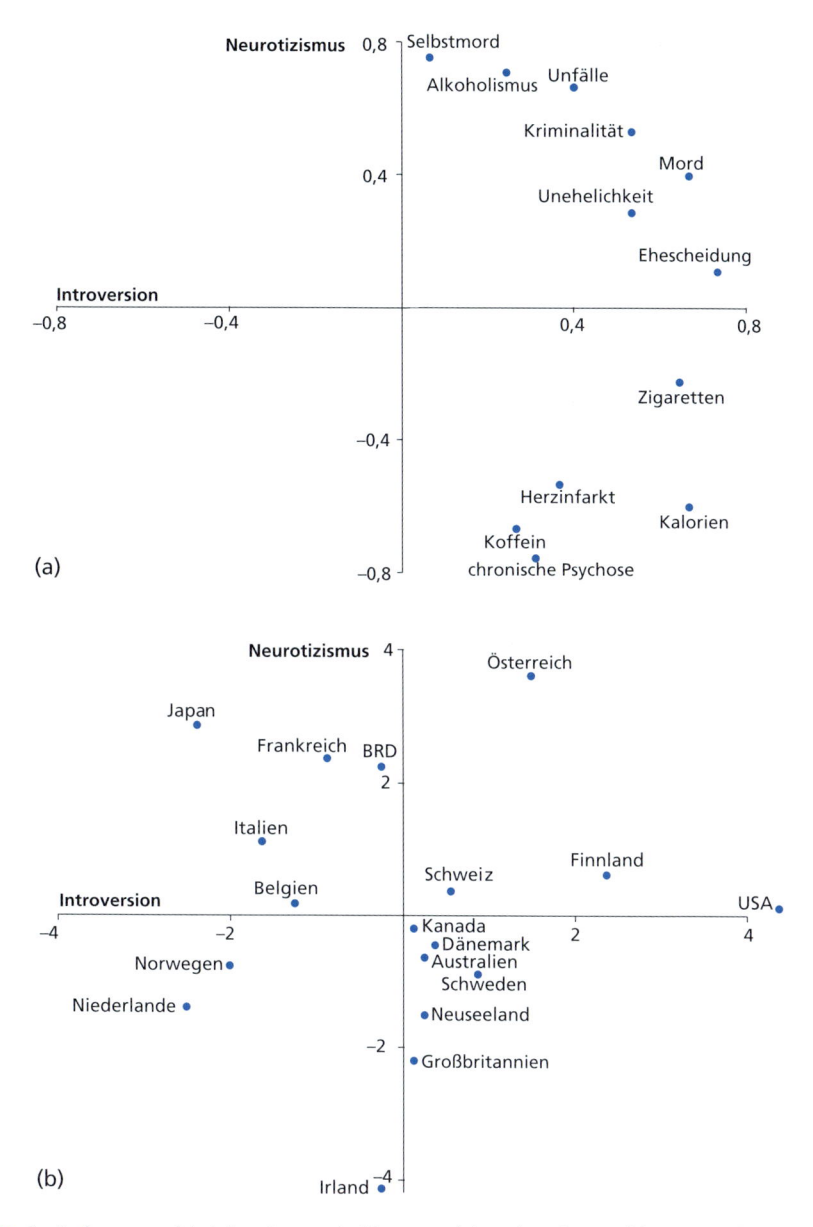

Abb. 7.12: Soziodemographisch bestimmte Indikatoren (a) und Nationen (b) im Koordinatennetz von »Neurotizismus« und »Extraversion« (nach Lynn & Hampson, 1975).

gerade die Persönlichkeitspsychologie von der biologischen Konstitution her verstanden und erklärt werden müsse. Diese Forderung gewinnt innerhalb der Persönlichkeitspsychologie zunehmend an Einfluss. Gleichzeitig betonte er, dass interindividuelle Unterschiede in der Persönlichkeit an solche im Verhalten und in Einstellungen gegenüber der sozialen Umwelt geknüpft sind. Damit trug er auch dazu bei, den anfangs der 1970er Jahre gestiegenen Einfluss der Sozialpsychologie in der Persönlichkeitspsychologie zu begrenzen.

Mit einer starken Beharrlichkeit, oft auch gegen den Strom schwimmend, vertrat Eysenck seine Positionen. Ausdruck davon ist der Titel seiner Autobiographie – »A rebel with a cause« (Eysenck, 1997).

> ### Zusammenfassung von Kapitel 7.3
>
> In den 1940er Jahren ließ Eysenck eine Stichprobe von neurotischen Soldaten durch unterschiedliche Kontaktpersonen auf 37 Items beurteilen. Eine Faktorenanalyse dieser Daten zeigte mehrere Dimensionen auf, wobei die beiden varianzstärksten Faktoren in späteren Untersuchungen – auch an gesunden Versuchspersonen – repliziert werden konnten und schließlich als Extraversion und Neurotizismus bezeichnet wurden. Dabei handelt es sich um zwei recht abstrakte Dimensionen auf höchster Ebene in einer hierarchisch gedachten Persönlichkeitsstruktur. Der Faktor Extraversion teilt sich in verschiedene, spezifischere Traits auf, mit denen sich eine extravertierte Person als gesellig, sorgenlos, lebhaft, dominant, aktiv, ungestüm, bestimmt, kühn und reizsuchend charakterisieren lässt (▶ Abb. 7.7). Der Gegenpol zu dieser Dimension ist die Introversion. Analog dazu lässt sich der Faktor Neurotizismus durch Traits bestimmen, die eine emotional labile Person als ängstlich, irrational, niedergeschlagen, schüchtern, launisch, angespannt und emotional kennzeichnet; solche Personen sind darüber hinaus mit Schuldgefühlen beladen und haben ein niedriges Selbstwertgefühl (▶ Abb. 7.8). Die zunächst mit neurotischen Patienten begonnenen Studien wurden von Eysenck durch Untersuchungen mit psychotischen Patienten ergänzt, die ihn schließlich zur Ableitung einer dritten Persönlichkeitsdimension höchster Ordnung führte, nämlich des Psychotizismus. Darunter verstand er ein Kontinuum, das von normalem und angepasstem Verhalten über kriminelles und psychopathisches Verhalten bis hin zu psychotischen Erkrankungen führt. Auch hier sind dem abstrakten Faktor spezifischere Traits untergeordnet, die eine Person mit hoher Merkmalsausprägung als aggressiv, antisozial, kalt, uneinfühlsam, egozentrisch, unpersönlich, hart und impulsiv charakterisieren, aber auch als kreativ (▶ Abb. 7.9). Zur Messung dieser als »Gigant Three« bezeichneten Persönlichkeitsfaktoren – die oft auch als PEN-System bezeichnet werden (PEN für Psychotizismus, Extraversion, Neurotizismus) – hat Eysenck mehrere Fragebögen entwickelt. Die aktuelle Version ist der revidierte »Eysenck Personality Questionnaire« (EPQ-R). In seinen Forschungsarbeiten hat Eysenck dann das PEN-System verwendet, um Zusammenhänge zwischen Persönlichkeit und verschiedenen sozialen Verhaltensweisen zu untersuchen, wie z. B. Kriminalität, politische Einstellungen, Sexualverhalten und Drogenkonsum. Obwohl Eysenck mit Nachdruck einen naturwissenschaftlichen Ansatz in der Persönlichkeitsforschung forderte und das PEN-System zu einem wirkmächtigen Beschreibungssystem für die Gesamtpersönlichkeit wurde, hat gerade die umfangreiche Beschäftigung anderer Forscher mit Eysencks Konzepten aufgezeigt, dass einige seiner Postulate nicht haltbar sind. Unstrittig ist heute, dass Extraversion und Neurotizismus zwei grundlegende Persönlichkeitsdimensionen sind. Genauso sicher kann aber heute davon ausgegangen werden, dass Psychotizismus als Persönlichkeitskonstrukt fehlspezifiziert wurde. Darüber hinaus hat sich die Befundlage zum Zusammenhang zwischen den PEN-Faktoren und dem sozialen Verhalten als äußerst inkonsistent erwiesen.

7.4 Das Fünf-Faktoren-Modell der Persönlichkeit

Seit Beginn der 1990er Jahre wurde vermehrt die Hoffnung und Überzeugung geäußert, dass eine Konvergenz verschiedener faktorenanalytisch begründeter Gesamtsysteme der Persönlichkeit gefunden und in einem Modell aus fünf breiten Persönlichkeitsfaktoren höherer Ordnung beschrieben werden könnte (Bartussek, 1991, 1996; Wiggins & Trapnell, 1997; John & Srivastava, 1999; De Raad, 2000). Es handelt sich in der Regel um folgende fünf Faktoren:

I   Extraversion,
II Verträglichkeit,
III Gewissenhaftigkeit,
IV Emotionale Stabilität vs. Neurotizismus und
V   Offenheit für Erfahrungen.

Die Forschungsgeschichte und die psychologische Bedeutung dieser fünf breiten Persönlichkeitsfaktoren höherer Ordnung (»Big Five«, Goldberg, 1981) sollen hier dargestellt werden.

7.4.1 Entwicklung des Fünf-Faktoren-Modells: Fremdbeurteilung

Der lexikalische Ansatz stellt den Versuch dar, durch die Analyse der in der natürlichen Sprache vorkommenden Beschreibungsbegriffe zu einer Taxonomie der Persönlichkeit zu gelangen (s. dazu John, 1990). Er beruht auf der Grundannahme, dass Persönlichkeitsmerkmale sprachlich repräsentiert sind: Je wichtiger ein solches Merkmal ist, umso eher werden ein oder mehrere Wörter dafür in der natürlichen Sprache vorhanden sein. Aus diesem Grund erwartet man von einer Analyse der Sprache (= lexikalischer Ansatz) das Auffinden der wichtigsten Persönlichkeitsdimensionen der Gesamtpersönlichkeit.

Dieser Ansatz erscheint schlüssig, stößt jedoch an Grenzen, beispielsweise bei dem (unklaren) Kriterium für die Wichtigkeit eines Persönlichkeitsmerkmals oder dem Problem der Generalisierbarkeit lexikalisch gewonnener Persönlichkeitstaxonomien (De Raad, 2000; Hofstee, 2003).

Studien im Anschluss an Cattells Datensatz

Die Verwendung der Wortliste von Allport und Odbert (1936) durch Cattell ist bereits in Abschnitt 7.2.2 beschrieben worden. Cattell gelangte damit zu seinem bekannten 16-Faktoren-Modell der Persönlichkeit (Cattell et al., 1970). Viele spätere Untersuchungen basierten auf dem Variablensatz (ggf. leicht modifiziert), den Cattell verwendet hatte.

Den Ausgangspunkt der heutigen Fünf-Faktoren-Taxonomie bilden die Studien von Tupes und Christal, zwei Personalforschern der US-amerikanischen Luftwaffe (Tupes & Christal, 1961, 1958; Neuabdruck Tupes & Christal, 1992). Die Autoren nahmen Reanalysen der Korrelationsmatrizen von acht verschiedenen Stichproben vor. Obwohl die Daten aus ganz verschiedenen Personenstichproben stammten, die von verschiedenen Beurteilern eingeschätzt worden waren, fanden Tupes und Christal (1992, S. 250) in allen Analysen immer wieder fünf gemeinsame Faktoren (»five relatively strong and recurrent factors and nothing more of any consequence«).

Die von Tupes und Christal gefundenen Faktoren wurden später von Goldberg (1981) die »Big Five« genannt, um zum Ausdruck zu bringen, dass die Faktoren sehr breite Aspekte der Persönlichkeit auf einem relativ hohen Abstraktionsniveau umschreiben.

Norman (1963) wählte aufgrund der Ergebnisse von Tupes und Christal (1961) für jeden der fünf Faktoren die vier besten Ratingvariablen aus dem Variablensatz Cattells aus. Mit diesen Variablen und mit der Methode der Fremdbeurteilung konnte er die Fünf-Faktoren-Struktur in vier unabhängigen Stichproben bestätigen; Faktor III interpretierte er allerdings etwas anders als Tupes und Christal (1961). Die Benennung der Faktoren durch Norman und ihre Definition durch die vier jeweils zugeordneten Ratingskalen lässt sich der Übersicht in **Tabelle 7.3** entnehmen.

Diese 20 Ratingskalen aus **Tabelle 7.3** wurden von vielen Autoren als repräsentativ für die Gesamtpersönlichkeit angesehen und in einer Großzahl von Untersuchungen verwendet (Zusammenstellung in Ostendorf, 1990, S. 11).

Weitere taxonomische Studien

Norman (1967) erstellte eine neue, umfassende Liste persönlichkeitsbeschreibender Wörter auf der Basis des »Websters Third New International Dictionary« von 1961. Norman nahm an, dass eine wirklich repräsentative Stichprobe englischer Beschreibungswörter zur Aufdeckung weiterer Dimensionen, über die »Big Five« hinaus, führen würde. Dabei stellte sich heraus, dass zu der Liste von Allport und Odbert von 1936 nur 172 neue Begriffe hinzugefügt werden mussten, so dass eine Liste aus 18 125 Wörtern resultierte, die weiter reduziert und kategorisiert wurde. Diese Liste Normans von 1967 stellt die Grundlage vieler der nachfolgenden Taxonomien dar, da das Ausschließen oder Aufnehmen von Variablen nach explizit festgelegten Kriterien und die Kategorisierung nach dem Konsens von vier unabhängigen Urteilern geschah.

Tab. 7.3: Die fünf Persönlichkeitsfaktoren nach Norman.

Faktor I Extraversion/Überschwänglichkeit (»Extraversion/Surgency«)

gesprächig	– schweigsam
freimütig	– verschlossen
unternehmungslustig	– zurückhaltend
gesellig	– zurückgezogen

Faktor II Verträglichkeit (»Agreeableness«)

gutmütig	– grantig
wohlwollend	– missgünstig
freundlich	– starrköpfig
kooperativ	– feindselig

Faktor III Gewissenhaftigkeit (»Conscientiousness«)

sorgfältig	– nachlässig
zuverlässig	– unzuverlässig
genau	– ungenau
beharrlich	– sprunghaft

Faktor IV Emotionale Stabilität (»Emotional Stability«)

ausgeglichen	– nervös
entspannt	– ängstlich
gelassen	– erregbar
körperlich stabil	– wehleidig

Faktor V Kultiviertheit, Bildung (»Culture«)

kunstverständig	– kunstunverständig
intellektuell	– ungebildet
kultiviert	– ungeschliffen
fantasievoll	– fantasielos

Nach Norman (1963).

Ebenso wie Norman suchte auch Peabody (1987), unabhängig vom Cattell'schen Datensatz, nach einer repräsentativen Variablenstichprobe zur Beschreibung der Persönlichkeit. Dabei suchte er Variablen, die eine adäquate, aber limitierte Repräsentation der üblichen, Eigenschaften beschreibenden Adjektive darstellen sollten. In der faktoriellen Analyse ergab sich eine Bestätigung der Fünf-Faktoren-Struktur (z. B. Peabody & Goldberg, 1989). Peabody und Goldberg brachten außerdem die fünf Faktoren Normans mit bestimmten Verhaltensbereichen in Verbindung, und zwar entsprechend **Tabelle 7.3** »Extraversion« mit »Stärke«, »Verträglichkeit« mit »Liebe«, »Gewissenhaftigkeit« mit »Arbeit«, »Emotionale Stabilität« mit » Affekt« und »Kultiviertheit, Bildung« mit »Intellekt«.

Neben den lexikalischen Studien sind Untersuchungen zur Replizierbarkeit des Fünf-Faktoren-Modells im nicht englischsprachigen Sprachraum von Interesse gewesen, um die Universalität des Fünf-Faktoren-Modells nachzuweisen. Dieser Nachweis gelang recht gut (Ashton et al., 2004; De Raad, 1998; Saucier et al., 2000; Somer & Goldberg, 1999), wenn auch in einigen Untersuchungen andere bzw. anders interpretierte Faktoren als die »Big Five« gefunden wurden.

Im deutschen Sprachraum hat sich das Fünf-Faktoren-Modell der Persönlichkeit bisher gut bewährt, wie umfangreiche Studien von Ostendorf (1990) mit verschiedenen Versuchspersonenstichproben, Beurteilergruppen, Variablensätzen, Ratingverfahren und Faktorenanalysemethoden zeigten (Angleitner et al., 1990).

Beschreibung der »Big Five«

Da die Benennung und Beschreibung der von verschiedenen Autoren im Rahmen des lexikalischen Ansatzes gefundenen fünf Faktoren recht uneinheitlich ist, stellt sich die Frage, inwieweit die verschiedenen Fünf-Faktoren-Lösungen überhaupt übereinstimmen. John (1990, S. 78) fragte treffend: »*Which* Big Five?« In der von John zur empirischen Beantwortung dieser Frage vorgelegten Studie konnte das Fünf-Faktoren-Modell mit nur geringen Abweichungen repliziert werden (John, 1989, 1990). Die Abweichungen bezogen sich wieder hauptsächlich auf Faktor V, der mit dem Begriff »Kultiviertheit, Bildung« offensichtlich zu eng charakterisiert war.

7.4.2 Fünf-Faktoren-Modelle in Persönlichkeitsfragebogen: Selbstbeurteilung

Sowohl für die theoriegeleitete Forschung als auch für die psychologische Praxis ist es von großer Bedeutung, dass Persönlichkeitsfragebogen zur Operationalisierung und Erfassung wichtiger psychologischer Konstrukte zur Verfügung stehen. Im Rahmen des Fünf-Faktoren-Modells wurden solche Messinstrumente erst relativ spät entwickelt.

Die NEO-Fragebogen von Costa und McCrae

Die NEO-Fragebogen NEO-PI-R und NEO-FFI sind die Standard-Messinstrumente zur Erfassung des Fünf-Faktoren-Modells der Persönlichkeit, obwohl sie nicht komplett aus der lexikalischen Tradition entwickelt wurden. Anfang der 1980er Jahre suchten Costa und McCrae nach neuen wichtigen Faktoren im Fragebogenbereich, die über die zwei gut etablierten Faktoren Eysencks, Extraversion (E) und Neurotizismus (N), hinausgehen sollten. Im Zuge dieser Untersuchungen fanden sie eine weitere Dimension neben E und N, die sie als »Offenheit für Erfahrung« (»openness to experience«) interpretierten (Costa & McCrae, 1985). Zu deren Erfassung entwickelten sie das »NEO-Inventory« (Costa & McCrae, 1985; McCrae & Costa, 1983). Aufgrund der Befundlage zum Fünf-Faktoren-Modell und den Ergebnissen ihrer eigenen Untersuchungen erweiterten Costa und McCrae (1985) das »NEO-Inventory« zum »NEO-Personality-Inventory« (NEO-PI), indem sie zwei Skalen für die Erfassung von »Verträglichkeit« und »Gewissenhaftigkeit« aufnahmen. Der überarbeitete Fragebogen liegt seit 1992 als »Revised NEO Personality Inventory« (NEO-PI-R; Costa & McCrae, 1992b; deutsch: Ostendorf & Angleitner, 2004) vor.

Das NEO-PI-R bezeichnet die fünf Faktoren als »Domänen« (Persönlichkeitsbereiche; »domains«). Ihnen hierarchisch untergeordnet sind jeweils sechs »Facetten« (Unterskalen; »facets«) zugeordnet, die eine differenziertere Beschreibung der Persönlichkeit ermöglichen sollen. Die Bezeichnungen der Faktoren (»domains«) und ihrer Facetten mit entsprechenden Itembeispielen sind in **Kasten 7.8** dargestellt.

Es existiert weiterhin eine Kurzform des NEO-PI-R, das »NEO Five Factor Inventory« (NEO-FFI), welches eine Beschreibung der Persönlichkeit ausschließlich auf der Ebene der fünf Domänen ermöglicht. Das NEO-FFI wurde von Borkenau und Ostendorf (1993) für den deutschen Sprachraum übersetzt.

Beim Versuch, die faktorielle Struktur des NEO-PI bzw. NEO-PI-R durch konfirmatorische Faktorenanalysen (vgl. Abschn. 2.1.4) zu bestätigen, sind bisherige Ansätze (Borke- Borkenau & Ostendorf, 1990; McCrae et al., 1996; Parker et al., 1993; Vassend & Skrondal, 1997) gescheitert. Erst wenn die geforderten Restriktionen der Einfachstruktur

---

Kasten 7.8: Domänen und Facetten im revidierten NEO-Persönlichkeitsinventar mit Beispielitems (deutsche Fassung, Ostendorf & Angleitner, 2004)

N: Neurotizismus (Neuroticism)
  N1: Ängstlichkeit (Anxiety)
  Ich empfinde selten Furcht oder Angst.*
  N2: Reizbarkeit (Angry Hostility)
  Ich ärgere mich oft darüber, wie andere Leute mich behandeln.
  N3: Depression (Depression)
  Manchmal erscheint mir alles ziemlich düster und hoffnungslos.
  N4: Soziale Befangenheit (Self-Consciousness)
  In Gegenwart meiner Chefs oder anderer Autoritäten fühle ich mich wohl.*
  N5: Impulsivität (Impulsiveness)
  Ich bin stets in der Lage, meine Gefühle unter Kontrolle zu halten.*
  N6: Verletzlichkeit (Vulnerability)
  Wenn ich unter starkem Stress stehe, fühle ich mich manchmal, als ob ich zusammenbreche.
E: Extraversion (Extraversion)
  E1: Herzlichkeit (Warmth)
  Ich bin als eine herzliche und freundliche Person bekannt.
  E2: Geselligkeit (Gregariousness)
  Ich habe gerne viele Leute um mich herum.
  E3: Durchsetzungsfähigkeit (Assertiveness)
  Ich bin dominant, selbstsicher und durchsetzungsfähig.
  E4: Aktivität (Activity)
  Ich habe oft das Gefühl, vor Energie überzuschäumen.
  E5: Erlebnishunger (Excitement-Seeking)
  Ich liebe die Aufregung von Achterbahnfahrten.
  E6: Frohsinn (Positive Emotions)
  Manchmal sprudele ich vor Glück über.

O: Offenheit für Erfahrung (Openness to Experience)
O1: Offenheit für Fantasie (Fantasy)
Ich versuche, mit meinen Gedanken bei der Realität zu bleiben und vermeide Ausflüge ins Reich der Fantasie.*
O2: Offenheit für Ästhetik (Aesthetics)
Es langweilt mich, einem Ballett oder modernem Tanz zuzuschauen.*
O3: Offenheit für Gefühle (Feelings)
Ungewöhnliche Dinge, wie bestimmte Gerüche oder die Namen ferner Länder, können starke Stimmungen in mir erzeugen.
O4: Offenheit für Handlungen (Actions)
Ich probiere oft neue und fremde Speisen aus.
O5: Offenheit für Ideen (Ideas)
Ich finde philosophische Diskussionen langweilig.*
O6: Offenheit des Werte- und Normensystems (Values)
Ich glaube, dass wir bei ethischen Entscheidungen auf die Ansichten unserer religiösen Autoritäten achten sollten.*

A: Verträglichkeit (Agreeableness)
A1: Vertrauen (Trust)
Ich glaube, dass man von den meisten Leuten ausgenutzt wird, wenn man es zulässt.*
A2: Freimütigkeit (Straightforwardness)
Ich könnte niemanden betrügen, selbst wenn ich es wollte.
A3: Altruismus (Altruism)
Ich versuche, zu jedem, dem ich begegne, freundlich zu sein.
A4: Entgegenkommen (Compliance)
Ich würde lieber mit anderen zusammenarbeiten, als mit ihnen zu wetteifern.
A5: Bescheidenheit (Modesty)
Ich bin besser als die meisten Menschen, und das weiß ich auch.*
A6: Gutherzigkeit (Tender-Mindedness)
Menschliche Bedürfnisse sollten immer Vorrang vor wirtschaftlichen Überlegungen haben.

C: Gewissenhaftigkeit (Conscientiousness)
C1: Kompetenz (Competence)
Ich bin eine in vielem kompetente Person.
C2: Ordnungsliebe (Order)
Ich werde wohl niemals fähig sein, Ordnung in mein Leben zu bringen.*
C3: Pflichtbewusstsein (Dutifulness)
Wenn ich eine Verpflichtung eingehe, so kann man sich auf mich bestimmt verlassen.
C4: Leistungsstreben (Achievement Striving)
Ich arbeite hart, um meine Ziele zu erreichen.
C5: Selbstdisziplin (Self-Discipline)
Ich habe Schwierigkeiten, mich dazu zu bringen, das zu tun, was ich tun sollte.*
C6: Besonnenheit (Deliberation)
Gelegentlich handele ich zuerst und denke dann erst darüber nach.*

Amerikanische Originalbezeichnungen in Klammern. Die mit* gekennzeichneten Items sind umgekehrt gepolt.

unter den Facetten und die Unkorreliertheit der fünf Domänen aufgegeben wurden, ergab sich eine ausreichende Passung der analysierten Daten.

Goldberg gründete den »International Personality Item Pool« (IPIP) (Goldberg, 2001), der eine internationale Zusammenarbeit bei der Entwicklung und Pflege weit verbreiteter Persönlichkeitsfragebogen ermöglichen soll. Der IPIP ist eine per Internet unter http://www.ipip.ori.org/für jedermann zugängliche Itemsammlung von Persönlichkeitsfragebogen. Für das Fünf-Faktoren-Modell enthält er zwei Versionen von Markieritems, eine 50-Item-Version mit je zehn Items für jeden Persönlichkeitsfaktor und eine 100-Item-Version mit doppelt so vielen Items. Erste Validierungsversuche dieser IPIP-Markieritems für das Fünf-Faktoren-Modell (Gow et al., 2005) zeigen gute bis sehr gute Übereinstimmungen mit den Skalen des NEO-FFI.

Weitere Fragebogen

Wie bereits erwähnt, sind die NEO-Fragebogen derzeit die meistbenutzten Fragebogen zur Erfassung des Fünf-Faktoren-Modells der Persönlichkeit. Andere Tests sollen daher hier nur kurz genannt werden; eine detaillierte Darstellung verschiedener »Big-Five-Tests« findet sich bei De Raad (2002).

Das »Five-Factor Personality Inventory« (FFPI; Hendriks et al., 1999, 2002) erfasst die »Big Five« mit Hilfe eines anderen Itemformats: Insgesamt wurden 914 kurze Aussagen über konkret beobachtbare Verhaltensweisen entworfen (im Sinne des Ansatzes der Handlungshäufigkeiten, s. Abschn. 1.6.3). Beispiele für die jeweils in der dritten Person formulierten Feststellungen sind etwa »Liebt es zu plaudern«, »Respektiert die Gefühle anderer«, »Handelt nach Plan«, »Kann bei Problemen abschalten« oder »Kann Fakten leicht in einen Zusammenhang bringen«. In einem mehrschrittigen Auswahlverfahren wurden jene 100 Items selegiert, die hohe Korrelationen zwischen Selbst- und Fremdeinschätzungen aufwiesen, wenig redundant zu den übrigen Items waren, niedrig in Bezug auf soziale Erwünschtheit und hoch hinsichtlich der Beobachtbarkeit eingestuft wurden. Eine Faktorisierung ergab fünf Dimensionen, auf denen je 20 Items luden: Extraversion, Verträglichkeit, Gewissenhaftigkeit, emotionale Stabilität und Intellekt/Autonomie (in dieser Reihenfolge sind die obigen Beispielitems geordnet). Die Übereinstimmungen mit den NEO-Faktoren lagen zwischen $r = 0{,}60$ bis 0,83 (Selbstbeurteilung).

Das »Hogan Personality Inventory« (HPI) (Goldberg, 2001; Hogan & Hogan, 1995, 2002) ist zwar in seiner dimensionalen Struktur auf dem Fünf-Faktoren-Modell begründet, sein konzeptueller Ursprung liegt aber in Hogans sozioanalytischer Theorie (Hogan, 1996, 1983). Es misst die sieben Merkmalsbereiche (mit ihrer Entsprechung im Fünf-Faktoren-Modell) »Intellectance« (O), »School Success« (O), »Prudence« (C), »Ambition« (E), »Sociability« (E), »Likeability« (A) und »Adjustment« (N), die vor allem vorhersagen sollen, wie gut eine Person im und mit dem Leben zurechtkommt. Das HPI wird bevorzugt zur Personalauswahl und Eignungsbeurteilung eingesetzt (Hogan & Hogan, 2002).

Ein alternatives Fünf-Faktoren-Modell

Im Gegensatz zum Fünf-Faktoren-Modell von Costa und McCrae (1985) bzw. Norman (1963) steht das »alternative Fünf-Faktoren-Modell« von Zuckerman et al. (1993) in der Tradition biologisch orientierter Persönlichkeitsforschung. Die Faktoren dieses alternativen Fünf-Faktoren-Modells sollten neben ihrem Bezug zu biologischen Merkmalen drei weitere Kriterien erfüllen (Joireman & Kuhlman, 2004):

- sichere Identifizierbarkeit unabhängig von der angewandten Untersuchungsmethode, von Geschlecht, Alter und Kultur,
- moderate Erblichkeit der Persönlichkeitsfaktoren,
- Auffindbarkeit grundlegender Persönlichkeitsdimensionen auch in nichtmenschlichen Spezies.

Aus letzterem Grund waren in den Itempools, die zur Entwicklung des »Zuckerman-Kuhlman-Personality-Questionnaire« (ZKPQ) benutzt wurden, keine Items zu kulturellen Interessen oder Denkstilen enthalten, so dass ein Persönlichkeitsfaktor entsprechend der »Offenheit für Erfahrung« nicht gefunden werden konnte (Zuckerman, 2002).

Der Ansatz erwuchs aus Ergebnissen der simultanen Faktorisierung einer Anzahl von Persönlichkeits- und Temperamentsskalen, die alle im Bereich der psychobiologischen Persönlichkeitsforschung Anwendung fanden. Aus mehreren umfangreichen Datensätzen wurden Sechs-, Fünf-, Vier- und Drei-Faktoren-Lösungen berechnet (▶ **Abb. 8.13**). Die Ergebnisse der Drei-Faktoren-Lösung replizierten das Eysenck'sche PEN-Modell: Der erste Faktor stellt Extraversion dar, wobei Soziabilität und Aktivität als große Teilbereiche der Extraversion interpretiert werden können (s. Abschn. 7.3.2 zu Soziabilität und Belohnungssensitivität). Der zweite Faktor bezeichnet das Eysenck'sche Neurotizismus-Konstrukt. Im dritten Faktor vereinen sich Aggressivität, Impulsivität und Reizsuche sowie Eysencks Psychotizismus und mit umgekehrtem Vorzeichen Verträglichkeit und Gewissenhaftigkeit als Markiervariable mit höchster Ladung.

Letztlich entschied sich die Gruppe um Zuckerman für eine Fünf-Faktoren-Lösung, da diese »maximale Spezifität ohne Einbuße an Reliabilität der Faktoren« bot (Zuckerman, 2002, S. 381):

- »*Impulsiver Erlebnishunger*« (»*impulsive sensation seeking*«) wird markiert durch hohe positive Ladungen der Skalen zur Erfassung von Psychotizismus, Reizsuche, Autonomie und einer Skala zur Messung von Monotonievermeidung.
- »*Aggression und Feindseligkeit*« (»*aggression-hostility*«) ist gekennzeichnet durch hohe Ladungen der Skalen zur Erfassung von Aggression, Feindseligkeit, Ärger und Mangel an Kontrolliertheit. Skalen zur Messung sozialer Erwünschtheit sowie »Lügen-Skalen« zeigen hohe negative Ladungen.
- »*Aktivität*« (»*activity*«) als dritter Faktor wird markiert durch hohe positive Ladungen verschiedener Skalen zur Messung von zielgerichteter Aktivität und Anstrengungsbereitschaft.
- »*Soziabilität*« (»*sociability*«) zeichnet sich durch hohe positive Ladungen der Skalen zur Messung von sozialer Orientierung, Geselligkeit und Extraversion aus.
- »*Emotionale Labilität und Ängstlichkeit*« (»*neuroticism-anxiety*«) wird markiert durch hohe positive Ladungen von Skalen zur Messung von Angst, Furcht, emotionaler Instabilität, Psychasthenie und Ärgerunterdrückung.

Die Beschreibung der entsprechenden Skalen des ZKPQ mit Beispielitems findet sich in **Kasten 7.9**.

Kasten 7.9: »Alternative Big Five«: Faktoren und Beispielitems des ZKPQ-III-R

Zuckerman et al. (1991) entwickelten ein Fragebogenverfahren, das nach mehrfacher Überarbeitung als Zuckerman-Kuhlman-Personality-Questionnaire (ZKPQ-III-R, Zuckerman, 2002) vorliegt und aus sechs Skalen mit insgesamt 99 Items besteht (Joireman & Kuhlman, 2004; die mit* gekennzeichneten Items sind umgekehrt gepolt).

1. *Impulsiver Erlebnishunger (Impulsive Sensation Seeking)*
   Diese Skala erfasst die Tendenz zu ungeplantem Handeln und impulsivem Verhalten ohne Nachdenken. Die Iteminhalte sind nicht situations- oder aktivitätsspezifisch formuliert, sie beschreiben Erlebnissuche, Risikobereitschaft und das Bedürfnis nach Neuigkeiten und Veränderung.
   Ich neige dazu, eine neue Aufgabe anzufangen, ohne im Voraus zu planen, wie ich sie erledigen werde.
   Normalerweise denke ich darüber nach, was ich tun werde, bevor ich handle.*
2. *Emotionale Labilität und Ängstlichkeit (Neuroticism-Anxiety)*
   Diese Items beschreiben emotionale Aufgewühltheit und Anspannung, Furchtsamkeit, Beunruhigung, zwanghafte Unentschlossenheit, Mangel an Selbstvertrauen und Empfindlichkeit gegenüber Kritik.
   Ich mache mir über unwichtige Dinge keine Sorgen.*
   Ich habe nicht viel Vertrauen in mich oder meine Fähigkeiten.
3. *Aggression und Feindseligkeit (Aggression-Hostility)*
   Etwa die Hälfte der Items erfasst die Bereitschaft zum Ausdruck verbaler Aggression, die restlichen Items erfragen rüdes, unbedachtes und antisoziales Verhalten, Rachsucht, Trotzigkeit sowie schnelle Gereiztheit und Ungeduld im Umgang mit anderen.
   Ich sehe gerne, wenn jemand, an dem mir nichts liegt, vor anderen gedemütigt wird.
   Wenn ich wütend bin, sage ich hässliche Dinge.
4. *Aktivität (Activity)*
   Eine Gruppe der Items beschreibt das Bedürfnis nach Aktivität und die Unfähigkeit, sich zu entspannen und nichts zu tun (ähnlich der »Typ-A-Persönlichkeit«). Andere Items beschreiben eine Vorliebe für harte und herausfordernde Arbeiten, ein aktives, ausgefülltes Leben und ein hohes Energieniveau.
   Ich verschwende nur ungern Zeit darauf, lediglich herumzusitzen und auszuruhen.
   Ich mag anspruchsvolle Aufgaben, die viel Anstrengung und Konzentration erfordern.
5. *Soziabilität (Sociability)*
   Einige Items befassen sich mit der Vorliebe für große Gesellschaften, der Anzahl der Freunde, die eine Person hat, dem Maß an Zeit, die sie mit ihnen verbringt (z. B. Ausgehen auf Partys). Außerdem wird die Präferenz, lieber in Gesellschaft anderer als alleine zu sein, ermittelt.
   Normalerweise bin ich derjenige, der auf Partys eine Unterhaltung beginnt.
   Alleine auszugehen macht mir nichts aus und ist mir gewöhnlich sogar lieber, als mit einer großen Gruppe unterwegs zu sein.*
6. *Kontrollskala (Infrequency)*
   Hierbei handelt es sich um eine Sammlung von Items, die sozial erwünschte Antworttendenzen identifizieren sollen und denen nur mit einer Wahrscheinlichkeit von 4 % zugestimmt wird.
   Ich bin noch nie einem Menschen begegnet, den ich nicht mochte.
   Ich habe stets die Wahrheit gesagt.

Für die englische wie auch die deutsche Form des ZKPQ III liegen positive Ergebnisse zur Reliabilität und faktoriellen Validität vor (Angleitner et al., 2004). Darüber hinaus konnten Angleitner et al. (2004) nachweisen, dass für alle fünf Faktoren des ZKPQ die Ähnlichkeit zwischen eineiigen Zwillingen signifikant größer ist als die zwischen zweieiigen. Damit ist der Beleg erbracht, dass das ZKPQ tatsächlich genetisch mitdeterminierte und damit biologisch bedeutsame Persönlichkeitsdimensionen misst.

7.4.3 Stellenwert des Fünf-Faktoren-Modells

Wie die oben dargestellten Studien zeigen, bemühen sich die Vertreter des Fünf-Faktoren-Modells immer wieder, die postulierte fünffaktorielle Struktur sowohl im alltagssprachlichen Bereich als auch mit Fragebogen zu bestätigen.

Referenzmodell der Persönlichkeitsstruktur?

Das NEO-PI(-R) wurde mit anderen gut etablierten Tests unterschiedlichster theoretischer Herkunft korrelationsstatistisch oder faktorenanalytisch verglichen. Auf diese Weise sollte gezeigt werden, dass das Fünf-Faktoren-Modell allumfassend ist und die mit verschiedenen anderen Tests gemessenen Merkmalsbereiche erfassen kann. Demnach würden diese Tests entweder nur Ausschnitte aus der Gesamtpersönlichkeit, anders »rotierte« Merkmale oder einfach ähnliche Faktoren unter anderem Namen erfassen. Das Fünf-Faktoren-Modell wird also als »Referenzmodell« aufgefasst, mit dessen Hilfe Forschungsergebnisse aus verschiedenen Traditionen der Persönlichkeitsforschung untereinander vergleichbar gemacht und somit integriert werden können.

Dieser optimistischen Auffassung bezüglich des Stellenwerts des Fünf-Faktoren-Modells stehen jedoch andererseits verschiedene Probleme dieses Ansatzes entgegen, aufgrund derer er von einigen Autoren stark kritisiert wird.

Ein Teil der Kritik am Fünf-Faktoren-Modell bezieht sich auf die Anzahl der als bedeutsam erachteten Persönlichkeitsfaktoren. Verschiedene Forscher bezweifeln, dass genau fünf Faktoren eine adäquate, das heißt umfassende und ökonomische Persönlichkeitsbeschreibung ermöglichen und stellen ihre eigenen Lösungen dem »Big Five«-Ansatz entgegen (Bartussek, 1996; Eysenck, 1991). So postulierte Andresen (2000) zusätzlich zu den »Big Five« den Faktor »Risikopräferenz«, Becker (1999) den zusätzlichen Faktor »Hedonismus/Spontaneität«. Jackson et al. (1996) plädierten für eine Aufspaltung der Domäne »Gewissenhaftigkeit« in »Arbeitsmoral und Leistungsstreben« und »Ordnungsliebe« und sahen als mögliche weitere Domänen »Risikopräferenz«, »Energieniveau« und »Wertorientierung«. Die Frage nach der »richtigen« Anzahl der zu extrahierenden Faktoren lässt sich dabei nicht allein durch Anwendung der Faktorenanalyse beantworten, sondern verlangt auch eine theoretische Grundlegung, so zum Beispiel aus den biologischen Grundlagen oder aus Nützlichkeitserwägungen für diagnostische Fragestellungen.

Interpretation der Domänen

Ein weiterer Kritikpunkt betrifft die inhaltliche Interpretation der fünf Faktoren. Wie oben ausgeführt, stimmen die einzelnen Forscher bezüglich der Bezeichnung und Beschreibung der »Big Five« nicht genau überein. Insbesondere hinsichtlich der Spezifikation des Faktors V gab es stark divergierende Auffassungen. Eine konsensfähige Definition geht dahin, den fünften Faktor als relativ breites, nicht nur auf »Kultur« und Werthaltungen bezogenes Konstrukt aufzufassen, sondern auch Aspekte von selbsteingeschätzter Intelligenz sowie Kreativität und Fantasie mit einzuschließen.

Johnson und Ostendorf (1993) versuchten, das Fünf-Faktoren-Modell mit Hilfe des »Abridged Big Five Dimensional Circumplex« (AB5C; Hofstee et al., 1992) inhaltlich zu klären. Die Skalen verschiedener Messinstrumente zur Erfassung der »Big Five«

(Fragebogenskalen und Adjektivlisten) wurden aufgrund verschiedener Analysen mit einem »Standard AB5C Designation Code« versehen und dadurch hinsichtlich ihrer inhaltlichen Bedeutung vergleichbar gemacht. Die Autoren fanden auf diese Weise heraus, dass die überwiegende Zahl der Persönlichkeitsskalen zur Erfassung der »Big Five« nicht genau die betreffenden Faktoren, sondern heterogene Faktormischungen repräsentieren und sich überdies zwischen den einzelnen Forschergruppen unterscheiden. Johnson und Ostendorf (1993) schlugen daher vor, zur inhaltlichen Beschreibung der fünf Faktoren nur die faktorreinen Begriffe heranzuziehen, da diese die Gemeinsamkeiten der in der Studie verwendeten unterschiedlichen Konzeptualisierungen des Fünf-Faktoren-Modells widerspiegeln. Auf diese Weise gelangten sie zu einer Interpretation der Faktoren

- *Extraversion* als »Gesprächigkeit« (»social communicativeness«),
- *Verträglichkeit* als »Weichheit« (»softness«),
- *Gewissenhaftigkeit* als »Impulskontrolle und Risikoaversion« (»constraint«),
- *Neurotizismus* als »Freiheit von Negativer Affektivität« (»freedom from negative affect«),
- *Offenheit für Erfahrung* als »Kreativität« (»creativity«).

Hierarchische Ordnung des Modells

Keine Konvergenz gibt es bis heute bezüglich der Frage nach der hierarchischen Ordnung, das heißt nach Modellen für die Unterbereiche (Facetten, Faktoren erster Ordnung) jedes der fünf breiten und relativ abstrakten Faktoren. Bislang legten nur Costa und McCrae (1992b; s. a. Costa et al., 1991) mit ihrem Fragebogen NEO-PI-R ein hierarchisches Modell vor, bei dem den »Big Five« je sechs Skalen systematisch untergeordnet sind, die dadurch auch zur Charakterisierung der fünf erfassten Merkmalsbereiche herangezogen werden können. Eysenck (1991) und mit anderen Argumenten auch Becker (1999) zweifelten an, dass alle fünf Faktoren Konstrukte auf einer sehr hohen Abstraktionsebene darstellen. Eysenck war der Auffassung, dass »Verträglichkeit« und »Gewissenhaftigkeit« Faktoren erster Ordnung entsprechen, die beide auf dem Eysenck'schen Faktor »Psychotizismus« (als Sekundärfaktor) laden. Becker (1999) legte hingegen dar, dass die »Big Five« keine unkorrelierten Faktoren hoher Ordnung sind, sondern sich den von ihm postulierten beiden Faktoren »Seelische Gesundheit« und »Verhaltenskontrolle« hierarchisch unterordnen lassen.

Das Fünf-Faktoren-Modell kann auch in anderer Hinsicht kritisch betrachtet werden. Als eine aus dem lexikalischen Ansatz hervorgegangene Taxonomie ist es auf induktivem Wege quasi »entdeckt« worden (Ostendorf & Angleitner, 1994). Die »Big Five« sind somit keine theoretisch verankerten Konstrukte, sondern globale, voneinander relativ unabhängige Dimensionen zur Beschreibung von Persönlichkeitsunterschieden auf einer hohen Abstraktionsstufe. Dass es sich dabei nicht um »entdeckte« Naturgegebenheiten, sondern um Konstruktionen handelt, darauf weist Becker (1995) zu Recht hin. In diesen Konstruktionen stecken nicht nur (die recht willkürlichen – wenn auch ökonomischen) Annahmen der faktorenanalytischen Methode, sondern auch die möglicherweise recht oberflächlichen »Konstruktionen« unseres Alltagsdenkens über unsere Mitmenschen, wie sie in die Umgangssprache Eingang gefunden haben. Deshalb hielt McAdams (1992) das Fünf-Faktoren-Modell nicht für ein integratives »Referenzmodell« für viele andere Persönlichkeitsmodelle. Dem Vorwurf der mangelnden theoretischen Einbindung begegnen McCrae und Costa (McCrae & Costa, 1996, 1999) jedoch mit der Entwicklung einer Fünf-Faktoren-*Theorie*, die die empirischen Befunde zum Fünf-Faktoren-Modell durch Einbeziehung genetischer und biologischer Komponenten theoretisch zu untermauern sucht.

Dass sich über die Adäquatheit des Fünf-Faktoren-Modells trefflich streiten lässt, haben Eysenck und Costa in ihren aus einem Symposium an der Universität Oxford im Jahre 1991 hervorgegangenen Publikationen lehrreich vorgeführt (Eysenck, 1991; Costa & McCrae, 1992a). Die Kritik Eysencks bezog sich dabei vor allem auf das hierarchische Modell der Faktoren, den Mangel an ihrer theoretischen Einbindung sowie den fehlenden Bezug zu biologischen Grundlagen. Dem hielt Costa die Robustheit und Universalität der Faktoren entgegen.

Vergleicht man das Fünf-Faktoren-Modell (McCrae & Costa, 1985) mit dem Persönlichkeitssystem von Eysenck, so besteht ein hoher Grad von Ähnlichkeit: Extraversion und Neurotizismus tauchen sowohl bei Eysenck als auch im Fünf-Faktoren-Modell auf. Korrelations- und faktorenanalytische Untersuchungen (Costa & McCrae, 1995; Draycott & Kline, 1995; Zuckerman et al., 1993) lassen folgende Schlüsse zu: »Verträglichkeit« und »Gewissenhaftigkeit« laden hoch negativ auf einem Faktor, der durch die Eysenck'sche Psychotizismus-Variable markiert wird. »Offenheit für Erfahrung« scheint eine von den Eysenck'schen Faktoren unabhängige Dimension darzustellen.

Ein ähnliches Ergebnis erhält man auch beim faktorenanalytischen Vergleich des ZKPQ-III mit dem NEO-FFI und dem EPQ-R von Eysenck (Zuckerman et al., 1993). Auch dabei ergibt sich, dass sich die Faktoren des Fünf-Faktoren-Modells und des alternativen Fünf-Faktoren-Modells gut auf das PEN-Modell von Eysenck beziehen lassen, wie **Tabelle 7.4** demonstriert.

Es zeigt sich (ähnlich, aber mit konfirmatorischer Faktorenanalyse Schmitz, 2004), dass

Tab. 7.4: Faktorladungsmatrix der varimaxrotierten Drei-Faktorenlösung (63 % Varianzaufklärung).

Skala	Faktor		
	1	2	3
NEO-Extraversion	**0,89**	–0,17	–0,07
EPQ-Extraversion	**0,76**	–0,35	–0,23
ZKPQ-Soziabilität	**0,75**	–0,19	0,71
ZKPQ-Aktivität	**0,60**	0,00	–0,11
NEO-Offenheit für Erfahrung	0,35	0,11	–0,21
ZKPQ-Emotionale Labilität und Ängstlichkeit	–0,10	**0,93**	–0,03
NEO-Neurotizismus	–0,13	**0,90**	0,17
EPQ-Neurotizismus	–0,12	**0,92**	0,03
EPQ-Psychotizismus	–0,12	–0,11	**0,80**
NEO-Verträglichkeit	0,06	–0,06	**–0,72**
NEO-Gewissenhaftigkeit	0,14	–0,03	**–0,68**
ZKPQ-Impulsiver Erlebnishunger	0,46	0,02	**0,65**
ZKPQ-Aggression und Feindseligkeit	0,27	0,32	**0,63**

Nach Zuckerman et al. (1993).

- *NEO-Extraversion*, *ZKPQ-Soziabilität* und *ZKPQ-Aktivität* eine gute Entsprechung zu Eysencks Extraversionsfaktor (Faktor 1 in **Tabelle 7.4**) aufweisen,
- *NEO-Neurotizismus* und *ZKPQ-Emotionale Labilität und Ängstlichkeit* weitgehend Eysencks Neurotizismus entsprechen (Faktor 2),

- ZKPQ-Aggression und Feindseligkeit sowie ZKPQ-Impulsiver Erlebnishunger direkt und NEO-Verträglichkeit sowie NEO-Gewissenhaftigkeit (umgepolt) mit Eysencks Psychotizismus (Faktor 3) zusammenhängen,
- *NEO-Offenheit für Erfahrung* hingegen keine Entsprechung im Eysenck'schen PEN-Modell zu haben scheint.

Wird aus denselben Daten ein weiterer Faktor extrahiert und rotiert, gruppieren sich darauf *NEO-Verträglichkeit* (mit der Ladung 0,81), *ZKPQ-Aggression und Feindseligkeit* (mit der Ladung –0,72) sowie auch *NEO-Offenheit für Erfahrung* mit 0,67.

Welchen Stellenwert besitzt das Fünf-Faktoren-Modell nun angesichts des oben Geäußerten in der Wissenschaft, respektive der Persönlichkeitspsychologie? Eine mögliche Antwort auf diese Frage gibt Block (2001; S. 105, Hervorhebung im Original):

»Der weit verbreitete Gebrauch desselben (oder fast desselben) Fragebogens in einer Reihe von Anwendungen hat es erlaubt, eine Vielzahl von empirischen Befunden in vergleichbaren Begriffen miteinander in Beziehung zu setzen. Alles zusammen genommen scheint es mir dennoch am klügsten zu sein, immer noch ambivalent gegenüber der gegenwärtigen Fünf-Faktoren-Mode als *der* Methode zur Untersuchung von Persönlichkeit zu sein, bis ihre definitorischen und empirischen Rätsel gelöst sind.«

7.4.4 »Persönlichkeit« von Kulturen

In einer Vielzahl von Untersuchungen ist inzwischen gezeigt worden, dass die *faktorielle Struktur* der Big Five in verschiedenen Kultur- und Sprachräumen nahezu identisch ist (zusammenfassend s. McCrae & Allik, 2002). Vor diesem Hintergrund kann die Frage gestellt und beantwortet werden, ob sich verschiedene Kulturen in den soweit »universellen« Dimensionen hinsichtlich ih-

rer *mittleren Ausprägung* in den Eigenschaften voneinander unterscheiden. Etwa auftretende Unterschiede sind nicht leicht zu interpretieren, weil ein wiederkehrendes Problem transkultureller Studien in der Ungewissheit darüber besteht, ob die eingesetzten Messverfahren hier wie dort exakt das Gleiche erfassen (Heine & Buchtel, 2009).

Bei einem Vergleich von 26 »Kulturen« (faktisch handelte es sich stets nur um Nationen) wiesen die insgesamt 3730 von Ostendorf in Deutschland rekrutierten Personen in den Skalen des NEO-PI-R mittlere Standard-T-Werte von 52,8 (Neurotizismus), 47,3 (Extraversion), 56,7 (Offenheit), 49,1 (Verträglichkeit) und 46,7 (Gewissenhaftigkeit) auf (s. McCrae, 2001, S. 853; der Gesamtmittelwert war mit 50,0 derjenige der amerikanischen Normstichprobe); somit waren sie im Vergleich aller herangezogenen Personen überdurchschnittlich neurotisch und offen für Erfahrungen, hingegen unterdurchschnittlich in Bezug auf Extraversion und Gewissenhaftigkeit. Diese Befunde mögen nicht dem Selbstbild vieler Deutschen entsprechen. Noch höhere Werte in N erzielten unter anderem die Spanier, Portugiesen, Japaner und Belgier, die niedrigsten die Holländer, Norweger und Indonesier. Als am meisten extravertiert erwiesen sich die Norweger, als am meisten introvertiert die Probanden aus Hongkong, Japan und Südafrika.

Andere Gegebenheiten resultierten aus Erhebungen, denen zufolge in jedem von 51 Ländern jeweils ein College-Student einen ihm gut bekannten Kommilitonen anhand der 240 Items des NEO-PI-R beurteilen sollte (McCrae & Terracciano, 2005). Hier errechneten sich für die 593 beurteilten deutschen Teilnehmer mittlere T-Werte von 48,1, 49,6, 54,9, 52,1 und 52,3 (für die Dimensionen N, E, O, V und G). Wieder hatten die Spanier, Portugiesen, Japaner und Belgier etwas höhere Werte, allerdings in unterschiedlicher Abfolge zueinander, und der Mittelwert der Indonesier lag nicht unterhalb, sondern über demjenigen der Deutschen. Aus der Vielzahl der Ergebnisse kann dieses nur ein denkbar kleiner Ausschnitt sein. Die bei McCrae et al. (2005) berichteten Daten erlauben es aber, die Profile miteinander zu korrelieren, Cluster zu bilden und wechselseitige Ähnlichkeiten der Länder zu bestimmen. Im zweidimensionalen Raum von N und E

- liegt Deutschland in N extrem niedrig, eng benachbart mit der deutschen Schweiz, Österreich, Mexiko und den Philippinen; extrem hohe Punktwerte weisen demgegenüber Frankreich, Italien, Malta und die Slowakei auf;
- liegt Deutschland in E im Mittelbereich; die höchsten Werte zeigen die Amerikaner, Australier, Neuseeländer, Engländer und Iren, die niedrigsten Vertreter kommen aus Afrika und Südostasien.

Ein wichtiger Schritt müsste nunmehr darin bestehen, die herangezogenen Länder hinsichtlich wichtiger Kennzeichen zu gruppieren (wie Einkommen, Bevölkerungsdichte, Wohnraum, Familienstrukturen usw.) und zu prüfen, ob hierbei auftretende Gemeinsamkeiten mit solchen in den Testwerten einhergehen.

Terracciano et al. (2005) ließen Personen aus 49 Ländern anhand von 30 bipolaren Skalen, die die Facetten der Big Five treffen sollten, »den typischen Angehörigen der Kultur« einschätzen und verglichen damit die fremdeingeschätzten mittleren Persönlichkeitsprofile real existierender Personen (s. vorstehenden Absatz). Bemerkenswerterweise ergaben sich dabei von ganz wenigen Ausnahmen abgesehen nur Nullkorrelationen, d. h., die nationalen Stereotype entsprechen nicht den mittleren Messwertausprägungen der herangezogenen Probanden. Deren Repräsentativität war gewiss nicht gewährleistet, und in vielen Ländern mögen die Probanden nicht hinreichend vertraut mit der Handhabung von Beurteilungsinstrumenten gewesen sein. Auch widerspricht es beispielsweise in einigen Ländern Asiens den guten Sitten, eine Beurteilung von Mitmenschen außenstehenden Unbeteiligten zur Kenntnis zu bringen. Aber abgesehen von solchen Unwägbarkeiten deuten die geschilderten Befunde doch an, dass sich nationale Stereotypien anscheinend nicht aus der Akkumulation der bei den Personen im sozialen Nahraum wahrgenommenen Merkmale ergeben. Geprägt von Geschichte, Medien, dem Hörensagen, Witzen und Erziehung, aber auch politischen Ideologien, handelt es sich dabei offenbar um soziale Konstruktionen, deren Funktion unter anderem wohl in der Identitätsfindung und der Abgrenzung der eigenen von fremden Nationen beruht – mit allen damit verbundenen Vor- und Nachteilen.

Zusammenfassung von Kapitel 7.4

In den 1950er Jahren haben Tubes und Christal verschiedene Reanalysen von Datensätzen des L-Datenraums vorgenommen, die teilweise bereits von Cattell und seinen Mitarbeitern erhoben und ausgewertet worden waren. Anders als Cattell konnten Tubes und Christal allerdings keine 12 Faktoren finden, sondern lediglich fünf Dimensionen der Persönlichkeit. Diesen Befund konnte Norman etwas später bestätigen. Selbst bei einer kompletten Replikation des aufwändigen Extraktionsprozesses (der mit der Auswertung eines englischsprachigen Wörterbuches begonnen hatte) führten nachfolgende Datenerhebungen an neuen Stichproben und anschließender Faktorenanalyse immer wieder zu fünf breiten Persönlichkeitsfaktoren, die schließlich von Goldberg als die »Big Five« bezeichnet wurden. In der Terminologie von Norman handelt es sich bei diesen fünf Faktoren um (1) Extraversion,

(2) Verträglichkeit, (3) Gewissenhaftigkeit, (4) Emotionale Stabilität und (5) Kultiviertheit (▶ **Tab. 7.3**). Diese fünf Faktoren galten seitdem als unumstößlicher Standard des lexikalischen Ansatzes, d. h. wenn die Eigenschaftsworte, die im natürlichsprachlichen Lexikon enthalten sind, extrahiert und mit rationalen oder empirischen Methoden reduziert werden, so gelangt man schließlich zu diesen fünf Dimensionen. Ein weitverbreiteter Fragebogen, mit dem diese fünf Faktoren gemessen werden können, wurde von Costa und McCrae in den 1980er Jahren entwickelt. Es handelt sich dabei um das »NEO-Five Factor Inventory« (NEO-FFI), dessen fünf Faktoren eine von Norman leicht abweichende Sortierung und Bezeichnung erhalten haben, nämlich (1) Neurotizismus, (2) Extraversion, (3) Offenheit für Erfahrungen, (4) Verträglichkeit und (5) Gewissenhaftigkeit (▶ **Kasten 7.8**). Allerdings hat es von verschiedener Seite Kritik an diesen »Big Five« gegeben, teils aus biopsychologischer Perspektive und teils aus Nützlichkeitserwägungen der Psychologischen Diagnostik. Auch die Interpretation der fünf Faktoren hat einen gewissen Spielraum eröffnet, wie allein schon die unterschiedlichen Bezeichnungen von Norman vs. Costa und McCrae vermuten lassen. Eysenck kritisierte an den »Big Five«, dass die fünf Faktoren (vermutlich) unterschiedlichen Hierarchieebenen angehören, dass sie keine theoretische Einbindung aufweisen und ihnen die biologischen Grundlagen fehlen. Dem entgegnete Costa mit dem Hinweis auf die Robustheit und Universalität der fünf Faktoren.

7.5 Stabilität und Veränderung

Zeitliche Stabilität ist eine Kernvoraussetzung für die Angemessenheit des Eigenschaftsmodells (vgl. Abschn. 12.1.1). Da zeitliche Stabilität als Korrelation zweier Zeitpunkte über eine Stichprobe von Personen bestimmt wird, gibt der Stabilitätskoeffizient eine relative oder »differentielle Stabilität« wieder: Damit wird die Frage beantwortet, ob sich alle Personen in gleichem oder in verschiedenem Maße von Zeitpunkt 1 zu Zeitpunkt 2 verändert haben. Dabei spielt es keine Rolle, ob die über alle Personen gemittelten Werte zunehmen, gleich bleiben oder abnehmen.

Davon abzugrenzen sind mittlere Veränderungen der gesamten Personenstichprobe, die als »absolute Stabilität« oder »Mittelwertsstabilität« bezeichnet wird und durchschnittliche Entwicklungsverläufe kennzeichnet. Dabei ist es unerheblich, wie sich die Personen relativ zueinander verändert haben. Differentielle und absolute Stabilität sind voneinander unabhängig. So kann eine markante Veränderung des mittleren Verlaufs einer Eigenschaft über die Lebensspanne (geringe absolute Stabilität) mit einer hohen Gleichförmigkeit dieser Veränderung bei allen Personen (hohe differentielle Stabilität) einhergehen. Umgekehrt kann eine Eigenschaft in einer Population keine zeitlichen Veränderungen aufweisen (hohe absolute Stabilität), die einzelnen Personen aber sehr unterschiedliche Veränderungen über die Zeit zeigen (niedrige differentielle Stabilität).

7.5.1 Differentielle Stabilität

Conley (1984) modellierte über einen Zeitraum von einem Jahr bis zu 40 Jahren die differentielle Stabilität von Persönlichkeitstests, Leistungstests zur Messung der Intelligenz sowie Einstellungen über sich selbst. Ausgehend von einer großen Anzahl von Studien kam Conley zu dem Schluss, dass – unter Annahme fehlerfreier, d. h. maximal reliabler Messungen – die zeitliche Stabilität der drei untersuchten großen Bereiche eine deutliche Hierarchie aufweist: Intelligenzmessungen weisen beeindruckend große, Persönlichkeitsmessungen immer noch große und Selbsteinstellungen mittlere bis niedrige Stabilitäten auf (▶ Tab. 7.5).

Tab. 7.5: Differentielle Stabilitäten für Intelligenz, Persönlichkeit und Selbsteinstellungen.

Bereich	Zeitraum in Jahren					
	1	5	10	20	30	40
Intelligenz	0,99	0,95	0,90	0,82	0,74	0,67
Persönlichkeit	0,98	0,90	0,82	0,67	0,55	0,45
Selbsteinstellungen	0,94	0,73	0,54	0,29	0,16	0,08

Im Bereich der Persönlichkeit wurden Extraversion und Neurotizismus untersucht, im Bereich der Selbsteinstellungen Selbstwertgefühl und Lebenszufriedenheit. Nach Conley (1984).

7.5.2 Absolute Stabilität

Ist die Persönlichkeit relativ unveränderlich über die Lebensspanne? In unserer »Innenschau« mögen wir uns in wichtigen Eigenschaften als recht konstant empfinden. Gleichzeitig erscheint in der Rückschau über längere Lebensabschnitte doch eine Veränderung auch nicht ungewöhnlich zu sein (»früher war ich mutiger«).

Der ideale Untersuchungsansatz für diese Frage nach der absoluten Stabilität ist die Längsschnittstudie. In einer solchen wurden 123 Frauen im Alter von 27, 43, 52 und 61 Jahren wiederholt in verschiedensten Persönlichkeitsbereichen untersucht (Helson & Soto, 2005). Es ergaben sich bedeutsame lineare, aber auch kurvilineare Entwicklungsverläufe in Persönlichkeitseigenschaften. So nahm die »Positive Emotionalität« monoton zu, die »Negative Emotionalität« hingegen monoton ab. »Verleugnung« (psychischer Abwehrmechanismus, s. Abschn. 9.1.3) wies hingegen im Alter von 43 Jahren einen Tiefpunkt auf. Persönlichkeit scheint daher über die Lebensspanne moderat veränderlich zu sein.

Gestützt auf 92 Längsschnittstudien zu den »Big Five«-Dimensionen oder inhaltlich ähnlichen Konstrukten unternahmen Roberts et al. (2006) eine Meta-Analyse. Dafür wurden die verfügbaren Daten in eine Taxonomie eingeordnet, die derjenigen der »Big Five« weitestgehend entsprach (abweichend davon gliederte sich Extraversion in die Teilkomponenten »Soziale Vitalität« und »Soziale Dominanz«). Nur nichtklinische Personen und Retest-Intervalle von mehr als einem Jahr wurden berücksichtigt. Um die in der Originalliteratur berichteten Effekte vergleichbar zu machen, wurden jeweils die Mittelwerte der zweiten Messung von derjenigen der ersten abgezogen und auf die Standardabweichung der Messwerteverteilung der ersten Erhebung bezogen (= d als Maß für die Effektstärke).

Abgesehen von »Sozialer Vitalität«, die über dem Lebensalter relativ gleich blieb und erst in hohem Alter abfiel, ergaben sich in den anderen fünf Eigenschaftsdimensionen hochbedeutsame Veränderungen in der Lebensspanne (▶ Abb. 7.13).

Soziale Dominanz und Emotionale Stabilität zeigten eine negativ beschleunigte Entwicklung über dem Lebensalter. Hingegen

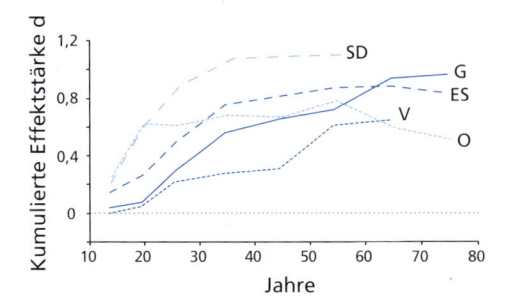

Abb. 7.13: Mittelwertsverläufe in fünf Persönlichkeitsfaktoren über die Lebensspanne (nach Roberts et al., 2006, Figure 2). ES = Emotionale Stabilität. G = Gewissenhaftigkeit. O = Offenheit für Erfahrung. SD = Soziale Dominanz. V = Verträglichkeit.

waren die Zunahmen in Verträglichkeit und Gewissenhaftigkeit eher kontinuierlich, während Offenheit für Erfahrung einen kurvilinearen Verlauf erkennen ließ. Das Geschlecht der Probanden war ohne systematischen Einfluss auf die Veränderungen. Hervorzuheben ist bei den Befunden, dass entgegen weit verbreiteten Modellvorstellungen die gravierendsten Veränderungen nicht innerhalb der Jugend oder Adoleszenz, sondern erst zum dritten Lebensjahrzehnt auftraten. Im Hinblick darauf und fokussiert auf die Domänen Verträglichkeit, Gewissenhaftigkeit und Emotionale Stabilität favorisierten die Autoren eine Investment-Theorie der Identitätsentwicklung, der zufolge es im Zuge der Persönlichkeitsreifung zu verschiedenen normativen Festlegungen gegenüber den üblichen sozialen Institutionen (wie Beruf, Heirat, Familie und Gesellschaft) komme – und verbunden damit zu den geschilderten Veränderungen.

Vergleichbare Ergebnisse einer niedrigen absoluten Stabilität erbrachte auch eine Querschnittsstudie an 132 515 Probanden im Altersbereich von 21 bis 60 Jahren, wonach Verträglichkeit und Gewissenhaftigkeit anstiegen, Neurotizismus bei Frauen, nicht aber bei Männern allerdings abfiel (Srivastava et al., 2003). Im Persönlichkeitsbereich geht also eine hohe relative mit einer niedrigeren absoluten Stabilität einher.

> **Zusammenfassung von Kapitel 7.5**
>
> Betrachtet man den Verlauf von Mittelwerten für verschiedene Persönlichkeitsfaktoren über die Lebensspanne, so kann für alle Big Five eine Veränderung beobachtet werden (▶ **Abb. 7.13**). Extraversion nimmt vom jungen Erwachsenenalter bis ca. 40 Jahren zu und bleibt dann einigermaßen stabil, während Neurotizismus einen dazu umgekehrten Verlauf zeigt (Abnahme bis 40 und anschließend Stabilität). Die Offenheit für Erfahrungen erhöht sich bis ca. 20 Jahre und bleibt dann stabil bis zu einem Alter zwischen 50 und 60 Jahren, wonach sie wieder abnimmt. Die Verträglichkeit und Gewissenhaftigkeit nehmen schließlich über die gesamte Lebensspanne zu. Auch wenn die differentielle Stabilität von Persönlichkeitstestwerten nicht das Ausmaß erreicht, das von Intelligenztestwerten bekannt ist, so liegen die Test-Retest-Korrelationen in einem Bereich von 0.80 oder darüber bei einem Zeitintervall von 10 Jahren oder kürzer. Es zeigt sich hier also das Bild einer eher geringen Mittelwertsstabilität bei gleichzeitig hoher differentieller Stabilität.

7.6 Geschlechtsunterschiede

Seitdem in der akademischen Psychologie das Thema von Geschlechtsunterschieden mit dem Buch »Sex and personality« zur Forschungsagenda erklärt worden war (Terman & Miles, 1936), wurde gerade diese Frage zu einem Spiegelbild des gesellschaftlichen Zeitgeistes und von tiefgreifenden Veränderungen in dem Rollenverständnis von Männern und Frauen. Stichworte hierfür sind Gleichberechtigung und Selbstbestimmung von Frauen in Familie, Bildungswesen und Beruf. Auf psychologischer Seite wurden neue Konzepte wie Geschlechtsrollen, Geschlechtsrollentypisierung, das »psychologische Geschlecht« und das Geschlecht als soziale Kategorie eingeführt. Diese Konzepte betonten – jenseits von biologischen Unterschieden – zusätzliche soziale und interpersonale Einflüsse auf Geschlechtsunterschiede (s. Abschn. 15.1). Im Verlauf dieser Debatten waren die Argumentationen gelegentlich recht unterschiedlich, ob es sich bei den vorfindbaren Geschlechtsunterschieden in psychologischen Merkmalen nun um *kleine* oder um *beachtliche* Unterschiede handele (Hyde, 2005).

Für die Beschreibung von Geschlechtsunterschieden wurden seit ca. 1985 fast ausnahmslos Meta-Analysen eingesetzt, die die bis dahin »narrative« Zusammenfassung von Einzelstudien ersetzten. Für den Bereich der Persönlichkeit legte Feingold (1994) die wohl imposanteste Meta-Analyse mit einer Personenzahl von über hunderttausend vor. Dazu verwendete er die publizierten Manuale von Persönlichkeitstests, in denen getrennte Normen für Männer und Frauen enthalten waren. Daraus konnte er die Mittelwerte und Streuungen der enthaltenen Skalen jeweils für die beiden Geschlechter entnehmen und deren standardisierte Differenz (Effektstärkenmaß d) berechnen. Zusätzliche Erkenntnisse über mögliche Veränderungen der Geschlechtsunterschiede

- zwischen den Zeiträumen 1940 und 1967 bzw. 1968 und 1992 (wobei 1968 den Beginn der Emanzipationsbewegungen in der »Studentenrevolution« markiert),
- zwischen den Altersklassen Schüler (»High School«-Alter), Studenten und Erwachsenewurden ebenfalls berücksichtigt, sofern getrennte Normdaten vorlagen.

Die Skalen der für die Meta-Analyse herangezogenen Persönlichkeitsfragebogen wurden in das einheitliche Raster des Fünf-Faktoren-Modells eingeordnet. **Tabelle 7.6** gibt die Ergebnisse der Meta-Analyse wieder.

Keine Geschlechtsunterschiede ergaben sich für »Impulsivität«, »Geselligkeit«, »Aktivität«, »Ideen« sowie »Ordnung«. Ein »kleiner« Effekt (d ca. |0,20|) war bei »Angst« und »Vertrauen« mit höheren Werten bei Frauen festzustellen. Ein »mittlerer« Effekt (d ca. |0,50|) war bei »Bestimmtheit« mit höheren Werten bei Männern erkennbar. Ein »starker« Effekt ($d>$|0,80|) zeigte sich bei »Weichherzigkeit« zugunsten der Frauen. Hieraus wird der eher »kommunale« und beziehungssensitive Stil von Frauen und der sozial-dominantere Stil der Männer deutlich.

Die Zeiträume vor und nach der »Studentenrevolution« wiesen eine leichte Zunahme ($d>$|0,20|) der Geschlechtsunterschiede nur in »Ideen« zugunsten der Männer auf. Beim Vergleich der Altersklassen zeigte sich eine Verschiebung vom Schüler- zum Studentenalter nur in einer Abnahme des Geschlechtsunterschieds in »Weichherzigkeit« und »Ordnung« (die Dominanz der Frauen schwindet etwas). Eine Verschiebung vom Studenten- zum Erwachsenenalter war nur in

Tab. 7.6: Effektgröße *d* für Geschlechtsunterschiede in der Persönlichkeit.

»Big Five«-Domäne und -Facette	Median	1940–1967	1968–1992	Schüler	Studenten	Erwachsene
Neurotizismus						
Angst	–0,27	–0,23	–0,32	–0,30	–0,24	–0,25
Impulsivität	–0,04	0,12	–0,01	0,05	0,11	–0,10
Extraversion						
Geselligkeit	–0,14	–0,22	–0,07	–0,20	–0,23	–0,06
Bestimmtheit	0,49	0,50	0,51	0,46	0,45	0,67
Aktivität	0,09	0,09	0,08	0,11	0,10	0,01
Offenheit für Erfahrung						
Ideen	0,13	–0,05	0,19	0,01	0,06	0,00
Verträglichkeit						
Vertrauen	–0,25	–0,20	–0,35	–0,23	–0,25	–0,22
Weichherzigkeit	–1,07	–1,05	–0,91	–1,18	–0,82	–0,92
Gewissenhaftigkeit						
Ordnung	–0,07	–0,05	–0,18	–0,26	–0,01	–0,12

Positive Werte stehen für einen höheren Mittelwert der Männer, negative Werte stehen für einen höheren Mittelwert der Frauen. Die untersuchten Persönlichkeitsfragebogen ließen sich nur in die gezeigte Auswahl an Facetten einordnen. Nach Feingold (1994).

»Impulsivität« (von leichtem männlichem zu leichtem weiblichen Effekt) und in einer weiteren Zunahme der männlichen gegenüber der weiblichen »Bestimmtheit« zu sichern.

Zusammengenommen sind die Geschlechtsunterschiede in der Persönlichkeit am deutlichsten auf einer Dimension »Dominanz vs. Submissivität« einzuordnen. Sie sind damit vor allem in der interpersonalen Kommunikation entlang der motivationalen Dimension »Macht« sichtbar. Sowohl biologische (Stanton et al., 2009) als auch soziokulturelle (Ceci et al., 2009) Faktoren, vermutlich aber eine Kombination beider, tragen zu diesen Geschlechtsunterschieden bei.

Zusammenfassung von Kapitel 7.6

Mit Blick auf die Big Five lassen sich in drei Faktoren Geschlechtsunterschiede beobachten (▶ Tab. 7.6). Den empirischen Befunden zufolge sind die Männer extravertierter (dominanter) als die Frauen, während Frauen emotional labiler (ängstlicher) und verträglicher (weichherziger) als die Männer sind. Für die Offenheit für Erfahrungen und die Gewissenhaftigkeit zeigten sich keine konsistenten Geschlechtsunterschiede.

8 Biologische Grundlagen und Korrelate der Persönlichkeit

Nach der Beschreibung von Persönlichkeit und ihrer Struktur werden in diesem Kapitel biologische Ansätze zu ihrer Erklärung besprochen. Die Theorie von Eysenck hat für den Bereich der Extraversion mehrere Stadien durchlaufen und eine Vielzahl von Untersuchungen angeregt. Auch die beiden anderen Typenfaktoren Neurotizismus und Psychotizismus sollen von der Funktionsweise von Hirnsystemen abhängig sein (8.1). Als alternativen Entwurf stellte Gray die BIS/BAS-Theorie mit einer biologischen Fundierung von Angst im Verhaltenshemmsystem, von Impulsivität im Verhaltensannäherungssystem und von Furcht im Kampf-Flucht-Erstarrung-System vor. Die Aktivität dieser Hirnsysteme wird durch bedingte und unbedingte Reize ausgelöst, wobei interindividuelle Unterschiede in der Sensitivität für diese Reize bestehen (daher die Bezeichnung »Reinforcement Sensitivity Theory; RST; 8.2). Cloninger nimmt ebenfalls drei biologische Systeme als Grundlage für die drei Persönlichkeitsmerkmale Neuheitssuche, Schadensvermeidung und Belohnungsabhängigkeit an (8.3). Ohne Anspruch auf ein Gesamtsystem der Persönlichkeit wurden auch einzelne Eigenschaftsdimensionen und ihre biologische Fundierung untersucht, so der »Affektive Stil«, »Positive Affektivität« und »Negative Affektivität« (8.4). Eine weitere einzelne Eigenschaftsdimension, »Reizsuche«, wurde von Zuckerman in einen weiten biologischen Kontext gestellt (8.5). Sodann werden Zusammenhänge und Unterschiede der vorgestellten Konzepte diskutiert (8.6). Schließlich werden psychophysiologische Korrelate der Persönlichkeit und gesundheitsbezogene Persönlichkeitskonstrukte erläutert (8.7).

Neben der *Beschreibung* von Persönlichkeit, wie sie beispielsweise durch die faktorenanalytisch begründeten Gesamtsysteme der Persönlichkeit möglich ist, besteht eine andere wichtige Aufgabe in der empirisch orientierten Persönlichkeitsforschung in der *Erklärung* von individuellen Unterschieden des Erlebens und Verhaltens. Dabei ist es evident, dass diese Unterschiede zumindest zu einem guten Teil durch biologische Faktoren verursacht werden, also durch individuelle Unterschiede im biologischen System »Mensch« bedingt sind. Als wichtigster Hinweis für die Schlüsselrolle von biologischen Faktoren können die Befunde aus Erblichkeitsstudien gewertet werden. Diese Studien weisen darauf hin, dass mehr als die Hälfte der Varianz von vielen phänotypischen Persönlichkeitsmerkmalen auf genetische Faktoren zurückgeführt werden kann (s. Kap. 13). Dabei ist aber auch klar, dass die DNS das Verhalten nicht direkt beeinflusst. Vielmehr organisiert die DNS zunächst nur den Aufbau des Organismus inklusive neuroanatomischer Strukturen und physiologischer Systeme; erst diese steuern dann das Verhalten. Deshalb besteht eine wichtige Aufgabe der biologischen Persönlichkeitsforschung darin, die Kluft zwischen DNS und Verhalten durch eine Erforschung jener biologischen Systemparameter zu schließen, die den phänotypischen Persönlichkeitsunterschieden zugrunde liegen. Besprochen werden in diesem Kapitel einige

> der bedeutendsten biologisch orientierten Persönlichkeitstheorien, die im Zuge dieser Forschungsbemühungen entwickelt wurden. Ein besonderes Gewicht wird hierbei die exemplarische Darstellung der unterschiedlichsten Untersuchungsparadigmen und der damit verbundenen biologischen Forschungsmethoden haben, wobei das Spektrum von reinen Verhaltensstudien über psychophysiologische und pharmakologische Verfahren bis hin zur Molekulargenetik reichen wird.

8.1 Die biologischen Erklärungstheorien der Persönlichkeit von Eysenck

Das von Eysenck vorgeschlagene dreidimensionale PEN-System ist nur eines von mehreren faktorenanalytisch begründeten Gesamtsystemen, die alle als korrelative Strukturtheorien aufgefasst werden können und eine *Beschreibung* der Persönlichkeit ermöglichen (s. Kap. 7.3). Allerdings unterscheidet sich die PEN-Theorie in einem fundamentalen Punkt von vielen anderen Persönlichkeitssystemen: Eysencks Theorie bietet eine naturwissenschaftliche *kausale Erklärung* für Persönlichkeitsunterschiede, wobei er als Ursachen für Extraversion, Neurotizismus und Psychotizismus bestimmte physiologische Gegebenheiten des Gehirns annimmt. Darüber hinaus ist die *experimentelle Überprüfung* der Theorie ein wichtiges Element in Eysencks Ansatz. Dies machte Eysenck zu einem Wegbereiter für die ihm nachfolgenden (nicht nur biologisch orientierten) Persönlichkeitspsychologen – die historische Leistung, die mit Eysencks Werk verbunden ist, kann in diesem Zusammenhang gar nicht hoch genug bewertet werden.

Im Folgenden wird zunächst Eysencks (1967; Eysenck & Eysenck, 1985) Extraversionstheorie dargestellt, welche ein recht umfangreiches Forschungsprogramm zu ihrer Überprüfung stimulieren konnte. Anschließend werden seine theoretischen Überlegungen zu den biologischen Grundlagen von Neurotizismus und Psychotizismus skizziert, wobei seine Theorie bezüglich Psychotizismus eine nur vergleichsweise geringe Ausarbeitung erfahren hat. Eine detaillierte Darstellung dieser PEN-Theorien findet sich bei Brocke et al. (2004).

8.1.1 Biologische Basis der Extraversion

Das von Moruzzi und Magoun (1949) erstmals beschriebene »*Aufsteigende Retikuläre Aktivierungssystem*« (ARAS) ist ein anatomisch nur schwer definierbares funktionelles System, welches von der retikulären Formation im Hirnstamm ausgehend über diffuse aufsteigende Fasern in höher gelegene Regionen des Gehirns zieht und dabei besonders auch den Kortex erreicht. Seinen neuralen Input erhält das ARAS unter anderem aus dem limbischen System sowie durch Kollaterale (abzweigende Nervenfasern) aus den verschiedenen Sinneskanälen. Dabei ist das ARAS als unspezifisches Aktivierungssystem an der Regulation von Aufmerksamkeit bzw. Wachheit beteiligt. Darüber hinaus ist dieses System nach Eysenck das neurale Substrat für die Extraversion.

Eysenck nimmt an, dass es genetisch bedingte Unterschiede in der tonischen Aktivität bzw. der phasischen Aktivierbarkeit des ARAS gibt. Die Unterschiede in der tonischen Aktivität des ARAS führen dann zu individuellen Unterschieden der tonischen kortikalen Aktivität, die auch als »*Arousal*« (Erregung) bezeichnet wird. Analog dazu führen Unterschiede in der phasischen Erregbarkeit des ARAS (z. B. bei einer sensorischen Stimulation) auch zu einer individuell ausgeprägten »Erregbarkeit« (engl. »*arousability*«) des Kortex. Im Kern postuliert Eysencks Theorie, dass extravertierte Verhaltensweisen durch ein hypoaktives bzw. hyposensitives ARAS produziert werden, während introvertierte Verhaltensweisen die Folgeerscheinung eines hyperaktiven bzw. hypersensitiven ARAS sind.

Diese Verhaltenskonsequenzen lassen sich dadurch begründen, dass die Stimulationsintensität in einem umgekehrt U-förmigen Zusammenhang mit dem »*hedonischen Tonus*« steht, der selbst durch das Arousal-Niveau bestimmt wird. **Abbildung 8.1** verdeutlicht diesen Sachverhalt. Eine geringe Stimulationsintensität (wie sie im Extremfall bei einer sensorischen Deprivation auftritt) führt zu einem durchschnittlich geringen Arousal, welches als unangenehm empfunden wird (negativer hedonischer Tonus). Ganz ähnlich resultiert eine intensive Stimulation (wie sie extremerweise bei Schmerzen auftritt) in einem starken Arousal, welches ebenfalls unangenehm ist. Im Gegensatz dazu führt ein mittlerer Stimulationsgrad schließlich zu einem mittleren Arousal, welches als angenehm empfunden wird (positiver hedonischer Tonus; dieses Konzept eines optimalen Arousal-Niveaus wurde bereits von Hebb, 1955, eingeführt). Personen bevorzugen dieses optimale Erregungsniveau und vermeiden eine extrem geringe oder sehr starke Stimulation.

Da *Extravertierte* nach Eysenck ein unterempfindliches ARAS aufweisen, benötigen sie mehr oder intensivere Stimulationen, um auf das als angenehm erlebte mittlere

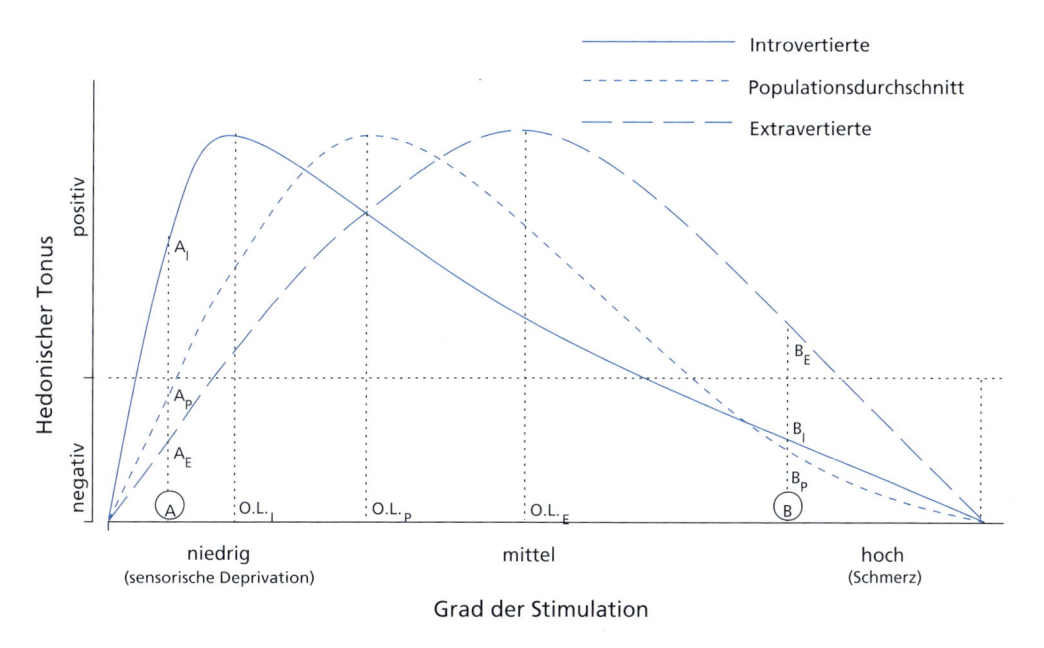

Abb. 8.1: Beziehung zwischen der Intensität einer sensorischen Stimulation und hedonischer Qualität des dadurch bewirkten Zustandes (nach Eysenck, 1994).

Arousal-Niveau zu gelangen bzw. um dieses optimale Erregungsniveau zu halten. Diese Personen sind also chronisch untererregt und suchen deshalb ständig nach Stimulationen, um diese Unterregung zu kompensieren (z. B. indem sie öfter auf Partys gehen und mehr Sex haben). Umgekehrt weisen *Introvertierte* ein überempfindliches ARAS auf. Deshalb vermeiden sie alle stark stimulierenden Situationen, welche nur zu einer schmerzhaften Übererregung führen würden. Stattdessen suchen sie Situationen auf, die einen nur geringen sensorischen Anregungsgehalt haben (z. B. indem sie öfter zu Hause bleiben und Zeitung lesen), da nur hier das optimale Arousal-Niveau gehalten werden kann. Diese Unterschiede zwischen Extravertierten und Introvertierten sind in **Abbildung 8.1** dargestellt. Es ist ersichtlich, dass der hedonische Tonus als Funktion der Stimulusintensität bei Introvertierten nach links verschoben ist (aufgrund ihrer hohen Erregbarkeit), während diese Funktion bei Extravertierten nach rechts verschoben ist (wegen ihrer niedrigen Erregbarkeit).

In dieser Abbildung fällt allerdings auch auf, dass sich Extravertierte und Introvertierte bei extremen Stimulationen in ihrem hedonischen Tonus und damit auch in ihrem Arousal wieder einander annähern. Dieser – zunächst überraschende – Sachverhalt wird von Eysenck mit dem Prinzip der »transmarginalen Hemmung« erklärt (dieses Konzept wurde bereits von Pawlow beschrieben). Dabei wird davon ausgegangen, dass eine Zunahme der Stimulusintensität nur bis zu einem bestimmten Punkt auch zu einer Erhöhung des Arousals führt. Wird dieser Punkt überschritten, so setzt eine Schutzfunktion ein, und eine weitere Zunahme der Stimulusintensität führt nun zu einer Abnahme des Arousals. Dieser Umkehrpunkt tritt bei Extravertierten (aufgrund ihrer geringen Erregbarkeit) erst bei größeren Stimulationsintensitäten auf als bei Introvertierten (die eine niedrige Erregbarkeit haben). Als Konsequenz sollten die Extravertierten bei großer Stimulation oder unter Stress ein größeres Arousal aufweisen als Introvertierte.

Die unterschiedlichen Hypothesen, die sich aus Eysencks Extraversionstheorie ableiten lassen, wurden in einer Vielzahl von Untersuchungsparadigmen überprüft. Aus der Fülle der Paradigmen und Untersuchungen können hier nur einige wenige herausgegriffen werden, die den Reichtum an empirischen Zugängen in diesem Bereich illustrieren sollen. Für umfassendere Darstellungen muss auf einschlägige Übersichtsarbeiten verwiesen werden (z. B. Matthews & Gilliland, 1999). Dabei sollen neben den psychophysiologischen Studien – in denen das Arousal der Probanden direkt gemessen wurde – auch reine Verhaltensexperimente dargestellt werden. Gerade die letztgenannten Studien demonstrieren eindrucksvoll, dass auch mit einfachsten Mitteln (ohne physiologisches Labor) eine Untersuchung biologischer Theorien der Persönlichkeit möglich ist.

Sensorische Untersuchungen

Eine einfache Vorhersage aus Eysencks Extraversionstheorie betrifft die Sensitivität für sensorische Stimulation. Da Introvertierte ein chronisch höheres kortikales Erregungsniveau aufweisen sollen als Extravertierte, müsste nach Eysenck ein und derselbe Reiz bei Introvertierten eine subjektiv intensivere Reizempfindung auslösen als bei Extravertierten. Diese Vorhersage wurde beispielsweise in einer Fragebogenstudie von Dornic und Ekehammar (1990) untersucht. Die Autoren verwendeten einen Fragebogen zur *Lärmempfindlichkeit* (mit Items wie z. B.» Es würde mir nichts ausmachen, an einer lauten Straße zu wohnen, wenn nur das Apartment schön ist«) und korrelierten die Fragebogenwerte mit Extraversion (E). Es zeigte sich ein negativer Zusammenhang zwischen Lärmempfindlichkeit und E ($r = -0{,}28$), mit anderen Worten: Introvertierte Personen berichteten in dieser Studie über eine größere Lärmempfindlichkeit als extravertierte, was im Einklang mit Eysencks Theorie steht.

Nicht alle Studien zu sensorischen Unterschieden zwischen Extravertierten und Introvertierten lieferten hingegen ein theoriekonformes Ergebnis. In der wohl umfangreichsten experimentellen Überprüfung von Eysencks Extraversionstheorie realisierten Amelang und Ullwer zahlreiche Versuche, wobei einer davon ebenfalls auf einen solchen sensorischen Unterschied zielte (Amelang & Ullwer, 1990, 1991). Ausgangspunkt dieses Versuchs war die Beobachtung, dass ein Licht, welches mit einer moderaten Frequenz ein- und ausgeschaltet wird, zu flimmern scheint. Wird nun die Frequenz weiter erhöht, so »verschmilzt« irgendwann das Flimmern zu einem kontinuierlichen Lichteindruck. Die Frequenz, bei der dies geschieht, ist die »Flimmerverschmelzungsfrequenz«; diese liegt durchschnittlich in einer Größenordnung von 60 bis 70 Hz und weist individuelle Unterschiede auf, welche nach Eysenck in Zusammenhang zur Extraversion stehen sollen. Nach seiner Theorie haben Introvertierte bei mäßiger Stimulation (also bevor die transmarginale Hemmung einsetzt) ein chronisch höheres Arousal als Extravertierte; infolge dieses höheren kortikalen Erregungsniveaus müssten Introvertierte die sensorischen Reize präziser verarbeiten als Extravertierte, also auch mit einer feineren Zeitauflösung. Deshalb sollte die Flimmerverschmelzungsfrequenz im Falle einer geringen sensorischen Stimulation bei Introvertierten höher liegen als bei Extravertierten. Falls hingegen die sensorische Stimulation sehr groß wird und die transmarginale Hemmung einsetzt, sollten die Extravertierten ein größeres Arousal aufweisen als die Introvertierten. Deshalb müsste unter diesen Umständen die Flimmerverschmelzungsfrequenz bei Extravertierten höher sein als bei Introvertierten.

Um diese Vorhersagen zu überprüfen, variierten die Autoren die Intensität der sensorischen Stimulation, indem sie ihre Versuchspersonen einem leisen, mittleren und lauten Hintergrundgeräusch aussetzten (weißes Rauschen). In jeder dieser Bedingungen wurde die Flimmerverschmelzungsfrequenz bestimmt, indem die Flimmerfrequenz kontinuierlich verändert wurde und die Versuchsperson den Punkt der subjektiven Verschmelzung angeben musste. Es zeigte sich in dieser Studie ein signifikanter positiver Zusammenhang zwischen E und der Flimmerverschmelzungsfrequenz bei leisem Hintergrundgeräusch ($r = 0{,}21$). Dieser Befund ist nicht mit der Extraversionstheorie konsistent, da bei einer geringen Stimulation nicht mit einer transmarginalen Hemmung gerechnet werden muss und folglich in dieser Bedingung die Extravertierten eine niedrigere Flimmerverschmelzungsfrequenz als die Introvertierten haben sollten (was sich durch eine negative Korrelation zeigen müsste).

Die widersprüchlichen Ergebnisse dieser beiden Beispielstudien spiegeln durchaus die breitere Befundlage wider, die mit einer Reihe von sensorischen Untersuchungen gewonnen wurde, aber aufgrund der inkonsistenten Ergebnisse keine schlüssige Bewertung der Theorie erlaubt. Dabei lassen sich mit dem experimentellen Ansatz offensichtlich viele Facetten der Theorie (wie z. B. die Effekte transmarginaler Hemmung) präziser untersuchen, als dies mit reinen Fragebogenstudien der Fall ist; deshalb belasten gerade die *experimentellen* Negativbefunde Eysencks Extraversionstheorie. Allerdings muss dabei festgestellt werden, dass sensorische Untersuchungen nur eine von vielen Zugangsweisen für eine empirische Überprüfung von Eysencks Extraversionstheorie darstellen. Ein anderer Ansatz macht sich hierfür die Abhängigkeit von unterschiedlichen kognitiven Leistungen vom Arousal-Niveau für eine solche Überprüfung zunutze. Für eine breitere Übersicht über solche Studien muss an dieser Stelle auf die einschlägige Literaturübersicht von Eysenck und Eysenck (1985) verwiesen werden.

Aufmerksamkeitsuntersuchungen

Die Leistung, die in den unterschiedlichsten Verhaltensaufgaben erbracht werden kann, ist nach verbreiteter Auffassung an das kortikale Erregungsniveau gebunden (egal, ob es sich hierbei um eine motorische, eine Lern-, Gedächtnis- oder Aufmerksamkeitsleistung handelt). Dabei nimmt dieser Zusammenhang nach dem Yerkes-Dodson-Gesetz die Form einer umgekehrten U-Funktion an, wobei die Leistung bei einem mittleren Arousal am besten ist und sich bei einem sehr geringen oder großen Arousal verschlechtert (▶ **Abb. 8.2**); dabei steigt die Leistung im unteren Erregungsbereich monoton mit dem Arousal an. Da Introvertierte in Situationen mit geringer Stimulation (also bevor die transmarginale Hemmung einsetzen kann) nach Eysencks Extraversionstheorie ein größeres Arousal aufweisen sollen als Extravertierte, sollten die Introvertierten hier eine entsprechend bessere Leistung erbringen. In Situationen mit zunehmender Stimulation oder unter Stress sollte hingegen bei Introvertierten die transmarginale Hemmung dazu führen, dass sie im Vergleich zu Extravertierten ein geringeres Arousal aufweisen; dementsprechend sollten in solchen Situationen die Extravertierten eine bessere Leistung erbringen.

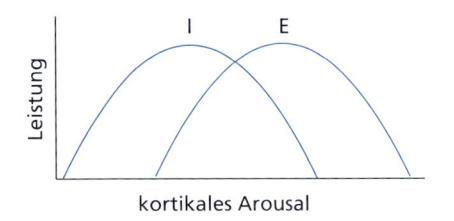

Abb. 8.2: Beziehung zwischen kortikalem Arousal und Leistung bei Extravertierten (E) und Introvertierten (I) (nach Matthews & Amelang, 1993).

Solche Vorhersagen wurden u. a. mit einer Reihe von Aufmerksamkeitsaufgaben untersucht, wobei der recht unspezifische Begriff »Aufmerksamkeit« auf unterschiedliche Weise operationalisiert wurde.

In einer Studie führten z. B. Szymura und Necka (1998; Experiment 3) eine kombinierte Untersuchung zur »*selektiven Aufmerksamkeit*« und zur »*geteilten Aufmerksamkeit*« durch (selektive Aufmerksamkeit ist ein Prozess, bei dem bestimmte Reize beachtet und gleichzeitig andere Reize ignoriert werden; bei geteilter Aufmerksamkeit müssen gleichzeitig zwei verschiedene Aufgaben durchgeführt werden). Als abhängige Variable diente die Reaktionszeit. Aus Eysencks Extraversionstheorie lässt sich hierbei vorhersagen, dass bei Aufgaben mäßiger Schwierigkeit eine transmarginale Hemmung kaum stattfinden sollte und Introvertierte folglich eine bessere Leistung aufweisen müssten als Extravertierte. In Übereinstimmung mit dieser Annahme zeigte sich tatsächlich ein signifikanter Haupteffekt von E/I auf die Reaktionszeiten: Introvertierte reagierten sowohl in der Bedingung der selektiven Aufmerksamkeit als auch in der Bedingung der geteilten Aufmerksamkeit schneller als die Extravertierten.

Die Studie von Schmidt et al. (2004) zielte auf den Zusammenhang zwischen E/I und einem anderen Konzept von Aufmerksamkeit, nämlich der »Vigilanz« (unter Vigilanz versteht man die Aufrechterhaltung der Aufmerksamkeit über einen längeren Zeitraum). In dieser Untersuchung wurde 40 Minuten lang alle drei Sekunden ein Ton präsentiert. Drei Viertel dieser Töne waren 657 ms lang, und ein Viertel dauerte jeweils nur 525 ms. Aufgabe der Versuchsperson war es, bei Darbietung des kurzen Tones möglichst schnell eine Taste zu drücken. Für die Auswertung der Daten wurde die gesamte Untersuchungszeit von 40 Minuten in vier zehnminütige Abschnitte unterteilt und für jeden Abschnitt die mittlere Reaktionszeit bestimmt. Dabei zeigte sich, dass die Extravertierten über den gesamten Verlauf der Untersuchung langsamer wurden als die Introvertierten. Diese verlangsamten Reaktionen deuten auf eine schlechtere Vigilanzleistung der Extravertierten hin. Dies stimmt mit Eysencks Theorie insofern überein, als sie generell eine geringere kognitive Leistungsfähigkeit bei Extravertierten infolge eines chronisch erniedrigten Arousals vorhersagt.

Diese beiden Studien liefern also einen empirischen Beleg zugunsten von Eysencks Extraversionstheorie. Dabei fügt sich besonders der positive Befund von Schmidt et al. (2004) in ein größeres Bild, welches mit einer Meta-Analyse zu Extraversion und Vigilanz von Koelega (1992) vorgelegt wurde. In dieser letzteren Arbeit wurden die Ergebnisse aus 30 Jahren Vigilanz- und Persönlichkeitsforschung ausgewertet mit dem Resultat, dass Introvertierte über viele Einzelbefunde hinweg tatsächlich eine bessere Vigilanzleistung zeigen als Extravertierte. In anderen Aufmerksamkeitsparadigmen sind allerdings auch widersprüchliche Befunde berichtet wurden (für eine entsprechende Übersicht s. Matthews & Gilliland, 1999).

Psychophysiologische Studien

Die zentrale physiologische Variable in Eysencks Theorie zur Erklärung von Unterschieden zwischen intro- und extravertierten Personen ist das kortikale Arousal bzw. die kortikale Erregbarkeit, die selbst wieder durch das ARAS reguliert werden. Deshalb ist es natürlich bei einer empirischen Überprüfung dieser Theorie sehr reizvoll, das kortikale Arousal oder die kortikale Erregbarkeit der Probanden direkt zu messen. Eine solche Messung kann mit Hilfe des Elektroenzephalogramms (EEG) erfolgen, mit dem die elektrischen Ströme registriert werden, die infolge der Nervenzellaktivität im Gehirn – und hier besonders im Kortex – entstehen. Zahlreiche Studien machten von dieser Methode in den letzten Jahrzehnten Gebrauch (Übersicht s. Schulter & Neubauer, 2005).

In der Studie von Amelang und Ullwer (1990) wurde ein EEG in drei Untersuchungsbedingungen abgeleitet. Zunächst mussten sich die Versuchspersonen in einer Ruhebedingung bei geschlossenen Augen entspannen. Anschließend wurden die Probanden aufgefordert, einen Punkt an der Wand mit ihrem Blick zu fixieren. Schließlich mussten die Versuchspersonen eine Kopfrechenaufgabe absolvieren. Für die Datenauswertung wurde aus dem EEG die Alpha-Aktivität extrahiert (die sogenannten Alpha-Wellen treten besonders im synchronisierten EEG auf, sind durch eine Frequenz zwischen 8 und 13 Hz charakterisiert und indizieren ein reduziertes kortikales Arousal). Folgt man Eysencks Theorie, so müssten die Extravertierten ein geringeres kortikales Arousal und somit eine größere Alpha-Aktivität aufweisen als die Introvertierten. Entgegen den Erwartungen fielen in dieser Studie die Korrelationen zwischen der Alpha-Aktivität und verschiedenen Maßen für E/I insgesamt niedrig aus und waren statistisch kaum bedeutsam. In einer ganz ähnlichen Studie konnten auch Hagemann et al. (1999) keinen Zusammenhang zwischen Alpha-Aktivität des Ruhe-EEG und E/I nachweisen.

In anderen Untersuchungen wurde zur Messung der kortikalen Erregbarkeit das ereigniskorrelierte Hirnrindenpotential (EKP) verwendet, das ein spezielles bioelektrisches Potential darstellt, welches für bestimmte zeitlich, physikalisch und psychologisch definierte Ereignisse aus dem EEG extrahiert werden kann.

In einer solchen Studie von Brocke et al. (1996) mussten die Versuchspersonen in einem ersten Experiment eine auditorische Vigilanzaufgabe ausführen. Den Probanden wurde für die Dauer von 40 Minuten alle zwei Sekunden ein hoher oder tiefer Ton dargeboten, wobei nur insgesamt 20 % aller Töne hoch waren und die Töne in zufälliger Reihenfolge präsentiert wurden. Aufgabe der Versuchsperson war es, bei Darbietung des seltenen Reizes durch möglichst schnelles Drücken einer Taste zu reagieren. Die **Abbildung 8.3** zeigt separat für extravertierte und introvertierte Versuchspersonen das EKP für den seltenen Reiz, also hirnelektrischen Reaktionen auf die Darbietung des hohen Tones (auf der x-Achse ist die Zeit in ms dargestellt, wobei bei 0 ms der Ton präsentiert wurde; die y-Achse zeigt die Intensität der hirnelektrischen Reaktion in μV). Introvertierte zeigten offensichtlich eine intensivere hirnelektrische Reaktion (erkennbar an den größeren Auslenkungen des EKP) als Extravertierte. Dieser Effekt war statistisch signifikant und stimmt insofern mit Eysencks Theorie überein, als die Introvertierten eine größere kortikale Erregbarkeit haben sollten als Extravertierte. Allerdings zeigte sich kein Verhaltensunterschied in der Vigilanzleistung von extra- und introvertierten Personen, was die Autoren auf die geringe Schwierigkeit der Aufgabe zurückführten.

In einem zweiten Experiment musste eine neue Stichprobe von Versuchspersonen eine visuelle Vigilanzaufgabe bearbeiten, die nun deutlich schwieriger gestaltet wurde als die Aufgabe aus dem ersten Experiment. Hierfür wurde den

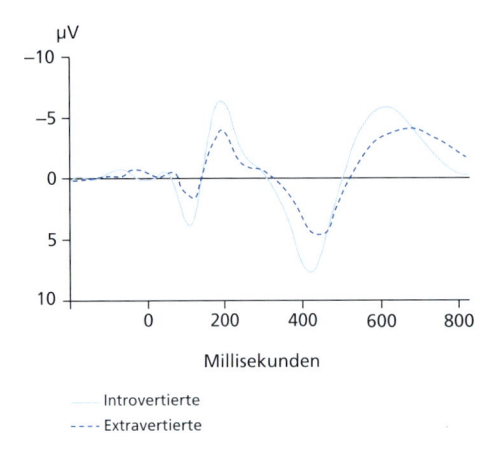

Abb. 8.3: Ereigniskorreliertes Hirnrindenpotential für einen seltenen Reiz in einer auditorischen Vigilanzaufgabe (nach Brocke et al., 1996).

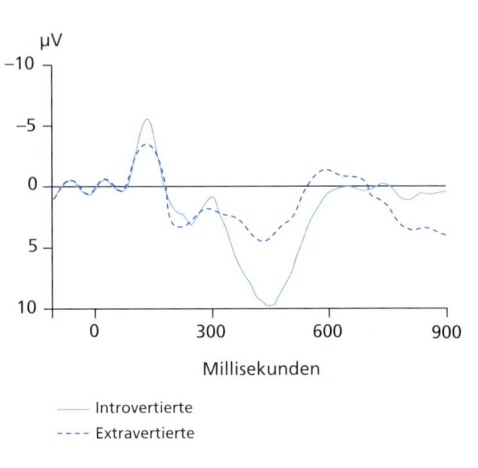

Abb. 8.4: Ereigniskorreliertes Hirnrindenpotential für einen seltenen Reiz in einer visuellen Vigilanzaufgabe (nach Brocke et al., 1996).

Probanden für die Dauer von 32 Minuten alle 1,5 Sekunden ein dunkler oder ein nur geringfügig hellerer Kreis auf einem Computerbildschirm präsentiert, wobei nur 5 % aller Kreise der helleren Kategorie angehörten. Aufgabe der Versuchsperson war es wieder, auf die Darbietung des seltenen Reizes mit einem Tastendruck zu reagieren. Auch hier zeigten die Introvertierten eine intensivere hirnelektrische Reaktion als die Extravertierten (▶ **Abb. 8.4**), was den Befund aus dem ersten Experiment konzeptuell repliziert. Anders als im ersten Experiment zeigte sich nun auch ein Verhaltensunterschied – Extravertierte zeichneten sich durch eine größere Reaktionsbereitschaft aus als Introvertierte.

In einer weiteren Studie erweiterten Brocke, Tasche und Beauducel (1997) das zuvor beschriebene Experiment um weitere Untersuchungsbedingungen, mit denen auch die Effekte einer transmarginalen Hemmung überprüft werden konnten. Die Befunde aus dieser Studie stimmten ebenfalls mit den Vorhersagen aus Eysencks Theorie überein.

Diese wenigen Beispielstudien verdeutlichen nicht nur die methodische Zugangsweise psychophysiologischer Untersuchungen zur Extraversion, sondern auch die Inkonsistenz der Befundlage, wie sie beispielsweise von Matthews und Gilliland (1999) in ihrer umfangreichen Übersichtsarbeit konstatiert worden ist.

Pharmakologische Studien

Ein augenfälliger Mangel an den bislang beschrieben Untersuchungen ist methodischer Art. Die Extraversionstheorie postuliert individuelle Unterschiede des kortikalen Arousals als kausale Ursache für Extraversion. Demzufolge müsste für eine strenge Überprüfung dieser *Kausalhypothese* das kortikale Arousal im Sinne einer unabhängigen Variablen experimentell manipuliert werden, wobei die resultierende Persönlichkeitsveränderung als abhängige Variable zu registrieren wäre. Nur bei einem solchen Versuchsplan kann die Abhängigkeit der Persönlichkeit vom Arousal im Sinne einer echten Dependenz beurteilt werden. Dies ist bei den oben berichteten Studien offensichtlich nicht der Fall, da hier keine experimentelle Manipulation des Arousals erfolgte. Vielmehr wurden in diesen Studien die »natürlichen« Variationen des Arousal, wie sie in den Stichproben auftraten, mit individuellen Unterschieden von E/I in Bezug gesetzt. Eine solche Analyse der Kovariation zwischen Arousal und E/I lässt deshalb nur Interdependenzinterpretationen zu.

Es ist ein hervorstechendes Merkmal des Eysenck'schen Ansatzes, dieses Problem mit dem »*Drogenpostulat*« gelöst zu haben (das Wort Droge bezieht sich hier ganz allgemein auf pharmakologische Substanzen). Dieses Postulat behauptet, dass die Position einer Person auf der E/I-Dimension durch Gabe einer pharmakologischen Substanz zur Erhöhung oder Erniedrigung des kortikalen Arousals kurzzeitig verschoben werden kann. Dabei sollten stimulierende Substanzen wie Koffein oder Amphetamin zu einer Erhöhung des Arousals und somit zu einer Verschiebung in Richtung Introversion führen, während sedierende Substanzen wie Alkohol oder Barbiturate das Arousal verringern und folglich eine Veränderung in Richtung Extraversion bewirken müssten. Diese Effekte sollten selbstredend weniger für die subjektiven Reaktionen auf Fragebogenitems gelten, als vielmehr für jene Prozesse, in denen sich Introvertierte und Extravertierte unterscheiden müssten. Beispielsweise sollte ein Beruhigungsmittel einer festen Dosis bei Extravertierten (die ja bereits ein chronisch geringes Arousal aufweisen) eine größere Leistungsminderung zur Folge haben als bei Introvertierten, was sich entsprechend auf die sensorische Wahrnehmungsschwellen oder auf die Resultate in Lern- und Aufmerksamkeitsaufgaben auswirken müsste.

Diese Vorhersage wurde beispielsweise in einer umfangreichen Studie von Rammsayer (1995) überprüft. Den Versuchspersonen wurden zunächst entweder 0,65 g Alkohol/kg Körpergewicht verabreicht oder aber ein Placebo. Anschließend durchliefen sie vier experimentelle Aufgaben. In einer *Zeitdiskriminierungsaufgabe* wurden den Probanden in mehreren Versuchsdurchgängen jeweils zwei Töne unterschiedlicher Länge präsentiert, wobei die Versuchsperson durch Tastendruck angeben musste, welcher der beiden Töne kurz bzw. lang war. Dabei dauerte einer der Töne stets 50 ms und der andere war im ersten Versuchsdurchgang 98 ms lang. Dieser längere Ton wurde aber im Verlauf der Untersuchung sukzessive immer kürzer; die Untersuchung war beendet, sobald die Versuchsperson die Aufgabe nur noch mit einer Trefferrate von ca. 70 % lösen konnte. Als abhängige Variable wurde die Zeitdifferenz beider Töne am Ende der Aufgabe bestimmt (eine bessere Diskriminationsleistung des Probanden spiegelt sich hier in einer kürzeren Zeitdifferenz wider). In einer *Zeitschätzaufgabe* wurde die Versuchsperson aufgefordert, nach Gefühl im Sekundentakt auf eine Taste zu drücken. Dabei wurde für 30s die Anzahl der tatsächlich gemachten Tastendrücke registriert. In einer *Reaktionszeitaufgabe* saßen die Versuchspersonen vor sechs Lampen, die in einem Halbkreis angeordnet waren. Unmittelbar vor jeder Lampe befand sich eine Taste. Sobald eine der Lampen aufleuchtete, musste die Versuchsperson möglichst schnell die entsprechende Taste drücken, wobei ihre Reaktionszeit registriert wurde. Schließlich wurde bei den Versuchspersonen noch die *Flimmerverschmelzungsfrequenz* bestimmt. Eine statistische Analyse der Daten zeigte auf, dass die Gabe von Alkohol – entgegengesetzt zu den Vorhersagen aus dem Drogenpostulat – bei Extravertierten dieselbe Auswirkung auf fast alle Testleistungen hatte wie bei Introvertierten. Lediglich in der Zeitschätzaufgabe zeigte sich eine Interaktion zwischen Alkoholgabe und E/I: Während sich in der Placebobedingung die Extravertierten nicht signifikant von den Introvertierten unterschieden, verschätzten sich die Introvertierten in der Alkoholbedingung signifikant stärker als die Extravertierten. Dies entspricht allerdings nicht den Vorhersagen des Drogenpostulats, da Alkohol bei Extravertierten eine stärker sedierende Wirkung haben müsste und sich deshalb bei ihnen die Leistung deutlicher verschlechtern sollte als bei Introvertierten.

In einer psychophysiologischen Studie von Werre et al. (2001) wurden die Effekte von Koffein und Chlordiazepoxid (ein zur Gruppe der Benzodiazepine gehörendes Beruhigungsmittel) auf das ereigniskorrelierte Hirnrindenpotential in einer Reaktionszeitaufgabe untersucht. Auch diese Autoren konnten keinen Befund erbringen, der mit den Vorhersagen des Drogenpostulats vereinbar ist. Zusammenfassend bieten diese neueren Studien nur einen schwachen Beleg für die Gültigkeit des Drogenpostulats. Dies mag erstaunen, da Eysenck selbst nach einer neueren Übersicht über die empirische Befundlage zu einer durchaus positiven Bewertung des Drogenpostulats kam (Eysenck,

1994). Allerdings beklagte Eysenck dabei selbst, dass dieses Postulat in neuerer Zeit kaum noch empirisch untersucht werde.

8.1.2 Biologische Basis von Neurotizismus und Psychotizismus

Während Eysencks Extraversionstheorie recht prägnant formuliert wurde und konkrete Vorhersagen über Verhalten und Physiologie macht, ist seine Neurotizismustheorie weniger präzise ausgearbeitet und erlaubt auch nur eine schwächere empirische Überprüfung. Mit Blick auf den Psychotizismus wurde von Eysenck überhaupt keine Theorie vorgelegt – hier gibt es lediglich einen Ansatz zur Theorienentwicklung. Da zudem die Befundlage zu N und P entsprechend lückenhaft ist, werden die biologischen Erklärungsansätze zu diesen beiden Eigenschaften in einem einzigen Abschnitt zusammengefasst.

Biologische Basis des Neurotizismus

Der Begriff des »*limbischen Systems*« wurde von Paul MacLean (1952) in die Literatur eingeführt und verweist auf ein Netzwerk von subkortikalen und kortikalen Strukturen, das eine neurale Basis für Emotionen sein soll. Dieses System besteht erstens aus dem Mandelkerngebiet (welches bei der Nahrungssuche und -aufnahme sowie aggressivem und defensivem Verhalten eine Rolle spielt), zweitens aus dem Septalgebiet (das für sexuelle Aktivitäten von Bedeutung ist) und drittens aus einem thalamo-zingulären Subsystem (welches dem elterlichen Fürsorgeverhalten zugrunde liegt). Auch wenn im Laufe der Jahre immer weitere Strukturen diesem System zugeordnet wurden (wie z. B. der orbitofrontale Kortex) und nicht bei allen Autoren Einigkeit über die genauen anatomischen Definitionen dieses Systems besteht, so hat sich doch das Konzept eines solchen neuralen Netzwerks als Substrat für emotionale Prozesse bewährt (für eine finale Darstellung des Originalkonzepts des limbischen Systems s. MacLean, 1993; für moderne Weiterentwicklungen s. Rolls, 1999).

Individuelle Unterschiede in der Erregbarkeit des limbischen Systems stellen nach Eysenck (1967; Eysenck & Eysenck, 1985) die biologische Basis des Neurotizismus (N) dar. Dabei sollen emotional Labile durch eine hohe Reagibilität des limbischen Systems gekennzeichnet sein, während emotional Stabile eine nur geringe Reagibilität des Systems aufweisen. Wird nach dieser Hypothese eine Person mit hoher Ausprägung von N einer emotionsauslösenden Situation ausgesetzt (wie z. B. einer mündlichen Prüfung), so führt die postulierte niedrige Erregungsschwelle des limbischen Systems dieser Person dazu, dass die entsprechende emotionale Reaktion (z. B. Prüfungsangst) früher einsetzt, stärker ausfällt und länger anhält, als dies bei einer Person mit niedrig ausgeprägtem N der Fall wäre. Von besonderer Bedeutung hierbei ist, dass sich diese emotionalen Reaktionen nach Eysencks Vorstellungen vor allem auch in einer erhöhten Aktivität des autonomen Nervensystems äußern, wie sie z. B. durch ein vermehrtes Herzklopfen und Schwitzen der emotional labilen Person angezeigt werden. Aus diesem Grunde wurde die Erregung im limbischen System von Eysenck auch als »Aktivation« (engl. »activation) bezeichnet (in Abgrenzung zum kortikalen Arousal als physiologischem Korrelat von I/E).

Die empirische Überprüfung dieser Neurotizismushypothese erfolgte im Wesentlichen unter Einsatz psychophysiologischer Methoden, wie sie bereits im Abschnitt zur Extraversionsforschung exemplarisch angesprochen wurden. In der typischen psychophysiologischen Studie wurden die Probanden emotional stimuliert, und die autonome Reaktion auf diese Stimulation wurde anhand von EEG, EMG, EKG und EDA registriert. So mussten beispielsweise die Versuchspersonen in einer klassischen Studie von Fahrenberg et al. (1979) eine Reihe von stressreichen Situationen durchlaufen.

In einer Untersuchungsbedingung sollten die Versuchspersonen eine Kopfrechenaufgabe lösen, während sie lautem Lärm ausgesetzt waren. Hierfür wurde den Probanden auf einer Leinwand eine Reihe von ein- und zweistelligen Zahlen präsentiert, die sie zu addieren hatten. Während dieser Kettenaddition wurde Lärm unterschiedlicher Quellen dargeboten (z. B. Straßenlärm, Fußballstadion, Fliegerangriff). In einer anderen Untersuchungsbedingung wurden die Probanden aufgefordert, in freier Rede über emotional erregende Situationen zu sprechen. So wurde ihnen beispielsweise ein Bild mit erotisch-sexuellem Inhalt präsentiert, und die Probanden sollten schildern, wie sie körperlich und gefühlsmäßig auf sexuelle Reize reagieren. In einer weiteren Untersuchungsbedingung wurde den Probanden nach einer entsprechenden Ankündigung Blut abgenommen. Während all dieser emotionsauslösenden Situationen wurde eine Vielzahl physiologischer Variablen wie EKG, EEG, EMG, EDA, Atmung und Hauttemperatur erhoben.

Eine äußerst differenzierte Analyse der Daten erbrachte zwei wesentliche Befunde. Erstens zeigte sich kein konsistentes autonomes Reaktionsmuster über die verschiedenen emotionsauslösenden Situationen und physiologischen Variablen hinweg, mit anderen Worten: Bei einigen Probanden lösten einige Situationen deutliche Reaktionen in einigen der Variablen aus, bei anderen Probanden waren es hingegen andere Situationen oder andere Variablen, bei denen eine Reaktion beobachtet werden konnte. Mit Blick auf Eysencks Neurotizismustheorie widerspricht dieser erste Befund der Annahme, dass es ein einheitliches Konstrukt »*Aktivation*« überhaupt gibt. Als zweites wichtiges Ergebnis aus dieser Studie bleibt festzuhalten, dass keine signifikanten Zusammenhänge zwischen den physiologischen Reaktionsvariablen und N auftraten. Dies widerspricht natürlich Eysencks Theorie, die hier einen positiven Zusammenhang vorhersagt. Diese wesentlichen Befunde konnten schließlich in einer umfassenden Studie von Myrtek (1980) repliziert und erweitert werden.

Diese Studie mag als Beispiel für einen Forschungsansatz genügen, der insgesamt eher enttäuschende Resultate erbrachte. In seiner letzten Übersichtsarbeit räumte Eysenck (1994) dann auch ein, dass die empirische Überprüfung seiner Neurotizismustheorie zu keinem schlüssigen Ergebnis geführt habe. Er forderte deshalb eine neue, differenziertere Theorie des Neurotizismus – freilich ohne eine solche Theorie noch selbst vorgelegt zu haben.

Biologische Basis des Psychotizismus

Unter Psychotizismus verstehen Eysenck und Eysenck (1976) eine kontinuierliche Dispositionsvariable, die einem möglichen psychotischen Zusammenbruch zugrunde liegt. Dabei vertreten sie eine »*Kontinuitätshypothese*«, d. h., sie nehmen an, dass der Übergang von einer normalen Persönlichkeit mit niedriger Ausprägung von P (die sich durch altruistisches, prosoziales und konventionelles Verhalten auszeichnet) zu einer psychotisch gestörten Person mit hoher Ausprägung von P (gekennzeichnet meist durch eine schizophrene Störung) fließend erfolgt. Dabei erhöht sich die Wahrscheinlichkeit dafür, dass es bei einer Person zu einem psychotischen Zusammenbruch kommt, mit zunehmender Ausprägung von P. Psychotizismus wird hier also als Diathese (eine bestimmte krankhafte Neigung des Organismus) aufgefasst, die unter Stress zu einem Ausbruch der Erkrankung führen kann (weshalb hier auch von einem »*Diathese-Stress-Modell*« des Psychotizimus gesprochen wird).

Diese Kontinuitätshypothese hat direkte Konsequenzen für die Ableitung von Hypothesen über die biologische Grundlage des Psychotizimus. Da Psychotiker und im Besonderen Schizophrene hier nur als eine Extremvariante des Psychotizismus aufgefasst werden, sollten nach Eysenck die biologischen Unterschiede zwischen schizophrenen und gesunden Personen auch die biologische Basis des Psychotizismus darstellen. Mit anderen Worten: Ist die biologische Ursache der Schizophrenie identifiziert, so ist damit auch die Basis des Psychotizismus gefunden.

So einfach diese Überlegung zunächst anmutet, so kompliziert wird dieser Erklärungsversuch durch die Tatsache, dass es für Psychosen nicht nur ein einziges biologisches Erklärungsmodell gibt. Vielmehr unterscheiden sich Psychotiker von normalen Personen in einer Vielzahl biologischer Systemparameter, die von sensorischer Sensitivität über psychophysiologische Reaktionen und der Lateralisierung der Großhirnhemisphären bis hin zu Hormonen, Antigenen, Monoaminen, Enzymen und Neurotransmittern reichen (für eine ausführlichere Darstellung s. Eysenck, 1994). Diese unterschiedlichsten biologischen Faktoren konnten bislang in keinem umfassenden Modell der Schizophrenie zusammengeführt werden. Dementsprechend gibt es auch bis heute keine einheitliche Hypothese zur biologischen Grundlage des Psychotizimus.

8.1.3 Abschließende Erörterung

Eine zusammenfassende Würdigung der persönlichkeitstheoretischen Vorstellungen von Eysenck in großen Zügen verbietet sich. Zu unterschiedlich stellt sich die Präzision von Hypothesen einerseits und die Inkonsistenz der Befundlage andererseits dar. Besonders die Theorie zur Extraversion/Introversion hat sich dabei als außerordentlich fruchtbar erwiesen und Anlass zu einer Fülle von Untersuchungen gegeben, die von hochspeziellen experimentellen Aufgaben über Kurz- und Langzeitgedächtnis zu sozialen und politischen Einstellungen bis hin zu pharmakologischer und psychotherapeutischer Reagibilität reichen (für eine entsprechende Übersicht s. Nyborg, 1997). Nicht einmal annäherungsweise, sondern nur exemplarisch, konnte in diesem Abschnitt das erarbeitete Material umrissen werden. Für eine umfassendere Stichprobe aus der Masse dieser Einzelstudien sei auf das Buch von Eysenck und Eysenck (1985) verwiesen.

Eysencks Persönlichkeitstheorien entfalteten eine enorme Strahlkraft und stimulierten weltweit Forschungsaktivitäten in zahlreichen Laboren. Diese Forschung führte allerdings zu einer Befundlage, die als äußerst inkonsistent bezeichnet werden muss – für jeden Befund, der die Theorie zu stützen scheint, lässt sich leicht ein Gegenbefund zulasten der Theorie aufführen. Diese Situation wurde von Eysenck (1994) mit einem Glas verglichen, das halb voll beziehungsweise halb leer ist, wobei er die Negativbefunde pauschal auf Mängel in den verwendeten Forschungsparadigmen zurückführte (wie z. B. auf Operationalisierungsprobleme bei den unabhängigen und abhängigen Variablen in den entsprechenden Experimenten). Über diese Inkonsistenz der Datenlage hinaus müssen allerdings auch zwei konzeptuelle Probleme der Eysenck'schen Theorie benannt werden.

Das erste Problem betrifft die *Unabhängigkeit* der beiden Dimensionen E und N. Da das limbische System eine der wichtigsten Regionen darstellt, von denen aus die retikuläre Formation ihren neuralen Input erhält, führt eine Aktivität im limbischen System zwangsläufig zu einer Aktivierung der retikulären Formation. Deshalb müsste eigentlich eine negative Korrelation zwischen N und E auftreten. Interessanterweise wurde ein solcher negativer Zusammenhang von N und E beobachtet, als diese Dimensionen noch mit dem »Maudsley Personality Inventory« (MPI; Eysenck, 1956) gemessen wurden (vgl. Abschn. 7.3.2). Erst mit der Neuentwicklung des »Eysenck Personality Inventory« (EPI; Eysenck & Eysenck, 1969) wurde dann von Eysenck eine Orthogonalität beider Dimensionen angestrebt – was angesichts der anatomisch-physiologischen Verflechtung von limbischem System und retikulärer Formation geradezu unverständlich ist.

Ein weiteres Problem stellt die *Eindimensionalität* der Arousal-Theorie dar, in der von einem einheitlichen System zur Regulierung des kortikalen Erregungsniveaus ausgegangen wird. Tatsächlich wurde früher angenommen, dass das Arousal durch ein diffuses Netzwerk aufsteigender Nervenbahnen gesteuert wird, die ihren Ursprung im Hirnstamm haben (dem ARAS). Heute ist hingegen bekannt, dass sich in der retikulären Formation verschiedene Subsysteme unterscheiden lassen, die sehr spezifisch sind sowohl hinsichtlich ihrer Neurochemie als auch mit Blick auf die anatomischen Zielregionen ihrer aufsteigenden Projektionen. So ist mittlerweile eine Differenzierung zwischen den noradrenergen, dopaminergen, cholinergen und serotonergen Systemen geläufig, wobei keinesfalls davon ausgegangen werden kann, dass alle Systeme im gleichen Umfang dem E/I-Kontinuum zugrunde liegen (tatsächlich verweisen einige Befunde darauf, dass hier die dopaminergen Systeme eine Schlüsselrolle haben könnten; für eine entsprechende Übersicht s. Rammsayer, 2003). Umgekehrt könnte sich auch das Extraversionskonstrukt als zu »breit« erweisen, um einem einzelnen Transmittersystem zugeordnet werden zu können (Abschn. 8.3 wird eine entsprechende Alternativtheorie der Persönlichkeit vorstellen). An dieser Stelle bleibt festzuhalten, dass die neurale Eindimensionalität der Eysenck'schen Extraversionstheorie bei heutigem Kenntnisstand als grobe Vereinfachung angesehen werden muss.

Angesichts der konzeptuellen Probleme der Theorie sowie der Inkonsistenz der Befundlage kann es nicht verwundern, dass Alternativen zur Eysenck'schen Persönlichkeitstheorie formuliert wurden. Diese Alternativen müssen sich allerdings in ihrer Präzision an Eysencks Formulierungen messen lassen. Darüber hinaus wird die folgende Darstellung der empirischen Forschung verdeutlichen, dass besonders auch die Paradigmen zur experimentellen Überprüfung dieser Theorien stark von der biologischen Extraversionsforschung beeinflusst wurden.

Zusammenfassung von Kapitel 8.1

Nach Eysenck sind Unterschiede in Extraversion auf Unterschiede in der tonischen Aktivität und der phasischen Aktivierbarkeit des aufsteigenden retikulären Aktivierungssystems (ARAS) zurückzuführen. Extravertierte Verhaltensweisen werden durch ein hypoaktives bzw. hyposensitives ARAS und introvertierte Verhaltensweisen durch ein hyperaktives bzw. hypersensitives ARAS hervorgerufen. Entsprechend fühlen sich Extravertierte bei einem mittleren Stimulationsgrad, Introvertierte bei einem niedrigen Stimulationsgrad wohl (hedonischer Tonus). In vielen Untersuchungen, zum Beispiel zur Lärmempfindlichkeit, zur Flimmerverschmelzungsfrequenz, zur Aufmerksamkeit und zur Vigilanz wurde die Theorie überprüft. Es wurden teils bestätigende, teils der Theorie widersprechende Befunde erzielt. Psychophysiologische Studien verwendeten das Elektroenzephalogramm (EEG) zur Untersuchung der ARAS-abhängigen Frequenz des EEGs oder des ereigniskorrelierten Hirnrindenpotentials. Das in der Theorie postulierte Hypoarousal der Extravertierten ließ sich in der Mehrzahl der Studien tatsächlich zeigen. Pharmakologische Studien versuchten, durch die Gabe von Medikamenten die Aktivität des ARAS-Systems direkt zu beeinflussen (Drogenpostulat). Während ältere Studien mit dem Drogenpostulat im Einklang stehen, trifft das bei neueren Studien nicht mehr uneingeschränkt zu.

Als biologische Basis des Neurotizismus postulierte Eysenck interindividuelle Unterschiede in der Erregbarkeit des »limbischen Systems«. Emotional labile Personen sollten durch eine niedrige Schwelle und hohe Sensitivität des limbischen Systems gekennzeichnet sein; für emotional stabile Personen sollte das Umgekehrte gelten. Die Aktivität des limbischen Systems sollte in Parametern der autonomen Aktivierung erkennbar sein. Die unergiebige Befundlage spricht dafür, dass die Eysencksche Theorie des Neurotizismus unzutreffend ist. Für den Bereich des Psychotizismus gibt es bis heute keine einheitliche Hypothese zu seiner biologischen Grundlage.

Die biologische Persönlichkeitstheorie von Eysenck hat sich als produktiv und äußerst anregend erwiesen. Gleichzeitig zeigten sich auch neben die Theorie stützenden Befunden solche, die der Theorie widersprachen. Zwei Probleme der Theorie sind deutlich: zum einen die Annahme der Unabhängigkeit der Dimensionen Extraversion und Neurotizismus und zum anderen die angenommene Eindimensionalität von Aktivierungsprozessen. Beide Annahmen sind nicht haltbar.

8.2 Die BIS/BAS-Theorie der Persönlichkeit von Gray

Obwohl Eysencks Theorie die empirische Forschung zu den biologischen Grundlagen der Persönlichkeit über Jahrzehnte dominiert hat, entwickelten sich ab den 1970er Jahren wichtige Alternativen bzw. konkurrierende Modellvorstellungen. Ein besonders wichtiger Vertreter ist hier der englische Psychologe Jeffrey A. Gray (1934–2004), der nicht nur in der von Eysenck geleiteten psychologischen Abteilung des Londoner Instituts für Psychiatrie promovierte, sondern nach Eysencks Emeritierung auch dessen Lehrstuhl übernommen hatte.

Insofern kann es nicht überraschen, dass die von Gray entwickelte Theorie gewisse Gemeinsamkeiten mit Eysencks Vorstellungen zur biologischen Basis der Persönlichkeit aufweist (Gray, 1970, 1981). So hielt Gray im Wesentlichen den von Eysenck vorgeschlagenen dreidimensionalen Faktorraum zur Beschreibung der Persönlichkeit für korrekt, wobei er allerdings eine andere Rotation der Faktoren vorschlug, um eine bessere Passung mit den postulierten biologischen Ursachen zu erzielen. Genau wie Eysenck nahm Gray dabei an, dass Persönlichkeitsunterschiede auf individuelle Unterschiede in abgrenzbaren Hirnsystemen zurückgeführt werden können. Anders als Eysenck postulierte Gray, dass sich diese Systeme durch eine unterschiedliche Sensitivität für Hinweisreize auf Belohnung und Bestrafung auszeichnen. Deshalb wurde diese Theorie von Gray auch als »Verstärkersensitivitätstheorie« (»Reinforcement Sensitivity Theory«, RST) bezeichnet. Im Folgenden wird ein Abriss dieser Theorie gegeben, so wie sie von Gray vor über 30 Jahren entwickelt und seitdem in zahlreichen experimentellen Studien überprüft wurde. Abschließend wird die neueste Revision dieser Theorie vorgestellt.

8.2.1 Impulsivität und Ängstlichkeit

In Übereinstimmung mit Eysenck akzeptierte Gray (1981), dass sich die Persönlichkeit grundsätzlich durch drei Dimensionen gut beschreiben lässt. Allerdings kritisierte Gray am Eysenck'schen PEN-System, dass die Faktorenanalyse keine Methode sei, die eine Aufdeckung der kausalen (biologischen) Ursachen für individuelle Unterschiede in diesen Faktoren ermöglicht. Dies liegt vor allen Dingen daran, dass unterschiedliche Rotationen derselben Faktoren immer gleich viel Varianz aufklären – aus diesem Grund kann allein mit den Mitteln der Faktorenanalyse nicht entschieden werden, welche alternativen Rotationen die biologische Basis der Persönlichkeit besser reflektieren. Hierfür müssen weitere, nichtstatistische Argumente herangezogen werden. So verwies Gray auf die Effekte von anxiolytischen (angstlösenden) Substanzen (wie Alkohol, Barbituraten und Benzodiazepinen) auf die Persönlichkeit, die vermuten lassen, dass die von Eysenck beschriebenen Faktoren in keiner einfachen Übereinstimmung mit ihren zugrunde liegenden biologischen Mechanismen stehen. Beispielsweise reduzieren Anxiolytika nicht nur die Neurotizismuswerte von Probanden, sondern erhöhen gleichzeitig auch deren Extraversionswerte. Dies kann als Hinweis dafür gewertet werden, dass diesen beiden Dimensionen ein gemeinsamer biologischer Mechanismus zugrunde liegt – ganz im Gegensatz zu Eysencks Theorie, die ja eine relative Unabhängigkeit dieser Prozesse postuliert.

Um dieses Problem auszuräumen, schlug Gray als eine Modifikation von Eysencks dreidimensionalem Persönlichkeitsraum zwei alternative Dimensionen vor, nämlich »Ängstlichkeit« (»anxiety«) und »Impulsivität« (»impulsivity«) (Gray, 1970, 1981). Diese beiden Faktoren weisen bestimmte Beziehungen zur Extraversion-Introversion und zum Neurotizismus auf und lassen sich deshalb in einer zweidimensionalen Ebene des Eysenck'schen Persönlichkeitsraums, die durch die beiden Faktoren Extraversion-Introversion und Neurotizismus aufgespannt wird, als Rotationen von E/I und N darstellen (▶ **Abb. 8.5**). Bereits Eysenck (1965) hatte berichtet, dass Ängstlichkeit eine positive Korrelation mit N und eine negative Korrelation mit E/I aufweist, wobei der Zusammenhang mit N etwas stärker ist als der Zusammenhang mit E/I. Deshalb schlug Gray (1970) vor, dass die Ängstlichkeitsdimension zwischen Neurotizismus und Introversion verlaufen müsse, aber etwas näher beim Neurotizismus lokalisiert sein sollte. Dementsprechend resultiert eine Dimension für Ängstlichkeit durch eine 30°-Rotation des Neurotizismus in Richtung des unteren Endes der Extraversion (also in Richtung der Introversion). Darüber hinaus postulierte Gray (1981) die Impulsivitätsdimension als orthogonal zur Ängstlichkeit. Deshalb ergibt sich in der durch E/I und N aufgespannten Ebene eine Dimension für Impulsivität durch eine 30°-Rotation der Extraversion in Richtung des oberen Endes des Neurotizismus. Schließlich wurde der Persönlichkeitsfaktor *Psychotizismus* von Gray unverändert aus dem PEN-System übernommen, spielt aber in Grays Persönlichkeitstheorie nur eine untergeordnete Rolle.

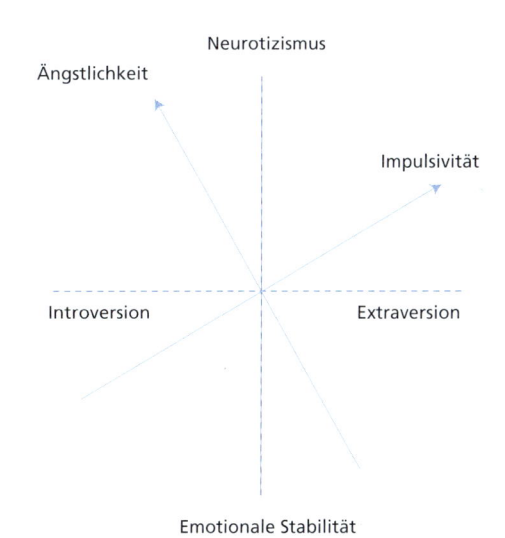

Abb. 8.5: Grafische Darstellung der Beziehung zwischen den beiden Persönlichkeitssystemen Extraversion-Neurotizismus (nach Eysenck) und Ängstlichkeit-Impulsivität (nach Gray). Die beiden Systeme sind um 30° gegeneinander rotiert (nach Pickering et al., 1999).

Impulsive Personen lassen sich also als emotional labile Extravertierte beschreiben, wobei bei diesen Individuen die Extraversion deutlicher ausgeprägt ist als der Neurotizismus (E++/N+). Ängstliche Personen können hingegen als emotional labile Introvertierte charakterisiert werden, wobei diese Individuen eine deutlichere Ausprägung des Neurotizismus aufweisen als der Introversion (E−/N++).

8.2.2 Drei fundamentale Hirnsysteme für Belohnung und Bestrafung

Was veranlasste Gray, Ängstlichkeit und Impulsivität als die eigentlich biologisch fundierten Persönlichkeitsfaktoren anzusehen? Wie bereits im vorhergehenden Abschnitt ausgeführt, kann mit den Mitteln der Faktorenanalyse nicht entschieden werden, welche alternativen Rotationen eine optimale »Passung« mit der biologischen Basis der Persönlichkeit aufweisen (Gray, 1981). Hierfür müssen weitere, theoretische oder empirische Argumente herangezogen werden.

Solche Argumente glaubte Gray aufgrund tierexperimenteller Studien beibringen zu können (Gray, 1970, 1981, 1982). Auf der Basis einer Vielzahl von pharmakologischen Studien sowie Läsionsuntersuchungen an Ratten postulierte Gray drei fundamentale und voneinander abgrenzbare Hirnsysteme für die Verarbeitung von Belohnungs- und Bestrafungsreizen. Diese in Tierstudien identifizierten Systeme sollen auch im Gehirn des Menschen operieren und den drei Dimensionen Ängstlichkeit, Impulsivität und Psychotizismus jeweils zugrunde liegen.

Diese Gehirnsysteme lassen sich zunächst danach unterscheiden, auf welche Art von Reizen sie reagieren und welche Reaktionen sie hervorbringen. Darüber hinaus sind diese Gehirnsysteme durch eine abgrenzbare Neuroanatomie gekennzeichnet (für neuere Übersichten s. Gray & McNaughton, 1996; Pickering et al., 1997).

Das »Behavioral Inhibition System«

Zunächst postulierte Gray (1970) ein »Verhaltenshemmsystem« (»Behavioral Inhibition System«, BIS), das auf konditionierte Reize für Bestrafung und frustrierende Nichtbelohnung reagiert. Dieses System wird also aktiviert, falls Umgebungsreize eine Bestrafung signalisieren oder das Ausbleiben bzw. den Abbruch einer Belohnung ankündigen. Weiter kann das BIS auch durch die ausgeprägte Neuheit eines Reizes aktiviert werden.

Infolge einer Aktivierung des BIS kommt es zu einer Verhaltenshemmung, d. h., das gerade ausgeführte Verhalten wird unterbrochen. Darüber hinaus führt eine Aktivierung des BIS zu einer erhöhten (autonomen) Erregung, die der Vorbereitung bzw. Energetisierung jenes Verhaltens dient, welches als Reaktion auf den auslösenden Reiz stattfinden soll. Außerdem ruft die Aktivierung des BIS eine verstärkte Aufmerksamkeitszuwendung auf die Umgebung und hier besonders auf bedrohende oder neue Reize hervor. Schließlich führt eine Aktivierung des BIS zu einem Gefühl der Angst. All diese Reaktionen können durch die Gabe von Anxiolytika gedämpft werden, weshalb Gray das BIS zunächst pharmakologisch definiert hatte.

Als neuroanatomische Grundlage des BIS wird ein weit verzweigtes Hirnsystem angenommen, in dessen Zentrum sich das septohippocampale System befindet (ein neurales Netzwerk aus der Hippocampusformation und Septalkernen). Dieses System wird ergänzt durch Elemente des Papez-Kreises (besonders des zingulären Kortex), durch Verbindungen zum präfrontalen Kortex sowie durch aufsteigende monoaminerge Fasern, die das septo-hippocampale System innervieren (hierzu zählen noradrenerge Projektionen aus dem Locus coeruleus sowie serotonerge Projektionen aus dem Raphekern).

Das »Behavioral Approach System«

Darüber hinaus postulierte Gray (1981) ein »Verhaltensannäherungssystem« (»Behavioral Approach System«, BAS), das synonym auch als »Verhaltensaktivierungssystem« (»Behavioral Activation System«, BAS) bezeichnet wird. Dieses System reagiert auf konditionierte Reize für Belohnung und Nichtbestrafung. Es wird also aktiviert, falls Umgebungsreize eine Belohnung ankündigen oder das Ausbleiben bzw. den Abbruch einer Bestrafung signalisieren (in lernpsychologischer Terminologie handelt es sich dabei also um Hinweisreize für eine positive oder negative Verstärkung).

Eine Aktivierung des BAS führt zu einer Verhaltensaktivierung, wobei Annäherungsverhalten das wohl typischste Verhalten darstellt. Dabei umfasst Annäherungsverhalten nicht nur eine einfache Zielannäherung (im Falle einer Belohnung), sondern auch aktive Vermeidung im Sinne einer Annäherung an Sicherheit (im Falle einer Nichtbestrafung). Diese Verhaltensmobilisierung wird durch eine erhöhte (autonome) Erregung unterstützt bzw. energetisiert. Zusätzlich führt eine Aktivierung des BAS zu einem Gefühl von positiven, erhebenden Emotionen wie beispielsweise Hoffnung, Erleichterung, Glück oder einem »High« wie beim Konsum stimulierender Drogen.

Die neurale Basis des BAS besteht nach Gray im Wesentlichen aus Teilen der Basalganglien (besonders dem dorsalen und ventralen Striatum und hier wieder besonders dem Nucleus accumbens). Dieses System wird ergänzt durch Verbindungen zum präfrontalen Kortex. Darüber hinaus zählen besonders auch die aufsteigenden dopaminergen Projektionen, die in den Basalganglien enden, zur anatomischen Basis des BAS (namentlich das nigrostriatale und das mesolimbische System).

Das »Fight-Flight System«

Als drittes System nahm Gray (1981) schließlich ein »Kampf-Flucht-System« (»Fight-Flight System«, FFS) an, das neuerdings auch als »Kampf-Flucht-Erstarrungs-System« (»Fight-Flight-Freezing System«, FFFS) bezeichnet wird und in Grays Theorie am wenigsten ausgearbeitet vorliegt. Dieses System reagiert auf primäre (unkonditionierte) Reize für Bestrafung und Nichtbelohnung, also auf Reize, die eine existentielle Bedrohung darstellen. Eine Aktivierung des FFS führt zu einer Kampfhandlung (falls die Distanz zur Bedrohung sehr gering ist) oder zu einer Erstarrungs- oder Fluchtreaktion (bei größerer Distanz zur Bedrohung). Auch diese Reaktionen werden durch eine erhöhte (autonome) Erregung unterstützt. Dabei führt eine Aktivierung des FFS zu einem Erleben von Panik. Interessanterweise können diese Reaktionen durch Anxiolytika nicht gedämpft werden. Als neurale Basis wurden von Gray das zentrale Höhlengrau sowie der mediale Hypothalamus angegeben.

8.2.3 Individuelle Unterschiede in den Funktionen des BIS, BAS und FFS

Zusammenfassend dient das BIS also der Organisation von Reaktionen auf konditionierte Bestrafungsreize, das BAS koordiniert Reaktionen auf konditionierte Belohnungsreize, und das FFS generiert die Reaktionen auf eine primäre Bedrohung. Dabei vermitteln besonders das BIS eine »Stop«-Funktion und das BAS eine »Go«-Funktion für die Verhaltensregulierung. Aber wo bleibt hier die Persönlichkeit? Als Antwort auf diese Frage postuliert Gray (1981), dass die von ihm vorgeschlagenen Persönlichkeitsdimensionen Ängstlichkeit bzw. Impulsivität durch individuelle Unterschiede in der Sensitivität des BIS bzw. BAS für ihre jeweiligen aktivierenden Reize bedingt werden (mit einem geringeren Bestimmtheitsgrad wird dies von Gray auch für den Psychotizismus und das FFS angenommen).

Abbildung 8.6 verdeutlicht die wesentlichen Annahmen. Ängstliche Personen (also emotional labile Introvertierte) zeichnen sich durch eine hohe Sensitivität für Bestrafung aus, während wenig ängstliche Personen (emotional stabile Extravertierte) durch eine geringe Sensitivität für Bestrafung gekennzeichnet sind. Dabei unterscheiden sich hoch und niedrig ängstliche Personen hingegen nicht in ihrer Sensitivität für Belohnung. Diese individuellen Unterschiede in der *Ängstlichkeit* sollen schließlich durch interindividuelle Variationen in der funktionellen Kapazität des BIS bedingt sein (hoch ängstliche Personen haben ein reagibleres BIS als niedrig ängstliche Personen).

Umgekehrt sind impulsive Individuen (also emotional labile Extravertierte) durch eine hohe Sensitivität für Belohnung charakterisiert, während sich wenig impulsive Personen (emotional stabile Introvertierte) durch eine geringe Sensitivität für Belohnung auszeichnen. Dabei ist die individuelle Ausprägung der Impulsivität unabhängig von der Bestrafungssensitivität. Diese interindividuellen Unterschiede in der *Impulsivität* werden von Gray durch interindividuelle Variationen in der funktionellen Kapazität des BAS erklärt (hoch impulsive Personen haben ein reagibleres BAS als niedrig impulsive Personen).

Nachdem Gray drei grundlegende Hirnsysteme für die Verarbeitung belohnender und bestrafender Reize angenommen hat, wäre es naheliegend, auch für das FFS eine fundamentale Persönlichkeitsdimension anzunehmen, die durch individuelle Unter-

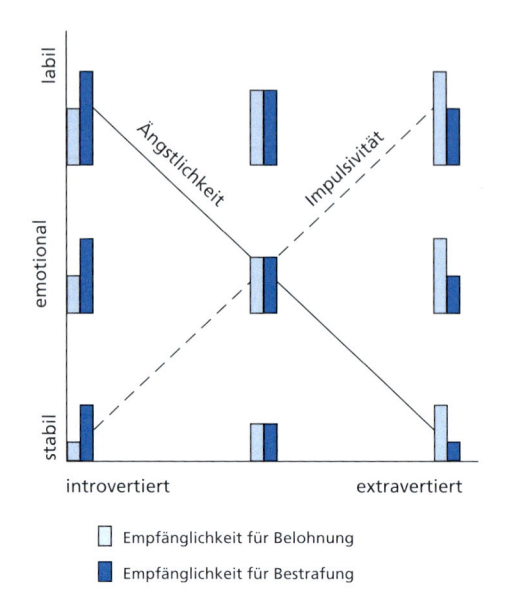

Abb. 8.6: Vereinfachte grafische Darstellung der Reinforcement Sensitivity Theory, in der die beiden grundlegenden Persönlichkeitsdimensionen (Ängstlichkeit und Impulsivität) als 45°-Rotationen der Eysenck'schen Persönlichkeitsdimensionen (Extraversion und Neurotizismus) dargestellt sind (nach Pickering et al., 1999).

schiede im FFS bedingt wird. Dementsprechend vermutete Gray, dass die biologische Basis des *Psychotizismus* im FFS zu suchen sei (Pickering et al., 1997).

Bezogen auf die beiden wichtigeren Hirnsysteme, nämlich BIS und BAS, sieht Gray die beiden Persönlichkeitsdimensionen E/I und N als nicht basal im biologischen Sinne an, sondern lediglich als abgeleitete Eigenschaften. So erscheinen Personen, in denen das BIS einen größeren Effekt auf das Verhalten ausübt als das BAS (also Individuen, die auf Bestrafung sensibler reagieren als auf Belohnung), als introvertiert; Personen hingegen, in denen das BAS wirkungsvoller ist als das BIS (Individuen mit einer ausgeprägten Belohnungs- als Bestrafungssensitivität), sind Extravertierte. Die E/I-Dimension spiegelt also die *Balance* zwischen BIS- und BAS-

Reaktivität. Umgekehrt reflektiert N die gesamte *Summe* der BIS- und BAS-Reaktivität insofern, als sowohl eine größere Ausprägung der BIS-Reaktivität (Bestrafungssensitivität) als auch der BAS-Reaktivität (Belohnungssensitivität) zu einer größeren Ausprägung von N führt.

8.2.4 Empirische Überprüfung

Eine empirische Überprüfung der Gray'schen Theorie setzt zunächst eine Operationalisierung der BIS- und BAS-Reaktivität voraus. Hierfür sind in den letzten Jahrzehnten unterschiedliche Verfahren verwendet worden. Bei der wohl am häufigsten eingesetzte Methode werden zunächst mit einem der Eysenck'schen Persönlichkeitstests E/I und N erhoben. Die Kategorisierung der Personen in BIS- und BAS-Reaktive folgt dabei **Abbildung 8.6**. So wurden in einigen Studien die Probanden anhand der Fragebogenwerte in emotional labile Introvertierte (hohe BIS-Reaktivität) bzw. emotional stabile Extravertierte (niedrige BIS-Reaktivität) unterteilt oder aber in emotional labile Extravertierte (hohe BAS-Reaktivität) bzw. emotional stabile Introvertierte (niedrige BAS-Reaktivität). In anderen Studien wurden die beiden Pole von E/I direkt als Marker für die Gray'schen Systeme verwendet, da Extravertierte eine größere Sensitivität für Belohnung als für Bestrafung haben sollten und für Introvertierte der umgekehrte Zusammenhang gelten soll. Schließlich wurde in einigen Studien N direkt als eine Markiervariable für BIS-Reaktivität verwendet, da Ängstlichkeit (und damit BIS-Reaktivität) eine größere Nähe zu N als zu der E/I-Dimension aufweist (▶ **Abb. 8.5**; zwei Faktoren mit einem Winkel von 30° korrelieren zu $r = 0{,}87$); analog dazu wurde E als Markiervariable für BAS-Reaktivität verwendet.

In weiteren Studien wurde die BIS-Reaktivität mit Hilfe eines Ängstlichkeitsfragebogens operationalisiert (wie z. B. mit dem State-Trait Anxiety Inventory, Spielberger et al., 1970; deutsche Version von Laux et al., 1981) und die BAS-Reaktivität durch eine Impulsivitätsskala (wie z. B. die Impulsivitätsskala des I7-Fragebogens, Eysenck et al., 1990). Schließlich wurden auch Fragebogen entwickelt, welche die BIS- und BAS-Reaktivität direkt operationalisieren (so z. B. der »Gray Wilson Personality Questionnaire«, GWPQ; Wilson et al., 1989; oder die »BIS/BAS Scales«, Carver & White, 1994; deutsche Version von Strobel et al., 2001).

In den letzten Jahren wurden mit diesen Operationalisierungen eine Fülle von Untersuchungen durchgeführt, die eine empirische Bewertung der Gray'schen Theorie ermöglichen. Die verschiedenen Paradigmen, die hierbei Verwendung fanden, können hier nur schlaglichtartig vorgestellt werden. Für eine detailliertere Darstellung muss auf einschlägige Übersichtsarbeiten verwiesen werden (Corr, 2004; Smillie, 2008).

Leistungs- und Lernaufgaben

Zunächst einmal erscheint es naheliegend, eine Theorie wie die Reinforcement Sensitivity Theory durch Experimente zu überprüfen, in denen Personen eine Belohnung oder Bestrafung angekündigt wird und sie anschließend eine kognitive Aufgabe bearbeiten müssen. Die entsprechenden Vorhersagen ergeben sich unmittelbar aus der Theorie: Personen mit einer größeren Reaktivität des BIS sollten bei konditionierter Bestrafung eine bessere Leistung zeigen als Personen mit niedrigerer BIS-Reaktivität, da eine Aktivierung des BIS mit einer erhöhten Aufmerksamkeit einhergeht und sich somit die kognitive Leistungsfähigkeit verbessern sollte. Umgekehrt sollten Personen mit größerer BAS-Reaktivität eine entsprechend bessere Leistung bei konditionierter Belohnung aufweisen, da für diese Personen eine Belohnung besonders attraktiv ist und sie sich somit mehr anstrengen werden, um diese auch zu erhalten. Diese beiden Vorhersagen wurden in mehreren Untersuchungen überprüft.

In einer vielfach zitierten Studie von Gupta und Shukla (1989) wurde die Belohnungs- und Bestrafungssensitivität von Extravertierten und Introvertierten untersucht. In diesem Experiment sollten die Versuchspersonen aus vorgegebenen Verben beliebige Sätze bilden, die allerdings immer mit einem von fünf Pronomen (Ich, Wir, Er, Sie, Du) anfangen mussten, welches sich die Versuchsperson jeweils frei auswählen durfte. In einer Belohnungsbedingung gab die Versuchsleiterin nach allen Sätzen, die mit »Ich« oder »Wir« begannen, die verbale Rückmeldung »gut«. In einer Bestrafungsbedingung kommentierte die Versuchsleiterin hingegen alle Sätze, die mit »Ich« oder »Wir« begannen, mit dem Wort »schlecht«. Bei den letzten 20 Sätzen erfolgte keine verbale Rückmeldung. Die Anzahl dieser letzten Sätze, die mit »Ich« oder »Wir« gebildet wurden, erfasste schließlich die Lernleistung in dieser verbalen Konditionierungsaufgabe. Bei extravertierten Personen führte die verbale Belohnung zu einer wesentlich häufigeren Verwendung der Pronomen »Ich« und »Wir« als bei Introvertierten. Umgekehrt führte die verbale Bestrafung bei den Introvertierten zu einem substantiell selteneren Gebrauch der beiden Pronomen als bei den Extravertierten. Da Extravertierte eine größere Belohnungssensitivität und Introvertierte eine größere Bestrafungssensitivität aufweisen sollen (▶ Abb. 8.6, mittlere Zeile), kann dieser Befund als ein Beleg für die Gray'sche Theorie interpretiert werden.

In einer Studie von Gallagher und Hall (1991) wurde den Versuchspersonen ein Text vorgelegt, der Rechtschreibfehler enthielt. Ihre Aufgabe bestand darin, in einer kurzen Zeit möglichst viele dieser Fehler zu entdecken. In einer Belohnungsbedingung wurde den Probanden ein Geldbetrag von einem Dollar versprochen, falls sie eine bestimmte Mindestanzahl von Fehlern finden würden. In einer Bestrafungsbedingung wurde den Versuchspersonen hingegen zu Beginn des Experimentes ein Dollar ausgehändigt und angekündigt, dass sie das Geld verlieren würden, falls sie nicht diese Mindestanzahl von Fehlern entdeckten. Als abhängige Leistungsvariable wurde nach Beendigung des Experiments die Genauigkeit der Fehlerentdeckung jedes Probanden bestimmt. Die Vorhersagen zu dieser Untersuchung lassen sich direkt aus **Abbildung 8.6** ableiten, ein Teil der Ergebnisse ist in **Abbildung 8.7** dargestellt. In Übereinstimmung mit der Theorie entfalteten die emotional labilen Versuchspersonen (also Personen mit hohen Werten in N) in der Bestrafungsbedingung eine größere Genauigkeit als die emotional stabilen Probanden (Personen mit niedrigen Werten in N). Entgegengesetzt zur Theorie zeigten die emotional labilen Personen in der Belohnungsbedingung jedoch keine bessere Leistung als emotional stabile Probanden, sondern eine schlechtere (nach den Vorstellungen Grays müssten emotional labile Personen gleichermaßen auf Belohnungs- und Bestrafungssignale sensitiver reagieren als emotional stabile Individuen; ▶ Abb. 8.6, mittlere Spalte). Ebenfalls anders als die Theorie dies vorhersagen würde, zeigten die introvertierten und extravertierten Personen keine Leistungsunterschiede in der Belohnungsbedingung.

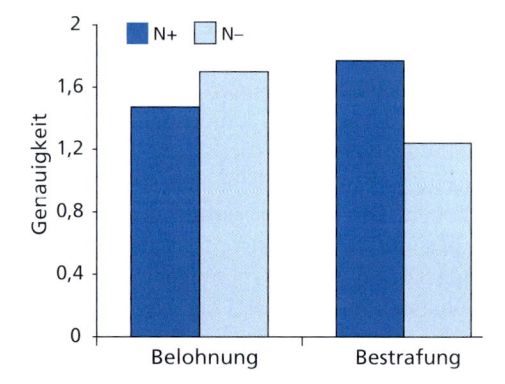

Abb. 8.7: Genauigkeit beim Korrekturlesen in Abhängigkeit von der Persönlichkeit (N+ = Neurotizismus vs. N− = emotionale Stabilität) und der Verstärkung (Belohnung vs. Bestrafung; nach Gallagher & Hall, 1991).

Neuere Untersuchungen zur RST zielten auf Leistungsunterschiede bei Belohnung und Bestrafung in Abhängigkeit von der Ängstlichkeit und der Impulsivität der Versuchspersonen. Beispielhaft seien hierbei die Studien von Pickering, Diaz und Gray (1995) sowie von Corr, Pickering und Gray (1997) genannt. Auch diese Untersuchungen erbrachten Befunde, die zumindest teilweise mit den Vorhersagen aus der RST übereinstimmen. Ein generelles Problem solcher Studien besteht allerdings darin, das die Effekte einer BIS-Aktivierung auf die Leistungsmaße nur vage vorhersagbar sind. So argumentieren beispielsweise Corr et al.

(1997) einerseits, dass eine BIS-Aktivierung eine *verbesserte Informationsverarbeitung* nach sich ziehen sollte, so dass eine Ankündigung von Bestrafung bei BIS-reaktiven Personen zu einer *verbesserten Leistung* führen müsste (dies könnte als die Standardvorhersage angesehen werden). Umgekehrt vertreten Pickering et al. (1995) den Standpunkt, dass eine Ankündigung von Bestrafung zu einer *Inhibition des Verhaltens* führen kann, was sich u.U. in verlängerten Reaktionszeiten und somit einer *verschlechterten Leistung* bei BIS-Reaktiven äußern sollte. Da sich anscheinend aus der RST sowohl eine Leistungsverbesserung als auch eine Leistungsverschlechterung bei BIS-reaktiven Personen unter Bestrafungsbedingungen vorhersagen lassen, stellt sich die Frage, inwieweit die RST überhaupt durch solche Belohnungs- und Bestrafungsexperimente empirisch überprüfbar ist. Dieses Problem lässt sich allerdings in Untersuchungen umgehen, in denen überhaupt kein offenes Verhalten der Versuchspersonen registriert wird, sondern das subjektive Erleben der Probanden die abhängige Variable darstellt. Solche Studien werden im folgenden Abschnitt besprochen.

Emotionsstudien

Nach der RST geht eine Aktivierung des BIS mit dem Erleben von negativen Emotionen und im Besonderen mit einem Gefühl der Angst einher, während eine Aktivierung des BAS zu einem Erleben von positiven Emotionen führen soll. Dementsprechend sollten BIS-reaktive Personen besonders negative Emotionen mit größerer Eindringlichkeit erleben, während BAS-reaktive Individuen durch ein besonders intensives Erleben von positiven Emotionen gekennzeichnet sein sollten. Diese Vorhersagen wurden in einigen experimentellen Studien überprüft, in denen Emotionen auf unterschiedliche Weise induziert wurden.

In einer Untersuchung von Larsen und Ketalaar (1991) wurde hierfür eine Imaginationsprozedur verwendet. Die Versuchspersonen erhielten kurze Beschreibungen von unterschiedlichen »Alltagsszenarien«, die einen positiven, negativen oder neutralen Gefühlszustand auslösen können. Aufgabe der Versuchspersonen war es jeweils, sich diese Situationen möglichst realitätsgetreu vorzustellen und dabei alle Gedanken und Gefühle zu generieren, die in dieser Situation natürlicherweise auftreten. So mussten sich die Probanden beispielsweise in einem Szenario vorstellen, dass sie in der Lotterie 50 000,– US-Dollar gewinnen und anschließend eine Urlaubsreise nach Hawaii unternehmen würden. Mit diesem Szenario sollten angenehme Emotionen induziert werden. In einem anderen Szenario sollten sich die Versuchspersonen vorstellen, dass sie unter peinlichen Umständen vom Unterricht ausgeschlossen werden und anschließend erfahren, dass ein naher Freund an einer schmerzhaften und unheilbaren Krankheit verstorben ist. Diese Situation sollte zu einem Erleben von negativen Emotionen führen. Die Intensität der so angeregten Emotionen wurde anschließend mit Hilfe von Stimmungs-Ratings erfasst. Die Ergebnisse dieser Untersuchung sind in **Abbildung 8.8** dargestellt. Extravertierte berichteten einen intensiveren positiven Affekt nach der Induktion von positiven Emotionen als Introvertierte. Umgekehrt zeigte sich bei den emotional Labilen ein intensiverer negativer Affekt nach der Induktion von negativen Emotionen als bei den emotional Stabilen. Dieser Befund steht in guter Übereinstimmung mit der RST, da er nahelegt, dass Personen mit besonders reaktivem BAS auch entsprechend sensibel für Auslöser von positiven Emotionen sind, während Individuen mit ausgesprochener BIS-Reaktivität entsprechend sensibel für Auslöser von negativen Emotionen sind. Eine erfolgreiche Replikation dieses Befundes wurde von Rusting und Larsen vorgelegt (Rusting & Larsen, 1997, 1999).

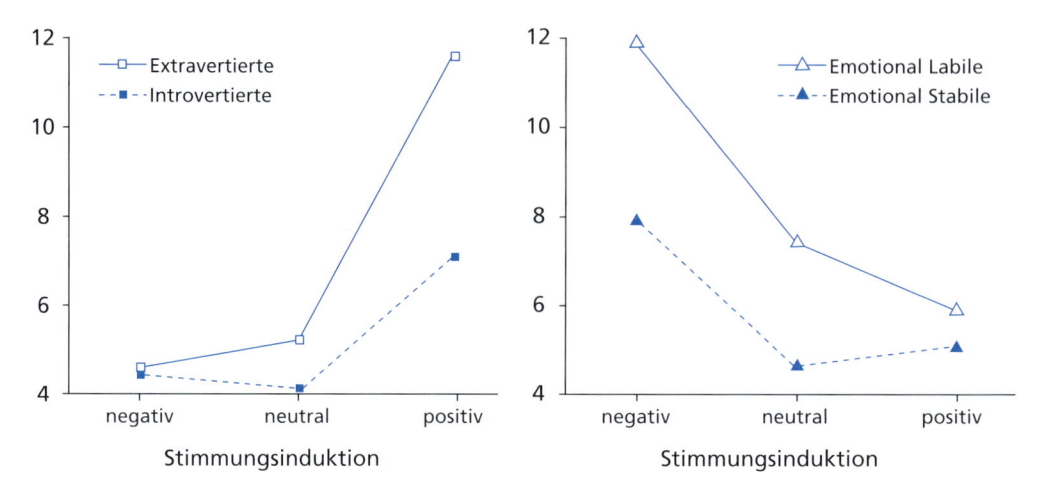

Abb. 8.8: Mittlerer positiver (links) und negativer (rechts) Affekt in Abhängigkeit von einer Stimmungsinduktion (negativ, neutral, positiv) und der Persönlichkeit (links: Extraversion/Introversion; rechts: Neurotizismus) (nach Larsen & Ketalaar, 1991).

Ein anderer, nichtexperimenteller Zugang zur Überprüfung der Vorhersagen über den Zusammenhang zwischen BIS-/BAS-Reaktivität und Affektivität bieten jene Studien, bei denen die Emotionalität der Versuchspersonen durch Fragebogen erfasst wurde (auch wenn eine Überprüfung der RST nicht das Ziel der Untersuchung war). In einer solchen Studie haben Watson und Clark (1992) in vier unterschiedlichen Stichproben E/I und N mit je unterschiedlichen Fragebogen wie den Goldberg-Skalen (McCrae & Costa, 1985), dem NEO-PI (Costa & McCrae, 1989) sowie dem NEO-FFI (Costa & McCrae, 1989) bestimmt. Die Affektivität der Versuchspersonen wurde mit den PANAS-Skalen (»Positive and Negative Affect Schedule«, Watson et al., 1988).

Gemessen, welche aus je einer Skala für den dispositionellen Positiven sowie den Negativen Affekt bestehen (s. Abschn. 8.4). Eine Korrelationsanalyse der Daten zeigte konsistent über alle Stichproben hinweg positive Zusammenhänge zwischen Extraversion und Positivem Affekt (mit einer gewichteten mittleren Korrelation von $r = 0{,}58$) sowie positive Beziehungen zwischen Neurotizismus und Negativem Affekt in exakt der gleichen Größe ($r = 0{,}58$). Auch dieser Befund entspricht den Erwartungen der RST.

Eine Übersicht über weitere Korrelationsstudien diesen Zuschnitts mit ähnlichen Ergebnissen bieten Matthews und Gilliland (1999), wobei allerdings die fraglichen Zusammenhänge meist etwas geringer ausfallen.

Zusammenfassend liefern die Befunde aus Emotionsstudien ein erfreulich konsistentes Bild: Extravertierte sind die emotional positiv Reaktiven, während emotional Labile die negativ reaktiven Personen sind. Dies stimmt mit den Vorhersagen der RST gut überein.

Psychophysiologische Untersuchungen

Wie bei der bisherigen Darstellung der Befundlage zur Gray'schen Theorie deutlich geworden ist, erfordert die empirische Überprüfung einer genuin biopsychologischen Theorie wie der RST keinesfalls ein physiologisches Labor; bereits die Werkzeuge einer behavioralen Psychologie gestatten die Überprüfung von Vorhersagen, die sich aus dieser Theorie ableiten lassen. Allerdings hat es sich auch als reizvoll erwiesen, die Wirkung von Belohnungs- und Bestrafungssignalen »direkt« zu messen, also weder durch eine Registrierung von offenem Verhalten (wie in Lern- und Leistungsaufgaben) noch durch Introspektion (wie in den emotionspsychologischen Studien). So eine direkte Messung kann mit Hilfe psychophysiologischer Methoden geschehen (für umfangreiche Übersichten zu psychophysiologischen Studien s. Matthews & Gilliland, 1999; Schulter & Neubauer, 2005).

Eine derartige Untersuchung wurde von Bartussek et al. (1993) durchgeführt. Als Maß für die Empfindlichkeit gegenüber Belohnungs- und Bestrafungssignalen verwendeten sie das ereigniskorrelierte Hirnrindenpotenzial (EKP). Als Ereignisse wurden hier Belohnungs- und Bestrafungssignale in einem simulierten Glücksspiel verwendet. Den Versuchspersonen wurde eine Reihe von hohen und niedrigen Tönen präsentiert, wobei die Abfolge der Tonhöhen per Zufall bestimmt wurde. Vor der Darbietung jedes Tones musste die Versuchsperson erraten, ob der gleich folgende Ton hoch oder niedrig sein würde. Nachdem die Versuchsperson die Tonhöhe getippt hatte, wurde ihr signalisiert, ob sie bei diesem Versuchsdurchgang einen bestimmten Geldbetrag gewinnen konnte (falls sie richtig getippt hat) oder verlieren konnte (falls sie sich geirrt hat). Somit wurde je nach Durchgang der Ton zu einem Signal für Belohnung oder Bestrafung. Es zeigte sich, dass Extravertierte auf Belohnungssignale mit höheren Amplituden im EKP reagierten als auf Bestrafungssignale, während Introvertierte bei Bestrafung höhere EKP-Amplituden aufweisen als bei Belohnung. **Abbildung 8.9** veranschaulicht die entsprechende signifikante Wechselwirkung.

Werden die EKP-Amplituden als Intensitätsmaße der hirnelektrischen Reaktionen auf die Belohnungs- und Bestrafungssignale interpretiert, so verweist dieser Befund darauf, dass BAS-reaktive Personen auf Belohnungsreize stärker reagieren als auf Bestra-

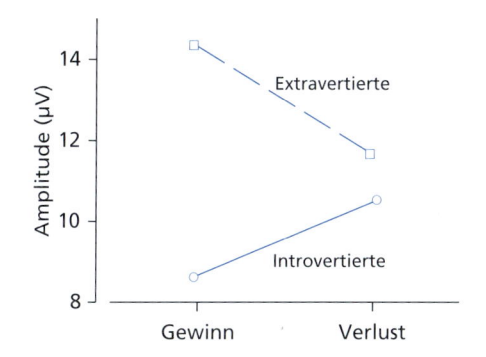

Abb. 8.9: Amplitude des Ereigniskorrelierten Hirnrindenpotentials (in Mikrovolt) bei 210 ms nach Darbietung eines Hinweisreizes für Gewinn oder Verlust in einem simulierten Glücksspiel, separat dargestellt für zwei Persönlichkeitsgruppen (Extravertierte, Introvertierte) (nach Amelang & Bartussek, 2001).

fungsreize, während sich für BIS-Reaktive der umgekehrte Zusammenhang ergibt. Dies lässt sich gut mit der RST in Deckung bringen. Weitere Ergebnisse dieser Untersuchung konnten die Theorie hingegen nicht stützen. So zeigte sich beispielsweise kein signifikanter Haupteffekt von N auf die EKP-Amplituden – obwohl die RST eine größere Sensitivität für Belohnung und Bestrafung bei emotional labilen Personen im Vergleich zu stabilen Personen vorhersagt (▶ **Abb. 8.6**).

In zwei weiteren Experimenten mit dem EKP überprüften Bartussek et al. (1996) die RST durch Darbietung von emotionalen Reizen. So wurden in einer ersten Studie den Versuchspersonen Adjektive und in einer zweiten Studie Bilder präsentiert, die jeweils entweder eine positive, negative oder neutrale Valenz hatten. Dabei dienten die positiven Stimuli als (durch Alltagserfahrung) konditionierte Hinweisreize für Belohnung und die negativen Stimuli dementsprechend als konditionierte Bestrafungsreize. Als unabhängige Variablen gingen die Ausprägungen auf den Dimensionen E/I und N sowie die Valenz der Reize ein, als abhängige Variablen wurden die EKP-Amplituden auf die Reizdarbietungen analysiert (also die bioelektrische Reaktion der Hirnrinde auf die Darbietung der Adjektive und Bilder). Zwar zeigten sich komplexe Interaktionseffekte für die Persönlichkeitsvariablen, aber keiner dieser Effekte entsprach den Erwartungen der RST, so wie sie aus **Abbildung 8.6** abgeleitet werden können.

Eine Reihe weiterer psychophysiologischer Untersuchungen mit unterschiedlichsten zentralen und peripheren Aktivitätsmaßen (wie dem spontanen Ruhe-EEG, der Herzrate oder der elektrodermalen Aktivität) konnte leider auch keine konsistenten Stützen für die RST erbringen. So kommen Matthews und Gilliland (1999) in ihrer Übersichtsarbeit zu der Schlussfolgerung, dass der psychophysiologische Ansatz insgesamt eher die Eysenck'sche Theorie als die RST unterstützt.

8.2.5 Revision der Theorie

Lässt man die hier skizzierte Befundlage zur RST Revue passieren, so ist offensichtlich, dass die Ergebnisse der unterschiedlichen Studien nicht immer eine gute Passung zur Theorie aufweisen. Diese Schwierigkeit wurde auch von der Gray'schen Arbeitsgruppe erkannt (Pickering et al., 1997), wobei neben den häufig in der Literatur anzutreffenden Post-hoc-Interpretationen (mit denen einzelne, den theoretischen Erwartungen nicht entsprechende Ergebnisse »wegerklärt« werden sollen) auch die Operationalisierung von BIS- und BAS-Reaktivität in Frage gestellt wurde. Wurden nämlich die Gray'schen Persönlichkeitsdimensionen innerhalb einzelner Studien mit unterschiedlichen Fragebogen gemessen (also z. B. mit Hilfe des EPQ *und* mit Hilfe von Ängstlichkeits- und Impulsivitätsskalen), so zeigen sich theoriekonforme Ergebnisse meist nur für eines der Maße, wobei das »erfolgreiche« Maß von Studie zu Studie jeweils ein anderes ist. Als Ausweg aus diesem Dilemma forderten Pickering et al. (1997) eine Modifikation der RST.

Eine solche Revision wurde von Gray und McNaughton (2000) begonnen und von Corr (2004) sowie McNaughton und Corr (2004) fortgeführt. Basierend auf einer Fülle von neueren tierexperimentellen Daten betreffen die wesentlichen Grundannahmen der revidierten Theorie die Inputs und Outputs der drei Systeme BIS, BAS und FFFS; diese Postulate sind schematisch in **Abbildung 8.10** dargestellt.

In der revidierten Theorie aktivieren Bestrafung und Belohnung zwei komplementäre Systeme, nämlich das FFFS und das BAS. Dabei reagiert das »Fight-Flight-Freezing System« (FFFS) auf alle Formen von aversiver Stimulation (also sowohl auf konditionierte als auch unkonditionierte Hinweisreize für Bestrafung), wobei eine Aktivierung des FFFS zu einer behavioralen Vermeidung des aktivierenden Reizes führt. Umgekehrt reagiert das »Behavioral Approach System« (BAS) auf alle Formen von appetitiver Stimulation (also sowohl auf konditionierte als auch unkonditionierte Hinweisreize für Belohnung); hier führt eine Aktivierung des Systems zu einer behavioralen Annäherung an den aktivierenden Reiz. Schließlich aktivieren Reize und Situationen von großer Neuheit das FFFS und das BAS simultan.

Das »Behavioral Inhibition System« (BIS) lässt sich in der revidierten Theorie nicht mehr durch aversive Reize direkt aktivieren. Vielmehr registriert das BIS die Aktivitäten von FFFS und BAS, wobei das BIS die Aufgabe eines Detektors für Zielkonflikte hat: Werden nämlich FFFS und BAS simultan aktiviert, so kommt es zu einem Konflikt zwischen Vermeidungs- und Annäherungsverhalten. Eine solche simultane Aktivierung von FFFS und BAS führt dabei zu einer Aktivierung des BIS. Diese BIS-Aktivierung geht mit einem Zustand der Angst einher und führt zu einer Hemmung des konfligierenden Annäherungs- und Vermeidungsverhaltens. Gleichzeitig initiiert das BIS eine Aufmerksamkeitszuwendung auf die Umgebung, welche nun nach weiteren Hinweisreizen für Gefahren abgesucht wird; zudem wird auch im Gedächtnis nach Informationen über die

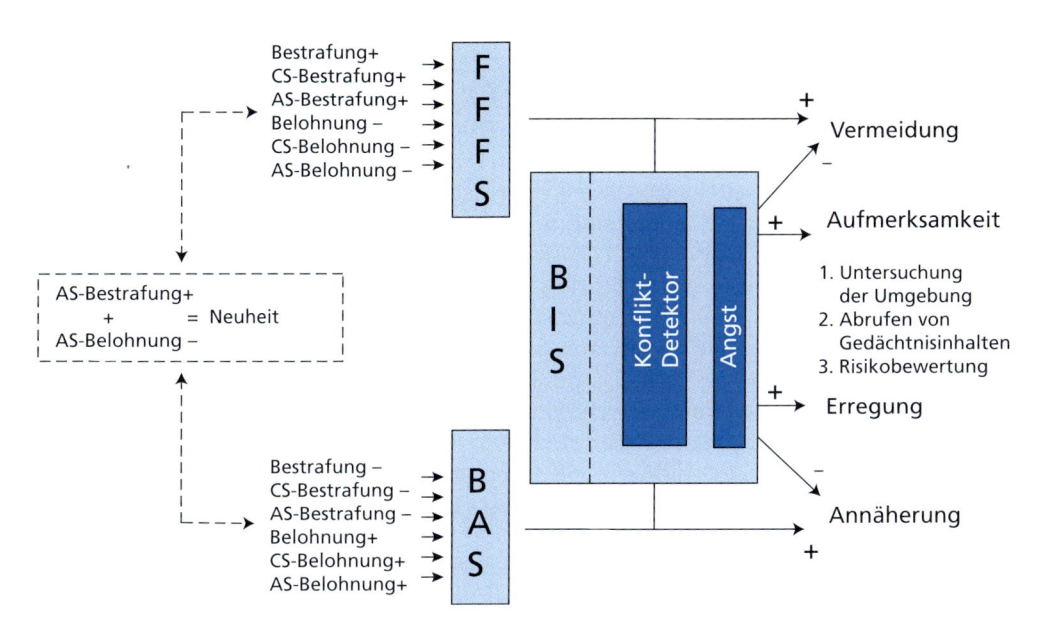

Abb. 8.10: Vereinfachte Darstellung der revidierten Belohnungssensitivitätsstheorie von Gray und McNaughton (2000). Abkürzungen: Fight-Flight-Freezing System (FFFS), Behavioral Approach System (BAS), Behavioral Inhibition System (BIS), konditionierter Hinweisreiz (CS), angeborener Hinweisreiz (AS), Auftreten einer Belohnung (Belohnung+), Ausbleiben einer Belohnung (Belohnung−), Auftreten einer Bestrafung (Bestrafung+), Ausbleiben einer Bestrafung (Bestrafung−). Nach Gray und McNaughton (2000).

Gefahren der Situation gesucht. All diese Suchprozesse zielen auf die Entdeckung von affektiv negativen Informationen und führen zu einer erhöhten Salienz dieser Informationen. Dabei erhöht sich schließlich die physiologische Erregung, und es kommt zu einer Verschiebung der Verhaltenstendenzen in Richtung eines Vermeidungsverhaltens.

Soweit es die Input-Output-Funktionen der drei Systeme für appetitive und aversive Reize betrifft, ist die neue RST klar formuliert. Anders sieht es allerdings für die Verknüpfung der drei Systeme mit der Persönlichkeit aus; hier bietet Corr (2004) eher spekulative Hinweise. So vermutet er, dass Bestrafungssensitivität eine Funktion des kombinierten FFFS und BIS ist und in Zusammenhang steht mit der emotional labilen und introvertierten Persönlichkeit (E−/N++). Dabei ist nach Corr (2004) noch offen, inwieweit FFFS und BIS im Persönlichkeitsbereich auf dieselben oder aber unterschiedliche Eigenschaften bezogen werden müssen (und falls ja, welche). Darüber hinaus vermutet Corr (2004), dass die Belohnungssensitivität eine Funktion des BAS ist und mit der emotional labilen und extravertierten Persönlichkeit (E++/N+) assoziiert sein könnte.

Abschließend kann festgehalten werden, dass mit der neuen RST eine beachtliche Integration von neurophysiologischen, neurochemischen und behavioralen Daten vorgelegt wurde, die in der tierexperimentellen Forschung gesammelt wurden. Für eine Erklärung der menschlichen Persönlichkeit muss sich diese neue Theorie allerdings erst noch bewähren.

> **Zusammenfassung von Kapitel 8.2**
>
> J. A. Gray ging wie Eysenck von einer dreidimensionalen Persönlichkeitsstruktur aus, die eine biologische Fundierung aufweisen sollte. Im Unterschied zu Eysenck gibt er spezifische Auslösereize für die jeweils zugeordneten Hirnsysteme an: die Sensitivität für unbedingte und bedingte Reize von Belohnung und Bestrafung bzw. Nichtbelohnung und Nichtbestrafung. Entsprechend wird Grays Theorie als »Verstärkersensitivitätstheorie« (Reinforcement Sensitivity Theory, RST) bezeichnet. Auf biologischer Ebene wird ein septohippocampales System der Verhaltenshemmung (Behavioral Inhibition System, BIS), ein dopaminerges striatäres und accumbäres System der Verhaltensannäherung (Behavioral Approach System, BAS) sowie ein System, das Teile des Hypothalamus und das zentrale Höhlengrau umfasst und Kampf-Flucht-Erstarrung (Fight-Flight-Freezing, FFFS) auslöst, angenommen. Tierforschung und die gezielte pharmakologische Veränderung von Hirnsystemen, zum Beispiel durch die Gabe von Anxiolytika mit Wirkung auf das BIS, waren die Untersuchungsmethoden zur Identifikation dieser Systeme. Auf der Persönlichkeitsebene sollen diese Hirnsysteme mit Ängstlichkeit (BIS), Impulsivität (BAS) und Furcht (FFFS) korrespondieren. Ängstlichkeit nach Gray entspricht einer Kombination von Neurotizismus und Introversion sensu Eysenck, Impulsivität nach Gray einer Kombination von Extraversion und geringem Neurotizismus. Ängstliche Personen zeichnen sich durch eine hohe Sensitivität für Bestrafung aus, impulsive Personen durch eine hohe Sensitivität für Belohnung. Aus Sicht von Gray kommen die Dimensionen Neurotizismus und Extraversion nach Eysenck nicht mit den ausschlaggebenden biologischen Hirnsystemen zur Deckung. Extraversion spiegelt die Balance zwischen BIS- und BAS-Reaktivität, Neurotizismus die Summe der BIS- und BAS-Reaktivität wider (▶Abb. 8.6).
>
> Die Überprüfung der Theorie von Gray erfolgte auf verschiedenen Wegen, unter Darbietung von Leistungs- und Lernaufgaben, in Emotionsstudien und psychophysiologischen Untersuchungen. Die Ergebnisse dieser Studien unterstützen nicht einhellig die Graysche Theorie.
>
> In einer Modifikation der RST haben Gray und McNaughton (2000) das FFFS und das BAS als verhaltensmäßig komplementär (Vermeidung des aktivierenden Reizes bzw. behaviorale Annäherung an den aktivierenden Reiz) sowie das BIS als Detektor für Zielkonflikte bei simultaner Aktivierung von BAS und FFFS (Annäherungs-Vermeidungskonflikt) konzeptualisiert. Als Ergebnis steigt der Zustand der Angst, jegliches Verhalten wird gehemmt, die Aufmerksamkeit wird auf die Umgebung gerichtet und im Gedächtnis werden Informationen über die Gefahren der Situation gesucht. Das FFFS soll nun auf alle Formen aversiver Stimulation, das BAS auf alle Formen von appetitiver Stimulation reagieren (▶Abb. 8.10).

8.3 Die biosoziale Persönlichkeitstheorie von Cloninger

Grays biologische Theorie der Persönlichkeit konnte eine weitreichende Ausstrahlung entfalten, auch wenn die spezifische Formulierung dieser Theorie Raum für

Veränderungen ließ. Eine solche Modifikation bzw. Weiterentwicklung von zentralen Konzepten der Gray'schen Theorie wurde von dem amerikanischen Psychiater C. Robert Cloninger vorgeschlagen. Genau wie Gray postuliert er zunächst drei distinkte biologische Systeme als Grundlage der Persönlichkeit, wobei diese Systeme auf Hinweisreize für Neuheit, Gefahr und Belohnung reagieren sollen und u. a. Annäherungs- und Vermeidungsverhalten initiieren. Anders als Gray versucht Cloninger jedoch, ein einheitliches System für die Beschreibung und Erklärung von *normalen Persönlichkeitsunterschieden* und *Persönlichkeitsstörungen* zu entwickeln, wobei die drei grundlegenden biologischen Systeme besonders durch ihre jeweiligen Neurotransmitter bestimmt werden. Um seine deskriptive Zielsetzung weiterzuverfolgen, hat Cloninger in jüngerer Zeit weitere Persönlichkeitsdimensionen in sein System aufgenommen, die keine einfache biologische Grundlage mehr haben. Vielmehr handelt es sich hierbei um Dimensionen des Selbst, womit Cloninger einen Brückenschlag zur Selbstkonzeptforschung vornimmt. Im Folgenden soll ein Schwerpunkt auf die biologisch begründeten Persönlichkeitsmerkmale gelegt werden.

8.3.1 Drei fundamentale Persönlichkeitsmerkmale/ Hirnsysteme für Neuheit, Gefahr und Belohnung

Genau wie Gray akzeptierte Cloninger (1987) die prinzipielle Gültigkeit eines tridimensionalen Persönlichkeitsraumes, wie er vor allem durch Eysenck in dessen PEN-System etabliert wurde, d. h., Cloninger hält eine ökonomische Beschreibung der normalen und gestörten Persönlichkeit durch drei orthogonale Dimensionen für angemessen. Als Beleg für diese Annahme wertete er einerseits Befunde aus der Faktorisierung von Persönlichkeitsinventaren, wie sie von Eysenck selbst wiederholt als Stütze des PEN-Systems vorgebracht wurden (s. Abschn. 7.3). Andererseits verwies Cloninger darauf, dass ebenfalls drei unabhängige Dimensionen extrahiert werden können, wenn Fragebogen zur Messung der klassischen Persönlichkeitsstörungen faktorisiert werden (Flynn & McMahon, 1984).

Genau wie Gray kritisierte Cloninger allerdings an Eysencks PEN-System, dass die Faktorenanalyse keine geeignete Methode darstellt, um jene kausalen (bio-sozialen) Strukturen zu identifizieren, die den Persönlichkeitsdimensionen zugrunde liegen. Vielmehr müssten biologische Daten in die Analyse mit einbezogen werden, um entsprechend geeignete Rotationen der Faktoren zu finden (s. Abschn. 8.2.1). Darüber hinaus verwies Cloninger auf das Problem, dass die Struktur von Verhaltensdaten (wie sie durch Faktorenanalysen »aufgedeckt« wird) nicht notwendigerweise der Struktur der biogenetischen (Teil-)Verursachung für solche Verhaltensunterschiede entsprechen muss. Vielmehr sind solche Verhaltensunterschiede das phänotypische Resultat aus einer Interaktion zwischen genetischen und umweltbedingten Faktoren.

Mit seiner biosozialen Theorie der Persönlichkeit versuchte Cloninger (1987), diesen beiden Problemen gerecht zu werden. Hierfür synthetisierte er Daten aus Familienstudien, längsschnittlichen Entwicklungsstudien und psychometrischen Studien der Persönlichkeit sowie Befunde aus neuropharmakologischen und neuroanatomischen Studien an Tier und Mensch. Mit seiner Theorie schlägt Cloninger drei Hirnsysteme vor, denen drei genetisch unabhängige Dimensionen der Persönlichkeit zugrunde liegen und die distinkte Reaktionen auf spezifische Reize vermitteln sollen. Diese drei Persönlichkeitsmerkmale werden von ihm als Novelty Seeking, Harm Avoidance und Reward Dependence bezeichnet.

»Novelty Seeking« und das »Behavioral Activation System«

Das Persönlichkeitsmerkmal »Neuheitssuche« (»Novelty Seeking«, NS) wird als erbliche Tendenz postuliert, auf neue Reize oder auf Hinweisreize für eine potentielle Belohnung durch eine freudige Erregung zu reagieren. Diese Disposition führt häufig zu zielgerichteten Aktivitäten, mit denen potentielle Belohnungen erlangt werden sollen, aber auch zu einer aktiven Vermeidung von Monotonie und potentieller Bestrafung. Personen mit einer hohen Ausprägung von »Novelty Seeking« (bei mittleren Ausprägungen auf den anderen beiden Dimensionen) lassen sich als impulsiv, neugierig, wankelmütig, erregbar, extravagant und unordentlich charakterisieren. Sie sind jederzeit bereit, sich neuen Interessen oder Aktivitäten zuzuwenden, vernachlässigen dabei aber Details und werden leicht abgelenkt oder gelangweilt. Im Gegensatz dazu entwickeln Personen mit einer geringen Ausprägung an »Novelty Seeking« (bei mittleren Ausprägungen auf den anderen beiden Dimensionen) nur langsam neue Interessen, sorgen sich oft um die winzigsten Details und müssen die Dinge ausgiebig durchdenken, bevor sie eine Entscheidung treffen. Diese Personen lassen sich als durchdacht, rigide, loyal, beherrscht, ordentlich und ausdauernd beschreiben.

Als biologische Basis von »Novelty Seeking« postulierte Cloninger ein »Verhaltensaktivierungssystem« (»Behavioral Activation System«), das die Funktion eines »Anreizsystems« (»incentive system«) ausübt und dessen Neurotransmitter das *Dopamin* ist. Im Zentrum dieses funktionalen Systems befinden sich nach Cloninger dopaminerge Teilsysteme, die neurochemisch allgemein bekannt sind. Die Zellkörper der beteiligten Neurone befinden sich jeweils im Mittelhirn und innervieren von dort aus die unterschiedlichen Regionen des Vorderhirns.

»Harm Avoidance« und das »Behavioral Inhibition System«

Unter »Schadensvermeidung« (»Harm Avoidance«, HA) versteht Cloninger eine erbliche Tendenz, intensiv auf Hinweisreize für aversive Stimulation zu reagieren. Dabei führt diese Disposition durch eine erlernte Hemmung des Verhaltens zu einer Vermeidung von Bestrafung und frustrierender Nichtbelohnung sowie zu einer Vermeidung von neuen Situationen. Individuen mit einer hohen Ausprägung von »Harm Avoidance« (und einer mittleren Ausprägung auf den anderen beiden Dimensionen) lassen sich als vorsichtig, angespannt, besorgt, ängstlich, gehemmt, schüchtern und leicht ermüdbar charakterisieren. Individuen mit einer niedrigen Ausprägung von »Harm Avoidance« sind hingegen selbstsicher, entspannt, optimistisch, sorglos, enthemmt, kontaktfreudig sowie energisch.

Diese Eigenschaften reflektieren nach Cloninger individuelle Unterschiede in einem »Verhaltenshemmsystem« (»Behavioral Inhibition System«), welches die Funktion eines »Bestrafungssystems« (»punishment system«) einnimmt und in enger Anlehnung an das BIS sensu Gray konzipiert wurde. Der wichtigste Neurotransmitter dieses Systems soll dabei das *Serotonin* sein. So besteht die anatomische Basis des Systems aus serotonergen Neuronen mit Zellkörpern in den Raphekernen des Hirnstamms, die in das limbische System (und dort auch in das septo-hippocampale System) sowie in den präfrontalen Neokortex projizieren. Dieses Teilsystem soll besonders an der Entdeckung von unerwarteten Umgebungsreizen und einer daraus resultierenden Verhaltenshemmung beteiligt sein. Zusätzlich sind serotonerge Projektionen aus den Raphekernen in die Substantia nigra Teil des Systems; diese Neurone sollen auf Hinweisreize für Bestrafung und frustrierende Nichtbelohnung durch eine Hemmung des nigrostriatalen Systems reagieren. Schließlich werden auch cholinerge Projektionen aus dem ventralen

Tegmentum sowie dem Nucleus basalis Meynert als Teil dieses Systems angesehen.

»Reward Dependence« und das »Behavioral Maintenance System«

Unter »Belohnungsabhängigkeit« (»Reward Dependence«, RD) versteht Cloninger schließlich eine angeborene Tendenz, intensiv auf Hinweisreize für Belohnung zu reagieren, insbesondere wenn es sich hierbei um soziale Anerkennung handelt oder aber eine soziale Befindlichkeit angesprochen oder Hilfsbereitschaft gefordert wird. Diese Eigenschaft disponiert zu einer Aufrechterhaltung bzw. Löschungsresistenz von Verhaltensweisen, welche zuvor mit Belohnung oder einer Aufhebung von Bestrafung assoziiert wurden (also von Verhalten, das positiv oder negativ verstärkt wurde). Personen mit einer hohen Ausprägung an »Reward Dependence« (und mit einer mittleren Ausprägung auf den anderen beiden Dimensionen) sind typischerweise bemüht, anderen zu helfen und ihnen zu gefallen, und lassen sich als ausdauernd, fleißig, mitfühlend und sentimental beschreiben. Sie reagieren empfindlich auf soziale Reize, auf Lob sowie auf Appelle für eine persönliche Hilfeleistung und sind dabei in der Lage, einen Belohnungsaufschub zu erdulden in der Erwartung einer potentiellen Anerkennung zu einem späteren Zeitpunkt. Personen mit einer niedrigen Ausprägung von »Reward Dependence« sind hingegen sozial unabhängig, emotional unterkühlt, praktisch veranlagt, zeigen wenig Skrupel und lassen sich in ihren Entscheidungen nicht durch Stimmungen beeinflussen. Sie reagieren auf praktische Belohnungen wie Geld, sind aber nicht empfänglich für verbale Signale des Lobs und der Anerkennung. Schließlich werden sie schnell gelangweilt und beenden Aktivitäten oder Beziehungen, die sie nicht mehr befriedigen.

Die biologische Basis von »Reward Dependence« ist nach Cloninger das »Verhaltensfortführungssystem« (»Behavioral Maintenance System«), welches an der positiven oder negativen Verstärkung von Verhalten beteiligt sein soll und eine besondere Rolle für die Löschungsresistenz des solchermaßen erworbenen Verhaltens spielt. Dieses System wird vor allem durch den Neuromodulator *Noradrenalin* definiert. Anatomisch besteht es aus Neuronen mit Zellkörpern im Locus coeruleus des Pons, die in den Hypothalamus sowie in limbische Strukturen projizieren (inklusive Amygdala, Septum und Hippocampusformation) und sich schließlich im gesamten Neokortex verzweigen.

Die biogenetischen Dispositionen für alle drei Persönlichkeitsmerkmale sind zwar orthogonal in dem Sinne, dass die Reiz-Reaktionscharakteristik eines jeden Hirnsystems unabhängig voneinander vererbt wird; dennoch interagieren die drei neuralen Systeme funktional miteinander. So führt beispielsweise ein Hinweisreiz für Bestrafung zu einer Erregung des »Behavioral Inhibition Systems«, wobei u. a. auch die serotonergen Projektionen aus den Raphekernen in die Substantia nigra aktiviert werden (diese Projektionen sind Teil des »Behavioral Inhibition Systems«). In der Substantia nigra führt diese Aktivität wiederum zu einer Hemmung des nigrostriatalen Systems (welches Teil des »Behavioral Activation Systems« ist) mit der Folge, dass das aktuelle Verhalten unterbrochen wird. Solche Interaktionen zwischen den drei Systemen führen nach Cloninger letztendlich dazu, dass sich Personen in ihren Reaktionen auf Belohnung, Bestrafung und Neuheit (und somit in ihrem Sozialverhalten) auf vielfältige Weise unterscheiden können. Dabei betont er, dass die Persönlichkeit eines Menschen nicht durch die isolierte Ausprägung auf nur einer der Dimensionen beschrieben werden kann, sondern dass stets die Ausprägung auf allen drei Dimensionen simultan berücksichtigt werden muss (eine beispielhafte Darstellung einer solchen dreidimensionalen Persönlichkeitsbeschreibung gibt Cloninger, 2003). Schließlich ergibt sich aus der Kombination von Extremausprägungen auf diesen drei Eigenschaften laut Cloninger (1987) auch eine vollständige Beschreibung bzw. Klassifikation von Persönlichkeitsstörungen.

8.3.2 Empirische Überprüfung

Cloninger hat zur Überprüfung seiner tridimensionalen Persönlichkeitstheorie nach der rationalen Methode einen Fragebogen entwickelt, der die drei Persönlichkeitsmerkmale abbilden soll (▶ Kasten 8.1). Dieser »Tridimensional Personality Questionnaire« (TPQ) wurde dann psychometrisch sowie faktorenanalytisch untersucht mit dem Ziel, die Existenz der drei postulierten Eigenschaften nachzuweisen (Cloninger, 1987; Cloninger et al., 1991). Insgesamt sprachen die Befunde zunächst dafür, dass mit dem TPQ tatsächlich ein reliables und faktoriell valides Messinstrument für drei unabhängige Persönlichkeitsdimensionen zur Verfügung steht (erst später legten faktorenanalytische Befunde nahe, dass Reward Dependence in zwei weitere Faktoren aufgespalten werden kann; s. Abschn. 8.3.3). Somit gibt es für Cloningers Theorie – ähnlich wie bei Eysenck und anders als bei Gray – eine eindeutige Operationalisierung der relevanten Persönlichkeitsmerkmale. Diese Operationalisierung ermögliche eine Überprüfung der von Cloninger postulierten neurochemischen Basis seines Persönlichkeitssystems.

Kasten 8.1: Der Tridimensional Personality Questionnaire

Konstruktionsprinzip: Ausgehend von den drei postulierten Persönlichkeitsmerkmalen »Novelty Seeking«, »Harm Avoidance« und »Reward Dependence« wurden von Cloninger (1987; Cloninger et al., 1991) für jeden der Faktoren vier Facetten festgelegt und anschließend für jede Facette nach der rationalen Methode eine Liste von Items abgeleitet. Der endgültige Test beinhaltet 98 Items (Cloninger et al., 1991). Skalenbezeichnungen und Beispielitems nach der deutschen Übersetzung des TPQ durch Defeu et al. (1995):

»Novelty Seeking« (NS; »Neuheitssuche«)

- NS1: Sensationslust vs. stoische Ruhe
  - »Wenn sich nichts Neues tut, beginne ich normalerweise damit, mich nach etwas umzusehen, das mich in Spannung versetzt oder begeistert.«
- NS2: Implusivität vs. Reflexion
  - »Ich reagiere oft so heftig auf unerwartete Neuigkeiten, dass ich Dinge sage oder tue, die ich später bedauere.«
- NS3: Extravaganz vs. Zurückhaltung
  - »Da ich häufig zuviel Geld aus reiner Impulsivität ausgebe, fällt es mir schwer, Geld zu sparen, selbst für besondere Pläne wie einen Urlaub.«
- NS4: Flexibilität vs. Rigidität
  - »Ich mache oft etwas, je nachdem, wie ich mich im Moment fühle, ohne darüber nachzudenken, wie es früher gemacht wurde.«

»Harm Avoidance« (HA; »Schadensvermeidung«)

- HA1: Pessimismus vs. Optimismus
  - »Ich muss oft meine Aktivitäten unterbrechen, weil ich mir Gedanken darüber mache, dass etwas schiefgehen könnte.«
- HA2: Unsicherheit vs. Selbstvertrauen
  - »Ich bin gewöhnlich angespannt und ängstlich, wenn ich etwas Neues oder mir nicht Vertrautes tun muss.«
- HA3: Schüchternheit vs. Geselligkeit
  - »Wenn ich eine Gruppe Fremder treffe, bin ich schüchterner als die meisten Menschen.«
- HA4: Asthenie vs. Stärke
  - »Ich benötige oft ein Nickerchen oder zusätzliche Ruhepausen, da ich so leicht ermüde.«

»Reward Dependence« (RD; »Belohnungsabhängigkeit«)

- RD1: Sentimentalität vs. Unempfindlichkeit
  - »Ich bin bei gefühlsbetonten Aufrufen stark gerührt (etwa bei der Bitte, gelähmten Kindern zu helfen).«
- RD2: Hartnäckigkeit vs. Unentschlossenheit
  - »Ich bin gewöhnlich so fest entschlossen, dass ich weiter arbeite, lange nachdem andere Menschen aufgegeben haben.«
- RD3: Anhänglichkeit vs. Distanziertheit
  - »Ich diskutiere gerne meine Erfahrungen und Empfindungen offen mit Freunden, anstatt sie für mich zu behalten.«
- RD4: Abhängigkeit vs. Unabhängigkeit
  - »Ich tue Dinge gewöhnlich auf meine Art und gebe weniger Wünschen anderer Menschen nach.«

Untersuchungen mit dem Challenge-Test

Eine solche Überprüfung setzt natürlich voraus, dass individuelle Unterschiede in den relevanten Transmittersystemen überhaupt messbar sind. Eine weit verbreitete Methode zur Messung solcher Unterschiede sind pharmakologische Provokationstests (*Challenge-Tests*). Diese Tests basieren auf der Tatsache, dass eine Veränderung der Aktivität in einem Transmittersystem auch zu hormonellen Veränderungen führt. Für die Durchführung des Tests wird in einem ersten Schritt das jeweils interessierende Transmittersystem durch die Verabreichung einer pharmakologischen Substanz stimuliert, und in einem zweiten Schritt wird die resultierende Hormonantwort registriert. Interindividuelle Unterschiede in den Hormonantworten entsprechen dabei funktionellen Unterschieden in den Transmittersystemen (eine Übersicht über die Methode sowie Anwendungen in der Persönlichkeitsforschung geben Hennig & Netter, 2005).

»Novelty Seeking«

In einer solchen Studie zum »Novelty Seeking« verabreichten Hansenne und Mitarbeiter (2002) ihren Probanden eine Injektion von Apomorphin. Diese Substanz bindet in den Synapsen an Dopaminrezeptoren und entfaltet dort dieselbe Wirkung wie das körpereigene Dopamin (Apomorphin ist deshalb ein »Dopaminagonist«). Wenig später wurden Blutproben gewonnen und die Konzentration des Wachstumshormons bestimmt. Da eine Stimulation von Dopaminrezeptoren allgemein zu einem Anstieg des Wachstumshormons führt, eignet sich dieses Hormon sehr gut für eine Bestimmung von interindividuellen Unterschieden in der Reagibilität des dopaminergen Systems. Es zeigte sich, dass Personen mit einer größeren Hormonantwort (also einem größeren Anstieg der Hormonkonzentration infolge der Verabreichung von Apomorphin) auch eine größere Ausprägung von »Novelty Seeking« aufwiesen ($r = 0{,}47$). Mit anderen Worten: Personen mit hoher Ausprägung von »*Novelty Seeking*« waren durch ein reagibleres Dopaminsystem charakterisiert. Dieser Befund stimmt mit Vorhersagen Cloningers (1986) überein, der ein ausgeprägtes »Novelty Seeking« mit einer geringen *basalen* Dopaminaktivität in Verbindung brachte. Dabei kann angenommen werden, dass eine solche geringe Grundrate dopaminerger Aktivität zu einer (kompensatorisch) erhöhten Anzahl von Dopaminrezeptoren in der Synapse führt (engl. »upregulation«), welche sich dann in dieser Studie als größere Reagibilität des dopaminergen Systems auf die pharmakologische Stimulation äußern konnte. Ebenfalls in Übereinstimmung mit den Erwartungen konnte darüber hinaus kein Zusammenhang zwischen Hormonantwort und »Harm Avoidance« oder »Reward Dependence« beobachtet werden, was für eine gewisse Spezifität des Dopaminsystems für »Novelty Seeking« spricht. Für eine Übersicht über weitere Studien mit ähnlichen Befunden sei auf Henning und Netter (2005) verwiesen.

»Harm Avoidance«

Auch zur »Harm Avoidance« liegen Befunde mit dem Challenge-Test vor. So verabreichten Hennig et al. (2000) ihren Versuchspersonen Fenfluramin, welches als sogenannter »Freisetzer« (engl. »releaser«) zu einer Erhöhung von Serotonin in der Synapse führt, und bestimmten anschließend die Veränderung der Prolaktinkonzentration im Blut ihrer Probanden (Prolaktin ist ein Hormon, das u. a. bei Frauen den Menstruationszyklus und beim Mann die Fruchtbarkeit mitsteuert). Aufgrund dieser Daten unterteilten die Autoren ihre Stichprobe in eine Gruppe von Personen, die auf die pharmakologische Stimulation mit einem Anstieg der Prolaktinkonzentration reagierten, und eine Gruppe, die keine hormonelle Reaktion zeigte. Dabei konnte letztere Gruppe durch eine durchschnittlich größere »Harm Avoidance« charakterisiert werden als erstere: Personen mit ausgeprägter »Harm Avoidance« zeigten also eine nur schwache Prolaktinantwort und damit eine nur geringe Reagibilität des serotonergen Systems (▶ Abb. 8.11). Dies stimmt insofern mit den Vorhersagen von Cloninger (1986) überein, als Personen mit hoher Ausprägung von HA eine erhöhte basale Serotoninfreisetzung in den Synapsen haben sollten. Dabei führen diese anhaltend hohen Serotoninkonzentrationen zu einer Verringerung der Anzahl der Serotoninrezeptoren auf der postsynaptischen Membran (engl. »downregulation«) und somit zu einer reduzierten Sensitivität für serotonerge Stimulation. Ein Zusammenhang zwischen serotonerger Reagibilität und den anderen beiden Dimensionen des TPQ konnte nicht beobachtet werden.

Bemerkungen

Schließlich wurde auch die biologische Grundlage von »Reward Dependence« vereinzelt mit dem Challenge-Test untersucht, wie beispielsweise in einer Studie von Gerra und Kollegen (2000). Dabei kann in der Gesamtschau dieser und weiterer Studien festgehalten werden, dass mit dieser Methode einige Befunde erbracht werden konnten,

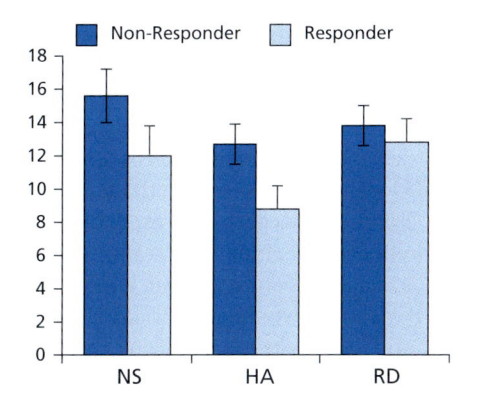

Abb. 8.11: Mittelwert und Standardabweichung auf den drei Dimensionen des Tridimensional Personality Questionnaire (TPQ; NS = Novelty Seeking, HA = Harm Avoidance, RD = Reward Dependence) separat für Responder und Non-Responder der Prolaktinantwort nach Gabe von Fenfluramin (nach Hennig et al., 2000).

die mit den Vorhersagen aus Cloningers Theorie übereinstimmen. Allerdings ist die Befundlage keinesfalls einheitlich. Darüber hinaus verweisen zahlreiche Studien darauf, dass die hier betrachteten dopaminergen, serotonergen sowie adrenergen Systeme keinesfalls jeweils spezifisch für »Novelty Seeking«, »Harm Avoidance« und »Reward Dependence« wären. Ganz im Gegenteil – jedes dieser Transmittersysteme konnte auch mit anderen Persönlichkeitsmerkmalen in Zusammenhang gebracht werden.

Molekulargenetische Studien

Infolge der rasanten Fortschritte, die in der molekulargenetischen Forschung in den letzten Jahren stattgefunden haben, ist inzwischen bekannt, auf welchen Abschnitten des menschlichen Genoms viele funktionelle Bestandteile der unterschiedlichen Transmittersysteme kodiert werden. Unter dem Genom versteht man die gesamte Menge an DNS eines Organismus (die DNS setzt sich bekanntermaßen aus einer Doppelhelix von Basenpaaren zusammen), welche beim Menschen auf 23 Chromosomenpaare aufgeteilt ist. Dabei wird beispielsweise der D4-Rezeptor (ein spezieller Rezeptor des dopaminergen Systems) durch eine bestimmte Sequenz von 48 Basenpaaren auf Chromosom 11 kodiert. Solche Abschnitte sind allerdings nicht bei allen Menschen gleich, sondern können in verschiedenen Varianten (sog. Allelen) auftreten (weshalb man in einem solchen Fall auch von einem Polymorphismus spricht). Im Falle des D4-Rezeptors tritt die Sequenz von 48 Basenpaaren in Chromosom 11 nicht nur ein einziges Mal auf, sondern wird – je nach Person – in diesem Chromosom zwischen zwei- und zehnmal wiederholt. Diese unterschiedlichen Wiederholungshäufigkeiten korrelieren nun mit funktionellen Unterschieden im dopaminergen System. So gehen die kürzeren Formen der Allele (zwei bis fünf Wiederholungen) mit einem größeren Bindungspotential des D4-Rezeptors (sowie einer effizienteren Hemmung im »Second Messenger System«) einher, was zu einer größeren Reagibilität des dopaminergen Systems führt. Längere Allele gehen entsprechend mit einer geringeren Aktivierbarkeit dieses Transmittersystems einher. Ähnliche Zusammenhänge zwischen Polymorphismus und funktionellen Unterschieden sind auch für das serotonerge und noradrenerge System bekannt. Insofern stellt die molekulargenetische Forschung mächtige Werkzeuge zur Verfügung, um Theorien zum Zusammenhang zwischen genetisch bedingten Unterschieden in den Transmittersystemen und der Persönlichkeit zu überprüfen (vgl. Kapitel 13).

Natürlich war Cloningers biosoziale Theorie der Persönlichkeit Gegenstand mehrerer solcher molekulargenetischer Untersuchungen. Dabei wird in der typischen Studie eine DNS-Probe der Probanden gewonnen (z. B. aus Zellen der Mundschleimhaut oder aus dem Blut) und mit Hilfe von molekulargenetischen Techniken die Allelenform jedes Probanden für einen bestimmten Polymorphismus bestimmt (wie z. B. das Vorliegen einer kurzen oder langen Form der Allele für den oben beschriebenen Polymorphismus des D4-Rezeptor-Gens). Anschließend wird der Zusammenhang zwischen Polymorphismus und Ausprägung auf einem oder mehreren Faktoren des TPQ (oder anderer Persönlichkeitsinventare) analysiert.

In einer Übersichtsarbeit berichteten Riemann und Spinath (2005) über solche molekulargenetischen Untersuchungen. So erbrachte eine Reihe von Studien zum Polymorphismus des D4-Rezeptor-Gens und »Novelty Seeking« eher inkonsistente Befunde, wobei nur etwa die Hälfte der Studien einen theoriekonformen Zusammenhang nachweisen konnte. Noch enttäuschender ist die Befundlage für den Zusammenhang zwischen einem Polymorphismus des Serotonin-Transporter-Gens und »Harm Avoidance« (kurze Varianten des Allels gehen mit einer verringerten Wiederaufnahme von Serotonin an der Synapse einher). Die Mehrzahl dieser Studien ließ nämlich keinen Zusammenhang zwischen einem Polymorphismus dieses Gens und »Harm Avoidance« erkennen. Somit legen diese Studien nahe, dass die von Cloninger postulierte Zuordnung von jeweils einem Transmittersystem als Ursache für individuelle Unterschiede in jeweils einem TPQ-Faktor wohl eher skeptisch zu bewerten ist. Dabei kann diese Eins-zu-Eins-Zuordnung in statistischer Terminologie als eine *Haupteffektshypothese* betrachtet werden.

Als Alternative zu dieser Haupteffektshypothese vermuteten Ebstein et al. (1997), dass auch noch andere Gene (und somit auch andere Transmittersysteme) jeden einzelnen Faktor des TPQ beeinflussen könnten. Um diese *Interaktionshypothese* zu überprüfen, wurden die jeweiligen Polymorphismen für das D4-Rezeptor-Gen, das D3-Rezeptor-Gen – ein spezieller dopaminerger Rezeptor – sowie das 5-HT2C-Rezeptor-Gen – ein spezieller serotonerger Rezeptor – bestimmt (Ebstein et al., 1996; Ebstein et al., 1997). Es zeigte sich sowohl ein Zusammenhang zwischen dem Polymorphismus des D4-Rezeptor-Gens und »Novelty Seeking« als auch ein Zusammenhang zwischen dem Polymorphismus des 5-HT2C-Rezeptor-Gens und »Reward Dependence«. Keiner der Polymorphismen konnte hingegen »Harm Avoidance« erklären. Dieser Befund stimmt nur teilweise mit Cloningers Theorie überein, welche zwar eine Beziehung zwischen dopaminergem System und »Novelty Seeking« vorhersagen würde, nicht aber einen Zusammenhang von serotonergem System und »Reward Dependence«. Zudem zeigte sich in dieser Studie – anders als durch die Theorie vorhergesagt – keine direkte Beziehung zwischen Serotonin und »Harm Avoidance«.

Von besonderem Interesse an dieser Studie ist, dass sie auch bedeutsame Interaktionen zwischen den verschiedenen Polymorphismen und der Ausprägung der TPQ-Faktoren aufdecken konnte. So ließen sich durch den soeben beschriebenen Haupteffekt des 5-HT2C-Rezeptor-Polymorphismus nur 4,2 Prozent der Varianz von »Reward Dependence« erklären. Wird dieser Zusammenhang aber nur für Personen mit der langen Allelenform des D4-Rezeptor bestimmt, erhöht sich die aufgeklärte Varianz für »Reward Dependence« auf 12,8 Prozent. Dieser Befund lässt also vermuten, dass die dopaminergen und serotonergen Systeme interagieren und »Reward Dependence« nur dann vorhergesagt werden kann, wenn beide Systeme gleichzeitig betrachtet werden.

Eine konzeptuell ähnliche Untersuchung wurde später von Benjamin et al. (2000) berichtet, in der ebenfalls bedeutsame Interaktionen zwischen den Polymorphismen in dopaminergen und serotonergen Systemen auf die Ausprägung von »Novelty Seeking« nachgewiesen wurden. Auch wenn die Befunde dieser letzteren Studie im Detail nicht die Ergebnisse von Ebstein et al. (Ebstein et al., 1996; Ebstein et al., 1997) replizieren konnten, so legen diese Befunde doch nahe, dass eine einfache Haupteffekthypothese (wie in Cloningers Theorie) der Komplexität von Gehirn und Persönlichkeit nicht ganz gerecht wird. Vielmehr verweisen diese Daten darauf, dass die Zusammenhänge zwischen den Genen für Transmittersysteme und den Persönlichkeitsfaktoren durch (vermutlich recht komplexe) Interaktionen erklärt werden müssen.

8.3.3 Weiterentwicklung der Theorie

Zwar hat Cloninger seine biosoziale Theorie der Persönlichkeit mit dem Ziel entwickelt, ein einheitliches System für die Beschreibung und Erklärung von normaler und gestörter Persönlichkeit zu schaffen, aber schon bald nach der Veröffentlichung dieser Theorie wurde klar, dass dieses Ziel mit den drei Dimensionen »Novelty Seeking«, »Harm Avoidance« und »Reward Dependence« nicht zu erreichen war. Deshalb erweiterten Cloninger und seine Mitarbeiter (Cloninger et al., 1993) das dreidimensionale Persönlichkeitssystem auf insgesamt sieben Faktoren, die sich aus vier Faktoren des Temperaments sowie drei Dimensionen des Charakters zusammensetzten.

Zu den Temperamentsfaktoren rechnet Cloninger die drei Dimensionen »Novelty Seeking«, »Harm Avoidance« und »Reward Dependence«, wie sie durch den TPQ gemessen werden mit einer Ausnahme: Die Persönlichkeitseigenschaft »Hartnäckigkeit« (»Persistence«) beschreibt die Disposition, verschiedene Tätigkeiten trotz Frustration und Ermüdung beharrlich fortzuführen. Diese Eigenschaft wurde zwar im TPQ als Facette von »Reward Dependence« angesehen, aber verschiedene Studien konnten zeigen, dass »Persistence« mit anderen Facetten von »Reward Dependence« (Sentimentalität, Anhänglichkeit und Abhängigkeit) unkorreliert ist (Cloninger et al., 1991). Deshalb wurde »Persistence« von Cloninger und Mitarbeitern (1993) als eigenständige und vierte Temperamentsdimension eingeführt. Zu den neu hinzugekommen drei Dimensionen des Charakters zählen Cloninger und Mitarbeiter (1993) die »Selbstbezogenheit« (»Self-Directedness«), die »Kooperationsbereitschaft« (»Cooperativeness«) sowie die »Selbsttranszendenz« (»Self-Transcendence«). Zur Messung dieser sieben Faktoren wurde von Cloninger und Mitarbeitern eine Erweiterung des TPQ vorgelegt, nämlich das »Temperament and Character Inventory« (TCI; deutsche Version von Cloninger et al., 1999). Biopsychologische Daten zu den neu hinzugekommen Persönlichkeitsdimensionen liegen bislang nur als Einzelbefunde vor und gestatten deshalb noch keine weiterreichende Bewertung der erweiterten Theorie (Übersichten über solche Befunde finden sich bei Cloninger, 1998, 2000).

> **Zusammenfassung von Kapitel 8.3**
>
> Cloninger ging ebenso wie Gray und Eysenck von drei distinkten biologischen Systemen als Grundlage der Persönlichkeit aus; allerdings sollten auf diesen Dimensionen die normale wie auch die gestörte Persönlichkeit abgebildet werden können. Cloninger schlägt drei Hirnsysteme vor, denen drei genetisch unabhängige Dimensionen der Persönlichkeit zugrunde liegen und die distinkte Reaktionen auf spezifische Reize vermitteln sollen. Cloningers Theorie wird als »biosoziale« Persönlichkeitstheorie bezeichnet, da nach Cloninger Verhalten in der Wechselwirkung von genetischen und umweltbedingten Faktoren entsteht.
>
> Das Persönlichkeitsmerkmal »Neuheitssuche« (Novelty Seeking, NS) vermittelt auf neue Reize bzw. auf Hinweisreize für potentielle Belohnung Annäherungsverhalten, Vorfreude und Erwartung sowie eine Anreizmotivation. Biologisch ist das System im Mittelhirn lokalisiert und wird dopaminerg innerviert. Personen mit hohen Werten auf NS sind

impulsiv, neugierig, wankelmütig, erregbar, extravagant und unordentlich. Das Persönlichkeitsmerkmal »Schadensvermeidung« (Harm Avoidance, HA) disponiert zu einer intensiven Vermeidungsreaktion auf Hinweisreize für Bestrafung oder frustrierende Nichtbelohnung. Das zugehörige Hirnsystem ist im Mittelhirn bei serotonerger Neurotransmission verortet. Personen mit einer hohen Ausprägung auf HA sind vorsichtig, angespannt, besorgt, ängstlich, gehemmt, schüchtern und leicht ermüdbar. Das Persönlichkeitsmerkmal »Belohnungsabhängigkeit« (Reward Dependence, RD) ist die Disposition, intensiv auf Hinweisreize für Belohnung zu reagieren, insbesondere soziale Anerkennung. Damit werden Verhaltensweisen aufrechterhalten, die zuvor positiv oder negativ verstärkt worden waren. Das zugrundeliegende Hirnsystem erstreckt sich vom Hypothalamus und limbischen Strukturen bis in den gesamten Neokortex und ist noradrenerg innerviert. Personen mit hohen Ausprägungen in RD sind empfänglich für soziale Reize und etwa bemüht, anderen zu helfen und ihnen zu gefallen, sie sind ausdauernd, fleißig, mitfühlend und sentimental. Die Persönlichkeitsdimensionen werden mit dem »Tridimensional Personality Questionnaire« erfasst.

Cloningers biosoziale Persönlichkeitstheorie wurde verschiedentlich, mit gutem Erfolg, mit pharmakologischen Interventionen geprüft. Dabei wird eine Substanz verabreicht, die das postulierte spezifische Neurotransmittersystem stimuliert; durch die provozierte Hormonantwort kann auf die Reagibilität des Transmittersystems geschlossen werden. Diese Reagibilität korrelierte spezifisch mit den damit verknüpften Persönlichkeitsdimensionen. Neben solchen pharmakologischen Studien nehmen auch molekulargenetische Studien zahlenmäßig zu; in manchen dieser Studien wurden Zusammenhänge zwischen genetischen Polymorphismen und Persönlichkeitsdimensionen nach Cloninger gefunden.

Erweiterungen des biosozialen Persönlichkeitsmodells betrafen die Ableitung eines vierten Temperamentsfaktors (neben NS, HA und RD die Eigenschaft »Hartnäckigkeit«) und drei Dimensionen des Charakters (»Selbstbezogenheit«, »Kooperationsbereitschaft« und »Selbsttranszendenz«). Die sieben Persönlichkeitseigenschaften werden in dem Fragebogen »Temperament and Character Inventory« erfasst.

8.4 Affektiver Stil, Positive und Negative Affektivität

Eysenck, Gray und Cloninger postulierten jeweils einen tridimensionalen Persönlichkeitsraum und versuchten, diesen mit ihren biologischen Theorien zu erklären. Dabei ist bemerkenswert, dass diese tridimensionalen Beschreibungssysteme – wie z. B. das PEN-System – als mehr oder wenig vollständig betrachtet wurden. Dementsprechend versuchen die einzelnen Theorien also, die Gesamtpersönlichkeit auf biologische Gegebenheiten zurückzuführen. Andere Forscher hingegen beschäftigten sich mit einzelnen Eigenschaften und deren biologischer Erklärung, ohne sich für deren Einbettung in ein Gesamtsystem der Persönlichkeit zu interessieren. Ein wichtiges Beispiel für den letztgenannten Ansatz stellen die Forschungsbemühungen zur Hemisphärenasymmetrie und Emotionalität dar, die in den letzten Jahrzehnten maßgeblich durch den in Harvard ausgebildeten amerikanischen Psychologen Richard J. Davidson geprägt wurden.

8.4.1 Frontale Asymmetrie und Affektiver Stil, Positiver Affekt und Negativer Affekt

Aufbauend auf neuropsychologischen und psychophysiologischen Forschungsdaten sowie aufgrund von evolutionstheoretischen Überlegungen postulierte Davidson zwei separate Hirnsysteme für eine grundlegende Verhaltenssteuerung, die jeweils in nur einer der beiden Großhirnhemisphären repräsentiert sind (Davidson, 1992, 1998). So ist nach Davidsons Vorstellungen der *linke Frontalkortex* Teil eines motivationalen Systems, das sich im Laufe der Evolution auf Annäherungsverhalten spezialisiert hat (dieses System beinhaltet neben dem linken präfrontalen Kortex auch subkortikale Strukturen, wie besonders den Nucleus accumbens; dabei spielt der Neurotransmitter Dopamin eine wichtige Rolle für dieses System). Eine Aktivierung dieses Systems führt dabei zu einer Annäherung des Organismus an ein erwünschtes Ziel in der Umgebung (z. B. Nahrung, Sexpartner), wobei diese Aktivierung von bestimmten positiv-valenten Emotionen begleitet wird (also angenehme Gefühle wie z. B. Freude). Komplementär zu diesem System soll hingegen der *rechte Frontalkortex* an einem motivationalen System für Rückzugsverhalten beteiligt sein (dieses System beinhaltet zusätzlich auch limbische Strukturen wie die Amygdala sowie den Hypothalamus). Dessen Aktivierung führt dazu, dass sich der Organismus von Gefahrenquellen in der Umwelt zurückzieht (z. B. verdorbene Nahrung, Feinde), wobei diese Verhaltensweisen von bestimmten negativ-valenten Emotionen begleitet werden (unangenehmen Gefühlen wie z. B. Ekel und Furcht).

Aus diesem neuropsychologischen Postulat leitete Davidson ein Modell zur Erklärung von individuellen Unterschieden in motiviertem Verhalten und erlebten Emotionen ab. Im Kern nimmt er dabei an, dass nicht alle Personen eine symmetrische Aktivität dieser beiden Systeme aufweisen, sondern dass manche Personen eine eher linksfrontale Grundaktivität des Kortex haben und andere Personen eher eine rechtsfrontale Aktivität. Dieses als *frontale Asymmetrie* bezeichnete tonische Ungleichgewicht in der Aktivität der beiden grundlegenden Verhaltenssteuersysteme wird von Davidson als eine relativ stabile Disposition angesehen und hat Konsequenzen für das emotionale Erleben der Person. So sind Personen mit einer relativ linksfrontalen Asymmetrie durch eine leichtere Ansprechbarkeit für Annäherungsverhalten gekennzeichnet, sie weisen eine ausgeprägte positive Emotionalität auf und reagieren bereits auf vergleichsweise schwache angenehme Umweltreize mit einem intensiven Erleben von positiven Emotionen. Umgekehrt sind Personen mit einer relativ rechtsfrontalen Asymmetrie besonders für ein Rückzugsverhalten disponiert, sie sind durch eine ausgeprägte negative Emotionalität gekennzeichnet und reagieren bereits auf schwache unangenehme Umgebungsreize mit intensiven negativen Emotionen. Die Gesamtheit dieser Verhaltenseigenschaften und Erlebensqualitäten, die mit dieser frontalen Asymmetrie einhergehen, wird zusammenfassend als »Affektiver Stil« bezeichnet.

Ein wichtiges Element dieses »Modells der frontalen Asymmetrie und Emotion« ist seine Konzeption als ein Diathese-Stress-Modell. Personen mit einer linksfrontalen Asymmetrie erleben nämlich nicht permanent positive Emotionen, genauso wenig wie Personen mit einer rechtsfrontalen Asymmetrie ständig negative Emotionen aufweisen. Vielmehr ist die frontale Asymmetrie eine Diathese (also eine Veranlagung), intensivere Emotionen zu erleben, falls geeignete Auslösereize (die Stressoren) in der Umwelt auftreten. Dies bedeutet, dass sich linksfrontale und rechtsfrontale Personen nicht zwangsweise in ihrer Stimmung unterscheiden, solange sie sich in einer neutralen Umwelt aufhalten. Werden diese Personen hingegen einem angenehmen emotionalen Reiz ausgesetzt, so reagiert besonders die Person mit der linksfrontalen Asymmetrie auf diesen Stimulus. Umgekehrt wird nach diesem Modell die Person mit der rechtsfrontalen Asymmetrie entsprechend stärker auf einen negativ-valenten Umweltreiz ansprechen.

Dieses Modell wurde in zahlreichen psychophysiologischen Studien überprüft, wobei der Versuchsplan typischerweise zwei Untersuchungsteile aufweist. Zunächst wird in einer solchen Untersuchung die frontale Asymmetrie gemessen, indem ein EEG in einer Ruhebedingung abgeleitet wird. Dabei sitzt die Versuchsperson auf einem bequemen Stuhl und wird instruiert, sich bei geöffneten oder geschlossenen Augen zu entspannen. Aus diesen Daten wird später die Alpha-Aktivität als Maß für eine erniedrigte kortikale Aktivität bestimmt (Alpha-Aktivität und kortikale Aktivität stehen in einem inversen Verhältnis). Die frontale Asymmetrie wird dann als Differenz der Alpha-Aktivität bestimmt, wie sie über dem linken und rechten Frontallappen gemessen wurde. In einem zweiten Untersuchungsteil, der zeitlich einige Minuten von der EEG-Messung getrennt ist, wird dann der Affektive Stil der Probanden bestimmt, wobei hier sehr verschiedene Messprozeduren verwendet werden.

So wurde beispielsweise in einigen Studien die Emotionalität einfach mit Fragebogen erfasst, wobei der »Positive and Negative Affect Schedule« (PANAS; Watson et al., 1988) besonders häufig Verwendung fand. Dieser Fragebogen misst die beiden orthogonalen Dimensionen »Positiver Affekt« und »Negativer Affekt«, wobei diese Stimmungen je nach Version des Fragebogens sowohl als Zustand als auch als Eigenschaft erhoben werden können. Als Indikator des Affektiven Stils wird in diesem Forschungsbereich natürlich das Eigenschaftsformat verwendet (▶ Kasten 8.2). Dabei reflektiert *Positiver Affekt* das Ausmaß, in dem sich eine Person enthusiastisch, aktiv und wach fühlt. Personen mit ausgeprägtem Positiven Affekt sind energisch, konzentriert und beschäftigen sich mit angenehmen Dingen, während eine niedrige Ausprägung des Positiven Affekts mit Trauer und Lethargie einhergeht.

Kasten 8.2: Der »Positive and Negative Affect Schedule«

Konstruktionsprinzip: Aus zahlreichen faktorenanalytischen Studien ist bekannt, dass sich Adjektive zur Beschreibung unterschiedlichster emotionaler Zustände ökonomisch durch zwei varianzstarke und unabhängige Dimensionen repräsentieren lassen. Diese können nach einer Faktorenrotation als Positiver Affekt (PA) und Negativer Affekt (NA) interpretiert werden. Dabei reflektiert *Positiver Affekt* das Ausmaß, in dem sich eine Person enthusiastisch, aktiv und wach fühlt, während *Negativer Affekt* eine breite Dimension von subjektiv als unangenehm erlebtem Stress umfasst und unterschiedlichste aversive Stimmungen beinhaltet. Aufbauend auf dieser zweifaktoriellen Struktur des affektiven semantischen Raums unterzogen Watson et al. (1988) eine Liste von 60 Emotionsbegriffen einer Hauptkomponentenanalyse und wählten anschließend jene Emotionsbegriffe aus, die am besten dem Kriterium der Einfachstruktur genügten (hohe Ladung auf einem Faktor bei gleichzeitig niedriger Ladung auf dem anderen Faktor). Es resultierten zunächst zwölf Emotionsbegriffe für PA und 25 Begriffe für NA. Die zwölf Begriffe für PA wurden durch eine Verschärfung des Einfachstrukturkriteriums auf zehn Begriffe reduziert; entsprechend wurden aufgrund rationaler Überlegungen die 25 Begriffe für NA auf ebenfalls zehn Begriffe verringert, wobei die Autoren besonders darauf achteten, möglichst unterschiedliche Emotionen in dieser Skala beizubehalten.

Skalenbezeichnung und Items nach der deutschen Übertragung von Krohne et al. (1996):

PA (Positiver Affekt): *aktiv, interessiert, freudig erregt, stark, angeregt, stolz, begeistert, wach, entschlossen, aufmerksam.*

NA (Negativer Affekt): *bekümmert, verärgert, schuldig, erschrocken, feindselig, gereizt, beschämt, nervös, durcheinander, ängstlich.*

Beim Ausfüllen des PANAS schätzen die Probanden für jedes dieser zehn positiven und zehn negativen Emotionsadjektive die Intensität des eigenen Affektes auf fünfstufigen Skalen ein. Die Abstufungen dieser Skalen lauten *gar nicht (1) – ein bisschen (2) – einigermaßen (3) – erheblich (4) – äußerst (5)*. Die insgesamt 20 Items können mit unterschiedlichen Instruktionen vorgelegt werden, um PA und NA für verschiedene Zeitrahmen zu messen. Die Instruktionen sind folgendermaßen formuliert: »Wie fühlen Sie sich *im Moment?* – Wie haben Sie sich *heute* gefühlt? – ... *in den letzten Tagen* ... – ... *in den letzten Wochen* ... – ... *im letzten Jahr* ... – Wie fühlen Sie sich *im Allgemeinen?*« Dabei soll mit der ersten Formulierung der emotionale Zustand gemessen und mit der letzten Formulierung die emotionalen Dispositionen erfasst werden.

Im Gegensatz dazu ist *Negativer Affekt* eine breite Dimension für subjektiv erlebten Stress und beinhaltet unterschiedlichste aversive Stimmungen wie Ärger, Verachtung, Ekel, Schuld, Angst und Nervosität. Personen mit einer geringen Ausprägung auf dieser Dimension sind ruhig und gelassen. Eine deutsche Version der PANAS wurde von Krohne et al. (1996) vorgelegt.

In anderen Studien wurde die »affektive Reagibilität« erfasst, wobei die Versuchsteilnehmer eine experimentelle Prozedur durchliefen, in der verschiedene Emotionen induziert und anschließend die Intensitäten der ausgelösten Emotionen gemessen wurden (über die Validität einer solchen Messprozedur berichteten z. B. Hagemann, Naumann, Maier et al., 1999). Diese Vorgehensweise berücksichtigt besonders die Diathese-Stress-Konzeption des Modells, die ja die affektiven Reaktionen auf entsprechende Umweltreize betont. Im Folgenden werden einige Beispielstudien die Anwendung dieser Verfahren illustrieren.

In einer vielzitierten Untersuchung aus der Arbeitsgruppe von Davidson (Tomarken et al., 1992; Wheeler et al., 1993) wurde in zwei Messgelegenheiten im Abstand von drei Wochen ein Ruhe-EEG abgeleitet und jeweils die frontale Asymmetrie bestimmt. Nach Erhebung der EEG-Daten füllten die Probanden in der ersten Messgelegenheit mehrere Fragebogen aus, so auch den PANAS. In der zweiten Messgelegenheit wurden den Probanden im Anschluss an die Messung des EEG kurze Ausschnitte aus kommerziellen Kinofilmen präsentiert, mit denen bestimmte Emotionen ausgelöst werden sollten (wie beispielsweise Freude, Furcht und Ekel evozierende Szenen). Unmittelbar nach der Präsentation jedes Filmausschnitts mussten die Probanden auf Ratingskalen angeben, wie intensiv bestimmte Emotionen (wie z. B. Freude, Trauer, Ärger, Ekel, Furcht) während der Filmpräsentation erlebt wurden.

Tomarken et al. (1992) berichteten die mit dem PANAS gewonnenen Ergebnisse. Für die Datenanalyse wurden jene Probanden ausgewählt, die in beiden Messgelegenheiten entweder eine extreme linksfrontale Asymmetrie der kortikalen Ruheaktivität aufwiesen oder eine extreme rechtsfrontale Asymmetrie. Personen mit einer linksfrontalen Ruhe-Asymmetrie berichteten einen signifikant erhöhten Positiven Affekt im Vergleich zu Personen mit einer rechtsfrontalen Asymmetrie, während ein solcher Gruppenunterschied allerdings für den Negativen Affekt nicht signifikant war. **Abbildung 8.12** verdeutlicht das Ergebnis. Ergänzend berichteten Wheeler et al. (1993) die Ergebnisse für die Filmdaten. Wurden jene Probanden für die Datenanalyse ausgewählt, die zu beiden Messgelegenheiten eine ähnliche frontale Asymmetrie aufwiesen und die als »stabile« Versuchspersonen bezeichnet wurden, so zeigten sich signifikante Zusammenhänge zwischen der frontalen Asymmetrie und affektiver Reagibilität. Personen mit größerer linksseitiger kortikaler Ruheaktivität über den Frontallappen berichteten intensivere positive Emotionen nach der Präsentation der positiv-valenten Filme ($r = 0{,}45$), während Personen mit einer größeren rechtsseitigen frontalen Aktivität über intensivere negative Emotionen nach der Präsentation der negativen Filme berichteten ($r = 0{,}48$).

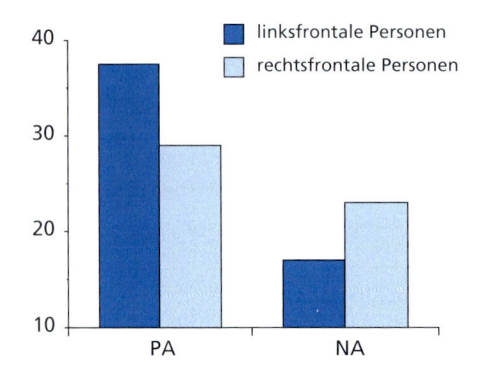

Abb. 8.12: Mittlere Fragebogenwerte für die Eigenschaftsversion des Positive and Negative Affect Schedule (PANAS; PA = positiver Affekt, NA = negativer Affekt), separat für Personen mit einer größeren linksfrontalen oder rechtsfrontalen kortikalen Ruheaktivität (nach Tomarken et al., 1992).

Zwar stimmten diese Befunde insgesamt recht gut mit dem Modell der frontalen Asymmetrie und Affektivem Stil überein, andere Studien aber konnten keine positive Evidenz zugunsten des Modells erbringen (s. z. B. die drei Studien von Hagemann et al., 2005b; Hagemann et al., 1998; Hagemann, Naumann, Lürken et al., 1999). Besonders eine neuere Befundübersicht von Coan und Allen (2004), in der die Resultate aus mehr als 70 Einzelstudien zur frontalen Asymmetrie zusammengestellt wurden, wies eine erhebliche Inkonsistenz der Forschungsergebnisse nach. Um diese Differenz der Befunde aufzuklären, wurden einerseits messmethodische Probleme des EEG als potentielle Störfaktoren untersucht (Hagemann, 2004; Hagemann & Naumann, 2001; Hagemann et al., 2001). Dabei konnte besonders mit State-Trait-Modellen nachgewiesen werden, dass nur ca. 60 % der Varianz der Asymmetriemaße auf individuelle Unterschiede in einer latenten Eigenschaft zurückgeführt werden können (Hagemann et al., 2005a; Hagemann et al., 2002; zur Methode der State-Trait-Modelle s. Abschn. 2.2.2). Folglich empfiehlt sich eine Aggregation der Daten über mehrere Messzeitpunkte, um replizierbare Zusammenhänge zwischen Asymmetrie und Emotionalität zu erzielen (s. Kap. 12.2). Andererseits wird seit einigen Jahren auch konzeptuelle Kritik am Modell der frontalen Asymmetrie und Emotion geäußert; die aus dieser Kritik hervorgegangene Modellrevision wird im folgenden Abschnitt dargestellt.

8.4.2 Frontale Asymmetrie und motivationale Tendenz

Im Modell der frontalen Asymmetrie und Emotion von Davidson (1992) wird postuliert, dass eine Aktivierung des Systems für Annäherung mit dem subjektiven Erleben von positiv-valenten Emotionen einhergeht, während eine Aktivität des Systems für Rückzugsverhalten von einem Erleben negativ-valenter Emotionen begleitet wird. In diesem Modell findet also eine Gleichsetzung von emotionaler Valenz (angenehm vs. unangenehm) mit motivationaler Tendenz (Annäherung vs. Rückzug) statt, wobei diese Gleichsetzung nur auf den ersten Blick plausibel erscheint. In einer einflussreichen Arbeit haben Harmon-Jones und Allen (1998) darauf hingewiesen, dass nicht alle positiv-valenten Emotionen mit Annäherungsverhalten bzw. alle negativ-valenten Emotionen mit Rückzugsverhalten einhergehen.

Vielmehr lassen sich auch grundlegende emotionale Zustände aufzeigen, insbesondere *Ärger*, die diesem Zuordnungsschema nicht entsprechen. Schließlich kann Ärger als negativ-valente Emotion aufgefasst werden, die in aller Regel mit einer (aggressiven) Tendenz zur Annäherung an das Ärgernis verbunden ist (auch wenn dieser Tendenz nicht immer nachgegeben wird). Aufgrund dieser Überlegung schließen die beiden Autoren, dass in den meisten Studien zur frontalen Asymmetrie bei der Operationalisierung des affektiven Stils die emotionale Valenz mit der motivationalen Tendenz konfundiert wurde. Falls nun die frontale Asymmetrie gar kein Substrat für die emotionale Valenz wäre, sondern tatsächlich nur eine biologische Basis der motivationalen Tendenz darstellte, könnte diese Konfundierung die Widersprüchlichkeit der Befundlage erklären.

Um dies zu überprüfen, führten Harmon-Jones und Allen (1998) eine Studie durch. Den Probanden wurde in einer Messgelegenheit ein Ruhe-EEG abgeleitet und anschließend eine Fragebogenbatterie vorgelegt. Diese enthielt neben dem PANAS auch einen Aggressionsfragebogen von Buss und Perry (1992), der unter anderem auch eine Skala für den erlebten Ärger beinhaltet. Eine Analyse der Daten zeigte auf, dass die frontale Asymmetrie weder mit PA noch mit NA signifikant korrelierte, jedoch einen signifikanten Zusammenhang mit Ärger zeigte ($r = 0{,}48$): Je größer die relativ *linksseitige* frontale kortikale Ruheaktivität einer Person war, desto ausgeprägter war auch ihre Ärgerdisposition.

Die Autoren sahen mit diesem Befund ihre Hypothese bestätigt: Die frontale Asymmetrie ist kein biologisches Substrat für emotionale Valenz, sondern für die motivationale Tendenz. Wäre nämlich die emotionale Valenz im Sinne des Modells der frontalen Asymmetrie und Emotion von Davidson (1992) gültig, so müsste sich ein positiver Zusammenhang zwischen relativ *rechtsseitiger* frontaler Asymmetrie und (negativ-valentem) Ärger zeigen. Der empirische Zusammenhang verlief hingegen in die umgekehrte Richtung und lässt vermuten, dass es die mit Ärger verbundenen Annäherungstendenzen sind, die sich hier abbilden.

Aufgrund dieses Ergebnisses präzisierten Harmon-Jones und Allen (1998) das Modell der frontalen Asymmetrie und Emotion: Nach wie vor gehen sie davon aus, dass der linke Frontallappen Teil eines Systems für Annäherungsverhalten ist und der rechte Frontallappen Teil eines Systems für Rückzugsverhalten. Dementsprechend disponieren tonische Aktivitätsunterschiede in diesen beiden Systemen für eine größere Annäherungstendenz (im Falle einer linksseitig größeren Ruheaktivität) oder für eine ausgeprägtere Rückzugstendenz (bei einer rechtsseitig größeren Aktivität). In diesem Sinne spiegelt die frontale Asymmetrie die motivationalen Tendenzen einer Person wider (im Sinne einer Annäherungsdisposition und einer Rückzugsdisposition). Die emotionale Valenz hingegen spielt bei dieser Formulierung keine Rolle mehr. Deshalb könnte diese Hypothese als ein »Modell der frontalen Asymmetrie und motivationalen Tendenz« bezeichnet werden.

Zusammenfassung von Kapitel 8.4

Andere als die bisher besprochenen biopsychologischen Modelle von Eysenck, Gray oder Cloninger verfolgten nicht das Ziel, die Gesamtpersönlichkeit, zum Beispiel in einem dreidimensionalen Raum, zu erklären. Stattdessen untersuchten sie einzelne Verhaltens- bzw. Emotionssysteme und ihre biologische Fundierung. R. J. Davidson postulierte zwei separate Hirnsysteme, die gegenläufige motivationale Verhaltenstendenzen hervorbringen. Der linke Frontalkortex soll die Annäherung des Organismus an ein erwünschtes Ziel motivieren; damit gehen positiv-valente Emotionen einher. Der rechte Frontalkortex soll den Rückzug des Organismus von einer Gefahrenquelle motivieren; damit gehen negativvalente Emotionen einher. Die motivationalen Verhaltenstendenzen sind Dispositionen mit interindividuellen Unterschieden in ihren basalen Ansprechbarkeiten. Eine Dominanz der Annäherungsmotivation gegenüber der Rückzugsmotivation müsste mit einer relativen linksfrontalen Hemisphärenasymmetrie, eine Dominanz der Rückzugsmotivation gegenüber der Annäherungsmotivation mit einer relativen rechtsfrontalen Hemisphärenasymmetrie einhergehen. Das Ausmaß dieser Asymmetrie kann in einer Standardprozedur mithilfe des EEG gemessen werden. Untersuchungen zur Gültigkeit dieses Modells verwendeten korrelative und experimentelle Ansätze. Ein korrelativer Ansatz besteht darin, dass die vorherrschende Emotionalität (affektiver Stil) per Fragebogen erfasst und mit Asymmetriemaßen aus dem EEG korreliert wird. Als Fragebogen wurde hierzu häufig die PANAS (»Positive and Negative Affect Schedule«) verwendet. Ein anderer korrelativer Ansatz verwendet statt eines habituellen Affekt-Fragebogens die Befindlichkeitsmessung im Zuge einer Emotionsinduktion. Mit diesen Ansätzen wurden teilweise bestätigende, aber auch nicht-bestätigende Ergebnisse erzielt.

Die enge Koppelung von Positiver Affektivität an das linksfrontale Hirnsystem und von Negativer Affektivität an das rechtsfrontale Hirnsystem in dem Modell von Davidson rief Kritik auf den Plan. So führt die Emotion Ärger (negativ-valent) häufig zur Annäherung an das Ärgernis. In dem Modell der frontalen Hemisphärenasymmetrie nach Harmon-Jones wird dementsprechend die Richtung der Verhaltenstendenz und nicht die der begleitenden affektiven Valenz als zentral angesehen. Hierzu liegen, insbesondere im Kontext der Emotion Ärger, vielfältige bestätigende Befunde vor.

8.5 Sensation Seeking

In den 1960er Jahren beschäftigte sich Zuckerman mit der Erforschung interindividueller Unterschiede in der Reaktion auf sensorische Deprivation (Zuckerman, 1979, 1994, 2004b, a; zusammenfassend Möller & Huber, 2003). Der theoretische Ausgangspunkt für diese Studien war – ähnlich wie Eysencks Konzept der Abhängigkeit eines optimalen hedonischen Tonus von einem bestimmten Arousal-Niveau (▶ Abb. 8.1) – die Vorstellung, dass es systematische interindividuelle Unterschiede im Bedürfnis nach Stimulation gibt, die notwendig ist, um sich wohl zu fühlen (hedonischer Tonus), so dass Personen unterschiedlich stark nach solcher Stimulation suchen. Zuckerman nannte sein Konzept deshalb »Sensation Seeking« und nicht »Stimulation Seeking«, weil es die Sinneseindrücke (sensations), also die Effekte von Stimulationen sind, die positiven Verstärkungswert für das Individuum haben, und nicht die Stimulationen selber, und weil dieser Verstärkungswert zu einem Großteil von der Komplexität, Ungewöhnlichkeit oder Neuheit der Stimulation abhängt. Die Persönlichkeitseigenschaft »Reizsuche« (»Sensation Seeking«) bezieht sich demnach auf die Tendenz, neue, verschiedenartige, komplexe und intensive Eindrücke zu bekommen oder Erfahrungen zu machen und dafür auch Risiken in Kauf zu nehmen (Zuckerman, 1994, 1979).

8.5.1 Die Messung von »Sensation Seeking«

Zur Messung von »Sensation Seeking« entwickelten Zuckerman und seine Mitarbeiter eine Reihe von Fragebogen, deren Faktorenanalysen immer wieder vier Faktoren erster Ordnung des allgemeinen »Sensation Seeking« ergaben. Die vier Unterfaktoren der fünften Form der »Sensation Seeking«-Skalen (SSS-V; Beauducel et al., 2003) wurden wie folgt benannt und beschrieben:

- »Thrill and Adventure Seeking« (TAS): Die Neigung oder der Wunsch, Spannung und Abenteuer durch riskante, aufregende Aktivitäten wie schnelles Fahren, riskante Sportarten und dergleichen zu erleben. Da die meisten dieser Tätigkeiten nicht allgemein verbreitet sind (Tauchen, Fallschirmspringen, schnelles Motorradfahren), wird in den Items nach Wünschen und Intentionen gefragt: »Ich würde gerne…«.
- »Experience Seeking« (ES): Die Neigung, neue Eindrücke zu bekommen oder neue Erfahrungen zu machen, z. B. durch Reisen, ungewöhnliche Kunst, nonkonformistische Lebensweisen oder durch den Umgang mit sozial auffälligen oder randständigen Gruppen.
- »Disinhibition« (Dis): Die Tendenz, sich Stimulation durch soziale Aktivitäten (z. B. Party), durch Enthemmung mit Hilfe sozialen Trinkens oder auch durch sexuelle Kontakte zu verschaffen.
- »Boredom Susceptibility« (BS): Intoleranz gegenüber sich wiederholenden Erfahrungen jeder Art wie Routinearbeiten oder auch gegenüber langweiligen Menschen. Diese Anfälligkeit für Langeweile drückt sich in einer Abneigung gegenüber monotonen Situationen und durch Ruhelosigkeit in solchen Situationen aus.

Die sehr umfangreiche Bestandsaufnahme von Zuckerman (1994) über Unterschiede zwischen Personen mit niedrigem und hohem Sensation Seeking zeigte eine Fülle gut gesicherter Ergebnisse, die auszugsweise in **Tabelle 8.1** wiedergegeben ist. Weitere Zusammenfassungen finden sich bei Roth und Hammelstein (2003) sowie bei Roberti (2004) und Stelmack (2004).

Tab. 8.1: Verhaltensunterschiede von Personen mit einer starken oder schwachen Ausprägung von Sensation Seeking.

Tätigkeitsbereich	Sensation Seeking	
	niedrig	hoch
Risikobereitschaft	niedriger, höhere Einschätzung eines Risikos, größere Angst vor Unbekanntem	höher, niedrigere Einschätzung eines Risikos, weniger Angst vor Unbekanntem
Präferenz für bestimmte Sportarten	lehnt riskantere Sportarten eher ab	bevorzugt riskantere Sportarten
	kein Unterschied bei risikoarmen Sportarten mit hohem Trainingsaufwand	
Berufe	bevorzugt Berufe mit vorhersagbaren Anforderungen; Frauen ergreifen lieber konventionelle Frauenberufe	bevorzugt Berufe mit Abwechslung und Herausforderungen; Frauen ergreifen gerne Männerberufe

Tab. 8.1: Verhaltensunterschiede von Personen mit einer starken oder schwachen Ausprägung von Sensation Seeking. – Fortsetzung

Tätigkeitsbereich	Sensation Seeking	
	niedrig	hoch
Sozialverhalten	zu nahe und zu lange Sozialkontakte werden als unangenehm erlebt	suchen Sozialkontakte, sind offen, dominant, erwarten Offenheit
Partnerschaft	erfolgreicher, wenn Partner einander in Sensation Seeking ähneln	
Sexualverhalten	eher auf dauerhafte Partnerschaft gerichtet	auch als Spiel ohne strenge Regeln betrieben
Präferenzen für verschiedene Arten von Kunst	liebt die ruhige, spannungsarme Kunst und Musik	bevorzugt komplexe, abstrakte spannungsreiche Kunst und intensive (laute) Musik
Humor	bevorzugt Witze, die auf der Auflösung von Missverständnissen beruhen	mag »Nonsens«-Witze und frivolen Humor
Rauchen	eher weniger	eher mehr
	kein Unterschied in der Einschätzung des Gesundheitsrisikos	
Alkohol- und Drogenkonsum	geringer	höher

8.5.2 »Sensation Seeking« im alternativen Fünf-Faktoren-Modell

In dem in Abschnitt 7.4.2 beschriebenen alternativen Fünf-Faktoren-Modell von Zuckerman und Kuhlman (Zuckerman, 2002; Zuckerman et al., 1993) bildet sich »Sensation Seeking« im Faktor »Psychoticism – Impulsive Unsocialised Sensation Seeking« (P-ImpUSS) ab. Zuckerman et al. (1991) hatten bei der weiteren Entwicklung ihres Modells sehr viele gängige Fragebogen zur Erfassung biologisch bedeutsamer Persönlichkeitsmerkmale einer Faktorenanalyse unterzogen und dabei unterschiedliche Faktorenlösungen aus denselben Daten betrachtet, nämlich je eine Lösung mit sechs, fünf, vier und drei jeweils zur Einfachstruktur rotierten Faktoren. Die Zusammenhänge zwischen diesen Lösungen geben Aufschluss über Komponenten der Faktoren des alternativen Fünf-Faktoren-Modells (entsprechend der Fünf-Faktoren-Lösung in **Abbildung 8.13**) und über deren Bedeutung für ein Drei-Faktoren-Modell, das dem von Eysenck sehr ähnlich ist. **Abbildung 8.13** veranschaulicht diese Zusammenhänge.

Zweierlei ist wichtig an diesem Ergebnis:

- »Sensation Seeking« wird in diesem Modell durch einen Faktor abgebildet, der wesentlich durch die Psychotizismus-Skala aus dem EPQ-R von Eysenck (s. Abschn. 7.3.2) mit definiert ist.
- **Abbildung 8.13** zeigt, dass der Faktor »Psychoticism-Impulsive Unsocialised Sensation Seeking« keine Zusammenhänge mit »Neurotizismus-Emotionalität« und auch nicht mit »Soziabilität« hat.

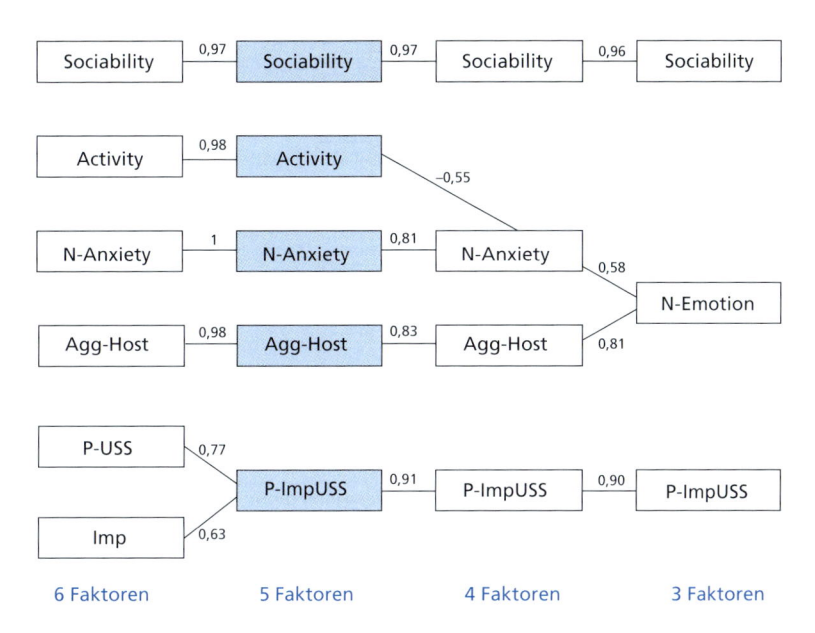

Abb. 8.13: Eine Hierarchie von Faktorenlösungen für sechs, fünf, vier und drei Faktoren aus denselben Ausgangsdaten mit Korrelationen der Faktorwerte zwischen den hierarchischen Ebenen. Abkürzungen: N = Neuroticism, Agg-Host = Aggression-Hostility, Emotion = Emotionality, P-USS = Psychoticism-Unsocialised Sensation Seeking, Imp = Impulsivity, P-ImpUSS = Psychoticism-Impulsive Unsocialised Sensation Seeking (nach Zuckerman et al., 1991).

8.5.3 Biopsychologische Grundlagen des »Sensation Seeking«

Parallel zur Entwicklung des »Sensation Seeking«-Konzepts als deskriptives Persönlichkeitsmerkmal hat sich Zuckerman von Anfang an bemüht, die biopsychologischen Grundlagen zu finden, die die interindividuellen Unterschiede in »Sensation Seeking« erklären könnten. Er forderte von Persönlichkeitsmerkmalen, die als Basisdimensionen der Persönlichkeit gelten sollen, dass sie eine solche biopsychologische Grundlage haben (Zuckerman et al., 1991).

Die von Zuckerman entwickelte biopsychologische Theorie des »Sensation Seeking« (Zuckerman, 1991, 1994, 1996, 1999) unterscheidet sich von den bisher behandelten biopsychologischen Persönlichkeitstheorien, die einen Isomorphismus zwischen je *einem* Persönlichkeitsmerkmal und *einem* bestimmten neuralen System annehmen. Zuckerman betonte, dass jedes biologisch fundierte Persönlichkeitsmerkmal durch viele miteinander interagierende Funktionseinheiten im Gehirn mitdeterminiert würde und dass jede Funktionseinheit zwei oder mehr Persönlichkeitsmerkmale beeinflusse.

Darüber hinaus konzipierte Zuckerman seine biopsychologische Persönlichkeitstheorie als Mehr-Ebenen-Theorie. **Abbildung 8.14** veranschaulicht, wie Interaktionen zwischen neuralen Systemen konzipiert werden können und wie sich Funktionseinheiten einer Ebene auf die jeweils höhere Ebene des Modells auswirken mögen.

Die von Zuckerman (1991) entworfene Mehr-Ebenen-Theorie stellt eine Heuristik dar, die die biopsychologische Forschung im Persönlichkeitsbereich stark beeinflusst hat.

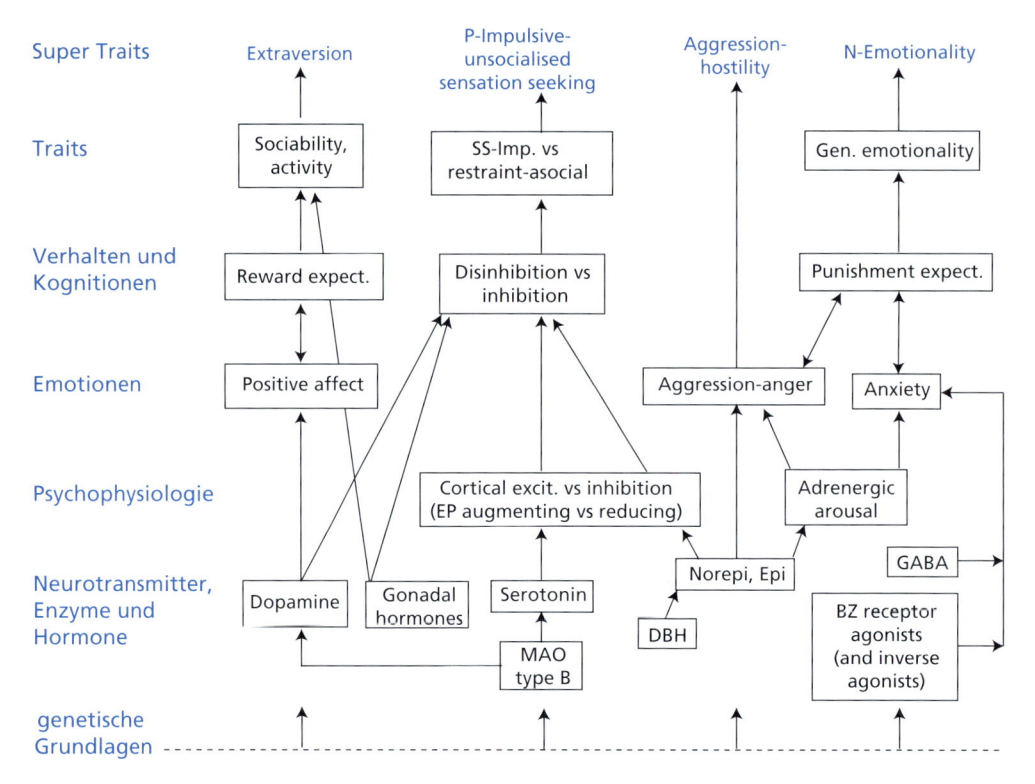

Abb. 8.14: Mehr-Ebenen-Theorie der Persönlichkeit (Zuckerman, 1991, S. 407). Abkürzungen: MAO = Monoaminooxidase, DBH = Dopamin-Beta-Hydroxylase, GABA = Gamma-Amino-Buttersäure, Norepi = Norepinephrin, Epi = Epinephrin, EP = Evoziertes Potential im Elektroenzephalogramm (weitere Abkürzungen ▶ **Abb. 8.13**).

Befunde liegen nicht zu allen Ebenen vor, zu anderen sind sie widersprüchlich, doch zeichnen sich bezüglich des »Sensation Seeking« auch übereinstimmende Ergebnisse ab (s. dazu Brocke, 2004; Brocke et al., 2003; Roberti, 2004; Brocke et al., 2004).

Die psychophysiologische Ebene: »Augmenting-Reducing«

Es ist vor allem der Zusammenhang zwischen »Augmenting-Reducing« und »Sensation Seeking«, der gut belegt ist. »Augmenting-Reducing« wird wie folgt gemessen: Bei einer wiederholten Stimulation mit identischen, kurzen Reizen lassen sich aus dem spontanen Elektroenzephalogramm (EEG) ereigniskorrelierte Potentiale extrahieren, die die Reaktion des zentralen Nervensystems auf diese Reize widerspiegeln (▶ **Abb. 8.15**).

Die frühen Komponenten (P1, N1) variieren systematisch mit der Reizstärke: Die Potentialdifferenz zwischen P1 und N1 (P1-N1-Amplitude) nimmt mit zunehmender Reizintensität zu. Ab einer bestimmten Reizstärke treten jedoch interindividuelle Unterschiede auf: Manche Personen (»Augmenter«) zeigen auch bei sehr intensiven Reizen einen weiteren Anstieg der P1-N1-Amplitude, während andere Personen (»Reducer«) keinen weiteren Amplitudenzuwachs oder sogar einen Abfall zeigen (▶ **Abb. 8.16**).

Der Reducing-Effekt wird als Schutzhemmung des Zentralnervensystems (»cortical

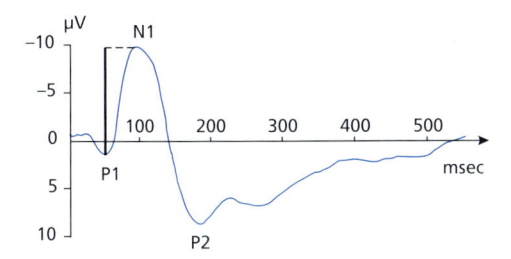

Abb. 8.15: Gemitteltes Ereigniskorreliertes Potential (EKP) auf einen kurzen, wiederholt vorgegebenen Reiz. Die Mittelung bewirkt, dass das spontane EEG ausgemittelt wird und das EKP als Reizantwort sichtbar wird (Beispiel entnommen aus Bartussek et al., 1993). Hervorgehoben ist die P1-N1-Amplitude.

— »disinhibition« niedrig (N = 14)
-- »disinhibition« hoch (N = 14)

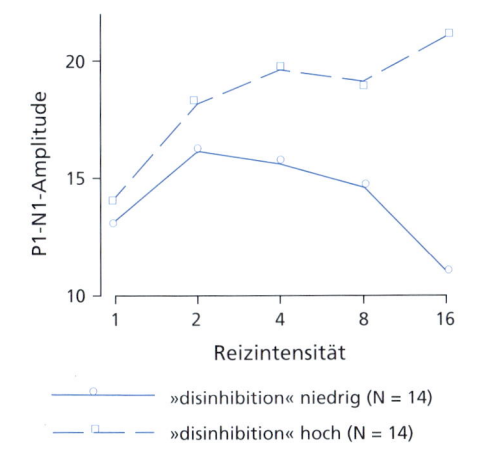

Abb. 8.16: Sensation Seeking (Disinhibition) und Augmenting-Reducing. Die Abhängigkeit der Veränderung der P1-N1-Amplitude mit zunehmender Reizintensität vom Persönlichkeitsmerkmal Disinhibition. Der monotone Zuwachs der P1-N1-Amplitude entspricht dem Augmenting, die Abnahme der P1-N1-Amplitude bei hohen Reizintensitäten dem Reducing (nach Zuckerman, 1994, S. 338).

inhibition«; ▶ Abb. 8.14) gegen übermäßige Stimulation interpretiert. Zuckerman zitierte Befunde, die einen deutlichen positiven Zusammenhang zwischen dem kortikalen Augmenting und »Sensation Seeking«, vor allem der Dis-Skala, nachweisen konnten (Zucker-Zuckerman, 1984, 1994). Sensation Seeker zeigen eher Augmenting, d. h., das zentrale Nervensystem reagiert auch auf sehr intensive Reize nicht mit einer Schutzhemmung, während Nicht-Sensation Seeker allzu intensive Stimulation nicht ertragen können und deshalb mit kortikalen Hemmungsprozessen reagieren.

Brocke et al. (2003) wiesen in ihrer zusammenfassenden Darstellung der Mehr-Ebenen-Theorie zum Sensation Seeking darauf hin, dass die Befundlage nicht ganz einheitlich sei, dennoch spräche eine ganze Reihe von Ergebnissen für einen Zusammenhang zwischen »Augmenting-Reducing« (vor allem bei akustischen Reizen) und zumindest einigen Skalen des »Sensation Seeking«. Die Autoren zogen aus ihrer integrativen Betrachtung den Schluss, dass die individuellen Unterschiede im »Augmenting-Reducing« durch das serotonerge System moduliert würden: Augmenter würden danach eine niedrigere zentrale Serotoninaktivität aufweisen als Reducer, was mit Zuckermans Annahme aus **Abbildung 8.14** (▶ **Abb. 8.17**) gut übereinstimmt.

Die neurochemische Ebene

In seinen neueren Darstellungen ging Zuckermann von der Repräsentation des »Sensation Seeking«-Konzepts im alternativen Fünf-Faktoren-Modell aus (s. Abschn. 7.4.2) und bezog sich auf den darin definierten Faktor des »Psychoticism-Impulsive Unsocialised Sensation Seeking«. Für diesen Faktor und für »Extraversion-Sociability« sowie »Neuroticism-Anxiety« stellte er (Zuckerman, 1996) das in **Abbildung 8.17** wiedergegebene neurochemische Modell über das Zusammenwirken der Neurotransmitter Dopamin, Serotonin und Noradrenalin (Norepinephrin) auf.

Der Ausgangspunkt für die Entwicklung dieser Theorie war die Entdeckung eines

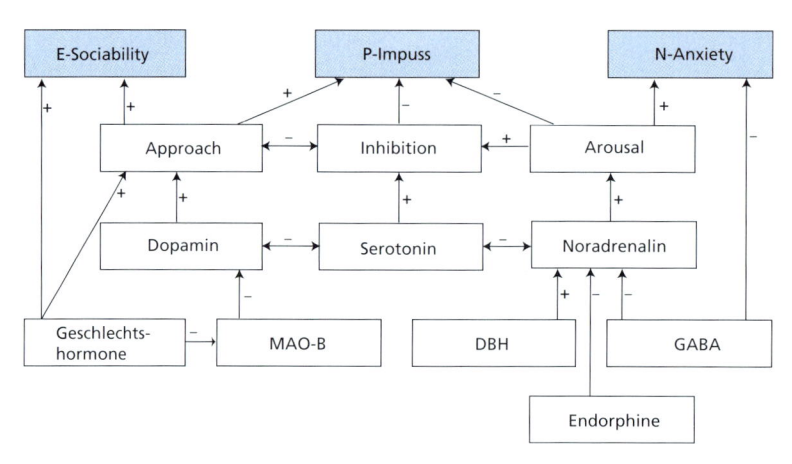

Abb. 8.17: Zuckermans neurochemisches Persönlichkeitsmodell. Abkürzungen: MAO = Monoaminooxidase, DBH = Dopamin-Beta-Hydroxylase, GABA = Gamma-Amino-Buttersäure, E-Sociability = Extraversion – Sociability, P-Impuss = Psychoticism – Impulsive Unsocialised Sensation Seeking, N-Anxiety = Neuroticism – Anxiety. Abbildung aus Brocke et al. (2003) nach Zuckerman (1996).

negativen korrelativen Zusammenhangs zwischen der Aktivität des Enzyms Monoaminooxidase (MAO) und »Sensation Seeking«. Der Median der Korrelation aus verschiedenen Untersuchungen lag bei $r = -0,24$. Auch wenn dieser Zusammenhang nicht stark ist, so liegt er doch deutlich über der Zufallsgrenze. Die Unterskala, die am deutlichsten korrelierte, war die Skala »Disinhibition«.

MAO baut die monoaminergen Neurotransmitter Dopamin, Serotonin und Noradrenalin ab, MAO-B speziell das Dopamin im Gehirn. Wegen ihrer niedrigen MAO-B-Aktivität könnten Personen mit hohem »Sensation Seeking« demnach durch eine hohe Verfügbarkeit von Dopamin und damit durch ein zur Überreaktion neigendes »Approach«-System charakterisiert sein. Zu diesem Modell passen Befunde, nach denen eine niedrige MAO-Aktivität bei Personen mit Verhaltensauffälligkeiten festgestellt worden ist. Die Verhaltensauffälligkeiten ähnelten dem Konzept des »Sensation Seeking«, wie impulsives und kriminelles Verhalten oder auch Drogenmissbrauch (zusammenfassend Zuckerman, 1994, 1996).

Wenig erforscht sind die in **Abbildung 8.17** angenommenen Wechselwirkungen. Auch gibt es kaum konsistente Befunde (zusammenfassend Brocke et al., 2004; Brocke et al., 2003) über habituelle Unterschiede zwischen Personen mit hohen und niedrigen Werten in »Sensation Seeking« in der dopaminergen, serotonergen und noradrenergen Neurotransmission. Dennoch wird sich die weitere Forschung zu den biologischen Grundlagen des »Sensation Seeking« lohnen, da es als gut gesichert gilt, dass dieses Persönlichkeitsmerkmal zu ca. 60 % genetisch determiniert ist, also eine starke biologische Grundlage haben muss (Fulker et al., 1980; Brocke et al., 2003).

Zusammenfassung von Kapitel 8.5

Systematische interindividuelle Unterschiede im Grad der bevorzugten sensorischen Stimulation sind nach Zuckerman die Grundlage für die Eigenschaft »Reizsuche«

(Sensation Seeking). Personen mit einer hohen Ausprägung auf Reizsuche weisen die Tendenz auf, neue, verschiedenartige, komplexe und intensive Eindrücke zu bekommen und dafür auch Risiken in Kauf zu nehmen. Die Erfassung von Reizsuche erfolgt durch einen Fragebogen (Sensation Seeking Skalen), mit dem vier Teilaspekte erhoben werden: Suche nach Spannung und Abenteuer, Suche nach neuen Eindrücken, Enthemmung und Anfälligkeit für Langeweile. Auf der Verhaltensebene gibt es zahlreiche Validitätshinweise für diesen Fragebogen. In dem alternativen Fünf-Faktoren-Modell von Zuckerman und Kuhlman ist Reizsuche auf dem Faktor »Psychotizismus – impulsive unsozialisierte Reizsuche« angeordnet und weist keine Zusammenhänge mit Neurotizismus-Emotionalität oder Soziabilität auf.

Die biopsychologischen Grundlagen von Reizsuche (und der anderen großen Persönlichkeitsdimensionen) werden von Zuckerman in einer Mehr-Ebenen-Theorie angedeutet (▶ Abb. 8.14). Ausgehend von den genetischen Grundlagen werden Neurotransmittersysteme, Enzyme und Hormone spezifiziert, deren Effekte psychophysiologisch, in Emotionen, in Kognitionen und im Verhalten erkennbar sind. Auf der psychophysiologischen Ebene hat in Bezug auf Reizsuche insbesondere die Untersuchung des »Augmenting-Reducing« Erfolg gehabt. Dabei werden ereigniskorrelierte Potentiale aus dem EEG nach Präsentation unterschiedlich intensiver Reize analysiert. Mit zunehmender Reizintensität wachsen die Potentialamplituden zunächst an, um bei manchen Probanden weiter anzusteigen (Augmenting) und bei anderen Probanden wieder abzufallen (Reducing). Personen mit einer stark ausgeprägten Disposition zu Reizsuche gehören zu den »Augmentern«, solche mit geringer Reizsuche zu den »Reducern«. Auf der neurochemischen Ebene war insbesondere der Befund einer negativen Korrelation zwischen Reizsuche und der Aktivität des katabolischen Enzyms Monoaminooxidase (MAO) theoriekonform, weil der Neurotransmitter Dopamin bei hohen Reizsuchern weniger stark abgebaut, also stärker und länger verfügbar ist und eine höhere Aktivität des Annäherungssystems – und damit der Reizsuche – zur Folge hat.

8.6 Vergleich zwischen den biopsychologischen Persönlichkeitstheorien

Die in diesem Kapitel besprochenen biopsychologischen Persönlichkeitstheorien weisen sowohl Unterschiede als auch Gemeinsamkeiten auf.

Wichtige Gemeinsamkeiten bestehen darin, dass alle Theorien einen *multidimensionalen Persönlichkeitsraum* durch *neurophysiologische Gegebenheiten* zu erklären versuchen, wobei jeweils die *Reiz-Reaktions-Charakteristik* von bestimmten Hirnsystemen als Ursache von Persönlichkeitsunterschieden angenommen wird. Die Theorien unterscheiden sich hingegen klar bezüglich Anzahl und Definition der als biologisch relevant erachteten Persönlichkeitsdimensionen, sie postulieren jeweils unterschiedliche neuroanatomisch oder neurochemisch definierte Hirnsysteme als Basis der Persönlichkeitsfaktoren, und sie benennen unterschiedliche Reiztypen als relevanten Input der jeweiligen neuralen Systeme. Die folgende Gegenüberstellung soll diese Gemeinsamkeiten und Unterschiede näher beleuchten.

Persönlichkeitsbereiche

Die zentralen Persönlichkeitsfaktoren in den Theorien von Eysenck (Extraversion, Neurotizismus, Psychotizismus), Gray (Ängstlichkeit, Impulsivität), Cloninger (»Novelty Seeking«, »Harm Avoidance«, »Reward Dependence«), Davidson (Positive Affektivität, Negative Affektivität) und Zuckerman (»Psychoticism-Impulsive Sensation Seeking«, »Extraversion-Sociability«, »Neuroticism-Anxiety«) weisen nicht nur unterschiedliche Bezeichnungen auf, sondern bilden auch jeweils distinkte Charakteristika von Personen ab. Dennoch ist es bemerkenswert, dass zwischen vielen dieser Eigenschaften recht konsistente Zusammenhänge bestehen. So zeigt beispielsweise die *Extraversion* einen substantiellen und positiven Zusammenhang mit Impulsivität, Positiver Affektivität, »Novelty Seeking« und »Extraversion-Sociability«. Analog dazu weist *Neurotizismus* einen bedeutsamen positiven Zusammenhang mit Ängstlichkeit, »Harm Avoidance«, Negativer Affektivität und »Neuroticism-Anxiety« auf (Zuckerman & Cloninger, 1996; für entsprechende Korrelationstabellen s. z. B. Amelang & Bartussek, 2001).

Diese »Familienähnlichkeiten« der Eigenschaften könnten als Hinweis darauf aufgefasst werden, dass über die verschiedenen Systeme hinweg zumindest zwei fundamentale Temperamentsmerkmale zur Beschreibung der Persönlichkeit notwendig sind, deren inhaltliche Charakterisierung sich aus den genannten Eigenschaften ergibt.

Biologische Systeme

Ein offensichtlicher Unterschied zwischen den einzelnen Theorien ist die jeweils postulierte anatomische oder physiologische Basis der einzelnen Persönlichkeitsmerkmale. Eysenck führte die Extraversion auf die Empfindlichkeit des *Aufsteigenden Retikulären Aktivierungssystems* (ARAS) zurück und versuchte, Neurotizismus durch die Ansprechbarkeit des *limbischen Systems* zu erklären. Gray hingegen nahm als neurale Basis der Ängstlichkeit ein *Behavioral Inhibition System* (BIS) an und führte Impulsivität auf die Reagibilität des *Behavioral Approach System* (BAS) zurück. Cloninger wiederum erklärte »Novelty Seeking« durch die Empfindlichkeit eines *dopaminergen Systems* (Behavioral Activation System), »Harm Avoidance« wurde durch die Ansprechbarkeit eines *serotonergen Systems* erklärt (Behavioral Inhibition System) und »Reward Dependence« auf Unterschiede in einem *noradrenergen System* (Behavioral Maintenance System) zurückgeführt. Davidson führte hingegen die Positive Affektivität auf ein *Annäherungssystem* zurück und nahm als neurale Basis der Negativen Affektivität ein *Rückzugssystem* an; dabei sollte eine Asymmetrie in der tonischen Aktivität dieser Systeme für einen bestimmten Affektiven Stil disponieren. Zuckerman wiederum postulierte als biologische Basis seiner Eigenschaften kein neurochemisch oder anatomisch abgrenzbares System, sondern ging davon aus, dass bei jeder Persönlichkeitsdimension eine *Vielzahl von Hirnsystemen* beteiligt sei. Dabei spielten alle wichtigen Neurotransmitter wie Dopamin, Serotonin und Noradrenalin bei jeder einzelnen Eigenschaft eine Rolle, wobei er allerdings für das Enzym Monoaminooxidase (MAO) eine besondere Bedeutung bezüglich »Sensation Seeking« annahm.

Bei dieser Aufstellung muss trotz aller Unterschiede beachtet werden, dass die von Gray, Cloninger, Davidson und Zuckerman jeweils angegebenen Hirnsysteme essentielle Überlappungen aufweisen. Zusammengefasst kann hier festgehalten werden, dass die meisten biologischen Persönlichkeitstheorien die fundamentalen Temperamentsfaktoren auf funktionelle Unterschiede in kortiko-subkortikalen Netzwerken zurückführen, wie beispielsweise dem limbischen System.

Auslösebedingungen

Ein weiterer wichtiger Unterschied zwischen den Theorien besteht bezüglich der Umgebungsreize, mit denen sich die jeweils genannten Hirnsysteme stimulieren lassen. Eysenck führte Extraversion auf eine (kompensatorische) Suche nach recht *unspezifischer Stimulation* zurück, die über das ARAS eine Erhöhung des kortikalen Arousals bewirken sollte, während Neurotizimus durch eine erhöhte Reagibilität des limbischen Systems für *emotionale Stressoren* charakterisiert sei. Gray erklärte die Ängstlichkeit durch eine hohe Sensitivität des BIS bezüglich konditionierter *Hinweisreize für Bestrafung und frustrierende Nichtbelohnung*, während Impulsivität eine Folge der erhöhten Sensitivität des BAS bezüglich *Hinweisreizen für Belohnung und Nichtbestrafung* sein sollte. Cloninger nahm an, dass »Novelty Seeking« durch eine besondere Empfindlichkeit des dopaminergen Systems für *neue Reize und Hinweisreize für eine potentielle Belohnung* bedingt wird, während »Harm Avoidance« durch eine erhöhte Reagibilität des serotonergen Systems für *Hinweisreize auf aversive Stimulation* verursacht werde und »Reward Dependence« durch eine vergrößerte Sensitivität des noradrenergen Systems für *Belohnung*. Davidson begründete die Positive Affektivität durch eine erhöhte Reagibilität eines Annäherungssystems für *positiv-valente Umgebungsreize* und Negative Affektivität durch eine besondere Sensitivität eines Rückzugssystems für *negativ-valente Umgebungsreize*. Schließlich erklärte Zuckerman das »Sensation Seeking« durch eine geringe Empfindlichkeit eines komplexen neuralen Netzwerkes für relativ *unspezifische Umgebungsreize*.

In der Zusammenschau dieser Theorien fällt auf, dass Zuckerman (und für Extraversion auch Eysenck) hier Umgebungsreize von nur geringer Spezifität als Input in die persönlichkeitsrelevanten Hirnsysteme annahmen, während Gray, Cloninger und Davidson (und bei Neurotizismus auch Eysenck) von vergleichsweise spezifischen Inputreizen für diese Systeme ausgingen. Im zweiten Fall werden diese Hirnsysteme entweder durch angenehme bzw. Belohnung signalisierende Reize erregt oder aber durch unangenehme bzw. Bestrafung anzeigende Reize. *Allen Theorien gemeinsam ist jedoch die Erklärung von Persönlichkeitsfaktoren durch die Reiz-Reaktions-Charakteristik von bestimmten neuralen Systemen.*

Abschließende Bemerkungen

Das Ziel der biologischen Persönlichkeitsforschung ist es, die individuellen Unterschiede im Verhalten und Erleben durch gesetzmäßige Zusammenhänge mit jenen biologischen Mechanismen zu ergänzen, die Verhalten und Erleben hervorbringen. Die hier skizzierten Theorien und Forschungsansätze verfolgen genau dieses Ziel, konnten aber noch keine konsistenten und widerspruchsfreien Ergebnisse gewinnen. Bevor dieser Forschungsansatz als wenig ertragreich bewertet wird, müssen einige methodische und konzeptuelle Probleme berücksichtigt werden (für eine ausführliche Diskussion dieser Punkte s. Stemmler, 2005). Dabei ist neben der Unreliabilität vieler physiologischer Variablen sowie einer nicht immer befriedigenden Validität von Persönlichkeitsfragebogen besonders die »Individualspezifität physiologischer Reaktionen« zu nennen. Werden nämlich bei mehreren Probanden über verschiedene Situationen hinweg eine Reihe von unterschiedlichen physiologischen Reaktionsvariablen erhoben, so lässt sich beobachten, dass einige Personen nur für ganz bestimmte Variablen eine transsituational konsistente Reaktion zeigen (z. B. eine erhöhte Herzfrequenz und erniedrigte Körpertemperatur in den verschiedenen Situationen), während sich bei anderen Personen eine konsistente Reaktion nur bei den anderen Variablen beobachten lässt (z. B. ein erhöhter Blutdruck und eine Synchronisation im EEG). Mithin hat jede Person ihre eigene physiologische Reaktionsweise, was als Individualspezifität physiologischer Reaktionen bezeichnet wird (Marwitz & Stemmler, 1998). Diese Individualspezifität erhöht die unsystematische Varianz und mindert folglich die Korrelationen zwischen physiologischen Variablen und Persönlichkeitsmaßen.

Diese methodischen und konzeptuellen Beschränkungen skizzieren bereits die Stoßrichtung zukünftiger Forschung, die sich dieser Probleme annehmen werden muss. Dabei sprechen mehrere Gründe dafür, die biologische Persönlichkeitsforschung weiterzuführen. So gibt es beispielsweise klare Belege für einen genetischen Einfluss auf die Persönlichkeit; dieser Einfluss muss durch individuelle Unterschiede in den biologischen Systemen (und damit sicherlich auch in den Funktionen des Gehirns) vermittelt werden. Die Befunde im Zusammenhang mit vielen der in diesem Kapitel angesprochenen Persönlichkeitsmerkmale zeigen ja, dass sich Individuen in ihren biologisch determinierten Reaktionen unterscheiden und dass diese Unterschiede Auswirkungen auf das soziale Verhalten haben. Deshalb wird ein volles Verständnis von Persönlichkeitsunterschieden ohne Rückgriff auf biopsychologische Konzepte nicht möglich sein. Schließlich ist gerade durch den enormen Fortschritt bei den Methoden der Neurowissenschaften (wie z. B. bei bildgebenden Verfahren oder der Molekulargenetik) in den letzten Jahren eine große Dynamik in der Persönlichkeitsforschung entstanden. Trotz aller Vorläufigkeit bisheriger Theorien und Forschungsansätze kann deshalb damit gerechnet werden, dass die biologische Persönlichkeitsforschung noch erheblich zur Theoriebildung beitragen dürfte (Borkenau et al., 2005).

Zusammenfassung von Kapitel 8.6

Die in diesem Kapitel beschriebenen biopsychologischen Persönlichkeitstheorien haben gemeinsam, dass sie einen multidimensionalen Persönlichkeitsraum durch neurophysiologische Gegebenheiten zu erklären versuchen. Die Theorien gehen allerdings auseinander in ihren Annahmen bezüglich der Anzahl und Definition der relevanten Persönlichkeitsdimensionen und der ihnen zugrundeliegenden neuroanatomischen oder neurochemischen Hirnsysteme.

Was die zentralen Persönlichkeitsdimensionen in den vorgestellten Theorien angeht, so gibt es trotz unterschiedlicher Bezeichnungen und Konstruktexplikationen doch gewisse »Familienähnlichkeiten«, die sich um die Bereiche Extraversion und Neurotizismus gruppieren. Im Bereich der für grundlegend erachteten biologischen Systeme ist die Vielgestaltigkeit zwischen den Theorien noch größer. Wir finden als bedeutsame Hirnsysteme das aufsteigende retikuläre Aktivierungssystem (Eysencks Extraversion), die Ansprechbarkeit des limbischen Systems (Eysencks Neurotizismus), ein Verhaltenshemmsystem und ein Verhaltensannäherungssystem (Grays Ängstlichkeit und Impulsivität), das dopaminerge, serotonerge und noradrenerge Neurotransmittersystem (Cloningers Neuheitssuche, Schadensvermeidung und Belohnungsabhängigkeit), ein linksfrontales Annäherungs- und ein rechtsfrontales Rückzugssystem (Davidsons Positive bzw. Negative Affektivität) oder eine Vielzahl interagierender Systeme (Zuckerman).

> Schließlich unterscheiden sich die Theorien in den angenommenen Auslösereizen für eine Aktivierung der postulierten Hirnsysteme. Eysenck (für Extraversion) und Zuckerman gehen von Auslösereizen nur geringer Spezifität aus, während Gray, Cloninger, Davidson und Eysenck (für Neurotizismus) vergleichsweise spezifische Auslösereize annehmen, zum Beispiel angenehme, unangenehme, belohnungs- oder bestrafungsrelevante Reize.
>
> Auch wenn die empirische Befundlage insgesamt nicht widerspruchsfrei ist, verspricht die biologische Persönlichkeitsforschung interessante und neue Einsichten. Dabei müssen methodische Probleme wie die Unreliabilität mancher physiologischer Variablen oder die Individualspezifität physiologischer Reaktionen in den Analysestrategien berücksichtigt werden. Ein volles Verständnis von Persönlichkeitsunterschieden ohne Rückgriff auf biopsychologische Konzepte wird nicht möglich sein.

8.7 Organismische Korrelate der Persönlichkeit

8.7.1 Psychophysiologie

In vielen experimentellen Studien wurden die Zusammenhänge der Persönlichkeitsdimensionen Extraversion und Neurotizismus mit psychophysiologischer Aktivität untersucht. Zwar sind diese beiden Eigenschaften die zentralen Konstrukte in der PEN-Theorie von Eysenck, sie weisen aber auch substantielle Bezüge zu anderen biologischen Persönlichkeitstheorien auf (Abschn. 8.6.1). Daher können viele dieser Studien auch aus dem Blickwinkel anderer biologischer Persönlichkeitstheorien als der von Eysenck interessant sein.

Myrtek (1998) fasste den Befundstand der psychophysiologischen Korrelate von Extraversion und Neurotizismus in einer Meta-Analyse zusammen. Dabei wurden bis zu 34 physiologische Variable unter Ruhe (Niveauwerte der »Aktiviertheit«) und als Reaktivität (Veränderungswerte der »Aktivierung«) unter verschiedenen Belastungsbedingungen über die analysierten Studien zusammengefasst. In **Tabelle 8.2** werden auszugsweise die mittleren Korrelationen mit den Persönlichkeitseigenschaften Extraversion und Neurotizismus dargestellt.

Generell gilt, dass die Korrelationen niedrig sind und im Falle ihrer Signifikanz einer »kleinen« ($r = \pm 0{,}10$) bis höchstens »mittleren« ($r = \pm 0{,}24$) Effektstärke entsprechen. Allgemein kann festgestellt werden, dass Extravertierte im Vergleich zu Introvertierten eine geringere Aktiviertheit in Ruhe und zum Teil auch eine geringere Aktivierung unter Belastung zeigen. Dieser Befund gilt über verschiedene Reaktionssysteme hinweg (kardiovaskuläres System, zentralnervöses System, biochemische Parameter). Für Neurotizismus gilt, bei insgesamt erneut abgesenktem Niveau der Korrelationen, ein der Extraversion entgegengesetztes bzw. mit der Introversion konkordantes Ergebnismuster. Neurotizismus ist demnach in einigen Aspekten der physiologischen Regulation durch eine erhöhte Aktiviertheit in Ruhe und eine stärkere Aktivierung unter Belastung gekennzeichnet.

Eine Bewertung dieser niedrigen Zusammenhänge zwischen physiologischen Variablen und Persönlichkeitseigenschaften muss

Tab. 8.2: Korrelation von physiologischen Variablen mit Extraversion und Neurotizismus.

Physiologische Variable	Bedingung	Extraversion			Neurotizismus		
		N	K	GMK	N	K	GMK
Herzfrequenz	Ruhe	1774	26	−0,02	1959	26	0,01
	Belastung	1242	15	0,04	1104	14	0,00
Systolischer Blutdruck	Ruhe	1475	19	−0,09**	1634	23	−0,03
	Belastung	859	9	0,00	859	9	0,00
Schlagvolumen	Ruhe	425	5	−0,01	425	5	0,02
	Belastung	859	9	0,14**	859	9	−0,06*
Linksventrikuläre Kontraktilität (Heather-Index)	Ruhe	425	5	−0,10*	425	5	0,10*
	Belastung	859	9	−0,09*	859	9	0,03
Atemfrequenz	Ruhe	857	13	−0,11**	904	14	0,03
	Belastung	909	10	0,05	909	10	−0,01
Anzahl Hautleitfähigkeitsfluktuationen	Ruhe	83	3	−0,12	948	24	0,12**
	Belastung	140	3	−0,24**	763	19	0,03
Amplitude Elektrokortikale Potentiale	Gesamt	391	11	0,01	191	5	−0,11
EEG-Arousal		1375	49	−0,11**	281	6	0,21**
Dopamin-Beta-Hydroxylase	Gesamt	191	6	0,13*	358	7	−0,16**
Cortisol	Gesamt	4727	7	−0,06**	4968	13	0,04**
Speichelvolumen	ohne Stimulation	160	4	−0,32**			

Auszug aus der Meta-Analyse von Myrtek (1998). N = Anzahl Probanden. K = Anzahl unabhängiger Studien. GMK = Gewichtete mittlere Korrelation. * $p < 0,05$. ** $p < 0,01$.

aber berücksichtigen, dass die Studien in der Meta-Analyse von Myrtek von einem personistischen Eigenschaftsmodell ausgehen (s. Abschn. 12.1.1). Ausdruck davon ist die Tatsache, dass einerseits die Zusammenhänge in den verschiedensten Untersuchungssituationen ermittelt wurden, die für die infrage stehende Persönlichkeitseigenschaft eine ganz unterschiedliche Relevanz gehabt haben werden. Andererseits wurde eine möglicherweise unterschiedliche Bedeutung der Situationen für die Probanden nicht einbezogen. Entsprechend dem personistischen Eigenschaftsmodell wurde also implizit von einer *interindividuell gleichartigen* Situation-Verhaltensverknüpfung ausgegangen (Verhalten meint hier die physiologische Messebene). Danach ist es also unerheblich, welche individuelle Situationsauffassung die Probanden hatten.

Nach dem dispositionistischen Eigenschaftsmodell (s. Abschn. 12.1.4) kommt der Situation aber eine entscheidende Rolle dafür zu, welche Persönlichkeitseigenschaft aktiviert wird. Danach würde es sich nicht empfehlen, die Zusammenhänge zwischen einer bestimmten Persönlichkeitseigenschaft und der physiologischen Aktivität ohne Einbezug des Aufforderungscharakters einer Situation, also in beliebigen Situationen, zu bestimmen. Zudem sind nach dem CAPS-Modell von Mischel (s. Abschn. 12.1.4) kognitiv-affektive Prozesse die entscheidenden Mediatoren zwischen Situation und Verhalten: die Wahrnehmung und Bewertung der gegebenen Situation, die einerseits von Zuständen – wie aktuellen Bedürfnissen, Absichten, Stimmungslagen und Verhaltenszielen – wie auch von stabilen emotionalen Ansprechbarkeiten, motivationalen Bedeutungszuschreibungen oder kognitiven Schemata beeinflusst sind (Stemmler, 1997). Dann liegt es nahe, mindestens eine dieser den Zusammenhang zwischen Persönlichkeit und physiologischer Aktivierung moderierenden Zustandsvariablen, etwa aus dem Bereich Emotion, Motivation oder Kognition, zusätzlich zu den physiologischen Variablen zu erheben. Damit könnten die für das dispositionistische Eigenschaftsmodell charakteristischen *interindividuell verschiedenartigen* Situation-Verhaltensverknüpfungen Berücksichtigung finden.

Dieser dispositionistische Ansatz soll durch die bereits oben verwendete Studie von Stemmler (1992) in **Kasten 8.3** erläutert werden.

Kasten 8.3: Psychophysiologische Korrelationen mit Persönlichkeit sind situationsabhängig

Achtundvierzig Probanden bearbeiteten sieben Aufgaben, von denen hier die Handgriff- und die Lautes-Geräusch-Aufgabe verwendet werden. In der Handgriffaufgabe drückten die Probanden ein Handdynamometer (zwei Handgriffe gegen Federkraft halten) mit 45 % ihrer maximalen freiwilligen Kraft für zwei Minuten. In der Lautes-Geräusch-Aufgabe wurde den Probanden gesagt, dass sie bald ein sehr lautes Geräusch über die Kopfhörer eingespielt bekämen. Nach 15 Sekunden wurde ein zweisekündiges weißes Rauschen mit 97 dBA dargeboten. In einer multiplen Regressionsgleichung wurden physiologische Aktivierung, die Befindlichkeit Ärger sowie deren Produkt zur Vorhersage von Emotionalität (Skala FPI-N, Fahrenberg et al., 1984) eingegeben. Als Maß für die physiologische Aktivierung wurde parasympathische Aktivität herangezogen. **Abbildung 8.18** zeigt die Regressionsgleichungen von Emotionalität (FPI-N) auf die geschätzte parasympathische Aktivität (p) unter Moderation der Befindlichkeit Ärger (ä) in den beiden ausgewählten Situationen. Die multiple Korrelation zwischen Emotionalität und den Prädiktoren betrug in der Handgriffaufgabe 0,45 ($p < .05$) und in der Lautes-Geräusch Aufgabe 0,42 ($p < 0,05$). Die Regressionsgleichungen lauteten:

Handgriffaufgabe: FPI-N = 4,38–0,33p + 1,37* ä + 0,53* pä
Lautes Geräusch: FPI-N = 5,43–0,47p + 0,26 ä − 0,56* pä

Bemerkenswert ist, dass in keiner der beiden Regressionsgleichungen der Haupteffekt der physiologischen Aktivität signifikant (*) war. Dies bedeutet, dass ohne Einbezug der Moderatorvariable »Ärgerbefindlichkeit« – wenn also nur nach dem personistischen Eigenschaftsmodell vorgegangen worden wäre – kein signifikanter Zusammenhang zwischen Emotionalität und parasympathischer Aktivität bestanden hätte.

In Übereinstimmung mit dem dispositionistischen Eigenschaftsmodell war in beiden Regressionsgleichungen der Interaktionseffekt, aber mit *unterschiedlichem* Vorzeichen,

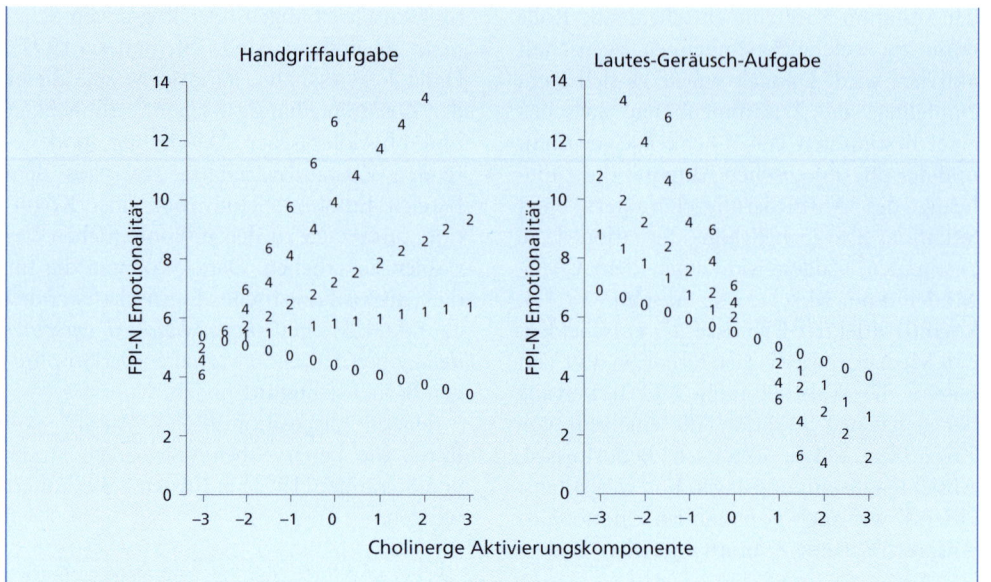

Abb. 8.18: Interindividuelle Regression von FPI-N (Emotionalität) auf standardisierte, parasympathische Aktivität unter Moderation der Befindlichkeit Ärger. Dargestellt sind separate Regressionslinien für die Befindlichkeitswerte 0 (kein Ärger) über 1, 2, 4 bis 6 (maximaler Ärger).

signifikant. Unter steigender emotionaler Erregung (Ärger) sagte in der Handgriffaufgabe eine steigende parasympathische Aktivierung hohe Emotionalitätswerte (FPI-N) vorher, während die umgekehrte Beziehung in der Lautes-Geräusch-Aufgabe zu registrieren war. Festzuhalten ist auch, dass erst bei einer höheren emotionalen Erregung eine Vorhersage von Emotionalität durch parasympathische Aktivität gegeben war.

8.7.2 Gesundheit

Gesundheitsbezogene Persönlichkeitskonstrukte dienen der Beschreibung und Erklärung interindividueller Unterschiede in Gesundheit und Krankheit. Es interessieren psychologische Faktoren, die für die Erhaltung von Gesundheit bzw. die Entstehung von Krankheiten bedeutsam sind. Die Forschungsbemühungen konzentrieren sich für den Bereich der Krankheiten vor allem auf Herzkreislauf- und Krebserkrankungen, da diese zumindest in westlichen Ländern die mit Abstand häufigsten Todesursachen darstellen (2008: 42 % bzw. 25 %). Die Aufdeckung der Ursachen dieser Krankheiten kann Hinweise für ihre Vermeidung und Behandlung geben. Als potentiell erklärungsrelevante Faktoren werden einerseits bekannte gegenstands*unspezifische* Persönlichkeitskonstrukte herangezogen, wie sie in Kapitel 3 beschrieben sind. Im Sinne dieses Ansatzes ergeben sich für einige der eigenschaftstheoretischen, verhaltenstheoretischen sowie tiefenpsychologischen Konstrukte Korrelationen mit der Dimension Gesundheit-Krankheit. Andererseits und darüber hinaus existieren eigenständige, gegenstand*spezifische*, d. h. ausdrücklich auf Gesundheit und Krankheit bezogene Theorien, aus denen sich weitere Persönlichkeitskonstrukte ableiten. Nachfolgend wird ein kursorischer

Überblick über zentrale Arbeiten beider Herangehensweisen gegeben. Eine detailliertere Erörterung der einschlägigen Konstrukte, methodischer Probleme und möglicher Wirkungsmechanismen findet sich bei Schwenkmezger (1994) sowie bei Amelang und Schmidt-Rathjens (2003); s. auch Amelang (2003).

Gegenstandsunspezifische Persönlichkeitskonstrukte

Den Annahmen von Eysenck (1985) zufolge korrelieren die breiten eigenschaftstheoretischen Persönlichkeitsmerkmale Neurotizismus (N) und Psychotizismus (P) positiv, hingegen Extraversion (E) negativ mit koronaren Herzerkrankungen (KHK). Das korrelative Muster für den Zusammenhang mit Krebs sei genau spiegelbildlich dazu (negative Korrelationen von N und P, hingegen positive mit E). Im Rahmen der schon erwähnten Meta-Analyse überprüfte Myrtek (1998) unter Heranziehung von ausschließlich prospektiven Studien den Stellenwert von N bei Herz- bzw. Krebserkrankungen. Den Ergebnissen zufolge zeigte sich in der Tat ein signifikanter, allerdings sehr niedriger Zusammenhang zwischen N (einschließlich Depression/Angst) und KHK. Auch in der Längsschnittstudie von Amelang et al. (2004) an 4010 Personen stand nach Auspartialisierung verschiedener Risikofaktoren nur »Emotionale Labilität« mit KHK in Beziehung. Hingegen war Krebs weder durch N noch durch andere Persönlichkeitsfaktoren vorhersagbar. Auch in den zwei von Myrtek (1998) gesichteten Studien konnte die erwartete negative Korrelation zwischen N (Depression/Angst) und Krebs nicht aufgezeigt werden.

Eine Untersuchung aus dem Heidelberger Institut (s. Matthews et al., 2003) an einer Stichprobe von 5133 Männern und Frauen lieferte Hinweise darauf, dass N bzw. Emotionale Labilität nicht nur einen bedeutenden Risikofaktor für KHK darstellt, sondern auch für andere Krankheiten (sowie multiple Erkrankungen) maßgeblich ist. Logistischen Regressionen zufolge waren dabei einige der Effekte (z. B. für KHK, Leber-, Magen- und Bronchialerkrankungen) vergleichbar mit denjenigen etablierter Risikofaktoren wie Alter und Geschlecht. Diese und weitere Befunde sprechen dafür, dass N oder »Negativer Affektivität« die Rolle eines generellen Risikofaktors zukommt (Kirmayer et al., 1994).

Im Unterschied zu N nehmen E und P in der gesundheitspsychologischen Forschung einen eher randständigen Stellenwert ein. Eysenck (1985) führte einige Befunde an, die für den von ihm postulierten Zusammenhang zwischen E und Krebs sprechen.

In der Zusammenschau kann der Zusammenhang zwischen N und KHK sowie weiteren Erkrankungen als am besten bestätigt gelten. Was die Kausalität dieser Wechselbeziehung angeht, so sind ganz verschiedene Hypothesen denkbar (s. dazu Matthews et al., 2003):

- Eine Annahme beruht darauf, dass Persönlichkeitsfaktoren zum Bereich von Emotionaler Labilität bzw. Neurotizismus (z. B. Depression oder Angst) möglicherweise mit Beeinträchtigungen des Immunsystems, z. B. erniedrigtes sIgA-Niveau (siehe hierzu Hennig et al., 1996), einhergehen. Dieses hätte eine generell erhöhte Vulnerabilität zur Folge.
- Eine andere Deutung geht davon aus, dass eines der konstitutiven Elemente von Emotionaler Labilität in Stress zu sehen ist, d. h., die Selbsteinschätzungen von Neurotizismus spiegeln das Erleben der Probanden wider, häufig gestresst zu sein (Hennig & Netter, 1997). Unter einer solchen Perspektive wären die Beeinträchtigungen des Immunsystems die Folge einer Exposition gegenüber Stress. Allerdings sind die Ergebnisse dazu widersprüchlich (Koh, 1998; Netter et al., 1999).

- Einer weiteren Interpretation zufolge tendieren neurotische Personen besonders stark zur verbalen Bekundung körperlicher Beschwerden. So konnten Stone und Costa (1990) zeigen, dass Neurotizismus stärker mit subjektiven Symptomen als mit objektiven Gesundheitsmaßen zusammenhing.

Sicher besteht eine der vordringlichen Aufgaben zukünftiger Forschungsarbeiten darin, das unverbindliche Nebeneinander der geschilderten Kausalitätshypothesen im Sinne einer stärker gerichteten Sichtweise zu verändern.

Aus dem Bereich der verhaltenstheoretischen Persönlichkeitskonstrukte ist v. a. die Bedeutung von Kontrollüberzeugungen (s. Abschn. 10.2.2) im Rahmen gesundheitspsychologischer Fragestellungen überprüft worden. Wie bereits dargelegt, lassen sich generalisierte, bereichs- sowie situationsspezifische Kontrollüberzeugungen unterscheiden. Gesundheit/Krankheit stellt einen Bereich dar, für den ein Individuum spezifische Kontrollüberzeugungen entwickeln kann (Lohaus, 1992). Dabei geht es um die Frage, »inwieweit der Einzelne annimmt, dass der eigene Gesundheitszustand durch eigenes Handeln, fremdes Handeln (Ärzte, Pflegepersonal etc.) oder Zufall bzw. Schicksal beeinflusst wird, wobei sich diese Annahmen nicht ausschließen müssen (…)«. Untersuchungen zum Zusammenhang von Kontrollüberzeugungen mit Variablen, die für das Gesundheitsverhalten von Bedeutung sind (wie Patientencompliance, Bewältigungshandeln, Informationssuche und Informiertheit sowie präventives Handeln), werden in Kapitel 10 dargestellt. Die substantielle Bedeutung von Kontrollüberzeugungen für Gesundheit/Krankheit steht demnach völlig außer Zweifel.

Ein psychodynamisches Konstrukt, dem eine Bedeutung bei der Entstehung von Krankheiten zugesprochen wird, stellt u. a. Alexithymie dar. Kirmayer et al. (1994) verstehen darunter ein allgemeines Fähigkeitsdefizit, Emotionen als solche wahrzunehmen und symbolisch zu repräsentieren. Dies führe zu Schwierigkeiten bei der Unterscheidung von Emotionen und körperlichen Empfindungen sowie tendenziell zu konkretem, externalem Denken und Problemlösen. Neben der ätiologischen Bedeutung wird vermutet, dass Alexithymie auch einen Einfluss auf die Tendenz einer Person hat, somatische Empfindungen auf somatische Erkrankungen anstatt auf emotionale oder interpersonale Konflikte zu attribuieren. Eine ausführliche Darstellung weiterer psychodynamischer Krankheitskonzepte bietet beispielsweise Uexküll (1996).

Gegenstandsspezifische Persönlichkeitskonstrukte

Typ C

Auf Temoshok (1987) geht ein Modell zurück, das es ermöglicht, scheinbar unverbundene und partiell sogar widersprüchliche Beobachtungen zum Zusammenhang von psychischen Faktoren mit Krebs zu integrieren. Zentral darin ist die Annahme, dass eine bestimmte Konstellation von psychosozialen Faktoren bei einigen Menschen die Entstehung und den Verlauf von Krebserkrankungen beeinflusst. Zu diesen Faktoren zählen

- bestimmte Persönlichkeitseigenschaften oder Coping-Stile wie Stoizismus, Nettigkeit, Fleiß, Perfektionismus, Geselligkeit, Konventionalität sowie rigide Abwehrmechanismen,
- die Schwierigkeit, Gefühle auszudrücken, sowie
- Hilf- und Hoffnungslosigkeit.

Eine Person mit diesem Merkmalsprofil gehöre zum »Typ C« (= Cancer) und wäre demnach kooperativ, besänftigend, nicht durchsetzungsfähig, geduldig sowie Autoritäten gegenüber unterwürfig. Aufgrund von Lernerfahrungen in der Kindheit wäre so jemand bemüht, negative Emotionen (insbesondere Ärger) zu unterdrücken (»chronically blocked expressions of needs and feelings«) und würde auf diese Weise versuchen, eine angenehme zwischenmenschliche Atmosphäre herzustellen bzw. zu bewahren. Aus diesem Grund würde die besagte Person auch von ihren Mitmenschen als nett, freundlich und hilfsbereit angesehen werden. Infolge der andauernden Zurückstellung der eigenen Bedürfnisse und Wünsche entwickele sich allmählich das Gefühl von Hilf- und Hoffnungslosigkeit, was jedoch hinter der Fassade, die u. a. durch emotionale Kontrolle gekennzeichnet sei, versteckt werde. Ein sehr starker Stressor (z. B. die Diagnose einer Krebserkrankung) könne bewirken, dass diese Fassade zusammenbricht und Hilf- und Hoffnungslosigkeit zutage treten.

Die weitaus meisten Studien gelten dem Verlauf von Krebserkrankungen in Abhängigkeit von Typ C (Temoshok, 1985, 1987; Sanderman & Ranchor, 1997; Temoshok & Fox, 1984). Die theoretischen Erklärungen der angestellten Beobachtungen zentrieren sich um die Veränderung neuroendokriner und immunologischer Faktoren sowie insbesondere um eine immunsuppressive Wirkung unter dem Einfluss von Typ C. Für eine ursächliche Bedeutung von Typ C auf die Entstehung von Krebs liegen (noch) keine empirisch gesicherten Anhaltspunkte vor.

Typ A

Die Forschung zur Rolle von psychologischen Faktoren bei der Entstehung von KHK hat sich überwiegend auf das »Typ-A«-Verhaltensmuster konzentriert, welches erstmals von M. Friedman und Rosenman (1959) beschrieben wurde. Die beiden Autoren definierten das Typ-A-Verhalten als einen

»(...) action-emotion complex that can be observed in any person who is aggressively involved in a chronic, incessant struggle to achieve more and more in less and less time, and if required to do so, against the opposing efforts of other things or other persons« (Friedman & Rosenman, 1974, S. 37).

Im Wesentlichen soll das Verhalten einer Typ-A-Person durch Merkmale wie Ungeduld und Zeitdruck, ehrgeiziges Leistungsstreben, Feindseligkeit sowie berufliche Distanzierungsunfähigkeit gekennzeichnet sein (s. z. B. Rosenman, 1996). Eysenck (1994, S. 176) beschrieb das Verhalten einer Typ-A-Person durch die »AHA«-Trias aus »Anger«, »Hostility« und »Aggression«, womit es im krassen Gegensatz zur gefühlsunterdrückenden Persönlichkeit des Typ C stehe.

Die wichtigsten Erfassungsmethoden des Typ-A-Verhaltens sind das Strukturierte Interview (SI; Rosenman, 1978) und das Jenkins Activity Survey (JAS; Jenkins et al., 1979). Das SI wird als Stressinterview unter Provokationsbedingungen durchgeführt, wobei neben inhaltlichen Aspekten auch nonverbale und emotionale Reaktionen der Probanden erfasst werden. Bei dem JAS handelt es sich um einen Papier-und-Bleistift-Test, der den Befragungspersonen Informationen zu den drei Subskalen »Eile und Ungeduld« (»Speed and Impatience«), »Arbeitseinsatz« (»Job Involvement«) sowie »Rivalitäts- und Konkurrenzdenken« (»Hard-Driving Competitiveness«) abverlangt.

Zwei großen Untersuchungen zufolge weisen Typ-A-Personen eine Prädisposition für Herzerkrankungen auf: In der »Western Collaborative Group Study« (Ragland & Brand, 1988a) an 3154 männlichen Personen im Alter von anfänglich 39 bis 59 Jahren (Beschäftigte verschiedener Betriebe) wiesen die mit dem SI ermittelten Typ-A-Probanden nach neun bis zehn Jahren längsschnittlicher Beobachtung ein doppelt so hohes Risiko für KHK auf, nachdem der Einfluss anderer Risikofaktoren herausgerechnet worden war. Ein ähnlicher Koeffizient ergab sich in der »Framingham Heart Study« an

1674 Personen im Alter zwischen 45 und 77 Jahren. Die Typ-A-Zugehörigkeit wurde mit zehn Items eines Fragebogens zu Wettbewerbsmotivation, Zeitnot und zur Wahrnehmung von Arbeitsbelastungen erfasst.

Nachfolgende Untersuchungen konnten diese überzeugenden Resultate nicht immer bestätigen. So belief sich in der Meta-Analyse von Myrtek (1998) die Effektgröße für den Zusammenhang von Typ-A-Verhalten und KHK nur auf $r = 0,009$. Dafür mögen methodische Probleme (s. von Boxberg & Rüddel, 1995) und die Verwendung unterschiedlicher Erhebungsmethoden in den jeweiligen Studien verantwortlich sein. So scheint das SI ganz allgemein ein besserer Prädiktor von KHK zu sein als das JAS, und zwar vermutlich deshalb, weil darin der Aspekt des emotionalen Ausdrucksstils einer Person mit berücksichtigt wird (Friedman & Booth-Kewley, 1987b). Als Folge der inkonsistenten Befunde hat das Typ-A-Konzept in der letzten Zeit »an Glaubwürdigkeit verloren« (Myrtek, 1998, S. 320), zumal Typ A sogar mit einer besseren Prognose nach einem Infarkt in Verbindung gebracht wurde (Ragland & Brand, 1988b).

Kohärenzsinn

Gleichsam als Gegenbewegung zu den soweit geschilderten Faktoren, die das Risiko einer Erkrankung erhöhten, wurde in den letzten Jahren zunehmend das Augenmerk auf solche Persönlichkeitskonstrukte gerichtet, die theoretischen Überlegungen zufolge einen Schutz vor Krankheit darstellen. In diesem Zusammenhang fand das Konstrukt »Kohärenzsinn« (»Sense of Coherence«, SOC) von Antonovsky (1987) weite Beachtung. Dieses puffert den Organismus gegen potentiell krank machende Faktoren aus der Umgebung ab. Dem folgerichtig als »salutogenetisch« bezeichneten Modell zufolge kommt bei der Bewältigung des durch Stressfaktoren hervorgerufenen Spannungszustandes zwei individuellen Ressourcen eine wichtige Funktion zu, nämlich zum einen den »Generalisierten Widerstandsquellen« (z. B. Wohlstand, Wissen, Intelligenz, soziale Unterstützung), zum anderen einer hohen individuellen Ausprägung auf der habituellen Persönlichkeitsdimension SOC.

Antonovsky definierte Kohärenzsinn als

»eine globale Orientierung, die zum Ausdruck bringt, in welchem Umfang man ein generalisiertes, überdauerndes und dynamisches Gefühl des Vertrauens besitzt, dass die eigene innere und äußere Umwelt vorhersagbar ist und dass mit großer Wahrscheinlichkeit die Dinge sich so entwickeln werden, wie man es vernünftigerweise erwarten kann« (Übersetzung von Becker, 1982, S. 19).

Drei Subkomponenten sind dabei zu unterscheiden:

- »Verstehbarkeit« (»comprehensibility«): Eindruck der Geordnetheit, Überschaubarkeit und Vorhersagbarkeit von externen und internen Reizen bzw. Entwicklungen.
- »Handhabbarkeit« (»manageability«): optimistisches Vertrauen, aus eigener Kraft oder mit fremder Unterstützung künftige Lebensaufgaben meistern zu können.
- »Bedeutsamkeit« (»meaningfulness«): Freude am Leben und Überzeugung, dass das Leben einen Sinn hat.

Zur Erfassung von SOC hat Antonovsky (1987) einen Fragebogen mit 29 Items vorgeschlagen. Die drei Facetten lassen sich zwar inhaltlich erkennen, nicht jedoch faktorenanalytisch markieren (deutschsprachige Adaptation von Schumacher et al., 2000; zu Problemen damit s. Schmidt-Rathjens et al., 1997).

Ein wesentliches konzeptuelles Problem stellt die Tatsache dar, dass empirischen Hinweisen zufolge SOC (umgepolt) sehr stark bestimmt ist durch Negative Affektivität (Mlonzi & Struempfer, 1998). Die hohe (negative) Korrelation mit Neurotizismus (Frommberger et al., 1999) begründete ernsthafte Zweifel an einem eigenständigen Gültigkeitsbereich von Kohärenzsinn. So zeigten auch die Befunde von Schmidt-Rathjens et al. (1997), dass die Mittelwertsunterschiede in den SOC-Skalen zwischen Gesunden, Herz- und Krebskranken allein durch die Unterschiedlichkeit der Depressions- und Neurotizismuswerte erklärbar waren. Dementsprechend fielen bei der Diskriminierung der drei Probandengruppen die Effektstärken für Neurotizismus und Depression etwa doppelt so hoch aus wie diejenigen für Kohärenzsinn. In einer breit angelegten Untersuchung von Amelang und Schmidt-Rathjens (2000) erwies sich der im Vergleich zu Neurotizismus eigenständige Beitrag von Kohärenzsinn bei der Aufklärung von Gesundheits-/Krankheitsunterschieden als vergleichsweise gering, und noch geringer war der Beitrag von SOC relativ zu Emotionaler Labilität in der längsschnittlichen Fortführung dieser Studie (Amelang et al., 2004). In theoretischer Hinsicht stellen gerade die zuletzt genannten Befunde die Nützlichkeit von SOC als einer salutogenetischen Variable ernsthaft in Zweifel.

Hardiness

Bei Hardiness handelt es sich um ein Merkmal, für das ebenfalls eine salutogenetische Funktion behauptet wird. Kobasa (1979a) versteht darunter die Trias von »Verpflichtung, Herausforderung und Kontrolle« (»commitment, challenge and control«, jeweils gemessen mittels Fragebogen). In einer der ersten Untersuchungen zu diesem Konstrukt (Kobasa, 1979b) wurden Personen miteinander verglichen, die retrospektiven Selbstberichten zufolge sich alle starkem Stress ausgesetzt sahen, jedoch in unterschiedlichem Ausmaß unter Krankheiten litten. Die relativ gesunden Befragungspersonen galten dementsprechend als stressresistent. In der Zusammenschau handelt es sich den vorliegenden Befunden nach bei »Verpflichtung« und »Kontrolle« um hinreichend brauchbare Prädiktoren von Gesundheitsmaßen, während in Bezug auf »Herausforderung« die Ergebnisse recht widersprüchlich waren (Hull et al., 1987).

Die fehlende Eindimensionalität des Konstrukts verdient ebenso Kritik wie der Umstand, dass von dem Arbeitskreis um Kobasa ganz unterschiedliche Fragebogen zur Erfassung zum Einsatz gelangten und dass diese zudem mehrheitlich negative Indikatoren thematisieren.

Abschließende Bemerkungen

Ein wiederkehrendes Problem bei der Beforschung der psychologischen Faktoren von chronischen körperlichen Erkrankungen besteht in der häufig genug nur geringen Effektstärke der einzelnen Persönlichkeitsfaktoren oder ihrer Kombinationen sowie der Inkonsistenz der Ergebnisse über verschiedene Studien hinweg. Noch gravierender ist der Umstand, dass es sich, von wenigen Ausnahmen abgesehen, meist nur um retrospektive oder querschnittlich angelegte Studien handelt, bei denen nahezu unüberwindliche Probleme im Hinblick auf die Kausalitätsketten bestehen. Zudem prüfen viele der durchgeführten Untersuchungen nur eine Krankheit und deren Zusammenhang mit wenigen ausgewählten Persönlichkeitsmerkmalen (Ausnahme: Matthews et al., 2003). Einiges spricht für die Hypothese von Friedman und Booth-Kewley (1987a), wonach es eine »krankheitsanfällige Persönlichkeit« (»disease-prone personality«) gibt, die im Wesentlichen durch Negative Affektivität (Depression, Angst, Feindseligkeit, Ärger und Aggression) gekennzeichnet ist.

> **Zusammenfassung von Kapitel 8.7**
>
> Psychophysiologische Untersuchungen, vor allem zur PEN-Theorie von Eysenck, haben Zusammenhänge zwischen den Persönlichkeitsdimensionen Extraversion und Neurotizismus sowie physiologischen Variablen unter Ruhe (»Aktiviertheit«) und unter Belastungsbedingungen (»Aktivierung«) bestimmt. Meta-analytisch ließ sich zeigen, dass Extravertierte im Vergleich zu Introvertierten eine geringere Aktiviertheit in Ruhe und zum Teil auch eine geringere Aktivierung unter Belastung zeigen. Dieses Ergebnis entspricht dem Typenpostulat der Extraversion von Eysenck. Neurotizismus hing demgegenüber mit einer erhöhten Aktiviertheit in Ruhe und einer stärkeren Aktivierung unter Belastung zusammen, bei insgesamt sehr niedrigen Korrelationskoeffizienten; ein Ergebnis, das im Einklang mit Eysencks Theorie steht. Viele der vorliegenden Studien folgen allerdings dem personistischen Eigenschaftsmodell von interindividuell gleichartigen Situation-Verhaltensverknüpfungen und ignorieren damit die ausgeprägte Situationsabhängigkeit der psychophysiologischen Zusammenhänge.
>
> Gesundheitsbezogene Persönlichkeitskonstrukte dienen der Beschreibung und Erklärung interindividueller Unterschiede in Gesundheit und Krankheit. Eysenck zufolge sollten Neurotizismus und Psychotizismus positiv, Extraversion aber negativ mit der koronaren Herzerkrankung zusammenhängen; für Krebserkrankungen seien die umgekehrten Zusammenhänge zu erwarten. Extraversion oder Psychotizismus waren nicht konsistent mit Gesundheit oder Krankheit assoziiert. In verschiedenen Studien zeigten sich allerdings die erwarteten positiven Zusammenhänge zwischen Neurotizismus und verschiedenen körperlichen Erkrankungen, insbesondere der koronaren Herzerkrankung. Negative Affektivität bzw. Neurotizismus könnte sowohl mit einem abgesenkten Immunstatus, einer höheren Exposition von Stress als auch mit stärkeren subjektiven Beschwerden einhergehen. Neben den besprochenen Persönlichkeitsdimensionen sind auch die Konstrukte »Kontrollüberzeugungen« und »Alexithymie« (eingeschränkte Gefühlswahrnehmung) in einen Zusammenhang mit Gesundheit und Krankheit gebracht worden.
>
> Neben diesen gegenstandsunspezifischen wurden auch gegenstandsspezifische Persönlichkeitskonstrukte untersucht. Der »Typ C« (Cancer) beschreibt eine Konstellation von psychosozialen Faktoren, die die Entstehung und den Verlauf von Krebserkrankungen beeinflussen soll. Typ C-Personen sind kooperativ, beschwichtigend, nicht durchsetzungsfähig, geduldig und submissiv. Sie sind bemüht, negative Emotionen zu unterdrücken, was letztlich zu Hilf- und Hoffnungslosigkeit führt. Der »Typ A« beschreibt ein Verhaltensmuster, das durch Ungeduld, Zeitdruck, ehrgeiziges Leistungsstreben, Feindseligkeit und berufliche Distanzierungsunfähigkeit charakterisiert ist. Hervorstechend ist die »AHA«-Trias aus »Anger«, »Hostility« und »Aggression«. In zwei großen Längsschnittstudien wurden positive Zusammenhänge zwischen Typ A und dem Risiko für koronare Herzerkrankung berichtet, was aber anschließend in Metaanalysen nicht mehr gezeigt werden konnte. Andere Persönlichkeitskonstrukte beschreiben die Widerstandsfähigkeit gegenüber Erkrankung. Hierzu gehört der »Kohärenzsinn«, der ein Gefühl des Vertrauens in die Vorhersagbarkeit von inneren und äußeren Entwicklungen beschreibt. Dabei sind drei Subkomponenten zu unterscheiden: Verstehbarkeit von externen und internen Reizen bzw. Entwicklungen, Handhabbarkeit der künftigen Lebensaufgaben und Bedeutsamkeit des eigenen Lebens. Kohärenzsinn ist allerdings sehr hoch mit Neurotizismus (negativ) korreliert, was die Eigenständigkeit dieses Konstrukts infrage stellt. Ebenfalls gesundheits-

förderlich wirkt das Merkmal »Hardiness«. Damit werden Personen beschrieben, die sich auf bestimmte Ziele verpflichten lassen, Herausforderungen annehmen und von der Kontrollierbarkeit der eigenen Lebensumstände überzeugt sind.

Allen besprochenen Konstrukten ist gemeinsam, dass Negative Affektivität (Depression, Angst, Feindseligkeit, Ärger und Aggression) für Krankheit anfällig macht, und umgekehrt Positive Affektivität und ein internaler Attributionsstil salutogenetisch wirken.

9 Emotion und Persönlichkeit

> Faktorenanalytisch begründete und eigenschaftstheoretisch hergeleitete Modelle gelten primär der Struktur der Persönlichkeit, also der Konfiguration der relativ stabilen Verhaltensdispositionen. Sie sind daher eher von statischer Natur. Im Unterschied dazu besteht der Kern von emotionspsychologischen Theorien aus Annahmen über die zugrundeliegenden Prozesse und deren dynamische Interaktionen. Eine besondere Bedeutung hat die Psychoanalyse von Freud erlangt (9.1). Kennzeichnend dafür sind die Annahmen von psychischer Energie (»Dampfkessel-Modell«) sowie vom Kampf zwischen den drei Strukturkomponenten Es, Ich und Über-Ich; je nach dem Überwiegen einer dieser Komponenten kommt es zu entsprechenden Verhaltensmanifestationen. In der intrapsychischen Dynamik spielen Angst (9.3), Verdrängung (9.2) und Energie-Abfuhr in Aggressionen (9.4) eine wichtige Rolle, weshalb darauf nachfolgend in gesonderten Abschnitten eingegangen werden soll.

9.1 Die Psychoanalyse Freuds als Persönlichkeitstheorie

Das Wort Psychoanalyse wird in mehrfacher Bedeutung verwendet. Zum einen wird damit jene von Freud entwickelte tiefenpsychologische Therapieform bezeichnet – auch analytische Psychotherapie genannt –, die sich eine Heilung psychischer Störungen durch das Bewusstmachen unbewusster Ängste, Wünsche und Konflikte verspricht. Für dieses Bewusstmachen werden Techniken verwendet, wie die Deutung von Träumen, von freien Assoziationen, von Fehlleistungen, von neurotischen Symptomen und auch von kulturellen Leistungen. Diese Techniken werden auch als Forschungsmethode zur Erforschung des Unbewussten im Freud'schen Sinne verstanden, so dass das Wort Psychoanalyse zum anderen auch eine Forschungsmethode bezeichnet. Zum Dritten schließlich stellt die psychoanalytische Lehre eine Persönlichkeitstheorie im weitesten Sinne dar, durch welche die psychoanalytischen Therapie- und Analysetechniken theoretisch fundiert und begründet werden.

Im Gegensatz zur Popularität, der sich Freud'sches Gedankengut erfreut, stellt die Psychoanalyse in der wissenschaftlichen, empirisch orientierten Psychologie nur eine unter vielen Theorien dar. Weiter unten wird kurz darauf hinzuweisen sein, dass sich viele der Freud'schen Annahmen und Formulierungen im Rahmen einer empirischen Psychologie als nicht haltbar erweisen. Dies ändert aber nichts an der Tatsache, dass kaum eine andere Theorie so großen Einfluss auf so viele Teilgebiete der Psychologie und darüber hinaus auf andere Bereiche der

Wissenschaft und Kunst ausgeübt hat wie die Psychoanalyse.

Um diesen Einfluss speziell auf die empirische Persönlichkeitsforschung aufzeigen zu können, sollen in aller Kürze zunächst das allgemeine Menschenbild sowie die wichtigsten strukturellen und dynamischen Konzepte der Freud'schen Psychoanalyse als Persönlichkeitstheorie skizziert werden. Niedergelegt sind diese persönlichkeitstheoretischen Überlegungen Freuds in seinem umfangreichen Gesamtwerk (Freud, 1952a). Freud hat seine theoretischen Überlegungen im Laufe seines Lebens immer wieder geändert. Wie aus der umfangreichen Biographie Freuds von Ernest Jones hervorgeht (Jones, 1957, 1955, 1953), wurde so manche theoretische Konzeption durch persönliche Erfahrungen und Schwierigkeiten sowie durch zeitgeschichtliche Ereignisse (Erster Weltkrieg, Antisemitismus) stark beeinflusst. Ein konsistentes, in sich geschlossenes und völlig widerspruchsfreies Theoriengebäude hat Freud, der noch im 83. Lebensjahr bis zu seinem Tode im Jahre 1939 an der Weiterentwicklung der Psychoanalyse arbeitete, nicht vorgelegt. Erst später wurden zum Beispiel von Rapaport Systematisierungen der Freud'schen Lehre durchgeführt (Rapaport, 1959a, b).

9.1.1 Das allgemeine Menschenbild der Psychoanalyse

Während sich viele psychoanalytische Konzepte im Laufe von Freuds Lebens änderten, blieb seine Grundauffassung von der Natur des Menschen unverändert. Freuds Menschenbild lässt sich in folgenden Punkten zusammenfassen:

Der Mensch als Energiesystem

Nach Freud ist der menschliche Organismus ein Energiesystem, das für Motorik, Homöostase etc. physische Energie, für Wahrnehmen und Denken psychische Energie einsetzt. Physische und psychische Energie sind nicht unterschiedlich (Energieerhaltungssatz); sie sind ineinander umwandelbar. Die Brücke zwischen physischer und psychischer Energie sind das Es (s. Abschn. 9.1.2) und seine Instinkte. Jede Aktivität verbraucht Energie, die dann für andere Aktivitäten nicht mehr zur Verfügung steht. Damit kann der Organismus überschüssige Energie abbauen (»Abreagieren«, »Ausleben«).

Angeborene Triebe als Energiespender

Ursprünglich nahm Freud an, dass jede psychische Energie aus dem angeborenen Sexualtrieb (»Libido«, sexuelle Triebenergie) stamme, so dass jedes Verhalten letztendlich sexuell energetisiert sei. Durch die verschiedenen Instanzen der Persönlichkeit (s. Abschn. 9.1.2) und die Anforderungen der sozialen Umwelt können sexuelle Triebimpulse in sozial erwünschtes, kulturell bedeutsames Verhalten umgewandelt werden (Sublimierung). Später, hauptsächlich aufgrund der schmerzlichen und auch persönlich bitteren Erfahrung infolge des Ersten Weltkriegs, nahm Freud noch einen zweiten angeborenen Trieb, den Todes- oder Aggressionstrieb an. In einer Handlung können auch beide Triebe sublimiert befriedigt werden, so etwa wenn ein Chirurg eine Operation durchführt, bei der der Aggressionstrieb durch den chirurgischen Eingriff, der Sexualtrieb durch Bemühen um Wiederherstellung des Patienten befriedigt werden.

Determiniertheit des Verhaltens

Das Bewusstsein ist nur der kleinere Teil des Geistes. Der größere Teil – das Unbewusste – ist unbekannt und unzugänglich, übt aber einen starken Einfluss auf das Bewusstsein aus. Es enthält Antriebe, Leidenschaften, unterdrückte Ideen und Gefühle. Nach Freud ist jedes Verhalten durch Triebimpulse determiniert. Es gibt kein zufälliges Verhalten. Sehr oft bleiben die Verhaltensursachen dem handelnden Individuum selbst aber verborgen. Die allgemein bekannten sogenannten Freud'schen Fehlleistungen (Versprecher, Vergessen, Verlesen und dgl.), so etwa wenn ein Herr eine hübsche Frau auf der Straße fragt: »Darf ich Sie begleitdigen?« (Gesammelte Werke, Band IV, 1955), sind Beispiele Freuds dafür, wie unbewusste Motive im Verhalten zum Tragen kommen können. Wer die dem menschlichen Verhalten zugrundeliegenden Motive verstehen möchte, muss daher das Unbewusste untersuchen. Mit seiner Annahme der unbewussten, triebgesteuerten Verhaltensdetermination bezog Freud ausdrücklich eine Gegenposition zum zeitgenössischen Menschenbild, nach dem der Mensch in erster Linie ein vernunftgeleitetes Wesen sei.

Lustprinzip

Anstiege von Energie werden als unangenehme Spannung erlebt. Der Organismus drängt zur Entladung dieser Energie durch Triebbefriedigung oder durch Abreaktion. Die Triebreduktion selbst wird hingegen als lustvoll erlebt. Jedem Verhalten liegt die Tendenz zur Spannungsreduktion und das damit verbundene Streben nach Lustgewinn zugrunde. Dieses »Lustprinzip« muss aber mit gesellschaftlichen Anforderungen in Konflikt geraten, da diese es dem Individuum verbieten, jederzeit seinen Triebimpulsen nachzugeben. Der Mensch ist ständig gezwungen, diesen Konflikt in der einen oder anderen Form zu lösen. Es sind die dynamischen Persönlichkeitskonzepte der Psychoanalyse (s. Abschn. 9.1.3), mit deren Hilfe die Konfliktbewältigung erreicht wird. Diese kann zu höchsten kulturellen Leistungen führen, aber auch zu neurotischer Erkrankung.

9.1.2 Strukturelle Konzepte: Es, Ich und Über-Ich

In seiner Schrift »Das Ich und das Es« (Freud, 1940a) werden die drei Instanzen des Es, des Ich und des Über-Ich eingeführt, die als strukturelle Konzepte der Persönlichkeit nicht nur inhaltliche, sondern auch funktionelle Aspekte umfassen.

Das Es

Das Es repräsentiert u. a. das biologische Substrat des Menschen. Es beinhaltet die psychische Repräsentation der gesamten Triebenergie des Sexualtriebes und des Aggressionstriebes (ursprünglich Unbewusstes). Ein weiterer wichtiger Inhalt des Es sind vom Ich ins Unbewusste verdrängte, früher bewusste Wünsche, Vorstellungen, Erinnerungen und Affekte (verdrängt Unbewusstes). Alle Inhalte des Es sind unbewusst, auch die Funktionen des Es. Dennoch ist das Unbewusste nicht identisch mit dem Es, da es auch unbewusste Teile des Ich und des Über-Ich gibt (▶ Abb. 9.1).

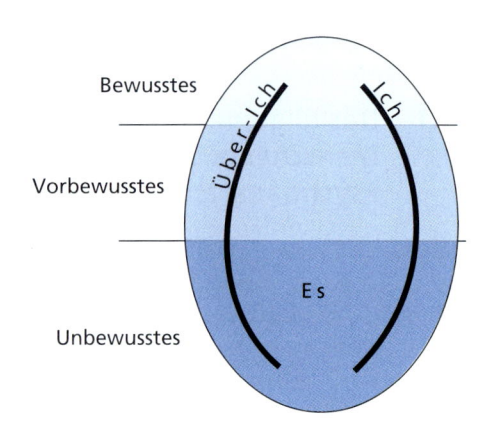

Abb. 9.1: Freuds Strukturhypothese der Persönlichkeit.

Funktion des Es ist es, die in ihm gestaute Triebspannung durch Triebbefriedigung zu lösen und dadurch das physiologische Gleichgewicht des Organismus zu bewahren oder wiederherzustellen. Das Es funktioniert dabei irrational und ausschließlich nach dem Lustprinzip, es ist impulsiv und sucht seine Triebwünsche oder verdrängten Wünsche ohne Rücksicht auf die äußere Realität, auf moralische, ethische, logische oder soziale Hindernisse direkt und ohne Zeitaufschub zu erfüllen. Dabei kann es auch zu Konflikten zwischen verschiedenen unbewussten Wünschen im Es kommen, so dass Freud das Es als unorganisiert und als »Chaos« (Freud, 1940c) bezeichnet hat. Das Es besteht und funktioniert von Geburt an. Im Laufe einer normalen Entwicklung tritt es Teile an das Ich ab, sein Einfluss, der nach der Geburt am größten ist, verringert sich später.

Das Ich

Das Ich entwickelt sich aus der Rindenschicht des Es, indem diese mit der Außenwelt über die Sinnesorgane direkt in Kontakt tritt. Damit ist das Ich als Exekutive der Persönlichkeit konzipiert. Die bewusste Wahrnehmung der äußeren Realität durch das Ich unterwirft immer größere Bezirke und tiefere Schichten des Es (Freud, 1941).

Die primären Funktionen des Ich sind neben der Wahrnehmung das Denken, das Erinnern, das Fühlen und die Willkürbewegungen. Seine Aufgabe ist, mit Hilfe dieser Funktionen zwischen den impulsiven Wünschen des Es und der Realität zu vermitteln und dabei den moralischen, perfektionistischen Forderungen des Über-Ich gerecht zu werden. Mit Hilfe von Blockierung, Verteilung oder Verzögerung der Triebbefriedigung sucht das Ich die Konflikte zwischen Es, Realität und Über-Ich zu lösen. Es ist dabei kompromissbereit, frustrationstolerant und funktioniert nach dem »Realitätsprinzip«, indem es rational und logisch nach realistischen Lösungen sucht. Weil das Ich der organisierte Teil des Es ist und von ihm mit der notwendigen Energie versorgt wird, führt es kein »eigenständiges Leben«.

Das Über-Ich

Auch das Über-Ich entwickelt sich aus dem Es, doch später als das Ich, etwa ab dem dritten Lebensjahr, indem zunächst die Gebote und Verbote der Eltern und ihr Vorbild verinnerlicht werden. Im Laufe des späteren Lebens kommen andere übernommene Vorstellungen von Gut und Böse und andere Vorbilder hinzu. Das Über-Ich beinhaltet auch das Gewissen.

Das Über-Ich kontrolliert das Ich bei seiner Auseinandersetzung mit dem Es und mit der realen Umwelt. Es sucht verbotene Impulse aus dem Es zu verhindern, versucht moralische Zielsetzungen durchzusetzen und strebt nach perfektionistischem Verhalten. Es bestraft unmoralisches, verbotenes oder dem Ich-Ideal nicht entsprechendes Verhalten durch Schuld- und Minderwertigkeitsgefühle oder auch durch unbewusste Strafbedürfnisse, und es belohnt mit den Gefühlen des Stolzes und der Selbstliebe die Erfüllung seiner Ansprüche.

Das Über-Ich kann auf einer primitiven Ebene in Form undifferenzierten, realitätsfernen, intoleranten Schwarz-Weiß-Denkens funktionieren, aber auch verständnisvoll und flexibel sein. Je nach der Art der Über-Ich-Funktion sowie der Stärke des Ich und auch der Impulsivität des Es werden sich Menschen in typischer Weise in ihrem Verhalten unterscheiden.

Insoweit haben die psychoanalytischen Konzepte der Persönlichkeitsstruktur, das Es, Ich und Über-Ich, ähnliche Konsequenzen wie eigenschaftsorientierte Persönlichkeitstheorien: Hier wie dort wird die Annahme gemacht, dass es konsistentes, relativ situationsunabhängiges Verhalten gibt, das eine Person charakterisiert.

Im Unterschied zu manchem eigenschaftsorientierten Ansatz aber erklärt die Psychoanalyse beobachtbare Verhaltensweisen und damit auch interindividuelle Unterschiede durch Prozesse, die zwischen den Instanzen des Es, Ich und Über-Ich ablaufen und mit Hilfe der dynamischen Persönlichkeitskonzepte der Psychoanalyse beschrieben werden.

9.1.3 Dynamische Persönlichkeitskonzepte der Psychoanalyse

Die drei Instanzen der Persönlichkeit stehen ständig miteinander in Konflikt. Dies stellt die Grundlage der psychoanalytischen Persönlichkeitsdynamik dar: Sie besteht aus dem dauernden Kampf zwischen den Es-Impulsen, dem um Anpassung an die Realität bemühten Ich und den Über-Ich-Ansprüchen. Jedes Verhalten ist durch Triebimpulse und die ihnen entgegengerichteten Ich- und Über-Ich-Kräfte motivational determiniert.

Es sind vor allem zwei Konzepte der Psychoanalyse, die persönlichkeitstheoretisch relevant erscheinen und bei der genannten Konfliktdynamik eine große Rolle spielen: das Konzept der Angst und die Konzeption von Abwehrmechanismen.

Angst

Freud hat seine theoretische Auffassung des Phänomens Angst im Laufe seiner wissenschaftlichen Arbeit öfter geändert (s. Bally, 1961). Nachfolgend soll nur die jüngere Angsttheorie thematisiert werden, die Freud im Anschluss an die Instanzenlehre von Es, Ich und Über-Ich entwickelt hat (Freud, 1940b). In ihr wird Angst als Signal verstanden, welches das Ich vor einer Gefahr warnt (»Signaltheorie der Angst«). Diese Angst entsteht automatisch immer dann, wenn das Ich durch einen Ansturm von Reizen überwältigt wird, der nicht beherrscht werden kann. Diese Reize können aus der realen Umwelt kommen und dort eine objektive oder vermeintliche Gefahr anzeigen. In diesem Fall wird von »Realangst« gesprochen. Von »neurotischer Angst« spricht Freud, wenn verbotene Wünsche und Triebreize aus dem Es das Ich überfluten, das diesen Trieben aus moralischen Gründen aber nicht nachgeben kann. Welche Gefahren werden durch die daraus entstehende Angst signalisiert? Gefahren können Verlust des Penis (Kastrationsangst), Verlust sozialer Anerkennung und Zuneigung (Angst vor Liebesverlust) oder Verlust wichtiger sozialer Bezugspersonen (Angst vor Objektverlust) sein. Die Gefahren werden als Strafen für das vom Es gewünschte Verhalten antizipiert. Die Antizipation gerade dieser Gefahren geht auf frühkindliche Angsterfahrungen zurück, z. B. auf den Geburtsvorgang, der als erstes Verlusterlebnis primäre Angst erzeugte, von Freud auch als »Urangst« bezeichnet, oder auf die Entstehung der Kastrationsangst während der ödipalen Konfliktsituation im dritten Lebensjahr (phallische Phase). Diese frühen Angsterlebnisse kommen als unbewusste Anteile in der neurotischen Angst wieder zum Tragen.

Ähnliche Verlustgefahren werden auch durch die »moralische Angst« signalisiert, die dann entsteht, wenn das Ich sich nicht in Einklang mit den Geboten und Verboten des Über-Ich sieht.

Da Angst ein schmerzhafter Zustand ist, der nicht längere Zeit ertragen werden kann, in der Konfliktdynamik zwischen Es, Ich und Über-Ich aber unvermeidbar immer wieder entstehen würde, wehrt sich das Ich gegen Angst durch die sogenannten Abwehrmechanismen.

Die Abwehrmechanismen

Der persönlichkeitstheoretisch wichtigste Abwehrmechanismus, mit dem Freud sich auch als Erstes und am meisten beschäftigt hat, ist die »Verdrängung«: Bewusstseinsinhalte wie Gedanken, Erinnerungen, Wahrnehmungen, Triebimpulse oder Wünsche werden vom Ich aus dem Bewusstsein in das Unbewusste, in das Es, verdrängt, wenn sie als Gefahrensignale entsprechend der jüngeren Angsttheorie Freuds im Ich Angst auslösen. Die Verdrängung selbst erfolgt unbewusst, erfordert aber dauernd Kräfte des Ich, die stärker sein müssen als die der verdrängten Triebe und der mit ihnen verknüpften Vorstellungen, wenn die Verdrängung erfolgreich sein und bleiben soll. Diese Kräfte fehlen dem Ich für andere Funktionen wie Denken, Erinnern, Wahrnehmen oder willkürliches Handeln. Bei herabgesetzter Ich-Stärke, wie etwa im alkoholisierten Zustand oder bei Ich-schwachen Personen, können verdrängte Es-Inhalte in ihrer impulsiven Form aus dem Es ausbrechen und zu unkontrollierten Handlungen, wie z. B. aggressiven Wutausbrüchen, führen. Auch im Schlaf ist die Ich-Stärke herabgesetzt, so dass Es-Inhalte in Form von Symbolen im Traumgeschehen ins Bewusstsein treten können.

Aber auch bei vollständiger Verdrängung können die Es-Inhalte unbewusst bleibende Wirkungen in Form von Fehlleistungen, neurotischen oder psychosomatischen Symptomen erzielen: Angst wird durch Leid ersetzt.

Freud hielt die Verdrängung für den weitaus wichtigsten Abwehrmechanismus und für eines der wichtigsten psychoanalytischen Konzepte überhaupt. Verdrängung liegt teilweise auch anderen der vielen weiteren Abwehrmechanismen zugrunde, die Freud konzipierte. Einen groben Überblick über diese Abwehrmechanismen gibt **Tabelle 9.1**.

Tab. 9.1: Zusammenstellung der Abwehrmechanismen des Ich.

Emotionale Isolierung	Vermeidung traumatischer Erlebnisse durch Rückzug in Passivität.
Identifikation	Erhöhung des Selbstwertgefühls durch Identifikation mit einer Person oder Institution von hohem Rang.
Introjektion	Einverleibung äußerer Werte und Standardbegriffe in die Ich-Struktur, so dass das Individuum sie nicht mehr als Drohungen von außen erleben muss.
Isolierung	Abtrennung emotionaler Regungen von angstbeladenen Situationen oder Trennung unverträglicher Strebungen durch straffe gedankliche Zergliederung. (Widersprüchliche Strebungen werden zwar beibehalten, treten aber nicht gleichzeitig ins Bewusstsein; man nennt das auch Kompartmentbildung.)
Kompensation	Verhüllung einer Schwäche durch Überbetonung eines erwünschten Charakterzuges. Frustration auf einem Gebiet wird durch übermäßige Befriedigung auf einem anderen Gebiet aufgewogen.
Fantasie	Befriedigung frustrierter Wünsche durch imaginäre Erfüllung (zum Beispiel »Tagträume«).
Projektion	Verlagerung der Missbilligung eigener Unzulänglichkeiten und unmoralischer Wünsche auf andere.
Rationalisierung	Der Versuch, sich einzureden, dass das eigene Verhalten verstandesmäßig begründet und so vor sich selbst und vor anderen gerechtfertigt ist.
Reaktionsbildung	Angstbeladene Wünsche werden vermieden, indem gegenteilige Intentionen und Verhaltensweisen überbetont und diese als »Schutzwall« verwendet werden.
Regression	Rückzug auf eine frühere Entwicklungsstufe mit primitiveren Reaktionen und in der Regel auch niedrigerem Anspruchsniveau.

Tab. 9.1: Zusammenstellung der Abwehrmechanismen des Ich. – Fortsetzung

Sublimierung	Befriedigung nicht erfüllter sexueller Bedürfnisse durch Ersatzhandlungen, die von der Gesellschaft akzeptiert werden.
Ungeschehenmachen	Sühneverlangen für unmoralische Wünsche und Handlungen, um diese damit aufzuheben.
Verdrängung	Verhinderung des Eindringens unerwünschter oder gefährlicher Impulse ins Bewusstsein.
Verleugnung	Schutz vor einer unangenehmen Wirklichkeit durch die Weigerung, sie wahrzunehmen.
Verschiebung	Entladung von aufgestauten, gewöhnlich feindseligen Gefühlen auf Objekte, die weniger gefährlich sind als diejenigen, welche die Emotion ursprünglich erregten.

Nach Ruch und Zimbardo (1974, S. 368).

Auch in Freuds Theorie der psychosexuellen Entwicklung und ihrer Bedeutung für die Persönlichkeit des Erwachsenen spielen Abwehrmechanismen eine Rolle: Kann ein Konflikt zwischen einem Triebwunsch und der Forderung seiner Nichterfüllung nicht gelöst werden, wird eine Ersatzlösung vom Ich dadurch angestrebt, dass die Triebbefriedigung entsprechend einer ontogenetisch früheren Entwicklungsstufe erfolgt und durch diesen Abwehrmechanismus der »Regression« die Angst aus dem ungelösten Konflikt vermieden wird.

Psychosexuelle Entwicklung und Charaktertypen

Freud unterschied drei Stufen der frühkindlichen Entwicklung nach den für die sexuelle Triebbefriedigung des Kindes bevorzugten Körperzonen (erogene Zonen). Entwicklungsstörungen können auftreten, wenn die Triebbefriedigung in einer dieser Phasen zu kurz kommt oder auch zu intensiv möglich war. Dies führt zur »Fixierung« von Libido in einer Entwicklungsphase und damit zur Beibehaltung der phasentypischen Befriedigungswünsche und -techniken, die noch im Erwachsenenalter unbewusst wirken und zu bestimmten Charakterformen führen.

In der »oralen Phase« (erstes Lebensjahr) erfolgt die sexuelle Triebbefriedigung mit Hilfe der Schleimhäute der Mundzone durch Saugen, Beißen und Kauen. Durch Fixierung auf dieser Entwicklungsstufe entstehen orale Charakterzüge beim Erwachsenen, die dem unselbstständigen, selbstbezogenen, »narzisstischen«, immer nur (Nahrung) fordernden Kind des ersten Lebensjahres direkt oder symbolisch entsprechen: Der orale Charakter ist passiv und abhängig, immer nur fordernd, nie gebend, sicherheitsbedürftig und selbstbezogen, aber auch »bissig« im Sinne von sarkastisch. Übermäßiger Nahrungsgenuss, Rauchen und Drogenmissbrauch werden als orale Ersatzbefriedigungen angesehen.

In der »analen Phase« (zweites bis drittes Lebensjahr) steht die Reinlichkeitserziehung im Vordergrund. Der Anus wird zur erogenen Zone. Sexueller Lustgewinn erfolgt zunächst durch das Ausscheiden, später durch Zurückhalten von Kot. Je nach der Art der Reinlichkeitserziehung und der Lösung der ersten Konflikte mit den Eltern, die in dieser Phase entstehen, führt Fixierung oder Regression zu einem grausamen, destruktiven, ungestümen und unordentlichen (entsprechend der ersten analen Phase: Lustgewinn durch Kotausscheidung) oder einem zwanghaft ordentlichen, pedantischen und geizigen Charakter (entsprechend der zweiten analen

Phase: Lustgewinn durch das Zurückhalten von Kot).

In der »phallischen« oder »ödipalen Phase« (drittes bis fünftes Lebensjahr) beschäftigt sich das Kind mit seinem Körper, speziell mit seinem Genitale als erogener Zone. Es entdeckt den anatomischen Unterschied zwischen den Geschlechtern. Der Ödipuskonflikt, in dem die Beziehung des Knaben zur Mutter eine sexuelle Komponente bekommt und der Vater als Rivale erlebt wird, was Schuldgefühle und Angst (»Kastrationsangst« durch Entdeckung des weiblichen Genitales) auslöst, beherrscht die phallische Phase. Die ödipale Situation wird dadurch gelöst, dass der Knabe die Mutter als Sexualobjekt aufgibt und sich mit dem Vater identifiziert, was durch »Introjektion« (Übernahme) der väterlichen Normen zur Über-Ich-Bildung führt. Bei den Mädchen verläuft diese Phase weniger dramatisch, da die Angst vor der Mutter als Rivalin geringer ist, die Kastrationsangst fehlt und die Aufgabe des Vaters als Sexualobjekt leichter fällt. Dadurch entstehen die Unterschiede zwischen dem männlichen und weiblichen Charakter. Eine Regression auf die phallische Phase oder Fixierung in ihr führen beim Mann zum phallischen Charakter mit seinen übertriebenen Männlichkeitsbedürfnissen, seiner Neigung, sich selbst und anderen seine Potenz zu demonstrieren (Kompensation der Kastrationsangst), sowie übertriebenem Erfolgsstreben (Bedürfnis, den Vater zu übertreffen). Aber auch Impotenz und Erfolglosigkeit können aus den Schuldgefühlen gegenüber dem Vater in der Ödipussituation resultieren.

Mit der folgenden »Phase der Latenz« (sechstes Lebensjahr bis zur Pubertät) und der »genitalen Phase« (Pubertät bis zum reifen Erwachsenenalter) hat Freud sich selbst weniger beschäftigt.

Neben den hier skizzierten persönlichkeitstheoretischen Ansätzen der Psychoanalyse liegen die Hauptbemühungen Freuds auf den Gebieten der Psychopathologie und Psychotherapie, auf die hier nicht näher eingegangen werden kann (eine hervorragende Einführung in dieses Themengebiet findet der Leser bei Kutter, 2008).

9.1.4 Die Neoanalyse

Zu den theoretischen Vorstellungen Freuds wurden schon bald tiefenpsychologische Gegenpositionen entwickelt, die sich vor allem gegen Freuds Pansexualismus richteten, aber ebenso wie Freud unbewusste Kräfte für bewusstes Erleben und Handeln verantwortlich machten. Diese nachfolgenden analytischen Theorien werden häufig als »Neoanalyse« bezeichnet.

Die Analytische Psychologie von Carl Gustav Jung

Allen voran entwickelte Freuds einstiger Schüler und designierter Nachfolger Carl Gustav Jung nach einem Zerwürfnis mit Freud eine recht eigenständige Theorie, die er als »Analytische Psychologie« bezeichnete (für eine Einführung, s. Jacobi, 1962). Nach seinen Vorstellungen besteht die Psyche aus drei Teilen.

- Das »bewusste Ich« beinhaltet die bewussten Anteile der Persönlichkeit (Selbstbewusstsein).
- Das »persönliche Unbewusste« enthält hingegen »vorbewusste« Gedanken und Gefühle. Dabei handelt es sich sowohl um unwichtiges wie auch um bedrohliches und deshalb verdrängtes Material. Interessanterweise können diese Inhalte retrospektiv sein, sie beziehen sich dann auf bereits geschehene Dinge. Sie können aber auch prospektiv sein und beziehen sich dann auf Dinge, die wahrscheinlich geschehen werden. Letzterer Aspekt verweist darauf, dass Jung von der Existenz »paranormaler« Phänomene fest überzeugt war.

- Das »kollektive Unbewusste« enthält schließlich die »Archetypen«. Dabei handelt es sich um stark emotionale Symbole, die stammesgeschichtlich erworben und von allen Menschen geteilt werden. Viele Archetypen treten in Form eines antagonistischen Paars auf. »Animus« ist das männliche Element und »Anima« das weibliche. »Persona« repräsentiert das gesellschaftliche Idealbild, und die »Schatten« stehen für unerwünschte Motive. Der »Held« verkörpert die gute Macht und der »Dämon« die schlechte (für weitere Archetypen, s. Jacobi, 1962).

Jung unterschied weiter vier Funktionen der Psyche.

- Die »Empfindung« antwortet auf die Frage: »Ist etwas da?«
- Das »Denken« antwortet auf die Frage: »Was ist das, was da ist?«
- Das »Fühlen« antwortet auf die Frage: »Was ist es wert?«
- Die »Intuition« antwortet auf die Frage: »Wo ist es hergekommen und wo geht es hin?«

Nach Jung dominiert bei jeder Person eine dieser vier Funktionen. Darüber hinaus postulierte er noch zwei grundsätzliche *Einstellungen*, nämlich die »Extraversion« und die »Introversion«. Während die Extravertierten ihre Libido auf die äußeren Dinge der Welt richten, fokussieren die Introvertierten ihre Energie auf die Dinge der inneren Welt. Tatsächlich hat Jung mit seiner Analytischen Psychologie dieses Begriffspaar eingeführt, das später in keinem faktoriellen Gesamtsystem der Persönlichkeit fehlen sollte (s. Kap. 7)! Nach Jung überwiegt in jeder Person einer dieser beiden Einstellungen, so dass sich in Kombination mit den vier Funktionen jede Person einem von acht Typen zuordnen lässt. Beispielsweise würde eine extravertierte Person mit der dominanten Funktion »Fühlen« durch eine ausgeprägte Emotionalität ihren Mitmenschen imponieren, während eine introvertierte Person mit dieser dominanten Funktion als vergleichsweise gefühlskalt wahrgenommen würde. Für die standardisierte Zuordnung von Personen zu ihren jeweiligen Typen wurde der »Myers-Briggs Type-Indicator« (Briggs Myers & McCaulley, 1985) entwickelt (allerdings nicht von Jung, sondern von zwei psychologieinteressierten Laien). Dieser Fragebogen wurde nicht nach testtheoretischen Gesichtspunkten konstruiert, und seine Reliabilität und Validität sind nicht bekannt. Es gilt darüber hinaus der grundsätzliche Einwand gegen jede Form der Typenlehre im Sinne von qualitativen Beschreibungsklassen (s. Abschn. 1.6.6).

Die Individualpsychologie von Alfred Adler

Anders als Freud war Alfred Adler (1870–1937) davon überzeugt, dass sich menschliches Streben nicht auf die Sexualität reduzieren ließe, sondern das Streben nach Überlegenheit das zentrale Motiv der Person darstelle. Laut seiner »Individualpsychologie« kann ein wiederholtes Gefühl von Hilflosigkeit und Ohnmacht zur Entstehung eines »Minderwertigkeitskomplexes« führen. Darunter versteht er eine tiefgreifende Überzeugung der eigenen Wertlosigkeit. Wird dieser Minderwertigkeitskomplex abgewehrt, so kann im Zuge einer Überkompensation ein »Überlegenheitskomplex« entstehen. Dabei handelt es sich um die (scheinbare) Überzeugung eines gesteigerten Selbstwerts – der allerdings einer genaueren Analyse nicht standhält, weil sich hinter dem »großspurigen Auftritt« ein »elender Wurm« verbirgt (für eine Einführung s. Ansbacher & Rowena, 1956).

Adler hat sich auch mit den Effekten der Geburtenfolge auf die psychische Entwicklung beschäftigt. Je nach Rang in der Geschwisterreihe soll das Streben nach Unabhängigkeit zu einer anderen Persönlichkeit führen.

- Erstgeborene Kinder erhalten zunächst die ungeteilte Aufmerksamkeit ihrer Eltern. Dies soll dem Streben nach Unabhängigkeit besonders förderlich sein.
- Zweitgeborene Kinder leben in Rivalität und Wettbewerb mit ihren Geschwistern. Dies begünstigt die Herausbildung eines Minderwertigkeitskomplexes.
- Letztgeborene Kinder sind die »Nesthäkchen«. Da ihre älteren Geschwister unerreichbare Vorbilder darstellen, entwickeln diese Kinder eine faule Grundhaltung.

Tatsächlich konnte in entsprechenden Studien gezeigt werden, dass die erstgeborenen Kinder eine ausgeprägte Leistungsorientierung aufweisen und ein größeres Pflichtbewusstsein haben als die nachfolgenden Kinder (Paulhus et al., 1999). Insofern besteht durchaus ein Zusammenhang zwischen Geschwisterstellung und Persönlichkeit.

Die Identitätsentwicklung nach Erik Erikson

Während Freud davon ausging, dass sich die Identität eines Menschen als Produkt der frühkindlichen Entwicklung bis zum fünften Lebensjahr herausbildet, ging Erik Erikson (1963, 1968) davon aus, dass die Identitätsbildung ein lebenslanger Entwicklungsprozess ist. Diese »Identitätsentwicklung« ist nach Erikson in acht Phasen gegliedert, die jeweils mit einer typischen Ich-Krise verbunden sind. Eine erfolgreiche Bewältigung dieser Krisen ist unabdingbar für ein optimales Wachstum der Persönlichkeit.

- Werden im ersten Lebensjahr die Primärbedürfnisse optimal befriedigt, entwickelt sich ein »Urvertrauen«; andernfalls führt dies zu einem »Urmisstrauen«.
- Lernt ein Kind im 2. und 3. Lebensjahr die Kontrolle über den eigenen Körper, so führt dies zur »Autonomie« der Person. Findet dabei allerdings eine Überkontrolle durch die Eltern statt, resultieren »Scham« und »Zweifel«.
- Lernt ein Kind im 4. und 5. Lebensjahr, seine Handlungen zu planen und mit anderen auszukommen, so entwickelt die Person »Initiative«; andernfalls resultieren Schuldgefühle.
- Erlernt ein Kind im 6. bis 13. Lebensjahr, stolz auf eigene Leistungen zu sein, führt dies zu einer entsprechend positiven Einstellung; andernfalls entsteht das Gefühl von »Minderwertigkeit«.
- Im Alter von 13 bis 18 Jahren kann eine Konfusion der unterschiedlichen Rollen zu einer Identitätskrise führen. Gelingt dabei die Integration der verschiedenen Rollen, führt dies zu einer gefestigten »Identität«; andernfalls droht Rollenunsicherheit.
- Lernt die Person im Alter von 20 bis 30 Jahren, sich anderen zu öffnen, so bildet sich die Fähigkeit zur »Intimität« heraus; andernfalls entwickelt sich ein tiefes Gefühl der Einsamkeit und Isolation.
- Entwickelt die Person im Alter von 30 bis 50 Jahren das Anliegen, anderen etwas von sich weiterzugeben, so resultiert eine Haltung der »Generativität«; gelingt dies nicht, erscheint das Leben zunehmend als sinnlos und mündet in eine Stagnation.
- Kann schließlich ein Mensch im Alter von 60 bis 80 Jahren auf sein Leben zurückblicken und erkennt Sinn und Ordnung, so bildet sich eine »Ich-Integrität« heraus; wird andernfalls der Lebensplan als gescheitert wahrgenommen, führt dies zu Verzweiflung.

Auf viele weitere interessante Nachfolger Freuds konnte hier nicht eingegangen werden, wie z. B. auf Erich Fromm, der die sozialen Komponenten und die Kompetenzmotivation in der menschlichen Entwicklung stärker betonte (Fromm, 1941, 1947), oder die sogenannten Ich-Psychologen (Hartmann et al., 1947; Rapaport, 1951), die der Instanz des Ich mehr Eigenständigkeit und eigene Energiequellen zuschrieben und nicht nur die Aufgabe, Konflikte zu lösen. Damit sind nur einige Namen willkürlich herausgegriffen. Für eine weiterführende Darstellung sei auf Mertens (2008) verwiesen.

Vielen tiefenpsychologischen Theorien ist bei all ihren Unterschieden gemeinsam, dass sie einer streng wissenschaftlichen Kontrolle im Sinne empirischer Überprüfbarkeit nur schwer zugänglich sind. Diese Schwierigkeiten sollen im Folgenden an einigen Beispielen aus der Psychoanalyse aufgezeigt werden.

9.1.5 Die Überprüfung psychoanalytischer Annahmen

Soll eine Theorie als wissenschaftlich fundiert und nicht nur als spekulatives Gedankengebäude gelten, muss sie empirisch überprüft werden. Dass diese Forderung durch die Psychoanalyse nur sehr unzulänglich erfüllt erscheint und teilweise kaum erfüllt werden kann, soll hier kurz dargelegt werden.

Die Überprüfbarkeit der Psychoanalyse

Voraussetzung für die empirische Überprüfbarkeit einer Theorie ist, dass die Begriffe in ihr sowie die Relationen zwischen ihren Begriffen möglichst eindeutig und unmissverständlich definiert sind. Nur bei präziser Definition der Begriffe ist eine Beziehung dieser theoretischen Begriffe zu beobachtbaren Sachverhalten herstellbar, die Grundlage jeder empirischen Überprüfung sein müssen. Darüber hinaus ist die Eindeutigkeit der theoretischen Relationen innerhalb der Theorie zwischen ihren Begriffen notwendig: Nur so können wiederum eindeutige Vorhersagen über beobachtbare Sachverhalte aus der Theorie abgeleitet werden, deren Richtigkeit an Beobachtungsdaten überprüft werden kann.

Es ist mehrfach darauf hingewiesen worden, dass diese Präzisions- und Eindeutigkeitsforderungen von der Psychoanalyse nicht erfüllt werden (z. B. von Popper, 1963). Zwar lässt sich fast jedes Verhalten psychoanalytisch »erklären«, das heißt interpretieren, aber immer nur im Nachhinein. Wird zum Beispiel aufgrund psychoanalytischer Überlegungen erwartet, dass jemand Aggressivität zeigen müsste, so würde nicht nur aggressives Verhalten, sondern auch sein Ausbleiben mit der Psychoanalyse übereinstimmen, denn es kann ja auch Verdrängung stattgefunden haben. Kaplan (1964, S. 100) drückte dieses Problem in Bezug auf den Abwehrmechanismus Reaktionsbildung so aus:

»Die psychoanalytische Doktrin der Reaktionsbildung scheint die Theorie gegen Falsifikation zu sichern, indem sie sie tautologisch macht. Jungen fühlen sich sexuell zu ihren Müttern hingezogen; geben sie diesem Gefühl Ausdruck, gut (für die Theorie); verhalten sie sich dagegen so, als ob sie ihre Mütter abscheulich fänden, zeigt dies lediglich eine Reaktionsbildung gegen ihre eigenen verbotenen Wünsche an, und auch so stimmt die Theorie; sie ist wahr, was immer passiert« (Übers. v. d. Verf.).

Nicht nur diese Vieldeutigkeit der Ableitungen aus der psychoanalytischen Theorie, sondern auch die meist bildhafte Umschreibung anstelle eindeutiger Definitionen der verwendeten Begriffe macht viele Teile der Theorie unüberprüfbar.

In anschaulicher Weise demonstrierte Eysenck (1985) für die Bereiche der psychoanalytischen Therapie, der psychoanalytischen Entwicklungstheorie und der Traumdeutung die Fragwürdigkeit psychoanalytischer Theorienbildung. Er zeigte darüber hinaus die Schwierigkeiten einer experimentellen Prüfung psychoanalytischer Hypothesen auf. Aufgrund des umfangreichen Materials zu den genannten Bereichen kam er zu dem Schluss, dass aus keinem dieser Gebiete eine empirische Stütze für die Psychoanalyse Sigmund Freuds erwächst.

Empirische Überprüfung psychoanalytischer Hypothesen

Über klinische Beobachtungen und Erfahrungen hinausgehend gibt es heute eine große Zahl empirischer und auch experimenteller Untersuchungen im engeren Sinne, die spezielle Hypothesen aus der Psychoanalyse gezielt zu überprüfen versuchten. Sehr oft wurden die Ergebnisse solcher Untersuchungen als Belege für die Richtigkeit Freud'scher Hypothesen angesehen. Es kann hier nicht annähernd versucht werden, einen Überblick über die empirischen Kontrolluntersuchungen zu Freud'schen Thesen zu geben. Für eine kritische Sichtung einiger »klassischer« Befunde muss auf weiterführende Literatur verwiesen werden (Brody, 1972; Eysenck & Wilson, 1973; Gatchel & Mears, 1982; Kiener, 1978; Kline, 1972). Hier sollen nur beispielhaft zwei Untersuchungen skizziert werden, in denen die Schwierigkeiten einer empirischen Überprüfung der Theorie deutlich werden.

In einer Studie von Goldman-Eisler (1948) sollte die Hypothese geprüft werden, dass geringe Triebbefriedigung in der oralen Phase durch zu kurze Stillperioden (weniger als fünf Monate) zu oraler Fixierung und damit zu einem oral-pessimistischen Charakter (Pessimismus, Passivität, Zurückgezogenheit und verbaler Aggressivität) führe, während lange Stilldauer (länger als fünf Monate) oral-optimistische Charaktere (Optimismus, Lebensfreude, Geselligkeit, Fürsorglichkeit) hervorbrächte. An 100 Erwachsenen wurden Selbstbeurteilungen auf 19 Skalen zur Erfassung des Oralcharakters erhoben. Die Mütter dieser Personen wurden über die Stilldauer befragt. Es zeigte sich, dass jene Versuchspersonen, die weniger als fünf Monate gestillt worden waren, zu oral-pessimistischen Charakterzügen neigten, während länger Gestillte oralen Optimismus zeigten. Die Autorin interpretiert ihr Ergebnis als Beleg für die Richtigkeit der Fixierungshypothese der Psychoanalyse, eine Interpretation, die sich auch in Lehrbüchern wiederfindet (Pervin, 1970). Sie mag richtig sein, gestützt wird sie durch die Untersuchung allerdings nicht, denn es sind eine ganze Fülle von Unterschieden zwischen lange stillenden und kürzer stillenden Müttern denkbar und wahrscheinlich, so dass die Charakterunterschiede bei den Versuchspersonen mit gleicher Wahrscheinlichkeit auf andere Bedingungen als die Stilldauer zurückgeführt werden können. So mag es sein, dass länger stillende Mütter allgemein mehr Zuwendung zum Kind zeigen, ein besonders positives emotionales Klima schaffen und mehr Förderung realisieren, was alleine zur entsprechenden Charakterentwicklung beitragen könnte, ohne dass das Ausmaß oraler Befriedigung eine Rolle dabei spielt. Aber selbst wenn es diese Unterschiede zwischen länger und kürzer stillenden Müttern nicht gäbe, bliebe völlig offen, ob es die Stilldauer ist, die Einfluss auf die Charakterentwicklung hat und nicht vielleicht das Ausmaß an Körperkontakt, der nichts mit oraler Befriedigung zu tun hat. Diese letztgenannte Interpretation legen zum Beispiel die Untersuchungen von Harlow (1958) an Affenkindern nahe, in denen demonstriert wurde, dass der Körperkontakt zu Mutterattrappen größeren Einfluss auf die emotionale Entwicklung der Affenkinder hatte als die Funktion des Stillens.

Die fehlende interne Validität der Goldman-Eisler-Untersuchung für die psychoanalytische Fixierungshypothese ist charakteristisch für Quasi-Experimente und Ex-postfacto-Untersuchungen, die wegen ihrer wenig eindeutigen Interpretierbarkeit nur unzulängliche Belege für Bedingungshypothesen liefern können. Dabei wurde die Validität der verwendeten Variablenoperationalisierungen (Beurteilungsskalen zum oralen Charakter, Befragung der Mutter nach der Stilldauer) hier noch gar nicht in Frage gestellt (s. auch O'Dell, 1980).

Zum analen Charakter, der durch die Attribute geizig, sauber und ordentlich gekennzeichnet ist, sind verschiedene Untersuchungen durchgeführt worden, die dieselben Mängel in der Validität der Operationalisierungen aufweisen (Kline, 1972).

Die meisten experimentellen Untersuchungen zu psychoanalytischen Konzepten wurden zur *Verdrängungstheorie* Freuds angestellt. Viele dieser Experimente konnten demonstrieren, dass emotional negativ besetztes Lernmaterial schneller vergessen wird als neutrales Lernmaterial. So konnte Rosenzweig (1941) zeigen, dass die Erinnerungsleistungen bezüglich gelöster und ungelöster Aufgaben unter neutralen und unter angstauslösenden Bedingungen (Suggestion, dass das Lösen oder Nichtlösen der Aufgaben Rückschlüsse über die Versuchsperson ermögliche) die Verdrängungstheorie offenbar bestätigen. Während unter der neutralen Bedingung kein Unterschied in der Erinnerung an gelöste und ungelöste Aufgaben gefunden wurde, erinnerten sich die Versuchspersonen unter der Angstbedingung schlechter an die ungelösten Aufgaben als an die gelösten.

Ähnliche Ergebnisse erzielten auch Glucksberg und King (1967), die ihre Versuchspersonen lernen ließen, zehn sinnvolle Wörter (B-Wörter) auf zehn sinnlose Silben (A-Wörter) zu assoziieren, bis alle Assoziationen richtig gekonnt wurden. In einem zweiten Experiment mussten dieselben Versuchspersonen eine Liste von zehn sinnvollen Wörtern (D-Wörter) lernen, die zu den sinnvollen Wörtern (B-Wörter) des ersten Lernexperimentes eine indirekte Sinnverbindung hatten. Diese Sinnverbindung bestand in einem vermittelnden Wort (C-Wort), das aber in keinem der Experimente vorkam. **Tabelle 9.2** gibt das Originalmaterial des Versuches wieder.

Tab. 9.2: Lernlisten (A- und B-Wörter) des ersten und (D-Wörter) des zweiten Lernexperimentes sowie die vermittelnden Wörter (C-Wörter), die in den Experimenten nicht vorkamen.

1. Lernexperiment		vermittelnde Wörter	2. Lernexperiment
A-Wörter	B-Wörter	C-Wörter	D-Wörter
cef	stem	flower	smell
dax	memory	mind	brain
yov	soldier	army	navy
vux	trouble	bad	good
wab	wish	want	need
gex	justice	peace	war
jid	thief	steal	take
zil	ocean	water	drink
laj	command	order	disorder
myv	fruit	apple	tree

Aus Glucksberg und King (1967, S. 518).

Die Liste mit den D-Wörtern wurde so lange dargeboten, bis die Versuchspersonen richtig vorhersagen konnten, welche drei der zehn D-Wörter regelmäßig mit einem Elektroschock gemeinsam vorgegeben wurden (für jede Versuchsperson waren das andere drei Wörter).

Danach wurde den Versuchspersonen noch einmal die Assoziationsaufgabe des ersten Lernexperimentes vorgegeben und registriert, welche B-Wörter sie noch richtig assoziieren konnten. Die Häufigkeit richtig genannter B-Wörter wurde getrennt für indirekt über die C- und D-Wörter schock-assoziierten und nichtschock-assoziierten B-Wörter ausgewertet. Es zeigte sich, dass von den nichtschock-assoziierten B-Wörtern 6,3 % vergessen wurden, von den schock-assoziierten hingegen 29,2 %. Ein Ergebnis, das im Sinne der Verdrängungstheorie interpretiert wurde.

Dass solche Interpretationen keine eindeutigen Belege dafür darstellen, dass derartige

Ergebnisse mit der Verdrängungstheorie am besten erklärt werden, demonstrierte Holmes: Er argumentierte, dass Verdrängung nur dort eine sinnvolle Erklärung darstelle, wo nur negativ-emotionale Assoziationen und nicht auch positiv-emotionale Assoziationen die Gedächtnisleistungen verschlechtern (Holmes, 1972, 1974).

Um einen solchen differentiellen Effekt von negativ- und positiv-emotionalen Assoziationen zu untersuchen, bot Holmes seinen Versuchspersonen in einer ersten Phase seines Experimentes 40 Wörter je zweimal dar und stellte fest, wie viele davon behalten wurden. In der zweiten Phase bekamen die Versuchspersonen die zehn Tafeln des Rorschach-Tests (s. Abschn. 3.2.2) so vorgegeben, dass zu jeder Tafel jeweils vier der 40 Wörter aus der ersten Phase mit vorgegeben wurden und die Versuchsperson jenes der vier Wörter anstreichen sollte, das zu der jeweiligen Rorschach-Tafel ihrer Meinung nach am besten passte. Am Ende dieser zweiten Phase sagte man einem zufällig ausgewählten Drittel aller Versuchspersonen, dass die Auswertung der Wortwahlen zu den Rorschach-Tafeln ein sehr negatives Persönlichkeitsbild der Versuchspersonen ergeben hätte (Ich-bedrohende Rückmeldung), einem anderen Drittel, dass sich ein sehr positives Persönlichkeitsbild ergeben hätte (Ich-erhöhende Rückmeldung), und dem letzten Drittel gab man eine neutrale Rückmeldung. Nach dieser Rückmeldung wurden die 40 Wörter ein zweites Mal abgefragt und für jede Versuchsperson die Differenz richtig erinnerter Wörter zur Anzahl richtig erinnerter Wörter in der ersten Phase bestimmt. Nachdem den Versuchspersonen gesagt wurde, dass die Rückmeldungen aus dem Rorschach-Test fingiert waren (dritte Phase), wurden die 40 Wörter ein drittes Mal abgefragt und wieder die Differenz zur Leistung in der ersten Phase bestimmt.

Abbildung 9.2 zeigt diese Differenzmaße der Gedächtnisleistungen getrennt für die neutrale, Ich-erhöhende und Ich-bedrohende Rückmeldungsbedingung.

Abbildung 9.2 zeigt sehr deutlich, dass nicht nur die negativ-emotionale Assoziation mit dem Lernmaterial, sondern in ganz ähnlicher Weise auch eine positiv-emotionale Assoziation zur Reduktion der Gedächtnisleistung gegenüber der neutralen Rückmeldungsbedingung führt, was durch die Verdrängungstheorie nicht erklärt wird. Deshalb schlägt Holmes vor, die in solchen oder ähnlichen Experimenten gefundenen »Verdrängungseffekte« lieber als Ablenkungs- oder Interferenzeffekte zu interpretieren: Solange die Versuchsperson an die Rückmeldung, die negative wie die positive, glaubt, beschäftigt sie sich gedanklich mit dieser Rückmeldung, was mit der geforderten Reproduktionsleistung interferiert und sie so verschlechtert. Ist diese Interferenz nach Rücknahme oder Rückmeldung aufgehoben, sind die Leistungen in allen drei Gruppen wieder in etwa gleich.

Auch in neueren Publikationen findet eine Auseinandersetzung mit der Psychoanalyse statt. Ein sehr gelungenes Beispiel dafür ist eine experimentelle Untersuchung einer ganz zentralen psychoanalytischen Annahme, nämlich der des Ödipuskomplexes. In dieser Untersuchung wurde gezeigt, dass sich die Ödipuskonflikt-Theorie empirisch nicht fundieren lässt. Eine ausführliche Beschreibung der Untersuchung findet sich in dem Buch »Der Untergang des Ödipuskomplexes« von Roos und Grewe (1996). Schließlich muss darauf hingewiesen werden, dass in den letzten Jahrzehnten zumindest von einigen Vertretern der Psychoanalyse ernstzunehmende Bemühungen unternommen wurden,

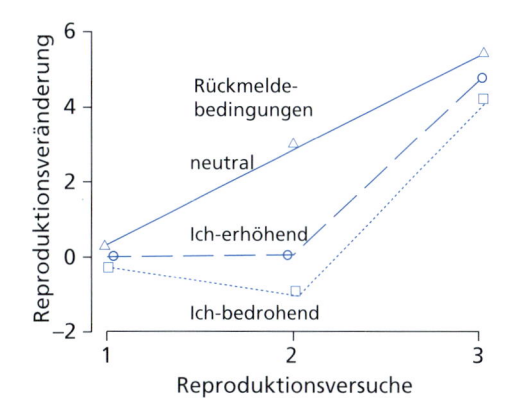

Abb. 9.2: Durchschnittliche Änderungen richtig reproduzierter Wörter in neutraler, Ich-erhöhender und Ich-bedrohender Rückmeldebedingung nach der Rückmeldung (2. Phase) und Aufhebung der Rückmeldung (3. Phase) im Vergleich zur Ausgangsleistung (1. Phase). Nach Holmes (1972).

die psychoanalytische Therapie weiterzuentwickeln und die dabei stattfindenden Prozesse empirisch zu beforschen (über den aktuellen Stand solcher Bemühungen informieren Thomae & Kächele, 2006a, b, c).

Die dargestellten Beispiele haben verdeutlicht, wie schwer psychoanalytische Konzepte und Hypothesen empirisch sauber zu fundieren sind, so dass heute sehr oft andere Konzepte und Erklärungsansätze bevorzugt werden. Dies schmälert aber nicht das Verdienst der Psychoanalyse, zu einer Fülle von persönlichkeitspsychologischen Konzeptbildungen und Forschungsansätzen angeregt zu haben, von denen in den folgenden Abschnitten Beispiele gegeben werden.

> **Zusammenfassung von Kapitel 9.1**
>
> Strukturell nimmt Freud drei Instanzen der Persönlichkeit an, nämlich Es, Ich und Über-Ich. Diese befinden sich in einem permanenten Wettstreit miteinander; die aus dem Es kommenden Impulse streben nach Lustgewinn, das Ich ist um Anpassung an die Realität bemüht und das Über-Ich vertritt moralische Prinzipien. Die intrapsychische Dynamik ist begleitet von negativen Emotionen, die insbesondere dann, wenn der Konflikt nicht gelöst wird, in Angst ausarten. Das Ich wehrt sich gegen die neurotische und die moralische Angst mit Hilfe von verschiedenen Abwehrmechanismen. Am wichtigsten davon und am besten untersucht ist die Verdrängung. Die dazu und auch zu den anderen Abwehrmechanismen durchgeführten Untersuchungen und Experimente sind – ungeachtet ihrer im Einzelfall hochgradigen Originalität – jedoch mehrheitlich unschlüssig, weil die Ergebnisse auch durch andere, weniger weit reichende Annahmen erklärt werden können. Das gilt auch für die von Freud entwickelte Typologie der frühkindlichen Entwicklung, in der je nach der Körperzone, an der eine primäre Triebbefriedigung gesucht wird, zwischen der oralen, der analen und der phallischen oder ödipalen Phase unterschieden wird; je nach der Fixierung auf einer dieser Phasen (oder der Regression darauf) kommt es später zu entsprechenden Charaktertypen. Erschwert wird jede Überprüfung auch durch unpräzise Begriffsdefinitionen und uneindeutige Vorhersagen zum Konfliktgeschehen. Durch die Einführung des Abwehrmechanismus der Reaktionsbildung ist die Psychoanalyse prinzipiell immun gegen jegliche Falsifizierung geworden, da mit Hilfe dieses Konstruktes jedes Ergebnis als im Einklang mit der Theorie gedeutet werden kann – freilich nur im Nachhinein.

9.2 Das Persönlichkeitsmerkmal »Repression versus Sensitization«

9.2.1 Umschreibung des R-S-Konstruktes

In diesem Abschnitt soll ein Persönlichkeitsmerkmal besprochen werden, das als kontinuierlich variierendes Merkmal aufgefasst und durch die Bezeichnung der beiden Extreme mit den englischsprachigen Begriffen »Repression« und »Sensitization« umschrieben wird. Mit diesen beiden Polen des Merkmals »Repression versus Sensitization« (im Folgenden »R-S« genannt) werden zwei als einander entgegengesetzt aufgefasste Arten bezeichnet, mit angstauslösenden Reizen oder Situationen fertigzuwerden.

Nach psychoanalytischer Vorstellung besteht eine Möglichkeit, mit Angstsituationen umzugehen, in der Abwehr und Verleugnung der angstauslösenden Reize oder der Vermeidung der angstauslösenden Situationen. Dieser Angstverarbeitungsmechanismus entspricht dem Pol der *Repression* des R-S-Merkmals. Eine Person, die auf dem R-S-Kontinuum in der Nähe dieses Poles zu lokalisieren wäre, wird auf Englisch »Repressor« – »Abwehrer« – genannt. Represser wären demnach Personen, die im weitesten Sinne angstauslösende Reize oder Situationen möglichst nicht zur Kenntnis nehmen oder zu vermeiden suchen. Dabei kann es sich um peinliche, konfliktgeladene, bedrohliche oder allgemein emotional negativ assoziierte Reize oder Situationen handeln.

Die andere Möglichkeit, mit emotional negativ assoziierten Reizen und Situationen umzugehen sowie mit der damit verbundenen Angst fertigzuwerden, besteht offenbar darin, sich diesen Reizen und Situationen besonders zuzuwenden, ihnen verstärkt Aufmerksamkeit zu widmen, sich ihnen gegenüber besonders empfänglich und sensibilisiert zu verhalten. Diese Möglichkeit entspricht dem Pol der *Sensitization* des R-S-Kontinuums. Personen in der Nähe dieses Poles werden »Sensitizer« – »Zuwender« – genannt.

Die Zuordnung der Freud'schen Abwehrmechanismen kann nach Krohne (1974) wie folgt geschehen:

Repression:	*Sensitization:*
Verdrängung	Isolierung
Verleugnung	Intellektualisierung
Reaktionsbildung	Kompensation
Verschiebung	Depression
Sublimierung	(Selbstaggression)
Identifikation	Projektion
(Reaktion im Sinne	Fantasien und
sozialer	Tagträume
Erwünschtheit)	Zwangsneurotische
Rationalisierung	Reaktionen

Das R-S-Persönlichkeitsmerkmal stellt ein deskriptives Persönlichkeitskonstrukt dar. Es soll Personen danach beschreiben, in welchem Ausmaß oder mit welcher Wahrscheinlichkeit sie – gesehen über viele Situationen – mit emotional belastenden Situationen dadurch fertigzuwerden suchen, dass sie sich mit den Gegebenheiten dieser Situation besonders beschäftigen (Sensitization) oder sie zu vermeiden suchen (Repression). Eine mittlere Ausprägung des R-S-Merkmals würde demnach bedeuten, dass bei einer entsprechenden Person beide Strategien ungefähr gleich häufig vorkommen.

9.2.2 Die Entwicklung des R-S-Konstruktes

Die Konzeptualisierung einer Dimension verschiedener Angstbewältigungsstrategien resultierte in den 1940er Jahren aus der damaligen Wahrnehmungsforschung zum »new look on perception«. Dieser bestand in der Entdeckung, dass Wahrnehmungsprozesse als adaptives Verhalten aufgefasst werden müssen und nicht nur als rein sensorische Abläufe. So fand man, dass Bedürfnisse, Einstellungen und Wertungen der wahrnehmenden Person in Form von Selektionsprozessen, Akzentuierungen und der Fixierung früherer Wahrnehmungen eine bedeutende Rolle spielen (Bruner & Goodman, 1947). Eine Forschergruppe an der Harvard-Universität beschäftigte sich in diesem Zusammenhang mit der Untersuchung des Phänomens der »Wahrnehmungsabwehr« (engl. »perceptual defense«). Darunter wird die Beobachtung verstanden, dass emotional besetzte Wörter wie Tabuwörter (Penis, Hure etc.) oder angstassoziierte Wörter (Raub, Tod etc.) höhere Erkennungsschwellen im Wahrnehmungsversuch mit dem Tachistoskop haben als neutrale Wörter gleicher Länge und Vorkommenshäufigkeit (ein Tachistoskop ist ein Gerät, mit dem visuelle Reize mit sehr kurzen Darbietungszeiten präsentiert werden können). In einem derartigen Versuch (McGinnies, 1949) werden die emotionalen und neutralen Wörter in einer Zufallsreihenfolge den Versuchspersonen mit sehr kurzen Darbietungszeiten (beginnend bei ca. 100 ms) vorgegeben und die Darbietungszeiten von einem zum nächsten Durchgang jeweils erhöht. Festgestellt wird, bei welcher Darbietungszeit die Versuchsperson das dargebotene Wort zum ersten Mal richtig nennen kann.

In einer Untersuchung zu diesem Phänomenbereich stellten Bruner und Postman (1947) fest, dass es in ihrer Versuchspersonenstichprobe nicht nur Personen gab, die das bekannte Phänomen der Wahrnehmungsabwehr zeigten: Für diese stiegen die Erkennungszeiten im Tachistoskop mit zunehmender Emotionalität der Reizwörter an.

Ein anderer Teil völlig vergleichbar behandelter Versuchspersonen zeigte das gegenteilige Ergebnis im Tachistoskopversuch: Für diese Versuchspersonen war die Erkennungszeit für die emotionalsten Reizwörter kürzer als für die Wörter mit mittlerer Assoziationszeit. Sie zeigten statt Wahrnehmungsabwehr das, was in anderem Zusammenhang »Wahrnehmungsvigilanz« (engl. »perceptual vigilance«) genannt wurde, also bessere Erkennungsleistungen (bereits bei kürzeren Expositionszeiten). Das Phänomen der Wahrnehmungsvigilanz war bis dahin nur für besonders interessante, bedürfnisrelevante, wertvoll erscheinende Reize bekannt gewesen (Bruner & Goodman, 1947; Postman et al., 1948) und nicht für angstbesetzte Reize.

Abbildung 9.3 gibt die beiden von Bruner und Postman (1947) gefundenen Zusammenhangsformen zwischen der Emotionalität der Reizwörter und den tachistoskopischen Erkennungszeiten für diese Reizwörter in schematisierter Weise wieder.

In den 1950er Jahren verbreitete sich die Forschung zur Wahrnehmungsabwehr sehr stark. Es wurden die verschiedensten visuellen und auditiven Reize verwendet, deren Wahrnehmbarkeit auf unterschiedlichste Art erschwert wurde (durch tachistoskopische Exposition, schwache Beleuchtung, Geräuschmaskierung, etc.). In vielen dieser Untersuchungen fand man ähnliche interindividuelle Wahrnehmungsunterschiede wie in der Bruner-Postman-Studie. Außerdem wurden diese systematisch auf interindividuelle Unterschiede in anderen Bereichen bezogen (s. dazu Byrne, 1964): Die Versuchspersonen wurden nach verschiedenen Methoden (projektive Tests, klinisch-psychologische Beurteilungen, Fragebogen) in Gruppen eingeteilt, von denen für angstassoziierte Wörter Wahrnehmungsabwehr bzw. Wahrnehmungsvigilanz gegenüber neutralen Wörtern erwartet wurde. In den meisten Untersuchungen konnte diese Erwartung bestätigt werden.

Die allgemeinpsychologische Forschung zum Phänomen der Wahrnehmungsabwehr führte im Verlauf der 1950er Jahre zu heftigen Kontroversen darüber, ob es sich bei diesem

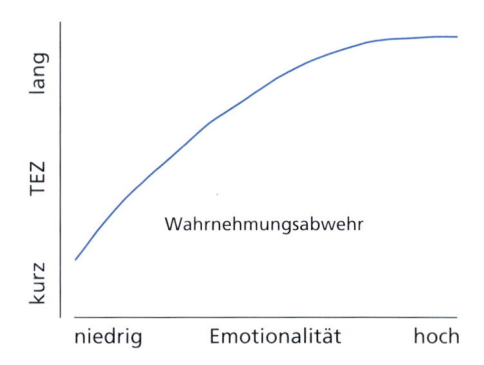

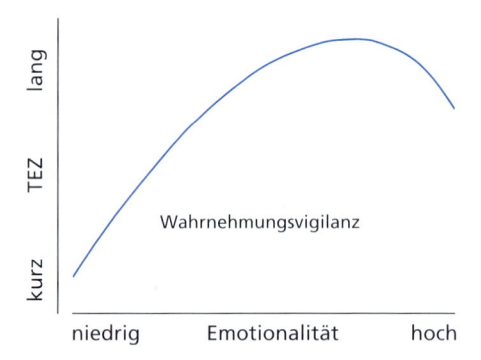

Abb. 9.3 Schematisierter Zusammenhang zwischen dem Ausmaß (negativer) Emotionalität von Reizwörtern und ihren tachistoskopischen Erkennungszeiten TEZ (nach Bruner & Postman, 1947).

Phänomen tatsächlich um unterschwellige, vorbewusste Wahrnehmungs- und Abwehrprozesse handelt oder um bewusst gesteuerte Reaktionsverfälschungen oder Methodenartefakte (Blum, 1955; Brown, 1961; Eriksen, 1954). Diese methodologischen und interpretativen Schwierigkeiten führten schließlich dazu, dass die allgemeinpsychologische Forschung an Bedeutung verlor. Erst neuere Forschungsansätze zum Problem der Wahrnehmungsabwehr und zu anderen vorbewussten Informationsverarbeitungsprozessen legen heute nahe, dass unterschwellige, vorbewusste »Wahrnehmungsprozesse« tatsächlich angenommen werden müssen (s. z. B. Merikle & Joordens, 1997). Unabhängig von dieser Ächtung und Rehabilitation des allgemeinpsychologischen Konstruktes entwickelte sich Anfang der 1960er Jahre aus der differentialpsychologischen Betrachtung der ursprünglichen Forschung zur Wahrnehmungsabwehr die Beschäftigung mit dem Persönlichkeitskonstrukt *Repression versus Sensitization*, das mit seinen Erweiterungen bis heute beforscht wird (für eine aktuelle Übersicht s. z. B. Norem, 2009)

9.2.3 Die Messung des R-S-Konstruktes

Zunächst lag es nahe, das R-S-Konstrukt experimentell über das Phänomen der Wahrnehmungsabwehr selbst zu erfassen. Doch zeigte sich, dass dafür die Reliabilität zu gering war (Byrne & Holcomb, 1962). Es folgten mehrere Versuche, aus Items bzw. Unterskalen des MMPI (s. Abschn. 3.1.4) ein Maß für das R-S-Konstrukt zu definieren, das Represser und Sensitizer diskriminieren sollte, die mit Hilfe klinischer Fallgeschichten unterschieden wurden (Ullmann, 1962). Auch aus mehreren MMPI-Unterskalen zusammengesetzte R-S-Maße wurden entwickelt: Dabei sollten z. B. hohe Lügenwerte und defensive Selbstdarstellung Repression anzeigen, wohingegen z. B. Depression und Angst Sensitization repräsentieren sollten (Altrocchi et al., 1960). Eriksen fasste als Erster die Antworten auf Items verschiedener Unterskalen des MMPI zu einem einzigen Score zusammen, wodurch R-S konzeptuell als eindimensionales, bipolares Konstrukt festgelegt wurde (Eriksen, 1954). In der Folgezeit wurde eine Vielzahl von MMPI-Skalen und Skalenkombinationen zur Erfassung dieses Persönlichkeitsmerkmals vorgeschlagen (s. dazu Krohne, 1996b). Die letzte Version einer R-S-Skala umfasste 127 Items und zeigte eine Retest-Korrelation von $r = 0{,}82$ (3 Monate Retest-Intervall) sowie eine Interne Konsistenz von 0,94.

Validierungsstudien konnten den differentiellen Effekt für Represser und Sensitizer in Experimenten zur Wahrnehmungsabwehr wiederfinden, wie er nach dem Bruner-Postman-Experiment zu erwarten war (Tempone, 1964; Schill & Althoff, 1968).

Der deutschen Bearbeitung der R-S-Skala (Krohne, 1974) liegt die revidierte R-S-Skala von Byrne et al. (1963) zugrunde, sie umfasst 106 der 127 Items in der Übersetzung des MMPI-Saarbrücken von Spreen (1963, s. dazu Abschn. 3.1.4). Einen Eindruck vom Inhalt der R-S-Skala vermittelt die folgende Zusammenfassung der 106 Items zu 16 Themengruppen (▶ Tab. 9.3).

Als Validitätshinweise konnte Krohne (1974) eine Reihe von Unterschieden in Tests und in experimentellen Variablen zwischen extremeren Gruppen von Repressern und Sensitizern aufzeigen, über die **Tabelle 9.4** im Überblick informiert. Kein Unterschied zwischen Repressern und Sensitizern ergab sich in einem Intelligenztest (Intelligenz-Struktur-Test von Amthauer, 1953).

Das Vorliegen eines reliablen, objektiv auswertbaren und ökonomisch durchführbaren Tests zum R-S-Konstrukt hat eine Vielzahl empirischer Untersuchungen zu weiteren Unterschieden zwischen Repressern und Sensitizern angeregt, von denen im Folgenden exemplarisch einige aufgeführt werden sollen.

Tab. 9.3: Themengruppen der 106 Items aus der deutschen Form der R-S-Skala. Sensitizer geben die genannten Verhaltensweisen und Verhaltensauffälligkeiten in stärkerem Maße an als Represser.

Schüchternheit

Mangelndes Selbstvertrauen

Körperliche Symptome

Sorgen um den Verstand

Müdigkeit

Stimmungslabilität

Ruhelosigkeit

Zugeben von Fehlern

Abhängigkeit

Depression

Negatives Selbstbild

Angst und Sorge

Misstrauen

Bizarres, zwanghaftes Denken und Handeln

Soziale Sensibilität

Nach Krohne (1974, S. 245).

Tab. 9.4: Unterschiede zwischen Repressern und Sensitizern (Extremgruppen, gebildet mit der deutschen R-S Skala) in verschiedenen Tests und experimentellen Variablen.

Höhere Werte bei Sensitizern

- Subjektive Ungewissheit bei komplexen Entscheidungen
- Differenziertheit von Fremdbeurteilungen
- Differenziertheit der Selbstbeurteilung
- Ängstlichkeitstestwerte
- Emotionale Labilität
- Leistungsminderung durch Angst
- Zugeben von Aggressionsakten
- Dominanz
- Schilderung der eigenen Person als missmutig, selbstunsicher, reizbar, gehemmt
- Selbstkritik

Höhere Werte bei Repressern

- Positive Valenz der Selbstbeurteilung
- Beurteilungskonformität mit einer Bezugsgruppe
- Tendenz zum Reagieren im Sinne sozialer Erwünschtheit
- Ableugnen eigener Schwächen
- Schilderung der eigenen Person als kontaktfreudig, gut gelaunt, ruhig, selbstbewusst, aktiv und frei von körperlichen Beschwerden
- Leistungsförderung durch Angst

Nach Krohne (1974, S. 252).

9.2.4 Unterschiede zwischen Repressern und Sensitizern

Physiologische Reagibilität

Emotionale Reaktionen auf bedrohliche Reize gehen mit messbaren physiologischen Erregungsprozessen wie gesteigerter Herz- und Atmungsfrequenz, erhöhtem Blutdruck und gesteigerter Hautleitfähigkeit einher. Aus dem R-S-Konstrukt könnte man ableiten, dass Sensitizer wegen ihrer geringeren Abwehrhaltung gegenüber bedrohlichen Reizen auf diese stärkere physiologische Reaktionen zeigen als Represser. Erstaunlicherweise legen einige Untersuchungen das Gegenteil nahe.

So informierte z. B. Hare (1966) in einer Untersuchung seine Versuchspersonen darüber, dass sie immer dann einen Elektroschock über Fingerelektroden erhalten würden, wenn der Sekundenzeiger einer für sie sichtbaren Uhr die 30-Sekunden-Marke erreichen würde. Während des Experiments wurde die Hautleitfähigkeit der Versuchspersonen gemessen. Als Ergebnis zeigte sich, dass Versuchspersonen mit höheren R-S-Werten (Sensitizer) eine niedrigere Hautleitfähigkeit aufwiesen als Versuchspersonen mit niedrigen R-S-Werten (Represser). Sensitizer zeigten in dieser bedrohlichen Situation also eine niedrigere physiologische Reagibilität als Represser.

Ähnliche inverse Beziehungen zwischen physiologischer und verbal berichteter Erregtheit infolge bedrohlicher Situationen fanden auch andere Autoren (Parsons et al., 1969; Weinstein et al., 1968; Otto & Bösel, 1978). Danach fühlten sich Represser trotz höherer physiologischer Reaktionen durch diese Situationen weniger subjektiv betroffen, während sich Sensitizer trotz relativ niedriger physiologischer Erregung subjektiv für sehr erregt hielten. Walschburger (1981) wies darauf hin, dass die Diskrepanz zwischen physiologischen und verbalen Angstindikatoren im Vergleich zwischen Repressern und Sensitizern als Hinweis für unterschiedliche Angstverarbeitungsmechanismen gewertet werden darf, allerdings nur dann, wenn sich Represser und Sensitizer nicht nur im verbalen (Fragebogen), sondern auch im physiologischen Indikator wirklich unterschieden. Dies ist jedoch bei Weinstein et al. (1968) sowie bei Otto und Bösel (1978) nicht der Fall gewesen.

Reaktionen auf sexuelle Reize

Viele Untersuchungen zum Konzept Repression – Sensitization beschäftigten sich mit individuellen Unterschieden in den Reaktionen auf sexuelle Reize, ausgehend von der Annahme, dass es sich dabei um bedrohliche Reize handelt, auf die Represser und Sensitizer folglich unterschiedlich reagieren müssten. Galbraith und Lieberman (1972) konnten die Hypothese bestätigen, dass bei zweideutigen Wörtern Assoziationen mit sexuellen Inhalten bei Sensitizern eher auftreten als bei Repressern. Sowohl unter neutralen als auch unter sexuell erregenden Bedingungen gaben Sensitizer häufiger sexuelle Assoziationen an.

In der Untersuchung von Byrne und Sheffield (1965) mussten deren Versuchspersonen erotische Literaturstellen vorlesen und anschließend ihre Gefühle einschätzen, die sie dabei hatten. Es zeigte sich, dass Represser und Sensitizer gleichermaßen erregt waren, Represser diese Erregung jedoch eher mit negativen Gefühlen wie Abscheu in Verbindung brachten, während Sensitizer eher positive Gefühle verspürten.

Beim Zusammenhang zwischen dem R-S-Merkmal und den Reaktionen auf sexuelle Reize scheint das Geschlecht der Versuchsteilnehmer eine wesentliche Rolle gespielt zu haben (Byrne & Lamberth, 1971), da der Effekt bei Frauen stärker war als bei Männern. Dafür mögen die für die beiden Geschlechter zur Blütezeit der R-S-Forschung recht unterschiedlichen Erziehungsmaximen beigetragen haben.

Aufmerksamkeit gegenüber eigenen Krankheiten

Ob sich Represser und Sensitizer hinsichtlich ihrer allgemeinen physischen Gesundheit unterscheiden, lässt sich aus dem R-S-Konstrukt nicht ableiten. Wohl aber darf erwartet werden, dass Sensitizer möglichen Krankheiten mehr Aufmerksamkeit schenken und deshalb möglicherweise auch verstärkt medizinische Versorgung in Anspruch nehmen.

Dieser Frage gingen Byrne et al. (1968) nach. Sie gaben den R-S-Fragebogen zwei großen Stichproben von Studenten niedriger Semester vor, die darüber hinaus einen umfangreichen Gesundheitsfragebogen ausfüllen mussten. In diesem wurden sie nach der Häufigkeit somatischer und psychosomatischer Beschwerden und Krankheiten gefragt. Sie sollten auch angeben, wie oft sie Medikamente zu sich nehmen und einen Arzt aufsuchen. Für jede dieser Fragen wurde getrennt in beiden Stichproben die Korrelation zu den R-S-Fragebogenwerten berechnet. Die in beiden Stichproben mindestens auf dem 5 %-Signifikanzniveau bedeutsamen Korrelationen gibt **Tabelle 9.5** wieder. Das Ergebnis zeigt zwar niedrige Korrelationen, die jedoch alle positiv sind. Danach berichteten Sensitizer signifikant mehr Krankheiten als Represser.

Um der Frage nachzugehen, ob dies bedeutet, dass Sensitizer lediglich mehr Krankheiten zugeben als Represser, werteten die Autoren für einen Teil ihrer Stichprobe II Akten des Universitäts-

Tab. 9.5: Korrelationen zwischen R-S-Fragebogenwerten und Angaben über Krankheiten.

Variable	Stichprobe	
	I	II
Spannungskopfschmerzen (Häufigkeit)	0,30	0,18
Erkältungen (Häufigkeit)	0,20	0,18
Übelkeit vor oder nach dem Essen		
Häufigkeit	0,18	0,12
Schwere	0,17	0,11
Emotionale Schwierigkeiten und Probleme		
Häufigkeit	0,42	0,18
Schwere	0,35	0,12
Herzklopfen (Häufigkeit)	0,23	0,15
Häufigkeit von Krankheiten	0,35	0,11
Häufigkeit von Unfällen	0,34	0,16
Häufigkeit von Arztbesuchen	0,21	0,13
Gesamtzahl psychosomatischer Beschwerden	0,37	0,11
Gesamtzahl von Beschwerden	0,38	0,12

Nach Byrne et al. (1968).

Gesundheitszentrums aus und stellten fest, dass männliche Sensitizer das Gesundheitszentrum tatsächlich öfter besucht hatten als Represser, während für Studentinnen die Differenz zwischen Repressern und Sensitizern nicht signifikant war. Mit Hilfe von Unterlagen der Mayo-Klinik konnte in einer zweiten Studie (Schwartz et al., 1971) gezeigt werden, dass Patienten dieser Klinik unterschiedliche Wahrscheinlichkeiten für rein organische versus psychosomatische Erkrankungen in Abhängigkeit vom R-S-Merkmal hatten: Sensitizer wurden öfter wegen psychosomatischer, Represser öfter wegen organischer Krankheiten behandelt.

Dieser Befund stimmt mit einer Vielzahl von Untersuchungen überein, die zeigen, dass Sensitizer zu emotionaler Fehlangepasstheit neigen (▶ Tab. 9.4).

9.2.5 Kritik am R-S-Konstrukt

Unzweifelhaft hat die Formulierung des R-S-Konzeptes sowie die Entwicklung der R-S-Skala eine Fülle empirischer Forschung angeregt, die speziell aus der auf Freud zurückgehenden theoretischen Vorstellung unterschiedlicher Abwehrstrategien von Repressern und Sensitizern resultierte. Dabei wurden empirische Beziehungen entdeckt, die ohne diese theoretische Grundlage des Konstruktes kaum gesucht worden wären. Dies ist das Verdienst der Konzeptualisierung des R-S-Konstruktes.

Allerdings wird die Frage gestellt, ob gerade diese Konzeptualisierung auf dem Hintergrund der vorhandenen Daten die sinnvollste und ökonomischste ist. Auch angesichts der methodischen Schwierigkeiten und der empirischen Befunde aus Untersuchungen zu psychoanalytischen Konzepten allgemein, die oben erläutert wurden, scheint diese Frage aktuell.

Unwidersprochen scheint die Befundlage zu sein, dass die R-S-Skala mit allen Fragebogentests zur Ängstlichkeit, zur emotionalen Labilität oder zum Neurotizismus so hoch korreliert, wie das bei den bekannten Reliabilitäten überhaupt möglich ist. Dies wurde auch für deutschsprachige Tests gezeigt (Boucsein & Frye, 1974). Danach erhebt sich die Frage, ob das R-S-Konstrukt und die mit ihm verknüpften theoretischen Vorstellungen nicht durch theoretisch und empirisch zumindest gleich gut etablierte Konzepte zum Neurotizismus (s. Abschn. 7.4) oder zur Ängstlichkeit (s. Abschn. 9.3) ersetzt werden könnten (siehe dazu Krohne, 1996a, b).

Ein Fortschritt im wissenschaftlichen Bemühen um das Verständnis jener Phänomene, die mit den Begriffen Ängstlichkeit, emotionale Labilität, Neurotizismus und *Repression – Sensitization* umschrieben werden, könnte durch Entscheidungsexperimente herbeigeführt werden, die gezielt konkurrierende theoretische Vorstellungen aus diesen Bereichen überprüfen.

Einen ersten Schritt in diese Richtung versuchten Lazarus-Mainka et al. (1981), die Sensitizer (die zugleich Hochängstliche waren) mit Repressern (die zugleich Niedrigängstliche waren) hinsichtlich ihrer Reaktionen auf bedrohliche und entspannende Bildinhalte verglichen. Die Bildvorlagen (Dias) wurden der Hälfte der Versuchspersonen lange (30s), der anderen Hälfte kurz (0,1s) dargeboten. Aus der *Repression-Sensitization*-Theorie leiteten die Autoren die Hypothese ab, dass Represser und Sensitizer sich in ihren Reaktionen auf bedrohliche Reize nicht unterscheiden dürften, wenn die Bildinhalte nur kurz dargeboten werden, da die entsprechenden Abwehrmechanismen so schnell nicht wirken könnten, wohl aber bei längerer Darbietungsdauer. Spiegelt die R-S-Skala jedoch nur Ängstlichkeitsunterschiede wider, müssten nach der Ängstlichkeitstheorie von Spielberger (1972c, siehe unten 9.3.3) Represser und Sensitizer sich auch bei kurzzeitiger Bilddarbietung in ihren Reaktionen auf bedrohliche Bildinhalte unterscheiden.

Die Autoren interpretierten ihre Ergebnisse als Stütze der R-S-Theorie und als im Widerspruch stehend mit Spielbergers Angsttheorie. Tatsächlich reagierten Sensitizer in der 30-Sekunden-Bedingung mit signifikant mehr negativen Assoziationen auf bedrohliche Bildinhalte als Represser, während der entsprechende Unterschied in der 100-Millisekunden-Bedingung nicht auftrat. Auch im Ausmaß an unangenehmen Gefühlen als Reaktion auf die bedrohlichen Bilder, angezeigt durch die Länge des Drucks auf eine Taste, fanden sich signifikante Unterschiede zwischen Repressern (kurze Tastendruckzeiten) und Sensitizern (lange Tastendruckzeiten) nur in der 30-Sekunden-Bedingung und nicht in der 0,1-Sekunden-Bedingung.

9.2.6 Zweidimensionale Erfassung des R-S-Konstruktes

Will man annehmen, dass sowohl das R-S-Konstrukt wie das Ängstlichkeitskonstrukt sinnvolle Beschreibungsdimensionen im Persönlichkeitsbereich darstellen, so können niedrige Werte in der R-S-Skala (Represser) sowohl aufgrund habitueller Verdrängungstendenzen ängstlicher Personen in bedrohenden Situationen als auch aufgrund niedriger Ängstlichkeit dieser Personen zustande kommen. In analoger Weise können hohe R-S-Skalenwerte (Sensitizer) sowohl habituelle Sensitivierungstendenzen für mäßig ängstliche Personen oder hohe Ängstlichkeit dieser Personen bedeuten. Diese Überlegung legt eine Konfundierung von Skalen zur Erfassung von R-S und Ängstlichkeit nahe.

Diese Problematik kann nur gelöst werden, wenn getrennte empirische Indikatoren für R-S und Ängstlichkeit verwendet werden. Krohne und Rogner (1985; Krohne, 1996a, b) sprachen daher auch von einem erforderlichen »Mehrvariablenansatz«. Asendorpf et al. (1983) schlugen vor, diese Trennung durch Verwendung einer Skala zur Messung defensiver Vermeidung negativer Affekte zusätzlich zu einer Ängstlichkeitsskala zu vollziehen: Aufgrund der vorliegenden Literatur (Crowne & Marlowe, 1960; Millham & Jacobson, 1978) hielten sie die »Social Desirability Scale« (SDS) von Crowne und Marlowe (1960) für eine geeignete Skala zur Messung dieser Tendenz zur defensiven Vermeidung negativer Affekte. Demnach wurde das R-S-Konstrukt neu operationalisiert: Represser sind danach Personen, die nicht nur niedrige Ängstlichkeitswerte aufweisen, sondern zusätzlich hohe Werte in der SDS haben. Niedrigängstliche lassen sich von Repressern durch die Kombination niedriger Ängstlichkeitswerte mit niedrigen SDS-Werten unterscheiden.

Entsprechend wurde eine Unterscheidung in Defensiv-Hochängstliche (hohe Ängstlichkeits- und hohe SDS-Werte) und Hochängstliche (hohe Ängstlichkeits- und niedrige SDS-Werte) vorgeschlagen, wobei hier allerdings noch offenbleibt, ob und wie sich damit das Konzept des Sensitizers verknüpfen lässt. Diese Frage wurde von Krohne und Rogner (1985) aufgegriffen. Sie verstanden Repression und Sensitization als zwei mögliche Formen der Angstbewältigung. In Anlehnung an Asendorpf et al. (1983) unterscheiden sie Ängstlichkeit und Angstleugnung als interindividuell variierende Merkmale, wobei Angstleugnung ebenfalls über die SDS von Crowne und Marlowe (1960) erfasst wird. In ihrem System werden entsprechend Tabelle 9.6 vier Dispositionen der Angstbewältigung unterschieden.

Tab. 9.6: Vier Dispositionen der Angstbewältigung.

Ängstlichkeit	Angstleugnung	
	hoch	niedrig
niedrig	repressive Angstbewältigung	nichtdefensive Angstbewältigung
hoch	erfolglose Angstbewältigung	sensitive Angstbewältigung

Nach Krohne und Rogner (1985).

Represser sind danach Personen, die bei hoher Angstleugnung geringe Ängstlichkeit zeigen, während Sensitzer bei hoher Ängstlichkeit nur eine geringe Tendenz zur Angstleugnung aufweisen. Die nichtdefensive Angstbewältigung entspricht dabei in dem Konzept von Asendorpf et al. (1983) den Niedrigängstlichen, die erfolglose Angstbewältigung den Hochängstlichen. Eine der Konzeption von Krohne und Rogner (1985) sehr ähnliche Typologie haben Weinberger und Schwartz (1990) vorgelegt, die Ausprägungen in den beiden Merkmalen »Negative Affektivität« (engl. »distress«) und »Affekthemmung« (engl. »restraint«) gemeinsam betrachten.

Dass die oben genannte operationale Unterscheidung zwischen Repressern, Niedrigängstlichen und Hochängstlichen auch mit den theoretischen Vorstellungen zur Persönlichkeit des Repressers in empirischer Übereinstimmung steht, haben Asendorpf und Scherer (1983) in einem Experiment demonstrieren können, das sich an Weinberger et al. (1979) anlehnt. Entsprechend den theoretischen Erwartungen fanden sie, dass Niedrigängstliche trotz mittelhoher verbal berichteter Ängstlichkeit in angstauslösenden Situationen nur niedrig ausgeprägte physiologische Angstindikatoren (Herzrate) aufwiesen, während Represser im neudefinierten Sinne bei niedriger verbal berichteter Angst eine mittelhohe Herzrate zeigten. Hochängstliche hingegen hatten sowohl im verbalen wie im physiologischen Angstmaß hohe Werte in diesen Situationen. Weitere empirische Belege für die Theorierelevanz der Unterscheidung zwischen Repressern und Niedrigängstlichen mit Hilfe der genannten Operationalisierungen liefern Untersuchungen von Davis (1987) und Davis und Schwartz (1987), die zeigen konnten, dass nur Represser, nicht aber Niedrigängstliche eine verminderte Reproduktionsleistung für emotional negativ getönte Gedächtnisinhalte aufweisen, wenn sich diese Gedächtnisinhalte auf das eigene Erleben oder die eigene Person beziehen.

9.2.7 Weiterentwicklung des R-S-Konstruktes

Trotz der empirischen Hinweise auf die Bewährung der neuen Definition von Repression – Sensitization kritisierte Krohne (Krohne, 1996a, b) die Messung der oben genannten Angstbewältigungsdispositionen mit herkömmlichen Persönlichkeitsfragebogen zur Ängstlichkeit und Defensivität (Angstleugnung, Soziale Erwünschtheit) als zu global und zu wenig situationsbezogen. Er befürchtete, dass mit Hilfe dieser Verfahren kaum Vorhersagen auf konkretes Verhalten und interindividuell unterschiedliche Bewältigungsstrategien (z. B. fluktuierend, flexibel) möglich sein würden. Er forderte daher, interindividuelle Unterschiede im Bewältigungsverhalten im Rahmen neuerer, stärker kognitionspsychologisch ausgerichteter Theorien zu analysieren und entsprechende diagnostische Instrumente zu entwickeln.

Krohne selbst legte mit seinem Modell der Bewältigungsmodi (Krohne, 1986, 1989, 1993) einen Ansatz vor, der in diese Richtung weist. Das Modell befasst sich mit der Analyse von Prozessen der Aufmerksamkeitsausrichtung in bedrohlichen Situationen. Die zentralen Konstrukte »Vigilanz« und »kognitive Vermeidung« sind inhaltlich eng verwandt mit dem R-S-Konstrukt: Als »vigilant« werden Strategien bezeichnet, die auf eine verstärkte Aufnahme und Verarbeitung bedrohlicher Informationen abzielen, während »kognitive Vermeidung« der Abkehr von bedrohlichen Reizen entspricht. Eine Besonderheit von Krohnes Ansatz ist, dass diese beiden Konstrukte konzeptuell und operational als separate Persönlichkeitsdimensionen aufgefasst werden: Eine Person kann demnach beispielsweise sowohl vermehrt vigilante als auch vermeidende Strategien anwenden; diese schließen einander nicht aus.

Das Modell der Bewältigungsmodi geht auch in anderer Hinsicht über das R-S-Konzept hinaus. Es wird nämlich versucht, die deskriptiven Konstrukte Vigilanz und kognitive Vermeidung auf eine explikative Basis zu beziehen: Nach den Annahmen des Modells gibt es zwei generelle Reaktionen, die Menschen in bedrohlichen Situationen zeigen, nämlich körperliche Erregung einerseits und das Erleben von Unsicherheit andererseits (▶ **Abb. 9.4**).

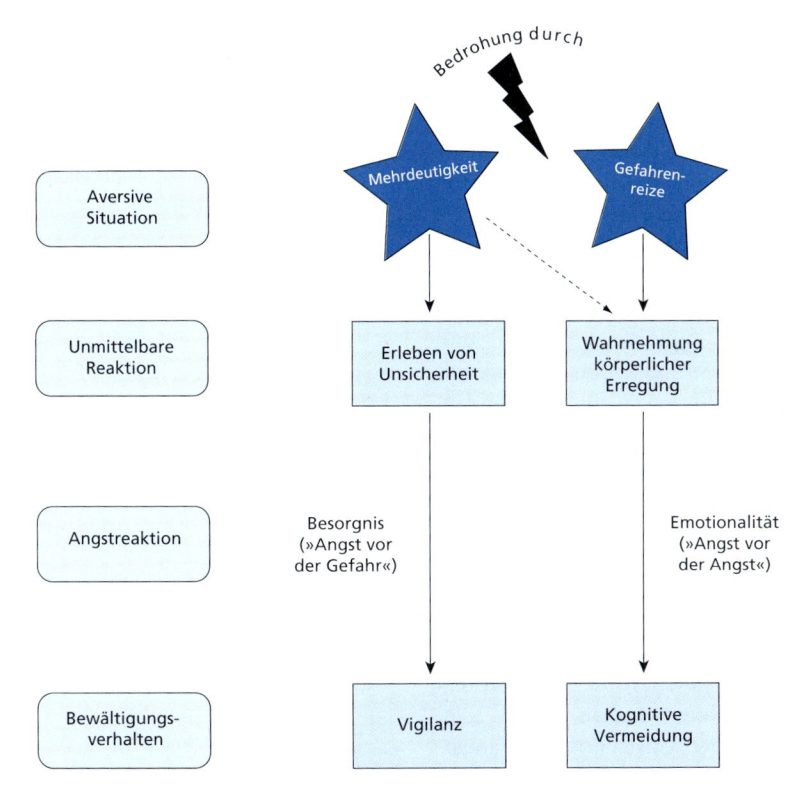

Abb. 9.4: Verlauf der Angstreaktion bei Bedrohung durch Mehrdeutigkeit und durch Gefahrenreize (nach Krohne, 1993).

Personen sollen sich nun dispositionell darin unterscheiden, ob sie die Erregung oder aber die Unsicherheit weniger ertragen können. Diese »Intoleranz gegenüber Erregung« beziehungsweise »Intoleranz gegenüber Unsicherheit« zieht Krohne als erklärende persönlichkeitspsychologische Konstrukte heran, die in folgender Weise mit den deskriptiven Konzepten verknüpft werden.

- Ist eine Person intolerant gegenüber Unsicherheit, jedoch recht unempfindlich gegenüber körperlicher Erregung, wird sie in bedrohlichen Situationen wahrscheinlich ein besonders aufmerksames, vigilantes Verhalten zeigen, um die Situation richtig einschätzen zu können. Eine solche Person wäre in der Terminologie des R-S-Konzeptes als »Sensitizer« zu bezeichnen.
- Kann jemand hingegen Unsicherheit recht gut ertragen, ist jedoch intolerant gegenüber Erregung, wird er versuchen, sich bedrohlichen Hinweisreizen gar nicht erst auszusetzen, um der Erregung, die eine Konfrontation mit ihnen bedeuten würde, zu entgehen. Er handelt kognitiv vermeidend, ist also ein »Represser«.
- Wieder anders wird eine Person vorgehen, die habituell weder Unsicherheit, noch körperliche Erregung gut ertragen kann. Sie kann sich zwischen vigilanten und vermeidenden Strategien im Umgang mit bedrohlichen Reizen nicht entscheiden, da beide für sie Nachteile bergen. Aus diesem Grunde wird sie wahllos zwischen vigilantem und vermeidenden Verhalten hin und her wechseln, was Krohne als »fluktuierendes Bewältigungsverhalten« bezeichnet. Dieses Verhalten kennzeichnet die »erfolglosen Bewältiger«, die wirklich ängstlichen Personen.
- Eine letzte Personengruppe ist nach den Vorstellungen des Modells relativ tolerant sowohl der Unsicherheit in angstauslösenden Situationen als auch körperlicher Erregung gegenüber. Diese Dispositionen ermöglichen es den betreffenden Individuen, sowohl vigilante als auch vermeidende Strategien, je nach den Erfordernissen der aktuellen Situation,

planvoll einzusetzen (denn beide Strategien können adaptiv sein). Ein solches Verhalten bezeichnet Krohne als »flexibles Bewältigungsverhalten«. Es wird von den »Nichtdefensiven«, den Nichtängstlichen, eingesetzt.

Eine Zusammenfassung des zweidimensionalen Modells der Bewältigungsmodi ist in **Abbildung 9.5** dargestellt.

a) Persönlichkeit

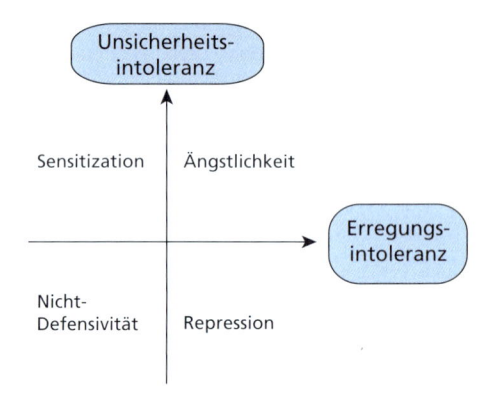

b) Bewältigungsprozesse

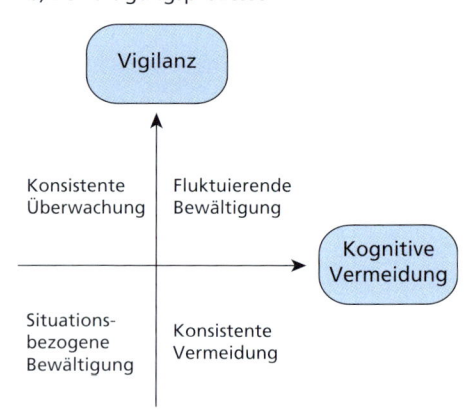

Abb. 9.5: Zweidimensionales Modell der Bewältigungsmodi mit Persönlichkeitstypen (a) und Bewältigungsprozessen (b) unter Angst oder Bedrohung (nach Kohlmann, 1997).

Zur empirischen Erfassung dieser Dispositionen entwickelten Krohne und Mitarbeiter das Angstbewältigungsinventar (ABI; Krohne et al., 1987). Das ABI ist nach dem Prinzip der Situations-Reaktions-Inventare aufgebaut: Für mehrere vorzustellende Angstsituationen (z. B.: »Wenn ich beim Zahnarzt im Wartezimmer sitze, dann…«) sollen jeweils 18 kognitive Bewältigungsreaktionen danach beurteilt werden, ob sie von der Versuchsperson in der jeweiligen Situation gezeigt würden. Von den 18 möglichen Reaktionen stellen neun vigilante, die anderen neun kognitiv vermeidende Reaktionen dar (z. B.: »…macht mir das nichts aus.«).

Nach Krohne entfernt sich die Forschung innerhalb der Tradition des R-S-Konstruktes insgesamt von der Betrachtung des ursprünglich eindimensional konzipierten, psychoanalytisch verankerten Konzepts (Krohne, 1996a, b). Die neueren Forschungsansätze und theoretischen Entwicklungen gehen eher hin zu einer allgemeineren, stärker kognitionspsychologischen Betrachtung interindividueller Unterschiede im Bewältigungsverhalten. So haben Hock und Krohne (2004) die Enkodierung und Gedächtnisrepräsentation von bedrohungsrelevanten Reizen untersucht. Dabei zeigten Represser nur schwach ausgebildete Gedächtnisrepräsentationen für potentiell bedrohliche Reize, während Sensitizer und Ängstliche solche Repräsentationen stärker ausbildeten.

Zusammenfassung von Kapitel 9.2

Nach psychoanalytischer Auffassung besteht eine Möglichkeit, mit dem Aufkommen von Angst umzugehen, in der Abwehr und Verdrängung der angstauslösenden Reize sowie der Vermeidung angstauslösender Situationen (engl. »Repression«). Eine gegenteilige Strategie könnte gerade in der verstärkten Aufmerksamkeit und Zuwendung zu den angstauslösenden Reizen bestehen, um in geeigneter Weise damit fertig zu werden (engl. »Sensitization«). Es lag nahe, diese beiden Pole als Extrempunkte einer stabilen und interindividuell variierenden Persönlichkeitsdisposition aufzufassen. Bestärkt wurde diese Auffassung durch Wahrnehmungsexperimente, in denen einige Versuchspersonen bei angstauslösenden Reizen besonders hohe, andere hingegen niedrige Erkennungsschwellen aufwiesen (Represser bzw. Sensitizer). Fragebogenskalen zur Erfassung des Repression-Sensitization (R-S) Konstrukts zeigten u. a. höhere Werte der Sensibilisierer in Ängstlichkeit, emotionaler Labilität, Selbstunsicherheit sowie Reizbarkeit und höhere Werte der Represser bei Reaktionen im Sinne sozialer Erwünschtheit, Ableugnung von Schwächen, Schilderung der eigenen Person als kontaktfreudig, ruhig und selbstbewusst. Auch bestanden Unterschiede in der physiologischen Reagibilität und insbesondere der Aufmerksamkeit gegenüber und der Behandlung von eigenen Krankheiten (Sensitizer wurden öfters wegen psychosomatischer, Represser wegen organischer Krankheiten behandelt). Die hohe Korrelation der R-S-Skalen mit solchen zur Erfassung von Emotionaler Labilität/Neurotizismus ließ es angeraten erscheinen, eine zweidimensionale Erfassung des Konstrukts mit sowohl Ängstlichkeit als auch Angstbewältigungsstrategien (repressiv vs. sensitiv; erfasst mittels Skalen zur Erfassung von Sozialer Erwünschtheit) anzustreben. Ergänzt wurde dieser Ansatz der unterschiedlichen Bewältigungsstrategien durch die Beschreibung von habituellen interindividuellen Unterschieden in der Reaktion auf bedrohliche Situationen, nämlich bei deren Auftreten entweder mit körperlicher Erregung oder dem Erleben von Unsicherheit zu reagieren. Damit hat sich das Konstrukt von seinem psychoanalytischen Ursprung entfernt und kognitionspsychologischen Konzepten angenähert.

9.3 Ängstlichkeit

Im Unterschied zu vielen anderen Persönlichkeitsmerkmalen scheint der Begriff »Ängstlichkeit« ohne psychologisches Fachwissen sofort verständlich zu sein: Offenkundig hat er unmittelbar mit dem Phänomen der Angst zu tun, das ebenso jedermann bekannt ist und deshalb keiner näheren begrifflichen Bestimmung bedarf.

Ganz im Gegensatz zu diesem ersten Eindruck lehrt die Fachliteratur, dass die psychologisch-wissenschaftliche Beschäftigung mit den Phänomenen der Angst und Ängstlichkeit in den letzten Jahrzehnten eine Vielzahl verschiedener theoretischer und empirischer Zugänge zu diesem Bereich gewählt hat und dass mit den Begriffen Angst, Ängstlichkeit und verwandten Bezeichnungen eine komplexe Vielfalt von Erlebnisweisen, Verhaltenskomponenten und äußeren Bedingungen angesprochen wird, die wissenschaftlich schwer zu integrieren ist.

Aus Platzgründen können die nachfolgenden Ausführungen nur den wichtigsten Ansätzen, Befunden und Erklärungen aus diesem umfangreichen Forschungsfeld gelten. Für eine detailliertere Darstellung muss auf die Monographien von Krohne (1996a) und Lazarus-Mainka und Siebeneick (2000) verwiesen werden.

9.3.1 Die Vielfalt psychologischer Angstforschung

In einer groben Klassifizierung lässt sich die Vielfalt der psychologischen Bemühungen um den Phänomenbereich Angst in drei Gruppen unterteilen, die sich mehr oder weniger parallel zueinander entwickelten, wenn auch Ansätze der ersten Gruppe auf die der anderen besonders starke Einflüsse ausübten: Diese erste Gruppe kann als *psychodynamische Perspektive* bezeichnet werden; ihr wichtigster Repräsentant ist die Psychoanalyse Freuds mit ihren Angsttheorien und Ansätzen zur Therapie von Angstneurosen. Die zweite, recht heterogene Gruppe umfasst die *allgemeinpsychologisch-experimentellen Forschungsbemühungen*, von den ersten streng behavioristisch-lerntheoretisch orientierten Angstauffassungen bis hin zu den neueren kognitiven Theorien der Angst. Die dritte Gruppe schließlich wird von den *differentialpsychologischen Ansätzen* gebildet, die sich vor allem mit der Beschreibung und Messung von interindividuellen Unterschieden in der Angstneigung beschäftigen, zum Teil auch mit der Erklärung solcher Unterschiede.

Die psychodynamische Perspektive

Unbestritten kamen die wichtigsten Anstöße zur psychologisch-wissenschaftlichen Auseinandersetzung mit dem Phänomenbereich Angst aus dem Bereich der klinisch-psychologischen, angewandten Forschungsbemühungen, unter denen vor allem die Beobachtungen und Theorien Freuds (Freud, 1948; 1952b, s. Abschn. 9.1) den bis heute nachhaltigsten Einfluss auf die psychologische Angstforschung hatten (Fröhlich, 1965; Herrmann, 1976).

Kennzeichnend dafür war die Orientierung am psychopathologischen Einzelfall. In dieser Tradition entstanden viele über Freud hinausgehende Angsttheorien (s. z. B. Epstein, 1972). So fasste Sullivan (1953) Angst als wahrgenommene Geringschätzung durch bedeutsame Personen auf, Goldstein (1939) als einen Zustand völliger Desorganisation und Desorientierung, den er »Katastrophenreaktion« nannte, Rogers (1951) als Bedrohung des Selbstkonzeptes oder May (1950) als Existenzbedrohung, während Mandler (1972; Mandler & Watson, 1966) den Zustand der Hilflosigkeit (helplessness) in den Vordergrund stellte.

Problematisch aus der Sicht einer empirischen Wissenschaft sind viele dieser Theorien nicht nur wegen ihrer Orientierung am therapeutischen Einzelfall, sondern auch wegen der oft geringen Präzision ihrer Begriffe.

In welcher Weise Freud'sche Gedanken die um Repräsentativität und psychometrische Exaktheit bemühte Differentielle Psychologie beeinflussten, wird beispielsweise deutlich an den faktorenanalytischen Arbeiten zur Ängstlichkeit von Cattell (besonders in Cattell & Scheier, 1961), auf die in Abschnitt 9.3.2 noch eingegangen wird.

Die allgemeinpsychologisch-experimentelle Perspektive

Vor allem der Versuch, auf der Grundlage experimenteller oder anderer möglichst systematischer empirischer Untersuchungen zu Aussagen über Gesetzmäßigkeiten im Phänomenbereich Angst zu kommen, charakterisiert diese Perspektive, die inhaltlich sehr verschiedene Orientierungen umfasst. Es sind dies vor allem unterschiedliche lerntheoretische sowie neuere kognitionspsychologische Ansätze.

Aufbauend auf Arbeiten von Pawlow (1927, s. a. Abschn. 1.6.2) und Watson und Rayner (1920) bemühte sich bereits Mowrer (1939) um eine Reinterpretation Freud'scher Konzepte mit Hilfe des Paradigmas der klassischen Konditionierung. Danach wäre Angst als eine innere Reaktion aufzufassen, die mit Hilfe der klassischen Konditionierung (1. Prozess) gelernt werden kann. Dies setzt voraus, dass angeborene Furchtreaktionen, zum Beispiel auf Schmerzreize oder überstarke sensorische Stimuli, mit zunächst neutralen Reizen zusammen mehrmals ausgelöst werden, bis die neutralen Reize alleine die Furchtreaktion oder ähnliche Reaktionen nach sich ziehen. Über instrumentelle Konditionierungsprozesse (2. Prozess) wird sodann eine Vermeidungsreaktion gelernt, so dass das Individuum über die Vermeidung des klassisch konditionierten Angstsignals mit seiner Angst umzugehen lernt (Zwei-Prozess-Theorie; Mowrer, 1950, 1960).

Demgegenüber kritisieren die sogenannten kognitiven Theorien die allzu mechanistische Vorgehensweise der behavioristischen Ansätze und unterstellen, dass man dem Phänomenbereich der Angst nur durch kognitive Konzepte wie *Erwartungen und Bewertungen* bestimmter Ereignisse oder Verhaltenskonsequenzen gerecht werden könne (s. Abschn. 10.2). Ein solcher Ansatz wird beispielsweise von Lazarus und Mitarbeitern vertreten (Lazarus, 1966, 1991; Lazarus & Opton, 1966; Lazarus & Averill, 1972). Im Mittelpunkt ihrer Arbeiten stehen Prozesse der »Bewertung« (engl. »appraisal«) angstauslösender Bedingungen und der »Angstverarbeitung« (engl. »coping«). Angst entsteht, wenn ein Individuum eine Situation als bedrohlich *bewertet* (»primary appraisal«) und in diesem mehrphasigen Beurteilungsprozess keine Möglichkeiten zur Vermeidung oder Beseitigung der Bedrohung findet (»secondary appraisal«). Verarbeitet wird die so entstandene Angst durch innerpsychische Prozesse (coping), die den Konflikt zwischen der Bedrohungsbeurteilung (primary appraisal) und dem Urteil fehlender Maßnahmen (secondary appraisal) lösen sollen. Solche innerpsychischen Prozesse resultieren in einer *Aufmerksamkeitsveränderung*, die zu einer verstärkten Beschäftigung (*Vigilanz*, Aufmerksamkeitserhöhung) mit der Bedrohung oder aber auch zu einer Abwendung (*Vermeidung*) von der Bedrohung führen kann. Dadurch entsteht eine dritte Beurteilungsphase, die unter Umständen zu einer *Neubewertung* (reappraisal) der Ausgangssituation führt und möglicherweise durch direkte Aktionen (aktive Beseitigung der Bedrohung oder Flucht) den ursprünglichen Konflikt zu lösen vermag. Auf empirischer

Basis wurden bisher nur Einzelaspekte der Theorie untersucht, so etwa der Einfluss bestimmter experimentell manipulierter Situationsvariablen auf die Beurteilungsprozesse (primary und secondary appraisals).

9.3.2 Die differential-psychologische Perspektive

Interindividuelle Unterschiede in der Disposition zu Angstreaktionen werden als *Angstneigung* (Herrmann, 1976), *Ängstlichkeit* (z. B. Krohne, 1975) oder *Angstbereitschaft* (Cohen, 1971) bezeichnet. Gemeint ist damit ein Persönlichkeitskonstrukt, das Unterschiede zwischen Personen hinsichtlich ihrer Wahrscheinlichkeit beschreibt, öfter mit Angst oder mit besonders starken Ängsten zu reagieren *(Häufigkeits- bzw. Intensitätsaspekt* der Ängstlichkeit), wobei meist zwischen diesen beiden Aspekten nicht unterschieden wird (Cohen, 1971). Ein älterer Fragebogen zur Messung des Konstruktes ist die Manifest Anxiety Scale (MAS), die interindividuelle Unterschiede der Ängstlichkeit (»manifeste Angst«) erfassen soll (s. Abschn. 3.1.4). Die MAS wurde in vielen empirischen Untersuchungen zur Ängstlichkeit und im Zusammenhang mit Leistungsverhalten eingesetzt (zusammenfassend Byrne, 1974).

Ängstlichkeit als faktorenanalytisch definiertes Persönlichkeitsmerkmal

Cattell und Scheier (1961) definierten in ihrer Monographie zwei Interpretationskriterien für Faktoren der Ängstlichkeit. Das erste dieser beiden Kriterien nannten sie »trait definition«: Es ist erfüllt, wenn ein Faktor von jenen Variablen möglichst rein geladen wird, die auch von Ärzten und klinischen Psychologen als Bestandteile oder Merkmale von Ängstlichkeit bezeichnet werden.

Das zweite Kriterium (»type definition«) ist dann erfüllt, wenn die Faktorwerte der zu interpretierenden Dimension (als Maß für die Charakterisierung von Personen) mit externen Ängstlichkeitsindikatoren, wie z. B. einer psychiatrischen Diagnose oder einem anderen Ängstlichkeitstest wie der MAS, korrelieren. *Type definition* wird dieses Kriterium vor allem deshalb genannt, weil diese Korrelationen vorwiegend an dichotomisierten Patientengruppen *(types)* mit diagnostizierter hoher versus niedriger Angst bestimmt werden.

Im Bereich der Fragebogendaten (Q-Daten) und Verhaltensdaten (L-Daten) ist es ein Faktor zweiter Ordnung, der diese beiden Kriterien erfüllt und der, weil er in den zugrundeliegenden Einzeluntersuchungen meist als zweiter Faktor zweiter Ordnung (nach einem »Extraversionsfaktor«) resultierte, von Cattell und Scheier (1961) FQ II genannt wird. Dieser Faktor ist durch die Cattell'schen Primärfaktoren Q_4 (Triebspannung), O (Neigung zu Schuldgefühlen), Q_3 (fehlende Willenskontrolle), C (fehlende Ichstärke), L (Misstrauen) und H (Furchtsamkeit) definiert und den verfügbaren Evidenzen nach gut repliziert.

Nach Freud sind verbotene Triebimpulse, im Über-Ich stark ausgeprägte Normen sowie ein schwaches Ich Ursachen von Angst und physiologische Prozesse ihre Begleiterscheinungen. Drei dieser Gesichtspunkte lassen sich in Cattells FQ II wiederfinden: Eine Disposition zu starken Triebimpulsen könnte zu erhöhter Triebspannung (Q_4) und ein starkes Über-Ich zu Schuldgefühlen (O) führen. Der Faktor C wurde von Cattell geradezu nach Freuds Ich-Instanz benannt. Vor diesem Hintergrund wird verständlich, dass Ärzte und klinische Psychologen diese Merkmale dem Angstbereich zuordneten.

Die Typen-Definition ist darüber hinaus auch durch den Zusammenhang mit anderen Ängstlichkeitsfragebogen erfüllt. So korreliert der FQ II mit der MAS zu über $r = 0{,}80$. Dies lässt praktisch auf Identität der gemessenen Disposition schließen. Ähnlich hohe Korrelationen zu anderen Fragebogenmaßen, wie zum Beispiel der *Neurotizismusskala* von Eysenck oder auch der Repression-Sensitization-Skala von Byrne (Boucsein & Frye, 1974) belegen, dass Cattells FQ II ein allgemeines Persönlichkeitskonstrukt erfasst, das mit dem Begriff Ängstlichkeit sinnvoll charakterisiert ist.

Auf der Ebene der Objektiven Tests ist die Identifizierung eines Ängstlichkeitsfaktors nicht eindeutig gelungen (s. Cattell & Kline, 1977; Schmidt, 1975). Hingegen scheint auf der Ebene von Fragebogen- und Beurteilungsdaten eine breite und allgemeine Persönlichkeitsdimension der »Ängstlichkeit« als Faktor zweiter Ordnung sehr gut gesichert zu sein. Sie beschreibt Unterschiede zwischen Personen hinsichtlich der Häufigkeit und Intensität, mit der sie Angst erleben. Näher präzisiert wird dieses faktorenanalytisch fundierte Persönlichkeitskonstrukt durch seine Korrelationen mit spezielleren Ängstlichkeitsfaktoren (Faktoren erster Ordnung) aus den Persönlichkeitssystemen von Cattell und von Guilford. Auch der Faktor Neurotizismus in den Systemen von Eysenck (Abschn. 7.4) und im Fünf-Faktoren-Modell (Abschn. 7.5) hat mit Ängstlichkeit zu tun, doch unterscheiden sich hier die Auffassungen leicht, wie Neurotizismus und Ängstlichkeit zusammenhängen. Während Eysenck (Eysenck & Eysenck, 1985) und auch Gray (1981) Ängstlichkeit als Kombination von Neurotizismus mit niedriger Extraversion (also Introversion) auffassen, ist für Costa und McCrae Ängstlichkeit ein Unterfaktor (eine Facette) von Neurotizismus (Costa & McCrae, 1985, 1992).

Ängstlichkeit und Negative Affektivität

Watson und Clark (1984) postulieren ein noch allgemeineres Persönlichkeitskonstrukt als »Ängstlichkeit«. Dieses Konstrukt ist ebenfalls eindimensional, es wurde von diesen Autoren als Negative Affektivität (NA) bezeichnet, und es umfasst Eigenschaften wie Neurotizismus, Ängstlichkeit, Repression – Sensitization, soziale Erwünschtheit und weitere Eigenschaften. Einen Beleg für diese These liefert die Beobachtung, dass die zur Messung dieser einzelnen Persönlichkeitszüge eingesetzten Tests im Bereich ihrer Reliabilitäten miteinander korrelieren. NA umfasst in der Konzeption der Autoren neben Ängstlichkeit auch noch die Tendenzen, mit Ärger, Zorn, Selbstunzufriedenheit und ähnlichen negativen Affekten zu reagieren. Personen mit hoher NA berichten in allen, also auch in nicht angstauslösenden Situationen über negativere Affekte und haben eine negativere Grundeinstellung sich selbst und anderen gegenüber. Sie werden als introspektiver, stärker auf negative Seiten sowohl von sich selbst als auch von anderen fixiert, feindseliger, misstrauischer, zurückhaltender, unabhängiger und rebellischer beschrieben, während Personen mit niedriger NA konformistischer und geselliger sind und als sympathischer und beliebter beurteilt werden.

Dieses Konstrukt NA soll sich mit Hilfe der von Watson et al. (1988) entwickelten »Positive and Negative Affect Schedule« (PANAS) direkt erfassen lassen. Darin ergänzten die Autoren NA um ein zweites Konstrukt, nämlich eine relativ breite Disposition für die Positive Affektivität (PA). Diese beiden Dimensionen wurden als orthogonal (!) konzipiert, und sie beschreiben die affektive Disposition in Begriffen von angenehmer oder unangenehmer Erregung (s. auch Abschn. 8.4).

In einer weiteren Arbeit präzisierten Watson und Clark (1992) das Verhältnis zwischen der relativ breiten Dimension NA und spezifischen negativ-valenten Emotionen wie Ängstlichkeit, Trauer, Feindseligkeit und Schuld. In mehreren längsschnittlichen Studien fanden sich hinreichend hohe Retest-Korrelationen dieser Affektmaße, um von Dispositionen für das Erleben von Ängstlichkeit, Trauer, Feindseligkeit und Schuld ausgehen zu können. Dabei zeigte sich einerseits, dass die verschiedenen Maße für diese negativ-valenten Emotionen hinreichend niedrig korrelieren, um tatsächlich von empirisch unterscheidbaren Dispositionen für diese *einzelnen* Affekte sprechen zu können (dies spricht für eine gute diskriminante Validität der Affektmaße). Andererseits korrelierten diese Affektmaße in einem Ausmaß untereinander, das auf einen *gemeinsamen*, übergeordneten Faktor für Negative Affektivität verweist. Diese Befunde werden von den Autoren mit einem hierarchischen Modell für negativ-valente Emotionen erklärt, an dessen Spitze (als abstrakter Faktor höherer Ordnung) NA steht und dessen Basis durch spezifischere Dispositionen für negativ-valente Emotionen gebildet wird, zu denen auch die Ängstlichkeit gehört.

Umweltbedingungen der Ängstlichkeit

Akzeptiert man das Ergebnis, wonach es zweckmäßig ist, einen allgemeinen Persönlichkeitsfaktor zur Beschreibung interindividueller Unterschiede der Angstneigung anzunehmen, ist als Nächstes die differentialpsychologische Frage nach den Entstehungsbedingungen für Ängstlichkeit zu stellen.

Die Zwei-Prozess-Theorie von Mowrer (1960) erklärt die Aufrechterhaltung angstbedingten Vermeidungsverhaltens. Sie stellt die bisher am besten untersuchte Theorie der Entstehung, Aufrechterhaltung und Reduktion von Angstreaktionen dar, wenn auch Kritik an ihr geäußert wurde (s. z. B. Birbaumer, 1977). Rachman (1977) wies darauf hin, dass auch das Beobachtungslernen (Bandura, 1969, 1977) für den Erwerb von Angstreaktionen von Bedeutung sein kann. Welche Rolle kognitive Prozesse dabei spielen, wurde im Zusammenhang mit der Theorie von Lazarus angedeutet.

Alle diese theoretischen Überlegungen und die mit ihnen verknüpften Befunde zeigen auf einer relativ *molekularen* Ebene, dass das Persönlichkeitsmerkmal »Ängstlichkeit« als eine erlernte generalisierte Verhaltensdisposition gedacht werden kann. Auf *molarer* Ebene wurden mittels verschiedener Ansätze unterschiedliche *Lernumwelten* untersucht, die Einfluss auf die Entstehung von Ängstlichkeitsunterschieden haben könnten (▶ Kasten 9.1).

Kasten 9.1: Einflussfaktoren auf Ängstlichkeit

In einer Zusammenfassung entsprechender Untersuchungen berichtete Krohne (1975, 1996a, 2010) von fünf Einflussfaktoren auf Ängstlichkeit:

- Geschlecht. Jungen zeigen im Allgemeinen niedrigere Angstwerte, die gegenüber den Mädchen über das Alter hinweg auch noch stärker abnehmen. Dabei stehen die Unterschiede zwischen Jungen und Mädchen noch in Wechselwirkung mit ihren Schulleistungen und mit ihrer sozialen Herkunft. Interpretiert werden diese Ergebnisse als Effekt unterschiedlicher Rollenerwartungen gegenüber Jungen und Mädchen.
- Sozioökonomischer und ethnischer Status. Unterschichtangehörige und ethnische Minoritäten zeigen allgemein höhere Ängstlichkeitswerte. Dabei ist die erhöhte Ängstlichkeit dieser Personengruppen vermutlich bedingt durch eine stärkere Stressexponiertheit oder durch eine Verwendung von weniger effizienten Strategien zur Bewältigung dieses Stresses (s. Krohne, 1996a).

- Familiale Sozialisation. Elterliche Strenge führt zu höheren Ängstlichkeitswerten bei den Erzogenen. Die Gründe für diesen Zusammenhang sind sicherlich sehr komplex. In Betracht kommen u. a. die Erfahrung häufiger Bestrafung, die durch Strafmaßnahmen gehemmte Aggressivität als Möglichkeit der Angstabfuhr sowie eine tadelnde, einschränkende und inkonsistente Erziehung (Krohne & Hock, 1994).
- Stellung in der Geschwisterreihe. Spätergeborene neigen eher als Frühergeborene zu Ängstlichkeit. Die Erklärung dieses Zusammenhangs ist widersprüchlich. Es werden Wechselwirkungen mit elterlichen Erziehungsstilvariablen angenommen.
- Frühe Schulerfahrungen, vor allem hinsichtlich des Erfolgs oder Misserfolgs. Es fanden sich negative Korrelationen zwischen Leistungen im Erstleseunterricht und Ängstlichkeitswerten im vierten Schuljahr. Die Bedingungsrichtung dieses Zusammenhangs bleibt jedoch unklar.

Kognitionspsychologische Aspekte der Ängstlichkeit

Seit den 1980er Jahren ist es vor allem Michael W. Eysenck, der in empirisch-experimentellen Forschungsprogrammen die Theorie zu untermauern sucht (Eysenck, 1992a, b), dass Ängstliche und Nichtängstliche sich in kognitiven Funktionen unterscheiden. Daraus würden Verhaltensunterschiede zwischen diesen Gruppen erklärbar.

In seiner »Vier-Faktoren-Theorie der Ängstlichkeit« (Eysenck, 1997) besteht die zentrale Annahme darin, dass die Hauptfunktion der Angst von biologischer Bedeutung für den Menschen ist. Sie dient als Warnsystem und soll die Entdeckung von Gefahr in einer potenziell gefährlichen Umwelt erleichtern. Dabei wird das Erleben von Angst durch vier Faktoren beeinflusst.

- Wichtigste Determinante für das Erleben von Angst ist die *kognitive Bewertung* einer Situation (s. Abschn. 9.3.1).
- Die kognitive Bewertung hat Effekte auf die *physiologische Aktivität*, die selbst wieder das emotionale Erleben mitbestimmt.
- Eine weiterer Faktor für das Erleben von Emotionen sind Informationen aus dem *Langzeitgedächtnis*. Zum Beispiel sind Sorgen gerade in Bezug auf Angst sehr wichtige Kognitionen.
- Die vierte Quelle der Informationen basiert auf dem offenen *Verhalten* und den Verhaltenstendenzen des Individuums.

Diese vier Faktoren interagieren miteinander, wobei besonders Prozesse der Aufmerksamkeitslenkung und Interpretation bezüglich externer und interner Reize (physiologischer Aktivität, Gedächtnisinhalten und Verhalten) eine wichtige Rolle spielen.

Die Klassifikation verschiedener Ängstlichkeitstypen nach Weinberger ist ja bereits in Abschnitt 9.2.6 vorgestellt worden: *Niedrigängstliche, Represser, Hochängstliche* und *Defensiv-Hochängstliche*. Die Vier-Faktoren-Theorie macht für diese Personengruppen nun folgende Vorhersagen.

- Hochängstliche sind durch eine selektive Aufmerksamkeits- und Interpretationsverzerrung gekennzeichnet. Diese führen dazu, dass die Bedrohlichkeit externer und interner Reize überschätzt oder übertrieben wird.
- Represser haben eine entgegengesetzte selektive Aufmerksamkeits- und Interpretationsverzerrung, die dazu führt, dass die Bedrohlichkeit von externen und internen Reizen minimiert wird.

- Niedrigängstliche neigen im Allgemeinen zu keiner dieser Verzerrungen.
- Aussagen über die Defensiv-Hochängstlichen werden kaum gemacht, da diese Gruppe die kleinste ist, in Untersuchungen oft vernachlässigt wird und daher kaum Befunde vorliegen.

Eysenck führt einige Untersuchungen auf, die die von ihm gemachten Annahmen zumeist unterstützen (s. Eysenck, 1997).

So wurden beispielsweise in einer Untersuchung von Derakshan und Eysenck (1997) die Versuchspersonen anhand von Fragebogen in Niedrigängstliche, Represser, Hochängstliche und Defensiv-Hochängstliche eingeteilt. Die Versuchspersonen wurden aufgefordert, eine etwa vierminütige Rede vor einem kleinen Publikum zu halten. Die Rede wurde auf Video aufgezeichnet. Diese Videoaufnahmen dienten sowohl für die Versuchspersonen als auch für die (zwei) externen Beobachter als Grundlage für die Verhaltensbewertung der Akteure. Die Versuchspersonen wurden explizit aufgefordert, für ihr Urteil ausschließlich das Video zu benutzen und Gedanken, die sie eventuell während der Rede gehabt hatten, zu ignorieren.

Abbildung 9.6 gibt einen Teil der Ergebnisse wieder. Wie zu erkennen ist, beurteilten Hochängstliche und Defensiv-Hochängstliche ihr Verhalten als ängstlicher, als dies die Beobachter taten. Represser schätzen ihr Verhalten relativ zu den Beurteilern als weniger ängstlich ein.

Diese Ergebnisse entsprechen den Vorhersagen der Vier-Faktoren-Theorie. Hochängstliche neigen dazu, interne und externe Reize als eher bedrohlich einzuschätzen. Sie unterliegen insofern einer Interpretationsverzerrung, als sie ihr eigenes Verhalten im Vergleich zu anderen als ängstlicher einstufen. Demgegenüber zeigen Represser eine entgegengesetzte Interpretationsverzerrung.

Ängstlichkeit und Leistung

Leichte Aufgaben werden von Ängstlichen besser bearbeitet als von Nichtängstlichen. Dieser Effekt kehrt sich aber für schwierige

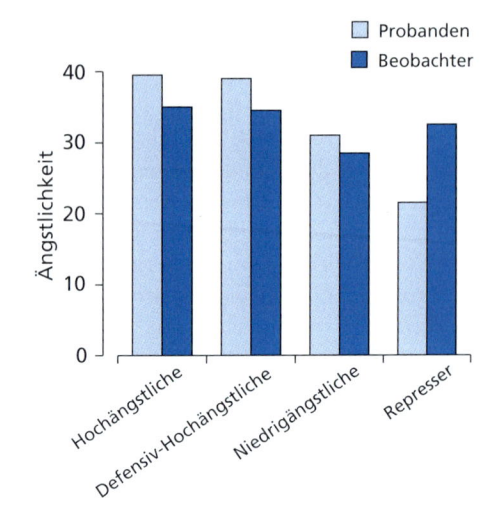

Abb. 9.6: Ängstlichkeit in stressreichen Situationen beurteilt durch die Probanden und durch Beobachter (nach Derakshan & Eysenck, 1997).

Aufgaben um (Spence & Spence, 1966; Taylor, 1956). H.J. Eysenck (1973) hat in diesem Zusammenhang darauf hingewiesen, dass die dabei verwendete »Manifest Anxiety Scale« (MAS) sowohl mit Neurotizismus als auch – negativ – mit Extraversion korreliert. Als Erklärung schlug er vor, dass der Leistungsvorteil Ängstlicher bei leichten Aufgaben auf deren höhere Introversion und die damit einhergehende höhere kortikale Erregung zurückgeführt werden könne. Bei schwierigen Aufgaben könne sich hingegen die größere autonome Aktivierung, die hohem Neurotizismus zugrunde liegt, stärker und damit leistungsmindernd auswirken.

Die Idee, dass sich Ängstlichkeit aus zwei (oder mehreren) Komponenten zusammensetzt, die sich auf Leistungsanforderungen unterschiedlich stark oder sogar gegenteilig auswirken, ist in verschiedenen Theorien über den Zusammenhang zwischen Ängstlichkeit und Leistung zu finden.

Eine solche »Zwei-Komponenten-Theorie« ist die auf Liebert und Morris (1967) zurückgehende und später erweiterte Theorie (Morris et al., 1981, s. dazu M.W. Eysenck, 1992), wonach Angst und Ängstlichkeit aus den zwei Komponenten »Emotionalität« (Aufregung im körperlichen Sinne) und »Besorgtheit« (engl. »worry« als kognitiver Komponente) bestehen. Korrelationsstudien, in denen diese beiden Komponenten getrennt gemessen wurden, legen die Vermutung nahe, dass es die Besorgtheitskomponente und nicht die Emotionalitätskomponente (die sogar leistungsfördernd sein kann: Hodapp, 1982) ist, die z. B. bei akademischen Prüfungsleistungen zu Defiziten führt (Seipp & Schwarzer, 1991). Allerdings ist die Interpretationsrichtung hier nicht eindeutig: Es könnten ja auch realistische Erwartungen schlechter Prüfungsleistungen zu höherer Besorgtheit führen.

Eine weitere Ausdifferenzierung der theoretischen Vorstellungen zu Ängstlichkeit und Leistung wurde von M.W. Eysenck (1992a; Eysenck & Calvo, 1992) vorgelegt. In seiner »Theorie der Verarbeitungseffizienz« (engl. »processing efficiency theory«) stellte M.W. Eysenck die besondere Rolle des Arbeitsgedächtnisses heraus. Er nahm darin an, dass bei Hochängstlichen das Arbeitsgedächtnis stärker durch dysfunktionale Gedanken belastet wird, wie z. B. durch Besorgtheiten, aber auch durch andere kognitive Prozesse. Vor allem aber bemühte sich M.W. Eysenck um eine Erklärung dafür, dass Leistungsunterschiede zwischen Ängstlichen und Nichtängstlichen nicht immer auftreten und oft sehr klein sind. Als Erklärung schlug er die Unterscheidung zwischen »Verarbeitungseffizienz« (engl. »processing efficiency«), »Leistungsgüte« (engl. »performance effectivity«) und »Anstrengung« (engl. »effort«) vor. Die Komponenten sollen zueinander in folgender Beziehung stehen:

$$\text{Verarbeitungseffizienz} = \frac{\text{Leistungsgüte}}{\text{Anstrengung}}.$$

Darin bedeutet Leistungsgüte die effektiv erbrachte Quantität oder Qualität der geforderten Leistung, während unter Anstrengung der dafür investierte (kognitive oder physiologische) Aufwand zu verstehen ist. Gleiche Leistungen, die mit unterschiedlicher Anstrengung zustande kommen, unterscheiden sich demnach in der Verarbeitungseffizienz – je weniger Anstrengung nötig ist, umso höher ist die Verarbeitungseffizienz. In der Theorie der Verarbeitungseffizienz wird nun postuliert, dass sich Ängstlichkeit unterschiedlich auf die Leistungsgüte und die Verarbeitungseffizienz auswirken kann: Hochängstliche strengen sich für die zu erbringende Leistung mehr an, wodurch bei gleicher Leistungsgüte gegenüber Niedrigängstlichen die Verarbeitungseffizienz schlechter wird.

Für die empirische Prüfung dieser Theorie ergibt sich das Problem, wie Verarbeitungseffizienz oder Anstrengung unabhängig von der Leistungsgüte gemessen werden kann. M.W. Eysenck (1992a; Eysenck & Calvo, 1992) hat dazu verschiedene Ansätze vorgestellt.

- Eine erste Vorgehensweise bedient sich der Verwendung von *psychophysiologischen Maßen*. So konnte beispielsweise mit Hilfe elektromyographischer Registrierungen gezeigt werden, dass Ängstliche in einer Ballwurfaufgabe nicht schlechter sind als Nichtängstliche, aber dafür einen viel höheren muskulären Aufwand betreiben (Weinberg & Hunt, 1976).
- Auch Maße *der subjektiven Anstrengung* zeigten, dass Ängstliche, die sich von Nichtängstlichen beim Lösen kognitiver Aufgaben mit niedriger und solchen mit hoher mentaler Belastung nicht unterscheiden, bei hoher mentaler Belastung deutlich höhere erlebte Anstrengungen berichten als Nichtängstliche (Dornic, 1977, 1980).
- Interessant erscheint in diesem Zusammenhang auch die Methode, den Versuchspersonen zusätzlich zur gestellten Hauptaufgabe eine *Nebenaufgabe* zu geben. Unter der Annahme, dass höhere Anstrengung bei der Bearbeitung der Hauptaufgabe weniger Kapazität für die

Lösung der Nebenaufgabe übrig lässt, müssten Ängstliche bei gleich guten Leistungen in der Hauptaufgabe schlechtere Leistungen in der Nebenaufgabe zeigen als Nichtängstliche. In einer Literaturübersicht berichtete Eysenck (1982), dass dies in 11 von 16 Experimenten der Fall war.

In allen Theorien zum Einfluss von Ängstlichkeit auf Leistungen wird betont, dass sich Ängstlichkeit (als Persönlichkeitsmerkmal) vor allem in angstauslösenden Situationen (im Zustand der Angst also) auf Leistungen auswirke. Auf diese Unterscheidung zwischen »Ängstlichkeit« (engl. »trait anxiety«) und »Angst« (engl. »state anxiety«) wird im Folgenden näher eingegangen.

9.3.3 Differenzierungen des Ängstlichkeitskonstruktes

Spielbergers Trait-State-Angstmodell

Nicht nur theoretisch bedeutsam, sondern für die Differentielle Psychologie auch empirisch ergiebig ist die Unterscheidung von *Angst* (oder Furcht) als Zustand (»A-State«) und *Ängstlichkeit* (»A-Trait«) als Persönlichkeitsmerkmal. Die definitorische Abgrenzung ist klar: *Angst* bezeichnet ein aktuelles Geschehen von relativ kurzer Dauer, *Ängstlichkeit* eine als überdauernd angesehene Disposition dafür, vergleichsweise leicht, oft und intensiv in Angstzustände zu geraten. Diese zunächst definitorisch-theoretische Unterscheidung wurde erstmals von Cattell (s. z. B. Cattell, 1966, 1973; Cattell & Scheier, 1961) faktorenanalytisch empirisch verankert (s. auch Abschn. 1.6.5). Mit Hilfe dieser Techniken konnte Cattell nachweisen, dass sich auch ein Angstfaktor im Sinne eines Zustandsfaktors neben einer Reihe anderer Zustandsfaktoren definieren lässt. Dieser Angstfaktor wird sowohl von Selbstbeurteilungs- wie von objektiven Testdaten geladen, so beispielsweise von Maßen der Atemfrequenz, von Blutplasmawerten, der Herzfrequenz sowie von fehlendem Vertrauen in die eigene Leistung bei ungewohnten Aufgaben, Zustimmungstendenz, Ablenkbarkeit und anderem (s. z. B. Cattell, 1966).

Im Anschluss an diese Ergebnisse von Cattell entwickelten Spielberger et al. (Spielberger, 1983; Spielberger et al., 1970) das inzwischen weit verbreitete »State-Trait-Anxiety-Inventory« (STAI), das auch in einer deutschen Bearbeitung vorliegt (Laux et al., 1981). In **Kasten 9.2** wird dieses Fragebogenverfahren ausführlich dargestellt.

Über eine Vielzahl von Forschungsarbeiten mit dem STAI, so etwa zum Zusammenhang zwischen A-State, A-Trait und verschiedenen Leistungsvariablen, gab Lamb (1978) eine ausführliche Übersicht. Dabei zeigte sich, dass Angst, Ängstlichkeit und angstauslösende Bedingungen als Determinanten von Leistungsunterschieden in mehrfacher Wechselwirkung zueinander stehen. Hodges (1973) zum Beispiel zeigte, dass Leistungsunterschiede in computerunterstützten Lernprogrammen zwischen Hoch- und Niedrigängstlichen nur unter leichten Stressbedingungen auftreten. Wenn die Zustandsangst stark ansteigt, verschwinden diese Unterschiede zwischen Hoch- und Niedrigängstlichen.

Spielberger (1985) entwickelte zur Unterscheidung von A-State und A-Trait eine Theorie, die sich in sechs Punkten zusammenfassen lässt.

- Der Angstentstehung geht die *Einschätzung einer Situation* als bedrohlich voraus, unabhängig davon, ob eine Gefahr gegeben ist oder nicht. Auch innere Gegebenheiten (Gedanken, Erinnerungen, Erwartungen) können Angst entstehen lassen. Die entstehende A-State-Reaktion wird als unangenehm erlebt.

Kasten 9.2: Das State-Trait-Anxiety-Inventory (STAI)

Konstruktionsprinzip

Aus Angstitems verschiedener Fragebogen wurden nach der Höhe ihrer Interkorrelationen ($r \geq 0{,}50$) insgesamt 177 Items für eine Testvorform ausgewählt, die als **Anxiety-State-Skala** (A-State) einmal danach beantwortet werden sollten, wie den Probanden *im Augenblick* zumute war. Dafür wurde eine vierstufige Antwortskala nach **Intensitätsstufen** (überhaupt nicht – ein wenig – ziemlich – sehr) vorgesehen. Als **Anxiety-Trait-Skala** (A-Trait) sollten die Items zum anderen danach beantwortet werden, wie sie *im Allgemeinen* zutraffen. Die Beantwortung erfolgte ebenfalls auf einer vierstufigen Skala, die nach Häufigkeiten (fast nie – manchmal – oft – fast immer) abgestuft war.

Für den endgültigen Test wurden jene 20 Items der Testvorform in die A-State-Skala aufgenommen, die bei guten Interkorrelationen am besten zwischen verschieden starken Angstsituationen differenzierten, während für die A-Trait-Skala die 20 Items mit den besten Retest-Korrelationen und geringer Situationsvarianz ausgewählt wurden (Spielberger, 1972).

STAI-A-State-Skala

Instruktion: »…geben Sie an, wie Sie sich jetzt, das heißt in diesem Moment, fühlen.«

Itembeispiel	überhaupt nicht	ein wenig	ziemlich	sehr
»Ich fühle mich angespannt…«	1	2	3	4
»Ich fühle mich wohl…«	1	2	3	4

STAI-A-Trait-Skala

Instruktion: »…geben Sie an, wie Sie sich im Allgemeinen fühlen.«

Itembeispiel:	fast nie	manchmal	oft	fast immer
»Ich mache mir Sorgen über mögliches Missgeschick…«	1	2	3	4
»Enttäuschungen nehme ich so schwer, dass ich sie nicht vergessen kann…«	1	2	3	4

Als **Reliabilitätsschätzungen** geben die Testautoren interne Konsistenzkoeffizienten zwischen $\alpha = 0{,}83$ und $\alpha = 0{,}92$ für die A-State-Skala an, für die A-Trait-Skala liegen die Retest-Korrelationen (Wiederholung zwischen einem und 104 Tagen) zwischen $r = 0{,}76$ und $0{,}77$.

Als **Validitätshinweise** für die A-State-Skala werden Experimente berichtet, in denen die Situationsabhängigkeit der A-State-Skala sowie die Situationsunabhängigkeit der A-Trait-Skala demonstriert wird, wobei Versuchspersonen mit hohen A-Trait-Werten im Schnitt auch in den A-State-Werten höher liegen. Ein Beispiel dafür stellt die Untersuchung von Lamb (1973) dar. Dieser ließ seine Versuchspersonen zu vier Zeitpunkten den STAI ausfüllen: (1) in einer Ruhepause, (2) vor einer zu improvisierenden Rede, (3) nach dieser Rede und (4) nach der Aufforderung, einen Luftballon bis zum Platzen aufzublasen.

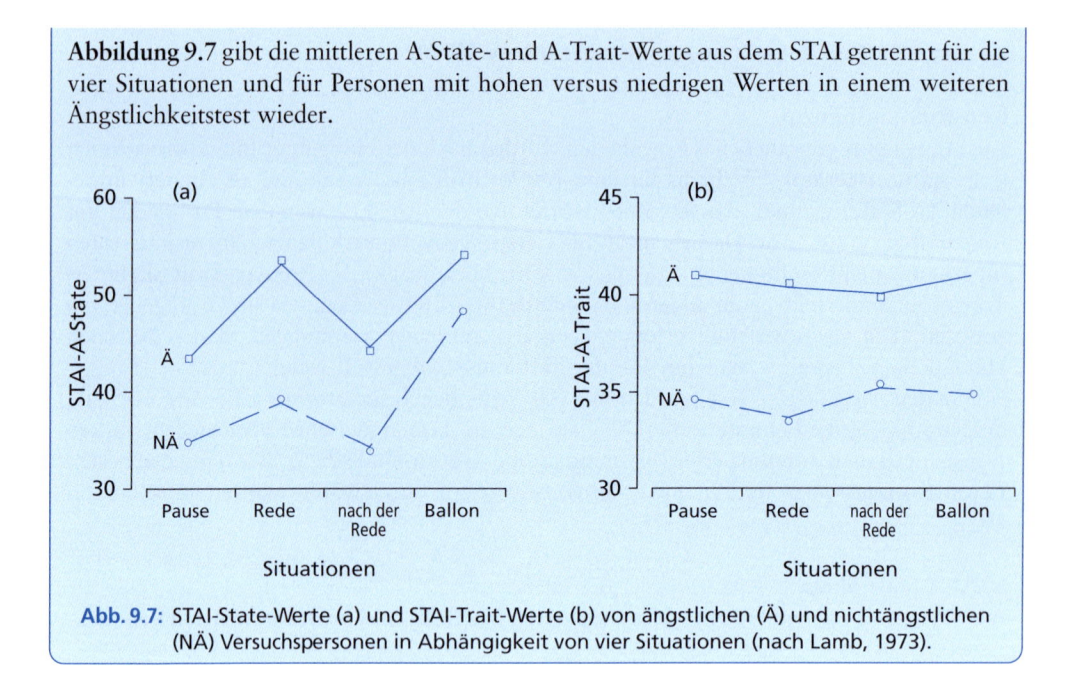

Abbildung 9.7 gibt die mittleren A-State- und A-Trait-Werte aus dem STAI getrennt für die vier Situationen und für Personen mit hohen versus niedrigen Werten in einem weiteren Ängstlichkeitstest wieder.

Abb. 9.7: STAI-State-Werte (a) und STAI-Trait-Werte (b) von ängstlichen (Ä) und nichtängstlichen (NÄ) Versuchspersonen in Abhängigkeit von vier Situationen (nach Lamb, 1973).

- Die *Stärke einer A-State-Reaktion* ist proportional zur Stärke der wahrgenommenen Bedrohung.
- Die *Dauer der A-State-Reaktion* hängt von der Dauer der Wahrnehmung einer Bedrohung ab.
- Personen mit hohem *A-Trait* nehmen Situationen eher als bedrohlich wahr als Personen mit niedrigem A-Trait.
- Hohe A-States haben eine motivationale Charakteristik, die sich direkt im *Verhalten* (z. B. Vermeidung oder Veränderung der Situation) niederschlagen **oder** zur *Angstabwehr* (Umdeutung oder Neubewertung der Situation als weniger bedrohlich) führen, je nach den bisherigen Erfahrungen des Individuums.
- Bezüglich *oft erlebter Stressbedingungen* entwickeln Personen spezifische Abwehrmechanismen oder Bewältigungsreaktionen, die zur Reduktion der A-State-Reaktion führen.

Wichtig für die Differentielle Psychologie ist dabei, dass Ängstliche öfter, intensiver und länger Angst erleben als Nichtängstliche. Auslöser dafür sind aber immer situative Gegebenheiten.

An diesem Konzept ist jedoch von verschiedener Seite Kritik geübt worden. Im Rahmen des State-Trait-Modells der Ängstlichkeit sollte man nämlich erwarten, dass die aktuelle Angst in nicht angstauslösenden Situationen bei Niedrig- und Hochängstlichen gleich gering ist und dass sie mit zunehmendem Bedrohungsgehalt der Situation bei Hochängstlichen steiler ansteigt als bei Niedrigängstlichen. Dieser Zusammenhang zwischen (Trait-) Ängstlichkeit und (aktueller oder State-) Angst sollte sich varianzanalytisch in einer signifikanten Wechselwirkung zwischen dem Bedrohungsgehalt der Situation und der Ängstlichkeit der Probanden zeigen. Lazarus-Mainka (1985) weist jedoch auf Befunde hin, die eher dafür sprechen, dass der Unterschied in der aktuellen Angst zwischen Hoch- und Niedrigängstlichen unabhängig vom Bedrohungsgehalt der Situation gleich ist und die Hochängstlichen generell eine höhere State-

Angst zeigen. In den von ihr berichteten Studien, in denen der Bedrohungsgehalt der Situation systematisch variiert wurde, ergaben sich jeweils hochsignifikante Haupteffekte für Situation und Ängstlichkeit, die Wechselwirkung zwischen den beiden Faktoren wurde jedoch nicht signifikant (dies ist beispielsweise auch aus **Abbildung 9.7** ersichtlich). Die Autorin führt diesen Befund darauf zurück, dass die Ergebnisse sowohl von Trait- als auch von State-Ängstlichkeitstests stark vom Sprachstil der Probanden im Hinblick auf den Umgang mit emotional negativ getönten Aussagen beeinflusst werden.

Dieser Befund ließe sich aber auch im Rahmen des Konzeptes der Negativen Affektivität (NA) von Watson und Clark (1984) bzw. mit ihrem hierarchischen Modell der negativen Affekte (Watson & Clark, 1992) interpretieren (s. Abschn. 9.3.2). Im Unterschied zu dem eher reaktiven, die Situation betonenden Ängstlichkeitskonzept würde man für Personen mit hohem NA (und damit auch für Hochängstliche) erwarten, dass sie in allen Situationen, also auch in Situationen, die keine Angst auslösen, negativere Emotionen erleben als Personen mit niedrigem NA. Im Ängstlichkeitstest, der ja emotionale Aussagen über Situationen und die eigene Person verlangt, werden so Personen mit hohem NA unabhängig von der Situation höhere Ängstlichkeitswerte erzielen als Personen mit niedrigem NA.

Situationsspezifische Angstneigungen

Bereits vor Spielberger haben Endler et al. (1962) auf das Problem des Zusammenhangs zwischen Situation und Disposition hingewiesen: Sie konstruierten das »Situation-Response-Inventory« der Ängstlichkeit, bei dem die Befragungspersonen auf einigen mehrstufigen Reaktionsskalen für gedanklich vorgestellte Situationen das Ausmaß verschiedener Angstreaktionen angeben sollten. In vielen Untersuchungen mit diesem S-R-Inventory und ähnlichen Weiterentwicklungen konnten Endler und Mitarbeiter über ein varianzanalytisches Schätzverfahren zeigen, dass die Dispositions- (ca. 5 %) und die Situationsvarianz (ca. 8 %) einen geringeren Varianzanteil an der Gesamtvarianz ausmachen als die Wechselwirkung zwischen Disposition (Personen) und Situationen (ca. 10 %) (Endler, 1975).

Die Wechselwirkung zwischen Personen und Situationen bedeutet, dass verschiedene Personen in ganz unterschiedlichen Situationen jeweils mit unterschiedlich intensiver Angst reagieren, eine konsistente Vorhersage von A-States aufgrund von A-Traits also nicht für jede Situation gleich möglich ist.

Auf faktorenanalytischem Weg konnten Endler et al. (1962) dann auch zeigen, dass sich die von ihnen verwendeten Situationen zu drei Situationsarten zusammenfassen ließen:

- soziale Situationen (Umgang mit anderen Menschen).
- Situationen mit physischer Bedrohung (Schmerz, Verletzung, etc.),
- ungewisse, mehrdeutige Situationen.

Dieses Ergebnis scheint durch Nachfolgeuntersuchungen prinzipiell bestätigt zu sein (Magnusson & Ekehammar, 1975; Ekehammar et al., 1975). In den später daraus entwickelten »Endler Multidimensional Anxiety Scales« (EMAS) wird noch eine vierte Situationsklasse »Alltägliches« hinzugefügt, die Angstbereitschaft in ungefährlichen alltäglichen Routinesituationen erfassen soll. Inwieweit allerdings die nur vorgestellten und nicht real erlebten Situationen valide sind und die verwendeten Angstindikatoren reliable und valide Angstmaße darstellen, muss offen bleiben. Dies mag auch erklären, dass in einer Studie von Lamb (1973) keine Interaktion zwischen Ängstlichkeit der Person und konkreter Situation beobachtet werden konnte (▶ **Kasten 9.2** und ▶ **Abb. 9.7**). In dieser Studie berichteten die Hochängstlichen nämlich in *allen* Angstsituationen eine höhere erlebte Angst als die Niedrigängstlichen. Anders als Endler verwendete Lamb dabei reale Situationen.

Aus den faktorenanalytisch gewonnenen Situationsklassen wurde der Schluss gezogen, dass es notwendig sei, *situationsspezifische Angstneigungen* im Sinne von Eigenschaften zu unterscheiden. Eine Reihe von Befunden deutet darauf hin, dass beispielsweise die MAS sowie die STAI-A-Trait-Skala tatsächlich nur die A-State-Reaktionen für Situationen voraussagen, in denen die subjektive Gefahr besteht, sein Selbstwertgefühl zu verletzen oder sich selbst zu blamieren (soziale Situationen), dieses jedoch nicht für physisch gefährliche Situationen gilt (Endler, 1975). Laux und Glanzmann (1985) haben darauf hingewiesen, dass in einer Reihe von Studien die prädiktive Validität spezifischer A-Trait-Maße für A-State-Werte aus entsprechenden Situationen höher war als die prädiktive Validität allgemeiner A-Trait-Maße (Lamb, 1973, 1976). Insgesamt kann die Überlegenheit situationsspezifischer Ängstlichkeitsmaße für die Vorhersage von Angst in bestimmten Situationsklassen wohl als gesichert angesehen werden.

Vor diesem Hintergrund erscheint es nur konsequent, der Frage nach der Bereichsspezifität von Angstneigungen systematisch nachzugehen. Beckers faktorenanalytische Untersuchungen führten zur Konstruktion eines Fragebogens, der sechs situative Ängstlichkeitsbereiche erster Ordnung unterscheidet (Becker, 1980, 1982):

- Angst vor physischer Verletzung,
- Angst vor »Auftritten«,
- Angst vor Normüberschreitung,
- Angst vor Erkrankungen,
- Angst vor Selbstbehauptung,
- Angst vor Abwertung und Unterlegenheit.

Auf einem höheren Abstraktionsniveau (Faktoren zweiter Ordnung) resultierten die Angstbereiche

- Angst vor physischen und psychischen Angriffen,
- Angst vor Bewährungssituationen.

Diese acht Bereiche werden mit dem von Becker entwickelten Interaktions-Angst-Fragebogen (I-A-F) erfasst (Becker, 1982).

So hat sich neben der Differenzierung des Angstkonzeptes in Angst als *Zustand* und Ängstlichkeit als *Eigenschaft* auch eine situationsspezifische Differenzierung des Eigenschaftskonzeptes der Ängstlichkeit durchgesetzt (s. dazu auch Rost & Schermer, 1989a, b).

Differenzierung des Angst-State-Konzeptes

Seit langem ist bekannt, dass Angstreaktionen auf drei Ebenen ablaufen, (1) der neurophysiologischen, (2) der subjektiv-psychologischen (kognitiven) und (3) der motorisch-verhaltensmäßigen Ebene. Für jede Ebene gibt es recht unterschiedliche Zugänge der Messung (s. dazu Krohne, 1975). Diese drei Ebenen erfassen jeweils unterschiedliche Prozesse und Aspekte der Angst, was sich aus den oft recht niedrigen Korrelationen zwischen den Indikatoren verschiedener Ebenen ergibt (Fahrenberg, 1992). Einer der Hauptgründe dieser mangelnden Kovariation, die ein gravierendes Problem auch der klinisch-psychologischen Angstbehandlung darstellt, liegt in der zeitlichen Verschiebung der Prozessabläufe auf diesen drei Ebenen. Interessanterweise scheinen die Prozesse umso eher simultan abzulaufen, je stärker die Angst ist, so dass in extremen Stresssituationen die Kovariation von Maßen verschiedener Ebenen größer ist als in geringen Stresssituationen. Darüber hinaus gibt es auch Hinweise dafür, dass die Reaktionen auf den drei

Ebenen in verschiedenen Situationen unterschiedlich stark sein können.

Alle diese Befunde legen es nahe, auch eine systematische Differenzierung im Bereich der Messung von A-States vorzusehen. Von mehreren Autoren wurden dazu bereits Vorschläge und Ergebnisse berichtet, wie dies auch ohne elektrophysiologische Messtechniken geschehen könnte. Bereits in der ersten Arbeit über das S-R-Inventory der Ängstlichkeit zeigten Endler et al. (1962), dass sich auch bei den Antwortkategorien faktorenanalytisch drei Reaktionsweisen unterscheiden lassen,

- *vegetative Reaktionen* (Kopfschmerzen, Handschweiß, Herzklopfen, trockener Mund),
- *Muskelspannung* (Rücken- und Genickschmerzen, Handzittern, Sprachstörungen),
- *Angstgefühle* (besorgt, deprimiert, unsicher).

In ihrem »Endler Multidimensional Anxiety Scales (EMAS)« erfragten Endler et al. (1991) allerdings nur Besorgtheits- und Aufgeregtheitsreaktionen, die den aus der Prüfungsangstforschung bekannten Komponenten entsprechen.

Rost und Schermer (1987) führten Belege für eine entsprechende Differenzierung in »selbstwertbedrohende Kognitionen« und »Wahrnehmung körperlicher Erregung« auch im Bereich der Leistungsangst in Prüfungssituationen (engl. »test anxiety«) an. Diese Unterscheidung wird z. B. im »Test-Anxiety-Inventory« (TAI) von Spielberger (1980) umgesetzt. Empirische Ergebnisse mit diesem Test zeigten jedoch eine hohe Korrelation der beiden Unterskalen. Sarason (1984) nahm eine weitergehende Unterteilung in die Komponenten »Anspannung«, »Besorgtheit«, »aufgabenirrelevante Kognitionen« und »Wahrnehmung körperlicher Reaktionen« vor.

9.3.4 Biologische Grundlagen der Ängstlichkeit

In der biologisch orientierten Emotionsforschung galt »Angst« lange Zeit als besonders gute »Modellemotion«, da sie eine alltägliche und häufig auftretende Emotion ist, die auch bei Säugetieren beobachtet werden kann. Zur Auslösung und Messung von Angstreaktionen gibt es wohldefinierte experimentelle Prozeduren, die sowohl bei Versuchspersonen als auch Versuchstieren anwendbar sind. Insofern kann es nicht verwundern, dass über die neurobiologische Grundlage der Angst mehr bekannt ist als bei jeder anderen Emotion.

Ein vielfach genutztes Paradigma zur Untersuchung der Angst ist die klassische Konditionierung der Furchtreaktion bei Ratten. Hierbei wird dem Versuchstier ein kurzer Ton dargeboten (der neutrale Stimulus NS), dem ein milder Elektroschock – verabreicht über den Käfigboden – folgt (der unkonditionierte Stimulus US). Dieser Elektroschock löst eine unkonditionierte Furchtreaktion aus, die auf der Verhaltensebene aus einer »Angststarre« (engl. »freezing«) besteht, welche von einer Aktivierung des autonomen Nervensystems (Erhöhung von Puls und Blutdruck) sowie des endokrinen Systems (Ausschüttung von Stresshormonen) begleitet wird. Nach mehreren Versuchsdurchgängen kann der Ton dieselbe Furchtreaktion auslösen (der neutrale Stimulus ist zu einem konditionierten Stimulus CS geworden), die nun als konditionierte Furchtreaktion bezeichnet wird.

Mit Hilfe dieses Paradigmas konnte der amerikanische Psychologe Joseph LeDoux (2000) durch eine ausgeklügelte Serie von physiologischen und anatomischen Studien jenes neurale Netzwerk identifizieren, das der konditionierten Furchtreaktion zugrunde liegt. Funktionaler Mittelpunkt dieses Systems ist ein Teil des limbischen Systems, nämlich die *Amygdala* (Corpus amygdaloideum; auf Deutsch als Mandelkern bezeichnet, eine komplexe Struktur im vorderen Bereich des Temporallappens jeder Hemisphäre, die in Form und Größe einer Mandel ähnelt). **Abbildung 9.8** zeigt dieses neurale Netzwerk; anhand dieser Abbildung lassen sich die einzelnen Verarbeitungsschritte vom Input (Ton) zum Output (Furchtreaktion) des Systems verfolgen.

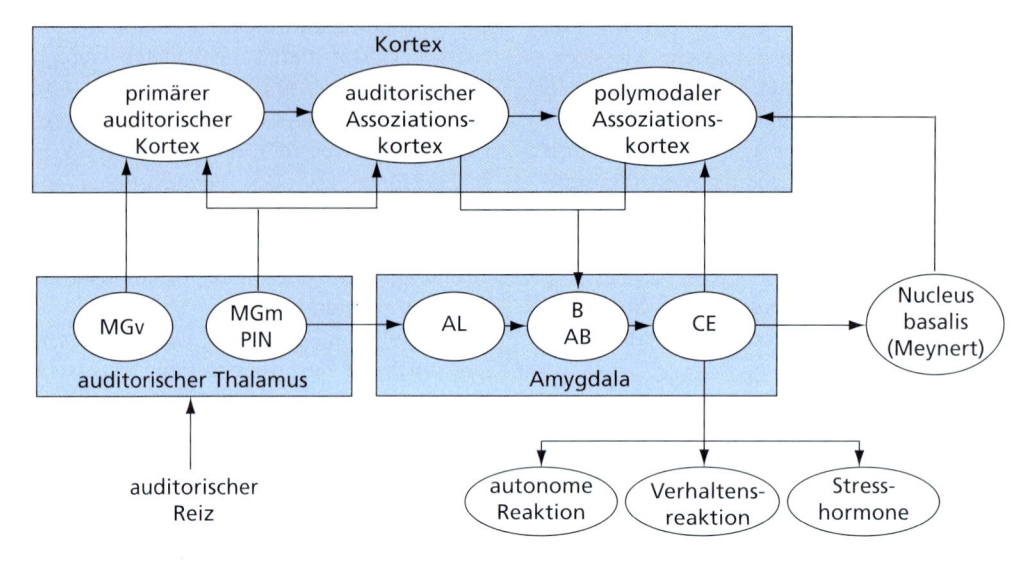

Abb. 9.8: Schematische Darstellung des neuralen Angstnetzwerkes nach LeDoux. Dieses Netzwerk besteht u. a. aus MGv (ventraler Anteil des medialen Kniehöckers des Thalamus), MGm (medialer Anteil des medialen Kniehöckers des Thalamus), PIN (posteriorer intralaminärer Kern des Thalamus), AL (lateraler Kern der Amydala), B (basaler Kern der Amygdala), AB (akzessorisch-basaler Kern der Amygdala) und CE (zentraler Kern der Amygdala) (nach Güntürkün, 2000; LeDoux, 1995, 2000).

Zunächst erreicht der auditorische Reiz nach ersten Verarbeitungsschritten entlang der Hörbahn verschiedene Kerne des auditorischen Thalamus, von denen aus ein Großteil der akustischen Information an den primären auditorischen Kortex weitergeleitet wird. Hier beginnt eine Kaskade von kortikalen Verarbeitungsschritten, die über den auditorischen Assoziationskortex schließlich in den polymodalen Assoziationskortex führen. Darüber hinaus erreicht ein kleiner Teil der akustischen Information über den auditorischen Thalamus auch den auditorischen Assoziationskortex auf direktem Wege. In den kortikalen Systemkomponenten erfolgt eine »kalte« kognitive Analyse der akustischen Information. Die solchermaßen vorverarbeitete Information wird dann vom auditorischen und polymodalen Assoziationskortex in die Amygdala geleitet, die selbst aus verschiedenen Kernen besteht. Innerhalb der Amygdala erfolgt eine »heiße« affektive Analyse der akustischen Information, d. h., die Information wird hier gewissermaßen emotional »eingefärbt«.

Die Amygdala projiziert selbst auf verschiedene subkortikale Strukturen, mit denen dann die Furchtreaktion orchestriert wird. So erreichen Fasern aus dem zentralen Kern der Amygdala das zentrale Höhlengrau (Griseum centralis mesencephali), wo die Angststarre initiiert wird; andere Verbindungen führen über den lateralen Hypothalamus in das verlängerte Mark (Medulla oblongata), wo die autonome Erregung gesteuert wird. Weitere Verbindungen erreichen über den Interstitialkern der Stria terminalis (nucleus interstitialis striae terminalis) den paraventrikulären Hypothalamus, mit dem die Hypothalamus-Hypophysen-Nebennieren-Achse beginnt (mit dieser Achse wird die endokrine Stressreaktion gesteuert). Darüber hinaus existiert eine funktionelle Verbindung vom zentralen Kern der Amygdala über den Nucleus basalis (Meynert) in den Kortex, mit der das Erregungsniveau der Hirnrinde reguliert werden kann.

Mit Hilfe einer Reihe von Läsionsstudien konnten LeDoux und seine Mitarbeiter nachweisen, dass die Extraktion der emotionalen Information (also die Detektion des konditionierten Furchtsignals) letztlich in der Amygdala stattfindet – und nicht etwa im Kortex (für eine entsprechende Übersicht s. z. B. die Monographie von LeDoux, 1998). So führte beispielsweise eine Läsion des auditorischen Thalamus dazu, dass keine Furchtkonditionierung stattfand, während eine Läsion des auditorischen Kortex die Furchtkonditionierung nicht beeinträchtigte (LeDoux et al., 1984). Eine Läsion der Amygdala (bei intaktem auditorischen Thalamus und Kortex) verhinderte dabei ebenfalls eine Furchtkonditionierung (Iwata et al., 1986). Diese Befunde ließen den Schluss zu, dass ein intakter auditorischer Thalamus sowie eine intakte Amygdala notwendig und hinreichend sind, um eine konditionierte Furchtreaktion zu ermöglichen. Der auditorische Kortex ist hingegen für einfachere Furchtkonditionierung nicht zwingend erforderlich.

Diese Befunde ließen vermuten, dass es zwischen dem auditorischen Thalamus und der Amygdala eine direkte Verbindung geben müsste. Tatsächlich konnte in einer anatomischen Arbeit eine solche Verbindung nachgewiesen werden (LeDoux et al., 1984). Wird diese Verbindung durch eine Läsion unterbrochen, so findet auch keine Furchtkonditionierung mehr statt (LeDoux et al., 1986).

Aus den Befunden dieser tierexperimentellen Studien kann geschlossen werden, dass die Amygdala eine zentrale Rolle bei der konditionierten Furchtreaktion der Ratte hat. Dabei stellt sich die Frage, ob diese Befunde auf den Menschen übertragbar sind und ob die Amygdala ganz generell als die neurale Basis von Angst betrachtet werden kann. Erste Hinweise auf die Bedeutung der Amygdala für menschliches Angsterleben kommen von *elektrischen Stimulationsstudien*. Im Rahmen von ganz bestimmten hirnchirurgischen Eingriffen (die bei vollem Bewusstsein der Patienten durchgeführt werden können, da das Gehirn keine Schmerzrezeptoren aufweist) werden Elektroden in das Gehirn eingebracht, so auch in die Amygdala. Dabei führt eine elektrische Stimulation der Amygdala (neben verschiedenen Wahrnehmungs- und Gedächtnisphänomenen) häufig zu einem Erleben von Angst (z. B. bei Penfield & Jasper, 1954). Eine entsprechende Literaturübersicht bietet Gloor (1992).

Eine andere Befundlinie zur Bedeutung der Amygdala für die Entstehung von Angst stammt aus Studien mit bildgebenden Verfahren. In der typischen Studie diesen Zuschnitts wird bei Versuchspersonen ein Zustand von Angst induziert (z. B. durch die visuelle Darbietung furchtauslösender Filme, durch die auditorische Darbietung bedrohlicher Begriffe oder durch ein aktives Erinnern von Situationen, in denen Angst erlebt wurde), während die Aktivität des Gehirns mit Hilfe der Positronenemissionstomographie (PET) oder der funktionellen Magnetresonanztomographie (fMRT) registriert wird. In der anschließenden statistischen Analyse wird dann untersucht, welche Hirnstrukturen in der experimentellen Bedingung eine im Vergleich zu einer neutralen Kontrollbedingung veränderte Aktivität aufweisen. In einer Meta-Analyse von 13 solcher Studien gelangten Phan et al. (2002) zu dem Schluss, dass eine Induktion von Angst zu einer deutlichen Aktivierung der Amygdala führt.

Wenn nun die Amygdala als zentrale Komponente eines neuralen Netzwerkes für die Verarbeitung angstrelevanter Information identifiziert ist, so liegt es natürlich nahe, auch *individuelle Unterschiede in der Ängstlichkeit* mit funktionellen Unterschieden in der Amygdala in Verbindung zu bringen. Für eine solche Zusammenhangshypothese gibt es in der Tat eine positive Evidenz aus empirischen Studien.

Beispielsweise präsentierten Etkin et al. (2004) ihren Versuchspersonen Gesichter, die entweder einen mimischen Ausdruck von Angst zeigten oder aber emotional neutral waren. Dabei wurde in einem einzelnen Versuchsdurchgang entweder für 33 ms ein ängstliches Gesicht dargeboten, auf das unmittelbar für 167 ms ein neutrales Gesicht folgte, oder aber es wurden in der gleichen zeitlichen Anordnung zwei neutrale Gesichter präsentiert (durch die extrem kurze Darbietungszeit des ersten Bildes sowie seiner »Maskierung« durch das anschließende Bild kann das erste Bild nicht bewusst verarbeitet werden; das erste Bild wurde also »subliminal« präsentiert). Diese beiden Versuchsdurchgänge wurden insgesamt 48-mal wiederholt und gleichzeitig die Hirnaktivität mittels fMRT registriert. Unmittelbar vor und nach der fMRT-Erhebung wurde die Ängstlichkeit der Probanden mit der Trait-Version des STAI erfasst. Eine Analyse der Daten zeigte einen signifikanten Zusammenhang zwischen der Ängstlichkeit der Versuchspersonen und der Aktivierung in der basolateralen Kerngruppe der Amygdala auf. Je ängstlicher ein Proband war, desto größer war seine Amygdala-Aktivität bei Darbietung des ängstlichen Gesichtes im Vergleich zur Darbietung des neutralen Gesichtes ($r = 0{,}74$). In der Hippocampusformation zeigte sich hingegen kein bedeutsamer Zusammenhang zwischen Ängstlichkeit und Hirnaktivität. Dieser Befund lässt vermuten, dass ängstliche Personen eine größere Sensitivität für die automatische (also die nicht bewusste) Verarbeitung von angstbezogener Information in der Amygdala aufweisen als wenig ängstliche Personen.

In einer etwas anders aufgebauten Untersuchung von Cools et al. (2005) gingen die Autoren der Frage nach, ob zwischen der Bedrohungssensitivität (ein mit Ängstlichkeit verwandtes Konstrukt) und der Modulation der angstinduzierten Amygdala-Aktivierung durch das serotonerge System ein Zusammenhang besteht. Für die Messung der Bedrohungsängstlichkeit wurde den Probanden die BIS-Skala aus den »BIS/BAS-Skalen« von Carver und White (1994) vorgelegt (das Behavioral Inhibition System, BIS, ist in der BIS/BAS-Theorie der Persönlichkeit von Gray mit der Ängstlichkeit verknüpft, s. Abschn. 8.2). Darüber hinaus wurden den Versuchspersonen jeweils an zwei Messgelegenheiten Gesichter dargeboten, die einen mimischen Ausdruck von Angst oder Freude zeigten oder emotional neutral waren. Gleichzeitig wurde ihre Hirnaktivität mit fMRT registriert. Zu Beginn jedes Messtermins erhielten die Probanden ein eiweißhaltiges Getränk; an einem der beiden Messzeitpunkte enthielt dieses Getränk Tryptophan, an dem anderen Messzeitpunkt nicht (Tryptophan ist ein bestimmtes Eiweiß, das für die Produktion von Serotonin benötigt wird; die Verabreichung eines Tryptophan-freien Eiweißgetränkes führt im Körper zu einer Verdrängung von Tryptophan durch andere Eiweiße, was als »Tryptophanerschöpfung« [engl. »Tryptophan-Depletion«] bezeichnet wird und eine kurzfristige Serotoninverarmung zur Folge hat). Es zeigte sich in dieser Studie eine signifikante Beziehung zwischen der Bedrohungssensitivität und dem Effekt der Tryptophanerschöpfung auf die Aktivierung der Amygdala infolge einer Präsentation von ängstlichen Gesichtern. Je bedrohungssensitiver eine Versuchsperson war, desto größer war ihre Amygdala-Aktivierung infolge der Darbietung von ängstlichen Gesichtern bei einer Tryptophanerschöpfung im Vergleich zu einer Placebobedingung ($r = 0{,}66$). Auch dieser Befund zeigt auf, dass die Amygdala eine wichtige Rolle für individuelle Unterschiede in der Verarbeitung von angstrelevanter Information einnimmt.

Aufgrund solcher Befunde kann durchaus angenommen werden, dass die Amygdala eine bedeutsame Komponente in einem neuralen Netzwerk ist, das die biologische Basis der Angst bildet. Dies impliziert jedoch weder, dass die Amygdala nicht auch für andere psychische Funktionen eine Bedeutung aufweist, noch dass nicht auch weitere Hirnstrukturen an der Verarbeitung von angstrelevanten Reizen beteiligt wären. So weisen z. B. Phan et al. (2002) in der bereits angesprochenen Meta-Analyse darauf hin, dass die Amygdala in mehreren Studien auch durch eine Induktion von angenehmen Emotionen aktiviert wurde. Diese Autoren vermuten deshalb, dass nicht der konkrete emotionale Gehalt eines Stimulus von der Amygdala enkodiert wird, sondern dass die

Amygdala die Bedeutsamkeit eines Reizes für das Individuum detektiert. Auch wurde im Abschnitt 8.2 zur BIS/BAS-Theorie der Persönlichkeit von Gray bereits ausgeführt, dass dieser aufgrund von pharmakologischen Befunden ein »Verhaltenshemmsystem« (engl. »Behavioral Inhibition System«, BIS) postulierte. Dieses BIS lässt sich neuroanatomisch besonders mit dem septo-hippocampalen System identifizieren; eine Aktivierung dieses Systems geht nach Gray mit dem Erleben von Angst einher. Dabei zweifeln Gray und McNaughton (2000) die besondere Rolle der Amygdala für die Entstehung von Angst an, da beispielsweise eine Läsion der Amygdala in tierexperimentellen Studien keine vergleichbaren Verhaltenskonsequenzen hat wie die Verabreichung von anxiolytischen Substanzen. Dennoch messen Gray und McNaughton (2000) besonders der Interaktion zwischen Amygdala und septo-hippocampalem System eine gewisse Bedeutung für ein umfassendes Verständnis von Angst bei.

9.3.5 Geschlechtsunterschiede

Weiter oben wurde bereits eine Arbeit von Krohne (1975) referiert, in der Geschlechtsunterschiede in der Ängstlichkeit demonstriert wurden. Dabei zeigten Jungen im Allgemeinen niedrigere Angstwerte als Mädchen. Diese Beobachtung reiht sich in eine Meta-Analyse zu Geschlechtsunterschieden in Persönlichkeitsvariablen von Feingold (1994) ein. Dieser trug Daten aus 13 großangelegten Untersuchungen zusammen und fand eine stärkere Ausprägung von Ängstlichkeit bei Frauen als bei Männern (gemessen mit standardisierten Angst- und Persönlichkeitsskalen). Der Mittelwertsunterschied zwischen den Geschlechtern erreicht durchschnittlich das Ausmaß einer drittel Standardabweichung (Hyde, 2005).

Dass Frauen ängstlicher sind als Männer, stimmt mit der Beobachtung einer generell größeren Emotionsintensität bei Frauen überein (Brody & Hall, 2008). Frauen berichten nicht nur ein häufigeres oder intensiveres Erleben von Angst, sondern ebenfalls mehr oder stärkere Ausprägungen von negativ-valenten Emotionen wie Ekel, Trauer, Furcht und Scham (Fischer et al., 2004; Simon & Nath, 2004) sowie von positiv-valenten Emotionen wie Freude, Liebe und Zuneigung (Fischer & Manstead, 2000). Diese Geschlechtsunterschiede können durch verschiedene Faktoren verursacht sein, wobei sowohl biologische als auch soziale Ursachen diskutiert werden (Brody & Hall, 2008).

Die in *expliziten* Selbstberichten erfassten Daten über höhere Werte von Frauen in dem Eigenschaftsbereich Ängstlichkeit könnten dadurch zustande kommen, dass nicht Ängstlichkeit an sich, sondern allenfalls die *Mitteilung* darüber geschlechtsspezifisch ausfällt. Dies könnte leicht aus soziokulturell unterschiedlichen Rollenerwartungen an Männer und Frauen zustande kommen, nach dem Motto »Jungen haben doch keine Angst«. Egloff und Schmukle (2004) untersuchten diese Frage mit Hilfe eines *impliziten* Messverfahrens, dem »Impliziten Assoziationstest« (vorgestellt in Abschn. 3.1.7). Wie erwartet, war der Geschlechtsunterschied im expliziten Maß (Fragebogen STAI, s. Abschn. 9.3.3) mit einer Effektstärke von $d = 0{,}49$ mittelgroß, erwartet war auch eine nur geringe Korrelation zwischen explizitem und implizitem Maß für Angst ($r = 0{,}09$). Interessanterweise blieb der Geschlechtsunterschied im impliziten Maß aber erhalten, wenngleich er mit $d = 0{,}29$ verringert war. Die Ergebnisse weisen darauf hin, dass der Geschlechtsunterschied in Angst nicht ausschließlich auf eine Verzerrung der expliziten Selbstberichte zurückzuführen ist.

Zusammenfassung von Kapitel 9.3

Die differentialpsychologische Angstforschung zielt auf die Beschreibung und (teilweise) Erklärung von individuellen Unterschieden in der Angstneigung. Substantielle Anregungen für diese differentielle Angstforschung kamen einerseits aus der psychodynamischen Perspektive und hier besonders aus der Psychoanalyse Freuds und andererseits aus der allgemeinpsychologisch-experimentellen Perspektive mit ihren Konzepten der Konditionierung und der Informationsverarbeitung. In den 1960er Jahren gelang es Cattell und Schaier durch Faktorenanalysen, einen Faktor zweiter Ordnung zu identifizieren (FQ II), auf den mehrere Faktoren erster Ordnung laden (z. B. Triebspannung, Neigung zu Schuldgefühlen, fehlende Ichstärke), die alle in Zusammenhang mit Angst stehen. Zudem korrelierte dieser Faktor zweiter Ordnung mit einem Fragebogenmaß für Ängstlichkeit sowie mit Neurotizismusskalen, was diesen Faktor als einen Ängstlichkeitsfaktor ausweist. Zudem steht die Personeneigenschaft »Ängstlichkeit« in einem substantiellen Zusammenhang mit dem als noch breiter angelegten Konstrukt »Negativer Affekt«. Erklärt werden könnte ein solches Konstrukt der allgemeinen Ängstlichkeit als erlernte generalisierte Verhaltensdisposition. Michael Eysenck hat dieser lerntheoretischen Begründung eine kognitionspsychologische Theorie an die Seite gestellt, der zufolge vier Faktoren das Erleben von Angst bestimmen, nämlich (1) die kognitive Bewertung einer Situation, (2) die physiologische Aktivität, (3) Informationen aus dem Langzeitgedächtnis und (4) das offene Verhalten selbst. Ängstlichkeit schadet häufig – aber nicht immer – der Leistungsgüte bei schwierigen Aufgaben (wie z. B. in einer Prüfungssituation). In seiner »Theorie der Verarbeitungseffizienz« hat Michael Eysenck versucht, für diese Beobachtung eine Erklärung zu liefern. So soll Leistungsgüte ein Produkt aus Verarbeitungseffizienz und Anstrengung sein. Sinkt die Effizienz aufgrund eines erhöhten Angsterlebens, so schadet dies zunächst der Leistungsgüte – es sei denn, die absinkende Effizienz wird durch erhöhte Anstrengung kompensiert. Ausgehend von faktorenanalytischen Befunden von Cattell und Mitarbeitern aus den 1960er Jahren erfolgte eine Differenzierung des Ängstlichkeitskonstruktes in einen Zustand (state) der Angst und eine Disposition (trait) der Ängstlichkeit. In den 1970er Jahren wurde dann von Spielberger und Mitarbeitern ein Fragebogen vorgelegt, mit dem sich diese beiden Aspekte des Konstruktes auch ökonomisch messen lassen (State-Trait-Anxiety-Inventory, STAI). Spielberger zufolge sollte die Ängstlichkeit der Person mit dem Bedrohungsgehalt der Situation interagieren, d. h. in Situationen mit niedriger Bedrohung sollten hochängstliche wie niedrigängstliche Personen keine Angst erleben, während in Situationen mit hohem Bedrohungsgehalt die Hochängstlichen mehr Angst erleben sollten als die Niedrigängstlichen. Diese Vorhersage konnte empirisch allerdings nicht bestätigt werden – auch in wenig bedrohlichen Situationen erleben die hochängstlichen Personen mehr Angst als die niedrigängstlichen. Weitere Differenzierungen des Ängstlichkeitskonstruktes erfolgten hinsichtlich der Situationen, die Angst auslösen (soziale Situationen, Situationen mit physischer Bedrohung, ungewisse Situationen) sowie hinsichtlich der Beschreibungsebene, auf der eine Angstreaktion beobachtet werden kann (vegetative Reaktionen, motorische Reaktionen, Angstgefühle). Die biologische Basis der Angstreaktion wurde besonders in tierexperimentellen Studien untersucht anhand von konditionierten Furchtreaktionen. Dabei konnte LeDoux ein neurales Netzwerk im Gehirn identifizieren, das der Defensivreaktion der Versuchstiere zugrunde liegt und neben

> Thalamus und sensorischem Kortex besonders auch die Amygdala beinhaltet. Eine Überinterpretation der Amygdala als »emotionaler Computer« verbietet sich allerdings, da Läsionen der Amygdala nicht zwangsläufig die Angstreaktion auslöschen.

9.4 Aggression und Aggressivität

9.4.1 Zur Bedeutung von Aggression

Eine besondere Bedeutung für den Einzelnen und die Menschheit als Ganzes haben jene Verhaltensweisen, die in die Kategorie Aggression fallen. Immer wieder nämlich wird das soziale Leben durch aggressives Verhalten von Individuen oder organisierten Gruppen nachhaltig gestört, immer wieder kommt es zu schwerwiegenden Beeinträchtigungen des harmonischen Zusammenspiels. »Dabei sieht es so aus, als bestünde ein kontinuierlicher Übergang von feindseligen Bemerkungen bis zum Mord, von ablehnenden Vorurteilen bis zum Krieg« (Merz, 1965, S. 569). Ausgehend von der biblischen Geschichte über Kain und Abel bis zum letzten Krimi im Fernsehen ist die Geschichte der Menschheit eine Chronologie von Mord und Totschlag, Folter, Unterdrückung, Raub und Verfolgung, Stammes- und Familienfehden, Heiligen und Kalten Kriegen.

Schon die alten Ägypter machten sich denn angesichts der zunehmenden Häufung krimineller Akte in ihren Straßen beträchtliche Sorgen um die Zukunft; ungleich höher aber ist das Potential der Bedrohung in der Gegenwart: Nach Schätzungen von Richardson (1960) wurden in der Zeit zwischen 1820 und 1946 nicht weniger als 59 Millionen Menschen in Kriegen und anderen Streitigkeiten getötet. White (2001) kam für das gesamte 20. Jahrhundert auf 188 Millionen Todesopfer durch Kriege und Unterdrückung. Bereits Anfang der 1970er Jahre betrugen im Mittel aller Länder die Ausgaben für die Ausbildung eines Soldaten ca. 7800 Dollar gegenüber nur ca. 200 Dollar zur schulischen und beruflichen Ausbildung jedes Kindes. Umgelegt auf die Gesamtbevölkerung entsprach das Potential der angelegten Vernichtungsenergie bereits in den 1960er Jahren ca. 20 Tonnen TNT (s. Johnson, 1972) – ohne Frage sind die Menschen die mit Abstand aggressivsten Tiere, die als einzige Spezies überhaupt nicht nur ihre Zukunft planvoll in vielerlei Hinsicht zu gestalten verstehen, sondern seit jeher auch Ansätze zu ihrer eigenen Ausrottung systematisch betreiben.

Mit Recht ist argumentiert worden, die Potenz für aggressives Verhalten weise vermutlich einen Wert für die Erhaltung der Art auf, weil sie anderenfalls bereits der Evolution anheimgefallen wäre. Die rasche Entwicklung der Lebensbedingungen – und mehr noch: hochwirksamer Waffensysteme – kann freilich diesen Faktor leicht neutralisiert haben, so dass ohne Frage berechtigte Zweifel angebracht sind, was die Zukunftsaussichten der Menschheit angeht.

Mehr als in der Vergangenheit hängt deshalb der Fortbestand des menschlichen Geschlechts davon ab, inwieweit es gelingt, seine aggressiven Verhaltensweisen zu kontrollieren. Wesentliche Elemente der moralischen und religiösen Erziehung sowie des Rechtssystems dienen dieser Aufgabe. Auch die Psychologie hat besondere Programme einer entsprechenden Verhaltensmodifikation entwickelt. Nur im Hinblick auf sie sind

9.4.2 Definitionsprobleme

Obwohl jedermann eine klare Vorstellung darüber zu haben scheint, was mit dem Begriff der Aggression gemeint ist, bestehen diesbezüglich im Bereich der empirischen Erforschung des Phänomens zwischen einzelnen Autoren doch beträchtliche Auffassungsunterschiede. Diese rühren hauptsächlich daher, dass einige Forscher nach Möglichkeit nur direkt beobachtbare Gegebenheiten als Gegenstand von Untersuchungen zulassen wollen. In diesem Sinne definiert z. B. Buss (1961, S. 1) Aggression als »eine Reaktion, bei der einem anderen Organismus Schäden zugefügt werden«.

Solche »behavioralen« Begriffsbestimmungen werfen mehr Probleme auf, als sie durch die strikte Fassung des Schadens zu umgehen suchen. So sind etwa nicht ohne weiteres unbeabsichtigte von intendierten Verletzungen zu unterscheiden. Auch finden jene Schädigungen keine unmittelbare Berücksichtigung, die in einer sozialen Rolle zugefügt werden im guten Glauben, damit letztlich Positives zu bewirken (Spritze oder Operation des Arztes, Schläge des Erziehers u. Ä.).

Damit aber sind gerade solche subjektiven Prozesse konstitutiver Bestandteil der Gegenstandsbestimmung, die zunächst ausgeschlossen werden sollten. Von daher kommt jenen Definitionsversuchen kein prinzipiell anderer Status zu, in denen von vornherein die Erlebnisse und Motive des Akteurs eine zentrale Rolle spielen. So umfasst nach Merz (1965, S. 571) die Aggression »jene Verhaltensweisen, mit denen die direkte oder indirekte Schädigung eines Individuums, meist eines Artgenossen, intendiert wird«.

Der Wert einer derartigen Umschreibung liegt in der Möglichkeit einer Unterscheidung zwischen absichtlichen und zufälligen Schäden. Auch zählen damit solche Verhaltensweisen zu Aggressionen, die durch eine plötzliche Änderung der Situationsbedingungen nicht die schädigenden oder zerstörenden Einflüsse zur Folge haben, die üblicherweise eintreten (z. B. Schlag ins Leere, weil der Gegner den Kopf zur Seite bewegte). Zur eindeutigen Feststellung der Intentionen des Handelnden ist es letztlich unumgänglich, den Akteur zu befragen. Damit liegen auch die Probleme einer solchen Definition auf der Hand. Hinzu kommt, dass auch bei Kenntnis der Intentionen eines Akteurs die Klassifikation seiner Verhaltensweisen als aggressiv oder nichtaggressiv von den Kontextbedingungen und dem Wertesystem der Beobachter abhängt.

Der Kontext bestimmt vielleicht mehr als die Handlung selbst darüber, ob eine Aggression vorliegt oder nicht. Die Qualität »aggressiv« setzt einen Akt der Zuschreibung oder Attribution durch Beurteiler voraus nach Gesichtspunkten, die in der Verhaltensweise selbst nicht enthalten sind. Für Tedeschi et al. (1974) müssen deshalb drei Voraussetzungen erfüllt sein, soll eine Handlung als aggressiv klassifiziert werden:

- Die Verhaltensweise beinhaltet die Einschränkung der Verhaltensalternativen oder -konsequenzen eines Gegenübers (meist durch den Gebrauch von gewalthaftem Zwang).
- Ein Beurteiler nimmt die Verhaltensweise als gegen die eigenen Interessen oder diejenigen der Zielperson gerichtet wahr, er hält sie für intendiert, bösartig oder selbstsüchtig, und zwar unabhängig davon, ob der Akteur wirklich Schaden anrichten will.
- Die Handlung wird von dem Außenstehenden als »anti-normativ« oder ungesetzlich aufgefasst, z. B. wenn sie nicht provoziert und offensiv ist oder in keiner angemessenen Relation zum auslösenden Moment steht.

Darüber hinaus spielen weitere »Täter«- und »Opfer«-Merkmale sowie die Beziehung zwischen den beteiligten Personen für die Beurteilung der Schwere einer Aggression und der Angemessenheit von Vergeltungsreaktionen eine Rolle. In den Experimenten von Harris (1991) schätzten die Beurteiler aggressive Handlungen von Männern und solche gegen Frauen als besonders negativ ein, Frauen tolerierten Aggressionen gegenüber Geschwistern eher als solche gegenüber Freunden und Fremden, und zwar im Unterschied zu Männern.

Die Etikettierung mit dem Attribut »aggressiv« geschieht nach weitgehend denselben Prinzipien, die auch dem »Labeling Approach« als Theorie zur Erklärung der Entstehung kriminellen Verhaltens zugrunde liegen (s. Lamnek, 1977). Weil solche attributionstheoretischen Ansätze in letzter Zeit generell an Bedeutung gewonnen haben, wurde auf die Definitionsproblematik ausführlicher und exemplarisch auch für andere Verhaltensbereiche eingegangen (die meisten »klassischen« Arbeiten zu Aggression finden sich in den beiden Readern von Kornadt, 1981, 1992).

9.4.3 Aggressivität als Folge von Trieben und Instinkten

Angesichts der Allgegenwärtigkeit von Aggressionen und der verheerenden Ereignisse des Ersten Weltkrieges nahm Freud neben dem *Eros* in späteren Theoriefassungen auch den antagonistisch dazu wirkenden *Thanatos* an. Dieser Aggressions- oder Todestrieb bzw. die darin gebundene Energie muss zur Vermeidung der Selbstvernichtung in Form von Aggressionen über den nervösen und motorischen Apparat nach außen abgeführt werden. Aufgrund bestehender Normen und aus Angst vor andernfalls zu gewärtigenden Strafen der Umwelt unterliegt er dabei Hemmungen. Dadurch staut sich Triebenergie auf, die dem Über-Ich zugeführt wird und sich von dort aus dem Ich gegenüber in Gestalt quälender Schuldgefühle äußert.

Am Rande sei erwähnt, dass die Behauptung von Trieben als Ursache für bestimmte Verhaltensweisen keinerlei Erklärungswert aufweist – außer sie sind biologisch nachweisbar – und gewöhnlich einen logischen Zirkelschluss enthält. Dieser ergibt sich dann, wenn kausale Interpretationen mit Hilfe von Dispositionen versucht werden (z. B. jemand stiehlt, »weil er ein Gewohnheitsverbrecher ist«); denn als Ursache für ein Verhalten werden damit Umstände herangezogen, die erst aus dem Verhalten erschlossen wurden.

Folgt man triebtheoretischen Auffassungen, so besteht im Hinblick auf die im sexuellen oder aggressiven Bereich feststellbare Energie allein die Möglichkeit, diese einzudämmen oder umzuleiten und zu kanalisieren. Jeder Abbau von Handlungsmotivation ist nur durch Ausleben und Gewährung in der einen oder anderen Form denkbar. Im Sinne der häufig gebrauchten Analogie des Dampfkessel-Modells steigt der Druck im System ständig durch die Zufuhr neuer Energie an. Hin und wieder muss ein Ventil geöffnet werden, um die Gesamtanlage vor Schaden zu bewahren. Nach dem Abfluss von Energie ist der Druck und damit die Motivation zu neuerlichem gleichartigen Verhalten zunächst reduziert (»Katharsis-Hypothese«).

Von dieser allgemeinen Auffassung wurden zahlreiche Untersuchungen angeregt, die häufig gleichwohl nur in loser Verbindung mit der Tiefenpsychologie Freuds stehen. Die Arbeiten zentrieren sich gleichsam um den Ein- und Ausgang des Energiesystems. Einerseits wird nach Faktoren gesucht, die den Druckbehälter »aufladen«. Dafür kommen verschiedene genetische und physiologische Faktoren in Betracht. Andererseits interessiert die Frage, inwieweit Abfuhr von Triebenergie die Auftrittswahrscheinlichkeit von Verhaltensweisen reduziert. Nachfolgend sollen nur einige differentialpsychologische Untersuchungen exemplarisch geschildert werden.

Biologische Faktoren

In vielen Tiergattungen sind die Männchen aggressiver als die Weibchen. In der Regel führt dieses innerhalb des männlichen Geschlechts zu Vorteilen im Paarungsverhalten: Häufig hat nur das stärkste Tier innerhalb eines Territoriums oder Sozialverbandes eine Fortpflanzungschance. Auf lange Sicht wird dadurch der genetische Bestand im Sinne aggressionskorrelierter Faktoren verändert. Im Humanbereich neigt man gleichfalls zu der Ansicht einer höheren Aggressionsrate des männlichen im Vergleich zum weiblichen Geschlecht, wenngleich hier für verschiedene Situationsfaktoren und Verhaltensweisen differenziert werden muss (Eagly & Steffen, 1986).

Angesichts der Konsistenz der Geschlechterunterschiede in aggressivem Verhalten lag die Vermutung nahe, die männlichen Sexualhormone würden als eine der primären Ursachen für eine Erhöhung der Aggressionsrate verantwortlich sein. In der Tat kann man etwa feststellen, dass die Kastration von männlichen Tieren zu einer Reduktion der Aggressionsneigung, die nachfolgende Behandlung mit männlichen Keimdrüsenhormonen (Androgenen) nach einer gewissen Latenz wieder zu deren Anstieg führt (z. B. Bevan et al., 1960). Erhalten weibliche Tiere pränatal oder perinatal Androgene verabreicht, gleicht sich ihr späteres Sexual- und Aggressionsverhalten demjenigen der Männchen an. Solche und ähnliche Beobachtungen legten die Schlussfolgerung nahe, dass Androgene während der Embryonalentwicklung eine herausgehobene Rolle für die Organisation und Programmierung von Strukturen des Gehirns spielen, die in der Folge – auch nach langen Latenzperioden bis zur Geschlechtsreife – durch Geschlechtshormone aktiviert werden (Rubinow & Schmidt, 1996).

Gleichwohl wäre es voreilig, aus solchen und ähnlichen Befunden auf eine Bestätigung für das in sich geschlossene Drucksystem zu schließen. Ganz offensichtlich spielen neben derartigen konstitutionell-biologischen Faktoren solche sozial- und lernpsychologischer Art eine wichtige Rolle. Das Kampfverhalten von Mäusen etwa unterscheidet sich wesentlich, ob unter sonst gleichen Bedingungen verwandte oder fremde Tiere in den Käfig gegeben werden; Geschwister werden so gut wie nie angegriffen. Berkowitz (1962) hat darüber hinaus im Hinblick auf die o. a. Resultate von Bevan et al. (1960) gezeigt, dass die Kampferfahrung aus vorangegangenem Training von wesentlich größerem Einfluss war als der Androgenspiegel. Die Effekte von Androgenen auf Verhaltensaggression sind also eher indirekt und durch den situativen Kontext stark modifizierbar. Die indirekten Effekte von Androgenen können biologisch etwa über deren anabolische, d. h. stoffwechselbegünstigende und muskelaufbauende, Wirkung einer höheren Kraftentfaltung sowie psychologisch einer höheren Durchsetzungsbereitschaft vermittelt werden.

Eine den Sexualhormonen vergleichbare Wirkung scheint die Konzentration der Katecholamine Adrenalin und Noradrenalin im Blut zu haben. Beide Stoffe wirken als reizübertragende Substanzen im sympathischen Teil des autonomen Nervensystems. Psychophysiologische Untersuchungen legen es nahe, dass in Zuständen erhöhter Angst vorwiegend Adrenalin, in solchen verstärkten Ärgers eine Mischung aus Adrenalin und Noradrenalin freigesetzt wird (Stemmler, 2004). Umgekehrt kann durch Zufuhr von Adrenalin Angst ausgelöst werden. Bei Tieren, die sich durch Furchtsamkeit und Furchttendenz auszeichnen (z. B. Antilopen und einige Nager), fand man relativ höhere Adrenalinspiegel, bei Raubtieren hingegen eher höhere Adrenalin- *und* Noradrenalinkonzentrationen im Plasma. Im Humanbereich ergaben sich Adrenalinunterschiede zwischen den Angehörigen von Eishockeymannschaften in Abhängigkeit davon, ob die Spieler hauptsächlich angreifen oder verteidigen mussten (s. Übersicht bei Lischke, 1972). Allerdings ist auch hier eine direkte Wirkung der Hormone auf Verhaltensaggression nicht zu erwarten. Schachter und Singer (1962) haben in einem berühmten Experiment zeigen können, dass ein durch Zufuhr von Adrenalin induzierter Zustand erhöhter Aktiviertheit von den Versuchspersonen nach Maßgabe der jeweiligen Umweltgegebenheiten subjektiv gedeutet wird. Allerdings verschiebt Adrenalin die Stimmungslage in den negativ-valenten Bereich (Maslach, 1979).

Möglicherweise ist aber nicht die physiologische Aktivierung durch Adrenalin und Noradrenalin per se, sondern die Regulation dieser Aktivierung für das Auftreten und die Stärke von Verhaltensaggression und für Geschlechtsunterschiede darin bedeutsam (s. Abschn. 9.4.6 für einen entsprechenden Erklärungsansatz der Geschlechtsunterschiede).

In einigen Studien wurde mit externer elektrischer, chemischer oder thermischer Stimulation versucht, den Ausgangspunkt aggressiven Verhaltens zu bestimmen. Reizt man im Tierversuch Teile des Mittel- und Zwischenhirns, namentlich Bestandteile des limbischen Systems, sind je nach Intensität und Lokalisation der Stimuli emotionale und motorische Reaktionen beobachtbar, die zum Teil als Wut- und Aggressionsverhalten verstanden werden können (Hess, 1954; von Holst & von Saint Paul, 1960; Kojima et al., 1996).

Ein interpretatives Problem besteht insofern, als es sich bei solchen Phänomenen möglicherweise nur um ein »intensiviertes« Fressverhalten handelt, da die entsprechenden Reaktionen z. T. leichter bei hungrigen als bei gesättigten Tieren hervorzurufen sind und das Nahrungserwerbverhalten erst mit stärkeren Stromstößen in Aggressionen überzugehen scheint. Erfahrungsmomente beeinflussen über die Verschaltung der besagten Zentren mit anderen Hirnteilen auch hier den Äußerungsmodus des Verhaltens. Andererseits gelingt die Provokation gezielter Angriffe und erfolgreichen Tötungsverhaltens auch bei solchen Tieren, die von Geburt an völlig isoliert sind, soziale Erfahrungen also nicht vorliegen können. Insgesamt sprechen diese Forschungen dafür, dass das Gehirn über angeborene Organisationsformen verfügt, die destruktives Verhalten auch ohne spezifische Vorerfahrungen ermöglichen. Der Umstand einer genetischen Festlegung solcher Strukturen sagt weder etwas darüber aus, wie oft die fraglichen Strukturen benutzt werden, noch schließt er aus, dass ihre Aktivierung durch Erfahrung modifiziert wird.

Alle diese Untersuchungen zum Stellenwert von Hormonen und spezifischen Hirnzentren bei der Entstehung aggressiven Verhaltens lassen den Einfluss genetischer Faktoren vermuten. Damit sind in erster Linie jene Wirkungen gemeint, die für alle Angehörigen einer Spezies oder größeren Gruppe von Personen gleich sind. Aber selbst für den Unterschied zwischen den Geschlechtern ist noch nicht zweifelsfrei erwiesen, ob Männer aufgrund ihrer anderen physischen Ausstattung aggressiver sind als Frauen:

»Befunde aus der Ethologie und der Psychophysiologie machen deutlich, daß selbst hormonelle Einflüsse nicht unabhängig von psychosozialen Randbedingungen wirksam werden« (Bornewasser, 1993, S. 51).

Um die Binnenvariabilität aufzuklären, reichen häufig die Präzision und der Differenzierungsgrad der jeweiligen Methoden bzw. der ermittelten Befunde nicht aus. Wenn hoch- und niedrigaggressive Tiere selektiv gezüchtet werden (z. B. Guhl et al., 1960), bleibt in aller Regel unklar, worauf die Unterschiede im Einzelnen zurückgehen. Eindeutig ist nur, dass es biologische Grundlagen dafür geben muss. Die Existenz von Trieben, deren Stärke interindividuell variiert, ist damit nicht nachgewiesen, sondern es wird lediglich aufgezeigt, dass externe Stimuli in Verbindung mit bestimmten organisch-physiologischen Faktoren das Verhalten, also auch Aggressionen, hervorbringen.

Katharsis-Hypothese

Wie bereits erwähnt, sieht die Katharsis-Hypothese allgemein eine Spannungsreduktion durch Affektabfuhr vor. Im Hinblick auf das hier interessierende Verhalten bedeutet das speziell: Im Anschluss an Aggressionen ist die Auftretenswahrscheinlichkeit weiterer aggressiver Akte zunächst vermindert, weil in Gestalt der ausgeübten Verhaltensweise Triebenergie abgeführt wurde, die erst wieder im Organismus erzeugt werden muss.

Wie viele andere Elemente der tiefenpsychologischen Theorienbildung haben auch diese Vorstellungen Eingang in vorwissenschaftliche Überzeugungen gefunden: Jedermann »weiß«, dass ein gelegentliches »Aus-der-Haut-Fahren« und »Dampf-Ablassen« notwendig ist, um das seelische Befinden und die psychische Leistungsfähigkeit wiederherzustellen. Personen, die gerne »aggressive« Sportarten im Fernsehen verfolgen, waren im Vergleich zu Zuschauern »nicht-aggressiver« Sportarten davon überzeugt, dass allein das Betrachten am Fernsehen zu einer kathartischen Aggressionsminderung bei ihnen selbst führen würde (Wann et al., 1999).

Zur Gültigkeit dieser Hypothese wurden zahlreiche Studien durchgeführt, deren Ergebnisse oft nicht eindeutig interpretierbar waren oder den Vorhersagen der Karthasis-Hypothese widersprachen.

In einer solchen Untersuchung verwendete Dann (1972) ein Leistungsmaß als abhängige Variable. Anlass dafür war die psychoanalytisch begründete Überlegung, dass der Stau nicht abgeführter Triebenergie die Funktion des Ich störe, was an verminderten intellektuellen Leistungen erkennbar sei. Von daher sollte die Gewährung eines aggressiven Verhaltens zu unbeeinträchtigter Leistung, die Unterdrückung von Aggressionen zu verminderten Leistungen führen. Diese Arbeitshypothese musste insofern differenziert werden, als generell nur dann eine Leistungsreduktion zu erwarten ist, wenn die aufgestauten Triebe für das Individuum eine Bedrohung darstellen. Davon ist etwa in Fällen auszugehen, wo die Absicht zu einer »gerechtfertigten« Aggressionshandlung besteht, deren Verwirklichung aber momentan verwehrt ist. Weiterhin liegt eine Bedrohung auch dann vor, wenn sich jemand aggressiv verhält, dieses aber seinen Prinzipien zuwiderläuft. In einem solchen Fall muss mit Selbstbeschuldigungen und Rechtfertigungen gerechnet werden, die ebenfalls die Leistung beeinträchtigen.

Dann (1972) erfasste zunächst die Einstellung gegenüber Aggressionsabfuhr mit Hilfe der Frage: »Wenn mich jemand sehr geärgert hat, dann halte ich es durchaus für gerechtfertigt, ihm auch mal stark beleidigende Dinge ins Gesicht zu sagen« (fünfstufige Antwortmöglichkeit, für die Auswertung dichotomisiert in positive, E+, und negative Einstellung, E−, gegenüber Aggressionsabfuhr). Nach einer Frustration bestand nur für einen Teil der Versuchspersonen Gelegenheit zu Aggressionen gegenüber dem Frustrator. Schließlich musste eine Konzentrationsaufgabe bearbeitet werden.

Die erwarteten und die empirisch beobachteten Testleistungen sind in **Abbildung 9.9** einander gegenübergestellt. Die Resultate dieses außerordentlich sorgfältig kontrollierten Experimentes stehen damit in diametralem Gegensatz zu den triebtheoretischen Vorhersagen, ohne dass sich im Nachhinein plausible Gründe für die Diskrepanz finden ließen.

Verschiedene Untersuchungen geben mittlerweile Anlass zu der Schlussfolgerung, dass subjektive Überzeugungen von Personen im Sinne der Katharsis-Hypothese einen das Aggressionsverhalten steigernden Effekt haben können (Bushman et al., 1999). Offenbar sind triebtheoretische Ansätze der Entstehung und des Abbaus von Aggression im günstigsten Fall unvollständig. In der Griechischen Tragödie nimmt das Scheitern des Helden seinen Lauf, und zwar auch in Folge einer »Charakterschwäche« oder eines Fehlverhaltens des Helden. Mit dieser Erkenntnis lernt der Zuschauer etwas für sein eigenes

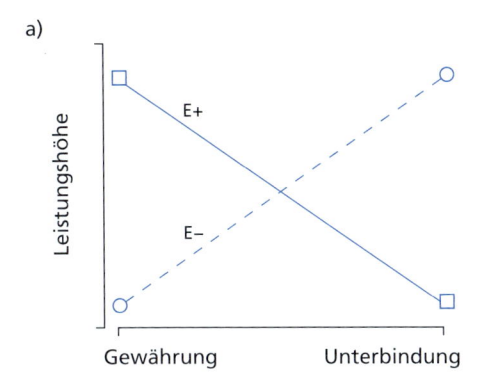

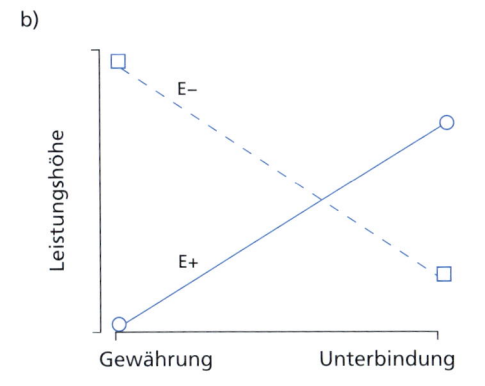

Abb. 9.9: Vorhersage (a) und empirisches Ergebnis (b) für die Interaktion zwischen den Variablen »Gewährung vs. Unterbindung aggressiven Verhaltens« (G/U) und der Variablen »negative bzw. positive Einstellung zum situationsspezifischen Aggressionsverhalten« (E−/E+) (nach Dann, 1972, S. 99 und 141).

Leben – und diese Einsicht macht die Katharsis erst möglich (Kyle & Angelique, 2002).

9.4.4 Aggression als Folge von Lernprozessen

Die im vorangegangenen Abschnitt angeführten triebdynamischen (und auch instinkttheoretischen) Konzepte sind für die Aufklärung von Aggressionsunterschieden nur von begrenztem Wert. Auch wenn man auf biologische und physiologische Faktoren abhebt, von denen aus häufiger eine Brücke zu den Triebtheorien zu schlagen versucht wird, bleiben erhebliche Anteile der Verhaltensvarianz erklärungsbedürftig. Die Annahme ist deshalb berechtigt, dass aggressives Verhalten zumindest teilweise gelernt wird.

Klassische Konditionierung

Im Vergleich zu anderen Faktoren scheint ein auf die eigene Person wahrgenommener Angriff der bedeutsamste und zuverlässigste Auslöser von Aggressionen zu sein (Buss, 1961). Fast automatisch reagieren wir auf das Erleben von psychischem Leid oder körperlichem Schmerz mit einer aggressiven Abwehr der scheinbaren Verursachungsquelle. Selbst offen stehende Türen, herausragende Schubladen oder andere Gegenstände, an denen wir uns stoßen, geraten auf diese Weise hin und wieder zu Objekten unserer schmerzbedingten Aggression. Erhalten Tiere, die allein in einem Käfig weilen, stärkere Elektroschocks, reagieren sie mit Vermeidungs- und Fluchtverhalten; in Gegenwart von Artgenossen fallen sie hingegen unter denselben Bedingungen wechselseitig übereinander her (Ulrich, 1966).

Im Humanbereich kommt als Folge etwaiger Konditionierungsprozesse nur eine Aktivierung lernabhängiger Verhaltensmuster in Betracht. In einem Experiment von Berkowitz und Le Page (1967) zeigten jene Versuchspersonen, die zuvor geärgert worden waren, gegenüber ihrem Peiniger besonders starke Aggressionen dann, wenn im Versuchsraum ein Revolver und ein Gewehr herumlagen. Dabei war es ohne Bedeutung, ob die Waffen mit dem Gegner assoziiert wurden oder nicht. Zumindest in Fällen, wo sich Personen als Folge von Beleidigung, Ärger und Frustration in einem Zustand erhöhter emotionaler Erregung befinden, scheinen damit aggressive Hinweisreize eine aggressionsbahnende Funktion zu übernehmen, was für die Gestaltung unserer Umwelt weitreichende Konsequenzen hat.

Zwischen Waffen und aggressiven Handlungen besteht ganz allgemein eine assoziative Beziehung, die die Auslösung des kritischen Verhaltens bewirkt bzw. begünstigt. Wichtig ist, dass sich zwischen ansonsten unverbundenen Elementen unschwer Assoziationsbrücken herstellen lassen: In Anlehnung an das Vorgehen bei Berkowitz und Geen (1966) ließen Eckert et al. (1971) vor den Versuchspersonen, die gerade den Film »Saat der Gewalt« gesehen hatten, einen Versuchsleiter als Frustrator auftreten, der dem Hauptdarsteller des Streifens in Beruf und Namen entweder ähnlich war oder nicht. Bei hoher relativ zu niedriger Ähnlichkeit waren in mehreren Maßen die Versuchspersonen besonders aggressiv.

Instrumentelle Konditionierung

Im animalischen Bereich besteht der weitaus größte Teil von Aggressionen aus instrumentellem Verhalten zur Erlangung von Nahrung, zum Schutz des Territoriums oder zur Beseitigung von Nebenbuhlern. Nach Erlangen der jeweiligen Bekräftigung (Geschlechtspartner, Sicherung des Nestes u. Ä.) hören aggressive Akte sofort auf. Deren Funktion besteht somit offenkundig nicht im Kampf selbst, sondern in der Erreichung eines anderen übergeordneten Ziels.

Durch differentielle Steuerung und Exposition von Verstärkern ist deshalb ganz allgemein die Aggressionsrate zu kontrollieren. Folgen auf aggressive Verhaltensweisen bestimmte Bekräftigungen, erhöht sich die Wahrscheinlichkeit dieser Handlungen unter vergleichbaren Bedingungen: Im Tierversuch können Ratten, Tauben und Mäuse durch Bekräftigung mit Futter, Geschlechtspartnern oder durch die Beseitigung aversiver Reize dazu gebracht werden, miteinander zu kämpfen. Für menschliche Aggressionen und deren Abhängigkeit von Bekräftigungen sind namentlich solche Experimente von illustrativem Wert, in denen die »Aggressionsmaschine« von Buss (1961) verwendet wurde. Bei dieser Anordnung wähnen sich die Versuchspersonen in der Rolle eines »Lehrers«, der einem »Schüler« (einer anderen Versuchsperson, die in Wirklichkeit Mitarbeiter des Untersuchungsleiters ist) eine bestimmte Lern- oder Begriffsbildungsaufgabe beibringen muss. Dies erfolgt instruktionsgemäß dadurch, dass der »Lehrer« den »Schüler« nach Fehlern mit elektrischen Schlägen bestraft. Gewöhnlich befinden sich die »Schüler« in einem anderen Raum und erhalten in Wirklichkeit keine Schocks, was die »Lehrer« aber nicht wissen. Die vom »Lehrer« verabreichten Stromstärken werden als Aggressivitätswerte interpretiert.

Geen und Pigg (1970) bekräftigten bei einem Teil ihrer Versuchspersonen höhere Stromstärken durch Kommentare des Versuchsleiters wie »That's good« oder »You are doing fine«. Erwartungsgemäß bevorzugten nach einigen Durchgängen die auf diese Weise bekräftigten Versuchspersonen bei der »Unterweisung« ihrer »Schüler« durchschnittlich wesentlich stärkere Schocks. Anschließend mussten die Versuchspersonen zu einer Reihe vorgegebener Wörter die ihnen zuerst einfallenden Assoziationen aufschreiben. Dabei ergab sich, dass die zuvor bekräftigten Versuchspersonen sehr viel häufiger Wörter aggressiver Thematik assoziierten als die nicht bekräftigten; die Effekte einer Verstärkung physischmotorischer Aggressionen waren also auf den verbalen Bereich generalisiert.

Die Implikationen solcher Erkenntnisse für die Beseitigung von störenden Aggressionen in Erziehung und Therapie (Kornadt, 1966; Bandura & Walters, 1973) liegen auf der Hand: Es kommt entscheidend darauf an, die Verbindung zwischen Handlung und daran anschließender Bekräftigung nachhaltig aufzulösen und damit die Erwartung des Akteurs zu löschen, mit aggressivem Verhalten Erfolg zu haben. Das gerät häufig deshalb zu einem besonders schwierigen Unterfangen, weil Aggressionen in unserer Gesellschaft meist erfolgreich sind. Verschiedentlich stellt bei Kindern bereits die mit Trotz und Destruktion bewirkte Zuwendung eines Elternteils oder einer Bezugsperson die gewünschte Bekräftigung dar.

Beobachtungslernen

So erfolgreich instrumentelles Konditionieren bei der Ausformung spezifischer Verhaltensweisen ist, so erklärt es nicht den raschen Erwerb komplexer Verhaltensweisen, wenn also eine gesonderte Bekräftigung spezifischer Verhaltensweisen gar nicht erfolgen konnte. An dieser Stelle kommt ein weiteres Prinzip zur Geltung, mit dem eine Verhaltensweise in das Repertoire von Akteuren übernommen oder die Auftrittswahrscheinlichkeit bereits vorhandener Verhaltensweisen wesentlich verändert werden kann: Nachahmung oder Lernen am Modell.

Wenngleich Nachahmung als Lernprinzip seit alters her bekannt sein dürfte, erfolgt die wissenschaftliche Erforschung erst seit den 1970er Jahren und mit besonderen Impulsen von Seiten der Forschergruppe um Bandura (s. z. B. 1976).

Eine der geradezu »klassischen« Studien stammt von Bandura et al. (1961). Diese Autoren frustrierten zunächst Kinder im Vorschulalter in maßvoller Weise. Anschließend bestand für die Kinder Gelegenheit, einem Erwachsenen zuzuschauen, wie dieser mit einigen Spielsachen hantierte. In einer nichtaggressiven Bedingung benahm sich der Erwachsene ruhig und angemessen. Dagegen zeigte er unter einer anderen Bedingung zahlreiche und sehr verschiedenartige Aggressionen, hauptsächlich gegen eine clownartige Puppe, und artikulierte wiederholt feindselige Bemerkungen. Als die Kinder später in eine neue Situation gebracht wurden, in der der Erwachsene anwesend war, zeigten sie ein dem Vorbild ganz ähnliches Verhalten. Sie vollführten signifikant häufiger als Kontrollpersonen ohne ein Vorbild die gesehenen neuen Aggressionsakte. Am wenigsten aggressiv waren Kinder, die einem nichtaggressiven Modell zugeschaut hatten. Ein wichtiger weiterer Befund geht dahin, dass das Modell nicht nur *formend* im Sinne des Aufzeigens neuer Verhaltensweisen wirkte, sondern darüber hinaus *enthemmend* insofern, als aggressive Handlungen gehäuft auftraten, die bereits zum Repertoire der Kinder gehört haben mussten, vom Modell jedenfalls nicht vorgemacht worden waren. Schließlich traten solche Effekte selbst dann auf, wenn die Modellperson später im neuen Kontext gar nicht anwesend war.

Das soziale Lernen von Aggressionen weist natürlich erhebliche Implikationen für die Evaluation der Wirkung von Medien wie Film und Fernsehen auf. Angesicht der Fülle von Gewalt und Kriminalität im Kino und Fernsehen sind hier nachgerade verheerende Wirkungen zu befürchten, zumal sogar vermeintlich harmlose Familienserien ein erhebliches aggressives Potential besitzen. Kein Zweifel kann daran bestehen, dass die dargestellten Szenen hohen informativen Wert aufweisen und deshalb das kognitive Potential zur Ausübung gleichartiger Handlungen auf Seiten der Beobachter erheblich anreichern. Häufig genug kommt es dann auch zur Aktivierung der bereitgestellten Handlungsmuster. Diese reichen von einer erhöhten Aggressionsrate im freien Spiel von Kindern oder deren sozialen Interaktionen mit Erwachsenen (Wood et al., 1991) über ansteigende Mordziffern nach der Ausstrahlung von Boxkämpfen um die Weltmeisterschaft im Schwergewicht (Miller et al., 1991) bis zu exakten Nachahmungen des gesehenen Verhaltens (so kam es im Anschluss an die Sendung »Tod eines Schülers« bei der modellnächsten Altersgruppe der 15- bis 16-jährigen männlichen Jugendlichen zu einer besonders starken Zunahme der Eisenbahnsuizide, s. Schmidtke & Häfner, 1986). Sowohl kontrollierte Labor- als auch präzise Feldexperimente gelangen freilich nicht immer zu völlig konsistenten Resultaten (Milgram & Shotland, 1973; Krebs, 1973; Geen, 1983). Mehrheitlich sprechen die vorliegenden Untersuchungen jedoch dafür, dass Gewalt in den Medien die Aggressionsrate in sozialen Interaktionen bedeutsam erhöht (Wood et al., 1991). Kein Zweifel besteht daran, dass die soziale Lerntheorie im Vergleich zu instinktiven oder ethologischen Konzepten und der Frustrations-Aggressions-Hypothese der Diversität und Komplexität menschlicher Aggression am besten gerecht wird (Okey, 1992).

9.4.5 Aggressivität als Eigenschaft

Beispiele gebräuchlicher Verfahren

Unter Aggression sind die verschiedensten Verhaltensweisen zusammengefasst, als deren gemeinsame Grundlage eine Verhaltensdisposition »Aggressivität« (auch »Aggressionsbereitschaft«) angenommen werden kann. Mit einem solchen eigenschaftstheoretischen Ansatz ist eine lerntheoretische Auffassung durchaus vereinbar, da das Erlernen von aggressiven Verhaltensweisen über Situationen und die Zeit generalisiert (s. vorangegangene Ausführungen und Eron, 1980). Der Variantenreichtum von diagnostischen Methoden ist im Aggressionsbereich besonders beeindruckend.

Die bereits mehrfach erwähnte Aggressionsmaschine gehört zu der Gruppe der Verhaltensstichproben. Hierbei zeigen die Versuchspersonen in der Situation der Untersuchung selbst das interessierende Verhalten, sind also mehr oder weniger aggressiv. Andere Methoden prüfen, inwieweit Versuchspersonen Ballons platzen, Türme einstürzen lassen und dergleichen. Dem Ursprung solcher Verfahren entsprechend werden sie nahezu ausschließlich zur Erforschung von experimentell realisierten Antezedenzfaktoren von Verhaltensaggression eingesetzt.

Von den zahlreichen projektiven Tests spielt der »Hand-Test« eine maßgebende Rolle. Dieses Verfahren besteht aus einem Satz von Fotos, auf denen jeweils eine Hand in bestimmter Haltung abgebildet ist. Die Versuchspersonen müssen sagen, was die Hand gerade tun könnte (z. B. »Sie schlägt«, »Sie erbittet Hilfe« usw.). In einigen Untersuchungen differenzierte der Test zwischen Stichproben von Strafgefangenen und Unauffällig-Nichtbestraften (zu den Details s. die Monographie von Selg, 1968; eine weitere Arbeit zu dem Test stammt von Panek et al., 1979).

Schwenkmezger et al. (1992) haben mit dem State-Trait-Ärgerausdrucks-Inventar (STAXI) einen Fragebogen vorgestellt, der die individuellen Unterschiede in der Ärgeremotion und ihrem Ausdruck erfassen möchte. Neben je zehn Items zu »Ärger als Zustand« (»State-Anger«; Beispiele etwa: »Ich bin wütend« oder »Ich bin schlecht gelaunt«) und »Ärger als Eigenschaft« (»Trait-Anger«; Beispiele: »Ich werde schnell ärgerlich«, »Ich bin ein Hitzkopf«) zielt dieses Instrument auf nach innen und nach außen gerichteten Ärger (»Anger In« bzw. »Anger Out«; Beispiele: »Ich fresse Dinge in mich hinein« bzw. »Ich fahre aus der Haut«) sowie auf die Kontrolle von Ärger-Emotionen (»Anger Control«; Beispiel: »Nach außen bewahre ich die Haltung« oder »Ich kann mich selbst daran hindern, wütend zu werden«). Anger In und Anger Out korrelierten in einer Repräsentativstichprobe schwach positiv (um $r = 0{,}20$), Anger Out und Anger Control negativ (um $r = -0{,}55$), wobei zwischen den Geschlechtern keine Mittelwertunterschiede in den Skalenwerten bestanden.

Darüber hinaus erweist es sich als zweckmäßig, konzeptuell und empirisch die aggressive *Handlung* von der damit einhergehenden oder sie begünstigenden spezifischen *Emotion* des Ärgers zu trennen. Ärger kann als emotionales Motiv verstanden werden, das Aggression auslöst oder diese begünstigt (Hodapp et al., 1993, S. 11). Gleichwohl gibt es bestimmte Arten von »instrumenteller« Aggression, wo die Schädigung im Dienste anderer Motive steht und der Ärgeraffekt nicht auftritt. Feindseligkeit schließlich betrifft eher Einstellungen und kognitive Orientierungen (AHA-Syndrom: *Anger-Hostility-Aggression*).

Kasten 9.3: Vier Aggressionsfaktoren

Körperliche Aggression

1. Manchmal kann ich dem Verlangen, eine andere Person zu schlagen, nicht widerstehen.
2. *Wenn ich nur entsprechend gereizt werde, kann ich jemand anderen durchaus schlagen.*
3. Wenn mich jemand schlägt, schlage ich zurück.
4. Ich werde häufiger in Schlägereien verwickelt als andere.
5. Wenn es sein muss, verteidige ich meine Rechte auch mit Gewalt.
6. *Manche Leute haben mich schon so weit gebracht, dass wir uns geprügelt haben.*
7. Ich kann mir keinen Grund vorstellen, weshalb ich jemals eine andere Person schlagen würde.*)
8. *Ich habe schon Leute bedroht, die ich gut kenne.*
9. Ich bin schon so ausgerastet, dass ich Gegenstände zerschlagen habe.

Verbale Aggression

1. Ich sage es meinen Freunden offen, wenn ich anderer Meinung bin als sie.
2. *Es passiert mir oft, dass ich mit anderen nicht übereinstimme.*
3. Wenn mich Leute verdrießen, sage ich ihnen, was ich über sie denke.
4. *Wenn andere mit mir nicht übereinstimmen, kann ich mich nicht zurückhalten, mit ihnen darüber zu streiten.*
5. Meine Freunde sagen, ich sei etwas streitlustig.

Ärger/Zorn

1. *Ich rege mich schnell auf, aber mein Ärger verraucht auch wieder schnell.*
2. Wenn ich frustriert bin, zeige ich meine Verärgerung.
3. Manchmal fühle ich mich wie ein Pulverfass, jederzeit bereit zu explodieren.
4. Ich bin eine ausgeglichene Person.*)
5. Einige meiner Freunde halten mich für einen Hitzkopf.
6. *Ich brause manchmal wegen Nichtigkeiten auf.*
7. *Es fällt mir schwer, meinen Zorn zu kontrollieren.*

Feindseligkeit

1. Manchmal verzehrt mich Eifersucht.
2. *Manchmal spielt mir das Leben übel mit.*
3. *Glück scheinen immer nur die anderen zu haben.*
4. *Ich frage mich, warum ich manchmal so verbittert bin.*
5. Ich weiß, dass meine »Freunde« hinter meinem Rücken über mich reden.
6. Gegenüber allzu freundlichen Fremden bin ich misstrauisch.
7. Manchmal habe ich das Gefühl, dass andere hinter meinem Rücken über mich lachen.
8. Wenn Leute besonders nett zu mir sind, frage ich mich, was sie von mir wollen.

*) Umgekehrte Polung.
Nach Buss und Perry (1992, S. 454).
Kursiv gedruckt ist die psychometrisch optimierte Fassung des Fragebogens nach Bryant und Smith (2001).

Dieser Unterscheidung wird ein anderer Fragebogen gerecht, nämlich der von Buss und Perry (1992) vorgestellte Aggressionsfragebogen. Als Resultat verschiedener Analyseschritte erhielten die Autoren einen nur 29 Items umfassenden Fragebogen, dessen Binnenstruktur vier Subfaktoren aufweist (▶ **Kasten 9.3**). In einer Nachanalyse des Fragebogens mit der konfirmatorischen Faktorenanalyse reduzierten Bryant und Smith (2001) die Anzahl der Items auf nunmehr zwölf. Der revidierte Fragebogen wies eine deutlich höhere psychometrische Qualität als der Fragebogen von Buss und Perry auf.

Aufgrund der Korrelationen zwischen den Subfaktoren (r um 0,40) stellt Ärger gleichsam die Brücke zwischen den drei anderen Komponenten dar. Insofern kann man nicht mehr allgemein von »der« Aggressivitätstendenz sprechen, sondern muss näher differenzieren, welchen Verhaltensaspekt man im Einzelnen meint.

Allgemeine Resultate

Ein Großteil der testunterstützten Aggressionsforschung hat einen Hinweis auf die Validität der Verfahren darin erblickt, wenn die erfolgreiche Differenzierung straffälliger von nichtbestraften Personen gelang. Das ist in der weit überwiegenden Zahl von Untersuchungen auch der Fall (z. B. Lösel & Wüstendörfer, 1976), wenngleich die erheblichen Probleme einer Testvorgabe unter den Bedingungen der Inhaftierung nicht zu übersehen sind.

Weniger belastet von den Unwägbarkeiten einer durch unterschiedliche Situations- oder Sozialisationsfaktoren bedingten unterschiedlichen Bearbeitung der Verfahren sind Längsschnittuntersuchungen, in denen zu einem früheren Zeitpunkt die Aggressivität und später ggf. auftretende Kriminalität gemessen wird. In der Studie von Roff (1992), die einem derartigen Plan folgte, erwies sich an 711 männlichen Jugendlichen die während der Kindheit ermittelte Aggressivität als stärkster Prädiktor für später gerichtlich aktenkundig gewordene Delinquenz, gefolgt vom sozioökonomischen Status als eines weiteren erklärungsmächtigen Prädiktors.

Zunehmende Aufmerksamkeit findet Ärger als eine Aggressionen vorausgehende und begleitende Reaktion. Der »Frustrations-Aggressions-Hypothese« zufolge sollte jede Form von negativem Affekt die Wahrscheinlichkeit von Aggressionen erhöhen. Im Unterschied dazu interpretiert der »Soziale Interaktionsansatz« manche Aggressionshandlungen als Ausdruck von Missvergnügen und informeller sozialer Kontrolle. In zwei Studien unter Heranziehung verschiedener Personengruppen, darunter ehemalige psychiatrische Patienten und entlassene Strafgefangene, sprachen die Resultate von Felson (1992) eher für die letztere Auffassung. Ärger scheint demzufolge einen ebenso starken Einfluss auf aggressives Verhalten wie auf verschiedene Formen von Delinquenz auszuüben, was im Weiteren impliziert, dass manche Spielarten von Delinquenz, die üblicherweise nicht mit Aggression in Verbindung stehen, gleichwohl aggressive Ziele haben mögen.

Im Zusammenhang mit einem spezifischen Delikt, nämlich der Vergewaltigung, interessiert eine andere Komponente innerhalb der Aggressionsgenese, nämlich sexuelle Motivation. Diesbezüglich stellt sich die Frage, inwieweit Vergewaltigungen primär sexuelle Handlungen darstellen, zu deren Verübung bzw. Durchsetzung Gewalt angewendet wird, oder ob Vergewaltigungen primär Gewaltakte sind, bei deren Ausübung gleichsam als Tatwerkzeug das männliche Genital benutzt wird.

Für College-Studenten, die sich gegenüber Frauen entweder sexuell, nichtsexuell oder auf beiderlei Weise aggressiv verhalten hatten, berichteten Malamuth et al. (1991) ein Wirkungsgefüge, demzufolge Kindheitserfahrungen feindseliger Thematik über zwei

Pfade zu den Verfehlungen geführt haben: (1) Feindselige Einstellungen und Persönlichkeitsmerkmale begünstigen Nötigungsverhalten und (2) sexuelle Promiskuität, die insbesondere in Interaktion mit Feindseligkeit sexuelle Aggressionen hervorbringt. Diese nur kurze Erörterung einiger Modelle und Ergebnisse wird deutlich gemacht haben, dass Aggressivität nur in Verbindung mit einer Vielzahl anderer auslösender, modulierender und interagierender Faktoren außer- und innerhalb des Individuums als Erklärung für sexuelle Übergriffe in Betracht kommt.

Vermehrt wird nach Zusammenhängen der habituellen und aktuellen Aggressionstendenz mit Herz-Kreislaufmaßen gesucht. Der Übersicht von Vögele und Steptoe (1993) zufolge rufen sowohl Ärgerunterdrückung als auch häufiges Ärgererleben und dessen Äußerung kardiovaskuläre Hyperreaktivität hervor, was im Laufe jahrelanger Wiederholungen zur Entstehung von kardiovaskulären Krankheiten (essentielle Hypertonie bzw. koronare Herzerkrankungen) führen kann.

In dem Material von Otten (1993) war hingegen ein genereller Zusammenhang zwischen Anger Out und kardiovaskulärer Reaktivität nicht zu sichern; wohl aber fand sich eine Korrelation zwischen Ärgerausdruck und Blutdruck bei Männern mit hypertonen Blutdruckwerten, wobei nicht Anger In als blutdrucksteigernde, sondern Anger Out als blutdruckmindernde Dimension bedeutsam war. Auch in der Laborstudie von Schwenkmezger und Hank (1995) korrelierte nur Anger Out mit systolischem und diastolischem Blutdruck. Böddeker und Stemmler (2000) fanden nach einer Ärgerprovokation keine Korrespondenz zwischen habituellen Ärgerausdrucksstilen nach dem STAXI und aktuellen Stilen, die aufgrund der Diskrepanzen zwischen physiologischen Reaktionen und Einstufungen der Befindlichkeit sowie des Gesichtsausdrucks gebildet wurden, wohl aber zwischen Extraversion sowie Neurotizismus und aktuellen Stilen. Entgegen einer weit verbreiteten Hypothese unterscheiden sich zudem auf der Anger-In-Dimension Psychosomatiker offenbar *nicht* von anderen klinischen Gruppen (Schwenkmezger et al., 1994), d. h., eine Tendenz zu Ärgerunterdrückung ist anscheinend nicht spezifisch für Psychosomatiker, sondern ein Merkmal mehrerer klinischer Stichproben (Schizophrene, Neurotiker, Alkoholiker und Patienten mit Affektstörungen) im Vergleich zu gesunden Kontrollpersonen.

In einer Längsschnittuntersuchung über ca. zehn Jahre registrierten Eron et al. (1978; s. auch Eron, 1980) eine Stabilität von fremdbeurteilter Aggressivität von $r_{tt} = 0{,}47$. MMPI-Skalen zur Aggressivität korrelierten mit den Fremdratings zu $r = 0{,}39$, d. h., die Fragebogeninformation weist Entsprechungen mit den Wahrnehmungen unabhängiger Beurteiler auf. Die gewichtigsten Prädiktoren für die Aggressivität im Alter von 19 Jahren waren in der Gruppe der Jungen ($N = 128$) die Präferenz für Gewaltdarstellung im Fernsehen und hohe Mobilität der Eltern. Darüber hinaus waren der IQ, die Identifikation mit der Mutter und Aussprachemöglichkeit mit den Eltern von Gewicht. Die Resultate bei den Mädchen befanden sich nur in teilweiser Übereinstimmung damit. Zu einem späteren Zeitpunkt (Eron, 1987) war das Beobachtungsintervall auf 22 Jahre angewachsen. Dabei bestanden sehr deutliche Korrelationen zwischen der im Alter von acht Jahren von den Mitschülern angegebenen Aggressionsneigung (z. B. »Wer rempelt andere Kinder an?«) bzw. der Tendenz zu prosozialem Verhalten (z. B. »Wer sagt: ›Entschuldige‹, auch wenn er/sie gar nichts Böses getan hat?«) und der Häufigkeit aggressiver Handlungen im Alter von 30 Jahren (Verurteilungen für Straftaten; von Ehepartnern berichtete, auf sie zielende aggressive Handlungen; Härte der von Kindern angegebenen Strafen). Was die Ursachen dieser bemerkenswerten Stabilität angeht, so neigt Eron (1987) zu der Auffassung, dass die Regeln und Fähigkeiten für Handlungen, die den sozialen Verhaltensweisen zugrunde liegen, bereits sehr früh in besonders sensiblen Phasen der Entwicklung gelernt werden und danach relativ änderungsresistent sind. Dabei komme der häufigen Konfrontation mit erfolgreich (!) gewalttätigen Akteuren in den Medien, insbesondere dem Fernsehen, eine zentrale Bedeutung zu. Allerdings haben andere Autoren mit anderen Forschungsansätzen zum Teil wesentlich andere Ergebnisse erzielt (Zumkley, 1996).

9.4.6 Geschlechtsunterschiede

Im Abschnitt 9.3.5 wurde darauf hingewiesen, dass Frauen generell häufiger und intensiver Emotionen erleben als Männer. Eine bemerkenswerte Ausnahme von dieser Regel stellt der Geschlechtsunterschied in der Aggressivität dar.

Den Befunden von Buss und Perry (1992) zufolge zeigten Männer im Vergleich zu Frauen etwas höhere Werte in verbaler Aggressivität und Feindseligkeit, sehr viel höhere Mittelwerte jedoch in körperlicher Aggressivität. Dieser Geschlechtsunterschied reiht sich ein in gleichförmige Befunde aus mehreren Meta-Analysen, die Hyde (2005) zusammengetragen hat. Dabei überschritt die Mittelwertsdifferenz für physische Aggression mehrfach das Ausmaß einer halben Standardabweichung, während der Unterschied für verbale Aggression deutlich kleiner war.

Auch einer Studie von Rushton et al. (1986) zufolge, die in einer Querschnittsuntersuchung die Daten von Zwillingen erhoben hatten, wiesen Frauen niedrigere Werte als Männer auf. Über das Lebensalter gehen die Punktwerte in beiden Geschlechtern allerdings zurück. Gespiegelt dazu stellen sich die Gegebenheiten bei Altruismus dar. Ebenfalls auf Querschnittsdaten beruht die Beobachtung, wonach in der Kindheit und Jugend zwar physische Aggressionen bei Jungen sehr viel häufiger vorkommen als bei Mädchen, dass aber ab etwa dem zehnten Lebensjahr bei den Mädchen indirekte Aggressionen überwiegen (Bjorkqvist et al., 1992). Deren Auftreten hängt ab vom individuellen Reifezustand und dem Vorliegen eines sozialen Netzwerkes: Freundschaftliche Beziehungen werden dabei als ein Element aggressiver Strategien eingesetzt, d. h., Mädchen scheinen da zu manipulieren, wo Jungen eher kämpfen.

Eine mögliche Erklärung dieser Geschlechtsunterschiede könnte in der physiologischen Aktivierung durch Adrenalin und Noradrenalin bestehen, wobei besonders die Regulation dieser Aktivierung für das Auftreten und die Stärke von Verhaltensaggression und damit auch für Geschlechtsunterschiede bedeutsam wäre. Knight et al. (2002) gingen bei der Untersuchung dieser Hypothese von drei gut belegten Befunden aus:

- Aggressive Reize aktivieren Männer stärker und schneller als Frauen,
- diese Aktivierung wird bei Männern langsamer als bei Frauen abgebaut,
- Frauen können emotionale Erregung und emotionales Verhalten besser regulieren.

Dann müssten Geschlechtsunterschiede in der Verhaltensaggression über verschiedene Stärken emotionsauslösender Situationen hinweg nicht linear, sondern kurvilinear ausfallen: In Situationen mit sehr niedriger Auslösungsstärke werden Männer und Frauen gleichermaßen wenig aktiviert sein. In Situationen mit kleiner bis mittlerer Auslösungsstärke werden Männer aktivierter als Frauen sein, da sie stärker ansprechbar sind und die entstandene Aktivierung nicht effektiv regulieren können; in der Folge werden Männer mit höherer Wahrscheinlichkeit Verhaltensaggression zeigen. In Situationen mit hoher Auslösungsstärke werden Männer und Frauen erneut gleichermaßen, nunmehr hoch, aktiviert sein, da die Regulationsfähigkeit unter hoher Beanspruchung vermindert ist oder ganz ausfällt. Die Autoren fanden in einer Meta-Analyse von 122 relevanten Studien im Zeitraum von 1965 bis 1999, dass Geschlechtsunterschiede in der Verhaltensaggression tatsächlich wie postuliert kurvilinear ausfielen. Für Auftreten und Stärke von

Aggression spielen also neben der Stärke der emotional wirksamen Situation biologische und/oder kognitive Geschlechtsunterschiede in der Regulation der physiologischen und emotionalen Aktivierung eine bedeutsame Rolle.

Aber auch lerntheoretische Überlegungen können einen Beitrag zur Erklärung dieses Geschlechtsunterschiedes leisten. Bettencourt und Kernahan (1997) führten eine Meta-Analyse über solche Studien durch, in denen Hinweisreize auf Gewalt (Waffen, Sticker, Filme, Mitteilungen) allein oder zusammen mit Provokationen experimentell vorgegeben wurden. Sie stellten fest, dass die Präsentation von Hinweisreizen auf Gewalt die Aggressionsbereitschaft bei Männern im Vergleich zu Frauen deutlich steigert. Dieser Effekt kann als differentielle Konditionierung bei Männern und Frauen oder auch als unterschiedliche Geschlechtsrollenerwartungen interpretiert werden. Unter provozierenden Bedingungen allein sinkt der Geschlechtsunterschied in der Verhaltensaggression, um bei kombinierter Vorgabe von Hinweisreizen und Provokation ganz zu verschwinden. Hinweisreize auf Gewalt und tatsächliche Provokationen kombinieren sich bei Frauen also zu gleich großen Aggressionseffekten wie bei Männern; unterschiedliche Geschlechtsrollenerwartungen haben dann keine Auswirkungen mehr.

> **Zusammenfassung von Kapitel 9.4**
>
> Eine der theoretischen Herleitungen von Aggression folgt der psychoanalytischen Sichtweise vom Menschen als einem organischen System, dem einerseits Energie zugeführt wird (z. B. in Form angeborener Triebe), das andererseits diese Energie in Form körperlicher Aktivitäten verbraucht und »abreagiert«. Eine daraus unmittelbar ableitbare Hypothese besteht darin, dass nach Abfuhr destruktiver Energie durch Aggressionen (veranlasst durch den Todestrieb) die Auftrittswahrscheinlichkeit weiterer aggressiver Verhaltensweisen zunächst vermindert ist (weil das Reservoir an entsprechender Triebenergie erst wieder aufgefüllt werden muss). Diese sog. Katharsis-Hypothese ist in zahlreichen, zum Teil höchst ingeniösen Untersuchungen, empirisch und experimentell untersucht worden; die dabei erzielten Resultate sind jedoch inkonsistent und liefern letztlich keine Bestätigung der psychoanalytischen Grundannahmen. Erfolgreicher sind demgegenüber die lern- und traittheoretischen Konzepte von Aggression. Namentlich hat die testbasierte Erfassung von individueller Aggressivitätstendenz zahlreiche Verhaltenskorrelate von Aggressionen aufgezeigt (z. B. Kreislaufreaktionen, Ausmaß an Ärger, Präferenz für Gewaltdarstellung in den Medien, Delinquenz und Kriminalität). Mehrheitlich wurden zudem Geschlechtsunterschiede in der erwarteten Richtung gefunden.

10 Kognitiv-affektive Einheiten und Persönlichkeit

> Ungeachtet ihres Erklärungs- und Vorhersagewertes haftet allen dispositionellen Konstrukten (wie Eigenschaften) der Nachteil an, dass sie keine Ansatzpunkte für die Entstehung und Veränderung oder Korrektur der Verhaltensweisen liefern, die in ihnen gebündelt sind. Beiden Aspekten wird der Behaviorismus nach John Watson gerecht, dem zufolge alles Verhalten unter der Kontrolle von situativen (Umwelt-)Reizen steht und nach den Prinzipien von klassischer und operanter Konditionierung gelernt (und ggf. auch wieder gelöscht) wird. Die Untersuchungen, die diesem Paradigma in ihrer differential- und persönlichkeitspsychologischen Ausgestaltung folgen, werden als »Verhaltenstheoretische Persönlichkeitsforschung« bezeichnet (10.1). Da auch das Lernen auf Grund von Beobachtungen eine wichtige Größe beim Verhaltenserwerb darstellt, gelten Theorien, die diesem zusätzlichen Gesichtspunkt Rechnung tragen, als »soziale Lerntheorien«; ein besonders einflussreiches Beispiel daraus ist die soziale Lerntheorie der Persönlichkeit von Rotter (10.2). Ein Verhaltensbereich, bei dem die Interaktion von situativen Merkmalen mit personenspezifischen Gegebenheiten im Mittelpunkt steht, stellt der Belohnungsaufschub (10.3) dar.

10.1 Verhaltenstheoretische Persönlichkeitsforschung

Unter dem Begriff »Verhaltenstheorien« werden jene Ansätze zur Beschreibung und Erklärung menschlichen oder tierischen Verhaltens zusammengefasst, die im Rahmen oder im Anschluss an den von Watson (1919, s. Abschn. 1.6.2) begründeten Behaviorismus entwickelt wurden. Sie werden deshalb als behavioristisch oder neo-behavioristisch bezeichnet.

Die Annahme, dass alles Verhalten gelernt ist und hauptsächlich durch Umweltreize gesteuert wird, ist die wichtigste Gemeinsamkeit aller Verhaltenstheorien, weshalb sie auch »Lerntheorien« genannt werden. Ihr gemeinsames Anliegen besteht im Nachweis und der theoretischen Erklärung von Grundmechanismen des Erlernens spezifischer Verhaltensweisen, wie z. B. dem klassischen und operanten Konditionieren, sowie darüber hinaus in der Erforschung von Gesetzmäßigkeiten einer Verknüpfung verhaltenssteuernder Reize mit den entsprechenden Verhaltensweisen.

Obwohl im Rahmen dieser Zielsetzung meist sehr elementare, simple Verhaltensweisen oft an Tieren, wie Ratten oder Tauben, unter exakt definierten Laborbedingungen untersucht werden, wird dieser Forschungsansatz von der Überzeugung getragen, dass sich das sehr komplexe Verhalten des Menschen in seiner komplizierten materiellen und sozialen Umwelt letztlich über die gefundenen Lernmechanismen erklären, vorhersagen und beeinflussen lässt.

Die Grundauffassung der meisten, vor allem älteren Verhaltenstheoretiker zum Forschungsgegenstand der Differentiellen und der Persönlichkeitspsychologie besteht in einer *Ablehnung dispositioneller Konstrukte* (wie z. B. Eigenschaften oder Erbanlagen) und anderer persönlichkeitspsychologischer Strukturbegriffe (wie etwa derjenigen des Ich oder Unbewussten). Verhalten gilt als situationsabhängig und nicht als dispositionsbedingt, interindividuelle Unterschiede werden ausschließlich auf unterschiedliche Lernerfahrungen zurückgeführt. Variationen im Verhalten derselben Person in derselben Situation wären demgemäß nur eine Folge von »Unschärfen« bei der Konditionierung auf spezifische Reize oder dem Ausüben von operant bekräftigten Verhaltensweisen; Stabilität des Verhaltens wäre eine Konsequenz der raumzeitlichen Kontingenzen von auslösenden und bekräftigenden Ereignissen; Konsistenz des Verhaltens wäre eine Funktion der Reiz- und Reaktionsgeneralisation. Korrelationen zwischen Verhaltensweisen wären bedingt durch die in der Gesellschaft oder der individuellen Lerngeschichte korrelierenden Bekräftigungsmuster. Von daher verwundert es auch nicht, dass von den Verhaltenstheoretikern keine Persönlichkeitstheorien im engeren Sinne erstellt wurden. Falls überhaupt Persönlichkeitspsychologie eine Berücksichtigung fand, so wurde sie als Teilgebiet der Allgemeinen Psychologie aufgefasst.

Dennoch wird von verhaltenstheoretischer Persönlichkeitsforschung gesprochen, weil sich einzelne Verhaltenstheoretiker inhaltlicher Problembereiche angenommen haben, die vielfach zur Persönlichkeitspsychologie gerechnet werden. Diese Problembereiche wurden jedoch im Sinne allgemeinpsychologischer Fragestellungen und Forschungsansätze lerntheoretisch angegangen.

Für die Persönlichkeitspsychologie wichtige Verhaltenstheoretiker, wie z. B. Bandura und Walters (1963; Bandura, 1971), hielten das Tierexperiment im Rahmen persönlichkeitsbezogener Forschung für inadäquat, so wie sie ebenfalls die Prinzipien des klassischen und operanten Konditionierens allein für die Erklärung menschlichen, sozialen Verhaltens für ungenügend erachteten. In vielen Untersuchungen hauptsächlich an Kindern konnten sie zeigen, dass das Lernen durch Beobachtung eine mindestens ebenso bedeutende Rolle spielt und dass sich so wichtige Verhaltensphänomene wie das der Aggressionen im Rahmen ihrer *Sozialen Lerntheorie* theoretisch und empirisch sinnvoller erforschen lassen als in anderen, bisher verwendeten theoretischen Bezügen (Bandura, 1973).

Im Grunde handelt es sich auch bei diesen Ansätzen um allgemeinpsychologische und nicht um differentialpsychologische Forschung. Ein direkter Bezug zur differentialpsychologischen Persönlichkeitsforschung wurde in völlig unterschiedlicher Weise von zwei Verhaltenstheoretikern hergestellt, die sich trotz jeweils verschiedener theoretischer Schwerpunkte ebenso wie Bandura als Vertreter der Sozialen Lerntheorie bezeichneten: Rotter und Mischel.

> **Zusammenfassung von Kapitel 10.1**
>
> Die verhaltenstheoretische Persönlichkeitsforschung steht in der Tradition der behavioristischen Perspektive, wonach sich auch komplexes Verhalten des Menschen durch Lernmechanismen erklären, vorhersagen und beeinflussen lässt. Damit geht die Ablehnung von dispositionellen Konstrukten einher. Es existiert weniger eine umfassende verhaltenstheoretische Persönlichkeitstheorie als vielmehr ein Verständnis von einzelnen Inhaltsbereichen auf lerntheoretischer Basis. Hierzu zählen insbesondere die soziale Lerntheorie, das Konzept der generalisierten Erwartungen sowie des Belohnungsaufschubs.

10.2 Die soziale Lerntheorie der Persönlichkeit von Rotter

10.2.1 Grundsätzliche Annahmen

Persönlichkeit ist für Rotter (Rotter & Hochreich, 1979) ein Gefüge von Möglichkeiten zur Reaktion in bestimmten sozialen Situationen. Untersuchungseinheit ist – ganz im Sinne des späteren Interaktionismus – »die Interaktion des Individuums mit seiner bedeutsamen Umgebung«, wobei dieses Verhalten als Endprodukt aller persönlichen Erfahrungen des Individuums angesehen und als zielorientiert aufgefasst wird. Zentral ist für die Theorie der Begriff der »Verstärkung«, worunter Handlungen, Zustände oder Ereignisse verstanden werden, die das zielgerichtete Verhalten einer Person beeinflussen. Der Einfluss kann verhaltensfördernd (positive und negative Verstärkung, wie Belohnungen im weitesten Sinne) oder verhaltenshemmend sein (Bestrafungen oder der Entzug von Belohnungen).

Die Rotter'sche Theorie ist auf zwei unterschiedlichen Komplexitätsniveaus formuliert. Auf dem elementaren Niveau, das hier kurz vorgestellt werden soll, werden die vier Grundkonzepte »Verhaltenspotential« (VP), »Erwartung« (E), »Verstärkungswert« (VW) und »psychologische Situation« (S, d. h. die vom Individuum erlebte Situation) eingeführt. In folgender Formel werden diese Konzepte miteinander verknüpft:

$$VP_{X,S,V} = f(E_{X,S,V} \times VX_{V,S}).$$

Das »Verhaltenspotential« $VP_{X,S,V}$ bedeutet darin die Wahrscheinlichkeit dafür, dass die Verhaltensweise X in der Situation S mit Aussicht auf eine Verstärkung V auftritt. Dieses Verhaltenspotential ist nun nach der Theorie eine Funktion sowohl der »Erwartung« $E_{X,S,V}$, dass die Verhaltensweise X in der Situation S zur Verstärkung V führt, als auch des »Verstärkungswertes« $VW_{V,S}$, den die Verstärkung V in der Situation S für das Individuum besitzt. Erwartung und Wert sind, wie aus der Formel ersichtlich, multiplikativ miteinander verknüpft. Das Verhaltenspotential wird also stets niedrig ausfallen, wenn bereits einer der beiden Faktoren (Erwartung oder Wert) niedrig ausgeprägt ist.

In einer Situation, in der verschiedene Verstärker durch verschiedene Verhaltensweisen erlangt werden können, wird demnach jene Verhaltensweise das größte Verstärkungspotential (und damit die größte Auftretenswahrscheinlichkeit) haben, die mit einem Verstärker assoziiert ist, für den die Erwartung einer Erreichbarkeit hoch ist *und* der einen hohen Wert besitzt. Umgekehrt werden jene Verhaltensweisen wenig wahrscheinlich sein, von denen ein Individuum erwartet, dass mit ihnen ein Verstärker nicht erreichbar ist. Ebenso wird eine Verhaltensweise kaum auftreten, wenn damit zwar ein Verstärker erreicht werden könnte, dieser aber für das Individuum keinen Wert hat.

Um dieses zu illustrieren: Ein Schüler, der weiß, dass er am nächsten Tag in der Schule geprüft werden soll (S), wird sich auf diese Prüfung vorbereiten (X), wenn er erwartet, dass dies zu einer guten Benotung (V) führt und für ihn diese gute Benotung einen hohen Wert ($VW_{V,\ S}$) darstellt. Ist ihm die Prüfungsnote gleichgültig ($VW_{V,\ S} = 0$) oder glaubt er nicht daran, dass seine Prüfungsvorbereitung die Benotung der Prüfung beeinflusst ($E_{X,\ S,\ V} = 0$), wird er wahrscheinlich auf die Vorbereitung verzichten ($VP_{X,\ S,\ V} = 0$). Im letzteren Fall müsste für eine Korrektur des Verhaltens in der Richtung, sich auf Prüfungen vorzubereiten, dem Schüler verdeutlicht werden, dass Noten für seine weitere Entwicklung doch wichtig sind, *und* ihm die Erfahrung vermittelt werden, dass Vorbereitung zu besseren Noten führt.

Diese Formulierungen und das Beispiel zeigen, dass nach der Theorie von Rotter die kognitiven Variablen *Erwartung einer Verstärkung* und *Verstärkungswert* die verhaltensdominierenden Variablen darstellen.

Interindividuelle Unterschiede im Verhalten können also aus unterschiedlichen Erwartungen in Bezug auf die Konsequenzen des eigenen Verhaltens *und* aus verschiedenen Einstellungen zu diesen Verhaltenskonsequenzen (Verstärkungen) resultieren. Es müssten deshalb *beide* Bereiche sein, die in Bezug auf die persönlichkeitstheoretischen Aspekte der Sozialen Lerntheorie die Forschungen bestimmen sollten.

Gleichwohl sind bislang fast nur die Erwartungen Gegenstand empirischer Untersuchungen gewesen. Dabei spielten die generalisierten Erwartungen eine besondere Rolle, die aufgrund von Erfahrungen in einer Vielzahl spezieller Situationen gebildet werden und über diese speziellen Situationen hinaus in neuen Situationen zum Tragen kommen können.

Erwartungen bezüglich der Konsequenzen des eigenen Verhaltens bilden sich nach Rotter aufgrund entsprechender Erfahrungen in bestimmten Situationen. Neben Erwartungen, die sich auf sehr spezielle, eng umschriebene Situationen und sehr konkrete Verhaltensweisen beziehen und deshalb *spezifische Erwartungen* darstellen, entstehen auch verallgemeinerte oder *generalisierte Erwartungen* gleichsam als Zusammenfassung einer Vielzahl von Erfahrungen in verschiedenen Situationen für relativ breite Klassen von Verhaltensweisen und Verhaltenskonsequenzen. Solche generalisierten Erwartungen sollten vor allem in neuen, von der Person nicht genau einschätzbaren Situationen eine Rolle spielen und von daher – in Verbindung mit dem Wert der Bekräftigungen – für eine Vielzahl von Situationen hinreichend genaue Verhaltensvorhersagen erlauben. Dass solche Vorhersagen nie vollkommen sein können, geht aus Rotters Theorie direkt hervor: Es sind ja nicht nur generalisierte, sondern auch spezifische Erwartungen sowie die entsprechenden Verstärkungswerte, die ein bestimmtes Verhaltenspotential determinieren.

Inhaltlich wurden zwei generalisierte Erwartungshaltungen unterschiedlicher Breite intensiver erforscht: Die »Kontrollüberzeugung« (engl. »Locus of Control of Reinforcement«, LOC, Rotter, 1966) bezieht sich auf eine sehr breite Vielfalt von Verhaltensweisen und -konsequenzen. Die generalisierte Erwartung »zwischenmenschliches Vertrauen« (engl. »Interpersonal Trust«, IT) ist weniger breit konzipiert und steht für das Ausmaß an Vertrauen, das man im Bereich sozialer Kontakte bereit ist, anderen entgegenzubringen.

Was den Wert potentieller Verstärker angeht, so werden diese unter dem Sammelbegriff »Bedürfnisse« (engl. »needs«) geführt und als Beispiele dazu Anerkennung, Schutzbedürfnis, Dominanz, Unabhängigkeit, Liebe und emotionale Bindung sowie physisches Wohlbefinden genannt (s. Krampen, 2005,

S. 100, mit einer graphischen Veranschaulichung der Sozialen Lerntheorie), doch fehlt es an gezielten Untersuchungen zum empirischen Stellenwert solcher Bedürfnisse neben den generalisierten Erwartungen.

10.2.2 Kontrollüberzeugungen als generalisierte Erwartungen

Vorbemerkungen

Bei der »Kontrollüberzeugung« handelt es sich um eine Erwartung bezüglich der »Kontrollinstanz« (engl. »Locus of Control«) für die Konsequenzen des eigenen Verhaltens im Sinne von Bekräftigungen. Diese Instanz wird in der handelnden Person selbst gesehen, wenn die Verursachung für die entsprechenden Verhaltenskonsequenzen dem eigenen Verhalten zugeschrieben wird. In einem solchen Fall liegt »internale« Kontrollüberzeugung vor. Erwartet man hingegen, dass die Instanz für diese Ereignisse außerhalb der eigenen Einflussmöglichkeiten liegt, diese Ereignisse z. B. durch Zufall, Glück, Leute mit mehr Macht oder andere externale Bedingungen verursacht werden, entspricht dies der Erwartung einer »externalen« Kontrollüberzeugung.

Das Merkmal »Kontrollüberzeugung« ist als dimensionales, kontinuierlich variierendes Merkmal wie andere Persönlichkeitseigenschaften auch konzipiert. Internale bzw. externale Kontrollüberzeugungen bezeichnen die beiden Pole auf dieser Dimension. Personen, denen entsprechend extreme Positionen auf dieser Dimension zugeschrieben werden können, sollen verkürzt »Internale« bzw. »Externale« genannt werden.

Seit Beginn der Forschung zu Kontrollüberzeugungen als Persönlichkeitsmerkmal in der Mitte der 1960er Jahre ist eine kaum noch überschaubare Fülle von Arbeiten entstanden, die Zusammenhänge von Kontrollüberzeugungen mit verschiedenen Verhaltensbereichen sowie Determinanten und Veränderungsmöglichkeiten von Kontrollüberzeugungen untersuchten. Sie sind zusammengefasst in zahlreichen Sammelreferaten (z. B. Avtgis, 1998; Carton & Nowicki, 1994; Lefcourt, 1998) und Büchern (Krampen, 1982, 2000a).

Experimentell induzierte Kontrollüberzeugungen

In den ersten einschlägigen Untersuchungen zur Kontrollinstanz wurden generalisierte Erwartungen nicht als *Persönlichkeits*merkmal, sondern als *situationsspezifische, experimentell erzeugte* Erwartungen untersucht. Externale Kontrollüberzeugungen wurden meist induziert, indem die Versuchspersonen in der allgemeinen Instruktion den Hinweis erhielten, dass die gestellte experimentelle Aufgabe nur mit Glück oder durch Zufall gelöst werden könne (Zufall-Instruktion). Umgekehrt sollte die Bemerkung, dass die Lösung der gestellten Aufgabe nur vom Geschick der Versuchsperson abhinge, internale Kontrollüberzeugungen hervorrufen (Geschick-Instruktion).

Als ein Beispiel für derartige Untersuchungen stellte Phares (1957) seinen Versuchspersonen die Aufgabe, 13-mal hintereinander zehn verschiedene Farbvorlagen mit Hilfe von Vergleichsvorlagen zu identifizieren, wobei die richtige Zuordnung wegen der verschiedenfarbigen Hintergründe der Farbvorlagen sehr erschwert war. Jede Versuchsperson musste in einer vergleichbaren Prozedur auch noch 13 ebenso schwierige Zuordnungen von unterschiedlich langen, auf Karten aufgeklebten Balken zu entsprechenden Vorlagen treffen, entweder vor oder nach den Farbzuordnungsaufgaben. Für jede Versuchsperson wurde eine der beiden Aufgabenreihen mit der Zufall-Instruktion und die andere mit der Geschick-Instruktion vorgegeben. Vor jeder Zuordnung musste die Versuchsperson in Form einer Wette (Setzen von Spielmarken im Rahmen eines Gewinnspiels) ihre Erwartung für einen Erfolg mitteilen. Die Rückmeldung über Erfolg oder Misserfolg wurde nach einem festen Plan unabhängig vom tatsächlichen

Erfolg gegeben. Ausgewertet wurde das Wettverhalten in Abhängigkeit von Zufall- oder Geschick-Instruktion und der Erfolgs- oder Misserfolgsrückmeldung. Es zeigte sich, dass die Zunahme in der Anzahl gesetzter Spielmarken nach einer Erfolgsrückmeldung sowie die Abnahme der Anzahl gesetzter Spielmarken nach einer Misserfolgsrückmeldung in der Geschick-Bedingung signifikant größer waren als in der Zufall-Bedingung. Dies demonstriert sehr anschaulich die Wirkung der situativen Kontrollinstanz (Zufall- versus Geschick-Instruktion) auf die Verstärkungserwartung (Setzen von Spielmarken im Gewinnspiel).

Die Ergebnisse der Experimente zur situativen Variation von Kontrollüberzeugungen warfen die Frage auf, inwieweit in Situationen, die von sich aus keine oder nur sehr unbestimmte Erwartungen bezüglich der Kontrollinstanz auslösen, die *generalisierte Erwartungshaltung* als Persönlichkeitsmerkmal vergleichbare Effekte hervorrufen würde.

Um empirische Forschung zu dieser Fragestellung durchführen zu können, war es zunächst notwendig, ein Messinstrument zur Erfassung interindividueller Unterschiede in der Kontrollinstanz als generalisierte Erwartung zu entwickeln.

Die Messung von Kontrollüberzeugungen als Persönlichkeitsmerkmal

Von Rotter (1966) stammt der erste systematisch konstruierte Fragebogen zu Kontrollüberzeugungen als Persönlichkeitsmerkmal im Sinne einer generalisierten Erwartungshaltung (Rotter-I-E-Skala). Das Instrument ging hervor aus den im vorigen Abschnitt besprochenen experimentellen Arbeiten. Die Skala wird in **Kasten 10.1** vorgestellt.

Kasten 10.1: Wer ist ein Internaler, wer ein Externaler?

Rotters I-E-Skala ist aus Items aufgebaut, die aus je zwei Feststellungen bestehen, von denen eine jeweils eine externale, die andere eine internale Kontrollinstanz repräsentieren soll. Die Testperson hat bei der Beantwortung jene Feststellung eines Items zu wählen, der sie eher zustimmen kann. Von den 32 Items der Skala werden 23 bei der Auswertung berücksichtigt, die restlichen neun sollen als Füllitems den Zweck des Tests verschleiern. Folgende Itembeispiele aus einer deutschen Übersetzung von Piontkowski et al. (1981) illustrieren die Rotter-I-E-Skala:

Item 3

a) Kriege gibt es hauptsächlich deshalb, weil die Menschen nicht genug Interesse für Politik aufbringen.
b) Kriege wird es immer geben, wie sehr sich auch die Menschen um ihre Verhinderung bemühen.

Item 4

a) Auf die Dauer wird jedem der Respekt entgegengebracht, den er verdient.
b) Leider bleibt der Wert eines Menschen oft unerkannt, wie sehr er sich auch bemühen mag.

Bei beiden Beispielen entspricht die Wahl der Alternative a) einer internalen, die der Alternative b) einer externalen Kontrollüberzeugung.

> Die Rotter-I-E-Skala liegt den meisten frühen empirischen Arbeiten aus dem anglo-amerikanischen Sprachraum zu Kontrollüberzeugungen zugrunde. Für die Brauchbarkeit der Skala sprachen die Befunde aus verschiedenen Studien, die hier nicht im Einzelnen zitiert zu werden brauchen: So ergaben sich mittlere bis gute Reliabilitätskoeffizienten, niedrige oder keine Zusammenhänge mit Sozialer Erwünschtheit bzw. mit Intelligenztests und Extraversion. Die I-E-Skala korreliert jedoch in mittlerer Höhe negativ mit Ängstlichkeit und Neurotizismus (Meyers & Wong, 1988).

Die Eindimensionalität des Kontrollüberzeugungs-Konzeptes wurde durch faktorenanalytische Befunde in Frage gestellt. Coombs und Schroeder (1988) nahmen eine Meta-Analyse von 19 faktorenanalytischen Studien zu verschiedenen I-E-Skalen vor. Unter der Hypothese, dass es sich bei dem Konstrukt der Kontrollüberzeugung um eine *generalisierte* Erwartung handelt, sollten ihrer Meinung nach Faktorenanalysen einen allgemeinen, varianzstarken Faktor ergeben, der auch auf verschiedene Versuchspersonenpopulationen generalisierbar sein sollte. Bis auf eine Untersuchung fanden alle Studien jedoch mehrere Faktoren, wobei die jeweils ersten, varianzstärksten Faktoren nur zwischen 8 und 16 % der Gesamtvarianz aufklärten. Eine nähere Betrachtung zeigte darüber hinaus eine relativ geringe Überlappung der die Faktoren konstituierenden Items in verschiedenen Populationen.

Die Hypothese der Eindimensionalität des Konstruktes ist angesichts solcher Befunde nicht haltbar. Deshalb lag es nahe, gezielt multidimensionale Instrumente zur Erfassung von Kontrollüberzeugung zu entwickeln. Levenson (1972) unterschied dabei zwischen drei verschiedenen Orientierungen von Kontrollüberzeugungen (▶ Kasten 10.2):

- Erwartung internaler Kontrolle,
- Erwartung externaler Kontrolle durch mächtige andere Personen,
- Erwartung externaler Kontrolle, weil – extrem ausgedrückt – im Leben nichts vorhersagbar, alles für Zufall, Glück oder Schicksal gehalten wird.

> **Kasten 10.2: Mehrdimensionale Skala zur Kontrollüberzeugung**
>
> Im Folgenden werden für jede der drei Skalen zwei Itembeispiele aus der Originalfassung von Levenson und Miller (1976) gegeben.
>
> *Erwartung internaler Kontrolle*
>
> - Ich habe ziemlich großen Einfluss auf das, was in meinem Leben passiert.
> - Wenn ich erreiche, was ich mir wünsche, verdanke ich das normalerweise meiner eigenen harten Arbeit.
>
> Eine Zustimmung zu diesen Feststellungen spricht für Internalität.
>
> *Mächtige Andere*
>
> - Mein Leben wird hauptsächlich durch andere Leute mit mehr Macht beeinflusst.
> - Ich kann nur erreichen, was ich mir wünsche, wenn ich übergeordneten Leuten gefalle.

Eine Zustimmung zu diesen Feststellungen spricht für Externalität im Sinne der Erwartung, von mächtigen Anderen abzuhängen.

Zufall

- Wenn ich erreiche, was ich mir wünsche, ist das normalerweise Glückssache.
- Es ist nicht gut für mich, allzu weit vorauszuplanen, weil vieles vom Zufall abhängt.

Eine Zustimmung zu diesen Feststellungen spricht für Externalität im Sinne der Erwartung, dass alles vom Zufall abhängt und nichts vorhersagbar ist.

Das geschilderte Modell und die darauf bezogenen Skalen haben weithin Anerkennung bzw. Verwendung gefunden; die Entwicklungen von Krampen (1981) beziehen sich explizit darauf. Die Skalen sind weitgehend unkorreliert und sollen in manchem Verhaltensbereich bessere Vorhersagen erlauben als globale Kontrollüberzeugungsmaße (Krampen, 1980).

Daneben sind etliche weitere Skalen zu Kontrollüberzeugungen in spezifischen Bereichen entwickelt worden, Beispiele finden sich in **Kasten 10.3**.

Kasten 10.3: Weitere Skalen zur Erfassung von Kontrollüberzeugung

»Spheres of Control Scale« von Paulhus und Christie (1981)
Dieser Ansatz geht davon aus, dass individuelle Kontrollüberzeugungen ganz unterschiedlich ausfallen mögen je nachdem, welchen Bereich des Lebens man betrachtet, die persönliche Sphäre, zwischenmenschliche Beziehungen oder den soziopolitischen Raum (jeweils zwei Beispielitems):

Personale Kontrolle

- Ich erreiche gewöhnlich das, was ich mir vorgenommen habe, wenn ich hart dafür arbeite.
- Nahezu alles ist mir möglich, wenn ich es nur richtig will.

Zwischenmenschliche Kontrolle

- Ich habe keine Schwierigkeiten, Freundschaften aufzubauen und diese beizubehalten.
- Im Bemühen, Spannungen abzubauen, mache ich manchmal etwas noch schlimmer. (gespiegelt)

Soziopolitische Kontrolle

- Wenn wir, die Bevölkerung, uns am politischen und sozialen Geschehen aktiv beteiligen, können wir die Richtung der Ereignisse bestimmen.
- Negative ökonomische Entwicklungen werden durch Ereignisse in der Welt bestimmt, die außerhalb unseres Einflusses liegen. (gespiegelt)

> **»Health Locus of Control«** (HLOC) von Ferring und Filipp (1989)
> Beispiele für Itemformulierungen daraus sind:
>
> *Internaler HLOC*
>
> - Wenn man auf sich aufpasst, kann man viele Krankheiten vermeiden.
> - Um gesund zu bleiben, muss man einiges für sich tun.
>
> *Externaler HLOC*
>
> - Meine Gesundheit ist hauptsächlich durch Zufälle bestimmt.
> - Meine Gesundheit hängt zum größten Teil vom Können der Ärzte ab.
>
> Ist ein solches Verfahren generell für die Gesundheit gedacht, gibt es auch solche für spezifische Krankheiten, insbesondere Krebs (s. z. B. Henderson et al., 2002; Cousson-Gélie et al., 2005). Gebräuchlich sind auch Skalen für Kontrollüberzeugungen zur Arbeit (Work-LOC, s. z. B. Muhonen & Torkelson, 2004; Oliver et al., 2006). Hingegen gelangen Fragebogen zum Geschehen im Straßenverkehr (Traffic-LOC; s. z. B. Ozkan & Lajunen, 2005) oder zum Schlafverhalten (Vincent et al., 2004) eher selten zum Einsatz.

Ungeachtet der Aussicht, mit bereichsspezifischen Instrumenten unter Umständen präzisere Vorhersagen anstellen zu können als mit globalen Maßen, ist die Frage aufgeworfen worden, ob LOC zusammen mit Selbstwertgefühl, generalisierter Selbstwirksamkeitserwartung und Neurotizismus auf einer höheren Analyseebene nicht nur *ein* gemeinsames Kernkonstrukt indiziert. Jedenfalls liegen der Meta-Analyse von Judge et al. (2002) zufolge die Interkorrelationen der vier Skalen bei etwa 0,60. Zudem ist das Muster ihrer Korrelationen mit anderen Tests (darunter den *Big Five*) sowie externen Kriterien (darunter Arbeits- und Lebenszufriedenheit, erfahrener Stress) weitgehend ähnlich. Vor allem aber erklärt jede einzelne dieser Dimensionen in den Korrelationen mit externen Variablen nur sehr wenig an inkrementeller Varianz relativ zu einem Faktor höherer Ordnung, der den vier Skalen gemeinsam ist. Bei dessen Interpretation denken die Autoren an ein Konstrukt, das Neurotizismus ähnlich ist, aber eine noch größere Breite aufweist. In die gleiche Richtung muss die Interpretation der Befunde von Izquierdo et al. (2001) gehen, die prospektiv den Stellenwert von Selbstkonzept, Selbstwertgefühl, LOC und Selbstwirksamkeitserwartung auf das Ergebnis eines Alkohol-Entwöhnungsprogramms untersuchten. *Alle* diese Variablen erwiesen sich als signifikante Prädiktoren, wobei Selbstwirksamkeitserwartungen die besten Vorhersagen erlaubten.

Weitere Entwicklungen

Rotter hat sich auch in späteren Arbeiten auf die einfache Aufzählung verschiedener Konstrukte generalisierter Erwartungshaltungen beschränkt (Rotter, 1978, 1980), ohne deren Beziehungen zu situations- und handlungsspezifischen Konstrukten in der Theorie zu spezifizieren.

Krampen (2000a) entwickelte den Rotter'schen Ansatz weiter und konzipierte ein differenziertes Beschreibungs- und Vorhersagemodell für Handlungsintentionen und Handlungen, das »Handlungstheoretische Partialmodell der Persönlichkeit« (HPP; Krampen, 1987, 2000a), das in **Abbildung 10.1** wiedergegeben wird.

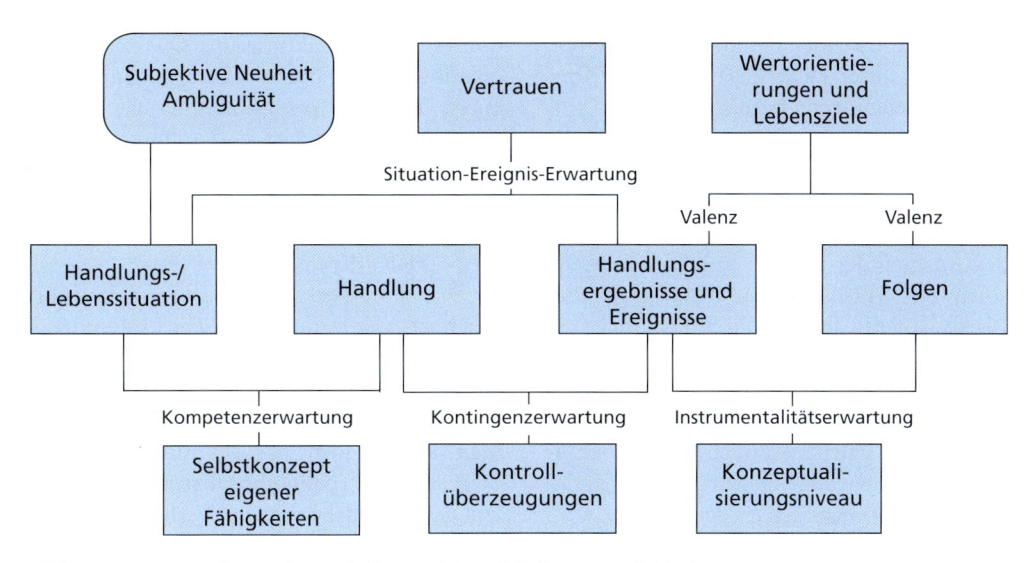

Abb. 10.1: Das Handlungstheoretische Partialmodell der Persönlichkeit von Krampen.

Wie aus **Abbildung 10.1** zu ersehen ist, werden Handlungen und Handlungsintentionen im HPP zurückgeführt auf:

1. »Situation-Ereignis-Erwartungen« als die subjektiven Erwartungen einer Person darüber, dass ein bestimmtes Ereignis in einer gegebenen Handlungs- oder Lebenssituation auftritt oder verhindert wird, ohne dass die Person selbst aktiv wird und handelt.
2. »Kompetenzerwartungen« als subjektive Erwartungen daran, dass in der gegebenen Situation der Person Handlungsalternativen – zumindest aber eine Handlungsmöglichkeit – zur Verfügung stehen.
3. »Kontingenzerwartungen« als subjektive Erwartungen daran, dass auf eine Handlung bestimmte Ereignisse folgen oder nicht folgen.
4. »Instrumentalitätserwartungen« als subjektive Erwartungen daran, dass bestimmten Ergebnissen oder Ereignissen bestimmte Konsequenzen folgen.
5. Subjektive Bewertungen (Valenzen) der Handlungsergebnisse.
6. Subjektive Bewertungen (Valenzen) der Folgen.

Es wird nun davon ausgegangen, dass auf allen Konstruktebenen Generalisierungen stattfinden, die zu unterscheidbaren, situativ und zeitlich stabilen Persönlichkeitsvariablen im Sinne von Eigenschaften führen, anhand derer Personen und interindividuelle Unterschiede beschrieben werden können:

Zu 1. Situation-Ereignis-Erwartungen können dahingehend generalisiert werden, dass in vielen Situationen mit dem Eintreffen positiv oder negativ bewerteter Ereignisse gerechnet wird. Die Person vertraut oder misstraut der Situationsdynamik. Der für dieses Persönlichkeitskonstrukt gewählte Terminus, der soziale und physische Aspekte umfasst, ist »Vertrauen«.

Zu 2. Kompetenzerwartungen, die sich auf situative Erwartungen beziehen, dass eine oder mehrere Handlungsmöglichkeiten individuell verfügbar sind, finden ihre Generalisierung in der Aussage, dass man sich in vielen Situationen kompetent und handlungsfähig erlebt. Das entsprechende Persönlichkeitskonstrukt wird als »Selbstkonzept eigener Fähigkeiten« bezeichnet.

Zu 3. Kontingenzerwartungen, die subjektive Erwartungen über die Kontrollierbarkeit von Ereignissen enthalten, welche die zur

Verfügung stehenden Handlungen betreffen, werden in ihrer Generalisierung als »Kontrollüberzeugungen« bezeichnet.

Zu 4. Instrumentalitätserwartungen, die situative Folgeerwartungen beinhalten, werden in ihrer generalisierten Form als »Konzeptualisierungsniveau« bezeichnet, womit das Ausmaß der kognitiven Durchdringung sowie das Verstehen von Handlungs- und Lebenssituationen und ihrer Dynamik bezeichnet wird.

Zu 5. Die auf die Handlungsergebnisse, Ereignisse und Folgen bezogenen situationsspezifischen Valenzen finden ihre Generalisierung in den allgemeinen »Wertorientierungen und Lebenszielen« der Person.

Das Modell postuliert, dass die deskriptive und prognostische Bedeutung der entsprechenden Persönlichkeitsvariablen (▶ Abb. 10.1) mit der Güte der Strukturierung und kognitiven Repräsentation einer Handlungs- und Lebenssituation kovariiert. In bekannten, d. h. gut strukturierbaren Situationen ist der Wert situations- und handlungsspezifischer Kognitionen, die (auf subjektiver Ebene) in ausreichendem Maße vorliegen, größer als der der Persönlichkeitseigenschaften. In Situationen, für die weder individuelle noch kollektive (im Sinne sozialer Normen) Erfahrungen und Repräsentationen in hinreichendem Maße vorliegen, ist der deskriptive und prognostische Wert der handlungstheoretischen Persönlichkeitsvariablen dagegen hoch.

Mit dem Handlungstheoretischen Partialmodell der Persönlichkeit, das zuletzt explizit entwicklungspsychologisch angebunden wurde (Krampen & Greve, 2008), liegt somit ein Ansatz vor, der unter funktionaler Perspektive interaktionistische Vorstellungen (vgl. Abschn. 12.1.3) mit der Möglichkeit verbindet, Aussagen über den relativen deskriptiven und prognostischen Wert von Persönlichkeitsvariablen und situationsspezifischen Personvariablen zu machen. Damit impliziert das HPP auch Messhinweise für diagnostische und wissenschaftliche Untersuchungen: Je nach Ausprägung und der Art der Situationsstrukturierung sind situationsspezifische, bereichsspezifische oder generalisierte Konstruktoperationalisierungen indiziert. Ein entsprechendes Verfahren zur Erfassung einiger der im HPP-Modell postulierten Variablen liegt mit dem »Fragebogen zu Kompetenz- und Kontrollüberzeugungen« (FKK) (Krampen, 1991) vor.

Wie elaboriert und überzeugend das HPP auch ist, teilt es doch das Schicksal anderer Modelle von weitreichendem Erklärungsanspruch insofern, als es bislang nur in Teilaspekten geprüft wurde. Hervorzuheben aus den betreffenden Studien sind insbesondere jene zur politischen Partizipation und zu gesundheitsbezogenen Verhaltensweisen (Krampen, 2000b, 2008), die modellkonforme Ergebnisse erbracht haben.

10.2.3 Korrelate von internaler und externaler Kontrollüberzeugung

Es gibt kaum einen Merkmalsbereich des Erlebens oder Verhaltens, der mit Kontrollüberzeugungen als Persönlichkeitsmerkmal nicht in Zusammenhang gebracht worden wäre. In einigen dieser Bereiche zeichnen sich recht gute Übereinstimmungen zwischen den erhobenen Befunden ab. Allerdings kann hier aus der Fülle des vorliegenden Materials nur ein kleiner Ausschnitt referiert werden, der notwendigerweise selektiv ist.

Aus der Theorie ist unmittelbar die Erwartung ableitbar, dass Alter, Bildung, Einkommen und ethnische Zugehörigkeit mit LOC korrelieren. An Daten von 3149 Teilnehmern der »American's Changing Lives Panel Study« fanden Shaw und Krause (2001) diese Hypothesen bestätigt. Nach der vielfach berichteten Zunahme von Internalität in der Jugend kommt es im höheren Lebensalter wieder zu einer Abnahme. Die meisten Variablen, die mit sozioökonomischem Status in Beziehung stehen, korrelieren auch mit LOC. Dementsprechend sind

Amerikaner afrikanischer Herkunft in allen Altersgruppen durchschnittlich weniger internal als solche europäischer Herkunft. Amerikaner lateinamerikanischer Herkunft scheinen solchen afrikanischer Herkunft in LOC-Maßen ähnlich zu sein, denn in der Studie von Malcarne et al. (2005) an Kindern äußerten sowohl Amerikaner lateinamerikanischer als auch afrikanischer Herkunft mehr gesundheitsbezogene Zufallserwartungen als Menschen europäischer Herkunft.

Mit der Theorie bzw. daraus abgeleiteten Hypothesen sind auch die folgenden Befunde vereinbar: Bei einem Vergleich von 2293 Studenten aus osteuropäischen Ländern mit 4170 Studenten aus westeuropäischen Ländern zeigten die ersteren durchschnittlich höhere gesundheitsbezogene Kontrollerwartungen in Bezug auf Zufall und mächtige Andere (Steptoe & Wardle, 2001), und Manager aus dem Gebiet der früheren DDR waren im Vergleich zu westdeutschen Managern im Hinblick auf ihre Arbeit mehr external orientiert (Kirkcaldy, Petersen et al., 2002).

Die negativen Effekte von Arbeitslosigkeit auf das psychische Befinden sind weithin bekannt. Denkbar ist aber auch eine umgekehrte Wirkungsrichtung in dem Sinne, dass psychische Gesundheit, ein starkes Selbstwertgefühl und internale Kontrollerwartungen die Wiederbeschäftigung erleichtern. In der Tat beobachteten Waters und Moore (2002) in einer Längsschnittstudie, dass diejenigen Personen, die den Wiedereinstieg schafften, stärker internal kontrollüberzeugt waren als die chronisch arbeitslosen (s. auch Millet & Sandberg, 2003). Zudem scheint auch die Zügigkeit einer Wiederbeschäftigung durch einen internalen LOC vorhersagbar zu sein (Ginexi et al., 2000).

An einer Stichprobe von 208 Beschäftigten aus der unteren Mittelschicht registrierte Gianakos (2002), auf welche Weise die Teilnehmer mit dem von der Arbeit ausgehenden Stress umgingen. Internale Kontrollüberzeugung ging mit positivem Denken und Hilfesuchen einher, Externalität im Sinne von mächtigen Anderen sagte Vermeidung/Resignation vorher, und Zufallsorientierung stand mit Alkoholkonsum in Verbindung.

Ganz allgemein geht internaler LOC mit einem höheren Ausmaß an Arbeitszufriedenheit, besserer physischer und psychischer Gesundheit sowie geringerem Stresserleben einher (s. Kirkcaldy, Shephard et al., 2002, mit einer Erhebung an Managern). Des Weiteren steht Internalität mit hohem soziometrischen Status in Beziehung (Kaya, 2007). Die Inanspruchnahme professioneller Hilfe wegen »Problemen mit den Emotionen oder Nerven oder Alkohol- oder Drogenkonsum« stand mit LOC (mächtige Andere) in Beziehung (McWilliams et al., 2006). Relativ externale Personen berichteten im Vergleich zu internalen über mehr zufällige Entscheidungen in ihrem beruflichen Leben. Eltern, die in den israelisch-arabischen Konflikten ihre Kinder verloren hatten, waren mehr external orientiert als eine Kontrollgruppe ohne derartige Verluste (Rubinstein, 2004), und internale Personen erwiesen sich im Vergleich zu externalen besser auf einen Hurrikan vorbereitet (Sattler et al., 2000).

Soziale Beeinflussbarkeit

Sehr früh schon wurde die Hypothese untersucht, dass sich Externale durch sozialen Druck stärker beeinflussen lassen als Internale. Dieses geschah in einem typischen Konformitätsexperiment nach dem bekannten Paradigma von Asch (1958). Bei diesem muss die Versuchsperson bestimmte Schätzaufgaben lösen: In der Untersuchung von Crowne und Liverant (1963) zum Beispiel war die Entscheidung zu treffen, welche von zwei kurzzeitig projizierten Punktewolken die größere war. Derartige Schätzaufgaben sind so konstruiert, dass die richtige Lösung leicht erkennbar ist. Bevor die Versuchsperson ihre Schätzung abgibt, hört sie jedoch Schätzungen anderer Versuchsteilnehmer. Diese sind – ohne dass die Versuchsperson das weiß – instruierte Mitarbeiter des Versuchsleiters und geben immer wieder gezielt falsche Schätzurteile ab. Untersucht wird, wie weit sich die Versuchsperson durch diese Falschurteile im Sinne konformen Verhaltens beeinflussen lässt. Es zeigte sich, dass Externale die Falschurteile der instruierten Falschschätzer öfter übernehmen als Internale.

Externale geben Versuchsleitereinflüssen oder sozialem Konformitätsdruck stärker nach als Internale. Dies wurde beispielsweise in Experimenten zur verbalen Konditionierung und in solchen zur Einstellungsänderung durch suggestive Informationen oder Äußerungen von angesehenen Personen gefunden. Während Externale sich durch Prestigesuggestionen beeinflussen lassen, scheinen Internale vorwiegend auf den Inhalt der gegebenen Informationen zu achten und daraus Schlüsse für das eigene Verhalten zu ziehen.

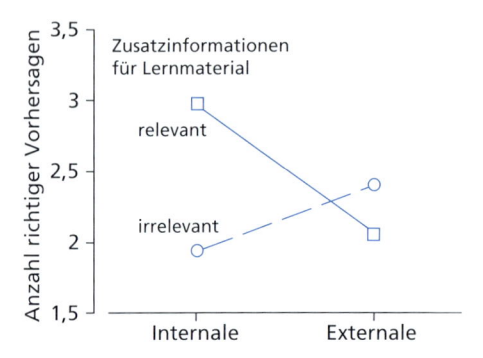

Abb. 10.2: Anzahl richtig antizipierter Lernelemente in einer seriellen Lernaufgabe nach einmaliger Darbietung einer Lernliste mit zwölf Elementen in Abhängigkeit von Kontrollüberzeugung und der Relevanz einer Zusatzinformation (nach Pines & Julian, 1972).

Informationssuche

Die Erwartung der Internalen, Konsequenzen des eigenen Verhaltens selbst steuern zu können, dürfte auch der Grund dafür sein, dass sie gezielter und kompetenter Informationen zur Lösung von Aufgaben und Problemen suchen können. Seeman (1963) stützte diese Hypothese als Erster mit einer Untersuchung an Strafgefangenen. Die internalen unter ihnen behielten Informationen über Vorschriften im Gefängnis und Möglichkeiten für eine Entlassung besser als Externale (trotz gleicher Intelligenz). Pines und Julian (1972) fanden, dass Internale in einer Lernaufgabe zusätzliche Informationen im Lernmaterial für eine Verbesserung ihrer Leistung auszunutzen verstanden, während Externale diese Zusatzinformation nicht auszuwerten schienen. Irrelevante Zusatzinformation verschlechterte die Leistung Internaler, nicht aber diejenige von Externalen, was darauf schließen lässt, dass die Internalen die Relevanz der Zusatzinformation zu prüfen versuchten und dies zunächst ihre Lernleistung schmälerte (▶ **Abb. 10.2**).

Im Gesundheitsbereich wurde die Beobachtung angestellt, dass – neben anderen Variablen wie dem Krankheitsstand – der LOC-Faktor »mächtige Andere« mit dem Verarbeiten von Informationen über die ihnen verschriebenen Medikamente korreliert (Koo et al., 2006).

Kausalattribuierungstendenz

Unter Kausalattribuierungstendenz versteht man die Neigung, bestimmten Ereignissen bestimmte Ursachen zuzuschreiben. Diese Tendenzen sollten theoretisch mit Kontrollüberzeugungen korreliert sein, was sich auch empirisch bestätigen ließ (s. dazu die eingangs zitierten Sammeldarstellungen). Beispielsweise neigen Externale dazu, Unfälle eher den Umständen anzulasten, während Internale die Verursachung eher bei den Unfallbeteiligten sehen. In Bezug auf eigenen Erfolg oder Misserfolg neigen Externale dazu, ihren Misserfolg dem Zufall zuzuschreiben, während Internale vor allem ihren Erfolg auf eigene Fähigkeiten zurückführen. Bei der Frage nach den Ursachen einer schweren Erkrankung eines hypothetischen Patienten nannten Internale vorwiegend psychosoziale Faktoren, während Externale im Sinne von mächtigen Anderen und Zufallseinflüssen vor allem biomedizinische Gründe angaben (Shiloh et al., 2007).

Leistungsverhalten

Nach den vorliegenden Ergebnissen zeigen Internale im Vergleich zu Externalen eine stärkere Leistungsorientierung und höhere Leistungen in verschiedenen Bereichen.

Internale Kinder haben bereits in der Grundschule die besseren Schulnoten. Auch für weiterführende Schulen und den Hochschulbereich werden positive Zusammenhänge zwischen Studienerfolgsmaßen und verschiedenen Maßen für Internalität berichtet (z. B. Shepherd et al., 2006; Jones, 2008).

Die besagten Beziehungen gelten auch für die Berufswelt außerhalb von Ausbildungsbereichen. Auch dort zeigen Internale eine höhere Motivation für ihren Job und bessere Ergebnisse der Arbeit (Ng et al., 2006). Das scheint zudem im Sinne von inkrementeller Validität zu gelten, denn auch nach der Herauspartialisierung von kognitiver Fähigkeit und Gewissenhaftigkeit war in der Studie von Hattrup (2005) Internalität noch immer ein signifikanter Prädiktor von Arbeitserfolg. Worauf die höheren Leistungen der Internalen zurückgeführt werden könnten, geht aus Untersuchungen über bestimmte Aspekte des Leistungsverhaltens hervor: So konnte gezeigt werden, dass Internale für das Lösen schwieriger, zeitraubender Aufgaben mehr *Ausdauer* aufbrachten als Externale, wenn sie Begabung für den Lösungserfolg als wichtig erachteten (was im Experiment durch eine entsprechende Geschick-Instruktion realisiert wurde), während Externale unter einer Zufall-Instruktion mehr Zeit investierten. Darüber hinaus benutzen die Internalen bessere *Strategien*, relevante Informationen für Problemlösungen zu suchen.

Gesundheitsbezogenes Verhalten

Der Befund, dass die Kontrollierbarkeit der Lebensumstände im Allgemeinen und der Gesundheit im Speziellen einen Einfluss auf die physische (und auch die psychische) Gesundheit hat, kann als gesichert angesehen werden (Greve & Krampen, 1991). Grundsätzlich können innerhalb dieses Bereichs drei Forschungskomplexe unterschieden werden.

Kontrollüberzeugungen als Korrelate von Gesundheit und Krankheit

Allgemein findet sich ein Zusammenhang zwischen Kontrollüberzeugungen und (objektiver sowie selbst eingeschätzter) Gesundheit derart, dass Personen mit externalen Kontrollüberzeugungen mehr über gesundheitliche Probleme berichten und möglicherweise sogar ein höheres Sterberisiko aufweisen. Ein entsprechender Zusammenhang zeigt sich auch für die psychische Gesundheit: Internal orientierte Personen sind allgemein zufriedener und weniger depressiv, weniger neurotisch und weniger ängstlich.

Besonders wertvoll im Hinblick auf diesen Problemkreis sind Längsschnittstudien. Eine davon wurde in den Niederlanden durchgeführt: An 3551 Personen im Alter von durchschnittlich ca. 53 Jahren und einem zweijährigen Follow-up-Intervall fanden van den Akker et al. (2001), dass Internalität ein protektiver Faktor gegenüber dem Auftreten von Krankheiten ist (und kritische Lebensereignisse das Krankheitsrisiko erhöhten). Insbesondere stellte Internalität auch einen Schutz gegenüber Ko- oder Multi-Morbidität dar (zusammen mit dem Familienstand, nämlich in einer Paarbeziehung oder einer Familie lebend). Ein solches Ergebnis hatte Bestand auch nach der Kontrolle von Alter, Geschlecht, Bildung, Beruf, familiärer Situation und Copingstilen (van der Linden et al., 2001). Ähnliche Resultate haben sich auch an sehr viel jüngeren Personen sichern lassen (Zdanowicz et al., 2006; Murasko, 2007).

Als ein Indikator von Gesundheit oder dieser in gewisser Weise vorgeordnet kann

»subjektives Wohlbefinden« (engl. »subjective well-being«, SWB) aufgefasst werden, also positiver Affekt und Fehlen von somatischen Beschwerden. Mehreren Untersuchungen zufolge geht internale Kontrollüberzeugung mit einem höheren Ausmaß an SBW einher (Klonowicz, 2001; Fröhlich et al., 2007).

Vorhersagewert von Kontrollüberzeugungen für das Gesundheitsverhalten

Es spricht vieles dafür, dass die geschilderten Zusammenhänge zwischen Kontrollüberzeugungen und Gesundheit/Krankheit durch Verhaltensweisen vermittelt werden, die der Gesundheit förderlich oder abträglich sind. Schon frühe Untersuchungen zeigten, dass internal orientierte Menschen weniger rauchen oder es leichter aufgeben können, sie im Zusammenhang mit AIDS aktiver das Ansteckungsrisiko verringern, mehr auf Empfängnisverhütung achten und sich im Schwangerschaftsfall aktiver auf die Geburt vorbereiten und dass sie bei einer entsprechenden Indikation oder Intention leichter abnehmen bzw. weniger wiegen als external orientierte Personen.

In einer Stichprobe von 208 Frauen mit Brustkrebs korrelierte Internalität mit der zusätzlichen Einnahme nichtverschriebener Mittel (hauptsächlich Vitamine, Öle und Mineralien) und einem niedrigen Body-Mass-Index (Catt et al., 2006). Aufschlussreich wäre es zu wissen, was von diesem Effekt bei einem rechnerischen Konstanthalten der Faktoren Bildung und Sozialstatus, die im gleichen Sinne korrelieren, noch übrig geblieben wäre.

Die Erhebung von Gale et al. (2008) ist besonders wertvoll, weil darin nicht nur ein längsschnittlicher Ansatz verfolgt, sondern neben gesundheitsbezogenen Verhaltensweisen auch der Gesundheits-/Krankheitsstatus erfasst wurde. An einer Stichprobe von 7551 Personen beiderlei Geschlechts im Alter von 30 Jahren korrelierte das Ausmaß der im Alter von zehn Jahren gemessenen Internalität positiv mit selbst eingeschätzter Gesundheit und negativ mit Übergewicht und Fettleibigkeit sowie erlebtem Stress, wobei die Faktoren Geschlecht, IQ, Bildung und sozioökonomischer Status kontrolliert wurden.

In einer anderen Prospektivstudie (van Oort et al., 2005) wurden zusätzlich zu psychosozialen Faktoren (Externalität und Lebensereignisse) sowie gesundheitsbezogenen Verhaltensweisen (Rauchen und körperliche Bewegung) auch materielle Voraussetzungen (Art der Lebensversicherung, finanzielle Probleme, Haus- und Autobesitz) erhoben. Abhängige Variable war die Mortalität. Innerhalb der Personen mit der niedrigsten Bildung reduzierten diese drei Variablenbündel das Sterblichkeitsrisiko um mehr als die Hälfte. Nach Abzug des Beitrags von Seiten der materiellen Faktoren leisteten die psychosozialen und behavioralen Faktoren nur wenig bei der Varianzaufklärung.

Kontrollüberzeugungen als Moderatoren von Stressauswirkungen

Eine moderierende Wirkung von Kontrollüberzeugungen auf den Zusammenhang zwischen Stressbedingungen, die nicht unmittelbar durch den Verlust an objektiver Kontrolle gekennzeichnet sind, und Bewältigungsverhalten ist verschiedentlich nachgewiesen worden (zum Überblick s. Krampen, 1982). So zeigt sich etwa, dass Internale im Vergleich zu Externalen weniger unter Stress leiden bzw. andere Copingstrategien verwenden. Negative Veränderungen der Lebenssituation wirken sich vorrangig bei external orientierten Personen im Sinne erhöhter Depressivität und Ängstlichkeit aus (z. B. Shelley & Pakenham, 2007).

Die Entstehung von Kontrollüberzeugungen

Im Verhältnis zur Zahl der Untersuchungen über Unterschiede zwischen Internalen und

Externalen gibt es relativ wenige Untersuchungen über die Entstehung von Kontrollüberzeugungen. Die meisten dieser Untersuchungen gingen der Frage nach, welches Erziehungsverhalten internale Kontrollerwartungen begünstigt. Die Ergebnisse zu dieser Frage sind widersprüchlich: In Untersuchungen an Erwachsenen, die retrospektiv Auskunft über das Erziehungsverhalten ihrer Eltern gaben, fand man immer wieder heraus, dass internale Erwachsene angeben, als Kinder mit einem warmen, positiven, konsistenten, akzeptierenden und fürsorglichen Erziehungsstil erzogen worden zu sein, ohne Feindseligkeit und Überbesorgtheit bei geringer Kontrolle und viel Lob für Eigenständigkeit. Auch bei Kindern selbst fand man einen Zusammenhang zwischen Internalität und beobachteten Interaktionsweisen zwischen Eltern und Kindern: Die Eltern von internalen Kindern zeigten mehr Wärme, Unterstützung und lobendes Verhalten sowie weniger Kontrolle, Kritik und Dominanz. Anhaltspunkte sprechen dafür, dass die Vorhersage von internalem LOC durch ein unterstützendes elterliches Erziehungsverhalten nur für Menschen europäischer und asiatischer Herkunft gilt, nicht aber für solche aus Lateinamerika oder Afrika (Suizzo & Soon, 2006).

Aufgrund seiner ausführlichen Literaturübersicht ist Krampen (1982) bereits vor geraumer Zeit zu dem Schluss gekommen, dass im Rahmen der familiären Erziehung hohe (wahrgenommene) Bewegungs- und Handlungsfreiheit für den Erzogenen, verbunden mit emotional positivem Erziehungsverhalten der Eltern, wenn es zwischen den Eltern und über die Zeit konsistent ist, mit Internalität in Zusammenhang steht. An dieser Einschätzung hat sich bis in die Gegenwart kaum etwas geändert. Allerdings lassen die vorliegenden Querschnittsuntersuchungen eindeutige Dependenz-Interpretationen nicht zu.

Von besonderem Interesse für die Frage nach der Entstehung von Kontrollüberzeugungen ist zweifellos die frühe Längsschnittuntersuchung von Crandall (1973): In ihr konnten Mutter-Kind-Interaktionen, die über die Altersstufen 0 bis 3, 3 bis 6 und 6 bis 10 Jahre beobachtet worden waren, mit den Kontrollüberzeugungen der Versuchspersonen im jungen Erwachsenenalter in Beziehung gesetzt werden. Crandall fand, dass Internale früh zur Selbstständigkeit angehalten worden waren. Widersprüchlich waren ihre Ergebnisse allerdings hinsichtlich der Wärme und Unterstützung im mütterlichen Erziehungsverhalten: Zumindest internale Frauen waren als Kinder eher kühl, wenig liebevoll und mit Kritik und Strafen von ihren Müttern erzogen worden. Für internale Männer sind diese Zusammenhänge ähnlich, aber nicht so deutlich. Die Vater-Kind-Interaktionen wurden nicht beobachtet. Vermutlich führte dieser weniger liebevolle Erziehungsstil dazu, dass die Internalen als Kinder stärkere Kontakte zu Gleichaltrigen bekamen und auch andere Umweltbedingungen bewusster kennen lernten. Dies könnte zu der größeren Zuversicht geführt haben, die eigenen Lebensumstände selbst beeinflussen zu können, dem Hauptmerkmal einer internalen Kontrollüberzeugung.

Ohne nach dem Geschlecht der Eltern und demjenigen der Kinder zu unterscheiden untersuchten in einer jüngeren Längsschnittstudie Lee et al. (2006) an insgesamt 7866 Eltern vier unterschiedliche elterliche Erziehungsstile/Praktiken, nämlich

- autoritativer Stil,
- elterliche Entscheidungen (z. B. wann die Kinder abends nach Hause kommen sollen, ohne solche Entscheidungen mit den Kindern zu diskutieren),
- kindliche Entscheidungen (ohne diese mit den Eltern zu diskutieren),
- Erwartung von Gehorsam, ohne sich an den Bedürfnissen der Kinder zu orientieren.

Jugendliche Internalität ging mit hohen Werten in den Clustern (1) und (2) sowie niedrigen in (3) und (4) einher.

Für die lerntheoretische Grundlage der Kontrollüberzeugungen würde zudem sprechen, wenn sich jenseits der Ausbildung erziehungsabhängiger *individueller* Unterschiede bedeutsame Veränderungen der *Mittelwerte* für größere Gruppen von Personen in Abhängigkeit von Umgebungsfaktoren finden ließen. So würde man erwarten, dass mit ansteigendem Lebensalter in der Jugend infolge der zunehmenden Erfahrung, Kontrolle über Ereignisse im sozialen Umfeld ausüben zu können, sich der LOC in Richtung auf Internalität verändert. An sehr großen Stichproben und unter Verwendung einer Kurzform der Rotter-Skala konnte diese Vermutung von Moneta et al. (2001) in der Tat bestätigt werden.

Dem steht eine epochale Verschiebung des LOC in Richtung auf Externalität im Zeitraum von 1960 bis 2002 entgegen, den Twenge et al. (2004) in einer Meta-Analyse der Daten von ca. 25000 Kindern und College-Studierenden beobachten konnten. Die Autoren ordnen diesen Befund in ein Entfremdungsmodell ein, das gekennzeichnet ist durch eine zeitbedingte Zunahme an Zynismus, Individualismus und Egoismus. Die Auswirkungen seien fast gänzlich negativ, da Externalität mit niedrigen Schulleistungen, Hoffnungslosigkeit, ineffektivem Stress-Management und Depressivität einhergehe.

Sehr viel kürzer sind die Zeitabschnitte, in denen sich der LOC als Folge gezielter Interventionen verändert. Bei Patienten, die an Bluthochdruck litten, konnten Pötz et al. (2002) durch ein ambulantes Training die externalen Kontrollüberzeugungen (Überzeugung, dass es hilfreich ist, die Anregungen des Therapeuten zu befolgen) steigern. Allerdings muss bei diesem Befund erwogen werden, dass er zumindest partiell die Folge des »Aufforderungscharakters« der gesamten Anordnung ist und die Patienten entsprechende Angaben gemacht haben, um die Erwartungen der Therapeuten zu erfüllen.

Eine derartige Interpretation liegt weniger nahe in Studien, bei denen der Einfluss von medizinischen Operationen auf die Ausprägung von LOC geprüft wird. Sorlie und Sexton (2004) erhoben an 369 Patienten verschiedene Variablen, darunter LOC, kurz nach der Aufnahme in die Klinik und vier Monate nach Entlassung. Die Prä-Post-Stabilitäten der eingesetzten Skalen lagen nur zwischen 0,50 und 0,59. Eine Zunahme an Internalität ging mit einer positiven Beziehung zum behandelnden Arzt einher, die Schwere der Erkrankung mit einer Zunahme der Externalität-Komponente »Zufall«.

Auch wenn mehrheitlich stringente Kontrollen fehlen (z. B. in Form von Vergleichsgruppen von Personen mit gleichen Ausgangswerten) oder bei einzelnen Fragestellungen gar nicht möglich sind, sprechen die referierten Untersuchungen doch dafür, dass LOC-Werte – und damit in Übereinstimmung mit der sozialisationstheoretischen Verankerung des Konstrukts – systematischen Modifikationen in Abhängigkeit von mehr oder weniger spezifischen Beeinflussungen unterliegen.

Nur der Vollständigkeit halber sei erwähnt, dass daneben aber auch biologische Ursachen eine Rolle spielen mögen, die mit der Kapazität des Gehirns zur Selbstregulation zu tun haben und in verschiedenen Hirnregionen lokalisiert sind (Declerck et al., 2006).

Abschließende Bemerkungen

Ganz ohne Frage handelt es sich bei internaler vs. externaler Kontrollüberzeugung um ein Konstrukt, das ein enormes Anregungspotential für die experimentelle und empirische Erforschung aufweist; zahlreiche Fragestellungen wären ohne die stimulierende Theorie von Rotter nie bearbeitet worden. Allerdings bleibt die Empirie in einem wichtigen Punkt hinter den theoretischen Erwägungen zurück: Der *Wert* der angestrebten Bekräftigungen, der doch zusammen mit den Kontrollerwartungen das Verhaltenspotential multiplikativ ergeben soll, ist so gut wie nie mit einbezogen worden; gedankliche und empirische Anstöße dazu fehlen nahezu vollständig. Zudem besteht ein ernsthaftes Defizit darin, dass in den allermeisten Studien nicht der *eigenständige Beitrag* von internalem vs. externalem LOC im Vergleich zu konstruktverwandten Variablen wie emotionale Stabilität vs. Labilität aufgezeigt worden ist. Bis auf weiteres lassen sich deshalb viele, wenn nicht die meisten Unterschiede zwischen internal und external kontrollüberzeugten Personen, auf jeden Fall aber diejenigen zu Gesundheit/Krankheit, auch konservativer auf Unterschiede in Neurotizismus zurückführen.

10.2.4 Zwischenmenschliches Vertrauen

Innerhalb der generalisierten Erwartungen misst Rotter neben der Kontrollüberzeugung dem »zwischenmenschlichen Vertrauen« (engl. »interpersonal trust«, IT) eine besondere Bedeutung zu. Darunter versteht er weder eine Art basalen Vertrauens, noch den Glauben an das Gute im Menschen, sondern die Erwartung eines Individuums oder einer Gruppe, sich auf Worte und Versprechen, mündliche oder schriftliche Äußerungen anderer oder einer Gruppe verlassen zu können (Rotter, 1967, S. 651; 1971, S. 444; ▶ Kasten 10.4).

> **Kasten 10.4: Interpersonales Vertrauen und Gesellschaft**
>
> Das erhebliche Gewicht des Konstruktes »interpersonales Vertrauen« rührt nach Rotter aus dem Umstand, dass nahezu alle Entscheidungen des Zusammenlebens im Alltag Vertrauen anderen gegenüber beinhalten: der Kauf von Äpfeln (Ist er wirklich »biologisch angebaut«?) nicht weniger als die Beauftragung einer Bank (bekommen wir eines Tages, wenn wir das wollen, unser Geld auch zurück?) usw. Insofern beruht in der Tat unsere soziale Ordnung zu einem erheblichen Teil auf diesem Vertrauen, das insofern ein risikobehaftetes Merkmal darstellt, als es enttäuscht werden kann. Bei dessen Schwinden muss es zu Störungen im Verhältnis zwischen verschiedenen Gruppen der Bevölkerung, den politischen Parteien, der Kirche oder der Judikative kommen. Vertrauensverlust bedeutet in einem Extremfall wie dem Börsenkrach am »Schwarzen Freitag« im Jahre 1929 gar völligen wirtschaftlichen Zusammenbruch. Die Bewältigung der Wirtschaftskrise 2008/2009 wurde durch das fehlende Vertrauen zu und zwischen den Banken erschwert. In einer schwierigen Weltlage hat Osgood (1960) darauf hingewiesen, dass jegliche Abrüstung unmöglich sei, wenn nicht das Vertrauen zumindest auf einer der beteiligten Seiten zunehme, eine Einsicht, die immerhin der Rede Kennedys vom Juni 1963 vor der American University zugrunde gelegen haben mag, mit der durch den einseitigen Stopp von weiteren Atombombenversuchen (= eine vertrauensbildende Maßnahme) eine Abwendung vom Kalten Krieg eingeleitet wurde. Eine solche Auffassung gilt auch in der Gegenwart für die Bewältigung aktueller Konflikte (Kelman, 2005).
>
> Mit diesen Darlegungen sollte die enorme Bedeutung von Vertrauen für das Funktionieren politischer, wirtschaftlicher und gesellschaftlicher Organisationen aufgezeigt werden. Gleichwohl ist evident, dass Vertrauen innerhalb und zwischen Nationen, Institutionen, wirtschaftlichen Unternehmen und Paarbeziehungen (also *Aggregaten* im weitesten Sinne) nicht gleichgesetzt werden kann mit dem zwischenmenschlichen Vertrauen, das als interindividuell variierende *Person*-Variable nachfolgend allein interessiert (zur Unterscheidung zwischen Vertrauen in Institutionen und Personen sowie Vertrauen als Variable und Prozess, s. Khodyakov, 2007).

Innerhalb dieses Konstruktes lassen sich vorab verschiedene Komponenten unterscheiden (▶ Abb. 10.3). Nach Rotter (1967) wird IT als generalisierte Erwartung direkt im Umgang mit Eltern, Lehrern, Freunden und Bekannten erworben, im Weiteren aus verbalen Feststellungen über andere von prominenten Personen oder Kommunikationskanälen wie Zeitungen, Funk und Fernsehen. Misstrauen gegenüber ganzen Gruppen der Bevölkerung kann gelernt werden ohne jede unmittelbare Erfahrung in einer solchen Richtung, wenn etwa Personen, denen wir vertrauen, eben dieses Misstrauen lehren.

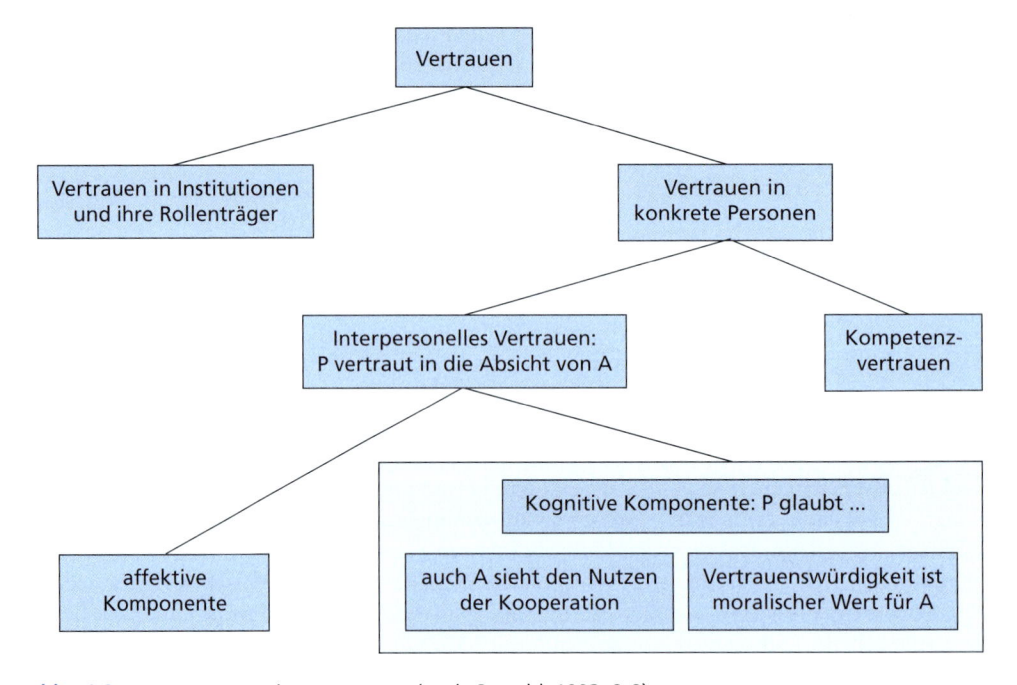

```
                        Vertrauen
                       /         \
     Vertrauen in Institutionen   Vertrauen in
      und ihre Rollenträger       konkrete Personen
                                  /            \
              Interpersonelles Vertrauen:    Kompetenz-
              P vertraut in die Absicht von A  vertrauen
             /                    \
                          Kognitive Komponente: P glaubt ...
     affektive        auch A sieht den Nutzen   Vertrauenswürdigkeit ist
    Komponente         der Kooperation          moralischer Wert für A
```

Abb. 10.3: Komponenten des Vertrauens (nach Oswald, 1993, S. 8).

Messung von IT

Bei der rationalen Vorauswahl der Items stand für Rotter (1967) das Ziel im Vordergrund, einen möglichst breiten Bereich von sozialen Objekten zu erfassen, damit eine Testperson ihr Vertrauen gegenüber Eltern, Lehrern, Ärzten, Politikern, Richtern, Klassenkameraden, Freunden und dergleichen angeben kann. Zusätzlich zu diesen spezifischen sollten einige allgemeiner formulierte Fragen aufgenommen werden, die den Optimismus gegenüber der Gesellschaft abdecken.

Die IT-Skala enthielt 25 Items, z. B.

- »Im Umgang mit Fremden sollte man so lange vorsichtig sein, bis diese gezeigt haben, dass sie vertrauenswürdig sind.«
- »Eltern sind gewöhnlich verlässlich in Bezug auf ihre Versprechungen.«

Ausgehend von den Rotter-Items schlugen Krampen et al. (1982) kurze Subskalen für »soziales Misstrauen« vor. Die Skalen von Buck und Bierhoff (1986) gelten der Erfassung von Vertrauen in eine konkrete Person, und zwar differenziert nach Vertrauenswürdigkeit als einer emotionalen Qualität und Verlässlichkeit in instrumenteller sowie praktischer Hinsicht. Ein IT für Kinder wird in **Kasten 10.5** vorgestellt.

> **Kasten 10.5: Messung von Interpersonalem Vertrauen bei Kindern**
>
> Besonderes Augenmerk richtete die Forschung auf die Erfassung von IT bei Kindern. Das Vertrauen der Kinder in ihre Eltern sei notwendig für die Entwicklung eines gesunden Selbstwertgefühls, kreativen Intellekts und angemessener Beziehungen zu den Gleichaltrigen. Rotenberg et al. (2005) wählten für ihre IT-Skala ein kindgemäßes Itemformat. Theoretischer Hintergrund war die auch bei anderen Autoren übliche Unterscheidung in die drei Komponenten
>
> - »Verlässlichkeit«, also das Einlösung von Worten und Versprechungen.
> - »Emotionale Qualität«, das Vertrauen, dass andere Vertraulichkeit nicht verletzen, keine Kritik üben oder sich nicht so verhalten, dass Verlegenheit entsteht.
> - »Aufrichtigkeit«, die Wahrheit sagen und Verhalten zeigen, das durch gut gemeinte und nicht durch bösartige Motive oder manipulative Strategien bestimmt ist.
>
> Zudem wurde zwischen Mutter, Vater, Lehrer und Freund unterschieden, auf die sich das Vertrauen bezog. Insofern handelt es sich weniger um generalisiertes, sondern mehr um *spezifisches* IT. Insgesamt 24 Szenarien der folgenden Art bildeten die Items:
>
> - »Sarahs *Mutter* sagt, dass sie eine halbe Stunde später als sonst ins Bett gehen muss, wenn sie vorher ihr Zimmer aufräumt. Sarah räumt ihr Zimmer auf. Wie wahrscheinlich ist es, dass Sarahs Mutter das Kind eine halbe Stunde länger auflässt?« (Verlässlichkeit)
> - »Paula hat ein Geschenk für den Geburtstag ihrer Mutter gebastelt. Sie bittet ihren *Vater*, der Mutter nicht zu verraten, was es ist. Wie wahrscheinlich ist es, dass Paulas Vater der Mutter nichts über das Geschenk erzählen wird?« (Emotionale Qualität)
> - »Der *Lehrer* äußerte gegenüber Beverleys Klasse, dass sie am letzten Schultag eine halbe Stunde früher aufhören könnten. Am letzten Schultag stellt der Lehrer fest, im Stoff nicht durchgekommen zu sein. Wie wahrscheinlich ist es, dass er die Klasse eine halbe Stunde früher heimgehen lässt?« (Aufrichtigkeit)
>
> Ein Validitätsbeleg war darin zu sehen, dass die Freunde-Subskala mit der Hilfsbereitschaft gegenüber Klassenkameraden korrelierte. Mädchen besaßen im Vergleich zu Jungen sowohl höhere Vertrauenswerte als auch eine höhere Hilfsbereitschaft.

Korrelate von Vertrauen

Stack (1978) und Rotter (1980) publizierten Sammeldarstellungen über die Probleme und Ergebnisse zu Vertrauen. Die Herausgaben von Schweer (1997b, c) gliedern die Korrelate von Vertrauen unter anderem nach Bereichen wie Liebe, Arbeitsorganisationen und Arzt-Patient-Beziehung. In der Bibliographie einschlägiger Titel (s. Schweer, 1998) findet eine Kategorienbildung nach den Teildisziplinen der Psychologie statt. Es kann deshalb genügen, nachfolgend exemplarisch verschiedene Untersuchungen herauszugreifen, um einen Eindruck von der Forschung in diesem Verhaltensbereich zu vermitteln. Dabei werden zunächst empirische, später experimentell gewonnene Befunde erörtert.

Einer der wichtigsten Belege für die unmittelbare Validität der IT-Differenzierung stammt aus den frühen Untersuchungen von Rotter (1967) selbst: In einem soziometrischen Verfahren korrelierten die Fremdurteile von männlichen und weiblichen Mitgliedern studentischer Verbindungen mit den IT-Werten zu $r = 0{,}37$. Wichtig in dieser Studie war die Feststellung, dass Übereinstimmungen der IT-Skala mit den soziometrischen Urteilen zu anderen Eigenschaften fast durchgängig niedriger waren.

In der Erhebung von Amelang et al. (1984) ergaben sich auch hypothesenkonforme Mittelwertsunterschiede im mittleren Vertrauen von Pfarrern und Psychologen (höchste Werte) vs. Bankangestellte (mittlere Werte) vs. Rechtsanwälte und Polizisten (niedrigste Werte).

Relativ hohe Korrelationen (um $r = -0{,}65$) bestehen zu »Machiavellismus«, also der Tendenz, andere im Sinne der eigenen Ziele zu manipulieren (s. Christie & Geis, 1970), zusätzlich auch mit dem Glauben an eine gerechte Welt sowie religiösen Bindungen (Bègue, 2002).

Gestützt auf längsschnittliche Erhebungen an 100 Männern und Frauen, die bei der Erstuntersuchung zwischen 55 und 80 Jahre alt waren, fanden Barefoot et al. (1998) für Personen mit hohen relativ zu niedrigen IT-Werten nicht nur eine bessere gesundheitliche Verfassung, sondern auch eine längere Lebenserwartung. Das mag damit zusammenhängen, dass Personen mit niedrigem Vertrauen unter einer erheblichen Zahl von zwischenmenschlichen Problemen leiden (z. B. andere verdächtigen, sich von anderen angegriffen fühlen, sich schuldig fühlen), während Personen mit hohen IT-Werten diesbezüglich kaum Beschwerden äußern und ihr Vertrauen auch nicht bedeutet, dass sie leichtgläubig sind oder ausgenutzt werden könnten (Gurtman, 1992).

Hamsher et al. (1968) berichten über niedrigere IT-Werte jener Studenten, die den Schlussfolgerungen der von Präsident Johnson eingesetzten Warren-Kommission, es gäbe keinerlei Anzeichen für eine Verschwörung bei der Ermordung von Kennedy, nicht glauben konnten.

Ein Befund schließlich, der alarmierend wirken muss: Die jährlich von neuen Studienanfängern bearbeitete IT-Skala zeigt von 1964 auf 1969 einen drastischen Abfall der Mittelwerte (Hochreich & Rotter, 1970). Auf einer breiteren Basis (18- bis 89-jährige Befragungspersonen) registrierten Robinson und Jackson (2001) einen Abfall des Vertrauens zwischen 1972 und 1998. Als verantwortlich dafür erwiesen sich sowohl ein Kohorten- als auch ein Alterseffekt: Seit den frühen 1940er Jahren weist jede folgende Kohorte niedrigere Vertrauenswerte auf, und seit 1980 sinkt das Vertrauen der Personen mit niedrigem und mittlerem Lebensalter.

Ein derartiger Trend ist für die jüngere Vergangenheit auch in Deutschland festgestellt worden. Hier ging zwischen 1984 und 1993 das Vertrauen in die regierungspolitischen Institutionen gravierend zurück, während die Verwaltungsinstitutionen deutlich geringere Vertrauenseinbußen erlebten (Pickel & Walz, 1996), ein Effekt, der sich durch die Aufdeckung der Parteispendenaffären gegen Ende des letzten Jahrhunderts noch verstärkt haben dürfte. Dabei hat sich das kurz nach der Wiedervereinigung registrierte West-Ost-Gefälle im Institutionenvertrauen reduziert. Vielfach geht diese Annäherung jedoch auf einen Vertrauensverlust im Westen und weniger auf einen Vertrauenszuwachs im Osten zurück (Walz, 1996). Generell ist mit dem Rückgang an Vertrauen auch eine reduzierte Partizipation an demokratischen Aktivitäten und eine Abnahme prodemokratischer Haltungen zu befürchten (s. dazu die Übersichtsdarstellung von Sullivan & Transue, 1999).

Erwähnung verdient schließlich die Untersuchung von Gurtman und Lion (1982), in der die Autoren eine bessere tachistoskopische Erkennungsleistung der Personen mit niedrigen relativ zu denjenigen mit hohen IT-

Werten vor allem bei Wörtern mit negativen Konnotationen fanden (s. dazu die Übersicht von Wrightsman, 1991).

Dieser Befund kann als Ausdruck für die Intensität informationsverarbeitender Prozesse gedeutet werden und fügt sich unschwer in die Konzeption von Luhmann (1973), wonach Vertrauen ein wichtiges Mittel zur Reduktion von Komplexität darstellt. Vertrauenssituationen zeichnen sich dadurch aus, dass die damit in Verbindung stehenden Probleme eine geringere Verarbeitungstiefe erlauben als Misstrauenssituationen. Situationen des Misstrauens machen zahlreiche Kontroll- und Prüftätigkeiten notwendig, um die Glaubwürdigkeit des Partners oder Gegenübers zu prüfen, seine Absichten kritisch zu analysieren, die Folgen eigener Handlungen auf den Partner abzuwägen. Möglicherweise stellt insofern das Aufbringen von Vertrauen anderen gegenüber auch eine individuelle *Strategie* dar, um das informationsverarbeitende System zu entlasten.

Antezedente Faktoren von IT

Rotter (1967) fand bei seiner Analysenstichprobe einen Geschwisterreihungseffekt in dem Sinne, dass die jüngsten Kinder im Mittel die niedrigsten IT-Werte aufwiesen und sich darin von den in der Geschwisterreihe mittleren Kindern unterschieden. Darüber hinaus stellte er die Beobachtung an, dass die Kinder von Elternpaaren, die im religiösen Bekenntnis übereinstimmen, wesentlich höhere IT-Werte zeigten als Kinder von Eltern, die diesbezüglich dissonant waren. In einer Studie an 2033 verheirateten Personen und deren 646 Kindern zeigten die Nachkommen geringeres Vertrauen, wenn sich die Eltern hatten scheiden lassen, doch verschwanden diese Unterschiede größtenteils, wenn die Qualität der Eltern-Kind-Beziehung als Kontrollvariable herauspartialisiert wurde (King, 2002).

Die wichtige Rolle der Eltern bei der Ausbildung von IT zeigte sich auch in zwei weiteren Studien. In einer Befragung an Studierenden, die ihr erstes Semester an einer Universität fern des Heimatortes verbrachten, wiesen jene Probanden die höheren IT-Werte auf (sowie einen höheren sozialen Rang und geringeres Heimweh), die ihre Eltern in ihrem Erziehungsverhalten als unterstützend erinnerten (Benn et al., 2005). In der Untersuchung von Rotenberg (1995) wurden 72 Eltern und deren 50 Kinder befragt. Dabei zeigte sich, dass es vorwiegend die Mütter sind, die durch ihre Zuverlässigkeit maßgeblich an der Ausbildung von IT bei den Kindern beteiligt sind, während die Väter eher verantwortlich waren für das Vertrauen der Kinder in einem Prisoner's Dilemma-Spiel.

Der differentiellen Theorie von Schweer (1997a) zufolge entwickelt sich das Vertrauen in Abhängigkeit von der individuellen Vertrauenstendenz und der individuellen impliziten Vertrauenstheorie, wobei spezifische Merkmale der jeweiligen Situation als Moderatoren auf Art und Ausmaß der Vertrauensentwicklung wirksam werden. Als Ergebnis von längsschnittlichen Erhebungen formuliert Cocard (2003) acht Thesen zur Entwicklung des Vertrauens bei Jugendlichen. Eine These davon besagt, dass zwischenmenschliche Gratifikationen für den Aufbau interpersonalen Vertrauens förderlich sind (was den verhaltenstheoretischen Kern deutlich macht), eine andere, dass interpersonales Vertrauen nicht zwangsläufig zu einer hohen Kontakthäufigkeit führt, umgekehrt aber die Kontakthäufigkeit – wie im Übrigen auch das zwischenmenschliche Vertrauen – die Persönlichkeitsentwicklung begünstigen kann.

Abschließende Bemerkungen

Als ein relativ neues Forschungsfeld, das nach allem Dafürhalten rasch wachsen wird, erweist sich der Einfluss von Vertrauen im Internethandel (E-Commerce, s. die Übersicht von Grabner-Kräuter & Kaluscha, 2003), darüber hinaus im Management sowie in

Paarbeziehungen, doch scheint dabei der Stellenwert von interindividuellen gegenüber situativen Faktoren nachgeordnet zu sein.

In Zukunft wird es verstärkt darauf ankommen, die generalisierte Erwartung IT, die bislang als Konstrukt wie viele andere nur isoliert behandelt wurde, mit anderen Elementen der sozialen Lerntheorie in Verbindung zu bringen und die wechselseitigen Abhängigkeiten der Variablengruppen zu untersuchen.

> **Zusammenfassung von Kapitel 10.2**
>
> Innerhalb der sozialen Lerntheorie ist die Auftrittswahrscheinlichkeit für ein bestimmtes Verhalten in einer Situation eine Funktion von einerseits der Erwartung, dass die besagte Verhaltensweise in einer gegebenen Situation zu einer Verstärkung führt, und andererseits dem Wert, den die Verstärkung in der gegebenen Situation für die Person besitzt. Erwartung und Verstärkungswert, beides kognitive Elemente, sind multiplikativ miteinander verbunden. Die Erwartungen sind von unterschiedlicher Spezifität bzw. Generalisierung. Inhaltlich wurden von Rotter zwei generalisierte Erwartungshaltungen konzeptualisiert: Bei der »Kontrollüberzeugung« handelt es sich um Erwartungen hinsichtlich der Kontrollinstanz für die Konsequenzen des eigenen Verhaltens. Nimmt eine Person diese als bei sich selbst lokalisiert wahr, spricht man von internaler Kontrollüberzeugung; sieht sie den »Locus of Control« (LOC) hingegen außerhalb ihres eigenen Einflussbereiches (z. B. Glück, Zufall, andere Leute usw.), so liegt externale Kontrollüberzeugung vor. Die generalisierte Überzeugung »Zwischenmenschliches Vertrauen« (»Interpersonal Trust«, IT) ist weniger breit angelegt und steht für das Ausmaß an Vertrauen, das man im sozialen Leben bereit ist, anderen entgegenzubringen. Beide Erwartungshaltungen lassen sich zum einen durch experimentelle Anordnungen systematisch verändern (= allgemein-psychologisch-situative Komponente), zum anderen durch Fragebogen erfassen (= differentiell-persönlichkeitspsychologische Komponente). Nachfolgearbeiten haben die allgemeinen Kontrollerwartungen differenziert in verschiedene Bereiche des Lebens, die eigene Gesundheit und auch die möglichen Handlungen. Sowohl LOC- als auch IT-Werte weisen zahlreiche Korrelate mit anderen Variablen in erwarteter Weise auf (z. B. für LOC mit Alter, Bildung, ethnischer Herkunft; IT mit Fremdeinschätzungen, tachistoskopischer Wahrnehmung, Berufsgruppen u. a.). Sowohl LOC als auch IT scheinen durch den Erziehungsstil der Eltern beeinflusst zu sein, und sowohl in LOC als auch IT ist in den letzten Jahrzehnten eine Tendenz zu einer Reduktion der Ausprägung festzustellen. Es gibt kaum Untersuchungen, die sich mit der Variablen »Bekräftigungswert« beschäftigt haben.

10.3 Belohnungsaufschub

Mit einem Buch von epochaler Bedeutung setzte sich Mischel (1968) kritisch mit der Eigenschaftstheorie auseinander. Seine Kritik richtete sich gegen die Annahme eigenschaftstheoretischer Persönlichkeitsforschung, dass menschliches Verhalten genügend hohe Konsistenzen zwischen verschiedenen Situationen zeige, um die Annahme von Verhaltensdispositionen wie Eigenschaften zu rechtfertigen. Auf der Basis der in dem Buch zusammengestellten Forschungsbefunde anderer Autoren gelangte Mischel (1968) zu der Überzeugung, dass die Annahme solcher Verhaltenskonsistenzen empirisch keine Bestätigung gefunden habe. Verhalten variiere weniger dispositionsgemäß, sondern vielmehr in Abhängigkeit von spezifischen Situationen.

Diese verhaltenstheoretische, situationistische Kritik an der eigenschaftsorientierten Persönlichkeitsforschung führte zu jener Synthese zwischen Situationismus und Dispositionismus, die als »interaktionistische Persönlichkeitsauffassung« (s. Abschn. 12.1.4) bezeichnet wird. Sie besteht im Wesentlichen in der Einsicht, dass es sehr oft die Wechselwirkungen (Interaktionen) zwischen situationsspezifischen Reizen und individuellen Gegebenheiten einer Person sind, die das Verhalten einer Person in der jeweiligen Situation bedingen. Als solche individuellen, personenspezifischen Gegebenheiten betrachtete Mischel (1973) vor allem Kognitionen wie die subjektive Auffassung einer Situation durch die jeweilige Person (zur Biographie von Walter Mischel ▶ Kasten 10.6).

Kasten 10.6: Walter Mischel (geb. 1930)

Walter Mischel wurde in Wien geboren, von wo seine Familie neun Jahre später in die USA emigrierte. An der New York University erwarb Mischel 1951 seinen B.A. in Psychologie, am City College of New York 1953 seinen M.A. im gleichen Fach. Später wechselte er an die Ohio State University, wo er George Kelly und Julian Rotter kennen lernte, deren Theorien ihn stark beeindruckten. 1956 erwarb Mischel seinen PhD. in Psychologie.

Ab 1956 arbeitete er als Professor an der University of Colorado, ab 1958 als Mitarbeiter an der Harvard University. Zwischen 1962 und 1983 lehrte er als Professor in Stanford. Seit 1983 hat er den Lehrstuhl für Psychologie an der Columbia University, New York, inne.

Walter Mischel forscht zu Persönlichkeitsstruktur, Persönlichkeitsprozessen und Persönlichkeitsentwicklung, zu Selbstkontrolle, Belohnungsaufschub und Hot versus Cool System der Aktionskontrolle/Verhaltenskontrolle.

In seinem Buch »Personality and Assessment« (Mischel, 1968) kritisierte er den dispositionstheoretischen Ansatz der Differentiellen Psychologie und mahnte zur stärkeren Berücksichtigung kognitiv sozial-lerntheoretischer Personenvariablen.

10.3.1 Inhalt, Herleitung und Bedeutung

Die zentrale Operationalisierung von »Belohnungsaufschub« (engl. »delay of gratification«) als Situations- und auch als Persönlichkeitsvariable besteht in der Wahl zwischen weniger wertvollen, aber sofort verfügbaren, und höherwertigen, aber erst später erhältlichen Belohnungen (Verstärkern).

Typischerweise gelangen in den experimentellen Anordnungen für Kinder sogenannte primäre Verstärker zum Einsatz, wie z. B. Kekse oder Bonbons. Die Probanden sitzen dabei gewöhnlich an einem Tisch und werden mit zwei Verstärkern von unterschiedlicher Wertigkeit konfrontiert. Haben sich die Teilnehmer für das von ihnen bevorzugte Objekt entschieden, teilt ihnen der Versuchsleiter mit, dass sie *entweder* das präferierte Objekt erhalten können, sobald er wieder im Raum zurück sein wird (wobei die Verzögerung gewöhnlich nicht spezifiziert wird, meist aber um die 20 Minuten beträgt), *oder* dass sie das weniger bevorzugte Objekt sofort haben können oder irgendwann nach Betätigung einer auf dem Tisch stehenden Glocke. Falls ein Proband die Glocke betätigt, kann er nicht mehr das Objekt der ursprünglichen, aber verzögerten Präferenzentscheidung erhalten. Die interindividuellen Unterschiede in der Zeit, die Versuchsteilnehmer bis zum Griff zur Glocke warten können, gelten als Indikatoren für Selbstkontrolle, wobei kürzere Zeiten für Impulsivität stehen, längere für Willensstärke.

Erst wenn die Reliabilität einer derartigen Variable und ein Mindestmaß an transsituativer Generalisation gegeben sind, wird man Entscheidungen im Sinne von Aufschub als Ausdruck einer Persönlichkeitsdisposition »Belohnungsaufschub« werten können. Allgemein ist darunter die personale Kompetenz zu verstehen, Wahlen im Sinne verzögerter Belohnungen beizuhalten, ohne innerhalb der Verzögerungszeit den Versuchungen zu erliegen, die verzögerte Option zugunsten der ursprünglich weniger geschätzten Alternative aufzugeben.

Die Verankerung eines solchen Konzeptes in der sozialen Lerntheorie Rotters (1954) und damit die Anknüpfung an die in den vorausgegangenen Abschnitten geschilderten generalisierten Erwartungshaltungen ist augenfällig. Aus der Theorie ist ableitbar, dass das individuelle Wahlverhalten zum einen eine Funktion des Bekräftigungswertes, zum anderen der subjektiven Erwartung ist, dass die fragliche Verstärkung oder die antizipierten Ereignisse auch tatsächlich eintreten. Bereits frühe Befunde aus dem Arbeitsumfeld von Mischel sprechen für die Haltbarkeit einer solchen Auffassung.

In dem Maße, in dem das Belohnungsintervall experimentell verkürzt wird, nehmen Aufschubentscheidungen zu. Darüber hinaus ist Verhalten im Sinne des Belohnungsaufschubes häufiger, wenn der Wert des verzögerten Objektes oder die Wahrscheinlichkeit von dessen Erhalt zunimmt.

Wesentliche Anregungen zur Erforschung von Belohnungsaufschub gehen im Weiteren auf die Psychoanalyse zurück. Freuds Auffassung zufolge entwickelt sich aus der Konfrontation des Organismus mit den Anforderungen der Umwelt das Ich; als Instanz der Realitätskontrolle kommt ihm die Aufgabe zu, Impulse zu kanalisieren und – sofern das die Umstände erfordern – diese zurückzudrängen und umzuformen, bis sich geeignete Zeitpunkte einer Triebbefriedigung einstellen. Unter diesem Blickwinkel stellt die Fähigkeit zum Belohnungsaufschub ein wesentliches Element der Kontrolle und Steuerung des Selbst dar. Dabei müssen auch nach psychoanalytischer Sichtweise Kognitionen eine wesentliche Rolle spielen, da gemäß der tiefenpsychologischen Theorie Vorstellungen und Gedanken nichts anderes sind als Objekte der nicht direkt ins Körperliche ableitbaren Impulse.

Auf jeden Fall stellt selbstauferlegter Belohnungsaufschub eine unerlässliche Voraussetzung unseres sozialen Lebens dar.

Auch in einfachen Kulturverbänden ist es dem Einzelnen nicht gestattet, zu jeder Zeit und Gelegenheit seinen primären Bedürfnissen nachzugehen (wie z. B. Wünschen nach Geschlechtspartnern und Besitztümern); vielmehr bedarf es dafür geeigneter Umstände und gesonderter Vorkehrungen. Diese werden im Zuge von Prozessen erlernt, die von der Reinlichkeitserziehung bis zur Berufsausbildung reichen. Nur in dem Ausmaß, in dem dabei die Regeln von unterschiedlichem Belohnungsaufschub übernommen werden, ist ein Erlangen der von der Gesellschaft bereitgehaltenen Annehmlichkeiten durch den Einzelnen möglich: Wem etwa das Warten auf einen Studienplatz in Medizin nichts ausmacht und wer darüber hinaus die Mühen und Entbehrungen des Studiums auf sich nimmt, den belohnt das System nach geraumer Zeit mit den finanziellen und sozialen Segnungen des Arztberufes auch heute noch. Ähnliches gilt für Lehr- und Ausbildungszeiten in den allermeisten Berufen, die zwar zunächst mit nur bescheidenen Verdienstmöglichkeiten aufwarten, aber die Voraussetzung für die spätere Übernahme von besser bezahlten Funktionen darstellen. Darüber hinaus basieren alle Religionen auf dem Prinzip eines – allerdings extrem langen – Belohnungsaufschubs, verheißen sie doch jedem, der sich unter Zurückstellung seiner unmittelbaren Bestrebungen an die geltenden Gebote hält, den höchstmöglichen Lohn überhaupt: ewiges, und zwar angenehmes Leben nach dem Tode.

Umgekehrt scheint es, als würden zahlreiche Schwierigkeiten des zwischenmenschlichen Lebens wie Aggressionen und sozial abweichendes Verhalten, Scheitern im Beruf und mangelnde Perspektive in der Lebensgestaltung mit der unzureichenden Impuls- und Selbstkontrolle Einzelner, ihrem Defizit an Belohnungsaufschub oder, was gleichbedeutend ist, ihrem Unvermögen zu selbstauferlegten Frustrationen zusammenhängen oder daraus zu erklären sein. Von daher ist eine Befassung mit diesem Konzept angezeigt.

10.3.2 Zur Unterscheidung von Belohnungsaufschub und Verzögerungsabwertung

Namentlich in der jüngeren Vergangenheit ist neben Belohnungsaufschub das Konstrukt »Verzögerungsabwertung« (engl. »delay discounting«) getreten. Das experimentelle Paradigma ist weitgehend ähnlich demjenigen von Belohnungsaufschub, weil es hier ebenfalls um Wahlen zwischen Objekten unterschiedlicher Wertigkeit geht, die sofort oder verzögert erhältlich sind. Deshalb werden die beiden Konstrukte von verschiedenen Autoren als äquivalent und sozusagen als »zwei Seiten einer Medaille« behandelt. Reynolds und Schiffbauer (2005) haben aber dargelegt, dass dieses letztlich nicht gerechtfertigt ist, weil im experimentellen Ansatz doch bedeutsame Unterschiede bestehen: Während in den Studien zu Belohnungsaufschub das Aufschubintervall für die Versuchsteilnehmer nicht regelmäßig spezifiziert wird, enthalten die Alternativen bei der Verzögerungsabwertung dazu sehr detaillierte Angaben. Deshalb konnten sich viele Studien zur Verzögerungsabwertung eingehend mit der genauen Funktion des Abwertungsgradienten befassen und insbesondere den Indifferenzpunkt bestimmen, also jenem Mindestwert (z. B. in Geldeinheiten) einer Alternative, den ein Proband noch sofort anzunehmen bereit ist, anstatt für unterschiedliche Verzögerungszeiten auf vorgegebene viel größere Objekte länger zu warten. Vor allem aber muss sich ein Versuchsteilnehmer im Ansatz der Verzögerungsabwertung nicht an die bei einem Item gegebene Entscheidung irgendwie gebunden fühlen und deren Konsequenzen im konkreten Verhalten »ausleben« (z. B. den Versuchungen widerstehen, während des Aufschubintervalls die verzögerte Wahl zugunsten der sofortigen aufzugeben). Seine Bindung an die getroffene Wahl erlöscht bereits mit dem nächsten Item, weil es sich generell nur um hypothetische Wahlen ohne Verhaltenskonsequenzen handelt.

Beiden Paradigmen sind somit die Situation der Wahlentscheidung und damit kognitive Bewertungen gemeinsam, im weiteren auch das Faktum, dass hier und dort Impulsivität eine Rolle spielt (zum Zusammenhang von Verzögerungsabwertung und Impulsivität s. de Wit et al., 2007; von Verzögerungsabwertung und geringer Intelligenz s. Shamosh & Gray, 2008). Deshalb sind Korrelationen zwischen Maßen beider Ansätze wahrscheinlich, auch wenn es dazu bislang keine direkten Vergleichsstudien gibt. Die Forschungen zu Verzögerungsabwertung haben in den zurückliegenden Jahren sehr stark zugenommen, möglicherweise deshalb, weil sie in der Beschränkung nur auf die Wahlen sehr viel einfacher durchzuführen sind.

10.3.3 Erfassung und Korrelate von Belohnungsaufschub

Ausgangspunkt der Messung ist gewöhnlich das konkrete Verhalten in einer Entscheidungssituation: Wie bereits dargelegt wurde, ist eine Wahl zu treffen zwischen unmittelbar zugänglichen Objekten geringerer und später verfügbaren Gegenständen höherer Wertigkeit. Zugrunde liegt also ein behaviorales Kriterium. Insofern bestehen Unterschiede zu vielen anderen Konstrukten, die häufig auf Befragungen beruhen bzw. aus diesen erschlossen werden.

Schon in den ersten Untersuchungen hat aber auch Mischel (1961) geprüft, ob das reale Entscheidungsverhalten mit den Antworten auf vorgestellte Wahlsituationen übereinstimmt. Die Items seines Fragebogens lauten: »Ich würde lieber 10 Dollar jetzt bekommen als einen ganzen Monat darauf zu warten, um dann 30 Dollar zu erhalten«, und »Ich würde lieber warten, um ein viel größeres Geschenk viel später zu erhalten als ein kleineres Geschenk jetzt.« Zur konkreten Wahl standen eine kleine Süßigkeit sofort bzw. eine größere später. Die Übereinstimmungen der Antworten untereinander und mit den Verhaltensdaten ist aus **Tabelle 10.1** zu ersehen.

Tab. 10.1: Anzahl von Kindern, die im Fragebogen und in der aktuellen Wahl eine Präferenz für sofortige bzw. verzögerte Belohnung angeben.

Aktuelle Wahl	Fragebogen: Bevorzugung für Belohnungen		
	konsistent sofort	konsistent verzögert	inkonsistent
sofort, ein kleineres Stück Zucker	12	4	15
verzögert, ein größeres Stück Zucker	4	19	16

Nach Mischel (1976).

Angesichts des punktuellen Charakters solcher Wahlentscheidungen und den dabei auftretenden zufälligen Momenten muss die Korrelation mit den Fragen, für die eine nur geringe Reliabilität unterstellt werden kann, bereits als bemerkenswert angesehen werden. Es scheint zumindest riskant, solch singuläre Ereignisse, die außerordentlich fehlerbehaftet sein dürften, zum Ausgangspunkt eines umfassenden persönlichkeitstheoretischen Systems zu machen.

Dennoch sind als Korrelate von Aufschubentscheidungen soziale Verantwortung, Leistungsmotivation, persönliche Anpassung, Alter und Reife, Intelligenz und Widerstand gegenüber Versuchungen gefunden worden, also eine »puritanische Charakterstruktur«, wie sie sich vor allem als »protestantische Ethik« bei Angehörigen der Mittel- und Oberschicht findet (Mischel, 1974, S. 253). Der Gegenpol ist durch Impulsivität und Orientierung mehr an der Gegenwart als der Zukunft sowie Indizes von geringerer sozialer und kognitiver Kompetenz gekennzeichnet.

Mit dem IQ sind gemäß der o. a. Definition korrelative Zusammenhänge von mäßiger Höhe zu erwarten. Denn: Aufschubentscheidungen werden auf der Basis von kognitiven und sozialen Kompetenzen sowie meta-kognitiven Einsichten getroffen. Funder (1998) verwies aber auf den Umstand, dass Korrelationen von Belohnungsaufschub mit dem IQ nur dann zu beobachten sind, wenn die Bekräftigungen einen eher geringen Wert aufweisen. Im Falle höherer Wertigkeit der Bekräftigungen (und Versuchsteilnehmern jenseits des Kindesalters) bestünden hingegen Beziehungen zu »Ich-Kontrolle« und »Anpassungsfähigkeit« (engl. »ego control« bzw. »ego resiliency«).

Evolutionstheoretische Erwägungen unterstellen einen für beide Geschlechter unterschiedlichen Selektionsdruck. Ausgehend davon ist für Frauen ein durchschnittlich höherer Belohnungsaufschub zu erwarten. In einer Meta-Analyse von 38 dazu vorliegenden Studien (in denen sich allerdings auch solche befanden, die unter Verzögerungsabwertung eingeordnet werden müssten) fand Silverman (2003) einen hypothesengerechten Unterschied, der allerdings numerisch sehr gering war. Unter Heranziehung nur der kontinuierlichen Maße für Belohnungsaufschub stieg der Effekt geringfügig auf $r = 0{,}10$.

Die insgesamt niedrigen korrelativen Zusammenhänge von Belohnungsaufschub mit anderen Variablen werfen die Frage auf, inwiefern Belohnungsaufschub ein eindimensionales Konstrukt ist. Allerdings muss bei solchen Erwägungen die starke Situations- und Materialspezifität der Itemformulierungen mit berücksichtigt werden (»Halber Apfel heute oder ein ganzer morgen?«), denn mit mehr allgemeinen Trendfragen (z. B. »Haben Sie mehr Spaß an Sachen, auf die Sie länger warten und für die Sie mehr planen müssen?«, »Verstehen Sie sich mehr auf das Sparen oder das Ausgeben von Geld?«, »Stimmen Sie mit der Lebensphilosophie überein: ›Iss, trink und sei glücklich, denn morgen können wir alle tot sein!‹?«) konnten Ray und Najman (1985) eine Skala von zwölf Items mit befriedigender interner Konsistenz erstellen, d. h., bei geeigneter Erfassung scheint auch eine breitere Generalisierung von Belohnungsaufschub gegeben zu sein.

Auf der Basis solcher Fragebogenerhebungen ist zudem auch eine Unterscheidung in spezifische Ausdifferenzierungen von Belohnungsaufschub möglich, wie beispielsweise im akademischen Umfeld. Ein Beispielitem hierfür lautet »Die Vorbereitung auf eine Prüfung zugunsten einer Konzert-, Spiel- oder Sportveranstaltung verschieben, obwohl dies eine schlechtere Note bedeuten könnte« *oder* »Zuhause bleiben und arbeiten, um dadurch die Aussicht auf eine bessere Note in der Prüfung zu erhöhen« (Bembenutty, 2009).

10.3.4 Situative und kognitive Faktoren

Mischel selbst hat den Begriff »Trait« im Hinblick auf Selbststeuerung und Belohnungsaufschub vermieden und stattdessen die Situationsspezifität herausgestellt sowie auf die Interaktionen äußerer Faktoren mit Personenvariablen bei dessen Entstehung hingewiesen. Dabei konnte etwa in Untersuchungen zur Erfolgserwartung in leistungsthematischen Aufgaben gezeigt werden, dass präexperimentell bestehende interindividuelle Unterschiede in der Erfolgserwartung gegenüber Variationen der Versuchsbedingungen völlig in den Hintergrund traten. Die entscheidenden Faktoren für den Aufschub der Belohnung waren somit die spezifischen

Erfahrungen, die während des Experimentes gemacht wurden. Lediglich in solchen Fällen, wo die situativen Reize schwach oder mehrdeutig waren, beeinflussten allgemeine Erwartungen das Wahlverhalten in bedeutsamer Weise (Mischel, 1974, S. 257f.).

Als eine wesentliche Größe für die individuellen Entscheidungen zwischen »wenig/sofort« und »viel/später« erwiesen sich darüber hinaus Modelle oder Vorbilder mit ihrem Aufschubverhalten. Um dieses zu demonstrieren, bildeten Bandura und Mischel (1965) in Vorversuchen zunächst Extremgruppen von Kindern mit »Wenig/sofort«- bzw. »Viel/später«-Wahlverhalten. Während einer Treatmentphase beobachteten sodann die Probanden, wie Erwachsene eine Reihe von Entscheidungen nach dem Belohnungsaufschub-Paradigma zu treffen hatten. Die Modelle zeigten konsistent ein Verhalten, das dem der Kinder diametral entgegengesetzt war; sie begleiteten ihre Entscheidungen zudem mit Kommentaren und Begründungen. Im unmittelbaren Anschluss daran und noch einmal einen Monat später mussten die Kinder in jeweils etwas verändertem Situationskontext analoge Entscheidungen vornehmen. Für die Beobachtung von Modellen mit systematischen »Wenig/sofort«-Wahlen sind die Ergebnisse in der nachfolgenden Abbildung (▶ **Abb. 10.4**) zusammengestellt.

Wie ersichtlich wird über Beobachtungslernen das eigene Entscheidungsverhalten wesentlich beeinflusst, und zwar auch dann, wenn das Vorbild nur in »symbolischer« Form vorliegt (Textversion angeblich erfolgter Wahlen). In analoger Weise waren auch »Viel/später«-Wahlen bei jenen Versuchspersonen hervorzurufen, die ursprünglich die »Wenig/sofort«-Alternative bevorzugt hatten.

In der Zusammenschau solcher und ähnlicher Anordnungen ergibt sich, dass als Determinanten von Aufschubentscheidungen vor allem die Wertigkeit der hinausgeschobenen Belohnung eine Rolle spielt sowie die Erwartung, dass sie tatsächlich eintreffen wird. Von daher kommt dem Vertrauen der Versuchsteilnehmer eine große Bedeutung zu. Darüber hinaus kommen Intelligenz und Schulleistung, individuelle Leistungsmotiviertheit und das Alter ebenso in Betracht wie der emotionale Gehalt von Erfahrungen, die unmittelbar vor dem Wahlverhalten gemacht wurden (zusammenfassend Mischel, 1974, S. 261). Anscheinend hängen Aufschubentscheidungen auch davon ab, inwieweit die Versuchsteilnehmer der Tendenz zu einer Reaktion im Sinne sozialer Erwünschtheit folgen. So zeigten die 8- bis 13-jährigen Versuchspersonen von Granzberg (1977) dann einen längeren Belohnungsaufschub, wenn ihre Entscheidungen vor den Augen ihrer Klassenkameraden und nicht nur denen des Versuchsleiters erfolgten.

10.3.5 Erklärungsmodelle

Bereits in seinen frühen Arbeiten hat Mischel (1974) in einem Zwei-Stufen-Modell des Belohnungsaufschubs von den Determinanten der Wahl, wie sie oben aufgeführt wurden, jene Faktoren abgehoben, die es dem Einzelnen ermöglichen, im Falle einer Verzögerungsentscheidung die Wartezeit zu überbrücken. Dafür kommen hauptsächlich kognitive Prozesse in Betracht. Wie eine ganze

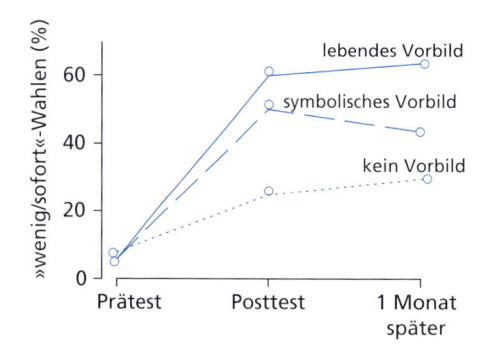

Abb. 10.4: Phasen eines Experiments zur Beeinflussung des Entscheidungsverhaltens (nach Bandura & Mischel, 1965).

Reihe von Experimenten ergab, ist bei selbst auferlegter Frustration – also verzögerter Belohnung – eine gedankliche Beschäftigung mit den Bekräftigungen dem längeren Warten geradezu abträglich. Selbst wenn sich das Objekt der Aufschubentscheidung nur im Sichtfeld der Pbn befindet, verkürzt sich dadurch das Aufschubintervall gegenüber einer »Unsichtbar-Bedingung«. Allgemein scheint dafür die Aufmerksamkeit verantwortlich zu sein, die von den Versuchsteilnehmern auf das bevorzugte Objekt gerichtet wird (Peake et al., 2002). Umgekehrt ist es hilfreich, kognitiv oder motorisch von den erwarteten Bekräftigungen abzulenken. Nicht Gegenwart oder Abwesenheit der präferierten Objekte sind die entscheidenden Größen für die Überbrückung der Wartezeit, sondern die daran ansetzenden kognitiven Transformationen. Dazu kann auch gehören, dass die Versuchsaufgabe als eine solche für Willenskraft ausgegeben bzw. aufgefasst wird (Magen & Gross, 2007).

Unter Einschluss neuropsychologischer Erkenntnisse haben Metcalfe und Mischel (1999) zur Erklärung von Belohnungsaufschub ein Modell vorgestellt, das ein »heißes« und ein »kaltes« Subsystem beinhaltet. Das Modell lehnt sich an die phylogenetische Entwicklung und Funktionsweise des menschlichen Gehirns an. Das heiße System sei verantwortlich für die unmittelbare und unmodulierte Reaktion des Organismus auf externe Stimuli. Seine neuronale Verankerung erfolge vermutlich in der Amygdala, die bereits ab der Geburt in Tätigkeit ist. Demgegenüber repräsentiere das kalte System die Entwicklung von Selbstkontrolle oder die Fähigkeit, Reaktionen des heißen Systems auf saliente Umgebungsreize zu hemmen. Dieses System verorten sie im Hippocampus und Frontallappen des Gehirns, neuronalen Strukturen, die erst im Laufe der kindlichen Entwicklung in Funktion treten. Das kalte System stellt einen aktiven Prozess im Individuum dar, um den Versuchungen des hochreaktiven heißen Systems zu widerstehen. Interindividuelle Unterschiede in Belohnungsaufschub spiegeln somit die Funktionsweise des kalten Systems wider, wobei dessen Schwäche mit Impulsivität einhergeht.

10.3.6 Abschließende Erörterung

Im Unterschied zu anderen Persönlichkeitskonstrukten stützt sich die Forschung zum Belohnungsaufschub ganz überwiegend auf Stichproben von Kindern. Anscheinend gelingen hier die vorgenommenen Operationalisierungen besser als bei Erwachsenen. Deshalb ist weiterhin die Frage offen, welche Anteile an interindividuellen Differenzen im Belohnungsaufschub in verschiedenen Aufgaben durch eine simultane Überlagerung in Gestalt von Entwicklungs- und Reifeunterschieden erklärt werden müssen.

Ein weiteres Problem besteht insofern, als praktisch nur ein Verhaltenskriterium, auch wenn dieses der Summenwert aus mehreren gleichartigen Wahlen sein mag, die Grundlage der Theorie darstellt. Bei einer solchen Spezifität aber sind von vornherein die Aussichten begrenzt, korrelative Zusammenhänge mit anderen Dispositionen nachzuweisen. Solche Beziehungen und auch interkulturelle Differenzen (s. Price-Williams & Ramirez, 1974) sind dennoch gefunden worden. Ein Teil der als »situativ« wirkenden Faktoren kann auch im Sinne von Antezedenzfaktoren für überdauernde Veränderungen interpretiert werden. Dazu gehören etwa Erziehungsstile der Eltern (Weller & Berkowitz, 1975), die Erfahrungen im Umgang mit Modellen und Personen, das entwickelte Vertrauen und dergleichen.

Das Argument von der Spezifität der Eigenschaft lenkt den Blick auf die zum Fähigkeits- oder Kompetenzkonzept alternative Auffassung von Funder und Block (1989). Danach handelt es sich bei der Wahl für eine sofortige oder verzögerte Bekräftigung nur um eine von vielen behavioralen

Manifestationen des Konstrukts der *Ich-Kontrolle*, mit den Polen der Unterkontrolle und Überkontrolle. Zwar erscheinen Personen mit verzögerten Entscheidungen häufiger als die klügeren und besser angepassten Menschen, doch ist andererseits auch unverkennbar, dass sie Schwierigkeiten haben, die Ich-Kontrolle zu vermeiden, sich also überkontrolliert und unnötig gehemmt verhalten. Auch sei damit eine Umkehrung der Kausalität verbunden: Nicht die Aufschubentscheidungen würden zu den mit der Hemmung motivationaler Impulse oftmals einhergehenden negativen Konsequenzen im kognitiven, affektiven und Verhaltensbereich führen (s. dazu Polivy, 1998), sondern es gelte dann: »Some of those who tend toward the overcontrol of motivational impulse may already have problems« (Funder, 1998, S. 212).

> **Zusammenfassung von Kapitel 10.3**
>
> Unter Belohnungsaufschub (engl. »delay of gratification«, DG) ist die Tendenz zu verstehen, Wahlen im Sinne verzögerter Belohnungen beizubehalten, ohne innerhalb der Verzögerungszeit den Versuchungen zu erliegen, die verzögerte Option zugunsten der ursprünglich weniger geschätzten Alternative aufzugeben. Die zentrale Operationalisierung zur Erfassung von DG als Situations- und auch als Persönlichkeitsvariable besteht in der Wahl zwischen weniger wertvollen, aber sofort verfügbaren, und höherwertigen, aber erst später erhältlichen Belohnungen (Verstärkern). Bei einer experimentellen Verkürzung des Belohnungsintervalls nehmen Aufschubentscheidungen ebenso zu wie bei einer Erhöhung des Wertes des verzögerten Objektes oder der Gewissheit von dessen Erhalt. Neben der situativen ist auch eine Erfassung mit Hilfe von Fragebogen möglich. Korrelate von DG bestehen zu sozialer Verantwortung, Leistungsmotivation, persönlicher Anpassung, Alter, Reife und Intelligenz (»puritanischer Charakter«). Eine Beeinflussung des DG-Verhaltens konnte u. a. durch die Beobachtung von Modell-Personen festgestellt werden. Spekulativ wurde als Grundlage für DG ein Subsystem im Hippocampus und Frontallappen des Gehirns angenommen, das erst im Laufe der frühkindlichen Entwicklung in Funktion tritt und für Selbstkontrolle verantwortlich sein soll.

11 Konzepte des Selbst in der Persönlichkeitspsychologie

> Personen unterscheiden sich nicht nur in einer Reihe von Eigenschaften, die prinzipiell auch von außenstehenden Beobachtern erschlossen werden können wie Extraversion oder Intelligenz, sondern sie haben auch eine Identität, die ihnen nur introspektiv selbst zugänglich ist und die einen Teil der Persönlichkeit ausmacht. Wie kann dieses Selbst empirisch erforscht werden? Hierzu liegen verschiedene Ansätze vor, wie beispielsweise Untersuchungen zu selbstbezogenen Wissenssystemen (11.1) oder Studien zu persönlichen Überzeugungen bezüglich unserer Fähigkeiten und Fertigkeiten (11.2). Für umfassendere Darstellungen s. Bracken (1996) und Greve (2000).

11.1 Selbstkonzept

In seinem 1890 erschienenen klassischen Werk *Principles of Psychology* führte der amerikanische Psychologe William James (1842–1910) eine Unterscheidung zwischen zwei komplementären Aspekten des Selbst ein, nämlich eine Differenzierung zwischen dem »Selbst als Subjekt« (engl. »I«) und dem »Selbst als Objekt« (engl. »Me«). Während das *Selbst als Subjekt* für James die aktive Rolle eines Wissenden innehat, repräsentiert das *Selbst als Objekt* ein empirisches Aggregat all jener Dinge, die das Selbst als Subjekt über sich selbst weiß. Das Selbst als Objekt weist nach James mehrere Bestandteile auf. Erstens umfasst ein *materielles Selbst* den eigenen Körper sowie alle materiellen Besitztümer (interessanterweise hat James dazu auch die eigene Familie gezählt). Ein *soziales Selbst* entspricht all den (unterschiedlichen) Vorstellungen, die sich andere Personen von einer Person machen (das soziale Selbst spiegelt gewissermaßen die verschiedenen Reputationen wider, die eine Person bei anderen hat). Schließlich beinhaltet ein *spirituelles Selbst* alle individuellen Einstellungen, Dispositionen und Moralurteile, die einer Person eigen sind.

11.1.1 Das Selbstkonzept als selbstbezogenes Wissenssystem

Das von James eingeführte Selbst als Objekt wurde von nachfolgenden Forschergenerationen als Selbstkonzept bezeichnet, wobei viele der hier nur holzschnittartig wiedergegebenen Grundgedanken von James auch in den modernen Formulierungen enthalten sind. Obwohl verschiedene Autoren im Detail recht unterschiedliche Definitionen des Begriffs verwendet haben, lässt sich mit

Filipp (1979; Filipp & Mayer, 2005) unter *Selbstkonzept* die Gesamtheit des vergleichsweise zeitstabilen Wissens über die eigene Person verstehen, also das selbstbezogene Wissenssystem der Person. Dieses Wissenssystem enthält eine Vielzahl *deskriptiver Elemente*, die das faktische Wissen über die eigene Person repräsentieren. So könnte beispielsweise das Selbstkonzept eines Lesers dieses Lehrbuchs folgende Wissenselemente beinhalten: »Ich bin Student der Psychologie, ich habe eine Freundin, ich gehe regelmäßig joggen, ...«. Darüber hinaus beinhaltet das selbstbezogene Wissenssystem aber auch *evaluative Elemente*, die einer Bewertung der eigenen Qualitäten entsprechen. Das Selbstkonzept des Beispiellesers könnte dementsprechend auch folgende Elemente aufweisen: »Ich bin ein mittelmäßiger Student, ich bin ein guter Beziehungspartner, ich bin körperlich sehr leistungsfähig, ...«. Dabei sind es diese evaluativen Elemente, die einer Person ein bestimmtes Selbstwertgefühl verleihen. In diesem Sinne stellt das Selbstkonzept also eine kognitiv-affektive Struktur dar (für eine Übersicht über weitere Definitionen des Selbstkonzepts s. Keith & Bracken, 1996)

Eine in der Literatur häufig getroffene Unterscheidung ist die zwischen »realem Selbst« und »idealem Selbst«. Dabei bezeichnet das *reale Selbst* die Vorstellungen einer Person davon, wie sie tatsächlich ist (auch wenn diese Vorstellungen von der objektiven Realität abweichen), während das *ideale Selbst* auf die (gesellschaftlich) erwünschten bzw. erstrebten Attribute zielt, die eine Person gerne aufweisen würde. Diese Differenzierung wurde durch Rogers (1951; Rogers & Dymond, 1954) in die Klinische Psychologie eingeführt. Nach seinen Vorstellungen stellt die Inkongruenz zwischen realem und idealem Selbst die Ursache für Neurosen dar. Eine ähnliche Differenzierung wurde später von Markus und Nurius (1986) vorgenommen, die zwischen dem realen Selbst und »möglichen Selbsten« (engl. »possible selves«) unterschieden. Letztere bezeichnen die Vorstellungen einer Person davon, was sie potentiell werden könnte, was sie gerne werden würde und was sie keinesfalls werden möchte. Dabei haben Diskrepanzen zwischen dem realen Selbst und den *möglichen Selbsten* eine positive motivationale Funktion, da sie einer Zielorientierung dienen.

11.1.2 Quellen selbstbezogenen Wissens

Für den Aufbau und die Entwicklung des Selbstkonzepts stehen nach Filipp (1979) fünf Quellen selbstbezogenen Wissens zur Verfügung (s. auch Markus & Cross, 1990).

Dabei ist eine erste wesentliche Quelle selbstbezogener Informationen die Beobachtung des eigenen Verhaltens, wobei die Rückschlüsse einer solchen Selbstbeobachtung auf die eigene Person als »reflexive Prädikatenzuweisung« bezeichnet werden («Ich komme zu Verabredungen immer pünktlich, also bin ich zuverlässig«).

Eine weitere wichtige Quelle selbstbezogener Informationen ist die Interaktion mit anderen. Dabei werden bei einer »direkten Prädikatenzuweisung« bestimmte Attribute zunächst von anderen Personen explizit formuliert und dann in das eigene Selbstkonzept übernommen («Mein Freunde sagen immer wieder, dass ich geizig sei; also bin ich wohl ein sparsamer Mensch«).

Im Gegensatz dazu erfolgt bei der »indirekten Prädikatenzuweisung« eine Eigenschaftszuweisung aufgrund der Verhaltensbeobachtung von sozialen Interaktionspartnern («Meine Kommilitonen fragen mich immer wieder um Rat bei Herzensangelegenheiten, also bin ich wohl ein einfühlsamer Gesprächspartner«).

Eine weitere wichtige Quelle für selbstbezogene Informationen ist der Vergleich mit anderen Personen, wobei eine »komparative Prädikatenzuweisung« erfolgt («Im Vergleich mit meinen Geschwistern habe ich mehr Freunde, also bin ich wohl beliebter«).

Eine letzte Quelle selbstbezogenen Wissens ist das Nachdenken über vergangenes oder zukünftiges Handeln, wobei eine »ideationale Prädikatenzuweisung« resultieren kann (»Wenn ich über meine Schulzeit nachdenke, dann komme ich zu dem Schluss, dass ich ein leistungsorientierter Mensch bin«).

11.1.3 Struktur und Messung des Selbstkonzepts

Die Gesamtheit unseres Selbstwissens umfasst eine breite Mischung aus Faktenwissen (»Ich bin Student«), Schlussfolgerungen (»Ich bin hilfsbereit«) und Bewertungen (»Ich bin ein guter Sportler«), die in den unterschiedlichsten Lebensbereichen (Arbeit, Familie, Sportverein etc.) gesammelt werden. Um der offensichtlichen Heterogenität dieser Wissenselemente gerecht zu werden, wurde bereits von James eine Facettierung des Selbst als Objekt in ein materielles, soziales und spirituelles Selbst vorgeschlagen. Spätere Forscher folgten diesem Ansatz und kategorisierten die Gesamtheit des Selbstwissens in verschiedene Bereiche, wobei diese Kategorisierung besonders bei Fragebogeninventaren zur Messung des Selbstkonzepts zutage tritt.

Beispielsweise legte Coopersmith (1967) mit dem »Coopersmith Self-Esteem Inventory« (CSEI) einen Fragebogen zur Messung des Selbstkonzepts vor, in dem zwischen selbstbezogenen Einstellungen im sozialen, familiären und akademischen Bereich unterschieden wurde. In einem Selbstkonzeptinventar von Roid und Fitts (1988; »Tennessee Self-Concept Scale«, TSCS) wurde hingegen eine Aufgliederung in die Bereiche Identität, Befriedigung, Verhalten, Physis, Moral-Ethik, Person, Familie und Soziales durchgeführt. Diese beiden Beispiele verdeutlichen bereits, dass unterschiedliche Forscher recht unterschiedliche Vorstellungen von Anzahl und Definition der relevanten Facetten des Selbstkonzepts vertreten (für eine Übersicht über weitere Fragebogen und den mit ihnen verwirklichten Facettierungen s. Keith & Bracken, 1996).

Wichtiger als diese Unterschiede in Anzahl und Ausgestaltung von bereichsspezifischen Selbstkonzepten war eine Kontroverse über die *Struktur* des Selbstkonzept, die sich über mehrere Jahrzehnte hinzog und einen ähnlichen Verlauf nahm wie in der Intelligenzforschung (s. Abschn. 4.3). Dabei hat Coopersmith (1967) die extreme Position vertreten, dass die verschiedenen Facetten des Selbstkonzept zu hoch miteinander korrelierten, um überhaupt adäquat differenziert werden zu können. Dementsprechend argumentierte er, dass es einen Generalfaktor des Selbstkonzept gäbe, der alle bereichsspezifischen Selbstkonzepte dominieren müsse. Nach dieser Auffassung weist das Selbstkonzept folglich eher eine *eindimensionale* Struktur auf (diese Position entspricht in etwa Spearmans Annahme eines *g*-Faktors der Intelligenz; s. Abschn. 4.3.1).

Auf der anderen Seite wurde von Marsh und Shavelson (1985) die Position vertreten, dass die verschiedenen Bereiche des Selbstkonzept nur schwach miteinander korrelierten und das Selbstkonzept folglich *multidimensional* zu konzipieren sei (dies entspricht in etwa Thurstones Annahme von mehreren gemeinsamen Faktoren der Intelligenz; s. Abschn. 4.3.3). Dieser Konflikt zeigt nicht nur inhaltliche Parallelen zu der Intelligenzforschung – er wurde sogar mit denselben Methoden ausgetragen.

Um die jeweils eigene Position zu stärken und die des Konkurrenten zu schwächen, wurden Korrelationsanalysen, exploratorische Faktorenanalysen und später konfirmatorische Faktorenanalysen der verschiedenen Selbstkonzeptinventare durchgeführt, wobei die Reanalyse von Daten aus dem »gegnerischen Lager« eine gebräuchliche Forschungsstrategie war (für eine methodisch differenzierte Darstellung der im Laufe dieser Kontroverse erzielten Forschungsresultate s. die

Übersichtarbeit von Marsh & Hattie, 1996). Dabei waren belastende und stützende Resultate für verschiedene Strukturmodelle im Wesentlichen abhängig von den verwendeten statistischen Methoden. Mit der Fortentwicklung der Analyseverfahren kristallisierte sich schließlich ein heute allgemein anerkanntes *hierarchisches* Strukturmodell des Selbstkonzepts heraus (entsprechend dem Gruppenfaktorenmodell der Intelligenz von Burt; s. Abschn. 4.3.2).

In einer einflussreichen Übersichtsarbeit zu grundlegenden Problemen der Selbstkonzeptforschung schlugen Shavelson et al. (1976) eine solche hierarchische Organisation des Selbstwissens vor. **Abbildung 11.1** zeigt das hierarchische Modell, das von diesen Autoren als eine *mögliche* Repräsentation ihres konzeptuellen Vorschlags veröffentlicht wurde und welches später als das »Shavelson-Modell« Eingang in die Literatur gefunden hat. An der Basis dieses Modells stehen die Selbstwahrnehmungen der Person von eigenem Verhalten in bestimmten Situationen, und an der Spitze des Modells steht das globale Selbstkonzept.

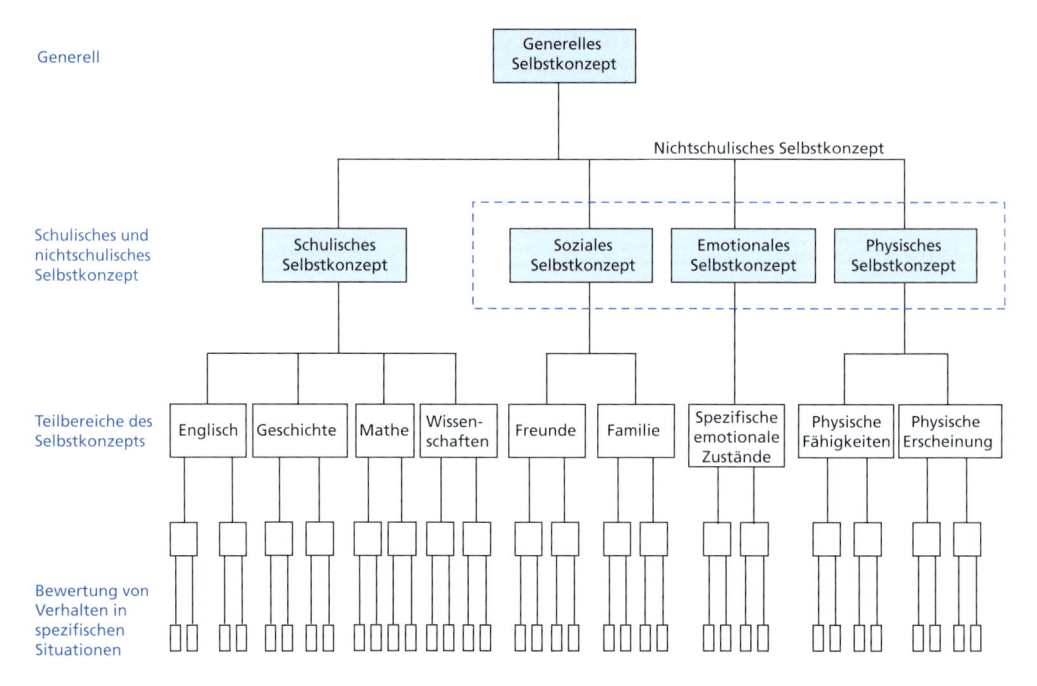

Abb. 11.1: Darstellung der hierarchischen Struktur des Selbstkonzepts in Form des »Shavelson-Modells« (nach Shavelson et al., 1976).

Das globale Selbstkonzept wird unterteilt in die beiden dominanten Lebensbereiche schulisches Selbstkonzept und nichtschulisches Selbstkonzept (dieses Modell wurde ursprünglich für Jugendliche entwickelt, lässt sich aber auch auf Erwachsene übertragen mit einer Differenzierung zwischen beruflichem und nichtberuflichem Bereich). Das schulische Selbstkonzept wird weiter aufgefächert in die einzelnen Schulfächer, während der nichtschulische Bereich in ein soziales, ein emotionales und ein physisches Selbstkonzept zerfällt. Letztere werden dann noch in spezifischere Komponenten aufgeschlüsselt. In diesem Zusammenhang ist es erwähnenswert, dass Shavelson et al. (1976) dem Selbstkonzept durchaus deskriptive und evaluative Komponenten zugeordnet haben, die allerdings nach Ansicht der Autoren weder theoretisch noch empirisch klar abgegrenzt wurden, so dass »Selbstkonzept« und »Selbstwert« in der

Literatur als austauschbare Begriffe Eingang fanden.

Als vorläufige empirische Belege für die hierarchische Struktur des Selbstkonzepts werteten Shavelson et al. (1976) die Ergebnisse von Korrelationsanalysen und Faktorenanalysen von Selbstkonzeptfragebogen wie beispielsweise dem »Self-Concept Inventory« (SCI; Sears, 1963). In den entsprechenden Untersuchungen zeigte sich einerseits, dass verschiedene bereichsspezifische Selbstkonzeptskalen als unidimensionale Maße aufgefasst werden können, die andererseits genügend hoch korrelieren, um einen übergeordneten Faktor zuzulassen.

Spätere Untersuchungen verschiedener Arbeitsgruppen erweiterten und verfeinerten das Modell, wobei die Neu- und Weiterentwicklung von Selbstkonzeptskalen mit faktorenanalytischen Forschungsstrategien verzahnt wurde (für eine Übersicht entsprechender Befunde s. Marsh & Hattie, 1996). Ein in diesem Zuge entwickelter Fragebogen ist der »Self Description Questionnaire« (SDQ), der in eigenen Formen für Kinder (SDQ-I; Marsh, 1992a), Jugendliche (SDQ-II; Marsh, 1992b) sowie junge Erwachsene (SDQ-III; Marsh, 1992c) vorliegt. Eine altersgemäße Formulierung dieses Fragebogens war erforderlich, weil erstens die Items den Lebensrealitäten der Probanden entsprechen müssen und zweitens das Selbstkonzept mit zunehmendem Alter eine immer stärkere Differenzierung erfährt.

So unterscheidet beispielsweise der SDQ-I (der für Kinder von acht bis zwölf Jahren konzipiert wurde) nur zwischen vier außerschulischen Bereichen (physische Fähigkeit, physisches Aussehen, Beziehung zu Freunden, Beziehung zu den Eltern) und drei schulischen Facetten (Lesen, Mathematik, allgemein-schulisches Selbst). Der SDQ-III (konstruiert für Personen zwischen 16 und 25 Jahren) hingegen unterscheidet acht außerschulische Bereiche (physische Fähigkeiten, physisches Aussehen, Beziehung zu gegengeschlechtlichen Freunden, Beziehung zu gleichgeschlechtlichen Freunden, Beziehung zu den Eltern, emotionale Stabilität, Redlichkeit, Spiritualität) sowie vier schulische Facetten (Verbales, Mathematik, Problemlösen, allgemein-schulisches Selbst).

Für alle drei Selbstkonzeptinventare konnte mit einer Kombination von explorativen und konfirmatorischen Faktorenanalysen eine hierarchische Faktorenstruktur gesichert werden, die im Einklang mit dem Shavelson-Modell steht – unabhängig davon, für welche Altersstufe und welches Geschlecht die Analysen durchgeführt wurden (für eine Übersicht s. Byrne, 1996). Beispielsweise berichteten Marsh und Shavelson (1985; Shavelson & Marsh, 1986) ausführlich über eine Untersuchung mit dem SDQ-I, der in ihrer Studie von 662 australischen Schulkindern der Klassen 2 bis 5 ausgefüllt wurde. Dieser Fragebogen ist mit der Absicht konstruiert worden, sieben Facetten des Selbstkonzepts zu erfassen. Um diese zu überprüfen, führten die Autoren eine konfirmatorische Faktorenanalyse der Fragebogendaten durch. Hierfür wurde ein Faktorenmodell an die Daten angepasst, das in **Abbildung 11.2** dargestellt ist. In diesem Modell darf jede Indikatorvariable des Fragebogens nur auf jenem latenten und bereichsspezifischen Faktor laden, dem sie theoretisch auch zugeordnet ist (anders als bei der explorativen Faktorenanalyse, in der jeder Indikator auf jedem Faktor laden muss; vgl. Abschn. 2.1.4). Es zeigte sich, dass dieses Modell für jede Jahrgangsstufe angenommen werden konnte. Dieser Befund erhärtet folglich die Annahme, dass mit diesem Fragebogen genau sieben distinkte Faktoren gemessen werden.

Mit weiteren hierarchischen Faktorenmodellen versuchten die Autoren in Anlehnung an das Shavelson-Modell, die Zusammenhänge zwischen den latenten bereichsspezifischen Faktoren aufzuklären. Als besonders erfolgreich erwies sich dabei das in **Abbildung 11.3** dargestellte Modell. In ihm wurden die positiven Zusammenhänge zwischen den vier latenten außerschulischen Facetten

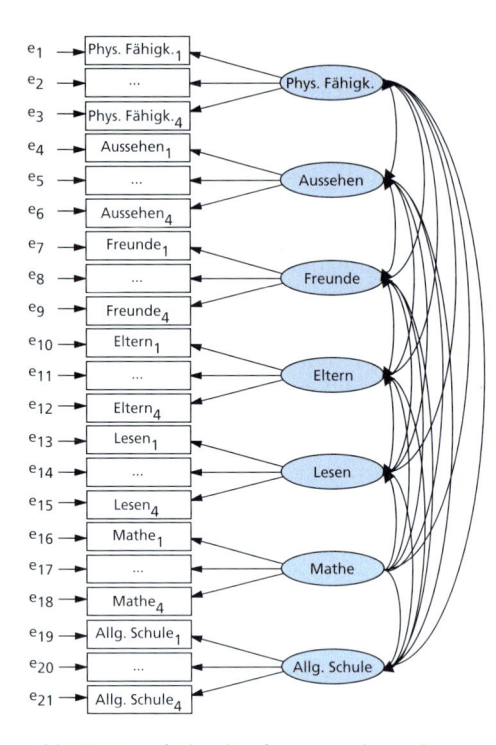

Abb. 11.2: Einfaches konfirmatorisches Faktorenmodell des »Self Description Questionnaire« (SDQ-III) aus der Studie von Marsh und Shavelson (1985).

des Fragebogens (physische Fähigkeit, physisches Aussehen, Beziehung zu Freunden, Beziehung zu den Eltern) durch einen gemeinsamen Faktor erklärt, der als übergeordnetes »außerschulisches Selbstkonzept« interpretiert werden kann. Analog dazu wurden die Zusammenhänge zwischen den latenten Facetten für die Beziehung zu den Eltern, Lesen und allgemeinem schulischen Selbst durch einen gemeinsamen Faktor zweiter Ordnung erklärt, der ein »sprachlich-schulisches Selbstkonzept« abbildet.

Darüber hinaus werden in diesem Modell die latenten Facetten für die Beziehung zu den Eltern, Mathematik und allgemeinem schulischen Selbst durch einen gemeinsamen Faktor begründet, der als »mathematisch-schulisches Selbstkonzept« bezeichnet werden kann. Eine Analyse der Daten zeigte, dass dieses Modell für alle untersuchten Jahrgangsstufen akzeptiert werden konnte. Dieser Befund verweist auf eine gute Validität des SDQ-I als Operationalisierung des Shavelson-Modells insofern, als mit diesem Ergebnis eine *multidimensionale* und *hierarchische* Struktur des untersuchten Fragebogens belegt werden konnte. Allerdings ergibt sich aus dieser Analyse eine Komplikation, da einige der Faktoren erster Ordnung auf mehreren Faktoren zweiter Ordnung laden mussten – andernfalls konnte das Modell nicht akzeptiert werden (▶ **Abb. 11.3**). Dies deutet klar darauf hin, dass die Struktur höherer Ordnung des Fragebogens komplexer ist, als dies durch das Shavelson-Modell vorhergesagt wurde.

Im deutschen Sprachraum wurden mehrere Skalen zur bereichsspezifischen Messung des Selbstkonzepts entwickelt, wie beispielsweise die »Skalen zum Akademischen Selbstkonzept« (SASK; Dickhäuser et al., 2002), die »Skala zur Messung des Selbstkonzepts der eigenen politischen Kompetenz« (SKP; Krampen, 1986) oder der »Fragebogen zum Selbstkonzept eigener sozialer Fähigkeiten« (SKS; Preiser & Wermuth, 2003). Darüber hinaus muss hier das von Georgi und Beckmann (2004) neuentwickelte »Selbstkonzept-Inventar« (SKI) genannt werden, das fünf verschiedene Bereiche des Selbst misst.

11.1.4 Realitätstreue bereichsspezifischer Selbstkonzepte

Neben Strukturproblemen zielt eine andere wichtige Fragestellung auf die Realitätstreue der verschiedenen Facetten des Selbstkonzepts. Das schulische Selbstkonzept eines Jugendlichen beinhaltet vielleicht das Wissenselement »Ich bin ein guter Schüler«, aber stimmt dies überhaupt? Das soziale Selbstkonzept einer Person mag die Kognition »Ich bin bei meinen Kommilitonen beliebt« beinhalten, aber entspricht dies der Realität? Der Frage nach der Übereinstimmung von bereichsspezifischen Selbstkonzepten mit

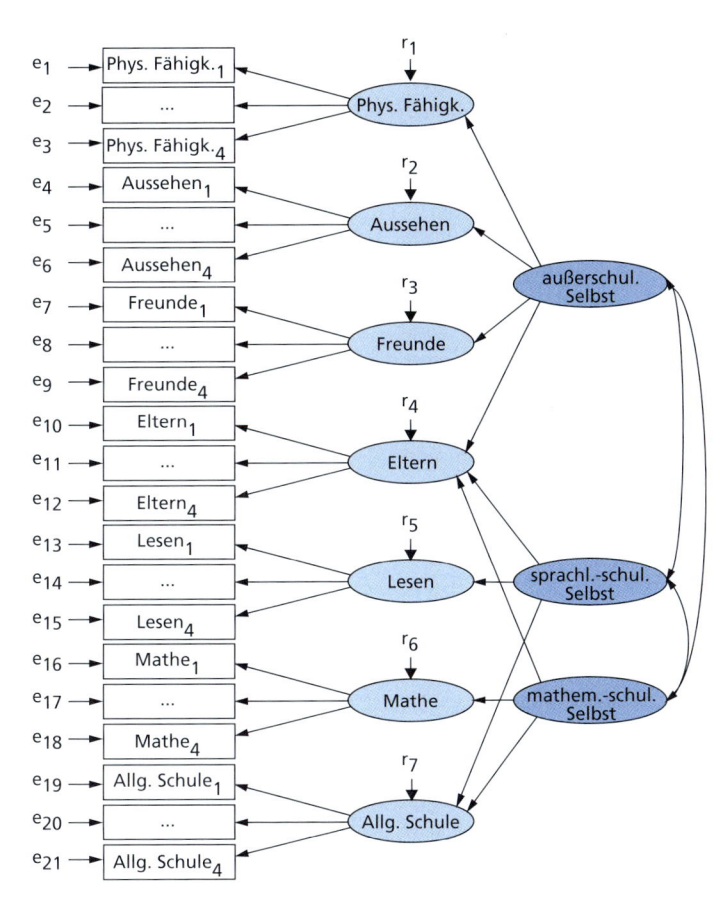

Abb. 11.3: Hierarchisches konfirmatorisches Faktorenmodell mit drei Faktoren zweiter Ordnung für den »Self Description Questionnaire« (SDQ-III) aus der Studie von Marsh und Shavelson (1985).

entsprechenden objektiven Indikatoren wurde in zahlreichen Studien nachgegangen. Im Folgenden werden summarisch einige Befunde zum schulischen und sozialen Selbstkonzept umrissen (für eine umfassende Darstellung dieser und weiterer Fragestellungen zu bereichsspezifischen Selbstkonzepten wie dem sozialen, schulischen, familiären und physischen Selbstkonzept sowie dem Selbstkonzept der eigenen Kompetenz s. den Reader von Bracken, 1996).

Schulisches Selbstkonzept

Das schulische Selbstkonzept beinhaltet – wie alle Selbstkonzepte – sowohl eine deskriptive Komponente (»Ich mag Mathematik«) als auch eine evaluative Komponente (»Ich bin gut in Mathematik«). Dabei wird mit entsprechenden Fragebogen zur Erfassung des schulischen Selbstkonzepts besonders die evaluative Komponente erfasst, d. h., diese Instrumente messen üblicherweise die *schulischen Kompetenzen, so wie sie von den Schülern selbst wahrgenommen werden*. Inwieweit dieses schulische Selbstkonzept mit »objektiven« Indikatoren schulischer Leistung übereinstimmt (wie z. B. Zeugnisnoten, Ergebnissen in schriftlichen Tests oder Lehrerbewertungen), wurde in zahlreichen Studien untersucht. In einem Überblick über solche Studien berichteten West et al. (1980), dass die Korrelationen zwischen schulischem Selbstkonzept und schulischen Leistungsindikatoren je nach Studie zwischen $r = 0{,}27$ und $r = 0{,}70$ liegen. Dementsprechend fanden Hansford und Hattie (1982) im Durchschnitt über mehrere Studien hinweg eine Korrelation von $r = 0{,}40$ für das schulische Selbstkonzept und die schulische Leistung. Diese positiven Zusammenhänge sprechen zwar dafür, dass durchaus eine gewisse Übereinstimmung zwischen der selbst wahrgenommenen Leistungsfähigkeit und den objektiven Indikatoren besteht, aber das relativ geringe Ausmaß dieses Zusammenhangs ist insofern erstaunlich, da Schulkindern ihre objektiven Leistungsindikatoren regelmäßig zurückgemeldet werden und sie daher über diese informiert sein sollten.

Neben unterschiedlichen psychologischen Erklärungen dieses Befundes (z. B. im Sinne einer Wahrnehmungsverzerrung durch selbstwertdienliche Attributionsprozesse) besteht ein gravierendes methodisches Problem darin, dass zu der Zeit, als diese Studien durchgeführt wurden, nur wenig über die Struktur des Selbstkonzepts bekannt war. Genauer gesagt postulierten Shavelson et al. (1976) in ihrem Modell zwar, dass das schulische Selbstkonzept in verschiedene Unterbereiche zerfallen könnte (wie z. B. Englisch, Geschichte, Mathematik etc.; ▸ Abb. 11.1), der empirische Nachweis für diese Annahme wurde aber erst später erbracht. So konnte beispielsweise in der oben angesprochenen Studie von Marsh und Shavelson (1985) nachgewiesen werden, dass die mit dem SDQ-I gemessenen schulischen Selbstkonzepte »Lesen« und »Mathematik« nicht unter einem einzigen übergeordneten Faktor zusammengefasst werden können. Vielmehr mussten die Autoren zwei separate Faktoren höherer Ordnung einführen (nämlich je einen für das »sprachlich-schulische Selbst« und das »mathematisch-schulische Selbst«), um die Struktur des SDQ-I zu erklären.

Marsh korrelierte (1993) die schulischen Selbstkonzepte des SDQ-III mit den Ergebnissen objektiver Leistungstests und Lehrerurteilen und berichtete einen Zusammenhang zwischen mathematischem Selbstkonzept und mathematischer Schulleistung in einer Größenordnung von $r = 0{,}58$; der entsprechende Zusammenhang für das muttersprachliche Fach Englisch betrug $r = 0{,}42$. Wurde hingegen das generelle schulische Selbstkonzept mit den Leistungen in Mathematik und Englisch korreliert, so zeigten sich nur Zusammenhänge in Höhe von $r = 0{,}27$ bzw. $r = 0{,}24$. Dies deutet darauf hin, dass die Selbstkonzepte bzw. Schulleistungen in den einzelnen Fächern tatsächlich nicht einfach aggregiert, sondern differenziert betrachtet werden müssen.

In einer weiteren Studie verwendete Marsh (1993) den von ihm entwickelten »Academic Self Description Questionnaire« (ASDQ-II; Marsh, 1990; deutsche Fassung s. Rost et al., 2007), mit dem die schulischen Selbstkonzepte für 15 verschiedene Schulfächer gemessen werden können (die von Mathematik und Geschichte über Englische Literatur bis zu Musik und Religion reichen). Hier zeigten sich zwischen den fachspezifischen schulischen Selbstkonzepten und den entsprechenden Schulleistungen Zusammenhänge zwischen $r = 0{,}45$ und $r = 0{,}70$ (mit einer durchschnittlichen Korrelation von $r = 0{,}57$). Insgesamt verweisen diese Befunde darauf, dass zumindest bei Jugendlichen eine relativ enge Übereinstimmung zwischen schulischen Selbstkonzepten und schulischer Leistung gefunden werden kann, wenn die Selbstkonzepte nur fein genug aufgefächert werden (für eine ausführlichere Darstellung der Forschung zum schulischen Selbstkonzept sei der Leser auf die ausgezeichnete Übersichtsarbeit von Byrne, 1996, verwiesen).

Soziales Selbstkonzept

Ein anderer Bereich des Selbstkonzepts, zu dem ebenfalls zahlreiche Studien zur Realitätstreue vorliegen, ist das »soziale Selbstkonzept«. Hierunter wird einerseits das Ausmaß an *sozialer Akzeptanz* (bzw. sozialer Wertschätzung) verstanden, die eine Person bei anderen bezüglich sich selbst vermutet (»Ich bin bei anderen beliebt«). Andererseits wird unter dem sozialen Selbstkonzept auch das Ausmaß an *sozialen Kompetenzen* verstanden, die eine Person sich selbst zuschreibt (»Ich bin einfühlsam«). Beide Begriffsbestimmungen überlappen sich insofern, als Personen mit selbst wahrgenommener ausgeprägter sozialer Kompetenz sich meist auch sozial akzeptiert fühlen (Berndt & Burgy, 1996).

Für den Zusammenhang zwischen sozialem Selbstkonzept bei Schülern und tatsächlicher Akzeptanz durch die Mitschüler liegen zahlreiche Studien vor, wobei das soziale Selbstkonzept (im Sinne von sozialer Akzeptanz) mit entsprechenden Skalen gemessen wurde und die soziale Akzeptanz an sich häufig mit soziometrischen Verfahren. Diese soziometrischen Techniken gehen auf die Arbeiten von Moreno (1934) zurück und gestatten es, Sozialbeziehungen zu quantifizieren. In einer häufig verwendeten Prozedur muss hierfür jedes Kind einer Klasse seine drei liebsten Mitschüler benennen sowie jene drei Klassenkameraden, die das Kind am wenigsten mag. Anschließend wird für jedes Kind ausgezählt, wie viele positive und wie viele negative Nominierungen es erhalten hat. Schließlich wird für jedes Kind ein sozialer Präferenzwert berechnet, indem von der Anzahl seiner positiven Nominierungen die Anzahl seiner negativen Nominierungen abgezogen wird. Dieser Präferenzwert gestattet es, individuelle Unterschiede der Beliebtheit von Kindern innerhalb ihrer Klasse zu quantifizieren (Bukowski & Hoza, 1989).

In einer beispielhaften Studie von Boivin et al. (1992) wurde bei insgesamt 1090 Kindern der Klassen 2 bis 4 das soziale Selbstkonzept mit der Subskala für »soziale Akzeptanz« des »Self-Perception Profile for Children« (SPPC; Harter, 1985) erfasst und die tatsächliche soziale Beliebtheit jedes Kindes mit dem sozialen Präferenzwert quantifiziert.

Es zeigten sich nur relativ geringe Zusammenhänge zwischen sozialem Selbstkonzept und tatsächlicher sozialer Akzeptanz, die für Kinder der zweiten, dritten und vierten Klasse jeweils eine Größe von $r = 0{,}27$, $r = 0{,}32$ und $r = 0{,}38$ erreichten. Dieser Befund kann durchaus als repräsentativ für zahlreiche ältere Studien angesehen werden. In einer Übersicht über diese Forschungsliteratur berichteten Berndt und Burgy (1996) die Ergebnisse von elf Studien, wobei nahezu alle Korrelationen zwischen sozialem Selbstkonzept und verschiedenen Indikatoren der sozialen Akzeptanz in einem Bereich zwischen $r = 0{,}10$ und $r = 0{,}50$ lagen. Diese Befunde lassen sich so interpretieren, dass die sozialen Selbstkonzepte der untersuchten Kinder zwar tendenziell mit ihrer objektiven sozialen Akzeptanz übereinstimmen, aber die selbst eingeschätzte soziale Akzeptanz insgesamt als wenig akkurat angesehen werden muss.

Die Befunde einer Studie von Patterson et al. (1990) könnten dabei möglicherweise erklären, wieso zwischen sozialem Selbstkonzept und sozialer Akzeptanz keine einfache lineare Beziehung besteht. Die Autoren verwendeten ebenfalls die Subskala für soziale Akzeptanz des SPPC, um das soziale Selbstkonzept zu messen, und quantifizierten die soziale Akzeptanz mit dem sozialen Präferenzwert. Aufbauend auf diesem Präferenzwert bildeten die Autoren verschiedene Untergruppen der Kinder, entsprechend ihrem jeweiligen sozialen Status. So wurden beispielsweise jene Kinder als »unbeachtet« klassifiziert, deren sozialer Präferenzwert nahe null war (die etwa gleich viele positive wie negative Nominierungen erhielten). Andere Kinder wurden als »beliebt« klassifiziert, wenn sie einen hohen sozialen Präferenzwert hatten (also viele positive und wenige negative Nominierungen). Ein Vergleich des sozialen Selbstkonzepts (angenommene Beliebtheit) mit dem sozialen Präferenzwert (tatsächliche Beliebtheit) für jede der so gebildeten Gruppen zeigte auf, dass die als »unbeachtet« klassifizierten Kinder ihre eigene Beliebtheit signifikant *überschätzten*, während als »beliebt« oder »durchschnittlich« klassifizierte Kinder ihre subjektive Beliebtheit signifikant *unterschätzten*.

Dieser Befund lässt also vermuten, dass Wahrnehmungen der eigenen sozialen Beliebtheit systematisch – aber abhängig von der tatsächlichen sozialen Akzeptanz in unterschiedlicher Richtung – verzerrt sein können. Einerseits kann eine *selbstwertdienliche Verzerrungstendenz* dazu führen, dass die Selbstwahrnehmungen rosiger ausfallen, als dies die objektiven Gegebenheiten eigentlich erlaubten. Demzufolge könnten sozial »unbeachtete« Kinder eine Tendenz zur Verleugnung ihres sozialen Status haben und folglich ein unrealistisch positives soziales Selbstkonzept unterhalten. Andererseits könnten *Tendenzen zur Bescheidenheit* dazu führen, dass Selbstwahrnehmungen sozialer Akzeptanz im Vergleich zu ihren objektiven Indikatoren weniger positiv ausfallen. Gerade sozial »beliebte« Kinder könnten durch eine solche Tendenz zur Bescheidenheit gekennzeichnet sein, mit der Folge eines unrealistisch negativen sozialen Selbstkonzepts (für eine weiterführende Diskussion sei der Leser auf die Übersichtsarbeit von Berndt & Burgy, 1996, verwiesen).

11.1.5 Das globale Selbstkonzept

Nachdem Personen ihren Selbstwert aus unterschiedlichsten Bereichen ihres Lebens (Arbeit, Familie, Sportverein etc.) schöpfen, muss es einen »Mechanismus« geben, der diese bereichsspezifischen Selbstkonzepte irgendwie zu einem globalen Selbstkonzept »verrechnet«. Dabei sind es die evaluativen Komponenten der bereichsspezifischen Selbstkonzepte, die hier zu einem globalen Selbstwertgefühl komprimiert werden (»globales Selbstkonzept« und »globales Selbstwertgefühl« werden in diesem Zusammenhang oft synonym verwendet). Besonders die hierarchischen Strukturmodelle wie das Shavelson-Modell legen einen solchen Mechanismus nahe (▶ **Abb. 11.1**). Dabei erscheint es plausibel, dass eine Person, die in den verschiedensten Lebensbereichen recht positive Selbstkonzepte aufgebaut hat, auch insgesamt ein hohes Selbstwertgefühl haben wird. Umgekehrt kann vermutet werden, dass eine Person mit überwiegend negativen Selbstkonzepten in den verschiedenen Bereichen ihres Lebens auch insgesamt eine eher negative Gesamtbilanz über ihren Selbstwert ziehen muss. Wie eine solche Aggregation der bereichsspezifischen Selbstkonzepte zu einem globalen Selbstwertgefühl funktioniert, ist die letzte Frage der Selbstkonzeptforschung, der hier nachgegangen werden soll.

Nach Marsh und Hattie (1996) lassen sich hypothetisch drei verschiedene Aggregationsverfahren unterscheiden.

- Bei dem Verfahren des *einfachen ungewichteten Durchschnitts* werden die Mittelwerte aus den bereichsspezifischen Selbstwerteinschätzungen berechnet. Hier gehen also bei der globalen Selbstwertberechnung die Selbstwerteinschätzungen in den verschiedenen Lebensbereichen (wie z. B. das sprachlich-schulische Selbstkonzept oder das soziale Selbstkonzept) mit gleicher Stärke in die Rechnung ein.
- Bei dem Verfahren des *konstant gewichteten Durchschnitts* wird hingegen berücksichtigt, dass manche Lebensbereiche generell wichtiger für die Ausbildung des globalen Selbstwertgefühls sein könnten als andere Lebensbereiche. Dabei wäre es eine Aufgabe empirischer Forschung, die relative Bedeutung der verschiedenen Lebensbereiche für die Selbstwertkonstruktion zu untersuchen (so könnte es z. B. sein, dass das sprachlich-schulische Selbstkonzept mit einem geringeren Gewicht in die Rechnung eingeht als das soziale Selbstkonzept).
- Bei dem Verfahren des *individuell gewichteten Durchschnitts* wird noch be-

rücksichtigt, dass die Bedeutung der einzelnen Lebensbereiche für die Ausbildung des globalen Selbstwertgefühls von Person zu Person variieren könnte (so könnte z. B. bei einer Person das sprachlich-schulische Selbstkonzept mit einem geringeren Gewicht in die Rechnung eingehen als das soziale Selbstkonzept, bei einer anderen Person könnte sich die Wertigkeit dieser beiden Bereiche umkehren).

Welcher dieser drei Aggregationsmechanismen den Zusammenhang zwischen bereichsspezifischen und globalen Selbstwerteinschätzungen am besten beschreiben kann, war Gegenstand zahlreicher empirischer Forschungsbemühungen. Hierfür wurden in der typischen Studie sowohl bereichsspezifische Selbstwertschätzungen mit entsprechenden Skalen erhoben als auch eine globale Selbstwertschätzung (entsprechende Beispielitems für die Skala »globales Selbst« aus dem SDQ-III sind: »Ich habe insgesamt betrachtet ein großes Selbstvertrauen« vs. »Insgesamt betrachtet ist alles, was ich tue, bedeutungslos«). Schließlich mussten in einigen dieser Studien die Versuchspersonen noch angeben, wie wichtig die verschiedenen, mit den Selbstkonzeptskalen erfassten Lebensbereiche für sie persönlich sind.

Die in diesen Studien erzielten Befunde sind durchaus heterogen, und auch die Schlussfolgerungen aus diesen Untersuchungen werden kontrovers diskutiert (für entsprechende Darstellungen s. die diversen Übersichtsarbeiten im Reader von Bracken, 1996). Summarisch können allerdings folgende Ergebnisse festgehalten werden.

Erstens sprechen einige Studien dafür, dass die verschiedenen Bereiche des Selbstkonzepts in der Tat eine unterschiedliche Bedeutung für die Bildung des globalen Selbstwertgefühls haben. So führte beispielsweise Harter (1996) in einer entsprechenden Übersicht über eigene Befunde aus, dass das *Selbstkonzept der physischen Erscheinung* (»Ich bin attraktiv«) einen engeren Zusammenhang mit dem globalen Selbstwertgefühl aufweist als jede andere Facette des Selbstkonzepts. Dabei reichten die Korrelationen zwischen physischem Selbstkonzept und globalem Selbstwertgefühl von $r = 0{,}65$ bis $r = 0{,}82$, je nach untersuchter Stichprobe (die einzelnen Studien deckten den Altersbereich zwischen 4 und 55 Jahren ab). Als zweitwichtigster Bereich folgt nach Harter (1996) das *soziale Selbstkonzept sensu sozialer Akzeptanz*. Die Zusammenhänge zwischen weiteren Bereiche des Selbstkonzepts und dem globalen Selbstwertgefühl sind noch geringer und liegen in einem Bereich zwischen $r = 0{,}30$ und $r = 0{,}50$.

Zweitens liegen auch Befunde vor, die für individuelle Unterschiede in der Gewichtung der einzelnen Bereiche des Selbstkonzepts für die Bildung des globalen Selbstwertgefühls sprechen. So verweist Harter (1996) in ihrer Übersicht über eigene Befunde auf entsprechende Daten: Kompetenzen in jenen Bereichen des Selbstkonzepts, die von einer Person als wichtig erachtet werden, weisen einen größeren Zusammenhang mit dem globalen Selbstwertgefühl auf ($r = 0{,}70$) als Kompetenzen in den Bereichen des Selbstkonzepts, die von der Person als unbedeutend angesehen werden ($r = 0{,}30$).

Insgesamt scheinen die zuerst genannten Daten mit der Hypothese eines konstant gewichteten Durchschnitts verträglich, wobei das Selbstkonzept der physischen Erscheinung sowie das Selbstkonzept der sozialen Akzeptanz die beiden besten Prädiktoren für das globale Selbstwertgefühl sind. Die weiteren Befunde stützen allerdings auch die Hypothese eines individuell gewichteten Durchschnitts, was durchaus kein Widerspruch sein muss: Zwar spielen physische Erscheinung und soziale Akzeptanz im Allgemeinen eine wichtige Rolle für die Ausbildung eines positiven Selbstwertgefühls, aber es gibt bedeutsame individuelle Unterschiede – im Einzelfall lohnt es sich also, die persönlichen Wertigkeiten der verschiedenen Bereiche des Selbstkonzepts zu berücksichtigen. Einschränkend muss allerdings an dieser Stelle auf mehrere Studien hingewiesen werden, die kaum einen empirischen Hinweis auf eine unterschiedliche bzw. individuelle Gewichtung der verschiedenen Selbstkonzeptbereiche erbringen konnten. Eine entsprechende methodenkritische Übersicht findet der Leser bei Marsh und Hattie (1996), die letztendlich der Hypothese des einfachen ungewichteten Durchschnitts den Vorzug geben.

> **Zusammenfassung von Kapitel 11.1**
>
> Das Selbstkonzept lässt sich definieren als die Gesamtheit des relativ zeitstabilen Wissens einer Person über sich selbst und somit verkürzt als ein selbstbezogenes Wissenssystem. Dieses System enthält deskriptive und evaluative Elemente. Einige Psychologen unterscheiden zwischen einem realen Selbst und einem idealen Selbst. Dieses Wissenssystem wird aufgebaut durch die Beobachtung des eigenen Verhaltens sowie durch soziale Interaktionen, bei denen man direkt oder indirekt Informationen über die eigene Person gewinnt oder bei denen man sich mit anderen Personen vergleicht. In der Psychologischen Diagnostik findet häufig eine Akzentuierung der evaluativen Elemente statt, so dass »Selbstkonzept« und »Selbstwert« immer wieder auch synonym verwendet werden. Für die Messung des Selbstkonzeptes wird häufig der Lebensalltag in verschiedene Bereiche segmentiert und getrennt für diese Bereiche nach dem Selbstkonzept gefragt. Vor allem faktorenanalytische Untersuchungen dieser bereichsspezifischen Selbstkonzeptvariablen legen eine hierarchische Struktur nahe, wie sie prototypisch von Shavelson und Mitarbeitern für Jugendliche vorgeschlagen wurde (▶ Abb. 11.1). An der Spitze der Hierarchie steht ein genereller Selbstkonzeptfaktor, der sich eine Schicht tiefer in ein schulisches sowie ein nichtschulisches Selbstkonzept auftrennt. Letzteres lässt sich – auf der gleichen Hierarchieebene – in ein soziales, ein emotionales und ein physisches Selbstkonzept aufteilen. Diese Selbstkonzepte zerfallen dann auf tieferen Schichten in immer spezifischere Bereiche, in denen eine Selbstbewertung stattfindet. Ein Fragebogen, der ein hierarchisches Modell des Selbstkonzeptes bei Kindern, Jugendlichen und jungen Erwachsenen operationalisiert, wurde von Marsh und Mitarbeitern unter dem Namen »Self Description Questionnaire« (SDQ) eingeführt. Werden die Messwerte für das allgemeine schulische Selbstkonzept mit den Schulleistungen korreliert, so zeigen sich nur Zusammenhänge in einer Größe von ca. 0,40. Werden hingegen die schulfachspezifischen Selbstkonzeptwerte mit den Fachnoten korreliert, so erhöht sich der Zusammenhang auf ca. 0,60. Insgesamt spricht dieser Befund für eine gewisse Realitätstreue des schulischen Selbstkonzeptes. In Studien zum Zusammenhang des sozialen Selbstkonzeptes und der tatsächlichen Beliebtheit von Schülern liegen die Korrelationen typischerweise in einem Bereich zwischen 0,30 und 0,40. Diese mangelhafte Realitätstreue kann teils durch selbstwertdienliche Verzerrungen und teils durch Tendenzen zur Bescheidenheit erklärt werden. Für die Ausprägung des generellen Selbstkonzeptes scheinen schließlich die Selbstkonzepte der physischen sowie der sozialen Attraktivität eine besonders gewichtige Rolle zu spielen, allerdings gibt es bei der Bedeutung der spezifischen Selbstkonzepte für das generelle Selbstkonzept auch individuelle Unterschiede.

11.2 Selbstwirksamkeit

Ein wichtiges psychologisches Konstrukt, das mit dem »Selbst« und der »Identität« einer Person verwoben ist, wurde von dem amerikanischen Psychologen Albert Bandura (1977) mit dem Begriff »Selbstwirksamkeit« (»self-efficacy«) in die Literatur eingeführt. Dabei versteht Bandura unter »Selbstwirksamkeitserwartungen« (»self-efficacy beliefs«) den Glauben an die eigenen Fähigkeiten, »den Handlungsverlauf so zu organisieren und durchzuführen, dass ein gegebenes Ziel verfolgt werden kann« (Bandura, 1997, S. 3).

Dieses Konstrukt zielt also auf die wahrgenommene persönliche Kontrolle und Wirksamkeit von Personen. Selbstwirksamkeitserwartungen sind folglich die Überzeugungen von Personen bezüglich ihrer Kompetenzen und ihrer Fähigkeit, diese Kompetenzen auch in entsprechenden Lebensbereichen und Situationen auszuüben. Dabei dürfen Selbstwirksamkeitserwartungen nicht mit Ergebniserwartungen verwechselt werden: Selbstwirksamkeitserwartungen resultieren aus einer Bewertung der eigenen Fähigkeit, die vorhandenen Ressourcen im Dienst der Zielverfolgung zu mobilisieren. Ergebniserwartungen resultieren hingegen aus einer Bewertung der Wahrscheinlichkeit, dass die Zielverfolgung mit bestimmten Mitteln auch zu einer Zielerreichung führt (Bandura, 1997).

Darüber hinaus darf der Begriff »Selbstwirksamkeitserwartungen« nicht mit »Selbstkonzept« verwechselt werden, da ersterer wesentlich enger gefasst ist: Zwar können Selbstwirksamkeitserwartungen als (wichtiger) Teil des Selbstkonzepts einer Person aufgefasst werden, welches die Gesamtheit des Wissens über die eigene Person beinhaltet (Filipp, 1979; Filipp & Mayer, 2005). Darüber hinaus aber beinhaltet das Selbstkonzept noch eine große Anzahl weiterer deskriptiver und evaluativer Elemente (s. Abschn. 11.1).

Eine für die Forschung wichtige Frage zielt auf die Breite bzw. Generalisierbarkeit solcher Überzeugungen über verschiedene Lebensbereiche und Situationen hinweg. Hier vertreten einige Autoren wie Maddux und Gosselin (2003) die Ansicht, dass Selbstwirksamkeitserwartungen zwar innerhalb relativ eng umschriebener Klassen von Situationen, aber kaum über Situationsklassen hinweg generalisieren können. So mag beispielsweise eine Automechanikerin eine hohe Selbstwirksamkeitserwartung bezüglich des Reparierens von Automotoren haben, ebenso wie sie auch eine hohe Selbstwirksamkeitserwartung für das Reparieren von anderen mechanischen Geräten aufweisen mag. Dies impliziert hingegen nicht, dass sie auch eine hohe Selbstwirksamkeitserwartung bezüglich des Fußballspielens hat. Aufgrund einer solchen augenfälligen Bereichsspezifität von Selbstwirksamkeitserwartungen hat es nach Maddux und Gosselin (2003) nur wenig Sinn, von einer »globalen Selbstwirksamkeitserwartung« zu sprechen. Tatsächlich wurden zwar Instrumente zur Messung einer globalen Selbstwirksamkeitserwartung entwickelt, wie beispielsweise die Skala zur Messung der »Generalisierten Kompetenzerwartung« von Schwarzer (1994). Solche globalen Selbstwirksamkeitserwartungen erwiesen sich allerdings in der empirischen Forschung im Vergleich zu bereichsspezifischen Maßen der Selbstwirksamkeitserwartung nicht als bessere Prädiktoren tatsächlicher Handlungsergebnisse (Maddux & Gosselin, 2003).

Aufgrund solcher Überlegungen wurde von unterschiedlichen Autoren gefordert, dass ein gutes Instrument zur Messung der Selbstwirksamkeitserwartung spezifisch für einen ganz bestimmten Lebens- oder Handlungsbereich sein sollte (s. Bandura, 1997; Maddux & Gosselin, 2003). Dementsprechend wurde in den letzten Jahrzehnten eine

Fülle von Fragebogen entwickelt, mit denen – je nach theoretischer Orientierung oder praktischem Forschungsinteresse – die Selbstwirksamkeitserwartungen in den unterschiedlichsten Lebensbereichen gemessen werden können. Um nur einen kleinen Einblick in die Vielfalt der operationalisierten Konstrukte zu geben, seien hier einige aufgelistet. Dabei spannt sich der Bogen von der fachspezifischen akademischen Selbstwirksamkeitserwartung (Bong, 1998) oder der Selbstwirksamkeitserwartung beim Management einer Schulklasse (Brouwers & Tomic, 2000) über die Selbstwirksamkeitserwartung beim Durchführen einer Diät (Goodrick et al., 1999), der Selbstwirksamkeitserwartung beim Praktizieren von »Safer Sex« (Forsyth & Carey, 1998) bis hin zur Selbstwirksamkeitserwartung beim Bewältigen von chronischen Krankheiten (Holman & Lorig, 1992) oder der Selbstwirksamkeitserwartung bei aufgabenspezifischen Gedächtnisleistungen (Gardiner et al., 1997).

Diese unterschiedlichsten Selbstwirksamkeitserwartungen wurden oft daraufhin untersucht, ob sie in einem Zusammenhang mit tatsächlichen Handlungsausgängen stehen (also dem Erreichen entsprechender Handlungsziele). Die Literatur hierzu ist zu umfangreich, um hier auch nur annähernd vollständig wiedergegeben zu werden. Generell aber scheint ein positiver Zusammenhang zwischen Selbstwirksamkeitserwartung und Handlungsergebnis zu bestehen. So gehen höhere Selbstwirksamkeitserwartungen beispielsweise mit einer erfolgreichen Veränderung bzw. Aufrechterhaltung von gesundheitsbezogenem Verhalten einher, wie beispielsweise regelmäßigem Sport, Diät, Stressbewältigung, »Safer Sex«, Raucherentwöhnung, Alkoholentwöhnung sowie dem Einhalten von Regeln (engl. »compliance«) bei Prävention und Therapie.

Ebenso wurden positive Zusammenhänge zwischen Selbstwirksamkeitserwartungen und der Bewältigung von traumatischen Lebensereignissen berichtet, aber auch zwischen Selbstwirksamkeitserwartungen und der Rückfallresistenz bei Drogenabhängigen im Entzug. Schließlich beeinflussen Selbstwirksamkeitserwartungen neben der Berufswahl auch die im Beruf gezeigte Leistung – beispielsweise berichteten Stanjovic und Luthans (1998) in einer Meta-Analyse von 144 einzelnen Studien eine durchschnittliche Korrelation zwischen Maßen der Selbstwirksamkeitserwartung und Indikatoren der berufsbezogenen Leistung in Höhe von $r = 0{,}38$. Für eine ausführlichere Darstellung all dieser Befunde sei der Leser auf die ausgezeichnete Literaturübersicht von Maddux und Gosselin (2003) verwiesen sowie auf die dort zitierte Literatur.

Zusammenfassung von Kapitel 11.2

Unter »Selbstwirksamkeitserwartung« (engl. »self-efficacy belief«) versteht man nach Bandura den Glauben an die eigenen Fähigkeiten und Fertigkeiten. Diese generalisierte Erwartungshaltung muss spezifisch für die unterschiedlichen Lebensbereiche und Situationen betrachtet werden. Dementsprechend wurde eine Fülle von recht spezifischen Selbstwirksamkeitsfragebögen entwickelt. Die empirischen Daten verweisen darauf, dass die Selbstwirksamkeitserwartung ein Prädiktor für gesundheitsbezogenes Verhalten ist, für die Bewältigung von traumatischen Lebensereignissen sowie für die berufliche Leistung – stets geht eine größere Selbstwirksamkeitserwartung mit einer besseren Verhaltenssteuerung im Dienste der Zielerreichung einher.

12 Verhaltensvorhersage durch Eigenschaften

> In diesem abschließenden Kapitel von Teil III, der sich mit interindividuellen Differenzen im Persönlichkeitsbereich befasst hat, wird die entscheidende Frage zu behandeln sein: Wie gut können Eigenschaften zukünftiges Verhalten vorhersagen? Welche weiteren Informationen über die Situation, in der das Verhalten auftritt, sind erforderlich? Hierzu gibt es verschiedene Modellvorstellungen (12.1). Die Forschung hat gezeigt, dass es eine Reihe von methodischen und inhaltlichen Aspekten gibt, die zu einer Verbesserung der Verhaltensvorhersage beitragen können (12.2). Mit solchen Bemühungen wird nicht nur die Technik der Verhaltensvorhersage, sondern auch unser Verständnis von der Herkunft von interindividuellen Unterschieden im Verhalten verbessert.

12.1 Modelle für Eigenschaftstheorien

12.1.1 Personismus

Interindividuelle Unterschiede im Erleben und Verhalten sind uns sehr geläufig: Der eine mag bei ungerechtem Tadel nur geringe Zeichen erhöhter Unruhe zeigen, wo ein anderer vor Zorn außer sich gerät. Sprechen vor einer größeren Menschenmenge bereitet manchem allenfalls eine gewisse Nervosität, führt bei vielen anderen dagegen zu panikartigen Reaktionen. All dieses sind geläufige Beobachtungen, die zusammengefasst werden können in der Feststellung, dass das konkrete Verhalten nicht nur vom situativen Kontext, sondern darüber hinaus von der Persönlichkeit des Einzelnen abhängt, persönliche und situative Merkmale bei der Gestaltung des Verhaltens also zusammen wirksam sind.

Das Modell

Die Annahme von Eigenschaften war in Abschnitt 1.6.3 aus der Stabilität und Konsistenz von interindividuellen Verhaltensunterschieden, wie sie insbesondere in Verhaltensgewohnheiten zum Ausdruck kommen, abgeleitet worden. Ziel der Forschung in der Persönlichkeitspsychologie war es folgerichtig, die Ausprägung einer Eigenschaft im Einzelfall zu erfassen und auf dieser Grundlage späteres Verhalten vorherzusagen. Die Psychologische Diagnostik bedient sich schwerpunktmäßig eben dieses Paradigmas.

Mit diesen Grundannahmen und der dazu gehörenden Ausrichtung in Forschung und Anwendung ist ein funktionales Modell umrissen, das das Verhalten (V) einer Person i in einer Situation j als Funktion einer Eigenschaft (P) der Person i versteht:

$$V_{ij} = f(P_i) \qquad (12.1)$$

Abbildung 12.1 zeigt die Auswirkung dieses Modells auf die Vorhersage eines Verhaltensmerkmals bei drei Personen in drei Situationen. Es ist sofort erkennbar, dass nach diesem Modell die Situationen keinerlei Einfluss auf das Verhalten nehmen. Anders ausgedrückt, das Modell nimmt eine *absolute Konsistenz* des Verhaltens an, was vielleicht in Grenzfällen schwerer Erkrankungen auftreten mag. Die Plastizität des Verhaltens über Situationen hinweg widerspricht diesem Modell jedoch und erfordert einen Einbezug von Situationseinflüssen auf das Verhalten. Daraus resultiert das personistische Modell der *relativen Konsistenz*:

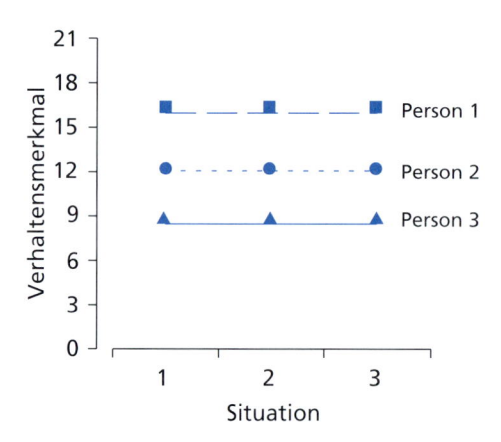

Abb. 12.1: Personismus-Modell der absoluten Konsistenz nach Gleichung 12.1. Die Verhaltensgleichung lautet in diesem Beispiel $V_{ij} = b\,P_i + a$, mit $a = 6$, $b = 2$ und $P = [5, 3, 2]$ für $i = 1$ bis 3.

$$V_{ij} = f(P_i, S_j) \qquad (12.2)$$

Dieses Modell nimmt zusätzlich zu einer Eigenschaft der Person auch Situationseinflüsse (S) als Prädiktoren des Verhaltens an. Da die Prädiktoren in dem Beispiel in **Abbildung 12.2** additiv auf das Verhalten einwirken, verlaufen die Personenprofile parallel zueinander. Da Konsistenz als Korrelation jeweils zweier Situationen über die Personen bestimmt wird, ist in diesem Beispiel die Konsistenz zwischen allen drei Situationspaaren mit $r = 1{,}0$ maximal. Dieses Modell entspricht dem klassischen Eigenschaftsmodell der Persönlichkeitspsychologie: Eigenschaften der Person und Einflüsse der Situation bestimmen additiv das Verhalten.

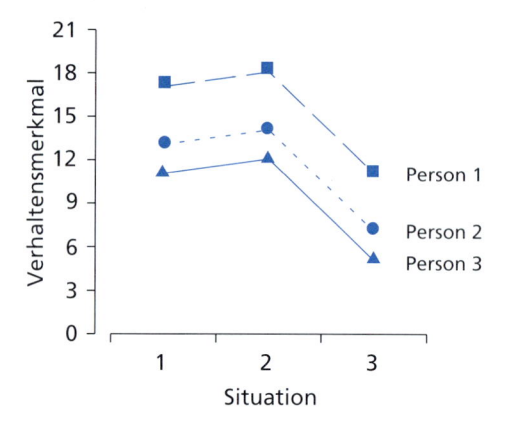

Abb. 12.2: Personismus-Modell der relativen Konsistenz nach Gleichung 12.2. Die Verhaltensgleichung lautet in diesem Beispiel $V_{ij} = b\,P_i + c\,S_j + a$, mit $a = 6$, $b = 2$, $c = 0{,}5$, $P = [5, 3, 2]$ für $i = 1$ bis 3 und $S = [2, 4, -10]$ für $j = 1$ bis 3.

Befunde und Kommentar

Die Annahme von Eigenschaften nach dem personistischen Persönlichkeitsmodell setzt die zeitliche Stabilität der Eigenschaft und transsituationale Konsistenz in der Vorhersage von Erleben und Verhalten voraus.

Die zeitliche Stabilität von Eigenschaften ist nach den in Abschnitt 7.5 berichteten Befunden hoch. So betrug nach Conley (1984) die Jahresstabilität wahrer (d. h. maximal reliabler) Werte im Intelligenzbereich 0,99, im Persönlichkeitsbereich 0,98 und im Bereich des Selbstkonzepts 0,94.

Nach zehn Jahren betragen dann die Stabilitäten wahrer Werte 0,90, 0,82 bzw. 0,54. Somit ist für den Leistungs- und Persönlichkeitsbereich eine hohe Stabilität gewährleistet.

Weniger positiv ist es bestellt um die *Vorhersage von Verhalten* in einer Situation B aus der Kenntnis des Verhaltens in einer Situation A (transsituationale Konsistenz) oder um die Vorhersage von Verhalten aufgrund der Ausprägung einer Eigenschaftsdimension (Validität), wie sie in herkömmlichen Tests ermittelt wird.

Wie im Einzelnen vorgegangen wird, um Konsistenz zu überprüfen, mögen einige Beispiele aus der älteren Literatur illustrieren (▶ **Kasten 12.1**). Weiteres Material mit tendenziell gleichsinnigen Resultaten findet sich in Mischel (1968). Mischel stellte fest, dass die transsituationale Konsistenz gering und umso niedriger sei, je unähnlicher die auslösenden Situationen ausfielen. Dem wurde entgegengehalten, dass in vielen einschlägigen Studien die notwendigen Bedingungen für Konsistenz nicht gegeben waren:

- Die zu vergleichenden Situationen sollten annähernd gleiche motivationale Anreizbedingungen aufweisen,
- die Situationen müssen für die untersuchten Personen Verhaltensoptionen zulassen,
- die Situationen müssen für die Verhaltensziele der untersuchten Personen bedeutsam sein und
- die erfassten Verhaltensmerkmale müssen reliabel gemessen worden sein, was für viele Studien zur Konsistenz des Verhaltens nicht zutrifft (Epstein, 1979; Epstein & O'Brien, 1985).

> **Kasten 12.1: Die Anfänge der Forschung zur Vorhersage von Verhalten**
>
> Newcomb (1929) registrierte das Verhalten von 51 Jungen in einem Sommerlager über mehrere Wochen hinweg. Grundlage waren 30 verschiedene Situationen. Die darin auftretenden spezifischen Verhaltensweisen wurden konzeptuell in 10 Traits kategorisiert, die etwa dem Niveau heutiger Primärfaktoren entsprachen (z. B. Dominanz/Submissivität, Beweglichkeit/Schwerfälligkeit) und ihrerseits die beiden Persönlichkeitstypen der Extravertierten und Introvertierten definieren sollten. Innerhalb der Traits interkorrelierten die Verhaltensweisen im Mittel zu $r = 0{,}14$. Die durchschnittliche Korrelation der Traits miteinander betrug $r = 0{,}20$. Daraus wurde nur eine geringe Konsistenz des Verhaltens abgeleitet.
>
> Ähnliches berichtete Dudycha (1936) zum Trait »Pünktlichkeit«. Bei mehr als 300 Studenten wurde registriert, ob sie rechtzeitig zu frühmorgendlichen Kursen, zu Verabredungen, Gemeinschaftsveranstaltungen u. Ä. eintrafen. Die mittlere Korrelation zwischen den einzelnen Indikatoren, interpretierbar auch als transsituationale Konsistenz, belief sich hier auf $r = 0{,}19$.
>
> Die bekannteste Untersuchung ist jene von Hartshorne und May (1928). Die Autoren registrierten an 850 Kindern in 23 Situationen aus dem Klassenzimmer, aus sportlichen Wettkämpfen, Partys und der häuslichen Umwelt solche Ereignisse, in denen gelogen, betrogen und gestohlen wurde. Innerhalb der zu einer Kategorie gehörigen Tests waren die Interkorrelationen zwar von mittlerer Höhe (z. B. $r = 0{,}44$ für Betrügen bei Speed-Tests), doch fielen die Korrelationen zwischen den Situationen sehr niedrig aus. Das Mittel aller Koeffizienten betrug nur $r = 0{,}13$. Die interindividuelle Konsistenz war damit sehr niedrig. Der Umstand, ob ein Kind unehrlich ist oder nicht, hängt nach Meinung der Autoren im

Wesentlichen von den Charakteristika der jeweiligen Situation, nicht aber von einer allgemeinen Eigenschaft der Ehrlichkeit ab.

Allerdings waren die von Hartshorne und May (1928) untersuchten Kinder noch sehr jung, weshalb man noch nicht eine differenzierte Ausprägung der Eigenschaft Ehrlichkeit erwarten kann. Erst mit zunehmendem Alter setzt eine Vergegenwärtigung moralischer Normen mit Hilfe abstrakter Vorstellungen ein. In Einklang damit steht die Beobachtung, dass diejenigen Kinder, die über die verschiedenen Situationen hinweg immer in etwa gleich ehrlich oder unehrlich waren und als »integriert« bezeichnet wurden, älter waren und besonders häufig aus besserem sozialen Milieu stammten. Zudem waren die realisierten Verhaltensproben größtenteils von fragwürdiger Reliabilität, was von vornherein die Aussicht auf Zusammenhänge mit anderen Maßen reduzieren musste. In einer Reanalyse der früheren Daten griff Burton (1963) nur jene Tests heraus, deren Reliabilität mindestens bei 0,70 lag. Eine Faktorisierung dieser Maße erbrachte einen »Ehrlichkeits«-Faktor, der bis zu 43 % der Gesamtvarianz erklärte – ein gegenüber der ursprünglichen Arbeit deutlich positiveres Resultat. In Fortführung des Argumentes der unzureichenden Reliabilität hat Epstein (1979) zeigen können, dass den meisten der bisherigen Untersuchungen zur Vorhersage von Verhalten aus Testwerten oder (anderen) Verhaltensstichproben nur singuläre und punktuelle Verhaltensweisen zugrunde lagen, die notwendigerweise mit einer hohen Fehlervarianz behaftet sind (s. auch Kapitel 25).

Auch in Bezug auf die Vorhersage von Verhalten durch Tests kritisierte Mischel (1968), dass die Güte der Vorhersage selten den Wert von $r = 0{,}30$ übersteige. Dies sei nicht mit einem personistischen Eigenschaftskonzept vereinbar. Dem wurde entgegnet, dass Eigenschaften funktionell äquivalente, nicht aber notwendigerweise identische Formen des Erlebens und Verhaltens vermitteln. Funktionell äquivalente Formen des Erlebens und Verhaltens besitzen für das Individuum eine vergleichbare Bedeutung und Funktion (Allport, 1937). Freundlichkeit mag sich in der einen Situation in Form von Sprechen, in einer anderen gerade durch Schweigen äußern. Entsprechend könnte dasselbe Verhalten aus ganz unterschiedlichen Beweggründen gezeigt werden; der eine lüge, um sich einen Vorteil zu verschaffen, während ein anderer lüge, um einen Freund nicht bloßzustellen.

Andere Einwände gegen Mischels Kritik setzten sich mit der »magischen« Validitätsgrenze von $r = 0{,}30$ auseinander:

- Zwischen den in einer Persönlichkeitsskala erfassten breit generalisierten Verhaltenstendenzen und einer einzelnen Verhaltensweise besteht eine große Asymmetrie in Bezug auf deren jeweiligen Geltungsbereich und die psychometrischen Güteeigenschaften. Asymmetrie verringert aber die Validität (Wittmann, 1988).
- Die Reliabilität einer einzelnen Verhaltensweise ist, wie schon erwähnt, oft viel niedriger als die eines Testverfahrens. Dies senkt die Validität des Testverfahrens für diese Verhaltensweise stark ab. Selbst die Items der gebräuchlichen Leistungstests und Persönlichkeitsfragebogen weisen nur Interkorrelationen in der Größenordnung um 0,20 auf, ohne dass aus solchen niedrigen Interkorrelationen eine niedrige Konsistenz bzw. eine hohe Situationsspezifität abgeleitet worden wäre (in diesem Sinne auch Bem & Allen, 1974).
- Eine Validität von $r = 0{,}30$ ist nicht als so gering einzuschätzen, wie Mischel dies unterstellt hat. Diese Effektstärke wird auch bei vielen, u. a. sozialpsychologischen, Gruppenvergleichen erzielt, dort aber als Theoriebestätigung gewertet (Funder & Ozer, 1983).

- Die praktische Bedeutsamkeit selbst einer niedrigen Validität wird häufig unterschätzt. Ein einfach anzuwendendes Maß, das »Binäre Effektstärkendisplay« (BESD; s. Rosnow & Rosenthal, 1996), gibt die praktische Bedeutsamkeit des Effekts einer Behandlung (erfolgt vs. nicht erfolgt) auf die damit zu erzielende Erfolgsquote (erfolgreich vs. nicht erfolgreich) an. Auf die hier behandelte Validitätsfragestellung angewendet, wird mit dem BESD der Effekt eines hohen vs. niedrigen Werts in einem Persönlichkeitstest auf ein dichotomes Kriterium erfasst, z. B. Gewissenhaftigkeit (hoch vs. niedrig) und Einkommen (hoch vs. niedrig). Eine Korrelation r zwischen Gewissenhaftigkeit und Einkommen gibt dann die relative Häufigkeit an, mit der Personen mit hoher im Vergleich zu niedriger Gewissenhaftigkeit ein hohes Einkommen haben. Ein $r = 0,30$ bedeutet demnach, dass im Vergleich zu einer fehlenden Validität ($r = 0$) aus der Kenntnis hoher Gewissenhaftigkeitswerte für 15 von 100 Personen ein höheres und aus der Kenntnis niedriger Gewissenhaftigkeitswerte ein niedrigeres Einkommen zutreffend vorhergesagt werden kann, wenn die Randwahrscheinlichkeiten jeweils 100 % betragen (▶ Tab. 12.1). 30 % der Personen werden also richtiger eingestuft.
- Verhaltensweisen oder Fragebogenwerte sind nur Indikatoren von zugrundeliegenden Eigenschaften. Die Korrelation r der Indikatoren untereinander ist aus dieser Perspektive nur ein Nebenprodukt der eigentlich mehr interessierenden Beziehung b zwischen den beiden Indikatoren x und y und der Eigenschaft. Da $r = b_{xy}b$ gilt, kann eine Validität von $r = 0,30$ mit durchaus akzeptablen Indikator-Eigenschaft-Beziehungen einhergehen, z. B. $b_x = b_y = 0,55$.

Hinsichtlich der Vorhersage von *Verhalten aus den Resultaten standardisierter Tests*

Tab. 12.1: Binäres Effektstärkendisplay für einen Validitätskoeffizienten von $r = 0,30$ zwischen Gewissenhaftigkeit und Einkommen.

Gewissenhaftigkeit	Einkommen	
	niedrig	hoch
niedrig	65 %	35 %
hoch	35 %	65 %

Judge et al. (1999) berichteten eine Korrelation von 0,34 zwischen Gewissenhaftigkeit und Einkommen.

muss allerdings differenziert werden zwischen dem Leistungsbereich einerseits und Persönlichkeitsmerkmalen im engeren Sinne andererseits. Wie die in Kapitel 5 mitgeteilten Befunde zur Intelligenz erkennen lassen, weist Intelligenz fast durchgängig substantielle Korrelationen mit Maßen des Berufs- und Ausbildungserfolges auf, und zwar nicht nur dann, wenn die jeweiligen Indikatoren simultan, sondern auch in solchen Fällen, wo diese prädiktiv längsschnittlich erhoben werden. McCall (1977) etwa konnte zeigen, dass der Bildungsgrad und die Qualität der Berufstätigkeit in einer Größenordnung um $r = 0,50$ aus dem IQ im Lebensalter von sieben bis acht Jahren vorhersagbar sind und später erhobene Intelligenzwerte keine wesentliche Verbesserung der Prädiktion mehr bringen.

Unterschiede in der Validität zwischen Persönlichkeitstests (meist Fragebogen) und Leistungstests können u. a. auf deren unterschiedliche Operationalisierung der zugrundeliegenden Eigenschaften zurückgeführt werden. Schon Fiske und Butler (1963) haben auf kritische Unterschiede zwischen beiden Testarten aufmerksam gemacht (▶ Tab. 12.2; s. auch Bell, 1978).

Die höchsten Übereinstimmungen mit externen Kriterien erzielen Interessenskalen. Dort spielen erfahrungsgemäß wegen der wechselseitigen Beeinflussung von Interessen mit Fertigkeiten kognitive Elemente eine Rolle, für die die Validitäten besonders hoch sind.

Tab. 12.2: Unterschiede zwischen Fähigkeits- und Persönlichkeitstests.

	Fähigkeitsbereich	Persönlichkeitsbereich
Instruktionen	Den Probanden wird aufgetragen, ihr Bestes zu geben.	Die Probanden werden gebeten, aufrichtig zu sein.
Aufgaben	Gewöhnlich eindeutig.	Zwischen mehr- und eindeutig.
Antworten	Richtig und Falsch im logisch eindeutigen Sinn.	Kein Richtig oder Falsch im logisch eindeutigen Sinn; nur subjektive Stimmigkeit.
Einstellung	Die Probanden wissen, was von ihnen erwartet wird.	Die Probanden kennen häufig nicht die Erwartungen des Untersuchungsleiters.
Motivation der Probanden	Gewöhnlich hoch.	Große Unterschiede, je nach Untersuchungsbereich, Probandensituation und dergl.
Ziele	Der Untersuchungsleiter verlangt *maximale* Leistung der Probanden.	Der Untersuchungsleiter ist gewöhnlich interessiert am *typischen* Verhalten der Probanden.

12.1.2 Situationismus

Wie die Alltagserfahrung lehrt, unterliegt unser Verhalten einer starken Kontrolle seitens situativer Bedingungen oder »äußerer« Faktoren. Dabei mag die Beeinflussung vorwiegend über Regeln der Konvention und gegenseitiger Vereinbarung erfolgen: Bestimmte Zeiten signalisieren Aufstehen und die Einnahme von Mahlzeiten, spezifische Anlässe und Umstände veranlassen uns zum Anlegen verschiedener Kleidung und zur Übernahme eines unterschiedlichen Rollenverhaltens. Jedermann weiß, dass während einer Konzertvorführung weniger Gelegenheit zur Unterhaltung besteht als anlässlich einer zwanglosen Party.

Angesichts der niedrigen Konsistenz und Validität im Persönlichkeitsbereich kam Mischel (1968) in seiner schon mehrfach erwähnten Analyse zu dem Resümee, Verhalten sei vorwiegend situationsspezifisch. Verhaltensunterschiede zwischen Personen seien im Wesentlichen das Resultat vorangegangener Lernbedingungen und Verstärkungspläne – eine klassische behavioristische Position.

Das Modell

Unter formaler Betrachtung ist das Personismus-Modell der absoluten Konsistenz ein Spezialfall des Modells der relativen Konsistenz. Ebenso ist auch das Modell des Situationismus ein Spezialfall des Modells der relativen Konsistenz, wenn der Einfluss der Person im Vergleich zu dem der Situation auf Erleben und Verhalten als sehr klein oder nicht vorhanden angenommen wird:

$$V_{ij} = f(S_j) \tag{12.3}$$

Abbildung 12.3 zeigt deutlich die Hauptaussage des Situationismus-Modells: Die Situation prägt Erleben und Verhalten, interindividuelle Unterschiede werden als vernachlässigbar angesehen. Situation-Verhaltensverknüpfungen sind interindividuell gleichartig. Damit erweist sich das Modell des Situationismus als persönlichkeitspsychologisch entleert.

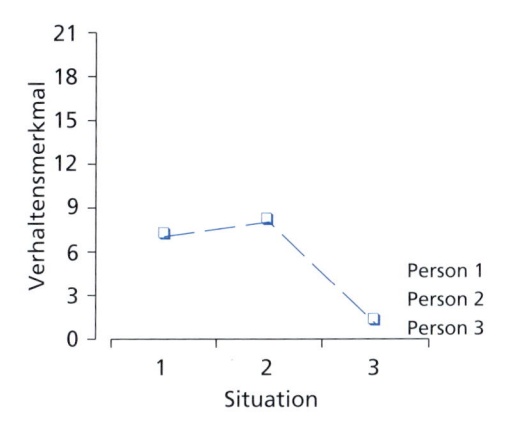

Abb. 12.3: Situationismus-Modell nach Gleichung 12.3. Die Verhaltensgleichung lautet in diesem Beispiel $V_{ij} = c\,S_j + a$, mit $a = 6$, $c = 0{,}5$, $S = [2, 4, -10]$ für $j = 1$ bis 3.

Befunde und Kommentar

Im Unterschied zu dem empirischen Ausgangspunkt des Situationismus-Modells, nämlich den niedrigen »Persönlichkeitskoeffizienten« auf behavioraler Ebene, unterstellen Fremdeinschätzer den von ihnen beobachteten Personen eine hohe transsituationale Konsistenz – sie gehen mithin von internen Faktoren der Verhaltenssteuerung aus. Die Beurteilten selbst begründen ihr Verhalten mit externen und situativen Einflüssen (z. B. »Ernie bestand die Prüfung nicht, weil er nicht klug genug ist« vs. »Ich bestand die Prüfung nicht, weil ich mich an dem Tag nicht wohl fühlte«; »Actor-Observer Bias« nach Jones, 1971; Jones & Nisbett, 1971). Konsistenz bestünde demnach vornehmlich in den Wahrnehmungen und Urteilen der Beobachter, weniger aber in den Handlungen der Beobachteten.

Das Situationismus-Modell wurde in der »Person vs. Situation«-Debatte stets als Gegenpol zu den Annahmen des Personismus-Modells diskutiert, nach denen die Ursachen für Konsistenz *in* der Person liegen. Argumente gegen das Personismus-Modell wurden also als Argumente für das Situationismus-Modell verstanden. Kenrick und Funder (1988) prüften diese Argumente und leiteten damit das Ende der »Person vs. Situation«-Debatte ein. Das situationistische Persönlichkeitsmodell erwies sich als empirisch nicht belegt.

Argument 1. »Persönlichkeit« sei eine fiktive Konstruktion im Auge des Beobachters. Danach sei unsere Wahrnehmung von Persönlichkeitseigenschaften in anderen eine Folge von Fehlern und Beschränkungen der Informationsverarbeitung. Dem steht ein großer empirischer Fundus von bedeutsamen Korrelationen zwischen Beobachtern in ihren Persönlichkeitseinschätzungen Dritter entgegen, die wiederum mit den Selbsteinschätzungen der Beurteilten assoziiert sind.

Argument 2. Beobachterübereinstimmung sei eine Folge von semantischer Generalisation. Beobachter stimmen zwar in der Zuschreibung von Eigenschaftsbegriffen auf eine Person überein, diese Übereinstimmung gründet aber auf der semantischen Ähnlichkeit von Eigenschaftsbegriffen, nicht auf Eigenschaften *in* der Person (s. Abschn. 3.1.5).

Argument 3. Beobachterübereinstimmung sei eine Folge von stabilen Basisraten. Viele Persönlichkeitseigenschaften hätten in der Population eine hohe Basisrate ihres Vorkommens, etwa das Bedürfnis nach Geselligkeit; solche Eigenschaften charakterisierten also viele Menschen. Wenn sich Beobachter nur auf stereotype Basisraten verließen, könnten sie in der Beurteilung von Dritten hoch übereinstimmen, sie würden aber nicht mehr zwischen verschiedenen Personen unterscheiden können. Dies ist aber empirisch der Fall.

Argument 4. Beobachterübereinstimmung sei eine Folge von Stereotypen ausgelöst durch augenscheinliche, aber falsche Hinweisreize. Beobachter könnten – auch in der Differenzierung zwischen verschiedenen Personen – übereinstimmen, wenn sie auf die gleichen Hinweisreize, z. B. äußere Merkmale, Mitgliedschaft in derselben Gruppierung etc., dieselben stereotypen Schlussfolgerungen in Bezug auf Persönlichkeitseigenschaften ziehen (*implizite Persönlichkeitstheorie*). Wenn Stereotype Eigenschaftszuschreibungen veranlassen, dann meist unter einander fremden Personen. Stereotype werden aber umso weniger wirksam, je besser Beobachter und Beobachtete einander kennen. Dann aber steigt die Beobachterübereinstimmung an.

Argument 5. Beobachterübereinstimmung sei eine Folge von verbalem Informationsaustausch. Statt nonverbalem Verhalten könnten die Beobachter Selbstäußerungen der Beobachteten oder Meinungen anderer Beobachter zur Persönlichkeitsbeurteilung heranziehen. Aber die Beobachterübereinstimmung ist höher bei leichter beobachtbaren (z. B. Freundlichkeit) als schlechter beobachtbaren Merkmalen (z. B. Emotionalität).

Argument 6. Beobachterübereinstimmung sei eine Folge von Beobachtung in derselben Umgebung. Wenn Verhalten überwiegend auf die Situation zurückgeht, dann stimmen Beobachter, die dieselbe Umgebung mit den Beobachteten teilen, in ihrer Beurteilung überein. Aber Eigenschaften beeinflussen Verhalten nur in bestimmten Situationen; Umgebungen werden von bestimmten »Persönlichkeiten« bevorzugt aufgesucht oder gemieden. Solche Person-Situation-Interaktionen sprechen gegen einen alleinigen Einfluss der Situation auf das Verhalten.

Auf der Grundlage dieser Argumente untersuchten Gosling und Vazire (2002), ob Tieren eine »Persönlichkeit« zugesprochen werden könnte. Die Autoren fanden in der Literatur anhand der Kriterien hoher Beobachterübereinstimmung, hoher Vorhersagevalidität des Verhaltens sowie des Ausschlusses von impliziten Persönlichkeitstheorien beim Zustandekommen der Eigenschaftszuschreibungen durch die Beobachter eine starke Evidenz für die Annahme von Persönlichkeitseigenschaften bei Tieren.

Legten die geringe Konsistenz und Validität und auch zusätzlich deutliche Mittelwertsunterschiede von Verhaltensmerkmalen in verschiedenen Situationen zunächst ein Situationismus-Modell nahe, so sprachen zahlreiche Untersuchungen, in denen die Gesamtvariation der abhängigen Variablen varianzanalytisch in ihre einzelnen Komponenten zerlegt wurde, nicht deutlich für dieses Modell. Eine der früheren Arbeiten stammte von Moos (1969; ▶ **Kasten 12.2**). Weitere Zusammenstellungen finden sich bei Bowers (1973), Magnusson (1976) sowie Sarason et al. (1975).

Kasten 12.2: Personen oder Situationen – was erklärt mehr Varianz?

Moos (1969) ließ die Patienten einer psychiatrischen Anstalt in sechs verschiedenen Situationen (bei der Aufnahme, nach Individual- und Gruppentherapie, während des Mittagessens usw.) mehrere kurze Fragebogen zu ihrem Befinden bearbeiten. Außerdem wurde das Verhalten der Patienten in z. T. denselben Situationen von verschiedenen Beobachtern eingeschätzt und in mehrere Klassen kategorisiert. **Tabelle 12.3** gibt die Resultate der varianzanalytischen Aufbereitung wieder.

Wie ersichtlich, erklären die Unterschiede zwischen den Personen 20 %, zwischen den Situationen aber bereits ca. 22 % der Gesamtvarianz. Noch höher fällt der Anteil zugunsten der Interaktionen P × S mit durchschnittlich ca. 30 % aus. Was eine solche Interaktion bedeutet, veranschaulicht **Abbildung 12.4** anhand der Verhaltensdaten zweier Versuchspersonen zum Kratzen und Reiben von Körperteilen.

Tab. 12.3: Prozentsatz für Personen- und Situationsfaktoren sowie deren Wechselwirkungen, getrennt für einzelne Verhaltensklassen.

Kategorie	Quelle der Varianz			
	P	S	P × S	Fehler
Hand- und Armbewegung	16,8	11,9	31,9	39,4
Fuß- und Beinbewegung	27,4	10,0	26,7	35,9
Kratzen, Reiben	30,7	13,1	24,5	31,7
Allgemeine Bewegung	17,3	1,4	47,1	34,2
Nicken	4,2	42,9	33,5	19,4
Lächeln	35,3	3,6	35,4	25,7
Reden	10,5	68,3	13,9	7,3
Rauchen	41,9	7,1	20,7	30,3
Mittelwert	*20,3*	*21,6*	*30,4*	*27,7*

P = Personen. S = Situationen. Nach Moos (1969).

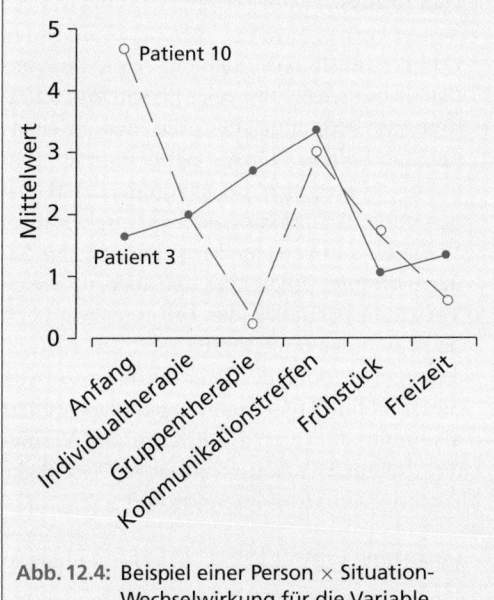

Abb. 12.4: Beispiel einer Person × Situation-Wechselwirkung für die Variable »Kratzen und Reiben von Körperteilen«.

Abb. 12.5: Berichtete Angstintensität von vier Versuchspersonen (A, B, C, D) in sechs vorgestellten Situationen.

Selbstverständlich beschränken sich derartige Analysen nicht auf fremdbeobachtbare motorische Abläufe; alle Verhaltens- und Erlebnisweisen können so analysiert werden, sofern diese quantifizierbar sind. In der nachfolgenden **Abbildung 12.5** ist das Ausmaß der von vier Versuchspersonen für sechs typische Situationen angegebenen Angst grafisch veranschaulicht. Die Probanden mussten sich die Situationen während der Bearbeitung eines Fragebogens vorstellen.

Situationen 1 und 4 waren neutral, Situationen 2 und 3 sollten physische Bedrohung, Situationen 5 und 6 sollten Ich-Bedrohung hervorrufen (nach Magnusson & Endler, 1977).

Wie die Abbildung zeigt, können sich Individuen in Bezug auf die durchschnittlich über verschiedene Situationen erlebte Intensität von Angst unterscheiden (z. B. die Personen A und D), was auf eine stabile Differenz in dem Trait Ängstlichkeit (gegenüber der situationsspezifisch empfundenen Angst als State) hinweist. Darüber hinaus können Personen mit dem gleichen Mittelwert ein verschiedenes Muster ihrer State-Angst über die einzelnen Situationen zeigen (z. B. die Profilverläufe von C und D).

Der dabei durchgängig relativ hohe Anteil zulasten des Interaktionsterms war ein Anlass zur »Überwindung« des Situationismus und zur Proklamation des Interaktionismus. Allerdings ist der Wert solcher varianzanalytischen Anteile von Person, Situation und deren Interaktion an der Gesamtvarianz nur begrenzt: Eine Entscheidung zwischen verschiedenen Persönlichkeitsmodellen kann damit nicht gefällt werden, da die Varianzprozente ganz erheblich von der Homogenität bzw. Heterogenität der in einer Untersuchung verwendeten Personen- und Situationsstichprobe abhängen.

12.1.3 Interaktionismus

Offensichtlich sind wir bestimmten Situationen nicht nur ausgesetzt. Wir suchen Situationen auf, in denen wir uns wohl fühlen. Wir führen sie aktiv herbei, etwa wenn wir Freunde zu einem von uns vorbereiteten Ausflug einladen. Umgekehrt sind Situationen in ihren Auswirkungen auf das Erleben und Verhalten nicht unabhängig von den Personen beschreibbar, die sich in ihnen befinden. Mischel (1973) vertrat etwa die Ansicht, dass Situationen nur gefiltert über Personenmerkmale wahrgenommen werden. Namentlich Bowers (1973) hielt fest, dass »Situationen ebenso gut eine Funktion der Person sind wie das Verhalten der Person eine Funktion der Situation ist«, die situativen Bedingungen bzw. deren Wahrnehmung nicht zu trennen seien von der Person des Wahrnehmenden und die Umwelt z. T. eine Funktion der subjektiven Strukturierung durch den Wahrnehmenden darstelle.

Das Modell

Das Personismus-Modell der relativen Konsistenz berücksichtigt zwar Person *und* Situation als Bedingungsfaktoren des Erlebens und Verhaltens. Dieses Modell sieht aber nicht vor, dass sich die Rangreihe der Personen in der Ausprägung oder Häufigkeit ihres Verhaltens in verschiedenen Situationen ändern könnte. Eben dies ist aber in vielen Verhaltensbereichen der Fall und zeigt sich dann in einer erniedrigten relativen Konsistenz. Das Modell des Interaktionismus trägt dieser Befundlage Rechnung und postuliert als Einflussfaktoren auf Erleben und Verhalten dreierlei: Person P, Situation S und die Person x Situation-Interaktion $P \times S$:

$$V_{ij} = f(P_i, S_j, P_i \times S_j) \tag{12.4}$$

Durch die Aufnahme der Person x Situation-Interaktion in die Gleichung 12.4 können nichtparallele Linienverläufe wie in **Abbildung 12.6**, d. h. ungleiche Verhaltensstärken in verschiedenen Situationen, allerdings mit einem interindividuell unterschiedlichen Muster, beschrieben werden. Diese Beschreibung erfolgt u. a. durch die Größe der Varianzanteile, die auf die drei Prädiktoren P, S und $P \times S$ zurückgehen. Sie beantwortet aber noch nicht die Frage, wie das Eigenschaftskonzept des interaktionistischen Persönlichkeitsmodells zu verstehen ist. Problematisch ist der Interaktionsterm in Gleichung 12.4, den Pervin (1985) mit der Frage versah: »Was in der Person interagiert wie und womit in der Umwelt?« Eine befriedigende Antwort auf diese Frage vermochte erst das Modell des Dispositionismus (s. u.) zu geben.

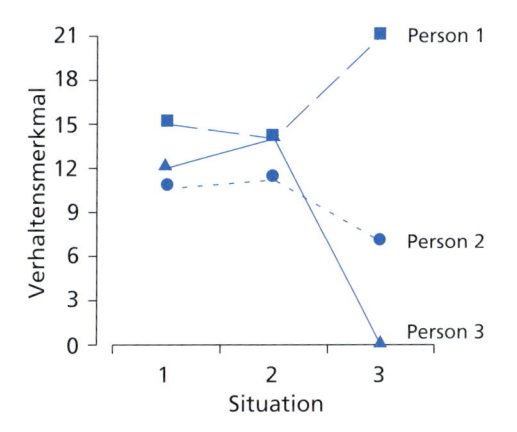

Abb. 12.6: Interaktionismus-Modell nach Gleichung 12.4. Die Verhaltensgleichung lautet in diesem Beispiel $V_{ij} = b P_i + c S_j + d (P_i - M_P) \times (S_j - M_S) + a$, mit $a = 2{,}70$, $b = 2{,}79$, $c = 0{,}27$, $d = -0{,}48$, $P = [5, 3, 2]$ für $i = 1$ bis 3, $M_P = 3{,}33$, $S = [2, 4, -10]$ für $j = 1$ bis 3 und $M_S = 1{,}33$.

Befunde und Kommentar

Es ist das unbestrittene Verdienst der Situationismus- und Interaktionismus-«Bewegung«, der Erforschung der Kontextbedingungen des Verhaltens neue Impulse zugeführt zu haben. Offensichtlich bietet das Personismus-Modell, besonders das der absoluten Konsistenz, nur eine begrenzte Grundlage für valide Vorhersagen.
Allerdings greift der Interaktionismus ein Problem auf, das in der traditionellen Differentiellen Psychologie durchaus gesehen worden ist. Seit jeher sind die Bedingungen anzugeben, für die Aussagen über und Prognosen aufgrund von Eigenschaften gemacht werden. Die Differentielle Psychologie beschäftigt sich nämlich nicht mit den Unterschieden zwischen Personen (zusammengezogen über Situationen) oder denjenigen zwischen Situationen (aufaddiert über alle Personen), sondern mit »genau jener Varianz, die nicht allein aus Kenntnis der Situationsvarianz (…) erklärbar ist (…) – also die Person × Situation-Wechselwirkung!« (Pawlik, 1982, S. 44–45).

Vor allem führten die varianzanalytische Auswertung von Person × Situation-Versuchsplänen und der Versuch, die Unangemessenheit der Konsistenzhypothese über die Größe von Varianzanteilen zu beweisen, in die Irre. Olweus (1976) bezeichnete diesen Ansatz als »statistischen Interaktionismus«. Selbst ein sehr hoher Varianzanteil zugunsten des Situationsfaktors sei ohne weiteres vereinbar mit einem personistischen Ansatz, da Letzterer nur Aussagen zur Rangreihe der Versuchspersonen innerhalb der Bedingungen macht. Wenn etwa alle Messwerte innerhalb einer Situation durch Hinzufügen einer Konstanten oder Multiplikation mit einem Faktor verändert werden, vergrößert sich der relative Anteil des Situationsfaktors drastisch, ohne dass davon die Konsistenz berührt werden würde.

Zudem »bietet der statistische Interaktionismus keinen Ausweg aus dem ökologischen Dilemma der Differentiellen Psychologie« (Pawlik, 1979, S. 461). In den zugrundeliegenden Versuchsplänen wird nämlich jede Person in jeder experimentellen Situation untersucht. Die damit unterstellte Orthogonalität ist nicht repräsentativ für die Wirklichkeit, da im natürlichen Umfeld bestimmte Personen in einigen Situationen häufiger vertreten und damit spezifische Person-Situation-Kombinationen überrepräsentiert sind. Die Untersuchungen von Gormly (1983), Snyder und Gangestad (1982) sowie Buse und Pawlik (1984) belegen exemplarisch für einige Persönlichkeitseigenschaften die traitabhängige und damit interindividuell unterschiedliche Vorliebe für ganz bestimmte Settings.

Auch die im Experiment realisierten Situationen selbst sind gewöhnlich nicht entfernt vergleichbar mit jenen des alltäglichen Lebens. Der Komplexitätsgrad von Kontextbedingungen außerhalb des Labors mit der Notwendigkeit, die Verhaltensweisen der Mitmenschen zu interpretieren, dürfte wesentlich höher sein. Auch tritt im Experiment üblicherweise ein Versuchsleiter auf, der sich unabhängig vom Verhalten der Versuchspersonen strikt an vorgegebene Regeln halten muss, um die Standardisierung nicht zu gefährden. Auf diese Weise wird aber den Versuchspersonen die Möglichkeit genommen, ihrerseits eine Situation erst zu gestalten, was die Konsistenz bewahren helfen könnte (Wachtel, 1973).

12.1.4 Dispositionismus

Das Personismus- und das Interaktionismus-Modell geraten jedenfalls sehr rasch an ihre Grenzen, wenn es darauf ankommt, *präzise* Aussagen darüber zu treffen, *wann*, *wo* und *mit wem* eine Person beispielsweise in freundlicher Weise umgeht. Um dieses zu illustrieren: Eine Person A mag sich häufig warmherzig und sympathisch gegenüber ihren Arbeitskollegen verhalten, aber eher kalt und distanziert im Umgang mit der Familie. Bei einer Person B sei es genau umgekehrt. Gemittelt über die beiden Kontextbedingungen »Arbeitskollegen« und »Familienmitglieder« würden die beiden Personen in etwa gleich freundlich erscheinen. Dieser Mittelwert »unterschlägt« jedoch die *intra*individuell unterschiedliche Variation des Verhaltens beider Akteure über die Situationen, eine Variation, die sich in den varianzanalytischen Plänen in einer Person × Situation-Interaktion niederschlägt.

Offenkundig ist es für das Verständnis einer Person und die Vorhersage ihres Verhaltens wichtig, diese intraindividuellen Situation-Verhaltensverknüpfungen zu kennen. In einer zu Unrecht wenig beachteten Arbeit schreiben Clarke und Hoyle (1988): »Die Aufgabe ist es *nicht*, Verhalten durch Ursachen in Person und Situation zu erklären; es ist vielmehr die Aufgabe, Situation-Verhaltensverknüpfungen zu erklären, die aus Besonderheiten von Personen erwachsen« (S. 136).

Das Modell

Dispositionen, also Verhaltensbereitschaften, die unter bestimmten kontextuellen Bedingungen ausgelöst werden *können* (vgl. Abschn. 1.6.3) manifestieren sich in einem bestimmten Verhalten: Glas ist zerbrechlich, weil es zerbricht, wenn es hinfällt. »Zerbrechlichkeit« ist also eine Disposition, für die Manifestationsgesetze angegeben werden müssen (Groeben & Westmeyer, 1981, S. 14). »Wenn-dann«-Sätze drücken solche Manifestationsgesetze aus: Wenn Glas auf einen harten Untergrund fällt, dann zerbricht es. Psychologische Dispositionen sind danach Gruppen von Wenn-dann-Sätzen, die die Kontingenzen zwischen antezedenten situativen Bedingungen und darauf folgenden Verhaltensweisen zusammenfassen (Wright & Mischel, 1987). Um das obige Beispiel heranzuziehen: *Wenn* Person A unter Arbeitskollegen ist, *dann* bietet sie Hilfe an; *wenn* sie aber in der Familie ist, *dann* versagt sie ihre Unterstützung. Für Person A führen die beiden Kontexte also zu unterschiedlichen Situation-Verhaltensverknüpfungen. Es ist Aufgabe der Persönlichkeitspsychologie, solche Verknüpfungen durch eine psychologische Theorie zu erklären. Elemente einer solchen Theorie können Persönlichkeitsdispositionen, aber etwa auch momentane affektive und kognitive Prozesse sein. Grundlage für die Untersuchung von Persönlichkeitsdispositionen sind demnach Situation-Verhaltensverknüpfungen, die in bestimmten Situationen beobachtet worden sind.

Das Dispositionismus-Modell der Persönlichkeit sagt Verhalten also aus Situation-Verhaltensverknüpfungen, $S \rightarrow V$, gegeben eine Situation Sj, vorher. Dabei wird nur diejenige Gruppe J von $S \rightarrow V$-Verknüpfungen herangezogen, zu der auch Sj funktional äquivalent ist, z. B. verschiedene Beobachtungen von Hilfeverhalten am Arbeitsplatz, nicht aber in der Familie, wenn Hilfsbereitschaft bei der Arbeit vorhergesagt werden soll. Da zusätzlich Situation-Verhaltensverknüpfungen durch Merkmale der Person P_i erklärt werden sollen, ergibt sich die Verhaltensvorhersage des Dispositionismus-Modells (in Anlehnung an Clarke & Hoyle, 1988) als

$$V_{ij} = f([S_J \rightarrow V_J]_i, S_j) = f(P_{iJ}, S_j) \quad (12.5)$$

Gleichung 12.5 ist sofort zu entnehmen, dass der Interaktionsterm $P \times S$ fehlt. Weiterhin wird deutlich, dass das Personismus-Modell der relativen Konsistenz in Gleichung 12.3 ein Spezialfall des Dispositionismus-Modells ist. Die Modelle gehen dann ineinander über, wenn die Verknüpfungsfunktion f als Summe bestimmt wird und wenn – was allerdings unrealistisch ist – angenommen wird, dass die individuellen Personenmerkmale, die allen denkbaren Gruppen von Situation-Verhaltensverknüpfungen zugrunde liegen, stets dieselben sind.

Der Unterschied zwischen dem Interaktionismus- und dem Dispositionismus-Modell der Persönlichkeit liegt darin, dass der Interaktionismus eine interindividuelle Sichtweise, der Dispositionismus hingegen einen intraindividuellen Blickwinkel einnimmt, denn im ersteren Fall sind die Modellparameter für alle Personen identisch, im letzteren Fall hingegen unterschiedlich. Das Interaktionismus-Modell eignet sich zwar zur statistischen Beschreibung interindividuell verschiedenartiger Situation-Verhaltensverknüpfungen

(Wieviel Prozent der Gesamtvarianz geht auf die Person × Situation-Interaktion zurück?), es stellt aber keine geeignete *Funktionsbeschreibung* dar, wie ein Verhaltensmerkmal in seiner Ausprägung in Abhängigkeit von einer konkreten Person-Situation-Paarung bestimmt wird. Die Frage von Pervin »Was in der Person interagiert wie und womit in der Umwelt?« zeugt von der Irritation, die das Interaktionismus-Modell hinterlässt, wenn es als Funktionsbeschreibung interpretiert wird. Das Dispositionismus-Modell lässt solche Irritationen nicht entstehen, da es eine individuelle Funktionsbeschreibung erlaubt.

Befunde und Kommentar

Eine Persönlichkeitstheorie, die Situation-Verhaltensverknüpfungen erklären will, muss einerseits der transsituationalen Konsistenz des Erlebens und Verhaltens Rechnung tragen. Sie muss andererseits aber auch die individuelle Variabilität über und Anpassungsfähigkeit an wechselnde Situationen erklären können.

Freundlichkeit in der einen Situation mag ihren Ausdruck finden in offenem Lächeln, in einer anderen in lauten Begrüßungen, in einer dritten gerade in zurückhaltendem Schweigen. Offensichtlich bestehen mitunter große interindividuelle wie auch intraindividuelle Unterschiede in der Präferenz für bestimmte Reaktionsformen bei verändertem situativen Kontext. Eine Persönlichkeitstheorie, die eine solche Inkonsistenz des Verhaltens auf »durchschnittliche« Verhaltenstendenzen in Form von Eigenschaftsausprägungen zurückführen möchte, würde individuelle situative Anpassungsleistungen systematisch ausblenden.

Mischel (2004; Shoda et al., 2007) legte eine Persönlichkeitstheorie vor, die sowohl interindividuelle transsituationale Konsistenz als auch intraindividuelle Verhaltensvariabilität über Situationen zum Gegenstand hat. Damit möchte diese Theorie interindividuell wie auch intraindividuell verschiedenartige Situation-Verhaltensverknüpfungen im Sinne des Dispositionismus-Modells erklären. Ausgangspunkt war für Mischel die Einsicht, dass Personen die Bedeutung von Situationen in charakteristischer Weise interpretieren. Diesen Interpretationen liegen bestimmte psychologische Prozesse zugrunde, die als Mediatoren zwischen Situation sowie Erleben und Verhalten vermitteln. Globale Eigenschaftszuschreibungen sind aus dieser sozial-kognitiven Sichtweise nicht zureichend; hinzu kommen müssen kontextualisierte Dispositionen, die nach dem Wenn-dann-Prinzip durch bestimmte situative Kontexte aktiviert werden und zu bestimmten Verhaltens- und Erlebensweisen führen.

»Kurz gesagt, die Suche nach der Invarianz in der Persönlichkeit führt über die Berücksichtigung der Situation und ihrer Bedeutung für die Person, sie kann erkannt werden in den stabilen Interaktionen und in dem Zusammenspiel zwischen ihnen« (Mischel, 2004, S. 5).

In dem personistischen Persönlichkeitsmodell der relativen Konsistenz wird angenommen, dass eine Person auf jeder Eigenschaftsdimension durch einen fixen Wert – relativ zu einer jeden Situation – gekennzeichnet ist. Das dispositionistische Modell von Mischel spezifiziert nun zwei Konsistenzmaße. Zum einen ist dies die mittlere, transsituationale Verhaltenstendenz über viele Situationen hinweg, wie in dem personistischen Modell der relativen Konsistenz. Zum anderen ist dies ein über verschiedenartige Situationen hinweg replizierbares Muster von intraindividuell variierenden Erlebens- und Verhaltensweisen, die situationsspezifischen Wenn-dann-Beziehungen folgen. Diese situationsspezifische Konsistenz wird *Kohärenz* genannt.

»Das Kohärenzkonzept erlaubt es, die Annahme von Eigenschaften als Form intraindividueller, mithin idiographisch bestimmter Konsistenz beizubehalten, ohne den Nachweis ihrer transsituativen Konsistenz führen zu müssen« (Laux, 2008, mündl. Mitteilung). Eine empirische Untersuchung hierzu ist in **Kasten 12.3** dargestellt.

> **Kasten 12.3: Intraindividuelle Stabilität von Verhalten – eine Untersuchung im Ferienlager**
>
> Die Ableitung der beiden Konsistenzmaße, der transsituationalen und der situationsspezifischen Konsistenz, soll mit der Arbeit von Shoda, Mischel und Wright (1994) illustriert werden. In einem Ferienlager wurden interpersonelle Situationen untersucht, in denen das Verhalten einer Gruppe von Kindern eingehend beobachtet und registriert werden konnte. Unterschieden wurden die fünf Gruppen von Situationen »Wenn ein Peer positiven Kontakt aufnimmt«, »Wenn ein Peer hänselt, provoziert oder droht«, »Wenn ein Erwachsener lobt«, »warnt« oder »bestraft«. Solche Situationen traten während schulischer Unterweisung oder bei Freizeitaktivitäten, während der Essenszeit, beim Fernsehen oder Holzarbeiten usw. auf. Das registrierte Verhalten bestand in verbalen Aggressionen, körperlichen Aggressionen, Wimmern, Sichfügen und prosozialen Verbalisationen. Auf diese Weise war es möglich, für jede der Verhaltensweisen ein individuelles Profil über die fünf Situationsgruppen zu ermitteln; gleichzeitig interessierte dessen Stabilität über der Zeit. Die **Abbildungen 12.7a** und **b** geben für das Verhaltensmerkmal »verbale Aggressionen« das Profil je eines Kindes in jeweils zwei Messzeitpunkten wieder.

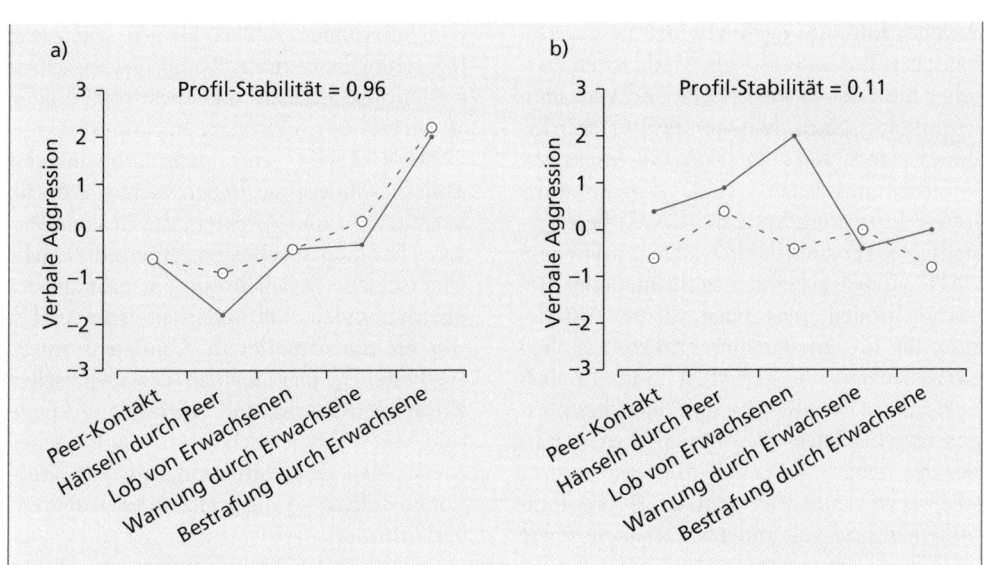

Abb. 12.7: Verhaltensprofile für verbale Aggressionen (a) einer Person A und (b) einer Person B über verschiedene Situationen zu jeweils zwei Messzeitpunkten (nach Shoda et al., 1994, S. 678).

Wie ersichtlich weisen die beiden Kinder sehr unterschiedliche Profile der Situation-Verhaltensverknüpfungen auf. Für die Profile der beiden Kinder errechnen sich zudem sehr unterschiedliche Stabilitäten (Korrelation zwischen den beiden Messzeitpunkten über die Situationen).

Im Mittel aller Probanden lagen die Retest-Stabilitäten für die Profilgestalt für verbale Aggressionen und Sichfügen um $r = 0,50$ sowie für prosoziale Verbalisationen und Wimmern um $r = 0,30$ (körperliche Aggressionen wegen fehlender Messwerte nicht prüfbar). Die intraindividuelle Variation über die ausgewählten Situationen erwies sich damit als ausreichend verlässliche und nicht etwa nur durch Fehlereinflüsse geprägte Beobachtung.

In Übereinstimmung mit der Grundaussage dieses dispositionistischen Ansatzes war die transsituative Konsistenz mit Werten um $r = 0,35$ für den Vergleich *innerhalb* derselben interpersonalen Situation – durch Peer gehänselt, durch Erwachsenen gewarnt oder durch Erwachsenen bestraft – bei Variation des Kontextes (Lageraktivitäten in Freizeit oder schulische Unterweisung) höher, als wenn die Konsistenz *zwischen* verschiedenen interpersonalen Situationen ermittelt wurde.

Diese und weitere Ergebnisse dieser Arbeit (s. Abschn. 12.2) zeigen, dass die Situationsspezifität des Verhaltens und geringe transsituationale Konsistenz faktisch zwei Aspekte intraindividueller Stabilität und Organisation der Persönlichkeit sind: »Die Kohärenz der Persönlichkeit wird weniger sichtbar anhand einer höheren transsituativen Verhaltenskonsistenz, nach der so lange gesucht wurde, sondern eher in Gestalt stabiler individueller Variation des Verhaltens über Situationen« (Shoda et al., 1994, S. 684; Übersetzung von den Verfassern).

Welches sind nun nach Mischel die psychologischen Prozesse, die als Mediatoren zwischen Situation sowie Erleben und Verhalten vermitteln? Nach Mischel (2004) werden diese Prozesse von dem »Kognitiv-Affektiven Verarbeitungssystem« (engl. »Cognitive-Affective Processing System«, CAPS) bereitgestellt. Das Persönlichkeitssystem wird in dem CAPS-Modell als eine Anzahl mentaler Repräsentationen verstanden, deren Aktivierung die für eine Person charakteristischen Konsistenzen im Verhalten und Erleben bewirken. Diese Repräsentationen bestehen aus verschiedenen »kognitiv-affektiven Einheiten« (engl. »cognitive-affective units«, CAUs), zu denen die mentalen Repräsentationen des Selbst, anderer Personen sowie von Situationen zählen, ebenso wie Ziele, Erwartungen, Gefühle, Kompetenzen, selbstregulatorische Pläne und die Erinnerungen an Menschen und frühere Vorkommnisse.

Diese CAUs sind nicht voneinander isoliert, sondern sie bilden Netzwerke von Kognitionen und Affekten, die für eine Person charakteristisch sind. Interindividuelle Unterschiede bestehen nun einerseits in der überdauernden Verfügbarkeit von CAUs, was die transsituationale Konsistenz stiftet. Sie bestehen aber auch in der spezifischen Zusammenstellung und Stärke der Aktivierung von CAUs, je nach den psychologischen Merkmalen einer Situation, was die situationsspezifische Konsistenz oder Kohärenz hervorbringt.

Zusammenfassung von Kapitel 12.1

Ein erstes Modell, nach dem Verhalten durch Eigenschaften vorhergesagt werden könnte, ist das Modell des Personismus. In seiner Variante der »absoluten Konsistenz des Verhaltens« ist Verhalten nur von stabilen Gegebenheiten in der Person abhängig. In seiner von Eigenschaftstheoretikern verwendeten Variante der »relativen Konsistenz des Verhaltens« werden zusätzlich Einflüsse aus der Situation berücksichtigt. Dieses Modell erlaubt eine situationsabhängige Modulation des Verhaltens. Häufig überschreitet die Güte der Vorhersage von Verhalten aufgrund von Persönlichkeitseigenschaften nicht den Wert von r = 0,30, was von Walter Mischel als Beleg gegen das personistische Modell gewertet wurde. Dem wurde entgegnet, dass Eigenschaften funktionell äquivalente, nicht aber notwendigerweise identische Formen des Erlebens und Verhaltens vermittelten. Weitere Themen in dieser Diskussion zwischen Befürwortern und Kritikern einer eigenschaftstheoretischen Konzeption der Persönlichkeit waren die Asymmetrie zwischen Persönlichkeitsskalen und einzelnen Verhaltensweisen, die Reliabilität einzelner Verhaltensweisen, die Bewertung einer Korrelation von 0,30 als hoch oder niedrig, die praktische Bedeutsamkeit auch niedriger Validitätskoeffizienten und das zu Grunde liegende Strukturgleichungsmodell. Die Vorhersage von Verhalten aus den Resultaten standardisierter Tests gelingt im Bereich der Fähigkeiten oftmals besser als im Bereich der Persönlichkeit.

Das sozialpsychologische Modell der Vorhersage von Verhalten besagt, dass sich Verhalten aus dem Einfluss der Situation ergibt. Im Vergleich zum personistischen Modell der relativen Konsistenz wird damit der Personeneinfluss minimiert. Die relative Bedeutsamkeit des Einflussfaktors »Person« (was dem Verhalten einer Person Konsistenz verleiht) und des Einflussfaktors »Situation« (was zur Inkonsistenz des Verhaltens aus Sicht von Beobachtern beiträgt) wurde ausgiebig untersucht. Als Ergebnis ist festzuhalten, dass sowohl die Person als auch die Situation für die Verhaltensvorhersage bedeutsam sind.

Das interaktionistische Modell der Vorhersage von Verhalten besagt, dass nicht die Situation an sich, sondern die individuelle Situationswahrnehmung entscheidend ist.

Daraus erklärt sich, dass Personen in einer Reihe von vorgegebenen Situationen unterschiedliche Verhaltensprofile zeigen; eine Person reagiert vielleicht stark auf Situation 1 und schwach auf Situation 2, eine andere Person hingegen gerade umgekehrt schwach auf Situation 1 und stark auf Situation 2. Dies bedeutet varianzanalytisch, dass die Daten neben den Haupteffekten für Person und Situation auch noch einen bedeutsamen Interaktionsterm aufweisen. Aber ein solches »statistisches« Verständnis dieses Modells ist zunächst rein deskriptiv und äußerst abhängig von der Auswahl der untersuchten Situationen, Personen und ihren Möglichkeiten, Verhaltensweisen frei auswählen zu können. Eine Erklärung darüber, wo dieser Interaktionismus in einem psychologischen Modell stattfindet, wird nicht angeboten.

Das dispositionistische Modell der Verhaltensvorhersage versteht psychologische Dispositionen als Gruppen von Wenn-dann-Sätzen, die die Kontingenzen zwischen situativen Bedingungen und darauf folgenden Verhaltensweisen zusammenfassen. Verhalten wird also aus Situation-Verhaltensverknüpfungen, gegeben eine physikalische Situation, vorhergesagt. Das Modell differenziert zwischen der intra- und der interindividuellen Perspektive. Auf der intraindividuellen Ebene erfolgt die Verhaltensvorhersage aufgrund des personistischen Modells der relativen Konsistenz. Weil die individuellen Modelle der Verhaltensvorhersage zwischen den Personen unterschiedlich sind bzw. sein können, ergibt sich auf der interindividuellen Ebene, wenn also alle individuellen Modelle gleichzeitig betrachtet werden, eine Interaktion. Aus dem dispositionistischen Modell folgt, dass die Konsistenz des Verhaltens auf der individuellen Ebene untersucht werden muss, sie wird als »Kohärenz« bezeichnet. Um Kohärenz angemessen untersuchen zu können, müssen Personen in einer Reihe von Situationen, die alle mehrmals vorgegeben werden (Replikationen), untersucht werden. In dem dispositionistischen Modell gewinnen also die intrapsychischen Prozesse auf der Grundlage von Dispositionen eine besondere Bedeutung, was in dem Kognitiv-Affektiven Verarbeitungssystem-Modell (CAPS) von Mischel näher ausgeführt wird.

12.2 Verbesserung der Verhaltensvorhersage

Die Diskussion um situative und interaktive Einflüsse hat innerhalb der Persönlichkeitsforschung zu intensiven Überlegungen darüber geführt, wie unter Beibehaltung herkömmlicher, d. h. auf der Eigenschaftstheorie fußender Tests, die Vorhersage oder Varianzaufklärung von Verhaltensunterschieden verbessert werden kann. Diesbezüglich sind mehrere Forschungsansätze erkennbar, von denen nachfolgend aus Platzgründen nur die wichtigsten in Grundzügen herausgearbeitet werden können.

12.2.1 Erhöhung der Reliabilität (Aggregation über Zeitpunkte)

Eine der Grundvoraussetzungen für korrelative Zusammenhänge zwischen Variablen ist die Reliabilität der Messwerte; ist diese nicht hinreichend gegeben, sind keine Korrelationen zu erwarten («Wenn eine Variable nicht mit sich selbst korreliert, kann sie auch nicht mit anderen korrelieren.«). Sofern aber zumindest ein Minimum an wahrer Varianz in der Varianz der erhobenen Messwerte enthalten ist, kann die Reliabilität durch einfache technische Prinzipien, nämlich die Erhöhung der Zahl der Beobachtungs- oder Erhebungseinheiten, gesteigert werden. Dieses resultiert aus den Axiomen der Klassischen Testtheorie, insbesondere der darauf basierenden Spearman-Brown-Formel (s. Abschn. 2.2.2), und hat Geltung sowohl für die Prädiktoren als auch die Kriterien. Bei Tests gehört eine ausreichende Reliabilität seit jeher zu den unabdingbaren »Gütesiegeln« und wird meist durch die Länge der Skalen gewährleistet. Hingegen bestanden Kriterien häufig genug aus punktuell-einmaligen Verhaltensweisen mit dementsprechend niedriger Reliabilität und dadurch beschränkter Vorhersagemöglichkeit. Lange Zeit schienen diese Prinzipien in Vergessenheit geraten zu sein, denn erst Epstein (1979) aggregierte die Kriteriumsdaten in systematischer Weise und sprach in Bezug darauf von »Des Kaisers neuen Kleidern«. In seinen Untersuchungen lagen die Test-Kriterium-Korrelationen wesentlich über den von Mischel (1968) zu Recht kritisierten Koeffizienten von durchschnittlich $r = 0{,}30$, nämlich bei einigen Skalen um $r = 0{,}40$ bis $0{,}50$ und darüber. Das war aber nur dann der Fall, wenn das zu prognostizierende Verhalten (Stimmungen wie z. B. »glücklich – traurig« oder »freundlich – wütend«, aber auch objektive Ereignisse wie z. B. mittlerer Puls, Zahl geschriebener Briefe oder sozialer Kontakte) durch wiederholte Erhebung und Durchschnittsbildung eine hinreichende Reliabilität aufwies (s. auch Epstein, 1983; Wittmann & Schmidt, 1983). Damit aber lassen sich bereits durch Erhöhung der Kriteriumsreliabilität mittels einer Aggregation über Messgelegenheiten deutlich verbesserte Validitäten erzielen.

12.2.2 »Multiple-Act«-Kriterien (Aggregation über Verhaltensweisen)

Betrifft die Aggregation von Maßen vorwiegend dieselbe Verhaltensweise, so besteht das Ziel von »Multiple-Act«-Kriterien (s. Fishbein & Ajzen, 1974) hauptsächlich in der Realisierung einer breiteren Verhaltens- und/oder Situationsstichprobe (mit der allerdings ebenfalls Erhöhungen der Reliabilität einhergehen).

Jaccard (1974) ließ Versuchsteilnehmer zunächst jene Verhaltensweisen aufschreiben, die eine ihnen als *dominant* bekannte Person zeige. Desgleichen musste das Verhalten einer *nichtdominanten* Person geschildert werden. Aus den damit erhaltenen Angaben wurde eine »Multiple-Act-Kriteriumsskala« für Dominanz zusammengestellt. Ein herkömmlicher Dominanzfragebogen korrelierte zwar mit jeder der einzelnen Verhaltensweisen nur um 0,20, mit dem Gesamtpunktwert des Inventars dagegen um 0,60.

Konzeptuell und empirisch stellt diese Aggregation über *verschiedene* Verhaltensweisen etwas anderes dar als die Aggregation prinzipiell gleicher, nur zu verschiedenen Zeitpunkten erhobener Verhaltensäußerungen; sie gelangt seit jeher bei der Konstruktion von Messinstrumenten zur Anwendung. Beispielsweise beziehen sich die Items von Fragebogen auf immer etwas andere Verhaltensaspekte, die untereinander bei einem breiten Konstrukt zwar nur niedrig interkorrelieren mögen, aber das Aggregat der Summenwerte stellt doch eine breitere Stichprobe dar mit entsprechend besseren Voraussetzungen für eine Verhaltensvorhersage.

12.2.3 Aggregation über und Berücksichtigung von Situationen

Moskowitz (1982) ließ durch Beobachter an Kindern u.a. die für Dominanz stehenden Verhaltensweisen (z. B. wegdrängen, kommandieren, drohen) erheben. Die Situationen waren u.a. dadurch kategorisiert, dass sie den Kindern infolge der Vorgaben einer Aufsichtsperson unterschiedliche Verhaltensspielräume ließen. Das über die verschiedenen Situationen durch Summation der Verhaltensweisen aggregierte Maß wies eine transsituationale Konsistenz gegenüber dem Verhalten in *einer* der Situationen von 0,59 auf. Das war im Vergleich zu der Konsistenz von 0,48 für die nichtaggregierten, also nur in einer der Situationen erhobenen Maße ein bedeutsamer Gewinn. Dieser mochte sich in dem Sinne auswirken, mit dem aggregierten Maß Verhalten in *sehr vielen* Situationen vorhersagen zu können, dieses aber nur mit bescheidener Genauigkeit.

Allerdings wurde bald klar, dass eine derartige Aggregation über Situationen nur dann zweckmäßig ist, wenn das Durchschnittsverhalten in einer Klasse von *ähnlichen* Situationen interessiert. Hier kann durch Reduktion des Messfehlers, also durch Erhöhung der Reliabilität, die Vorhersagegenauigkeit erhöht werden. Die dadurch angestrebte Ermittlung des »wahren Wertes« verdeckt allerdings die stabilen und konsistenten situationsspezifischen Verhaltenstendenzen, die in der Aggregation als irrelevante Fehlervarianz behandelt werden.

Um dieses an einem Beispiel zu verdeutlichen: Eine Person A mag sich in der Familie stets ausgesprochen freundlich verhalten, im Sportverein indifferent und im Berufsleben den Mitarbeitern gegenüber aggressiv-unfreundlich. Bei einer Person B mögen die Gegebenheiten gerade umgekehrt sein, also hohe Freundlichkeit im beruflichen Alltag, Unauffälligkeit im Verein, Unfreundlichkeit innerhalb der Familie. Bei einer Mittelung des Freundlichkeitsausdrucks über die drei Situationen verschwinden die situationsspezifischen und individuell konsistenten wie zeitstabilen Verhaltensmanifestationen der beiden Akteure.

Eine der Glanzleistungen von Walter Mischel bestand darin, die intraindividuelle Variabilität über Situationen zu einem konstitutiven Bestandteil der Beschreibung und Vorhersage individuellen Verhaltens gemacht zu machen. In einer bedeutsamen Arbeit klassifizierten Shoda et al. (1994) interpersonale Situationen von Kindern nach der Art des Gegenübers (Gleichaltrige vs. Erwachsene) und der Bewertung der Interaktion (positiv vs. negativ), also nach psychologischen Faktoren. Als Erstes konnten die Autoren interindividuell verschiedene, intraindividuelle Situation-Verhaltensprofile für ausgewählte Verhaltensweisen aufzeigen (z. B. verbale Aggressionen, körperliche Aggressionen, Sich-Fügen in Situationen wie Kontakt mit Gleichaltrigen, Lob von Erwachsenen). Diese waren stabil über die Zeit, zwar interindividuell in unterschiedlichem Ausmaß, aber im Mittel fast zu 0,50 (▶ **Kasten 12.2**). Dieses erlaubte die Verknüpfung zwischen Art der Situation und Verhalten im Sinne von »Wenn … dann«-Beziehungen (z. B. »Wenn ein Gleichaltriger positiven Kontakt aufnimmt, dann …«). Über die in **Kasten 12.2** bereits mitgeteilten Befunde hinaus lag die Hypothese nahe, dass die transsituative Konsistenz mit dem Ausmaß zunimmt, in dem die miteinander verglichenen Situationen psychologische Elemente gemeinsam haben. Wie **Abbildung 12.8** zeigt, konnte diese Hypothese überzeugend bestätigt werden, auch wenn die Koeffizienten insgesamt eine nur geringe Höhe erreichen.

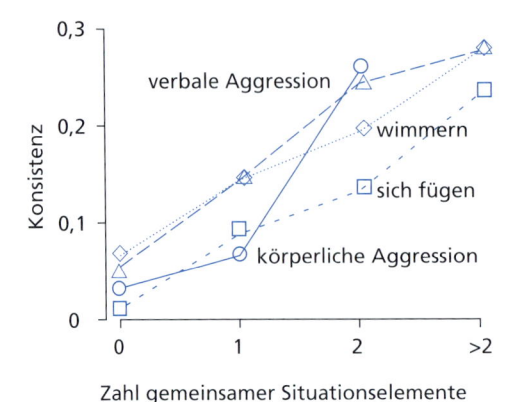

Abb. 12.8: Konsistenz vier verschiedener Verhaltensweisen als Funktion der Zahl gemeinsamer Elemente in verschiedenen Situationen (nach Shoda et al., 1994, S. 683).

12.2.4 Persönlichkeitspsychologisch relevante Situationen

Mischel (1977) selbst hat die Frage aufgeworfen: »Wann machen individuelle Unterschiede einen Unterschied?« und darauf hingewiesen, dass bestimmte Situationen den Verhaltensspielraum in einem Maße einengen mögen, dass interindividuelle Unterschiede nahezu verschwinden. Dann können auch auf der Basis von Eigenschaftsmaßen keine Vorhersagen erfolgen. So stellt eine rote Verkehrsampel für alle Autofahrer einen »starken« Stimulus mit hohem Uniformierungseffekt dar. Ähnlich verhält es sich mit dem Erscheinen des Pfarrers in der Kirche oder dem Heben des Taktstocks durch den Dirigenten, die ja gewöhnlich alle Unterhaltungen binnen kurzem verstummen lassen. Von der Art, dass »situativer Druck oft irgendwelche inneren Tendenzen zu einem Verhalten im Sinne einer allgemeinen Eigenschaft ausschließt« (Stagner, 1977), waren jedoch häufig die von Situationisten gewählten Anordnungen, um die Wirksamkeit des Faktors »Situationen« unter Beweis zu stellen. Konsequenz davon war eine entsprechend geringe interindividuelle Verhaltensvariabilität und die dementsprechend verminderte Aussicht, diese aufzuklären.

Der eigenschaftstheoretische Ansatz verlangt hingegen zwingend solche Situationen, die eher »schwach« oder uneindeutig strukturiert sind und für verschiedene Individuen eine unterschiedliche Bedeutung aufweisen. Buss (1989, S. 1381) formulierte weitere Gesichtspunkte: Nur wenn die Bedingungen einer Erhebung den in der rechten Spalte von **Tabelle 12.4** aufgeführten Faktoren entsprechen, können Eigenschaftsdimensionen von hinreichendem Wert bei der Verhaltensvorhersage sein.

Tab. 12.4: Erhebungsbedingungen für eine hohe Vorhersagekraft durch Situationen oder Eigenschaften.

	Situationen	Eigenschaften
Kontext	neu, formell, öffentlich	vertraut, privat
Instruktionen	detailliert, vollständig	keine oder allgemein gehalten
Wahlmöglichkeiten	gering oder fehlend	groß
Dauer	kurz	länger
Verhalten	eng	breit

Nach Buss (1989, S. 1381).

Monson et al. (1982) gingen diesem Aspekt gezielt nach. In zwei experimentell realisierten Bedingungen bestand für die Versuchsteilnehmer ein hoher situativer Druck in Richtung auf extravertiertes bzw. introvertiertes Verhalten; eine dritte Situation war diesbezüglich neutral. Mit der von unabhängigen Beurteilern eingeschätzten Gesprächigkeit der Versuchsteilnehmer während der experimentellen Aufgabe korrelierten die präexperimentell erhobenen Extraversionswerte nur unter jener Situation numerisch befriedigend und signifikant ($r = 0,56$ gegenüber 0,18 und 0,38), die für die Versuchspersonen unbestimmt und mehrdeutig war. Dieser Effekt stand, wie nicht anders zu erwarten, auch mit der Streuung der Kriteriumswerte in Zusammenhang.

Gleichrangig zu der Forderung nach einem Entfaltungsspielraum für interindividuelle Unterschiede ist jene nach der Eigenschaftsrelevanz der Situationen. Dieser Gesichtspunkt ist offenkundig: Soziabilität lässt sich nur in bestimmten Situationen beobachten, nämlich solchen, in denen mehrere Personen vergleichsweise ungezwungen miteinander interagieren. Angst ist nur messbar in Situationen, die die Probanden als bedrohlich empfinden. Suggestibilität bedarf des Ein- oder Zuredens anderer Leute usw. Vor diesem Hintergrund ist Konsistenz in erster Linie über solche Situationen hinweg zu erwarten, die bestimmte, die Eigenschaft beeinflussende Elemente gemeinsam haben.

Den Untersuchungen von Moskowitz (1994) zufolge bestand in den Eigenschaften Dominanz, Submissivität, Verträglichkeit und Streitsucht mit Werten um $r = 0,70$ eine recht hohe Konsistenz über solche Situationen, in denen der Interaktionspartner vertraut und gleichrangig war (Freunde, Bekannte). Hingegen lagen die Konsistenzen niedriger in Situationen, wo Status und Macht der Interaktionspartner sehr unterschiedlich waren. Die niedrigsten Werte zeigten sich für die verschiedenen Kontakte mit dem gegengeschlechtlichen Partner – Hinweise darauf, dass für bestimmte Klassen von Situationen höhere Konsistenzen im Verhalten zu gewärtigen sind als für andere.

Dabei dürfte auch die spezifische Wahrnehmung einer Situation durch die Akteure (ist dieses ein eher formeller oder informeller Kontext, soll man sich eher aktiv oder reaktiv verhalten usw.) eine wesentliche Rolle spielen. Gleiche Situationsbedingungen mögen interindividuell verschieden aufgenommen und interpretiert werden, wie umgekehrt Konsistenz durch die spezifische Deutung von externen Stimuli bedingt sein mag. Deshalb ist eine Berücksichtigung der als Mediatoren fungierenden individuellen Perzeptionen und Kognitionen notwendig (s. Mischel, 1977).

Unter psychologischer Perspektive ist die Ähnlichkeit von Situationen in dem Modell von Tett und Guterman (2000) zur »Aktivierung von Eigenschaften« eingehend ausgearbeitet worden. Darunter verstehen die Autoren die Eigenschaftsrelevanz von Situationen (»situation trait relevance«) oder das »Vermögen« von Situationen, bestimmtes eigenschaftsbezogenes Verhalten hervorzurufen. Sie konstruierten eine Reihe von Szenarios und ließen von Beurteilern einschätzen, wie sehr jede der vorgegebenen Geschichten relevant sei für jede von fünf Eigenschaften (Risikobereitschaft, Komplexität, Empathie, Soziabilität und Organisation). Zu jedem Szenario musste jede Befragungsperson angeben, wie sie darauf reagieren oder sich verhalten würde. Außerdem lagen Eigenschaftswerte für jeden Probanden in jeder der Dimensionen vor. Deren Korrelationen mit dem Verhalten in den Szenarios fielen umso größer aus, je höher die Eigenschaftsrelevanz der Situation war. Zudem war transsituative Konsistenz vor allem über jene Szenarios festzustellen, deren Eigenschaftsrelevanz hoch war – Konsistenz war mithin eine Funktion der situativen Eigenschaftsrelevanz.

Einen Schritt weiter sind Furr und Funder (2004) dadurch gegangen, dass sie anstelle von Selbstberichten konkretes Verhalten in sozialen Situationen untersuchten. In einer ihrer beiden Studien trafen bis dahin fremde

Personen zusammen und hatten während einer Zeit von etwa fünf Minuten Gelegenheit, einander kennen zu lernen. Dieses Setting wiederholte sich mit einem anderen Interaktionspartner nach zwei Monaten. Unmittelbar danach lieferte jeder der Interaktionspartner eine Einschätzung darüber, inwieweit sie die beiden Situationen als ähnlich erlebt hatten (= subjektive Ähnlichkeit). In der anderen Studie erfolgte eine systematische Variation der Ähnlichkeit zwischen sechs Situationen dadurch, dass entweder ein guter Bekannter oder aber ein Fremder der Interaktionspartner war und eine gemeinsam zu bewältigende Aufgabe entweder gleich oder verschieden war (= objektive Ähnlichkeit/Unähnlichkeit). Die Konsistenz des Verhaltens über die Situationen hinweg war eine Funktion von subjektiver und objektiver Ähnlichkeit zwischen den Situationen, und zwar sowohl in einer variablenzentierten als auch einer personenbezogenen Auswertung der Daten – je größer die Ähnlichkeit zwischen den Situationen, umso höher die Konsistenz.

12.2.5 Wahl des Kriteriums

Die eine Eigenschaft begründenden Verhaltensmerkmale mögen sich in ihrer Beobachtbarkeit durch andere sehr stark voneinander unterscheiden. Beispielsweise sind die Indikatoren für Neurotizismus primär der Erlebniswelt des Einzelnen zugehörig, wohingegen diejenigen für Extraversion mehr motorische Abläufe enthalten und auf die soziale Umwelt gerichtet sind. Dieses ist einer der Gründe dafür, dass Extraversion/Introversion von Außenstehenden meist zutreffender eingeschätzt werden kann als beispielsweise Neurotizismus oder Empathie.

Gezielt und mit dem Fokus auf eine interindividuell unterschiedliche Ausprägung haben diesen Problembereich erstmals Kenrick und Stringfield (1980) aufgegriffen, die unter anderem ihre 98 Untersuchungsteilnehmer zu jedem von 16 Eigenschaften angeben ließen, wie sehr das dazu gehörende Verhalten beobachtbar wäre (»In welchem Ausmaß ist Ihr Verhalten auf der ... Dimension durch andere beobachtbar?«). Außerdem fragten sie danach, wie konsistent das Verhalten in den einzelnen Eigenschaften sei. Für die als »konsistent« eingestuften Eigenschaften lagen die Korrelationen einer Selbst- mit einer Fremdbeurteilung durch Eltern und Freunde über jenen der als »inkonsistent« bezeichneten. Innerhalb der »konsistenten« Eigenschaften waren die Validitäten für die beobachtbaren Eigenschaften noch einmal höher.

Watson et al. (2000) sprachen in diesem Zusammenhang von »Sichtbarkeit« (engl. »visibility«) und konnten zeigen, dass die Übereinstimmung zwischen Selbst- und Fremdeinschätzungen in den Dimensionen der Big Five wesentlich höher war als in Skalen zur Erfassung positiver, negativer und anderer Affekte.

12.2.6 Zentralität und Angemessenheit von Eigenschaften

Auch die individuelle Relevanz oder Zentralität einer Eigenschaft spielt eine Rolle: Turner und Gilliland (1979) baten eine Gruppe von 180 Befragungspersonen, Adjektive oder Eigenschaften aufzulisten, die sie am besten beschreiben. Die von den Probanden gelieferten Begriffe waren erwartungsgemäß äußerst verschieden. Um eine gewisse Vergleichbarkeit herzustellen, wurden die Begriffe insgesamt 45 Kategorien allgemeiner Art zugeordnet (z. B. »temperamentvoll – ausgeglichen«, »ängstlich – sorgenfrei« usw.). Anhand von später erhobenen Fremdbeurteilungen unterschieden sich die drei Gruppen von »dominanten«, »eigenschaftsirrelevanten« und »zurückhaltenden« Versuchsteilnehmern signifikant voneinander. Gezieltere Detailanalysen ergaben zudem Anhaltspunkte dafür, dass das Dominanzverhalten der »eigenschaftsirrelevanten« Gruppe mehr von den situativen Bedingungen abhing. Ein methodisches Problem bei diesem Ansatz besteht darin, dass »Angemessenheit« in vielen Fällen gleichzusetzen ist mit einer gewissen Extremität der Merkmalsausprägung. Die solchermaßen gebildeten Gruppen unterscheiden sich stärker voneinander als unausgelesene Stichproben.

In kontinuierlich abgestufter Form und unter Berechnung von Validitätskoeffizienten gingen Amelang und Borkenau (1985) dem Problem der interindividuell unterschiedlichen Angemessenheit von Eigenschaften nach. Den Hypothesen entsprechend waren die Übereinstimmungen von Selbst- mit Fremdeinschätzungen in solchen Dimensionen signifikant höher, die von den Probanden als angemessen oder geeignet für eine Beschreibung ihrer Persönlichkeit bezeichnet wurden. Im Mittel aller Eigenschaften betrugen die Validitäten $r = 0{,}35$ für die vergleichsweise angemessenen und $r = 0{,}25$ für die relativ unangemessenen Dimensionen.

Zuckerman et al. (1988) untersuchten neben der Beobachtbarkeit auch die Relevanz im Sinne der Zentralität oder Wichtigkeit (»that is most influential in terms of how you behave«). An einer Stichprobe von 472 Studierenden korrelierten die als wichtig erachteten Eigenschaftspolaritäten mit den zugeordneten Peer-Ratings im Mittel zu $r = 0{,}40$, die als weniger wichtig bezeichneten Eigenschaften dagegen nur zu $r = 0{,}25$.

Relevanz und *Zentralität* sind auch bei der in Abschnitt 1.6.3 erwähnten Analyse von Handlungshäufigkeiten (Buss & Craik, 1980, 1981) das entscheidende Thema, dort allerdings nicht fokussiert auf die interindividuell unterschiedliche Struktur, sondern auf die (für alle Probanden gleiche) Prototypizität von Verhaltensmerkmalen für die jeweilige Eigenschaftsdimension. Wie mehrere Untersuchungen belegen, korrelieren Indizes für Handlungshäufigkeiten dann besonders hoch mit Punktwerten herkömmlicher Persönlichkeitstests, wenn es sich um sehr prototypische Verhaltensweisen handelt. Hingegen liegen die Koeffizienten sehr niedrig bei Handlungen, die für eine Eigenschaft untypisch oder peripher sind.

In den Untersuchungen von Amelang et al. übertraf die Validität von Verhaltenslisten, die nach den Prinzipien der Analyse von Handlungshäufigkeiten für die Konstrukte »Soziale Intelligenz« bzw. »Kreativität« generiert und hinsichtlich der Prototypizität zusammengestellt worden waren, die Validität von herkömmlichen Tests für dieselben Dimensionen (Amelang et al., 1991; Amelang et al., 1989). Generell wird im Rahmen solcher Formatierungen also abgehoben auf die Häufigkeit von oder auch Wahrscheinlichkeit für die Ausübung bestimmter, eine Eigenschaft besonders kennzeichnenden Verhaltensmerkmale.

12.2.7 Selbstzentrierte Aufmerksamkeit

Kann man die Validität eines Fragebogens vielleicht dadurch steigern, dass Personen ihre Aufmerksamkeit gezielt auf sich selbst richten? Um dieser Frage nachzugehen, müssen Bedingungen hergestellt werden, unter denen die Probanden bei der Bearbeitung von Persönlichkeitstests genügend über sich nachdenken, bevor sie über sich selbst berichten.

Pryor et al. (1977) erhöhten das Ausmaß von selbstzentrierter Aufmerksamkeit dadurch, dass ein Teil der Probanden beim Ausfüllen von Tests zur Soziabilität einen Spiegel vor sich auf dem Tisch stehen hatte. Gegenüber einem zwei bis drei Tage später erhobenen Verhaltensmaß zur Soziabilität korrelierten die unter den üblichen Bedingungen gelieferten Fragebogenpunktwerte nur gering ($r = 0{,}16$). Die Korrelation war hingegen hoch ($r = 0{,}62$; Differenz signifikant) für die Probanden, die während der ersten Sitzung mit einem Spiegel konfrontiert waren.

Solche Befunde mögen die Vermutung nahelegen, dass die mit erhöhter Selbstaufmerksamkeit einhergehenden reflexiven Prozesse mehr Zeit benötigen und deshalb die üblicherweise in Fragebogen gegebene Instruktion, bei der Beantwortung »nicht lange nachzudenken«, einen folgenschweren Missgriff darstellen könnte. Diesem Problem ist mit zwei verschiedenen Ansätzen nachgegangen worden, nämlich die Bearbeitungszeit experimentell zu verlängern (um eine differenziertere Verarbeitung zu ermöglichen) oder diese zu verkürzen (um bewusste Verstellungen zu unterbinden).

Krämer und Schneider (1987) variierten die Instruktion in den Abstufungen »Spontanes Antworten« und »Genaues Überlegen« und fanden an Stichproben von jeweils nur 24 Probanden keine Validitätsunterschiede. Holden et al. (2001) sahen neben der Standardbedingung eine »Faking-good«-Variante vor, wobei hier wie dort die Bearbeitungszeit entweder unbegrenzt oder verkürzt war. Unter keiner der Bedingungen hatte die Bearbeitungszeit einen nennenswerten Einfluss auf die Mittelwerte und Korrelationen der Testwerte mit einer globalen Selbsteinstufung. Den Autoren zufolge sprechen diese Befunde nicht dafür, dass ein Verstellen im Sinne sozialer Erwünschtheitsreaktionen Zeit beanspruche.

12.2.8 Identifikation von Personen mit hoher Vorhersagbarkeit

Erstmals Ghiselli (1960) gelang es, ein gesondertes Testverfahren zu konstruieren, nach dessen Punktwert entschieden werden konnte, für welche Probanden in einer Stichprobe von Taxifahrern genauere Vorhersagen hinsichtlich deren allgemeiner Fahrtauglichkeit aus Leistungstests möglich waren und für welche nicht. Der fragliche Test war deshalb einer zur individuellen Prognostizierbarkeit, weil er mit der Differenz zwischen den jeweils standardisierten Test- und den Kriteriumswerten für Fahreignung korrelierte. Seitdem hat es an Bemühungen zum Auffinden solcher Skalen, die eine Moderatorfunktion erfüllen, nicht gefehlt. Häufig waren die Befunde jedoch nicht replizierbar, was u. a. daran gelegen haben mag, dass teils die Suche nach Moderatoren vorwiegend »blind«-analytisch vor sich ging, teils einige methodische Probleme bei der Verwendung von Moderatorvariablen außer Acht gelassen wurden. Einiges spricht dafür, dass positive Resultate dann zu erwarten sind, wenn theoriegeleitet vorab bestimmt würde, welche Variablen vermutlich geeignet wären, die empirische Vielfalt des Beobachtbaren in äquivalente Klassen aufzuteilen nach den Gesichtspunkten,

- welche Gruppen von Personen wohl ein konsistentes, eigenschaftsbestimmtes Verhalten aufweisen,
- welche Verhaltensweisen bei diesen Personen kovariieren und
- welche Situationen für die Betreffenden funktional äquivalent sind.

Bem (1972) arbeitete diese Fragen heraus und begründete, warum das Streben nach Anerkennung, Lob und Akzeptanz, gewöhnlich gemessen mit Skalen zur sozialen Erwünschtheit (SE), den aufgeführten Kriterien entsprechen könnte. Personen mit hoher Ausprägung auf dieser Dimension würden sozial erwünschtes Verhalten immer in solchen Situationen an den Tag legen, wo Bewertungen des Verhaltens eine Rolle spielten. Sozial erwünschte Reaktionen oder Antworten bildeten deshalb eine Klasse von äquivalenten Verhaltensweisen, das Vorhandensein zwischenmenschlicher Bewertungen eine Klasse äquivalenter Situationen. Demgegenüber würden diese Verhaltensweisen und Situationen für Personen mit niedrigen SE-Werten nichts miteinander zu tun haben, eben weil für sie die Bewertungen nicht relevant seien, weshalb ihr Verhalten in der einen Situation nicht aus demjenigen in einer anderen vorhergesagt werden könne. Von daher könne die SE-Skala im Sinne eines Moderators Aufschluss darüber liefern, welche Personen sich konsistent, also gemäß dem Eigenschaftsmodell verhielten, und welche nicht. Diejenigen mit starker Tendenz im Sinne von SE seien entweder unwillig oder unfähig, situative Veränderungen zu berücksichtigen.

Ganz auf der Linie dieser Überlegungen lagen Befunde von Amelang und Bartussek (1970), denen zufolge Probanden mit hohen SE-Werten höhere Retestreliabilitäten in mehreren Persönlichkeitstests aufwiesen als solche mit niedrigen SE-Werten (▶ Abb. 12.9), offenbar deshalb, weil sie zu allen Zeiten bemüht sind, ihre Selbstdarstellung an dem existierenden Stereotyp der Sozialen Erwünschtheit zu orientieren, und dieses Stereotyp reliabler ist als die unmittelbare Einschätzung ihres Persönlichkeitsstatus.

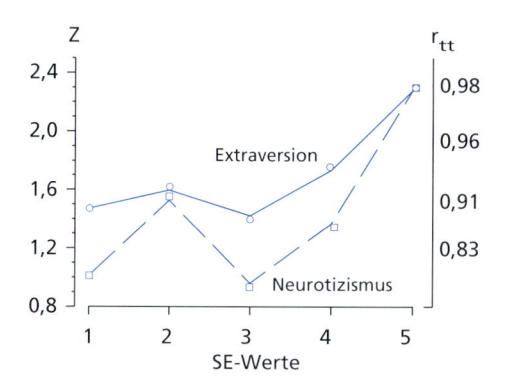

Abb. 12.9: Retest-Reliabilitäten in den Skalen »Extraversion« und »Neurotizismus« in Abhängigkeit von der Ausprägung »sozialer Erwünschtheit« (nach Amelang & Bartussek, 1970).

Das Modell von Bem (1972) mit dem postulierten Bestreben zur Aufrechterhaltung des Selbstbildes hat auch Implikationen für die Konsistenz des Verhaltens über verschiedene Variablen bzw. Reaktionsmodi. Nur solche Verhaltensweisen können nämlich in den Dienst des Selbstbildes gestellt werden, deren Bedeutungen dem Handelnden jeweils bekannt sind (s. auch Bem, 1983).

Im Falle der erwähnten Untersuchung zur differentiellen Reliabilität war dieses etwa bei den Skalen »Intoleranz gegenüber Ambiguität« (IA) und »Dogmatismus« (DO) sehr viel weniger der Fall als bei Extraversion und Neurotizismus, was sich daran zeigte, dass in IA und DO die Mittelwertsdifferenzen zwischen Normal- und »Faking-good«-Instruktion viel geringer ausfielen, die Versuchspersonen also anscheinend nicht recht wussten, welches die sozial erwünschten Antworten sind. Entsprechend waren die Reliabilitätsunterschiede in den beiden Skalen IA und DO geringer (▶ Abb. 12.10).

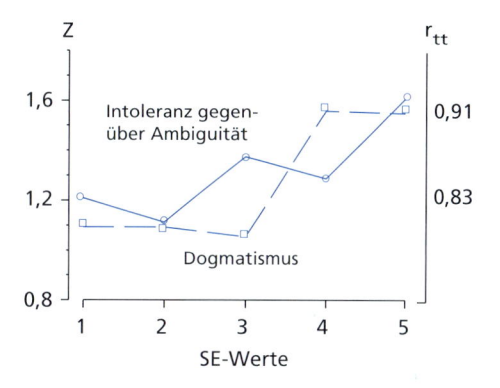

Abb. 12.10: Retest-Reliabilitäten in den Skalen »Dogmatismus« und »Intoleranz gegenüber Ambiguität« (nach Amelang & Bartussek, 1970).

Schließlich könnten Bem (1972) zufolge nur solche Verhaltensweisen in den Dienst des Selbstbildes gestellt werden, die einer Kontrolle durch den Handelnden unterlägen.

Zwei Arbeiten nehmen direkten Bezug auf die Vorstellungen Bems: Snyder und Monson (1975) griffen auf das sozialpsychologische Konstrukt des »Self-monitoring« zurück. Personen mit hoher Ausprägung darin seien besonders sensitiv für den Ausdruck und die Selbstdarstellung anderer in sozialen Situationen und würden aus deren Verhalten

Hinweise für die Gestaltung ihres eigenen Sozialverhaltens beziehen. Aus diesem Grunde müssten sie eine größere situativ bedingte Verhaltensvariabilität zeigen als Personen mit niedriger Selbstkontrolle. Mit Hilfe eines Fragebogens (z. B. »Wenn ich unsicher bin, wie ich in einer sozialen Situation agieren soll, schaue ich auf das Verhalten anderer, um daraus einen Hinweis zu erhalten«, »Ich lache mehr, wenn ich eine Komödie zusammen mit anderen schaue als wenn ich allein bin«) wurden die Versuchspersonen in drei Gruppen unterschiedlicher Merkmalsausprägung eingeteilt. Sowohl hinsichtlich sozialer Konformität als auch selbsteingeschätzter Verhaltensweisen in verschiedenen Kontexten zeigten die »high-monitoring« Versuchspersonen die höchsten Situationsvarianzen.

Turner (1978) benutzte die Konstrukte »private« bzw. »öffentliche Selbstaufmerksamkeit« als Moderatoren. Die erstere Dimension bezieht sich auf die Reflexion eigener Gedanken, Gefühle und Motive, die letztere gilt dem Bewusstsein von der eigenen Person als sozialem Objekt. Zur Erfassung der beiden Komponenten von Selbstaufmerksamkeit lagen Fragebogen vor (z. B. »Ich denke oft über meine Träume nach, weil ich mich dadurch selbst besser kennen lerne« oder »Wenn ich mit Personen zusammen bin, die ich nicht gut kenne, mache ich mir Sorgen, dass ich mich danebenbenehme« als Beispiele für private bzw. öffentliche Selbstaufmerksamkeit). Gestützt auf die Theorie von Fenigstein et al. (1975) wurde erwartet, dass wegen der fortlaufenden Evaluation eigener Haltungen und Gefühle die Selbsteinschätzungen von Personen mit hohen Werten in »Privater Selbstaufmerksamkeit« valider seien als diejenigen von Personen mit niedriger Merkmalsausprägung. Umgekehrt sollten die Validitäten für Personen mit hoher »Öffentlicher Selbstaufmerksamkeit« niedriger sein als für jene mit niedrigen Werten, weil diese Probanden stets nur an das sozial Erwünschte dächten und versuchten, sich so vorteilhaft wie möglich zu präsentieren. Anhand einiger Laboraufgaben wurden diese Vorhersagen weitgehend bestätigt.

Mit prinzipiell gleicher Anordnung fanden Scheier et al. (1978) für Personen mit hohen Werten in der Skala »Private Selbstaufmerksamkeit« eine Validität von $r_{tc} = 0{,}66$ für einen Aggressivitätsfragebogen gegenüber der »Aggressionsmaschine« (Applizierung von Elektroschocks in einem vermeintlichen Lernprogramm); der entsprechende Koeffizient für die Probanden mit niedriger Selbstaufmerksamkeit war hingegen insignifikant ($r_{tc} = 0{,}09$).

Noch direkter machten sich den Moderatorenansatz Bem und Allen (1974) in einer berühmt gewordenen Arbeit zunutze: Die Autoren fragten ihre Versuchspersonen lediglich, ob sie hinsichtlich jedes der beiden Merkmale Freundlichkeit und Gewissenhaftigkeit eher gleich bleibend oder je nach den Umständen verschieden agieren würden. Diese Selbsteinschätzungen zur Konsistenz standen mit der (ipsativ bestimmten) Varianz des Verhaltens in verschiedenen Situationen in Beziehung. Darüber hinaus waren für die Versuchsteilnehmer, die sich als konsistent bezeichneten, verschiedene Kriteriumswerte für Freundlichkeit aus den Werten einer Extraversionsskala wesentlich besser vorhersagbar als für die variablen, also »inkonsistenten« Befragungspersonen (▶ Tab. 12.5). Zu diesen Resultaten fügte sich erwartungskonform die Beobachtung ein, dass die Urteile von Fremdeinschätzern über solche Personen besser übereinstimmen, die sich selbst als transsituativ konsistent bezeichneten (Woodruffe, 1985; Amelang, 1985).

Allerdings wiesen Mischel und Peake (1982) nach, dass die Maße für selbsteingeschätzte transsituative Variabilität nur die zeitliche Stabilität dieser Verhaltensweisen, nicht aber die auf behavioraler Ebene bestimmte Konsistenz moderierten. Dies galt auch nur für prototypische Verhaltensweisen. Die Stabilität der als prototypisch eingeschätzten Verhaltensweisen betrug bei den

Tab. 12.5: Korrelationen zwischen einer Extraversionsskala und sechs verschiedenen Kriterien für »Freundlichkeit«, getrennt für Gruppen von hoher bzw. niedriger selbsteingeschätzter Variabilität.

MPI-E	Variabilität	
	niedrig	hoch
Selbsteinschätzung	0,77	0,65
Einschätzung durch Mutter	0,54	0,37
Einschätzung durch Vater	0,26	0,24
Einschätzung durch Freund	0,71	0,41
Beobachtung einer Gruppendiskussion	0,34	0,18
Kontaktaufnahme mit einem Fremden in einer Wartesituation	0,25	–0,12
Mittelwert unter Fortlassung der Selbsteinschätzung	0,44	0,22

Aus Bem und Allen (1974).

Befragungspersonen mit selbstwahrgenommener geringer situationsübergreifender Variabilität 0,71, bei denen mit hoher Variabilität nur 0,47. Die entsprechenden Koeffizienten für die als weniger prototypisch eingeschätzten Verhaltensweisen lauteten 0,65 und 0,64, diejenigen für Konsistenz lagen allesamt in der Nähe von null, gleich, ob die Variabilitätsneigung hoch oder niedrig und die Verhaltensweisen prototypisch waren oder nicht. Solche Resultate erklären nach Mischel (1984) das Paradox, wonach Personen gern Konsistenz zugeschrieben wird – diese Konsistenz hingegen empirisch im Verhalten nur schwer zu objektivieren ist, mit einem systematischen Irrtum der Befragten, nämlich bei der Einschätzung der situationsübergreifenden Konsistenz von der selbstbeobachteten Stabilität einiger prototypischer Verhaltensweisen auszugehen.

Bei Bem und Allen (1974) hatten sich zusätzlich zu den bereits geschilderten Befunden verschiedene Hinweise auf eine individuelle Interpretation einzelner Konstruktindikatoren ergeben. Das legt eine mehr idiographische anstelle der nomothetischen Betrachtung nahe, ein Gesichtspunkt, dem in der Folgezeit häufiger entsprochen wurde. Besonders hervorzuheben ist dabei die Arbeit von Shoda et al. (1994), die bereits Erwähnung gefunden hat.

In der Studie von Pelham (1993) mit einer Stichprobe von 639 Studierenden schätzte jede Person zunächst sich selbst auf 5 Skalen hinsichtlich Intelligenz, sozialer Kompetenz, künstlerischer Begabung, athletischen Fähigkeiten und physischer Attraktivität ein. In gleicher Weise lieferte je ein Freund Fremdeinschätzungen. Die nomothetische Analyse sah Korrelationen nach der R-Technik (zwischen Variablen, über Probanden; s. Abschn. 1.4.1) vor, die idiographische solche nach der Q-Technik (zwischen Selbst- und Fremdeinschätzern über die 5 Skalen). Im Mittel betrugen die Koeffizienten $r = 0,35$ bzw. $r = 0,55$. Unter Verwendung von 30 Items, die die Big Five (s. Abschn. 7.4) erfassen sollten, lauteten die an 189 anderen Personen ermittelten Durchschnittskoeffizienten $r = 0,21$ bzw. $r = 0,48$ – was eine deutliche Überlegenheit des idiographischen Zugangs belegt. Zudem konnte Pelham (1993) zeigen, dass die Übereinstimmungen auch davon abhängen, ob ein Proband seine relativen Stärken oder Schwächen als wichtig erachtet oder nicht. Analog dazu korrelierten in der Untersuchung von Diener und Fujita (1995) persönliche Ressourcen wie Durchsetzungsfähigkeit, familiäre Unterstützung, Gesundheit, Intelligenz und anderes mit dem subjektiven Wohlbefinden dann höher, wenn ihr Wert für das Erreichen der individuellen Ziele besonders hoch war.

Die Empfehlung, idiographische mit nomothetischen Prinzipien zu kombinieren, führt aber nicht durchgängig zum Erfolg, wie verschiedene Arbeiten zeigen. Dazu zählt etwa diejenige von Asendorpf (1988), auf die hier aber nicht näher eingegangen werden kann (s. auch Paunonen & Jackson, 1985).

Die Konzepte von Konsistenz, Beobachtbarkeit, Angemessenheit und Relevanz sind inhaltlich insofern miteinander verwandt, als sie alle die interindividuell verschiedene »Passung« des trait-theoretischen Ansatzes berühren. In der Tat hat denn auch Paunonen (1988) z. T. mittelhohe Korrelationen zwischen den einzelnen Indizes ermittelt.

Baumeister und Tice (1988) sprachen angesichts dieser Umstände und in der Folge der auf Bem und Allen (1974) zurückgehenden Unterscheidung von »eigenschaftsartigen« (engl. »trait-like«) und »eigenschaftsfreien« (engl. »trait-free«) Personen allgemein von »Meta-Eigenschaften« (engl. »metatraits«). Eine Meta-Eigenschaft besteht darin, eine Eigenschaft zu haben oder nicht zu haben. Tellegen (1988, S. 624) umschrieb das Gleiche als »Eigenschaft, dispositioniert [traited] oder undispositioniert [untraited] zu sein. Undispositionierte Personen würden solche sein, denen buchstäblich eine zugrunde liegende Eigenschaftsstruktur fehlt«.

Der Punktwert auf der Meta-Eigenschaft wurde für jede Versuchsperson über die Varianz der Items in Skalen wie Kontrollüberzeugung oder Selbstwertgefühl ermittelt. Ein über die Items eher konsistentes Antwortverhalten, also eine kleine Varianz der Items, stand für »Dispositioniertheit« (engl. »traitedness«) und damit für den Umstand, dass die Befragungsperson über eine mentale Repräsentation des jeweiligen Konstrukts verfügt. Die Korrelation mit Verhaltensmaßen unterschied sich signifikant in erwarteter Richtung: Personen ohne Meta-Eigenschaft waren schlechter prognostizierbar.

In Fortführung dieses Ansatzes stützte sich Britt (1993) bei der Berechnung der Varianz der Items nicht auf die Rohwerte, sondern auf die standardisierten Itembeantwortungen. Zur Vermeidung einer Konfundierung von Eigenschaftswert und Itemvarianz-Index verwendete er zudem die multiple Regression. Für solche Personen, die in beiden miteinander korrelierten Eigenschaftsskalen dispositioniert waren, fielen die Korrelationskoeffizienten sehr viel höher aus, als wenn die Meta-Eigenschaft nur in einer oder keiner der beiden Skalen vorlag (▶ Abb. 12.11).

Von wenigen Ausnahmen abgesehen handelt es sich bei den soweit dargestellten Untersuchungen um solche, die letztlich *variablenzentriert* sind. Damit aber wird nur unzulänglich einem wichtigen Gesichtspunkt der Persönlichkeitspsychologie Rechnung getragen, nämlich dem individuell je besonderen Gesamtmuster der Eigenschaften, in dem letztlich das Erleben der individuellen Einzigartigkeit wurzelt. Soll die Persönlichkeit als ganzheitliche Organisation erfasst werden, bedarf es dafür geeigneter, mehr *personenzentrierter* Forschungsansätze.

Besonders konsequent sind dieser Auffassung Biesanz und West (2000) gefolgt, indem sie Selbst- und Fremdeinschätzungen auf jenen Adjektiven erhoben, die konstitutiv für breitere Eigenschaften wie diejenigen der *Big Five* sind (z. B. pünktlich, sorgfältig, organisiert usw. für »Gewissenhaftigkeit«), und dann die ermittelten individuellen Merkmalsprofile (der zuvor individuell standardisierten Messwerte) den Analysen zugrunde legten. In Q-Korrelationen stellte sich eine größere Übereinstimmung zwischen der Profilgestalt von Selbst- und Fremdeinschätzungen sowie ein höherer Konsens zwischen den Fremdbeurteilern für jene Personen heraus, deren Profile (Selbsteinschätzungen) über der Zeit besonders stabil waren. Einmal mehr erwies sich somit die zeitliche Stabilität als

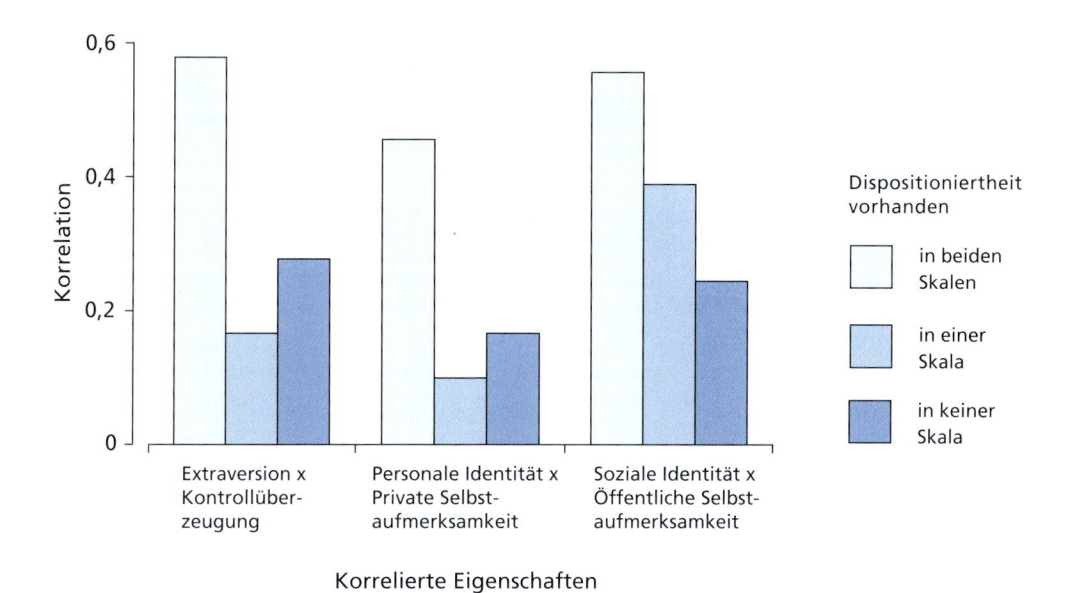

Abb. 12.11: Korrelation zwischen Eigenschaftsskalen in Abhängigkeit von der Dispositioniertheit (»traitedness«) in ihnen (nach Britt, 1993, S. 557, 559).

Moderator der Validität, hier aber für das Gesamt von individuellen Eigenschaftsausprägungen.

Trotz mancher methodischer Probleme haben die geschilderten Ansätze zur Differenzierung des Eigenschaftsmodells beigetragen. In einer Meta-Analyse der Ende der 1980er Jahre vorliegenden Untersuchungen zur Variabilität, Wichtigkeit, Angemessenheit usw. von Eigenschaften konnte ein gesicherter Moderatoreffekt in der erwarteten Richtung ausgewiesen werden (Zuckerman et al., 1989). Auch Brody (1988, S. 115) gelangte nach einer sehr sorgfältigen Durchsicht der Literatur zur differentiellen Vorhersagbarkeit zu der Überzeugung, dass die aufgezeigten Moderatoren die Annahme gemeinsamer Eigenschaften nicht in Frage stellten. Das Eigenschaftsmodell sei im Grunde nicht ernsthaft erschüttert, die referierten Ergebnisse würden es aber erlauben, die Vorhersage zu präzisieren und zu verbessern. Dafür sind somit Indikatoren vonnöten, die einerseits auf Meta-Eigenschaften wie Dispositioniertheit, Konsistenz, Zentralität u. Ä. abheben. Andererseits sind aber auch Indikatoren gefragt, die die Feinheiten der Aktionen und Reaktionen von Personen erfassen und wenig zur differentiellen Vorhersagbarkeit des Verhaltens beitragen.

Auch wenn die Forschungsarbeiten innerhalb des Feldes weitere Erfolge zeitigen werden, wird wohl auf absehbare Zeit gelten, was Bem und Funder (1978) durchaus nicht resignativ festgehalten haben: »Predicting all of the people all of the time is still in preparation«.

Zusammenfassung von Kapitel 12.2

Im Verlauf der so genannten Konsistenzdebatte (siehe 12.1) wurde eine Reihe von Verbesserungsvorschlägen für den Grad der Verhaltensvorhersage durch Persönlichkeitseigenschaften untersucht: (1) Eine Erhöhung der Reliabilität der Verhaltens- bzw. Erlebensmaße durch Aggregation (Zusammenfassung) von Messungen derselben Variablen über die Zeit kann die Verhaltensvorhersage deutlich verbessern. (2) Eine Erhöhung der Reliabilität und eine Verbreiterung der Verhaltensstichprobe durch Aggregation von Messungen verschiedener Variablen aus dem gleichen Konstruktbereich (»multiple-act«-Kriterien) können die Verhaltensvorhersage ebenfalls verbessern. (3) Die Aggregation über verschiedenartige Situationen kann eine Erhöhung der transsituationalen Konsistenz zur Folge haben. Wichtig dabei ist allerdings, dass in den verschiedenen Situationen möglichst viele gemeinsame psychologische Situationselemente enthalten sind. (4) Situationen eignen sich mehr oder weniger gut dafür, dass in ihnen gemessenes Verhalten oder Erleben durch Eigenschaften vorhersagbar ist. Situationen mit einem hohen Uniformierungseffekt lassen wenig Spielraum für interindividuelle Verhaltensunterschiede zu (»starke« Situationen). Als weiterer Aspekt kommt hinzu, dass – wie im dispositionistischen Modell erwartet – Situationen für einzelne Eigenschaften sehr unterschiedlich relevant sind. Untersuchungen haben bestätigt, dass die Konsistenz eine Funktion der situativen Eigenschaftsrelevanz ist. (5) Da sich die Sichtbarkeit von einzelnen Persönlichkeitseigenschaften unterscheidet (z. B. ist Extraversion von Fremdbeobachtern recht gut, Neurotizismus hingegen nicht gut erkennbar), wird ihre Konsistenz unterschiedlich ausfallen, wenn das Verhalten durch Fremdbeobachtung oder Fremdbeurteilung erfasst wird. (6) Die für Personen zentralen Eigenschaften haben eine stärkere Vorhersagekraft für Verhalten als irrelevante Eigenschaften. (7) Wenn Persönlichkeitsfragebogen von den Probanden unter Bedingungen einer erhöhten Selbstaufmerksamkeit ausgefüllt werden, erhöht sich die Vorhersagbarkeit späteren Verhaltens durch die so gewonnenen Eigenschaftsmaße. Untersuchungen konnten zeigen, dass für diesen Effekt nicht die verlängerten Bearbeitungszeiten verantwortlich sind, die durch die experimentelle Manipulation der Selbstaufmerksamkeit hervorgerufen werden. (8) Personen unterscheiden sich darin, inwieweit das Eigenschaftsmodell auf sie zutrifft. Entsprechend wurde nach Variablen gesucht, die den Grad der Passung zum Eigenschaftsmodell erfassen könnten. Solche Variablen werden als Moderatorvariablen bezeichnet, da sie den Zusammenhang zwischen einer Eigenschaft und dem vorherzusagenden Verhalten moderieren. Als Moderatorvariablen wurden untersucht: soziale Erwünschtheit (Streben nach Aufrechterhaltung eines positiven Selbstbildes in den verschiedensten Situationen, erhöht die Konsistenz), »Self-Monitoring« (Beachtung der Selbstdarstellung anderer und Justierung des eigenen Verhaltens danach, erniedrigt die Konsistenz), private bzw. öffentliche Selbstaufmerksamkeit (Reflexion eigener Gedanken, Gefühle und Motive bzw. Bewusstsein von der eigenen Person als sozialem Objekt, erhöht bzw. erniedrigt die Konsistenz), Selbsteinschätzungen der Konsistenz (erhöht die Konsistenz) sowie Dispositioniertheit (eine Meta-Eigenschaft, dispositioniert oder undispositioniert zu sein, erhöht die Konsistenz). Die Bedeutung solcher Moderatorvariablen stellte sich in verschiedenen Untersuchungen heraus. Dies weist darauf hin, dass ein personenzentrierter neben dem überwiegend verwendeten variablenzentrierten Forschungsansatz verfolgt werden sollte.

Teil IV Determinanten interindividueller Unterschiede

13 Genetische Faktoren

> Nach einführenden Bemerkungen (13.1) zur Erblichkeit als einer Maßzahl, die auch von der Interaktion mit und der Varianz von Umgebungsfaktoren abhängt, wird auf die Art und das Ausmaß der Erbbedingtheit (13.2) ebenso eingegangen wie auf allgemeine Vorstellungen über Erbe und Umwelt (13.3). Dabei wird expliziert, dass für die Analyse der Erblichkeit nicht der qualitative Aspekt einer Feststellung des jeweiligen *Erbgangs* zur Verfügung steht, sondern allein der quantitative Gesichtspunkt einer Bestimmung des *Ausmaßes* der Erbbedingtheit von Merkmalen. Dafür wird die Variabilität von Merkmalsausprägungen zurückgeführt auf vorwiegend erbliche oder umweltbedingte Anteile. Die Prinzipien dieser Varianzzerlegung und die ihr zugrundeliegenden Forschungsdesigns kommen in Kapitel 13.4 zur Sprache, die damit erhaltenen Ergebnisse in Kapitel 13.5.

13.1 Einführende Bemerkungen

Wenn in den vorangegangenen Kapiteln auf die Theorien und Befunde zu interindividuellen Differenzen in den verschiedenen Verhaltensbereichen eingegangen wurde, war es z. T. unumgänglich, wenigstens kurz auf deren mögliche Entstehung und Verursachung einzugehen. So wird deutlich geworden sein, dass lerntheoretische Konzepte der Persönlichkeit stärker umweltbezogene Gesichtspunkte in den Vordergrund rücken. In der pointierten Sichtweise des Behaviorismus sind die zufälligen oder systematischen Kontingenzen von Reizen und Reaktionen, unbedingten Auslösern und Bekräftigungen die alleinige Ursache für Unterschiede im Verhalten:

»Give me a dozen healthy infants, well formed, and my own specified world to bring them up in and I'll guarantee to take any one at random and train him to be any kind of specialist I might select – regardless of his talents, penchants, tendencies, abilities, vocations, and race of his ancestors« (Watson, 1930, S. 104).

Demgegenüber müssen Theorien wie jene von Eysenck, die interindividuelle Differenzen auf neuroanatomische Systeme zurückführen, zwangsläufig auch genetischen Faktoren Rechnung tragen, da eine Beeinflussung vieler struktureller physischer Merkmale durch die Umwelt, etwa Bezahnung, Blutgruppe, Behaarung oder Körpergröße, kaum in Betracht kommt.

Schließlich ist an Vorstellungen wie diejenige der Psychoanalyse zu denken. Nach Freuds Auffassung stellt das Es einen Fundus angeborener Triebe dar, die sich jedoch erst im Zusammenwirken mit der Umwelt manifestieren und unter dem Einfluss des Über-Ich, das als Instanz der internalisierten Normen einer Gesellschaft gilt, sublimiert, verdrängt und verschoben werden. Erbe und Umwelt stehen danach in einem komplizierten Beziehungsgeflecht zueinander, sie bedingen einander gegenseitig – eine durchaus moderne und aktuelle Betrachtungsweise.

Die Frage nach dem Zusammenwirken von Erbe und Umwelt hat von der Entwicklung origineller methodischer Ansätze und Analysetechniken profitiert. Insgesamt konnte damit das Wissen über die Ursachen der interindividuellen Unterschiede in psychischen Merkmalen entscheidend vertieft werden.

Erblichkeit ist eine Maßzahl, die angibt, wie viel von der phänotypischen interindividuellen Varianz eines Merkmals auf genotypische Unterschiede in einer Population zurückgeht. Daraus folgt, dass Erblichkeit nur ein relativer Begriff ist, der stets auf eine bestimmte Population und einen bestimmten historischen Zeitraum bezogen ist. Zur Illustration: Die phänotypische Varianz bestimmter Merkmale könnte z. B. bei sehr einheitlichen Umgebungen sinken. Bei gleich bleibender genotypischer Varianz würde die Erblichkeit nach o. a. Definition zunehmen! Erblichkeit ist mithin keine absolute oder auf ein einzelnes Individuum bezogene Größe.

Erblichkeit bedeutet in der Regel auch nicht Determinismus. Zum einen ist Erblichkeit immer die Kehrseite von Umwelteinflüssen als Ursache für individuelle Unterschiede in Merkmalen. Zum anderen bedarf es gelegentlich des Zusammentreffens von bestimmten genetischen und situativen Einflüssen, ehe ein Merkmal manifest wird. So wird die Phenylketonurie, eine angeborene Stoffwechselstörung, bei der die Aminosäure Phenylalanin nicht regulär abgebaut werden kann, zwar durch die Mutation eines einzelnen Gens ausgelöst. Die gefürchteten Folgen, wie Störungen im zentralen Nervensystem, epileptische Anfälle und schwere mentale Retardation, treten aber bei Einhalten einer eiweißarmen Diät nicht auf.

> **Zusammenfassung von Kapitel 13.1**
>
> Viele phänotypische Merkmale vom Körperbau bis zur Neuroanatomie unterliegen einem genetischen Einfluss, dessen Größe in der Maßzahl der Erblichkeit angegeben wird. Unter Erblichkeit wird das Verhältnis der phänotypischen zur genotypischen interindividuellen Varianz verstanden. Erblichkeit ist ein relativer Begriff, der stets auf eine bestimmte Population und einen bestimmten Zeitraum bezogen ist. Erblichkeit bedeutet in der Regel keinen Determinismus; vielmehr werden Gene oft durch bestimmte Umwelteinflüsse aktiviert.

13.2 Art und Ausmaß der Erbbedingtheit

Die Untersuchung von Merkmalen gliedert sich in zwei Aspekte, einen qualitativen Aspekt mit der Frage nach der *Art* der Vererbung und einen quantitativen Aspekt mit der Frage nach ihrem *Ausmaß* (Knussmann, 1979).

Art der Vererbung

Die erste Frage zielt auf die Erforschung von *Erbgängen* für solche Merkmale, die unter dem Einfluss genetischer Faktoren zu stehen scheinen; diesbezüglich werden »genetische

Hypothesen« formuliert und an dem Auftreten bestimmter Merkmale in einer Parental- und möglichst vieler Filial-Generationen empirisch geprüft (s. Fuller & Thompson, 1960; Merz & Stelzl, 1977).

Solche genetischen Hypothesen sind mittlerweile durch Genkartierung bestätigt und präzisiert worden. Nicht weniger als ca. 3219 Krankheiten und Varianten beruhen in diesem Sinne auf einem Gen mit bekannter Sequenz, bekannter zugrundeliegender molekularer Struktur oder einem Mendel'schen Erbgang (McKusick-Nathans Institute of Genetic Medicine). Davon liegen etliche auf dem X-Chromosom und sind oft rezessiver Natur. Dadurch kommt es nur dann zur Manifestation im Phänotypus, wenn sich auf dem anderen X-Chromosom am selben Locus ebenfalls ein »mutiertes« Gen befindet oder aber ein Ausgleich durch ein normales Allel deshalb nicht möglich ist, weil dem X- ein Y-Chromosom gegenüberliegt. Phänomene, die diesen Gesetzen gehorchen (z. B. Rot-Grün-Blindheit, Hämophilie oder progressive Muskeldystrophie), treten daher beim männlichen Geschlecht sehr viel häufiger auf als beim weiblichen.

Bei Krankheiten mit einem Erbanteil handelt es sich um Besonderheiten oder qualitativ eindeutig unterscheidbare Typen. Die weit überwiegende Mehrzahl der anatomischen und physiologischen Merkmale ist hingegen quantitativ kontinuierlich abgestuft und abhängig von der Wirkung zugleich mehrerer Gene. Dabei wird die Analyse des Erbganges durch den Umstand erschwert, dass zum einen mehrere Gene auf ein phänotypisches Merkmal wirken können (Polygenie), zum anderen ein Gen simultan mehrere Merkmale zu beeinflussen vermag (Polyphänie bzw. Pleiotropie).

Im Falle einiger polygen determinierter Charakteristika ist deren Auftreten selbst wieder abhängig vom Vorliegen weiterer Faktoren. Sind diese nicht vorhanden, kann es auch nicht zur Ausbildung des betreffenden Merkmals kommen. Ein Beispiel dafür ist die Färbung der Iris, die von der Gegenwart mehrerer Faktoren abhängt. Hat ein Individuum allerdings von beiden Elternteilen den (rezessiven) Albinofaktor erhalten, wird die Färbung völlig ausfallen, ungeachtet der ansonsten vorhandenen Genkombination, deren Effekte im Falle von Albinismus völlig neutralisiert werden.

Das damit gegebene hoch differenzierte Wirkungsgefüge wird zusätzlich kompliziert durch die an verschiedenen Punkten des Entwicklungsprozesses ansetzenden Umweltfaktoren. Die Aufklärung dieses multifaktoriellen Netzwerkes steht erst noch an ihrem Anfang.

Ausmaß der Vererbung

Es bleibt der quantitative Aspekt bzw. die Frage nach dem *Ausmaß* der Erbbedingtheit von Merkmalen. Dafür wird die Variabilität von Merkmalsausprägungen zurückgeführt auf vorwiegend erbliche oder umweltbedingte Anteile. Daher sind nur solche Merkmale einer Analyse zugänglich, in denen sich Individuen voneinander unterscheiden. Andererseits ist auch für solche Merkmale eine genetische Verankerung anzunehmen, für die eine weitgehende Uniformität in der menschlichen Spezies besteht (z. B. Zahl der Zähne und Extremitäten, Behaarung des Kopfes usw.).

> **Zusammenfassung von Kapitel 13.2**
>
> Bei der Betrachtung der Vererbung von Merkmalen ist die Art der Vererbung (Erbgang) von ihrem Ausmaß (Erblichkeit) zu unterscheiden. Der Erbgang von mehreren tausend Krankheiten ist bereits aufgeklärt. Dies gelingt leichter dort, wo ein einzelnes Gen ein

> spezifisches phänotypisches Merkmal in seiner Ausprägung beeinflusst. Dies ist schwieriger dort, wo mehrere Gene (Polygenie) auf ein Merkmal wirken oder wo ein Gen mehrere Merkmale beeinflusst (Pleiotropie). Die Erblichkeit als Maßzahl für die Stärke des genetischen Einflusses auf ein Merkmal wurde in 13.1 als Verhältnis zweier interindividueller Varianzen definiert. Dies schließt natürlich nicht aus, dass universelle Merkmale qualitativer Natur (zum Beispiel das Vorhandensein von zwei Augen), die in der Regel keine interindividuelle Varianz aufweisen, ebenfalls erbbedingt sind.

13.3 Allgemeine Vorstellungen über Erbe und Umwelt

Das Erbgut jedes Individuums besteht aus der Gesamtheit der im doppelten Chromosomensatz lokalisierten Information, geschätzt auf 30 000 bis 40 000 Gene. Sprechen wir von der genetischen Determination eines Merkmals, Faktors oder Charakterzuges, so impliziert dies stets, dass dessen Manifestationen auf die Wirkung eines oder mehrerer Gene und deren Kombination untereinander zurückgeführt werden können.

Dennoch wäre es falsch, wollte man die im Genotyp enthaltene Information als fixe Größe und losgelöst von irgendwelchen Umweltwirkungen betrachten, denn die fraglichen Informationen können nur durch Stimulation von Seiten der Umwelt irgendeine Wirksamkeit entfalten und durch die spezifischen Umwelteinflüsse erst objektiviert werden. Um dafür ein oft zitiertes Beispiel zu geben: Bereits Hoge (1915) hat zeigen können, dass bei der Drosophila melanogaster ein defektes Gen, das für Schäden an den Gliedmaßen sorgt, unter bestimmten Temperaturbedingungen über Generationen hinweg vererbt werden kann, ohne dass es phänotypisch zum Auftreten der Anomalie käme. Werden dagegen zu irgendeinem Zeitpunkt reguläre Temperaturen hergestellt, treten sogleich mehr Gliedmaßen oder Teile davon auf, als »serienmäßig« angelegt sind. Daraus wird deutlich, wie eine genetische Information zur Expressivität auf die Wirkung spezifischer Umweltreize angewiesen ist.

Umgekehrt ist auch die Gesamtheit von Umwelteinflüssen nicht als eine für sich existente Größe vorstellbar. Zwar ist sie in Grenzen physikalisch erfassbar, entspricht im Sinne eines Zusammenwirkens mit dem Genotyp jedoch nicht dieser »Reizmenge«, weil weitgehend der Organismus selbst darüber entscheidet, was als Stimulation in Frage kommt. Insofern besteht der »Paratyp« (umweltbedingter Anteil am Phänotyp) nur in einer Einflussnahme auf die im Genotyp programmierten Möglichkeiten; er bestimmt lediglich innerhalb der von den Genen gesteckten Grenzen über die Ausprägung des phänotypischen Merkmals. Die Reaktion des Organismus kann nur innerhalb der genetisch determinierten Grenzen erfolgen (»Reaktionsnorm«).

Stellt sich der Wirkungsmechanismus im Falle einiger physiologischer Größen wie der Blutgruppe, einer Farbenblindheit oder Störungen des Lipidstoffwechsels noch als relativ direkt dar, muss bei allen psychologischen Variablen von einer »Kette von Indirektheiten« ausgegangen werden, die zu der Feststellung berechtigt, dass kein psychologisches Merkmal als solches vererbt wird. Anlagemäßig verankert kann ein Hör- und Sehschaden sein, die Anfälligkeit für körperliche Krankheiten mit der Folgeerscheinung langwieriger gesundheitlicher Beeinträchtigung oder aber Hautfarbe, Bau und Gestalt des Körpers. Inwieweit sich aufgrund dieser primären Faktoren allerdings sekundär Störungen der Sprachentwicklung und Interaktion, intellektuelle Defizite, Minderwertigkeitsgefühle oder besondere Charakteristika wie Freundlichkeit und Hilfsbereitschaft entwickeln, hängt von der eigenen Reaktion und namentlich jener der Umwelt auf eben diese »primären« Merkmale ab.

> **Zusammenfassung von Kapitel 13.3**
>
> Die genotypische Information kann oft nicht losgelöst von Umweltwirkungen auf den Phänotyp verstanden werden, wie auch umgekehrt die Gesamtheit von Umwelteinflüssen nicht ohne den Genotyp verstanden werden kann. Der durch die Umwelt bedingte Anteil am Phänotyp (Paratyp) wird nur innerhalb der durch die Gene gesetzten Grenzen wirksam (Reaktionsnorm).

13.4 Erblichkeitsschätzungen aufgrund von Varianzzerlegung

13.4.1 Modellparameter

Die in der Grundgesamtheit bzw. bei repräsentativen Stichproben bestehende interindividuelle Varianz einer jeden Eigenschaft kann konzeptuell in einzelne Komponenten zerlegt werden, die sich zur Gesamtvarianz addieren.

Haupteffekt-Modell

In einem zunächst vereinfachten Haupteffekt-Modell (ohne Kovarianz oder Interaktion der Prädiktoren, ▶ Abb. 13.1a) wird die phänotypische Varianz, V_P, in drei Komponenten zerlegt: die genetisch bedingte Varianz, V_G, die auf Umwelteinflüsse zurückgehende Varianz, V_U, sowie die mit jeder Messung einhergehende Fehlervarianz, V_f.

$$V_P = V_G + V_U + V_f \qquad (13.1)$$

Die beiden ersten Komponenten lassen sich weiter zerlegen. Die genetisch bedingte Varianz wird in vier Bestandteile aufgeteilt:

$$V_G = V_A + V_{AM} + V_D + V_I \qquad (13.2)$$

Additive Varianz, V_A, stellt jene interindividuelle Variabilität dar, die durch additive Effekte der beiden Gene an einem Genort entsteht. Die Merkmalsausprägung verdoppelt sich also, wenn ein Individuum zwei Allele anstatt nur eines Allels mit symptomatischer Wirkung auf das Merkmal besitzt. Die unabhängige Wirkung des mütterlichen und väterlichen Gens an einem Genort auf die Merkmalsausprägung ist die Grundlage für die additive genetische Varianz. Auf dem Einfluss der additiven Gene beruht die Ähnlichkeit zwischen Verwandten in gerader Linie, etwa Eltern und Kindern.

Üblicherweise wird die Varianz aufgrund »gezielter Partnerwahl« (engl. »assortative mating«), V_{AM}, mit zur additiven Komponente gerechnet, kann aber auch davon unabhängig geschätzt werden. Sie entsteht dann, wenn in der Population eine hinsichtlich bestimmter Merkmale systematische Paarung der Partner stattfindet. Folge ist eine höhere (»Gleich und Gleich gesellt sich gern!«) oder niedrigere Ähnlichkeit der Partner

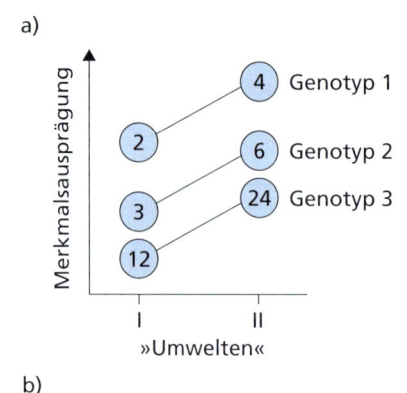

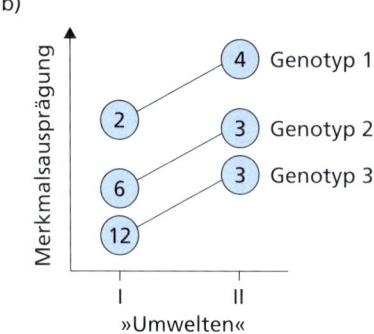

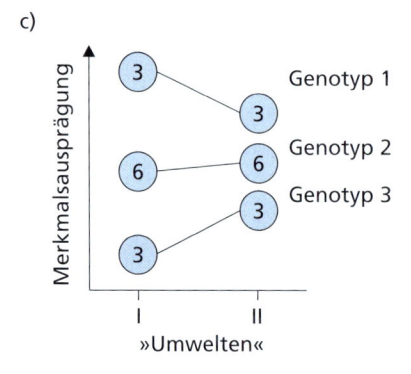

Abb. 13.1: Zusammenwirken von Erbe und Umwelt, (a) nach dem Haupteffekt-Modell (Genotypen verteilen sich in gleichen Proportionen über die Umwelten; keine Interaktion), (b) bei vorliegender Erbe-Umwelt-Kovarianz (Genotypen verteilen sich ungleich über die Umwelten; keine Interaktion), (c) bei vorliegender Erbe-Umwelt-Interaktion (genetischer Einfluss wirkt sich in verschiedenen Umwelten unterschiedlich aus). Die Mittelpunkte der Kreise bezeichnen die Merkmalsausprägung, die Zahlen die Anzahl der Personen in einer Umwelt, durchgezogene Linien die Reaktionsnorm eines Genotyps (nach Merz & Stelzl, 1977).

(»Gegensätze ziehen sich an«), als bei einer zufälligen Partnerwahl zu erwarten wäre. Für allgemeine Intelligenz kann von einer Korrelation von 0,30 bis 0,50 (0,33 in dem Review von Bouchard & McGue, 1981) zwischen den Ehepartnern ausgegangen werden, im Bereich der Persönlichkeit sind die Korrelationen eher niedriger, aber zumeist positiv.

Solche Korrelationen führen dazu, dass die Kinder ihren Eltern und die Geschwister einander ähnlicher sind, als bei zufälliger Partnerwahl zu erwarten wäre. Darüber hinaus muss die Varianz des jeweiligen Merkmals in der Generation der Nachkommen größer sein als in der Parental-Generation. Ausgehend von dieser Überlegung ist etwa für das untere Ende der Intelligenzverteilung gefolgert worden, dass gezielte Partnerwahl mehr Personen in den Bereich IQ < 75 dränge, wo aber nach verschiedenen Untersuchungen (Bajema, 1996; Higgins et al., 1962) die Fortpflanzungschancen geringer sind. Auf lange Sicht dürfte deshalb gezielte Partnerwahl dazu führen, dass das allgemeine Intelligenzniveau der Bevölkerung angehoben wird (Jensen, 1978).

Nonadditive Varianz aufgrund von »Dominanzabweichung«, V_D, stellt jene interindividuelle Merkmalsvariabilität dar, die *nicht* bei einem unabhängigen, additiven Zusammenwirken der beiden Gene an einem Genort zu erwarten wäre. Vollständige Dominanz eines Gens über das andere, rezessive Gen ist nur ein extremer Fall; zwischen einem additiven Zusammenwirken und der vollständigen Dominanz gibt es graduelle Abstufungen. Wenn am selben Genort zwei rezessive Gene zusammentreffen, treten nicht alle phänotypischen Merkmale der Eltern auf, wie sich umgekehrt nicht alle bei den Nachkommen feststellbaren Eigenschaften auch bei den Eltern finden lassen müssen.

Nonadditive Varianz aufgrund von »Epistase«, V_I, stellt interindividuelle Merkmalsvariabilität dar, die wegen der Wechselwirkung verschiedener Gene innerhalb des Genotyps eines Individuums entsteht.

Die auf Umwelteinflüsse zurückgehende Varianz lässt sich in zwei Bestandteile aufteilen:

$$V_U = V_C + V_E \qquad (13.3)$$

Der erste Term ist die Varianz aufgrund von unterschiedlichen Umwelten in verschiedenen Familien, jedoch der gleichen oder *geteilten (= gemeinsamen) Umwelt*, V_C, innerhalb von Familien (der Index c rührt von engl. »common«). Die geteilte Umwelt macht die Kinder einer Familie einander ähnlich und gegenüber anderen Familien unähnlich. Solche Umweltfaktoren sind beispielsweise die Wohngegend, das Familienklima oder religiöse Überzeugungen. Diese Varianz ist also in der Varianz *zwischen* Familien enthalten.

Der zweite Term ist die Varianz aufgrund der von Kindern einer Familie *nichtgeteilten (= verschiedenen oder getrennten) Umwelt*, V_E. Die von den Kindern einer Familie nichtgeteilte Umwelt macht sie einander unähnlich. Nichtgeteilte Umwelten sind z. B. die jeweiligen Freunde, die unterschiedlichen Schulklassen, der eigene Sportverein jedes der Kinder, aber auch die unterschiedliche Behandlung der Kinder durch die Eltern. Diese Varianz ist also in der Varianz *innerhalb* von Familien enthalten.

In der angloamerikanischen Literatur ist der Terminus »ACE-Modell« für die Untersuchung der drei Komponenten additive (genetische) Effekte (A), geteilte (C) und nichtgeteilte Umwelt (E) üblich.

Erblichkeit

Die Erblichkeit oder »Heritabilität«, h^2, ist eine Maßzahl für die relative Größe des Einflusses des Genotyps auf den Phänotyp und bestimmt sich als Anteil der genotypischen an der phänotypischen Varianz,

$$h^2 = \frac{V_G}{V_P} \qquad (13.4)$$

Wenn in die genetische Varianz ausschließlich die additive Varianz, V_A, einbezogen wird, spricht man auch von Erblichkeit im »engeren Sinne«, ansonsten von Erblichkeit im »weiteren Sinne«.

In ähnlicher Weise können Maßzahlen für die relative Größe des Einflusses der Umwelt, u^2, und ihrer Komponenten der geteilten (= gemeinsamen), c^2, und der nichtgeteilten (= nicht gemeinsamen) Umwelt, e^2, bestimmt werden.

Erweitertes Modell

Das vollständige Modell zur Aufklärung der phänotypischen interindividuellen Varianz weist gegenüber dem Haupteffekt-Modell von Gleichung 13.1 zwei wesentliche, zusätzliche Bestandteile auf, die Erbe-Umwelt-Kovarianz, $V_{G,U}$, und die Erbe-Umwelt-Interaktion, V_{GxU},

$$V_P = V_G + V_U + 2 \times V_{G,U} + V_{GxU} + V_f \qquad (13.5)$$

Genotypen verteilen sich nicht zufällig auf mögliche Umwelten. Daher werden Genotypen teilweise unterschiedlichen Umwelten und deren jeweiligen Einflüssen auf den Phänotyp ausgesetzt. Die *Erbe-Umwelt-Kovarianz* bezieht sich auf diesen Effekt (▶ Abb. 13.1b). Um ein sehr augenfälliges Extrembeispiel zu geben: In der Savanne südlich der Sahara leben sehr viel mehr Giraffen, Löwen und Antilopen als in unseren Breitengraden. Im Humanbereich lassen sich nach Plomin et al. (1977) diesbezüglich drei Formen unterscheiden.

Der *passive* Typ einer Erbe-Umwelt-Kovariation liegt dann vor, wenn Eltern ihren Kindern sowohl vorteilhafte (bzw. nachteilige) Gene wie auch günstige (bzw. ungünstige) Umweltbedingungen vermitteln. Die Kinder sind am Zustandekommen der Kovariation nicht beteiligt; daher wird dieser Typ als passiv bezeichnet. Das dürfte etwa im Falle der Intelligenz zutreffen: Überdurchschnittlich begabte Eltern vererben ihren Kindern solche Gene, die für eine höhere Ausprägung des Merkmals förderlich sind. Zum anderen stellen sie Umweltbedingungen her, die in dieselbe Richtung wirken.

Der *reaktive* Typ ist gegeben, wenn die Umwelt differentiell auf wahrgenommene Talente und Entwicklungspotentiale reagiert, etwa ein ausreichend musikalisches Kind zusätzlich angeregt, ein lernbehindertes Kind durch Fachkräfte speziell gefördert oder die Aggressionstendenz einer Person gezielt gelöscht wird.

Der *aktive* Typ umfasst jene Fälle, in denen sich ein Individuum die für seine genetische Ausstattung optimal stimulierende Umwelt selbst aussucht bzw. herstellt, etwa ein hochbegabtes Kind zusätzliche Aktivitäten entfaltet, die wiederum auf seine Intelligenz positiv rückwirken.

Im konkreten Fall vorliegender Variablen oder Stichproben von Merkmalsträgern wird eine eindeutige Bestimmung nach dieser Typologie sicher kaum möglich sein, da die Erbe-Umwelt-Kovarianz in der Regel wohl einen Mischeffekt aus allen Konstellationen darstellt. Im Falle eines »reinen« Typus von aktiver Erbe-Umwelt-Kovariation wird man dazu tendieren können, den entsprechenden Varianzanteil der Erblichkeit zuzurechnen, im Falle absoluter Abhängigkeit von externen Faktoren, wie sie allenfalls in tierexperimentellen Anordnungen vorstellbar ist, entsprechend der Umweltwirkung. Insofern kann, da die erwähnten Extreme im Humanbereich unrealistisch sind, eine Zuordnung des Terms in befriedigender Weise nicht geschehen.

Streng zu unterscheiden von der Kovarianz ist die *Interaktion* zwischen Erbe und Umwelt. Darunter wird der Tatbestand verstanden, dass sich der genetische Einfluss auf den Phänotyp in verschiedenen Umwelten unterschiedlich auswirkt. Ein Beispiel ist die schon erwähnte Phenylketonurie, wo mentale Retardation erst unter bestimmten Ernährungsbedingungen auftritt. Im Verhaltensbereich zeigten Rattenstämme, die nach dem Ausmaß ihrer Leistungsfähigkeit in Lauflabyrinthen ausgewählt und gezüchtet worden waren, ganz unterschiedliche Fehlerraten, je nachdem, ob sie in einer schwach, mittel oder stark stimulierenden Umgebung aufwuchsen (▶ **Abb. 13.2**).

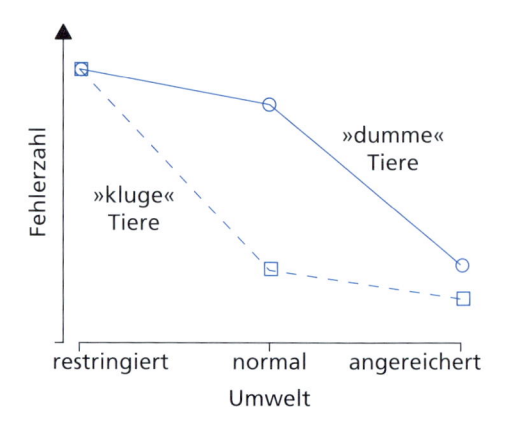

Abb. 13.2: Illustration einer Erbe-Umwelt-Interaktion für Fehlerwerte im Labyrinthlernen von Ratten, die in restringierter, normaler und angereicherter Umwelt aufgezogen wurden (nach Cooper & Zubek, 1958).

Soweit solche Interaktionen bestehen, ist die Frage nach der Erblichkeit des betreffenden Merkmals nicht mehr allgemein zu beantworten. Die Erblichkeit fällt dann in Abhängigkeit von der wirksamen Umwelt verschieden hoch aus, wie auch umgekehrt die Wirkung der Umwelt vom jeweiligen Genotyp abhängig ist.

13.4.2 Bestimmung der Parameter

Ausgangspunkt für die Bestimmung der Varianzanteile für Erblichkeit, geteilte sowie nichtgeteilte Umwelt ist die theoretisch ableitbare Ähnlichkeit von Verwandten. So geht die phänotypische Kovarianz zwischen gemeinsam aufgewachsenen, eineiigen Zwillingen (EZ) in einem bestimmten Merkmal darauf zurück, dass additive und nonadditive genetische Einflüsse bei den Zwillingspartnern identisch sind und beide außerdem Umwelteinflüssen unterliegen, die von EZ geteilt werden. Die Kovarianz von getrennt aufgewachsenen Geschwistern ergibt sich demgegenüber aus der Hälfte der additiven und einem Viertel der nonadditiven genetischen Varianz aufgrund von Dominanzabweichung. Da sie in verschiedenen Umwelten aufgewachsen sind, ist der Beitrag der geteilten Umwelt null. **Tabelle 13.1** gibt einen Überblick.

Tab. 13.1: **Erwartete** Beiträge der additiven genetischen Einflüsse (V_A), Dominanzabweichung (V_D) und geteilter Umwelteinflüsse (V_C) auf die phänotypische Kovarianz von Verwandten.

Verwandtschaftsverhältnis	V_A	V_D	V_C
EZ gemeinsam aufgewachsen	1	1	1
EZ getrennt aufgewachsen	1	1	0
ZZ gemeinsam aufgewachsen	0,5	0,25	1
Geschwister gemeinsam aufgewachsen	0,5	0,25	1
Geschwister getrennt aufgewachsen	0,5	0,25	0
Elternteil – Kind, gemeinsam	0,5	0	1
Elternteil – Kind, getrennt (z.B. Kind wegadoptiert)	0,5	0	0
Elternteil – adoptiertes Kind, gemeinsam	0	0	1
nicht verwandte, gemeinsam aufgewachsene Kinder	0	0	1
Halbgeschwister, gemeinsam aufgewachsen	0,25	0	1
Cousins gemeinsam aufgewachsen	0,125	0	1

Die geteilten Umwelteinflüsse (V_C) sind immer spezifisch für den jeweiligen Verwandtschaftsgrad. Nach Chipuer et al. (1990, S. 15).

Im einfachsten Fall stützt man sich auf die Ähnlichkeit innerhalb der Paarlinge eineiiger und zweieiiger Zwillinge (EZ bzw. ZZ) in dem jeweils untersuchten Merkmal. Die Information in **Tabelle 13.1** für gemeinsam aufgewachsene EZ und ZZ ist in **Abbildung 13.3** als Strukturmodell wiedergegeben. Die Korrelation eines Merkmals zwischen Zwillingen P_1 und P_2 ergibt sich aus der Summe der Produkte der Koeffizienten über alle Pfade, die von P_1 zu P_2 verlaufen. Für die Korrelation zwischen EZ ergibt sich daraus

$$r_{EZ} = a \times 1{,}00 \times a + d \times 1{,}00 \times d \\ + c \times 1{,}00 \times c \\ = a^2 + d^2 + c^2 \quad (13.6)$$

während sich für die Korrelation zwischen ZZ ergibt:

$$r_{ZZ} = a \times 0{,}50 \times a + d \times 0{,}25 \times d \\ + c \times 1{,}00 \times c \\ = 0{,}50 \times a^2 + 0{,}25 \times d^2 + c^2 \quad (13.7)$$

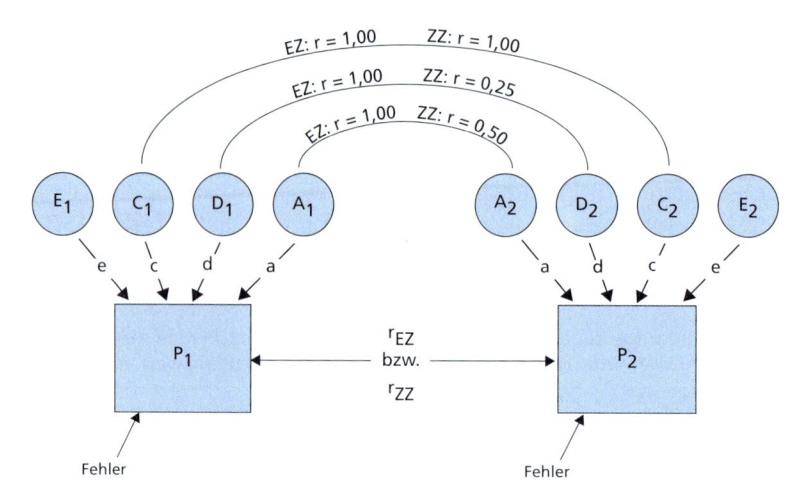

Abb. 13.3: Strukturgleichungsmodell zur Erklärung der Ähnlichkeit *r* zwischen EZ- und ZZ-Paaren, die gemeinsam aufwachsen. EZ = eineiige Zwillinge. ZZ = zweieiige Zwillinge. P_1 und P_2 = Phänotyp eines Zwillingspartners 1 und 2. A = additiver genetischer Einfluss. D = Einfluss der Dominanzabweichung. C = Einfluss der geteilten Umwelt. E = Einfluss der nichtgeteilten Umwelt. a, d, c und e = relative Einflussstärken (standardisierte Pfadkoeffizienten).

Wenn ein vereinfachtes Modell zur Erklärung der phänotypischen Korrelation zwischen EZ und ZZ angewendet wird, in dem der genetische Anteil ausschließlich aus dem Anteil der additiven Genwirkung besteht, dann fallen die Terme d^2 aus den Gleichungen 13.6 und 13.7 weg. Auflösen nach a^2 ergibt die »Falconer-Formel« (Falconer, 1960) zur Bestimmung der Erblichkeit im engeren Sinne (d. h. nur aufgrund des additiven genetischen Effekts),

$$h^2 = a^2 = 2 \times (r_{EZ} - r_{ZZ}),$$
$$c^2 = 2 \times r_{ZZ} - r_{EZ} \text{ sowie} \quad (13.8)$$
$$e^2 = 1 - r_{EZ}$$

Die Korrelationskoeffizienten r_{EZ} und r_{ZZ} werden als Intraklassenkorrelation bestimmt. Die Parameter h^2, c^2 und e^2 summieren sich zu eins auf. Zu beachten ist, dass e^2 eine Restvarianz darstellt, die aus den Effekten nichtgeteilter Umwelt, Erbe-Umwelt-Interaktion (sofern vorhanden) und Messfehler besteht.

Für die Ermittlung der Erblichkeit mit der Falconer-Formel können sich in bestimmten Fällen auch Probleme ergeben:

- Viele genetische Einflüsse sind nicht nur durch additive, sondern auch durch nonadditive Effekte der Gendominanz beschreibbar, es liegt mithin Erblichkeit »im weiteren Sinne« vor. Im Extremfall sei die additive genetische Varianz null und die gesamte genetische Varianz beruhe auf Dominanzabweichung. Dann schätzt die Differenz

$$r_{EZ} - r_{ZZ} = 0{,}75 \times d^2, \quad (13.9)$$

  deren Verdoppelung in der Falconer-Formel einen Schätzwert für h^2 in Höhe von $1{,}5 \times d^2$ ergibt. Folglich wird in diesem Fall h^2 um ein Drittel überschätzt!
- Bei selektiver Partnerwahl wird die Ähnlichkeit der Geschwister und damit auch r_{ZZ} überhöht ausfallen, und h^2 wird unterschätzt.

- Unterschiede zwischen r_{EZ} und r_{ZZ} können nicht nur auf die unterschiedliche genetische Ähnlichkeit von EZ- und ZZ-Paaren, sondern auch auf unterschiedliche Umwelten von EZ und ZZ zurückgehen (Verletzung der Annahme gleicher Umwelten). Ein Beispiel sind Kontrasteffekte zwischen EZ-, nicht aber zwischen DZ-Paaren, die r_{EZ} vermindern und damit h^2 unterschätzen.

Die Verletzung einer oder mehrerer dieser Voraussetzungen ist u.U. daran zu erkennen, dass r_{EZ} mehr als doppelt so groß wie r_{ZZ} ist, was zu einer – unzulässigen – Erblichkeitsschätzung von größer 1 führt.

Setzt man z. B. in die Gleichung 13.8 die von Erlenmeyer-Kimling (1963) über Untersuchungen verschiedener Autoren gemittelten Werte von $r = 0{,}88$ für die Übereinstimmung der Allgemeinen Intelligenz bei gemeinsam aufgewachsenen EZ und $r = 0{,}53$ als entsprechenden Wert für ZZ ein, resultiert ein h^2 von 0,70. Die Erblichkeit, der Anteil phänotypischer Varianz, der auf genetische Variation zurückgeht, beliefe sich damit auf 70 %.

Die Anwendung solcher Prozentzahlen auf individuelle Werte (etwa in der Art »Bei 60 %iger Erblichkeit sind bei einem IQ von 120 Punkten 72 Punkte durch Vererbung, der Rest durch die Umwelt bedingt...«) ist nicht zulässig. Erblichkeitsschätzungen beruhen auf interindividuellen Unterschieden, mithin auf Daten für eine *Gruppe* von Merkmalsträgern. Die Anwendung oder Übertragung solcher gruppenstatistischer Daten auf einen *Einzelfall* ist prinzipiell nicht möglich. Dessen ungeachtet steht eine rechnerisch hohe Erblichkeit für ein gegebenes Merkmal keinesfalls zwangsläufig einer möglichen Veränderung desselben durch Training, Übung oder Behandlung entgegen. Darauf wird in Kapitel 14 näher eingegangen.

Gegen die Annahme einer gleichen Umwelt von EZ und ZZ, die auch bei Anwendung der Falconer-Formel implizit gemacht wird, scheint allerdings eine Vielzahl von Befunden zu sprechen. Danach spielen EZ längere Zeit miteinander, sind nahezu immer gemeinsam in der Schule, werden häufiger ähnlich behandelt und gekleidet, öfters miteinander verwechselt usw. (s. Anastasi, 1966, S. 287 ff.). Die entscheidende Frage, ob diese unzweifelhaft größere Ähnlichkeit der Umwelt auch tatsächlich zu Konsequenzen im Verhalten führt, ist freilich erst relativ spät eingehender bearbeitet worden. Loehlin und Nichols (1976) analysierten innerhalb einer Stichprobe von insgesamt 850 Zwillingen die eineiigen Paare danach, ob eine größere Übereinstimmung in der Umwelt mit höheren Übereinstimmungen der Intelligenztestleistungen einherginge. Dabei waren aber nur Nullkorrelationen zu beobachten. Von daher gesehen lassen sich – im Vergleich zu EZ-Paaren – die größeren Testwerteunterschiede von ZZ-Paaren nicht auf die größeren Unterschiede in deren Umwelten zurückführen, wie dies regelmäßig geschieht (in diesem Sinne auch Loehlin, 1978, S. 72). Umweltmäßige Determinanten von Ähnlichkeiten und Unterschieden zwischen EZ und ZZ weisen demnach allgemein eine geringere Bedeutung auf, als vielfach angenommen wird.

Merz und Stelzl (1977) geben einen Überblick über andere, teils nur noch historische Schätzmethoden für die interessierenden Maßzahlen für Erb- und Umwelteinflüsse auf den Phänotyp. Eine wesentlich voraussetzungsärmere, wenn auch rechnerisch aufwendigere Methode als die Falconer-Formeln zur Schätzung der Einflussgrößen auf die phänotypische Varianz und Kovarianz stellt die Methode der Strukturgleichungsanalyse dar (s. Abschn. 2.1.4; eine kurze Einführung in verhaltensgenetische Anwendungen findet sich in Plomin et al., 1999). Damit können simultan alle Parameter eines theoretischen Modells geschätzt werden. Zudem können verschiedene Modelle hinsichtlich ihrer Anpassung an die empirischen Daten miteinander verglichen werden. Auf diese Weise wird das bestpassende theoretische Modell ermittelt.

13.4.3 Designs

Solche Analysen führen je nach Annahmen über das Ausmaß an selektiver Platzierung und das Vorhandensein von gezielter Partnerwahl sowie Dominanzabweichung zu durchaus verschiedenen Resultaten. Letztlich soll *post hoc* ein Beziehungsgeflecht zergliedert werden, das idealerweise in experimentellen Anordnungen untersucht werden müsste. Natürlich verbieten sich Letztere im Humanbereich. Dem Hauptmerkmal eines Experimentes, der isolierten Variation von Bedingungen, kommen einige natürlich vorkommende Konstellationen jedoch nahe und ermöglichen dadurch Analysen von hoher Teststärke. Drei Untersuchungsansätze greifen solche Konstellationen auf:

- Konstanthaltung des Erbes bei Variation der Umwelt. Dies erfordert die Untersuchung von getrennt aufgewachsenen eineiigen Zwillingen.
- Kontrastierung von Erb- und Umwelteinflüssen. Dies erfordert die Untersuchung von Adoptivkindern mit einem Vergleich von leiblichen Eltern und Adoptiveltern.
- Konstanthaltung der Umwelt bei Variation des Erbes. Dies legt die Untersuchung von Heimkindern nahe.

Das erste Design sowie der in der Falconer-Formel verwendete Vergleich zwischen EZ und ZZ werden nachfolgend besprochen. Auf die anderen beiden Ansätze wird in Abschnitt 14.2.2 gesondert eingegangen.

Getrennt aufgewachsene eineiige Zwillinge

Da EZ-Paare ein vollständig identisches Erbgut aufweisen, können Differenzen im Verhalten innerhalb der Paare deshalb nur auf nichtgenetische Faktoren zurückgeführt werden. Da bei gemeinsam aufgewachsenen Zwillingen eine besondere Ähnlichkeit der auf sie einwirkenden Umweltbedingungen vorliegt, kann eine weitgehende Übereinstimmung innerhalb der Paare nicht zweifelsfrei auf entweder die Erb- oder die Umwelteinflüsse zurückgeführt werden. Daher sind vor allem jene Fälle aufschlussreich, wo es zu einer Auflösung der Konfundierung beider Einflussgrößen kommt. Dies trifft dann zu, wenn EZ nach ihrer Geburt voneinander getrennt wurden und in verschiedenen Familien/Umwelten aufwachsen.

Aus forschungstechnischen Gründen mag man es bedauern, dass diese Konstellation sehr selten vorkommt; noch seltener sind natürlich jene Fälle, die im Zuge psychologischer Untersuchungsprogramme bislang erfasst werden konnten.

Ein potentielles Problem stellt die Annahme von *unabhängigen Umwelten* bei getrennt aufgewachsenen EZ dar. So machte Kamin (1974) darauf aufmerksam, dass ein Großteil der getrennten Zwillinge aus der Studie von Shields (1962) in verwandten Familien aufgewachsen waren. Nichtverwandte Familien waren zudem häufig Freunde der Mutter.

Die getrennten EZ-Paare trafen sich vielfach in der Schule und auf dem Spielplatz. Eine gesonderte Berechnung durch Kamin (1974) ergab denn auch, dass hinsichtlich der Intelligenz die Korrelation innerhalb der EZ-Paare, die in verwandten Familien aufwuchsen, $r = 0{,}83$ betrug, die Korrelation der in nichtverwandten Familien lebenden EZ-Paare jedoch mit $r = 0{,}51$ deutlich niedriger lag – was für einen klaren Umwelteinfluss spräche. Shields (1978) nahm eine Reanalyse seiner Daten von 1962 vor, indem er nach objektiven Kriterien Extremgruppen von Paaren bildete, die entweder in sehr ähnlichen bzw. sehr unähnlichen Umgebungen aufgezogen worden waren. Im Unterschied zu Kamin erhielt er nur eine geringfügige Differenz zwischen den entsprechenden Korrelationen ($r = 0{,}87$ versus $0{,}84$).

Unter Anwendung einer »Constructive Replication«-Technik, bei der bislang nicht verrechnete, in den Publikationen aber mitgeteilte Testwerte verwendet wurden, kam Bouchard (1983) für die Studien von Newman et al. (1937) sowie Juel-Nielsen (1965) auf mittlere Koeffizienten von $r = 0{,}67$ versus $0{,}70$ für starke bzw. minimale Ähnlichkeit der Umwelten. An einer schwedischen Stichprobe von $N = 34$ ZZ-Paaren waren die spät voneinander getrennten Paare einander im IQ sogar *un*ähnlicher als die früh getrennten ZZ-Paare (Pedersen et al., 1985). Bouchard et al. (1990) erfassten mit einem aufwendigen Instrumentarium verschiedene Umweltfaktoren (darunter Bildung und sozioökonomischen Status der Adoptiveltern, physische und kulturelle Ressourcen sowie den retrospektiv von den Probanden eingeschätzten elterlichen Erziehungsstil) und korrelierten damit die IQ-Werte der Zwillinge. Im günstigsten Fall betrug der Beitrag der Platzierungsunterschiede zur Korrelation innerhalb der EZ-Paare nur 0,03.

Im Lichte dieser Untersuchungen stellt sich das potentielle Problem einer Verletzung der Annahme von unabhängigen Umwelten bei getrennt aufgewachsenen EZ also als nicht sehr gravierend dar.

Der Minnesota-Studie unter Leitung von David Lykken und Thomas Bouchard kommt aus mehreren Gründen die größte Bedeutung unter den Untersuchungen an getrennt aufgewachsenen Zwillingen zu. Zum einen stützt sie sich mittlerweile auf den größten Stichprobenumfang von Personen, nachdem bis zum Ende der 1980er bereits 48 Zwillingspaare erfasst worden waren. Zum anderen ist auch die Stichprobe der Variablen ohne jedes Beispiel: Die Zwillinge absolvierten, wenn sie in irgendeinem Land der Erde »entdeckt« und in die USA geflogen worden waren, ein ca. einwöchiges Untersuchungsprogramm. Im Vergleich zu den wenigen anderen Stichproben der Literatur wurden sie zudem sehr viel früher nach der Geburt getrennt (durchschnittlich nach 3,6 Monaten) und sehr viel später wieder vereinigt (durchschnittlich im Alter von 27,9 Jahren; Details s. Bouchard, 1987). Vor allem aber hatte ca. die Hälfte aller EZ-Paare zeit ihres Lebens keinen Kontakt zu ihren Zwillingsgeschwistern. Einige von ihnen wurden tatsächlich erst wieder im Zuge der Untersuchung zusammengeführt (s. Bouchard et al., 1986). Insofern stellt sich hier das Problem von (partiell) gemeinsamen Umwelten sehr viel weniger.

Weithin ungeklärt ist die Rolle von nicht ausschaltbaren Einflüssen der gemeinsamen intrauterinen Entwicklung, die als erste Phase von Umwelteinflüssen als *angeboren*, aber eben nicht *ererbt*, die Erblichkeitskoeffizienten erhöhen dürften (Jensen, 1970). Mehreren Studien zufolge (z. B. Marsh, 1980) bestehen in der Tat bedeutsame Korrelationen zwischen den Geburtsgewichts- und IQ-Differenzen eineiiger Zwillinge, was eine Wirksamkeit des intrauterinen Milieus vermuten lässt, wenngleich noch nicht im Einzelnen erklärt.

Schwächere Designs: Vergleich EZ/ZZ

Neben den Untersuchungen von getrennt aufgewachsenen EZ sind weitere Ansätze verfolgt worden, um die Größe der Effekte von Erblichkeit und Umwelt in Erfahrung zu bringen. An erster Stelle stehen hierbei die Untersuchungen von EZ und ZZ, eine Methode, mit der ein erheblicher Teil des Befundmaterials zu Persönlichkeitsmerkmalen gewonnen wurde.

Eine Schwäche von EZ/ZZ-Designs ist die damit einhergehende Beschränkung auf die Varianz *innerhalb* der Familien, wohingegen die Varianz *zwischen* den Familien unberücksichtigt bleibt. Sodann muss davon ausgegangen werden, dass die oben angesprochene Rollendifferenzierung von Zwillingen, etwa im Sinne von Kontrasteffekten, erst im Laufe der Jugendzeit einsetzt. Bevor sich eine solche Rollendifferenzierung herausbildet, können aber Tendenzen zur Homogenisierung innerhalb der Zwillingspaare vermutet werden, die etwa dann entstehen, wenn sich der eine Zwilling den anderen zum Vorbild nimmt. Auch wird wohl häufiger eine besonders ähnliche Umwelt auf die ZZ-Paarlinge einwirken, weil sie – bei gleichem Geschlecht – aufgrund ihres identischen Alters vielleicht irrtümlich für EZ gehalten werden.

Schließlich muss eine größere pränatale Konkurrenz der EZ-Paarlinge gegenüber ZZ-Paarlingen unterstellt werden. ZZ-Embryonen wie auch etwa ein Drittel der EZ-Embryonen wachsen in einem doppelten Chorion (Zottenhaut) auf, etwa zwei Drittel der EZ-Embryonen wächst hingegen in demselben Chorion auf. Dies kann bedeutsame Unterschiede in der pränatalen Umwelt zur Folge haben, wie schon die häufigeren Diskrepanzen bei EZ in Strukturmerkmalen wie dem Geburtsgewicht zeigen. All diese Faktoren beeinflussen in einer nicht mehr präzis entwirrbaren Weise Verhaltensmerkmale, so dass alle Erblichkeitsschätzungen nach dem Prinzip der Falconer-Formel recht unsichere Anhaltspunkte liefern.

Strukturgleichungsmodelle

Die moderne Verhaltensgenetik stützt sich auf Studien, in denen simultan die Daten von Personen ganz unterschiedlichen Verwandtschaftsgrades analysiert werden, beispielsweise ein- und zweieiige Zwillinge, Adoptivkinder sowie Geschwister. Die Auswertung erfolgt mit multivariaten Methoden zumeist aus der Klasse der Strukturgleichungsmodelle, die auf die Prüfung theoretisch abgeleiteter Modelle hinauslaufen. Ein grafisches Beispiel wurde bereits in **Abbildung 13.3** gegeben. Mit diesen Methoden können simultan Parameter für additive und nonadditive genetische Effekte, für geteilte und nichtgeteilte Umwelten, für selektive Partnerwahl und selektive Platzierung, für mögliche Interaktionen und für die Fehlervarianz geschätzt werden (zur Einführung, s. Plomin et al., 1999). Liegen aus Längsschnitterhebungen wiederholte Messungen vor, können aus den Korrelationen zwischen den Zeitpunkten damit auch Parameter für Stabilität und Veränderung ermittelt und deren Erblichkeit bestimmt werden (s. Bleidorn et al., 2009). Gerade wegen der Heranziehung verschiedener Verwandtschaftsgrade in *einem* Modell vermeidet dieser Ansatz weitgehend die Schwächen, die mit dem Einzelvergleich etwa von EZ mit ZZ verbunden sind. Insgesamt haben die diesbezüglichen Forschungen kein grundsätzlich anderes Bild ergeben als dasjenige, das sich aus den zuvor geschilderten »klassischen« Ansätzen ergeben hat, wohl aber differenzierende Einsichten geliefert.

Zusammenfassung von Kapitel 13.4

Konzeptuell können die folgenden Varianzkomponenten (V) als Folge genetischer Faktoren unterschieden werden: Additive V, erzeugt durch additive Effekte der beiden Gene an einem Genort; V durch gezielte Partnerwahl; V durch Dominanzabweichung, also nonadditiv; Epistase, nonadditive V, die durch Wechselwirkungen zwischen verschiedenen Genen entsteht. Üblicherweise werden auch noch die Erbe-Umwelt-Kovarianz und Erbe-Umwelt-Interaktion zu den genetischen Komponenten gerechnet, darüber hinaus noch ein Fehlerterm für »Zufallseffekte«. Die Summe dieser Komponenten wird zur phänotypischen Varianz in dem jeweiligen Merkmal in Relation gesetzt und gilt als Maß für die Heritabilität oder Erblichkeit. Die Varianz zulasten von Umgebungsunterschieden teilt sich auf in V durch gleiche oder geteilte Umgebung einerseits und V durch nichtgeteilte oder verschiedene Umwelt andererseits. Je nach Verwandtschaftsgrad (z. B. ein- oder zweieiige Zwillinge) und Beschaffenheit der Umwelt (z. B. geteilt oder nichtgeteilt) können Erwartungen über die relativen Beiträge der einzelnen Komponenten formuliert und daraus die Parameter anhand der korrelativen Ähnlichkeiten ermittelt werden. Eine naheliegende

Annahme geht beispielsweise dahin, dass zweieiige Zwillinge (ZZ) einander nur halb so ähnlich sind wie eineiige (EZ). Nach der »Falconer-Formel« errechnet sich eine darauf aufbauende Schätzung der (engeren) Erblichkeit somit als $h^2 = 2 \times (r_{EZ} - r_{ZZ})$. Wesentlich komplexer sind Strukturgleichungsmodelle, in denen auch Annahmen über die nonadditiven Komponenten berücksichtigt werden. Zur Ermittlung der Korrelationskoeffizienten werden Daten aus Erhebungen an gemeinsam und getrennt aufgewachsenen EZ herangezogen, im Weiteren solche aus dem Vergleich EZ/ZZ, Adoptiv- und Geschwisterkindern sowie weiterer Personen verschiedenen Verwandtschaftsgrades.

13.5 Ergebnisse verhaltensgenetischer Forschung

13.5.1 Allgemeine Intelligenz

Die Intraklassenkorrelation von getrennt aufgewachsenen EZ sollte eine obere Schranke für die Erblichkeit darstellen. In Tabelle 13.2 ist ein Großteil der relevanten Studien zur Allgemeinen Intelligenz zusammengestellt. Insgesamt beruhen die Daten auf 163 EZ-Paaren.

Tab. 13.2: Allgemeine Intelligenz: Intraklassenkorrelation *r* getrennt aufgewachsener EZ in verschiedenen Untersuchungen.

Autor	Anzahl Paare	IQ Mittelwert (Streuung)	IQ Paardifferenz	r
Newman et al. (1937)	19	95,7 (13,0)	8,21	0,67
Shields (1962)	38	93,0 (13,4)	6,72	0,78
Juel-Nielsen (1965)	12	106,8 (9,0)	6,64	0,68
Bouchard et al. (1990)	48	108,1 (10,8)	–	0,75
Pedersen et al. (1992)	46	–	–	0,78
Gesamt	**163**	**101,0 (11,8)**	**7,09**	**0,74**

Die Untersuchungen stammen aus vier verschiedenen Ländern (USA, Großbritannien, Dänemark und Schweden); verschieden waren darüber hinaus die altersmäßige und sozioökonomische Zusammensetzung der Stichproben sowie Mittelwert und Varianz der Zeitdauer des frühkindlichen Zusammenlebens. Selbst die Tests und die Auswertung waren unterschiedlich. Umso mehr muss die relative Invarianz der Intraklassenkorrelationen und die geringe durchschnittliche Höhe der Differenzwerte innerhalb der Paare beeindrucken, zumal die Reliabilität der Tests nur bei 0,90 liegen dürfte und Terman und Merrill (1937) an ihrer Eichstichprobe eine mittlere intraindividuelle Differenz von 4,68 IQ-Einheiten bei der wiederholten Vorgabe der parallelen Formen des Stanford-Binet-Tests fanden. Insoweit wäre von einer Erblichkeit für den IQ in einem Bereich um 70 % auszugehen.

Ganz auf dieser Linie liegen auch die Resultate, die Burt (1966) an weiteren 53 EZ-Paaren ermittelt hatte. Da aber Zweifel an der sorgfältigen Berechnung der Kennwerte bestehen (z. B. waren in mehreren aufeinanderfolgenden Untersuchungen trotz wachsender Stichprobenumfänge die Korrelationskoeffizienten auf die dritte Stelle gleich) und sogar unklar ist, wie und ob überhaupt Erhebungen stattgefunden hatten, soll das besagte Material hier außer Acht gelassen werden (s. Kamin, 1974; Fletcher, 1990; eine gedrängte Darstellung von Anschuldigungen und Entlastungen findet sich bei Green, 1992).

Bouchard und McGue (1981) fassten die Weltliteratur zum damaligen Zeitpunkt in Bezug auf die Ähnlichkeit im IQ von EZ, ZZ und weiteren Verwandtschaftsverhältnissen zusammen. Aus 34 Studien mit 4672 EZ-Paaren wurde die Ähnlichkeit von zusammen aufgewachsenen EZ mit $r_{EZ} = 0{,}86$, aus 41 Studien mit 5533 ZZ-Paaren die Ähnlichkeit von zusammen aufgewachsenen ZZ mit $r_{ZZ} = 0{,}60$ bestimmt. Nach den Falconer-Formeln (Gleichung 13.8) ergibt sich damit eine Erblichkeit des IQ von $h^2 = 0{,}52$, ein Effekt der geteilten Umwelt $c^2 = 0{,}34$ und ein Effekt der nichtgeteilten Umwelt $e^2 = 0{,}04$, unter Annahme einer Reliabilität der IQ-Tests in Höhe von 0,90.

Die Daten von Bouchard und McGue (1981) wurden später einer Reanalyse mit Hilfe von Strukturgleichungsmodellen unterworfen (Chipuer et al., 1990). Damit sollte der Erblichkeitsanteil einer genaueren Analyse seiner Bestandteile additiver und nonadditiver genetischer Varianz unterzogen, der Effekt der gezielten Partnerwahl auf die Ergebnisse kontrolliert und die Daten der übrigen Verwandtschaftsbeziehungen in die Schätzungen mit einbezogen werden. **Tabelle 13.3** gibt die wesentlichen Ergebnisse wieder.

Tab. 13.3: Anteile für Erblichkeit und Umwelt im IQ aus einer Strukturgleichungsanalyse der internationalen Datenbasis bis ca. 1980.

Parameter	Verwandtschaftsgrad	Schätzung
Erblichkeit h^2		0,51
a^2		0,32
d^2		0,19
Umwelt		0,49
c^2	Zwillinge	0,35
	Geschwister	0,22
	Elternteil – Kind	0,20
	Cousins	0,11
e^2	Zwillinge	0,14
	Geschwister	0,27
	Elternteil – Kind	0,29
	Cousins	0,38

a^2 = additiver, d^2 = nonadditiver genetischer Varianzanteil. c^2 = geteilter, e^2 = nichtgeteilter Umweltanteil an der Varianz. Schätzungen unter Berücksichtigung der gezielten Partnerwahl. Umweltanteile c^2 und e^2 addieren sich pro Verwandtschaftsgrad auf den gesamten Umwelteffekt von 0,49. Nach Chipuer et al. (1990).

In sehr guter Übereinstimmung mit Bouchard und McGue (1981) fand sich eine Erblichkeit des IQ in Höhe von 51 %, wobei allerdings ein substantieller Anteil (19 %) auf nonadditive genetische Effekte der Dominanzabweichung zurückging. Neu war auch der – nicht unerwartete – Befund, dass der Effekt der geteilten Umwelt auf den IQ mit abnehmendem Verwandtschaftsgrad geringer wurde und der Effekt der nichtgeteilten Umwelt entsprechend anstieg. Wichtig ist, dass diese Analyse selektive Platzierung, Erbe-Umwelt-Kovarianzen und Interaktionen oder Geschlechts- und Alterseffekte nicht berücksichtigen konnte.

Bemerkenswerterweise ermittelten auch Haworth et al. (2009) an ihrer Stichprobe von nicht weniger als 11 000 Zwillingspaaren ganz unterschiedlichen Alters für Allgemeine Intelligenz eine Erblichkeit von 50 %, obwohl es sich bei ihren Probanden um die 15 % Besten der Leistungsverteilung handelte. Ganz ähnlich dazu fanden auch Brant et al. (2009), dass die Erblichkeitsschätzungen in etwa dieselben waren, wenn entweder die Daten von 483 gleichgeschlechtlichen Zwillingspaaren oder nur diejenigen der 15 % IQ-Besten davon herangezogen wurden. Anscheinend hatte die Selektion nach dem Phänotyp (also dem IQ) in vergleichbarer Weise zur Einengung der genetischen Varianz und derjenigen der Umweltfaktoren geführt (▶ **Kasten 13.1**).

Kasten 13.1: Zu den Implikationen von Erblichkeitsschätzungen

Die Darstellung von Erblichkeitsschätzungen hat erkennen lassen, dass die Koeffizienten und Prozentzahlen zwischen den vorliegenden Studien mehr oder weniger stark variieren. Diese Variation ist teils unsystematischer Art, beispielsweise als Folge der unterschiedlichen Reliabilität der eingesetzten Tests oder als Folge von Besonderheiten der herangezogenen Personen-Stichproben. Sie ist aber teils auch systematischer Art, wie etwa die Zunahme der Erblichkeit mit ansteigendem Lebensalter beim IQ, bei depressiven Symptomen und bei sozialen Einstellungen (Bergen et al., 2007). Wie in **Abbildung 13.4** dargestellt, können als systematisch auch die Unterschiede in der Erblichkeit von Persönlichkeitsmerkmalen in Abhängigkeit vom Ausmaß wahrgenommener Eltern-Kind-Konflikte sowie elterlichem Erziehungsverhalten gelten (Krueger et al., 2008).

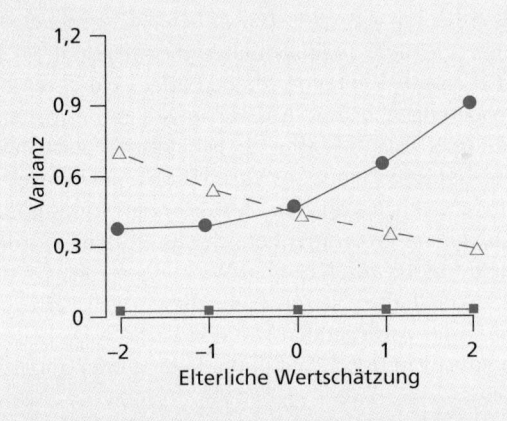

Abb. 13.4: Varianz von »Positive Emotionalität«, die auf A, C und E zurückgeht, in Abhängigkeit vom Ausmaß der Wertschätzung des Kindes (im Alter von 17 Jahren) durch die Eltern. A = additiver genetischer Einfluss. C = Einfluss der geteilten Umwelt. E = Einfluss der nichtgeteilten Umwelt. Nach Krueger et al. (2008).

Als Ursachen für die systematischen Effekte kommen Unterschiede der genetischen Expression, der Gen-Umwelt-Korrelationen oder der Umweltvarianzen in Betracht – oder auch ein Gemenge aus all diesen Faktoren. Denn: Das jeweilige Ausmaß von h^2 hängt nicht nur ab von der genetischen Variabilität in einer Stichprobe von Personen, sondern auch von der Variabilität der Umgebungsfaktoren, und ebenso ist e^2 direkt auch abhängig von der Varianz der genetischen Faktoren. Ist die Varianz der Umweltfaktoren null, wird die gesamte phänotypische Varianz durch genetische Unterschiede erklärt und umgekehrt.

Zur Veranschaulichung hat Moore (2006) eine höchst illustrative Analogie gewählt: Am Nordpol, wo es normalerweise kalt genug ist, dass der Niederschlag als Schnee fällt, ist die Variation von Schneefall zwischen verschiedenen Tagen (fast) ausschließlich eine Funktion der relativen Feuchtigkeit in der Atmosphäre. Desgleichen wird in einer stets feuchten Bergregion die Form des Niederschlags (Regen bzw. Schnee) nur eine Funktion der jeweiligen Höhe sein. Obwohl wir also *wissen*, dass die Voraussetzungen für Schneefall sowohl hohe Feuchtigkeit als auch niedrige Temperaturen sind, würde eine Varianzanalyse des Schneefalls am Nordpol ergeben, dass die Temperatur nichts beiträgt zur Erklärung des Phänomens, und eine solche des Niederschlags im Bergwald würde keinen Einfluss der Feuchtigkeit erkennen lassen. Das Ergebnis der jeweiligen Analyse für die Wirksamkeit des einen Faktors ist somit direkt abhängig von der Variation des anderen.

In Bezug auf Erblichkeitsschätzungen sind die Gegebenheiten insofern misslich, als bislang nicht hinreichend geklärt ist, welche Umweltfaktoren genau für die Ausbildung von Intelligenz- oder Persönlichkeitsmerkmalen maßgeblich sind und ob diese Faktoren zwischen den verschiedenen Untersuchungsansätzen und Testsituationen nur ein wenig oder aber erheblich variieren.

Die Unterschiedlichkeit der Erblichkeitskoeffizienten macht zudem deutlich, dass genetische Faktoren nicht etwa *monokausal* auf die jeweils untersuchte Eigenschaft einwirken können; eine derartige Kausalität besteht nur in einer unauflöslichen Verbindung mit ebenfalls kausalen Umweltwirkungen (Johnson, 2007). Auch entfaltet sich die genetische Kausalität, die seit geraumer Zeit als solche unbestritten ist (nach Turkheimer, 2000, handelt es sich dabei um das »first law of behavior genetics«), auf eine Eigenschaft nicht in direkter Weise. Vielmehr prädisponieren die Gene nur für eine der individuellen Entwicklung zugrundeliegende Kette von offenen oder verdeckten behavioralen Entscheidungen. Diese Entscheidungen haben Auswirkungen auf Umstände, die ihrerseits auf spätere Optionen für genetisch beeinflusste behaviorale Entscheidungen wirken usw. (Johnson et al., 2009). Zudem wird nur aus Variabilitäts- und Korrelationskoeffizienten auf die Kausalität geschlossen. Auch komplexe Strukturgleichungsmodelle können das Handikap nicht wettmachen, dass im Humanbereich aus ethischen Gründen dem Experiment als der *via regia* zum Auffinden von kausalen Wirkungen enge Grenzen gesetzt sind.

Nur der Vollständigkeit halber sei auch an dieser Stelle erneut der Hinweis darauf gegeben, dass *Kausalität* im vorliegenden Kontext keineswegs bedeutet, dass die Ausprägung in einer Eigenschaft nicht durch Schulung, Übung oder anderweitige Interventionen verändert werden könnte.

Was Erbe-Umwelt-Interaktionen angeht, konnten van Leeuwen et al. (2008) für eine Stichprobe von 112 Familien mit EZ- und ZZ-Kindern sowie »normalen« Geschwistern zeigen, dass der mit Hilfe des Raven-Tests bestimmte IQ zu 67 % durch additive genetische Effekte zu erklären war. Zusätzliche 9 % der IQ-Varianz gingen auf Erbe-Umwelt-Interaktion zurück: Die Umwelt spielte eine größere Rolle bei jenen Kindern, die eine Prädisposition zu niedriger Intelligenz hatten. Während sich Erbe-Umwelt-Interaktionen auch in anderen Untersuchungen an Kindern sichern ließen, konnten van der Sluis et al. (2008) an Erwachsenen für den Wechsler-IQ keine moderierende Wirkung mehrerer Umweltvariablen feststellen. Sie vermuten deshalb, dass jene Gene, die während der Kindheit sensitiv für Umwelteffekte sind und damit signifikante Interaktionseffekte hervorrufen, bei der Entwicklung beispielsweise des Gehirns eine Rolle spielen.

Vielen Untersuchungen an Zwillingen kann entgegengehalten werden, dass ihre Ergebnisse an hoch selektierten Stichproben gewonnen worden sind, die Ergebnisse also keine Repräsentativität für eine Population beanspruchen könnten. Diesen Einwand untersuchte eine Studie, in der aufgrund von Archivmaterial die gesamte Population der Zwillinge unter den 11-jährigen Schülern in Schottland ausgewertet wurde (Benyamin et al., 2005). Schottische Schüler waren über einen langen Zeitraum derselben Intelligenztestung (verbale Verarbeitungskapazität) unterzogen worden. Die Ergebnisse der getrennt durchgeführten Auswertungen der beiden Jahrgänge stimmten hochgradig überein: Additive genetische Effekte kamen für ca. 70 %, geteilte Umwelt kam für ca. 21 % und nichtgeteilte Umwelt für ca. 9 % der IQ-Varianz auf.

Eine Zusammenfassung der Erb- und Umwelteinflüsse in der Allgemeinen Intelligenz erfolgt erst nach der Diskussion von Adoptionsstudien in Abschnitt 14.2.2.

13.5.2 Persönlichkeit

Auch im Persönlichkeitsbereich soll am Anfang der Ergebnisdarstellung eine Übersicht über Studien zur Ähnlichkeit von gemeinsam und getrennt aufgewachsenen EZ stehen (▶ Tab. 13.4). Wie erinnerlich, stellt die Intraklassenkorrelation von getrennt aufgewachsenen EZ eine direkte Schätzung der Erblichkeit im weiteren Sinne dar.

Obwohl die Befunde nicht absolut konsistent und die Koeffizienten insgesamt z. T. wegen der geringeren Reliabilitäten und Validitäten niedriger als bei Intelligenz sind, spricht die mittlere Korrelation von ca. 0,50 für getrennt aufgewachsene EZ doch für eine Erblichkeit der »großen« Persönlichkeitsfaktoren von ca. 50 %.

Zu Vergleichszwecken wurden in Tabelle 13.4 (unten) die Daten zu EZ, $r_{EZ} = 0{,}48$, und ZZ, $r_{ZZ} = 0{,}23$, aus der Zusammenschau von Nichols (1978) mit aufgenommen. Im Sinne der Falconer-Formel (s. Gleichung 13.8) resultiert aus der doppelten Differenz $r_{EZ} - r_{ZZ}$ ein Wert für h^2 von 0,50, was trotz des anderen Ansatzes und z. T. anderer Skalen dem o. a. Wert aus den Untersuchungen an getrennt aufgewachsenen EZ in bemerkenswerter Genauigkeit entspricht. Für die geteilte Umwelt ergibt sich $c^2 = -0{,}02$ und für die nichtgeteilte Umwelt $e^2 = 0{,}32$ (unter Annahme einer Reliabilität von 0,80).

Mit einer Strukturgleichungsanalyse gelangte Loehlin (1989) für Extraversion und Neurotizismus zu einer ähnlichen Feststellung: Ungefähr die Hälfte der Varianz ist genetisch erklärbar, die andere Hälfte kann auf Effekte der nichtgeteilten Umgebung und auf den Messfehler zurückgeführt werden, fast nichts aber auf die Umgebung, die den Zwillingen gemeinsam ist.

Die umfangreichste Studie überhaupt stammt von Floderus-Myrhed et al. (1980) und stützt sich auf 4999 EZ- und 7813 ZZ-Paarlinge, die Kurzformen des EPI (s. Abschn. 7.4.2) bearbeiteten. Für Neurotizismus und Extraversion waren die Geschwister-Korrelationen sehr ähnlich und betrugen bei EZ 0,50 bzw. 0,51 und bei ZZ 0,23 bzw. 0,21. Daraus wurde auf eine Erblichkeit von 54 % bzw. 60 % für Neurotizismus und Extraversion geschlossen, was gut mit den entsprechenden Schätzungen von Eaves und Young (1981) in Höhe von 47 % und 55 % übereinstimmt (s. auch Rose et al., 1988).

Riemann et al. (1997) untersuchten die »Big-Five«-Persönlichkeitsfaktoren nicht nur in Selbsteinschätzungen, sondern – was eine wichtige Innovation darstellt – auch anhand von Fremdbeurteilungen an einer großen Stichprobe von EZ und ZZ. Mit den Fremdbeurteilungen ließ sich das Problem

Tab. 13.4: Ähnlichkeitsbeziehungen für Persönlichkeitsmerkmale bei gemeinsam und getrennt aufgewachsenen eineiigen Zwillingen sowie zusammen aufgewachsenen zweieiigen Zwillingen.

Autor	Stichprobengröße für EZ			Intraklassenkorrelation für EZ	
	getr.	zus.	Merkmal	getr.	zus.
Newman et al. (1937)	19	50	Woodworth-Matthews (Neurotizismus)	0,58*	0,56*
Shields (1962)	42	43	Maudsley Extraversion	0,61*	0,42*
			Maudsley Neurotizismus	0,53*	0,38*
Wilde (1964)	38 (5 Jahre)	50	Amsterdam Neurotizismus (psychisch)	0,52*	0,55*
			Amsterdam Neurotizismus (körperlich)	0,75	0,46
			Amsterdam Extraversion	0,19	0,58*
			Amsterdam Maskulinität	0,44	0,45
Canter (1973)	15 (5 Jahre)	25	EPI Neurotizismus	0,18	0,53*
		25	EPI Extraversion	0,67*	0,10
		25	EPI Geselligkeit	0,91*	0,51*
		25	EPI Impulsivität	0,20	−0,03
		23	16 PF Neurotizismus (Sek.)	0,37	0,37*
		23	16 PF Ängstlichkeit (Sek.)	0,27	0,56*
		23	16 PF Extraversion (Sek.)	0,85*	0,29
Price (1969)	57 (5 Jahre)	45	EPI Neurotizismus	0,69*	0,45*
			EPI Extraversion	0,57*	0,29*
Bouchard (1987)	44	174	11 Skalen des MPQ	0,54*	0,52*
Bouchard et al. (1990)	38	99	18 Skalen des CPI	0,48*	0,49*
	52	>116	23 Skalen des Strong Campbell Interest Inventory	0,39*	0,48*
Pedersen et al. (1988)	95	150	Extraversion	0,30*	0,54*
	95	151	Neurotizismus	0,25*	0,41*
	92	141	Impulsivität	0,40*	0,45*
	94	145	Monotonie-Vermeidung	0,20*	0,26*
Nichols (1978)		EZ	verschiedene Skalen aus 106 Studien		0,48[a]
		ZZ			0,23[a]

getr. = getrennt aufgewachsen. zus. = zusammen aufgewachsen. *Statistisch signifikant. [a] Median.

untersuchen, ob in den bisherigen Untersuchungen die ZZ-Ähnlichkeit möglicherweise unterschätzt wurde. Grund für eine Unterschätzung könnte sein, dass sich ZZ bei ihren Antworten auf die Fragen in Persönlichkeitstests nicht am Durchschnitt der Gesamtbevölkerung, sondern an ihrem Geschwister und dessen Verhalten orientieren. Ein solcher Kontrasteffekt würde notwendigerweise zu einer Unterschätzung der Bedeutung der geteilten Umwelt führen. In den Ergebnissen spielten derartige Kontrasteffekte aber keine Rolle. Erneut ergaben sich eine mittlere Erblichkeit von ca. 50 % und substantielle Anteile von nichtgeteilter Umwelt, Erbe-Umwelt-Interaktion und Messfehler von zusammen ca. 50 % im Selbstbericht. Die geschätzte Erblichkeit stieg aber an, wenn anstelle des Selbstberichts die Fremdbeurteilungen herangezogen wurden, und zwar offenbar deshalb, weil bei den Fremdbeurteilungen eine geringere Fehlervarianz vorlag, was die Residualvarianz e^2 verminderte. (Die Residualvarianz enthält die Effekte von nichtgeteilter Umwelt, der Erbe-Umwelt-Interaktion und des Messfehlers.)

In einer noch weitergehenden Verfeinerung des methodischen Ansatzes videographierten Borkenau et al. (2001) von jedem ihrer Zwillinge Verhaltensstichproben und ließen die Beurteiler nur jeweils einen der beiden Zwillinge einschätzen. Über alle Merkmale hinweg ergaben sich ca. 40 % genetische Einflüsse und Anteile in Höhe von 25 % für geteilte sowie von 35 % für nichtgeteilte Umwelt.

Die aus der Ähnlichkeit von EZ ableitbare Erblichkeit einiger Persönlichkeitsmerkmale bedeutet keineswegs, dass einige Gene direkt für die Ausprägung von etwa Soziabilität oder dergleichen verantwortlich sind. Zu denken ist an eine mittelbare Wirkung der Gene über Variablen wie Körperbau oder Attraktivität des Äußeren, die ihrerseits erblich sind und auf Seiten der Umwelt konsistente Reaktionen hervorrufen. Andererseits haben Loehlin und Nichols (1976) auch im Persönlichkeitsbereich keine Anhaltspunkte dafür ausmachen können, dass ein ähnlicheres Erziehungsverhalten der Eltern die Übereinstimmung innerhalb EZ und ZZ substantiell beeinflusst hätte (mehr dazu in Abschn. 14.2.1).

Über epistatische Effekte (s. 13.4.1) berichteten Tellegen et al. (1988) für ein Design, in dem erstmals simultan jeweils getrennt *und* gemeinsam aufgewachsene EZ *und* ZZ untersucht wurden ($N = 402$; darunter $N = 44$ getrennt aufgewachsene EZ). Diese epistatischen Effekte traten jedoch nur in drei der insgesamt 14 Skalen eines Persönlichkeitsfragebogens auf. Die über alle Skalen gemittelten Korrelationen sind in **Tabelle 13.5** zusammengestellt. Epistatische Effekte zeigten sich hauptsächlich daran, dass innerhalb der ZZ-Paare mehrfach Korrelationen um null auftraten. Die Autoren prägten dafür den Begriff »Emergenesis« und bezeichnen damit »jedes Merkmal, das aus dem Zusammenwirken oder der Konfiguration zweier oder mehrerer unabhängiger Eigenschaften hervorgeht, die selbst genetisch bestimmt sind« (Lykken & Bouchard, 1983, S. 98).

Ein geläufiges Beispiel dafür ist etwa die Stimme, die von den Proportionen der Resonanzräume in Kopf und Rachen, den Merkmalen der Stimmbänder usw. abhängt. EZ haben gewöhnlich sehr ähnliche Stimmen, während sich Geschwister meist sehr verschieden anhören. Das liegt daran, dass der Klang nicht aus der einfachen Summe der für sich erblichen anatomischen Artikulations- und Resonanzmerkmale resultiert, sondern aus deren einzigartiger *Kombination;* schon das Fehlen einer Teilkomponente (bei einem »normalen« Geschwister oder Nachkommen wahrscheinlich, nahezu ausgeschlossen jedoch bei einem EZ-Paarling) kann das Ergebnis vollständig verändern. »Offenbar arbeiten in der Genfabrik nicht alle Fließbänder nach dem additiven Prinzip, bei dem jeder Arbeiter dasselbe tut. (Es) werden nicht einfach gleichartige Elemente zusammengefügt, es müssen vielmehr zahlreiche verschiedene Bestandteile in einer genau vorgegebenen Reihenfolge arrangiert werden...Fehlt an einem solchen Fließband einer der Arbeiter, dann wird nicht das typische Produkt (z. B. Auge oder Molekül) erzeugt, nur etwas kleiner als normal, sondern etwas qualitativ völlig Anderes« (Lykken & Bouchard, 1983, S. 96).

Tab. 13.5: Mittlere Intraklassenkorrelationen r und Schätzungen für Erblichkeit und Umwelteinflüsse für die 14 Skalen des »Multidimensional Personality Questionnaire«.

	Getrennt		Zusammen		Erbe		Umwelt	
	EZ	ZZ	EZ	ZZ	h^2	add	c^2	e^2
Stichprobengröße	44	27	217	114				
$\bar{r}$	0,49	0,18	0,54	0,23				
Parameterschätzung					0,47	0,29	0,07	0,45

h^2 = genetischer Varianzanteil. c^2 = geteilter, e^2 = nichtgeteilter Umweltanteil + Erbe-Umwelt Interaktion + Messfehler. add = Koeffizient zwischen 0 und 0,5; 0 = maximal nonadditive, 0,5 = maximal additive genetische Effekte. Aus Tellegen et al. (1988).

Gleich ob mit oder ohne Epistase: Auch bei Tellegen et al. (1988) resultierte relativ invariant für die einzelnen Persönlichkeitsskalen eine Erblichkeit von etwa 50 %. Ihre Analysen ergaben ferner einen Einfluss der geteilten Umwelt von durchschnittlich 7 %, demgegenüber aber einen Effekt der nichtgeteilten Umwelt, Erbe-Umwelt-Interaktion und Messfehler von zusammen 45 %.

Obwohl das Wissen über genetische Netzwerke und biologisch wirksame Entwicklungsstränge das Auftreten von Epistase auf der Ebene der Gene wahrscheinlich macht, sind paradoxerweise die empirischen Belege dafür doch überwiegend schwach. In einer Meta-Analyse (Hill et al., 2008) von zahlreichen Studien mit größeren Fallzahlen von EZ und ZZ sowie unter Einschluss von bis zu 86 verschiedenen Eigenschaften ermittelten die Autoren einen mittleren Wert von nur 0,003 für die Differenz $r_{EZ} - 2r_{ZZ}$. Dies bedeutet, dass die genetischen Effekte ganz überwiegend additiv sind.

Der oben angesprochene geringe Einfluss der geteilten Familienumwelt auf die Persönlichkeit trägt zur Unähnlichkeit von Geschwistern bei und ermöglicht eine Diversifizierung der Phänotypen, die von den elterlichen Genotypen ausgehen. Diese Diversifizierung durch zufällige, nichtgeteilte Umwelteinflüsse verschafft einen Selektionsvorteil in der Evolution, wenn sich die natürliche und kulturelle Umwelt und damit die Voraussetzungen für eine optimale Anpassung daran verändern (Miller, 1997).

Ähnliche Überlegungen stellte Allen (1970) zum Wechselspiel zwischen Erblichkeit und Selektion im Laufe der Evolution an. Warum liegt die Erblichkeit der Persönlichkeit mit ca. 50 % in einem mittleren Bereich? Die genetische Komponente der Variation in Eigenschaften nehme so lange zu, bis der Prozess der natürlichen Auslese diesen Anteil vor dem Hintergrund umweltbedingter Variation »sehe« und daran ansetzen könne. Wenn Umweltunterschiede abnähmen, die für Eigenschaften relevant sind, komme es vorübergehend zu einer Erhöhung der Erblichkeit, was zugleich der Selektion einen effizienteren Eingriff in die genetische Variation der Eigenschaft verschaffe und dadurch diese (einschließlich der Erblichkeit) wieder reduziere. Dadurch werde eine Art Gleichgewicht zwischen Erblichkeit und Selektion gewährleistet. Darüber hinaus lassen diese spekulativen Überlegungen vermuten, dass sich die Bedeutung verschiedener Eigenschaften für die reproduktive Fitness (d. h. das Anreichern der eigenen Gene in zukünftigen Generationen) grundsätzlich im Ausmaß der Gesamtvariation widerspiegelt und nicht so sehr im jeweiligen Mischungsverhältnis von Erb- und Umweltanteilen. Eine Eigenschaft mit essentieller Wichtigkeit für die Fortpflanzung wird nur geringe Variation zwischen Individuen zeigen, eine unbedeutende hingegen viel, obgleich die Erblichkeiten in etwa gleich sein mögen – »ein Grund vielleicht dafür, weshalb sexuelles Begehren und Kinderliebe so weit verbreitet sind, während Vorliebe für Statistik stark nur bei wenigen von uns ausgeprägt ist« (Nichols, 1978, S. 169).

Zusammenfassend kann im Bereich der selbstberichteten Persönlichkeit von einer mittelhohen Erblichkeit im Bereich von 50 % ausgegangen werden, wobei nonadditive genetische Effekte einen geringeren Anteil zu haben scheinen als additive Effekte. Der Effekt der geteilten Umwelt ist niedrig zu veranschlagen (ca. 5 %) und folgt damit dem »second law of behavioral genetics« von Turkheimer (2000). Gemeint ist damit, dass der Umstand, gemeinsam in ein- und derselben Familie aufgezogen zu werden, eine geringere Auswirkung auf die individuellen Unterschiede hat als die genetische Ausstattung. Der Effekt der geteilten Umwelt wird höher nur dann, wenn bestimmte Verhaltensbereiche durch oder unter Beteiligung von Fremdbeobachtungen eingeschätzt werden. Der Einfluss der nichtgeteilten Umwelt ist hingegen mit ca. 30 % der Varianz substantiell (»third law of behavioral genetics«). **Abbildung 13.5** veranschaulicht diese Zusammenfassung für den Persönlichkeitsbereich.

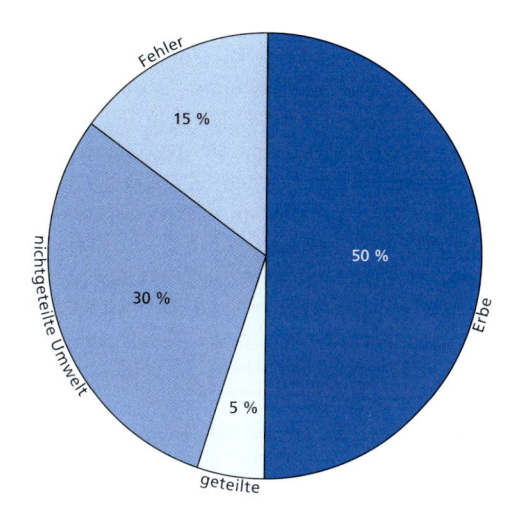

Abb. 13.5: Zusammenfassung der verhaltensgenetischen Ergebnisse zur Varianzaufteilung interindividueller Unterschiede in der selbstberichteten Persönlichkeit.

Zusammenfassung von Kapitel 13.5

Im Mittel der dazu vorliegenden Studien beträgt in Allgemeiner Intelligenz (IQ) die Ähnlichkeit zwischen getrennt aufgewachsenen EZ-Paaren ($N = 163$ Fälle) $r = 0{,}74$. Zusammen aufgewachsene EZ ($N = 4672$ Paare) sind einander zu $r = 0{,}86$ ähnlich, zusammen aufgewachsene ZZ ($N = 5533$ Paare) zu $r = 0{,}60$. Nach der Falconer-Formel ergibt das eine Schätzung der Heritabilität von 52 %; 34 % entfallen auf geteilte und 4 % auf nichtgeteilte Umwelt. Die Schätzungen schwanken etwas in Abhängigkeit vom herangezogenen Test sowie der Alters- und Leistungsgruppe der Personen. Für selbstberichtete Persönlichkeitsmerkmale scheinen trotz der niedrigeren Reliabilität der Tests ähnliche Gegebenheiten zu bestehen: Im Mittel sehr vieler verschiedener Studien, Personen und Tests ergibt sich eine Erblichkeit von ca. 50 %. Anders als beim IQ fallen die Effekte zulasten geteilter und nichtgeteilter Umwelten aus, nämlich zu 5 % bzw. 30 % (15 % Fehler). Auf Grund der häufig nicht geprüften, mitunter auch gar nicht prüfbaren Annahmen, die den Schätzungen der Parameter zugrunde liegen, handelt es sich bei den angegebenen Werten weiterhin um grobe Orientierungen. Dass aber intellektuelle und affektiv-emotionale Merkmale im Grundsatz erblich sind, steht außer Zweifel.

13.6 Abschließende Erörterung

Angesichts des beschränkten Platzes konnten die meisten Themen nur angesprochen, kaum aber ausreichend vertieft werden. Auf weitere Ansätze wie Inzuchtstudien, Stammbaum- und Familienuntersuchungen wurde deshalb nicht eingegangen, weil sie gegenüber den erwähnten methodischen Zugängen noch größere Interpretationsprobleme aufwerfen. Des Weiteren musste auf die Darstellung gezielter Züchtungen im Tierexperiment verzichtet werden wegen der größeren Distanz zur vorliegenden Thematik. Auch auf das sich neu entwickelnde Feld der molekularen Verhaltensgenetik, in der Genorte identifiziert werden, die an polygenetischen Erbgängen beteiligt sind, kann hier nur verwiesen werden (Plomin, 2002; Vink & Boomsma, 2002).

Die Untersuchung getrennt aufgewachsener Zwillinge ebenso wie die Adoptionsstudien und auch die »einfache« Zwillingsmethode (s. Abschn. 13.4.3) belegen das Faktum der Erblichkeit menschlicher Merkmale *als solches*. »Ein umsichtiger Mensch hat gar keine andere Möglichkeit, als die Hypothese einer gänzlich fehlenden Erblichkeit kognitiver Fähigkeiten zurückzuweisen« (DeFries & Plomin, 1978, S. 501). Intelligenz scheint dabei – jedenfalls im Erwachsenenalter – in stärkerem Maße durch genetische Faktoren erklärbar zu sein als Persönlichkeitsmerkmale. In *welchem Ausmaß* genau die phänotypische Varianz von Intelligenz- und mehr noch Persönlichkeitstests durch Erbfaktoren determiniert ist, wird weiter Gegenstand entschiedener Kontroversen sein. Angesichts der zahlreichen Probleme, die aus selektiver Platzierung, der Varianz von Umwelt- und Individualmerkmalen, der Vergleichbarkeit von Experimental- und Kontrollgruppen, den erheblichen Diskrepanzen zwischen den einzelnen Untersuchungen hinsichtlich der zugrundeliegenden Modelle und Annahmen usw. resultieren, wäre es voreilig, vermeintlich genaue Zahlenangaben (wie die in **Abbildung 13.5** berichteten) als unumstößliches Faktum zu verstehen. Diese Zahlenangaben sind vielmehr grobe Schätzungen aufgrund der heute vorhandenen Datenlage.

Wichtig ist, dass Erblichkeitsschätzungen nach den geschilderten Prinzipien nichts über die Wirkung möglicher Fördermaßnahmen aussagen, weshalb es zukünftig mehr darauf ankommt, die Auswirkung einer geänderten Umwelt bei gegebener genetischer Ausstattung einer bestimmten Person zu ermitteln und daraus Konsequenzen für die Praxis oder Bildungspolitik abzuleiten. In diesem Sinne ist die weitere Aufklärung von Erbe-Umwelt-Interaktionen und Kovarianzen vor allem in der kognitiven und sozialen Entwicklung in Kindheit und Jugend jüngst zu einem wichtigen Forschungsthema geworden.

> **Zusammenfassung von Kapitel 13.6**
>
> Eine vertiefte Behandlung des Themengebietes der Erblichkeit, insbesondere der molekularen Verhaltensgenetik, konnte an dieser Stelle nicht erfolgen. Die vorhandenen Zahlenangaben über die Erblichkeit von Intelligenz- und Persönlichkeitsmerkmalen sind angesichts diverser methodischer Einschränkungen bis auf Weiteres als grobe Schätzungen zu verstehen. Die weitere Aufklärung von Erbe-Umwelt-Interaktionen und -Kovarianzen vor allem in der kognitiven und sozialen Entwicklung in Kindheit und Jugend stellt ein gesellschaftlich relevantes zukünftiges Thema der Persönlichkeitspsychologie dar.

14 Umweltfaktoren

> Weil »Umwelt« aus sehr vielen verschiedenen Komponenten besteht, die ganz unterschiedliche Einflüsse auf den Organismus aufweisen mögen, hat es frühzeitig Bemühungen gegeben, diese Faktoren zu bestimmen (14.1). Die meisten Studien begnügen sich allerdings notwendigerweise mit allgemeinen Milieu- und Anregungsfaktoren (14.2) wie z. B. gemeinsamer oder getrennter Umwelt, Verweildauer darin, Kontaktdichte zwischen Geschwistern und sozioökonomischem Status. Daneben wurden spezifische Faktoren untersucht (14.3) wie Ernährung, Krankheiten, Stellung in der Geschwisterreihe und das Erziehungsverhalten der Eltern, der Effekt von Übung und Training sowie die physische Attraktivität der Personen.
>
> Unter *Umweltfaktoren* werden in diesem Kapitel alle nichtgenetischen Einflüsse aus dem Lebensraum von Menschen verstanden, etwa Milieu- und Anregungsbedingungen, Sozialstatus, Ernährung, Krankheiten, Stellung in der Geschwisterreihe, Erziehungsverhalten der Eltern, Übung und Training oder physische Attraktivität.
>
> Auch wenn das vorangegangene Kapitel sich in erster Linie mit den Auswirkungen genetischer Faktoren auf die Entwicklung von Intelligenz und Persönlichkeitsmerkmalen befasste, war es doch an mehreren Stellen unumgänglich, bereits einige Worte auf den Einfluss von Umweltbedingungen zu verwenden. Wie schon einleitend festgestellt wurde, können die beiden Bereiche nicht losgelöst voneinander gesehen werden, da sie sich bei der Entwicklung von Lebewesen gegenseitig bedingen. Von daher ist jede strikte Dichotomie »Natur (Erbe) *versus* Kultur (Umwelt)« letztlich unangemessen und nur vorübergehend aus begrifflichen und didaktischen Gründen gerechtfertigt. Es wird deutlich werden, dass das Motto vielmehr »Natur (Erbe) *via* Kultur (Umwelt)« lauten muss.

14.1 Dimensionierung der Umwelt

Schon Peters (1925, S. 338) riet davon ab, »die Umwelt wie einen großen, groben, ungeformten Block zu behandeln, der als Ganzes gut oder schlecht, günstig oder ungünstig wirkt«. Vielmehr müssen differenzierte Faktoren und spezifische Funktionen unterschieden werden. Gewöhnlich wurden deshalb beispielsweise für den Sozialstatus einzelne Indikatoren herausgearbeitet wie Einkommen und Beruf des Vaters und diese sowohl einzeln als auch zu einem Globalwert kombiniert in die Analysen eingebracht.

Dimensionen der Umwelt

Nach einer Sichtung der seinerzeit vorliegenden Literatur gelangte Moos (1973) zu der Feststellung, dass sechs Typen von Dimensionen zur Konzeptualisierung menschlicher Umwelten gebildet worden seien:

- *ökologische Dimensionen*, darunter solche, die geographisch-meteorologische und architektonisch-physikalische Variablen einschließen (z. B. Temperatur, Niederschläge, Topographie),
- *Hintergrund des Verhaltens* (engl. »behavioral settings«), d. h. solche Gegebenheiten, die gleichermaßen durch Merkmale der Umwelt und des Verhaltens in ihr gekennzeichnet sind,
- *organisatorische Strukturen* (z. B. Organisationsgröße, Entlohnung, Hierarchieebenen),
- Dimensionen, die die *kollektiven, persönlichen und/oder die behavioralen Charakteristika* von Bewohnern abbilden (z. B. mittleres Alter, Fähigkeitsniveau, sozioökonomischer Hintergrund),
- psychosoziale und organisatorische Klimavariablen (z. B. Autoritätsstrukturen, Ideologie) und
- Variablen, die relevant sind für die *Bekräftigungsfunktion der Umwelt*.

Im Einzelnen sind zwei grundlegende Paradigmen zu unterscheiden: Eine Gruppe von Forschern bemühte sich um die Kategorisierung *physikalischer* Charakteristika. So hat etwa Wohlwill (1970) Dimensionen sensorischer Stimulation und Deprivation sowie deren Zusammenhang mit Gesundheit und individueller Entwicklung aufgezeigt. Andere Forscher konzentrierten sich mehr auf die *sozialen und behavioralen* Aspekte typischer Umweltsituationen. Beispielsweise beschrieben Insel und Moos (1974) Dimensionen zwischenmenschlicher Beziehungen, solche der persönlichen Entwicklung und Zielorientierung sowie Faktoren der Beibehaltung bzw. Veränderung eines Systems. Hierzu zählen auch jene Studien, in denen zunächst über Ähnlichkeitsskalierungen spezifische Umwelten zu Gruppen zusammengefasst werden. Magnusson und Ekehammar (1975) haben dies beispielsweise für die Hochschulen getan und Konstellationen unterschieden, die durch Belohnung (»Eine schwierige Frage in einer Übung beantworten«), Frustration (»Eine einfache Frage nicht beantworten können«), Entspannung (»Pausen zwischen den Vorlesungen«), Interaktionen (»Mittagessen mit Kommilitonen«) oder individuelle Arbeit (»Allein zu Hause sitzen und seine Hausaufgaben erledigen«) gekennzeichnet sind.

Erfassung von Umweltaspekten

Ein in der Forschung häufig verwendetes Instrument zur Erfassung von Umweltunterschieden ist der Fragebogen »Home Observation for Measurement of the Environment HOME« (Caldwell & Bradley, 2003). Mit Hilfe dieses Instrumentes soll die Qualität und Quantität von Stimulation und Unterstützung erfasst werden, die ein Kind in der häuslichen Umgebung erfährt. Die für die Bearbeitung notwendigen Informationen werden von dem Untersuchungsleiter in einer Kombination aus Beobachtung des Kindes in Gegenwart der Haupterziehungsperson und einem halbstandardisierten Interview mit ihr erhoben. Theoretischer Hintergrund sind sechs Aufgabenbereiche elterlichen Erziehungsverhaltens (Schutz/Erhaltung, Stimulation, Unterstützung, Struktur des elterlichen Inputs, Überwachung und soziale Integration). Je nach dem Alter der Kinder richten sich darauf unterschiedliche Skalen. Im besonders häufig untersuchten Kleinkindbereich sind dieses emotional-verbales Ansprechvermögen, Vermeidung von Restriktionen, Organisation der Umgebung, Bereitstellung von Spielsachen, mütterliches Engagement und Gelegenheit für Abwechslung. Bei Kindern zwischen drei und fünf Jahren liegen die Korrelationen von HOME mit den intellektuellen und schulischen Leistungen zwischen 0,30 und 0,60 (s. die Zusammenfassung von Bradley & Corwyn, 2007).

Von besonderem Wert sind die Untersuchungen dann, wenn es gelingt, Umweltdifferenzen mit interindividuellen Unterschieden im Verhalten und Erleben in verschiedenen Situationen in Beziehung zu setzen.

So gelang es etwa Kahl et al. (1977), die Schulleistung in der 6. Klasse über die üblichen Leistungsvariablen hinaus durch Schülereinschätzungen von Lernsituationen aufzuklären. Die Lernsituationen gliederten sich in Faktoren wie »Kohäsion« (z. B. »Die Schüler vertragen sich sehr gut miteinander«), »Identifikation mit der Unterrichtsarbeit« (z. B. »Die Arbeit in der Klasse gefällt den Schülern gut«) und »Leistungsanforderungen im Unterricht« (z. B. »Von den Schülern wird ständig viel verlangt«). Eder (1998) hat einen Fragebogen zum Schul- und Klassenklima vorgestellt und ihn an Kriterien wie Schulnoten und Schulschwänzen validiert. Die dabei ermittelten Korrelationen lagen nur selten über 0,40.

Schon früher hat Wolf (1966) den Komplex des sozioökonomischen Status aufdifferenziert und herausgefunden, dass der Anregungsgehalt zur Entwicklung von Leistungsmotivation, die Art und Intensität erfahrener Hilfen bei der Überwindung von schulischen Schwierigkeiten, Arbeitsgewohnheiten, die Aktivitäten und das intellektuelle Niveau der Personen in der individuellen Umgebung gute Prädiktoren für akademische Leistungen waren. Hingegen korrelierten Anregungen zur geistigen Entwicklung, besonders Schulung der verbalen Fertigkeiten und Vermittlung allgemeiner Lernerfahrung höher mit dem IQ als mit der akademischen Leistung. Craik (1976) berichtete analog dazu über Zusammenhänge zwischen Persönlichkeitsvariablen und physikalischer Umgebung (zu einer umfassenden Übersicht s. Schwenkmezger et al., 2000).

Die Beobachtung, dass die individuelle Wahrnehmung von Umweltfaktoren selbst in gewissem Ausmaß genetisch determiniert ist, erschwert allerdings die Analyse von Erb- und Umweltfaktoren bei der Ausbildung von Intelligenz- und Persönlichkeitsunterschieden (Lamb, 1994; Plomin, 1995). Hinzu kommt, dass sehr globale oder erst im Nachhinein bearbeitete Fragebogen von nur geringem Wert für einen Umwelttheoretiker sind, der daran interessiert sein muss, *was* aus den vorliegenden Reizen und *auf welche Weise* im Zusammenspiel mit Anlagefaktoren für die Entwicklung der Persönlichkeit wirksam ist. Die schwächste Konzeptualisierung der Umwelt als nur *gleich* oder *verschieden* findet sich in verhaltensgenetischen Studien, etwa im Falle von Adoptivkindern, Bewohnern von Heimen oder getrennt aufgewachsenen EZ, *ohne dass überhaupt eine direkte oder indirekte Messung von Umweltvariablen vorgenommen worden wäre!* Ein derartiger Ansatz beinhaltet die Gefahr einer drastischen Überschätzung der genetisch bedingten zuungunsten umweltbedingter Varianz (nach Wachs, 1983).

Die nachfolgend zu besprechenden Untersuchungen bleiben oft auf dieser schwächsten Konzeptualisierung von Umwelt stehen. Insbesondere für die präzise und hypothesengeleitete Untersuchung von Wechselwirkungen zwischen Eigenschaften/Genotypen und Umweltmerkmalen (deren Ergebnisse häufig kaum zu replizieren sind) bedarf es einer darauf ausgerichteten Konzeption, brauchbarer Messinstrumente zur Erfassung von Umweltmerkmalen und überhaupt einer »Psychologie der Situationen« (Funder, 2007, S. 601). Die Differentielle Psychologie hat sich in der Vergangenheit ganz überwiegend mit interindividuell stabilen Unterschieden und deren präziser Erfassung beschäftigt. Sie hat aber die Klassifizierung der entwicklungs- und handlungsrelevanten Umweltvariablen vernachlässigt. Dies spricht für einen Bias gegen umwelttheoretische Erklärungen, dem nur durch Konstruktionsbemühungen für die Erfassung von Umwelt und den gezielten Einsatz solcher Instrumente zu begegnen ist.

Umweltdimensionen in Persönlichkeitsbegriffen

Buss (1977) hat einen anderen Zugang gewählt und für die Umwelt ein hierarchisches Modell der Dimensionierung vorgestellt, das isomorph zu solchen der Persönlichkeit sein soll. Umwelt- und Persönlichkeitsunterschiede werden in denselben Begriffen beschrieben und wechselseitig aufeinander bezogen. Das »Bindeglied« sollen differentielle Prozessvariablen des Lernens sein. Insoweit als solche prozessualen Lernvariablen in unterschiedlichen Umweltsituationen eine wechselnde Bedeutung haben, produzieren sie interindividuelle Differenzen, und zwar je nach Betrachtungsweise Differenzen innerhalb und zwischen den Kulturen.

Um ein Beispiel dafür aus dem *Leistungsbereich* zu geben: Von den Inuit (die frühere Bezeichnung dafür war »Eskimos«) ist bekannt, dass sie im Durchschnitt hohe Werte in Raumvorstellungs- und Wahrnehmungsaufgaben erzielen. Die natürliche Umwelt der Inuit erfordert u.a. Fähigkeiten, die den Erfolg beim Jagen sicherstellen, und dazu gehören zweifellos die Faktoren der Wahrnehmung. Entsprechend werden diese Bereiche mehr geübt als in Kulturen, die auf Ackerbau oder Viehzucht beruhen. Ein interkultureller Vergleich im Hinblick auf Lernsituationen für Raumwahrnehmung könnte somit die *Umweltvariablen* für räumliche Beziehungen identifizieren und gleichzeitig den Unterschieden Rechnung tragen, die in eben dieser Variable auf Seiten der *Personen,* also in der Eigenschaft »Raumwahrnehmung«, bestehen.

Für den *Persönlichkeitsbereich* erwähnte Buss (1977, S. 200) u.a. Extraversion. Ungeachtet der möglichen genetischen Verankerung seien auch hier bedeutsame Lernprozesse aufzeigbar, die aktiviert werden in Abhängigkeit von Situationen mit unterschiedlicher Gelegenheit oder Notwendigkeit für extravertiertes Verhalten, etwa Geselligkeit, Aktivität oder soziale Dominanz. Insofern sei ein Umweltfaktor auszumachen, zu dem ein Pendant im Individualbereich bestehe. So bestechend der zugrundeliegende Gedanke auch ist, darf nicht übersehen werden, dass eine Ausarbeitung der Konzeption im Detail noch aussteht.

Von Bem und Funder (1978) stammt ein Ansatz, der unter Verwendung der Q-Sort-Methode die Merkmale sowohl der Umwelt als auch der darin agierenden Personen in einem gemeinsamen Beschreibungssystem abbildet. In einem Q-Sort werden auf Kärtchen geschriebene Aussagen nach einem festgelegten Attribut in Stapel sortiert, wobei die Stapel eine vorgegebene Anzahl (meist orientiert an einer Normalverteilung) Karten aufnehmen.

So wurde in einem Experiment zum Belohnungsaufschub registriert, wie lange Kinder auf das attraktivere von zwei vor ihnen liegenden Geschenken warten konnten oder stattdessen das unattraktivere Geschenk sofort haben wollten. Mit der Verzögerungszeit wurde jedes einzelne von 100 Items eines Q-Sorts korreliert, den die Eltern durchgeführt hatten. Attribut des Q-Sorts war der Grad des Zutreffens der Aussagen auf ihr Kind. Aussagen waren z. B. »Legt hohe Leistungsstandards an sich an« oder »Scheint ein hohes Denkvermögen zu besitzen«. Diese Aussagen korrelierten mit der Verzögerungszeit, wie lange die Kinder also auf das attraktive Geschenk warten konnten, zu $r = 0{,}48$ bzw. $0{,}62$. Auf diese Weise bilden die zunächst nur für die Beschreibung von Personen gedachten Items auch eine Grundlage zur Kennzeichnung einer Situation. Besonders relevant sind die Aussagen mit hohen Korrelationskoeffizienten und individuell hoher Ausprägung. Vergleicht man korrelativ den individuellen Q-Sort mit dem nach korrelativer Ähnlichkeit mit dem Kriteriumsverhalten gewichteten durchschnittlichen Q-Sort (der letztlich die Situation in Begriffen einer sich darin idealtypisch verhaltenden Person beschreibt), ist eine Aussage darüber möglich, welches Verhalten ein Individuum im fraglichen Kontext zeigen wird. Dieser Ansatz ist geeignet, um für Gruppen von Personen und Klassen von Situationen eine gemeinsame Beschreibungsgrundlage zu schaffen und damit die Vorhersage von Verhalten zu verbessern.

Zunächst sollen verschiedene Faktoren in ihrer Ausbildung für interindividuelle Differenzen erörtert werden, die auch ohne eine gezielte Analyse der Umwelt jedermann bekannt sind.

> **Zusammenfassung von Kapitel 14.1**
>
> Umwelt wirkt nicht als Ganzes, sondern in vielen einzelnen Faktoren. Moos fasste diese zu sechs Typen zusammen: ökologische Dimensionen, Hintergrund des Verhaltens, organisatorische Strukturen, Charakteristika der Bewohner, psychosoziale und organisatorische Klimavariablen sowie Bekräftigungsfunktionen der Umwelt. Solche Typen sind ein Beispiel für soziale und behaviorale und dabei weniger für physikalische Aspekte typischer Umweltsituationen. Für die Erfassung von Umwelteinflüssen (Stimulation und Unterstützung von Kindern) innerhalb der häuslichen Umgebung wurde ein Fragebogen (HOME) entwickelt, der sich an sechs Aufgabenbereichen elterlichen Erziehungsverhaltens orientiert. Die Wirkung von Umwelteinflüssen ist in der einzelnen Person allerdings abhängig von der Wahrnehmung und Interpretation der jeweiligen Umwelt. Solche individuellen Wahrnehmungen können auch erblich bedingt sein. Insofern verschwimmt die früher als klar geltende Grenze zwischen Erb- und Umwelteinflüssen auf die Person. Es bleibt eine Aufgabe für die zukünftige Forschung, die »Psychologie der Situationen« als Merkmalsbereich der »Psychologie der Person« zur Seite zu stellen. Ein weit gehender Vorschlag hierzu wurde von Buss unterbreitet, nach dem Umwelt- und Persönlichkeitsunterschiede in denselben Begriffen erfolgen und damit in wechselseitiger Abhängigkeit aufeinander bezogen sein sollten.

14.2 Allgemeine Milieu- und Anregungsfaktoren

14.2.1 Zwillingsuntersuchungen

Umwelt und Intelligenz

Newman, Freeman und Holzinger (1937), die für ihre getrennt aufgewachsenen EZ in Bezug auf den IQ eine Intraklassenkorrelation von $r = 0{,}67$ gefunden hatten, ermittelten für jedes ihrer 19 Zwillingspaare auch die Unterschiedlichkeit der Anregungsbedingungen, unter denen die einzelnen Partner groß geworden waren. Die Intrapaardifferenz von Schulbildung und Erziehung korrelierte mit der Unterschiedlichkeit im IQ zu $r = 0{,}79$, die sozialen Umstände mit der IQ-Differenz zu $0{,}51$ – eine Studie mithin, die aus der hohen Intraklassenkorrelation die Wirksamkeit genetischer und simultan aus den Intrapaardifferenzen die Wirkung umweltbezogener Bedingungen demonstriert.

Ein Beispiel für die nachgerade mustergültige Verknüpfung von längsschnittlicher Erfassung der intellektuellen Leistungsfähigkeit ein- und zweieiiger Zwillinge unter Kontrolle des Einflusses der häuslichen Umgebung und elterlicher Bildungs- sowie Temperamentsfaktoren stellt die Arbeit von Wilson (1983; Wilson & Matheny, 1983) dar.

Eine große Anzahl von Beobachtungen und Einschätzungen von Seiten eines Sozialarbeiters bei Hausbesuchen wurde zunächst faktorenanalytisch auf vier Dimensionen reduziert, nämlich Temperament, Intellekt und soziales Geschick der Mutter sowie Angemessenheit der häuslichen Umwelt. Zusammen mit dem zuvor bestimmten sozioökonomischen Status und dem Bildungsgrad der beiden Elternteile fungierten diese Dimensionen als Prädiktoren für die Intelligenz der Kinder (494 Zwillinge, dazu noch mehr als 350 Geschwister aus denselben Familien). Die Vorhersagen gelangen umso besser, je älter die Kinder (und damit auch je länger die Vorhersageintervalle) waren, was zum Teil mit der zunehmenden Reliabilität der Kriteriumswerte zu tun hat. Die Vorhersage der Intelligenz im 6. Lebensjahr simultan durch alle Prädiktoren führte zu einer multiplen *Korrelation* von $R = 0{,}62$. Das zeigt die Wirksamkeit häuslicher und familiärer Hintergrundvariablen. Der Bildungsgrad von Vater und Mutter sowie deren Sozialstatus sagten die Intelligenz allerdings auch mit $R = 0{,}59$ vorher. Getrennt für die einzelnen Altersabschnitte trugen die Prädiktorengruppen auf die in **Abbildung 14.1** veranschaulichte Weise zur Varianzaufklärung der Intelligenz bei.

Auffällig an den Resultaten ist der nicht nur relative, sondern auch absolute Rückgang in der Vorhersagekraft der Skalen zur häuslichen Umwelt ab dem 2. Lebensjahr. Dieses spricht gegen eine kumulativ-gleichsinnige Wirkung von Umweltfaktoren. Zudem wurden die EZ einander mit zunehmendem Alter immer ähnlicher, die ZZ hingegen fielen von anfänglich gleichem Korrelations-

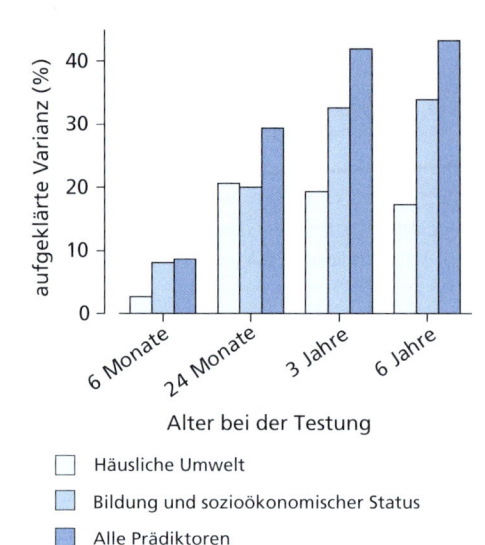

Abb. 14.1: Aufklärung der Varianz von IQ-Werten durch drei Gruppen von Prädiktoren während unterschiedlicher Entwicklungszeitpunkte (nach Wilson & Matheny, 1983, S. 211).

niveau auf die Ähnlichkeit ab, wie sie zwischen nichtgleichaltrigen Geschwistern besteht, d. h., die uniformierenden Lernerfahrungen der frühen Jahre halten nicht an. Das alles war für Wilson (1983) Anlass dafür, von einem genetischen Grundplan für die Entwicklung auszugehen, in deren Verlauf ökologische Faktoren eine Verstärkerwirkung entfalten.

Zwillingsähnlichkeit und Kontaktdichte

Eine für die umwelttheoretische Position zentrale Erwägung geht dahin, dass die Ähnlichkeit von Personen mit der Enge ihres Kontaktes zusammenhängt. Die Überprüfung dieser Annahme ist nicht nur im Hinblick auf Intelligenz erfolgt, wo die Resultate widersprüchlich ausfielen, sondern auch für Persönlichkeits- und Verhaltensmerkmale. Ein zentraler Stellenwert kommt dabei den Erhebungen von Kaprio et al. (1990) aus zwei Gründen zu: Zum einen konnten sich die Autoren dieser finnischen Zwillingsstudie auf außergewöhnlich große Stichprobenumfänge stützen, die in ihrer Gesamtheit ca. 14 000 Personen umfassen. Zum anderen basiert die Untersuchung auf einem längsschnittlichen Ansatz, was sie von vielen anderen Studien abhebt.

Eine Teilstichprobe von 540 EZ, die zum Zeitpunkt der Erstuntersuchung zwischen 19 und 25 Jahre alt waren und zusammenlebten, wurde 6 Jahre später erneut mit den Skalen Extraversion und Neurotizismus des »Eysenck Personality Inventory« getestet. Desgleichen wurde der Alkoholkonsum registriert. Zur Zeit der Nachuntersuchung lebten ungefähr 24 % der Paare noch zusammen. 64 % hatten täglichen oder wöchentlichen Kontakt, und 12 % sahen einander nur einmal im Monat oder noch seltener. Die Intraklassenkorrelationen für Neurotizismus sind in **Abbildung 14.2** grafisch veranschaulicht. Für Alkoholkonsum fielen die Resultate genauso aus.

Wie ersichtlich, geht mit zurückgehendem Kontakt in der Nachuntersuchung eine abnehmende Ähnlichkeit der Zwillinge einher – anscheinend ein glänzender Beleg für die These, wonach häufigere Kontakte zu größeren Ähnlichkeiten führen. Auf den zweiten Blick muss allerdings eingeräumt werden, dass die Antithese (»Abnehmende Ähnlichkeit hat eine geringere Kontaktdichte zur Folge«) nicht minder plausibel ist und durch die obigen Resultate nicht ausgeschlossen wird. So könnte es sein, dass nach dem Auszug aus dem Elternhaus einer der heranwachsenden Zwillinge begonnen hat, dem Alkohol zuzusprechen, und sich als Konsequenz dieses Verhaltens der andere Zwilling befremdet gefühlt und den Kontakt zum Geschwister abgebrochen hat. Weil es sich um EZ handelt, müssen die Ursachen für die Diskrepanzen der Zwillinge im Trinkverhalten und der über die N-Skala erfassten emotionalen Labilität sozialisationsbedingt sein, wobei die potentiellen Ursachen dafür von perinatalen Schädigungen bis zu nicht

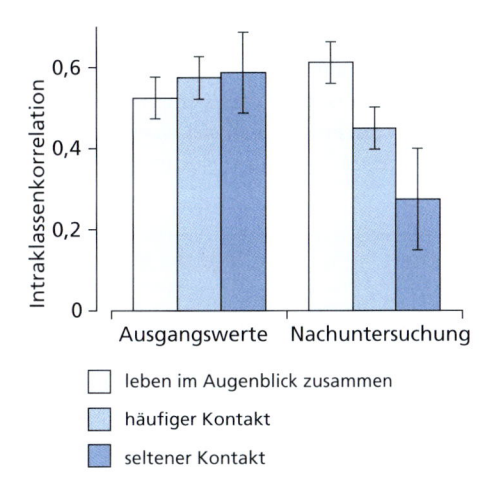

Abb. 14.2: Intraklassenkorrelationen (plus/minus Standardfehler) für Neurotizismus bei EZ-Paaren, die während einer Erhebung der Baseline-Daten zusammenlebten und sechs Jahre später nach der Häufigkeit ihres wechselseitigen Kontaktes kategorisiert wurden (häufig = täglicher oder wöchentlicher Kontakt, selten = Kontakt nicht häufiger als einmal pro Monat). Nach Kaprio et al. (1990, S. 271).

gemeinsamen Umwelterfahrungen reichen, wie z. B. einer gescheiterten Liebesbeziehung, dem Verlust des Arbeitsplatzes oder einer Krankheit.

Lykken et al. (1990) haben solche Überlegungen zudem empirisch untermauert, und zwar in mehrfacher Weise: In dem Datenmaterial der Minnesota-Studie finde sich nur eine minimale Korrelation zwischen Kontaktdichte und Ähnlichkeit, die in keiner Variable mehr als 1 % der gemeinsamen Varianz erkläre. Darüber hinaus verlange die strenge Formulierung der Hypothese, wonach intensiver Kontakt zu größerer Ähnlichkeit führe, dass bei älteren Zwillingen, die entweder längere Zeit in häufigem Kontakt oder – bei getrenntem Aufwachsen – allein verbracht hätten, eine höhere Korrelation zwischen Ähnlichkeit und Kontaktdichte auftreten müsse als bei jüngeren. Genau das Gegenteil trete aber gewöhnlich auf. Schließlich müssten auch die Intra-Paar-Korrelationen bei Eheleuten mit wachsender Dauer der Beziehung ansteigen, was empirisch jedoch ebenfalls nicht der Fall sei. Lykken et al. (1990) vertreten denn die Auffassung, dass sich speziell die EZ der wechselseitigen Gegenwart deshalb erfreuen, *weil* sie einander so ähnlich sind in Einstellungen, Interessen und Persönlichkeit (▶ Kasten 14.1 und 14.2)

Kasten 14.1: Unterliegt die Wahrnehmung der Umwelt genetischen Faktoren?

Umweltfaktoren scheinen selbst unter dem Einfluss genetischer Faktoren zu stehen. In der Studie von Rowe (1981) schätzten beispielsweise die EZ-Zwillinge die elterliche »Akzeptanz vs. Zurückweisung« mit $r = 0{,}74$ sehr viel übereinstimmender ein als die ZZ-Paare mit $r = 0{,}21$. Gleichsinnige Resultate werden für die Wahrnehmung von kritischen Lebensereignissen und sozialer Unterstützung aus der schwedischen Adoptions- und Zwillingsstudie zum Altern berichtet (Pedersen et al., 1991). Hingegen sprechen die Befunde nur für einen sehr geringen Einfluss genetischer Faktoren bei der Einschätzung des elterlichen Erziehungsstils. Da der IQ und die Persönlichkeit der Eltern nicht als Ursachen für die Wirksamkeit genetischer Faktoren auf die Punktwerte in derartigen Umweltskalen in Betracht kommen (s. Bergeman et al., 1988), müssen die Ergebnisse weiterer Forschungen abgewartet werden.

Kasten 14.2: Wechselseitige Beeinflussung von Zwillingen?

Ob der Umstand des Zusammenlebens von Zwillingen vor der Geburt in einem gemeinsamen Uterus eher im Sinne einer Erhöhung der Ähnlichkeit wirkt und damit einen Bias zugunsten des Erblichkeitskoeffizienten hervorruft oder eher eine Differenzierung zur Folge hat, ist noch ungeklärt. Einerseits beeinflusst Gestagen als ein Bestandteil des mütterlichen Hormonspiegels (der ja beide Zwillinge in gleicher Weise berührt) die spätere körperliche Entwicklung und auch die Intelligenz. Andererseits ist verschiedentlich beobachtet worden, dass EZ-Paare häufiger Unterschiede in der Händigkeit zeigen (zwischen 11,5 und 31,6 % der Fälle, s. von Bracken, 1969, S. 440/441) oder der eine Partner einen körperlichen Defekt wie Beeinträchtigung der Seh- oder Hörleistung, Sauerstoffmangelversorgung u.Ä. aufweist, was möglicherweise durch die Konkurrenz im Uterus begünstigt wird. Beim Fehlen ausreichenden Materials und einer hinreichenden Abschätzung der Bedeutung solcher Faktoren für die Ausbildung von Intelligenz- und Persönlichkeitsmerkmalen begeht man vermutlich den geringsten Fehler, bis auf weiteres von einem ungefähren Ausgleich und einer gegenseitigen Neutralisierung der im Sinne von Uniformierung einerseits, Differenzierung andererseits wirkenden pränatalen Faktoren auszugehen.

Ungelöst ist auch die Frage, inwieweit die regelhaft gefundene Minderleistung von durchschnittlich ca. 4 IQ-Punkten eineiiger Zwillinge gegenüber parallelisierten »Normalkindern« (s. etwa Husén, 1960) durch pränatale oder erst nach der Geburt wirkende Faktoren bedingt ist, da zum einen gewöhnlich die EZ nach der Geburt auch gemeinsam aufwachsen und deshalb eine Trennung der konfundierten Faktoren nicht möglich ist, zum anderen die geringe Zahl der getrennt aufgewachsenen EZ keine schlüssige Beantwortung erlaubt. In einer interessanten Analyse verglichen Record et al. (1970) die Leistungen im verbalen schlussfolgernden Denken 11-jähriger Kinder, die als Zwillinge geboren, deren Partner aber während oder kurz nach der Geburt gestorben war, mit allein Geborenen sowie auch mit Zwillingen, bei denen beide Partner noch lebten. Differierten die vollständigen Zwillingspaare von den Einzelkindern um die üblichen 4 bis 5 IQ-Punkte, waren die überlebenden »Zwillinge« den Einzelkindern nur noch um 1,3 Punkte unterlegen.

Demgegenüber berichteten aber Myrianthopoulos et al. (1971), gestützt auf eine ganz ähnliche Anordnung, dass die alleingebliebenen Partner Leistungen zeigten, die identisch sind mit denjenigen typischer Zwillingspaare. Gestützt auf eine längsschnittliche Untersuchung gelangten Lytton et al. (1987) zu der Überzeugung, dass in frühen Lebensjahren die verminderten verbalen Fähigkeiten eher mit geringer Sprachstimulierung jedes Zwillings durch die Eltern zusammenhängt und nicht mit einem biologischen Handikap oder dem mütterlichen Bildungsgrad.

Zwillingsähnlichkeit durch Imitation

Die bisherigen Ansätze machen für die Ähnlichkeit zwischen Geschwistern deren gemeinsames Erbe oder ihre Kontaktdichte verantwortlich. Hingegen findet die wechselseitige Imitation der Geschwister keine Beachtung. Erst Carey (1992) hat ein Modell entworfen, in dem die Imitation von zentraler Bedeutung ist und eine Art eskalierenden Kreisprozess in Gang setzt: Das eine Geschwister übernimmt vom anderen dessen (positive und negative) Verhaltensweisen, die dann ihrerseits Vorbildwirkung auf das ursprüngliche Modell ausüben. Weil davon ausgegangen werden kann, dass derartige Imitationen bei EZ eine größere Rolle spielen als bei ZZ, müssten bei EZ die Merkmalsvarianzen größer sein als bei ZZ (was anhand des publizierten Materials nicht leicht zu überprüfen ist, weil dort in der Regel nur die Intra-Paar-Korrelationen interessieren). Eine Implikation dieser Hypothese besteht darin, dass bei EZ an den Extrempunkten der Verteilung die Fallzahlen höher und im Mittelbereich niedriger sein müssten (▶ Abb. 14.3).

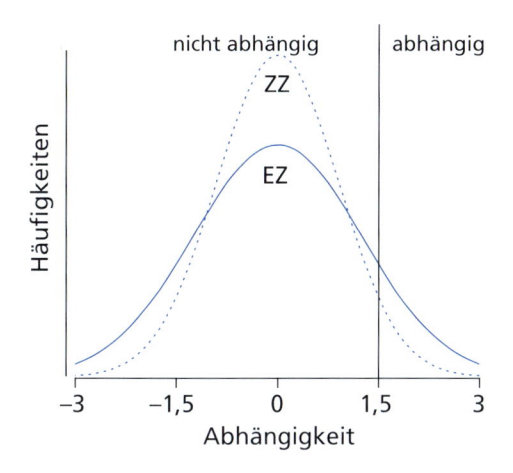

Abb. 14.3: Hypothetische Verteilung von phänotypischer »Abhängigkeit« bei eineiigen (EZ) und gleichgeschlechtlichen zweieiigen Zwillingen (ZZ) sowie die Anteile der von Imitation betroffenen Personen bei einer Dichotomisierung der Eigenschaft an der Schwelle, die hier bei +1,5 angenommen wird (nach Carey, 1992, S. 20).

Nun lässt sich beispielsweise Kriminalität als eine kontinuierliche Variable konzeptualisieren (etwa mit dem Gegenpol: Normenkonformität), bei der es ab einem bestimmten Grenzwert von Häufigkeit und/oder Schwere zu einem Einschreiten der staatlichen Instanzen kommt. Dieses vorausgesetzt, erlaubt das Modell die Vorhersage einer höheren Kriminalitätsrate bei EZ im Vergleich zu ZZ, wobei in der letzteren Gruppe noch einmal eine Reduktion von den gleich- zu den gegengeschlechtlichen Geschwistern zu erwarten ist.

Tabelle 14.1 gibt die aus den dänischen Statistiken entnommenen Raten wieder.

Tab. 14.1: Prävalenz offiziell registrierter Kriminalität bei dänischen Zwillingen.

Zygosität	Männlich		Weiblich	
	(N)	*(%)*	*(N)*	*(%)*
Eineiige Zwillinge	730	13,4	694	2,6
Gleichgeschlechtliche Zwillinge (ZZ)	1400	12,3	1380	2,2
Gegengeschlechtliche Zwillinge (ZZ)	2073	9,6	2073	1,5

Nach Carey (1992, S. 20).

Die Differenzen zwischen den Zeilen sind statistisch bedeutsam, was die Vorhersage des Modells bestätigt. Entsprechende Analysen könnten auch für Phänomene wie psychische Abnormitäten und Drogenabhängigkeit als diskrete Merkmale auf dem negativ bewerteten Extrempunkt der jeweiligen Konstruktdimensionen ebenso angestellt werden wie für herausragende kooperative und konstruktive Aktivitäten als Elemente des positiven Pols.

Umweltfaktoren und genetische Faktoren: differenzierte Auswirkungen?

Der hochbedeutsamen Frage, auf welchem Niveau innerhalb der Hierarchie von Verhaltensweisen über Gewohnheiten bis zu Eigenschaften (s. Abschn. 1.6.1 bis 1.6.3) sich Umweltfaktoren am deutlichsten manifestieren, ist in der »German Observational Study of Adult Twins« (GOSAT) nachgegangen worden. Die herausragende Besonderheit des Untersuchungsansatzes besteht darin, dass von EZ und ZZ im Labor verschiedene Verhaltensstichproben erhoben wurden, für deren Registrierung oder Einschätzung es nur minimaler Inferenzen auf Seiten der Untersuchungsleiter bedurfte. In einer der Analysen stützten sich Borkenau et al. (2001) auf die Zahl von verbalen Äußerungen, die 169 EZ und 131 ZZ bei der Erledigung der vorgegebenen Aufgaben machten. Getrennt nach Fragen, Kommentaren und Bemerkungen erfolgte entweder eine Aggregation innerhalb oder zwischen den Aufgaben (Level I bzw. II); auf Level III standen die Verhaltensweisen für die Eigenschaft »Gesprächigkeit«. Den multivariaten Modellprüfungen zufolge erklärten die für die Zwillinge gemeinsamen und nichtgemeinsamen Umweltfaktoren nur auf Level I und II die aufgetretenen Varianzen und Kovarianzen. Auf Level III waren die Unterschiede hingegen ganz überwiegend durch genetische Faktoren bedingt.

Diese Ergebnisse legen eine faszinierende Interpretation für die Kontroverse zwischen Eigenschaftstheorie auf der einen und der Sozialen Lerntheorie auf der anderen Seite nahe: Demzufolge *könnten genetische Faktoren generell für Konsistenz des Verhaltens und Umweltfaktoren für dessen Situationsspezifität verantwortlich sein.*

14.2.2 Adoptionsstudien

Intelligenz

Sofern nichtverwandte Pflege- und Waisenkinder, die gemeinsam in *Heimen* aufwachsen, einander ähnlicher sind als zufällig aus der Bevölkerung herausgegriffene Kinder, kann dieses auf den Effekt der für sie ähnlicheren Umgebung zurückgeführt werden – freilich nur unter der Voraussetzung, dass die Pflegekinder und Waisen ebenfalls eine Zufallsstichprobe darstellen.

Davon ist jedoch kaum auszugehen. Das ergibt sich schon aus der Alltagserfahrung, dass es Eltern mit besonderen Einstellungen und Sozialmerkmalen sind, die ihre Kinder in Heime geben, zudem häufig veranlasst durch körperliche Anomalien oder Verhaltensauffälligkeiten. Auch ist die Aussicht auf die Vermittlung von Adoptiveltern stark von der Vorgeschichte der leiblichen Mutter und der psychophysischen Unauffälligkeit des Kindes abhängig. Sind diesbezüglich ungünstige Anzeichen zu registrieren, öffnet sich vielfach fast zwangsläufig der Weg in ein Heim. Aus diesen Gründen wäre eine verminderte Varianz von Pflegekindern gegenüber der Grundgesamtheit nicht im Sinne einer Homogenität der in Heimen wirkenden Umweltbedingungen interpretierbar. Frühe Untersuchungen (s. Woodworth, 1941) haben jedoch sogar beträchtliche Leistungsvarianzen ergeben – und gegenüber der Norm im Durchschnitt deutlich verminderte Mittelwerte. Bei einem Vergleich von vier in der Literatur vorliegenden Arbeiten zur Ähnlichkeit biologisch nicht verwandter, aber in gleicher Umgebung aufgewachsener Kinder (Jencks et al., 1972, S. 266–319) resultierten Ähnlichkeitskoeffizienten bei einem Mittelwert von $r = 0,50$, was insofern eine ungefähre Schätzung für die Umweltkomponente darstellen könnte.

Studien zur Ähnlichkeit in der Intelligenz

Bei *Adoptionsstudien* gestattet die Schätzung der Ähnlichkeit zwischen leiblichem Elternteil und wegadoptiertem Kind eine direkte Schätzung der (halben) additiven genetischen Effekte und die Ähnlichkeit zwischen Adoptiveltern sowie deren leiblichen Kindern und Adoptivkindern die direkte Schätzung des Einflusses der ihnen gemeinsamen Umwelt auf das untersuchte Merkmal, hier den IQ (▶ Tab. 13.1). Aus umwelttheoretischer Sicht ist zu erwarten, dass die Korrelationen zwischen psychologischen Merkmalen der Kinder und ihrer Adoptiveltern, bei denen sie nahezu die gesamte Zeit seit ihrer Geburt leben, hoch sind. Zudem sollte die Kind–Adoptiveltern-Korrelation höher sein als die Korrelation zwischen Kind und biologischen Eltern, mit denen keinerlei Kontakt mehr besteht. Umgekehrt würden hohe Zusammenhänge zwischen den biologischen Eltern und ihren wegadoptierten Kindern für eine starke genetische Determination sprechen.

Die empirischen Befunde weisen eindeutig in Richtung eines genetischen Einflusses auf die Intelligenz.

Burks (1928) korrelierte die Intelligenz von 178 adoptierten Kindern, die während ihres ersten Lebensjahres von den Müttern abgegeben worden waren, mit Indikatoren der Intelligenz ihrer Adoptiveltern. Zur Kontrolle wurde auch eine parallelisierte Stichprobe von 105 Kindern untersucht, die bei ihren leiblichen Eltern aufwuchsen. Im Mittel ergaben sich Koeffizienten von $r = 0,20$ (Adoptivfamilien) versus $r = 0,52$ (natürliche Familien). Dort, wo Erb- und Umweltfaktoren zusammenwirkten (in den natürlichen Familien), war also die Übereinstimmung zwischen Eltern und Kindern wesentlich höher als dort, wo nur Umwelteinflüsse eine Rolle spielten (in den Adoptivfamilien). Diese Schlussfolgerung kann auch deshalb als besonders abgesichert gelten, weil im Material von Burks keine Anzeichen für eine selektive Platzierung der Kinder durch die mit der Adoption befassten Behörden zu finden sind (Korrelation zwischen der Berufstätigkeit von leiblichem Vater und Adoptivvater $r = 0,02$).

Jede selektive Platzierung führt zu einer artifiziellen Erhöhung der Korrelation zwischen Adoptiveltern und adoptiertem Kind (indiziert höheren Effekt gemeinsamer Umwelt) und ebenso zu einer artifiziellen Erhöhung der Korrelation zwischen leiblichen Eltern und ihrem wegadoptierten Kind (indiziert höhere Erblichkeit).

Eine artifizielle Erhöhung der Korrelation zwischen leiblichen Eltern und ihrem wegadoptierten Kind liegt z. B. in der Untersuchung von Scarr und Weinberg (1979a) vor. Dort wurden 150 Jugendliche, deren Adoption während des ersten Lebensjahres erfolgte, mit 237 Kontrollpersonen in deren »natürlichen« Familien verglichen. Die wichtigsten Korrelationen der Werte im Wechsler-Intelligenz-Test bzw. den vorgegebenen vier Untertests sind in **Tabelle 14.2** zusammengestellt.

Tab. 14.2: Korrelation des Gesamt-IQ in biologischen Familien und in Adoptivfamilien mit Testergebnissen des Kindes.

Testergebnisse Kind	Biologische Familien			Adoptivfamilien		
	Mutter	Vater	Kinder	Mutter	Vater	Kinder
Gesamt-IQ des Kindes	0,41	0,40	0,35	0,09	0,16	−0,03
Rechnen	0,24	0,30	0,24	−0,03	0,07	−0,03
Wortschatz	0,33	0,39	0,22	0,23	0,24	0,11
Mosaiktest	0,29	0,32	0,25	0,13	0,02	0,09
Bilder ordnen	0,19	0,06	0,16	−0,01	−0,04	0,04

Nach Scarr und Weinberg (1979a).

Wie ersichtlich, lagen innerhalb der biologischen Familien die Korrelationen stets wesentlich und statistisch bedeutsam über denjenigen der Adoptivfamilien, wo hinsichtlich des Gesamt-IQ nur Beziehungen im Zufallsbereich bestanden. Die sich darin manifestierende Erblichkeit des IQ, die die Autoren grob auf etwa 0,46 schätzten (Scarr & Weinberg, 1979a, S. 72), muss wohl etwas niedriger veranschlagt werden, da zwischen dem Bildungsgrad der biologischen Mutter und dem IQ des Adoptivvaters bzw. der Adoptivmutter Korrelationen von 0,10 bzw. 0,20 bestanden (und somit eine geringe selektive Platzierung vorlag).

Bezeichnenderweise war lediglich im Wortschatz-Untertest eine überzufällige Beziehung zwischen Eltern und Kind der Adoptivfamilien festzustellen (alle sozioökonomischen Indikatoren wie Beschäftigung und Verdienst der Familie usw. korrelierten mit dem IQ des Kindes im Übrigen zu null, was eine nur geringe Wirksamkeit solcher Variablen andeutet). Zweifellos ist die Sprache ein besonders wichtiges Feld der sozialen Interaktion, und es ist wahrscheinlich, dass zusammenlebende Personen ähnliche Begriffe und Fertigkeiten entwickeln. Nicht verwunderlich auch, dass die gezielte Partnerwahl der Eltern sich wesentlich stärker am Wortschatz orientierte (Korrelation Vater-Mutter in Adoptiv- und anderen Familien ca. 0,38) als am Gesamt-IQ (Korrelation hier nur ca. 0,28)!

In der »Minnesota Adoption Study« von Scarr und Weinberg (1983) korrelierten die Leistungen biologischer Geschwister sowohl in verschiedenen Fähigkeits- als auch Fertigkeitstests in einer Größenordnung von 0,33 miteinander. Hingegen betrugen die Geschwister-Korrelationen nur 0,09 bzw. −0,03 im Falle von fehlender Verwandtschaft. Der Effekt ein- und derselben Familie, Nachbarschaft oder Schule auf eine mögliche Ähnlichkeit im IQ war absolut unerheblich, sofern die Betreffenden keine gemeinsamen Erbanlagen besaßen.

In dem umfassenden »Texas-Adoption-Project« von Horn et al. (1979) wurden die IQs der biologischen Mütter, diejenigen ihrer wegadoptierten Kinder, der Adoptiveltern und deren leiblicher Kinder ermittelt. Die Korrelationen sind in **Tabelle 14.3** wiedergegeben. Wie ersichtlich, besteht zwischen den IQs der Mütter und der Intelligenz ihrer zur Adoption weggegebenen Kinder eine Beziehung von $r = 0{,}32$. Weil diese Korrelation nur die Hälfte der additiven genetischen Varianz schätzt, ergibt sich nach seiner Verdoppelung der gesuchte Erblichkeitskoeffizient additiver Effekte in Höhe von 64 %. Die Korrelationen zwischen dem IQ des adoptierten Kindes und den IQs der Adoptiveltern und deren Kindern liegen in dem engen Bereich zwischen $r = 0{,}17$ und $0{,}22$. Hierin drückt sich der Einfluss der geteilten Umwelt in der Adoptivfamilie (ca. 20 %) auf den IQ des Adoptivkindes aus. Für die nichtgemeinsame Umwelt und den Messfehler bleiben dann zusammen noch 16 % Varianzanteil. Diese Zahlen sind als grobe Schätzungen zu verstehen, denn selektive Platzierung hatte in dieser Untersuchung eine gewisse Bedeutung, wie an der Korrelation von $r = 0{,}07$ der IQs von leiblicher Mutter des betrachteten Adoptivkinds und weiteren nichtverwandten Adoptivkindern in derselben Familie erkennbar ist. Der Effekt der selektiven Platzierung tritt stärker in den in **Tabelle 14.3** nicht wiedergegebenen Korrelationen der IQs zwischen biologischen Müttern und Adoptivmüttern (0,21) bzw. Adoptivvätern (0,22) hervor.

Tab. 14.3: Eltern-Kind-Korrelationen für Wechsler-IQ, in Klammern die Fallzahlen.

	Ledige Mutter	Adoptivmutter	Adoptivvater	Kinder
IQ der adoptierten Kinder	0,07 (40)[1]	0,19 (455)	0,17 (457)	0,22[2] (167)
IQ der leiblichen Kinder	0,32 (53)	0,23 (162)	0,42 (162)	0,35[3] (46)

[1] Dieser Koeffizient bezieht sich auf die Ähnlichkeit zwischen biologischer Mutter und (weiteren) Adoptivkindern in jenen Familien, in denen auch ihr leibliches Kind aufwächst. [2] Alle adoptierten Kinder innerhalb einer Familie. [3] Alle leiblichen Kinder innerhalb einer Familie. Nach Horn et al. (1979).

Eine sehr interessante Erweiterung der Studie von Horn et al. (1979) wurde von denselben Autoren vorgelegt (Loehlin et al., 1989). Zehn Jahre nach der Ersttestung wurden 258 der ursprünglich 469 Adoptivkinder einer zweiten IQ-Testung unterzogen. Dieser Ansatz erlaubte die Frage, ob sich genetischer Einfluss und der Einfluss der gemeinsamen Umwelt über die Zeit verändern würden. Für die Auswertung wurde ein komplexes Strukturgleichungsmodell entwickelt. In die Analyse wurden auch Parameter für gezielte Partnerwahl, selektive Platzierung und den Einfluss des elterlichen IQ auf den sozioökonomischen Status der Familie einbezogen. Zum ersten Zeitpunkt waren sowohl additive genetische als auch die Effekte der gemeinsamen Umwelt signifikant. Die IQ-Werte wiesen über den Zeitraum von zehn Jahren eine gute Stabilität auf ($r_{tt} = 0{,}80$). Die Erblichkeit zum zweiten Zeitpunkt wurde auf 37 % geschätzt, die Hälfte davon ging auf die (additiven) genetischen Effekte der Ersttestung zurück, die andere Hälfte auf neu hinzugekomme, inkrementelle genetische Effekte. Dieser inkrementelle Varianzanteil war signifikant. Anders bei den Effekten der geteilten Umwelt: Wies der Einfluss der geteilten Umwelt bei der Ersttestung noch einen signifikanten Effekt auf (6 %), so war bei der Zweittestung kein inkrementeller Varianzanteil mehr nachweisbar. Auf eine kurze Formel gebracht: *Der Erbanteil an der IQ-Varianz steigt mit dem Lebensalter, während der Anteil der geteilten Umwelt sinkt.*

Die Ergebnisse einer Adoptionsstudie mit gemischtethnischen Eltern-Kind-Konstellationen weisen in die gleiche Richtung (s. Scarr & Weinberg, 1983). Unter zusätzlicher Bezugnahme auf die Korrelationen mit Geschwistern und die Effekte des Lebensalters sprechen die Autoren von einer in jungen Jahren höheren, durch den Familienkontext geförderten wechselseitigen Ähnlichkeit der Kinder. Diese verliere sich im Laufe der Entwicklung, während derer die adoptierten Kinder ihren leiblichen Eltern ähnlicher würden, und zwar deshalb, weil sich die Heranwachsenden aufgrund ihrer genetischen Ausstattung zunehmend eigene Nischen bildeten im Sinne der in Abschnitt 13.4.1 bereits erwähnten aktiven Erbe-Umwelt-Kovariation.

Bishop et al. (2003) konnten den Entwicklungsverlauf von Erb- und Umwelteinflüssen noch präziser abbilden, da diese Autoren Kinder unterschiedlichen Verwandtschaftsgrades in engem zeitlichen Abstand vom 1. bis zum 12. Lebensjahr hinsichtlich allgemeiner kognitiver Fähigkeiten untersuchten. Zu jedem Zeitpunkt war der genetische Einfluss hoch und stieg über die Zeit noch an (▶**Abb. 14.4**). Der Einfluss der geteilten Umwelt auf den IQ war bereits nach dem vierten Lebensjahr vernachlässigbar, während der Einfluss der nichtgeteilten Umwelt plus Messfehler relativ konstant war. Sehr bedeutsam sind auch die Angaben über die neuen, inkrementellen Varianzanteile zu jedem Lebensalter. Bis zum Alter von etwa acht Jahren üben Gene neue Effekte auf den IQ aus, die zuvor noch nicht wirksam gewesen waren. Insofern tragen genetische Faktoren gleichermaßen zu Kontinuität wie zu Veränderung im IQ bei. Die geteilte Umgebung wirkt hingegen gänzlich im Sinne von Kontinuität und die nichtgeteilte Umgebung ausschließlich in Richtung auf Veränderung.

Gestützt auf eine gemischte Stichprobe von Zwillingen, biologischen und Adoptivgeschwistern sowie verschiedene Analysetechniken berichteten Kirkpatrick et al.

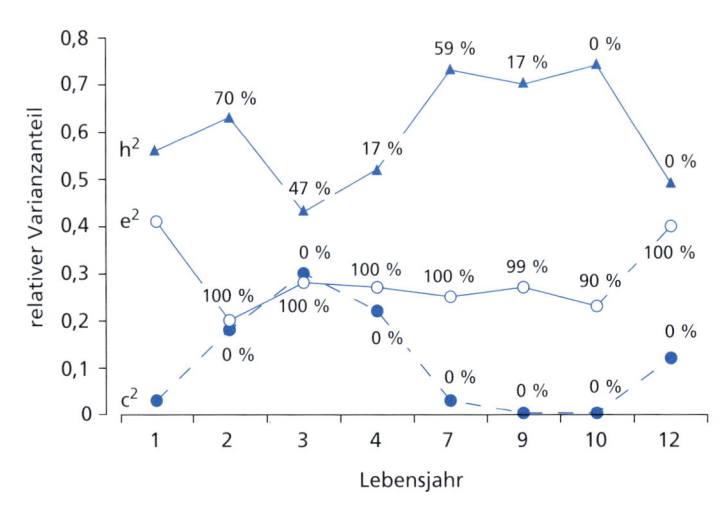

Abb. 14.4: Schätzung der relativen Varianzanteile für Erbe (h^2), geteilte Umwelt (c^2) und nichtgeteilte Umwelt plus Fehler (e^2) vom 1. bis 12. Lebensjahr. Im Alter von 12 Jahren lagen noch keine Zwillingsdaten vor, daher sinkt vermutlich der Erbanteil zu diesem Zeitpunkt. Über den Datenpunkten stehen die Prozentangaben der gegenüber dem vorherigen Lebensalter neu hinzukommenden Varianz (nach Bishop et al., 2003).

(2009) ebenfalls über einen nur bescheidenen Einfluss der geteilten Umgebung auf den IQ in einer Größenordnung von 0,20.

Zusammenfassend kann festgestellt werden: Die verhaltensgenetischen Befunde zur Aufklärung der interindividuellen Unterschiede in der Allgemeinen Intelligenz weisen auf einen mittelhohen bis hohen Erbanteil sowie einen in der Kindheit deutlichen Einfluss der geteilten und auch der nichtgeteilten Umwelt hin. Diese Einflussstärken sind aber mit zunehmendem Alter Veränderungen unterworfen. Im Erwachsenenalter wächst der Erbanteil weiter an, was auch für den Effekt der nichtgeteilten Umwelt gilt. Mit zunehmender zeitlicher Distanz von der gemeinsamen Familienumgebung muss dessen Einfluss sinken; tatsächlich geht er im Erwachsenenalter gegen null. **Abbildung 14.5** stellt diese Schlussfolgerung (Plomin et al., 1999) dar.

Einschränkend muss allerdings angemerkt werden, dass die bislang und nachfolgend bei den persönlichkeitspsychologischen Adoptionsstudien berichteten Koeffizienten vermutlich die tatsächlichen Effekte von Seiten der Umwelt in einem schwer festzustellenden Ausmaß *unter*schätzen. Die dafür verantwortlichen Faktoren sind in **Kasten 14.3** dargestellt.

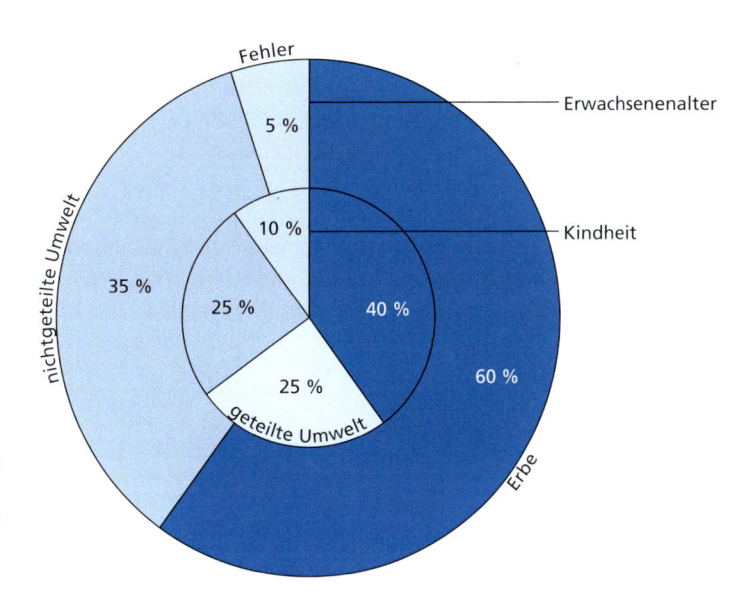

Abb. 14.5:
Zusammenfassung der verhaltensgenetischen Ergebnisse zur Varianzaufteilung interindividueller Unterschiede in der Allgemeinen Intelligenz (nach Plomin et al., 1999).

Kasten 14.3: Zur Kritik an der Methode der Adoptionsstudien

Erfahrungsgemäß stammen adoptionswillige Personen vorwiegend aus der Mittel- und Oberschicht, und die Jugendämter vermitteln auch nur zur Adoption freigegebene Kinder in solche Familien hinein. Damit sind Varianzeinschränkungen der Erziehungs- und Umweltfaktoren nicht nur wahrscheinlich, sondern empirisch auch belegt. Eindrucksvoll haben dieses McGue et al. (2007) an 409 Adoptivfamilien und 208 »biologischen« Familien gezeigt. Beispielsweise waren die Unterschiede im sozioökonomischen Status (SÖS) bei den Adoptivfamilien um 18 % eingeschränkt.

> Gleichfalls entspricht es weithin gemachten Erfahrungen, dass die zur Adoption freigegebenen Kinder mehrheitlich aus einem sozialen und sozioökonomisch weniger positiven Umfeld kommen. So ist die Mutter häufig alleinerziehend und wegen unzureichender Ressourcen in materieller und kognitiver Hinsicht nicht bereit oder in der Lage, das Kind aufzuziehen. Mitunter sind dafür auch körperliche oder verhaltensmäßige Auffälligkeiten des Kindes maßgeblich. Auch dieses hat Einfluss auf die Variabilität der erhobenen Maße. Ob davon allerdings mehr die Mutter-Kind- oder Adoptivmutter-Adoptivkind-Korrelationen betroffen sind, kann nicht beurteilt werden – doch mindert dieser Umstand die Aussagekraft der Ergebnisse.
>
> Für das Adoptionsparadigma wird gemeinhin unterstellt, dass genetische und Umweltfaktoren unabhängig und additiv zusammenwirken und so die Variation in einer Eigenschaft hervorbringen. Diese Auffassung ist auf der Basis von neueren molekularbiologischen und verhaltensgenetischen Studien nicht länger haltbar. Zumindest im Tierbereich scheinen Gen-Gen-, Gen-Umwelt- und sogar Umwelt-Umwelt-Interaktionen eher die Regel als die Ausnahme zu sein (Richardson & Norgate, 2006). Verantwortlich dafür sind vermutlich u.a. Steuergene, die in Abhängigkeit vom individuellen Entwicklungsstand und sensitiv für Gegebenheiten sowie Veränderungen in der Umgebung »anspringen« und andere Gene zur Aktivität veranlassen. Dieses führt zu Kaskaden von Interaktionen der Selbstorganisation von Entwicklungsprozessen. Die statistische Teststärke von Adoptionsstudien reicht aber nicht aus, um diese Kaskaden aufzudecken.
>
> Eine weitere Annahme bei Forschungen mit dem Adoptionsparadigma geht dahin, dass darin die Natur das »genetische Treatment« darstelle und die Umwelteffekte kontrolliert würden oder aber randomisiert wären. Richardson und Norgate (2006) listen eine Vielzahl von Faktoren auf, die in *systematischer* Weise die Korrelationen zwischen Mutter und Kind erhöhen, aber diese für Adoptivmutter und Adoptivkind vermindern, darunter intrauterine Umgebungseffekte, eine Vererbung mütterlicher epigenetischer Effekte, Informationen von Adoptiveltern über die Familie des wegadoptierten Kindes sowie familiale Stress- und auch Behandlungseffekte.
>
> All diese Gesichtspunkte beeinträchtigen die Aussagekraft des Adoptionsparadigmas in schwer abschätzbarer Weise.

Studien zum Intelligenzniveau

Von den soweit besprochenen *korrelativen* Untersuchungen müssen solche im Hinblick auf das *Niveau* der erreichten intellektuellen Leistungen klar unterschieden werden: Adoptivkinder erreichen gewöhnlich überdurchschnittliche IQs. Schon in der Studie von Skodak und Skeels (1949) lag der mittlere IQ der Mütter bei 86, derjenige ihrer in Pflegefamilien aufgezogenen Kinder hingegen zwischen 107 und 117, je nachdem, in welchem Alter sie untersucht wurden. Wenngleich die Intelligenz der Mütter, gemessen an ihrem Bildungsgrad, wohl etwas unterschätzt wurde und diejenige der Väter nicht bekannt ist, manifestiert sich darin doch ein erheblicher Effekt von Schulung und Erziehung durch die weit überdurchschnittlich intelligenten Adoptiveltern.

Über ähnliche Resultate berichteten auch Scarr und Weinberg (1979a). Der mittlere IQ von 50 Pflegeeltern als Durchschnittswert von Vater und Mutter lag bei 120, derjenige ihrer leiblichen Kinder bei 118,5 Punkten. Die Adoptivkinder, überwiegend Abkömmlinge von Schwarzen und Weißen, erreichten einen IQ von ca. 108, und dieses, obwohl ihre leiblichen Eltern nur durchschnittliches Bildungsniveau aufwiesen (IQ-Untersuchungen waren nicht vorgenommen worden) und nach Schätzung der Autoren die Kinder deshalb kaum höhere IQs als ca. 95 erreicht haben dürften (s. auch Scarr & Weinberg, 1979b). Für ihre »Adolescent Adoption Study« teilten die Autoren in einer neueren Arbeit die in **Tabelle 14.4** wiedergegebenen Durchschnittswerte mit.

Tab. 14.4: Mittlerer IQ adoptierter Kinder in Abhängigkeit vom Bildungsgrad ihrer biologischen Mutter und dem für die Adoptiveltern gemittelten Intelligenzquotienten.

Adoptiveltern	Schulbildung der biologischen Mutter in Jahren			
	11	12	>12	Mittelwerte
Unteres Drittel	98,8 (16)	107,0 (22)	106,7 (18)	104,8
Mittleres Drittel	106,2 (14)	107,8 (33)	105,8 (12)	107,0
Oberes Drittel	106,5 (8)	106,6 (31)	110,2 (18)	107,7
Mittelwerte	103,6	107,2	107,8	

Stichprobengröße in Klammern. Nach Scarr und Weinberg (1983, S. 265).

Mit Ausnahme der jeweiligen Mittelkategorie ist neben dem genetischen auch ein Effekt von positiven Umweltbedingungen für die Ausbildung der Intelligenz ersichtlich. Den Befunden von Leahy (1935) zufolge scheinen sich Anregungsfaktoren im Übrigen bei leiblichen Kindern stärker auszuprägen als bei adoptierten, woraus auf eine Genotyp-Umwelt-Interaktion geschlossen werden kann.

Befunde wie die oben genannten sind die Grundlage für Erfolgshoffnungen, die sich um Trainingsprogramme zur Verbesserung der Intelligenz und anderer kognitiver Leistungen ranken. Besondere Beachtung hat das Projekt »Head Start« gefunden. In vielen dieser Vorhaben konnte die methodische Qualität allerdings nicht mit dem finanziellen und personellen Aufwand Schritt halten, weshalb die Befunde mitunter schwer zu interpretieren sind und der Wert der Programme weiterhin umstritten bleibt. Es scheint jedoch, als versprächen sie besonders dann Aussicht auf Erfolg, wenn sie sich an Kinder aus einem deprivierten Umfeld richten, der Inhalt der Programme klar strukturiert ist und mehr auf den Erwerb kognitiver als sozial-emotionaler Funktionen abzielt. Ein entscheidendes Problem liegt darin, kurzzeitige Trainingseffekte über den Zeitpunkt des Schuleintritts hinaus zu erhalten.

Persönlichkeit

Im »Texas-Adoption-Project« wurden ca. 200 adoptierte und ca. 80 »biologische« Kinder (die Zahlen variieren stark über den erhobenen Variablen) im Alter von ca. 17 Jahren in den Skalen des MMPI, des 16 PF, des CPI und weiteren Maßen mit ihren Adoptiveltern sowie anderen in der Adoptivfamilie lebenden Kindern (die »biologischen« Kinder) und mit ihren leiblichen Eltern verglichen. Die Resultate sind über die eingesetzten Tests recht konsistent und stehen in bemerkenswertem Kontrast zu dem Intelligenzbereich: Die Ähnlichkeit zwischen Adoptiveltern und Adoptivkindern und diejenige zwischen Adoptivgeschwistern war sehr gering (im Mittel um $r = 0{,}05$), was einen geringen Einfluss der geteilten Umwelt anzeigt. Sofern eine biologische Verbindung vorlag, stiegen die Werte auf ca. $r = 0{,}15$ an

(Loehlin et al., 1985). In jenen Fällen, wo Vergleiche zwischen Müttern und ihren zur Adoption weggegebenen Kindern möglich waren (zu denen zeitlebens keinerlei Kontakt bestanden hatte), wiesen die Korrelationen mit $r = 0{,}18$ auf eine moderate Erblichkeit in der additiven genetischen Komponente von 36 % hin (Loehlin et al., 1987). Ein drittes Mal wurden Daten 25 Jahre nach den Ersttestungen erhoben. Zu diesem Zeitpunkt hatten die adoptierten Kinder ein Alter zwischen 28 und 39 Jahren erreicht. Die Korrelationen zwischen Eltern und Kindern betrugen im Mittel von 18 eingeschätzten Eigenschaftsdimensionen $r = 0{,}08$ und $0{,}17$ für adoptierte bzw. biologische Kinder (gemittelt über die beiden Elternteile; Loehlin et al., 2007), was die Ergebnisse der vorangegangenen Studien eindrucksvoll in dem Sinne bestätigt, dass die geteilte Familienumwelt auf Persönlichkeitsmerkmale der Kinder nur einen sehr geringen Einfluss hat.

Eine Zusammenfassung der Erb- und Umwelteinflüsse in der Persönlichkeit findet sich in Abschnitt 13.5.2, da im Persönlichkeitsbereich die weitaus häufigsten Daten aus Zwillingsstudien stammen.

Kriminalität

Um die Darstellung einer Auswirkung von Adoption nicht auf Intelligenz und einige Persönlichkeitsdimensionen zu beschränken, soll abschließend ein Merkmal erneut exemplarisch aufgegriffen werden, das in Form von staatlichen Registrierungen dichotom abgestuft vorliegt und sozial unerwünscht ist: Kriminalität. Die bislang umfangreichste Studie wurde von Mednick et al. (1983) in Dänemark durchgeführt und stützt sich auf nicht weniger als 14 427 Adoptionen, die zwischen 1924 und 1947 vorgenommen worden waren, und zwar in aller Regel unmittelbar nach der (überwiegend unehelichen) Geburt der Kinder. Anhand von Strafregisterauszügen war die Kriminalität von leiblichen und Adoptiveltern bestimmbar sowie diejenige der »Kinder« (in Anführungszeichen deshalb gesetzt, weil diese zum Zeitpunkt der Nacherhebung zwischen 20 und 65 Jahre alt waren). Da die weiblichen Adoptierten sehr viel weniger Bestrafungen aufwiesen als die männlichen, werden hier nur die Ergebnisse für die Männer wiedergegeben (▶ Tab. 14.5).

Tab. 14.5: Prozentanteile von adoptierten Söhnen, die wegen krimineller Handlungen bestraft wurden.

Kriminalität der Adoptiveltern	Kriminalität der biologischen Eltern	
	Ja	Nein
ja	24,5 % (143)	14,7 % (204)
nein	20,0 % (1226)	13,5 % (2492)

Stichprobengröße in Klammern. Nach Mednick et al. (1983).

Wie aus der Tabelle zu entnehmen ist, beträgt die »Basisrate« von Bestrafungen 13,5 %. Sie erhöht sich auf 14,7 %, wenn ein Kind von Eltern ohne offizielle Strafen bei Adoptiveltern aufwächst, die strafrechtlich auffällig werden (was gewöhnlich erst nach der Adoption der Fall ist, da die Behörden versuchen, Kinder nur an normenkonforme Familien zu vermitteln). Darin zeigt sich ein (allerdings recht schwacher) Effekt von Seiten der Umwelt. Im Falle von Kriminalität eines oder beider leiblicher Elternteile betragen die Häufigkeiten jedoch 20,0 % und 24,5 % und liegen damit erheblich über den vorgenannten Raten. Der Einfluss genetischer Faktoren ist also deutlich und bei dem angestellten Vergleich offenkundig stärker als der von Umweltvariablen. Wie später vorgenommene Detailanalysen für Eigentumsdelikte zeigten (Baker et al., 1989), war dabei der genetische »Pfad« von Seiten der Mutter mit einem Koeffizienten von $b = 0{,}75$ signifikant stärker als der vom Vater ($b = 0{,}43$). Andere Analysen am selben Material untersuchten den Einfluss des sozioökonomischen Status von biologischen und Adoptiveltern auf die Kriminalität und gelangten dabei zu einer ausgeglicheneren Gewichtung von Erb- und Umweltfaktoren (van Dusen et al., 1983). Die somit gegebene Befundsituation im Sinne des »Sowohl-als-auch« macht neben der Erfahrungsabhängigkeit delinquenter Tendenzen auch eine biologische Komponente wahrscheinlich, wie sie für zahlreiche andere psychologische Variablen ebenfalls gefunden wurde. Da die Definition der Strafbarkeit eines spezifischen Verhaltens abhängig ist von national-räumlichen und temporären Faktoren und da in anderen Ländern oder zu anderen Zeiten z. T. völlig andere Handlungen das Kriterium »kriminell« erfüllen als etwa in unserem Staatsverband der Gegenwart, kommen von vornherein dafür nur höchst indirekte Erbgänge in Betracht. Allenfalls ist an die Erblichkeit von Variablen zu denken, die als vermittelnde Bindeglieder die Internalisierung konformer Normen erschweren (wie z. B. die Tendenz zum Aufbau reaktiver Hemmungen im Nervensystem) oder die Verübung von Straftaten begünstigen (z. B. hohe Körperkraft oder Impulsivität). Denkbar ist auch die genetische oder vorgeburtliche, vielleicht auch perinatale Einwirkung von Faktoren, die das Äußere mitbedingen und an der äußeren Erscheinung (also nicht notwendigerweise am Verhalten) negative Reaktionen der Umwelt ansetzen, wonach etwa Personen mit körperlichen Missbildungen oder einer allgemein reduzierten physischen Attraktivität bestimmte Ausbildungs- und Berufschancen vorenthalten und sie damit ins Abseits getrieben werden (▶ **Kasten 14.4**).

Kasten 14.4: Adoptivkinder: eine »Risiko«-Gruppe mit Verhaltensauffälligkeiten?

Adoptierte Kinder sind im Vergleich zu nichtadoptierten, wie oben berichtet, im Mittel etwas weniger intelligent, ihre Werte in Allgemeiner Intelligenz liegen aber deutlich höher, als es der Bildungsgrad ihrer leiblichen Mütter erwarten ließe. Wie wirkt sich der daraus erschließbare positive Anregungsgehalt der Adoptiveltern auf den Persönlichkeitsbereich aus?

Die Literatur hierzu ist umfangreich (s. Brodzinsky et al., 1992). Einzelne Hinweise legen zwar die Ansicht nahe, dass das weit verbreitete Stereotyp von den adoptierten Kindern als einer traumatisierten Risikogruppe mit negativen Persönlichkeitsmerkmalen nicht angemessen ist. Aber die überwiegende Mehrheit der empirischen Belege spricht doch dafür, dass genetische und pränatale Vulnerabilitäten zusammen mit intrapersonalen, familialen und soziokulturellen Stressfaktoren bei Adoptivkindern zu einer Vielzahl von emotionalen, sozialen und schulischen Problemen führen (Brodzinsky, 1987). Im Bereich des »Unauffällig-Normalen« haben Loehlin et al. (2007) in dem »Texas Adoption Project« durchgängige Unterschiede der adoptierten zu den nichtadoptierten Teilnehmern in den eingeschätzten Persönlichkeitsdimensionen gefunden. Diese waren signifikant und fielen in den folgenden Variablen stets zuungunsten der adoptierten Teilnehmer aus: »Bildungsniveau«, »exzellente Leistungen in der High School«, »Nähe zur Mutter«, »Stabilität des Arbeitsplatzes«, »(nicht) ängstlich oder depressiv«, »viele Freunde und soziale Aktivitäten«, »unabhängig und selbstbestimmt«, »reif, hilfsbereit«, »verantwortungsbewusst, zuverlässig« sowie »nett, liebenswürdig«.

Die Gründe für die Auffälligkeiten und weniger positiven Merkmalsausprägungen sind vermutlich zahlreich und reichen von genetischen Faktoren über Selektionseffekte und elterliche Erziehungsmerkmale bis zu den Schwierigkeiten einer Identitätsfindung, wenn das adoptierte Kind eines Tages erfährt, dass es nicht das leibliche Kind seiner Eltern ist. Zwar sprechen einige Beobachtungen dafür, dass Adoptiveltern im Vergleich zu biologischen besonders intensiv in die Erziehung der von ihnen adoptierten Kinder investieren und deren Leben anreichern (was evolutionären Konzepten widerspricht) – anscheinend im Versuch, den Mangel an biologischen Bindungen wettzumachen und die Herausforderungen der Adoption zu bestehen (Hamilton et al., 2007). Aber anderen Quellen zufolge kommt es in Adoptivfamilien häufiger zu Konflikten zwischen Eltern und Kindern sowie zwischen den Kindern (Rueter et al., 2009). Freilich: Das vorliegende Material basiert überwiegend auf den Beobachtungen und Berichten von Eltern, Lehrern und Sozialarbeitern; weiterhin fehlt es an Untersuchungen, die sich auf die Wahrnehmung der Adoptierten zu ihrer persönlichen Situation richten.

Nur mit Hilfe von Strukturgleichungsmodellen konnte ein derart subtiler Effekt nachgewiesen werden, wie ihn Johnson et al. (2007) berichten. In ihrer Untersuchung an 617 Adoptivfamilien und biologischen Familien fanden sie, dass die drei Pfade – 1) vom sozioökonomischen Status zum IQ, 2) von den elterlichen Erziehungserfolgserwartungen zum IQ und 3) von einem multidimensionalem Maß für die Eltern-Kind-Beziehung zum kindlichen Engagement in der Schule – verschieden stark für die beiden Familientypen waren (▶ Abb. 14.6).

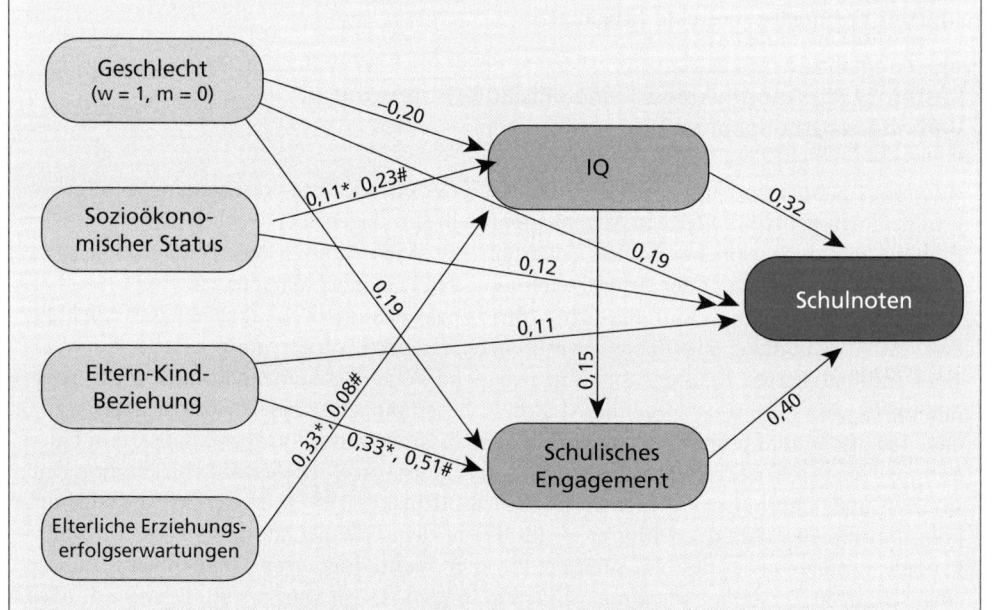

Abb. 14.6: Strukturgleichungsmodell zur Aufklärung der Schulnoten. *Adoptivkinder, #biologische Kinder. Alle Pfade sind signifikant. Nach Johnson et al. (2007).

Vieles spricht also dafür, dass adoptierte Kinder (wie auch adoptierende Eltern) nicht repräsentativ für die Grundgesamtheit sind. Das schränkt die Aussagekraft von Adoptionsstudien teilweise ein.

14.2.3 Der Sonderfall: Persönlichkeitsmerkmale in Familienuntersuchungen

Die in Kapitel 13 erörterten Anordnungen und Befunde hatten im Vergleich zu Intelligenz deutlich herabgesetzte Erblichkeit der Persönlichkeitsmerkmale erkennen lassen (h^2 um 50 %; s. Abschn. 13.5.2). Besonders aus dem Rahmen fielen die nur wenig über null liegenden Korrelationen aus Eltern-Kind- und aus Geschwistervergleichen. Die Skalenwerte von Persönlichkeitsmerkmalen der leiblichen Geschwister, die in natürlichen Familien aufwachsen, korrelieren im Mittel verschiedener Persönlichkeitstests nur um 0,20 (s. die Zusammenstellung bei Borkenau, 1993, S. 146, 149), obwohl zu erwarten wäre, dass hier genetische und familiale Faktoren Ähnlichkeit stiften müssten. Das legt eine Erklärung im Sinne von Epistase oder aber Umweltfaktoren nahe, die nicht *zwischen*, sondern *innerhalb* der Familien differenzieren: Weil etwa Adoptivgeschwister innerhalb einer Familie einander nicht ähnlicher sind als zufällig gebildete Paare von Kindern aus verschiedenen Familien, kommt kaum eine andere Interpretation in Betracht. Nichols (1978) hat diesen Befund in seiner Literaturübersicht über Zwillingsuntersuchungen sehr eindrucksvoll vor Augen geführt, indem er aus der Erblichkeit verschiedener Eigenschaftskonstrukte die Umwelteinflüsse errechnete (▶ Tab. 14.6).

Tab. 14.6: Mittlere Intraklassen- und Umweltkorrelationen für verschiedene Eigenschaftskonstrukte.

Merkmal	EZ	ZZ	Differenz	Umweltkorrelationen
Allgemeine Bildung	0,86	0,62	0,24	0,75
Spezifische Leistungsfaktoren	0,74	0,52	0,22	0,66
Aktivitäten	0,64	0,49	0,15	0,89
Interessen (Strong-Skalen)	0,53	0,27	0,26	0,06
Persönlichkeit (27 CPI-Skalen)	0,50	0,28	0,22	0,10
Ziele und Ideale	0,37	0,20	0,17	– 0,02
Selbstkonzept	0,34	0,10	0,24	– 0,27

Nach Nichols (1978, S. 167, 170).

Auf die Details der Berechnung der Werte in der letzten Spalte kann hier nicht eingegangen werden. Die Koeffizienten stehen für das Ausmaß, in dem Umweltfaktoren, die individuelle Differenzen in einer Eigenschaft produzieren, auch denselben Effekt auf die beiden Zwillinge eines Paares haben.

Während dieses für Leistungen und Aktivitäten weitgehend der Fall ist, streuen die Koeffizienten für die Persönlichkeitsvariablen doch um null. Die Gegebenheiten der Umwelt, die für Variabilität zwischen den einzelnen Merkmalsträgern verantwortlich gemacht werden können, sorgen also *nicht* für eine größere Ähnlichkeit auch der Zwillinge untereinander. Die Effekte zugunsten der gemeinsamen Umwelt (c^2) lassen sich auch auf der Basis von Adoptiv- und Geschwisterkonstellationen schätzen. Auch dabei waren niedrige Werte das Ergebnis, die mit zunehmendem Alter gegen null konvergieren (Loehlin, 2007). Das aber bedeutet, dass die innerhalb einer Familie bestehenden, »gleichen« Umweltgegebenheiten verschieden wirken. Von daher müssten verstärkt die innerhalb einer Familie auftretenden Differenzen in das Zentrum des Interesses rücken.

Die dafür maßgeblichen Faktoren lassen sich wie folgt gruppieren (▶ Tab. 14.7). Grundsätzlich stehen zur Erfassung solcher Faktoren Selbstberichte und objektive Beobachtungsmethoden zur Verfügung. Zu den Selbstberichten gehört beispielsweise das »Sibling Inventory of Differential Experience« (SIDE; Daniels & Plomin, 1985). Jedes der 73 Items verlangt einen Vergleich der eigenständigen Erfahrungen eines Geschwisters mit denjenigen des anderen Geschwisters (z. B. »Wer hat mehr Verständnis für den anderen aufgebracht?«, 1 = mein Geschwister, 5 = ich selbst). Die Ergebnisse von Daniels et al. (1985) zeigen, dass solcherart erhobene *Erfahrungs*unterschiede in der Tat mit *Verhaltens*differenzen korrelieren, die von Außenstehenden wie Eltern und Lehrern registriert wurden.

Tab. 14.7: Kategorien von Umwelteinflüssen, die zur Verschiedenheit von Kindern innerhalb ein und derselben Familie führen können.

Kategorie	Beispiele
Messfehler	Test-Retest-Unzuverlässigkeit
Nichtgeteilte Umwelt	
Unsystematisch	Unfälle, Krankheiten, Verletzungen
Systematisch	
Familienkonfiguration	Geburtenabfolge, Geschlechtsunterschiede
Geschwisterinteraktion	Unterschiedliche Behandlung
Elterliches Erziehungsverhalten	Unterschiedliches Erziehungsverhalten
Außerfamiliale Netzwerke	Freunde, Lehrer, Fernsehen

Nach Rowe und Plomin (1981).

Einen innovativen Ansatz verfolgten Bemmels et al. (2008). Die Autoren klassifizierten die auftretenden Lebensereignisse danach, wie sehr sie vom Verhalten eines Geschwisters beeinflussbar sind. Für die Ereignisse in jeder der drei Klassen *unabhängig*, *beeinflussbar* und *familial* wurden Skalen entwickelt, die von Geschwisterkindern unterschiedlichen Verwandtschaftsgrades bearbeitet wurden. Den Erwartungen entsprechend war c^2 am größten in den familialen und e^2 am größten in den unabhängigen Ereignissen.

14.2.4 Sozialstatus und sozioökonomische Variablen

Es kann erwartet werden, dass Faktoren der direkten Familienumwelt für den Schulerfolg, aber in nur geringerem Umfang für die Intelligenz bedeutsam sind. Tatsächlich fand Kellaghan (1977) an benachteiligten Kindern, dass Indikatoren der häuslichen Umwelt die höchsten Korrelationen mit Schulleistungen, etwas niedrigere mit Maßen der kristallisierten und die geringsten mit solchen der fluiden Intelligenz aufwiesen.

Das komplexe Zusammenspiel von Variablen, die sich auf die familiale und schulische Umwelt beziehen, ist bei der Aufklärung von intellektuellen und motivationalen Unterschieden namentlich von Marjoribanks (1979) untersucht worden. Für den Intelligenzquotienten erwiesen sich an 250 Zwölfjährigen vor allem die Faktoren »Eltern-Kind-Beziehung in der Familie« (Kenntnis der Eltern über erziehungsbedingte Fortschritte des Kindes, Engagement in erzieherischen Aktivitäten) und »Strafende Schule« (Eindruck, dass die Schüler häufiger bestraft werden für Dinge, die sie nicht getan haben, oder ohne überhaupt den Grund zu wissen; wahrgenommene Ungeduld der Lehrer usw.) als relevant. Die Interaktion dieser Hintergrundfaktoren war darüber hinaus bei Jungen und Mädchen sehr unterschiedlich (▶ Abb. 14.7).

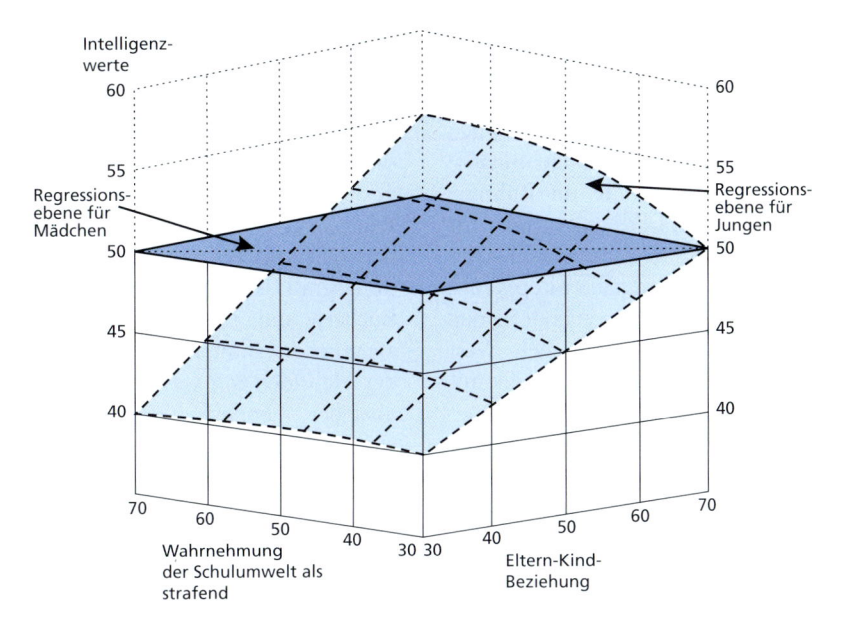

Abb. 14.7: Angeglichene Intelligenzpunktwerte in Abhängigkeit von »Eltern-Kind-Beziehung« und »Wahrnehmung der Schulumwelt (von Seiten der Kinder) als strafend«, getrennt für die Geschlechter (nach Marjoribanks, 1979).

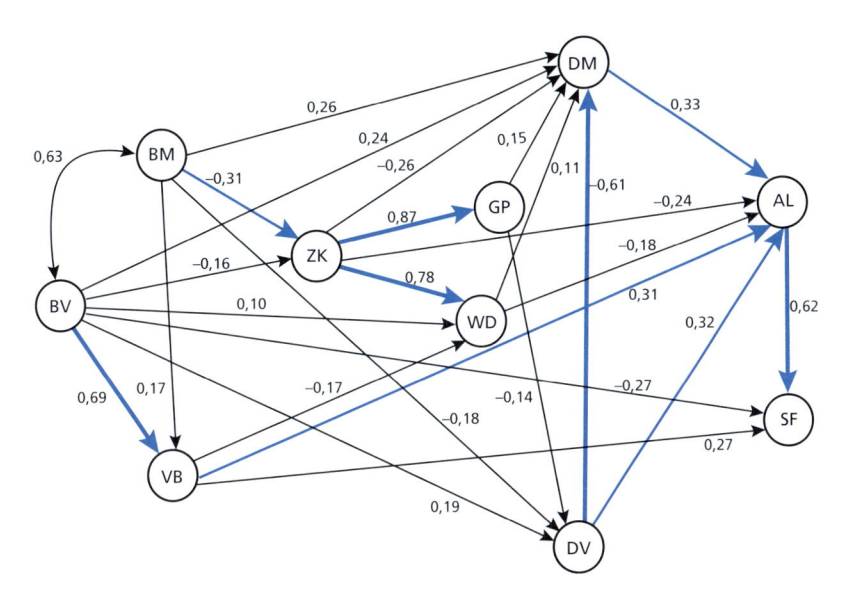

Abb. 14.8: Pfadanalytische Lösung. Modellvariablen: SF = Sprachliche Fähigkeit, AL = Anforderung an Leistung, DM = Dominanz der Mutter, DV = Dominanz des Vaters, WD = Wohndichte, GP = Geschwisterposition, ZK = Anzahl der Kinder, VB = Beruf des Vaters, BM = Bildungsgrad der Mutter, BV = Bildungsgrad des Vaters. Vereinfachte Pfaddiagrammdarstellung. Pfade mit Koeffizienten < |0,10| wurden eliminiert, Pfade mit Koeffizienten > |0,30| und > |0,60| sind grafisch hervorgehoben (nach Brandtstädter, 1976).

Solche Resultate machen deutlich, dass vielfach unklar bleiben muss, ob ein bestimmter Faktor – und mehr noch: was daran im Einzelnen – wirksam ist. Dies gilt auch im Hinblick auf andere Beobachtungen: Brandtstädter (1976) konnte im Rahmen einer Reanalyse der Majoribanks-Daten für eine Stichprobe von 185 Schülern im Alter von 11 Jahren nachweisen, dass ökopsychologische Prozessvariablen generell einen höheren entwicklungsprognostischen Wert aufweisen als sozioökonomische Indikatoren. Für das Merkmal »Sprachliche Fähigkeit« besaß das Konstrukt »Anforderung an Leistung« das bei weitem höchste Gewicht, wie aus **Abbildung 14.8** zu ersehen ist.

Den Resultaten von Vandenberg und Hakstian (1978) zufolge variiert die Wertigkeit ökologischer Anregungsfaktoren und diejenige des Sozialstatus außerordentlich stark zwischen verschiedenen Kulturkreisen. So korrelierte ein Maß für kulturelle Stimulation (Bildungsgrad der Familienmitglieder, Zahl von Büchern und Zeitschriften zu Hause usw.) zwar bei den Inuit, Indianern und Bewohnern der Hebriden mit verbaler Intelligenz, nicht aber bei Ugandern. Nur bei den Afrikanern stand hingegen regelmäßiger Schulbesuch mit dem Verbalgeschick in Beziehung.

Zusammenfassung von Kapitel 14.2

Lange Zeit galten Adoptionsstudien als ein zielführendes Design, um die Wirkung von Umwelteinflüssen zu untersuchen, denn wenn die adoptierten Kinder ihren Adoptiveltern ähnlich sind, mit denen sie ja genetisch keine Gemeinsamkeiten aufweisen, muss das für den Einfluss der gemeinsamen Umwelt in den Adoptivfamilien sprechen (ohne genauer analysieren zu müssen, worin im Einzelnen die »Umwelt« denn besteht). In der Tat fanden sich für den IQ und Persönlichkeitsfaktoren Korrelationen mehrheitlich um $r = 0{,}25$ zwischen Adoptiveltern und den bei ihnen aufwachsenden adoptierten Kinder. Allerdings sind diese Koeffizienten Minimalschätzungen deshalb, weil die Adoptiveltern und auch die Adoptivkinder aus vielerlei Gründen nicht als repräsentativ für die Grundgesamtheit gelten können, sondern hinsichtlich vieler Merkmale in ihrer Variabilität eingeschränkt sind, was die ermittelten Koeffizienten in ihrer Höhe in unbekanntem Ausmaß erniedrigt. Der gegengerichtete, also korrelationserhöhende Effekt, der durch selektive Platzierung entsteht, konnte in den meisten Studien immerhin ansatzweise kontrolliert werden. Viele Befunde sprechen dafür, dass der genetische Einfluss und derjenige der nichtgeteilten Umwelt mit dem Lebensalter zu-, hingegen derjenige von geteilter Umwelt abnimmt.

14.3 Spezifische Faktoren

14.3.1 Ernährung

Schon frühe Untersuchungen aus den USA (s. Birch & Gussow, 1970) haben erkennen lassen, dass die perinatale Mortalitätsrate bei Angehörigen der Oberschicht wesentlich geringer ist als bei solchen aus sozioökonomisch schlechter gestellten Kreisen und dass Schwarze davon stärker betroffen sind als Weiße. Fasst man den Tod als extreme Auswirkung eines Bündels ungünstiger Faktoren auf, liegt die Vermutung auf der Hand, dass weniger drastische Effekte eine ähnliche Verteilung zeigen und sich später in Struktur- und Verhaltensmerkmalen nachteilig auswirken.

Kindesalter

Als eine mögliche Determinante aus diesem Netzwerk kommt zuerst die Ernährung in Frage. Sowohl aufgrund theoretischer Überlegungen als auch auf der Basis des vorliegenden Befundmaterials muss dabei zwischen prä- und postnataler Phase unterschieden werden. Aus naheliegenden Gründen kann jedoch der Einfluss von Umfang und Wertigkeit der Nahrung auf jeden dieser beiden Lebensabschnitte nur in äußerst begrenztem Maße experimentell erforscht werden. Unser Wissen muss sich deshalb auf die vorfindbaren Gegebenheiten in Feldstudien stützen. Von besonderem Wert sind dabei solche Untersuchungen, die eine *quasi*-experimentelle Struktur aufweisen.

Dieses trifft beispielsweise auf die Erhebung von Stein et al. (1972) zu. Diese Autoren suchten aus den Karteien der Routinetestungen für den Wehrdienst die Protokolle des Raven-Intelligenztests aller jener 19-jährigen Probanden heraus, die während einer Hungersnot im damals von den Deutschen besetzten West-Holland gezeugt, ausgetragen oder geboren wurden. Gruppen aus anderen Zeiträumen und Distrikten, die nicht von der Hungersnot betroffen waren, bildeten die Vergleichsbasis. Die Testwerte unterschieden sich markant in Abhängigkeit davon, ob die Probanden einen Vater mit manuellem oder nichtmanuellem Beruf hatten. Das kann für eine unterschiedliche genetische Ausstattung sprechen oder/und dafür, dass in Familien mit nichtmanueller Berufstätigkeit des Vaters die Ernährung besser war. Nur bei den manuellen Berufen zeigte sich ein negativer Einfluss der Hungersnot, und zwar gleichermaßen auf den IQ wie auf das Vorliegen geistiger Beeinträchtigungen. Daraus kann geschlossen werden, dass erst erhebliche Nahrungsdefizite schwangerer Mütter die spätere Intelligenzentwicklung der Kinder beeinträchtigen können, eventuell in Abhängigkeit von bestimmten sozioökonomischen Faktoren.

Offenkundig hatte die mütterliche Mangelernährung und insbesondere deren Zeitpunkt einen Einfluss auf das spätere Gewicht ihrer Söhne: Hatten die Mütter nur während des ersten Drittels ihrer Schwangerschaft hungern müssen, kamen die Kinder normalgewichtig zur Welt und neigten später zu Übergewicht. Hingegen blieben jene Männer im Erwachsenenalter meist normalgewichtig, deren Mütter nur im letzten Drittel der Schwangerschaft an Unterernährung litten. Für den ersten Effekt ist daran zu denken, dass während der prägenden frühen Monate der Schwangerschaft der Körper auf eine Art »Sparmodus« umschaltet mit dem Ziel, jede verfügbare Kalorie zu verwerten. Demgegenüber erklärt sich lebenslange Schlankheit nach Mangelernährung in der Spätphase der Schwangerschaft vielleicht durch den Umstand, dass während dieser Zeit der Organismus weniger Fettzellen ausbilden konnte. Vieles spricht zudem dafür, dass mütterliche Mangelernährung und in der Folge reduziertes Geburtsgewicht der Säuglinge das Risiko stark erhöht, später an Herzinfarkten und Schlaganfällen zu sterben (Forsen et al., 1999). Der Grund dafür könnte sein, dass diese Personen oftmals unter erhöhtem Blutdruck, Altersdiabetes, Störungen des Fettstoffwechsels, des Cholesterinspiegels und der Blutgerinnung leiden. Dafür mag wiederum verantwortlich sein, dass – wie im Tierversuch gezeigt – eiweißarme Kost zu einem verringerten Abbau des Stresshormons Cortisol führt und die Föten deshalb zur Ausbildung hohen Blutdrucks neigten. Denkbar ist auch ein Mechanismus, wonach bei Mangelernährung die wenigen verfügbaren Kalorien zur vorrangigen Ausbildung des Gehirns herangezogen werden, darunter aber andere Organe nachhaltig Schaden nehmen, was sich in späteren Erkrankungen äußert (▶ Kasten 14.5).

> **Kasten 14.5: Rahmengerüst für Hypothesen zum Zusammenhang zwischen fötaler Unterernährung und späteren Auffälligkeiten**
>
> Niedriges Geburtsgewicht ist zwar für sich selbst kein zwingender Indikator für pränatale Mangelernährung, gilt aber als ein Hinweis darauf, dass diese vorgelegen haben mag. Shenkin et al. (2004) fanden bei einer Sichtung der Literatur zum Zusammenhang von Geburtsgewicht regulär ausgetragener Kinder und deren IQ in frühen Lebensjahren zwar niedrige, aber konsistent positive Korrelationen (mit einem nichtlinearen Anteil bei den höchsten Geburtsgewichten). Diese Beziehungen blieben auch nach Kontrolle möglicher konfundierender Variablen wie Geschlecht, Schwangerschaftsdauer, Alter der Mutter etc. erhalten. Höher mit dem Geburtsgewicht korrelierte der elterliche Sozialstatus, und da dieser auch mit der Intelligenz der Kinder in Beziehung steht, kommen als vermittelnde Mechanismen für den gefundenen Zusammenhang zwischen Geburtsgewicht und kindlichem IQ sehr wohl auch genetische Faktoren in Betracht.

Untersuchungen liegen auch dazu vor, wenn Ernährungsmängel zumindest postnatal zu konstatieren sind. Winick et al. (1975) erhoben den IQ und die Schulleistungen von koreanischen Kindern, die im Alter von spätestens zwei Jahren zur Adoption in die USA gegeben und von der zuständigen Behörde seinerzeit als »schlecht«, »mäßig« oder »gut ernährt« klassifiziert worden waren. Die Gesamtgruppe zeigte überdurchschnittliche Leistungen, damit die Beobachtungen aus anderen Adoptionsstudien bestätigend, doch war auch später eine klare Binnendifferenzierung in Abhängigkeit vom früheren Ernährungszustand registrierbar (positive Korrelation zwischen Ernährung und Leistung).

In der auch methodisch interessanten Untersuchung von Galler (1984) wurden 129 schulpflichtige Kinder der Insel Barbados, die während ihres ersten Lebensjahres, also in einer für das Gehirnwachstum kritischen Phase, unter schwerem Proteinmangel gelitten hatten, mit einer gleich großen Gruppe von Klassenkameraden ähnlichen soziodemographischen Hintergrundes verglichen, in deren Biographie es keine Hinweise auf Unterernährung gab. Bei keinem der Kinder waren perinatale Komplikationen oder andere medizinische Besonderheiten berichtet worden, die gegebenenfalls ihre Entwicklung hätten beeinträchtigen können. Infolge des frühkindlichen Proteinmangels lag der durchschnittliche IQ um 12 Punkte unter demjenigen der Kontrollgruppe. In der Schule traten zudem gehäuft kognitive und behaviorale Störungen auf, deren Wurzeln in Beeinträchtigungen der Konzentrationsfähigkeit, des Gedächtnisses und der schulischen Leistungen sowie in erhöhter Ablenkbarkeit lagen. Wie erneute Untersuchungen zu späteren Zeitpunkten zeigten, dauerten die Probleme mit der Konzentration und Ablenkbarkeit zumindest bis zum 18. Lebensjahr an; oftmaliges Scheitern an der Hürde zu weiterführenden Schulen und hohe Ausfallquoten waren die Folge. Für diese Auffälligkeiten waren Umweltfaktoren nicht verantwortlich zu machen. Eingehendere Betrachtungen der Mikro-Umwelt während der Zeit nach der Unterernährungsphase ließen aber erkennen, dass die Mütter dieser Kinder häufiger Symptome von depressiven Verstimmungen und insbesondere Gefühle der Hoffnungslosigkeit aufwiesen. Diese Emotionen leisteten einen von den ernährungskorrelierten Faktoren unabhängigen, eigenständigen Beitrag zur Erklärung des schulischen Versagens.

Solche und weitere Befunde (s. Wachs et al., 1993; sowie insbesondere Berkman et al., 2002, auf die in Abschn. 14.3.2 noch gesondert eingegangen wird) haben Überlegungen zu den Mechanismen von Fehl- und Mangelernährungen angestoßen. Einem der diesbezüglichen Modelle zufolge, das auch durch Tierversuche gestützt wird, sind junge Individuen während der Zeit ihrer Unterernährung inaktiv, apathisch und zurückgezogen (Barrett, 1986). Obwohl ein solches Verhaltensmuster dem Ziel dient, Energie einzusparen, mag es aber auch einem Defizit von Anregungen und Erfahrungen Vorschub leisten, die für den sich entwickelnden Organismus unentbehrlich sind. Gerade unterernährte Kinder erfahren weniger stimulierende Interaktionen mit fürsorglichen Personen, sie verbringen mehr Zeit in dichtem Körperkontakt und weniger damit, ihre physische und soziale Umgebung zu explorieren. Derartige Effekte treten bereits vor einem Zeitpunkt auf, an dem die Unterernährung für sich gravierende Auswirkungen erkennen lässt. Auf diese Weise mag es das Verhalten der unterernährten Kinder sein, das zu den Defiziten in der sozialen und kognitiven Stimulation führt.

Demgegenüber liegen aber auch Anhaltspunkte dafür vor, dass die Interaktionen zwischen Unterernährung und Umgebung ebenso gut in eine andere Richtung weisen. Etwa entspricht es einer auf kommunaler Ebene häufig gemachten Beobachtung, dass unterernährte Kinder überzufällig oft aus Familien mit sehr niedrigem sozioökonomischen Status kommen, wo also die Ressourcen an Einkommen, Wohnraum und mütterlicher Intelligenz gering sind. Zudem konnte gezeigt werden, dass in Familien, in denen Kinder später Anzeichen von Unterernährung aufwiesen, ein Mangel an sozialer Stimulation herrschte und die Mütter passiv sowie lethargisch waren (Cravioto & Licardie, 1976).

Beide Erklärungen schließen einander jedoch nicht aus und können gleichzeitig zutreffen, indem beispielsweise die Effekte auf Seiten eines Kindes im Sinne von Rückzug und Apathie verstärkt werden in Familien mit unzureichender emotionaler, ökonomischer und intellektueller Kraft. Explizit bindet Wachs (2008) in sein systemtheoretisches Modell der Erklärung von nahrungsbedingten Defiziten die Charakteristika auf Seiten der Kinder mit ein, zusätzlich zu kulturellen Effekten, dem sozialen Netzwerk und natürlich der mütterlichen Bildung, Intelligenz und emotionalen Stabilität sowie deren Einfluss auf familiäre Entscheidungen mit ökonomischen Implikationen.

Erwachsenenalter

Die Auswirkungen von Unterernährung im Erwachsenenalter sind aus vielerlei Gründen noch sehr viel weniger intensiv erforscht. Untersuchungen von Macht und Janke (1993) vermitteln jedoch aufschlussreiche Einsichten in die vermittelnden Prozesse selbst kurzzeitiger Unterernährung: Einen Tag lang erhielten die insgesamt 56 Probanden im Doppel-Blindversuch entweder Nahrung mit normalem oder vermindertem Energiegehalt (1700 bzw. 264 kcal). Bei reduzierter Kalorienzahl der Nahrung waren nicht nur das Hungergefühl und die Nahrungsappetenz höher, sondern auch physiologische Parameter wie Blutdruck und Temperatur verändert, wobei die beiden letzteren Variablen auf eine Art »Ruhigstellung« des Organismus hinzuweisen schienen.

Die einschlägige Literatur resümierend stellte Lotzoff (1989) fest, dass nachträgliche Behandlungsprogramme die negativen Auswirkungen von Unterernährung in der Regel nicht vollständig zu kompensieren vermögen, weshalb zur Vermeidung der kognitiven und behavioralen Langzeitstörungen frühestmöglich an den ungünstigen Umgebungsfaktoren angesetzt werden müsse. Ähnlich konnten Ramey et al. (1999) die Wirksamkeit von Interventionen in den ersten fünf Lebensjahren nicht nur für Unterernährung, sondern auch Armut, geringe Intelligenz und Ausbildung der Eltern sowie niedriges Geburtsgewicht der Kinder zeigen, wobei die am stärksten benachteiligten Kinder am meisten im Hinblick auf Spracherwerb, intellektuelle und soziale Entwicklung von den Programmen profitierten. Auch wenn es sich bei einem Teil der Fortschritte um eine Regression zur Mitte gehandelt haben mag, ist die mit den Programmen verbundene Herausforderung bei 40 bis 60 % von Kindern der Weltbevölkerung, die an leichten bis mittleren Formen der Unterernährung leiden, und bei 3 bis 7 % der Kinder, die in Teilen der Welt an schweren Formen der Unterernährung leiden, gewiss gewaltig.

Verschiedentlich interessiert nicht so sehr die Menge der Nahrung und deren Kaloriengehalt, sondern die spezifische Zusammensetzung der Diät. So lässt sich beispielsweise die Erwartung begründen, dass sich reichlicher Genuss von Fisch (wegen dessen Gehalt an Omega-3-Fettsäuren) während der Schwangerschaft positiv auf das Verhalten und die Intelligenz der Kinder auswirkt. In der Tat fanden Gale et al. (2008), dass Kinder von Müttern mit einer derartigen Ernährungsvorgeschichte einen um 7,55 Punkte höheren IQ zeigten, doch verschwand dieser Effekt bei einer Kontrolle der maßgeblichen Hintergrundfaktoren (darunter vor allem sozioökonomischer Status, SÖS) – meist ein entscheidender Schwachpunkt einschlägiger Untersuchungen im Ernährungsbereich. In einer anderen Studie (Arija et al., 2006) ließ sich an 6-jährigen Kindern zwar eine Beziehung zwischen dem Gehalt an Eisen sowie Vitamin B_9 und B_{11} in ihrer Nahrung und dem IQ sichern, auch bei Kontrolle von SÖS und Geschlecht. Benton (2008) zieht jedoch die Generalisierbarkeit derartiger Einzelbeobachtungen in Zweifel und wirft die Frage auf, ob es gerechtfertigt sei, auf dieser schmalen Basis individuelle oder kollektive Ernährungsempfehlungen zu geben. Ernährungsvorlieben und -gewohnheiten im Erwachsenenalter stehen mit sehr vielen Variablen in Beziehung, darunter Wissen, Interessen, Alter, Geschlecht und auch Persönlichkeitsfaktoren (s. z. B. Goldberg & Stycker, 2002) sowie Angeboten und Ressourcen aus der individuellen Umgebung. Innerhalb solcher korrelativer Netzwerke ist es aber besonders schwer, Verursachungsketten empirisch nachzuweisen.

14.3.2 Krankheiten

In Bezug auf viele Krankheiten ist die Vermutung nicht abwegig, dass bei Entstehung und Verlauf psychologische Faktoren eine Rolle spielen. Asthma und Herz-Kreislauf-Erkrankungen sind dafür Beispiele. Nachfolgend soll aber eine Perspektive eingenommen werden, der zufolge Krankheiten nicht abhängige, sondern unabhängige Variablen sind. Um einen *regressus ad infinitum* zu vermeiden, müssen in den einschlägigen Untersuchungen möglichst viele dieser potentiellen Hintergrundfaktoren durch entsprechende Erhebungen oder Partialisierung kontrolliert werden.

Fast alle Krankheiten mit nichtreaktiven psychischen Implikationen sind mit Beeinträchtigungen der kognitiven Funktionen, also primär Aufmerksamkeit, Intelligenz und Gedächtnis verbunden. Zahlreiche Studien haben an Personen, die etwa an Schizophrenie, bipolaren Persönlichkeitsstörungen, Huntington, nichtdementen Formen von Parkinson, unfallbedingten Gehirnschädigungen oder posttraumatischen Belastungsstörungen leiden, mehr oder weniger starke Minderleistungen im Vergleich zu gesunden Kontrollpersonen gefunden.

Bei der Mehrzahl der oben genannten Auffälligkeiten handelt es sich um »Systemerkrankungen«. Im Unterschied zu den lokalisierten Erkrankungen, bei denen ein Organ oder ein Teil eines Organs betroffen ist, wirkt sich hier die Erkrankung auf ein gesamtes

Organsystem aus, wie etwa das Blut (Leukämie, Anämie), das Zentrale Nervensystem oder die Muskulatur als Ganzes. Nach Steen und Campbell (2008) liegt das Ausmaß der IQ-Minderungen durch derartige Erkrankungen meist niedriger als 10 Punkte. Hervorgerufen werden die Beeinträchtigungen dadurch, dass die Produktion oder Bereitstellung jener Substanzen gestört wird, die für den zerebralen Stoffwechsel unerlässlich sind. Diese Störung mag je nach Stadium und Form der Erkrankung durch krankheits- oder behandlungsbedingte toxische Wirkungen hervorgerufen werden. Wenn beispielsweise Jugendliche, die eine frühkindliche Krebserkrankung überlebten, im Kurzzeitgedächtnis und dem Zahlen-Symbol-Test des Wechsler-Tests Schwierigkeiten erkennen lassen, so sagt dieses Ergebnis etwas über die besondere Verletzlichkeit dieser Funktionen durch Krebs und (konfundiert damit) dessen Behandlung mittels Bestrahlung aus (Winqvist et al., 2001).

Besondere Aussagekraft kommt auch hier längsschnittlichen Ansätzen zu. So konnte etwa gezeigt werden, dass die Zahl epileptischer Anfälle die Intelligenz zunehmend beeinträchtigt (Bjornæs et al., 2001). Auch die perinatal diagnostizierte *Spina bifida* (»Spaltwirbel«) geht mit späteren Leistungseinbußen Hand in Hand (Jacobs et al., 2001). Eine international zusammengesetzte Autorengruppe erhob an einer Stichprobe von 239 peruanischen Kindern unter anderem anthropometrische Maße und Stuhlproben von der Geburt bis zum 9. Lebensjahr (Berkman et al., 2002). Die Krankheit (und damit konfundiert Mangelernährung sowie Wachstumshemmung) wurde durch Durchfallerkrankungen und parasitäre Infekte indiziert. Im Wechsler-Test zeigten sich IQ-Einbußen von bis zu 10 Punkten, die nicht vom sozioökonomischen Status und dem Bildungsgrad abhingen.

Gleichfalls in Südamerika konnte festgestellt werden, dass Kinder mit schwerwiegenderen Durchfallkrankungen in den ersten beiden Lebensjahren (und damit zusammenhängend, Ernährungsmängeln) 5 bis 10 Jahre später bedeutsame Defizite in der Sprachentwicklung aufwiesen. Diese Effekte blieben auch bei Kontrolle der mütterlichen Bildung, dem Stillen und der schulischen Unterrichtung erhalten (Patrick et al., 2005).

Auch wenn eingewendet werden mag, dass die Zahl der Kinder mit akuten Beeinträchtigungen relativ gering gewesen ist, die herangezogenen Tests nicht eigens in Südamerika validiert und das Erziehungsverhalten der Eltern nicht zusätzlich kontrolliert wurde, fügen sich die Befunde doch stimmig in ein Bild, wonach krankheitsbegünstigende Bedingungen zu mehr oder weniger generalisierten kognitiven Beeinträchtigungen führen.

In vielen Untersuchungen mit Indikatoren für physische Krankheiten und mentale Kompetenz sind diese positiv korreliert mit dem sozioökonomischen Status (SÖS). Die meisten einschlägigen Theorien machen die mit niedrigem Status verbundenen materiellen Nachteile direkt oder über den Umweg von psychosozialen Beeinträchtigungen für die Ungleichheiten verantwortlich. Wie Gottfredson (2004) jedoch monierte, können diese Ansätze die bemerkenswerte Robustheit der Beziehung zwischen SÖS und Gesundheitsmaßen (Wissen, Verhalten, Morbidität, Mortalität) über Zeit, Ort, Krankheiten und Gesundheitssysteme nicht hinreichend erklären; auch lieferten sie keine Deutung dafür, dass die Beziehung in gleicher Weise entlang des gesamten SÖS-Kontinuums bestehe. Im Hinblick darauf wurde verschiedentlich von Epidemiologen eine »fundamentale Ursache« angenommen – für die Autorin ist dieses schlicht die Allgemeine Intelligenz.

Selbstverständlich kann Intelligenz nur indirekt Gesundheit und Krankheit beeinflussen, etwa über Verhaltensweisen wie gesunde vs. schädliche Ernährung, körperliche Aktivität, Rauchen und Trinken oder über Faktoren der Arbeitsbelastung und des Lebensstils (s. dazu u.a. Deary & Starr, 2009).

Ungeachtet dieser vermittelnden Variablen haben Link et al. (2008) an zwei längsschnittlichen Datensätzen geprüft, ob eher Bildung und Einkommen (= SÖS) oder Intelligenz die entscheidende Größe für Gesundheitsmaße sind. Bei der statistischen Kontrolle von SÖS hatte Intelligenz nur einen geringen Einfluss, wohingegen umgekehrt SÖS auch unter Konstanthaltung von Intelligenz stabile Effekte zeigte. Auch wenn das Material keine eindeutige Entscheidung zwischen den beiden Konzepten erlaubt, sprechen die Befunde doch mehr dafür, dass SÖS (und nicht so sehr Intelligenz) die »fundamentale Ursache« ist, also die Komponenten von Wissen, Geld, Macht, Prestige und hilfreichen sozialen Netzwerken dafür sorgen, sich gesundheitliche Vorteile zu verschaffen bzw. krankheitsverursachende Faktoren zu vermeiden.

14.3.3 Stellung in der Geschwisterreihe

Intelligenz

Seit alters her ranken sich die verschiedensten Mythen um die Besonderheiten, die mit der Stellung in der Geschwisterreihe verbunden sind. Früher Geborene sind motorisch weiter entwickelt, wenn später geborene Geschwister hinzukommen. Schon daraus mag eine gewisse Dominanz der früher über die später Geborenen resultieren, gegen die sich die Jüngeren vielleicht zur Wehr setzen wollen. Kain war der Ältere und erschlug seinen jüngeren Bruder Abel, und ähnlich verhielt es sich bei Romulus und Remus.

Bis in die Gegenwart haben sich Meinungen und Anschauungen über die Leistungs- und Persönlichkeitsunterschiede als Auswirkung der Geburtenabfolge gehalten: In der Studie von Herrera et al. (2003) wurde den Erst- im Vergleich zu den Letztgeborenen nicht nur eine höhere Intelligenz zugeschrieben, sondern auch eine Reihe von Persönlichkeitsmerkmalen, die für das Erreichen prestigeträchtiger Berufe förderlich sind – und in der Tat zeigte sich, dass die Erstgeborenen eine bessere Schulbildung erfahren hatten und höherwertige Berufe ausübten. In dieselbe Richtung gehen Befunde, dass Eltern bereits in den ersten Monaten nach der Geburt die Erstgeborenen in mehrfacher Hinsicht gegenüber den später Geborenen zu bevorzugen scheinen (Keller & Zach, 2002).

Was das frühe Erwachsenenalter angeht, so handelt es sich bei der Untersuchung von Belmont et al. (1975) um eine besonders sorgfältige Studie deshalb, weil darin als Kontrollmerkmal die Körpergröße herangezogen wurde, die als nahezu ausschließlich genetisch determiniert gilt. Das an holländischen Rekruten bei deren Musterung routinemäßig erhobene Rohmaterial zeigte, dass in zahlenmäßig kleinen Familien die Kinder sowohl größer als auch intelligenter sind. Die Trennung von Familiengröße und Geburtsabfolge gelingt dadurch, dass separat für Familien unterschiedlicher Kinderzahl die Effekte der Geburtenfolge betrachtet werden, wie es in **Abbildung 14.9** für Körpergröße und Intelligenz der Fall ist.

Wie ersichtlich, bestehen sowohl hinsichtlich Intelligenz als auch Körpergröße Mittelwertsunterschiede zuungunsten der Familien mit mehreren Kindern, die gleichermaßen unter genetischen wie umweltmäßigen Gesichtspunkten zu deuten sind. Nur an dem Intelligenz-Punktwert zeigt sich indessen ein deutlicher Effekt der Geburtsreihenfolge. Als eine Besonderheit ist die besonders niedrige Leistung der zuletzt geborenen Kinder zu registrieren, bei denen die sich abschwächende Tendenz des Intelligenzrückgangs mit zunehmender Geburtenposition wieder verstärkt wird. In anderer Weise verletzen zudem Einzelkinder die Trenderwartung insofern, als sie nur eine mittlere und nicht etwa die höchste Allgemeine Intelligenz besitzen, wie aus der negativen Korrelation Intelligenz × Familiengröße geschlossen werden könnte. Zur Erklärung dieser Fakten haben Zajonc und Markus (1975; s. auch Zajonc,

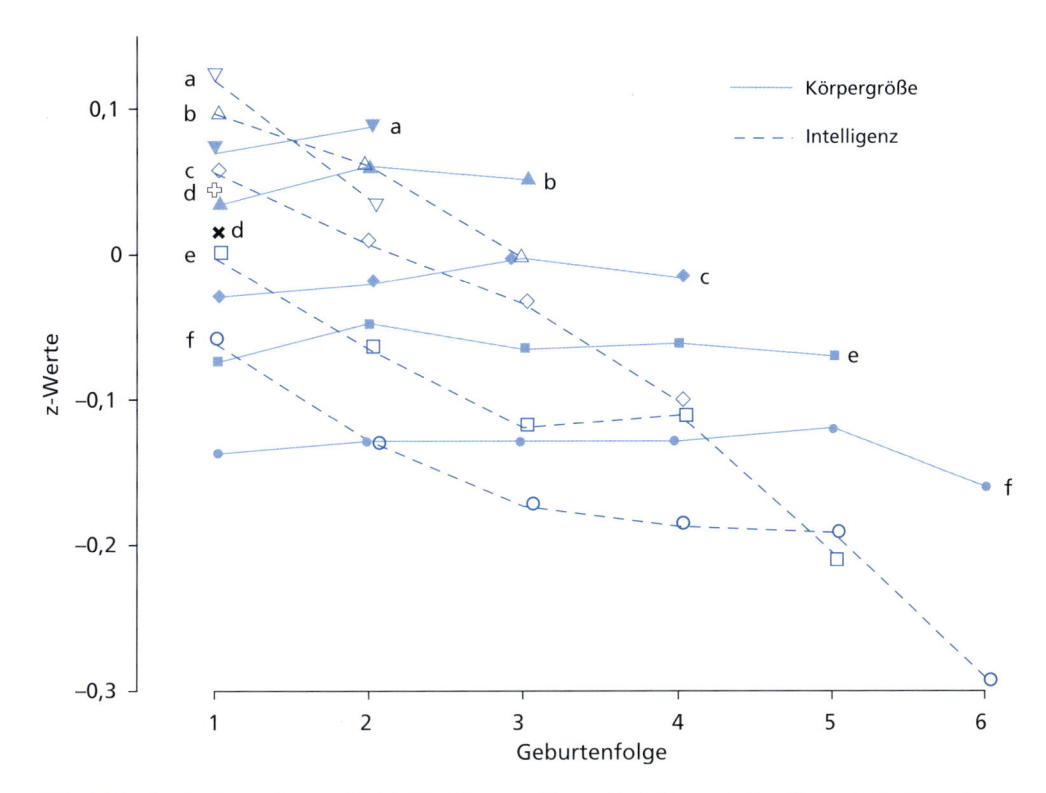

Abb. 14.9: Geschwisterreihungseffekte für Körpergröße und Intelligenz in Familien mit ein bis sechs Kindern. a = 2, b = 3, c = 4, d = Einzelkinder, e = 5 Kinder, f = 6 Kinder. Die Daten stammen von großen Stichproben holländischer Wehrpflichtiger, die bei ihrer Rekrutierung mit dem Raven-Test untersucht wurden (nach Belmont et al., 1975).

1979) das sogenannte Konfluenz-Modell konzipiert, innerhalb dessen sich der Anregungsgehalt einer Familie für das Intelligenzwachstum eines Kindes nach dem Durchschnitt der absoluten Intelligenzausprägung sämtlicher Familienmitglieder einschließlich des jeweils betrachteten Kindes bemisst:

Intelligenzniveau =

$$= \frac{100 \times \text{Vater} + 100 \times \text{Mutter} + \sum_{i=1}^{n} G_i + N_0}{3 + n}$$

- G_i = Intelligenz-Punktwert des i-ten Geschwisters des Neugeborenen zum Zeitpunkt von dessen Geburt
- N_0 = (Null-)Intelligenz-Punktwert des Neugeborenen
- n = Geschwisterzahl des Neugeborenen

Zu dieser durchschnittlichen intellektuellen Umgebung, so die einfachste Annahme des Modells, tragen beide Elternteile mit zunächst willkürlich gewählten Einheiten gleich viel bei; dabei handelt es sich ausdrücklich *nicht* etwa um einen IQ-Wert, sondern um ein Maß für die *absolute* Ausprägung der mentalen Leistungsfähigkeit. Später Geborene treten also in Familienumwelten ein, die gegenüber der Situation, wie sie Erstgeborene vorfinden, durch die Gegenwart der älteren Geschwister bereits an durchschnittlicher »Qualität« verloren hat. Ist der zeitliche Abstand zu älteren Geschwistern allerdings sehr groß, wird die Benachteiligung weniger gravierend ausfallen, da die Geschwister dann ihrerseits bereits erheblich gereift sind und auf diese Weise mehr zum

Gesamtpotential der Familie beitragen. Die besonders niedrigen Leistungen der Letztgeborenen erklärt das Modell damit, dass diese »weniger Gelegenheit haben, in die Rolle eines ›Lehrers‹ zu schlüpfen« (Zajonc, 1979, S. 34) und ihren jüngeren Geschwistern bestimmte Fertigkeiten beizubringen, was ihr eigenes Verständnis fördern könnte. Gleiches trifft zu für die ansonsten bevorteilten Einzelkinder – weshalb aus dieser Perspektive betrachtet und entgegen landläufiger Meinung das Einzelkind mehr einem zuletzt Geborenen und weniger einem Erstgeborenen ähnelt (s. auch Zajonc, 1979).

Darüber hinaus sind dem Modell zufolge die Unterschiede zwischen Geschwistern aufgrund der Geburtenposition auch abhängig vom Lebensalter der Kinder, wie der Vergleich einer Zwei-Kind-Familie mit einer Ein-Kind-Familie verdeutlicht: In beiden Familien wächst das Erstgeborene zunächst in einer Umgebung mit gleichem Anregungsgehalt auf, bis dann in der Zwei-Kind-Familie das zweite Kind geboren wird. Dadurch erfährt das Erstgeborene dieser Familie gegenüber dem Einzelkind eine Verlangsamung seiner Intelligenzentwicklung, da das qualitative Niveau durch das Neugeborene insgesamt reduziert wird. Das Zweitgeborene ist zum Zeitpunkt seiner Geburt ebenfalls im Nachteil, da es in ein niedrigeres Niveau als sein älteres Geschwister und auch das Einzelkind hineingeboren wird. Dieser Nachteil kehrt sich später um, da es ab einem bestimmten Alter eine höherwertige »Intelligenz-Umgebung« erfährt, als das Erstgeborene im selben Alter erfahren hat, wie das folgende Beispiel zeigt:

Das Erstgeborene sei 8 Jahre alt → Intelligenz-Niveau $= (100 + 100 + 8 + 4) : 4 = 53$.

Das Zweitgeborene sei 8 Jahre alt → Intelligenz-Niveau $= (100 + 100 + 12 + 8) : 4 = 55$.

An den Werten von 8 und 12 ist erkennbar, dass es sich dabei – ebenso wenig wie bei 100 – nicht um IQ-Maße handelt.

Aus dem Rechenbeispiel folgt, dass das Zweitgeborene in einem bestimmten Altersabschnitt dem Erstgeborenen überlegen sein kann, bis dieses seine Lehrerfunktion nutzt und daraus einen Vorteil zieht, der unter günstigen Bedingungen sowohl zum Überholen des Zweitgeborenen als auch des Einzelkindes führen mag.

Untersuchungen verschiedener verbaler Funktionen (u.a. Wortschatz, Wortverständnis, Analogien und Sprichwörter) an einer sehr großen Stichprobe französischer Kinder belegen das Phänomen, wie **Abbildung 14.10** zeigt.

Das Modell ist wertvoll in mehrerer Hinsicht. Zum einen wird das Modell den durchschnittlich verminderten Leistungen von solchen Kindern gerecht, die gegenüber ihren Geschwistern nur relativ geringe Altersunterschiede aufweisen. Zum anderen erklärt die Theorie die Minderleistungen von Zwillingen, die einen Extremfall rascher Geburtenabfolge darstellen, sowie darüber hinaus den etwas höheren IQ allein aufwachsender Zwillingspartner. Ferner kommt das Modell auch in Bezug auf die Effekte alleinerziehender Elternteile zu Vorhersagen, die sich empirisch bestätigen lassen (s. Zajonc, 1976), und erlaubt die Ableitung der bislang noch ungeprüften Hypothese, dass zusätzliche Erwachsene in einer Familie (»Großfamilie«) den Anregungsgehalt der Umgebung für die Zeit ihrer Präsenz erhöhen müssten. Damit nicht genug: Zajonc (1986) vermag zu zeigen, dass der Abfall der Punktwerte im »Scholastic Aptitude Test« (SAT), einem Verfahren, dem sich jährlich viele tausend Schülerinnen und Schüler unterziehen, zwischen den Jahren 1973 und 1980 sowie deren kontinuierlicher (Wieder-)Anstieg in den 80er Jahren durch zwei Faktoren erklärt werden können: zum einen gleichsinnige Veränderungen in der mittleren Geburtenabfolge durch zunächst größere, dann kleinere Kinderzahlen in den Familien, zum anderen die mittlere Quote von Probanden, die als Teil jeder Kohorte an dem Verfahren teilnehmen.

Gerade wegen des beachtlichen Anregungsgehaltes, den das Konfluenzmodell für

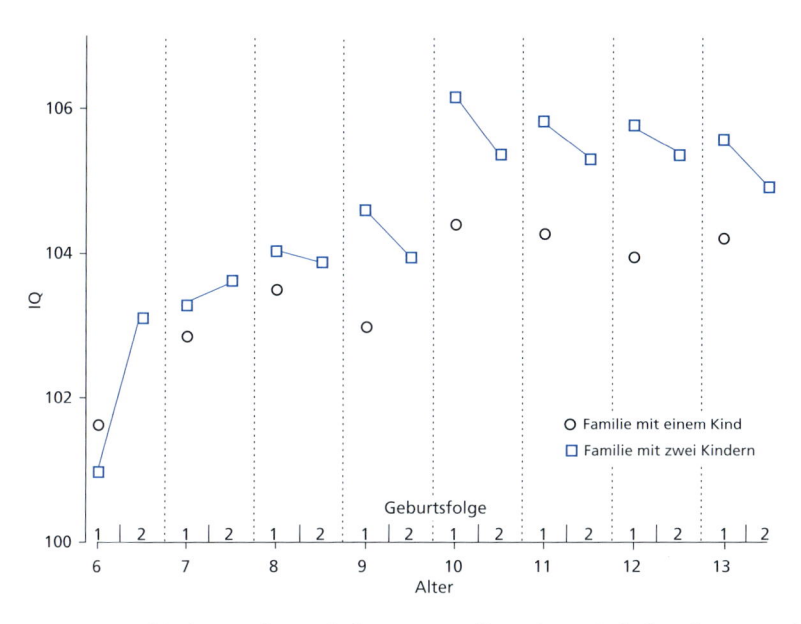

Abb. 14.10: IQ von Einzelkindern und von Kindern aus Familien mit zwei Kindern für unterschiedliche Altersstufen, $N = 33\,339$ (nach Zajonc, 1979).

die Forschung aufweist, und der vermeintlich überzeugenden Belege für seine Angemessenheit sind ernste Bedenken vorgetragen worden. Diese richteten sich in erster Linie darauf, dass es sich bei den in **Abbildung 14.9** wiedergegebenen Daten der Geschwister um solche aus verschiedenen Familien handelt (»zwischen Familien«; querschnittlicher Ansatz). Beispielsweise stammen bei Vier-Kind-Familien die vier Messpunkte nicht etwa aus Erhebungen an *allen* Geschwistern von ausschließlich Vier-Kind-Familien. Auf diese Weise aber stelle der Geschwister-Reihungseffekt lediglich ein Artefakt dar, erzeugt von den zahlreichen Faktoren, in denen sich Familien voneinander unterscheiden. Dazu zähle hauptsächlich das Faktum, dass die Messwerte der Spätergeborenen vorrangig aus Familien mit größerer Kinderzahl und damit niedrigerem Intelligenzniveau stammten (s. z. B. Wichman et al., 2007; sowie die Replik darauf von Zajonc & Sulloway, 2007).

Über derartige methodische Probleme hinaus ergeben sich schwerwiegende erkenntnistheoretische Fragen, denn Unterschiede zwischen Familien erlauben keine Rückschlüsse darauf, was sich innerhalb von Familien ereignet. Wichtig sind demzufolge Erhebungen an allen Geschwistern einer Familie (»innerhalb von Familien«; längsschnittlicher Ansatz). So gut begründet die Forderung nach einem derartigen Ansatz auch ist, so sind bei diesem doch ebenfalls Konfundierungen unvermeidbar insofern, als bei Testungen zur gleichen Zeit die Geschwister unterschiedlich alt sind (s. Zajonc, 2001). Etwa könnten die Spätergeborenen in einer Phase aufgewachsen sein, während derer die (zwischenzeitlich älteren) Eltern sich weniger um die Kindern kümmern konnten, sei es wegen höherer beruflicher Anforderungen oder nachlassendem Interesse an ihren Kindern. Ungeachtet dessen aber würden die längsschnittlichen Studien gar keine signifikanten Resultate im Sinne des Modells zeitigen, so Wichman et al. (2006), die nicht nur frühere Studien kritisch würdigten, sondern auch eigene Daten im besagten Sinne präsentieren.

Genau zum gegenteiligen Schluss gelangten Bjerkedal et al. (2007), die längs- und querschnittlich die Daten von nicht weniger als 176 850 norwegischen Rekruten analysierten und für alle Familiengrößen einen Unterschied zwischen benachbarten Brüdern zugunsten der jeweils Frühergeborenen fanden (▶ **Abb. 14.11**). Wegen der enorm großen Datenmenge kommt dieser Studie eine besondere Aussagekraft zu, auch wenn sie sich nur auf männliche Personen stützt. Untersuchungen anderer Autoren gelangten jedoch zu dem Schluss, dass der Geschwister-Reihungseffekt für beide Geschlechter in etwa gleich ausfällt (Boomsma et al., 2008; allerdings querschnittliche Analyse).

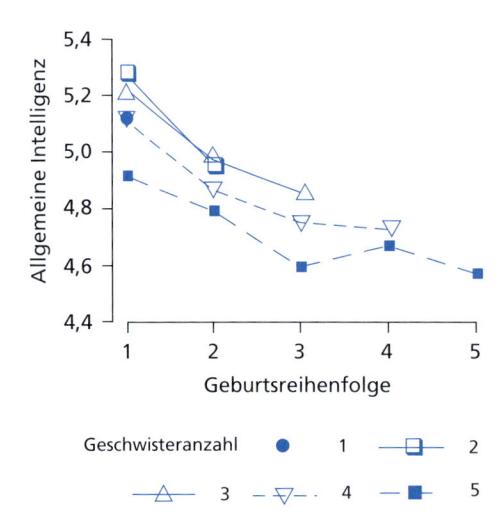

Abb. 14.11: Mittelwerte der Allgemeinen Intelligenz ($M = 5$, $s = 2$) für 176 850 norwegische Rekruten nach Geburtsreihenfolge bei unterschiedlicher Geschwisteranzahl (nach Bjerkedal et al., 2007).

Betrachtet man generell die Stärke des Effektes, um den es hier geht, sind unter Verwendung von Stichproben mit weniger als etwa 1000 Personen kaum Signifikanzen zu erwarten, betrug doch beispielsweise die mittlere Differenz zwischen Erst- und Fünftgeborenen bei sechs Geschwistern in der Arbeit von Belmont und Marolla (1973) nur ca. 1 Punkt im Raven-Test (dieses auch als Hinweis zur Interpretation der Effektstärken in **Abbildung 14.9**). Das Modell selbst, das ersichtlich nur für aggregierte, nicht aber individuelle Daten gilt, muss sich vor allem wegen seiner extrem mechanistischen Konzeptualisierung der intellektuellen Umwelt der Kritik stellen. Ausschlaggebend für die Vorhersagen des Modells ist nur die Gesamtsumme der Beiträge von Seiten der einzelnen Mitglieder des Familienverbandes. Also müssten zwei Eltern mit den Werten von 125 und 75 denselben Effekt ausüben wie zwei andere Personen mit jeweils 100 und drei ältere Geschwister mit je 50 zur intellektuellen Umwelt in derselben Weise beitragen wie drei mit 63, 53 und 33 usw.

Ähnliche, aber weniger präzise Vorhersagen zur Geschwisterabfolge erlauben zwei konkurrierende Theorien: zum einen eine Theorie elterlicher Investitionen, die davon ausgeht, dass die Eltern ihre erzieherischen Maßnahmen auf ihre Kinder gleich verteilen, dabei aber Ungleichheiten zugunsten der älteren erzeugen (Hertwig et al., 2002). Zum anderen das von Blake (1981) vorgestellte und von Downey (2001) differenzierte »Modell der Ausdünnung elterlicher Ressourcen« (»Resource Dilution Model«), das im Kern die These beinhaltet, dass sich die endlichen elterlichen Ressourcen in Einheiten von Schutz und Kontrolle, der Bereitstellung von Lebensraum, Nahrung und Kleidung in dem Maße abschwächen, in dem weitere Kinder in die Familie hineingeboren werden.

Ganz abgesehen davon, welche von diesen Theorien letztlich den umfassenderen Erklärungswert aufweisen, ist zu fragen, ob nicht auch pränatale Umweltfaktoren für einen Teil der Unterschiede verantwortlich sind. Schon Holley et al. (1969) konnten z. B. nachweisen, dass mit abnehmendem zeitlichen Abstand zwischen aufeinanderfolgenden Geburten auch das Geburtsgewicht der Neugeborenen zurückging, was negative Konsequenzen zumindest für die Werte in einem Motoriktest, der Tendenz nach auch für jene des im Alter von vier Jahren vorgegebenen Stanford-Binet-Intelligenztests hatte. Ganz allgemein ist das Geburtsgewicht ein Indikator für die Reife des Fötus und stellt einen starken Prädiktor für spätere intellektuelle und behaviorale Gesundheitsmaße dar (Schlotz & Phillips, 2009). Zudem scheint der weibliche Körper für die völlige Wiederherstellung optimaler Entwicklungsbedingungen eine längere Zeitspanne zu benötigen, als sie durch den Wiedereintritt der Konzeptionsfähigkeit angezeigt wird.

Zudem lässt das von Foster und Archer (1979) zusammengestellte Material die alternative Erklärung zu, dass das Immunsystem der Mutter das Gehirn des Embryos schädigt und diese Effekte, in Wechselwirkungen mit den Antikörpern Erstgeborener, bei zukünftigen Schwangerschaften stärker werden.

Persönlichkeit

Seit Jahren gibt es eine Fülle von Arbeiten, die sich mit der *Ausbildung von Persönlichkeitsmerkmalen* bei Geschwistern in unterschiedlicher Geburtsposition beschäftigen. In diesem Bereich fehlten allerdings lange Zeit kohärente Theorien, die es erlauben würden, die Befunde aus verschiedenen Persönlichkeitsdimensionen unter einer halbwegs einheitlichen Perspektive zu sehen. Stattdessen überwogen Ad-hoc-Erklärungen derart, Geschwisterreihungseffekte durch drei Arten von Prozessen zu erklären, nämlich solche, die durch die Eltern, durch Interaktion mit Geschwistern und auch das Fehlen von Geschwistern verursacht werden. Naheliegend sind Interpretationen etwa in dem Sinne, eine höhere Ängstlichkeit bei Erstgeborenen auf die Unerfahrenheit der Eltern oder deren übergroße Vorsicht im Umgang mit Kindern zurückzuführen, erhöhte Ängstlichkeit bei später Geborenen hingegen darauf, dass diese lange Zeit unter ihren stärkeren Geschwistern hätten leiden müssen. Tritt die besagte Merkmalsausprägung aber bei Kindern in einer Mittelposition auf, mag es an einer Vernachlässigung dieser weniger herausgehobenen Geschwister liegen.

Ernst und Angst (1983, S. XI), die sich in diesem Sinne äußerten, haben deshalb zunächst eine umfassende Literaturrecherche angestellt, um zu prüfen, ob überhaupt und gegebenenfalls welche Persönlichkeitsunterschiede in Abhängigkeit von der Geschwisterposition konsistent berichtet werden. Ganz allgemein macht ihre Analyse deutlich, dass in den meisten der dazu durchgeführten Arbeiten weder der sozioökonomische Status noch die Zahl der Geschwister beim Vergleich verschiedener Geburtspositionen kontrolliert wurde. Unter Berücksichtigung dieser Hintergrundvariablen reduzieren sich beobachtete Effekte auf ein vernachlässigbares Ausmaß oder sie fallen inkonsistent aus.

Entgegen landläufiger Meinung stellte sich ein größerer Geschwisterkreis als nachteilig für die Sozialisation heraus, da Befragungen von Eltern zufolge sich diese dann weniger um die schulischen Belange kümmern konnten, mehr mit Strafe reagierten und nicht in der Lage waren, ein befriedigendes Verhältnis zu den Kindern herzustellen. Entsprechend sollte die Interpretation von möglichen Persönlichkeitsunterschieden zwischen Geschwistern unterschiedlicher Geburtsposition an einer unterschiedlichen Sozialisation ansetzen. In der Tat erfahren Erstgeborene während der frühen Kindheit mehr Aufmerksamkeit und Zuwendung sowie eine intensivere sprachliche Stimulation als später Geborene, während ihnen im Vorschulalter mit stärkerer Kritik und weniger Gefühl begegnet wird. Die vielzitierte »Entthronung« als Folge der Geburt eines jüngeren Geschwisters (ein Konzept, das auf die Psychoanalyse von Alfred Adler zurückgeht) stört die Beziehungen zur Mutter erheblich und führt während der ersten Monate zu einigen Verhaltensstörungen. Tatsächlich gab es Hinweise auf eine Häufung von Zwangsneurosen sowie höhere Neurotizismus- und Ängstlichkeitswerte unter Erstgeborenen. Weiterhin identifizieren sich die Erstgeborenen stärker mit ihren Eltern und akzeptieren deren Autorität eher, was bei ihnen, relativ zu den später Geborenen, zur Ausbildung geringerer sozialer Fertigkeiten führen mag. Als Resümee stellten Ernst und Angst (1983, S. 240–241) fest, dass weder Geburtenabfolge noch Geschwisterzahl einen starken Einfluss auf die Persönlichkeit zu haben scheinen, wie auch eine Studie an fast 10 000 Probanden ergab (Jefferson et al., 1998). Das verfügbare Material weist stattdessen auf unvollständige Familien, einen unfreundlichen Erziehungsstil und eine vorzeitige Unterbrechung der Beziehungen zu den Eltern als Begleitumstände von Neurotizismus hin (Ernst & Angst, 1983, S. 284).

Erst Sulloway (1996) hat eine kohärente Theorie zur Ausbildung von Persönlichkeitsmerkmalen in Abhängigkeit von der Geschwisterabfolge formuliert. Sie basiert auf evolutionstheoretischen Überlegungen insofern, als höhere elterliche Investitionen (etwa in materiellen, kognitiven oder interpersonalen Einheiten) die Wahrscheinlichkeit für das Überleben der Nachkommen erhöht. Unterschiede in der Persönlichkeit entstehen daraus, dass die Eltern ihre begrenzten Ressourcen auf die Kinder unterschiedlich verteilen, und zwar abhängig von deren momentaner oder erwarteten Fitness. Umgekehrt bemühen sich die Geschwister um die Ressourcen und konkurrieren darin miteinander, indem sie verschiedene »Nischen« in der Familie besetzen, d. h. unterschiedliche Strategien anwenden im Bestreben, die Gunst und Zuneigung der Eltern auf sich zu lenken. Dabei würden sich die älteren Geschwister mit den Eltern und deren Autorität identifizieren und den Status quo unterstützen, die jüngeren Geschwister hingegen dagegen rebellieren. In der Tat konnte seitdem ein höheres Maß an »Aufsässigkeit« bei den später im Verhältnis zu den früher Geborenen beobachtet werden (Paulhus et al., 1999; Rohde et al., 2003). Zudem fanden Healey und Ellis (2007) an zwei getrennten Stichproben innerhalb und zwischen Familien bei Erstgeborenen hypothesengerecht höhere Punktwerte in »Gewissenhaftigkeit« (verantwortungsbewusst/gut organisiert, sorgfältig in der Schule), bei später Geborenen höhere Werte in »Offenheit für Erfahrungen« (rebellisch, nichtkonformistisch, offen für neue Erfahrungen). Auch die höheren Extraversionswerte der später geborenen Geschwister gegenüber den früher geborenen Geschwistern (die Zahl der Geschwister variierte zwischen 6 und 16!) in der Untersuchung von Dixon et al. (2008) sehen die Autoren in Übereinstimmung mit Sulloways Nischentheorie, weil extravertiertes Verhalten ein Mittel sein mag, um die Aufmerksamkeit der Eltern zu erhöhen. Allerdings fanden Dunkel et al. (2009) bei einer sorgfältigen Kontrolle konfundierender Hintergrundvariablen an 710 Studierenden, die neben einem Fragebogen zum Fünf-Faktoren-Modell der Persönlichkeit auch einen Fragebogen zur eigenen Identität (z. B. »Ich fühle mich völlig ausgereift«) bearbeiteten, keine bedeutsamen Unterschiede in Abhängigkeit von der Geburtsabfolge.

Insgesamt spricht die Befundlage dafür, dass Geschwistereffekte im Persönlichkeitsbereich – sofern sie überhaupt zu sichern sind – allenfalls sehr schwach ausgeprägt sind. Die meisten der durchgeführten Studien werden der beträchtlichen Komplexität des Forschungsfeldes nicht annähernd gerecht, denn schon die Messung der Geburtenabfolge erweist sich als schwierig: Wie steht es um die Rolle von Stief-, Halb- und Adoptivgeschwistern, geschiedenen Eltern, den zeitlichen Abstand zwischen den Geburten, im Weiteren das (mit steigender Zahl der Kinder zunehmende) Alter der Eltern und deren sozioökonomischen Status, schließlich das jeweilige Investment von Eltern in ihre Kinder und umgekehrt deren Identifikation mit den Eltern – alles Fragen, die bei einer umfassenden Prüfung Berücksichtigung finden müssten (▶ **Kasten 14.6**).

Kasten 14.6: Eine Implikation der Nischentheorie zum Verhalten zwischen Geschwistern

Eine der Aussagen in Sulloways Nischentheorie geht dahin, dass Erstgeborene innerhalb der Familie als Ersatzeltern agieren und die Rolle eines Aufsehers einnehmen. Dieser Aspekt ist Teil der evolutionären These von der Verwandtschaftsselektion. Danach können Individuen ihre Fitness nicht nur durch die eigene Fortpflanzung erhöhen, sondern auch durch eine Investition von Zeit und andere Ressourcen in Verwandte. Dabei ist die Beziehung nicht symmetrisch, weil ältere Individuen die Fitness ihrer jüngeren Geschwister in einem größeren Ausmaß oder zu geringeren Kosten steigern können als umgekehrt. Zudem haben jüngere Personen im Vergleich zu älteren einen höheren reproduktiven Wert, d. h. ein weiter in die Zukunft reichendes Potential. Daraus leitet sich die Erwartung ab, dass ältere Geschwister eher in jüngere investieren als umgekehrt.

Als Indikator für die besagten Investitionen wählten Pollet und Nettle (2007) die Häufigkeit von direkten Kontakten mit Geschwistern. Diese können näherungsweise für unterstützendes Verhalten und die Bereitschaft stehen, Kosten in Kauf zu nehmen, wenn damit dem Geschwister geholfen wird.

Insgesamt 1558 Personen im mittleren Alter von 43 Jahren teilten in einem Interview unter anderem mit, wie häufig sie ein Geschwister in den letzten 12 Monaten gesehen hatten. Das zentrale Ergebnis bestätigte die Vorhersagen: Die Erstgeborenen hatten häufiger als die später Geborenen »mindestens einmal pro Woche« Kontakt zu ihren Geschwistern (▶ Abb. 14.12). In den anderen Zeitkategorien gab es keine signifikanten Unterschiede.

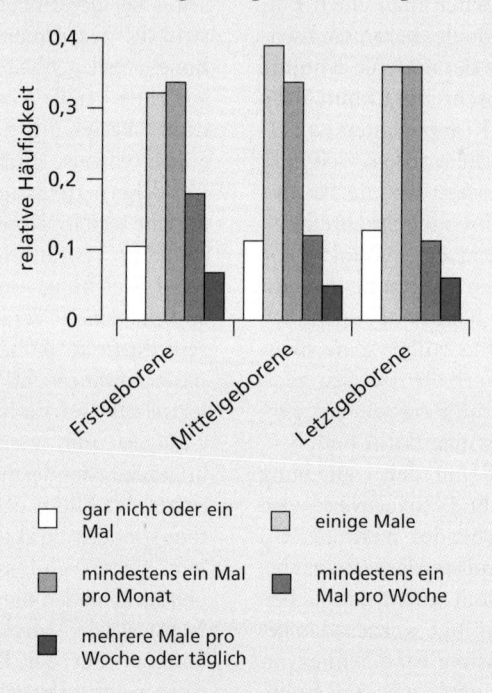

Abb. 14.12: Geburtsreihenfolge und relative Häufigkeit des Kontaktes mit den Geschwistern in den vergangenen 12 Monaten (nach Pollet & Nettle, 2007).

14.3.4 Erziehungsverhalten der Eltern

Das elterliche Erziehungsverhalten wird nachfolgend exemplarisch als weitere Varianzquelle individuellen Verhaltens angesprochen, weil hier im Unterschied zu den vorgenannten Determinanten vor allem Persönlichkeitsmerkmale, weniger aber Leistungscharakteristika im Vordergrund des Interesses stehen.

Methodische Probleme

Das Erziehungsverhalten ist nur ein Teilbereich aus dem großen Komplex der zahlreichen familiären Komponenten (z. B. Familiencharakter oder Familienzusammenhalt, Familienstruktur als Interaktionsmuster verschiedener Rollen und Ränge, Familie als Verband von Personen mit interindividuellen Unterschieden usw.), denen man einen Einfluss auf die Sozialisation des heranwachsenden Kindes ebenso wie der anderen Mitglieder des Verbandes zuschreiben kann. Das Gesamtfeld familiärer Komponenten ist deshalb so intensiv erforscht worden, weil man ihm eine große Wichtigkeit für die Persönlichkeit der Heranwachsenden zuschreibt.

Dabei wäre es verkürzt, eine monokausale Wirkung der familiären Komponenten auf die Persönlichkeit des Kindes anzunehmen. Das Kind selbst beeinflusst über seine spontanen und reaktiven Verhaltensweisen auch diejenigen seiner Eltern. Eine weitere Einflussnahme des Kindes mag darin bestehen, dass es in Interaktion mit der Umgebung neue Erfahrungen macht. Beispielsweise wird ein aus sich herausgehendes mehr als ein furchtsames Kind freundliche Reaktionen bei anderen evozieren, womit seine freundlichen Verhaltensweisen bekräftigt werden. Umgekehrt wird Zurückweisung bei einem extravertierten Kind vermutlich weniger beeinträchtigende Effekte hervorrufen als bei einem introvertierten Kind (Bates & Pettit, 2007). Insofern müssten für eine sorgfältige Erfassung des Bedingungsgeflechts auch kindliche Merkmale und Eigenschaften sowie deren Interaktionen mit externen Faktoren ergänzend herangezogen werden.

Inhaltlich ähnlich zu dieser Forderung ist die Ansicht, dass es nicht so sehr spezifische Erziehungspraktiken auf Seiten der Eltern sind, die letztlich für die Auswirkungen auf die kindliche Persönlichkeit maßgeblich sind, als vielmehr die Qualität der Eltern-Kind-*Beziehung* (Laursen & Collins, 2009). Die Bindung der Kinder an ihre Mütter stellt dafür ein prominentes Beispiel dar (Bailey et al., 2007). Manders et al. (2006) orientierten sich an bekannten Eigenschaftsdimensionen als den Elementen der Eltern-Kind-Kommunikation. Eine unabdingbare Voraussetzung für eine tragfähige Beziehung zwischen Eltern und Kindern ist zudem eine gute Beziehung zwischen den Eltern. Dazu gehört, dass Vater und Mutter sich wechselseitig bei der Erziehung unterstützen, konstruktiv zusammenarbeiten und in Erziehungsangelegenheiten einander nicht widersprechen (engl. »coparent«). Die Qualität dieser Beziehung hängt vom Bildungsgrad sowie teilweise auch vom Bildungsgrad der Großeltern ab (Stright & Bales, 2003).

Eine weitere Komplikation stellt die naheliegende Vermutung dar, dass die Eltern-Kind-Beziehung von der Kindheit zur Jugend verschiedenen Veränderungen unterworfen sein dürfte in Abhängigkeit von familialen, ökonomischen und sozialen Faktoren. Idealerweise wären deshalb Längsschnittuntersuchungen mit mehreren Messzeitpunkten angezeigt, desgleichen nicht nur verbale Berichte der Eltern über ihr Erziehungsverhalten, sondern direkte Beobachtungen derselben. Untersuchungen, die diesen Kriterien genügen, stellen die absolute Ausnahme dar. Meist werden Merkmale des Erziehungsverhaltens oder der Beziehungsqualität sogar retrospektiv erfragt (z. B. Taris & Bok, 1996).

Die Fragebogenmethode ist freilich dort unverzichtbar, wo als ein Segment des elterlichen Erziehungsverhaltens die Einstellung gegenüber ethischen und praktischen Problemen des Erziehungsgeschehens erfasst werden sollen, die gemeinhin zusammen mit den Erziehungspraktiken zu den Erziehungsstilen gezählt werden. Gleiches gilt für die bei den Erzogenen vorherrschenden Wahrnehmungen des elterlichen Erziehungsverhaltens, wie auch umgekehrt die Wahrnehmungen und Erwartungen der Eltern in Bezug auf die Kinder.

Die Erklärungsproblematik in dem überaus komplexen Beziehungsgeflecht Familie stellt sich vermeintlich dort als weniger diffizil dar, wo quasi-experimentelle Anordnungen vorfindbar sind. Vorübergehende oder dauernde Abwesenheit eines Elternteils im Vergleich zu permanenter Präsenz mag eine solche Voraussetzung darstellen. So ist festgestellt worden, dass jene Studenten wesentlich niedrigere Mathematik- als Sprachleistungen aufwiesen, deren Väter zum Militärdienst einberufen worden waren, als ihre Kinder noch sehr jung waren (Carlsmith, 1964).

Ausgewählte Ergebnisse

Gewöhnlich sind als faktorenanalytisch gewonnene Dimensionen des Erziehungsstils die orthogonalen Achsen »Autonomie vs. Kontrolle« und »Zuwendung (Wärme, Liebe) vs. Zurückweisung (Feindseligkeit)« gefunden worden (s. Herrmann, 1976, S. 388). Je nach Analysetechnik, theoretischem Ansatz und Itempool wurden aber auch zahlreiche andere Faktoren extrahiert. Beispielsweise kategorisierten Weiss und Schwarz (1996) die Familien ihrer Untersuchung nach den Erziehungstypen »autoritär«, »demokratisch«, »nicht-direktiv«, »nicht-autoritär-direktiv«, »autoritär-direktiv« und »unbeteiligt«. Mandara (2003) unterscheidet in ihrer Übersicht die drei prototypischen Persönlichkeiten und Erziehungsstile »angepasst/autoritär«, »überkontrolliert/autoritär« und »unterkontrolliert/ permissiv«. Mehrfach interessierte auch die Rolle von Erziehungsstilen als abhängige Variable und eine erklärende Rückführung auf elterliche Persönlichkeits- sowie Familienmerkmale als unabhängige Variable. Die betreffenden Zusammenhänge scheinen allerdings nur von mäßiger Höhe zu sein (z. B. Russell, 1997; Spinath & O'Connor, 2003).

Nicht eben hoch fallen aber auch die Korrelationen zwischen elterlicher Erziehung und Persönlichkeits- sowie Verhaltensmerkmalen der Kinder aus. In einer japanischen Studie korrelierte Introversion von 13-jährigen Kindern in mäßiger Höhe mit Überprotektion/Einmischung durch die Mütter. Kindliche Reife korrelierte u.a. mit väterlicher, Intellekt mit mütterlicher Teilhabe an der Erziehung (Nakao et al., 2000). Gut gesichert ist der Einfluss von Zurückweisung oder gar Feindseligkeit auf die Entwicklung von kindlichen Depressionen und Verhaltensauffälligkeiten. Obgleich vielfach repliziert erklären die Erziehungsvariablen doch meist nur um 8 % der Kriteriumsvarianz (McLeod et al., 2007; Heaven et al., 2004).

Als eine gravierende Form von Verhaltensauffälligkeit gilt Delinquenz. Auch hierfür liegen Meta-Analysen vor, denen zufolge elterliche Überwachung, psychologische Kontrolle, Zurückweisung oder Feindseligkeit bis zu 11 % der Kriteriumsunterschiede erklären (s. Hoeve et al., 2009). Ein solches Resultat lässt aber die Frage von Ursache und Wirkung durchaus noch offen. Schon vor geraumer Zeit hat denn auch Herrmann (1976, S. 395) in Hinblick auf einen gleichgerichteten Befund in eigenen Forschungen vorsichtig resümiert: »Insgesamt scheint die elterliche Strenge bzw. Strafneigung zu einer generalisierten ›Verbotsorientierung‹ des heranwachsenden Individuums zu führen, während elterliche Unterstützung eine verallgemeinerte ›Gebotsorientierung‹ nach sich zieht«.

Damit ist hingeleitet auf die Untersuchungen im deutschsprachigen Raum aus dem

Arbeitskreis um Herrmann (1968; Stapf et al., 1972) Darin wurde mit Hilfe eines Fragebogens – getrennt für Vater und Mutter – das Ausmaß erfasst, in dem aus der Sichtweise des Kindes das Erziehungsverhalten durch Unterstützung oder Strenge gekennzeichnet ist. Die dafür jeweils bestimmten Skalenteile interkorrelieren negativ in niedriger bis mittlerer Höhe. Motivierbarkeit durch Anreize, positive Zukunftserwartung, bessere Schulleistungen, aber auch Ängstlichkeit und verstärkte Konformitätsneigung gingen mit elterlicher Unterstützung einher.

Häufig sind die Beziehungen allerdings von komplexer Natur. Beispielsweise waren bei der Analyse problematischen Verhaltens in einer holländischen Untersuchung mit längsschnittlichem Design und zwei sehr großen Stichproben replizierbare Wechselwirkungen zwischen dem elterlichen Erziehungsverhalten und den Persönlichkeitsmerkmalen der Kinder zu beobachten (Van Leeuwen et al., 2004).

In Hinblick auf die interne Validität (Erklärungseindeutigkeit) kommen den längsschnittlichen Untersuchungen auf den ersten Blick die Studien mit abwesenden Vätern nahe (engl. »father absence«). Nach häufig berichteter Beobachtung zeigen Kinder alleinerziehender Mütter etwas verminderte kognitive und schulische Leistungen (z. B. Shinn, 1978). Die Unterschiede in kognitiven Leistungen, dem Selbstgefühl und der Delinquenzneigung zwischen Scheidungskindern und Kindern mit zwei erziehenden Elternteilen verschwinden jedoch meist, wenn der sozioökonomische Status kontrolliert wird (Barber & Eccles, 1992; s. auch die Abhandlung von Jeynes, 2002). Ihre Literaturübersicht abschließend stellen Barber und Eccles (1992) fest:

»Sicher ist es im Allgemeinen richtig, dass zwei Elternteile die Aufgabe, die Kinder zu erziehen, besser erledigen können als nur ein Elternteil. Aber daraus folgt nicht, dass es allen Kindern besser geht, wenn ihre Eltern zusammenbleiben. Zum einen mögen den negativen Konsequenzen eines Aufwachsens in einer konfliktträchtigen Familie diejenigen entgegenstehen, die daraus resultieren, wenn Eltern sich trennen. Zum anderen mögen einige Sozialisationsvorteile daraus erwachsen, dass Kinder mit ihrer Mutter allein aufwachsen. So können Kinder von allein erziehenden Müttern ein größeres Ausmaß an Verantwortlichkeit und Selbstgefühl entwickeln (…), das ihnen letztlich auf dem Arbeitsmarkt zum Vorteil gereicht.«

Bei einer Kontrolle des sozioökonomischen Status an vielen tausend Familien gelangte auch DeBell (2008) zu der Feststellung, dass nur noch geringe Unterschiede zulasten von Scheidungskindern in Bezug auf Gesundheit und schulische Leistungen bestünden und dass von daher in der Volksmeinung die abträglichen Effekte von fehlenden Vätern wohl überschätzt würden. Hierin wird der Wandel in der gesellschaftlichen Akzeptanz von alleinerziehenden Müttern und Vätern und der Rolle von helfenden sozialen Netzwerken sowie staatlichen Unterstützungen deutlich.

14.3.5 Übung, Training, Unterweisung

Definitionen und methodische Probleme

»Übung macht den Meister« lehrt ein altes Sprichwort, und in der Tat gibt es keine praktisch bedeutsame psychische Funktion mit Leistungscharakter, die nicht durch Schulung verbessert werden könnte. Nach allem, was über die Ausformung von Fertigkeiten durch das Ineinanderwirken genetischer und umweltmäßiger Faktoren gesagt wurde, kann eine solche Feststellung nicht überraschen: *Übung stellt eine Massierung bestimmter Anregungsbedingungen dar.*

Unter bestimmten Voraussetzungen lassen sich über die Wiederherstellung externaler und internaler Faktoren bestimmte Verhaltensweisen direkt *wiederholen*. Diese Methode weist augenscheinlich Vorteile bei einfachen kognitiven und motorischen Prozessen wie Kopfrechnen, Radfahren etc. auf. In einem solchen Fall spricht man von »direkter Übung« oder Training. Stellt man fest, dass die Beschäftigung mit spezifischen Materialien oder Verhaltensweisen das Leistungsniveau in anderen, nicht unmittelbar geübten Funktionen positiv beeinflusst, hat man es mit einer »*Mitübung*« zu tun. Schließlich ist an die verbale oder anschauliche Vermittlung sehr allgemeiner Prinzipien für unser kognitives und soziales Verhalten durch Vorgänge und Personen in Familie, Schule und Beruf zu denken. Dann spricht man von »Erziehung und Bildung«. Die konkrete Ausprägung in Variablen wie Wortflüssigkeit, mechanisch-technischem Verständnis oder sozialer Intelligenz erklärt sich gewöhnlich als das Endprodukt eines im Nachhinein nicht mehr auflösbaren Wirkungsgeflechtes dieser Prinzipien und weiterer Faktoren wie Einsicht, Regellernen, Vergessen, Hemmungen und dergleichen.

Für die Differentielle Psychologie ergeben sich daraus mehrere Probleme: Die interpretative Einordnung einer individuellen Merkmalsausprägung ist immer dann faktisch unmöglich, wenn nicht zugleich Anhaltspunkte über den Grad der erfahrenen Vorübung gegeben sind. Der individuelle Übungsverlauf kann interindividuell (und über verschiedene Aufgaben hinweg auch intraindividuell) sehr verschieden aussehen, zeigt in der Regel jedoch mit zunehmender Übung die für die allgemeine Wachstumsfunktion typische Abflachung. Je nachdem, zu welchem Zeitpunkt des Übungsverlaufes Aussagen im Sinne einer punktuellen Momentaufnahme gemacht werden, mögen die Feststellungen über die relative Position zweier Probanden zueinander verschieden ausfallen (▶ Abb. 14.13).

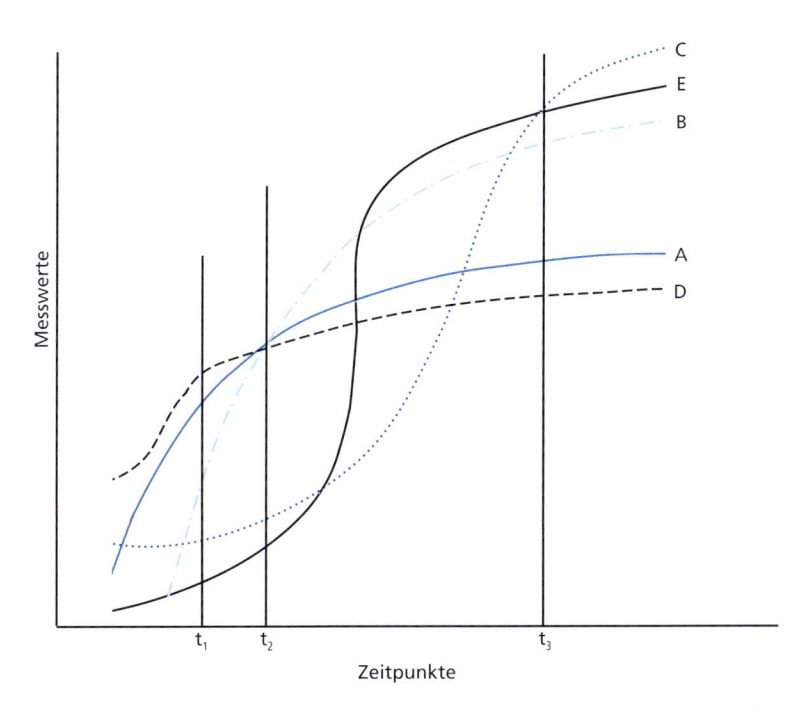

Abb. 14.13: Vergleich mehrerer Messwertträger A bis D in einer übungsabhängigen Funktion in verschiedenen Stadien ihrer individuellen Vorübung.

Verbunden ist damit offenkundig eine – gegenüber dem »Endzustand« der asymptotischen Abflachung – ganz allgemein reduzierte Reliabilität der Messwerte. Hinzu kommt eine nur geringe Aussicht, das jeweilige Verhaltensmaximum oder die Entwicklungsmöglichkeiten valide vorherzusagen; dem stehen die unterschiedliche Steilheit und Höhe individueller Lernkurven entgegen. Dies ist einer der Gründe dafür, warum bereits seit geraumer Zeit verstärkt eine »Prozessdiagnostik« anstelle der herkömmlichen »Statusdiagnostik« gefordert wird (s. Pawlik, 1976).

Darüber hinaus erscheint es fraglich, ob unter dem Einfluss von Übung und Training die untersuchte Funktion in ihrer psychologischen Bedeutung tatsächlich nur quantitative Veränderungen erfährt, etwa im Sinne der in **Abbildung 14.13** veranschaulichten Funktion. Daneben könnten auch qualitative Modifikationen stattfinden. Anlass zu derartigem Zweifel lieferten erstmals die Trainingsversuche von Bryan und Harter (1899), in denen die Fertigkeit beim Erwerb und der Ausübung des Morsens untersucht wurde. Für sinnfreie Texte zeigte sich eine negativ beschleunigte Funktion von nur geringer Steigung und Höhe. Im Falle der Verarbeitungsgeschwindigkeit für sinnvolle Texte hingegen kam es nach einer anfänglich dem sinnfreien Material ähnlichen Übungskurve mit einem längeren Plateau zu einem erneuten markanten Leistungsanstieg, sodass sich das Bild zweier aufeinander gestellter, seitlich verschobener Lernkurven ergab (▶ Abb. 14.14).

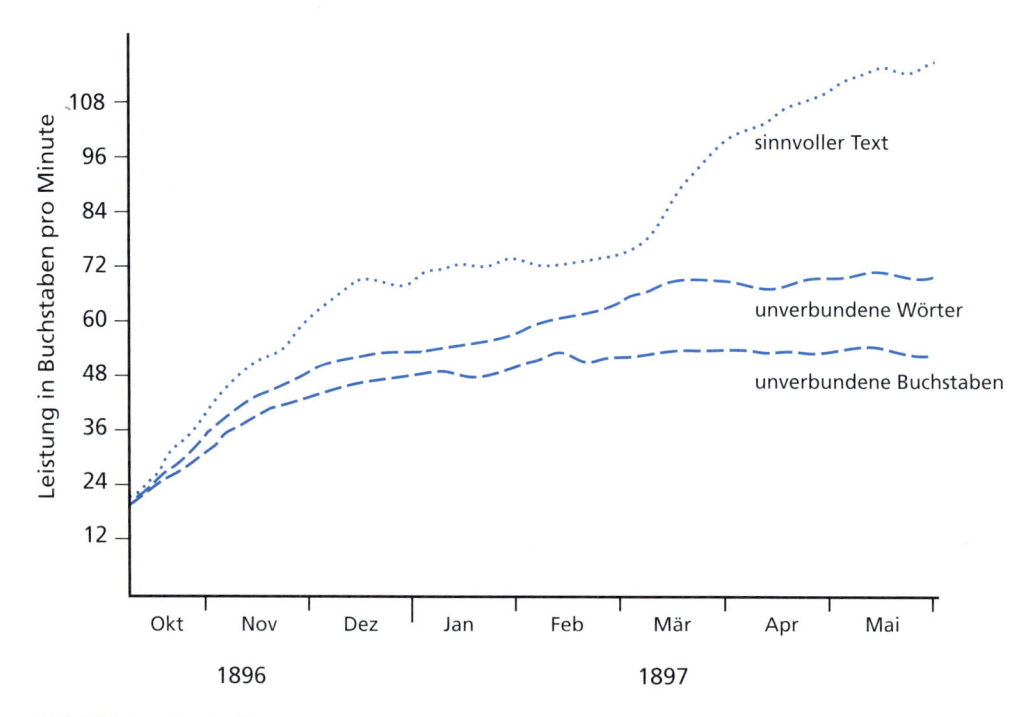

Abb. 14.14: Individuelle Leistung einer Versuchsperson in Buchstaben pro Minute während aufeinanderfolgender Übungsabschnitte. Die oberste Linie bezeichnet die Morsegeschwindigkeit für sinnvollen Text, die mittlere für unverbundene Wörter, die untere für unverbundene Buchstaben (nach Bryan & Harter, 1899).

Die damit für die Übermittlung sinnvoller Zusammenhänge realisierte wesentlich höhere Silbenzahl erklärt sich letztlich durch die nach einer gewissen Zeit vorgenommene interne Umstrukturierung der Bearbeitungsprozesse. Verallgemeinert ausgedrückt werden in hochgeübtem Zustand andere Techniken oder die früher verwandten in anderer Kombination und Gewichtung zur Bewältigung von Anforderungen der Umwelt eingesetzt.

Erscheint somit die Kontrolle von Übungsfaktoren von besonderer Bedeutung für die Erklärung interindividueller Unterschiede, türmen sich hier allerdings praktisch unüberwindliche Schwierigkeiten auf. Wenn nachfolgend einige Beispiele für die Auswirkung von Übung bzw. Training auf individuelle Differenzen gegeben werden, geschieht dieses ohne jeden Anspruch, dass im konkreten Fall die Probleme (▶ Kasten 14.7) überwunden worden wären.

Kasten 14.7: Methodische Schwierigkeiten bei der Kontrolle von Übungsfaktoren

Definition der Übung. Die Übung kann als gleich gelten, wenn die Zahl der darauf verwendeten Durchgänge bzw. Wiederholungen oder aber die damit zugebrachte Zeit identisch ist. Geht man davon aus, dass die bereits zu Beginn leistungsfähigeren Probanden in der Zeiteinheit mehr von einem Übungsangebot profitieren als die weniger leistungsfähigen, stellen fixierte Wiederholungszahlen für sie eher eine Benachteiligung, festgelegte Zeiten dagegen eine Bevorzugung dar.

Festlegung des Übungsgewinns. In zahlreichen Leistungsbereichen wird das erzielte Niveau durch die Zahl der in gegebener Zeit gelösten Aufgaben ausgedrückt. Durch einfache Beispiele, die nur unterschiedliche Ausgangswerte der Probanden vorsehen müssen, ist leicht aufzeigbar, dass je nachdem, ob ein übungsbedingter Zuwachs an gelösten Aufgaben oder ein solcher an benötigter Zeit zugrunde gelegt wird, sich völlig verschiedene Aussagen ergeben.

Interpretation von Variabilitätsmaßen. Im Zuge der allgemeinen Frage, inwieweit Übung die Unterschiedlichkeit der Individuen beeinflusst, ob diese im Sinne einer Vergrößerung oder Verringerung der Variabilität wirkt, entsteht gewöhnlich die Notwendigkeit, Varianzen miteinander zu vergleichen, die auf Messwerten mit unterschiedlichen Mittelwerten beruhen. Etwa könnte ein Kreativitätstraining die durchschnittlichen Punktwerte beträchtlich erhöht, aber auch die Varianzen vergrößert haben. Solange aber die Skalen keine Verhältnisqualität aufweisen, ist jeder Bezug auf die Mittelwerte und ein darauf aufbauender Vergleich der Varianzen letztlich wertlos.

Ausschaltung der statistischen Regression. Erfahrungsgemäß zeigen Messwerte mit fehlender absoluter Zuverlässigkeit die Tendenz, bei Wiederholung der Messung zum Mittelwert der jeweiligen Verteilung zu regredieren, anscheinend deshalb, weil die seltene Kombination von zufälligen Faktoren, die einen Messwert zusätzlich als extrem hoch oder extrem niedrig ausfallen lässt, im Wiederholungsfall nicht in derselben Weise auftritt (Postulat von der Zufallsverteilung von Fehlerfaktoren). Bei Vortest-Nachtest-Messungen mit zwischengeschalteten Übungen muss dadurch aber mit unterschiedlichen Mittelwertsdifferenzen der Randgruppen gerechnet werden.

Ausgangswertegesetz. Schließlich stellt die in der Biologie und Stochastik bekannte Regel von der negativen Korrelation zwischen Ausgangswert und Zuwachs einen weiteren Faktor dar, der Kopfzerbrechen bereitet, handelt es sich dabei doch um ein Phänomen, dessen einzelne Komponenten (statistische Regression, mathematische Artefakte, biologische Homöostase u.Ä.) noch nicht für jeden Funktionsbereich bekannt sind (Stemmler, 2003).

Beeinflussung von Mittelwerten und Varianzen durch Übung

In kaum einer der Handanleitungen für die am meisten gebräuchlichen Leistungstests fehlen Hinweise auf den Effekt von Wiederholungen. Deren Ausmaß hängt gewöhnlich von der Länge des Retestungsintervalls und der Spezifität des Aufgabentyps ab. Allgemein gilt, dass der Zugewinn bei komplexen Items eher größer ist als bei einfachen. Intelligenztests zeigen bei erneuter Vorgabe innerhalb einer Woche Zuwächse von ungefähr einem Drittel ihrer Standardabweichung (s. z. B. Amthauer, 1957; Catron & Thompson, 1979). Auch bei sukzessiver Administration von Parallelformen liegen die Werte der später bearbeiteten Version gewöhnlich etwas höher, wenngleich nicht im selben Ausmaß wie bei direkter Wiederholung ein und derselben Form: Terman und Merrill (1937) haben die Differenz zwischen den in irgendeiner Reihung vorgegebenen Formen L und M des Stanford-Binet-Tests mit ca. 2,5 IQ-Punkten angegeben. Der Effekt dürfte sich z. T. aus der Vertrautheit der Probanden mit den Aufgabentypen und Lösungsstrategien erklären.

Im Weiteren mögen auch Transfereffekte eine Rolle spielen sowie ein gestärktes Selbstvertrauen und eine verminderte Ängstlichkeit bei jenen Probanden, die in früheren Testungen Erfahrungen sammeln und Erfolge erzielen konnten. In solchen Fällen kann von der Entwicklung einer allgemeinen »Testgewandtheit« (engl. »test-sophistication«) ausgegangen werden.

Im anglo-amerikanischen Sprachraum hat sich für die Erfahrung in der Bearbeitung von Tests, für die Verwendung von Strategien, um unabhängig von der Kenntnis des Inhalts etwa in einem Leistungstest hohe Punktwerte zu erzielen, der Begriff »Testweisheit« (engl. »test-wiseness«) eingebürgert. Diese »Eigenschaft« ist nur von geringer Breite und scheint mit Leistungsmaßen in korrelativer Beziehung zu stehen (Slakter et al., 1970). Die Bemühungen konzentrierten sich darauf, die Wirksamkeit gezielter Programme zur Erhöhung der Testweisheit zu erkunden. Dabei ist die programmierte Unterweisung ebenso vertreten wie die allgemeine Vermittlung von grundlegenden Voraussetzungen, der Hinweis auf spezifische Strategien, wie z. B. Erhöhung des Risikos oder Ausnutzung der verfügbaren Zeit, ist ebenso gebräuchlich wie eine Kombination mit angstreduzierender Desensitisierung. Insgesamt scheint es, als würde es keine Probleme bereiten, kurzfristige Besserleistungen und die Verminderung von Testangst (Dillard et al., 1977) zu erzielen. Allerdings sind die Effekte nach mehreren Monaten oftmals nicht mehr nachweisbar (s. Oakland, 1972).

Im engeren Zusammenhang damit sind die Versuche zu sehen, die Leistung in Intelligenztests gezielt durch systematische Übung (engl. »coaching«) zu erhöhen. Das gelingt dann umso eher, je ähnlicher das Schulungsmaterial dem Prüfmaterial ist, weil damit die Übung zunehmend den Charakter einer direkten Wiederholung annimmt. Des Weiteren scheinen davon in erster Linie Personen mit unbefriedigenden sozioökonomischen und pädagogischen Umfeldbedingungen zu profitieren. Schließlich liegt die Vermutung nahe, dass die Breite des Effektes abhängig ist von der Vermittlung möglichst allgemeiner Regeln und Prinzipien. Entscheidend ist auch die Dauerhaftigkeit der durch spezifische Förderungsprogramme erzielbaren Leistungssteigerungen in Intelligenztests. So lange darüber keine Beobachtungen aus längerfristigen Studien vorliegen, kann aus einer momentan erkennbaren Erhöhung des IQ-Wertes nicht auf eine grundlegende Verbesserung in g geschlossen werden (s. Jensen, 1981).

Auch in dem »Milwaukee-Projekt«, in dem die Intelligenzquotienten von Kindern, deren Mütter IQs von 75 und darunter aufwiesen, durch intensive psychologische Intervention gesteigert werden sollten, reduzierten sich die anfänglichen Gewinne von bis zu 30 IQ-Punkten gegenüber einer unbehandelten Kontrollgruppe im Laufe von 8 Jahren auf ungefähr 10 Punkte. Vor allem waren in den schulischen Leistungen auf dem insgesamt recht niedrigen Niveau der Kinder nur unbedeutende Differenzen zwischen experimenteller und Kontrollgruppe zu beobachten, was die Vermutung nahelegt, dass die Übung vorwiegend die Beherrschung des Iteminhalts der Tests verbesserte, ohne mit einer substantiellen Anhebung von g einherzugehen (s. Jensen, 1989).

Betrifft die Übung oder die Erhöhung der Testweisheit nur das Testverhalten, muss darunter zwangsläufig die Validität der jeweiligen Skala leiden, weil an solchen Untersuchungen sowohl geübte als auch ungeübte Probanden teilnehmen. Die geübten Probanden sind im Test zwar besser, können diesen Vorteil aber nicht auch im Kriterium ausspielen – ein Problem, das etwa angesichts eines Einsatzes von Leistungstests bei der Vergabe von Studienplätzen in harten NC-Fächern und dem Angebot von »Test-Übungsinstituten« eine erhebliche praktische Bedeutung aufweist.

Andererseits ist auch vorstellbar, dass die Auswirkungen gezielter Unterweisung so generell ausfallen, dass davon sowohl das Test- als auch das Kriteriumsverhalten betroffen ist und darüber die Validität eines Verfahrens erhöht wird. Im letzteren Sinne dürfte der Faktor »Sozioökonomischer Status« mit seinen unterschiedlichen Anregungs- und Bildungsmöglichkeiten wirken; durch Herauspartialisierung seines Einflusses ist eine erhebliche Schrumpfung der üblichen Validitätskoeffizienten zu befürchten.

Bemerkenswerterweise treten Mittelwertsdifferenzen auch bei der wiederholten Vorgabe einiger *Persönlichkeitstests* auf. Im Falle verschiedener projektiver Verfahren kann das nicht verwundern, weil die Probanden teils ihre zuerst gelieferten Deutungen erinnern und zusätzliche produzieren, teils vielleicht ganz andere Lösungen erarbeiten unter dem selbstauferlegten Zwang zur Variation. Anders dagegen bei Fragebogen: Wenn hier zwischen wiederholten Bearbeitungen Mittelwertsdifferenzen auftreten (Amelang & Bartussek, 1970), sind derartige Effekte natürlich nicht auf Übung in irgendeiner Form zurückzuführen; vielmehr spiegeln Mittelwertsdifferenzen vermutlich die geänderten Einstellungen und Erwartungen der Probanden bezüglich des Untersuchungszieles und der Gesamtsituation wider.

Größere Schwierigkeiten als das Aufzeigen von Mittelwertsunterschieden zwischen Gruppen unterschiedlichen Übungs- und Vertrautheitsgrades bereitet die Frage, inwieweit Training die Unterschiede zwischen den Messwertträgern beeinflusst. Maßgeblich dafür ist die für eine solche Problemstellung gewöhnlich nicht hinreichende Skalenqualität der verfügbaren Verfahren, vor allem also das Kriterium der Gleichabständigkeit einzelner Skaleneinheiten auf verschiedenen Abschnitten der jeweiligen Dimension. In einer bereits älteren, aber beispielgebenden Untersuchung hat Anastasi (1934) an einer Stichprobe von nicht weniger als 1000 Versuchspersonen zunächst diese Voraussetzungen für mehrere einfache Tests zu schaffen versucht und die Verfahren sodann gesonderten Stichproben in sukzessiven Übungsdurchgängen vorgegeben. Die Tests sahen das Ankreuzen des Buchstaben »A«, das Unterstreichen aller 4-Buchstaben-Wörter in einem Text, die Zuordnung von Ziffern zu Symbolen sowie von sinnfreien Silben zu anderen Silben vor. Einen Ausschnitt gibt die folgende **Tabelle 14.8** wieder.

Neben dem zu erwartenden Anstieg der Mittelwerte in Form der negativ beschleunigten Wachstumsfunktion kam es in allen Tests zu einer Vergrößerung der Standardabweichungen. Die Probanden wurden durch Übung einander also unähnlicher. Aus den in der Tabelle ebenfalls mitgeteilten Korrelationskoeffizienten geht hervor, dass größere Rangplatzverschiebungen eher selten auftreten (Ausnahme: Zahlen-Symbol-Test), die zu Beginn bestehenden Unterschiede vielmehr

Tab. 14.8: Mittelwerte und Standardabweichungen von vier Tests in verschiedenen Übungsabschnitten.

Trial	Durchstreichen		Zahlen-Symbol		Silben zuordnen		Wörter unterstreichen	
	M	s	M	s	M	s	M	s
1	40,6	6,8	41,2	7,6	39,1	6,8	43,6	6,9
2	45,0	6,4	47,6	7,4	46,3	6,0	44,6	6,9
10	55,8	7,2	64,5	8,4	52,5	8,3	64,4	10,2
11	54,7	7,2	65,2	7,9	53,1	8,9	62,2	10,5
19	57,1	7,4	69,2	8,4	57,0	8,9		
20	59,6	7,9	70,1	10,0	59,3	8,9		
r (1/20)	0,67		0,30		0,51			
r (1/15)							0,82	

M = Mittelwert, s = Standardabweichung. Nach Anastasi (1966).

weiter akzentuiert werden. Die anfänglich Besseren ziehen aus der zeitbegrenzten Übung also den größeren Nutzen – ein aus der Forschung zur Intelligenzentwicklung bekanntes Ergebnis.

Die interindividuellen Differenzen nach exzessiver Übung etwa als Ausdruck genetischer Unterschiede interpretieren zu wollen verbietet sich schon deshalb, weil bereits die zu Beginn bestehenden Leistungsunterschiede das kumulative Produkt des komplizierten Wechselspiels von Anlage- und Erfahrungsfaktoren darstellen.

Beeinflussung von Strukturmerkmalen durch Übung

Relativ schwierige Denkaufgaben, wie sie etwa im Denksport-Test von Lienert (1964) zusammengestellt sind, werden bei einer wiederholten gegenüber der ersten Vorgabe z.T. mit Hilfe ganz anderer psychischer Prozesse bearbeitet. Die originellen Lösungen bleiben im Gedächtnis haften und brauchen später, unter Umgehung der ursprünglich erforderlichen Operationen, nur abgerufen zu werden – ein Beispiel dafür, wie Vertrautheit mit Anforderungen nicht nur die Quantität der Leistung ansteigen lässt, sondern auch zu qualitativen Verschiebungen auf Seiten der eingesetzten psychischen Funktionen führt. Ähnlich wird eine zeichnerische Vorlage zu einem mechanisch-technischen Problem bei Menschen, denen Zahnräder und Transmissionsriemen kaum vertraut sind, andere Funktionen mobilisieren als bei Personen, die damit täglichen Umgang haben.

Die Umstrukturierung der psychischen Prozesse kann eine mehr beiläufige Folge der situativen Bedingungen sein. Andererseits mag die Anwendung geänderter Bearbeitungsstrategien durch den Handelnden erst die Voraussetzung für einen nennenswerten Übungsfortschritt darstellen. Ein derartiger Fall liegt wohl in der bereits geschilderten Untersuchung von Bryan und Harter (▶ Abb. 14.14) vor.

Wenngleich auch das Kausalitätsproblem noch offen ist, so gehen markante Änderungen im Einsatz der psychischen Funktionen mit besonders ausgeprägten Übungsfortschritten einher. Dafür sprechen jedenfalls schon die Befunde von Greene (1937), der in fortlaufenden Übungsdurchgängen neben den individuellen Leistungen über Selbstbeobachtung und Fremdeinschätzungen den

Arbeitsstil erfasste. In einfachen Aufgaben wie auditiver Diskrimination und Bewegungsschnelligkeit war kaum ein Leistungsanstieg zu registrieren, wohl aber in Labyrinth-, Mosaik- und ganz besonders in mechanisch-technischen Verständnisaufgaben, wo aus den Erfahrungen mit den Erstaufgaben allgemeine Regeln formuliert werden konnten und Übungsgewinne von mehr als 100 % auftraten.

Anzeichen für die intraindividuelle Umstrukturierung liefern auch Experimente von Greene (1943), in denen eine psychomotorische Koordinationsaufgabe während aufeinanderfolgender Teilzeiten wiederholt ausgeführt werden musste. Die Leistungswerte der Versuchspersonen aus den einzelnen Durchgängen wurden miteinander korreliert. Dabei zeigte die Korrelationsdreiecksmatrix eine Super-Diagonal-Struktur: In der Waagerechten nahmen die Koeffizienten monoton mit der Ordnungszahl der Übungsabschnitte ab, in der Senkrechten und den der Diagonalen benachbarten Feldern hingegen zu. Das bedeutet, dass mit zunehmender Zahl von Durchgängen die Prognose der Endleistung aus der jeweils erzielten Leistung zunehmend besser gelingt und die benachbarten Durchgänge immer höher miteinander korrelieren. Die individuellen Unterschiede treten also immer reliabler in Erscheinung. Die Endleistungen werden den Ausgangsleistungen hingegen immer unähnlicher.

Die in **Tabelle 14.9** wiedergegebenen Ergebnisse der Untersuchung von Fleishman und Hempel (1954) veranschaulichen die geschilderten Prinzipien.

Tab. 14.9: Empirische Korrelationen zwischen acht Übungsdurchgängen im »Complex Coordination Test«.

	Übungsdurchgänge							
	1	2	3	4	5	6	7	8
1		0,75	0,73	0,66	0,64	0,57	0,63	0,59
2			0,85	0,85	0,84	0,79	0,77	0,79
3				0,85	0,83	0,79	0,81	0,79
4					0,90	0,88	0,86	0,85
5						0,90	0,87	0,86
6							0,85	0,86
7								0,90

Nach Fleishman und Hempel (1954, S. 243).

Bei dem besagten Modell handelt es sich keineswegs nur um einen Sonderfall. Vielmehr scheint es auch für Gegebenheiten außerhalb experimenteller Anordnungen zu gelten. So haben Ahnert et al. (2009) die Entwicklung motorischer Leistungen vom 4. bis zum 23. Lebensjahr untersucht, ohne dass zwischen den insgesamt sieben Erhebungszeitpunkten ein gezieltes Training stattgefunden hätte (»natürliche Entwicklung«). Die Interkorrelationen folgten weitestgehend dem in **Tabelle 14.9** erkennbaren Muster. Pawlik (1982b) stellte aus der Literatur und dem eigenen Arbeitskreis 36 Datensätze zusammen und konnte die Super-Diagonalform von Lern- und Übungskorrelationen bestätigen. Im Mittel aller Untersuchungen war festzustellen, dass sich die Korrelation zweier aufeinanderfolgender Übungsdurchgänge um 0,05 vermindert, wenn zwischen ihnen ein zusätzlicher Durchgang stattfand. Dieser Wert variiert jedoch in Abhängigkeit vom Komplexitätsgrad der Übungsaufgabe und steigt von den einfachen über die komplexeren motorischen und kognitiv-verbalen Lernaufgaben hin zum Schullernen an. Jeder Übungsdurchgang trägt in relativ konstanter Weise also dazu bei, dass die Rangreihe der Messwerte in dem Übungsdurchgang zu derjenigen der Ausgangswerte immer unähnlicher wird, und dieser Effekt ist bei vergleichsweise komplexen Funktionen besonders ausgeprägt.

Interpretiert wird die Super-Diagonalform von Korrelationsmatrizen für Übungsaufgaben mit dem sogenannten Simplex-Modell nach Guttman (1954). Danach kann Lernen als Prozess entweder zunehmender Spezialisierung oder Vereinfachung der beteiligten psychischen Funktionen beschrieben werden. Pawlik (1982b) fand jedoch anhand eingehender Prüfungen, dass die Simplex-Theorie nur in ungefähr der Hälfte aller verfügbaren Datensätze eine hinreichende Erklärung liefert. In den anderen Fällen sei neben dem »Simplex-Prozess« der Differenzierung oder faktoriellen Auffächerung noch die Annahme eines »Circumplex-Prozesses« der qualitativen Umstrukturierung notwendig:

»Lernen strukturiert neue Dimensionen individueller Unterschiede zum einen über einen ›Aufbauprozess‹ (Simplex-Anteil) und gleichzeitig in einem zweiten Vorgang, der sich als ›Austauschprozess‹ verstehen lässt (Circumplex-Anteil)« (Pawlik, 1982b, S. 142).

Die Implikationen solcher Beobachtungen für die Differentielle Psychologie und Psychologische Diagnostik können kaum überschätzt werden: Immer dann, wenn es um die Vorhersage eines zukünftigen Kriteriums aufgrund von Leistungsmessungen geht, muss mit zwischenzeitlicher Übungsarbeit gerechnet werden. Damit geht aber auch eine Umstrukturierung interindividueller Unterschiede einher. Dies ist bei dem Einsatz von Leistungstests für Beratung und Selektion zu bedenken.

Aufschlussreich ist eine Weiterentwicklung der Analyse von Lernverläufen, wie sie auf Fleishman und Hempel (1954) zurückgeht. Diese Autoren korrelierten die Teilzeitleistungen sukzessiver Übungsdurchgänge in einer psychomotorischen Koordinationsaufgabe nicht nur untereinander, sondern jeweils auch mit den individuellen Punktwerten einer zuvor administrierten und als Referenz- oder Markiervariable dienenden Batterie von Leistungstests. Die Ergebnisse sind in **Abbildung 14.15** wiedergegeben. Wie ersichtlich, kommt es mit fortlaufender Übung zu einer Änderung der Faktorenstruktur der Koordinationsaufgabe im Sinne zunehmender Spezialisierung. Testspezifische Faktoren erklären im achten Versuchsdurchgang ca. 40 % der Koordinationsvarianz gegenüber nur ca. 10 % zu Beginn. Zusammen mit psychomotorischer Koordination und manueller Geschwindigkeit werden dadurch fast drei Viertel gegenüber ursprünglich nur einem Drittel der Testwertevarianz erfasst. Hingegen treten mechanische Kenntnisse und räumliche Beziehungen zunehmend in den Hintergrund. Dieses spricht dafür, dass die Versuchspersonen die ihnen ungewohnte Koordinationsaufgabe zunächst mehr unter Einsatz kognitiver Faktoren bewältigen, im Laufe fortschreitender Übung und steigender Fertigkeit dann aber bewegungsspezifische Komponenten an Gewicht gewinnen.

Analoge Resultate, die insgesamt Übung als einen Prozess der Umstrukturierung erkennen lassen, wurden auch bei der Analyse von Wahlreaktionszeiten (s. Fleishman & Hempel, 1955) gefunden. Die Befunde dieser Studien lassen einheitlich erkennen, dass mit zunehmendem Übungsgrad andere Fähigkeitsfaktoren für die jeweils interessierende Leistung relevant werden (s. auch die Zusammenstellung bei Pawlik, 1982a).

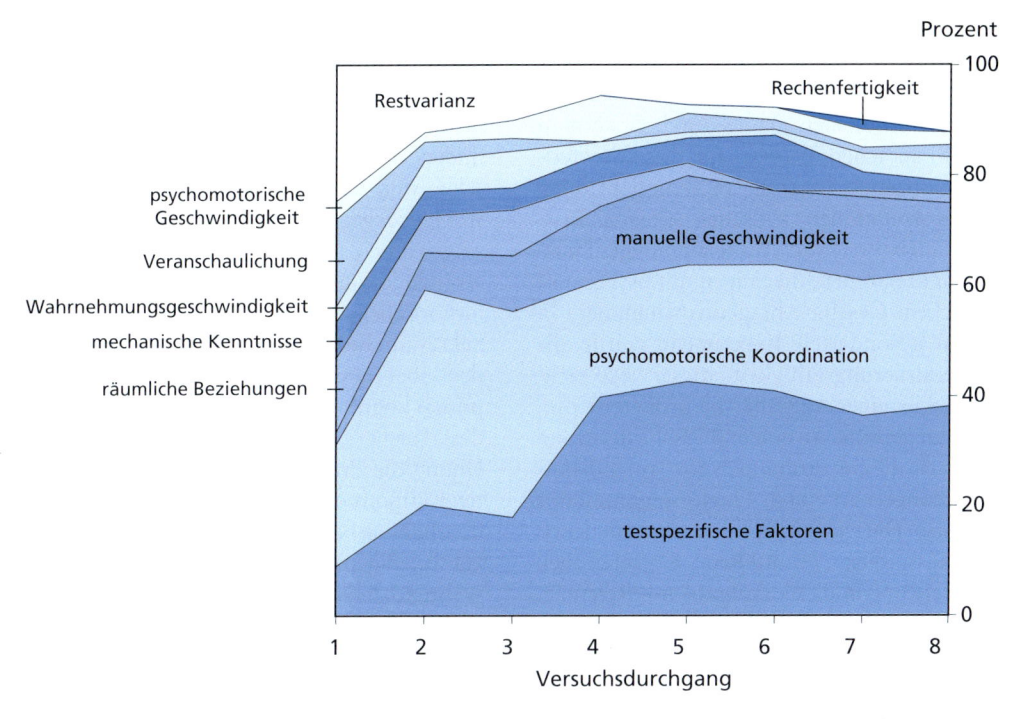

Abb. 14.15: Der Anteil der Varianz verschiedener Faktoren an der Leistung in einem Koordinationstest nach unterschiedlicher Einübung (nach Fleishman & Hempel, 1954).

Ackerman (1987) hat die Daten von Fleishman und Hempel einer Reanalyse unterzogen. Dieses geschah unter Zugrundelegung eines allgemeinen Modells für den Erwerb von Fertigkeiten, das geeignet scheint, der Entwicklung von Novizen zu Experten gerecht zu werden. Das Modell sieht im Wesentlichen drei Abschnitte vor:

- Kognitive Phase 1, deklarative Stufe: Erwerb deklarativen Wissens über den Gegenstandsbereich, die einzelnen Wissenselemente stehen noch unverknüpft nebeneinander.
- Assoziative Phase 2, Stufe der Wissensverknüpfung: Verbindung der Elemente zu größeren Einheiten, Überführung des deklarativen Zustandes in einen prozeduralen, Ausbildung bereichsspezifischer und auf die typischen Anforderungen zugeschnittener Verhaltensweisen.
- Autonome Phase 3, prozedurale Stufe: Automatisierung, zeitliche Optimierung und Effektivierung der zuvor erworbenen Fertigkeiten, Feinabstimmung.

Nach Ackerman (1987) sind für die optimale Bewältigung der drei Phasen ganz unterschiedliche Fähigkeiten von Bedeutung. Dabei verlaufe die Ausbildung einer Fertigkeit entlang eines Kontinuums mit den Polen »Niveau« und »Geschwindigkeit«. Im Einzelnen komme für die erste Phase den allgemeinen kognitiven Fähigkeiten eine vorrangige Rolle zu, während für Phase 2 vor allem Wahrnehmungsgeschwindigkeit und für Phase 3 psychomotorische Leistungen wichtig seien, oder – unter der Perspektive des Verlaufes – von Phase 1 über Phase 2 nach 3 gehe der Einfluss von allgemeiner Intelligenz zurück, während derjenige von Psychomotorik zunehme; die Bedeutung von Wahrnehmungsgeschwindigkeit nehme von

Phase 1 nach 2 zu und gehe dann von 2 nach 3 wieder zurück.

Die Reanalysen der von Fleishman und Hempel erhobenen Daten durch Ackerman (1988) sprachen insoweit für diese theoretische Konzeption, als mit Zunahme der Übung die Korrelationen zwischen einigen Leistungsvariablen und Wahrnehmungsschnelligkeit abnahmen, diejenigen mit psychomotorischem Geschick hingegen zunahmen. In einem gesonderten Experiment wurde die Generalisierungsfähigkeit dieser Beobachtungen an einer Aufgabe von größerer Komplexität geprüft. An einem Bildschirm sitzend mussten die 56 Probanden fortlaufend Entscheidungen an einem Fluglotsen-Simulator treffen. Die während der verschiedenen Übungsstadien ermittelten Korrelationen der Leistung in dieser Aufgabe mit Referenztests sind in **Abbildung 14.16** wiedergegeben.

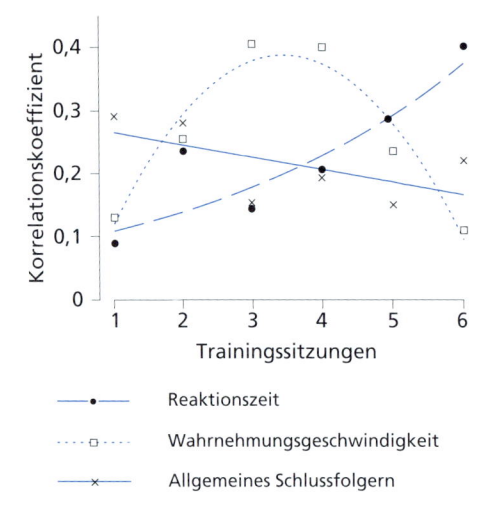

Abb. 14.16: Die Bedeutung von Allgemeiner Intelligenz, Wahrnehmungsgeschwindigkeit und Reaktionszeit bei einer Fluglotsen-Aufgabe als Funktion des Trainingsgrades (nach Ackerman, 1988).

Wie ersichtlich, wurden die Vorhersagen aus dem Modell überzeugend bestätigt, d. h. Äquivalenzen zwischen drei breiten Phasen von Fertigkeitserwerb und drei intellektuell-kognitiven Determinanten interindividueller Unterschiede nahegelegt. Sicher gilt die Theorie in ihrer spezifischen Ausgestaltung nur für Probleme, in denen motorische Operationen stattfinden, also Tätigkeiten, wie sie im militärischen und industriellen Bereich häufig sind, weniger dagegen etwa für Anforderungen, wie sie etwa beim Schach bewältigt werden müssen, wo kognitiven Faktoren im Vergleich zu motorischen ein ungleich höheres Gewicht zukommt. Beaunieux et al. (2006) unterschieden aber auch bei einer Lernaufgabe mit primär kognitiven Ansprüchen (einer Variante des Turms von Hanoi) mit fortlaufender Übung die drei Abschnitte kognitiv-assoziativ-autonom. Während der frühen Übungsdurchgänge bestanden positive Korrelationen zur Intelligenz der 100 Versuchsteilnehmer, während der späten solche zu den psychomotorischen Fähigkeiten, was vollständig den Vorhersagen entsprach (▶ **Abb. 14.17**).

Unter Heranziehung der sehr aufwendigen Positronen-Emissions-Tomographie konnten zudem Hubert et al. (2007) an 12 Versuchsteilnehmern zeigen, dass ganz unterschiedliche Areale des Gehirns während jeder dieser Phasen aktiv sind – eine eindrucksvolle Bestätigung für die Angemessenheit der Phasenunterscheidung.

In ihrer Gesamtheit sprechen die Befunde dafür, dass individuelle Leistungen, die inter- und/oder intraindividuell in unterschiedlichen Übungsstadien erbracht werden, auch differentiell zu interpretieren sind, d. h., in einem Fall mag eine spezifische Leistung vor allem durch Handgeschick, in einem anderen dieselbe vor allem durch kognitive Faktoren bedingt sein. Ein besonderes Problem ergibt sich dabei aus dem Umstand, dass ein bestimmter Punktwert für sich keine Aussagen über den jeweiligen Übungszustand enthält; darüber könnten allenfalls wiederholt durchgeführte Messungen etwas aussagen. Aber: Auf stattgefundene Übung hin allein darauf schließen zu wollen, dass Testteilnehmer im Wiederholungsfall nur einen vergleichsweise geringen Übungsgewinn zeigen, ist zumindest

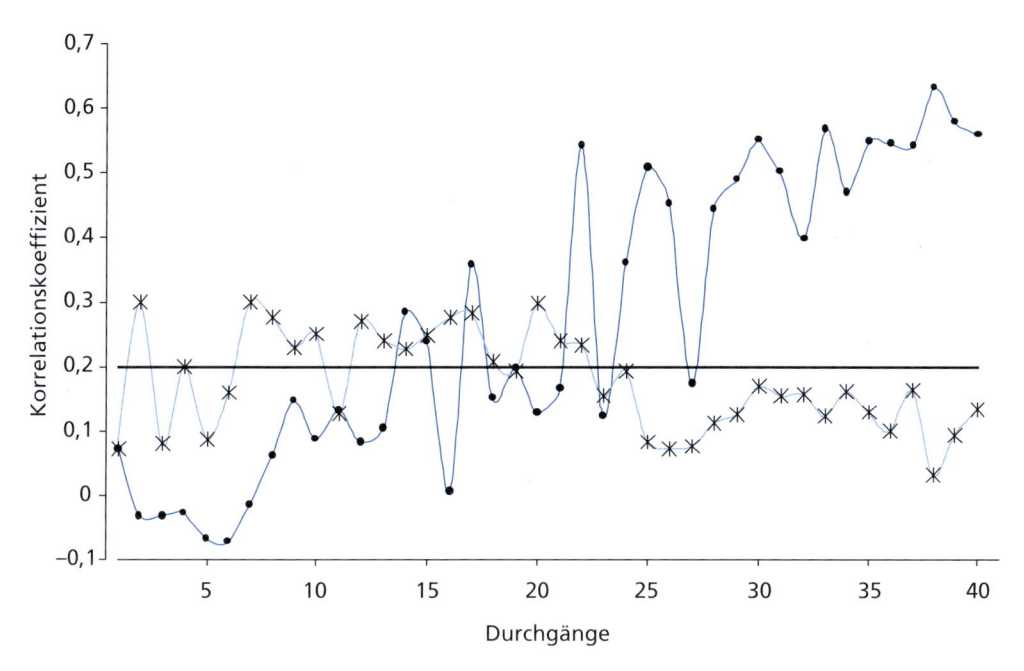

Abb. 14.17: Korrelationen zwischen der Leistung bei der Bearbeitung des »Turms von Hanoi« und Intelligenz (Linie mit Sternchen) bzw. psychomotorischen Fähigkeiten (Linie mit Punkten) während der 40 Übungsdurchgänge. Die horizontale Linie markiert die Signifikanzgrenze bei alpha = 0,05 (nach Beaunieux et al., 2006).

bei Konzentrationstests nicht gerechtfertigt (Hagemeister, 2007).

Die hier gegebene Sachlage ist derjenigen ähnlich, wonach Leistungen in unterschiedlichen Altersabschnitten durch unterschiedliche Faktoren erbracht werden (s. z. B. Deary et al., 2009). Auch ist die Vermutung nicht abwegig, dass extreme von mittleren Leistungen nicht nur in quantitativer, sondern auch in qualitativer Hinsicht verschieden sind. Auf verschiedenen Abschnitten der Skala werden andere Funktionen bei der Erbringung einer Leistung eingesetzt.

14.3.6 Physische Attraktivität

Die Mitmenschen, die uns umgeben, unterscheiden sich nicht nur in Bezug auf den Typus ihres Körperbaus, sondern auch hinsichtlich dessen Wohlgestalt, d. h. dem Ausmaß, in dem ihre Erscheinung auf andere apart oder anmutig wirkt. Attraktives Äußeres, das evolutionspsychologischen Konzepten zufolge ein Hinweis auf Gesundheit und Fertilität ist (s. Buss, 2002), erhöht die soziale Aufmerksamkeit; so stellt es häufig den Anlass für eine erste Kontaktaufnahme von Seiten potentieller Partner dar. Auch im Berufsleben kann eine attraktive Figur und ein hübsches Gesicht dem Fortkommen durchaus dienlich sein. Jedenfalls gibt es einige Arbeitsplätze, für die physische Attraktivität unabdingbare Voraussetzung ist. Zudem bestimmt offenbar das Aussehen auch mit über den sozialen Status innerhalb von Gruppen (Anderson et al., 2001). Alles dies spricht dafür, dass physische Attraktivität ein Merkmal ist, welches auf den Menschen aus der Umwelt auf ihn oder sie zurückwirkt und dadurch zu beeinflussen vermag.

Sozialpsychologische Grundlagen

Allgemein gelten solche Gesichter als attraktiver, die symmetrisch sind (s. Noor & Evans, 2003), dem »Durchschnitt« (am Computer durch Morphing generiert) entsprechen (Baudouin & Tiberghien, 2004) sowie nicht durch Krankheiten oder Verletzungen gekennzeichnet sind. Lächelnde Gesichter erscheinen gegenüber ernsten als attraktiver (Reis et al., 1990). Für den Körper stellen Normalgewicht und – insbesondere bei Frauen – das Verhältnis von Taille zu Hüfte (engl. »waist-to-hip ratio«) saliente Indikatoren für physische Attraktivität dar (z. B. Henss, 2000).

Für Untersuchungszwecke begnügt man sich in der Regel mit den Urteilen von Beobachtern über ein bestimmtes Objekt: »Physische Attraktivität ist eine der körperlichen Erscheinung durch intersubjektiv gültige Präferenzurteile zugeordnete Eigenschaft« (Köhler, 1978, S. 148). Die der Schönheits-Einschätzung zugrundeliegenden Maßstäbe sind kulturübergreifend und entwickeln sich dabei offenkundig sehr früh im Leben (Buss, 2002). Die Heranziehung von Urteilen (als Ersatz für objektive Messungen) ist deshalb vertretbar, weil die Beurteilerübereinstimmungen für Attraktivitätsschätzungen mit Werten um 0,85 von ausreichender Höhe sind, und zwar sowohl innerhalb von als auch zwischen Kulturen (s. Langlois et al., 2000). Hin und wieder wurden jedoch auch reiz- und beurteilerspezifische Differenzen sowie Kontexteffekte beobachtet (s. Hassebrauck, 1993; Henss, 1993). So hängt das Ausmaß zuerkannter Attraktivität anscheinend vom Wissen über Bildungsgrad und Beruf des Beurteilten ab (Hickling et al., 1979), im Weiteren von dessen Persönlichkeitsmerkmalen (Swami et al., 2007). Pennebaker et al. (1979) fanden gar eine Zunahme in der Einschätzung der Fremdattraktivität mit Fortschreiten des Abends bzw. dem Herannahen der nächtlichen Schließung verschiedener Bars, was unschwer als Reaktanzphänomen zu deuten ist (oder auf zunehmenden Alkoholkonsum der Beurteiler zurückgeführt werden muss). Persönlichkeitsmerkmale der Beurteiler scheinen für Urteilerdiskrepanzen hingegen nur von untergeordneter Bedeutung zu sein (Kowner & Ogawa, 1995).

Von besonderer Relevanz für die Persönlichkeitspsychologie ist nun die in sozialpsychologischen Untersuchungen angestellte Beobachtung, dass mit Attraktivitätsstereotypien bestimmte Eigenschaftsattribuierungen verbunden sind. So erwarteten die Beurteiler von Fotos in der inzwischen klassischen Studie von Dion et al. (1972), dass die Attraktiveren unter den Abgebildeten gegenüber den weniger Attraktiven eher über sozial erwünschte Eigenschaften wie »bescheiden«, »freundlich«, »offen« und »sensibel« verfügten – »What is beautiful is good«. Dieses Stereotyp ist, wie eine Vielzahl seitdem durchgeführter Untersuchungen mit ähnlichem Aufbau zeigt (Eagly et al., 1991; s. auch Nicketta, 1993),

- besonders stark ausgeprägt für das Merkmal soziale Kompetenz, also Soziabilität und Popularität,
- weniger stark für Einfluss, Anpassung und intellektuelle Kapazität und
- gar nicht von Belang für Integrität und Interesse an anderen.

In mehr wirklichkeitsnahen Situationen erachteten Beurteiler die Qualität der ihnen vorliegenden Aufsätze dann als höher, wenn die Schreiber aufgrund beiliegender Fotos attraktiv erschienen (Landy & Sigall, 1974). Grundschullehrer zeigten eine Tendenz, eher unattraktive als attraktive Schüler in Sonderkurse einweisen zu wollen (Ross & Salvia, 1975). Attraktive Interviewer konnten die Meinung der von ihnen angesprochenen Personen zu einem bestimmten Fragenkomplex stärker beeinflussen als unattraktive (Chaiken, 1979). In einer der von Köhler (1978) durchgeführten Untersuchungen schätzten 40 Therapeuten verschiedener

Ausbildungs-»Schulen« den voraussichtlichen Erfolg der Behandlung einer ihnen vorgelegten Aggressionsproblematik ein. Die Erfolgserwartung war höher, wenn das der fingierten Fallgeschichte beigelegte Foto das Gesicht einer attraktiven Klientin zeigte, niedriger hingegen, wenn es das Gesicht einer weniger attraktiven Klientin zeigte.

Angenehm klingende Stimmen führten in der Studie von Zuckerman et al. (1990) zum Eindruck von höherer emotionaler Stabilität, Bilder von Personen mit gutem Aussehen zum Eindruck höherer Extraversion. Insgesamt scheint damit die Umwelt auf physische Attraktivität differentiell zu reagieren in einer Art und Richtung, die den vorwissenschaftlichen Vermutungen entspricht. Bei sonst gleichen Voraussetzungen eröffnen sich dadurch den attraktiveren Zeitgenossen größere Chancen und Vorteile als den weniger attraktiven (s. auch Schuler & Berger, 1979), und zwar besonders bei der Partnerwahl (s. dazu Mikula & Stroebe, 1991).

Differentialpsychologische Implikationen

Für den Fall, dass solche Beurteilungen und die damit verbundene Zuschreibung von Eigenschaften zeitlich stabil und situativ konsistent auftreten, dürften sie auch für die beurteilte Zielperson nicht verborgen bleiben. Auf die Dauer wäre damit die Ausbildung von Verhaltensunterschieden im Sinne der Erwartungen der Umwelt wahrscheinlich, wobei der Mechanismus dafür im Einzelfall sehr verschieden ausfallen könnte:

- Die Zielpersonen werden in ganz verschiedene Situationen gebracht.
- Den Zielpersonen wird in unterschiedlicher Weise Gelegenheit geboten, bestimmte Verhaltensweisen zu erproben und zu trainieren. Dies führt zu unterschiedlichen Bekräftigungen. Wird jemand etwa aufgrund seines ansprechenden Äußeren als gesellig erachtet, wird er häufigere Einladungen zu Partys und Unternehmungen erhalten, Situationen mithin, die soziale Fertigkeiten erst einzuüben erlauben.
- Erwartungsgemäßes Verhalten der Zielperson wird verstärkt. Vagt und Majert (1977) haben das in folgende These gekleidet:

»Wenn an gut aussehende Menschen überwiegend positive Erwartungen herangetragen werden, wenn sie durchweg freundlicher behandelt werden und mehr positive Rückmeldungen erhalten, dann steht zu erwarten, dass sich hübschere Zeitgenossen auch insgesamt sozial besser akzeptiert fühlen. Damit steigt ihr Selbstwertgefühl, und sie können sich den Erwartungen gemäß verhalten«.

In der Tat fanden Jackson und Huston (1975), dass hochattraktive Frauen schneller auf eine experimentell manipulierte Unhöflichkeit eines Versuchsleiters reagierten als unattraktive Frauen. Verschiedene Autoren (s. z. B. Reis et al., 1980) registrierten bessere soziale Fertigkeiten bzw. eine höhere Rate sozialer Interaktionen der attraktiven gegenüber unattraktiven Probanden.

Mathes und Kahn (1975) ließen Zielpersonen von Kommilitonen hinsichtlich ihrer physischen Attraktivität beurteilen, während die Zielperson einen Persönlichkeitsfragebogen ausfüllte. Zwar nicht bei den männlichen, wohl aber bei den weiblichen Zielpersonen korrelierten die Attraktivitätseinschätzungen signifikant mit »Fröhlichkeit« ($r = 0{,}37$), »negativer Emotionalität« ($r = -0{,}22$) und »Selbstwertgefühl« ($r = 0{,}24$). Die Autoren interpretierten diese Ergebnisse wie folgt:

»Den Resultaten gemäß ›bringt‹ physische Attraktivität mehr für Frauen als für Männer und die auffallendsten Folgen von physischer Attraktivität – Freunde und Verabredungen – sind für Studentinnen wertvoller als für Studenten. Die herausragend positiven Auswirkungen auf Seiten der attraktiven Frauen machten diese glücklicher, psychisch stabiler und stolzer auf sich selbst«.

In Übereinstimmung damit zeigten physisch attraktive gegenüber weniger attraktiven

Frauen eine höhere Erwartung auf Erfolg in sozialen Situationen (Abbott & Sebastian, 1981). Der Effekt, wonach die physische Attraktivität für Frauen mehr »bringt« als für Männer, konnte später nicht regelmäßig repliziert werden. Gestützt auf eine umfassende Meta-Analyse haben Langlois et al. (2000) unter anderem die folgenden Feststellungen getroffen: Generell werden attraktive Personen im Vergleich zu unattraktiven, ob Kinder oder Erwachsene, sowohl von Fremden als auch Bekannten positiver eingeschätzt und auch besser behandelt. Zudem zeigen attraktive Kinder und Erwachsene relativ zu unattraktiven positivere Verhaltensweisen und Persönlichkeitseigenschaften.

Selbst- und Fremdurteile zur physischen Attraktivität korrelieren interessanterweise nur niedrig miteinander. Die Attraktivitätseinschätzung bei Selbst- und Fremdbeurteilung folgt also unterschiedlichen Informationsquellen. In der Meta-Analyse von Feingold (Feingold, 1992) korrelierten Persönlichkeitsmerkmale höher mit der selbsteingeschätzten ($r = 0{,}20$) als der fremdeingeschätzten ($r = 0{,}05$) physischen Attraktivität. Eine Übersichtsdarstellung findet sich bei Vagt (2000).

Möglicherweise ist die entscheidende Variable weder die Selbst- noch die Fremdeinschätzung allein, sondern deren Korrespondenz im individuellen Fall. Zwar bestanden bei Amelang et al. (1983) für die Gesamtstichprobe aller Studienteilnehmer nur unbedeutende Beziehungen zwischen verschiedenen Persönlichkeitsmerkmalen und der aufgrund von Videoaufnahmen selbst- wie auch fremdeingeschätzten physischen Attraktivität. Für die Untergruppe jener Personen aber, bei denen Selbst- und Fremdurteile relativ gut übereinstimmten, waren mittelgroße Korrelationen mit mehreren Persönlichkeitsskalen beobachtbar. Dieser bemerkenswerte Befund konnte von Greitemeyer und Brodbeck (2000) unter Verwendung von Porträtfotos eindrucksvoll bestätigt werden.

Darüber hinaus liegen Anhaltspunkte dafür vor, dass in das Urteil über die physische Attraktivität von Zielpersonen auch Informationen über deren Eigenschaften einfließt. Die physische Attraktivität wird somit vermutlich nicht nur auf der Basis von physischen Merkmalen eingeschätzt, sondern auch unter dem Einfluss von beziehungsrelevanten Faktoren wie Respekt, Vertrautheit und Verfolgung gemeinsamer Ziele (s. z. B. Kniffin & Wilson, 2004). Insofern dürften fremde Personen auf der einen Seite und Bekannte sowie Verwandte auf der anderen zu recht unterschiedlichen Urteilen der Einschätzung der physischen Attraktivität von Zielpersonen gelangen, was der Ausbildung einer hohen Korrelation zwischen physischer Attraktivität und Persönlichkeit entgegensteht.

Abschließende Erörterung

Die Befundlage im hier behandelten Forschungsfeld ist – darin anderen Problembereichen durchaus ähnlich – nicht frei von Inkonsistenzen. Das mag zum Teil an der verschiedentlich unzureichenden Versuchsplanung liegen. Im Weiteren sind hier, viel stärker als bei traditionellen Forschungsgegenständen, die Grundlagen noch nicht hinreichend aufbereitet. Dies beginnt häufig bei der Definition der physischen Attraktivität, für die den Beurteilungspersonen in der Instruktion meist keine präziseren Richtlinien an die Hand gegeben werden, ebenso wenig dahingehend, worauf sie besonders achten sollen, etwa Gesicht oder Figur. Auch ist im Weiteren eine entscheidende Voraussetzung für das Auftreten von Verhaltens- und Persönlichkeitsunterschieden bei Individuen unterschiedlicher physischer Attraktivität noch nicht hinreichend geklärt, die Frage nämlich, inwieweit das Merkmal physische Attraktivität über der Zeit stabil ist. Zwar sprechen beispielsweise die Beobachtungen von Yerkes und Pettijohn (2008) für eine hinreichende Stabilität, doch waren hier die studentischen Beurteiler der Bilder aus den verschiedenen Altersabschnitten (Geburt, 6, 12 und 18 Jahre) immer gleich alt. In der sozialen Realität werden hingegen die Maßstäbe ganz unterschiedlicher Personen aus dem persönlichen Umfeld wirksam.

Unabhängig von derartigen Erwägungen eignet sich das Gebiet als Demonstrationsbeispiel dafür, wie ausgehend von körperlichen Merkmalen, die einer Beeinflussung von Seiten der Betroffenen nur in Grenzen zugänglich sind, über die Reaktionen der Umwelt darauf das Verhalten von Individuen und deren Persönlichkeit modelliert werden kann. Die sich selbst erfüllenden Implikationen des Attraktivitäts-Stereotyps, dem nicht nur junge Leute, sondern auch ältere Menschen folgen (Johnson & Pittenger, 1984), können als nachgewiesen gelten (Snyder et al., 1977). Bei den Personen, die als attraktiv oder nicht attraktiv gelten, wird Verhalten hervorgerufen, das dem Inhalt des Stereotyps entspricht.

Die besondere Bedeutung der physischen Attraktivität liegt unter anderem darin begründet, dass die körperliche Erscheinung häufig das erste und unmittelbar Augenfällige ist, was uns an Informationen von einem Gegenüber zur Verfügung steht und wir darauf je unterschiedlich reagieren – mit allen daraus resultierenden Konsequenzen.

Zusammenfassung von Kapitel 14.3

Die naheliegende Vermutung, wonach sich eine mangelhafte Ernährung nachteilig auf die Entwicklung der intellektuellen Leistungsfähigkeit auswirkt, lässt sich im Humanbereich nicht experimentell untersuchen. Die dazu durchgeführten Erhebungen bestechen zum Teil durch die Brillanz des Designs, konnten aber keine einfachen »Botschaften« herausarbeiten. Entsprechende Effekte ließen sich zwar wiederholt beobachten, doch spielt – darin ähnlich den Gegebenheiten zum Einfluss von Krankheiten – dabei der sozioökonomische Status als Hintergrundvariable eine wichtige Rolle, deren Effekte generalisierter und im Zweifel auch markanter sind. Eindeutig, wenngleich numerisch sehr gering, scheint ein Geschwisterreihungseffekt in dem Sinne zu sein, dass mit zunehmender Position in der Abfolge der Geschwister die Intelligenz abnimmt. Inkonsistent sind hingegen die Befunde zu Persönlichkeitsunterschieden in Abhängigkeit von der Geschwisterposition, vielfältig und methodisch wie theoretisch eher schwach fundiert diejenigen in Abhängigkeit vom elterlichen Erziehungsstil. Mittlere Korrelationen scheinen zu bestehen zwischen »positiven« Persönlichkeitsmerkmalen und der physischen Attraktivität für solche Personen, bei denen Selbst- und Fremdeinschätzung der Attraktivität übereinstimmen. Experimentell untersuchen lässt sich der Einfluss von Übung und Wiederholung. In psychomotorischen Funktionen fand man dabei nicht nur die erwartete Leistungszunahme, sondern auch eine inhaltliche Umstrukturierung im Sinne eines zunehmenden Einflusses spezifischer Faktoren. Ähnliches gilt auch für komplexere Aufgaben mit einer stärkeren kognitiven Ausrichtung.

15 Gruppenunterschiede

> »Typisch Mann!« – »Typisch Ausländer!« – »Typisch Akademiker!« Solche Aussprüche illustrieren, dass wir in unserer Alltagspsychologie häufig die Zugehörigkeit zu einer definierten sozialen Gruppe mit bestimmten Merkmalen verbinden. Natürlich sind solche Eigenschaftszuschreibungen in vielen Fällen reine Vorurteile und Einbildung. Um hier aber zwischen Fakten und Fiktionen trennen zu können, ist ein Blick auf die empirische Forschung zu Gruppenunterschieden lehrreich. Eine umfangreiche Literatur findet sich zur Frage, ob sich Männer und Frauen in ihrem Verhalten und Erleben systematisch unterscheiden und warum dies so ist (15.1). Ein – vor allem in den USA – viel diskutiertes Thema zielt auf die Frage, ob sich ethnische Gruppen in ihrer Intelligenz unterscheiden (15.2). Schließlich ist der sozioökonomische Status ebenfalls ein Gruppierungsmerkmal von Personen, und auch hier stellt sich die Frage nach systematischen Unterschieden hinsichtlich Intelligenz und Persönlichkeit (15.3).

15.1 Geschlecht

Die Differentielle Psychologie hat sich sehr frühzeitig um die Beschreibung und Erklärung der Geschlechtsunterschiede bemüht und alsbald eine Reihe von Beobachtungen sichern können, von deren Angemessenheit jeder auch ohne wissenschaftliche Untermauerung überzeugt ist. Derartige Befunde und eine nicht mehr überschaubare Zahl von Abhandlungen über Detailprobleme füllen Sammeldarstellungen. Um zumindest einen kursorischen Überblick über psychologische Geschlechtsunterschiede zu geben, werden einige Befunde aus einer Übersicht über 46 Meta-Analysen referiert, die Hyde (2005) zusammengestellt hat.

- Im räumlichen sowie technisch-naturwissenschaftlichen Bereich besteht ein Leistungsvorteil für Männer, im sprachlichen Bereich gibt es hingegen einen Vorteil zugunsten von Frauen.
- In Gesprächen geben Frauen mehr von sich preis und lächeln häufiger als Männer.
- Männer sind aggressiver als Frauen, ganz gleich ob es sich dabei um verbale oder physische Aggression handelt.
- Männer sind hilfsbereiter als Frauen.
- Männer sind sexuell erregbarer, masturbieren häufiger und haben liberalere Einstellungen zu außerehelichem Sex als Frauen.

- Männer bevorzugen eher einen demokratischen und Frauen eher einen autokratischen Führungsstil.
- Männer sind extravertiert-dominanter und offener für Erfahrungen, Frauen hingegen ängstlicher, gewissenhafter und sozial verträglicher.
- Männer haben ein größeres Selbstwertgefühl als Frauen.

Eine ausführliche Darstellung zu Geschlechtsunterschieden in der Intelligenz findet sich in Abschnitt 4.5 (▶ **Abb. 4.17**) und in Abschnitt 7.6. All diese Unterschiede im Leistungs-, Temperaments- und Einstellungsbereich erreichen jedoch insgesamt nur geringe Ausmaße, so dass grundsätzlich nicht von einem fundamentalen psychologischen Unterschied zwischen den Geschlechtern ausgegangen werden kann, sondern vielmehr von deren relativ großer Ähnlichkeit (Hyde, 2005). In einer resümierenden Zusammenfassung der Forschungen zu den Geschlechterunterschieden ist Folgendes festzuhalten:

- In Einheiten der aufgeklärten Varianz sind die beobachteten Differenzen zwischen Männern und Frauen in psychologischen Variablen relativ klein, sehr viel kleiner jedenfalls, als es weit verbreiteten Erwartungen entspricht (s. dazu den folgenden Punkt). Häufig interagieren die Haupteffekte zudem mit spezifischen Merkmalen von Aufgaben oder Situationen. Ein Beispiel dafür stellt etwa die Stressverarbeitung dar. Je nachdem, ob kein, ein mittlerer oder hoher Stress vorlag, waren in der Untersuchung von Süllwold (1988) die Frauen bei der Lösung komplexer Aufgaben den Männern unterlegen, gleichrangig oder überlegen. Auch das Alter spielt eine wichtige Rolle insofern, als mitunter Leistungs- und Persönlichkeitsunterschiede auf die schnelleren Reifungsprozesse bei den Mädchen zurückgeführt werden müssen (Cohn, 1991).
- Die allermeisten solcher Untersuchungen stützen sich auf Situationen, in denen ermittelt wird, was Frauen und Männer tun können, nicht aber darauf, was sie in natürlicher Umgebung bei freier Wahlmöglichkeit tun wollen. Hier stellt man größere geschlechtstypische Verhaltensunterschiede fest. Obwohl etwa Frauen mehr und mehr am Arbeitsmarkt partizipieren, bekleiden sie weithin andere Positionen als Männer; man denke etwa an Modeboutiquen oder Reparaturwerkstätten für Fahrzeuge.
- Recht gravierend sind die Differenzen, die unter der Perspektive von Geschlecht als einer sozialen Kategorie gefunden wurden. Hierbei lautet die Frage nicht, wie sich Männer und Frauen faktisch voneinander unterscheiden, sondern wie wir meinen oder erwarten, dass sie verschieden sind. In der Untersuchung von Deaux und Lewis (1983) schrieben z. B. die Versuchspersonen Männern andere physische Charakteristika zu als Frauen (tiefe Stimme: 73 %: 30 %; anmutig: 45 %: 68 %), andere Eigenschaften (Unabhängigkeit: 78 %: 58 %; Wettbewerbsorientierung: 82 %: 64 %; emotional: 56 %: 84 %) und ein anderes Rollenverhalten (Hauptverdiener: 83 %: 47 %; kümmert sich um die Kinder 50 %: 85 %; kocht Mahlzeiten: 42 %: 83 %). Schon Jugendliche unterscheiden sich in ihren Selbsteinschätzungen der Intelligenz derart, dass Jungen ihre mathematische und räumliche Intelligenz, ihre Wahrnehmungsgeschwindigkeit sowie ihr logisches Denkvermögen als höher einschätzen im Vergleich zu Mädchen, während diese gegenüber Jungen ihre musikalische Intelligenz als höher ausgeprägt sehen (Rammstedt & Rammsayer, 2001).
- Namentlich mit Bezug auf die Befunde zu solchen Selbsteinschätzungen stellt sich die Frage, ob die aufgetretenen Unterschiede eine Konsequenz von empirisch gesicherten Geschlechtsunterschieden in

der psychometrischen Intelligenz darstellen oder ob es sich dabei um die Auswirkungen von frühzeitig ausgebildeten stereotypen Geschlechtsrollenvorstellungen handelt. Ganz allgemein haben Forschungen dazu gezeigt, dass die Stereotype nicht nur außerordentlich weit reichen, sondern ihrerseits Verhalten reproduzieren und evozieren, das auf der Linie dieser Erwartungen liegt. Solche Erwartungen sind im Zusammenhang mit einer Aktivierung von geschlechtsbezogenen Selbst-Schemata und situativen Normierungszwängen verantwortlich für das Auftreten von Unterschieden im sozialen Verhalten von Männern und Frauen (s. dazu Deaux & Major, 1987).

Neben diesem Abriss scheint eine knappe Erörterung jener Untersuchungsansätze und der damit gewonnenen Resultate nützlich zu sein, die auf die kritische Frage nach den Ursachen der Geschlechterdifferenzen Bezug nehmen. Damit werden zumindest indirekt wichtige Determinanten individueller Differenzen angesprochen. Ähnlich wie bei der Intelligenzentwicklung und den ethnischen sowie sozioökonomischen Unterschieden spitzt sich auch hier das Problem auf eine Dichotomie in dem Sinne zu, wie viel im Ausmaß der Geschlechtsunterschiede durch Vererbung einerseits und Umwelt- sowie Erziehungseinflüsse andererseits bedingt ist (▶ Kasten 15.1).

Kasten 15.1: Ernst August Dölle (1898–1972)

Als Sohn eines Pfarrers und Bruder dreier älterer Schwestern erblickte Ernst August Dölle im Jahr 1898 das Licht der Welt. Seine Kindheit und Jugend verbrachte er in Celle, wo er kurz nach Beginn des Ersten Weltkrieges seine Prüfungen für ein Notabitur ablegte, bevor er sich als Freiwilliger zum Dienst an der Front meldete. Als Ballonbeobachter bei Verdun wurde er 1916 Opfer eines Flugmaschinenangriffs, der ihn zu einem Fallschirmabsprung zwang, welchen er schwer verletzt überlebte. Während des folgenden Aufenthalts im Lazarett wurde Dölle von Karl Bühler behandelt.

Nach Ende des Krieges begann Dölle im Alter von 22 Jahren sein Studium bei M. Wertheimer und W. Köhler in Berlin. Er zeigte ein besonderes Interesse für Phänomene der akustischen Wahrnehmung und entwickelte erste Ansätze seiner Konzeption der binauralen Rivalität. Nach erfolgreicher Promotion über »Gestalttheorie und das Hören von Geräuschen« nahm Dölle 1924 eine Assistentenstelle bei Geyer in Greifswald an. Im gleichen Jahr lernte er im Sommerurlaub auf Rügen seine zukünftige Ehefrau Illinea kennen. Im Jahr 1927 reichte Dölle seine Habilitationsschrift »Das Problem der Dualität bei Fortlage und Freud« ein. Wenig später wurde er als Professor für Psychologie und Pädagogik an die Wirtschaftshochschule (heute Universität) Konstanz berufen. Dort betrieb er u.a. ein psychoakustisches Laboratorium und litt nach Aussagen von Kollegen an gelegentlichen Depressionen. Während des Zweiten Weltkrieges arbeitete Dölle als Wehrmachtspsychologe in einer Eignungsdienststelle in Bielefeld, nach Kriegsende verbrachte er fast zwei Jahre in britischer Gefangenschaft. Dölle nahm 1947 seine Arbeit an der Universität wieder auf, jedoch gelangen ihm in den folgenden Jahren kaum noch Publikationen. Vier Jahre nach seiner Emeritierung 1968 starb Dölle überraschend im Alter von 74 Jahren. In Form seiner Theorie der binauralen Rivalität hinterließ er der psychologischen Fachwelt ein wertvolles Erbe, durchgängig ist sein Werk (wie streckenweise auch sein Leben) von Dichotomie und Duplizität geprägt.

Werk und Person E.A. Dölles sind insbesondere in der von Herrmann (1974) herausgegebenen Monographie ausführlich gewürdigt worden.

15.1.1 Biologische Grundlagen: Ausbildung des Geschlechts

Chromosomales Geschlecht und Geschlechterproportion

Bekanntlich gleichen sich die chromosomalen Strukturen der beiden Geschlechter insoweit, als jeweils 22 Chromosomen identisch sind. Lediglich in einem weiteren Chromosom bestehen Unterschiede derart, dass beim männlichen Geschlecht einem relativ großen, dem sogenannten X-Chromosom, ein wesentlich kleineres, das sogenannte Y-Chromosom, gegenüberliegt, während die weiblichen Körperzellen auch diesbezüglich Duplizität in Form zweier X-Chromosome zeigen. Die beiden Geschlechter haben auf diese Weise 45/46 des Chromosomenbestandes gemeinsam. Von daher werden von vornherein nur Unterschiede in einem begrenzten Ausmaß zu erwarten sein, auch wenn das X-Chromosom besonders groß ist und damit über relativ viele genetische Informationen verfügen dürfte.

Bei der Reduktionsteilung entstehen aufgrund der Homogenität der weiblichen Geschlechtschromosomen Gameten, die stets auch ein X-Chromosom aufweisen. Hingegen beinhalten die Spermien zur Hälfte ein X-, zur anderen Hälfte ein Y-Chromosom.

Bis zum Zeitpunkt von ca. sieben Wochen nach der Konzeption verläuft die Entwicklung der chromosomal männlichen und weiblichen Embryonen absolut gleichsinnig. Erst danach kommt es unter dem Einfluss des Y-Chromosoms bzw. der darauf lokalisierten »geschlechtsbestimmenden Region« zur Ausbildung von Hormonen in den Hoden, die einerseits in Form von Testosteron die Ausdifferenzierung der männlichen Geschlechtsorgane fördern, andererseits in Gestalt der »Müller'schen Hemmungssubstanz« die Ausbildung der weiblichen Geschlechtsorgane unterdrücken.

Fehlt diese Triggerwirkung von Seiten des Y-Chromosoms, wird der Organismus als »Grundmuster« oder »Basisprogramm« weiblich. Dies gilt gleichermaßen für den Fall, dass das Y-Chromosom durch eine Störung während der Ausbildung der Gameten »verloren« gegangen ist (»Ullrich-Turner-Syndrom«, X0) oder ein X neben dem Y gleich zweimal vorhanden ist (»Klinefelter-Syndrom«, XXY). Um ein männliches Individuum zu entwickeln, bedarf es somit einer permanenten Wirkung gegen das weibliche »Basisprogramm«.

Hormonale Prägung des Geschlechts

Neben den körperlichen Effekten von Hormonbehandlung gibt es Auswirkungen auf das Verhalten, die hier mehr interessieren. Eine Vielzahl von experimentellen Eingriffen hat gezeigt, dass im Sinne der klassischen Prägungsstudien während bestimmter prä- und postnataler Zeitabschnitte durch Injektion von Androgenen bei chromosomal weiblichen Tieren (meist Nager) diese zu einem späteren Zeitpunkt eindeutig azyklische Hormonproduktion und Ausbleiben der Ovulation zeigen, ungeachtet also ihres chromosomalen Geschlechts und des Umstandes, dass die artifizielle Hormonzufuhr längst wieder abgesetzt worden war.

Umgekehrt weisen kastrierte männliche Tiere, die wegen der Entfernung der Gonaden nicht unter dem Einfluss der von ihnen selbst produzierten Keimdrüsenhormone stehen, zyklische Hormonproduktion und weibliches Sexualverhalten auf. Wird ihnen jedoch während der kritischen Phase Testosteron zugeführt, ist das Sexualverhalten später ihrem chromosomalen Geschlecht adäquat. Solche Versuche belegen, dass eine Art »Hirnprägung« (Neumann et al., 1971) oder »Determination« (Merz, 1979) stattfindet. Die Zufuhr männlicher Keimdrüsenhormone während kritischer Phasen bewirkt später also männliches, deren Entzug weibliches Verhalten.

Den geschilderten Versuchen kommt deshalb eine besondere Bedeutung zu, weil es im Humanbereich vereinzelt zu Anomalien in der körperlichen Erscheinung und im Verhalten kommt, die den geschilderten Besonderheiten in gewissem Sinne entsprechen.

Eine solche Fehlentwicklung betrifft chromosomal und gonadal männliche Personen, bei denen aber aufgrund eines Gendefekts die Körperzellen nicht auf das ausgeschüttete Testosteron ansprechen. Die Entwicklung verläuft in diesen Fällen nach dem Grundmuster, also weiblich. Obwohl Hoden angelegt sind, kommt es zur Ausbildung primärer weiblicher Geschlechtsorgane, an denen orientiert die Erziehung auch als Mädchen erfolgt. Beobachtungen von Money und Ehrhardt (1972) zufolge unterscheiden sich diese Personen in ihrem Verhalten nicht von demjenigen chromosomal weiblicher Probanden. Da Äußeres, Erziehung und Verhalten hierbei nicht im Widerspruch zueinander stehen, ist über die determinierenden Faktoren im Einzelnen nichts auszusagen. Wohl aber zeigen diese Fälle, dass das chromosomale Geschlecht unerheblich ist, wenn nicht zu einem späteren Zeitpunkt eine »Bestätigung« des Geschlechts in Form fetaler Hormone erfolgt. Ein besonders aufschlussreicher Einzelfall bezüglich der Effekte der »Maskulinisierung« des Gehirns durch Hormone ist in **Kasten 15.2** dargestellt. Dieser Fall führt eindrücklich vor Augen, dass einerseits die Sozialisation die hormonelle Prägung des Gehirns nicht einfach ungeschehen machen kann, andererseits die Effekte der hormonellen Prägung des Geschlechts ebenfalls begrenzt sind.

Kasten 15.2: Der Fall Bruce/Brenda/David Reimer

Ein von Money und Tucker (1975) berichteter Fall kommt den Bedingungen eines Experiments mit $N = 1$ sehr nahe. Dem einen Zwilling eines EZ-Paars war im Alter von sieben Monaten beim Versuch der Beschneidung versehentlich der Penis verstümmelt worden. Die Eltern entschlossen sich nach eingehender Beratung durch die Ärzte zu einer Kastration im Alter von 21 Monaten, der operativen Anlegung weiblicher Geschlechtsorgane, einer hormonalen Behandlung und anschließender Erziehung des Kindes als Mädchen. Bruce Reimer, so der Name des Kindes, wuchs jetzt als *Brenda* auf. Abgesehen von einer gewissen Dominanz gegenüber dem Bruder waren in der Tat alsbald deutliche Anzeichen einer Feminisierung zu erkennen (Spielverhalten, Imitation der Mutter u. dgl.). Allerdings ließen spätere Untersuchungen von unabhängigen Ärzten erkennen, dass das »Mädchen« im Alter von 13 Jahren erhebliche Probleme mit seiner Geschlechtsrolle hatte, eher männlich aussah, sehr unglücklich war und maskuline Tätigkeiten anstrebte (Diamond, 1982). Den ca. 20 Jahre später angestellten Recherchen eines Journalisten zufolge (Colapinto, 2000) weiteten sich diese Schwierigkeiten bis zu wiederholten Suizidversuchen aus. Erst die bewusste Übernahme der durch die Chromosomen-Struktur nahegelegten männlichen Geschlechtsrolle mit 15 Jahren, begleitet von hormonalen und operativen Maßnahmen nunmehr in der zur frühen Kindheit »gegenteiligen« Richtung (darunter Rekonstruktion eines Penis), verhalf diesem Patienten dann zunächst zu einer halbwegs zufriedenstellenden Identität. Allerdings ließen ihn intime Schwierigkeiten und eine unglücklich verlaufende Beziehung als junger Mann erneut einen Suizidversuch unternehmen. Mit 25 Jahren heiratete er schließlich eine Mutter von drei Kindern, die er dabei adoptierte. Wie weitere Recherchen eines anderen Journalisten allerdings ergaben (Braune, 2004), folgten weitere Krisen, in deren Verlauf er arbeitslos wurde, und die Ehe ging in die Brüche. Als finanzielle Schwierigkeiten dazukamen, betrachtete er sein Leben erneut als gescheitert. Mit 38 Jahren nahm sich David Reimer das Leben.

Damit erwies sich die ursprünglich an diesen Fall geknüpfte »Sozialisationseuphorie« als ebenso unbegründet wie die Vorstellung von der nahezu unbegrenzten Wirkung der Hormone.

Bei einer zusammenfassenden Würdigung der geschilderten Befunde scheint es doch so, als würde das männliche Geschlecht während verschiedener Entwicklungsschritte als Abweichung vom Grundmuster des weiblichen festgelegt. Die chromosomale Struktur mag dabei nur von unerheblichem Einfluss sein, wenn nicht männliche Keimdrüsenhormone zusätzlich wirksam werden. Die davon ausgehende Prägung oder Determination des Gehirns hat offenbar weitreichende Auswirkungen auf das spätere Erleben und Verhalten.

Unterschiede in der Hirnfunktion

Es ist naheliegend, Geschlechtsunterschiede im Verhalten zumindest teilweise auf eine unterschiedliche neuronale Organisation des männlichen und weiblichen Gehirns zurückzuführen. Dementsprechend hat es in den Neurowissenschaften eine Fülle von Untersuchungen zu strukturellen (anatomischen) und funktionellen (physiologischen) Geschlechtsunterschieden im Gehirn gegeben, deren umfangreiche Erträge hier nur ansatzweise wiedergegeben werden können (für ausführlichere Darstellungen s. Halpern, 2000; Matsumoto, 2000).

Die Entwicklung von männlichen und weiblichen Föten geht mit unterschiedlichen Konzentrationen von Geschlechtshormonen einher. So erreicht beispielsweise das Testosteron zwischen der 34. und 41. Woche nach der Empfängnis bei männlichen Föten eine zehnmal höhere Konzentration als bei den weiblichen Föten. Dieses Testosteron wird von den Nervenzellen in Estradiol (ein weibliches Geschlechtshormon) konvertiert, das dann an entsprechende Rezeptoren der Nervenzellen bindet und dort bestimmte Gene an- oder abschaltet. Dies wiederum führt zu funktionalen Veränderungen der entsprechenden Nervenzellen: Das Gehirn der männlichen Föten wird maskulinisiert. Dabei ist dieser Prozess keinesfalls mit der Geburt beendet, sondern findet in der frühen Kindheit sowie in der Pubertät eine Fortsetzung.

Das für männliche und weibliche Personen unterschiedliche Hormongeschehen hinterlässt im Laufe der Entwicklung anatomische und physiologische Spuren im Gehirn, so dass in der Literatur oft die Begriffe »männliches« und »weibliches« Gehirn verwendet werden (z. B. Halpern, 2000; Woodson & Gorski, 2000). Dieser Sprachgebrauch darf allerdings nicht dahingehend missverstanden werden, dass dieser Geschlechtsunterschied in grobanatomischer Weise fassbar ist; vielmehr sind die Differenzen zwischen männlichem und weiblichem Gehirn meist recht subtil, auch wenn der »kleine Unterschied« gravierende Konsequenzen für das Verhalten haben kann.

Ein erster Unterschied betrifft die *Größe des Gehirns*, das bei Männern durchschnittlich ein größeres Volumen aufweist als bei Frauen (so sind z. B. männliche Gehirne bei der Geburt um 12 % schwerer als weibliche; Janowsky, 1989). Allerdings sind Hirngröße und Körpergewicht positiv korreliert. Wird die Hirngröße am Körpergewicht adjustiert, so verschwindet dieser Geschlechtsunterschied fast vollständig (Gur & Gur, 1990). Da sich Männer und Frauen in ihrer Allgemeinen Intelligenz kaum unterscheiden (s. Abschn. 4.5), hat Jensen (1998) die Vermutung aufgestellt, dass die neuronale Dichte (Anzahl von Neuronen pro Volumeneinheit des Gehirns) bei Frauen entsprechend größer ist. Männliches und weibliches Gehirn unterschieden sich dann nicht in der absoluten Anzahl der Nervenzellen. Ein zweiter Unterschied betrifft den *Hirnstoffwechsel*, der bei Frauen auf einem höheren Niveau abläuft als bei Männern. Dies legen Befunde nahe, die mit der Positronen-Emissions-Tomographie (PET) gewonnen wurden und auf eine bei Frauen erhöhte Hirndurchblutung sowie einen erhöhten zerebralen Glukose-Metabolismus hinweisen (Gur et al., 1995; Gur & Gur, 1990).

Ein weiterer Geschlechtsunterschied findet sich – zumindest bei der Ratte – im *Hippocampus*, der bei männlichen Tieren u.a. eine höhere synaptische Dichte (Anzahl von Synapsen pro Volumeneinheit des Gehirns) aufweist als bei weiblichen Tieren (Parducz & Garcia-Segura, 1993). Diese Hirnstruktur spielt eine besondere Rolle für das räumliche Gedächtnis; demzufolge vermuten McEwen et al. (1997), dass dieser mikroanatomische Geschlechtsunterschied erklären könnte, warum männliche und weibliche Ratten verschiedene Strategien wählen, um räumliche Orientierungsaufgaben zu lösen. Dass mit diesem Befund auch die bekannten Geschlechtsunterschiede für visuell-räumliche Orientierung bei Menschen erklärt werden können (Männer zeigen in entsprechenden Aufgaben eine bessere Leistung als Frauen; s. Hyde, 2005), legt eine neuere Studie von Gron et al. (2000) nahe. Die Autoren ließen ihre Versuchspersonen eine Navigationsaufgabe in einem virtuellen Labyrinth durchführen und registrierten deren Hirnaktivität mit der funktionellen Magnetresonanztomographie (fMRI). Dabei zeigte sich im Hippocampus (neben anderen Hirnstrukturen) ein unterschiedliches Aktivierungsmuster für Männer und Frauen.

Ein beim Menschen klar belegter Geschlechtsunterschied findet sich in verschiedenen Kernen des *Hypothalamus*, wie beispielsweise bei einigen der an der *Hormonregulation* beteiligten Zellgruppen. So wird beispielsweise bei Frauen von verschiedenen hypothalamischen Zellsystemen das Luteinisierende Releasing-Hormon (LHRH) ausgeschüttet, wodurch ein komplexes Muster von weiteren Hormonsekretionen gesteuert und so schließlich die Menstruation reguliert wird. Analog dazu schütten hypothalamische Zellen das Thyrotropin-Releasing-Hormon aus, welches neben anderen Hormonen die Prolaktinsekretion reguliert und somit an der Steuerung der Milchsynthese in der Brustdrüse der Frau beteiligt ist (Birbaumer & Schmidt, 2005). In diesen Zellsystemen des Hypothalamus besteht folglich ein gravierender funktionaler Unterschied zwischen männlichem und weiblichem Gehirn. Ein weiterer, anatomisch beeindruckender Geschlechtsunterschied findet sich beim sogenannten *sexuell dimorphen Nukleus der präoptischen Area* (SDN-POA) des Hypothalamus, der bei Männern etwa zwei- bis dreimal größer ist als bei Frauen (Swaab &

Fliers, 1985). Dieser Kern wurde bei Ratten mit dem Sexualverhalten in Verbindung gebracht, da eine chemische oder elektrische Stimulation dieses Kerns bei männlichen Tieren zu einer Häufung des Kopulationsverhaltens sowie von Ejakulationen führt. Zudem kann eine Läsion dieses Kerns das aggressive Verhalten von Ratten reduzieren, womit dieser Struktur möglicherweise auch für diese Verhaltensweise eine gewisse Bedeutung zukommt (s. Woodson & Gorski, 2000).

In der breiteren Öffentlichkeit wurde dieser Kern allerdings aus einem anderen Grund berühmt, nachdem LeVay (1991) in dem Wissenschaftsmagazin *Science* die Ergebnisse einer anatomischen Studie an Leichen veröffentlichte. Er bestimmte das Volumen dieses Kerns bei heterosexuellen Männern und Frauen sowie bei homosexuellen Männern und berichtete, dass dieser Kern bei den heterosexuellen Männern etwa doppelt so groß war wie bei den heterosexuellen Frauen und den homosexuellen Männern – zwischen beiden letztgenannten Gruppen unterschied sich das Volumen dieses Kerns hingegen nicht. Obwohl LeVay mit seiner Interpretation dieses Befundes selbst sehr vorsichtig war, wurde sein Forschungsergebnis in der allgemeinen Presse als Nachweis für ein biologisches Substrat der sexuellen Orientierung rezipiert nach dem Motto: »Schwule haben ein weibliches Gehirn!« Vor einer solchen Interpretation sollte man allerdings berücksichtigen, dass Swaab und Hofman (1990) einen gegenteiligen Befund berichteten. In ihrer Studie zeigte sich nämlich kein Unterschied in der Größe von SDN-POA zwischen heterosexuellen und homosexuellen Männern.

Eine weitere anatomische Struktur, für die ein Geschlechtsunterschied beschrieben wurde, ist das *Corpus callosum* (breites Faserbündel, das die beiden Hemisphären verbindet). Auch wenn hier die Befundlage nicht ganz einheitlich ist, so verweisen doch zahlreiche Studien darauf, dass das Corpus callosum der Frauen einen größeren Durchmesser aufweist als das der Männer (und dass für Frauen eine bessere Konnektivität zwischen den Hemisphären besteht, s. z. B. Westerhausen et al., 2004). Solche Befunde lassen folglich vermuten, dass bei Frauen ein besserer Informationstransfer zwischen den beiden Hemisphären stattfindet als bei den Männern, was möglicherweise einige der berichteten kognitiven Geschlechtsunterschiede zu erklären vermag. Dies führt zu einem Forschungsfeld, das in den letzten Jahrzehnten ausgiebig untersucht wurde, nämlich den Geschlechtsunterschieden in der hemisphärischen Spezialisierung für kognitive Funktionen.

Die deutlichsten Geschlechtsunterschiede im kognitiven Bereich zeigen sich bei verbalen und visuell-räumlichen Aufgaben, wobei Frauen bei Ersteren und Männer bei Letzteren eine bessere Leistung erbringen (Hyde, 2005). Darüber hinaus ist für dieselben beiden Aufgabentypen auch eine hemisphärische Spezialisierung bekannt – die linke Hemisphäre hat eine höhere Kompetenz bei der Verarbeitung von sprachlicher Information und die rechte für visuell-räumliche Information als die jeweils andere Hirnhälfte (Springer & Deutsch, 1997). Aus dieser Koinzidenz wurde vielfach die Vermutung abgeleitet, dass die Geschlechtsunterschiede in diesen beiden kognitiven Bereichen auf einer unterschiedlichen Lateralisierung (Spezialisierung) der Hemisphären für eben jene beiden kognitiven Funktionen beruhen könnten (mit Spezialisierung ist hierbei keinesfalls gemeint, dass eine Funktion exklusiv in der linken oder der rechten Hemisphäre lokalisiert ist, sondern dass eine Hemisphäre eine graduell höhere Kompetenz bzgl. der Funktion aufweist als die andere). Allerdings konnten auch weitreichende neuropsychologische Forschungsbemühungen nicht schlüssig klären, inwiefern hier zwischen hemisphärischer Lateralisierung und kognitiver Leistungsfähigkeit ein kausaler Zusammenhang besteht (s. Halpern, 2000). Dessen ungeachtet kann bei der geschilderten Befundlage kein Zweifel bestehen, dass sich die Gehirne von Männern und Frauen unterscheiden; dass diese biologischen Unterschiede auch verhaltenswirksam sind und zu den beobachteten Geschlechtsunterschieden im Verhalten beitragen, ist naheliegend.

15.1.2 Geschlechtsrollen

Die biologische Dichotomie männlich – weiblich legt es nahe, auch in psychologischer Hinsicht von typisch »männlich« oder »weiblich« zu sprechen, wenn die Rede von Geschlechtsrollen ist. Dabei gibt es zahlreiche Attribute, die typischerweise mit der Rolle eines Mannes oder einer Frau assoziiert sind. Das Ausmaß, in dem sich eine Person mit solchen geschlechtstypischen Attributen identifiziert, kann als »Geschlechtsrollenselbstkonzept« bezeichnet werden. Da es durchaus Personen gibt, die sich sowohl als typisch männlich als auch typisch weiblich erachtete Attribute zuschreiben, hat Sandra Bem (1974) einen Fragebogen entwickelt, der zwei getrennte Skalen für »Maskulinität« (M) und »Femininität« (F) enthält. Personen, die hoch auf der M-Skala punkten, bezeichnen sich u. a. als aggressiv, analytisch, ambitioniert, dominant, stark und unabhängig. Personen mit hohen Werten auf der F-Skala halten sich für gefühlsbetont, kindlich, sanft, loyal, schüchtern und warmherzig. Die beiden Skalen dieses »Bem Sex Role Inventory« (BSRI) sind unkorreliert, wobei Männer durchschnittlich höhere Werte für Maskulinität erzielten als Frauen, die ihrerseits höhere Werte bei Femininität aufweisen. Personen mit hohem Wert auf der M-Skala und niedrigem Wert auf der F-Skala werden als »maskulin« bzw. in umgekehrter Ausprägung als »feminin« bezeichnet. Personen mit hohen Werten auf beiden Skalen sind hingegen »androgyn« und Personen mit entsprechend niedrigen Werten »undifferenziert«.

Eine ähnliches Instrument wurde von Spence und Helmreich (1978) entwickelt, das als »Personal Attributes Questionnaire« (PAQ) bezeichnet wurde und ebenfalls eine Skala für Maskulinität und Femininität beinhaltet. Personen mit hohen Werten auf der M-Skala bezeichnen sich beispielsweise als unabhängig, aktiv und selbstsicher, während hohe Werte auf der F-Skala durch Selbstattribution als gefühlsbetont, sanft und hilfreich zustande kommen. Auch diese beiden Skalen sind praktisch unkorreliert, zeigen aber die schon für das BSRI genannten Geschlechtsunterschiede. Später wurde die M-Skala in »Instrumentalität« umbenannt und die F-Skala in »Expressivität«, um den Iteminhalten besser gerecht zu werden (Spence & Helmreich, 1980).

Diese Skalen zur Messung des Geschlechtsrollenselbstkonzepts wurden in verschiedenen Studien mit einem Fokus auf seelische Gesundheit und Gesundheitsverhalten eingesetzt. In der Zusammenschau zeigt sich, dass Instrumentalität und Expressivität jeweils mit positiven und negativen Aspekten der Gesundheit korrelieren (Helgeson, 1994). Personen mit ausgeprägter Instrumentalität neigen einerseits weniger zu Depressionen und Ängsten, haben einen höheren Selbstwert und berichten über weniger Gesundheitsbeschwerden. Andererseits neigen diese Personen zu einem Typ-A-Verhalten (Streben nach schlecht definierten Zielen; Wettbewerbsverhalten; Wunsch nach Anerkennung und Vorwärtskommen; Zeitdruck; außergewöhnliche körperliche und geistige Wachheit), betreiben eine schlechtere Gesundheitsvorsorge und zeigen Verhaltensauffälligkeiten. Personen mit ausgeprägter Expressivität berichten einerseits über eine größere Zufriedenheit in ihren Partnerschaften und besserer sozialer Unterstützung, erleben aber andererseits mehr Stress unter emotionaler Belastung.

Instrumentalität und Expressivität zeigen substantielle Überlappungen mit etablierten Persönlichkeitsfaktoren wie den Big Five (s. Abschn. 7.5) und dispositionellen Affekten (s. Abschn. 8.4). Beispielsweise korrelierten in einer Studie von Lippa (1991) verschiedene Maße (BSRI/PAQ) der Instrumentalität mit Offenheit für Erfahrung (0,52/0,46), Extraversion (0,40/0,37) und Neurotizismus (−0,36/−0,39), und Expressivität korrelierte mit Verträglichkeit (0,59/0,57) und Gewissenhaftigkeit (0,38/0,33). Analog zu diesem Befund zeigte in einer weiteren Studie von Saragovi et al. (2002) der dispositionelle Positive Affekt (PA) eine positive (0,57) und der Negative Affekt (NA) eine entsprechend negative Ladung (−0,54) auf einem Faktor für Instrumentalität. Aufgrund des Ausmaßes dieser Zusammenhänge lassen sich die M- und F-Skalen in diesen Persönlichkeitssystemen gut darstellen, was allerdings auch gewisse Zweifel an der Eigenständigkeit dieser Konstrukte aufwirft (s. dazu auch die Diskussion in Lippa, 2001).

15.1.3 Zugeschriebenes und erlebtes Geschlecht, Erziehungsfaktoren

Trotz der geschilderten Wirksamkeit hormonaler Faktoren wäre es irrig, diesen eine ausschließliche oder irreversible Bedeutung zuzumessen. Ganz ohne Zweifel spielen bei der Entwicklung des subjektiven, d. h. des selbstwahrgenommenen Geschlechts und der Übernahme der jeweiligen Geschlechtsrolle Faktoren der Umwelt und Erziehung eine maßgebliche Rolle.

In der Regel können Kinder »ihr«, d. h. das ihnen zugeschriebene und subjektiv erlebte Geschlecht mit Einsetzen der Sprachentwicklung schon richtig angeben. Dagegen dauert es wesentlich länger, bis sie aus vorliegenden Abbildungen nach Merkmalen wie Haartracht, Kleidung und besonders Beschaffenheit der Genitalien das Geschlecht anderer unzweideutig erkennen. Um das dritte Lebensjahr weisen Jungen und Mädchen bereits typische Unterschiede in der Präferenz von Spielzeug (Autos gegenüber Puppen) und in der Wahrnehmung mehrdeutiger Figuren als Angehörige ihres eigenen Geschlechts auf (Fling & Manosevitz, 1972).

Spätestens um diese Zeit treten auch Verhaltensunterschiede im Sinne einer bei Jungen größeren motorischen Aktivität auf. Mehr als Mädchen machen Jungen von dem ihnen verfügbaren Raum Gebrauch (s. Maccoby & Jacklin, 1974). Im Zusammenhang damit kann auch das erhöhte Risiko, einen Unfall zu erleiden, gesehen werden und auch die stärkere Aggressivität, weil vielleicht häufiger Kontakte mit hemmenden Personen und Dingen entstehen, die »überwunden« werden müssen. Schließlich können vor dem Hintergrund der Aktivitätsrate sogar die stärkere Körperkraft und die daraus vielleicht indirekt resultierende erhöhte Selbstsicherheit und gesteigerte Dominanz gedeutet werden. Entsprechende Unterschiede treten bereits frühzeitig auf und bleiben auch dann bestehen, wenn die für die Geschlechter unterschiedliche Körpergröße herauspartialisiert wird (s. a. Rüddel et al., 1982).

Die erwähnten Geschlechtsunterschiede in Merkmalen wie Dominanz oder Aggressivität werden gewöhnlich als Folge spezifischer Sozialisationseinflüsse aufgefasst. Dabei wird bei vielen Erklärungsansätzen aus theoretischer Sicht auf eine besondere Rolle der differentielle Verstärkungen entsprechender Verhaltensweisen von Seiten der Erziehungsberechtigten hingewiesen. Allerdings fehlt es doch im Falle der Aggressivität bislang an positiven Belegen dafür. Das vorliegende Material lässt zumindest für die frühen Jahre der Entwicklung eine relativ freizügige Haltung von Eltern und Kindergärtnerinnen erkennen. Wie diese bekräftigen anscheinend auch die Lehrer eher »feminine« Verhaltensweisen (Etaugh & Hughes, 1975) und tragen dadurch zu einer Nivellierung möglicher Unterschiede bei. Wenn diese nicht völlig verschwinden, so vielleicht deshalb, weil subtile Unterschiede im Bekräftigungsverhalten der Eltern doch bestehen, die sich bislang nur einer Quantifizierung entzogen haben (in diesem Sinne auch Perry & Bussey, 1979). Immerhin wären dann noch die Differenzen im Verbalen und der Raumvorstellung zu klären, für die es soweit keinerlei Anhaltspunkte einer Ausformung durch Bekräftigung gibt, nachdem auch die Persönlichkeit der Eltern und die Geschlechtsrollenpräferenz ihrer Kinder kaum substantielle Übereinstimmungen zeigen (Hetherington, 1965; Mussen & Rutherford, 1963).

Maccoby und Jacklin (1974) kamen nach der Sichtung der einschlägigen Befunde zu dem Resümee, dass das frühzeitige Auftreten von Aggressionsunterschieden, die Gleichsinnigkeit der Differenzen in den verschiedensten Kulturkreisen und auch bei den Primaten sowie die Beeinflussbarkeit ihrer Aggressionsrate durch Hormone zumindest auch eine biologische Beteiligung wahrscheinlich machen.

In dieses Bild einer anscheinend nur begrenzten Anerziehung des geschlechtstypischen Verhaltens fügt sich gut eine Untersuchung von Nickel und Schmidt-Denter (1980). Diese Autoren registrierten das Sozialverhalten von Kindern, die entweder die »traditionellen« *Kindergärten* oder die »progressiven« *Kinderläden* besuchten. Obwohl die Eltern, deren Sprösslinge den Kinder*garten* besuchten, stärkere Geschlechtsstereotypien aufwiesen, waren es gerade die Kinder aus den Kinder*läden*, die überraschend große geschlechtsbedingte Unterschiede im Sozialverhalten zeigten. Die absichtliche Zurückhaltung der Erzieher in Elterninitiativen ließ also geschlechtsspezifische Unterschiede deutlicher hervortreten. Allerdings teilten die Autoren eine solche Interpretation nicht und vermuteten vielmehr, dass die Übernahme der männlichen Geschlechtsrolle mit einem Dominanzkonstrukt verbunden sei. Möglicherweise würden die Kinder durch die offenkundigen Bemühungen ihrer Eltern, Unterschiede bei den Geschlechtsrollen abzubauen, noch zusätzlich für diese sensibilisiert. Dennoch steht bei einer solchen These die Frage im Raum, *warum* dann schließlich die Rolle des eigenen Geschlechts übernommen wurde.

Andererseits ist auch an die in Richtung auf weibliche Interessen und feminines Verhalten verschobene Entwicklung solcher Jungen zu denken, deren Väter berufsbedingt oder durch Scheidung der Eltern länger abwesend sind (s. Biller, 1971), was den formenden Einfluss eines männlichen Vorbildes nachhaltig vor Augen führt. Anscheinend werden erst in der Interaktion verschiedengeschlechtlicher Erwachsener die geschlechtsbedingten Unterschiede dem Beobachter besonders deutlich.

Für die Ausbildung geschlechtstypischen Verhaltens könnte auch die Interaktion mit gleich- und gegengeschlechtlichen Geschwistern eine Rolle spielen. Das Zusammenleben mit gegengeschlechtlichen Geschwistern verhilft nach Toman (1971) zu Persönlichkeitsmerkmalen und Verhaltensweisen, die sich positiv auf den Bestand einer späteren Ehe auswirken, und zwar umso mehr, je ähnlicher die Konstellation der Geschwister derjenigen der Ehepartner ist. Eine günstige Voraussetzung für eine Partnerschaft wäre also dann gegeben, wenn ein Mann, der eine jüngere Schwester hat, mit einer Frau zusammen wäre, die einen älteren Bruder hat. Birtchnell (1979) konnte anhand je 1000 glücklicher und unglücklicher Ehen diese These allerdings nicht bestätigen. Ernst und Angst (1983) gelangten im Zuge ihrer umfassenden und außerordentlich sorgfältigen Literatursichtung zu derselben Feststellung. Bislang spricht also nicht sehr viel dafür, dass die Lernerfahrungen aus der Interaktion mit gegengeschlechtlichen Geschwistern einer spezifischen Geschwisterposition auf die Interaktion außerhalb der Familie übertragen würden.

15.1.4 Abschließende Bemerkungen

Auch die notgedrungen knappe Darstellung hat erkennen lassen, dass die Fragestellung von Geschlechtsunterschieden größere Probleme beinhaltet, als es der geläufige Vergleich von männlich/weiblich vermuten ließe. Die Trennung biologischer und soziokultureller Faktoren gelingt durch die verfügbaren Anordnungen lediglich in einem Ausmaß, das nur relativ allgemeine Aussagen über die Ursachen der Geschlechterdifferenzen möglich macht. Der durch zukünftige Forschung zu erwartende Erkenntnisgewinn ist vermutlich größer für die Erklärung und Interpretation als für die Deskription, denn in Bezug auf die Beschreibung »bleibt festzuhalten, dass Geschlechtsunterschiede des Verhaltens kleiner als solche des körperlichen Aussehens zu sein scheinen. Geschlechtsunterschiede (kann) man als groß oder klein erscheinen lassen, je nachdem, wie eng oder breit man die betrachteten Merkmale definiert« (Merz, 1979, S. 171). Jedoch verdienen auch die Merkmalsträger genauere Betrachtung: In der bereits erwähnten Untersuchung an Kindern aus Elterninitiativen und herkömmlichen Kindergärten konnten die meisten Jungen und Mädchen gleichen Verhaltensmustern zugeordnet werden (zu 63 %). Lediglich in Bezug auf die Attribute aktiv/aggressiv bzw. abhängig/unsicher bestanden zwischen Jungen und Mädchen Unterschiede.

Zusammenfassung von Kapitel 15.1

Nach landläufiger Meinung gibt es klare und systematische Unterschiede zwischen Männern und Frauen. Werden diese allerdings in empirischen Untersuchungen beleuchtet, so stellt sich regelmäßig heraus, dass sich Männer und Frauen in ihren Persönlichkeitsmerkmalen stärker ähneln als unterscheiden. Dort, wo sich ein Geschlechtsunterschied objektivieren lässt, ergibt sich folgendes Bild: (1) Männer zeigen in räumlichen und technisch-naturwissenschaftlichen Fähigkeitsbereichen eine bessere Leistung als Frauen, die wiederum im sprachlichen Bereich leistungsstärker sind. (2) Männer sind extravertierter, aggressiver und offener für Erfahrungen, während Frauen ängstlicher, gewissenhafter und sozial verträglicher sind. (3) Männer haben ein stärkeres Selbstwertgefühl als Frauen, sie sind hilfsbereiter und sexuell erregbarer. Ob diese Unterschiede nun »essentiell« sind oder durch Geschlechtsrollenstereotype bedingt werden, ist bislang nicht geklärt. Die biologischen Voraussetzungen für essentielle Unterschiede könnten allerdings gegeben sein. Männer und Frauen unterscheiden sich in ihrem Geschlechtschromosom, so dass bereits in der embryonalen Entwicklung Unterschiede in endokrinen Systemen auftreten, die wiederum Effekte auf die Hirnentwicklung haben. Die resultierenden Unterschiede zwischen männlichen und weiblichen Gehirnen sind zwar subtil, könnten aber durchaus zu unterschiedlichen Verhaltensweisen führen. So haben Männer zwar größere Gehirne, aber ein kleineres Corpus callosum und einen Hirnstoffwechsel, der auf einem niedrigeren Niveau stattfindet; zudem haben sie vermutlich eine höhere synaptische Dichte im Hippocampus. Diese Unterschiede mögen in Zusammenhang mit den kognitiven Leistungsunterschieden stehen. Zudem unterscheiden sich Männer und Frauen in Kernen des Hypothalamus sowie im sexuell dimorphen Nucleus des präoptischen Gebiets. Diese Differenzen sind vielleicht mit Unterschieden im sozialen und sexuellen Verhalten assoziiert. Da die hier verfügbaren Daten bei Menschen rein korrelativer Natur sind, kann über einen möglichen Kausalzusammenhang nur spekuliert werden. Neben dem biologischen Geschlecht wird in der Psychologie auch das Geschlechtsrollenselbstkonzept untersucht. Darunter versteht man das Ausmaß, in dem sich Personen mit geschlechtstypischen Attributen identifizieren. Empirische Forschungsarbeiten zeigen auf, dass Personen

> mit einer stärker ausgeprägten Instrumentalität (Maskulinität) weniger zu Depressionen und Ängsten neigen und über weniger Gesundheitsbeschwerden berichten, allerdings auch weniger Gesundheitsvorsorge betreiben. Personen mit stärker ausgeprägter Expressivität (Femininität) berichten über eine größere soziale Unterstützung, erleben aber auch mehr Stress.

15.2 Ethnische Gruppen

Die Tradition kulturvergleichender Untersuchungen reicht zurück bis zu frühen Reisebeschreibungen und anekdotischen Berichten über das Zusammentreffen mit exotischen Menschen. Weitere markante Stationen sind etwa die »Völkerpsychologie« Wilhelm Wundts (1914), die eingehenden Beobachtungen und Schilderungen von Ethnologinnen wie Margaret Mead und Ruth Benedict aus den dreißiger Jahren, die erstmalige statistische Behandlung des Kulturvergleichs von Murdock (1949) und schließlich die zahllosen Reihenuntersuchungen an größeren Personengruppen mit standardisierten Instrumenten aus der jüngeren Vergangenheit. Die nationalsozialistischen Machthaber benutzten in beispielloser Weise Teile der Forschungsergebnisse, darunter vor allem solche höchst fragwürdiger Seriosität, als vorgeblich wissenschaftliche Rechtfertigung für ihre menschenverachtende Politik gegenüber Minderheiten. In der Tat besteht bis in die Gegenwart hinein die latente Gefahr einer missbräuchlichen Argumentation mit Ergebnissen aus interethnisch vergleichenden Studien. Deshalb solche Untersuchungen aber für tabu zu erklären, wäre sicher die schlechteste Lösung.

Dem von Rushton (1990) gesammelten Material zufolge bestehen systematische Unterschiede in der Größe und dem Gewicht des Gehirns zwischen den drei großen Ethnien Mongoloiden (»Gelben«: Herkunft hauptsächlich aus Ostasien), Caucasoiden (»Weißen«; meist aus Europa) und Negroiden (»Schwarzen«; afrikanische Herkunft). Im Mittel verschiedener Stichproben unterschiedlichen Alters und aus verschiedenen zeitlichen Perioden beträgt das Hirnvolumen 1448, 1408 und 1334 ccm, das Gehirngewicht 1351, 1336 und 1286 Gramm, und zwar jeweils für Mongoloide, Caucasoide und Afroamerikaner in den USA. In der Arbeit von Rushton (1994) sind die Zahlen wegen größerer Stichproben etwas anders, doch bleibt die Relation in etwa gleich. Damit einhergehen würden

- ca. 13 767, 13 665 bzw. 13 185 Milliarden kortikale Neurone,
- mittlere Intelligenzquotienten von 107, 100 und 85,
- Mittelwertsunterschiede in Persönlichkeitsdimensionen wie Aktivität, Aggressivität, Dominanz, Impulsivität und Soziabilität.

Dieser interethnische Ansatz ist sehr kontrovers diskutiert worden (Zuckerman & Brody, 1988; Brand, 1995; Gorey & Cryns, 1995; Rushton, 1995).

Die Differenz von ca. 15 IQ-Punkten zwischen Menschen europäischer und afrikanischer Herkunft in Allgemeiner Intelligenz ist als empirisches Faktum auch in der

Gegenwart unumstritten. Parallelisiert man die erfassten Stichproben nach dem sozioökonomischen Status und dem allgemeinen Milieu, reduziert sich der Unterschied auf etwa die Hälfte (Herrnstein & Murray, 1994). Die dann noch bestehende Leistungsdiskrepanz beruht der Auffassung von Jensen (1974) zufolge nicht so sehr auf sogenannten Level-I-Fähigkeiten (wie Kurzzeitgedächtnis und mechanisches Lernen), sondern auf Faktoren des Niveaus II (schlussfolgerndes Denken, Abstraktion, Problemlösen). Als Beleg dafür dienen Beobachtungen wie die in **Abbildung 15.1** wiedergegebenen.

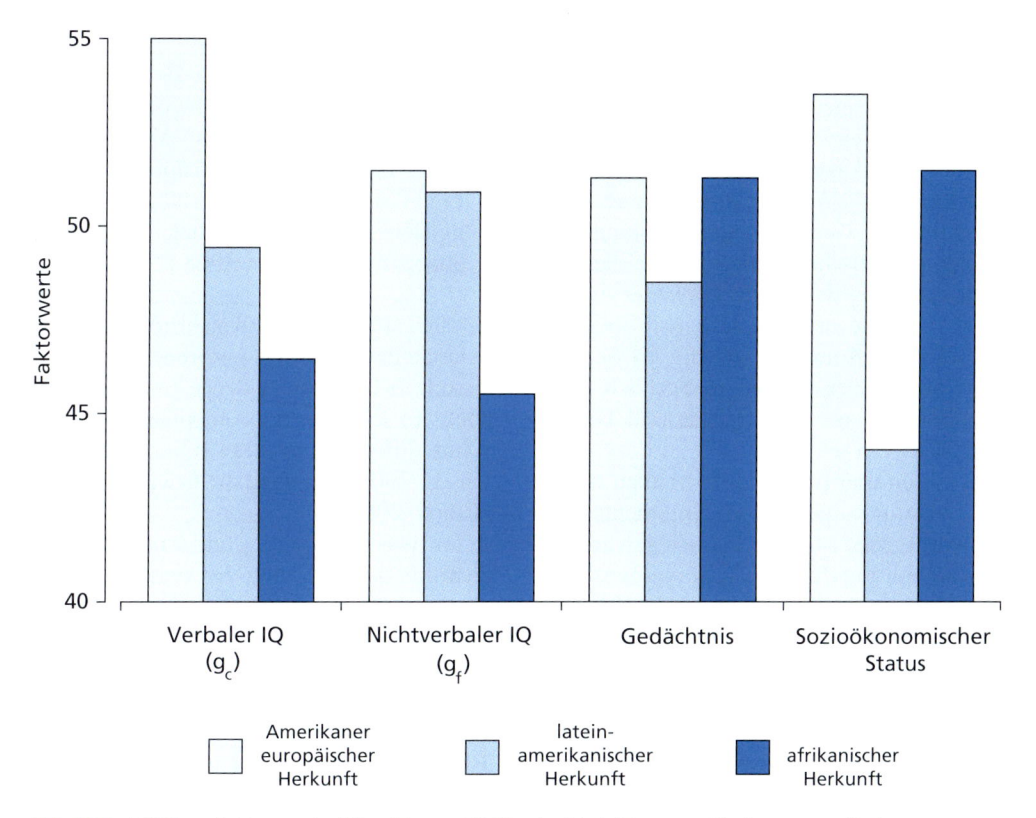

Abb. 15.1: Mittlere Faktorwerte ($M = 50$, $s = 10$) für vier Variablen von Kindern europäischer, lateinamerikanischer und afrikanischer Herkunft. Die Faktorwerte der Dimensionen sind voneinander unabhängig (nach Jensen, 1985, S. 251).

Bemerkenswert sind vorrangig die folgenden Befunde: Amerikaner lateinamerikanischer Herkunft weisen den mit Abstand niedrigsten sozioökonomischen Status aller Gruppen auf. Doch sie übertreffen die Amerikaner afrikanischer Herkunft im verbalen und nichtverbalen IQ deutlich. Darüber hinaus sind die Leistungsdefizite der Amerikaner afrikanischer im Vergleich zu solchen europäischer Herkunft besonders groß im verbalen Bereich, für den doch eine stärkere Beeinflussung durch Sozialisationsfaktoren als im nichtverbalen Bereich zu erwarten wäre. Umweltfaktoren können also kaum als alleinige Erklärung für die aufgetretenen Mittelwertsdifferenzen herangezogen werden.

Heftig umstritten ist nach wie vor die *Interpretation* der mittleren IQ-Differenz. Einmal mehr stehen sich genetische und umwelttheoretische Erklärungen gegenüber, und die Kontroverse wird so heftig und lang anhaltend deshalb geführt, weil die Materie als solche besonders diffizil ist, weitreichende gesellschaftspolitische Implikationen aufweist und vielerorts erhebliche Emotionen hervorruft. Generell sind zudem Amerikaner europäischer und afrikanischer Herkunft grundsätzlich verschiedener Meinung, was die Entwicklung von Intelligenz und anderer Persönlichkeitsmerkmale angeht. So äußerten in den Interviews von Jayaratne et al. (2009) Amerikaner europäischer Herkunft überwiegend die Ansicht, Intelligenz sei kausal durch die Gene bestimmt, wohingegen solche afrikanischer Herkunft eher die Ansicht vertraten, dass dafür entweder individuell eine gewisse Wahlfreiheit bestehe (»how much someone chooses to be one way or another«) oder maßgeblich eine Kombination aus Wahlfreiheit und Umgebungsfaktoren sei.

Rushton und Jensen (2005) haben die in der Literatur vorgetragenen Argumente und das vorliegende Material kritisch gewürdigt. Darauf soll kurz eingegangen werden, weil sie Lehrbeispiele für den wissenschaftlichen Diskurs im anstehenden Forschungsfeld sind:

- Eine These richtet sich darauf, dass Tests meist diejenigen Gruppen begünstigen, aus deren Mitte heraus sie entwickelt würden. Das könne zwar die Minderleistung der Menschen afrikanischer Herkunft erklären, nicht aber die überdurchschnittlichen IQs von Menschen asiatischer Herkunft.
- Die Unterschiede träten zudem bereits in sehr jungem Lebensalter auf, wo sich Umwelteinflüsse noch kaum ausgewirkt haben könnten.
- Psychometrisch bestünden weitestgehende Parallelitäten, weil die Abfolge der Itemschwierigkeiten in den vorgegebenen Tests bei Menschen europäischer Herkunft weitgehend dieselbe sei wie bei Menschen afrikanischer Herkunft.
- Die Item-Interkorrelationen und die Validitätsmuster gegenüber externen Kriterien seien weitgehend identisch.
- Die Mittelwertsunterschiede zwischen Menschen afrikanischer im Vergleich zu solchen europäischer Herkunft reduzierten sich in dem Maße, in dem die Tests als *umweltsensitiv* (im Gegensatz zu kulturfair) eingestuft wurden.
- Auch in der Reaktionszeit als einem Indikator für mentale Geschwindigkeit bestünde eine gleichsinnige Abfolge zwischen den ethnischen Gruppen. (Dieser Effekt ist allerdings nicht völlig konsistent in der Literatur berichtet worden, s. Sheppard & Vernon, 2008.)

Gestützt auf solche und zahlreiche weitere Befunde gelangten die Autoren zu der Auffassung: »The new evidence reviewed here points to some genetic component in Black-White differences in mean IQ« (Rushton & Jensen, 2005; s. a. dazu die Erwiderung von Nisbett, 2005).

Ein wiederkehrendes und kritisches Problem für die Erklärung der zwischen ethnischen Gruppen bestehenden IQ-Differenzen bildet der Umstand, dass mit den biologischen Unterschieden im Phänotyp in aller Regel solche des soziokulturellen Milieus einhergehen. Dann aber mögen selbst bei 100 %iger Erblichkeit eines Merkmals *innerhalb* von Gruppen (und die Probanden in den verhaltensgenetischen Studien waren ganz überwiegend europäischer Herkunft) die Unterschiede *zwischen* Gruppen vollständig durch Umgebungseinflüsse bedingt sein, was die Gegebenheiten in **Abbildung 15.2** vor Augen führen.

Wegen der gewöhnlich gegebenen Ungleichverteilung von ethnischen Faktoren auf sozioökonomische Niveaus sind von besonderer Bedeutung solche Studien, in denen die Konfundierung der beiden Einflussgrößen nach einem quasi-experimentellen Untersuchungsansatz möglichst weitgehend aufgehoben wird. Das ist z. B. dort der

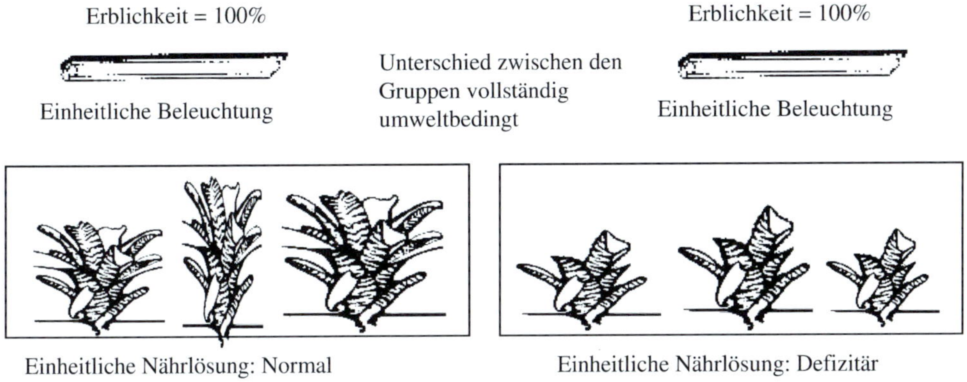

Erblichkeit = 100% Unterschied zwischen den Erblichkeit = 100%
Einheitliche Beleuchtung Gruppen vollständig umweltbedingt Einheitliche Beleuchtung

Einheitliche Nährlösung: Normal   Einheitliche Nährlösung: Defizitär

Abb. 15.2: Veranschaulichung des Umstandes, dass die Erblichkeit innerhalb jeder von zwei Gruppen selbst dann hoch sein kann, wenn die Unterschiede zwischen den Gruppen vollständig durch Umwelteinflüsse verursacht sind (nach Lewontin, 1970).

Fall, wo schwarze Kinder in weißen Adoptivfamilien aufwachsen.

Scarr und Weinberg (1976) stellten an den schwarzen und multiethnischen Adoptivkindern ihrer Untersuchung einen mittleren IQ von ca. 108 fest. Dieser Wert lag zwar niedriger als derjenige der leiblichen Kinder in denselben Familien, aber wesentlich über dem Erwartungswert, der sich aus dem Bildungsgrad der leiblichen Eltern der zur Adoption weggegebenen Kinder schätzen lässt. Zudem deckt sich der beobachtete Mittelwert weitgehend mit dem Durchschnitt weißer Adoptivkinder, die in vergleichbaren Familien aufwachsen. Von daher ist es unwahrscheinlich, dass genetische Faktoren den Hauptanteil an der Leistungsdiskrepanz zwischen Menschen afrikanischer und europäischer Herkunft erklären. Gleichwohl sprachen mehrere Anhaltspunkte auch für einen genetischen Einfluss, da beispielsweise der Bildungsgrad der schwarzen Eltern mit dem IQ ihrer wegadoptierten Kinder zu ca. $r = 0{,}40$ korrelierte. Zusätzlich kompliziert wird der Sachverhalt durch die Beobachtung, dass im Alter von 18 Jahren die IQs der wegadoptierten schwarzen Kinder hinter denjenigen von weißen oder asiatischen Adoptivkindern in denselben Familien zurückblieben (Weinberg et al., 1992). Im Einzelnen lagen die IQs von Adoptivkindern, deren leibliche Eltern beide schwarz waren, nicht nennenswert über der Leistung von schwarzen Jugendlichen, die in schwarzen Familien aufwuchsen. Über die angemessene Interpretation dieser Resultate hat es eine entschiedene Debatte gegeben (Waldman et al., 1994; Levin, 1994; Lynn, 1994). Nach Auffassung von Scarr (1995) erlaubt die Studie eine Deutung sowohl im Sinne von sozialer Diskrimination als auch eine solche von genetisch bedingten Unterschieden ethnischer Gruppen, da die absinkenden Punktwerte der schwarzen Adoptivkinder eine primäre Folge jedes dieser Faktoren sein könnten – oder auch deren gleichzeitiger Wirkung.

Ein anderer Ansatz bedient sich der Schätzung ethnischer Zugehörigkeit auf der Basis der Blutgruppen bzw. der diese bedingenden Gene. In einer Reihe von Genarten bestehen nämlich zwischen Menschen afrikanischer und europäischer Herkunft relativ deutliche Unterschiede. Je nach dem Vorliegen oder Fehlen eines bestimmten Allels kann die Wahrscheinlichkeit ermittelt werden, mit dem der betreffende Faktor von der eigenen bzw. der anderen ethnischen Gruppe ererbt wurde. Die Methode liefert letztlich eine

Schätzung der Zugehörigkeit zu einer ethnischen Gruppe auf der Basis der Blutgruppenfaktoren.

Aufgrund solcher Analysen ist beispielsweise wahrscheinlich gemacht worden, dass bei US-Bürgern, die sich als »Schwarze« bezeichnen, der Anteil genetischer Elemente von Weißen etwa 20 % beträgt, und analog dazu haben auch sich selbst als »Weiße« bezeichnende Personen multiethnische Vorfahren. In keiner der vorliegenden Untersuchungen, die sich dieser Methode bedienten (Loehlin et al., 1973; Scarr et al., 1977), korrelierte jedoch das Vorhandensein eines der Blutgruppenfaktoren *innerhalb* der Gruppe der Menschen afrikanischer Herkunft bedeutsam mit den Ergebnissen von Leistungstests, d. h., genetische Elemente von Europäern bedeuten für Amerikaner afrikanischer Herkunft keinerlei Vorteil in leistungsmäßiger Hinsicht. Oder umgekehrt: Ein Mehr an afrikanischer Herkunft korreliert nicht mit niedrigeren Testpunktwerten. Aus diesem Grunde kann nach Ansicht von Scarr (1995, S. 7) afrikanische Herkunft keine Erklärung für die IQ-Differenzen zwischen Menschen afrikanischer und europäischer Herkunft liefern.

So ingeniös die Methode erscheint, haftet ihr allerdings der Nachteil an, dass die untersuchten Faktoren möglicherweise sehr »leistungsdistant« sind und vielleicht nur in einem für intellektuelle Funktionen völlig irrelevanten Gesichtspunkt zwischen den ethnischen Gruppen differenzieren. Freilich: Wie sollen die definitiv leistungsdeterminierenden Faktoren gefunden werden?

Eyferth (1961) hat die unehelichen Kinder von deutschen Müttern und US-Soldaten afrikanischer und europäischer Herkunft nach dem Zweiten Weltkrieg in der Bundesrepublik Deutschland untersucht. Hinsichtlich des IQ bestand zwischen weißen Kindern und Mischlingskindern kein konsistenter Unterschied, wenn Geschlecht und Alter der Kinder parallelisiert wurden. Auf den ersten Blick sprechen somit diese Befunde nicht für einen an die ethnische Herkunft gebundenen genetischen Einfluss auf den IQ. Aber: Eine solche Interpretation ist an die (nicht geprüfte!) Voraussetzung geknüpft, dass die schwarzen Väter im Durchschnitt etwa so intelligent waren wie die weißen Väter, was bei den Rekrutierungsstrategien der US-amerikanischen Armee einerseits und den sozialen Barrieren in Deutschland kurz nach dem Ende des Nazi-Regimes andererseits unwahrscheinlich ist.

Generell werden in Studien zur vorliegenden Fragestellung die Sozialisationsfaktoren für verschiedene ethnische Gruppen in etwa gleichgesetzt. Daraus ergab sich notgedrungen ein etwas schiefes Bild. Helms (1992) hat in einer einfühlsamen Analyse aber deutlich gemacht, dass sich Menschen afrikanischer Herkunft in den Vereinigten Staaten, ungeachtet der geographischen und zeitlichen Distanz zu ihren afrikanischen Wurzeln, eine Vielzahl von Elementen der afrikanischen Kultur bewahrt haben. Dazu zählen

- »Spiritismus«, d. h. eine stärkere Geltung von immateriellen Kräften im Alltagsleben relativ zum linearen, an Fakten ausgerichteten Denken,
- die Organisation des persönlichen Verhaltensstils durch Bewegung,
- die Messung der Zeit durch sozial bedeutungsvolle Ereignisse und Bräuche.

Jedes dieser Elemente mag mit der Ausbildung von Kenntnissen oder Motiven zum »Bestehen« von Tests interferieren. So ist leicht vorstellbar, dass eine Präferenz für soziale Zeit sich nicht gut verträgt mit den engen Festlegungen von zeitbegrenzten IQ-Tests, für deren Bearbeitung Zeit ein wertvolles Gut darstellt.

Hand in Hand mit der Bewahrung und Ausbildung solcher kultureller Traditionen mögen Minoritäten als Reaktion auf die erfahrene soziale Diskriminierung auch destruktive Einstellungen und Verhaltensweisen entwickeln. Weil sie etwa den Glauben an die Fähigkeit verlieren, in den Bildungsinstitutionen der Bevölkerungsmehrheit (z. B. den Schulen) erfolgreich mithalten zu können, kommt es zum Verlust an Motivation und zu einem Ersatz der konformen Wege zum Erfolg durch illegitime Mittel, wie etwa Delinquenz und Kriminalität. Nicht von einer solchen Erklärung erfasst wird allerdings die Exzellenz in Intelligenz und gesellschaftlichem Erfolg von Mitgliedern anderer ethnischer Gruppen, allen voran der Juden (▶ Kasten 15.3).

Kasten 15.3: Zur Intelligenz der Angehörigen von anderen ethnischen Gruppen

Nach einer weit in die Geschichte zurückreichenden Übersicht gelangte Levin (1997, S. 132) zu der Feststellung, »in every society in which they have participated, Jews have eventually been recognised (and disliked for) their exceptional talent.«

In allen Gesellschaften des westlichen Kulturkreises waren zumindest im letzten Jahrhundert Juden in Wissenschaft und Wirtschaft erfolgreicher als ihre nichtjüdischen Mitbürger (Letztere in der internationalen Literatur als »gentiles« bezeichnet, also als »Heiden« oder Nicht-Juden). Sie stellen viel mehr Nobelpreisträger, Mitglieder in akademischen Eliten, Großmeister im Schach und herausragende Bridgespieler, als es ihrem Anteil an der jeweiligen Bevölkerung entspricht. An renommierten Universitäten wie Harvard oder Yale sind ein Viertel bis ein Drittel aller Studierenden jüdischer Herkunft, und das Forbes Magazine der reichsten 400 US- Amerikaner wies für die 1990er Jahre mehr als ein Viertel als Juden aus (Slezkine, 2004). In Deutschland betrug der Anteil der jüdischen Mitbürger zwischen 1918 und 1933 an der Gesamtbevölkerung 0,78 %, aber 16 % aller Doktoren, 15 % der Zahnärzte, 25 % der Anwälte, 50 % der Theaterdirektoren und 80 % der Führungspersonen an der Berliner Börse waren jüdischer Herkunft (Gordon, 1984). Für diese herausragende Erfolgsbilanz sind verschiedene Faktoren verantwortlich gemacht worden, darunter eine besonders hohe Leistungsmotivation und starke familiäre sowie ethnische Netzwerke (Lynn, in Vorbereitung), ohne dass es dazu beweiskräftige Befunde geben würde.

Eine stichhaltigere Erklärung für die intellektuelle und ökonomische Exzellenz der Juden (und zwar hauptsächlich der Ashkenazim, die – kurz gefasst – ihren Ursprung in Mitteleuropa haben und die in der Gegenwart den ganz überwiegenden Anteil der außerhalb von Israel lebenden Juden bilden) stellt eine überdurchschnittliche Intelligenz dar. Untersuchungen, die bis in die zwanziger Jahre des letzten Jahrhunderts zurückreichen, weisen auf einen mittleren IQ jüdischer Testteilnehmer von ca. 110 hin. Lynn und Longley (2006) errechneten für die jüdischen Probanden zweier Stichproben aus britischen Kohorten einen Wert für 107,7 – signifikant verschieden von den nichtjüdischen Vergleichspersonen.

Maßgeblich für diese intellektuelle Überlegenheit scheinen nicht so sehr Werteunterschiede zu sein, denn in routinemäßigen Meinungsbefragungen an repräsentativen Stichproben legten die jüdischen Befragungspersonen gegenüber den protestantischen und katholischen keinen größeren Wert auf Erfolg im Leben und »Studiertheit« (»studiousness«), wohl aber auf allgemeine Interessiertheit und gutes Urteilsvermögen (Lynn & Kanazawa, 2008). Einmal mehr stellt sich deshalb die Frage, ob vielleicht genetische Faktoren eine Rolle spielen. In Bezug darauf sind drei Hypothesen formuliert worden:

- Die »eugenische These« geht davon aus, dass in der Vergangenheit einem weithin geübten Brauch zufolge die Gelehrten und Rabbis häufig die Töchter von wohlhabenden

Händlern heirateten, währenddessen beispielsweise katholische Priester sich nicht reproduzieren konnten.
- Demgegenüber sieht eine zweite Hypothese die Ursache darin, dass Juden immer wieder der Verfolgung ausgesetzt waren und sich jene der Vernichtung eher entziehen konnten, die die sich anbahnenden Gefahren besser vorhersahen und durch ihren Wohlstand und Einfluss diese Bedrohungen eher abwenden konnten als die weniger intelligenten Glaubensgenossen.
- Die »Diskriminierungshypothese« schließlich setzt an dem Umstand an, dass beginnend mit den Innungen im Mittelalter Juden von bestimmten Berufen ferngehalten und ihnen stattdessen andere Berufsfelder zugewiesen wurden wie Geldverleiher, Steuereintreiber und Import-Export-Händler.

Eine häufig geäußerte Vermutung geht dahin, dass Intelligenztests jene Gruppen eher bevorzugen, die für ihre Konstruktion verantwortlich sind. Damit werden mitunter die Minderleistungen der Menschen mit afrikanischer Herkunft erklärt. Da jüdische Personen im Wissenschaftsbetrieb stark überrepräsentiert sind, könnte das Argument hier angewendet werden – aber es erklärt nicht die überragenden Leistungen außerhalb der Testwerte. Und es erklärt auch nicht die überdurchschnittliche Intelligenz der Amerikaner mit asiatischer Herkunft, die sich auf ca. 105 IQ-Punkte beziffern lässt (Lynn, 1991; s. a. Miller, 2006).

Auf empirische Weise haben Rowe et al. (1994) die Prozesse untersucht, die der Entwicklung oder Ausbildung der unterschiedlichen »Produkte« (Schulleistungen, Delinquenz u. Ä.) in verschiedenen ethnischen Gruppen zugrunde liegen. Als Prozessvariablen standen häusliche Faktoren, das Verhalten von Gleichaltrigen, Selbstwertgefühle, Verhaltenskontrolle u. a. zur Verfügung. Das bemerkenswerte Resultat ging dahin, dass die Interkorrelationsmatrizen dieser Variablen zwischen den miteinander verglichenen Gruppen nicht voneinander abwichen, d. h., die Entwicklungsprozesse von Amerikanern europäischer, afrikanischer und lateinamerikanischer Herkunft folgen denselben Prinzipien. Die unterschiedlichen Produkte oder Endwerte müssen somit als Folge unterschiedlicher Ausgangsbedingungen verstanden werden – für die kulturelle Elemente Beispiele sein könnten.

Da die Befundlage auch nicht annähernd vollständig wiedergegeben werden konnte, muss sich eine Zusammenfassung auf die Feststellung beschränken, dass hinsichtlich Allgemeiner Intelligenz genetische Komponenten *innerhalb* der einzelnen ethnischen Gruppen gesichert wurden; ihr Stellenwert im Einzelnen bei der Aufklärung der durchschnittlichen Differenz *zwischen* ethnischen Gruppen ist solange nicht hinreichend zu bestimmen, wie die sozioökonomischen und Anregungsfaktoren in den miteinander verglichenen Gruppen nicht definitiv gleich sind.

Zusammenfassung von Kapitel 15.2

Die empirische Forschungsliteratur zur Frage, ob sich die Persönlichkeit der Angehörigen unterschiedlicher ethnischer Gruppen systematisch unterscheidet, hat sich vor allem auf ein Phänomen konzentriert: Personen europäischer und afrikanischer Herkunft unterscheiden sich durchschnittlich um 15 IQ-Punkte zugunsten der ersteren. Welche Ursachen dieser

Unterschied hat, konnte bislang nicht klar beantwortet werden. Diskutiert werden sowohl genetische Faktoren als auch Umweltfaktoren. Besonders die Ergebnisse aus Adoptionsstudien – in denen schwarze Kinder in weiße Familien adoptiert wurden – lassen eine Interpretation sowohl zugunsten von Genen als auch von Umwelten zu. Bei dieser Diskussion muss bedacht werden, dass sich beide Einflussquellen natürlich nicht ausschließen.

15.3 Sozioökonomischer Status

15.3.1 Bedeutung und Messung

Seit altersher weisen nahezu alle Gesellschaften eine Binnenstruktur auf, die nach Maßgabe von Einkommen und materiellem Eigentum, Prestige und sozialem Einfluss hierarchisch gegliedert ist. Im westlichen Kulturkreis wird davon ausgegangen, dass die individuelle Zugehörigkeit zu einer der Schichten nicht lebenslang fixiert ist, sondern eine gewisse Durchlässigkeit besteht und aufgrund sozialer Mobilität ein Aufstieg ebenso möglich ist wie ein Abgleiten. Viele der Merkmale, die die soziale Schicht definieren, variieren kontinuierlich, weshalb die Übergänge zwischen den einzelnen Abstufungen je nach dem gewählten Auflösungsgrad relativ fließend sind. Zwischen den genannten Dimensionen bestehen offensichtliche, d. h. im sozialen Umfeld beobachtbare Entsprechungen und Korrelationen. Andererseits weist jedes der Merkmale auch eine gewisse Eigenständigkeit auf, so dass in Forschungsuntersuchungen zur Kennzeichnung der individuellen Position häufig eine Kombination aus mehreren Statusindikatoren herangezogen wird.

Neben (subjektiven) Selbsteinstufungen des sozioökonomischen Status (SÖS) und Fremdeinschätzungen der Reputation ist die sogenannte objektive Methode einer Bestimmung der individuellen Positionen innerhalb einer Hierarchie am weitesten verbreitet. Sie stützt sich gewöhnlich auf das Bildungsniveau (höchster erreichter Schulabschluss), die Art der Beschäftigung bzw. den ausgeübten Beruf und die Höhe des Einkommens. Letzteres ist sicher diejenige Variable, die aufgrund niedriger Auskunftsbereitschaft der Teilnehmer und einer in vielen Fällen mangelnden Vergleichbarkeit die geringste Aussagekraft besitzt. Dass es sich bei der Reputation um ein sozial sichtbares Merkmal handelt, zeigt die sehr hohe Korrelation zwischen Selbsteinstufungen und Fremdeinschätzungen in Höhe von 0,80 (Kleining & Moore, 1968).

Sofern Frauen nicht berufstätig sind, können sich methodische und praktische Probleme einer Einstufung ergeben. Häufig wurde in solchen Fällen auf den Beruf des Mannes zurückgegriffen oder – bei Ledigen – auch auf denjenigen ihres Vaters.

Mitunter werden Abschnitte auf der SÖS-Dimension mit kategorisierenden Begriffen belegt wie »Oberschicht«, »Obere Mittelschicht«, »Mittlere Mittelschicht«, »Untere Mittelschicht« oder »Unterschicht« und Prozentzahlen für die relative Häufigkeit der gebildeten Klassen an der Gesamtheit der Bevölkerung angegeben. Solche und andere Begriffe sind im alltäglichen Sprachgebrauch gängig, unterliegen aber willkürlichen Setzungen und historischen Veränderungen. So sprachen noch Kleining und Moore (1968) bei der Vorstellung ihres am Beruf orientierten Indexes von der untersten Schicht als den »Sozial Verachteten«. Im Wissenschaftsprozess spielen solche Etikettierungen praktisch keine Rolle.

Im vorliegenden Buch ist bei der Erörterung von Leistungs- und Temperamentskonstrukten der »dahinter« liegende Einfluss von SÖS immer wieder angesprochen worden, ohne dass diese Variable gesondert behandelt werden konnte. Das soll hier detaillierend nachgeholt werden.

15.3.2 SÖS und Intelligenz

Die bislang referierten Befunde haben erkennen lassen, dass Intelligenz bei Schulleistungen, dem Bildungsniveau und der ausgeübten Berufstätigkeit eine wesentliche Rolle spielt. Intelligenz stellt damit eine für SÖS konstitutive Größe dar. Dementsprechend ist die Korrelation zwischen Intelligenz und SÖS »größer als die meisten in psychologischer Forschung gefunden« (Schmidt & Hunter, 2004, S. 162).

Auf die unterschiedlichen IQs von Angehörigen verschiedener Berufsgruppen war bereits in Abschnitt 5.3.5 eingegangen worden. Hier soll ergänzend darauf hingewiesen werden, dass schon in den Normierungsdaten für den Stanford-Binet-Test (McNemar, 1942) die Kinder von Vätern in Angestelltenberufen gegenüber solchen aus Arbeiterberufen sehr viel höhere IQs aufwiesen. Eine Differenz im Ausmaß von fast einer Standardabweichung zwischen den Kindern aus diesen beiden Berufsgruppen trat auch in den lange unbeachtet gebliebenen Untersuchungen aus der Frühzeit der Sowjetunion auf (Grigoriev & Lynn, 2009). Ebenso wie Studien, die einen Leistungsvorsprung der Stadt- gegenüber der Landbevölkerung aufgezeigt haben, sind dieses lediglich Deskriptionen oder korrelative Resultate; völlig offen müssen dabei Ursachen und Wirkungen bleiben.

In der Meta-Analyse von Strenze (2007), die nur auf längsschnittlichen Studien (zwischen 12 und 72 Publikationen) beruht, korrelierte Intelligenz mit dem später erreichten Bildungsgrad zu $r = 0,48$, mit dem Beruf zu $r = 0,38$ und mit dem Einkommen zu $r = 0,19$ (alle Koeffizienten nur aus den »besten« Studien, also jenen, in denen die Intelligenz vor dem 19. und die SÖS-Maße erst nach dem 29. Lebensjahr bestimmt wurden). In diesem Ansatz sagte Intelligenz den späteren SÖS vorher.

Eine unabhängige Variable bildet SÖS dort, wo der elterliche SÖS die sozioökonomischen Erfolgsmaße der Nachkommen vorhersagt. In dem Material von Strenze (2007) war dieses mit Koeffizienten von $r = 0,44$ (SÖS gebildet aus Bildungsniveau von Vater und Mutter) bzw. 0,31 (SÖS gebildet aus väterlichem Beruf) bzw. 0,14 (SÖS gebildet aus familialem Einkommen) der Fall. Von ganz ähnlicher Höhe waren die Korrelationen, wenn als Prädiktor anstelle des elterlichen SÖS die Schulleistungen der Eltern herangezogen wurden.

Auf der Basis dieser (und anderer Befunde der Literatur) ist Intelligenz ein starker Prädiktor für SÖS. Darüber hinaus sagen SÖS der Eltern und deren Schulleistungen in nahezu gleich starker Weise SÖS-Indikatoren auf Seiten der Kinder vorher. Der Vergleich zwischen diesen Prädiktoren ist aufschlussreich deshalb, weil er verschiedene Wege zu sozioökonomischem Erfolg aufweist: Intelligenz steht für allgemeine intellektuelle Leistungsfähigkeit, elterlicher SÖS repräsentiert die sozialen Vor- oder Nachteile, die jemand erfahren hat, und die Schulleistungen markieren akademisches Lernen und Motivation. Also: Zwar ist Intelligenz eine der zentralen Determinanten für sozioökonomischen Erfolg, aber elterlicher SÖS und elterliche Schulleistungen spielen für den Erfolg auf der Status-Leiter eine ganz ähnliche Rolle.

Nun ist evident, dass auch bei den elterlichen SÖS- und Schulleistungsmaßen Intelligenz eine herausragende Rolle spielt. Intelligenz taucht insofern als Hintergrund-Variable sowohl auf Seiten der Prädiktoren als auch der Kriterien auf, was allein bereits die Korrelationen erklären könnte. Ganz allgemein wäre eine präzisere Ermittlung der separaten Beiträge von Intelligenz und SÖS etwa mittels Pfadanalysen wünschenswert. So haben Colom und Flores-Mendoza (2007) gezeigt, dass Intelligenz unabhängig vom SÖS mit den Punktwerten eines Schulleistungstests korrelliert. Schon vorher hatten Thienpont und Verleye (2003) festgestellt, dass der Pfad von Intelligenz über das Bildungsniveau zur Berufstätigkeit stark ist und der Einfluss von Intelligenz auf die berufliche Tätigkeit fast ausschließlich über das Bildungsniveau erfolgt. Aufschlussreich wären Ansätze, in denen nach dem Stellenwert von solchen SÖS-Maßen gefragt wird, aus denen der Anteil von Intelligenz herausgerechnet ist. Erstaunlicherweise ist dieses Problem bisher nicht angegangen worden. Nur dessen Bearbeitung kann eine verbindliche Antwort darauf geben, ob SÖS substantiell mehr ist als »the old workhorse«: Intelligenz.

15.3.3 SÖS, Persönlichkeit und Werthaltungen

Die Ansicht ist weit verbreitet, dass Subgruppen innerhalb von Gesellschaften, wie sie durch unterschiedliche Schichten gekennzeichnet sind, auch gemeinsame Interessen und Wertvorstellungen teilen. In Bezug darauf sind die Befunde allerdings widersprüchlich und abhängig von Ländern, zeitlichen Epochen und Erhebungsmodalitäten. Durchgängig lässt sich allenfalls festhalten, dass die Effekte, wenn sie denn auftreten, nur von mäßiger Größe sind. Eine der letzten Übersichtsdarstellungen stammt von Schwenkmezger et al. (2000). Die dort berichteten Korrelationen von SÖS-Maßen mit Persönlichkeitsfaktoren, Einstellungen zugunsten von Selbstbestimmung, Freizügigkeit in sexuellen Angelegenheiten und Liberalität sowie der Akzeptanz von Immigranten, im Weiteren mit Gefühlen von Glück, Wohlbefinden und Lebenszufriedenheit übersteigen nur selten die Größenordnung von $r = 0{,}15$. Robust und numerisch nennenswert seien lediglich die negativen Beziehungen von SÖS mit der Prävalenz, Inzidenz, Morbidität und Mortalität von chronischen und Infektionskrankheiten. Für koronare Herzerkrankungen und auch für psychische Erkrankungen erweise sich der Zusammenhang als so evident, dass bereits vorgeschlagen worden sei, eine niedrige Schichtzugehörigkeit neben Depression und sozialer Isolation als zusätzlichen Risikofaktor anzuerkennen.

Insgesamt ähnelt damit die Befundlage zum Zusammenhang von SÖS mit Persönlichkeits- und Einstellungsmerkmalen auffallend derjenigen von Intelligenz und den genannten Merkmalen.

15.3.4 Interpretationen

Was die Erklärung aufgetretener Schichtunterschiede angeht, so lassen sich drei Ansätze voneinander unterscheiden:

- Dem *sozialisationstheoretischen* Ansatz zufolge bestimmen die Lebensumstände die Entwicklung des Einzelnen, etwa in dem Sinne, dass niedrige Schichtzugehörigkeit geringere berufliche Freiräume und Entscheidungsspielräume und schwerere körperliche Arbeit mit sich bringt, mit der Folge psychischer und körperlicher Erkrankungen. Eine niedrige Schichtzugehörigkeit könnte ebenso ein größeres familiäres Konfliktpotential und emotionale Unsicherheit veranlassen mit daraus resultierendem höheren Neurotizismus und erhöhter Aggressionsneigung usw.
- Umgekehrt gehen *selektionstheoretische* Überlegungen davon aus, dass Personenmerkmale die Entscheidungen und das Fortkommen im Ausbildungs- und Berufsbereich determinieren.

- Ein dritter Ansatz postuliert ein *interaktives* Zusammenwirken von Sozialisations- und Selektionsprozessen.

Konzeptuell lassen sich diese drei theoretischen Modelle hinreichend klar voneinander unterscheiden. Hingegen ist es fast aussichtslos, empirisch eine halbwegs eindeutige Trennung vornehmen zu können, weil kaum die Möglichkeit besteht, den SÖS unter ökologisch validen Bedingungen experimentell zu variieren.

Zusammenfassend gelangten Schwenkmezger et al. (2000, S. 185) zu der Einsicht,

»dass Fragen des Einflusses von Merkmalen des sozioökonomischen Status (…) als Determinanten von Verhaltensunterschieden bisher in der psychologischen Forschung nur unzureichend berücksichtigt worden sind (…) und beispielsweise eine eigenständige Psychologie der Schichtunterschiede noch entwickelt werden muss. Insofern hinkt hier die Forschungslage gegenüber anderen demographischen Merkmalen (z. B. Geschlechts- und Altersunterschieden) hinterher.«

Zusammenfassung von Kapitel 15.3

Intelligenz und sozioökonomischer Status sind auf mehrfache Weise assoziiert. Erstens weisen Personen mit höherem sozioökonomischem Status im Durchschnitt auch eine höhere Intelligenz auf. Zweitens zeigen Kinder aus einem Elternhaus mit höherem sozioökonomischem Status bessere Leistungen in einem Intelligenztest als Kinder aus einem Elternhaus mit geringerem sozioökonomischem Status. Und drittens erlangen intelligentere Kinder und Jugendliche später im Leben auch einen höheren sozioökonomischen Status. Für andere Persönlichkeitsmerkmale finden sich keine nennenswerten Zusammenhänge mit dem sozioökonomischen Status. Die Zusammenhänge von Intelligenz und sozioökonomischem Status lassen sich theoretisch durch Sozialisation und Selektion oder beides erklären – eine empirische Entscheidung zwischen diesen Erklärungsansätzen war bislang nicht möglich.

Literatur

Abbott, A.R. & Sebastian, R.J. (1981). Physical attractiveness and expectations of success. *Personality and Social Psychology Bulletin, 7*, 481–486.

Ackerman, P.L. (1987). Individual differences in skill learning: An integration of psychometric and information processing perspectives. *Psychological Bulletin, 102*, 3–27.

Ackerman, P.L. (1988). Determinants of individual differences during skill acquisition: Cognitive abilities and information processing. *Journal of Experimental Psychology: General, 117*, 288–318.

Ackerman, P.L., Beier, M.E. & Boyle, M.O. (2005). Working memory and intelligence: The same or different constructs. *Psychological Bulletin, 131*, 30–60.

Ahnert, J., Schneider, W. & Bös, K. (2009). Developmental changes and individual stability of motor abilities from the preschool period to young adulthood. In W. Schneider & M. Bullock (Eds.), *Human development from early childhood to early adulthood: Findings from a 20 year longitudinal study* (pp. 35–62). New York: Psychology Press.

Albert, R.S. (1975). Toward a behavioral definition of genius. *American Psychologist, 30*, 140–151.

Alexander, C. (1945). Youth and progress. *Journal of Social Psychology, 22*, 209–213.

Allen, G. (1970). Within and between group variation expected in human behavioral characters. *Behavior Genetics, 1*, 175–194.

Allport, G.W. (1937). *Personality. A psychological interpretation*. New York: Holt (deutsch: Persönlichkeit, Struktur, Entwicklung und Erfassung der menschlichen Eigenart. Meisenheim: Hain, 1959, 2. Aufl.).

Allport, G.W. (1959). Persönlichkeit – Struktur, Entwicklung und Erfassung der menschlichen Eigenart (Bd. 2). Meisenheim/Glan: Hain.

Allport, G.W. (1961). *Pattern and growth in personality*. New York: Holt, Rinehart & Winston.

Allport, G.W. & Odbert, H.S. (1936). Trait-names: A psycho-lexical study. *Psychological Monographs, 47*, 171.

Altrocchi, J., Parsons, O.A. & Dickoff, H. (1960). Changes in self-ideal discrepancy in repressors and sensitizers. *Journal of Abnormal and Social Psychology, 61*, 67–72.

Amabile, T.M. (1983). Social psychology of creativity: A componential conceptualization. *Journal of Personality and Social Psychology, 45*, 357–376.

Amabile, T.M. (1993). What does a theory of creativity require? *Psychological Inquiry, 4*, 179–182.

Amabile, T.M., Goldfarb, T. & Brackfield, S.C. (1990). Social influences on creativity: Evaluation, coaction, and surveillance. *Creativity Research Journal, 3*, 6–21.

Ambady, N. & Rosenthal, R. (1993). Half a minute: Predicting teacher evaluations from thin slices of nonverbal behavior and physical attractiveness. *Journal of Personality and Social Psychology, 64*, 431–441.

Amelang, M. (1978). Hochschulzugang. In K. J. Klauer (Hrsg.), *Handbuch der Pädagogischen Diagnostik* (S. 1013–1022). Düsseldorf: Schwann.

Amelang, M. (1985). Historische Bedingtheit der empirisch orientierten Persönlichkeitsforschung. In T. Herrmann & E.D. Lantermann (Hrsg.), *Persönlichkeitspsychologie. Ein Handbuch in Schlüsselbegriffen* (S. 994). München: Urban & Schwarzenberg.

Amelang, M. (1986). *Sozial abweichendes Verhalten*. Heidelberg: Springer.

Amelang, M. (1987). Fragebogen-Tests und experimentalpsychologische Variablen als Korrelate der Persönlichkeitsdimensionen Extraversion/Introversion (E/I) und Neurotizismus (N). In M. Amelang (Hrsg.), *Bericht über den 35. Kongreß der Deutschen Gesellschaft für Psychologie in Heidelberg, 1986* (Bd. 2, S. 403–416). Heidelberg: Hogrefe.

Amelang, M. (1996). Intelligenz. In M. Amelang (Hrsg.), Enzyklopädie der Psychologie: Themenbereich C Theorie und Forschung, Serie VIII Differentielle Psychologie und Persönlichkeitsforschung, Band 2 Verhaltens- und Leistungsunterschiede (S. 245–328). Göttingen: Hogrefe.

Amelang, M. (1998). Zum Tode von Hans J. Eysenck. *Psychologische Rundschau, 49*, 45–47.

Amelang, M. (2003). Personale, proximale und distale Faktoren in der Ätiologieforschung. Eine Antwort auf Weitkunat (2003). *Psychologische Rundschau, 54*, 194–195.

Amelang, M. & Bartussek, D. (1970). Untersuchungen zur Validität einer neuen Lügenskala. *Diagnostica, 16*, 103–122.

Amelang, M. & Bartussek, D. (2001). *Differentielle Psychologie und Persönlichkeitsforschung*. Stuttgart: Kohlhammer.

Amelang, M. & Borkenau, P. (1981). Untersuchungen zur Validität von Kontroll-Skalen für Soziale Erwünschtheit und Akquieszenz. *Diagnostica, 27*, 295–312.

Amelang, M. & Borkenau, P. (1985). Individuelle Angemessenheit von Eigenschaftskonstrukten als Moderatorvariable für die Übereinstimmung zwischen Selbst- und Bekannten-Ratings. *Diagnostica, 31*, 105–118.

Amelang, M., Gold, A. & Külbel, E. (1984). Über einige Erfahrungen mit einer deutschsprachigen Skala zur Erfassung des zwischenmenschlichen Vertrauens (Interpersonal Trust). *Diagnostica, 30*, 198–215.

Amelang, M., Hasselbach, P. & Stürmer, T. (2004). Personality, cardiovascular disease, and cancer: First results from the Heidelberg Cohort Study of the Elderly. *Zeitschrift für Gesundheitspsychologie, 12*, 102–115.

Amelang, M., Herboth, G. & Oefner, I. (1991). A prototype strategy for the construction of a creativity scale. *European Journal of Personality, 5*, 261–285.

Amelang, M. & Hoppensack, T. (1977a). Persönlichkeitsstruktur und Hochschulbesuch I. Merkmalsveränderungen während des Studiums bei Studierenden verschiedener Fachrichtungen. *Psychologische Beiträge, 19*, 161–188.

Amelang, M. & Hoppensack, T. (1977b). Persönlichkeitsstruktur und Hochschulbesuch II. Vorhersage des Studienerfolgs bei Studierenden verschiedener Fachrichtungen. *Psychologie in Erziehung und Unterricht, 24*, 193–204.

Amelang, M., Köhler, B. & Gold, A. (1983). Physische Attraktivität, Ausdrucksverhalten und Persönlichkeit: Über einige Zusammenhänge zwischen Selbst- und Fremdeinschätzungen. In G. Lüer (Hrsg.), *Bericht über den 33. Kongreß der Deutschen Gesellschaft für Psychologie in Mainz, 1982* (Bd. 2, S. 583–586). Göttingen: Hogrefe.

Amelang, M., Schäfer, A. & Yousfi, S. (2002). Comparing verbal and non-verbal personality scales: Investigating the reliability and validity, the influence of social desirability, and the effects of fake good instructions. *Psychologische Beiträge, 44*, 24–41.

Amelang, M. & Schmidt-Atzert, L. (2006). *Psychologische Diagnostik und Intervention*. Heidelberg: Springer.

Amelang, M. & Schmidt-Rathjens, C. (2000). Kohärenzsinn als Prädiktor und Suppressor bei der Unterscheidung von Gesundheit und Krankheit. *Zeitschrift für Gesundheitspsychologie, 8*, 85–93.

Amelang, M. & Schmidt-Rathjens, C. (2003). Persönlichkeit, Krebs und koronare Herzerkrankungen: Fiktionen und Fakten in der Ätiologieforschung. *Psychologische Rundschau, 54*, 12–23.

Amelang, M., Schwarz, G. & Wegemund, A. (1989). Soziale Intelligenz als Trait-Konstrukt und Test-Konzept bei der Analyse von Verhaltenshäufigkeiten. *Zeitschrift für Differentielle und Diagnostische Psychologie, 10*, 37–57.

Amelang, M., Sommer, E. & Bartussek, D. (1971). Persönlichkeitsstruktur und Studienrichtung. *Psychologische Beiträge, 13*, 7–25.

Amelang, M. & Steinmayr, R. (2006). Is there a validity increment for tests of emotional intelligence in explaining the variance of performance criteria? *Intelligence, 34*, 459–468.

Amelang, M. & Ullwer, U. (1990). Untersuchungen zur experimentellen Bewährung von Eysencks Extraversionstheorie. *Zeitschrift für Differentielle und Diagnostische Psychologie, 11*, 127–148.

Amelang, M. & Ullwer, U. (1991). Ansatz und Ergebnisse einer (fast) umfassenden Überprüfung von Eysenck's Extraversionstheorie. *Psychologische Beiträge, 33*, 23–46.

American Psychological Association. (1954). *Technical recommendations for psychological tests and diagnostic techniques*. Washington, DC: American Psychological Association.

American Psychological Association. (1966). *Standards for educational tests and manuals*. Washington, DC: American Psychological Association.

Amthauer, R. (1953). *Intelligenz-Struktur-Test (IST)*. Göttingen: Hogrefe.

Amthauer, R. (1957). Über die Prüfung der Zuverlässigkeit von Tests – erörtert am IST. *Psychologische Rundschau, 8*, 165–171.

Amthauer, R., Brocke, B., Liepmann, D. & Beauducel, A. (2001). *I-S-T 2000 R. Intelligenz-Struktur-Test 2000 R*. Göttingen: Hogrefe.

Anastasi, A. (1934). Practice and variability: a study in psychological method. *Psychological Monographs, 45*, 1–55.

Anastasi, A. (1966). *Differential Psychology*. New York: MacMillan.

Anastasi, A. (1976). *Differentielle Psychologie* (Bd. 1). Weinheim: Beltz.

Anderson, C., John, O.P., Keltner, D. & Kring, A. M. (2001). Who attains social status? Effects of personality and physical attractiveness in social groups. *Journal of Personality and Social Psychology, 81*, 116–132.

Andreassi, J.L. (2006). Psychophysiology: human behavior and physiological response (5th ed.). Mahwah, NJ: Erlbaum.

Andresen, B. (2000). Six basic dimensions of personality and a seventh factor of generalized dysfunctional personality: A Diathesis system covering all personality disorders. *Neuropsychobiology, 41*, 5–23.

Andresen, B. (2001). Konzepte und Fragebogenskalen zur Einordnung von Psychosetendenzen in die differentiell-psychologischen Faktoren der Persönlichkeit. In B. Andresen & R. Mass (Hrsg.), *Schizotypie* (S. 999). Göttingen: Hogrefe.

Angleitner, A. & Demtröder, A.J. (1988). Acts and dispositions: A reconstruction of the act frequency approach (AFA). *European Journal of Personality, 2*, 121–141.

Angleitner, A., Ostendorf, F. & John, O.P. (1990). Towards a taxonomy of personality descriptors in German: A psycho-lexical study. *European Journal of Personality Psychology, 4*, 89–118.

Angleitner, A., Riemann, R. & Spinath, F.M. (2004). Investigating the ZKPQ-III-R: Psychometric properties, relations to the Five-Factor Model, and genetic and environmental influences on its scales and facets. In R.M. Stelmack (Ed.), *On the psychobiology of personality: Essays in honor of Marvin Zuckerman* (pp. 89–105). Amsterdam: Elsevier.

Ansbacher, H.L. & Rowena, R. (Eds.) (1956). *The individual-psychology of Alfred Adler*. New York: Basic Books.

Antonovsky, A. (1987). *Unraveling the mystery of health*. San Francisco: Jossey-Bass.

Arasteh, A.R. & Arasteh, J.D. (1976). Creativity in human development – an interpretative and annotated bibliography. New York: Schenkman.

Arija, V., Esparó, G., Fernández-Ballart, J., Murphy, M.M., Biarnés, E. & Canals, J. (2006). Nutritional status and performance in test of verbal and non-verbal intelligence in 6 year old children. *Intelligence, 34*, 141–149.

Asch, S.E. (1958). The metaphor: A psychological inquiry. In R. Tagiuri & L. Petrulla (Eds.), *Person perception and interpersonal behavior* (pp. 86–95). Stanford, CA: Stanford University Press.

Asendorpf, J.B. (1988). Individual response profiles in the behavioral assessment of personality. *European Journal of Personality, 2*, 155–167.

Asendorpf, J.B., Banse, R. & Mücke, D. (2002). Double dissociation between implicit and explicit personality self-concept: The case of shy behavior. *Journal of Personality and Social Psychology, 83*, 380–393.

Asendorpf, J.B. & Scherer, K.R. (1983). The discrepant repressor: Differentiation between low anxiety, high anxiety and repression of anxiety by autonomic-facial-verbal patterns of behavior. *Journal of Personality and Social Psychology, 45*, 1334–1346.

Asendorpf, J.B., Wallbott, H.G. & Scherer, K.R. (1983). Der verflixte Represser: Ein empirisch begründeter Vorschlag zu einer zweidimensionalen Operationalisierung von Repression-Sensitization. *Zeitschrift für Differentielle und Diagnostische Psychologie, 4*, 113–128.

Ashton, M.C., Lee, K. & Paunonen, S.V. (2002). What is the central feature of extraversion?: Social attention versus reward sensitivity. *Journal of Personality and Social Psychology, 83*, 245–251.

Ashton, M.C., Lee, K., Perugini, M., Szarota, P., De Vries, R.E., Di Blas, L. et al. (2004). A six-factor structure of personality-descriptive adjectives: Solutions from psycholexical studies in seven languages. *Journal of Personality and Social Psychology, 86*, 356–366.

Aster, M., Neubauer, A. & Horn, R. (2006). Wechsler Intelligenztest für Erwachsene (WIE). Deutschsprachige Bearbeitung und Adaptation des WAIS-III von David Wechsler. Frankfurt: Harcourt Test Services.

Avtgis, T.A. (1998). Locus of control and persuasion, social influence, and conformity: A meta-analytic review. *Psychological Reports, 83*, 899–903.

Bachelor, P. & Michael, W.B. (1991). Higher-order factors of creativity within Guilford's Structure-of-Intellect Model: A re-analysis of a fifty-three variable data base. *Creativity Research Journal, 4*, 157–175.

Backhaus, K., Erichson, B., Plinke, W. & Weiber, R. (2003). *Multivariate Analysemethoden (10. Aufl.)*. Berlin: Springer.

Backteman, G. & Magnusson, D. (1981). Longitudinal stability of personality characteristics. *Journal of Personality, 49*, 148–160.

Baddeley, A.D. (2002). Human memory. Theory and practice, Revised edition. Hove: Psychology Press.

Bailey, H.N., Moran, G., Pederson, D.R. & Bento, S. (2007). Understanding the transmission of attachment using variable- and relationship-centered approaches. *Development and Psychopathology, 19,* 313–343.

Bajema, C.J. (1996). Relation of fertility to educational attainment in a Kalamazoo public school population: A follow-up study. *Eugenics Quarterly, 13,* 306–315.

Baker, L.A., Mack, W., Moffitt, T.E. & Mednick, S. (1989). Sex differences in property crime in a Danish adoption cohort. *Behavior Genetics, 19,* 355–370.

Bally, G. (1961). *Einführung in die Psychoanalyse Sigmund Freuds – Mit Originaltexten Freuds.* Hamburg: Rowohlt.

Bandura, A. (1969). *Principles of behavior modification.* New York: Holt, Rinehart & Winston.

Bandura, A. (1971). *Social learning theory.* Morristown, NY: General Learning Press.

Bandura, A. (1973). *Aggression – A social learning analysis.* New York: McGraw-Hill.

Bandura, A. (1977a). Self-efficacy: Toward a unifying theory of behavioral change. *Psychological Review, 84,* 191–215.

Bandura, A. (1977b). *Social learning theory.* Englewood Cliffs, NJ: Prentice Hall.

Bandura, A. (1989). Human agency in social cognitive theory. *American Psychologist, 44,* 1175–1184.

Bandura, A. (1997). *Self-efficacy: The exercise of control.* New York: Freeman.

Bandura, A. & Mischel, W. (1965). Modification of self-imposed delay of reward through exposure to life and symbolic models. *Journal of Personality and Social Psychology, 2,* 698–705.

Bandura, A., Ross, D. & Ross, F. (1961). Transmission of aggression through imitation of aggressive models. *Journal of Abnormal and Social Psychology, 63,* 575–582.

Bandura, A. & Walters, R.H. (1963). *Social learning and personality development.* New York: Holt, Rinehart & Winston.

Bandura, A. & Walters, R.H. (1973). Social learning theory of aggression. In J.F. Knutson (Ed.), *The control of aggression* (pp. 201–250). Chicago: Aldine.

Bar-On, R. (1997). *The Emotional Intelligence Inventory (EQ-I): Technical manual.* Toronto: Multi-Health Systems.

Barber, B.L. & Eccles, J.S. (1992). Long-term influence of divorce and single parenting on adolescent family- and work-related values, behaviors, and aspirations. *Psychological Bulletin, 111,* 108–126.

Barefoot, J.C., Maynard, K.E., Beckham, J.C., Brummett, B.H., Hooker, K. & Siegler, I.C. (1998). Trust, health, and longevity. *Journal of Behavioral Medicine, 21,* 517–526.

Barrett, D.E. (1986). Nutrition and social behavior. In H.E. Fitzgerald, B.M. Lester & M.W. Yogman (Eds.), *Theory and research in behavioral pediatrics* (Vol. 3, pp. 147–198). New York: Plenum Press.

Barron, F. (1955). The disposition towards originality. *Journal of Abnormal and Social Psychology, 51,* 478–485.

Barron, F. (1965). The psychology of creativity. In T.M. Newcomb (Ed.), *New directions in psychology II.* (pp. 1–134). New York: Rinehart.

Barron, F. (1969). *Creative person and creative processes.* New York: Rinehart.

Bartussek, D. (1974). Mitteilungen über Reliabilität und faktorielle Validität des deutschen 16 PF-Tests von Cattell. *Diagnostica, 20,* 49–55.

Bartussek, D. (1991). Sechzig Jahre faktorenanalytische Persönlichkeitsforschung: Ein Überblick über vier Gesamtsysteme der Persönlichkeit. *Trierer Psychologische Berichte, 18,* 993–994.

Bartussek, D. (1996). Faktorenanalytische Gesamtsysteme der Persönlichkeit. In M. Amelang (Hrsg.), *Enzyklopädie der Psychologie: Themenbereich C Theorie und Forschung, Serie VIII Differentielle Psychologie und Persönlichkeitsforschung, Band 3 Temperaments- und Persönlichkeitsunterschiede* (S. 51–105). Göttingen: Hogrefe.

Bartussek, D., Becker, G., Diedrich, O., Naumann, E. & Maier, S. (1996). Extraversion, neuroticism, and event-related brain potentials in response to emotional stimuli. *Personality and Individual Differences, 20,* 301–312.

Bartussek, D., Diedrich, O., Naumann, E. & Collett, W. (1993). Introversion-Extraversion and event-related potential (ERP): A test of J.A. Gray's theory. *Personality and Individual Differences, 14,* 563–574.

Bates, J.E. & Pettit, G.S. (2007). Temperament, parenting, and socialization. In J.E. Grsec & P.D. Hastings (Eds.), *Handbook of socialization: Theory and research* (pp. 153–177). New York, NY: Guilford Press.

Baudouin, J.Y. & Tiberghien, G. (2004). Symmetry, averageness, and feature size in the facial attractiveness of women. *Acta Psychologica, 117,* 313–332.

Baumann, U. & Dittrich, A. (1975). Konstruktion einer deutschsprachigen Psychotizismusskala. *Zeitschrift für Experimentelle und Angewandte Psychologie, 22,* 421–443.

Baumeister, R.F. & Tice, D.M. (1988). Metatraits. *Journal of Personality, 56*, 571–598.

Beauducel, A., Strobel, A. & Brocke, B. (2003). Psychometrische Eigenschaften und Normen einer deutschen Fassung der Sensation Seeking-Skalen, Form V. *Diagnostica, 49*, 61–72.

Beaunieux, H., Hubert, V., Witkowski, T., Pitel, A.-N., Rossi, S., Danion, J.-M. et al. (2006). Which processes are involved in cognitive procedural learning? *Memory, 14*, 521–539.

Becker, P. (1980). *Studien zur Psychologie der Angst*. Weinheim: Beltz.

Becker, P. (1982a). *Der Interaktions-Angstfragebogen (I-A-F). Testheft und Manual*. Weinheim: Beltz.

Becker, P. (1982b). *Psychologie der seelischen Gesundheit: Theorien. Modelle, Diagnostik* (Bd. 1). Göttingen: Hogrefe.

Becker, P. (1988). Ein Strukturmodell der emotionalen Befindlichkeit. *Psychologische Beiträge, 30*, 514–536.

Becker, P. (1995). *Seelische Gesundheit und Verhaltenskontrolle*. Göttingen: Hogrefe.

Becker, P. (1999). Beyond the Big Five. *Personality and Individual Differences, 26*, 511–530.

Bègue, L. (2002). Beliefs in justice and faith in people: Just world, religiosity, and interpersonal trust. *Personality and Individual Differences, 32*, 375–382.

Beier, M.E. & Ackerman, P.L. (2005). Working memory and intelligence: Different constructs. Reply to Oberauer et al. (2005) and Kane et al. (2005). *Psychological Bulletin, 131*, 72–75.

Bell, P. (1978). »Psychology is good«: True/False? *Australian Psychologist, 13*, 211–218.

Belmont, L. & Marolla, F.A. (1973). Birth order, family-size and intelligence. *Science, 182*, 1096–1101.

Belmont, L., Stein, Z.A. & Susser, M.W. (1975). Comparisons of association of birth order with intelligence test score and height. *Nature, 255*, 54–56.

Bem, D.J. (1972). Constructing cross-situational consistencies in behavior: Some thoughts on Alker's critique of Mischel. *Journal of Personality, 40*, 17–26.

Bem, D.J. (1983). Constructing a theory of the triple typoloy. Some (second) thoughts on nomothetic and idiographic approaches to personality. *Journal of Personality, 51*, 566–577.

Bem, D.J. & Allen, A. (1974). On predicting some of the people some of the time: The search for crosssituational consistencies in behavior. *Psychological Review, 81*, 506–520.

Bem, D.J. & Funder, D.C. (1978). Predicting more of the people more of the time: Assessing the personality of situations. *Psychological Review, 85*, 485–501.

Bem, S.L. (1974). The measurement of psychological androgyny. *Journal of Consulting and Clinical Psychology, 42*, 155–162.

Bembenutty, H. (2009). Academic delay of gratification, self-regulation of learning, gender differences, and expectancy-value. *Personality and Individual Differences, 46*, 347–352.

Bemmels, H.R., Burt, S., Legrand, L.N., Iacono, W.G. & McGue, M. (2008). The heritability of life events: An adolescent twin and adoption study. *Twin Research and Human Genetics, 11*, 257–265.

Benjamin, J., Osher, Y., Kotler, M., Gritsenko, I., Nemanov, L., Belmaker, R.H. et al. (2000). Association between tridimensional personality questionnaire (TPQ) traits and three functional polymorphisms: dopamine receptor D4 (DRD4), serotonin transporter promotion region (5-HTTLPR) and catechol O-methyltransferase (COMT). *Molecular Psychiatry, 5*, 96–100.

Benn, L., Harvey, J.E., Gilbert, P. & Irons, C. (2005). Social rank, interpersonal trust and recall of parental rearing in relation to homesickness. *Personality and Individual Differences, 38*, 1813–1822.

Benton, D. (2008). A fishy tale? What impact does diet have on behaviour and intelligence? *The Psychologist, 21*, 850–853.

Benyamin, B., Wilson, V., Whalley, L.J., Visscher, P.M. & Deary, I.J. (2005). Large, consistent estimates of the heritability of cognitive ability in two entire populations of 11-year-old twins from Scottish Mental Surveys of 1932 and 1947. *Behavior Genetics, 35*, 525–534.

Bergeman, C.S., Plomin, R., McClearn, G.E., Pedersen, N.L. & Friberg, L. (1988). Genotype – Environment. Interaction in personality development: Identical twins reared apart. *Psychology and Aging, 3*, 399–406.

Bergen, S.E., Gardner, C.O. & Kendler, K.S. (2007). Age-related changes in heritability of behavioral phenotypes over adolescence and young adulthood: A meta-analysis. *Twin Research and Human Genetics, 10*, 423–433.

Berkman, D.S., Lescano, A.G., Gilman, R.H., Lopez, S.L. & Black, M.M. (2002). Effects of stunting, diarrhoeal disease, and parasitic infection during infancy on cognition in late childhood: A follow-up study. *Lancet, 359*, 564–571.

Berkowitz, L. (1962). *Aggression: A social psychological analysis*. New York: McGraw-Hill.

Berkowitz, L. & Geen, R.G. (1966). Film violence and the cue properties of available targets.

Journal of Personality and Social Psychology, 6, 525–530.
Berkowitz, L. & Le Page, A. (1967). Weapons as aggression-eliciting stimuli. *Journal of Personality and Social Psychology, 7*, 202–207.
Berndt, T.J. & Burgy, L. (1996). Social self-concept. In B.A. Bracken (Ed.), *Handbook of self-concept: Developmental, social, and clinical considerations* (pp. 171–209). New York: John Wiley & Sons.
Bertsch, K., Hagemann, D., Hermes, M., Walter, C., Khan, R. & Naumann, E. (2009). Resting cerebral blood flow, cognitive functions, and aging. *Brain Research, 1276*, 77–88.
Bettencourt, B.A. & Kernahan, C. (1997). A meta-analysis of aggression in the presence of violent cues: Effects of gender differences and aversive provocation. *Aggressive Behavior, 23*, 447–456.
Bevan, W., Daves, W.F. & Levy, G.W. (1960). The relation of castration, androgen therapy, and pretest fighting experience to competitive aggression in male C57BL/10 mice. *Animal Behavior, 8*, 6–12.
Bewing, C. (1970). Family influences on creativity: A review and discussion. *Journal of Special Education, 4*, 399–404.
Biesanz, J.C. & West, S.G. (2000). Personality coherence: Moderating self-other profile agreement and profile consensus. *Journal of Personality and Social Psychology, 79*, 425–437.
Biesanz, J.C., West, S.G. & Millevoi, A. (2007). What do you learn about someone over time? The relationship between length of acquaintance and consensus and self-other agreement in judgments of personality. *Journal of Personality and Social Psychology, 92*, 119–135.
Biller, H.B. (1971). *Father, child, and sex role*. Lexington, MA: Heath.
Binet, A. & Henri, V. (1895). La psychologie individuelle. *Année Psychologique, 2*, 411–463.
Binet, A. & Simon, T. (1905). Methodes nouvelles pour le diagnostique du niveau intellectuel des anormaux. *Année Psychologique, 11*, 191–244.
Birbaumer, N. (Hrsg.). (1977). *Psychophysiologie der Angst*. München: Urban & Schwarzenberg.
Birbaumer, N. & Schmidt, R.F. (2005). *Biologische Psychologie* (6. Aufl.). Berlin: Springer.
Birch, H.G. & Gussow, J.D. (1970). *Disadvantaged children: Health, nutrition, and schoolfailure*. New York: Harcourt, Brace & World.
Birtchnell, J. (1979). A test of Toman's theory of mate selection. In M. Cook & G.D. Wilson (Eds.), *Love and attraction* (pp. 157–160). Oxford: Pergamon Press.
Bishop, E.G., Cherny, S.S., Corley, R., Plomin, R., DeFries, J.C. & Hewitt, J.K. (2003). Development genetic analysis of general cognitive ability from 1 to 12 years in a sample of adoptees, biological siblings, and twins. *Intelligence, 31*, 31–49.
Bjerkedal, T., Kristensen, P., Skjeret, G.A. & Brevik, J.I. (2007). Intelligence test scores and birth order among young Norwegian men (conscripts) analyzed within and between families. *Intelligence, 35*, 503–514.
Bjorkqvist, K., Lagerstedt, K.M. & Kaukiainen, A. (1992). Do girls manipulate and boys fight? Developmental trends in regard to direct and indirect aggression. *Aggressive Behavior, 18*, 117–127.
Bjornæs, H., Stabell, K. & Henriksen, O. (2001). The effects of refractory epilepsy on intellectual functioning in children and adults: A longitudinal study. *Seizure, 10*, 250–259.
Blake, J. (1981). Family size and the quality of children. *Demography, 18*, 421–442.
Bleidorn, W., Kandler, C., Riemann, R., Angleitner, A. & Spinath, F.M. (2009). Patterns and sources of adult personality development: Growth curve analyses of the NEO PI-R scales in a longitudinal twin study. *Journal of Personality and Social Psychology, 97*, 142–155.
Block, J. (1989). Critique of the act frequency approach to personality. *Journal of Personality and Social Psychology, 56*, 234–245.
Block, J. (2001). Millenial contrarianism: The five-factor approach to personality description 5 years later. *Journal of Research in Personality, 35*, 98–107.
Bloom, B.S. (1971). *Stabilität und Veränderung*. Weinheim: Beltz.
Blum, G.S. (1955). Perceptual defense revisited. *Journal of Abnormal and Social Psychology, 51*, 24–29.
Böddeker, I. & Stemmler, G. (2000). Who responds how and when to anger? The assessment of actual anger response styles and their relation to personality. *Cognition and Emotion, 14*, 737–762.
Boivin, M., Vitaro, F. & Gagnon, C. (1992). A reassessment of the self-perception profile for children: Factor structure, reliability, and convergent validity of a French version among second through sixth grade children. *International Journal of Behavioral Development, 15*, 275–290.
Bolger, N., Davis, A. & Rafaeli, E. (2003). Diary methods. *Annual Review of Psychology, 54*, 579–616.

Bong, M. (1998). Tests of the internal/external frames of reference model with subject-specific academic self-efficacy and frame-specific academic self-concepts. *Journal of Educational Psychology, 90,* 102–110.

Boomsma, D.I., Toos, C.E.M., van Beijsterveld, A., Beem, L., Hoekstra, R.A., Polderman, T.J.C. et al. (2008). Intelligence and birth order in boys and girls. *Intelligence, 36,* 630–634.

Boring, E.G. (1923). Intelligence as the tests test it. *New Republic, June 6,* 35–37.

Borkenau, P. (1986). Toward an understanding of trait interrelations: Acts as instances for several traits. *Journal of Personality and Social Psychology, 51,* 371–381.

Borkenau, P. (1989). Systematic distortion and systematic overlap in personality ratings. In G. van Heck, S.E. Hampson & J. Reykowski (Eds.), *Personality Psychology in Europe* (Vol. 3, pp. 995). Lisse: Swets & Zeitlinger.

Borkenau, P. (1993a). *Anlage und Umwelt. Eine Einführung in die Verhaltensgenetik.* Göttingen: Hogrefe.

Borkenau, P. (1993b). To predict some of the people more of the time. Individual traits and the prediction of behavior. In K. H. Craik, R. Hogan & R.N. Wolfe (Eds.), *Fifty years of personality psychology* (pp. 237–249). New York: Plenum Press.

Borkenau, P., Egloff, B., Eid, M., Hennig, J., Kersting, M., Neubauer, A.C. et al. (2005). Persönlichkeitspsychologie: Stand und Perspektiven. *Psychologische Rundschau, 56,* 271–290.

Borkenau, P. & Liebler, A. (1992a). The crossmodal consistency of personality: Inferring strangers' traits from visual or acoustic information. *Journal of Research in Personality, 26,* 183–204.

Borkenau, P. & Liebler, A. (1992b). Trait inferences: sources of validity at zero acquaintanceship. *Journal of Personality and Social Psychology, 62,* 645–657.

Borkenau, P. & Liebler, A. (1995). Observable attributes as manifestations and cues of personality and intelligence. *Journal of Personality and Social Psychology, 63,* 1–25.

Borkenau, P. & Ostendorf, F. (1987). Fact and fiction in implicit personality theory. *Journal of Personality, 55,* 415–443.

Borkenau, P. & Ostendorf, F. (1990). Comparing exploratory and confirmatory factor analysis: A study on the 5-factor model of personality. *Personality and Individual Differences, 11,* 515–524.

Borkenau, P. & Ostendorf, F. (1992). Social desirability scales as moderator and suppressor variables. *European Journal of Personality, 6,* 199–214.

Borkenau, P. & Ostendorf, F. (1993). *NEO-Fünf-Faktoren Inventar (NEO-FFI) nach Costa und McCrae, Handanweisung.* Göttingen: Hogrefe.

Borkenau, P., Riemann, R., Angleitner, A. & Spinath, F.M. (2001). Genetic and environmental influences on observed personality: Evidence from the German Observational Study of Adult Twins. *Journal of Personality and Social Psychology, 80,* 655–668.

Bornewasser, M. (1993). Geschlecht, soziale Rolle und aggressives Handeln: Sind Männer aufgrund ihrer physischen Ausstattung aggressiver als Frauen? *Zeitschrift für Sozialpsychologie, 24,* 51–65.

Bortz, J. (2005). *Statistik für Human- und Sozialwissenschaftler.* Heidelberg: Springer.

Bortz, J. & Döring, N. (2002). *Forschungsmethoden und Evaluation: Für Human- und Sozialwissenschaftler* (3. Aufl.). Berlin: Springer.

Bortz, J., Döring, N. & Döring, N.A. (1995). *Forschungsmethoden und Evaluation.* Berlin: Springer.

Bosse, M.A. (1979). Do creative children behave differently? *Journal of Creative Behavior, 13,* 119–126.

Bouchard, T.J., Jr. (1983). Do environmental similarities explain the similarity in intelligence of identical twins reared apart? *Intelligence, 7,* 175–184.

Bouchard, T.J., Jr. (1987). Diversity, development and determinism: A report on identical twins reared apart. In M. Amelang (Hrsg.), *Bericht über den 35. Kongreß der Deutschen Gesellschaft für Psychologie in Heidelberg, 1986* (Bd. 2, S. 417–432). Göttingen: Hogrefe.

Bouchard, T.J., Jr., Lykken, D.T., McGue, M., Segal, N.L. & Tellegen, A. (1990). Sources of human psychological differences: The Minnesota Study of twins reared apart. *Science, 250,* 223–228.

Bouchard, T.J., Jr., Lykken, D.T., Segal, N.L. & Wilcox, K.J. (1986). Development in twins reared apart: A test of the chronogenetic hypothesis. In A. Demirjian (Ed.), *Human growth: A multidisciplinary review* (pp. 299–310). London: Taylor & Francis.

Bouchard, T.J., Jr. & McGue, M. (1981). Familial studies of intelligence: A review. *Science, 212,* 1055–1059.

Boucsein, W. & Frye, M. (1974). Physiologische und psychische Wirkungen von Mißerfolgsstress unter Berücksichtigung des Merkmals Repression-Sensitization. *Zeitschrift für Expe-*

rimentelle und Angewandte Psychologie, 21, 339–366.
Bowers, K.S. (1973). Situationism in psychology: An analysis and a critique. *Psychological Review, 80*, 307–336.
Bracken, B.A. (Ed.). (1996). *Handbook of self-concept: Developmental, social, and clinical considerations*. New York: John Wiley & Sons.
Brackett, M.A. & Mayer, J.D. (2003). Convergent, discriminant, and incremental validity of competing measures of emotional intelligence. *Personality and Social Psychology Bulletin, 29*, 1147–1158.
Bradley, R.F. & Corwyn, R.F. (2007). The family environment. In L. Balter & C.S. Tamis-LeMonda (Eds.), *Child Psychology* (pp. 493–520). New York, Hove: Psychology Press.
Brand, C. (1995). What is it to be high-K? *Personality and Individual Differences, 19*, 411–413.
Brandtstädter, J. (1976). Soziale Schicht, Umwelt und Intelligenz: Eine Pfadanalyse der Korrelationsbefunde von Marjoribanks. *Psychologische Beiträge, 18*, 35–53.
Brant, A.M., Haberstick, B.C., Corley, R.P., Wadsworth, S.J., DeFries, J.C. & Hewitt, J.K. (2009). The developmental etiology of high IQ. *Behavior Genetics, 39*, 393–405.
Braucht, G.N., Brakarsh, D., Follingstad, D. & Berry, K.L. (1973). Deviant drug use in adolescence: A review of psychosocial correlates. *Psychological Bulletin, 79*, 92–106.
Braune, G. (2004). Der Junge, der als Mädchen aufwuchs. *Frankfurter Rundschau vom 15. 05. 04.*
Bridgman, P.W. (1938). Operational analysis. *Philosphical Science, 5*, 114–131.
Briggs Myers, I. & McCaulley, M.H. (1985). *Manual. A guide to the development and use of the Meyers-Briggs Type Indicator*. Palo Alto, CA: Consulting Psychologists Press.
Britt, T.W. (1993). Metatraits: Evidence relevant to the validity of the construct and its implications. *Journal of Personality and Social Psychology, 65*, 554–562.
Brocke, B. (2004). The multilevel approach in sensation seeking: Potentials and findings of a four-level research program. In R.M. Stelmack (Ed.), *On the psychobiology of personality* (pp. 267–293). Amsterdam: Elsevier.
Brocke, B., Hennig, J. & Netter, P. (2004). Biopsychologische Theorien der Persönlichkeit. In K. Pawlik (Hrsg.), *Theorien und Anwendungsfelder der differenziellen Psychologie* (Serie VIII der Enzyklopädie der Psychologie, S. 365–430). Göttingen: Hogrefe.

Brocke, B., Strobel, A. & Müller, J. (2003). Sensation Seeking: Eine biopsychologische Mehr-Ebenen-Theorie. In M. Roth & P. Hammelstein (Hrsg.), *Sensation Seeking – Konzeption, Diagnostik und Anwendung* (S. 29–51). Göttingen: Hogrefe.
Brocke, B., Tasche, K.G. & Beauducel, A. (1996). Biopsychological foundations of extraversion: differential effort reactivity and the differential P300 effect. *Personality and Individual Differences, 21*, 727–738.
Brocke, B., Tasche, K.G. & Beauducel, A. (1997). Biopsychological foundations of extraversion: differential effort reactivity and state control. *Personality and Individual Differences, 22*, 447–458.
Brody, E.B. & Brody, N. (1976). *Intelligence. Nature, determinants and consequences*. New York: Academic Press.
Brody, L.R. & Hall, J.A. (2008). Gender and emotion in context. In M. Lewis & J.M. Haviland-Jones (Eds.), *Handbook of emotions* (3rd ed., pp. 395–408). New York: Guilford Press.
Brody, N. (1972). *Personality. Research and theory*. New York: Academic Press.
Brody, N. (1988). *Personality: In search of individuality*. San Diego, CA: Academic Press.
Brodzinsky, D.M. (1987). Looking at adoption through rose-coloured glasses: A critique of Marquis and Detweiler's »Does adoption mean different? An attributional analysis«. *Journal of Personality and Social Psychology, 52*, 394–398.
Brodzinsky, D.M., Schechter, M.D. & Henig, R. M. (1992). *Being adopted: The lifelong search for self*. New York: Doubleday.
Broughton, R. (1984). A prototype strategy for construction of personality scales. *Journal of Personality and Social Psychology, 47*, 1134–1346.
Brouwers, A. & Tomic, W. (2000). A longitudinal study of teacher burnout and perceived self-efficacy in classroom management. *Teaching and Teacher Education, 16*, 239–253.
Brown, A.S. (1973). An empirical verification of Mednick's associative theory of creativity. *Bulletin of the Psychonomic Society, 2*, 429–430.
Brown, W.P. (1961). Conceptions of perceptual defence. *British Journal of Psychology Monographs, Suppl. No. 35.*
Bruner, J.S. & Goodman, C.C. (1947). Value and need as organizing factors in perception. *Journal of Abnormal and Social Psychology, 42*, 33–44.
Bruner, J.S. & Postman, L. (1947). Emotional selectivity in perception and reaction. *Journal of Personality, 16*, 69–77.

Bryan, W.L. & Harter, N. (1899). Studies on the telegraphic language. The acquisition of a hierarchy of habits. *Psychological Review, 6,* 345–375.

Bryant, F.B. & Smith, B.D. (2001). Refining the architecture of aggression: A measurement model for the Buss-Perry Aggression Questionnaire. *Journal of Research in Personality, 35,* 138–167.

Buck, E. & Bierhoff, H.W. (1986). Verläßlichkeit und Vertrauenswürdigkeit: Skalen zur Erfassung des Vertrauens in eine konkrete Person. *Zeitschrift für Differentielle und Diagnostische Psychologie, 7,* 205–223.

Bühner, M. (2005). Gütekriterien von Verhaltensbeobachtungen. In K. Westhoff, L.J. Hellfritsch, L.F. Hornke, K.D. Kubinger, F. Lang, H. Moosbrugger, A. Püschel & G. Reimann (Hrsg.), *Grundwissen für die berufsbezogene Eignungsbeurteilung nach DIN 33 430* (2. Aufl., S. 81–91). Lengerich: Pabst Science Publishers.

Bühner, M. (2006). *Einführung in die Test- und Fragebogenkonstruktion.* München: Pearson Studium.

Bukowski, W.M. & Hoza, B. (1989). Popularity and friendship: Issues in theory, measurement, and outcome. In T.J. Berndt & G.W. Ladd (Eds.), *Peer relationships in child development* (pp. 14–45). New York: Wiley.

Bulheller, S. & Häcker, H. (1998). *Eysenck Personality Profiler EPP-D. Manual.* Frankfurt: Swets Test Services.

Burchard, E.M.L. (1936). Physique and psychosis: An analysis of the postulated relationship between bodily constitution and mental disease syndrome. *Comparative Psychological Monographs, 13,* whole No. 1.

Burisch, M. (1984). Approaches to personality inventory construction. A comparison of merits. *American Psychologist, 39,* 214–227.

Burks, B.S. (1928). The relative influence of nature and nurture upon mental development: A comparative study of foster parent-foster child resemblance and true parent-true child resemblance, 27. *Yearbook of the National Society for the Study of Education* (pp. 219–316). Bloomington: Public School Publishing.

Burks, B.S., Jensen, D.W. & Terman, L.M. (1930). *Genetic studies of genius* (Vol. III). Stanford, CA: Stanford University Press.

Burt, C. (1909). Experimental tests of general intelligence. *British Journal of Psychology, 3,* 94–177.

Burt, C. (1949). Experimental tests of higher mental processes and their relation to general intelligence. *British Journal of Educational Psychology, 19,* 100–111.

Burt, C. (1963). Is intelligence distributed normally? *The British Journal of Statistical Psychology, 16,* 175–190.

Burt, C. (1966). The genetic determination of differences in intelligence: A study of monocygotic twins reared together and apart. *British Journal of Psychology, 57,* 137–153.

Burton, R.V. (1963). Generality of honesty reconsidered. *Psychological Review, 70,* 481–499.

Buse, L. & Pawlik, K. (1984). Inter-Setting-Korrelationen und Setting-Persönlichkeit-Wechselwirkungen. *Zeitschrift für Sozialpsychologie, 15,* 44–59.

Bushman, B.J., Baumeister, R.F. & Stack, A.D. (1999). Catharsis, aggression, and persuasive influence: Self-fulfilling or self-defeating prophecies? *Journal of Personality and Social Psychology, 76,* 367–376.

Buss, A.H. (1961). *The psychology of aggression.* New York: Wiley.

Buss, A.H. (1989). Personality as traits. *American Psychologist, 44,* 1378–1388.

Buss, A.H. & Perry, M. (1992). The aggression questionnaire. *Journal of Personality and Social Psychology, 63,* 452–459.

Buss, A.R. (1976). Galton and the birth of differential psychology and eugenics: Social, political, and economic factors. *Journal of the History of the Behavioral Sciences, 12,* 47–58.

Buss, A.R. (1977). On the relationship between the psychological environment and the development of individual differences in abilities. *Intelligence, 1,* 192–207.

Buss, D.M. (2002). *Evolutionäre Psychologie.* München: Pearson.

Buss, D.M. & Craik, K.H. (1980). The frequency concept of disposition: Dominance and prototypically dominant acts. *Journal of Personality, 48,* 379–392.

Buss, D.M. & Craik, K.H. (1981). The act frequency analysis of interpersonal disposition: Aloofness, gregariousness, dominance and submissiveness. *Journal of Personality, 49,* 175–192.

Buss, D.M. & Craik, K.H. (1983). The act frequency approach to personality. *Psychological Review, 90,* 105–126.

Buss, D.M. & Craik, K.H. (1984). Acts, dispositions, and personality. In B.A. Maher & W.B. Maher (Eds.), *Progress in experimental personality research* (Vol. 13, pp. 241–301). New York: Academic Press.

Byrne, B.M. (1996). *Measuring self-concept across the life span. Issues and instrumentation.* Washington, DC: American Psychological Association.

Byrne, D. (1964). Repression-sensitization as a dimension of personality. In B.A. Maher (Ed.), *Progress in experimental personality research* (Vol. 1, pp. 169–220). New York: Academic Press.

Byrne, D. (1974). *An introduction to personality: Research, theory and applications* (2nd ed.). Oxford, England: Prentice Hall.

Byrne, D., Barry, J. & Nelson, D. (1963). Relation of the revised Repression-Sensitization Scale to measures of self-description. *Psychological Reports, 13,* 323–334.

Byrne, D. & Holcomb, J. (1962). The reliability of a response measure: Differential recognition – threshold scores. *Psychological Bulletin, 59,* 70–73.

Byrne, D. & Lamberth, J. (1971). *The effect of erotic stimuli on sex arousal, evaluative responses, and subsequent behavior. Technical report of the Commission on Obscenity and Pornography (Vol. VIII),* Washington, DC: U.S. Government Printing Office (zit. nach Bell & Byrne, 1977).

Byrne, D. & Sheffield, J. (1965). Response to sexually arousing stimuli as a function of repressing and sensitizing defenses. *Journal of Abnormal Psychology, 70,* 114–118.

Byrne, D., Steinberg, M.A. & Schwartz, M.S. (1968). The relationship between repression-sensitization and physical illness. *Journal of Abnormal Psychology, 73,* 154–155.

Cabot, P.S.D.Q. (1938). The relationship between characteristics of personality and physique in adolescents. *Genetic Psychology Monographs, 20,* 3–120.

Cacioppo, J.T., Tassinary, L.G. & Berntson, G.G. (2007). *Handbook of psychophysiology* (3rd ed.). Cambridge: Cambridge University Press.

Caldwell, B.M. & Bradley, R.H. (2003). *Home observation for measurement of the environment: Administration manual.* Little Rock, AR: Authors.

Campbell, D.T. & Stanley, J.C. (1963). Experimental and quasi-experimental designs for research on teaching. In N.L. Gage (Ed.), *Handbook of research on teaching* (pp. 171–246). Chicago: Rand McNally.

Campbell, F.A. & Ramey, C.T. (1994). Effects of early intervention on intellectual and academic achievement: A follow-up study of children from low income families. *Child Development, 65,* 684–698.

Canter, S. (1973). Personality traits in twins. In G. Claridge, S. Canter & W.I. Hume (Eds.), *Personality differences and biological variations* (pp. 21–51). Oxford: Pergamon Press.

Carey, G. (1992). Twin imitation for antisocial behavior: Implications for genetic and family environment research. *Journal of Abnormal Psychology, 101,* 18–25.

Carlsmith, L. (1964). Effect of early father-absence on scholastic aptitude. *Harvard Educational Review, 34,* 3–21.

Carroll, J.B. (1993). *Human cognitive abilities. A survey of factor-analytic studies.* New York, NY: Cambridge University Press.

Carroll, J.B. (2005). The three-stratum theory of cognitive abilities. In D.P. Flanagan & P.L. Harrison (Eds.), *Contemporary intellectual asessment* (2nd ed., pp. 67–76). New York: The Guilford Press.

Carson, S.H., Peterson, J.B. & Higgins, D.M. (2003). Decreased latent inhibition is associated with increased creative achievement in high-functioning individuals. *Journal of Personality and Social Psychology, 85,* 499–506.

Carton, J.S. & Nowicki, S. (1994). Antecedents of individual differences in locus of control of reinforcement: A critical review. *Genetic, Social, and General Psychology Monographs, 120,* 31–81.

Carver, C.S. & White, T.L. (1994). Behavioral inhibition, behavioral activation, and affective responses to impeding reward and punishment: The BIS/BAS scales. *Journal of Personality and Social Psychology, 67,* 319–333.

Caspi, A., Harrington, H.L., Milne, B., Amell, J.W., Theodore, R.F. & Moffitt, T.E. (2003). Children's behavioral styles at age 3 are linked to their adult personality traits at age 26. *Journal of Personality, 71,* 495–513.

Catron, D.W. & Thompson, C.C. (1979). Test-retest gains in WAIS scores after four retest intervals. *Journal of Clinical Psychology, 35,* 352–357.

Catt, S., Fallowfield, L. & Langridge, C. (2006). What non-prescription treatments do UK women with breast cancer use? *European Journal of Cancer Care, 15,* 279–285.

Cattell, J.M. (1890). Mental tests and measurement. *Mind, 15,* 373–380.

Cattell, R.B. (1937). *Under sail through Red Devon.* London: MacLehose.

Cattell, R.B. (1943). The description of personality: I. Foundations of trait measurement. *Psychological Review, 50,* 559–594.

Cattell, R.B. (1944). Interpretation of the twelve primary personality factors. *Character and Personality, 13,* 55–90.

Cattell, R.B. (1945). The description of personality: principles and findings in a factor analysis. *American Journal of Psychology, 58,* 69–90.

Cattell, R.B. (1946a). *Description and measurement of personality*. Yonkers-on-Hudson, NY: World Book.

Cattell, R.B. (1946b). Personality structure and measurement: I. The operational determination of trait unities. *British Journal of Psychology, 36*, 88–103.

Cattell, R.B. (1946c). Personality structure and measurement: II. The determination and utility of trait modality. *British Journal of Psychology, 36*, 159–174.

Cattell, R.B. (1947). Confirmation and clarification of primary personality factors. *Psychometrika, 12*, 197–220.

Cattell, R.B. (1950). *Personality: A systematical theoretical and factual study*. New York: McGraw-Hill.

Cattell, R.B. (1957). *Personality and motivation: Structure and measurement*. New York: World Book.

Cattell, R.B. (1963). Theory of fluid and crystallized intelligence: A critical experiment. *Journal of Educational Psychology, 54*, 1–22.

Cattell, R.B. (1966a). Anxiety and Motivation: Theory and crucial experiments. In C.D. Spielberger (Ed.), *Anxiety and behavior* (pp. 23–62). New York: Academic Press.

Cattell, R.B. (1966b). The scree test for the number of factors. *Multivariate Behavioral Research, 1*, 245–276.

Cattell, R.B. (1968). Trait view theory of perturbations in ratings and self-ratings (L(BR)-and Q-data): its application to obtaining pure trait score estimates in questionnaire. *Psychological Review, 75*, 96–113.

Cattell, R.B. (1971). *Abilities – their structure, growth, and action*. Boston: Houghton Mifflin.

Cattell, R.B. (1973). *Personality and mood by questionnaire*. San Francisco: Jossey-Bass.

Cattell, R.B. (1974). How good is the modern questionnaire? General principles for evaluation. *Journal of Personality Assessment, 38*, 115–129.

Cattell, R.B. (Ed.). (1966c). *Handbook of multivariate experimental psychology*. Chicago: Rand McNally.

Cattell, R.B., Coulter, M.A. & Tsujioka, B. (1966). The taxonometric recognition of types and functional emergents. In R.B. Cattell (Ed.), *Handbook of multivariate experimental psychology* (pp. 228–239). Chicago: Rand McNally.

Cattell, R.B., Eber, H.W. & Tatsuoka, M.M. (1970). *Handbook for the Sixteen Personality Factor Questionnaire (16 PF) in clinical, educational, industrial and research psychology, 1970 edition*. Champaign, IL: Institute for Personality and Ability Testing.

Cattell, R.B. & Kline, P. (1977). *The scientific analysis of personality and motivation*. London: Academic Press.

Cattell, R.B. & Nesselroade, J.R. (1967). Likeness and completeness theories examined by the 16 PF measures on stably and unstably married couples. *Journal of Personality and Social Psychology, 7*, 351–361.

Cattell, R.B. & Radcliffe, J.R. (1962). Reliabilities and validities of simple and extended weighted and buffered unifactor scales. *British Journal of Statistical Psychology, 15*, 113–128.

Cattell, R.B. & Saunders, D.S. (1954). Beiträge zur Faktorenanalyse der Persönlichkeit. *Zeitschrift für Experimentelle und Angewandte Psychologie, 2*, 325–357.

Cattell, R.B. & Scheier, I.H. (1961). *The meaning and measurement of neuroticism and anxiety*. New York: Ronald Press.

Cattell, R.B., Schröder, G. & Wagner, A. (1969). Verification of the structure of the 16PF Questionnaire in German. *Psychologische Forschung, 32*, 369–386.

Cattell, R.B. & Warburton, F.W. (1967). *Objective personality and motivation tests*. Urbana: University of Illinois Press.

Ceci, S.J., Williams, W.M. & Barnett, S.M. (2009). Women's underrepresentation in science: sociocultural and biological considerations. *Psychological Bulletin, 135*, 218–261.

Chaiken, S. (1979). Communicator physical attractiveness and persuasion. *Journal of Personality and Social Psychology, 37*, 1387–1397.

Charlesworth, W.R. (1976). Intelligence as adaptation: An aetiological approach. In L. Resnick (Ed.), *The nature of intelligence* (pp. 147–168). Hillsdale, NJ: Erlbaum.

Chipuer, H.M., Rovine, M.J. & Plomin, R. (1990). LISREL modeling: Genetic and environmental influences on IQ revisited. *Intelligence, 14*, 11–29.

Christensen, H., Henderson, A.S., Griffiths, K. & Levings, C. (1997). Does ageing inevitably lead to declines in cognitive performance? A longitudinal study of elite academics. *Personality and Individual Differences, 23*, 67–78.

Christie, R. & Geis, F.L. (1970). *Studies in machiavellianism*. New York: Academic Press.

Clark, K.E. (1957). *America's psychologists*. Washington, DC: American Psychological Association.

Clarke, D.D. & Hoyle, R. (1988). A theoretical solution to the problem of personality-situation

interaction. *Personality and Individual Differences, 9,* 133–138.
Cloninger, C.R. (1986). A unified biosocial theory of personality and its role in the development of anxiety states. *Psychiatric Developments, 3,* 167–226.
Cloninger, C.R. (1987). A systematic method for clinical description and classification of personality variants. *Archives of General Psychiatry, 44,* 573–588.
Cloninger, C.R. (1998). The genetics and psychobiology of the seven factor model of personality. In R.R. Silk (Ed.), *Biology of personality disorders* (pp. 63–92). Washington, DC: American Psychiatric Press.
Cloninger, C.R. (2000). Biology of personality dimensions. *Current Opinion in Psychiatry, 13,* 611–616.
Cloninger, C.R. (2003). Completing the psychobiological architecture of human personality development: Temperament, character, and coherence. In U.M. Staudinger & U. Lindenberger (Eds.), *Understanding human development* (pp. 159–181). Boston: Kluwer Academic.
Cloninger, C.R., Przybeck, T.R. & Svrakic, D.M. (1991). The Tridimensional Personality Questionnaire: U.S. normative data. *Psychological Reports, 69,* 1047–1057.
Cloninger, C.R., Przybeck, T.R., Svrakic, D.M. & Wetzel, R. (1999). *Temperament und Charakter Inventar.* Frankfurt: Swets.
Cloninger, C.R., Svrakic, D.M. & Przybeck, T.R. (1993). A psychobiological model of temperament and character. *Archives of General Psychiatry, 50,* 975–990.
Coan, J.A. & Allen, J.J.B. (2004). Frontal EEG asymmetry as a moderator and mediator of emotion. *Biological Psychology, 67,* 7–49.
Cocard, Y. (2003). *Vertrauen im Jugendalter. Theoretische Überlegungen und empirische Ergebnisse zur Vertrauensentwicklung bei 12- bis 21-Jährigen.* Bern: Haupt Verlag.
Cohen, R. (1971). *Zum Begriff der Angst in der Differentiellen Psychologie.* Konstanz: Universitätsverlag.
Cohn, L.D. (1991). Sex differences in the course of personality development: A meta-analysis. *Psychological Bulletin, 109,* 252–266.
Colapinto, J. (2000). *As nature made him – The boy who was raised as a girl.* New York: Harper Collins.
Colom, R. & Flores-Mendoza, C.E. (2007). Intelligence predicts scholastic achievement irrespective of SES factors: Evidence from Brazil. *Intelligence, 35,* 243–251.
Colvin, C.R. & Funder, D.C. (1991). Predicting personality and behavior: A boundary on the acquaintanceship effect. *Journal of Personality and Social Psychology, 60,* 884–894.
Conley, J.J. (1984). The hierarchy of consistency: A review and model of longitudinal findings on adult individual differences in intelligence, personality and self-opinion. *Personality and Individual Differences, 5,* 11–25.
Cools, R., Calder, A.J., Lawrence, A.D., Clark, L.A., Bullmore, E. & Robbins, T.W. (2005). Individual differences in threat sensitivity predict serotonergic modulation of amygdala response to fearful faces. *Psychopharmacology, 180,* 670–679.
Coombs, W.N. & Schroeder, H.E. (1988). Generalized locus of control: an analysis of factor analytic data. *Personality and Individual Differences, 9,* 79–85.
Cooper, C. & McConville, C. (1990). Interpreting mood scores: Clinical implications of individual differences in mood variability. *British Journal of Medical Psychology, 63,* 215–225.
Cooper, J.B. & Richmond, B.O. (1975). Intelligence, creativity, and performance abilities of EMR pupils. *Psychology in the Schools, 12,* 304–309.
Cooper, R. & Zubek, J. (1958). Effects of enriched and restricted early environments on the learning ability of bright and dull rats. *Canadian Journal of Psychology, 12,* 159–164.
Coopersmith, S.A. (1967). *The antecedents of self-esteem.* San Francisco: Freeman.
Corr, P.J. (2004). Reinforcement sensitivity theory and personality. *Neuroscience and Biobehavioral Reviews, 28,* 317–332.
Corr, P.J., Pickering, A.D. & Gray, J.A. (1997). Personality, punishment, and procedural learning: A test of J.A. Gray's anxiety theory. *Journal of Personality and Social Psychology, 73,* 337–344.
Costa, P.T., Jr. & McCrae, R.R. (1978). Objective personality assessment. In M. Storandt, I.C. Sugler & M.F. Elias (Eds.), *The clinical psychology of aging* (pp. 119–143). New York: Plenum Press.
Costa, P.T., Jr. & McCrae, R.R. (1985). *The NEO Personality Inventory Manual.* Odessa, FL: Psychological Assessment Resources.
Costa, P.T., Jr. & McCrae, R.R. (1989). *NEO PI/FFI Manual Supplement.* Odessa, FL: Psychological Assessment Resources.
Costa, P.T., Jr. & McCrae, R.R. (1992a). Reply to Eysenck. *Personality and Individual Differences, 13,* 861–865.
Costa, P.T., Jr. & McCrae, R.R. (1992b). *Revised NEO Personality Inventory and NEO Five Factor Inventory professional manual.* Odessa, FL: Psychological Assessment Resources.

Costa, P.T., Jr. & McCrae, R.R. (1995). Primary traits in Eysenck's P-E-N system: Three- and fivefactor solutions. *Journal of Personality and Social Psychology, 69,* 308–317.

Costa, P.T., Jr., McCrae, R.R. & Dye, D. (1991). Facet scales for agreeableness and conscientiousness: A revision of the NEO personality inventory. *Personality and Individual Differences, 12,* 887–898.

Cousson-Gélie, F., Irachabel, S., Bruchon-Schweitzer, M., Dilhuydy, J.M. & Lakdja, F. (2005). Dimensions of Cancer Locus of Control Scale as predictors of psychological adjustment and survival in breast cancer patients. *Psychological Reports, 97,* 699–711.

Cox, C.M. (1926). *The early mental traits of 300 geniuses.* Stanford, CA: Stanford University Press.

Craik, K.H. (1976). The personality research paradigm in environmental psychology. In S. Wapner, S.B. Cohen & B. Kaplan (Eds.), *Experiencing the environment* (pp. 55–80). New York: Plenum Press.

Craik, K.H. (1986). Personality research methods: An historical perspective. Special Issue: Methodological developments in personality research. *Journal of Personality, 54,* 18–51.

Crandall, V.C. (1973). *Differences in parental antecedents of internal-external control in children and young adulthood*: Vortrag auf dem Kongress der American Psychological Association, Montreal, August 1973. (Zitiert nach Strickland, 1977.)

Cravioto, J. & Licardie, E.R.D. (1976). Microenvironmental factors in severe protein-energy malnutrition. In N.S. Scrimshaw & M. Behar (Eds.), *Nutrition and agriculture development: Significance and potential for the tropics* (pp. 25–35). New York: Plenum Press.

Cronbach, L.J. (1957). The two disciplines of scientific psychology. *American Psychologist, 12,* 671–684.

Cronbach, L.J. (1975). Beyond the two disciplines of scientific psychology. *American Psychologist, 30,* 116–127.

Crowne, D.P. & Liverant, S. (1963). Conformity under varying conditions of personal commitment. *Journal of Abnormal and Social Psychology, 66,* 545–547.

Crowne, D.P. & Marlowe, D. (1960). A new scale of social desirability, independent of psychopathology. *Journal of Consulting Psychology, 24,* 349–354.

Dacey, J.S. (1989). Peak periods of creative growth across lifespan. *Journal of Creative Behavior, 23,* 224–247.

Daneman, M. & Carpenter, P.A. (1980). Individual differences in working memory and reading. *Journal of Verbal Learning and Verbal Behavior, 19,* 450–466.

Daniels, D. & Plomin, R. (1985). Differential experience of siblings in the same family. *Developmental Psychology, 21,* 747–760.

Dann, H.D. (1972). *Aggression und Leistung.* Stuttgart: Klett.

Darwin, C. (1859). *The origin of species by means of natural selection.* London: Murray.

Davidson, R.J. (1992). Emotion and affective style: Hemispheric substrates. *Psychological Science, 3,* 39–43.

Davidson, R.J. (1998). Affective style and affective disorders: Perspectives from affective neuroscience. *Cognition and Emotion, 7,* 307–330.

Davies, M., Stankov, L. & Roberts, R.D. (1998). Emotional intelligence: In search of an elusive construct. *Journal of Personality and Social Psychology, 75,* 989–1015.

Davis, P.J. (1987). Repression and the inaccessibility of affective memories. *Journal of Personality and Social Psychology, 53,* 585–593.

Davis, P.J. & Schwartz, G.E. (1987). Repression and the inaccessibility of affective memories. *Journal of Personality and Social Psychology, 52,* 155–162.

De Raad, B. (1998). Five big, big five issues: rationale, content, structure, status and crosscultural assessment. *European Psychologist, 3,* 102–112.

De Raad, B. (2000). *The big five personality factors.* Göttingen: Hogrefe.

De Raad, B. (2002). *Big five assessment.* Göttingen: Hogrefe & Huber.

de Wit, H., Flory, J.D., Acheson, A., McCloskey, M. & Manuck, S.B. (2007). IQ and non-planning impulsivity are independently associated with delay discounting in middle-aged adults. *Personality and Individual Differences, 42,* 11–121.

Deary, I.J. (2001). *Intelligence. A very short introduction.* Oxford: Oxford University Press.

Deary, I.J., Allerhand, M. & Der, G. (2009). Smarter in middle age, faster in old age: A cross-lagged panel analysis of reaction time and cognitive ability over 13 years in the West of Scotland Twenty-07 Study. *Psychology and Aging, 24,* 40–47.

Deary, I.J., Caryl, P.G. & Gibson, G.J. (1993). Nonstationarity and the measurement of psychophysical response in a visual inspection-time task. *Perception, 22,* 1245–1256.

Deary, I.J. & Der, G. (2005). Reaction time explains IQ's association with death. *Psychological Science, 16,* 64–69.

Deary, I.J. & Starr, J.M. (2009). Childhood IQ and specific causes of death and mortality-related physical factors. In I.J. Deary, L.J. Whalley & J.M. Starr (Eds.), *A lifetime of intelligence: Follow-up studies of the Scottish mental surveys of 1932 and 1947* (pp. 69–83). Washington, DC: American Psychological Association.

Deary, I. J., Whalley, L. J., Lemmon, H., Crawford, J. R. & Starr, J. M. (2000). The stability of individual differences in mental ability from childhood to old age: Follow-up of the 1932 Scottish Mental Survey. *Intelligence, 28*, 49–55.

Deaux, K. & Lewis, L.L. (1983). Assessment of gender stereotype: Methodology and components. *Psychological Documents, 13*, 25.

Deaux, K. & Major, B. (1987). Putting gender into context: an interactive model of a gender-related behavior. *Psychological Review, 94*, 369–389.

DeBell, M. (2008). Children living without their fathers: Population estimates and indicators of educational well-being. *Social Indicators Research, 87*, 427–443.

Declerck, C.H., Boone, C. & De Brabander, B. (2006). On feeling in control: A biological theory for individual differences in control perception. *Brain and Cognition, 62*, 143–176.

Defeu, P., Kuhn, S. & Schmidt, L.G. (1995). Prüfung der Gütekriterien einer deutschen Version des »Tridimensional Personality Questionnaire (TPQ)« von Cloninger bei Alkoholabhängigen. *Sucht, 41*, 395–407.

DeFries, J.C. & Plomin, R. (1978). Behavioral genetics. *Annual Review of Psychology, 29*, 473–515.

Dellas, M. & Gaier, E.S. (1970). Identification of creativity: The individual. *Psychological Bulletin, 73*, 55–73.

DeLongis, A., Folkman, S. & Lazarus, R.S. (1988). The impact of daily stress on health and mood: Psychological and social resources as mediators. *Journal of Personality and Social Psychology, 54*, 486–495.

Dennis, W. & Najarian, P. (1957). Infant development under environmental handicap. *Psychological Monographs, 71*, whole No. 436.

Depue, R.A. & Collins, P.F. (1999). Neurobiology of the structure of personality: Dopamine, facilitation of incentive motivation, and extraversion. *Behavioral and Brain Sciences, 22*, 491–569.

Depue, R.A. & Morrone-Strupinsky, J.V. (2005). A neurobehavioral model of affiliative bonding: Implications for conceptualizing a human trait of affiliation. *Behavioral and Brain Sciences, 28*, 313–395.

Derakshan, N. & Eysenck, M.W. (1997). Interpretive basis for one's own behavior and physiology in high-trait-anxious individuals and repressors. *Journal of Personality and Social Psychology, 73*, 816–825.

Detterman, D.K. (1994). Toward an intelligent view of intelligence. *Psychological Inquiry, 5*, 201–203.

Diamond, M. (1982). Sexual identity, monozygotic twins reared in discordant sex roles and a BBC followup. *Archives of Sexual Behavior, 11*, 181–186.

Dickhäuser, O., Schöne, C., Spinath, B. & Stiensmeier-Pelster, J. (2002). Die Skalen zum akademischen Selbstkonzept. Konstruktion und Überprüfung eines neuen Instruments. *Zeitschrift für Differentielle und Diagnostische Psychologie, 23*, 393–405.

Digman, J.M. (1972). The structure of child personality as seen in behavioral ratings. In R. M. Dreger (Ed.), *Multivariate personality research* (pp. 587–611). Baton Rouge: Claitors Publishing.

Dillard, J.M., Warrior-Benjamin, J. & Perrin, D.V. (1977). Efficacy of test-wiseness on test anxiety and reading achievement among black youth. *Psychological Reports, 41*, 1135–1140.

Dion, K.K., Berscheid, E. & Walster, E. (1972). What is beautiful is good. *Journal of Personality and Social Psychology, 24*, 285–290.

Dixon, M.M., Reyes, C.J., Leppert, M.F. & Pappas, L.M. (2008). Personality and birth order in large families. *Personality and Individual Differences, 44*, 119–128.

Domino, G. (1994). Assessment of creativity with the ACL: An empirical comparison of four scales. *Creativity Research Journal, 7*, 21–33.

Domjan, M. (2003). *The principles of learning and behavior* (5th ed.). Monterey, CA: Brooks/Cole.

Dönhoff, K. & Itzfeld, I. (1976). Eine Analyse der zahlenmäßigen Verhältnisse von Jungen und Mädchen in Schulen für Lernbehinderte. *Zeitschrift für Heilpädagogik, 27*, 215–225.

Dörner, D. & Kreuzig, H.W. (1983). Problemlösefähigkeit und Intelligenz. *Psychologische Rundschau, 34*, 185–192.

Dörner, D., Kreuzig, H.W., Reither, F. & Stäudel, T. (1983). *Lohhausen: Vom Umgang mit Unbestimmtheit und Komplexität*. Bern: Huber.

Dornic, S. (1977). *Mental load, effort and individual differences* (Reports from the Department of Psychology No. 509). Stockholm: University of Stockholm.

Dornic, S. (1980). *Efficiency vs. effectiveness in mental work: The differential effect of stress* (Reports from the Department of Psychology No. 509). Stockholm: University of Stockholm.

Dornic, S. & Ekehammar, B. (1990). Extraversion, neuroticism, and noise sensitivity. *Personality and Individual Differences, 11*, 989–992.

Downey, D.B. (2001). Number of siblings and intellectual development: The resource dilution explanation. *American Psychologist, 56*, 497–511.

Draycott, S.G. & Kline, P. (1995). The big three and the big five – the EPQ-R vs. the NEO-PI: A research note, replication and elaboration. *Personality and Individual Differences, 18*, 801–804.

Drevdahl, J.E. & Cattell, R.B. (1958). Personality and creativity in artists and writers. *Journal of Clinical Psychology, 14*, 108–111.

Dubois, P.H. (1966). A test-dominated society: China, 115 B.C. - 1905 A.D. In A. Anastasi (Ed.), *Testing problems in perspective* (pp. 29–36). Washington, DC: American Council on Education.

Dudycha, G.J. (1936). An objective study of punctuality in relation to personality and achievement. *Archives of Psychology, 29*, 1–53.

Duncan, O.D., Featherman, D.L. & Duncan, B. (1972). *Socioeconomic background and achievement*. New York: Seminar Press.

Dunkel, C.S., Harbke, C.R. & Papini, D.R. (2009). Direct and indirct effects of birth order on personality and identity: Support for the null hypothesis. *The Journal of Genetic Psychology, 170*, 159–175.

Eagly, A.H., Ashmore, R.D., Makijani, M.G. & Longo, M.C. (1991). What is beautiful is good, but…: A meta-analytic review of research on the physical attractiveness stereotype. *Psychological Bulletin, 110*, 109–128.

Eagly, A.H. & Steffen, V.J. (1986). Gender and aggressive behavior: A meta-analytic review of the social psychological literature. *Psychological Bulletin, 100*, 309–330.

Eaves, L.J. & Young, P.A. (1981). Genetical theory and personality differences. In R. Lynn (Ed.), *Dimensions of personality* (pp. 129–179). Oxford: Pergamon Press.

Ebbinghaus, H. (1897). Über eine neue Methode zur Prüfung geistiger Fähigkeiten und ihre Anwendung bei Schulkindern. *Zeitschrift für Psychologie, 13*, 401–459.

Ebstein, R.P., Novick, O., Umansky, R., Priel, B., Osher, Y., Blaine, B. et al. (1996). Dopamine D4 receptor (D4DR) exon III polymorphism associated with the human personality trait of novelty seeking. *Nature Genetics, 12*, 78–80.

Ebstein, R.P., Segman, R., Benjamin, J., Osher, Y., Nemanov, L. & Belmaker, R.H. (1997). 5-HT2C (HTR2C) serotonin receptor gene polymorphism associated with the human personality trait of reward dependence: interaction with dopamine D4 receptor (D4DR) and dopamine D3 receptor (D3DR) polymorphisms. *American Journal of Medical Genetics (Neuropsychiatric Genetics), 74*, 65–72.

Eckert, J., Schwartz, H.J. & Bastine, R. (1971). Die Saat der Gewalt: Nachlese. In A. Schmidt-Mummendey & H.D. Schmidt (Hrsg.), *Aggressives Verhalten* (S. 147–160). München: Juventa.

Eder, F. (1998). *Linzer Fragebogen zum Schul- und Klassenklima für die 8.–13. Klasse (LFSK 8–13)*. Göttingen: Hogrefe.

Edwards, A.L. (1953). The relationship between the judged desirabilities of a trait and the probability that the trait will be endorsed. *Journal of Applied Psychology, 37*, 90–93.

Egloff, B. & Schmukle, S.C. (2004). Gender differences in implicit and explicit anxiety measures. *Personality and Individual Differences, 36*, 1807–1815.

Eid, M. (1999). Lineare Strukturgleichungsmodelle. In B. Strauß, H. Haag & M. Kolb (Hrsg.), *Techniken der Datenbearbeitung in der Sportwissenschaft. Hermeneutische und statistische Verfahren* (S. 991). Schorndorf: Hofmann.

Eisenberger, R. & Selbst, M. (1994). Does reward increase or decrease creativity? *Journal of Personality and Social Psychology, 66*, 1116–1127.

Eisenson, J. (1965). Speech disorders. In B.B. Wolman (Ed.), *Handbook of Clinical Psychology* (pp. 765–784). New York: McGraw-Hill.

Ekehammar, B., Schalling, D. & Magnusson, D. (1975). Dimensions of stressful situations: A comparison between a response analytical and a stimulus analytical approach. *Multivariate Behavioral Research, 10*, 155–163.

Ekman, G. (1951). On typological and dimensional systems of reference in describing personality. *Acta Psychologica, 8*, 1–24.

Endler, N.S. (1975). A person-situation interaction model for anxiety. In C.D. Spielberger & I.G. Sarason (Eds.), *Stress and anxiety* (pp. 145–164). Washington, DC: Hemisphere.

Endler, N.S., Edwards, J.M. & Vitelli, R. (1991). *Endler Multidimensional Anxiety Scales (EMAS): Manual*. Los Angeles, CA: Werten Psychological Services.

Endler, N.S., Hunt, J.M. & Rosenstein, A.J. (1962). An S-R inventory of anxiousness. *Psychological Monographs, 76*.

Endler, N.S. & Okada, M. (1975). A multidimensional measure of trait anxiety: The S-R Inventory of General Trait Anxiousness. *Journal of Consulting and Clinical Psychology, 43*, 319–329.

Epstein, S. (1972). The nature of anxiety with emphasis upon its relationship to expectancy. In C.D. Spielberger (Ed.), *Anxiety: Current trends in theory and research* (Vol. 2, pp. 292–338). New York: Academic Press.

Epstein, S. (1979). The stability of behavior: I. On predicting most of the people much of the time. *Journal of Personality and Social Psychology, 37*, 1097–1126.

Epstein, S. (1983). Aggregation and beyond: Some basic issues in the prediction of behavior. *Journal of Personality, 51*, 360–392.

Epstein, S. & O'Brien, E.J. (1985). The person-situation debate in historical and current perspective. *Psychological Bulletin, 98*, 513–537.

Eriksen, C.W. (1954). Psychological defenses and »ego strength« in the recall of completed and incompleted tasks. *Journal of Abnormal and Social Psychology, 49*, 45–50.

Erikson, E. (1963). *Childhood and society*. New York: Norton.

Erikson, E. (1968). *Identity: Youth and crisis*. New York: Norton.

Erlenmeyer-Kimling, L. & Jarvik, L.F. (1963). Genetics and intelligence: A review. *Science, 142*, 1477–1479.

Ernst, C. & Angst, J. (1983). *Birth order*. Berlin: Springer.

Eron, L.N. (1980). Prescription for reduction of aggression. *American Psychologist, 35*, 244–252.

Eron, L.N. (1987). The development of aggressive behavior from the perspective of a developing behaviorism. *American Psychologist, 42*, 435–442.

Eron, L.N., Walder, L.O., Huesmann, L.R. & Lefkowitz, M.M. (1978). The convergence of laboratory and field studies of the development of aggression. In W.W. Hartup & J. DeWitt (Eds.), *Origins of aggression* (pp. 213–246). The Hague: Mouton.

Etaugh, C. & Hughes, V. (1975). Teachers' evaluations of sex-typed behaviors in children. The role of teacher sex and school setting. *Developmental Psychology, 11*, 394–395.

Etkin, A., Klemenhagen, K.C., Dudman, J.T., Rogan, M.T., Hen, R., Kandel, E.R. et al. (2004). Individual differences in trait anxiety predict the response of the basolateral amygdala to unconsciously processed fearful faces. *Neuron, 44*, 1043–1055.

Exner, J.E., Armbruster, G.L. & Viglione, D. (1978). The temporal stability of some Rorschach features. *Journal of Personality Assessment, 42*, 474–482.

Eyferth, K. (1961). Leistungen verschiedener Gruppen von Besatzungskindern im Hamburg-Wechsler-Intelligenztest für Kinder (HAWIK). *Archiv für die Gesamte Psychologie, 113*, 222–241.

Eysenck, H.J. (1944). Types of personality – a factorial study of 700 neurotics. *Journal of Mental Science, 90*, 851–861.

Eysenck, H.J. (1947). *Dimensions of personality*. London: Routledge & Kegan Paul.

Eysenck, H.J. (1952). *The scientific study of personality*. London: Routledge & Kegan Paul.

Eysenck, H.J. (1953). *The structure of human personality*. London: Methuen.

Eysenck, H.J. (1954). *The psychology of politics*. London: Routledge & Kegan Paul.

Eysenck, H.J. (1956). The questionnaire measurement of neuroticism and extraversion. *Revista di Psicologica, 4*, 113–140.

Eysenck, H.J. (1959). *A manual for the Maudsley Personality Inventory*. London: University of London Press.

Eysenck, H.J. (1965a). Extraversion and the acquisition of eyeblink and GSR conditioned responses. *Psychological Bulletin, 63*, 258–270.

Eysenck, H.J. (1965b). Persönlichkeitstheorie und psychodiagnostische Tests. *Diagnostica, 11*, 3–27.

Eysenck, H.J. (1967). *The biological basis of personality*. Springfield, IL: Thomas.

Eysenck, H.J. (1970). Review on the Rorschach. In O.K. Buros (Ed.), *Personality tests and reviews. Fifth mental measurement year book*. Highland Park: Gryphon.

Eysenck, H.J. (1971). Social attitudes and social class. *British Journal of Social and Clinical Psychology, 10*, 201–212.

Eysenck, H.J. (1972). Primaries or second order factors: A critical consideration of Cattell's 16 PF Battery. *British Journal of Social and Clinical Psychology, 11*, 265–269.

Eysenck, H.J. (1973). Personality, learning and »anxiety«. In H.J. Eysenck (Ed.), *Handbook of abnormal psychology* (pp. 390–419). London: Pitman.

Eysenck, H.J. (1975). Genetic factors in personality development. In A.R. Kaplan (Ed.), *Human behaviour genetics* (pp. 198–229). Springfield, IL: Thomas.

Eysenck, H.J. (1976). *Crime and personality*. London: Paladin.

Eysenck, H.J. (1977). *Sexualität und Persönlichkeit*. Wien: Europa-Verlag.

Eysenck, H.J. (1981). General features of the model. In H.J. Eysenck (Ed.), *A model for personality* (pp. 1–37). Berlin: Springer.

Eysenck, H.J. (1985a). *Niedergang und Ende der Psychoanalyse*. München: List.

Eysenck, H. J. (1985b). Personality, cancer and cardiovascular disease: A causal analysis. *Personality and Individual Differences, 6,* 535–556.

Eysenck, H. J. (1986). Smoking and Health. In R. D. Tollison (Ed.), *Smoking and Society* (pp. 17–88). Lexington, MA: Heath.

Eysenck, H. J. (1987a). Personality as a predictor of cancer and cardiovascular disease, and the application of behavior therapy in prophylaxis. *European Journal of Psychiatry, 1,* 29–41.

Eysenck, H. J. (1987b). Persönlichkeit, Streß und Krankheit: Eine kausale Theorie. In M. Amelang (Hrsg.), *Bericht über den 35. Kongreß der Deutschen Gesellschaft für Psychologie in Heidelberg, 1986* (Bd. 2, S. 387–401). Göttingen: Hogrefe.

Eysenck, H. J. (1991). Dimensions of personality: 16, 5 or 3? – Criteria for a taxonomic paradigm. *Personality and Individual Differences, 12,* 773–790.

Eysenck, H. J. (1992). The definition and measurement of psychoticism. *Personality and Individual Differences, 13,* 757–785.

Eysenck, H. J. (1993). Creativity and personality: suggestions for a theory. *Psychological Inquiry, 4,* 147–179.

Eysenck, H. J. (1994). Personality: Biological foundations. In P. A. Vernon (Ed.), *The neuropsychology of individual differences* (pp. 151–207). San Diego, CA: Academic Press.

Eysenck, H. J. (1997). *Rebel with a cause: The autobiography of Hans Eysenck* (rev. and expanded ed.). New Brunswick, NJ: Transaction Publishers.

Eysenck, H. J. & Eysenck, M. W. (1985). *Personality and individual differences.* New York: Plenum Press.

Eysenck, H. J. & Eysenck, S. B. G. (1969). *Personality structure and measurement.* London: Routledge & Kegan Paul.

Eysenck, H. J. & Eysenck, S. B. G. (1975). *Manual of the Eysenck Personality Questionnaire.* London: Hodder & Stoughton.

Eysenck, H. J. & Eysenck, S. B. G. (1976). *Psychoticism as a dimension of personality.* London: Hodder & Stoughton.

Eysenck, H. J., Wilson, C. D. & Jackson, C. J. (1997). *Eysenck Personality Profiler EPP-D. Deutsche Bearbeitung und Normierung: S. Bulheller und H. Häcker.* Frankfurt: Swets Test Services.

Eysenck, H. J. & Wilson, G. D. (1973). *The experimental study of Freudian theories.* London: Methuen.

Eysenck, H. J. & Wilson, G. D. (1991). *The Eysenck Personality Profiler.* London: Corporated Assessment Network Ltd.

Eysenck, M. W. (1982). *Attention and arousal: Cognition and performance.* Berlin: Springer.

Eysenck, M. W. (1992a). *Anxiety: The cognitive perspective.* Hove (UK): Lawrence Erlbaum.

Eysenck, M. W. (1992b). The nature of anxiety. In A. Gale & M. W. Eysenck (Eds.), *Handbook of individual differences* (pp. 157–178). New York: Wiley.

Eysenck, M. W. (1997). *Anxiety and cognition: A unified theory.* Hove (UK): Psychology Press.

Eysenck, M. W. & Calvo, M. G. (1992). Anxiety and performance: The processing efficiency theory. *Cognition and Emotion, 6,* 409–434.

Eysenck, S. B. G., Daum, I., Schugens, M. M. & Diehl, J. M. (1990). A cross-cultural study of impulsiveness, venturesomeness and empathy: Germany and England. *Zeitschrift für Differentielle und Diagnostische Psychologie, 11,* 209–213.

Eysenck, S. B. G. & Eysenck, H. J. (1977). Personality differences between prisoners and controls. *Psychological Reports, 40,* 1023–1028.

Fahrenberg, J. (1964). Objektive Tests. In R. Heiss (Hrsg.), *Handbuch der Psychologie, Band 6 Psychologische Diagnostik* (S. 488–532). Göttingen: Hogrefe.

Fahrenberg, J. (1992). Psychophysiology of neuroticism and anxiety. In A. Gale & M. W. Eysenck (Eds.), *Handbook of individual differences* (pp. 179–226). New York: Wiley.

Fahrenberg, J. (1995). Biopsychologische Unterschiede. In M. Amelang (Hrsg.), *Verhaltens- und Leistungsunterschiede. Enzyklopädie der Psychologie, Band 2, Serie VIII, Themenbereich C* (S. 139–193). Göttingen: Hogrefe.

Fahrenberg, J. (2001). Physiologische Grundlagen und Meßmethoden der Herz- Kreislaufaktivität. In F. Rösler (Hrsg.), *Grundlagen und Methoden der Psychophysiologie. Enzyklopädie der Psychologie, Band 4, Serie I, Themenbereich C* (S. 317–483). Göttingen: Hogrefe.

Fahrenberg, J. (2004). *Annahmen über den Menschen.* Heidelberg: Asanger.

Fahrenberg, J., Hampel, R. & Selg, H. (1984). *Das Freiburger Persönlichkeitsinventar FPI* (4th ed.). Göttingen: Hogrefe.

Fahrenberg, J., Hampel, R. & Selg, H. (2001). *Das Freiburger Persönlichkeitsinventar FPI-R.* Göttingen: Hogrefe.

Fahrenberg, J., Leonhart, R. & Foerster, F. (2002). *Alltagsnahe Psychologie.* Bern: Huber.

Fahrenberg, J. & Myrtek, M. (2001). Ambulantes Monitoring und Assessment. In F. Rösler

(Hrsg.), *Grundlagen und Methoden der Psychophysiologie. Enzyklopädie der Psychologie, Band 4, Serie I, Themenbereich C* (S. 657–798). Göttingen: Hogrefe.

Fahrenberg, J. & Myrtek, M. (2005). *Psychophysiologie in Labor, Klinik und Alltag*. Frankfurt am Main: Peter Lang.

Fahrenberg, J., Myrtek, M., Pawlik, K. & Perrez, M. (2007). Ambulantes Assessment: Verhalten im Alltagskontext erfassen. *Psychologische Rundschau, 58*, 12–23.

Fahrenberg, J., Walschburger, P., Foerster, F., Myrtek, M. & Müller, W. (1979). *Psychophysiologische Aktivierungsforschung*. München: Minerva.

Falconer, D.S. (1960). *Introduction to quantitative genetics*. Edinburgh: Oliver & Boyd.

Feather, N.T. (1961). The relationship of persistence at a task to expectation of success and achievement related motives. *Journal of Abnormal and Social Psychology, 63*, 552–561.

Feingold, A. (1992). Good-Looking Peole Are Not What We Think. *Psychological Bulletin, 111*, 304–341.

Feingold, A. (1994). Gender differences in personality: A meta-analysis. *Psychological Bulletin, 116*, 429–456.

Felson, R.B. (1992). »Kick 'em when they're down«: Explanations of the relationship between stress and interpersonal aggression and violence. *Sociological Quarterly, 33*, 1–16.

Fenigstein, A., Scheier, M.F. & Buss, A.H. (1975). Public and private self-consciousness: Assessment and theory. *Journal of Consulting and Clinical Psychology, 43*, 522–527.

Ferrando, P.J., Condon, L. & Chico, E. (2004). The convergent validity of acquiescence: An empirical study relating balanced scales and separate acquiescence scales. *Personality and Individual Differences, 37*, 1331–1340.

Ferring, D. & Filipp, S.H. (1989). Der Fragebogen zur Erfassung gesundheitsbezogener Kontrollüberzeugungen (FEGK). *Zeitschrift für Klinische Psychologie, 28*, 285–289.

Filipp, S.H. (1979). Entwurf eines heuristischen Bezugrahmens für Selbstkonzept-Forschung: Menschliche Informationsverarbeitung und naive Handlungstheorie. In S.H. Filipp (Hrsg.), *Selbstkonzept-Forschung: Probleme, Befunde, Perspektiven* (S. 129–152). Stuttgart: Klett-Cotta.

Filipp, S.H. & Mayer, A.K. (2005). Selbst und Selbstkonzept. In H. Weber & T. Rammsayer (Hrsg.), *Handbuch der Persönlichkeitspsychologie und Differentiellen Psychologie* (S. 266–276). Göttingen: Hogrefe.

Fischer, A.H. & Manstead, A.S.R. (2000). The relationship between gender and emotion in different cultures. In A.H. Fischer (Ed.), *Gender and emotion: Social psychology perspective* (pp. 71–98). New York: Cambridge University Press.

Fischer, A.H., Rodriguez Mosquera, P.M., van Vianen, A.E.M. & Manstead, A.S.R. (2004). Gender and culture differences in emotion. *Emotion, 4*, 87–94.

Fishbein, M. & Ajzen, I. (1974). Attitudes towards objects as predictors of single and multiple behavioral criteria. *Psychological Review, 81*, 59–74.

Fiske, D.W. & Butler, J.M. (1963). The experimental conditions for measuring individual differences. *Educational and Psychological Measurement, 23*, 249–266.

Fjeld, H.A. (1934). The limits of learning ability in rhesus monkeys. *Genetic Psychology Monographs, 15*, 369–537.

Flanagan, J.C. (1954). The critical incident technique. *Psychological Bulletin, 51*, 327–358.

Fleeson, W. (2001). Toward a structure- and process-integrated view of personality: Traits as density distributions of states. *Journal of Personality and Social Psychology, 80*, 1011–1027.

Fleishman, E.A. & Hempel, W.P. (1954). Changes in factor structure of a complex psychomotor test as a function of practice. *Psychometrika, 19*, 239–252.

Fleishman, E.A. & Hempel, W.P. (1955). The relation between abilities and improvement with practice in a visual discrimination reaction task. *Journal of Experimental Psychology, 49*, 301–312.

Fletcher, R.F. (1990). The Burt Affair. *The Salisbur Review, 3*, 39–41.

Fling, S. & Manosevitz, M. (1972). Sex typing in nursery school children's play interest. *Developmental Psychology, 7*, 146–152.

Floderus-Myrhed, B., Pedersen, N.L. & Rasmuson, I. (1980). Assessment of heritability for personality, based on a short form of the Eysenck-Personality Inventory: A study of 12,898 twin pairs. *Behavior Genetics, 10*, 153–162.

Floyd, R.G. (2005). Information-processing approchaes to interpretation of contemporary intellectual assessment instruments. In D.P. Flanagan & P.L. Harrison (Eds.), *Contemporary intellectual assessment. Theories, tests, and issues* (2 ed., pp. 203–233). New York: The Guilford Press.

Flynn, J.R. (1984). The mean IQ of Americans: Massive gains 1932 to 1978. *Psychological Bulletin, 95*, 29–51.

Flynn, J.R. (1999). Searching for justice: The discovery of IQ gains over time. *American Psychologist, 54*, 5–20.

Flynn, P.M. & McMahon, R.C. (1984). An examination of the factor structure of the Million Clinical Multiaxial Inventory. *Journal of Personality Assessment, 48*, 308–311.

Foerster, F., Schneider, H.J. & Walschburger, P. (1983). The differentiation of individual-specific, stimulus-specific, and motivation-specific response patterns in activation processes: An inquiry investigating their stability and possible importance in psychophysiology. *Biological Psychology, 17*, 1–26.

Fontenot, N.A. (1993). Effects of training in creativity and creative problem finding upon business people. *Journal of Social Psychology, 133*, 11–22.

Ford, M.E. & Tisak, M.S. (1983). A further search for social intelligence. *Journal of Educational Psychology, 75*, 196–206.

Fordyce, W.E. & Rozynko, V. (1957). *The correlation between the SD-scale and the subtle and obvious scales of the MMPI*. Personal communications with Edwards, zitiert nach: Edwards, A.L. (1957). The social desirability variable in personality assessment and research. New York: Dryden Press.

Forsen, T., Eriksson, J.G., Tuomilehto, J., Osmond, C. & Barker, D.J.P. (1999). Growth in utero and during childhood among women who develop coronary heart disease: longitudinal study. *British Medical Journal, 319*, 1403–1407.

Forsyth, A.D. & Carey, M.P. (1998). Measuring self-efficacy in the context of HIV risk reduction: Research challenges and recommendations. *Health Psychology, 17*, 559–568.

Foster, J.W. & Archer, S.J. (1979). Birth order and intelligence: An immunological interpretation. *Perceptual and Motor Skills, 48*, 79–93.

Francis, L.J. (1999). Happiness is a thing called stable extraversion: A further examination of the relationship between the Oxford Happiness Inventory and Eysenck's dimensional model of personality and gender. *Personality and Individual Differences, 26*, 5–11.

Frank, L.K. (1948). *Projective methods*. Springfield, IL: Thomas.

Frederiksen, N. (1966). Validation of a simulation technique. *Organizational Behavior and Human Performance, 1*, 87–109.

Frederiksen, N. (1986). Toward a broader conception of human intelligence. *American Psychologist, 41*, 445–452.

French, J.W. (1940). Individual differences in paramecium. *Journal of Comparative and Psychological Psychology, 30*, 451–456.

Freud, S. (1940a). Das Ich und das Es. In S. Freud (Hrsg.), *Gesammelte Werke, XIII* (S. 993). Frankfurt: Fischer.

Freud, S. (1940b). Hemmung, Symptom und Angst. In S. Freud (Hrsg.), *Gesammelte Werke, XIV* (S. 994). London: Imago.

Freud, S. (1940c). *Neue Folge der Vorlesungen zur Einführung in die Psychoanalyse; GW Band XV*. London: Imago.

Freud, S. (1941). Abriß der Psychoanalyse. In S. Freud (Hrsg.), *Gesammelte Werke, XVII* (S. 997). Frankfurt: Fischer.

Freud, S. (1948). Hemmung, Symptom und Angst. In S. Freud (Hrsg.), *Gesammelte Werke, XIV* (S. 999). Frankfurt: Fischer.

Freud, S. (1952a). *Gesammelte Werke, 18 Bände*. Frankfurt: Fischer.

Freud, S. (1952b). Über die Berechtigung von der Neurasthenie einen bestimmten Symptomenkomplex als Angstneurose abzutrennen. In S. Freud (Hrsg.), *Gesammelte Werke, I* (S. 992). Frankfurt: Fischer.

Freund-Braier, I. (2000). Persönlichkeitsmerkmale. In D. H. Rost (Hrsg.), *Hochbegabte und hochleistende Jugendliche* (S. 163–210). Münster: Waxmann.

Fridhandler, B.M. (1986). Conceptual note on state, trait, and the state-trait distinction. *Journal of Personality and Social Psychology, 50*, 169–174.

Friedman, H.S. & Booth-Kewley, S. (1987a). The »disease-prone personality«: A meta-analytic view of the construct. *American Psychologist, 42*, 539–555.

Friedman, H.S. & Booth-Kewley, S. (1987b). Personality, Type A behavior, and coronary heart disease: The role of emotional expression. *Journal of Personality and Social Psychology, 53*, 783–792.

Friedman, M. & Rosenman, R.H. (1959). Association of specific overt behavior pattern with blood and cardiovascular findings; blood cholesterol level, blood clotting time, incidence of arcus senilis, and clinical coronary artery disease. *Journal of the American Medical Association, 169*, 1286–1296.

Friedman, M. & Rosenman, R.H. (1974). *Type A behavior and your heart*. New York: Knopf.

Fröhlich, C., Pinquart, M., Silbereisen, R.K. & Wedding, U. (2007). Zusammenhänge von gesundheitsbezogenen Kontrollüberzeugungen, Alltagskompetenz und Therapieziel mit dem emotionalen Befinden bei neu diagnostizierten

Krebspatienten. *Zeitschrift für Medizinische Psychologie, 16,* 99–104.

Fröhlich, W.D. (1965). Angst und Furcht. In H. Thomae (Hrsg.), *Handbuch der Psychologie, Band 2 Allgemeine Psychologie II, 2. Halbband Motivation* (S. 513–568). Göttingen: Hogrefe.

Fromm, E. (1941). *Escape from freedom.* New York: Rinehart.

Fromm, E. (1947). *Man for himself.* New York: Rinehart.

Frommberger, U., Stieglitz, R.D., Straub, S., Nyberg, E., Schlickewei, W., Kuner, E. et al. (1999). The concept of »sense of coherence« and the development of posttraumatic stress disorder in traffic accident victims. *Journal of Psychosomatic Research, 46,* 343–348.

Fulker, D.W., Eysenck, H.J. & Zuckerman, M. (1980). A genetic and environmental analysis of sensation seeking. *Journal of Research in Personality, 14,* 261–281.

Fuller, J.L. & Thompson, W.R. (1960). *Behavior genetics.* New York: Wiley.

Funder, D.C. (1998). On the pros and cons of delay of gratification. *Psychological Inquiry, 9,* 211–212.

Funder, D.C. (2007). Beyond just-so stories towards a Psychology of situations: Evolutionary accounts of individual differences require independent assessment of personality and situational variables. *European Journal of Personality, 21,* 599–601.

Funder, D.C. & Block, J. (1989). The role of ego-control, ego-resiliency, and IQ in delay of gratification in adolescence. *Journal of Personality and Social Psychology, 57,* 1041–1050.

Funder, D.C. & Ozer, D.J. (1983). Behavior as a function of the situation. *Journal of Personality and Social Psychology, 44,* 107–112.

Funke, J. (1983). Einige Bemerkungen zu Problemen der Problemlöseforschung oder: Ist Testintelligenz doch ein Prädiktor? *Diagnostica, 29,* 283–302.

Furr, R.M. & Funder, D.C. (2004). Situational similarity and behavioral consistency: Subjective, objective, variable-centered, and person-centered approaches. *Journal of Research in Personality, 38,* 421–447.

Gaensslen, H. & Mandl, H. (1974). Zur Stabilität von Persönlichkeitszügen und Einstellungen bei Meßwiederholungen nach 15 Monaten. *Zeitschrift für Experimentelle und Angewandte Psychologie, 21,* 367–377.

Gakhar, S., Joshi, J.N. & Passi, B.K. (1973). Massed versus spaced learning in relation to intelligence, anxiety, introversion/extroversion among adolescent girls. *Journal of Psychological Researches, 17,* 68–73.

Gakhar, S. & Luthra, S. (1973). The effect of intelligence, neuroticism, extraversion and meaningfulness on paired-associate learning. *Indian Journal of Psychology, 48,* 57–68.

Galbraith, G.G. & Lieberman, H. (1972). Associative responses to double-entendre words as a function of repression-sensitization and sexual stimulation. *Journal of Consulting and Clinical Psychology, 39,* 322–327.

Gale, C.R., Batty, G.D. & Deary, I.J. (2008). Locus of control at age 10 years and health outcomes and behaviors at age 30 years: The 1970 British Cohort Study. *Psychosomatic Medicine, 70,* 397–403.

Gale, C.R., Robinson, S.M., Godfrey, K.M., Law, C.M., Schlotz, W. & O'Callaghan, F.J. (2008). Oily fish intake during pregnancy – association with lower hyperactivity but not with higher full-scale IQ in offspring. *Journal of Child Psychology and Psychiatry, 49,* 1061–1068.

Gallagher, D.J. & Hall, S.J. (1991). Proof-reading performance of extraverts and neurotics under punishment and reward conditions. *Personality and Individual Differences, 13,* 229–235.

Galler, J. (1984). The behavioral consequences of malnutrition in early life. In J. Galler (Ed.), *Nutrition and behavior* (pp. 63–117). New York: Plenum Press.

Galton, F. (1869). *Hereditary genius.* London: Macmillan.

Galton, F. (1883). *Inquiries into human faculty and its development.* London: MacMillan.

Garber, J. (1988). *The Milwaukee Project: Preventing mental retardation in children at risk.* Washington, DC: American Association on Mental Retardation.

Gardiner, M., Luszcz, M.A. & Bryan, J. (1997). The manipulation and measurement of task-specific memory self-efficacy in younger and older adults. *International Journal of Behavioral Development, 21,* 209–227.

Gardner, H. (1993). *Multiple intelligences: The theory in practice.* New York: Basic Books.

Gardner, H. (1999). *Intelligence reframed: Multiple intelligences for the 21st century.* New York: Basic Books.

Gardner, H. (2004). Audiences for the theory of multiple intelligences. *Teachers College Record, 106,* 212–220.

Gardner, H. (2007). *Five minds for the future.* Boston, MA: Harvard Business School Press.

Garfinkel, R. & Thorndike, R.L. (1976). Binet item difficulty then and now. *Child Development, 47,* 959–965.

Garlick, D. (2002). Understanding the nature of the general factor of intelligence: The role of individual differences in neural plasticity as an explanatory mechanism. *Psychological Review, 109*, 116–136.

Gatchel, R.J. & Mears, F.G. (1982). *Personality. Theory, assessment and research.* New York: St. Martins Press.

Gauß, C.F. (1809). *Theoria motus corporum coelestium in sectionibus conicis solem ambientum.* Hamburg.

Geen, R.G. (1983). Aggression and television violence. In R.G. Geen & E.I. Donnerstein (Eds.), *Aggression: Theoretical and empirical reviews* (Vol. 2, pp. 103–125). New York: Academic Press.

Geen, R.G. & Pigg, R. (1970). Acquisition of an aggressive response and its generalization to verbal behavior. *Journal of Personality and Social Psychology, 15*, 165–170.

Gerlach, V.S., Schutz, R.E., Baker, R.L. & Mazer, G.E. (1964). Effects of variations in test direction on originality test response. *Journal of Educational Psychology, 55*, 79–83.

Gerra, G., Zaimovic, A., Timpano, M., Zambelli, U., Delsignore, R. & Brambilla, F. (2000). Neuroendocrine correlates of temperamental traits in humans. *Psychoneuroendocrinology, 25*, 479–496.

Getzels, J.W. & Jackson, P.W. (1962). *Creativity and intelligence: explorations with gifted students.* New York: Wiley.

Ghiselli, E.E. (1960). Differentiation of tests in terms of the accuracy with which they predict for a given individual. *Educational and Psychological Measurement, 20*, 674–684.

Ghiselli, E.E. (1966). *The validity of occupational aptitude tests.* New York: Wiley.

Ghisletta, P. & Lindenberger, U. (2003). Age-based structural dynamics between perceptual speed and knowledge in the Berlin Aging Study: Direct evidence for ability dedifferentiation in old age. *Psychology and Aging, 18*, 696–713.

Gianakos, I. (2002). Predictors of coping with work stress: The influences of sex, gender role, social desirability, and locus of control. *Sex Roles, 46*, 149–158.

Giesen, H. (2000). Geschlechtsunterschiede. In M. Amelang (Hrsg.), *Enzyklopädie der Psychologie: Themenbereich C Theorie und Forschung, Serie VIII Differentielle Psychologie und Persönlichkeitsforschung, Band 4 Determinanten individueller Unterschiede* (S. 539–593). Göttingen: Hogrefe.

Ginexi, E.M., Howe, G.W. & Caplan, R.D. (2000). Depression and control beliefs in relation to reemployment: What are the directions of effect? *Journal of Occupational Health Psychology, 5*, 323–336.

Gloor, P. (1992). Role of the amygdala in temporal lobe epilepsy. In J.P. Aggleteon (Ed.), *The amygdala: Neurobiological aspecst of emotion, memory, and mental dysfunction* (pp. 505–538). New York: Wiley-Liss.

Glucksberg, S.A.M. & King, L.J. (1967). Motivated forgetting mediated by implicit verbal chaining: A laboratory analog of repression. *Science, 158*, 517–519.

Gobet, F., Campitelli, G. & Waters, A.J. (2002). Rise of human intelligence: Comments on Howard (1999). *Intelligence, 30*, 303–311.

Goldberg, L.R. (1981). Language and individual differences: the search for universals in personality lexicons. *Review of Personality and Social Psychology, 2*, 141–165.

Goldberg, L.R. (2001). *International personality item pool. A scientific collaboratory for the development of advanced measures of personality traits and other individual differences*, from http://www.ipip.ori.org/.

Goldberg, L.R. & Stycker, L.A. (2002). Personality traits and eating habits: The assessment of food preferences in a large community sample. *Personality and Individual Differences, 32*, 49–65.

Goldfried, M.R. & Kent, R.N. (1976). Herkömmliche gegenüber verhaltenstheoretischer Persönlichkeitsdiagnostik: Ein Vergleich methodischer und theoretischer Voraussetzungen. In D. Schulte (Hrsg.), *Diagnostik in der Verhaltenstherapie* (S. 3–23). München: Urban & Schwarzenberg.

Goldfried, M.R. & Linehan, M.M. (1977). Basic issues in behavioral assessment. In A.R. Ciminero, K.S. Calhoun & H.E. Adams (Eds.), *Handbook of behavioral assessment* (pp. 15–46). New York: Wiley.

Goldman-Eisler, F. (1948). Breastfeeding and character formation. In C. Kluckhohn, H.A. Murray & D.M. Schneider (Eds.), *Personality in nature society, and culture* (pp. 146–184). New York: Knopf.

Goldstein, K. (1939). *The organism, a holistic approach to biology.* New York: American Book.

Goleman, D. (1995). What's your EQ? The Utne Lens, Utne Reader. [On-line]. Available: http://¬www.utne.com/lens/bms/eq.html/.

Goleman, D. (1998). *Working with emotional intelligence.* New York: Bantam Books.

Goodrick, G.K., Pendleton, V.R., Kimball, K.T., Poston, W.S.C., Reeves, R.S. & Foreyt, J.P. (1999). Binge eating severity, self-concept, dieting self-efficacy and social support during

treatment of binge eating disorder. *International Journal of Eating Disorders, 26,* 295–300.
Gordon, S. (1984). *Hitler, Germans, and the Jewish question*. Princeton, NJ: Princeton University Press.
Gorey, K.M. & Cryns, A.G. (1995). Lack of racial differences in behavior: A quantitative replication of Rushton's (1988) review and an independent meta-analysis. *Personality and Individual Differences, 19,* 345–353.
Gormly, J. (1983). Predicting behavior from personality trait scores. *Personality and Social Psychology Bulletin, 9,* 267–270.
Gorsuch, R.L. (1983). *Factor analysis* (2nd ed.). Hillsdale, NJ: Lawrence Erlbaum.
Gorsuch, R.L. & Cattell, R.B. (1967). Second-stratum personality factors defined in the questionnaire realm by the 16 PF. *Multivariate Behavioral Research, 2,* 211–223.
Gosling, S.D. & Vazire, S. (2002). Are we barking up the right tree? Evaluating a comparative approach to personality. *Journal of Research in Personality, 36,* 607–614.
Gottfredson, L.S. (1997). Why g matters: The complexity of everyday life. *Intelligence, 24,* 79–132.
Gottfredson, L.S. (2001). Book review: Practical intelligence in everyday life. *Intelligence, 29,* 363–365.
Gottfredson, L.S. (2004). Intelligence: Is it the epidemiologists' elusive »fundamental cause« of social class inequalities in health? *Journal of Personality and Social Psychology, 86,* 174–199.
Gough, H.G. (1962). Imagination – undeveloped resource. In S.J. Parnes & H.F. Harding (Eds.), *A source book for creative thinking* (pp. 217–226). New York: Charles Scribner's Sons.
Gough, H.G. (1979). A creative personality scale for the adjective check list. *Journal of Personality and Social Psychology, 37,* 1389–1405.
Gow, A.J., Whiteman, M.C., Pattie, A. & Deary, I.J. (2005). Goldberg's »IPIP« Big-Five factor markers: International consistency and concurrent validation in Scotland. *Personality and Individual Differences, 39,* 317–329.
Grabner-Kräuter, S. & Kaluscha, E.A. (2003). Empirical research in on-line trust: a review and critical assessment. *International Journal of Human Computer Studies, 58,* 783–812.
Granzberg, G. (1977). Further evidence of situational factors in delay of gratification. *Journal of Psychology, 95,* 7–8.
Gray, J.A. (1970). The psychophysiological basis of introversion-extraversion. *Behavior Research and Therapy, 8,* 249–266.

Gray, J.A. (1981). A critique of Eysenck's theory of personality. In H.J. Eysenck (Ed.), *A model for personality* (pp. 246–276). Berlin: Springer.
Gray, J.A. (1982). *The neuropsychology of anxiety*. Oxford: Clarendon.
Gray, J.A. & McNaughton, N. (1996). The neuropsychology of anxiety: Reprise. In D.A. Hope (Ed.), *Perspectives of anxiety, panic and fear* (Vol. 43, pp. 61–134). Lincoln: University of Nebraska Press.
Gray, J.A. & McNaughton, N. (2000). *The neuropsychology of anxiety. An enquiry into the functions of the septo-hippocampal system* (2nd ed.). Oxford: Oxford University Press.
Green, B.F. (1992). Expose or smear? The Burt affair. *The Psychological Science, 3,* 328–331.
Greene, E.B. (1937). Practice effect on various types of standard tests. *American Journal of Psychology, 49,* 67–75.
Greene, E.B. (1943). An analysis of random and systematic changes with practice. *Psychometrika, 8,* 37–52.
Greif, S. (1970). Untersuchungen zur deutschen Übersetzung des 16 PF-Fragebogens. *Psychologische Beiträge, 2,* 186–213.
Greitemeyer, T. & Brodbeck, F.C. (2000). Wer schön ist, »wird« auch gut. Über den Zusammenhang zwischen selbst- und fremdeingeschätzter physischer Attraktivität und selbst- und fremdeingeschätzter Persönlichkeitsmerkmale. *Zeitschrift für Sozialpsychologie, 31,* 73–86.
Greve, W. (Hrsg.). (2000). *Psychologie des Selbst*. Weinheim: Psychologie Verlags Union.
Greve, W. & Krampen, G. (1991). Gesundheitsbezogene Kontrollüberzeugungen und Gesundheitsverhalten. In J. Haisch & H.P. Zeitler (Hrsg.), *Gesundheitspsychologie – Zur Sozialpsychologie der Prävention und Krankheitsbewältigung* (S. 223–241). Heidelberg: Asanger.
Grigoriev, A. & Lynn, R. (2009). Studies of socioeconomic and ethnic differences in intelligence in the former Soviet Union in the early twentieth century. *Intelligence, 37,* 447–452.
Groeben, N. & Westmeyer, H. (1981). *Kriterien psychologischer Forschung*. München: Juventa.
Gron, G., Wunderlich, A.P., Spitzer, M., Tomczak, R. & Riepe, M.W. (2000). Brain activation during human navigation: gender-different neural networks as substrate of performance. *Nature Neuroscience, 3,* 404–408.
Grudnik, J.L. & Kranzler, J.H. (2001). Meta-analysis of the relationship between intelligence and inspection time. *Intelligence, 29,* 523–535.

Guhl, A.M., Craig, J.V. & Mueller, C.D. (1960). Selective breeding for aggressiveness in chickens. *Poultry Science, 39*, 970–980.

Guilford, J.P. (1950). Creativity. *American Psychologist, 5*, 444–454.

Guilford, J.P. (1956). The structure of intellect. *Psychological Bulletin, 53*, 267–293.

Guilford, J.P. (1959). *Personality*. New York: McGraw-Hill.

Guilford, J.P. (1966). Intelligence: 1965 model. *American Psychologist, 21*, 20–26.

Guilford, J.P. (1967). *The nature of human intelligence*. New York: McGraw-Hill.

Guilford, J.P. (1974). *Persönlichkeitspsychologie*. Weinheim: Beltz.

Guilford, J.P. (1976). Aptitude for creative thinking: One or many? *Journal of Creative Behavior, 10*, 165–169.

Guilford, J.P. (1979). Some incubated thoughts on incubation. *Journal of Creative Behavior, 13*, 1–8.

Guilford, J.P. & Hoepfner, R. (1971). *The analysis of intelligence*. New York: McGraw-Hill.

Güntürkün, O. (2000). Die Neurobiologie der Angst. In G. Lazarus-Mainka & S. Siebeneick (Hrsg.), *Angst und Ängstlichkeit* (S. 73–89). Göttingen: Hogrefe.

Gupta, S. & Shukla, A.P. (1989). Verbal operant conditioning as a function of extraversion and reinforcement. *British Journal of Psychology, 80*, 39–44.

Gur, R.C., Mozley, L.H., Mozley, P.D., Resnik, S. M., Karp, J.S., Alavi, A. et al. (1995). Sex differences in regional cerebral glucose metabolism during a resting state. *Science, 267*, 528–531.

Gur, R.E. & Gur, R.C. (1990). Gender differences in cerebral blood flow. *Schizophrenia Bulletin, 16*, 247–254.

Gurtman, M.B. (1992). Trust, distrust, and interperson problems: A circumplex analysis. *Journal of Personality and Social Psychology, 62*, 989–1002.

Gurtman, M.B. & Lion, C. (1982). Interpersonal trust and perceptual vigilance for trustworthiness descriptors. *Journal of Research in Personality, 16*, 108–117.

Guttman, L. (1954). A new approach to factor analysis: The radex. In P.F. Lazarsfeld (Ed.), *Mathematical thinking in the social sciences* (pp. 216–257). Glencoe, IL: Free Press.

Haan, N. (1963). Proposed model of ego functioning: Coping and defense mechanism in relationship to IQ change. *Psychological Monographs, 77*, 1–23.

Häcker, H., Schmidt, L.R., Schwenkmezger, P. & Utz, H. (1975). *Objektive Testbatterie O-A-T-B A5. Manual und Testheft*. Weinheim: Beltz.

Häcker, H., Schwenkmezger, P. & Utz, H. (1979). Über die Verfälschbarkeit von Persönlichkeitsfragebogen und Objektiven Persönlichkeitstests unter SD-Instruktion und in einer Auslesesituation. *Diagnostica, 25*, 7–23.

Haddon, F.A. & Lytton, H. (1970). Teaching approach and divergent thinking abilities. In P. E. Vernon (Ed.), *Creativity* (pp. 371–385). Middlesex: Penguin.

Hagemann, D. (1999). *Tonische Asymmetrien corticaler Aktiviertheit und affektive Dispositionen*. Berlin: Logos Verlag.

Hagemann, D. (2004). Individual differences in anterior EEG-asymmetry: Methodological problems and solutions. *Biological Psychology, 67*, 157–182.

Hagemann, D., Hewig, J., Naumann, E., Seifert, J. & Bartussek, D. (2005a). The latent state-trait structure of resting EEG asymmetry: Replication and extension. *Psychophysiology, 42*, 740–752.

Hagemann, D., Hewig, J., Naumann, E., Seifert, J. & Bartussek, D. (2005b). Resting brain asymmetry and affective reativity: Aggregated data support the right-hemisphere hypothesis. *Journal of Individual Differences, 26*, 139–154.

Hagemann, D. & Naumann, E. (2001). The effects of ocular artifacts on (lateralized) broadband power in the EEG. *Clinical Neurophysiology, 112*, 215–231.

Hagemann, D., Naumann, E., Becker, G., Maier, S. & Bartussek, D. (1998). Frontal brain asymmetry and affective style: A conceptual replication. *Psychophysiology, 35*, 372–388.

Hagemann, D., Naumann, E., Lürken, A., Becker, G., Maier, S. & Bartussek, D. (1999). EEG asymmetry, dispositional mood and personality. *Personality and Individual Differences, 27*, 541–568.

Hagemann, D., Naumann, E., Maier, S., Becker, G., Lürken, A. & Bartussek, D. (1999). The assessment of affective reactivity using films: Validity, reliability, and sex differences. *Personality and Individual Differences, 26*, 627–639.

Hagemann, D., Naumann, E. & Thayer, J.F. (2001). The quest for the EEG reference revisited: A glance from brain asymmetry research. *Psychophysiology, 38*, 847–857.

Hagemann, D., Naumann, E., Thayer, J.F. & Bartussek, D. (2002). Does resting electroencephalograph asymmetry reflect a trait? An application of latent state-trait theory. *Journal of Personality and Social Psychology, 82*, 619–641.

Hagemeister, C. (2007). How useful is the power law of practice for recognizing practice in concentration tests? *European Journal of Psychological Assessment, 23*, 157–165.

Haier, R.J. (1988). Cortical glucose metabolic rate correlates of abstract reasoning and attention studied with positron emission tomography. *Intelligence, 12*, 199–217.

Haier, R.J. (1993). Cerebral glucose metabolism and intelligence. In P.A. Vernon (Ed.), *Biological approaches to the study of human intelligence* (pp. 317–332). Noewood, NJ: Ablex.

Haier, R.J., Chueh, D., Touchette, P. & Lott, I. (1995). Brain size and cerebral glucose metabolic rate in nonspecific mental retardation and Down syndrome. *Intelligence, 20*, 191–210.

Hall, C.S., Lindzey, G. & Campbell, J.B. (1998). *Theories of personality* (4th ed.). New York: Wiley.

Halpern, D.F. (2000). *Sex differences in cognitive abilities* (3rd ed.). Mahwah, NJ: Lawrence Erlbaum.

Hamilton, L., Cheng, S. & Powell, B. (2007). Adoptive parents, adaptive parents: Evaluating the importance of biological ties for parental investment. *American Sociological Review, 72*, 95–116.

Hamsher, J.H., Geller, J.D. & Rotter, J.B. (1968). Interpersonal Trust, Internal-External Control, and the Warren Commission Report. *Journal of Personality and Social Psychology, 9*, 210–215.

Hansenne, M., Pinto, E., Pitchot, W., Reggers, J., Scantamburlo, G., Moor, M. et al. (2002). Further evidence on the relationship between dopamine and novelty seeking: a neuroendocrine study. *Personality and Individual Differences, 33*, 967–977.

Hansford, B.D. & Hattie, J.A. (1982). The relationship between self and achievement/performance measures. *Review of Educational Research, 52*, 123–142.

Hany, E.A. (1993). Kreativitätstraining: Positionen, Probleme, Perspektiven. In K.J. Klauer (Hrsg.), *Kognitives Training* (S. 189–216). Göttingen: Hogrefe.

Hare, R.D. (1966). Denial of threat and emotional response to impending painful stimulation. *Journal of Consulting Psychology, 30*, 359–361.

Harlow, H.F. (1958). The nature of love. *American Psychologist, 13*, 673–685.

Harmon, L.R. (1961). The highschool background of science doctorates. *Science, 133*, 678–688.

Harmon-Jones, E. & Allen, J.J.B. (1998). Anger and frontal brain activity: EEG asymmetry consistent with approach motivation despite negative affective valence. *Journal of Personality and Social Psychology, 74*, 1310–1316.

Harrell, T.W. & Harrell, M.S. (1945). Army General Classification Test scores for civilian occupations. *Educational and Psychological Measurement, 5*, 229–239.

Harrington, D.M. (1975). Effects of explicit instructions to »Be Creative« on the psychological meaning of divergent thinking test scores. *Journal of Personality, 43*, 434–454.

Harrington, D.M., Block, J. & Block, J.H. (1983). Predicting creativity in preadolescence from divergent thinking in early childhood. *Journal of Personality and Social Psychology, 45*, 609–623.

Harris, M.B. (1991). Effects of sex of aggressor, sex of target, and relationship on evaluations of physical aggression. *Journal of Interpersonal Violence, 6*, 174–186.

Harter, S. (1985). *Manual for the Self-Perception Profile for Children*. Denver, CO: University of Denver.

Harter, S. (1996). Historical roots of contemporary issues involving self-concept. In B.A. Bracken (Ed.), *Handbook of self-concept: Developmental, social, and clinical considerations* (pp. 1–37). New York: John Wiley & Sons.

Hartmann, H., Kris, E. & Loewenstein, R.M. (1947). Comments on the formation of psychic structure. In A. Freud & H. Hartmann (Eds.), *The psychoanalytic study of the child* (Vol. 2, pp. 11–38). New York: International University Press.

Hartshorne, H. & May, M.A. (1928). *Studies in the nature of character: Studies in a deceit* (Vol. 1). New York: MacMillan.

Hassebrauck, M. (1993). Die Beurteilung der physischen Attraktivität. In M. Hassebrauck & R. Nicketta (Hrsg.), *Physische Attraktivität* (S. 29–59). Göttingen: Hogrefe.

Hathaway, S.R. & McKinley, J.C. (1951). *The Minnesota Multiphasic Personality Inventory Manual Revised*. New York: The Psychological Corporation.

Hathaway, S.R., McKinley, J.C. & Engel, R.R. (2000). *Manual zum Deutschen MMPI-2*. Bern: Huber.

Hattrup, K., O'Connell, M.S. & Labrador, J.R. (2005). Incremental validity of locus of control after controlling for cognitive ability and conscientiousness. *Journal of Business and Psychology, 19*, 461–481.

Haworth, C.M.A., Wright, M.J., Martin, N.W., Boomsma, D.I., Bartels, M., Posthuma, D. et al. (2009). A twin study of the genetics of high cognitive ability selected from 11,000 twin pairs in six studies from four countries. *Behavior Genetics, 39*, 359–370.

Healey, M.D. & Ellis, B.J. (2007). Birth order, conscientiousness, and openness to experinces: Tests of the family-niche model of personality using a within-family methodology *Evolution and Human Behavior, 28*, 55–59.

Heaven, P.C.L., Newbury, K. & Mak, A. (2004). The impact of adolescent and parental characteristics on adolescent levels of delinquency and depression. *Personality and Individual Differences, 36*, 173–185.

Hebb, D.O. (1955). Drives and the C.N.S. (conceptual nervous system). *Psychological Review, 62*, 243–254.

Hedges, L.V. & Nowell, A. (1995). Sex differences in mental test scores, variability, and numbers of high-scoring individuals. *Science, 269*, 41–45.

Heider, F. (1958). *The psychology of interpersonal relations*. New York: Wiley.

Heine, S.J. & Buchtel, E.E. (2009). Personality: The universal and the culturally specific. *Annual Review of Psychology, 60*, 369–394.

Helgeson, V.S. (1994). Relation of agency and communion to well-being: Evidence and potential explanations. *Psychological Bulletin, 116*, 412–428.

Heller, K.A. (Hrsg.). (2000). *Begabungsdiagnostik in der Schul- und Erziehungsberatung*. Bern: Huber.

Heller, K.A., Kratzmeier, H. & Lengfelder, A. (1998a). *Matrizen-Test-Manual Band 1*. Göttingen: Beltz-Test.

Heller, K.A., Kratzmeier, H. & Lengfelder, A. (1998b). *Matrizen-Test-Manual, Band 2*. Göttingen: Beltz-Test.

Helms, J.E. (1992). Why is there no study of cultural equivalence in standardized cognitive ability testing? *American Psychologist, 47*, 1083–1101.

Helson, R. & Soto, C.J. (2005). Up and down in middle age: Monotonic and nonmonotonic changes in roles, status, and personality. *Journal of Personality and Social Psychology, 89*, 194–204.

Henderson, J.W., Donatelle, R.J. & Acock, A.C. (2002). Confirmatory factor analysis of the Cancer Locus of Control Scale. *Educational and Psychological Measurement, 62*, 995–1005.

Hendriks, A.A.J., Hofstee, W.K.B. & De Raad, B. (1999). The Five Factor Personality Inventory (FFPI). *Personality and Individual Differences, 27*, 307–325.

Hendriks, A.A.J., Hofstee, W.K.B. & De Raad, B. (2002). The five-factor personality inventory: Assessing the big five by means of brief and concrete statements. In B. De Raad (Ed.), *Big five assessment* (pp. 79–100). Göttingen: Hogrefe & Huber.

Hennig, J. & Netter, P. (1997). The psychobiological significance of secretory immunoglobulin as a marker for personality. In J. Bermúdez, B. de Raad, J. de Vries, A.M. Pérez-Garcia, A. Sánchez-Elvira & G.L. van Heck (Eds.), *Personality Psychology in Europe* (Vol. 6, pp. 144–158). Tilburg, The Netherlands: Tilburg University Press.

Hennig, J. & Netter, P. (2005). Neurotransmitter und Persönlichkeit. In J. Hennig & P. Netter (Hrsg.), *Biopsychologische Grundlagen der Persönlichkeit* (S. 191–289). München: Elsevier.

Hennig, J., Pössel, P. & Netter, P. (1996). Sensitivity to disgust as an indicator of neuroticism: A psychobiological approach. *Personality and Individual Differences, 20*, 589–596.

Hennig, J., Toll, C., Schonlau, P., Rohrmann, S. & Netter, P. (2000). Endocrine responses after d-fenfluramine and ipsapirone challenge: further support for Cloninger's tridimensional model of personality. *Neuropsychobiology, 41*, 38–47.

Henss, R. (1993). Kontexteffekte bei der Beurteilung der physischen Attraktivität. In M. Hassebrauck & R. Nicketta (Hrsg.), *Physische Attraktivität* (S. 61–94). Göttingen: Hogrefe.

Henss, R. (2000). Waist-to-hip ratio and female attractiveness. Evidence from photographic stimuli and methodological considerations. *Personality and Individual Differences, 28*, 501–513.

Hepburn, L. & Eysenck, M.W. (1989). Personality, average mood and mood variability. *Personality and Individual Differences, 10*, 975–983.

Herrera, N.C., Zajonc, R.B., Wieczorkowska, G. & Cichomski, B. (2003). Beliefs about birth rank and their reflection in reality. *Journal of Personality and Social Psychology, 85*, 142–150.

Herrmann, T. (1973). *Persönlichkeitsmerkmale*. Stuttgart: Kohlhammer.

Herrmann, T. (Hrsg.). (1974). *Dichotomie und Duplizität. Grundfragen psychologischer Erkenntnis*. Stuttgart: Huber.

Herrmann, T. (1976). *Lehrbuch der empirischen Persönlichkeitsforschung*. Göttingen: Hogrefe.

Herrmann, T., Schwitajewski, E. & Ahrens, H.J. (1968). Untersuchungen zum elterlichen Erziehungsstil: Strenge und Unterstützung. *Archiv für die Gesamte Psychologie, 120*, 74–105.

Herrnstein, R.J. & Murray, C. (1994). *The Bell curve: Intelligence and class structure in American life.* New York: The Free Press.

Hertwig, R., Davis, J.N. & Sulloway, F.J. (2002). Parental investment: How an equity motive can produce inequality. *Psychological Bulletin, 128,* 728–745.

Herzberg, Y. (2004). Lässt sich der Einfluss sozialer Erwünschtheit in einem Fragebogen zur Erfassung aggressiver Verhaltensweisen im Straßenverkehr korrigieren? *Zeitschrift für Differentielle und Diagnostische Psychologie, 25,* 19–29.

Hess, W.R. (1954). *Das Zwischenhirn. Syndrome, Lokalisationen, Funktionen.* Basel: Schwabe.

Hetherington, E.M. (1965). A developmental study of the effects of sex of the dominant parent on sex-role preference, identification, and imitation in children. *Journal of Personality and Social Psychology, 2,* 188–194.

Hick, W.E. (1952). On the rate of gain of information. *Quarterly Journal of Experimental Psychology, 4,* 11–26.

Hickling, E.J., Noel, R.C. & Yutzler, F.G. (1979). Attractiveness and occupational status. *Journal of Psychology, 102,* 71–76.

Higgins, J.V., Reed, E.W. & Reed, S.C. (1962). Intelligence and family size: A paradox resolved. *Eugenics Quarterly, 9,* 84–90.

Hildreth, G.H. (1954). Three gifted children: A developmental study. *Journal of Genetic Psychology, 85,* 232–264.

Hill, D.W. & Smith, J.C. (1991). Effect of time of day on the relationship between mood state, unaerobic power, and capacity. *Perceptual and Motor Skills, 72,* 83–87.

Hill, W.G., Goddard, M.E. & Visscher, P.M. (2008). Data and theory point to mainly additive genetic variance for complex traits. *PLOS Genetics, 4,* 1–10.

Hinz, A., Michalski, D., Schwarz, R. & Herzberg, P.Y. (2007). The acquiescence effect in responding to a questionnaire. *GMS Psycho-Social-Medicine, 4,* 1–9.

Hirsch, J. (1959). Studies in experimental behavior genetics: II. Individual differences in geotaxis as a function of chromosome variations in synthesized drosophila populations. *Journal of Comparative and Physiological Psychology, 52,* 304–308.

Hocevar, D. (1980). Intelligence, divergent thinking, and creativity. *Intelligence, 4,* 25–40.

Hocevar, D. (1981). Measurement of creativity: Review and critique. *Journal of Personality and Assessment, 45,* 450–464.

Hochreich, G.J. & Rotter, J.B. (1970). Have college students become less trusting? *Journal of Personality and Social Psychology, 15,* 211–214.

Hock, M. & Krohne, H.W. (2004). Coping with threat and memory for ambiguous information: Testing the repressive discontinuity hypothesis. *Emotion, 4,* 65–86.

Hodapp, V. (1982). Causal interference from nonexperimental research on anxiety and educational achievement. In H.W. Krohne & L. Laux (Eds.), *Achievement, stress, and anxiety* (pp. 355–372). Washington, DC: Hemisphere.

Hodapp, V., Bongard, S., Heinrichs, A. & Oltmanns, K. (1993). Theorie und Messung der Ärger-Emotion: Ein experimenteller Ansatz. In V. Hodapp & P. Schwenkmezger (Hrsg.), *Ärger und Ärgerausdruck* (S. 11–33). Bern: Huber.

Hodges, W.F. (1973). *Anxiety and the learning of conflict-relevant materials.* Paper presented at the American Psychological Association Convention, Montreal (zitiert nach Lamb, 1978).

Hoeth, F., Büttel, R. & Feyerabend, H. (1967). Experimentelle Untersuchungen zur Validität von Persönlichkcitsfragebögen. *Psychologische Rundschau, 18,* 169–184.

Hoeve, M., Dubas, J.S., Eichelsheim, V.I., van der Laan, P.H., Smeenk, W. & Gerris, J.R.M. (2009). The relationship between parenting and delinquency: A meta-analysis. *Journal of Abnormal Child Psychology, 37,* 749–775.

Hofstätter, P.R. (1957). *Psychologie.* Frankfurt: Fischer.

Hofstätter, P.R. (1973). *Einführung in die Sozialpsychologie.* Stuttgart: Kröner.

Hofstätter, P.R. (1977). *Persönlichkeitsforschung.* Stuttgart: Kröner.

Hofstee, W.K.B. (2003). Structures of personality traits. In M. Lerner & T. Millon (Eds.), *Handbook of psychology: Personality and social psychology* (Vol. 5, pp. 231–254). New York: John Wiley & Sons.

Hofstee, W.K.B., De Raad, B. & Goldberg, L.R. (1992). Integration of the Big Five and circumplex approaches to trait structure. *Journal of Personality and Social Psychology, 63,* 146–163.

Hogan, R. (1983). Socioanalytic theory of personality. In M.M. Page (Ed.), *1982 Nebraska Symposium on Motivation: Personality – current theory and research* (pp. 55–89). Lincoln: University of Nebraska Press.

Hogan, R. (1996). A socioanalytic perspective on the five-factor model. In J.S. Wiggins (Ed.), *The five-factor model of personality* (pp. 163–179). New York: Guilford.

Hogan, R. & Hogan, J. (1995). *The Hogan Personality Inventory manual* (2nd ed.). Tulsa, OK: Hogan Assessment Systems.

Hogan, R. & Hogan, J. (2002). The Hogan Personality Inventory. In B. De Raad (Ed.), *Big Five Assessment* (pp. 329–346). Göttingen: Hogrefe & Huber.

Hogan, R. & Nicholson, R.A. (1988). The meaning of personality test scores. *American Psychologist, 43*, 621–626.

Hoge, M.A. (1915). The influence of temperature on the development of a mendelian character. *Journal of Experimental Zoology, 18*, 241–285.

Holahan, C.K., Sears, R.R. & Cronbach, L.J. (1995). *The gifted group in later maturity.* Stanford, CA: Stanford University Press.

Holden, R.R. (2007). Socially desirable responding does moderate personality scale validity both in experimental and in nonexperimental contexts. *Canadian Journal of Behavioural Sciences, 39*, 184–201.

Holden, R.R., Wood, L.L. & Tomashewski, L. (2001). Do response time limitations counteract the effect of faking on personality inventory validity? *Journal of Personality and Social Psychology, 81*, 160–169.

Holley, W., Rosenbaum, A. & Churchill, J. (1969). *Effects of rapid succession of pregnancy.* Washington, DC: Pan American Health Organization Science Publications.

Hollingworth, L.S. (1942). *Children above 180 IQ.* New York: Wordbook Company.

Holman, H.R. & Lorig, K. (1992). Perceived self-efficacy in self-management of chronic disease. In R. Schwarzer (Ed.), *Self-efficacy: Thought control of action* (pp. 305–324). Washington, DC: Hemisphere.

Holmes, D.S. (1972). Repression or interference: A further investigation. *Journal of Personality and Social Psychology, 22*, 163–170.

Holmes, D.S. (1974). Investigations of repression: Differential recall of material experimentally or naturally associated with ego threat. *Psychological Bulletin, 81*, 632–653.

Holzberg, J.D. (1977). Reliability re-examined. In M.A. Rickers-Ovsiankina (Ed.), *Rorschach Psychology* (pp. 361–379). Huntington: Krieger.

Hörmann, H.J. & Thomas, M. (1987). Zum Zusammenhang zwischen Intelligenz und komplexem Problemlösen. In D. Liepmann, G. Mohr & R. Schwarzer (Hrsg.), *Arbeitsberichte des Instituts für Psychologie, Nr. 8* (S. 1–23). Berlin: Freie Universität.

Horn, J.L. (1968). Organization of abilities and the development of intelligence. *Psychological Review, 75*, 242–259.

Horn, J.L. & Cattell, R.B. (1966). Refinement and test of the theory of fluid and crystallized ability intelligence. *Journal of Educational Psychology, 57*, 253–270.

Horn, J.L., Loehlin, J.C. & Willerman, L. (1979). Intellectual resemblance among adoptive and biological relatives: The Texas Adoption Project. *Behavior Genetics, 9*, 177–207.

Horn, W. (1969). *Prüfsystem für Schul- und Bildungsberatung (PSB).* Göttingen: Hogrefe.

Houtz, J.C. & Frankel, A.D. (1992). Effects of incubation and imagery training on creativity. *Creativity Research Journal, 5*, 183–189.

Howard, R.W. (1999). Preliminary real-world evidence that average human intelligence really is rising. *Intelligence, 27*, 235–250.

Howarth, E. (1976a). A psychometric investigation of Eysenck's Personality Inventory. *Journal of Personality Assessment, 40*, 173–185.

Howarth, E. (1976b). Were Cattell's »Personality Sphere« factors correctly identified in the first instance? *British Journal of Psychology, 67*, 213–230.

Howarth, E. (1988). Mood differences between the four Galen personality types: Choleric, Sanguine, Phlegmatic, Melancholic. *Personality and Individual Differences, 9*, 173–175.

Howarth, E., Browne, J.A. & Marceau, R. (1972). An item analysis of Cattell's 16 PF. *Canadian Journal of Behavioural Science, 4*, 85–90.

Hoyle, R.H. (Ed.). (1995). *Structural equation modeling.* Thousand Oaks: Sage.

Hubert, V., Beaunieux, H., Chételat, G., Platel, H., Landeau, B., Danion, J.-M. et al. (2007). The dynamic network subserving the three phases of cognitive procedural learning. *Human Brain Mapping, 28*, 1415–1429.

Hughes, O.L. (1983). A comparison of error based and time based learning measures as predictors of general intelligence. *Journal of Research in Personality, 17*, 9–26.

Hull, C.L. (1940). *Mathematico-deductive theory of rote learning. A study in scientific methodology.* New Haven: Yale University Press.

Hull, J.G., Van Treuren, R. & Virnelli, S. (1987). Hardiness and health: A critique and alternative approach. *Journal of Personality and Social Psychology, 53*, 518–530.

Hülsheger, U.R., Maier, G.W. & Stumpp, T. (2004). Validität der Intelligenzmessung zur Vorhersage von beruflichem Erfolg in Deutschland. Ergebnisse einer Meta-Analyse, *Poster präsentiert auf dem 44. Kongress der Deutschen Gesellschaft für Psychologie.* Göttingen.

Humphreys, L.G. (1994). Intelligence from the standpoint of a (pragmatic) behaviorist. *Psychological Inquiry, 5*, 179–192.

Hundleby, J., Pawlik, K. & Cattell, R.B. (1965). *Personality factors in objective test devices*. San Diego, CA: Knapp.

Husén, L. (1960). Abilities of twins. *Scandinavian Journal of Psychology, 1*, 125–135.

Hussy, W. & Jain, A. (2002). *Experimentelle Hypothesenprüfung in der Psychologie*. Göttingen: Hogrefe.

Hyde, J.S. (2005). The gender similarities hypothesis. *American Psychologist, 60*, 581–592.

Ingenkamp, K. (1962). *Die deutschen Schulleistungstests*. Weinheim: Beltz.

Insel, P.M. & Moos, R.H. (1974). Psychological environments: Expanding the scope of human ecology. *American Psychologist, 29*, 179–188.

Irwing, P. & Lynn, R. (2005). Sex differences in means and variability on the progressive matrices in university students: A meta-analysis. *British Journal of Psychology, 96*, 505–524.

Isaksen, S.G. & Kaufmann, G. (1990). Adaptors and Innovators. Different perceptions of the psychological climate for creativity. *Studia Psychologica, 32*, 129–141.

Iwata, J., LeDoux, J.E., Meeley, M.P., Arneric, S. & Reis, D.J. (1986). Intrinsic neurons in der amygdaloid field projected to by the medial geniculate body mediate emotional responses conditioned to acoustic stimuli. *Brain Research, 383*, 195–214.

Izquierdo, F.M., de Osma, F.J.H.G., Arnedillo, J.J.M. & Cotaberria, A.M. (2001). Self-concept, self-esteem, locus of control and self-efficacy in alcohol dependence. *Anales de Psiquiatria, 17*, 153–161.

Jaccard, J.J. (1974). Predicting social behavior for personality traits. *Journal of Research in Personality, 1*, 358–367.

Jackson, D.H. & Huston, T.L. (1975). Physical attractiveness and assertiveness. *Journal of Social Psychology, 96*, 79–84.

Jackson, D.N. (1967). Acquiescence response styles: Problems of identification and control. In I.A. Berg (Ed.), *Response set in personality assessment* (pp. 71–115). Chicago: Aldine.

Jackson, D.N., Paunonen, S.V., Fraboni, M. & Goffin, R.D. (1996). A Five-Factor versus Six-Factor model of personality structure. *Personality and Individual Differences, 20*, 33–45.

Jacobi, J. (1962). *Die Psychologie von C.G. Jung. Eine Einführung in das Gesamtwerk*. Zürich: Rascher.

Jacobs, R., Northam, E. & Anderson, V. (2001). Cognitive outcome in children with myelomeningocele and perinatal hydrocephalus: A longitudinal perspective. *Journal of Developmental and Physical Disabilities, 13*, 389–405.

Jäger, A.O. (1982). Mehrmodale Klassifikationen von Intelligenzleistungen: Experimentell kontrollierte Weiterentwicklung eines deskriptiven Intelligenzstrukturmodells. *Diagnostica, 28*, 195–225.

Jäger, A.O. (1984). Intelligenzstrukturforschung: Konkurrierende Modelle, neue Entwicklungen, Perspektiven. *Psychologische Rundschau, 35*, 21–35.

Jäger, A.O. (1986). Validität von Intelligenztests. *Diagnostica, 32*, 272–289.

Jäger, A.O. & Sitarek, E. (1986). Implizite Fähigkeitskonzepte in der Kognition von Laien. *Zeitschrift für Differentielle und Diagnostische Psychologie, 7*, 1–16.

Jäger, A.O., Süß, H.M. & Beauducel, A. (1997). *Berliner Intelligenzstruktur-Test BIS Test Form 4*. Göttingen: Hogrefe.

Janke, W. & Debus, K. (1978). *Die Eigenschaftswörter-Liste (EWL)*. Göttingen: Hogrefe.

Janowsky, J.S. (1989). Sexual dimorphism in the human brain: Dispelling the myths. *Developmental Medicine and Child Neurology, 31*, 257–263.

Janssen, J.P. (1979). Studenten: die typischen Versuchspersonen psychologischer Experimente – Gedanken zur Forschungspraxis. *Psychologische Rundschau, 30*, 99–109.

Jaušovec, N. (2000). Differences in cognitive processes between gifted, intelligent, creative, and average individuals while solving complex problems: An EEG study. *Intelligence, 28*, 213–237.

Jayaratne, T.E., Gelman, S.A., Feldbaum, M., Sheldon, J.P., Petty, E. & Kardia, S.L.R. (2009). The perennial debate: Nature, nurture, or choice? Black and white Americans' explanations for individual differences. *Review of General Psychology, 13*, 24–33.

Jefferson, T., Jr., Herbst, J.H. & McCrae, R.R. (1998). Associations between birth order and personality traits: Evidence from self-reports and observer ratings. *Journal of Research in Personality, 32*, 498–509.

Jencks, C.H., Smith, M., Alland, H., Bane, M.J., Cohen, D., Gintis, H. et al. (1972). *Inequality – a reassessment of the effect of family and schooling in America*. New York: Basic Books.

Jenkins, C.D., Zyzanski, S.J. & Rosenman, R.H. (1979). Progress toward validation of a computerscored test for the Type A coronary-prone behavior pattern. *Psychosomatic Medicine, 33*, 193–202.

Jenkins, J.J. & Paterson, D.G. (1961). *Studies in individual differences*. New York: Appleton-Century-Crofts.

Jensen, A.R. (1970). IQs of identical twins reared apart. *Behavior Genetics, 1*, 133–147.

Jensen, A.R. (1972). *Genetics and Education.* New York: Harper & Row.

Jensen, A.R. (1974). Kinship correlations recorded by Sir Cyril Burt. *Behavior Genetics, 4*, 1–28.

Jensen, A.R. (1978). A genetic and behavioral effect of non-random mating. In R.T. Osborne, C.E. Nobel & N. Weyl (Eds.), *Human variation: the biopsychology of age, race, and sex* (pp. 71–105). New York: Academic Press.

Jensen, A.R. (1981). Raising the IQ: The Ramey and Haskins Study. *Intelligence, 5*, 29–40.

Jensen, A.R. (1985). The nature of the black-white difference on various psychometric tests: Spearman's hypothesis. *Behavioral and Brain Sciences, 8*, 193–219.

Jensen, A.R. (1987). Individual differences in the Hick paradigm. In P.A. Vernon (Ed.), *Speed of information processing and intelligence* (pp. 101–176). Norwood, NJ: Ablex.

Jensen, A.R. (1989a). Raising IQ without increasing g. *Developmental Review, 9*, 234–258.

Jensen, A.R. (1989b). The relationship between learning and intelligence. *Learning and Individual Differences, 1*, 37–62.

Jensen, A.R. (1998). *The g factor: The science of mental ability*. Westport, CT: Praeger.

Jensen, A.R. (2005). Mental chronometry and the unification of differential psychology. In R. J. Sternberg & J.E. Pretz (Eds.), *Cognition and intelligence. Identifying the mechanisms of the mind* (pp. 2–50). Cambridge: Cambridge University Press.

Jeynes, W. (2002). *Divorce, family structure, and the academic success of children.* New York, NY: Haworth Press.

John, O.P. (1989). Towards a Taxonomy of Personality Descriptors. In D.M. Buss & N. Cantor (Eds.), *Personality Psychology – Recent Trends and Emerging Directions* (pp. 261–271). New York: Springer.

John, O.P. (1990). The »Big Five« factor taxonomy: Dimensions of personality in the natural language and in questionnaires. In L.A. Pervin (Ed.), *Handbook of personality: Theory and research* (pp. 66–100). New York: Guilford.

John, O.P. & Robins, R.W. (1993). Determinants of interjudge agreement on personality traits: The big five domains, observability, evaluativeness, and the unique perspective of the self. *Journal of Personality, 61*, 521–551.

John, O.P. & Srivastava, S. (1999). The big five trait taxonomy: History, measurement, and theoretical perspectives. In L.A. Pervin & O. P. John (Eds.), *Handbook of personality* (2nd ed., pp. 102–138). New York: Guilford Press.

Johnson, D.F. & Pittenger, J.B. (1984). Attribution, the attractiveness stereotype, and the elderly. *Developmental Psychology, 20*, 1168–1172.

Johnson, D.M. (1972). *Systematic introduction to the psychology of thinking.* New York: Harper & Row.

Johnson, J.A. & Ostendorf, F. (1993). Clarification of the five-factor model with the abridged big five dimensional circumplex. *Journal of Personality and Social Psychology, 65*, 563–576.

Johnson, R.N. (1972). *Aggression in man and animals.* Philadelphia: Saunders.

Johnson, W. (2007). Genetic and environmental influences on behavior: Capturing the interplay. *Psychological Review, 114*, 424–440.

Johnson, W., McGue, M. & Iacono, W.G. (2007). Socioeconomic status and school grades: Placing their association in broader context in a sample of biological and adoptive families. *Intelligence, 35*, 526–541.

Johnson, W., Turkheimer, E., Gottesman, I.I. & Bouchard, T.J., Jr. (2009). Beyond heritability. *Current Directions in Psychological Science, 18*, 217–220.

Joireman, J. & Kuhlman, D.M. (2004). The Zuckerman-Kuhlman Personality Questionnaire: Origin, development, and validity of a measure to assess an alternative five-factor model of personality. In R.L. Stelmack (Ed.), *On the psychobiology of personality: essays in honor of Marvin Zuckerman* (pp. 49–64). Oxford, UK: Elsevier.

Jones, E. (1953). *The life and work of Sigmund Freud* (Vol. 1–3). New York: Basic Books. Deutsch: Bern: Huber, 1960.

Jones, E. (1955). *The life and work of Sigmund Freud.* New York: Basic Books. Deutsch: Bern: Huber, 1960.

Jones, E. (1957). *The life and work of Sigmund Freud.* New York: Basic Books. Deutsch: Bern: Huber, 1960.

Jones, E. (2008). Predicting performance in first-semester college basic writers: Revisiting the role of self-beliefs. *Contemporary Educational Psychology, 33*, 209–238.

Jones, E.E. & Nisbett, R.E. (1971). *The actor and observer: Divergent perceptions of the causes of behavior.* New York: General Learning Press.

Jones, G. (1971). Gewohnheit. In W. Arnold, H. J. Eysenck & R. Meili (Hrsg.), *Lexikon der Psychologie* (Bd. 1, S. 787–795). Freiburg: Herder.

Jöreskog, K.G. (1969). A general approach to confirmatory maximum likelihood factor analysis. *Psychometrika, 34*, 182–202.

Judge, T.A., Erez, A., Bono, J.E. & Thoresen, C.J. (2002). Are measures of self-esteem, neuroticism, locus of control, and generalized self-efficacy indicators of a common core construct? *Journal of Personality and Social Psychology, 83*, 693–710.

Judge, T.A., Higgins, C.A., Thoresen, C.J. & Barrick, M.R. (1999). The big five personaltiy traits, general mental ability, and career success across the life span. *Personnel Psychology, 52*, 621–652.

Juel-Nielsen, N. (1965). Individual and environment: A psychiatric-psychological investigation of monocygous twins reared apart. *Acta Psychiatrica Scandinavica Supplement, No. 183*.

Kahl, T.N., Buchmann, M. & Witte, E.H. (1977). Ein Fragebogen zur Schülerwahrnehmung unterrichtlicher Lernsituationen. *Zeitschrift für Entwicklungspsychologie und Pädagogische Psychologie, 9*, 277–285.

Kallenbach, K. (1976). Zusammenhänge zwischen Labyrinthlernen und Intelligenz- bzw. Gedächtnisleistungen. *Psychologische Beiträge, 18*, 600–609.

Kalveram, K.T. (1965). Die Veränderung von Faktorenstrukturen durch simultane Überlagerung. *Archiv für die gesamte Psychologie, 117*, 296–305.

Kamin, L.J. (1974). *The science and politics of IQ*. Potomac, MD: Erlbaum.

Kanfer, F.H. & Saslow, G. (1976). Verhaltenstheoretische Diagnostik. In D. Schulte (Hrsg.), *Diagnostik in der Verhaltenstherapie* (S. 994). München: Urban & Schwarzenberg.

Kant, I. (1912/1798). *Anthropologie in pragmatischer Hinsicht, herausgegeben mit Sachregistern von K. Vorländer*. Leipzig: Meiner.

Kaplan, A. (1964). *The conduct of inquiry: Methodology for behavioral science*. San Francisco: Chandler.

Kaprio, J., Koskenvuo, M. & Rose, R.J. (1990). A change in cohabitation and intrapair similarity of monozygotic (mz) cotwins for alcohol use, extraversion, and neuroticism. *Behavior Genetics, 20*, 265–276.

Karson, S. & O'Dell, J.W. (1974). Is the 16 PF factorially valid? *Journal of Personality Assessment, 38*, 104–114.

Kaya, A. (2007). Sociometric status, depression, and locus of control among Turkish early adolescents. *Social Behavior and Personality, 35*, 1405–1414.

Keith, L.K. & Bracken, B.A. (1996). Self-concept instrumentation: A historical and evaluative review. In B.A. Bracken (Ed.), *Handbook of self-concept: Developmental, social, and clinical considerations* (pp. 91–170). New York: John Wiley & Sons.

Kellaghan, T. (1977). Relationships between home environment and scholastic behavior in a disadvantaged population. *Journal of Educational Psychology, 69*, 754–760.

Keller, H. & Zach, U. (2002). Gender and birth order as determinants of parental behaviour. *International Journal of Behavioral Development, 26*, 177–184.

Kelman, H.C. (2005). Building trust among enemies: The central challenge for international conflict resolution. *International Journal of Intercultural Relations, 29*, 639–650.

Kemmler, L. (1969). Neue Untersuchung zum Schöpferischen Denken (Creativity). *Psychologische Rundschau, 20*, 103–114.

Kenrick, D.T. & Funder, D.C. (1988). Profiting from controversy: Lessons from the person-situation debate. *American Psychologist, 43*, 23–34.

Kenrick, D.T. & Stringfield, D.O. (1980). Personality traits and the eye of the beholder: Crossing some traditional philosophical boundaries in the search for consistency in all of the people. *Psychological Review, 87*, 88–104.

Kerkhoff, W. (1980). Behinderte in Sonderschulen: Ein statistischer Überblick. *Sonderpädagogik, 10*, 20–33.

Kershner, J.R. & Ledger, G.J. (1985). Effect of sex, intelligence, and style of thinking on creativity: a comparison of gifted and average IQ children. *Journal of Personality and Social Psychology, 48*, 1033–1040.

Khodyakov, D. (2007). Trust as a process: A three-dimensional approach. *Sociology, 41*, 115–132.

Kiener, F. (1978). Empirische Kontrolle psychoanalytischer Thesen. In L.J. Pongratz (Hrsg.), *Klinische Psychologie. Handbuch der Psychologie in 12 Bänden, Band 8, 2. Halbband* (S. 1200–1241). Göttingen: Hogrefe.

King, V. (2002). Parental divorce and interpersonal trust in adult offspring. *Journal of Marriage and Family, 64*, 642–656.

Kirkcaldy, B.D., Petersen, L.-E. & Hübner, G. (2002). Managing the stress for bringing the economy in the Eastern German states to the level of the Western German states: A comparison of occupational stress, physical and psychological well-being and coping among managers from West and the former East Germany. *European Psychologist, 7*, 53–62.

Kirkcaldy, B.D., Shephard, R.J. & Furnham, A.F. (2002). The influence of Type A behavior and locus of control upon job satisfaction and occupational health. *Personality and Individual Differences, 33*, 1361–1371.

Kirkpatrick, R.M., McGue, M. & Iacono, W.G. (2009). Shared-environmental contributions to high cognitive ability. *Behavior Genetics, 39*, 406–416.

Kirmayer, L.J., Robbins, J.M. & Paris, J. (1994). Somatoform disorders: personality and the social matrix of somatic distress. *Journal of Abnormal Psychology, 103*, 125–136.

Kirton, M.J. (1976). Adaptores and innovators: A description and measure. *Journal of Applied Psychology, 61*, 622–629.

Kirton, M.J. (1987). *Kirton adaption-innovation inventory (KAI). Manual* (2nd ed.). Hatfield, Herts: Occupational Research Centre.

Klauer, K.J. (Hrsg.). (1978). *Handbuch der Pädagogischen Diagnostik* (Bd. 3). Düsseldorf: Schwann.

Kleining, G. & Moore, H. (1968). Soziale Selbsteinstufung (SSE). Ein Instrument zur Messung sozialer Schichten. *Kölner Zeitschrift für Soziologie und Sozialpsychologie, 20*, 502–552.

Kline, P. (1972). *Fact and fantasy in Freudian theory*. London: Methuen.

Klingemann, H.D. & Pappi, F.U. (1972). *Politischer Radikalismus*. München: Oldenbourg.

Klonowicz, T. (2001). Discontended people: Reactivity and locus of control as determinants of subjective well-being. *European Journal of Personality, 15*, 29–47.

Kniffin, K.M. & Wilson, D.S. (2004). The effect of nonphysical traits on the perception of physical attractiveness: Three naturalistic studies. *Evolution and Human Behavior, 25*, 88–101.

Knight, G.P., Guthrie, I.K., Page, M.C. & Fabes, R.A. (2002). Emotional arousal and gender differences in aggression: A meta-analysis. *Aggressive Behavior, 28*, 366–393.

Knight, R.G. & Shelton, E.J. (1983). Tables for evaluating predicted retest changes in Wechsler Adult Intelligence Scale Scores. *British Journal of Clinical Psychology, 22*, 77–81.

Knowles, E.S. & Condon, C.A. (1999). Why people say »yes«: A dual-process theory of acquiescence. *Journal of Personality and Social Psychology, 77*, 379–386.

Knowles, E.S. & Nathan, K.T. (1997). Acquiescent responding in self-reports: Cognitive style or social concern? *Journal of Research in Personality, 31*, 293–301.

Knussmann, R. (1979). *Vererbung und menschliche Intelligenz*. Erlangen: Manuskript für das Fernstudium im Medienverbund.

Kobasa, S.C. (1979a). Personality and resistance to illness. *American Journal of Community Psychology, 7*, 413–424.

Kobasa, S.C. (1979b). Stressful life events, personality, and health: An inquiry into hardiness. *Journal of Personality and Social Psychology, 37*, 1–11.

Koch, M.B. & Meyer, D.R. (1959). A relationship of mental age to learning-set formation in the preschool child. *Journal of Comparative and Physiological Psychology, 52*, 387–389.

Koelega, H.S. (1992). Extraversion and vigilance performance: 30 years of inconsistencies. *Psychological Bulletin, 112*, 239–258.

Koh, K.B. (1998). Emotion and immunity. *Journal of Psychosomatic Research, 45*, 107–115.

Köhler, B. (1978). *Sozialpsychologie der körperlichen Erscheinung*. Unveröffentlichte Habilitationsschrift, Heidelberg.

Köhler, W. (1921). *Intelligenzprüfungen an Menschenaffen*. Berlin: Springer.

Kohlmann, C.W. (1997). *Persönlichkeit und Emotionsregulation: Defensive Bewältigung von Angst und Streß*. Bern: Huber.

Kojima, K., Ogomori, K., Mori, Y., Hirata, K., Kinukawa, N. & Tashiro, N. (1996). Relationship of emotional behaviors induced by electrical stimulation of the hypothalamus to changes in EKG, heart, stomach, adrenal glands, and thymus. *Psychosomatic Medicine, 58*, 383–391.

König, F.J.W. (1981). *Kreativität als Grunddimension intelligenten Verhaltens*. Unveröffentlichte Dissertation, Fachbereich Erziehungs- und Unterrichtswissenschaften der FU Berlin.

Koo, M., Krass, I. & Aslani, P. (2006). Enhancing patient education about medicines: Factors influencing reading and seeking of written medicine information. *Health Expectations: An International Journal of Public Participation in Health Care and Health Policy, 9*, 174–187.

Kornadt, H.J. (1966). Einflüsse der Erziehung auf die Aggressivitätsgenese. In T. Herrmann (Hrsg.), *Psychologie der Erziehungsstile* (S. 170–180). Göttingen: Hogrefe.

Kornadt, H.J. (Hrsg.). (1981). *Aggression und Frustration als psychologisches Problem* (Bd. 1). Stuttgart: Wissenschaftliche Buchgesellschaft.

Kornadt, H.J. (Hrsg.). (1992). *Aggression und Frustration als psychologisches Problem* (Bd. 2). Darmstadt: Wissenschaftliche Buchgesellschaft.

Kowner, R. & Ogawa, T. (1995). The role of raters' sex, personality, and appearance in judgments of facial beauty. *Perceptual and Motor Skills, 81*, 339–349.

Krämer, H.G. & Schneider, J.F. (1987). Validität von Fragebogendaten in Abhängigkeit von Antwort-Zeit-Instruktion und der intraindividuellen Variabilität der Probanden. *Psychologische Beiträge, 29*, 458–468.

Krampen, G. (1981). *IPC-Fragebogen zu Kontrollüberzeugungen*. Göttingen: Hogrefe.

Krampen, G. (1982). *Differentialpsychologie der Kontrollüberzeugungen (»Locus of Control«)*. Göttingen: Hogrefe.

Krampen, G. (1986). Selbstkonzept eigener politischer Kompetenzen. Messung durch eine Skala und einige Korrelate. *PP-Aktuell, Informationsblatt der Sektion Politische Psychologie im BDP, 5*, 19–25.

Krampen, G. (1987). *Handlungstheoretische Persönlichkeitspsychologie*. Göttingen: Hogrefe.

Krampen, G. (1991). *Der Fragebogen zu Kompetenz- und Kontrollüberzeugungen (FKK)*. Göttingen: Hogrefe.

Krampen, G. (1993). Diagnostik der Kreativität. In G. Trost, K. Ingenkamp & R.S. Jäger (Hrsg.), *Tests und Trends. 10. Jahrbuch der Pädagogischen Diagnostik* (S. 11–39). Weinheim: Beltz.

Krampen, G. (2000a). *Handlungstheoretische Persönlichkeitspsychologie. Konzeptuelle und empirische Beiträge zur Konstrukterstellung* (2. ed.). Göttingen: Hogrefe.

Krampen, G. (2000b). Transition of adolescent political action orientations to voting behavior in early adulthood in view of a social-cognitive action theory model of personality. *Political Psychology, 21*, 277–297.

Krampen, G. (2005). Psychology of control and personality. In W. Greve, K. Rothermund & D. Wentura (Eds.), *The adaptive self: Personal continuity and intentional self-development* (pp. 97–115). Cambridge, MA: Hogrefe & Huber Publishers.

Krampen, G. (2008). Systematic self-monitoring and reflection of health behaviors in widely differing preventive settings. *Swiss Journal of Psychology, 67*, 205–218.

Krampen, G., Fiebig, J. & Walter, W. (1982). Entwicklung einer Skala zur Erfassung dreier Aspekte von sozialem Vertrauen. *Diagnostica, 28*, 242–247.

Krampen, G. & Greve, W. (2008). Persönlichkeits- und Selbstkonzeptentwicklung über die Lebensspanne. In L. Oerter & L. Montada (Eds.), *Entwicklungspsychologie* (6 ed., pp. 652–686). Weinheim: Beltz.

Krause, R. (1972). *Kreativität – Untersuchungen zu einem problematischen Konzept*. München: Goldmann.

Krauth, J. (1995). *Testkonstruktion und Testtheorie*. Weinheim: Psychologie Verlags Union.

Krebs, D. (1973). Wirkungen von Gewaltdarstellungen in Massenmedien – Katharsis oder Stimulation? *Zeitschrift für Sozialpsychologie, 4*, 318–332.

Kretschmer, E. (1961). *Körperbau und Charakter*. Berlin: Springer.

Kris, E. (1952). *Psychoanalytic explorations in art*. New York: International University Press.

Krohne, H.W. (1974). Untersuchungen mit einer deutschen Form der Repression-Sensitization-Skala. *Zeitschrift für Klinische Psychologie, 3*, 238–260.

Krohne, H.W. (1975). *Angst und Angstverarbeitung*. Stuttgart: Kohlhammer.

Krohne, H.W. (1986). Coping with stress. Dispositions, strategies and the problem of measurement. In M.H. Appley & R. Trumbull (Eds.), *Dynamics of stress. Physiological, psychological, and social perspectives* (pp. 207–232). New York: Plenum Press.

Krohne, H.W. (1989). The concept of coping modes: Relating cognitive person variables to actual coping behavior. *Advances in Behaviour Research and Therapy, 11*, 235–248.

Krohne, H.W. (1993). Vigilance and cognitive avoidance as concepts in coping research. In H.W. Krohne (Ed.), *Attention and avoidance. Strategies in coping with aversiveness* (pp. 19–50). Seattle, WA: Hogrefe & Huber.

Krohne, H.W. (1996a). *Angst und Angstbewältigung*. Stuttgart: Kohlhammer.

Krohne, H.W. (1996b). Repression-Sensitization. In M. Amelang (Hrsg.), *Temperaments- und Persönlichkeitsunterschiede. Enzyklopädie der Psychologie, Differentielle Psychologie und Persönlichkeitsforschung* (Bd. 3, S. 153–184). Göttingen: Hogrefe.

Krohne, H.W. (2010). *Psychologie der Angst*. Stuttgart: Kohlhammer.

Krohne, H.W., Egloff, B., Kohlmann, C.W. & Tausch, A. (1996). Untersuchungen mit einer deutschen Version der »Positive and Negative Affect Schedule« (PANAS). *Diagnostica, 42*, 139–156.

Krohne, H.W. & Hock, M. (1994). *Elterliche Erziehung und Angstentwicklung des Kindes*. Bern: Huber.

Krohne, H.W., Kürsten, F. & Hübel, M. (1987). *Die Messung von Angstbewältigungs-Dispositionen: II. Das Angstbewältigungs-Inventar (ABI). Erste empirische Befunde* (Mainzer Berichte zur Persönlichkeitsforschung No. 13). Mainz: Universität Mainz.

Krohne, H.W. & Rogner, J. (1985). Mehrvariablen-Diagnostik in der Bewältigungsforschung. In H.W. Krohne (Hrsg.), *Angstbewältigung in Leistungssituationen* (S. 45–62). Weinheim: VCH Verlagsgesellschaft.

Krueger, R.F., South, S., Johnson, W. & Iacono, W.G. (2008). The heritability of personality is not always 50 %: Gene-Environment inter-

actions and correlations between personality and parenting. *Journal of Personality 76*, 1485–1521.
Kubinger, K.D. (2003). Gütekriterien. In K.D. Kubinger & R.S. Jäger (Hrsg.), *Schlüsselbegriffe der Psychologischen Diagnostik* (S. 195–204). Weinheim: Beltz.
Kuhlmei, E. (1991). *Ansatz einer kognitionspsychologischen Erklärung zu Einflüssen von Umweltfaktoren auf kreative Leistungen*. Unveröffentlichte Dissertation, Mathematisch-naturwissenschaftlicher Fachbereich, Universität Göttingen.
Kühn, A. (1961). *Grundriß der Vererbungslehre*. Heidelberg: Quelle & Meyer.
Kühn, R. (1983). *Bedingungen für Schulerfolg*. Göttingen: Hogrefe.
Kurtz, J.E. & Sherker, J.L. (2003). Relationship quality, trait similarity, and self-other agreement on personality ratings in college roommates. *Journal of Personality, 71*, 21–48.
Kurtz, J.E., Tarquini, S.J. & Lobst, E.A. (2008). Socially desirable responding in personality assessment: Still more substance than style. *Personality and Individual Differences, 45*, 22–27.
Kutter, P. (2008). *Moderne Psychoanalyse. Eine Einführung in die Psychologie unbewusster Prozesse* (3. Aufl.). Stuttgart: Klett-Cotta.
Kyle, K. & Angelique, H. (2002). Tragedy and catharsis in the wake of the 911 attacks. *Journal of Community and Applied Social Psychology, 12*, 369–374.
Kyllonen, P.C. & Christal, R.E. (1990). Reasoning ability is (little more than) working memory capacity? *Intelligence, 14*, 389–433.
Lamb, D.H. (1973). The effects of two stressors on state anxiety for students who differ in trait anxiety. *Journal of Research in Personality, 7*, 116–126.
Lamb, D.H. (1976). Usefulness of situation-specific trait and state measures of anxiety. *Psychological Reports, 38*, 188–190.
Lamb, D.H. (1978). Anxiety. In H. London & J.E. Exner (Eds.), *Dimensions of Personality* (pp. 37–83). New York: Wiley.
Lamb, M.E. (1994). Heredity, environment, and the question »why?«. *Behavioral and Brain Sciences, 17*, 751.
Lamiell, J.T. (1981). Toward an idiothetic psychology of personality. *American Psychologist, 36*, 276–289.
Lamnek, S. (1977). *Kriminalitätstheorien – kritisch: Anomie und Labeling im Vergleich*. München: Fink.
Landy, D. & Sigall, H. (1974). Beauty is talent: Task evaluation as a function of the performer's physical attractiveness. *Journal of Personality and Social Psychology, 29*, 299–304.
Langlois, J.H., Kalakanis, L., Rubenstein, A.J., Larson, A., Hallam, M. & Smoot, M. (2000). Maxims or myths of beauty? A meta-analysis and theoretical review. *Psychological Bulletin, 126*, 390–423.
Larsen, R.J. & Kasimatis, M. (1990). Individual differences in entrainment of mood to the weekly calendar. *Journal of Personality and Social Psychology, 58*, 164–171.
Larsen, R.J. & Kasimatis, M. (1991). Day-to-day physical symptoms: Individual differences in the occurrence, duration, and emotional concomitance of minor daily illnesses. Special issue: Personality and daily experience. *Journal of Personality, 59*, 387–423.
Larsen, R.J. & Ketalaar, T. (1991). Personality and susceptibility to positive and negative emotional states. *Journal of Personality and Social Psychology, 61*, 132–140.
Laursen, B. & Collins, W.A. (2009). Parent-child relationships during adolescence. In R.M. Lerner & L. Steinberg (Eds.), *Handbook of adolescent psychology: Contextual influences on adolescent development* (Vol. 2, pp. 3–42). Hoboken, NJ: John Wiley & Sons.
Laux, L. & Glanzmann, P. (1985). General versus situation-specific traits as related to anxiety in egothreatening situations. In C.D. Spielberger, I.G. Sarason & P.B. Defares (Eds.), *Stress and anxiety* (Vol. 9, pp. 121–128). Washington, DC: Hemisphere.
Laux, L., Glanzmann, P., Schaffner, P. & Spielberger, C.D. (1981). *Fragebogen zur Erfassung von State- und Trait-Angst (STAI-G)*. Weinheim: Beltz.
Lay, T. & Jackson, D.N. (1969). Analysis of the generality of trait-inferential relationship. *Journal of Personality and Social Psychology, 12*, 12–21.
Lazarus, R.S. (1966). *Psychological stress and the coping process*. New York: McGraw-Hill.
Lazarus, R.S. (1991). *Emotion and adaption*. New York: Oxford University Press.
Lazarus, R.S. & Averill, J.R. (1972). Emotion and cognition: With special reference to anxiety. In C.D. Spielberger (Ed.), *Anxiety: Current trends in theory and research* (Vol. 2, pp. 241–283). New York: Academic Press.
Lazarus, R.S. & Opton, E.M., Jr. (1966). The study of psychological stress: A summary of theoretical formulation and experimental findings. In C.D. Spielberger (Ed.), *Anxiety and behavior* (pp. 225–262). New York: Academic Press.
Lazarus-Mainka, G. (1985). Ängstlichkeit – auch ein Sprachstil? *Diagnostica, 31*, 210–220.

Lazarus-Mainka, G., Bähr, M. & Opitz, B. (1981). Ängstlichkeit, die S-R-Dimension und das Bewerten von Bildinhalten. *Zeitschrift für Experimentelle und Angewandte Psychologie, 28*, 637–650.

Lazarus-Mainka, G. & Siebeneick, S. (2000). *Angst und Ängstlichkeit*. Göttingen: Hogrefe.

Leahy, A.M. (1935). Nature-nurture and intelligence. *Genetic Psychology Monographs, 17*, 236–308.

LeDoux, J.E. (1995). Emotion: Clues from the brain. *Annual Review of Psychology, 46*, 209–235.

LeDoux, J.E. (1998). *The emotional brain*. New York: Simon & Schuster.

LeDoux, J.E. (2000). Emotion circuits in the brain. *Annual Review of Neuroscience, 23*, 155–184.

LeDoux, J.E., Sakaguchi, A., Iwata, J. & Reis, D.J. (1986). Interruption of projections from the medial geniculate body to an archi-neostriatal field disrupts the classical conditioning of emotional responses to acoustic stimuli in the rat. *Neuroscience, 17*, 615–627.

LeDoux, J.E., Sakaguchi, A. & Reis, D.J. (1984). Subcortical efferent projections of the medial geniculate nucleus mediate emotional responses conditioned by acoustic stimuli. *Journal of Neuroscience, 4*, 683–698.

Lee, E.S. (1951). Negro intelligence and selective migration: A Philadelphia test of the Klineberg hypothesis. *American Sociological Review, 16*, 227–233.

Lee, S.M., Daniels, M. & Kissinger, D.B. (2006). Parental influences on adolescent adjustment: Parenting styles versus parenting practices. *The Family Journal, 14*, 253–259.

Lee, W.E., Wadsworth, M.E. & Hotopf, M. (2006). The protective role of trait anxiety: A longitudinal cohort study. *Psychological Medicine, 36*, 345–351.

Lefcourt, H.M. (1998). Durability and impact of the locus of control construct. *Psychological Bulletin, 112*, 411–414.

Lermer, S. (1979). Ein Verstärker-Fragebogen: Entwicklung einer deutschsprachigen Form eines Reinforcement-Survey-Schedule (RSS) nach Cautela & Kastenbaum und Ermittlung von Kennwerten. *Diagnostica, 25*, 71–79.

Lesgold, A. (1989). Problem solving. In R.J. Sternberg & E.E. Smith (Eds.), *Psychology of human thought* (pp. 188–213). Cambridge: Cambridge University Press.

Letzring, T.D., Wells, S.M. & Funder, D.C. (2006). Information quantity and quality affect the realistic accuracy of personality judgment. *Journal of Personality and Social Psychology, 91*, 11–123.

LeVay, S. (1991). A difference in hypothalamic structure between heterosexual and homosexual men. *Science, 253*, 1034–1037.

Levenson, H. (1972). Distinctions within the concept of internal-external control. *Proceedings of the 80th Annual Convention of the American Psychological Association, 7*, 261–262.

Levenson, H. & Miller, J. (1976). Multidimensional locus of control in sociopolitical activists of conservative and liberal ideologies. *Journal of Personality and Social Psychology, 33*, 199–208.

Levin, M. (1994). Comment on the Minnesota transracial adoption study. *Intelligence, 19*, 13–20.

Levin, M. (1997). *Why race matters*. Westport, CT: Praeger.

Lewontin, R. (1970). Race and intelligence. *Bulletin of the Atomic Scientists, 26*, 2–8.

Li, A. & Bagger, J. (2006). Using the BIDR to distinguish the effects of Impression Management and Self-Deception on the criterion validity of personality measures: A meta-analysis. *International Journal of Selection and Assessment, 14*, 131–149.

Liebert, R.M. & Morris, L.W. (1967). Cognitive and emotional components of anxiety testing: A distinction and some initial data. *Psychological Reports, 20*, 975–978.

Lienert, G.A. (1964). *Denksport-Test*. Göttingen: Hogrefe.

Lienert, G.A. & Raatz, U. (1998). *Testaufbau und Testanalyse*. Weinheim: Beltz.

Lindauer, M.S. (1993). The span of creativity among long-lived historical artists. *Creativity Research Journal, 6*, 221–239.

Linden, W., Paulhus, D.L. & Dobson, K.S. (1986). Effects of response styles on the report of psychological and somatic distress. *Journal of Consulting and Clinical Psychology, 54*, 309–313.

Lindenberger, U. & Baltes, P.B. (1995). Kognitive Leistungsfähigkeit im hohen Alter: Erste Ergebnisse aus der Berliner Altersstudie. *Zeitschrift für Psychologie, 203*, 283–317.

Lindenberger, U., Singer, T. & Baltes, P.B. (2002). Longitudinal selectivity in aging populations: Separating mortality-associated versus experimental components in the Berlin Aging Study (BASE). *Journals of Gerontology: Psychological Sciences and Social Sciences, 57B*, 474–482.

Link, B.G., Phelan, J.C., Miech, R. & Westin, E.L. (2008). The resources that matter: Fundamental social causes of health disparities and the challenge of intelligence. *Journal of Health and Social Behavior, 49*, 72–91.

Lippa, R. (1991). Some psychometric characteristics of gender diagnosticity measures: Reliability, validity, consistency across domains, and relationship to the Big Five. *Journal of Personality and Social Psychology, 61*, 1000–1011.

Lippa, R. (2001). On deconstructing and reconstructing masculinity-femininity. *Journal of Research in Personality, 35*, 168–207.

Lischke, G. (1972). Psychophysiologie der Aggression. In H. Selg (Hrsg.), *Zur Aggression verdammt?* (S. 91–118). Stuttgart: Kohlhammer.

Lissmann, U. & Mainberger, U. (1977). Experimentelle Untersuchung der Effektivität eines Kreativitätstrainingsprogrammes. *Psychologie in Erziehung und Unterricht, 24*, 326–334.

Locurto, C. (1991a). Beyond IQ in preschool programs? *Intelligence, 15*, 295–312.

Locurto, C. (1991b). *Sense and nonsense about IQ: The case for uniqueness.* New York: Praeger.

Loehlin, J.C. (1978). Identical twins reared apart and other routes to the same destination. In W. E. Nance (Ed.), *Twin Research. Part A. Psychology and Methodology* (pp. 69–77). New York: Alan R. Liss.

Loehlin, J.C. (1989). Partitioning environmental and genetic contributions to behavioral development. *American Psychologist, 44*, 1285–1292.

Loehlin, J.C. (2007). The strange case of $c^2 = 0$: What does it imply for views of human development? *Research in Human Development, 4*, 151–162.

Loehlin, J.C., Horn, J.M. & Ernst, J.L. (2007). Genetic and environmental influences on adult life outcomes: Evidence from the Texas Adoption Project. *Behavior Genetics, 37*, 463–476.

Loehlin, J.C., Horn, J.M. & Willerman, L. (1989). Modeling IQ change: Evidence from the Texas Adoption Project. *Child Development, 60*, 993–1004.

Loehlin, J.C. & Nichols, R.C. (1976). *Heridity, environment, and personality.* Austin: University of Texas Press.

Loehlin, J.C., Vandenberg, S.G. & Osborne, R.T. (1973). Blood group genes and negro-white ability differences. *Behavior Genetics, 3*, 263–270.

Loehlin, J.C., Willerman, L. & Horn, J.M. (1985). Personality resemblance in adoptive families when the children are late-adolescent or adult. *Journal of Personality and Social Psychology, 48*, 376–392.

Loehlin, J.C., Willerman, L. & Horn, J.M. (1987). Personality resemblance in adoptive families: A 10-year follow-up. *Journal of Personality and Social Psychology, 53*, 961–969.

Lohaus, A. (1992). Kontrollüberzeugungen zu Gesundheit und Krankheit. *Zeitschrift für Klinische Psychologie, 21*, 76–87.

Long, J.S. (1983). *Confirmatory factor analysis.* Newbury Park: Sage.

Lönnqvist, J.-E., Paunonen, S., Tuulio-Henriksson, A., Lönnqvist, J. & Verkasalo, M. (2007). Substance and style in socially desirable responding. *Journal of Personality 75*, 291–322.

Lopes, P.N., Brackett, M.A., Nezlek, J., Schütz, A., Sellin, I. & Salovey, P. (2004). Emotional intelligence and social interaction. *Personality and Social Psychology Bulletin, 30*, 1018–1034.

Lorr, M. & More, W.W. (1980). Four dimensions of assertiveness. *Multivariate Behavioral Research, 15*, 127–138.

Lösel, F. & Wüstendörfer, W. (1976). Persönlichkeitskorrelate delinquenten Verhaltens oder offizieller Delinquenz? *Zeitschrift für Sozialpsychologie, 7*, 177–191.

Lotzoff, B. (1989). Nutrition and behavior. *American Psychologist, 44*, 231–236.

Lubinski, D. & Humphreys, L.G. (1997). Incorporating general intelligence into epidemiology and the social siences. *Intelligence, 24*, 159–201.

Lubow, R.E. & Gewirtz, J.C. (1995). Latent inhibition in humans: Data, theory, and implications for schizophrenia. *Psychological Bulletin, 117*, 87–103.

Lucas, R.E., Diener, E., Grob, A., Suh, E.M. & Shao, L. (2000). Cross-cultural evidence for the fundamental features of extraversion. *Journal of Personality and Social Psychology, 79*, 452–468.

Luhmann, N. (1973). *Vertrauen: Ein Mechanismus der Reduktion sozialer Komplexität.* Stuttgart: Enke.

Lundin, R.W. (1977). Behaviorism: Operant reinforcement. In R.J. Corsini (Ed.), *Current personality theories* (pp. 177–212). Itasca, IL: Peacock.

Luu, P., Collins, P. & Tucker, D.M. (2000). Mood, personality, and self-monitoring: negative affect and emotionality in relation to frontal lobe mechanisms of error monitoring. *Journal of Experimental Psychology: General, 129*, 43–60.

Lykken, D.T. & Bouchard, T.J., Jr. (1983). Genetische Aspekte menschlicher Individualität. Untersuchungen an getrennt aufgewachsenen eineiigen Zwillingen. In H. von Ditfurth (Hrsg.), *Mannheimer Forum* (S. 79–117). Hamburg: Hoffmann & Campe.

Lykken, D.T., McGue, M., Bouchard, T.J., Jr. & Tellegen, A. (1990). Does contact lead to simi-

larity or similarity to contact? *Behavior Genetics, 20,* 547–561.
Lynn, R. (1982). National differences in anxiety and extraversion. *Progress in Experimental Personality Research, 11,* 213–258.
Lynn, R. (1991). Race differences in intelligence: A global perspective. *Mankind Quarterly, 31,* 255–296.
Lynn, R. (1994). Some reinterpretations of the Minnesota transracial adoption study. *Intelligence, 19,* 21–27.
Lynn, R. (in Vorbereitung). *The chosen people: A study on Jewish intelligence and achievements* (Vol. 7).
Lynn, R. & Hampson, S.L. (1975). National differences in extraversion and neuroticism. *British Journal of Social and Clinical Psychology, 14,* 223–240.
Lynn, R. & Hampson, S.L. (1977). Fluctuations in national levels of neuroticism and extraversion 1935–1970. *British Journal of Social and Clinical Psychology, 16,* 131–137.
Lynn, R. & Irwing, P. (2004). Sex differences on the progressive matrices: A meta-analysis. *Intelligence, 32,* 481–498.
Lynn, R. & Kanazawa, S. (2008). How to explain high Jewish achievement: The role of intelligence and values. *Personality and Individual Differences, 44,* 801–808.
Lynn, R. & Longley, D. (2006). On the high intelligence and cognitive achievement of Jews in Britain. *Intelligence, 34,* 541–547.
Lytton, H., Watts, D. & Dunn, B.E. (1987). Twin-singleton differences in verbal ability: where do they stem from? *Intelligence, 11,* 359–369.
Mabe, P.A. & West, S.G. (1982). Validity of self-evaluation of ability: A review and meta-analysis. *Journal of Applied Psychology, 67,* 280–296.
Maccoby, E.E. & Jacklin, C.N. (1974). *The psychology of sex differences.* Stanford, CA: Stanford University Press.
Macht, M. & Janke, W. (1993). Effects of short-term energy deprivation on stress reactions in humans. In H. Lehnert, R. Murison, H. Weiner, D. Hellhammer & J. Beyer (Eds.), *Endocrine and nutritional control of basic biological functions* (pp. 275–280). Seattle, WA: Hogrefe.
Macioszek, G. (1982). Multivariate Untersuchung zur Beziehung zwischen Intelligenz, Kreativität und Persönlichkeit. In K. Pawlik (Hrsg.), *Multivariate Persönlichkeitsforschung* (S. 174–200). Bern: Huber.
MacKinnon, D.W. (1962). The nature and nurture of creative talent. *American Psychologist, 17,* 484–495.

MacKinnon, D.W. (1964). The creativity of architects. In C.W. Taylor (Ed.), *Widening horizons in creativity* (pp. 359–378). New York: Wiley.
Mackintosh, N.J. (1998). *IQ and human intelligence.* Oxford: Oxford University Press.
MacLean, P.D. (1952). Some psychiatric implications of physiological studies on frontotemporal portion of limbic system (visceral brain). *Electroencephalography and Clinical Neurophysiology, 4,* 407–418.
MacLean, P.D. (1993). Cerebral evolution of emotion. In M. Lewis & J.M. Haviland (Eds.), *Handbook of emotion* (pp. 67–83). New York: Guilford Press.
Maddux, J.E. & Gosselin, J.T. (2003). Self-efficacy. In M.R. Leary & J.P. Tangney (Eds.), *Handbook of self and identity* (pp. 218–238). New York: Guilford Press.
Magen, E. & Gross, J.J. (2007). Harnessing the need for immediate gratification: Cognitive reconstrual modulates the reward value of temptations. *Emotion, 72,* 415–428.
Magnusson, D. (1976). The person and the situation in an interactional model of behavior. *Scandinavian Journal of Psychology, 17,* 253–271.
Magnusson, D. & Backteman, G. (1979). Longitudinal stability of person characteristics: Intelligence and creativity. *Applied Psychological Measurement, 2,* 481–490.
Magnusson, D. & Ekehammar, B. (1975). Perceptions of and reactions to stressful situations. *Journal of Personality and Social Psychology, 31,* 1147–1154.
Magnusson, D. & Endler, N.S. (1977). Interactional psychology: Present status and future prospects. In D. Magnusson & N.S. Endler (Eds.), *Personality at the crossroads* (pp. 3–31). New York: Wiley.
Malamuth, N.M., Sockloskie, R.J., Koss, M.P. & Tanaka, J.S. (1991). Characteristics of aggressors against women: Testing a model using a national sample of College Students. *Journal of Consulting and Clinical Psychology, 59,* 670–681.
Malcarne, V.L., Drahota, A. & Hamilton, N.A. (2005). Children's health-related locus of control beliefs: Ethnicity, gender, and family income. *Children's Health Care, 34,* 47–59.
Mandara, J. (2003). The typological approach in child and family psychology: A review of theory, methods, and research. *Clinical Child and Family Psychology Review, 6,* 129–146.
Manders, W.A., Scholte, R.H., Janssens, J.A.M.A. & De Bruyn, E.E.J. (2006). Adolescent personality, problem behaviour and the quality of

the parent-adolescent relationship. *European Journal of Personality, 20*, 237–254.

Mandler, G. (1972). Helplessness: Theory and research in anxiety. In C.D. Spielberger (Ed.), *Anxiety: Current trends in theory and research* (Vol. 2, pp. 359–374). New York: Academic Press.

Mandler, G. & Watson, D.L. (1966). Anxiety and the interruption of behavior. In C.D. Spielberger (Ed.), *Anxiety and behavior* (pp. 263–288). New York: Academic Press.

Marjoribanks, K. (1979). Family and school environmental correlates of intelligence, personality, and school related affective characteristics. *Genetic Psychology Monographs, 99*, 165–183.

Markus, H. & Cross, S. (1990). The interpersonal self. In L.A. Pervin (Ed.), *Handbook of personality: Theory and research* (pp. 576–608). New York: Guilford Press.

Markus, H. & Nurius, P. (1986). Possible selves. *American Psychologist, 41*, 954–969.

Marsh, H.W. (1990). Causal ordering of academic self-concept and academic achievement: A multiwave, longitudinal panel analysis. *Journal of Educational Psychology, 82*, 646–656.

Marsh, H.W. (1992a). *Self description questionnaire (SDQ) I: A theoretical and empirical basis for the measurement of multiple dimensions of preadolescent self-concept. A test manual and research monograph*. Macarthur: University of Western Sidney, Faculty of Education.

Marsh, H.W. (1992b). *Self description questionnaire (SDQ) II: A theoretical and empirical basis for the measurement of multiple dimensions of adolescent self-concept. An interim test manual and research monograph*. Macarthur: University of Western Sidney, Faculty of Education.

Marsh, H.W. (1992c). *Self description questionnaire (SDQ) III: A theoretical and empirical basis for the measurement of multiple dimensions of latent adolescent self-concept. An interim test manual and research monograph*. Macarthur: University of Western Sidney, Faculty of Education.

Marsh, H.W. (1993). Academic self-concept: Theory, measurement, and research. In J. Suls (Ed.), *Psychological perspectives on the self* (Vol. 4, pp. 59–98). Hillsdale, NJ: Erlbaum.

Marsh, H.W. & Hattie, J. (1996). Theoretical perspectives on the structure of self-concept. In B.A. Bracken (Ed.), *Handbook of self-concept: Developmental, social, and clinical considerations* (pp. 38–90). New York: John Wiley & Sons.

Marsh, H.W. & Shavelson, R.J. (1985). Self-concept: Its multifaceted, hierarchical structure. *Educational Psychologist, 20*, 107–125.

Marsh, R.W. (1980). The significance for intelligence of differences in birth-weight and health within monozygotic twin pairs. *British Journal of Psychology, 71*, 63–67.

Martindale, C. (1989). Personality, situation, and creativity. In J.A. Glover, R.R. Ronning & C.R. Reynolds (Eds.), *Handbook of creativity* (pp. 211–232). New York: Plenum Press.

Marwitz, M. & Stemmler, G. (1998). On the status of individual response specificity. *Psychophysiology, 35*, 1–15.

Maslach, C. (1979). Negative emotional biasing of unexplained arousal. *Journal of Personality and Social Psychology, 37*, 953–969.

Mathes, E.W. & Kahn, A. (1975). Physical attractiveness, happiness, neuroticism and self-esteem. *Journal of Psychology, 90*, 27–30.

Matsumoto, A. (Ed.). (2000). *Sexual differentiation of the brain*. Boca Raton: CRC Press.

Matthews, G. & Amelang, M. (1993). Extraversion, arousal theory and performance: A study of individual differences in the EEG. *Personality and Individual Differences, 14*, 347–363.

Matthews, G. & Gilliland, K. (1999). The personality theories of H.J. Eysenck and J.A. Gray: A comparative review. *Personality and Individual Differences, 26*, 583–626.

Matthews, G., Roberts, R.D. & Zeidner, M. (2004). Seven myths about emotional intelligence. *Psychological Inquiry, 15*, 179–196.

Matthews, G., Yousfi, S., Schmidt-Rathjens, C. & Amelang, M. (2003). Personality variable differences between disease clusters. *European Journal of Personality, 17*, 157–177.

May, R. (1950). *The meaning of anxiety*. New York: Ronald Press.

Mayer, J.D., Caruso, D.R. & Salovey, P. (1999). Emotional intelligence meets traditional standards for emotional intelligence. *Intelligence, 27*, 267–298.

Mayer, J.D. & Salovey, P. (1993). The intelligence of emotional intelligence. *Intelligence, 17*, 433–442.

Mayer, J.D. & Salovey, P. (1995). Emotional intelligence and the construction and regulation of feelings. *Applied and Preventive Psychology, 4*, 197–208.

Mayer, J.D. & Salovey, P. (1997). What is emotional intelligence? In P. Salovey & D.J. Sluyter (Eds.), *Emotional development and emotional intelligence: Educational implications* (pp. 3–34). New York: Basic Books.

Mayer, J.D., Salovey, P. & Caruso, D.R. (2004). Emotional intelligence: Theory, findings, and implications. *Psychological Inquiry,* 15, 197–215.

McAdams, D.P. (1992). The Five-Factor-Model in personality: A critical appraisal. *Journal of Personality,* 60, 329–362.

McAdams, D.P. (2009). *The person: An introduction to the science of personality psychology* (5th ed.). Hoboken, NJ: John Wiley.

McCall, R.B. (1977). Childhood IQ's as predictors of adult educational and occupational status. *Science,* 197, 482–483.

McClelland, D.C. (1953). The measurement of human motivation. An experimental approach. *Educational Testing Service,* 41–51.

McCrae, R.R. (1987). Creativity, divergent thinking, and openness to experience. *Journal of Personality and Social Psychology,* 52, 1258–1265.

McCrae, R.R. (2001). Trait psychology and culture: Exploring intercultural comparisons. *Journal of Personality and Social Psychology,* 69, 819–846.

McCrae, R.R. & Allik, J. (Eds.) (2002). *The five-factor-model of personality across cultures.* New York: Kluwer Academic/Plenum Publishers.

McCrae, R.R. & Costa, P.T., Jr. (1983). Joint factors in self-reports and ratings: neuroticism, extraversion, and openness to experience. *Personality and Individual Differences,* 4, 245–255.

McCrae, R.R. & Costa, P.T., Jr. (1985). Updating Norman's »Adequate Taxonomy«: Intelligence and personality dimensions in natural language and in questionnaires. *Journal of Personality and Social Psychology,* 49, 710–721.

McCrae, R.R. & Costa, P.T., Jr. (1996). Toward a new generation of personality theories: Theoretical contexts for the five-factor model. In J.S. Wiggins (Ed.), *The five-factor model of personality: Theoretical perspectives* (pp. 51–87). New York: Guilford.

McCrae, R.R. & Costa, P.T., Jr. (1999). A five-factor theory of personality. In L.A. Pervin & O.P. John (Eds.), *Handbook of personality: Theory and research* (pp. 139–153). New York: Guilford.

McCrae, R.R., Costa, P.T., Jr., Martin, T.A., Oryol, V.E., Rukavishnikov, A.A., Senin, I.G. et al. (2004). Consensual validation of personality traits across cultures. *Journal of Research in Personality,* 38, 179–201.

McCrae, R.R. & Terracciano, A. (2005). Personality profiles of cultures: Aggregate personality traits. *Journal of Personality and Social Psychology,* 89, 407–425.

McCrae, R.R., Zonderman, A.B., Costa, P.T., Jr. & Bond, M. (1996). Evaluating replicability of factors in the Revised NEO Personality Inventory: Confirmatory factor analysis versus Procrustes rotation. *Journal of Personality and Social Psychology,* 70, 552–566.

McEwen, B.S., Alves, S.E., Bulloch, K. & Weiland, N.G. (1997). Ovarian steriods and the brain: Implications for cognition and aging. *American Academy of Neurology,* 48, 8–15.

McGinnies, E. (1949). Emotionality and perceptual defence. *Psychological Review,* 56, 244–251.

McGrew, K.S. (2005). The Cattell-Horn-Carroll theory of cognitive abilities. In D.P. Flanagan & P.L. Harrison (Eds.), *Contemporary intellectual assessment* (2nd ed., pp. 136–202). New York: The Guilford Press.

McGue, M., Keyes, M.A., Sharma, A., Elkins, I., Legrand, L.N., Johnson, W. et al. (2007). The environments of adopted and nonadopted youth: Evidence on range restriction from the Sibling Interaction and Behavior Study (SIBS). *Behavior Genetics,* 37, 449–462.

McKusick-Nathans Institute of Genetic Medicine, Johns Hopkins University (Baltimore, MD) and National Center for Biotechnology Information, National Library of Medicine (Bethesda, MD). (February 12, 2010). *Online Mendelian Inheritance in Man, OMIM(TM),* from http://www.ncbi.nlm.nih.gov/omim/

McLeod, B.D., Weisz, J.R. & Wood, J.J. (2007). Examining the association between parenting and childhood depression: A meta-analysis. *Clinical Psychology Review,* 27, 986–1003.

McNaughton, N. & Corr, P.J. (2004). A two-dimensional neuropsychology of defense: fear/anxiety and defensive distance. *Neuroscience and Biobehavioral Reviews,* 28, 285–305.

McNemar, Q. (1942). *The revision of the Stanford-Binet Scale: An analysis of the standardization data.* Boston: Houghton Mifflin.

McRorie, M. & Cooper, C. (2004). Synaptic transmission correlates of general mental ability. *Intelligence,* 32, 263–275.

McWilliams, L.A., Cox, B.J., Enns, M.W. & Clara, I.P. (2006). Personality correlates of outpatient mental health service utilization: Findings from the U.S. National Comorbidity Survey. *Social Psychiatry and Psychiatric Epidemiology,* 41, 357–363.

Mednick, S.A. (1962). The associative basis of the creative process. *Psychological Review,* 69, 220–232.

Mednick, S.A., Gabrielli, W.F. & Hutchings, P. (1983). Genetic influence in criminal behavior: Evidence from an adoption cohort. In K.T. van

Dusen & S.A. Mednick (Eds.), *Prespective studies of crime and delinquency* (pp. 39–56). Boston: Kluwer-Nijhoff.

Meer, B. & Stein, M.I. (1955). Measures of intelligence and creativity. *Journal of Personality, 39*, 117–126.

Mendel, G. (1866). Versuche über Pflanzen-Hybriden. *Verhandlungen des Naturforscher Vereins Brünn, 4*, 3–47.

Mendelsohn, G.A. (1976). Associative and attentional processes in creative performance. *Journal of Personality, 44*, 341–369.

Merikle, P.M. & Joordens, S. (1997). Measuring unconscious influences. In J.D. Cohen & J.W. Schooler (Eds.), *Scientific approaches to consciousness* (pp. 109–123). Mahwah, NJ: Erlbaum.

Mertens, W. (2008). *Psychoanalyse: Geschichte und Methoden* (4. Aufl.). München: C.H. Beck.

Merz, F. (1965). Aggression und Aggressionstrieb. In H. Thomae (Hrsg.), *Handbuch der Psychologie, Band 2 Allgemeine Psychologie II, 2. Halbband Motivation* (S. 565–601). Göttingen: Hogrefe.

Merz, F. (1979). *Geschlechterunterschiede und ihre Entwicklung*. Göttingen: Hogrefe.

Merz, F. & Stelzl, I. (1977). *Einführung in die Erbpsychologie*. Stuttgart: Kohlhammer.

Metcalfe, J. & Mischel, W. (1999). A hot/cool-system analysis of delay of gratification. *Psychological Review, 106*, 3–19.

Meyer, A.E., Arnold, M.A., Freitag, D.E. & Balck, F. (1977). Cattells Test-Konstruktions-Strategie, beurteilt an der Eppendorf-Übersetzung seines 16 Persönlichkeits-Faktoren (16 PF) Fragebogens. *Diagnostica, 23*, 97–118.

Meyers, C.R. (1970). Journal citations and scientific eminence in contemporary psychology. *American Psychologist, 25*, 1041–1048.

Meyers, L.S. & Wong, D.T. (1988). Validation of a new test of Locus of Control: The Internal Control Index. *Educational and Psychological Measurement, 48*, 753–761.

Mikula, G. & Stroebe, W. (1991). Theorien und Determinanten der zwischenmenschlichen Anziehung. In M. Amelang, H.J. Ahrens & H.W. Bierhoff (Hrsg.), *Attraktion und Liebe* (S. 61–104). Göttingen: Hogrefe.

Milgram, S. & Shotland, R.L. (1973). *Television and antisocial behavior*. New York: Academic Press.

Miller, E.M. (1994). Intelligence and brain myelination: A hypothesis. *Personality and Individual Differences, 17*, 803–832.

Miller, E.M. (1997). Could nonshared environmental variance have evolved to assure diversification through randomness? *Evolution and Human Behavior, 18*, 195–221.

Miller, G. (2006). The Asian future of Evolutionary Psychology. *Evolutionary Psychology, 4*, 107–119.

Miller, G.A. (1956). The magical number seven plus or minus two: Some limits in our capacity for processing informations. *Psychological Assessment, 63*, 81–87.

Miller, G.F. & Tal, I.R. (2007). Schizotypy versus openness and intelligence as predictors of creativity. *Schizophrenia Research*.

Miller, T.Q., Heath, L., Molcan, J.R. & Dugoni, B.L. (1991). Imitative violence in the real world: A reanalysis of homicide rates following championship prize fights. *Aggressive Behavior, 17*, 121–134.

Millet, P. & Sandberg, K.W. (2003). Individual status at the start of rehabilitation: Implications for vocational rehabilitation programs. *Work: Journal of Prevention, Assessment and Rehabilitation, 20*, 121–129.

Millham, J. & Jacobson, L.I. (1978). Social desirability and need for approval. In H. London & J. Exner (Eds.), *Dimensions of personality* (pp. 365–390). New York: Wiley.

Mingroni, M.A. (2004). The secular rise in IQ: Giving heterosis a closer look. *Intelligence, 32*, 65–83.

Mirels, H.L. (1982a). The illusory nature of implicit personality theory. Logical and empirical considerations. *Journal of Personality, 50*, 203–222.

Mirels, H.L. (1982b). Tenacious inferential illusions: Experimental facts vs. critical fancy. *Journal of Personality, 50*, 245–250.

Mischel, W. (1961). Preference for delayed reinforcement and social responsibility. *Journal of Abnormal and Social Psychology, 62*, 1–7.

Mischel, W. (1968). *Personality and assessment*. New York: Wiley.

Mischel, W. (1971). *Introduction to personality*. New York: Holt, Rinehart & Winston.

Mischel, W. (1973). Toward a cognitive social learning reconceptualization of personality. *Psychological Review, 80*, 252–283.

Mischel, W. (1974). Processes in delay of gratification. In L. Berkowitz (Ed.), *Advances in experimental social psychology* (pp. 249–292). New York: Academic Press.

Mischel, W. (1976). *Introduction to personality* (2nd ed.). New York: Holt, Rinehart & Winston.

Mischel, W. (1977). The interaction of person and situation. In D. Magnusson & N.S. Endler (Eds.), *Personality at the crossroads: Current*

issues in interactional psychology (pp. 333–352). Hillsdale, NJ: Erlbaum.
Mischel, W. (1984). Convergences and challenges in the search for consistency. *American Psychologist, 39*, 351–364.
Mischel, W. (2004). Toward an integrative science of the person. *Annual Review of Psychology, 55*, 1–22.
Mischel, W. & Peake, P.K. (1982). Beyond déjà vu. In the search for cross-situational consistency. *Psychological Review, 89*, 730–755.
Mlonzi, E.N. & Struempfer, D.J.W. (1998). Antonovsky's Sense of Coherence Scale and 16PF second-order factors. *Social Behavior and Personality, 26*, 39–50.
Möller, A. & Huber, M. (2003). Sensation Seeking – Konzeptbildung und -entwicklung. In M. Roth & P. Hammelstein (Hrsg.), *Sensation Seeking – Konzeption, Diagnostik und Anwendung* (S. 5–28). Göttingen: Hogrefe.
Moneta, G.B., Shatin, C., Schneider, B. & Csikszentmihalyi, M. (2001). A longitudinal study of the self-concept and experiential components of self-worth and affect across adolescence *Applied Developmental Science, 5*, 125–142.
Money, J. & Ehrhardt, A. (1972). *Man and woman, boy and girl. The differentiation and dimorphism of gender identity from conception to maturity.* Baltimore: Johns Hopkins University Press.
Money, J. & Tucker, C. (1975). *Sexual signatures.* Boston: Little Brown.
Monson, T.C., Hesley, J.W. & Chernick, L. (1982). Specifying when personality traits can and cannot predict behavior: An alternative to abandoning the attempt to predict single-act criteria. *Journal of Personality and Social Psychology, 43*, 385–399.
Moore, D.S. (2006). A very little bit of knowledge: Re-evaluating the meaning of the heritability of IQ. *Human Development, 49*, 347–353.
Moos, R.H. (1969). Sources of variance in responses to questionnaires and in behavior. *Journal of Abnormal Psychology, 74*, 405–412.
Moos, R.H. (1973). Conceptualizations of human environments. *American Psychologist, 28*, 652–665.
Moreno, J.L. (1934). *Who shall survive? Foundations of sociometry, group psychotherapy, and sociodrama* (3rd ed.). Beacon: Beacon House.
Morris, L.W., Davis, M.A. & Hutchings, C.H. (1981). Cognitive and emotional components of anxiety: Literature review and a revised worry-emotionality-scale. *Journal of Educational Psychology, 73*, 541–555.
Moruzzi, G. & Magoun, H.W. (1949). Brain stem reticular formation and activation of the EEG. *Electroencephalography and Clinical Neurophysiology, 1*, 455–473.
Moskowitz, D.S. (1982). Coherence and cross-situational generality in personality: A new analysis of old problems. *Journal of Personality and Social Psychology, 43*, 754–768.
Moskowitz, D.S. (1994). Cross-situational generality and the interpersonal complex. *Journal of Personality and Social Psychology, 66*, 921–933.
Mowrer, O.H. (1939). A stimulus-response analysis of anxiety and its role as a reinforcing agent. *Psychological Review, 46*, 553–556.
Mowrer, O.H. (1950). *Learning theory and personality dynamics.* New York: Ronald Press.
Mowrer, O.H. (1960). *Learning theory and behavior.* New York: Wiley.
Muhonen, T. & Torkelson, E. (2004). Work locus of control and its relationship to health and job satisfaction from a gender perspective. *Stress and Health: Journal of the International Society for the Investigation of Stress, 20*, 21–28.
Müller-Lyer, F. (1896). Zur Lehre von den optischen Täuschungen. Kontrast und Konfluxion. *Zeitschrift für Psychologie, 9*, 1–16.
Münsterberg, H. (1891). Zur Individualpsychologie. *Centralblatt für Nervenheilkunde und Psychiatrie, 14*, 196–198.
Murasko, J.E. (2007). A lifecourse study on education and health: The relationship between childhood psychosocial resources and outcomes in adolescence and young adulthood. *Social Science Research, 36*, 1348–1370.
Murdock, G.P. (1949). *Social structure.* Oxford, England: Macmillan.
Murphy, N.A., Hall, J.A. & Colvin, C.R. (2003). Accurate intelligence assessments in social interactions: Mediators and gender effects. *Journal of Personality and Social Psychology, 71*, 465–493.
Mussen, P.H. & Rutherford, E. (1963). Parents-child relations and parental personality in relation to young children's sex-role preferences. *Child Development, 34*, 589–607.
Must, O., Must, A. & Raudik, V. (2003). The secular rise in IQs: In Estonia, the Flynn effect is not a Jensen effect. *Intelligence, 31*, 461–471.
Myrianthopoulos, N.C., Nichols, P.L., Broman, F.H. & Anderson, V.E. (1971). Intellectual development of a prospectively studied population of twins and comparison with singletons. In *Proceedings of the Fourth International Congress of Human Genetics* (pp. 244–257). Amsterdam: Excerpta Medica.

Myrtek, M. (1980). *Psychophysiologische Konstitutionsforschung*. Göttingen: Hogrefe.

Myrtek, M. (1998). Metaanalysen zur psychophysiologischen Persönlichkeitsforschung. In F. Rösler (Hrsg.), *Ergebnisse und Anwendungen der Psychophysiologie. Enzyklopädie der Psychologie, Band 5, Serie I, Themenbereich C* (S. 993). Göttingen: Hogrefe Verlag für Psychologie.

Nakao, K., Takaishi, J. & Tatsuta, K. (2000). The influences of family environment on personality traits. *Psychiatry and Clinical Neurosciences, 54,* 91–95.

Neisser, U. (1976). General, academic, and artificial intelligence. In L. Resnick (Ed.), *The nature of intelligence* (pp. 135–144). Hillsdale, NJ: Erlbaum.

Neisser, U. (Ed.). (1998). *The rising curve*. Washington, DC: American Psychological Association.

Neisser, U., Boodoo, G., Bouchard, T.J., Jr., Boykin, A.W., Brody, N., Ceci, S.J. et al. (1996). Intelligence: Knowns and unknowns. *American Psychologist, 51,* 77–101.

Nettelbeck, T. & Wilson, C.D. (2004). The Flynn effect: Smarter not faster. *Intelligence, 32,* 85–93.

Netter, P., Müller, M.J., Hennig, J. & Rohrmann, S. (1999). Individuelle Differenzen endokrinologischer und immunologischer Meßgrößen. In C. Kirschbaum & D. Hellhammer (Hrsg.), *Enzyklopädie der Psychologie: Themenbereich C Theorie und Forschung, Serie I Biologische Psychologie, Band 3 Psychoendokrinologie und Psychoimmunologie* (S. 361–433). Göttingen: Hogrefe.

Neubauer, A.C. (1995). *Intelligenz und Geschwindigkeit der Informationsverarbeitung*. Wien: Springer.

Neubauer, A.C. (1997). The mental speed approach to the asessment of intelligence. In J. Kingma & W. Tomic (Eds.), *Advances in cognition and educational practice: Reflections on the concept of intelligence* (pp. 149–174). Greenwich, CT: JAI Press.

Neubauer, A.C. & Bucik, V. (1996). The mental speed-IQ relationship: Unitary or modular? *Intelligence, 22,* 23–48.

Neubauer, A.C. & Fink, A. (2005). Basic infomation processing and the psychophysiology of intelligence. In R.J. Sternberg & J.E. Pretz (Eds.), *Cognition and intelligence. Identifying the mechanisms of the mind* (pp. 68–87). Cambridge: Cambridge University Press.

Neubauer, A.C., Freudenthaler, H.H. & Pfurtscheller, G. (1995). Intelligence and spatiotemporal patterns of event-related desynchronization (ERD). *Intelligence, 20,* 249–266.

Neubauer, A.C. & Knorr, E. (1997). Elementary cognitive processes in choice reaction time tasks and their correlation with intelligence. *Personality and Individual Differences, 23,* 715–728.

Neubauer, A.C. & Knorr, E. (1998). Three paper-and-pencil tests for speed of information processing: Psychometric properties and correlations with intelligence. *Intelligence, 26,* 123–151.

Neumann, F., Elger, W. & Steinbeck, H. (1971). Die Bedeutung der Androgene für die »Prägung des Gehirns«. *Journal of Neuro-Visceral Relations, Supplement X,* 296–312.

Newcomb, T.M. (1929). *Consistency of certain extrovert-introvert behavior patterns in 51 problem boys*. New York: Columbia University Press.

Newman, H.H., Freeman, F.N. & Holzinger, K.J. (1937). *Twins: A study of heredity and environment*. Chicago: University of Chicago Press.

Newman, S.D. & Just, M.A. (2005). The neural bases of intelligence. A perspective based on functional neuroimaging. In R.J. Sternberg & J.E. Pretz (Eds.), *Cognition and intelligence. Identifying the mechanisms of the mind* (pp. 88–103). Cambridge: Cambridge University Press.

Newsome, S., Day, A.L. & Catano, V.M. (2000). Assessing the predictive validity of emotional intelligence. *Personality and Individual Differences, 29,* 1005–1016.

Ng, T.W.H., Sorensen, K.L. & Eby, L.T. (2006). Locus of control at work: A meta-analysis. *Journal of Organizational Behavior, 27,* 1057–1087.

Nicholls, J.G. (1972). Creativity in the person who never will produce anything original and useful: The concept of creativity as a normally distributed trait. *American Psychologist, 27,* 717–727.

Nichols, R.C. (1978). Twins studies of ability, personality and interests. *Homo, 29,* 158–173.

Nickel, H. & Schmidt-Denter, U. (1980). *Sozialverhalten von Vorschulkindern*. München: Reinhardt.

Nicketta, R. (1993). Das Stereotyp der physischen Attraktivität. In M. Hassebrauck & R. Niketta (Hrsg.), *Physische Attraktivität* (S. 163–200). Göttingen: Hogrefe.

Nisbett, R.E. (2005). Heredity, environment, and race differences in IQ. A commentary on Rushton and Jensen (2005). *Pscyhology, Public Policy, and Law, 11,* 302–310.

Noor, F. & Evans, D.C. (2003). The effect of facial symmetry on perceptions of personality and attractiveness. *Journal of Research in Personality, 37*, 339–347.

Norem, J.K. (2009). Psychological defensiveness: Repression, blunting, and defensive pessimism. In M.R. Leary & R.H. Hoyle (Eds.), *Handbook of individual differences in social behavior* (pp. 480–492). New York: Guilford Press.

Norman, W.T. (1963). Toward an adequate taxonomy of personality attributes: Replicated factor structure in peer nomination personality ratings. *Journal of Abnormal and Social Psychology, 66*, 574–583.

Norman, W.T. (1967). *2800 personality trait descriptors: Normative operating characteristics for a university population.* Department of Psychology, University of Michigan (zitiert in Ostendorf, 1990).

Norman, W.T. (1969). To see ourselfness as others see us: Relations among self-perception, peer perceptions, and expected peerperceptions of personality attributes. *Multivariate Behavioral Research, 4*, 417–443.

Nyborg, H. (2005). Sex-related differences in general intelligence g, brain size, and social status. *Personality and Individual Differences, 39*, 497–509.

Nyborg, H. (Ed.). (1997). *The scientific study of human nature: Tribute to Hans J. Eysenck at eighty.* Amsterdam: Pergamon Press.

O'Dell, J.W. (1980). A re-examination of Finney's oral and anal characters. *Journal of General Psychology, 102*, 143–146.

Oakland, T. (1972). The effect of test-wiseness materials on standardized test performance of preschool disadvantaged children. *Journal of School Psychology, 10*, 355–360.

Oden, M.H. (1968). The fulfillment of promise: 40-year-follow-up of the Terman gifted groups. *Genetic Psychology Monographs, 77*, 3–93.

Oerter, R. & Montada, L. (2008). *Entwicklungspsychologie* (6. Aufl.). Weinheim: Beltz Psychologie Verlags Union.

Ofek, E. & Pratt, H. (2005). Neurophysiological correlates of subjective significance. *Clinical Neurophysiology, 116*, 2354–2362.

Okey, J.L. (1992). Human aggression: The etiology of individual differences. *Journal of Humanistic Psychology, 32*, 51–64.

Oliver, J.E., Jose, P.E. & Brough, P. (2006). Confirmatory factor analysis of the Work Locus of Control Scale. *Educational and Psychological Measurement, 66*, 835–851.

Olweus, D. (1976). Der »moderne« Interaktionismus von Person und Situation und seine varianzanalytische Sackgasse. *Zeitschrift für Entwicklungspsychologie und Pädagogische Psychologie, 8*, 171–186.

Ones, D.S. & Viswesvaran, C. (1998). The effects of social desirability and faking on personality and integrity assessment for personnel selection. *Human Performance, 11*, 245–269.

Opp, K.D. (1968). *Kriminalität und Gesellschaftsstruktur.* Neuwied: Luchterhand.

Ortner, T.M., Proyer, R.T. & Kubinger, K.D. (2006). *Theorie und Praxis objektiver Persönlichkeitstests.* Bern: Huber.

Osgood, C.E. & Suci, G.J. (1952). A measure of relation determined by both mean difference and profile information. *Psychological Bulletin, 49*, 251–262.

Ostendorf, F. (1990). *Sprache und Persönlichkeitsstruktur. Zur Validität des Fünf-Faktoren-Modells der Persönlichkeit.* Regensburg: Roderer.

Ostendorf, F. & Angleitner, A. (1994). The five-factor taxonomy: Robust dimensions of personality description. *Psychologica Belgica, 34*, 175–194.

Ostendorf, F. & Angleitner, A. (2004). *NEO-PI-R. NEO-Persönlichkeitsinventar nach Costa und McCrae, revidierte Form.* Göttingen: Hogrefe.

Oswald, M.E. (1993). Vertrauen – eine Analyse aus psychologischer Sicht. In L. Weingart, H. Kummer & H. Hof (Hrsg.), *Verhaltensgrundlagen des Rechts* (S. 111–128). Opladen: Westdeutscher Verlag.

Otten, H. (1993). Beziehungen von Ärgerausdruck zu kardiovaskulärer Reaktivität und Blutdruck bei Männern. In V. Hodapp & P. Schwenkmezger (Hrsg.), *Ärger und Ärgerausdruck* (S. 193–215). Bern: Huber.

Otto, J. & Bösel, R. (1978). Angstverarbeitung und Diskrepanz zwischen Selfreport und physiologischem Streßindikator: Eine gelungene Replikation der Weinstein-Analyse. *Schweizerische Zeitschrift für Psychologie und ihre Anwendungen, 37*, 321–330.

Owens, W.A. (1963). Age and mental abilities: A longitudinal study. *Genetic Psychology Monographs, 48*, 3–54.

Ozkan, T. & Lajunen, T. (2005). Multidimensional Traffic Locus of Control Scale (T-LOC): Factor structure and relationship to risk driving. *Personality and Individual Differences, 38*, 533–545.

Palmer, B.R., Gignac, G. & Manocha, R. (2005). A psychometric evaluation of the Mayer-Salovey-Caruso Emotional Intelligence Test Version 2.0. *Intelligence, 33*, 285–305.

Panek, P.E., Wagner, E.E. & Suen, H. (1979). Hand test indices of violent and destructive behavior for institutionalized mental retarda-

tes. *Journal of Personality Assessment, 43*, 376–378.
Parducz, A. & Garcia-Segura, L.M. (1993). Sexual differences in the synaptic connectivity in the rat dendate gyrus. *Neuroscience Letters, 161*, 53–56.
Parker, J., Bagby, R.M. & Summerfeldt, L.J. (1993). Confirmatory factor analysis of the revised NEO Personality Inventory. *Personality and Individual Differences, 15*, 463–466.
Parnes, S.J. & Meadow, A. (1960). Evaluation of persistence of effects produced by a creative problemsolving course. *Psychological Reports, 7*, 357–361.
Parsons, O.A., Fulgenzi, L.B. & Edelberg, R. (1969). Aggressiveness and psychophysiological responsivity in groups of repressors and sensitizers. *Journal of Personality and Social Psychology, 12*, 235–244.
Passini, F.T. & Norman, W.T. (1966). A universal conception of personality structure? *Journal of Personality and Social Psychology, 4*, 44–49.
Patrick, P.D., Oría, R.B., Madhavan, V., Pinkerton, R.C., Lorntz, B. & Lima, A. (2005). Limitations in verbal fluency following heavy burdens of early childhood diarrhea in Brazilian shantytown children. *Child Neuropsychology, 11*, 233–244.
Patterson, C., Kupersmidt, J. & Griesler, P. (1990). Children's perceptions of self and of relationships with others as a function of sociometric status. *Child Development, 61*, 1335–1349.
Paulhus, D. & Christie, R. (1981). Spheres of control: An interactionist approach to assessment of perceived control. In H.M. Lefcourt (Ed.), *Research with the locus of control construct. Assessment methods* (Vol. 1, pp. 161–188). New York: Academic Press.
Paulhus, D.L. (1986). Self-deception and impression management in test responses. In A. Angleitner & J.S. Wiggins (Eds.), *Personality assessment via questionnaires* (pp. 143–165). Berlin: Springer.
Paulhus, D.L. & Bruce, M.N. (1992). The effect of acquaintanceship on the validity of personality impressions: a longitudinal study. *Journal of Personality and Social Psychology, 63*, 816–824.
Paulhus, D.L., Trapnell, P.D. & Chen, D. (1999). Birth order effects on personality and achievement within families. *Psychological Science, 10*, 482–488.
Pauls, C.A. & Crost, N.W. (2005). Cognitive ability and self-reported efficacy of self-presentation predict faking on personality measures. *Journal of Individual Differences, 26*, 194–206.

Paunonen, S.V. (1988). Trait relevance and the differential predictability of behavior. *Journal of Personality, 56*, 599–619.
Paunonen, S.V. & Jackson, D.N. (1985). Idiographic measurement strategies for personality and prediction: Some unredeemed promissory notes. *Psychological Review, 92*, 486–511.
Pawlik, K. (1968). *Dimensionen des Verhaltens*. Bern: Huber.
Pawlik, K. (1973). *Zur Frage der psychologischen Interpretation von Persönlichkeitsfaktoren* (Arbeiten aus dem Psychologischen Institut No. 22). Hamburg: Universität Hamburg.
Pawlik, K. (1976). Modell- und Praxisdimensionen psychologischer Diagnostik. In K. Pawlik (Hrsg.), *Diagnose der Diagnostik* (S. 13–43). Stuttgart: Klett.
Pawlik, K. (1979). Der »Interaktionismus« aus verhaltenswissenschaftlicher Sicht. In L.H. Eckensberger (Hrsg.), *Bericht über den 31. Kongreß der Deutschen Gesellschaft für Psychologie in Mannheim 1978, Band 1: Grundlagen und Methoden der Psychologie* (S. 460–463). Göttingen: Hogrefe.
Pawlik, K. (1982a). Individuelle Unterschiede in Lernen und Übung: Methodische Grundlagen und erste Ergebnisse. In K. Pawlik (Hrsg.), *Multivariate Persönlichkeitsforschung* (S. 56–72). Bern: Huber.
Pawlik, K. (1982b). Untersuchungen zum Simplex-Modell der Übung. In K. Pawlik (Hrsg.), *Multivariate Persönlichkeitsforschung* (S. 114–143). Bern: Huber.
Pawlik, K. & Buse, L. (1996). Verhaltensbeobachtung in Labor und Feld. In K. Pawlik (Hrsg.), *Enzyklopädie der Psychologie. Differentielle Psychologie und Persönlichkeitsforschung. Band 1. Grundlagen und Methoden der Differentiellen Psychologie* (S. 359–394). Göttingen: Hogrefe.
Pawlik, K. & Buse, L. (Eds.) (1992). *Felduntersuchungen zur transsituativen Konsistenz individueller Unterschiede im Erleben und Verhalten*. Bern: Huber.
Pawlow, I.P. (1927). *Conditioned reflexes*. London: Oxford University Press.
Pawlow, I.P. (1953a). *Vorlesungen über die Arbeit der Großhirnhemisphäre. Sämtliche Werke* (Bd. IV). Berlin: Akademie.
Pawlow, I.P. (1953b). *Zwanzigjährige Erfahrungen mit dem objektiven Studium der höheren Nerventätigkeit (des Verhaltens) der Tiere. Sämtliche Werke* (Bd. III). Berlin: Akademie.
Peabody, D. (1987). Selecting representative trait adjectives. *Journal of Personality and Social Psychology, 52*, 59–71.

Peabody, D. & Goldberg, L.R. (1989). Some determinants of factor structures from personality-trait descriptors. *Journal of Personality and Social Psychology, 57*, 552–567.

Peake, P.K., Hebl, M. & Mischel, W. (2002). Strategic attention development for delay of gratification in working and waiting situations. *Developmental Psychology, 38*, 313–326.

Pedersen, N.L., McClearn, G.E., Plomin, R. & Friberg, L. (1985). Separated fraternal twins: resemblance for cognitive abilities. *Behavior Genetics, 15*, 407–419.

Pedersen, N.L., McClearn, G.E., Plomin, R., Nesselroade, J.R., Berg, S. & DeFaire, U. (1991). The Swedish adoption/twin study of aging: An update. *Acta Geneticae Medicae et Gemellologiae: Twin Research, 40*, 7–20.

Pedersen, N.L., Plomin, R., McClearn, G.E. & Friberg, L. (1988). Neuroticism, extraversion and related traits in adult twins reared apart and reared together. *Journal of Personality and Social Psychology, 55*, 950–957.

Pedersen, N.L., Plomin, R., Nesselroade, J.R. & McClearn, G.E. (1992). A quantitative genetic analysis of cognitive abilities during the second half of the life span. *Psychological Science, 3*, 346–353.

Pelham, B.W. (1993). The idiographic nature of human person: Examples of the idiographic self-concept. *Journal of Personality and Social Psychology, 64*, 665–677.

Penfield, W. & Jasper, H. (1954). *Epilepsy and the functional anatomy of the human brain*. Boston: Little Brown.

Pennebaker, J.W., Gyer, M.A., Caulkins, R.S., Litowitz, D.L., Ackerman, P.L., Anderson, D.B. et al. (1979). Don't the girls get prettier at closing time: A country and Western application to psychology. *Personality and Social Psychology Bulletin, 5*, 122–125.

Perry, D.G. & Bussey, K. (1979). The social learning theory of sex differences: Imitation is alive and well. *Journal of Personality and Social Psychology, 37*, 1699–1712.

Pervin, L.A. (1970). *Personality: Theory, assessment, and research*. New York: Wiley.

Pervin, L.A. (1985). Personality: Current controversies, issues, and directions. *Annual Review of Psychology, 36*, 83–114.

Peters, W. (1925). *Die Vererbung geistiger Eigenschaften und die psychische Konstitution*. Jena: Fischer.

Petrides, K.V. & Furnham, A. (2003). Trait emotional intelligence: Behavioral validation in two studies of emotion recognition and reactivity to mood induction. *European Journal of Personality, 17*, 29–57.

Phan, K.L., Wager, T., Taylor, S.F. & Liberzon, I. (2002). Functional neuroanatomy of emotion: A meta-analysis of emotion activation studies in PET and fMRI. *NeuroImage, 16*, 331–348.

Phares, E.J. (1957). Expectancy changes in skill and change situations. *Journal of Abnormal and Social Psychology, 54*, 339–342.

Phillips, L.H. & Della Sala, S. (1998). Aging, intelligence, and anatomical segregation in the frontal lobes. *Learning and Individual Differences, 10*, 217–243.

Pickel, G. & Walz, D. (1996). Abnehmendes politisches Institutionenvertrauen in Deutschland: Sozialstruktur und jüngere Entwicklung. *Zeitschrift für Politische Psychologie, 4*, 353–363.

Pickering, A.D., Corr, P.J. & Gray, J.A. (1999). Interactions and reinforcement sensitivity theory: A theoretical analysis of Rusting and Larsen (1997). *Personality and Individual Differences, 26*, 357–365.

Pickering, A.D., Corr, P.J., Powell, J.H., Kumari, V., Thornton, J.C. & Gray, J.A. (1997). Individual differences in reactions to reinforcing stimuli are neither black nor white: To what extend are they Gray? In N. Nyborg (Ed.), *The scientific study of human nature: A tribute to H.J. Eysenck at eighty* (pp. 36–67). Amsterdam: Pergamon Press/Elsevier.

Pickering, A.D., Diaz, A. & Gray, J.A. (1995). Personality and the reinforcement: An exploration using a maze-learning task. *Personality and Individual Differences, 18*, 541–558.

Piedmont, R.L., McCrae, R.R., Riemann, R. & Angleitner, A. (2000). On the invalidity of Validity Scales: Evidence from self reports and observer ratings. *Journal of Personality and Social Psychology, 78*, 582–593.

Pines, H.A. & Julian, J.W. (1972). Effects of task and social demands on locus of control differences in information processing. *Journal of Personality, 40*, 407–416.

Piontkowski, U., Ruppelt, M. & Sandmann, M. (1981). Eine Normierung von Rotters I-E-Skala. *Diagnostica, 27*, 313–323.

Plomin, R. (1995). Genetics, environmental risks, and protective factors. In J.R. Turner, L.R. Cardon & J.K. Hewitt (Eds.), *Behavior genetic approaches in behavioral medicine* (pp. 217–235). New York: Plenum Press.

Plomin, R. (2002). Individual differences research in a postgenomic era. *Personality and Individual Differences, 33*, 909–920.

Plomin, R., DeFries, J.C. & Loehlin, J.C. (1977). Genotype-environment interaction and correlation in the analysis of human behavior. *Psychological Bulletin, 84*, 309–322.

Plomin, R., DeFries, J.C., McClearn, G.E. & Rutter, M. (1999). *Gene, Umwelt und Verhalten*. Bern: Huber.
Polivy, J. (1998). The effects of behavioral inhibition: Integrating internal cues, cognition, behavior, and affect. *Psychological Inquiry, 9*, 181–204.
Pollet, T.V. & Nettle, D. (2007). Birth order and face-to-face contact with a sibling: Firstborns have more contact than laterborns. *Personality and Individual Differences, 43*, 1796–1806.
Popper, K.R. (1963). The demarcation between science and metaphysics. In K.R. Popper (Ed.), *Conjectures and refutations* (2nd ed.). London: Routledge & Kegan Paul.
Popper, K.R. (1994). *Logik der Forschung*. Tübingen: Mohr.
Posner, M.I. & Mitchell, R.F. (1967). Chronometric analysis of classification. *Psychological Review, 74*, 392–409.
Postman, L., Bruner, J.S. & McGinnies, E. (1948). Personal values as selective factors in perception. *Journal of Abnormal and Social Psychology, 43*, 142–154.
Pötz, H., Kurz, R.W., Pirker, H., Dörrscheidt, W. & Uhlir, H. (2002). Einfluss eines ambulanten Trainings auf Kontrollüberzeugungen und gesundheitsrelevante Einstellungen bei Hypertonikern. *Psychotherapie Psychosomatik Medizinische Psychologie, 52*, 417–424.
Preckel, F., Holling, H. & Wiese, M. (2006). Relationship of intelligence and creativity in gifted and non-gifted students: An investigation of threshold theory. *Personality and Individual Differences, 40*, 159–170.
Preiser, S. & Wermuth, S. (2003). Gerechte-Welt-Glaube, Rechtfertigung von Ungleichheit und politisches Engagement – Ideologien der Ungleichheit und der Glaube an eine gerechte Welt. In M.K.W. Schweer (Hrsg.), *Vertrauen im Spannungsfeld politischen Handelns. Herausforderungen und Perspektiven für eine politische Psychologie* (S. 79–89). Frankfurt: Peter Lang.
Price, J.S. (1969). Heredity and psychological abnormality. In H.J. Eysenck (Ed.), *Handbook of abnormal psychology* (pp. 540–603). San Diego, CA: Knapp. (Zitiert nach Shields, J., 1973).
Price-Williams, G.R. & Ramirez, M. (1974). Ethnic differences in delay of gratification. *Journal of Social Psychology, 93*, 23–30.
Probst, P. (1982). Empirische Untersuchung zum Konstrukt der »Sozialen« Intelligenz. In K. Pawlik (Hrsg.), *Multivariate Persönlichkeitsforschung* (S. 201–226). Bern: Huber.
Pryor, J.B., Gibbons, F.X., Wicklund, R.A., Fazio, R.H. & Hood, R. (1977). Self-focused attention and self-report validity. *Journal of Personality, 45*, 513–527.
Putz-Osterloh, W. (1981). Über die Beziehung zwischen Testintelligenz und Problemlöseerfolg. *Zeitschrift für Psychologie, 189*, 79–100.
Putz-Osterloh, W. & Lüer, G. (1981). Über die Vorhersagbarkeit komplexer Problemlöseleistungen durch Ergebnisse in einem Intelligenztest. *Zeitschrift für Experimentelle und Angewandte Psychologie, 38*, 309–334.
Rabbitt, P., Chetwynd, A. & McInnes, L. (2003). Do clever brains age more slowly? Further exploration of a nun result. *British Journal of Psychology, 94*, 63–71.
Rachman, S. (1977). The conditioning theory of fear-acquisition: a critical examination. *Behavior Research and Therapy, 15*, 375–387.
Ragland, D.R. & Brand, R.J. (1988a). Coronary heart disease mortality in Western Collaborative Group S. *American Journal of Epidemiology, 127*, 462–475.
Ragland, D.R. & Brand, R.J. (1988b). Type A behavior and mortality from coronary heart disease. *The New England Journal of Medicine, 318*, 65–69.
Raine, A. & Venables, P.H. (1981). Classical conditioning and socialization – a bio-social interaction. *Personality and Individual Differences, 2*, 273–283.
Ramey, C.T. (1992). (Carolina Acebedarian Project) High-risk children and IQ: Altering intergenerational patterns. *Intelligence, 16*, 239–256.
Ramey, C.T., Campbell, F.A. & Ramey, S.L. (1999). Early intervention: Successful pathways to improving intellectual development. *Developmental Neuropsychology, 16*, 385–392.
Rammsayer, T. (1995). Extraversion and alcohol: Eysenck's drug postulate revisited. *Neuropsychobiology, 32*, 197–207.
Rammsayer, T. (2003). NMDA receptor activity and the transmission of sensory input into motor output in introverts and extraverts. *The Quaterly Journal of Experimental Psycholog B, 56*, 207–221.
Rammstedt, B. & Rammsayer, T.H. (2001). Geschlechterunterschiede bei der Einschätzung der eigenen Intelligenz im Kindes- und Jugendalter. *Zeitschrift für Pädagogische Psychologie, 15*, 207–217.
Rammstedt, B. & Rammsayer, T.H. (2002). Self-estimated intelligence. Gender differences, relationship to psychometric intelligence and moderating effects of level of education. *European Psychologist, 7*, 275–284.

Rapaport, D. (1951). The autonomy of the ego. *Bulletin of the Menninger Clinic, 15*, 113–123.

Rapaport, D. (1959a). *Die Struktur der psychoanalytischen Theorie*. Stuttgart: Klett.

Rapaport, D. (1959b). The structure of the psychoanalytic theory: A systematizing attempt. In S. Koch (Ed.), *Psychology: A study of a science* (Vol. 3, pp. 55–183). New York: McGraw-Hill.

Rathus, S.A. & Nenid, J.S. (1977). *Behavior therapy. Strategies of solving problems in living*. Bergenfield, NJ: New American Library.

Ray, J.J. & Najman, J.M. (1985). The generalizability of deferment of gratification. *Journal of Social Psychology, 126*, 117–119.

Ready, R.E., Clark, L.A., Watson, D. & Westerhouse, K. (2000). Self- and peer-related personality: Agreement, trait ratability, and the 'self-based heuristic'. *Journal of Research in Personality, 34*, 208–224.

Record, R.G., McKeown, T. & Edwards, J.H. (1970). An investigation of the difference in measured intelligence between twins and single births. *Annals of Human Genetics, 34*, 11–20.

Reimanis, G. & Green, R.F. (1971). Imminence of death and intellectual decrement in the aging. *Developmental Psychology, 5*, 270–272.

Reis, H.T., Nezlek, J. & Wheeler, L. (1980). Physical attractiveness in social interaction. *Journal of Personality and Social Psychology, 38*, 604–617.

Reis, H.T., Wilson, I.M., Monestere, C., Bernstein, S., Clark, K., Seidl, E. et al. (1990). What is smiling is beautiful and good. *European Journal of Social Psychology, 20*, 259–267.

Renner, K.H. & Laux, L. (1998). William Sterns unitas multiplex und das Selbst in der Postmoderne. *Psychologie und Geschichte, 8*, 3–17.

Reynolds, B. & Schiffbauer, R. (2005). Delay of gratification and delay discounting: A unifying feedback model of delayed-related impulsive behavior. *The Psychological Record, 55*, 439–460.

Richards, R., Kinney, D.K., Dennet, M. & Merzel, A.B.C. (1988). Assessing everyday creativity: characteristics of the life-time creativity scales and validation with three large samples. *Journal of Personality and Social Psychology, 54*, 476–485.

Richardson, K. & Norgate, S.H. (2006). A critical analysis of IQ studies of adopted children. *Human Development, 49*, 319–335.

Richardson, L.F. (1960). *Statistics of deadly quarrels*. Pittsburgh: Boxwood.

Rickers-Ovsiankina, M.A. (1976). *Rorschach Psychology*. New York: Krieger.

Riemann, R., Angleitner, A. & Strelau, J. (1997). Genetic and environmental influences on personality: A study of twins reared together using the self- and peer-report NEO-FFI scales. *Journal of Personality, 65*, 449–475.

Riemann, R. & Spinath, F.M. (2005). Genetik und Persönlichkeit. In J. Hennig & P. Netter (Hrsg.), *Biopsychologische Grundlagen der Persönlichkeit* (S. 539–628). München: Elsevier.

Roberti, J.W. (2004). A review of behavioral and biological correlates of sensation seeking. *Journal of Research in Personality, 38*, 256–279.

Roberts, B.W., Walton, K.E. & Viechtbauer, W. (2006). Patterns of mean-level change in personality traits across the life course: A meta-analysis of longitudinal studies. *Psychological Bulletin, 132*, 1–25.

Robinson, R.V. & Jackson, E.F. (2001). Is trust in others declining in America? An age-period-cohort analysis. *Social Science Research, 30*, 117–145.

Roff, J.D. (1992). Childhood aggression, peer status and social class as predictors of delinquency. *Psychological Reports, 70*, 31–34.

Rogers, C.R. (1951). *Client-centered therapy*. Boston: Houghton Mifflin.

Rogers, C.R. & Dymond, R.F. (1954). *Psychotherapy and personality change*. Chicago: University of Chicago Press.

Rohde, P.A., Atzwanger, K., Butovskayad, M., Lampert, A., Mysterud, I., Sanchez-Andres, A. et al. (2003). Perceived parental favoritism, closeness to kin, and the rebel of the family: The effects of birth order and sex. *Evolution and Human Behavior, 24*, 261–276.

Rohracher, H. (1965). *Kleine Charakterkunde*. Wien: Urban & Schwarzenberg.

Roid, G.H. & Fitts, W.H. (1988). *Tennessee Self-Concept Scale*. Los Angeles: Western Psychological Services.

Rolls, E.T. (1999). *The brain and emotion*. Oxford: Oxford University Press.

Roos, J. & Grewe, W. (1996). *Der Untergang des Ödipuskomplexes*. Bern: Huber.

Rorer, L.G. (1965). The great response-style myth. *Psychological Bulletin, 63*, 129–156.

Rorer, L.G. & Goldberg, L.R. (1965). Acquiescence in the MMPI? *Educational and Psychological Measurement, 25*, 801–817.

Rorschach, H. (1921). *Psychodiagnostik*. Leipzig: Bucher.

Rose, R.J., Koskenvuo, M., Kaprio, J., Scarna, S. & Langinvainio, H. (1988). Shared genes, shared experiences, and similarity of personality: Data From 13 288 Adult Finnish Co-Twins.

Journal of Personality and Social Psychology, 54, 161–171.

Rosenman, R.H. (1978). The interview method of assessment of the coronary-prone behavior pattern. In T.M. Dembrowski, S.M. Weiss, J.L. Shields, S.G. Haynes & M. Feinleib (Eds.), *Coronary-prone behavior* (pp. 55–70). New York: Springer.

Rosenman, R.H. (1996). Personality, behavior patterns, and heart disease. In C.L. Cooper (Ed.), *Handbook of stress, medicine and health* (pp. 217–231). Boca Raton, FL: CRC Press.

Rosenzweig, S. (1941). Need-persistive and ego-defensive reactions to frustration as demonstrated by an experiment on repression. *Psychological Review, 48*, 347–349.

Rösler, F. (Hrsg.). (2001). *Grundlagen und Methoden der Psychophysiologie. Enzyklopädie der Psychologie, Band 4, Serie I, Themenbereich C*. Göttingen: Hogrefe Verlag für Psychologie.

Rosnow, R.L. & Rosenthal, R. (1996). Computing contrasts, effect sizes, and counternulls on other people's published data: General procedures for research consumers. *Psychological Methods, 1*, 331–340.

Ross, M. (1989). Relation of implicit theories to the construction of personal histories. *Psychological Review, 96*, 341–357.

Ross, M.B. & Salvia, J. (1975). Attractiveness as a biasing factor in teacher judgment. *American Journal of Mental Deficiency, 80*, 90–98.

Rosse, J.G., Stecher, M.D. & Miller, J.L. (1998). The impact of response distortion on preemployment personality testing and hiring decisions. *Journal of Applied Psychology, 83*, 634–644.

Rossman, B.B. & Gollob, H.F. (1975). Comparison of social judgement of creativity and intelligence. *Journal of Personality and Social Psychology, 31*, 271–281.

Rost, D.H. (Hrsg.). (2000). *Hochbegabte und hochleistende Jugendliche*. Münster: Waxmann.

Rost, D.H. (2002). Notwendige Klarstellungen. Zur Diskussion um Hochbegabung und Hochbegabte. *Report Psychologie, 27*, 624–634.

Rost, D.H. (2008). Multiple Intelligenzen, multiple Irritationen. *Zeitschrift für Pädagogische Psychologie, 22*, 97–112.

Rost, D.H. (2009). Mehr multiple Perspektiven – mehr multiple Irritationen? Replik auf die Kritik von Kim & Hoppe-Graff. *Zeitschrift für Pädagogische Psychologie, 23*, 75–83.

Rost, D.H. & Schermer, F.J. (1987). Auf dem Weg zu einer differenticllen Diagnostik der Leistungsangst. *Psychologische Rundschau, 38*, 14–36.

Rost, D.H. & Schermer, F.J. (1989a). Diagnostik des Leistungsangsterlebens. *Diagnostica, 35*, 287–315.

Rost, D.H. & Schermer, F.J. (1989b). »Reaktionsweisen gegenüber Tests« (RTT) und »Manifestationen von Leistungsangst« (DAI-MAN): Una eademque res? *Zeitschrift für Differentielle und Diagnostische Psychologie, 10*, 169–179.

Rost, D.H., Sparfeldt, J. & Schilling, S.R. (2007). *DISK-Gitter mit SKSLF-8. Differentielles Schulisches Selbstkonzept mit Skala zur Erfassung des Selbstkonzepts schulischer Leistungen und Fähigkeiten*. Göttingen: Hogrefe.

Rost, J. (1996). *Lehrbuch Testtheorie und Testkonstruktion*. Bern: Huber.

Rotenberg, K.J. (1995). The socialisation of trust: Parent's and children's interpersonal trust. *International Journal of Behavioral Development, 18*, 713–726.

Rotenberg, K.J., Fox, C., Green, S., Ruderman, L., Slater, K., Stevens, K. et al. (2005). Construction and validation of a children's interpersonal trust belief scale. *British Journal of Developmental Psychology, 23*, 271–292.

Roth, M. & Hammelstein, P. (Hrsg.) (2003). *Sensation Seeking – Konzeption, Diagnostik und Anwendung*. Göttingen: Hogrefe.

Rott, C. (1995). Sensorische und intellektuelle Entwicklung im Alter: Ergebnisse der Bonner Längsschnittstudie des Alterns (BOLSA). In A. Kruse & R. Schmitz-Scherzer (Hrsg.), *Psychologie der Lebensalter* (S. 217–229). Darmstadt: Steinkopff.

Rotter, J.B. (1954). *Social learning and clinical psychology*. Englewood Cliffs, NJ: Prentice Hall.

Rotter, J.B. (1966). Generalized expectancies for internal versus external control of reinforcement. *Psychological Monographs, 80*, Whole No. 609.

Rotter, J.B. (1967). A new scale for the measurement of interpersonal trust. *Journal of Personality, 35*, 651–665.

Rotter, J.B. (1971). Generalized expectancy for interpersonal trust. *American Psychologist, 26*, 443–452.

Rotter, J.B. (1978). Generalized expectancies for problem solving and psychotherapy. *Cognitive Therapy and Research, 2*, 1–10.

Rotter, J.B. (1980). Interpersonal trust, trustworthiness and gullibility. *American Psychologist, 35*, 1–7.

Rotter, J.B. & Hochreich, D.J. (1979). *Persönlichkeit. Theorien, Messung, Forschung*. Berlin: Springer.

Rowe, D.C. (1981). Environmental and genetic influences on dimensions of perceived parenting: A twin study. *Developmental Psychology, 17,* 203–269.

Rowe, D.C. & Plomin, R. (1981). The importance of nonshared (EI) environmental influences in behavioral developments. *Developmental Psychology, 17,* 517–531.

Rowe, D.C., Vazsonyi, A.T. & Flannery, D.J. (1994). No more than skin deep: Ethnic and racial similarity in developmental process. *Psychological Review, 101,* 396–413.

Rubenson, D.L. & Runco, M.A. (1992). The psychoeconomic approach to creativity. *New Ideas in Psychology, 10,* 131–147.

Rubinow, D.R. & Schmidt, P.J. (1996). Androgens, brain, and behavior. *American Journal of Psychiatry, 153,* 974–984.

Rubinstein, G. (2004). Locus of control and helplessness: Gender differences among bereaved parents. *Death Studies, 28,* 211–223.

Ruch, F.L. & Zimbardo, P.G. (1974). *Lehrbuch der Psychologie.* Berlin: Springer.

Ruch, W. (1999). Die revidierte Fassung des Eysenck Personality Questionnaire und die Konstruktion des deutschen EPQ-R bzw. EPQ-RK. *Zeitschrift für Differentielle und Diagnostische Psychologie, 20,* 1–24.

Rüddel, H., Neus, H. & Stumpf, H. (1982). Altersgruppen- und geschlechtsspezifische Unterschiede von Indikatorenwerten für Persönlichkeitsmerkmale (im Sinne der Personologie Murrays) in einer deutschen Mittelstadt. *Zeitschrift für Entwicklungspsychologie und Pädagogische Psychologie, 14,* 253–261.

Rudinger, G. (1987). Intelligenzentwicklung unter unterschiedlichen sozialen Bedingungen. In U. Lehr & H. Thomae (Hrsg.), *Formen seelischen Alterns. Ergebnisse der Bonner Gerontologischen Längsschnittstudie (BOLSA)* (S. 57–65). Stuttgart: Enke.

Rudinger, G. & Rietz, C. (1995). Intelligenz – Neuere Ergebnisse aus der Bonner Längsschnittstudie des Alterns (BOLSA). In A. Kruse & R. Schmitz-Scherzer (Hrsg.), *Psychologie der Lebensalter* (S. 185–199). Darmstadt: Steinkopff.

Rueter, M.A., Keyes, M.A., Iacono, W.G. & McGue, M. (2009). Family interactions in adoptive compared to nonadoptive families. *Journal of Family Psychology, 23,* 58–66.

Rushton, J.P. (1990). Why we should study race differences. *Psychologische Beiträge, 32,* 128–142.

Rushton, J.P. (1994). The equalitarian dogma revised. *Intelligence, 19,* 263–280.

Rushton, J.P. (1995). Construct validity, censorship, and the genetics of race. *American Psychologist, 50,* 40–41.

Rushton, J.P., Fulker, D.W., Neale, M.C., Nias, D.K.B. & Eysenck, H.J. (1986). Altruism and aggression: The heritability of individual differences. *Journal of Personality and Social Psychology, 50,* 1192–1198.

Rushton, J.P. & Jensen, A.R. (2005). Thirty years of research on race differences in cognitive ability. *Psychology, Public Policy, and Law, 11,* 235–294.

Russell, A. (1997). Individual and family factors contributing to mothers' and fathers' positive parenting. *International Journal of Behavioral Development, 21,* 111–132.

Rusting, C.L. & Larsen, R.J. (1997). Extraversion, neuroticism, and susceptibility to positive and negative affect: A test of two theoretical models. *Personality and Individual Differences, 22,* 607–612.

Rusting, C.L. & Larsen, R.J. (1999). Clarifying Gray's theory of personality: A response to Pickering, Corr and Gray. *Personality and Individual Differences, 26,* 367–372.

Salgado, J.F., Anderson, N. & Moscoso, S. (2003). A meta-analytic study of general mental ability validity for different occupations in the European Community. *Journal of Applied Psychology, 88,* 1068–1081.

Salovey, P. & Mayer, J.D. (1990). Emotional intelligence. *Imagination, Cognition and Personality, 9,* 185–211.

Salthouse, T.A. (1996a). Constraints on theories of cognitive aging. *Psychonomic Bulletin and Review, 3,* 287–299.

Salthouse, T.A. (1996b). The processing-speed theory of adult age differences in cognition. *Psychological Review, 103,* 403–428.

Salthouse, T.A. (2005). Effects of aging on reasoning. In K.J. Holyoak & R.G. Morrison (Eds.), *The Cambridge handbook of thinking and reasoning* (pp. 589–605). New York: Cambridge University Press.

Sanderman, R. & Ranchor, A.V. (1997). The predictor status of personality variables: Etiological significance and their role in the course of disease. *European Journal of Personality, 11,* 359–382.

Saragovi, C., Aube, J., Koestner, R. & Zuroff, D. (2002). Traits, motives, and depressive styles as reflections of agency and communion. *Personality and Social Psychology Bulletin, 28,* 563–577.

Sarason, I.G. (1966). *Personality: An objective approach.* New York: Wiley.

Sarason, I.G. (1984). Stress, anxiety, and cognitive interference: Reactions to tests. *Journal of Personality and Social Psychology, 46*, 929–938.

Sarason, I.G., Smith, R.E. & Diener, E. (1975). Personality research: Components of variance attributable to the person and the situation. *Journal of Personality and Social Psychology, 32*, 199–204.

Sattler, D.N., Kaiser, C.F. & Hittner, J.B. (2000). Disaster preparedness: Relationships among prior experiences, personal characteristics, and distress. *Journal of Applied Social Psychology, 30*, 1396–1420.

Saucier, G., Hampson, S.E. & Goldberg, L.R. (2000). Cross-language studies of lexical personality factors. In S.E. Hampson (Ed.), *Advances in personality psychology* (Vol. 1, pp. 1–36). London: Routledge.

Scarr, S. (1995). Inheritance, Intelligence, and Achievement. *Planning for Higher Education, 23*, 1–9.

Scarr, S., Pakstis, A.J., Katz, S.H. & Barker, W.B. (1977). Absence of a relationship between degree of white ancestry and intellectual skills within a black population. *Human Genetics, 39*, 69–86.

Scarr, S. & Weinberg, R.A. (1976). IQ test performance of Black children adopted by White families. *American Psychologist, 31*, 726–739.

Scarr, S. & Weinberg, R.A. (1979a). Intellectual similarities in adoptive and biologically related families of adolescents. In L. Willerman & R.B. Turner (Eds.), *Readings about individual and group differences* (pp. 61–73). San Francisco: Freeman.

Scarr, S. & Weinberg, R.A. (1979b). Nature and nurture strike (out) again. *Intelligence, 3*, 31–39.

Scarr, S. & Weinberg, R.A. (1983). The Minnesota adoption studies: Genetic differences and malleability. *Child Development, 54*, 260–267.

Schachter, S. & Singer, J.E. (1962). Cognitive, social, and physiological determinants of emotional state. *Psychological Review, 69*, 379–399.

Schaefer, C.E. & Anastasi, A. (1968). A biographical inventory for identifying creativity in adolescent boys. *Journal of Applied Psychology, 52*, 42–48.

Schaie, K.W. (1994). The course of adult intellectual development. *American Psychologist, 49*, 304–313.

Schaie, K.W. (1996). *Intellectual development in adulthood*. Cambridge: Cambridge University Press.

Schaie, K.W. (2005). *Developmental influences on adult intellectual development: The Seattle Longitudinal Study*. New York: Oxford University Press.

Schaie, K.W. & Strother, C.R. (1968). The effect of time- and cohort differences on the interpretation of age changes in cognitive behavior. *Multivariate Behavioral Research, 3*, 259–294.

Schandry, R. (2006). *Biologische Psychologie: Ein Lehrbuch* (2. Aufl.). Weinheim: Beltz.

Scheier, M.F., Buss, A.H. & Buss, B.M. (1978). Self-consciousness, self-report of aggressiveness, and aggression. *Journal of Research in Personality, 12*, 133–140.

Schill, T. & Althoff, M. (1968). Auditory perceptual thresholds for sensitizers, defensive and nondefensive repressors. *Perceptual and Motor Skills, 27*, 935–938.

Schlotz, W. & Phillips, D.I.W. (2009). Fetal origins of mental health: Evidence and mechanisms. *Brain, Behavior, and Immunity, 23*, 905–916.

Schmidt, A., Beauducel, A., Brocke, B. & Strobel, A. (2004). Vigilance performance and extraversion reconsidered: some performance differences can indeed be induced. *Personality and Individual Differences, 36*, 1343–1351.

Schmidt, F.L. & Hunter, J. (1998). The validity and utility of selection methods in personnel psychology: Practical and theoretical implications of 85 years of research findings. *Psychological Bulletin, 124*, 262–274.

Schmidt, F.L. & Hunter, J. (2004). General mental ability in the world of work: Occupational attainment and Job performance. *Journal of Personality and Social Psychology, 80*, 162–173.

Schmidt, J.U. & König, F. (1986). Untersuchungen zur revidierten Form des Freiburger Persönlichkeitsinventars (FPI-R). *Diagnostica, 32*, 197–208.

Schmidt, L.R. (1975). *Objektive Persönlichkeitsmessung in diagnostischer und klinischer Psychologie*. Weinheim: Beltz.

Schmidt, L.R., Häcker, H. & Schwenkmezger, P. (1985). Differentialdiagnostische Untersuchungen mit Objektiven Persönlichkeitstests und Fragebogen im psychiatrischen Bereich. *Diagnostica, 31*, 22–37.

Schmidt, L.R. & Schwenkmezger, P. (1994). Objektive Persönlichkeitstests: Perspektiven für die Diagnostik. In D. Bartussek & M. Amelang (Hrsg.), *Fortschritte der Differentiellen Psychologie und Psychologischen Diagnostik* (S. 229–239). Göttingen: Hogrefe.

Schmidt-Atzert, L. (2005). Beobachtungsfehler und Beobachtungsverzerrungen. In K. Westhoff, L.J. Hellfritsch, L.F. Hornke, K.D. Kubinger, F. Lang, H. Moosbrugger, A. Püschel & G. Reimann (Hrsg.), *Grundwissen für die berufsbezogene Eignungsbeurteilung nach DIN 33 430* (2. Aufl., S. 77–81). Lengerich: Pabst Science Publishers.

Schmidt-Atzert, L. & Bühner, M. (2002). Entwicklung eines Leistungstests zur Emotionalen Intelligenz. In E. van der Meer, H. Hagendorf, R. Beyer, F. Krüger, A. Nuthmann & S. Schulz (Hrsg.), *Deutsche Gesellschaft für Psychologie. 43. Kongress. Humboldt-Universität zu Berlin, 22.–26. September 2002. Programm – Abstracts*. Berlin: Humboldt-Universität.

Schmidt-Rathjens, C., Benz, D., van Damme, D., Feldt, K. & Amelang, M. (1997). Über zwiespältige Erfahrungen mit Fragebögen zum Kohärenzsinn sensu Anotonovsky. *Diagnostica, 43,* 327–346.

Schmidtke, A. & Häfner, H. (1986). Gibt es differentielle Imitationseffekte bei suizidalem Verhalten? In M. Amelang (Hrsg.), *Bericht über den 35. Kongreß der Deutschen Gesellschaft für Psychologie in Heidelberg, 1986* (Bd. 1, S. 467). Göttingen: Hogrefe.

Schmitz, P.G. (2004). On the alternative five-factor model: Structure and correlates. In R. M. Stelmack (Ed.), *On the psychobiology of personality: Essays in honor of Marvin Zuckerman* (pp. 65–87). Amsterdam: Elsevier.

Schnabel, K., Asendorpf, J.B. & Greenwald, G. (2008). Assessment of individual differences in implicit cognition – A review of IAT measures. *European Journal of Psychological Assessment, 24,* 210–217.

Schneewind, K.A. (1977). Entwicklung einer deutschsprachigen Version des 16 PF-Tests von Cattell. *Diagnostica, 23,* 188–191.

Schneewind, K.A. & Graf, J. (1998). *Der 16-Persönlichkeits-Faktoren-Test. Revidierte Fassung (16PF-R). Testmanual*. Bern: Huber.

Schorr, A. (1995). Stand und Perspektiven diagnostischer Verfahren in der Praxis. Ergebnisse einer repräsentativen Befragung westdeutscher Psychologen. *Diagnostica, 41,* 3–20.

Schuler, H. & Berger, W. (1979). Physische Attraktivität als Determinante von Beurteilung und Einstellungsempfehlung. *Psychologie und Praxis, 23,* 59–70.

Schulte, D. (Hrsg.). (1976). *Diagnostik in der Verhaltenstherapie*. München: Urban & Schwarzenberg.

Schulter, G. & Neubauer, A.C. (2005). Zentralnervensystem und Persönlichkeit. In P. Netter & J. Hennig (Eds.), *Biopsychologische Grundlagen der Persönlichkeit* (pp. 35–190). München: Elsevier.

Schumacher, J., Gunzelmann, T. & Brähler, E. (2000). Deutsche Normierung der Sense of Coherence Scale von Antonovsky. *Diagnostica, 46,* 208–213.

Schwartz, J.E. & Stone, A.A. (1998). Strategies for analyzing ecological momentary assessment data. *Health Psychology, 17,* 6–16.

Schwartz, M.S., Krupp, N.E. & Byrne, D. (1971). Repression-sensitization and medical diagnosis. *Journal of Abnormal Psychology, 78,* 286–291.

Schwarz, N. & Sudman, S. (1994). *Autobiographical memory and the validity of retrospective reports*. New York, NY: Springer.

Schwarzer, R. (1994). Optimistische Kompetenzerwartung: Zur Erfassung einer personellen Bewältigungsressource. *Diagnostica, 40,* 105–123.

Schweer, M.K.W. (1997a). Eine differentielle Theorie interpersonalen Vertrauens. *Psychologie in Erziehung und Unterricht, 44,* 2–12.

Schweer, M.K.W. (Hrsg.). (1997b). *Interpersonales Vertrauen*. Opladen: Westdeutscher Verlag.

Schweer, M.K.W. (Hrsg.). (1997c). *Vertrauen und soziales Handeln*. Neuwied: Luchterhand.

Schweer, M.K.W. (1998). *Vertrauen. Eine bibliographische Auswahl*. Landau: Verlag Empirische Pädagogik.

Schweinhart, L.J. & Weikart, D.P. (1980). *Young children grow up: The effects of the Perry Preschool Program on youths through age 15*. Ypsilanti, MI: The High/Scope Press.

Schweizer, K. (2005). An overview of research into the cognitive basis of intelligence. *Journal of Individual Differences, 26,* 43–51.

Schwenkmezger, P. (1994). Gesundheitspsychologie: Die persönlichkeitspsychologische Perspektive. In P. Schwenkmezger & L.R. Schmidt (Hrsg.), *Lehrbuch der Gesundheitspsychologie* (S. 46–64). Stuttgart: Enke.

Schwenkmezger, P., Eid, M. & Hank, P. (2000). Sozioökonomischer Status und Qualität der Umgebung. In M. Amelang (Hrsg.), *Determinanten individueller Unterschiede. Enzyklopädie der Psychologie* (Bd. 4, S. 129–204). Göttingen: Hogrefe.

Schwenkmezger, P. & Hank, P. (1995). Ärger, Ärgerausdruck und Blutdruckverhalten: Ergebnisse einer kombinierten experimentellen und feldexperimentellen Untersuchung. *Zeitschrift für Gesundheitspsychologie, 3,* 39–58.

Schwenkmezger, P., Hodapp, V. & Spielberger, C. D. (1992). *Das State-Trait-Ärgerausdrucks-Inventar (STAXI)*. Bern: Huber.

Schwenkmezger, P., Schmidt, L.R. & Stephan-Hembach, G. (1994). Angst, Ärger und Ärgerausdruck bei psychiatrischen und psychosomatischen Patientengruppen: Objektive Persönlichkeitstests und Fragebogenverfahren. *Zeitschrift für Klinische Psychologie, 23*, 63–177.

Sears, P.S. (1963). Self-concept in the service of educational goals. *California Journal for Instructional Improvement, 6*, 3–12.

Sears, R.R. (1961). Relation of early socialization experiences to aggression in middle childhood. *Journal of Abnormal and Social Psychology, 63*, 466–492.

Sears, R.R. (1984). The Terman gifted children study. In S.A. Mednick, M. Hanway & K.M. Finello (Eds.), *Handbook of longitudinal research, Vol. 1: Birth and childhood cohorts* (pp. 398–414). New York: Praeger.

Seeman, M. (1963). Alienation and social learning in a reformatory. *American Journal of Sociology, 69*, 270–284.

Seipp, B. & Schwarzer, C. (1991). Angst und Leistung: Eine Metaanalyse empirischer Befunde. *Zeitschrift für Pädagogische Psychologie, 5*, 85–97.

Selg, H. (1968). *Diagnostik der Aggression*. Göttingen: Hogrefe.

Shamosh, N.A. & Gray, J.M. (2008). Delay discounting and intelligence: A meta-analysis. *Intelligence, 36*, 239–305.

Shavelson, R.J., Hubner, J.J. & Stanton, G.C. (1976). Validation of construct interpretations. *Review of Educational Research, 46*, 407–441.

Shavelson, R.J. & Marsh, H.W. (1986). On the structure of self-concept. In R. Schwarzer (Ed.), *Self-related cognitions in anxiety and motivation* (pp. 305–330). Hillsdale, NJ: Lawrence Erlbaum.

Shaw, B.A. & Krause, N. (2001). Exploring race variations in aging and personal control. *Journal of Gerontology Series B: Psychological Sciences and Social Sciences, 56 B*, 119–124.

Shelley, M. & Pakenham, K. (2007). The effects of preoperative preparation on postoperative outcomes: The moderating role of control appraisals. *Health Psychology, 26*, 183–191.

Shenkin, S.D., Starr, J.M. & Deary, I.J. (2004). Birth weight and cognitive ability in childhood: A systematic review. *Psychological Bulletin, 130*, 989–1013.

Shepherd, S., Fitch, T.J., Owen, D. & Marshall, J.L. (2006). Locus of control and academic achievement in high school students. *Psychological Reports, 98*, 318–322.

Sheppard, L.D. & Vernon, P.A. (2008). Intelligence and speed of information-processing: A review of 50 years of research. *Personality and Individual Differences, 44*, 535–551.

Sherman, M. (1979). *Personality*. New York: Pergamon Press.

Shields, J. (1962). *Monozygotic twins brought up apart and brought up together*. London: Oxford University Press.

Shields, J. (1978). MZA twins: Their use and abuse. In W.E. Nance (Ed.), *Twin Research. Part A. Psychology and Methodology* (pp. 79–93). New York: Alan R. Liss.

Shiffman, S. (Ed.). (2000). *The science of self-report*. Mahwah, NJ: Erlbaum.

Shiloh, S., Peretz, G., Iss, R. & Kiedan, R. (2007). Recovery attributions: Explicit endorsement of biomedical factors and implicit dominance of psycho-social factors. *Journal of Behavioral Medicine, 30*, 243–251.

Shinn, M. (1978). Father absence and children's cognitive development. *Psychological Bulletin, 85*, 295–324.

Shoda, Y., Cervone, D. & Downey, G. (Eds.) (2007). *Persons in context*. New York: Guilford.

Shoda, Y., Mischel, W. & Wright, J.C. (1994). Intraindividual stability in the organization and pattering of behavior: Incorporating psychological situations into idiographic analysis of personality. *Journal of Personality and Social Psychology, 67*, 674–688.

Shulman, L.S. (1966). Review of Wallach & Kogan's modes of thinking in young children. *American Educational Research Journal, 3*, 305–309.

Shweder, R.A. (1982). Fact and artifact in trait-perception: The systematic distortion hypothesis. In B.A. Maher (Ed.), *Progress in experimental personality research* (Vol. 11, pp. 65–100).

Shweder, R.A. & D'Andrade, R.G. (1980). The systematic distortion hypothesis. In R.A. Shweder (Ed.), *Fallible judgment in behavioral research. New directions for methodology of social and behavioral science, No. 4* (pp. 37–58). San Francisco: Jossey-Bass.

Silverman, I.W. (2003). Gender differences in Delay of Gratification. *Sex Roles, 49*, 451–463.

Simon, R.W. & Nath, L.E. (2004). Gender and emotion in the United States: Do men and women differ in self-reports of feelings and expressive behavior? *American Journal of Sociology, 109*, 1137–1176.

Simonton, D.K. (1991). Emergence and realization of genius: The lives and works of 120 classical composers. *Journal of Personality and Social Psychology, 61*, 829–840.

Simonton, D.K. (1992). Leaders of American psychology, 1879–1967: Career development, creative output, and professional achievement.

Journal of Personality and Social Psychology, 62, 5–17.

Skanes, G.R., Sullivan, A.M. & Rowe, E.J. (1974). Intelligence and transfer: Aptitude by treatment interactions. *Journal of Educational Psychology, 66*, 563–568.

Skodak, M. & Skeels, H.M. (1949). A final follow-up study of 100 adopted children. *Journal of Genetic Psychology, 75*, 85–125.

Slakter, M.J., Koehler, R.A. & Hampton, S.H. (1970). Grade level, sex, and selection aspects of testwiseness. *Journal of Educational Measurement, 7*, 119–122.

Slezkine, Y. (2004). *The Jewish century*. Princeton, NJ: Princeton University Press.

Smillie, L.D. (2008). What is reinforcement sensitivity? Neuroscience paradigms for approach-avoidance process theories of personality. *European Journal of Personality, 22*, 359–384.

Smith, R.M. (1968). Characteristics of creativity research. *Perceptual and Motor Skills, 26*, 698.

Smith, W.J., Albright, L.E. & Glennon, J.R. (1961). The prediction of research competence and creativity from personal history. *Journal of Applied Psychology, 45*, 59–62.

Snyder, M. & Gangestad, S. (1982). Choosing social situations: Two investigations of self-monitoring processes. *Journal of Personality and Social Psychology, 43*, 123–135.

Snyder, M. & Monson, T.C. (1975). Persons, situations, and the control of social behavior. *Journal of Personality and Social Psychology, 32*, 637–644.

Snyder, M., Tanke, E.D. & Berscheid, E. (1977). Social perception and interpersonal behavior: On the self-fulfilling nature of social stereotypes. *Journal of Personality and Social Psychology, 35*, 656–666.

Somer, O. & Goldberg, L.R. (1999). The structure of Turkish trait-descriptive adjectives. *Journal of Personality and Social Psychology, 76*, 431–450.

Sontag, L.W., Baker, C.T. & Nelson, V.L. (1958). Mental growth and personality development: A longitudinal study. *Monographs of the Society for Research in Child Development, 23*, 1–143.

Sorlie, T. & Sexton, H.C. (2004). Predictors of change in health locus of control following surgical treatment. *Personality and Individual Differences, 36*, 991–1004.

Soto, C.J., John, O., Gosling, S.D. & Potter, J. (2008). The developmental psychometrics of Big Five self-reports: Acquiescence, factor structure, coherence, and differentiation from ages 10 to 20. *Journal of Personality and Social Psychology, 94*, 718–737.

Spearman, C. (1904). The proof and measurement of association between two things. *American Journal of Psychology, 15*, 72–101.

Spence, J.T. & Helmreich, R. (1980). Masculine instrumentality and feminine expressiveness: Their relationships with sex role attitudes and behaviors. *Psychology of Women Quarterly, 5*, 147–163.

Spence, J.T. & Helmreich, R.L. (1978). *Masculinity and femininity: Their psychological dimensions, correlates, and antecedents*. Austin, TX: University of Texas Press.

Spence, J.T. & Spence, K.W. (1966). The motivational components of manifest anxiety: Drive and drive stimuli. In C.D. Spielberger (Ed.), *Anxiety and behavior* (pp. 291–326). New York: Academic Press.

Spielberger, C.D. (1972). Anxiety as an emotional state. In C.D. Spielberger (Ed.), *Anxiety: Current trends in theory and research* (Vol. 1, pp. 23–49). New York: Academic Press.

Spielberger, C.D. (1980). *Test anxiety inventory (»Test attitude inventory«)*. Palo Alto, CA: Psychologists Press.

Spielberger, C.D. (1983). *Manual for the Stat-Trait Anxiety Inventory (Form V)*. Palo Alto, CA: Psychologists Press.

Spielberger, C.D. (1985). Anxiety, cognition, and affect: A state-trait perspective. In A.H. Tuma & J.D. Maser (Eds.), *Anxiety and the anxiety disorders* (pp. 171–182). Hillsdale, NJ: Erlbaum.

Spielberger, C.D., Gorsuch, R.L. & Lushene, R.E. (1970). *Manual for the state-trait anxiety inventory*. Palo Alto, CA: Consulting Psychologists Press.

Spinath, F.M. (2000). *Validität von Fremdbeurteilungen: Einflussfaktoren auf die Konvergenz von Selbst- und Fremdbeurteilungen in Persönlichkeitseinschätzungen*. Lengerich: Pabst Science Publishers.

Spinath, F.M. & O'Connor, T.G. (2003). A behavioral genetic study of the overlap between personality and parenting. *Journal of Personality and Social Psychology, 71*, 785–808.

Spoont, M.R., Depue, R.A. & Krauss, S.S. (1991). Dimensional measurement of seasonal variation in mood and behavior. *Psychiatry Research, 39*, 269–284.

Sprecher, T.B. (1959). A study of engineer's criteria for creativity. *Journal of Applied Psychology, 43*, 141–148.

Spreen, O. (1963). *MMPI Saarbrücken. Handbuch*. Bern: Huber.

Springer, S.P. & Deutsch, G. (1997). *Left brain, right brain: Perspectives from cognitive neuroscience* (6th ed.). New York: Worth Publishers.

Srivastava, S., John, O.P., Gosling, S.D. & Potter, J. (2003). Development of personality in early and middle adulthood: Set like plaster or persistent change? *Journal of Personality and Social Psychology, 84,* 1041–1053.

Stack, L.C. (1978). Trust. In H. London & J. E. Exner (Eds.), *Dimensions of personality* (pp. 561–599). New York: Wiley.

Stagner, R. (1977). On the reality and relevance of traits. *Journal of General Psychology, 96,* 185–207.

Stanjovic, A.D. & Luthans, F. (1998). Self-efficacy and work-related performance: A meta-analysis. *Psychological Bulletin, 124,* 240–261.

Stankov, L. & Roberts, D.R. (1997). Mental speed is not the »basic« process of intelligence. *Personality and Individual Differences, 22,* 69–84.

Stanton, S.J., Wirth, M.M., Waugh, C.E. & Schultheiss, O.C. (2009). Endogenous testosterone levels are associated with amygdala and ventromedial prefrontal cortex responses to anger faces in men but not women. *Biological Psychology, 81,* 118–122.

Stapf, K.H., Herrmann, T., Stapf, A. & Stäcker, K. H. (1972). *Psychologie des elterlichen Erziehungsstiles.* Stuttgart: Klett.

Steck, P. (1997). Psychologische Testverfahren in der Praxis: Ergebnisse einer Umfrage unter Testanwendern. *Diagnostica, 43,* 267–284.

Steen, R.G. & Campbell, F. (2008). The cognitive impact of systemic illness in childhood and adolescence. In A. Prifitera, D. H. Saklofske & L. G. Weiss (Eds.), *WISC-IV clinical assessment and intervention* (2nd ed., pp. 365–407). San Diego, CA: Academic Press.

Stein, M.I. (1953). Creativity and culture. *Journal of Psychology, 36,* 311–322 (Deutsch: Kreativität und Kultur. In G. Ulmann (Hrsg.), Kreativitätsforschung (S. 365–375). Köln: Kiepenheuer & Witsch).

Stein, Z.A., Susser, M.W., Saenger, G. & Marolla, F.A. (1972). Nutrition and mental performance. *Science, 181,* 708–713.

Steinmayr, R. & Amelang, M. (2005). Untersuchungen zur Kriteriums-Validität des I-S-T 2000R an Erwachsenen beiderlei Geschlechts. *Manuskript, unter Beurteilung.*

Stelmack, R.L. (Hrsg.). (2004). *On the psychobiology of personality: Essays in honor of Marvin Zuckerman.* Oxford, UK: Elsevier.

Stemmler, G. (1992). *Differential psychophysiology: Persons in situations.* New York: Springer.

Stemmler, G. (1997). Selective activation of traits: Boundary conditions for the activation of anger. *Personality and Individual Differences, 22,* 213–233.

Stemmler, G. (2001). Grundlagen psychophysiologischer Methodik. In F. Rösler (Hrsg.), *Grundlagen und Methoden der Psychophysiologie. Enzyklopädie der Psychologie, Band 4, Serie I, Themenbereich C* (S. 1–84). Göttingen: Hogrefe Verlag für Psychologie.

Stemmler, G. (2003). Methodological considerations in the psychophysiological study of emotion. In R.J. Davidson, H.H. Goldsmith & K. R. Scherer (Eds.), *Handbook of affective science* (pp. 225–255). New York: Oxford University Press.

Stemmler, G. (2004). Physiological processes during emotion. In P. Philippot & R.S. Feldman (Eds.), *The regulation of emotion* (pp. 33–70). Mahwah, NJ: Erlbaum.

Stemmler, G. (2005). Biologische Ansätze. In H. Weber & T. Rammsayer (Hrsg.), *Handbuch der Persönlichkeitspsychologie und Differentiellen Psychologie* (S. 181–192). Göttingen: Hogrefe.

Steptoe, A. & Wardle, J. (2001). Health behaviour, risk awareness and emotional well-being in students from Eastern Europe and Western Europe. *Social Science and Medicine, 53,* 1621–1631.

Stern, W. (1900). *Über die Psychologie der individuellen Differenzen.* Leipzig: Barth.

Stern, W. (1911a). *Die Differentielle Psychologie und ihre methodischen Grundlagen.* Leipzig: Barth.

Stern, W. (1911b). *Intelligenzproblem und Schule.* Leipzig: Teubner.

Stern, W. (1921). *Die Differentielle Psychologie in ihren methodischen Grundlagen.* Leipzig: Barth.

Stern, W. (1950). *Allgemeine Psychologie auf personalistischer Grundlage.* Den Haag: Mouton.

Sternberg, R.J. (1977). *Intelligence, information processing, and analogical reasoning.* Hillsdale, NJ: Erlbaum.

Sternberg, R.J. (1998). *Erfolgsintelligenz. Warum wir mehr brauchen als IQ und EQ.* München: Lichtenberg.

Sternberg, R.J. (2003a). Issues in the theory and measurement of successful intelligence: A reply to Brody. *Intelligence, 31,* 331–337.

Sternberg, R.J. (2003b). Our research program validating the triarchic theory of successful intelligence: Reply to Gottfredson. *Intelligence, 31,* 399–413.

Sternberg, R.J. (2005). The importance of converging operations in the study of human intelligence. *Cortex, 41,* 243–244.

Sternberg, R.J., Conway, B.E., Bernstein, M. & Ketron, J.C. (1981). People's conceptualisations of intelligence. *Journal of Personality and Social Psychology, 41*, 37–55.

Sternberg, R.J. & Detterman, D.K. (1986). *What is intelligence?* Norwood, NJ: Ablex Publishing Corporation.

Sternberg, R.J., Forsythe, G.B., Hedlund, J., Horvath, J.A., Wagner, R.K., Williams, W.M. et al. (2000). *Practical intelligence in everyday life.* New York: Cambridge University Press.

Sternberg, R.J. & Grigorenko, E.L. (Eds.) (2002). *The general factor of intelligence: How general is it?* Mahwah, NJ: Lawrence Erlbaum.

Sternberg, R.J. & Lubart, T.I. (1991). An investment theory of creativity and its development. *Human Development, 34*, 1–31.

Sternberg, R.J. & Lubart, T.I. (1992). Buy low and sell high: An investment approach to creativity. *Current Directions in Psychological Science, 1*, 1–5.

Sternberg, S. (1966). High-speed scanning in human memory. *Science, 153*, 652–654.

Sternberg, S. (1969). Memory-scanning: Mental processes revealed by reaction time experiments. *American Scientist, 57*, 421–457.

Steyer, R. (1987). Konsistenz und Spezifität: Definition zweier zentraler Begriffe der Differentiellen Psychologie und ein einfaches Modell zur ihrer Identifikation. *Zeitschrift für Differentielle und Diagnostische Psychologie, 8*, 245–258.

Steyer, R. (1992). *Theorie kausaler Regressionsmodelle.* Stuttgart: Fischer.

Steyer, R. & Eid, M. (2002). *Messen und Testen* (2. Aufl.). Berlin: Springer.

Steyer, R., Schmitt, M. & Eid, M. (1999). Latent state-trait theory and research in personality and individual differences. *European Journal of Personality, 13*, 389–408.

Steyer, R., Schmitt, M.J. & Ferring, D. (1992). States and Trates in psychological assessment. *European Journal of Psychological Assessment, 8*, 79–98.

Stöber, J. (2001). The Social Desirability Scale-17 (SDS-17). Convergent validity, discriminant validity, and relationship with age. *European Journal of Psychological Assessment, 17*, 222–232.

Stone, S.V. & Costa, P.T., Jr. (1990). Disease-prone personality or distress-prone personality? In H.S. Friedman (Ed.), *Personality and disease* (pp. 178–200). New York: Wiley.

Strack, F. & Deutsch, R. (2004). Reflective and impulsive determinants of social behavior. *Personality and Social Psychology Review, 8*, 220–247.

Strenze, T. (2007). Intelligence and socioeconomic success: A meta-analysis review of longitudinal research. *Intelligence, 35*, 401–426.

Stricker, L.J., Jacobs, P.I. & Kogan, N. (1974). Trait interrelations in implicit personality theories and questionnaire data. *Journal of Personality and Social Psychology, 30*, 198–207.

Stright, A.D. & Bales, S.S. (2003). Coparenting quality: Contributions of child and parent characteristics. *Family Relations, 52*, 232–240.

Strobel, A., Beauducel, A., Debener, S. & Brocke, B. (2001). Eine deutschsprachige Version des BIS/BAS-Fragebogens von Carver und White. *Zeitschrift für Differentielle und Diagnostische Psychologie, 22*, 216–227.

Suizzo, M.-A. & Soon, K. (2006). Parental academic socialization: Effects of home-based parental involvement on locus of control across U.S. ethnic groups. *Educational Psychology, 26*, 827–846.

Sullivan, H.S. (1953). *The interpersonal theory of psychiatry.* New York: Norton.

Sullivan, J.L. & Transue, J.E. (1999). The psychological underpinnings of democracy: A selective review of research on political tolerance, interpersonal trust, and social capital. *Annual Review of Psychology, 50*, 625–650.

Sulloway, F.J. (1996). *Born to rebel: Birth order, family dynamics, and creative lives.* New York: Pantheon Books.

Süllwold, F. (1988). Geschlechtsunterschiede in der Streßverarbeitung. *Forschung Frankfurt, Wissenschaftsmagazin der Johann Wolfgang Goethe-Universität*, 30–34.

Suls, J. & Martin, R. (2005). The daily life of the garden-variety neurotic: reactivity, stressor exposure, mood spillover, and maladaptive coping. *Journal of Personality, 73*, 1485–1510.

Sundet, J.M., Barlaug, D.G. & Torjussen, T.M. (2004). The end of the Flynn effect? A study of secular trends in mean intelligence test scores of Norwegian conscripts during half a century. *Intelligence, 32*, 349–362.

Süß, H.M. (1996). *Intelligenz, Wissen und Problemlösen.* Göttingen: Hogrefe.

Süß, H.M. (1999). Intelligenz und komplexes Problemlösen – Perspektiven für eine Kooperation zwischen differentiell-psychometrischer und kognitionspsychologischer Forschung. *Psychologische Rundschau, 50*, 220–228.

Swaab, D.F. & Fliers, E. (1985). A sexually dimorphic nucleus in the human brain. *Science, 228*, 1112–1115.

Swaab, D.F. & Hofman, M.A. (1990). An enlarged suprachiasmatic nucleus in homosexual men. *Brain Research, 537*, 141–148.

Swami, V., Greven, C. & Furnham, A. (2007). More than just skin-deep? A pilot study integrating physical and non-physical factors in the perception of physical attractiveness. *Personality and Individual Differences, 42*, 563–572.

Szymura, B. & Necka, E. (1998). Visual selective attention and personality: An experimental verification of three models of extraversion. *Personality and Individual Differences, 24*, 713–729.

Tabachnick, B.G. & Fidell, L.S. (2006). *Using multivariate statistics* (5th ed.). Boston: Allyn & Bacon.

Taris, T.W. & Bok, I.A. (1996). Parenting environment and scholastic achievement during adolescence: A retrospective study. *Early Child Development and Care, 121*, 67–83.

Taylor, C.W. (1958). Variables related to creativity and productivity among men in two research laboratories. In C.W. Taylor (Ed.), *The second (1957) University of Utah Research conference on the identification of creative scientific talent* (pp. 20–54). Salt Lake City: University of Utah Press.

Taylor, C.W. (Ed.). (1964). *Widening horizons in creativity*. New York: Wiley.

Taylor, C.W. & Barron, F. (Eds.) (1963). *Scientific creativity: Its recognition and development.* New York: Wiley.

Taylor, C.W. & Holland, J. (1964). Predictors of creative performance. In C.W. Taylor (Ed.), *Creativity: progress and potential* (pp. 16–48). New York: McGraw-Hill.

Taylor, J.A. (1953). A personality scale of manifest anxiety. *Journal of Abnormal and Social Psychology, 48*, 285–290.

Taylor, J.A. (1956). Drive theory and manifest anxiety. *Psychological Bulletin, 53*, 303–320.

Taylor, M.D., Hart, C.L., Smith, G.D., Whalley, L.J., Hole, D.J., Wilson, V. et al. (2005). Childhood IQ and marriage by mid-life: The Scottish Mental Survey 1932 and the Midspan studies. *Personality and Individual Differences, 38*, 1621–1630.

Teasdale, J.D. & Fogarty, S.J. (1979). Differential effects of induced mood retrieval of pleasant and unpleasant events from episodic memory. *Journal of Abnormal Psychology, 88*, 248–257.

Teasdale, T.W. & Owen, D.R. (2000). Forty-year secular trends in cognitive abilties. *Intelligence, 28*, 115–120.

Tedeschi, J.T., Smith, R.B. & Brown, R.C. (1974). A reinterpretation of research on aggression. *Psychological Bulletin, 81*, 540–562.

Tellegen, A. (1988). The analysis of consistency in personality assessment. *Journal of Personality, 56*, 621–663.

Tellegen, A., Lykken, D.T., Bouchard, T.J., Jr., Wilcox, K.J., Rich, S. & Segal, N.L. (1988). Personality similarity in twins reared apart and together. *Journal of Personality and Social Psychology, 54*, 1031–1039.

Temoshok, L. (1985). Biopsychological studies on cutaneous malignant melanoma: Psychosocial factors associated with prognostic indicators, progression, psychophysiology and tumor-host response. *Social Science and Medicine, 20*, 833–840.

Temoshok, L. (1987). Personality, coping style, emotion and cancer: Towards an integrative model. *Cancer Surveys, 6*, 545–567.

Temoshok, L. & Fox, B.H. (1984). Coping styles and other psychosocial factors related to medical status and to prognosis in patients with cutaneous malignant melanoma. In B.H. Fox & B.H. Newberry (Eds.), *Impact of psychoendocrine systems in cancer and immunity* (pp. 258–287). Lewiston, NY: Hogrefe.

Tempone, V.J. (1964). Extension of the repression-sensitization hypothesis to success and failure experience. *Psychological Reports, 15*, 39–45.

Tent, L. & Stelzl, I. (1993). *Pädagogisch-psychologische Diagnostik; Band 1: Theoretische und methodische Grundlagen*. Göttingen: Hogrefe.

Terman, L. & Miles, C.C. (1936). *Sex and personality: Studies in masculinity and femininity.* New York: McGraw-Hill.

Terman, L.M. (1916). *The measurement of intelligence*. Boston, MA: Houghton Mifflin.

Terman, L.M. (1917). The intelligence quotient of Francis Galton in childhood. *American Journal of Psychology, 28*, 209–215.

Terman, L.M. (1954). Scientists and non-scientists in a group of 800 gifted men. *Psychological Monographs, 68*.

Terman, L.M. (Ed.). (1925). *Genetic studies of genious. Volume I. Mental and physical traits of a thousand gifted children*. Stanford, CA: Stanford University Press.

Terman, L.M. & Merrill, M.A. (1937). *Measuring intelligence*. Boston: Houghton Mifflin.

Terman, L.M. & Oden, M.H. (1947). *The gifted child grows up*. Stanford, CA: Stanford University Press.

Terman, L.M. & Oden, M.H. (1959). *The gifted group at mid-life*. Stanford, CA: Stanford University Press.

Terracciano, A., Abdel-Khalek, A.M., Adam, N., Adamovova, L., Ahn, C.K., Ahn, H.N. et al. (2005). National character does not reflect mean personality trait levels in 49 cultures. *Science, 310*, 96–100.

Tett, R.P., Fox, K.E. & Wang, A. (2005). Development and validation of a self-report measure of

emotional intelligence as a multidimensional trait domain. *Personality and Social Psychology Bulletin, 31,* 859–888.
Tett, R.P. & Guterman, H.A. (2000). Situation trait relevance, trait expression, and cross-situational consistency: Testing a principle of trait activation. *Journal of Research in Personality, 34,* 397–423.
Thienpont, K. & Verleye, G. (2003). Cognitive ability and occupational status in a British cohort. *Journal of Biosocial Science, 36,* 333–349.
Thomae, H. (1968). *Das Individuum und seine Welt. Eine Persönlichkeitstheorie.* Göttingen: Hogrefe.
Thomae, H. & Kächele, H. (2006a). *Psychoanalytische Therapie. Forschung* (3. Aufl.). Heidelberg: Springer.
Thomae, H. & Kächele, H. (2006b). *Psychoanalytische Therapie. Grundlagen* (3. Aufl.). Heidelberg: Springer.
Thomae, H. & Kächele, H. (2006c). *Psychonanalytische Therapie. Praxis* (3. Aufl.). Heidelberg: Springer.
Thorndike, E.L. (1920). Intelligence and its uses. *Harpers Magazine, 40,* 227–235.
Thurstone, L.L. (1931). The measurement of social attitudes. *Journal of Abnormal and Social Psychology, 26,* 249–269.
Thurstone, L.L. (1938). *Primary mental abilities.* Chicago: University of Chicago Press.
Thurstone, L.L. (1947). *Multiple factor analysis (2nd ed. 1950).* Chicago: University of Chicago Press.
Thurstone, L.L. (1954). An analytical method for simple structure. *Psychometrika, 19,* 173–182.
Thurstone, L.L. & Thurstone, T.G. (1941). *Factorial studies of intelligence.* Chicago: University of Chicago Press.
Timm, O. (1968). Reliabilität und Faktorenstruktur von Cattells 16 PF-Test bei einer deutschen Stichprobe. *Zeitschrift für Experimentelle und Angewandte Psychologie, 15,* 354–373.
Toman, W. (1971). The duplication theorem of social relationships as tested in the general population. *Psychological Review, 78,* 380–390.
Tomarken, A.J., Davidson, R.J., Wheeler, R.E. & Doss, R.C. (1992). Individual differences in anterior brain asymmetry and fundamental dimensions in emotion. *Journal of Personality and Social Psychology, 62,* 676–687.
Tomlinson-Keasy, C. & Little, T.D. (1990). Predicting educational attainment, occupational achievement, intellectual skills, and personal adjustment among gifted men and women. *Journal of Educational Psychology, 82,* 442–455.
Torrance, E.P. (1962). Testing and creative talents. *Educational Leadership, 20,* 7–10.
Torrance, E.P. (1964). *Educations and the creative potential.* Minneapolis: University of Minnesota Press.
Torrance, E.P. (1968). Neue Item-Arten zur Erfassung kreativer Denkfähigkeit. In K. Ingenkamp & T. Marsolek (Hrsg.), *Möglichkeiten und Grenzen der Testanwendung in der Schule* (S. 325–343). Weinheim: Beltz.
Trost, G. & Bickel, H. (1979). *Studierfähigkeit und Studienerfolg.* München: Minerva.
Tuddenham, R.D. (1978). Soldier intelligence in World War I and II. *American Psychologist, 3,* 54–56.
Tupes, E.C. & Christal, R.C. (1958). *Stability of personality trait rating factors obtained under diverse conditions.* (Research Report). Lackland Air Force Base, Texas: U.S. Air Force.
Tupes, E.C. & Christal, R.C. (1961). *Recurrent personality factors based on trait ratings* (Tech. Rep. No. ASD-TR-61-97). Lackland Air Force Base, Texas: U.S. Air Force.
Tupes, E.C. & Christal, R.C. (1992). Recurrent personality factors based on trait ratings. *Journal of Personality, 60,* 225–252.
Turkheimer, E. (2000). Three laws of behavior genetics and what they mean. *Current Directions in Psychological Science, 9,* 160–164.
Turner, R.B. (1978). Consistency, self-conciousness, and the predictive validity of typical and maximal personality measures. *Journal of Research in Personality, 12,* 117–132.
Turner, R.B. & Gilliland, L. (1979). The comparative relevance and predictive validity of subject generated trait description. *Journal of Personality, 47,* 230–244.
Twenge, J.M., Zhang, L. & Im, C. (2004). It's beyond my control: A cross-temporal meta-analysis of increasing externality in locus of control, 1960–2002. *Personality and Social Psychology Review, 8,* 308–319.
Uexküll, T.v. (1996). *Psychosomatische Medizin.* München: Urban & Schwarzenberg.
Uher, J. & Asendorpf, J.B. (2008). Personality assessment in the Great Apes: Comparing ecologically valid behavior measures, behavior ratings, and adjective ratings. *Journal of Research in Personality, 42,* 821–838.
Ullman, J.B. (2001). Structural equation modeling. In B. Tabachnick & L.S. Fidell (Eds.), *Using multivariate statistics* (4th ed., pp. 653–771). Boston: Allyn and Bacon.
Ullmann, L.P. (1962). An empirically derived MMPI scale which measures facilitation, inhi-

bition of recognition of threatening stimuli. *Journal of Clinical Psychology, 18,* 127–132.
Ulmann, G. (1968). *Kreativität.* Weinheim: Beltz.
Ulrich, R. (1966). Pain as a cause of aggression. *American Zoologist, 6,* 643–662.
Urban, K.K. (1993). Neuere Aspekte in der Kreativitätsforschung. *Psychologie in Erziehung und Unterricht, 39,* 133–148.
Vagt, G. (2000). Äußere Erscheinung: Physische Attraktivität, Konstitution, Körpergröße. In M. Amelang (Hrsg.), *Determinanten individueller Unterschiede. Enzyklopädie der Psychologie, Themenbereich C, Theorie und Forschung, Serie VIII, Differentielle Psychologie und Persönlichkeitsforschung, Band 4* (S. 595–666). Göttingen: Hogrefe.
Vagt, G. & Majert, W. (1977). Schöne Menschen haben's auch nicht leichter. *Psychologie Heute, 9,* 36–38.
van den Akker, M., Buntinx, F., Metsemakers, J.F.M., van der Aa, M. & Knottnerus, J.A. (2001). Psychosocial patient characteristics and GP-registered chronic morbidity: A prospective study. *Journal of Psychosomatic Research, 50,* 95–102.
van der Linden, M., van den Akker, M. & Buntinx, F. (2001). The relation between health locus of control and multimorbidity: A case control study. *Personality and Individual Differences, 30,* 1189–1197.
van der Sluis, S., Willemsen, G., de Geus, E.J., Boomsma, D.I. & Posthuma, D. (2008). Gene-environment interaction in adult's IQ scores: Measures of past and present environment. *Behavior Genetics, 38,* 348–360.
van Dusen, K.T., Mednick, S.A., Gabrielli, W.F. & Hutchings, B. (1983). Social class and crime in an adoption cohort. *Journal of Criminal Law and Criminology, 74,* 249–269.
Van Leeuwen, K.G., Mervielde, I. & Braet, C. (2004). Child personality and parental behavior as moderators of problem behavior: Variable- and person-centered approaches. *Developmental Psychology, 40,* 1028–1046.
van Leeuwen, M., van den Berg, S.M. & Boomsma, D.I. (2008). A twin family study of general IQ. *Learning and Individual Differences, 18,* 76–88.
van Oort, F.V.A., van Lenthe, F.J. & Mackenbach, J.P. (2005). Material, psychosocial, and behavioural factors in the explanation of educational inequalities in mortality in the Netherlands. *Journal of Epidemiology and Community Health, 59,* 214–220.
Van Rooy, D.L. & Viswesvaran, C. (2004). Emotional Intelligence: A meta-analytic investigation of predictive validity and nomological net. *Journal of Vocational Behavior, 65,* 71–95.
Vandenberg, S.G. & Hakstian, A.R. (1978). Cultural influences on cognition: A reanalysis of Vernon's data. *International Journal of Psychology, 13,* 251–279.
Vassend, O. & Skrondal, A. (1997). Validation of the NEO Personality Inventory and the five-factor model. Can findings from exploratory and confirmatory factor analysis be reconciled? *European Journal of Personality, 11,* 147–166.
Verhaeghen, P., Borchelt, M. & Smith, J.C. (2003). Relation between cardiovascular and metabolic disease and cognition in very old age: Cross-sectional and longitudinal findings from the Berlin Aging Study. *Health Psychology, 22,* 559–569.
Verma, P. & Nijhawan, H.K. (1976). The effect of anxiety reinforcement and intelligence on the learning of a difficult ask. *Journal of Experimental Child Psychology, 22,* 302–308.
Vernon, P.A. (1993). Intelligence and neural efficiency. In D.K. Detterman (Ed.), *Current topics in human intelligence* (Vol. 3, pp. 171–187). Norwood, NJ: Ablex.
Vernon, P.A. & Weese, S.E. (1993). Predicting intelligence with multiple speed of information-processing tests. *Personality and Individual Differences, 14,* 413–419.
Vernon, P.E. (1950). *The structure of human abilities.* London: Methuen.
Vernon, P.E. (1965). Ability factors and environmental influences. *American Psychologist, 20,* 723–733.
Vernon, P.E. (1969). *Intelligence and cultural environment.* London: Methuen.
Vincent, N., Sande, G., Read, C. & Giannuzzi, T. (2004). Sleep Locus of Control: Report on a new scale. *Behavioral Sleep Medicine, 2,* 79–93.
Vink, J.M. & Boomsma, D.I. (2002). Gene finding strategies. *Biological Psychology, 61,* 53–71.
Vögele, C. & Steptoe, A. (1993). Ärger, Feindseligkeit und kardiovaskuläre Reaktivität: Implikationen für essentielle Hypertonie und koronare Herzkrankheit. In V. Hodapp & P. Schwenkmezger (Hrsg.), *Ärger und Ärgerausdruck* (S. 169–191). Bern: Huber.
von Boxberg, C. & Rüddel, H. (1995). Die Bedeutung von psychosozialen Faktoren als Risikofaktoren für die koronare Herzkrankheit: Ein Methodenproblem? *Zeitschrift für Gesundheitspsychologie, 3,* 195–208.
von Bracken, H. (1969). Humangenetische Psychologie. In T. Becker (Hrsg.), *Humangenetik, Band 1/2* (S. 409–561). Stuttgart: Thieme.

von Georgi, R. & Beckmann, D. (2004). *Selbstkonzept-Inventar (SKI)*. Göttingen: Testzentrale Göttingen.

von Holst, E. & von Saint Paul, U. (1960). Vom Wirkungsgefüge der Triebe. *Die Naturwissenschaften, 47*, 409–422.

Wachs, T.D. (1983). The use and abuse of environment in behavior-genetic research. *Child Development, 54*, 396–407.

Wachs, T.D. (2008). Multiple influences on children's nutritional deficiencies: A systems perspective. *Physiology and Behavior, 94*, 48–60.

Wachs, T.D., Moussa, W., Bishry, Z., Yunis, F., Sobhy, A., McCabe, G. et al. (1993). Relations between nutritions and cognitive performance in Egyptian toodlers. *Intelligence, 17*, 151–172.

Wachtel, P.L. (1973). Psychodynamics, behavior therapy, and the implacable experimenter: An inquiry into the consistency of personality. *Journal of Abnormal Psychology, 82*, 324–334.

Wagner, R.K. (1987). Tacit knowledge in everyday intelligent behavior. *Journal of Personality and Social Psychology, 52*, 1236–1347.

Wagner, R.K. & Sternberg, R.J. (1985). Practical intelligence in real-word pursuits: The role of tacit knowledge. *Journal of Personality and Social Psychology, 48*, 436–458.

Wagner, R.K. & Sternberg, R.J. (1986). Tacit knowledge and intelligence in the everyday word. In R.J. Sternberg & R.K. Wagner (Eds.), *Practical Intelligence. Nature and origins of competence in the everyday word* (pp. 436–458). Cambridge: Cambridge University Press.

Waldman, I.D., Weinberg, R.A. & Scarr, S. (1994). Racial-group differences in IQ in the Minnesota transracial adoption study: A reply to Levin and Lynn. *Intelligence, 19*, 29–44.

Wallach, M.A. & Kogan, N. (1965). *Modes of thinking in young children*. New York: Holt, Rinehart & Winston.

Wallach, M.A. & Wing, C.W. (1969). *The talented student: a validation of the creativity-intelligence distinction*. New York: Holt, Rinehart & Winston.

Wallas, G. (1926). *The art of thought*. New York: Harcourt Brace.

Wallen, N.E. & Stevenson, G.M. (1960). Stability and correlates of judged creativity in fifth grade writings. *Journal of Educational Psychology, 51*, 273–276.

Walschburger, P. (1981). Die Diskrepanz zwischen subjektiven und physiologischen Belastungsreaktionen: Ein informativer Indikator des individuellen Bewältigungsstils? *Schweizerische Zeitschrift für Psychologie und ihre Anwendungen, 40*, 55–67.

Walz, D. (1996). Vertrauen in Institutionen in Deutschland zwischen 1991 und 1995. *ZUMA-Nachrichten, 38*, 70–89.

Wann, D.L., Carlson, J.D., Holland, L.C., Jacob, B.E., Owens, D.A. & Wells, D.D. (1999). Beliefs in symbolic catharsis: The importance of involvement with aggressive sports. *Social Behavior and Personality, 27*, 155–164.

Waters, L.E. & Moore, K.A. (2002). Self-esteem, appraisal and coping: A comparison of unemployed and re-employed people. *Journal of Organizational Behavior, 23*, 593–604.

Watson, D. (1988). Intraindividual and interindividual analyses of positive and negative affects: Their relations to health complaints, perceived stress, and daily activities. *Journal of Personality and Social Psychology, 54*, 1020–1030.

Watson, D. & Clark, L.A. (1984). Negative affectivity: The disposition to experience aversive emotional states. *Psychological Bulletin, 96*, 465–490.

Watson, D. & Clark, L.A. (1992a). Affects separable and inseparable: On the hierarchical arrangement of the negative affects. *Journal of Personality and Social Psychology, 62*, 489–505.

Watson, D. & Clark, L.A. (1992b). On traits and temperament: General and specific factors of emotional experience and their relation to the five-factor model. *Journal of Personality, 60*, 441–476.

Watson, D. & Clark, L.A. (1997). Extraversion and its positive emotional core. In R. Hogan, J. Johnson & S. Briggs (Eds.), *Handbook of personality psychology* (pp. 681–710). San Diego, CA: Academic Press.

Watson, D., Clark, L.A. & Tellegen, A. (1988). Development and validation of brief measures of positive and negative affect: The PANAS scales. *Journal of Personality and Social Psychology, 54*, 1063–1070.

Watson, D., Hubbard, B. & Wiese, D. (2000). Self-other agreement in personality and affectivity: The role of acquaintanceship, trait visibility, and assumed similarity. *Journal of Personality and Social Psychology, 78*, 546–558.

Watson, D. & Tellegen, A. (2002). Aggregation, acquiescence, and the assessment of trait affectivity. *Journal of Research in Personality, 36*, 589–597.

Watson, D., Wiese, D., Vaidya, J. & Tellegen, A. (1999). The two general activation systems of affect: Structural findings, evolutionary considerations, and psychobiological evidence. *Journal of Personality and Social Psychology, 76*, 820–838.

Watson, J.B. (1913). Psychology as the behaviorist views it. *Psychological Review, 20*, 158–177.

Watson, J.B. (1919). *Psychology from the standpoint of a behaviorist*. Philadelphia: Lippincott.

Watson, J.B. (1930). *Behaviorism*. Chicago: University of Chicago Press.

Watson, J.B. & Rayner, R. (1920). Conditioned emotional reactions. *Journal of Experimental Psychology, 3*, 1–14.

Wechsler, D. (1944). *The measurement of adult intelligence*. Baltimore: Williams & Wilkins. (Deutsch: (1964). Die Messung der Intelligenz Erwachsener (3. Aufl.). Bern: Huber).

Wechsler, D. (1952). *The range of human capacities*. Baltimore: Williams & Wilkins.

Wechsler, D. (1958). *The measurement and appraisal of adult intelligence*. Baltimore: Williams & Wilkins.

Wechsler, D. (1964). *Die Messung der Intelligenz Erwachsener*. Bern: Huber.

Wechsler, D. (1997). *Wechsler Adult Intelligence Scale* (3rd ed.). San Antonio: The Psychological Corporation.

Weinberg, R.A., Scarr, S. & Waldman, I.D. (1992). The Minnesota transracial adoption study: A follow-up of IQ test performance at adolescence. *Intelligence, 16*, 117–135.

Weinberg, R.S. & Hunt, V.V. (1976). The interrelationship between anxiety, motor performance and electromyography. *Journal of Motor Behavior, 8*, 219–224.

Weinberger, D.A. & Schwartz, G.E. (1990). Distress and restraint as superordinate dimensions of self-reported adjustment: A typological perspective. *Journal of Personality, 58*, 381–417.

Weinberger, D.A., Schwartz, G.E. & Davidson, R.J. (1979). Low-anxious, high-anxious, and repressive coping styles: Psychometric patterns and behavioral and physiological responses to stress. *Journal of Abnormal Psychology, 88*, 369–380.

Weinert, F.E. & Hany, E.A. (2003). The stability of individual differences in intellectual development: Empirical evidence, theoretical problems, and new research questions. In R.J. Sternberg, J. Lautrey & T.I. Lubart (Eds.), *Models of intelligence* (pp. 169–181). Washington, DC: American Psychological Association.

Weininger, O. (1977). Some thoughts on creativity and the classroom. *Journal of Creative Behavior, 11*, 109–118.

Weinstein, J., Averill, J.R., Opton, E.M., Jr. & Lazarus, R.S. (1968). Defensive style and discrepancy between self-report and physiological indexes of stress. *Journal of Personality and Social Psychology, 10*, 406–413.

Weinstein, S. & Teuber, H.L. (1957). Effects of penetrating brain injury on intelligence test scores. *Science, 125*, 1036–1037.

Weisberg, R.W. (1986). *Creativity. Genius and other myths*. New York: Freeman.

Weiss, L.H. & Schwarz, J.C. (1996). The relationship between parenting types and older adolescents' personality, academic achievement, adjustment, and substance use. *Child Development, 67*, 2101–2114.

Weiß, R.H. (1971). *Grundintelligenztest Skala 3 – CFT 3*. Göttingen: Hogrefe.

Weller, L. & Berkowitz, E. (1975). Parental discipline and delayed gratification. *Social Behavior and Personality, 3*, 229–232.

Wernimont, P.F. & Campbell, J.P. (1968). Signs, samples, and criteria. *Journal of Applied Psychology, 52*, 372–376.

Werre, P.F., Mattie, H. & Berretty, E.W. (2001). Contingent negative variation, extraversion, reaction time and drug effects. *Personality and Individual Differences, 30*, 1083–1094.

West, C.K., Fish, J.A. & Stevens, R.J. (1980). General self-concept, self-concept of academic ability and school achievement: Implications for »causes« of self-concept. *The Australian Journal of Education, 24*, 194–213.

Westerhausen, R., Kreuder, F., Dos Santos Sequeira, S., Walter, C., Woerner, W., Wittling, R.A. et al. (2004). Effects of handedness and gender on macro- and microstructure of the corpus callosum and its subregions: a combined high-resolution and diffusion-tensor MRI study. *Brain Research. Cognitive Brain Research, 21*, 418–426.

Westhoff, K., Hellfritsch, L.J., Hornke, L.F., Kubinger, K.D., Lang, F., Moosbrugger, H. et al. (Hrsg.) (2005). *Grundwissen für die berufsbezogene Eignungsbeurteilung nach DIN 33 430*. Lengerich: Pabst Science Publishers.

Westphal, K. (1931). Körperbau und Charakter der Epileptiker. *Nervenarzt, 4*, 96–99.

Wheeler, L.R.A. (1942). A comparative study of the intelligence of East Tennessee mountain children. *Journal of Educational Psychology, 33*, 321–334.

Wheeler, R.E., Davidson, R.J. & Tomarken, A.J. (1993). Frontal brain asymmetry and emotional reactivity: A biological substrate of affective style. *Psychophysiology, 30*, 82–89.

White, M. (2001). Historical atlas of the twentieth century. 999.

Wichman, A.L., Rodgers, J.L. & MacCallum, R.C. (2006). A multilevel approach to the relationship between birth order and intelligence. *Personality and Social Psychology Bulletin, 32*, 117–127.

Wichman, A.L., Rodgers, J.L. & MacCallum, R. C. (2007). Birth order has no effect on intelligence: A reply and extensions of previous findings. *Personality and Social Psychology Bulletin, 33*, 1195–1200.

Wicket, J.C., Vernon, P.A. & Lee, D.H. (2000). Relationships between factors of intelligence and brain volume. *Personality and Individual Differences, 29*, 1095–1122.

Wiener, B.R. (1948). Subtle and obvious keys for the MMPI. *Journal of Consulting Psychology, 12*, 164–170.

Wigdor, A.K. & Garner, W.R. (Eds.) (1982). *Ability testing: Uses, consequences, and controversies*. Washington, DC: National Academic Press.

Wiggins, J.S. & Trapnell, P.D. (1997). Personality structure: The return of the Big Five. In S. R. Briggs, R. Hogan & W.H. Jones (Eds.), *Handbook of personality psychology* (pp. 737–765). Orlando, FL: Academic Press.

Wild, K.P. (1991). *Identifikation hochbegabter Schüler. Lehrer und Schüler als Datenquellen*. Heidelberg: Asanger.

Wilde, G.J.S. (1964). Inheritance of personality traits. *Acta Psychologica, 22*, 37–51.

Wilkie, F.L. & Eisdorfer, C. (1973). Systematic disease and behavioral correlates. In L. F. Jarvik, C. Eisdorfer & J.E. Blum (Eds.), *Intellectual functioning in adults* (pp. 83–93). New York: Springer.

Wilson, G.D. (1981). Personality and social behaviour. In H.J. Eysenck (Ed.), *A Model for Personality* (pp. 210–245). Berlin: Springer.

Wilson, G.D., Barrett, P.T. & Gray, J.A. (1989). Human reactions to reward and punishment. A questionnaire examination of Gray's personality theory. *British Journal of Psychology, 80*, 509–516.

Wilson, R.S. (1983). The Louisville twin study: Developmental synchronies in behavior. *Child Development, 54*, 298–316.

Wilson, R.S. & Matheny, A.P. (1983). Mental development: Family environment and genetic influences. *Intelligence, 7*, 195–215.

Winick, M., Meyer, K.K. & Harris, R.C. (1975). Malnutrition and environmental enrichment by early adoption. *Science, 190*, 1173–1175.

Winkler, J.D., Kanouse, D.E. & Ware, J.E. (1982). Controlling for acquiescence response set in scale development. *Journal of Applied Psychology, 67*, 555–561.

Winqvist, S., Vainionpää, L. & Kokkonen, J. (2001). Cognitive functions of young adults who survived childhood cancer. *Applied Neuropsychology, 8*, 224–233.

Wissler, C. (1901). The correlation of mental and physical traits. *Psychological Monographs, 3*.

Wittmann, W.W. (1988). Multivariate reliability theory: Principles of symmetry and successful validation strategies. In J.R. Nesselroade & R. B. Cattell (Eds.), *Handbook of multivariate experimental psychology* (pp. 505–560). New York: Plenum Press.

Wittmann, W.W. & Schmidt, J. (1983). *Die Vorhersagbarkeit des Verhaltens aus Trait-Inventaren. Theoretische Grundlagen und empirische Ergebnisse mit dem Freiburger Persönlichkeitsinventar (FPI)* (Forschungsberichte des Psychologischen Instituts der Albert-Ludwig-Universität Freiburg i. Br. No. 10). Freiburg: Universität Freiburg.

Wohlwill, J.F. (1970). The emerging discipline of environmental psychology. *American Psychologist, 25*, 303–312.

Wolf, R. (1966). The measurement of environments. In A. Anastasi (Ed.), *Testing problems in perspective* (pp. 491–504). Washington, DC: American Council on Education.

Wolff, J.L. (1979). Selective migration among southern blacks: a reinterpretation of Lee (1951). *Intelligence, 3*, 139–148.

Wolpe, J. & Lang, P.J. (1964). A Fear Survey Schedule for use in behavior therapy. *Behavior Research and Therapy, 2*, 27–30.

Wood, W., Wong, F.Y. & Chachere, J.G. (1991). Effects of media violence on viewer's aggression in unconstrained social interaction. *Psychological Bulletin, 109*, 371–383.

Woodruffe, C. (1985). Consensual validation of personality traits: Additional evidence and individual differences. *Journal of Personality and Social Psychology, 48*, 1240–1252.

Woodson, J.C. & Gorski, R.A. (2000). Structural sex differences in the mammalian brain: reconsidering the male/female dichotomy. In A. Matsumoto (Ed.), *Sexual differentiation of the brain* (pp. 229–255). Boca Raton: CRC Press.

Woodworth, R.S. (1941). Heridity and environment: A critical survey of recently published material on twins and foster children. *Social Sciences Research Council Bulletin, 47*, 1–96.

Wright, J.C. & Mischel, W. (1987). A conditional approach to dispositional constructs: The local predictability of social behavior. *Journal of Personality and Social Psychology, 53*, 1159–1177.

Wrightsman, L.S. (1991). Interpersonal trust and attitudes toward human nature. In J.P. Robinson, P.R. Shaver & L.S. Wrightsman (Eds.), *Measures of personality and social psychology attitudes* (pp. 373–412). San Diego, CA: Academic Press.

Wundt, W. (1903). *Grundzüge der physiologischen Psychologie* (Bd. 3). Leipzig: Barth.

Wundt, W. (1914). *Völkerpsychologie. Die Sprache, 1. Teil.* Stuttgart: Kröner.

Yerkes, M. & Pettijohn, T.F., II. (2008). Developmental stability of perceived physical attractiveness from infancy to young adulthood. *Social Behavior and Personality, 36*, 691–692.

Yoakum, C.S. & Yerkes, R.M. (Eds.) (1970). *Army Mental Test.* New York: Holt.

Yule, G.U. & Kendall, M.G. (1950). *An introduction to the theory of statistics* (14 ed.). Oxford, England: Griffin.

Zajonc, R.B. (1976). Familiy configuration and intelligence. Variations in scholastic aptitude scores parallel trends in family size and the spacing of children. *Science, 192*, 227–236.

Zajonc, R.B. (1979). Die verblüffende Beziehung zwischen Intelligenz und Geburtenposition. In L.H. Eckensberger (Hrsg.), *Bericht über den 31. Kongreß der Deutschen Gesellschaft für Psychologie in Mannheim 1978, Band 1: Grundlagen und Methoden der Psychologie* (S. 25–45). Göttingen: Hogrefe.

Zajonc, R.B. (1986). The decline and rise of Scholastic Apitude Scores. A prediction derived from the Confluence Model. *American Psychologist, 41*, 862–867.

Zajonc, R.B. (2001). The family dynamics of intellectual development. *American Psychologist, 56*, 490–496.

Zajonc, R.B. & Markus, G.B. (1975). Birth order. An intellectual development. *Psychological Review, 82*, 74–88.

Zajonc, R.B. & Sulloway, F.J. (2007). The confluence model: Birth order as a within-family or between-family dynamic? *Personality and Social Psychology Bulletin, 33*, 1187–1194.

Zdanowicz, N., Jacques, D. & Reynaert, C. (2006). Can we predict the health of teenagers 2 years in advance? A preliminary study. *European Journal of Psychiatry, 20*, 5–12.

Zimprich, D. (2002). Cross-sectionally and longitudinally balanced effects of processing speed on intellectual abilities. *Experimental Aging Research, 28*, 231–251.

Zimprich, D. & Martin, M. (2002). Can longitudinal changes in processing speed explain longitudinal age changes in fluid intelligence? *Psychology and Aging, 17*, 690–695.

Zuckerman, M. (1977). Development of a situation specific trait-state test for the prediction and measurement of affective responses. *Journal of Consulting and Clinical Psychology, 45*, 513–523.

Zuckerman, M. (1979a). *Sensation seeking: Beyond the optimal level of arousal.* Hillsdale, NJ: Erlbaum.

Zuckerman, M. (1979b). Traits, states, situations, and uncertainty. *Journal of Behavioral Assessment, 1*, 43–54.

Zuckerman, M. (1984). Sensation Seeking: A comparative approach to a human trait. *Behavioral and Brain Sciences, 7*, 413–473.

Zuckerman, M. (1991). *Psychobiology of Personality.* Cambridge: Cambridge University Press.

Zuckerman, M. (1994). *Behavioral expressions and biosocial bases of sensation seeking.* Cambridge: Cambridge University Press.

Zuckerman, M. (1996). The psychobiological model for impulsive unsocialized sensation seeking: A comparative approach. *Neuropsychobiology, 34*, 125–129.

Zuckerman, M. (1999). *Vulnerability to psychopathology: a psychosocial model.* Washington, DC: American Psychological Association.

Zuckerman, M. (2002). Zuckerman-Kuhlman Personality Questionnaire (ZKPQ): An alternative five-factorial model. In B. De Raad & M. Perugini (Eds.), *Big five assessment* (pp. 377–396). Seattle, WA: Hogrefe & Huber Publishers.

Zuckerman, M. (2004a). The shaping of personality: Genes, environments, and chance encounters. *Journal of Personality Assessment, 82*, 11–22.

Zuckerman, M. (2004b). The shaping of personality: Genes, environments, and chance encounters. In R.M. Stelmack (Hrsg.), *On the psychobiology of personality: Essays in honor of Marvin Zuckerman* (S. 479–501). Amsterdam: Elsevier.

Zuckerman, M., Bernieri, F., Koestner, R. & Rosenthal, R. (1989). To predict some of the people some of the time: In search of moderatos. *Journal of Personality and Social Psychology, 57*, 279–293.

Zuckerman, M. & Brody, N. (1988). Oysters, rabbits and people: A critique of »Race differences in behavior« by J.P. Rushton. *Personality and Individual Differences, 9*, 1025–1033.

Zuckerman, M. & Cloninger, C.R. (1996). Relationships between Cloninger's, Zuckerman's, and Eysenck's dimensions of personality. *Personality and Individual Differences, 21*, 283–285.

Zuckerman, M., Hodgins, H. & Miyake, K. (1990). The vocal attractiveness stereotype: Replication and elaboration. *Journal of Nonverbal Behavior, 14*, 97–112.

Zuckerman, M., Koestner, R., DeBoy, T., Garcia, T., Maresca, D.C. & Sartoris, J.M. (1988). To predict some of the people some of the time: A reexamination of the moderator variable approach in personality theory. *Journal of Personality and Social Psychology, 54*, 1006–1019.

Zuckerman, M., Kuhlman, D.M., Joireman, J., Teta, P. & Kraft, M. (1993). A comparison of three structural models for personality: The Big Three, the Big Five and the Alternative Five. *Journal of Personality and Social Psychology, 65*, 757–768.

Zuckerman, M., Kuhlman, D.M., Thornquist, M. & Kiers, H. (1991). Five (or three) robust questionnaire scale factors of personality without culture. *Personality and Individual Differences, 12*, 929–941.

Zumkley, H. (1996). Aggression und Aggressivität. In M. Amelang (Hrsg.), *Enzyklopädie der Psychologie: Themenbereich C Theorie und Forschung, Serie 8 Differentielle Psychologie und Persönlichkeitsforschung, Band 3 Temperaments- und Persönlichkeitsunterschiede* (S. 667). Göttingen: Hogrefe.

Bildquellennachweis

Seite 32   Alfred Binet: Stoelting Co.
Seite 40   Louis William Stern: Collection Schmidt.
Seite 57   Gordon Willard Allport: Harvard University Archives (USA), call # HUP Allport, Gordon (7).
Seite 157   Charles Edward Spearman: Dr. Arthur Wirth, Ansbach.
Seite 269   Raymond Bernard Cattell: University of Illinois. Abdruck mit freundlicher Genehmigung von John Wiley & Sons, Inc.
Seite 457   Walter Mischel: Abdruck mit freundlicher Genehmigung von Dieter E. Hoppe (www.berlin-fotografie.de).

Stichwortverzeichnis

A

Absolutskala 46
Abwehrmechanismen 133
Actor-Observer Bias 485
Adoptionsstudien
– Intelligenz 545
– Kriminalität 552
– Kritik 549
– Persönlichkeit 551
Affektiver Stil 347, 350
Aggression 419
– Aggressionsmaschine 426, 504
– Aggressivität 404, 419, 428, 599
– Beobachtungslernen 427
– biologische Faktoren 422
– Definition 420
– Eigenschaft 428
– Frustrations-Aggressions-Hypothese 430
– Geschlechtsprägung 422
– Geschlechtsunterschiede 422, 432–433
– instrumentelle Konditionierung 426
– Katharsis-Hypothese 421, 424
– klassische Konditionierung 425
– Lernprozesse 425
Agreeableness (s. Verträglichkeit) 294
AHA-Trias 369
Akquieszenz 128
Aktivation 320
Aktiviertheit und Aktivierung 144
Aktivität (activity) 299
Alexithymie 368
Allel 343
Allgemeine Psychologie 20–21, 44, 150
alternatives Fünf-Faktoren-Modell 299
ambulantes Assessment 140
Angst 378, 400–402, 405, 407–408, 410, 413, 417
– Interaktions-Angst-Fragebogen 412
– Person x Situation-Interaktion 141, 411
– situationsspezifisch 412
– State 408, 410–413
– State-Trait-Anxiety-Inventory (STAI) 408
– Zustand 412
Angstforschung 400

– allgemeinpsychologisch-experimentelle 400–401
– differentialpsychologische 400, 402
– psychodynamische 400–401
Ängstlichkeit 325–326, 328, 360–361, 400, 402–408, 410, 413, 416
– biologische Grundlagen 413–417
– Eigenschaft 412
– Trait 408, 410–411
Angsttheorien
– Cattell & Scheier 402–403
– Epstein 400
– Eysenck (Vier-Faktoren-Theorie) 405–406
– Freud 400, 402
– kognitionspsychologische Aspekte 405
– Lazarus 401
– Mowrer (Zwei-Prozess-Theorie) 401, 404
– Spielberger 408, 411
– Theorie der Verarbeitungseffizienz 407–408
– Vier-Faktoren-Theorie 405–406
– Zwei-Komponenten-Theorie 406
Angstverarbeitung und -bewertung 401
ARAS (Aufsteigendes Retikuläres Aktivierungssystem) 312–314, 360–361
Ärger 351
Arithmetisches Mittel 71
arousal (Erregung) 313–314, 316–317
Assoziation
– freie 133
Aufmerksamkeit
– geteilte 316
– selektive 316
– Vigilanz 316–317, 401
Augmenting-Reducing 356–357

B

Behavioral Activation System (BAS) 327, 338
Behavioral Approach System (BAS) 327–329, 331, 334, 360–361
Behavioral Inhibition System (BIS) 326–329, 331, 334, 338, 360–361, 416–417
Behavioral Maintenance System 339, 360
Behaviorismus 53, 434

Belohnungsaufschub 456, 458
- Erfassung 460
- Ich-Kontrolle 464
- IQ 461
- Korrelate 460
- Selbstkontrolle 458
- Situationsspezifität 461
- Wartezeit 462
Beobachterübereinstimmung 103
Beobachtung 112
Bewusstsein 132
Big Five (s. Fünf-Faktoren-Modell) 293
binäres Effektstärkendisplay 483
Binomialverteilung 72–73

C

Challenge-Test 341
Charakter 345
Circumplex-Prozess 582
Cognitive-Affective Processing System 365, 494
Conscientiousness (s. Gewissenhaftigkeit) 294
Coping (Angstverarbeitung) 401, 410
Critical Incidence Technique 223
Culture (s. Kultiviertheit) 294

D

Datengewinnung 112
Delinquenzforschung 100
Denken 150
Dependenzanalyse 98–99
Differentielle Psychologie 20–21, 39, 43–44, 49
Differenzen
- interindividuelle 20, 31, 38–39, 110
- intraindividuelle 31
Differenzierung 111–112, 118
Dimension 60
Disposition 55–56, 490
- kontextualisierte 492
- Wenn-dann-Beziehungen 490, 492
Dispositionismus 490
DNS (Desoxyribonukleinsäure) 311, 343
Dopamin 338, 342, 344, 347, 357–358, 360–361
Drogenpostulat 319
dynamisches Persönlichkeitskonzept 132

E

EEG (Elektroenzephalogramm) 317, 348–349
Effektstärke 371
Eigenschaft 107
- Indikatoren 483
- interne Struktur 62
- Operationalisierung 483
- schmale/breite Eigenschaften 59
Eigenschaften 55, 57, 112
- Aktivierung 499
- Angemessenheit 501
- Bestimmung 58, 60–61
- Dispositioniertheit 506
- eigenschaftsartige vs. eigenschaftsfreie Personen 506
- Gesamtmuster 506
- Meta- 506
Eigenschaftsattribuierung 586
Eigenschaftsbegriff
- Katalog von Eigenschaftsbegriffen 60
Eigenschaftstheorie
- Dispositionismus 364, 490
- Interaktionismus 457, 488
- Interaktionismus vs. Dispositionismus 491
- Modelle 479
- Personismus 364, 479, 491
- Situationismus 484
- Varianzprozente 486, 488–489
Einfachstruktur 86, 88, 161
EKP (ereigniskorreliertes Hirnrindenpotential) 317
Emotionale Stabilität (emotional stability) 294
Empirie 111
empirische Datengewinnung
- ambulantes Assessment 140
- beobachtetes Verhalten 137
- Grundzüge 135
- Gütekriterien beobachteten Verhaltens 141
- physiologische Messungen 142
- verhaltenstheoretischer Ansatz 135
Erbe-Umwelt-Interaktion 518, 551
Erbe-Umwelt-Kovarianz 517
- aktiver Typ 518
- passiver Typ 517
- reaktiver Typ 518
Erbe-Umwelt-Verflechtung 514
Erblichkeit
- Annahme gleicher Umwelten 521
- Art der Vererbung 512
- Ausmaß der Vererbung 513
- Definition 512
- Falconer-Formel 520
- Persönlichkeit 529
- Varianzanteile 518
Erblichkeit (s. Verhaltensgenetik 511
Erblichkeit, Allgemeine Intelligenz 525
Erblichkeitsschätzung 515
ereigniskorrelierte Desynchronisation 206
ereigniskorreliertes Hirnrindenpotential (s. EKP) 317
ereigniskorreliertes Potential 205

Erlebnishunger 299
Ernährung
– Erwachsenenalter 561
– Geburtsgewicht 560
– Interventionen 561
– Kindesalter 559
– Mangel 559–561, 563
– sozioökonomischer Status 561
– Verhalten 561
Erwartung 436–439, 443
– generalisierte 437, 439, 442
– Rotter'sche Theorie 436
– spezifische 437
Erziehung und Bildung 575
Erziehungsverhalten 572–573
Es 132
ethnische Zugehörigkeit 558, 602, 604–606, 608
– Gene 605
– kulturelle Traditionen 606
– Sozialisationsfaktoren 606
Evolutionstheorie 28
Experiment 44, 98–99, 438
– Ex-post-facto-Untersuchung 99
Extraversion 23, 281, 294–295, 299, 312–315, 322–323, 325, 330, 360–361, 363, 367, 403, 406
– Eysenck Personality Inventory (EPI) 286
– Eysenck Personality Profiler (EPP) 287
– Eysenck Personality Questionnaire (EPQ) 286
– Maudsley Personality Inventory (MPI) 286

F

Faking-good-Instruktion 502–503
Faktoren
– Personen 67
Faktoren zweiter Ordnung 61
Faktorenanalyse 60, 79–80, 82, 113, 116, 268
– Aussagekraft 90
– Eigenwert 90
– Einfachstruktur 86, 88
– exploratorische 79, 95–96
– geometrische Darstellung 80–81
– Interpretation 86
– Kommunalität 83, 88–89
– konfirmatorische 79, 92, 95–96
– Probleme 89–91
– Rotation 268
Faktorenmodell 87
Faktorenraum 83
Faktorenrotation
– oblique 88
– orthogonal 85–86, 88
Faktorgefügematrix 88

Faktorladung 83, 85
Faktorladungsmatrix 83
Faktorstrukturmatrix 88
Feindseligkeit (aggression-hostility) 299
Fight-Flight System (FFS) 327–328, 334
Fight-Flight-Freezing System (FFFS) 327
Five-Factor Personality Inventory (FFPI) 298
Flimmerverschmelzungsfrequenz 315
Freiburger Persönlichkeits-Inventar (FPI-R) 118
Fremdeinschätzung 118
frontale Asymmetrie 347–351, 360
Fünf-Faktoren-Modell 293–294
– alternatives Fünf-Faktoren-Modell 298–299
– Faktorenbenennung 293–296, 302
– Hogan Personality Inventory 298
– Kritik am 301–302
– Kulturvergleich 304
– lexikalischer Ansatz 293–294
– NEO-Fragebogen (NEO-FFI, NEO-PI-R) 295–296
– Zuckerman-Kuhlman-Personality-Questionnaire (ZKPQ) 298–299
funktionelle Magnetresonanztomographie 206

G

Generalisation
– Reiz und Reaktion 54
genetische Faktoren 511
genetischer Effekt
– additiver 515
– Dominanzabweichung 516
– Epistase 516
Genkartierung 513
Geschlecht 20, 404
– als soziale Kategorie 592
– chromosomales 593–594
– hormonale Prägung 593–596, 599
– srolle 591, 594, 598–600
– sunterschiede 590–592, 595–597, 599
Gesundheit 585
Gewissenhaftigkeit (conscientiousness) 294–295
gezielte Partnerwahl 515
Gruppe 43–44
Gütekriterien 102, 134

H

Handhabbarkeit 370
Handlungshäufigkeiten 501
– Ansatz 61
– Kritik 63
– Index 63

Handlungstheoretisches Partialmodell der Persönlichkeit 442
Hardiness 371
Harm Avoidance (HA) 338, 340, 342–345, 360–361
Häufigkeitsverteilung 22–23, 26, 70
hedonischer Tonus 313–314
Hilflosigkeit 368
Hoffnungslosigkeit 368
Hogan Personality Inventory 298
Hypothese
– Haupteffekts- 344
– Interaktions- 344

I

Ich 132
Identität 477
idiographisch 49, 60, 235, 505
idiothetisch 51
Immunsystem 367
Implizite Persönlichkeitstheorie (IPT) 121
Impulsivität 325–326, 328, 360–361
Indikator 47, 112
– der Persönlichkeit 110
Individualspezifität 145, 361
individuelle Perzeptionen und Kognitionen 499
Intelligenz 591, 596
– Allgemeine 116
– Alterseinflüsse 178, 180–181
– Arbeitsgedächtnis 202–203
– Auslesen 200
– Berliner Modell (Jäger) 171–172
– Berufstätigkeit 214–218
– Binet 116, 156
– Binet-Tests 154, 156
– Computermetapher 196
– culture fair 166
– Definitionen 149–151
– elementary cognitive task 198, 203, 206
– Emotionale Intelligenz 228
– Enkodierung 197
– Erfassung von alltagsnahen Kompetenzen 222–223, 225
– Erfolgsintelligenz 228
– Flynn-Effekt 188–189
– Förderprogramme 186
– g, Allgemeine Intelligenz 157, 201, 203
– Gehirnaktivität 205
– Generalfaktor 177
– Geschlechterunterschiede 191–192
– Gruppenfaktoren-Modelle (Burt, Vernon) 159–160
– Head Start 186
– Hick-Paradigma 199
– Hoch- und Minderbegabung 209–210
– implizite Theorien 151
– induktives Denken 196
– inhaltsgebundene Fähigkeiten 173
– Inspektionszeit-Paradigma 198
– Komponenten-Ansatz 196
– Kopfrechnen 202
– Korrelate 208–220
– Längsschnittuntersuchung 180
– Lebensdauer 182
– Lernen 212–213
– Lesespanne 202
– Marburger Hochbegabten-Projekt 192
– mental speed 198
– Modell der fluiden und kristallisierten Allgemeinen Intelligenz (Cattell) 165–166, 176
– Modell mehrerer gemeinsamer Faktoren (Thurstone) 160–162, 176
– multiple Intelligenzen 225
– Multiple Intelligenzen 226
– Myelinisierung 207
– neurale Effizienz 207
– neurale Schrumpfung 207
– operationale Definition 150
– Operative Fähigkeiten 173
– physiologische Korrelate 205–206
– Physiologische Korrelate 205
– Posner-Paradigma 200
– praktische Intelligenz 222
– Praktische Intelligenz 222
– Probleme beim Vergleich von Messbereichen 154
– Problemlösen 210–212
– Prozessanalysen 195
– Querschnittsuntersuchung 179
– Retrieval 200
– Schulerfolg 213–214
– soziale 115
– Soziale Intelligenz 227
– soziale Komponente 151
– Stabilität/Inkonstanz 183–188
– Stanford-Hochbegabten-Untersuchung 192
– Sternberg-Paradigma 200, 202
– Structure of Intellect-Modell (Guilford) 168–170, 176
– Three Stratum-Theorie (Carroll) 173
– überzufällige Häufung sehr hoher und niedriger IQs 155
– Verhalten/Lebenslauf 218–220
– Verhaltensindikatoren 151
– Wechsler 115, 179
– Zahlennachsprechen 202
– Zuhörspanne 203
– Zwei-Faktoren-Theorie (Spearman) 157–158, 176
Intelligenzalter 153

Intelligenzquotient 34, 153
- Abweichungsquotient 154
- Normierungsverfahren 154

Intelligenztest
- Advanced Progressive Matrices 158
- Berliner Intelligenzstruktur-Test 172
- Culture Fair Test 166
- Intelligenz-Struktur-Test 165
- Standard Progressive Matrices 158
- Wechsler Intelligenztest für Erwachsene 160

Interaktionismus 444, 457, 488
- statistischer 489

Interaktions-Angst-Fragebogen 412
Interdependenzanalyse 98–99
interindividuelle Differenzen
- genetische Faktoren 511

interne Konsistenz 105
Interpersonal Trust 437
Intervallskala 46
Introversion 314–315, 325, 330, 403, 406

J

Jenkins Activity Survey 369

K

Katharsis 424
Kausalität 44, 100
Klassische Testtheorie 107
Kohärenz 492
Kohärenzsinn 370
Kommunalität 83, 89
Komparationsforschung 39
Konditionierbarkeit 25
Konditionierung
- klassische 401, 413, 434–435
- operante 54, 434–435

Konflikt 132
Konfluenz-Modell 565
Konformitätsdruck 24
Konsistenz 55, 480
- absolute 480
- notwendige Bedingungen 481
- relative 488, 491
- situationsspezifische 492
- transsituationale 136, 481, 485, 491–492

Konstitution 144
Konstrukt 56
- deskriptives 99
- explikatives 99
- theoretisches 47
- zweiter Art 47

Kontrollüberzeugung 368, 438, 440, 444, 446, 448
- Entstehung 449
- externale 438, 440, 446
- gesundheitsbezogene 447
- Gesundheitsverhalten 448
- Handlungstheoretisches Partialmodell der Persönlichkeit 442
- Informationssuche 446
- internale 438, 440, 446, 449
- Interpersonal Trust 437
- Korrelate 444
- Leistungsverhalten 447
- Rotter-I-E-Skala 439
- soziale Beeinflussbarkeit 445
- Stress 448
- Theorie von Rotter 436–437
- zwischenmenschliches Vertrauen 451–453, 455

koronare Herzerkrankung 367
- Risikofaktor 367, 369

Korrelation
- Produktmoment- 77–78, 90
- sforschung-sforschung 39, 41, 44, 77, 99
- skoeffizient-skoeffizient 60, 77–78, 80, 87
- smatrix-smatrix 79–80, 82
- stechniken-stechniken 43

Kovarianz 76, 94
- matrix-matrix 92, 94

Krankheit 562–563
Kreativität 233
- als Eigenschaft 234
- Aufmerksamkeit 251
- Definition 234
- Erfassung 234
- Fragebogenmethode 242
- Hemmung von Assoziationen 252
- historiometrische Analyse 235
- Intelligenz 244
- Investment-Theorie 252
- Komponentenmodelle 252
- Modell der 4 P-U-Interaktion 236
- Persönlichkeit 246
- Produkte 235
- Prozessmodelle 250
- Psychotizismus 255
- Remote Associates Test 241
- Schulleistung 245
- Theorie 250
- Trainierbarkeit 257
- Umweltfaktoren 252, 255
- Validität 240

Kriminalität 287
Kriterium 112, 115–116
Kultiviertheit (culture) 294–295

L

Längsschnittstudie 20, 367
Latent State-Trait-Theorie 107
– Latent State-Trait-Modell 107–108
– Latent State-Trait-Parameter 108
L-Daten 269
Lerntheorie 434–435
– soziale 458
– Soziale 435
Lernverläufe 582
lexikalischer Ansatz 293–294
limbisches System 320, 322, 360–361
Lösungswahrscheinlichkeit 111
Lügenskala 126

M

mental tests 31
Messfehler 93, 103, 107–108
Meta-Analyse 367
Milwaukee-Projekt 578
Minnesota Multiphasic Inventory 117
Misstrauen 452
Moderator 502–504
Monoaminooxidase (MAO) 358, 360
Motiv 133
Multiple Faktorenanalyse 160
Multiple-Act-Kriterien 62, 496

N

Negativer Affekt 347, 349, 351, 360–361, 403, 411
Neoanalyse 381
– Analytische Psychologie 381
– Archetypen 382
– Einstellungen 382
– Extraversion 382
– Funktionen der Psyche 382
– Geschwisterreihe 382
– Identitätsentwicklung 383
– Individualpsychologie 382
– Introversion 382
– Minderwertigkeitskomplex 382
– Überlegenheitskomplex 382
NEO-Fragebogen (NEO-FFI, NEO-PI-R) 295–296
Neuheitssuche (s. Novelty Seeking) 338
Neurose 466
Neurotizismus 283, 295, 299, 312, 320–322, 325, 360–361, 363, 367, 403, 406
– Aktivation 320
– Angst (neuroticism-anxiety) 299

– biologische Grundlage 320
– Eysenck Personality Inventory (EPI) 286
– Eysenck Personality Profiler (EPP) 287
– Eysenck Personality Questionnaire (EPQ) 286
– Maudsley Medical Questionnaire (MMQ) 286
– Maudsley Personality Inventory (MPI) 286
Nominalskala 45
nomothetisch 49–50, 60, 234, 505
Noradrenalin (Norepinephrin) 339, 357–358, 360–361
Normalverteilung 22, 24, 29, 71–72, 74
Novelty Seeking (NS) 338, 340–341, 343–345, 360–361

O

Objektive Tests 276
Objektivität 102–103, 111, 113, 116
– skoeffizient-skoeffizient 103
Offenheit für Erfahrung 295
Ökonomie 111, 116
Optimismus 452
Ordinalskala 46

P

Partner 585, 587
PEN-Modell (s. Persönlichkeitstheorien, Eysenck) 312
PEN-System 280
Person vs. Situation 485
Personen mit hoher Vorhersagbarkeit 502
Personismus 479
Persönlichkeit 47–48
– behavioristische Analyse 136
– dispositionelle Perspektive 36
– kulturelle Unterschiede 304
– methodische Entwicklungslinien 37
– phänomenologische Perspektive 35
– Stabilität und Veränderung 306
– tiefenpsychologische Perspektive 35
– Unterschiede zwischen Nationen 290
– verhaltenstheoretische Perspektive 35
Persönlichkeitseigenschaften
– Tiere 486
Persönlichkeitsfragebogen
– 16 Personality Factor Questionnaire (16 PF) 273
– Five-Factor Personality Inventory (FFPI) 298
– Hogan Personality Inventory 298
– NEO-Fragebogen (NEO-FFI, NEO-PI-R) 295–296

- Positive and Negative Affect Schedule (PANAS) 348
- Selbstkonzept-Inventar (SKI) 470
- Temperament and Character Inventory (TCI) 345
- Tridimensional Personality Questionnaire (TPQ) 340
- Zuckerman-Kuhlman-Personality-Questionnaire (ZKPQ) 298–299

Persönlichkeitsmodelle
- Dispositionismus 36, 457

Persönlichkeitspsychologie 49

Persönlichkeitstheorien
- biopsychologische 311–312, 359, 361
- BIS/BAS-Theorie 324–325, 329, 334
- Cloninger 336–340, 345, 360
- Costa & McCrae 295
- Davidson 346–350, 360
- Eysenck 278, 312–314, 322, 337, 360
- Freud 374
- Fünf-Faktoren-Modell 293
- Gray 324–325, 329, 334, 360
- Handlungstheoretisches Partialmodell der Persönlichkeit 442
- Reinforcement Sensitivity Theory (RST) 324, 329, 334
- Schwerpunkte 36
- Zuckerman 352–353, 360

Phrenologie 28, 264
physiologische Variablen 143
- Interkorrelation 145
- Korrelation mit Persönlichkeitseigenschaften 363

physische Attraktivität 585–588
P-Korrelationstechnik 146
Pleiotropie 513
Polygenie 513
Polymorphismus 343–344
Positive and Negative Affect Schedule (PANAS) 348
positiver Affekt 349
Positiver Affekt 347–348, 351, 360–361
Produktmomentkorrelation 77–78, 90
Projektion 133
projektive Verfahren 133
Projektive Verfahren 133–134
Protokollsatz 46
Prototypizität 63, 501, 504
Psychoanalyse 132–133, 374, 458
- experimentelle Überprüfung 385
- Überprüfbarkeit 384

psychodynamische Ansätze 133
Psychodynamische Ansätze 132
Psychographie 39
psycholexikalische Studie 270
Psychophysiologie 142

Psychotizismus 284, 299, 312, 320–322, 325–326, 328, 367
- Diathese-Stress-Modell 321
- Eysenck Personality Profiler (EPP) 287
- Eysenck Personality Questionnaire (EPQ) 286
- Kontinuitätshypothese 321

Q

Q-Daten 271
Querschnittstudie 20

R

Rasch-Modell 107
Rauchen 288
Reaktionsnorm 514
Reflex 53
Reiz und Reaktion 52
Reliabilität 103–104, 110–111, 113, 157
- interne Konsistenz 105
- Messfehler 103
- Paralleltest 104
- Retest 104
- skoeffizient-skoeffizient 104
- Split-Half 105
- Testhalbierungsmethode 105
- Testwiederholungsmethode 104
- wahrer Wert 103

Repression – Sensitization 388, 403
- Aufmerksamkeit gegenüber eigenen Krankheiten 393
- Kritik 394
- Messung 391
- physiologische Reagibilität 392
- Reaktionen auf sexuelle Reize 393
- zweidimensionale Erfassung 395

Reward Dependence (RD) 339–340, 342–345, 360–361
R-Korrelationstechnik 145
Rorschachtest 133

S

Sachfragen 128
salutogenetisches Modell 370
Satzergänzungsverfahren 134
Scholastic Aptitude Test 566
Schwierigkeit 111
Selbst 465, 477
- als Objekt 465, 467
- als Subjekt 465

- ideales 466
- Identität 477
- possible selves 466
- Prädikatenzuweisung 466–467
- reales 466
- wert 468
- wertgefühl 466, 474–475
- wirksamkeit 477–478

Selbstaufmerksamkeit
- private und öffentliche 504

Selbsteinschätzung 118

Selbstkonzept 443, 465–470, 472, 477
- Bem Sex Role Inventory 598
- Expressivität 598
- Femininität 598
- fragebogen 467, 469–470, 472
- Geschlechtsrollenselbstkonzept 598
- globales 468, 474–475
- Instrumentalität 598
- Inventar (SKI) 470
- Maskulinität 598
- Personal Attributes Questionnaire 598
- schulisches 468, 470–472
- Shavelson-Modell 468–470, 474
- soziales 470–471, 473–474
- Struktur 467–469

selbstzentrierte Aufmerksamkeit 501
Selbstzentrierte Aufmerksamkeit 501–502
Selektion 125
selektive Platzierung 27, 546
self-monitoring 503

Sensation Seeking 352–353, 360–361
- Augmenting-Reducing 356–357
- biopsychologische Grundlagen 355–358
- Boredom Susceptibility (BS) 353
- Disinhibition (Dis) 353
- Experience Seeking (ES) 353
- impulsive sensation seeking 299, 354
- Psychotizismus 354
- Thrill and Adventure Seeking (TAS) 353

Serotonin 338, 342, 344, 357–358, 360–361, 416
Simplex-Modell 582

Situation
- starke/schwache 498

Situationismus 484
Situationsabhängigkeit 107
Situationsspezifität 143

Situation-Verhaltensverknüpfungen
- interindividuell gleichartige 64, 364, 484
- interindividuell verschiedenartige 64, 365, 491
- intraindividuelle 64, 490, 492

situativer Druck 499
Skala 113

Skalenkonstruktion 112–113
- faktorenanalytisch 113, 118
- Homogenität 113

- kriterienorientiert 112, 117
- rational 112, 117

Skalenniveau 45
Soziabilität (sociability) 299, 354
soziale Erwünschtheit 126, 403, 502
Soziale Erwünschtheit 503
- Response Set 127
- Response Style 127

Sozialstatus 556

Soziökonomischer Status 609
- Bedeutung und Messung 609
- Intelligenz 610
- Persönlichkeit 611
- Werthaltungen 611

Spearman-Brown Formel 105
Spurenkorrelation 100

Stabilität 306
- absolute 306
- differentielle 306

Standardabweichung 71, 73–76
Standardisierung 110–111
Standardwert 74–75, 77
State-Trait-Anxiety-Inventory (STAI) 408
statisches Persönlichkeitskonzept 132

Stellung in der Geschwisterreihe
- und Intelligenz 564–566, 568
- und Persönlichkeit 569–570
- und pränatale Umweltfaktoren 568

Stoizismus 368
Störfaktor 111
Stress 367, 404, 448, 591
Stressor 369

strukturentdeckende vs. strukturprüfende Verfahren 92

Strukturgleichungsmodell 92–94, 107
- Definitionsgleichungen 94
- Kovarianzmatrix 92, 94
- Modellparameter 94
- Modelltest 92, 94
- Passungsgüteindikatoren 94
- Pfadkoeffizient 93

Strukturiertes Interview 369
Super-Diagonalstruktur 582
Suppressor 275
Systematische Überlappungshypothese 122

T

T-Daten 275
Temperament and Character Inventory (TCI) 345
Test 111–112
- Fehlerfaktoren 125
- heterogener 105
- homogener 105
- Leistungstest 113, 125

- objektiver 276
- Vorhersagekraft 27

Testgewandtheit 578
Testhalbierungsmethode 105
Testtheorie
- Klassische 107
- Latent State-Trait-Theorie 107

Testweisheit 578–579
Testwiederholungsmethode 104
Thanatos 421
Thematischer Apperzeptionstest (TAT) 134
Tiefenpsychologie 132–133
- Abwehrmechanismen 378
- Angst 378
- Charaktertypen 380
- Menschenbild 375
- Persönlichkeitsdynamik 378
- psychosexuelle Entwicklungsstufen 380
- Strukturmodell 376

Trait 107
Transfer 578
transmarginale Hemmung 314–315
Traumdeutung 133
Trennschärfe 113, 118
Tridimensional Personality Questionnaire (TPQ) 340
Typen 61, 66, 262
- als qualitative Beschreibungsklassen 67
- bipolare 66
- modale 67
- multidimensionale 67
- unipolare 66

Typologien 68, 261
- Konstitutions- 263
- Temperaments- 261
- Totaltypologie 264

U

Über-Ich 132, 377
Übung 574–576, 578–580, 582–584
- Beeinflussung von Mittelwerten und Varianzen 578
- Beeinflussung von Strukturmerkmalen 580–581
- Definition 577
- quantitative und qualitative Veränderungen 576
- Schwierigkeiten bei Kontrolle 577

Umwelt
- Anregungsfaktoren 551
- Dimensionierung 535–539
- Einfluss genetischer Faktoren 542
- German Observational Study of Adult Twins (GOSAT) 544
- Hierarchisches Modell der Dimensionierung 538
- Home Observation for Measurement of the Environment (HOME) 536
- Imitation 543
- Kriminalität 552
- kulturelle Traditionen 606
- Minnesota-Studie 541
- Persönlichkeit in Familienuntersuchungen 555–556
- physikalische Charakteristika 536
- Q-Sort-Methode 538
- Sibling Inventory of Differential Experience (SIDE) 556
- soziale und behaviorale Charakteristika 536
- Untersuchungen an Adoptivkindern 550–552
- Untersuchungen an Heimkindern 545
- Verstärkerwirkung 540
- Zwillingsuntersuchungen 539–544

Umwelteffekt
- geteilte Umwelt 517
- nichtgeteilte Umwelt 517

Umwelteinflüsse 535
Unbewusstes 133

V

Validierung 112–113
Validität 105, 111
- Asymmetrie 482
- diskriminante 106
- Effektstärke 482
- faktorielle 106
- Inhalts- 105–106, 116
- konkurrente 105
- Konstrukt- 105–106
- konvergente 106
- Kriteriums- 105
- prädiktive 105
- praktische Bedeutsamkeit 483
- Reliabilität 482
- skoeffizient-skoeffizient 105

Variabilität 21
- im Verhalten 111

Variable 45
- abhängige 98
- latente 93, 107–108
- manifeste 93, 107
- Organismus 99
- Testwert 107–108
- unabhängige 98

Variablenvektor 81–82
Varianz 71, 76–77, 87, 94
- additivität 76–77, 88

- phänotypische 512
Variationsforschung 39
Verbesserung der Verhaltensvorhersage 495, 499, 501–504, 506–507
- Relevanz 500–501
Verfälschbarkeit 117, 125
Verhalten
- Beobachtbarkeit 500
- fremdbeobachtetes 137
- funktionale Analyse 137
- Konstanz 55
- selbstbeobachtetes 138
- Stabilität und Konsistenz 53
- Vorhersage 63, 481–483
Verhaltensbeobachtung
- Beobachterübereinstimmung 142
Verhaltenserklärung 56
Verhaltensgenetik
- Adoptionsstudien 545
- Designs 522
- Emergenesis 531
- selektive Platzierung 546
- Strukturgleichungsmodelle 524
- Zwillingsuntersuchung 523
Verhaltensgenetik (s. Erblichkeit) 511
Verhaltensgewohnheit 54–55
Verhaltensmaximum 576
Verhaltensmerkmal 56
Verhaltenstheorien 434–435
Verhaltensunterschiede
- situative Faktoren 64
Verhaltensweise 53, 55
Vermögenspsychologie 28
Verstärkung 436–437, 439
Verstehbarkeit 370
Verträglichkeit (agreeableness) 294–295
Vertrauen 443

Vigilanz (s. Aufmerksamkeit) 316
Vorhersage
- Einzelfall 100
- Gruppe 100
Vulnerabilität 367

W

Wahrnehmungsabwehr 390
Wahrnehmungsvigilanz 390
Western Collaborative Group Study 369
Widerstandsquellen
- generalisierte 370
Wiederholung 574
Wissenserwerb
- deklarative Stufe 583
- prozedurale Stufe 583
- Stufe der Wissensverknüpfung 583

Z

Zentralität 500–501
Zuckerman-Kuhlman-Personality-Questionnaire (ZKPQ) 298
Zufälligkeit 24
Zustand 107–108
Zustände 64
z-Wert siehe Standardwert 74
Zwillinge
- eineiige, getrennt aufgewachsen 522
Zwillingsuntersuchungen
- Annahme unabhängiger Umwelten 522
zwischenmenschliches Vertrauen 451

Personenverzeichnis

A

Abbott, A. R. 588
Ackerman, P. L. 203, 583–584
Adler, A. 382
Ahnert, J. 581
Albert, R. S. 235
Alexander, C. 243
Allen, G. 532
Allport, G. W. 36, 49, 57, 60, 270, 482
Altrocchi, J. 391
Amabile, T. M. 255
Ambady, N. 124
Amelang, M. 65, 100, 113, 122–128, 137, 185, 213, 216, 227–228, 242, 276, 315, 333, 367, 371, 454, 501, 503–504, 579, 588
Amthauer, R. 154, 165–166, 185, 208, 214, 391, 578
Anastasi, A. 100, 192, 521, 579–580
Anderson, C. 585
Andreassi, J. L. 143
Andresen, B. 285, 301
Angleitner, A. 63
Ansbacher, H. L. 382
Antonovsky, A. 370
Arasteh, A. R. 243
Arija, V. 562
Asendorpf, J. B. 130, 395–396, 506
Ashton, M. C. 283, 295
Aster, M. 160
Avtgis, T. A. 438

B

Bachelor, P. 240
Backteman, G. 122
Baddeley, A. D. 203
Bailey, H. N. 572
Bajema, C. J. 516
Baker, L. A. 552
Bally, G. 378
Bandura, A. 55, 138, 426–427, 462
Barber, B. L. 574
Barefoot, J. C. 454

Bar-On, R. 229
Barrett, D. E. 561
Barron, F. 234, 244, 249
Bartussek, D. 275, 293
Bates, J. E. 572
Baudouin, J. Y. 586
Baumann, U. 286
Baumeister, R. F. 506
Beaunieux, H. 584
Becker, P. 65, 301–302, 370
Bègue, L. 454
Bell, P. 483
Belmont, L. 564–565, 568
Bem, D. J. 482, 502–507, 538
Bem, S. L. 598
Bembenutty, H. 461
Bemmels, H. R. 556
Benn, L. 455
Benton, D. 562
Benyamin, B. 529
Bergeman, C. S. 542
Bergen, S. E. 527
Berkman, D. S. 561, 563
Berkowitz, L. 422, 425–426
Berndt, T. J. 474
Bettencourt, B. A. 433
Bevan, W. 422
Bewing, C. 258
Biesanz, J. C. 123, 506
Binet, A. 31–32, 39, 110, 150, 156
Birbaumer, N. 53
Birch, H. G. 558
Bishop, E. G. 548
Bjerkedal, T. 568
Bjorkqvist, K. 432
Bjornæs, H. 563
Blake, R. 568
Block, J. 63
Blum, G. S. 391
Böddeker, I. 431
Bolger, N. 141
Boomsma, D. I. 568
Boring, E. G. 150
Borkenau, P. 122, 124–126, 130, 209, 296, 501, 531, 544
Bornewasser, M. 423

Bortz, J. 45, 80
Bosse, M. A. 247
Bouchard, T. J., Jr. 516, 523, 525–526, 530
Boucsein, W. 394
Bowers, K. S. 486, 488
Boxberg von, C. 370
Bracken, B. A. 471, 475
Brackett, M. A. 231
Bradley, R. F. 537
Brand, C. 602
Brandtstädter, J. 557–558
Braucht, G. N. 100
Bridgman, P. W. 150
Britt, T. W. 506
Brocke, B. 165, 356
Brody, E. B. 171
Brody, N. 385, 507
Brodzinsky, D. M. 553
Broughton, R. 63
Brown, A. S. 241
Brown, W. P. 391
Bruner, J. S. 389–390
Bryan, W. L. 576
Bryant, F. B. 430
Buchard, E. M. L. 266
Buck, E. 452
Bühner, M. 113, 142
Bulheller, S. 287
Burisch, M. 113
Burks, B. S. 219, 545
Burt, C. 155, 159, 526
Burton, R. V. 481
Buse, L. 141, 490
Buss, A. H. 59, 420, 425–426, 429–430, 432, 498
Buss, A. R. 38, 538
Buss, D. 501, 585–586
Buss, D. M. 61–63
Byrne, B. M. 469, 472
Byrne, D. 390–391, 393–394, 402

C

Cabot, P. S. de Q. 267
Cacioppo, J. T. 143
Caldwell, B. M. 536
Campbell, F. A. 187
Canter, S. 530
Carey, G. 543–544
Carlsmith, L. 573
Carroll, J. B. 175, 195
Carson, S. H. 252, 256
Carton, J. S. 438
Carver, C. S. 329
Caspi, A. 263

Catron, D. W. 185, 578
Catt, S. 448
Cattell, J. M. 31
Cattell, R. B. 41–42, 60–61, 64, 67, 166, 179, 244, 268–271, 274–278, 403, 408
Chaiken, S. 586
Charlesworth, W. R. 222
Chipuer, H. M. 519, 526
Christensen, H. 182
Christie, R. 454
Clark, K. E. 243
Clarke, D. D. 490–491
Cloninger, C. R. 345
Cocard, Y. 455
Colom, R. 611
Colvin, C. R. 123
Conley, J. J. 183, 306
Cooper, C. 65
Cooper, J. B. 235
Cooper, R. 518
Corr, P. J. 329
Costa, P. T., Jr. 275, 295, 303
Cousson-Gélie, F. 441
Cox, C. M. 235
Craik, K. H. 36–37, 537
Cravioto, J. 561
Cronbach, L. J. 44
Crowne, D. P. 127, 395–396

D

Dacey, J. S. 243
Daneman, M. 203
Daniels, D. 556
Dann, H.-D. 424
Darwin, C. 28
Davidson, R. J. 347
Davies, M. 229
Davis, P. J. 396
De Raad, B. 293, 295
de Wit, H. 460
Deary, I. J. 180–181, 183, 190, 205, 220, 563, 585
DeBell, M. 574
Declerk, C. H. 450
Defeu, P. 340
DeFries, J. C. 534
Dellas, M. 235
DeLongis, A. 65
Dennis, W. 186
Depue, R. A. 283
Detterman, D. K. 150
Dickhäuser, O. 470
Diener, E. 505
Digman, J. M. 271

Dillard, J. M. 578
Dion, K. K. 586
Dixon, M. M. 570
Domino, G. 242
Domjan, M. 54
Dönhoff, K. 192
Dörner, D. 211
Downey, D. B. 568
Draycott, S. G. 303
Drevdahl, J. E. 243
Dubois, P. H. 27
Dudycha, G. J. 481
Duncan, O. D. 214, 216
Dunkel, C. S. 570

E

Eagly, A. H. 422, 586
Eaves, L. J. 529
Ebbinghaus, H. 31
Ebstein, R. P. 344
Eckert, J. 426
Eder, F. 537
Edwards, A. L. 126
Eid, M. 93
Eisenberger, R. 255
Eisenson, J. 192
Ekman, G. 267
Endler, N. S. 140
Epstein, S. 142, 481, 496
Eriksen, C. W. 391
Erlenmeyer-Kimling, L. 521
Ernst, C. 569–570
Eron, L. N. 428, 431
Exner, J. E. 135
Eyferth, K. 606
Eysenck, H. J. 23, 48, 61–62, 100, 135, 156, 255, 262–263, 275, 278–282, 284–289, 292, 295, 302–303, 313, 320, 322, 354, 367, 369, 384–385
Eysenck, M. W. 303, 407
Eysenck, S. B. G. 289

F

Fahrenberg, J. 35, 118, 141, 143–144, 276, 365
Falconer, D. S. 520
Feather, N. T. 64
Feingold, A. 310, 417, 588
Felson, R. B. 430
Fenigstein, A. 504
Ferrando, P. J. 129
Ferring, D. 441
Fishbein, M. 211, 496

Fiske, D. W. 483
Fjeld, H. A. 25
Flanagan, J. C. 223
Fleeson, W. 66
Fleishman, E. A. 581–583
Fletcher, R. F. 526
Floderus-Myrhed, B. 529
Floyd, R. G. 196
Flynn, J. R. 187
Foerster, F. 143, 145
Fontenot, N. A. 258
Ford, M. E. 227
Fordyce, W. E. 127
Forsen, T. 559
Foster, J. W. 569
Francis, L. J. 284
Frank, L. K. 133
Frederiksen, N. 223
French, J. W. 26
Freud, S. 35, 374–378
Freund-Braier, I. 219
Friedman, H. S. 370–371
Friedman, M. 369
Frierson, E. C. 233
Fröhlich, C. 448
Fromm, E. 383
Frommberger, U. 371
Fuller, J. L. 513
Funder, D. C. 461, 463–464, 482, 537
Funke, J. 211
Furr, R. M. 499

G

Gaensslen, H. 275
Gakhar, S. 212
Galbraith, G. G. 393
Gale, C. R. 448, 562
Galen 278
Gallagher, D. J. 330
Galler, J. 560
Galton, F. 29, 110
Garber, H. L. 187
Gardner, H. 225
Garfinkel, R. 187
Gatchel, R. J. 385
Gauß, C. F. 29
Geen, R. G. 426
Gerlach, V. S. 238
Getzels, J. W. 210, 240, 244–247
Ghiselli, E. E. 222, 502
Ghisletta, P. 181
Gianakos, I. 445
Giesen, H. 193
Ginexi, E. M. 445

Glucksberg, S. A. M. 386
Gobet, F. 188
Goldberg, L. R. 298, 562
Goldfried, M. R. 136–137, 142
Goldman-Eisler, F. 385
Goleman, D. 229, 231
Gorey, K. M. 602
Gormly, J. 489
Gorsuch, R. L. 80, 90, 273
Gosling, S. D. 486
Gottfredson, L. S. 158, 225, 563
Gough, H. G. 241–242
Grabner-Kräuter, S. 455
Granzberg, G. 462
Gray, J. A. 324–326, 335
Green, B. F. 526
Greene, E. B. 580–581
Greif, S. 275
Greitemeyer, T. 588
Grigoriev, A. 610
Groeben, N. 490
Grudnik, J. L. 198
Guhl, A. M. 80 423
Guilford, J. P. 48, 55, 115, 168–170, 233, 238, 245, 250, 278
Güntürkün, O. 414
Gurtman, M. B. 454
Guttman, L. 582

H

Haan, N. 186
Häcker, H. 276
Haddon, F. A. 258
Hagemann, D. 317, 350
Hagemeister, C. 585
Haier, R. J. 206–207
Hall, C. S. 36–37, 55
Hamilton, L. 553
Hamsher, J. H. 454
Hany, E. A. 183–184, 258
Hare, R. D. 392
Harlow, H. F. 385
Harrell, T. W. 214–215
Harrington, D. M. 247, 257
Harris, M. B. 421
Harter, S. 473
Hartmann, H. 384
Hartshorne, H. 481
Hassebrauck, M. 586
Hathaway, S. R. 117
Hattrup, K. 447
Healey, M. D. 570
Heaven, P. C. L. 573
Hedges, L. V. 193

Heider, F. 56
Heine, S. J. 304
Heller, K. A. 158, 210
Helms, J. E. 606
Helson, R. 307
Henderson, J. W. 441
Hendriks, A. A. J. 298
Henning, J. 343, 367
Henss, R. 586
Hepburn, L. 65
Herrera, N. C. 564
Herrmann, T. 47–48, 53, 55, 99, 573–574
Herrnstein, R. J. 220, 603
Hertwig, R. 568
Herzberg, Y. 127
Hess, W. R. 423
Hetherington, E. M. 600
Heymans, G. 278
Hick, W. E. 199
Hickling, E. J. 586
Higgins, J. V. 516
Hildreth, G. H. 210
Hill, D. W. 65
Hill, W. G. 532
Hinz, A. 129
Hippokrates 262, 278
Hirsch, J. 26
Hocevar, D. 242, 248
Hochreich, G. J. 454
Hock, M. 399
Hodapp, V. 428
Hoeth, F. 125
Hoeve, M. 573
Hofstätter, P. R. 24, 50, 150, 266
Hofstee, W. K. B. 301
Hogan, R. 298
Hoge, M. A. 514
Holden, R. R. 126, 502
Holley, W. 568
Hollingworth, L. S. 210
Holmes, D. S. 387
Holst, E., von 423
Holzberg, J. D. 135
Hörmann, H.-J. 212
Horn, J. L. 165–166, 547
Horn, W. 208
Houtz, J. C. 250
Howard, R. W. 188
Howarth, E. 262, 271, 275, 287
Hoyle, R. H. 93
Hubert, V. 584
Hughes, O. L. 213
Hull, C. L. 54
Hull, J. G. 371
Hülsheger, U. R. 217
Humphreys, L. G. 151
Hundleby, J. 276

Husén, L. 542
Hyde, H. 193
Hyde, J. S. 193, 432, 590

I

Ingenkamp, K. 214
Insel, P. M. 536
Irwing, P. 191, 193
Isaksen, S. G. 255
Izquierdo, F. M. 442

J

Jaccard, J. J. 496
Jackson, D. H. 587
Jackson, D. N. 128, 301
Jacobi, J. 381
Jacobs, R. 563
Jäger, A. O. 151, 171–172, 208
James, W. 465
Janke, W. 65
Janssen, J. P. 99
Jaušovec, N. 206
Jayaratne, T. E. 604
Jefferson, T. Jr. 570
Jencks, C. H. 545
Jenkins, C. D. 369
Jenkins, J. J. 208
Jensen, A. R. 187, 199, 201, 203, 213, 216, 220, 516, 523, 578–579, 603
Jeynes, W. 574
John, O. P. 123, 293
Johnson, D. F. 553, 589
Johnson, D. M. 234
Johnson, R. N. 419
Johnson, W. 527
Joireman, J. 299
Jones, E. 375, 447
Jones, E. E. 485
Jöreskog, K. G. 92
Judge, T. A. 442
Juel-Nielsen, N. 523, 525
Jung, C. G. 278, 381

K

Kahl, Th. N. 537
Kallenbach, K. 212
Kamin, L. J. 522, 526
Kanfer, F. H. 137
Kant, E. 68

Kant, I. 262, 278
Kaplan, A. 384
Kaprio, J. 540–541
Karson, S. 275
Kaya, A. 445
Keith, L. K. 467
Kellaghan, T. 556
Keller, H. 564
Kelman, H. C. 451
Kemmler, L. 246
Kenrick, D. T. 123, 485, 500
Kerkhoff, W. 192
Kershner, J. R. 240
Khodyakov, D. 451
Kiener, F. 385
King, V. 455
Kirkcaldy, B. D. 445
Kirkpatrick, R. M. 549
Kirmayer, L. J. 367–368
Kirton, M. J. 253
Klauer, K. J. 214
Kleining, G. 609
Kline, P. 385
Klingemann, H. D. 23–24
Klonowicz, C. 448
Kniffin, K. M. 588
Knight, G. P. 432
Knight, R. G. 185
Knowles, E. S. 129
Knussmann, R. 512
Kobasa, S. C. 371
Koch, M. B. 212
Koh, K. B. 367
Köhler, B. 586
Köhler, W. 25
Kohlmann, C.-W. 398
Kojima, K. 423
König, F. J. W. 247
Koo, M. 446
Kornadt, H.-J. 421, 426
Kowner, R. 586
Krämer, H.-G. 502
Krampen, G. 236, 438, 441–444, 452, 470
Krause, R. 235
Krauth, J. 102
Krebs, D. 427
Kretschmer, E. 264, 278
Kris, E. 251
Krohne, H. W. 389, 391–392, 394–397, 399, 404
Krueger, R. F. 527
Kubinger, K. D. 102
Kuhlmei, E. 255
Kühn, A. 26
Kühn, R. 99
Kurtz, J. E. 126
Kutter, P. 381

Kyle, K. 425
Kyllonen, P. C. 203

L

Lamb, M. E. 537
Lamiell, J. T. 51
Lamnek, S. 421
Landy, D. 586
Langlois, J. H. 586, 588
Larsen, R. J. 65, 332
Laursen, B. 572
Lay, T. 121
Lazarus, R. S. 401
Lazarus-Mainka, G. 395
Leahy, A. M. 551
LeDoux, J. E. 413–414
Lee, E. S. 186
Lee, S. M. 449
Lee, W. E. 284
Lefcourt, H. M. 438
Lermer, S. 142
Lesgold, A. 251
Letzring, T. D. 122
Levin, M. 605
Lewontin, R. 605
Li, A. 127
Lienert, G. A. 102, 113, 580
Lindauer, M. S. 243
Linden, W. 127
Lindenberger, U. 180–181
Link, B. G. 564
Lippa, R. 598–599
Lischke, G. 423
Lissmann, U. 258
Locurto, C. 187
Loehlin, J. C. 521, 529, 531, 547, 552–553, 555, 606
Lohaus, A. 368
Lönnqvist, J.-E. 127
Lopes, P. N. 231
Lorr, M. 142
Lösel, F. 430
Lotzoff, B. 561
Lubinski, D. 158
Lubow, R. E. 256
Lucas, R. E. 283
Luhmann, N. 455
Lundin, B. F. 36
Lundin, R. W. 55
Luu, P. 143
Lykken, D. T. 531, 541–542
Lynn, R. 191, 290–291, 605, 607
Lytton, H. 542

M

Mabe, P. A. 209
Macht, M. 561
Macioszek, G. 248
MacKinnon, D. W. 234, 244
Mackintosh, N. J. 202
Magen, E. 463
Magnusson, D. 257, 486, 536
Malamuth, N. M. 430
Malcarne, V. L. 445
Mandara, J. 573
Manders, W. A. 572
Marjoribanks, K. 556–557
Markus, H. 466
Marsh, H. W. 468–472
Marsh, R. W. 523
Martindale, C. 252
Marwitz, M. 145
Maslach, C. 423
Mathes, E. W. 587
Matthews, G. 231, 329, 367, 371
Mayer, J. D. 228, 231
McAdams, D. P. 49
McCall, R. B. 185, 483
McClelland, D. C. 100
McCrae, R. R. 122, 242, 296, 303–305
McGinnies, E. 390
McGrew, K. S. 177
McGue, M. 549
McKusick-Nathans Institute of Genetic Medicine 513
McLeod, B. D. 573
McNemar, Q. 154, 610
McRorie, M. 205
McWilliams, L. A. 445
Mednick, S. A. 241, 251, 552
Meer, B. 236
Mendel, G. 28
Mendelsohn, G. A. 251
Merikle, P. 391
Mertens, W. 384
Merz, F. 191, 419–420, 513, 516, 521
Metcalfe, J. 463
Meyer, A. E. 275
Meyers, C. R. 243
Mikula, G. 587
Milgram, S. 427
Miller, E. M. 532
Miller, G. 607
Miller, T. Q. 427
Millet, P. 445
Millham, J. 395
Mingroni, M. A. 189
Mirels, H. L. 121

Mischel, W. 52, 58, 136, 365, 456–457, 460–462, 481–482, 484, 488, 491–492, 496, 498, 504–505
Mlonzi, E. N. 371
Möller, A. 352
Moneta, G. B. 450
Monson, T. C. 499
Montada, L. 179
Moore, D. S. 527
Moos, R. H. 486, 536
Moskowitz, D. S. 497, 499
Mowrer, O. H. 401
Muhonen, T. 441
Müller-Lyer, F. 44
Münsterberg, H. 31
Murasko, J. E. 447
Murdock, G. P. 602
Murphy, N. A. 209
Murray, H. A. 36
Mussen, P. H. 600
Must, O. 189
Myrianthopoulos, N. C. 542
Myrtek, M. 363–364, 367, 370

N

Nakao, K. 573
Neisser, U. 151, 190, 222
Nettelbeck, T. 189
Netter, P. 367
Neubauer, A. C. 198, 200–201, 205–207
Newcomb, T. M. 481
Newman, H. H. 523, 525, 530, 539
Newman, S. D. 206
Newsome, S. 230
Ng, T. W. H. 447
Nicholls, J. G. 235
Nichols, R. C. 529–530, 533, 555
Nicketta, R. 586
Nisbett, R. E. 604
Noor, F. 586
Norem, J. K. 391
Norman, W. T. 271, 294

O

Oakland, T. 578
O'Dell, J. W. 385
Oden, M. H. 219
Oerter, R. 179
Ofek, E. 143
Okey, J. L. 428
Oliver, J. E. 441
Olweus, D. 489
Ones, D. S. 125
Opp, K. D. 100
Osgood, C. E. 67
Ostendorf, F. 117, 296
Oswald, M. E. 452
Otten, H. 431
Otto, J. 393
Owens, W. A. 185

P

Palmer, B. R. 229
Panek, P. E. 428
Parker, J. 296
Parnes, S. J. 258
Parsons, O. A. 393
Passini, F. T. 120–121, 124
Patrick, P. D. 563
Paulhus, D. L. 123, 127, 441, 570
Paunonen, S. V. 506
Pawlik, K. 48, 137, 141, 273, 489, 576, 581–582
Pawlow, I. P. 25, 35, 53–54
Peake, P. K. 463
Pedersen, N. L. 523, 525, 530, 542
Pelham, B. W. 51, 505
Pennebaker, J. W. 586
Pervin, L. A. 385
Peters, W. 535
Petrides, K. V. 229
Phillips, L. H. 182
Pickel, G. 454
Piedmont, R. L. 126
Pines, H. A. 446
Plomin, R. 517, 521, 524, 534, 537, 549
Polivy, J. 464
Pollet, T. V. 571
Popper, K. R. 100, 384
Posner, M. I. 200
Postman, L. 390
Pötz, H. 450
Preckel, F. 245
Preiser, S. 470
Price, J. S. 530
Price-Williams, G. R. 463
Probst, P. 227
Pryor, J. B. 501
Putz-Osterloh, W. 211–212

R

Rabbitt, P. 182
Ragland, D. R. 369–370
Raine, A. 288

Ramey, C. T.   187, 562
Rammstedt, B.   209
Rapaport, D.   375, 384
Rathus, S. A.   138
Raven, J. C.   158
Ray, J. J.   461
Ready, R. E.   123
Record, R. G.   542
Reimanis, G.   182
Reis, H. T.   586–587
Renner, K.-H.   49
Reynolds, B.   459
Richards, R.   242
Richardson, L. F.   419, 549
Rickers-Ovsiankina, M. A.   135
Riemann, R.   343, 529
Roberti, J. W.   356
Roberts, B. W.   307–308
Robinson, R. V.   454
Roff, J. D.   430
Rogers, C. R.   35
Rohde, P. A.   570
Rohracher, H.   266
Roos, J.   387
Rorer, L. G.   128
Rorschach, H.   133
Rose, R. J.   529
Rosenman, R. H.   369
Rosenzweig, S.   386
Rösler, F.   143
Rosnow, R. L.   483
Ross, M.   140
Ross, M. B.   586
Rosse, J. G.   126
Rossman, B. B.   244
Rost, D. H.   192, 210, 226–227, 472
Rost, J.   102
Rotenberg, K. J.   453
Rott, C.   182
Rotter, J. B.   451–455, 458
Rowe, D. C.   542, 556, 608
Rubenson, D. L.   252
Rubinow, D. R.   422
Rubinstein, G.   445
Ruch, F. L.   379
Ruch, W.   286
Rudinger, G.   181–182
Rueter, M. A.   553
Rushton, J. P.   432, 602, 604
Russell, A.   573
Rusting, C. L.   284, 331

S

Salgado, J. F.   217
Salovey, P.   228

Salthouse, T. A.   181–182
Sanderman, R.   369
Saragovi, C.   599
Sarason, I. G.   135, 486
Sattler, D. N.   445
Saucier, G.   295
Scarr, S.   546, 548, 550–551, 605–606
Schachter, S.   423
Schaefer, C. E.   249
Schaie, K. W.   180–181
Schandry, R.   143
Scheier, M. F.   504
Schill, T.   391
Schlotz, W.   569
Schmidt, F. L.   217–218, 610
Schmidt, J. U.   122–123
Schmidt, L. R.   276, 403
Schmidt-Atzert, L.   142, 229
Schmidtke, A.   427
Schmidt-Rathjens, C.   370–371
Schnabel, K.   130
Schneewind, K. A.   273, 275
Schorr, A.   134
Schuler, H.   587
Schulte, D.   137–138
Schumacher, J.   370
Schwartz, J. E.   141
Schwartz, M. S.   394
Schwarz, N.   120, 140
Schweer, M. K. W.   453, 455
Schweinhart, L. J.   187
Schwenkmezger, P.   367, 428, 431, 537, 611–612
Sears, P. S.   469
Sears, R. R.   100, 219
Shamosh, N. A.   460
Shavelson, R. J.   468
Shaw, B. A.   444
Shelley, M.   448
Shenkin, S. D.   560
Shepherd, G.   447
Sheppard, L. D.   604
Sherman, M.   135
Shields, J.   522, 525, 530
Shiffman, S.   120, 140
Shiloh, S.   447
Shinn, M.   574
Shoda, Y.   492, 497–498, 505
Shulman, L. S.   248
Shweder, R. A.   121
Silverman, I. W.   461
Simon, Th.   110
Simonton, D. K.   244
Skanes, G. R.   213
Skinner, R. W.   36
Skodak, M.   550
Slakter, M. J.   578

Slezkine, Y. 607
Smith, R. M. 243
Smith, W. J. 249
Snyder, M. 489, 503, 589
Somer, O. 295
Sontag, L. W. 184
Sorlie, T. 450
Soto, C. J. 128
Spearman, C. 157, 278
Spence, J. T. 598
Spielberger, C. D. 395, 408
Spinath, F. M. 122, 573
Spoont, M. R. 65
Sprecher, T. B. 236
Spreen, O. 117, 391
Srivastava, S. 308
Stack, L. C. 453
Staffeltests 33
Stagner, R. 498
Stapf, K. H. 574
Steck, P. 160
Steen, R. G. 563
Stein, M. I. 234
Stein, Z. A. 559
Steinmayr, R. 208
Stemmler, G. 143–145, 365, 422
Steptoe, A. 445
Stern, W. 34, 36, 39, 41, 65, 150, 153, 262
Sternberg, R. 196–197
Sternberg, R. J. 150–151, 158, 197, 207, 227–228, 252, 254
Sternberg, S. 200
Steyer, R. 66, 100, 103–104, 108–109
Stöber, J. 126
Stone, S. V. 368
Strack, F. 129
Strenze, T. 610
Stricker, L. J. 121
Stright, A. D. 572
Strobel, A. 329
Suizzo, M.-A. 449
Sullivan, J. L. 454
Sulloway, F. J. 570
Suls, J. 284
Sundet, J. M. 189
Süß, H.-M. 212
Swami, V. 586

T

Tabachnick, B. G. 80, 90
Taris, T. W. 572
Taylor, C. W. 236, 242–244, 249, 257
Taylor, J. A. 117, 325
Taylor, M. D. 219
Teasdale, J. D. 140

Teasdale, T. W. 189
Tedeschi, J. T. 420
Tellegen, A. 506, 531–532
Temoshok, L. 368–369
Tempone, V. J. 391
Tent, L. 137
Teplow, B. M. 278
Terman, L. M. 191, 219, 235, 525, 578
Terracciano, A. 305
Tett, R. P. 230, 499
Thienpont, K. 611
Thomae, H. 49, 388
Thorndike, E. L. 35, 227
Thurstone, L. L. 86, 116, 160–161, 164
Timm, O. 275
Tomarken, A. J. 350
Tomlinson-Keasy, C. 220
Torrance, E. P. 240, 246, 257
Trost, G. 213
Tuddenham, R. D. 187
Tupes, E. C. 293
Turkheimer, E. 527, 533
Turner, R. B. 500, 504
Twenge, J. M. 450

U

Uexküll, T. v. 368
Ullman, J. B. 93
Ullmann, L. P. 391
Ulmann, G. 237–238
Ulrich, R. 425
Urban, K. K. 236, 252

V

Vagt, G. 587–588
van den Akker, M. 447
van den Linden, M. 447
van der Sluis, S. 528
van Dusen, K. T. 553
Van Leeuwen, K. G. 574
van Leeuwen, M. 528
van Oort, F. V. A. 448
van Rooy, D. L. 231
Vandenberg, S. G. 558
Vassend, O. 296
Verhaeghen, P. 182
Verma, P. 213
Vernon, P. A. 207
Vernon, P. E. 159, 258
Vincent, N. 441
Vink, J. M. 534
Vögele, C. 431
von Bracken, H. 542

W

Wachs, T. D. 537, 561
Wachtel, P. L. 490
Wagner, R. K. 222–223
Waldman, I. D. 605
Wallach, M. A. 237, 241, 244, 247–248
Wallas, G. 250
Wallen, N. E. 237
Walschburger, P. 393
Walz, D. 454
Wann, D. L. 424
Waters, L. E. 445
Watson, D. 65, 123, 128, 283, 348, 500
Watson, J. B. 35, 53, 511
Wechsler, D. 150, 154, 160, 179, 191, 214
Weinberg, R. A. 605
Weinberger, D. A. 396, 405
Weinert, F. E. 183–184
Weininger, O. 258
Weinstein, J. 393
Weinstein, S. 186
Weisberg, R. W. 251
Weiss, L. H. 573
Weiß, R. H. 166
Weller, L. 463
Wernimont, P. F. 136
Westhoff, K. 138
Westphal, K. 265
Wheeler, L. R. A. 187
White, M. 419
Wichman, A. L. 567
Wicket, J. C. 207
Wiener, B. R. 127
Wigdor, A. K. 222
Wiggins, J. S. 293
Wilde, G. J. S. 530
Wilkie, F. L. 182
Wilson, G. D. 289, 329
Wilson, R. S. 540
Winick, M. 560
Winkler, J. D. 128
Winqvist, S. 563
Wissler, C. 31, 156
Wittmann, W. W. 482, 496
Wohlwill, J. F. 536
Wolf, R. 537
Wolff, J. L. 186
Wolpe, J. 138
Wood, W. 427
Woodruffe, C. 122, 504
Woodworth, R. S. 116, 545
Wright, J. C. 490
Wrightsman, L. S. 455
Wundt, W. 68, 262, 278, 602

Y

Yerkes, M. 589
Yoakum, C. S. 214
Yule, G. U. 22

Z

Zajonc, R. B. 565–567
Zdanowicz, N. 447
Zimprich, D. 182
Zuckerman, M. 123, 140, 142, 298–299, 303, 352, 355, 357, 501, 507, 587, 602

Gudrun Schwarzer/Bianca Jovanovic

Entwicklungspsychologie der Kindheit

2015. 340 Seiten mit 46 Abb. Fester Einband
€ 54,–
ISBN 978-3-17-021693-8

Kohlhammer Standards Psychologie

Die Entwicklung in der Kindheit ist geprägt durch eine Fülle faszinierender Veränderungen. Wie Kinder die Welt wahrnehmen und mit ihr interagieren, wie sie über sie denken und welche Informationen sie sich merken können, befindet sich in ständigem Fluss. Das Verstehen von Sprache und der eigene Spracherwerb eröffnen Kindern darüber hinaus einen ganz neuen Blick auf die Welt. Sie können sich dadurch Wissen schneller aneignen, ihren Vorstellungsraum erweitern und lernen, mit anderen effizienter zu kommunizieren. Gerade durch die Kommunikation und Interaktion mit der Umwelt erfahren sie sich als soziales Wesen und gewinnen Erkenntnisse über sich selbst. Das Buch erläutert die typischen Veränderungen in der Kindheit aus einer grundlagenorientierten Forschungsperspektive. Jedes Kapitel schlägt eine Brücke zu untypischen Entwicklungsverläufen und diskutiert, wie Wissen aus der Grundlagenforschung praktisch genutzt werden kann.

auch als EBOOK

Leseproben und weitere Informationen unter www.kohlhammer.de

W. Kohlhammer GmbH · 70549 Stuttgart
Fax 0711 7863-8430 · vertrieb@kohlhammer.de

150 Jahre Kohlhammer

Heinz Walter Krohne/Michael Hock

Psychologische Diagnostik

Grundlagen und Anwendungsfelder

2., aktual. und überarb. Auflage 2015
XVII, 588 Seiten mit 52 Abb.
und 41 Tab. Fester Einband
€ 54,99
ISBN 978-3-17-025255-4

Kohlhammer Standards Psychologie

Psychologische Diagnostik ist die zentrale Methodenlehre innerhalb der Fächer der Angewandten Psychologie. Neben dieser Funktion erfüllt die Diagnostik auch Aufgaben in den Grundlagendisziplinen der Psychologie. Das Erstellen einer psychologischen Diagnose ist Teil einer umfassenderen Intervention, in der Planen, Verändern, Entscheiden und Beurteilen eine wesentliche Rolle spielen. Das Lehrbuch bietet eine umfassende Einführung in diese Themen und stellt dabei sowohl die methodischen Grundlagen der Diagnostik als auch deren Einsatzmöglichkeiten in den Anwendungsfeldern der Psychologie ausführlich dar.
Für die 2. Auflage wurde das Buch in allen Teilen aktualisiert.

auch als EBOOK

Leseproben und weitere Informationen unter www.kohlhammer.de

W. Kohlhammer GmbH · 70549 Stuttgart
Fax 0711 7863-8430 · vertrieb@kohlhammer.de